安宁年鉴

ANNING YEARBOOK

2010

安 宁 市 人 民 政 府 主 办
安宁市党史地方志编纂委员会办公室编

云南民族出版社

图书在版编目（CIP）数据

安宁年鉴. 2010/安宁市党史地方志编纂委员会办公室编. —昆明：云南民族出版社，2010. 12

ISBN 978-7-5367-4871-2

Ⅰ. 安… Ⅱ. 安… Ⅲ. 安宁市—2010—年鉴
Ⅳ. Z527. 44

中国版本图书馆 CIP 数据核字（2010）第 248638 号

责任编辑	张东平　佘尔昶
出版发行	云南民族出版社 （昆明市环城西路 170 号云南民族大厦 5 楼　邮编:650032）
邮　　箱	ynbook@vip.163.com
印　　制	昆明鹰达印刷有限公司
开　　本	787×1092　1/16
印　　张	40
字　　数	1550 千
版　　次	2010 年 12 月第 1 版
印　　次	2010 年 12 月第 1 次
印　　数	1~2000 册
定　　价	268 元
书　　号	ISBN 978-7-5367-4871-2/K·1319

《安宁年鉴》（2010）编辑委员会

《安宁年鉴》编辑部

《安宁年鉴》（2010）撰稿人名录

（以内容编排为序）

张丽华	莫金祥	梁 燕	李 婧	李顺荣	高 杉	唐建梅
邓明亮	张富贵	曹文光	陈贵元	李 超	杨 利	朱云荣
杭建荣	王 恒	王志群	陈茂芬	李成林	张德义	杨 俊
武吏熊	王明起	武忠祥	杨本昆	房玉芬	史锦泽	熊在荣
张绍权	杨继学	李加成	刘 刚	谢永熙	宋文娟	许 倩
祝 嘉	邝春丽	杨玉莲	郑洪坤	刘一滩	蒋 祁	陈 猛
华 敏	李 伟	徐加仓	李跃辉	吴彦斌	俞学云	吴学贵
杜 铮	周佳晶	王莲丽	廖继宏	白玉琦	李星河	邓文平
刘 威	赵 社	魏忠强	李德松	李志强	岑 涔	韩 莹
杨 荣	李四宏	冯 浩	和卫先	朱家宏	李顺志	孙汝明
张仕能	王忠兴	安 恒	赵书涛	李正菊	姜 华	徐春华
龙泽祥	刘思思	王志军	刘萍莲	王永红	苏安萍	谢小燕
叶建明	吴 敏	何玉书	孙祖明	陈昆林	张豫江	陈海莉
周莹莹	腾 蓉	李智娟	陈宏璋	高 垒	武春雁	冯锦明
荣 松	田文忠	徐寅生	张 波	杨鹏霖	张铮勇	李素娥
张志宏	任 婷	姜汝钧	李智平	罗贤明	杨学辉	马建光
张志明	陈利冰	罗玖仙	丁富鑫	张 斌	禹 林	马能韬
付承华	杨 燕	洪金伟	罗菊兰	陈 焰	杨维琼	陈晓洪
谷春海	黄金才	赵建云	唐苏萍	曹丽华	彭汝梅	胡 伟
张艳蓉	陈兴国	黄洛沙	马红英	邓 明	徐建蓉	李艾平
浦和芳	林 兵	李规定	姚祖贵	杨世龙	王文俊	覃 元
吴云春	李 蕾	陶 薇	武慧萍	陈永坤	张少伟	王艳玲
侯石开	罗尚军	杨贵福	苏 舟	李 波	高 磊	朱永法
史冠群	朱正才	袁玉芳	李少康	马雄飞	王力平	旃 燕
徐文泉	陶鑫洲	段春华	杨永进	马义芳	黄昌明	于唐惠

编辑说明

一、《安宁年鉴》是安宁市唯一在国内外公开出版的大型综合年刊和地情资料工具书，由安宁市人民政府主办、党史地方志编纂委员会办公室编辑发行，于1998年正式创刊。其宗旨是为各级领导进行科学决策和考核部门工作实绩以及广大干部群众认识安宁、建设安宁提供全面系统的最新信息资料；同时，也为各部门和单位开设一个展示形象的窗口。

二、本年鉴全方位记录了2009年安宁市各条战线、各个部门的工作业绩、新生事物和值得研究的新问题，尤其重点记录了全市在落实科学发展观，促进市域经济发展，推进工业强市战略，全面建设小康社会等方面取得的可喜成绩。本年鉴采用分类编辑法，全书共设置特载、大事记、概况、政治、军事、法制、经济管理、农·林·水·电、工业·乡镇企业、交通·运输·邮政·通信、城建·环保、财政·税务、金融·保险、商贸、科研、教育、文化·体育·旅游、医疗·卫生、社会、人物、文选·附录等21个部目，下设类目和条目；也有个别部类在类目下增设分目，分目下设置条目，以区别各个不同层次的领属关系。如政治部类下设类目中共安宁市委员会，类目下设分目市委主要工作、市委办公室、组织工作、统战工作等。各个层次均以字体、字号等版面语言来区别。条目为撰写内容的基本单元，也是揭示事物中心内容的标题。条目标题用黑体字加【　】表示。

三、本年鉴稿由安宁市直各部门、各乡镇和驻市部分省、昆明市属单位撰写，并经承撰单位主要领导审核。所用综合性资料和数据一般截止2009年底。个别事件因叙述需要，起止时间稍作前后延伸。特载收录当年市党政领导的重要报告，全局性数据以市统计局提供的资料为准，领导干部名录由市委组织部终审刊发。

四、本年鉴编辑工作得到云南年鉴研究会、《昆明年鉴》编辑部和社会各方人士的指导帮助，得到市域内各有关部门和单位的大力支持，在此谨表谢忱，并希望提出宝贵意见。

《安宁年鉴》编辑部

目　录

特　载

大事记

概　况

县街镇

政　　治

中国共产党安宁市委员会

主要工作

市委办公室

组织工作

统战工作

宣传工作

《今日安宁》编辑部

机关党委

党史研究

市委党校

政策调研·扶贫

新农村建设

保密工作

机要工作

精神文明建设

政法工作

机构编制

老干部工作

目标管理督查

纪检·监察

安宁市人民代表大会常务委员会

工作监督

代表工作

安宁市妇女联合会

安宁市残疾人联合会

军　　事

中国人民解放军安宁市人民武装部

武警安宁市森林大队

安宁市公安消防大队

成都军区昆明疗养院

77215 部队

武警安宁市中队

法　　制

公　　安

检　察

审　判

司法行政

云南省第三监狱

云南省安宁监狱

云南省未成年犯管教所

经济管理

发展改革

经济贸易管理

工业经济管理

统　　计

国有资产监督管理

投融资工作

企业改革工作

其他工作

审　　计

安全生产监督管理

国土资源管理

工商行政管理

食品药品监督管理

质量技术监督

农·林·水·电

农　业

林　业

水　利

电　力

工业·乡镇企业

市属工业

驻安宁的省、昆明市属企事业单位选介

民营企业选介

云南成飞工贸有限公司

乡镇企业

三资企业选介

骨干企业选介

交通·运输·邮政·通信

交 通

运 输

邮 政

通 信

城建·环保

城乡规划和管理

城市建设

地　　税

金融·保险

综　　述

云南银监局安宁办事处

中国人民银行安宁市支行

中国工商银行股份有限公司安宁支行

中国建设银行股份有限公司安宁支行

中国农业银行股份有限公司安宁市支行

中国农业发展银行安宁市支行

交通银行股份有限公司
昆明安宁支行

富滇银行股份有限公司
昆明安宁支行

安宁市农村信用合作联社

中国人寿保险股份有限公司
安宁市支公司

中国人民财产保险股份有限
公司安宁支公司

商　　贸

安宁市金方商业集团有限责任公司

安宁市供销合作社联合社

云南省烟草公司
昆明市公司安宁分公司

药品生产经营

安宁百货有限责任公司

安宁市商业贸易有限责任公司

安宁市饮食服务有限责任公司

安宁振鑫商贸有限责任公司

安宁市酱菜食品有限公司

安宁市食品有限责任公司

安宁一根葱餐饮

集贸市场建设与经营

云南三明鑫疆集团有限公司

云南惠嘉托佩克育种有限公司

云南安宁房地产开发有限公司

安宁原生科技有限公司

科　　研

科　　技

科　　协

防震减灾

气　　象

教　　育

综　　述

义务教育

普通高中教育和职业教育

幼儿教育

民办教育

德育工作

教育投入与学校建设

教育改革与管理

教育基金管理

文化·体育·旅游

文　化

体　育

旅　游

旅游、餐饮服务企业

云南安宁温泉宾馆

昆明市干部疗养院

云南安宁天惠大酒店有限公司

医疗·卫生

医疗保健·爱国卫生

卫生监督

疾病预防控制

社 会

人民生活

人事人才

2009 年受国家、省和昆明市级表彰的先进集体名录

劳动和社会保障

劳动就业

社会保险事业

医疗保险

民　政

地　名

老龄工作

民　族

宗　教

人口和计划生育

社会团体

安宁市延安精神研究会

安宁市老年体育协会

安宁市老龄事业发展促进会

安宁市诗书画协会

人 物

领导干部名录

英模人物

科技人物

文选·附录

历史文化研究

论 坛

附 录

索　　引

Main Contents

Banking · Insurance

Commerce and trade

Scientific Research

Education

Culture · Sports · Tourism

Medical treatment · health

Society

·政事纪要·

2010年1月12日，云南省省长秦光荣，中共云南省委常委、昆明市委书记仇和等领导在中共安宁市委书记李树勇，安宁市市长王剑辉陪同下到昆钢晨景花园政企共建廉租住房、官庄片棚户区和安宁市二期廉租房宝兴宁和家园视察。 （市住建局　供稿）

2009年6月26日，中共云南省委常委、昆明市委书记仇和，昆明市市长张祖林等领导在中共安宁市委书记李树勇、安宁市市长王剑辉等陪同下到安宁市调研。

（宋玉昆　摄）

·政事纪要·

2009年5月15日，中共昆明市委副书记（现昆明市人大常委会主任）杨远翔在中共安宁市委书记李树勇、副书记尹贵生等陪同下到连然街道宝兴社区视察和谐社区建设情况。

（连然街道　供稿）

2010年8月20日，中共安宁市委书记李树勇，市委常委、市委组织部部长王坚，市委常委、市委宣传部部长容国玲到温泉镇官庄村委会党总支调研“创先争优”活动开展情况。

（市委组织部　供稿）

2009年7月14日，安宁市人大常委会主任王文学、副主任洪雯静等对安宁市2008年招商引资项目落实情况进行检查。 （市人大 供稿）

2009年11月18日，安宁市政协主席李海平、常务副主席段学发及部分政协委员到金方街道新村社区视察，副市长张岩陪同视察。 （俞学云 摄）

·政事纪要·

2009年12月26日，中共安宁市委副书记尹贵生、安宁市民代表何明（安宁中学校长）在西安市接受中国最具幸福感城市推选活动组委会授予安宁市“建国六十周年——中国最具幸福感城市”牌匾。（市委办 供稿）

2010年3月6日，中共安宁市委常委、市委政法委书记张维勇走上街头参加法律法规宣传日活动。（邬剑冰 摄）

2010年9月12日，中共安宁市委常委、市委办主任耿玉立，中共安宁市委常委、市纪委书记焦林，中共安宁市委常委刘婕等检查职教基地配套设施建设情况。（唐 科 摄）

·政事纪要·

2009年5月14日，安宁市人大常委会主任王文学，副主任魏学林、郭光辉、李树华等视察公安派出所规范化建设情况。
（市人大　供稿）

2009年11月25日，安宁市市长王剑辉、副市长李春明等到螳川路调研城市基础设施建设情况。
（宋玉昆　摄）

2009年10月21日，中共安宁市委常委、副市长尹旭东，中共安宁市委常委刘婕等调研职教基地建设。
（路　宽　摄）

·政事纪要·

2009年11月9日，昆明市政协副主席陆玉珍在安宁市副市长张岩等领导陪同下到安宁调研农村中小学标准化学校建设工作。
（市教育局　供稿）

2010年4月29日，中共安宁市委常委刘婕，市人大常委会副主任郭光辉、洪雯静到基层群众临时安置房了解情况。
（唐　科　摄）

2009年6月6日，市人大副主任李树华、副市长戴彬、市政协常务副主席段学发在安宁中学调研。
（市教育局　供稿）

·政事纪要·

2009年12月15日，安宁市副市长程宇清在八街镇文艺踩街活动仪式上讲话。
（朱正才　摄）

2010年7月27日，安宁市政协主席李海平、常务副主席段学发、副主席马文喜等视察安宁市老干部活动中心。
（俞学云　摄）

2009年10月20日，普洱市思茅区政协考察安宁市招商引资工作，安宁市政协副主席曹忠昌等陪同考察。
（俞学云　摄）

·招商引资·

2010年3月18日，安宁市举行云南友日久包装基地项目开工典礼。（路 宽 摄）

2009年3月26日，安宁市人民政府、富滇银行股份有限公司、中融国际信托有限公司举行云南新工业信托战略合作签约仪式。（路 宽 摄）

·招商引资·

2009年6月5日，安宁市举行“云锡体育健康城”暨“安宁市太平体育运动中心”项目开发建设协议签约仪式。

（路 宽 摄）

2010年9月10日，中国石油中缅油气管道工程（中国境内段）开工暨云南1000万吨/年炼油项目奠基。

（路 宽 摄）

2010年9月16日，云南经济管理职业学院举行安宁校区2010届学生开学典礼。

（李 忠 摄）

·创卫剪影·

2009年12月11日，中共安宁市委书记李树勇、市长王剑辉等领导参加清扫垃圾活动。（宋玉昆　摄）

2009年8月21日，安宁市召开创建国家卫生城市冲刺大会。（宋玉昆　摄）

2009年9月8日，安宁市政协组织政协委员视察基层医疗卫生工作。（俞学云　摄）

2010年3月2日，安宁市开展大规模的群众爱国卫生活动。（宋玉昆　摄）

安宁职教基地管理委员会

2010年7月17日，昆明市委工作会观摩团观摩安宁职教基地。

2010年3月18日，云南省教育厅厅长罗崇敏到安宁职教基地调研。

安宁职教基地管委会基本情况

2009年2月23日，安宁市编委会议研究并明确了安宁职业教育基地管理委员会机构编制相关事项，确定机构名称为安宁职业教育基地管理委员会（安宁市云南高等职业教育产业基地工作领导小组），机构性质为安宁市人民政府的行政派出机构，内设3个职能局（室）：综合办公室、经济发展局、规划建设局，各设负责人1名。主要职能：负责编制职教基地建设总体规划和控制性详细规划并报批实施。组织编制职教基地的修建性详细规划并组织实施和管理。负责编制职教基地规划范围内投资项目的初审等工作，并对落户学校、项目进行跟踪服务。负责职教基地建设用地管理的交易以及职教基地各项基础设施、公用设施和其他公益性建设项目的建设、监督、管理。负责做好职教基地的对外开放、招商引资工作，按规定权限指导职教基地内企、事业单位发展。

规划先行，确保项目建设规范有序

（一）总规编制。《云南省高等职业教育基地和公共实训基地总体规划》2007年10月委托云南省城乡规划设计院研究编制，2008年10月10日由昆明市规划局组织专家进行论证，11月20日昆明市城乡规划委员会第十六次会议评审通过。

（二）控规编制。安宁职教基地管委会2009年5月全面启动职教基地控制性详细规划编制工作，2010年1月30日通过安宁市规委会评审，3月13日取得安宁市政府行政批复。

（三）专项规划设计。职教基地竖向规划、供排水、燃气、电力通讯等专项规划编制完成。二期路网、邻里中心、第二自来水厂、110KV变电站等工程初步设计顺利完成。

多措并举，确保基础设施快速配套

安宁职教基地管委会狠抓配套基础设施项目建设，安县公路、西一绕公路、一期支次路网快速推进，完成了应急供水、近期供电设施、一期煤气工程、防洪工程等项目建设，启动了安澜雅苑集中居住区、安宁市第二自来水厂、110KV电站等项目建设，多措并举，确保各配套项目全面推进。

主动服务，确保入驻院校项目顺利推进

职教基地成立以来，坚持树立“大职教”理念，在安宁市原有职业学校基础上新引进建设了6所职业院校。其中，云南技师学院、云南经济管理职业学院、云南工程职业学院一期工程建设完成并入驻学生。昆明冶金高等专科学校一期建设收尾，云南轻工职业学院（筹建）、云南省工艺美术职业学院（筹建）前期工作全面开展。

加快配套，确保社会服务功能进一步完善

经多方努力，从安宁职教基地到安宁主城的公交车专线已正式开通运营，职教片区两个治安岗亭安放完毕并已正式投入使用，片区治安巡逻全面展开。为确保片区社会服务功能进一步完善，集邮政、通信、公交、消防、商业配套等为一体的公共服务区项目现已启动前期工作。

2009年12月25日，安宁职教基地举行安澜雅苑集中居住区建设启动仪式。

2010年5月22日，安宁职教基地管委会在浙江永康举行2010年招商引资推介会。

地　址：安宁市中华路1号市政府办公大楼1楼　　电　话：0871-8688326　　邮　编：650300

昆 明 钢 铁 控

2009年5月14日，中共中央政治局委员、国务院副总理张德江到昆钢视察，听取了昆钢董事长、党委书记王长勇的工作汇报。

2009年6月6日，第17届中国昆明进出口商品交易会开幕。全国人大常委会副委员长蒋树声在中共云南省委书记白恩培、省长秦光荣，昆钢党委书记、董事长王长勇等领导的陪同下，巡视昆钢展区。

2009年8月5日，中共云南省委书记白恩培，省委常委、省委秘书长杨应楠，省委常委、昆明市委书记仇和率省市有关部门负责人到昆钢重装集团龙港产业基地视察。

2009年2月22日，昆钢隆重召开建厂70周年庆祝大会，云南省副省长和段琪代表云南省委、省政府向昆钢赠送“科学发展、基业长青”牌匾。

昆明钢铁控股有限公司是国家特大型工业企业和云南省重点大型企业集团，是一个集钢铁冶金、煤焦化工、矿业开发、重型装备制造、水泥建材、房地产开发、钒钛产业、现代服务、工程设计、海外业务等产业为一体的跨所有制、跨行业、跨地区、跨国经营的大型企业集团。2009年，昆钢实现销售收入410亿元，利税28亿元，利润10.52亿元。

昆钢坚持“主业优强，相关多元”的发展战略，充分发挥地域优势，积极内引外联，着力用高新技术改造传统产业，开发国内国外两种资源，拓展两个市场。2009年，昆钢积极培育和发展铁矿业、煤焦化工、水泥建材、房地产、装备制造、铁合金、管道输送、现代服务等产业，全年相关多元产业实现销售收入165亿元，利润8.87亿元，跻身中国企业500强。

面对经济全球化和全国钢铁企业竞相发展、竞争剧烈的形势，昆钢认真把握国家的产业政策，以科学发展观统领全局，谋划发展，确定新的发展目标：围绕转型升级、提质增效两大关键任务，从政策引导、资金支持、力量加强、方法创新等方面入手，加快发展方式转变，调结构、促转型，加速延伸产业链、构建产业集群、打造核心竞争力，推进昆钢快速协调可持续发展，“十二五”期间力争实现产钢1000万吨、销售收入1000亿元，其中相关多元产业实现销售收入500亿元、铁矿石自给率80%、水泥产能2000万吨的奋斗目标。职工收入持续提高，实现企业、人、自然发展相协调，开拓和谐发展、全面发展的新境界。

股 有 限 公 司

2009年9月22日，昆钢举行大红山铁矿扩产工程年处理700万吨原矿三选厂开工仪式。

2009年12月22日，昆钢在四川省攀枝花市盐边县举行攀枝花矿业公司800万吨选矿厂一期工程开工典礼。

2009年1月17日，昆钢举行镇康日产2000吨水泥熟料生产线奠基仪式。

2009年9月16日，中央电视台一套《新闻联播》栏目记者到昆钢，就昆钢廉租房建设现场采访昆钢公司党委书记、董事长王长勇。

2009年2月22日，昆钢举办建厂70周年“光荣与梦想”专题文艺晚会。

2009年4月26日，由云南省委、省政府主办，省委宣传部、文化厅、昆钢、云南电视台承办，昆明市委宣传部、安宁市委市政府协办的云南省“云之南”艺术团赴昆钢慰问演出。

地　址：云南省昆明安宁市
电　话：0871-8603459
邮　编：650302

砥砺奋进

——安宁市农村信用

2010年5月13日，云南省农村信用联社主任任树云到安宁指导工作。

2006-2010年是安宁市农村信用社发展史上极不平凡的五年。2005年11月，安宁市农村信用社作为全省以县（市）为单位统一法人产权制度改革试点的四家联社之一，在全面深化农村信用社改革大潮中，产权制度改革统一法人初步完成。自此，安宁农信社乘着改革东风，顺势而为，抒写了一页又一页历史发展的新篇章。"牢固树立科学发展观，实现又好又快发展"是安宁农信人坚守的理念。五年来，安宁农信社用事实雄辩地证明了自身存在的价值；五年来，

提高金融服务水平

青龙信用社

部分员工合影

书写辉煌

合作联社5年发展纪实

安宁农信社发生了巨大变化，各项业务突飞猛进，市场份额不断扩大，经营的内外部环境明显改善，整体竞争实力明显增强,职工综合素质进一步提高，品牌效应明显提升，改革的成效尤为显现。

截止2010年9月末，各项存款余额已突破50亿元大关，达到50.3亿元，较统一法人时（2005年末，下同）增加39亿元，增长3.45倍；各项贷款余额39.9亿元，较统一法人时增加35亿元，增长7倍多；资产质量保持在较好水平，不良贷款率（四级分类）仅为0.63 %； 预计2010年将实现总收入2.5亿元、利润7,000万元，分别是统一法人时的6.3倍和17倍。

回顾五年的发展历程，安宁农信社走过的是一条不平凡的改革、创新、发展之路，“一年一变样，五年大变样”的轮廓清晰可见。可概括为：深化改革，夯实发展基础；倾情支农惠农，做好支持地方经济社会发展大文章；加强经营，完善管理；创新业务，提升服务水平；以人为本，打造具有活力和进取心的信合队伍；积极履行社会责任，构建和谐农信。

历史的车轮永不停止，永远向前。相信经历了五年的积淀与历练，安宁农信社必将在上级联社和安宁市委、市政府的正确领导和社会各界的关心支持下，创造出更加绚丽多彩、美好的未来。

2009年9月23日，举行安宁市农村信用合作联社各项存款突破40亿元庆典活动。

支持企业集团

支持中小企业

信贷支农

地　址：安宁市金沙小区1幢　　电　话：0871-8695545　　邮　编：650300

云南盐化股份

2009年3月18日，云南省总工会副主席李晋云到昆明盐矿调研。

2009年2月13日，国家环保部领导到昆明盐矿检查指导工作。

2009年4月22日，国家安监总局领导到昆明盐矿检查指导工作。

昆明盐矿是云南盐化股份有限公司下属企业之一，位于安宁市连然街道办事处青武山村，筹建于1986年，总投资1.75亿元，1993年6月建成投产。1997年并入云南省盐业总公司，2002年7月改制设立云南盐化股份有限公司昆明盐矿，是云南盐化股份有限公司下属企业中最大的生产企业，同时也是云南省目前最大的盐和盐化工原料生产基地。

根据《云南省人民政府关于云南省化工行业整合有关问题的批复》精神，2003年6月，云南轻纺集团整体划转云天化集团，云天化集团成为云南盐化股份有限公司的实际控制人。同年9月，根据省委、省政府深化国企改革和行业整合的精神，公司出资收购云南红云氯碱有限公司的经营性资产成立天塑分公司，搭建了盐和盐化工发展的平台。

云南盐化股份有限公司于2003年10月启动了“双十”工程项目建设，2004年5月开工建设，2006年3月完成了10万吨/年离子膜烧碱、10万吨/年聚氯乙烯、30万吨/年精制盐生产装置以及75吨热电站和项目辅助设施的建设工作并投入生产，总投资9.43亿元。昆明盐矿总资产增至目前的10.7亿元。“双十”项目是云南省实施行业整合、做大做强盐和盐化工经济的重点项目，同时也是公司上市募集资金、延伸产品产业链、构建云天化集团盐和盐化工产业平台的重点项目。

昆明盐矿经过近几年的建设发展和整合，目前已形成年产50万吨精制盐、13万吨聚氯乙烯、13万吨烧碱的生产规模；拥有首采区详勘盐矿石储量为3.99亿吨，氯化钠储量为2.28亿吨，矿区面积2.31km^{2}的盐卤矿山。主要生产食用盐、液体盐、工业盐、医药用盐、畜牧用盐、肠衣盐、多品种营养盐、聚氯乙烯、烧碱、盐酸、液氯等盐及盐化工产品。

2009年4月27日，贵州省国资委及省属国有企业领导到昆明盐矿考察交流。

有限公司昆明盐矿

昆明盐矿制盐生产装置原料卤水开采工艺采用国际上先进的钻井水溶法，原料输送为全封闭自流交替输卤和供水，供热系统采用热、电联产工艺；氯碱生产主体装置采用世界先进的离子膜法烧碱工艺和悬浮法PVC工艺，烧碱生产采用先进的自然循环离子膜电解工艺及DCS控制技术，PVC生产采用国内成熟应用的各项先进技术。制盐和氯碱生产装置均具有能耗低、污染小、工艺成熟、安全性能高等特点。

昆明盐矿下设9个生产分厂、11个部室，在册员工人数1819人，具有大学本科以上学历144人，大专172人，中专239人，中技413人，高中及以下851人；具有专业技术人员424人，其中：高级职称15人，中级职称90人，初级职称319人，工人技师44人。

2009年5月17日，老挝国家电网输电部副部长一行到昆明盐矿参观交流。

2009年7月13日，云南省环保厅环评中心一行十余人到昆明盐矿参观交流。

2009年6月，昆明盐矿在安宁市2009年安全生产知识竞赛中夺冠。

2009年8月4日，西南环保督查中心但家文处长一行到昆明盐矿对80万吨/年真空制盐项目进行调研。

2009年8月18日，中国盐业协会副秘书长方海英等盐业协会代表到昆明盐矿参观。

地　址：安宁市连然街道办事处青武山村　　电　话：0871-8699927　　邮　编：650300

云南天达化工

2009年3月6日，云南天达化工实业有限公司召开管理工作会。

云南天达化工实业有限公司成立于2007年9月25日，是云南磷肥工业有限公司债转股成立的新公司。成立后公司注册资本为9.29亿元，其中，信达公司占有60.59%的股权，云天化集团占有39.41%的股权。2009年4月初，按照云南省国资委转增资本的要求，公司及时办理了土地转增注册资本工作。截至目前，公司注册资本18.96亿元，其中，云天化集团占有70.33%的股权，信达公司占有29.67%的股权。截至2009年12月31日，公司拥有总资产19.55亿元；实现营业收入37418万元，扣除转供电部分17031万元后，实现营业收入20387万元，完成年计划的100.69%。

公司按照集团公司和股东会的安排，经营定位为“按照工业园区的管理模式，为园区内的各产品生产企业提供公用工程管理与服务”。目前主要经营范围包括水、电、气（汽）、铁路及公路运输、消防气防、安全保卫、环卫绿化、污水排放、总图管理和规划管理、医务急救等十项业务。主要生产经营性资产包括40万吨重钙装置、6万吨黄磷装置、14万吨磷酸装置、铁路专用线和铁路站台、供电系统、供水系统、供热供气装置、设备修造、综合仓库。其中重钙装置租赁给云天化国际富瑞分公司经营，黄磷和磷酸装置租赁给马龙产业安宁分公司经营。除以上业务外，公司还具有监理（丙级）、测绘（丙级）、设计（丙级）、实验室（建材强度实验）等相关资质，可开展相关业务。

截至2009年，公司实有员工1064人，其中在岗员工527人，内退职工273人，正退职工252人，其他12人。

实业有限公司

2009年4月22日，云南天达化工实业有限公司举行修造厂搬迁重建工程开工典礼。

公司铁路专用线

电仪车间总降主3号变压器

2009年9月23日，公司举行庆祝建国60周年文艺晚会。

地　址：安宁草铺镇
电　话：0871-8750280
邮　编：650309

云南安宁金成

总经理　蒋　勇

云南安宁金成矿业集团有限公司成立于1998年10月，于2004年3月正式成立集团公司。集团公司创立以来在社会各界的关心、支持下，全体员工团结拼搏、开拓创新，在激烈的市场竞争中始终坚持以人为本的管理理念、本着“亲义，团结、廉洁、创新”的企业宗旨、脚踏实地、诚信经营，历经10多年的高速发展，现已发展为金融投资担保为主，集矿业、商业、物业、文化地产为辅的多元化集团式企业，多元化的发展思路、严明的治企方式、现代企业的管理观念、在激烈的市场竞争中稳步发展。

矿业集团有限公司

2009年底兴建一座集休闲、娱乐、会议、餐饮、水疗、度假为一体四星级标准的金成花园会所酒店。公司发展不忘回报社会，长期以来一直热心社会公益事业，除资助贫困学生136人、特困户36人外，修缮校舍2所，并向汶川地震灾区捐款105万元，向云南抗旱救灾捐款20万元，捐赠武定近城小学人民币160万元。

荣誉证书

云南安宁金成矿业集团有限公司：

向云南省捐助抗旱救灾款：

贰拾万元

特发此证

昆明市抗旱救灾领导小组
二〇一〇年三月六日

荣誉证书

云南安宁金成矿业集团有限公司：

向四川省汶川“5.12”地震灾区捐赠一百零伍万柒仟玖佰叁拾玖元

特发此证

昆明市接收救灾捐赠领导小组办公室
二〇〇八年五月二十二日

捐赠证书

云南金成矿业集团有限公司：

关心、支持武定县教育发展，捐赠武定县近城小学人民币壹佰陆拾万元。

特发此证，以表谢忱！

武定县人民政府
二〇〇八年九月二十六日

地　址：安宁市安海公路0公里处（金成花园内）　电　话：0871-8696333　邮　编：650300

安 宁 市

2009年10月21日，安宁市市长王剑辉调研教育工作。

2009年8月6日，安宁市政协主席李海平、市人大常委会副主任洪雯静、副市长戴彬等领导参加宝兴学校二期工程竣工验收。

2009年，安宁市教育局以优化教育环境、深化教育改革、提升教育品牌和质量、努力推进城乡教育均衡发展和“巩固义务教育成果、基本普及高中阶段教育”为重点，认真贯彻落实科学发展观，全面推进素质教育，努力提高教育质量，各类教育得到了持续、快速、健康发展。

1、教育软环境更加优化。

2009年，深入实施阳光政务“四项制度”和政府信息公开制度，凡能公开的政府信息一应公开，同时开通了96128政务查询专线，接听率与满意率均为100%；规范收费行为取得实效，一举通过了云南省“规范教育示范县”验收。

2、教育综合改革不断完善深化。

正式组建安宁市人才服务中心教育分中心，履行教职工人事代理职责，并全面推行岗位工资制，全市教职工由身份管理转向岗位管理；首次实行公办—民办学校之间互派干部及教师挂职、锻炼，其教师资格认定和职称评审工作与公办学校一视同仁；加大教育资源整合力度，学区化管理模式初现，整合安宁三中与宝兴学校，宁湖小学纳入安宁一小、昆钢九小纳入太平学校管理。

3、学校建设力度逐步增大。

2009年，完成宝兴学校二期、安宁实验学校项目的建设和验收；启动青龙学校异地新建、安宁二中改扩建工程建设；完成了安宁职中改扩建工程，普教与职教招生比例接近1：1.19，高中阶段教育进一步拓展。同时，努力打造职教园区，目前安宁职教基地在建院校5所，新签约1所；完成农村中小学远程教育“班班通”工程建设，建成了安宁市教学资源库（资源服务中心）；科学推进中小学校舍排危工作，在对全市中小学校舍进行排查鉴定的基础上，制定了安宁市2009年度加固、改造和

教 育 局

2009年9月9日，安宁市教育局举行庆祝第二十五届教师节暨表彰大会。

重建计划以及三年总体规划。

4、教育品质日益提升。

创建省、市级“绿色学校”9所。安宁市被评为“云南省教育工作先进市”。三所高完中均获得不同奖项，全市普高考生综合上线率96.87%，高职院校录取率70.7%，中考总分及格率84.1%，小学总分及格率93.2%，三科优良率52.7%。市内外职普高中、中专共录取2821人，高中阶段教育录取比率87.6%，高中阶段教育瓶颈得到突破。

5、教育发展成果普惠于民。

全面实行免费义务教育，继续实施寄宿制学生生活补助、高中阶段学校助学金政策，安宁市级财政共投入配套书费和寄宿制学生生活补助款项1100万元；对符合条件的大学困难新生给予补助，办理生源地信用助学贷款。

6、党建工作得到增强。

用科学发展观统领安宁市教育事业改革发展的全局，围绕办好人民满意教育这一目标，进一步加强行风建设、廉政建设，深入实施“云岭先锋”工程，深化服务意识，坚持依法行政，提高行政管理水平，深化惠民行动，进一步加强规范化服务型机关建设。

2009年9月26日，安宁市教育局举行庆祝中华人民共和国成立60周年教职工文艺汇演。

地　址：安宁市文化路14号
电　话：0871-8697631
邮　编：650300

安宁市人民政府

2010年3月3日，呈贡县政务服务中心一行到安宁政务服务中心考察交流。

2010年6月10日，易门县党政考察团到安宁政务服务中心考察交流。

2010年3月12日，重庆市永川区考察团到安宁政务服务中心考察交流。

2010年，安宁市人民政府政务服务中心紧扣市委、市政府中心工作，在各部门，特别是窗口单位的大力支持下，中心班子成员团结一致、尽心尽责、倾其所能，力推中心各项工作再上新的台阶。

政务服务中心始终坚持以认真求实的态度，落实各项规章制度，使中心各项工作开展顺利。每周一、周四严格执行《值班领导进中心制度》；重新出台了《安宁市政务服务中心窗口服务绩效考核办法（试行）》，从多方面综合考核窗口业绩，并每月在《今日安宁》和安宁电视台上公布综合绩效结果；同时，中心每季度召开职工大会，对绩效测评结果前三名的单位，日常表现好的窗口及工作人员进行奖励，表现差的进行批评，以激励各窗口提高办事效率，提升服务质量。中心日均办件量达300多件。

政务服务中心努力构建“三级联动”基层为民服务体系，有效整合政务资源，形成上下联动，让群众和投资者享受高效、快捷、优质的政务服务。在各镇（街道）积极配合下，制作便民联系卡共78650张，为群众提供了方便、有效、快捷的沟通途径。为进一步做好基层为民服务工作，转变政务服务方式，中心通过调查研究，制定了《政务下乡活动实施意见》，利用每月局长接待日，开展政务服务下乡。自2010年5月以来，中心已组织进驻中心窗口单位的主要领导进行了三次政务下乡活动。走访了县街、金方、太平等7镇（街道），观摩了重点招商引资项目、产业结构调整项目建设现场，详实的了解了建设项目在推进过程中存在的困难和问题，为企业和投资者提供及时的政务服务。

根据《中共昆明市委昆明市人民政府关于创新社会管理体制深化基层为民服务体系建设的通知》（昆通〔2010〕20号）文件精神，中心制定了《安宁市关于推进乡镇（街道）、村（社区）为民服务中心（站）标准化建设的

政务服务中心

意见（试行）》，对安宁市各级为民服务中心（站）各项设施建设、办理事项、办事流程、代办工作等进行规范。中心和各镇（街道）积极配合，全力以赴投入为民服务大厅改扩建设工作中。市政府分别给予比较困难的八街镇和禄裱镇50万元经费，补助为民服务办事大厅新建及改造工作。全市各镇为民服务办事大厅升级扩建全面完成，共投入经费600万以上。其中，草铺镇将投资300万打造1500平方米为民服务办事大厅，全国少见。2010年10月，安宁市对7镇2街道为民服务中心标准化建设进行了验收打分。安宁市各镇（街道）为民服务中心建设水平均高于昆明市规定标准，建设成果得到了验收组各位领导的肯定。与此同时，各镇分别以党委正式文件，确定了4名代办员，以实现招商引资和社会事务代办、领导干部包村等为民服务多级联动工作机制。为使各镇（街道）代办员尽快熟悉业务，早日落实代办工作，2010年9月，政务中心举办了为民服务代办员培训班，对全市乡镇代办员进行业务培训，安宁市基层为民服务工作人员综合素质得以全面提升。2010年11月中心再次对垂直管理部门综合代办员进行业务培训。

在完善为民服务体系建设的同时，为进一步提升安宁市在全国的知名度和影响力，吸引更多投资商，2010年1月我们对安宁市政府网站进行了全新改版，新的网站内容丰富，更新及时，浏览方便，容纳了视频安宁、政务动态、便民电话、媒体报道、招商引资等内容。政务服务中心还设置专人对安宁市政府网站进行管理和维护，每天收集发布政府相关部门信息。通过努力，安宁市政府门户网点击目前排名昆明县区第一，全国县级政府网站前列。我们正在积极创建全国优秀政府网站。

为进一步创新审批方式，压缩审批时限，提高办事效率，节约办事成本，逐步实现“政府办公自动化、信息处理无纸化”。中心将在部分窗口试行网上预审批，办事群众通过网络方式，实现部分审批手续的预办理。该项工作技术含量高，难度较大，通过分析研究和大量前期工作的开展，中心已制定了网上预审批实施方案。

经过一年的努力，安宁市基层为民服务体系建设工作顺利实施。在昆明市所有县（市）“三级联动”工作中起到了一定的模范带头作用。中心在上级领导下积极探索，勇于创新，在实践中不断完善。以“为民、利民、便民”为宗旨，努力向“省内一流，西部前列，全国先进”的工作目标努力。

安宁市政务服务中心职工大会

2010年7月15日，四川省成都市武侯区政务服务中心一行到安宁政务服务中心考察。

地　址：安宁市中华路16幢安宁会堂一楼　　电　话：0871-8782188　　邮　编：650300

连然街道

2009年4月13日，云南省精神文明建设指导委员会检查验收连然街道省级文明单位创建工作。

2009年5月15日，昆明市委副书记杨远翔就学习实践科学发展观到连然街道进行民情恳谈。

连然街道位于安宁市东南部，地处安宁市的城市中心区域，街道于2008年2月13日正式揭牌成立，前身为连然镇。汉朝以来，就有“连然金方、螳川宝地”的美誉，是昆明市通往滇西公路的咽喉要地，随着昆安高速公路的开通，距云南省会昆明市23公里。地处东经102° 10'，北纬24° 31'—25° 06'之间，平均海拔1800米。它东连太平镇，西靠草铺镇，南接县街镇，北临温泉镇，具有较好的地理位置和区位优势。在地质方面，属滇池盆地西部的第一台地，处于滇中高原的东部边缘地带；其地貌类型属螳螂川浸蚀切割地（即中山河谷盆地貌）；在土壤方面，属山原红壤区，主要有红壤、紫色土、水稻土三个土类，共10多个土种类。境内有高山、中低山、丘陵、河谷和盆地，主要河流有螳螂川、马料河等“一川六河”。受西南季风气候影响，夏秋季节多雨，冬春季节晴干，雨量集中，雨热同季，属滇中地区北亚热带高原季风温凉气候。区域内年均气温在16℃—18℃之间，最高气温35.6℃，最低气温—6℃。境内矿产资源丰富，主要有盐、钙、芒硝、石英砂矿、钛矿等。

街道辖3个村委会、11个社区居委会，16个村民小组和35个居民小组（未包含云化、宁湖），辖区总面积为69.84平方公里，总人口85096人（含流动人员25691人），其中：农业人口7693人，非农业人口51712人。农业人口中，乡村劳动力资源总数6182人，其中劳动年龄内人口数为5935人；乡村从业人员5901人，其中：男2866人，女3035人；劳动年龄内的从业人数5638人。农林牧渔业从业人员1766人；从事二、三产业人数为4135人，占农村劳动力资源总数的66.9%，其中：工业从业人员1371人；建筑业从业人员 342人；交通运输仓储和邮电从业人员394人；信息传输、计算机服务和软件业从业人员48人；批发零售业从业人员 520人；住宿和饮食业从业人员216人；其他行业从业人员1244人。

2009年，完成财政总收入27038万元，占预算16315万元的166%，占目标任务23060万元的117%，比去年同期增收6985万元，增长35%。一般预算收入完成17137万元，占预算10150万元的169%，占目标任务14120万元的121%，比去年同期增收4533万元，增长36%。上划中央两税收入完成9901万元。

工业经济持续壮大，非公经济健康发展，并成为重要经济支柱。乡镇企业完成增加值66198

万元，完成年计划的109%。其中，工业企业完成增加值35679万元，完成年计划的104%；实交税金完成13814万元，完成年计划的80%；完成农产品加工销售产值23528万元，完成年计划的107%。

农业经济稳步发展。紧紧围绕农民增产增收的总体目标，立足抓早，做好春耕备耕和大春生产各项工作，圆满完成了省市各级下达的任务数。共完成大小春两季病虫测报50期，为病虫的防治打下了良好的基础，人为地降低了因病虫害带来的损失；完成对13512头重大动物及232913羽禽类疫病的强制免疫工作，免疫率达到100%；在黑土厂、小桃花两个村小组实施了清洁生产示范区建设工作，养殖大户建立了垃圾处理池，实施了清污分流，清洁生产的“0”排放。完成了水稻300亩、玉米500亩测土配方工作，控释化肥面积650亩，占总种植面积的31.1%。围绕农产品生产加工、仓储营销，引导和鼓励农业龙头企业、种植大户、科技人员、返乡创业农民创办农民合作组织，带动本地农户2350户，占总户数的63.2%。2009年完成了30人绿证培训任务；对2826人进行了畜禽养殖、养渔、粮食、蔬菜无公害栽培、病虫害防治等实用技术的培训。认真做好路检路查工作，确保不发生农机重大交通安全事故，配合道路交通安全部门对路情路况及违章现象进行检查查处。

2009年7月15日，安宁市委书记李树勇等领导一行到大桃花村实地调研大桃花货运站征地工作。

2009年8月6日，连然街道召开创卫工作安排会。

2009年8月28日，连然街道党工委召开中心理论学习组（扩大）会议。

2010年1月19日，连然街道召开2009年度经济工作会。

草铺镇

2009年1月4日，草铺镇召开第四届人民代表大会第二次会议。

2009年9月24日，安宁市政法委检查草铺镇打黑除恶工作。

2009年7月30日，草铺镇举行法律法规知识培训会。

草铺镇位于安宁西部，距城区12公里，昆碗公路45公里处，东邻连然街道办，南接县街镇，西靠易门二街，北连青龙镇。辖区面积171平方公里，最高海拔2400米，最低海拔1600米，辖区内有金沙水系（涉及6个村委会）和红河水系（涉及2个村委会）。草铺古为迤西大马路重要站口，当地人在此建盖草房为店铺，故名草铺；因地表水稀少，地下水资源丰富，又俗称“干草铺”。下辖麒麟、草铺、青龙哨、三家、柳树、权甫、邵九、王家滩8个村委会、1个社区居委会和42各村（居）民小组，2009年末户籍人口16734人。镇域内矿产资源丰富，交通发达便捷，电力通信设施齐全，投资环境良好，随着云天化集团、昆钢技改项目和麒麟片区工业园区开发，草铺镇工业发展已逐渐成规模。

2009年全镇经济社会又好又快发展，综合实力进一步增强。年内背负“两大项目”的落成选址，“三条快速通道”的开工建设和“六个村”整体搬迁安置的同时，完成招商引资82897万元，实现财政总收入10453万元，其中地方财政收入6439万元，分别增长29%和49%；农村经济总收入达21122万元；农林牧渔业总产值预计达10416万元，比上年的9644万元增长8%；乡镇企业增加值42935万元，比上年的39777万元增长7.94%，非公经济实交税金8507万元，比上年的3491万元增长143.68%；实现农民人均纯收入达6119元，比2008年的5600元增长9.3%。吸纳各类人员6686人，全镇形成工农业协调发展的良好局面。

地　址：草铺镇政通路
电　话：0871-8723001
邮　编：650309

2009年10月24日，草铺镇举行依法禁毒构建和谐草铺宣传活动。

对320国道两旁进行绿化美化

草铺关圣宫

开展丰富多彩的文艺活动

草铺集中安置区——柳树小区

太平新城

太平新城管理委员会、太平镇领导班子合影。

太平新城距昆明市16公里、安宁市区12公里，隶属安宁市人民政府，辖区内行政机构有：太平新城管理委员会、太平镇人民政府、太平新城投资有限公司。与西山区的海口镇、碧鸡镇、团结镇相邻，是联系昆明和滇西各地的咽喉要塞，全镇总面积85平方公里，新城规划面积69.03平方公里，以体育产业为先导，以旅游产业为核心引擎、发展文化创意产业、物流贸易产业、现代城市服务业，现代花卉园艺种植业，形成多元化产业分梯次的产业结构，最终形成以第三产业为主体的体育旅游生态新城。

截止2009年底，全镇总人口16523人，世居民族主要有汉族和白族，全镇下辖3个村民委员会，3个居民委员会，20个村民小组，16个居民小组；地方财政收入为9622万元、地方财政支出为3215万元、工业总产值为103592万元、农业总产值为5029万元、招商引资总额为69434万元、固定资产投资额为114950万元、农民人均纯收入为5398元、城镇化率28%。2009年共争取到上级基础设施项目补助和财政补助资金1066万元。

太平新城开发建设经过5年努力，投资4.33亿元，完成市政道路建设工程9项11公里，配套建设18公里供水主管工程、沿道路4.2公里绿化，水电路讯基础设施覆盖了一期11平方公里。经过不断的开发建设实践，历经“二合一”管理体制到“三位一体”管理体制。整合了太平新城管委会、太平镇人民政府、太平新城投资有限公司资源，日常工作在太平镇党委统一领导下，按照民主集中制原则，实行会决制，以镇党委（扩大）会议对重要日常工作进行决策，报经市政府分管领导批准后贯彻执行。加大了行政管理体制机制改革工作力度，加强统筹协调，提高了工作效能。

2010年1月14日，太平镇举行第二届人民代表大会第三次会议。

2010年1月5日，中共昆明市委九届六次全会参会领导观摩太平新城“恒大·金碧天下”项目。

2009年6月30日，太平镇举行“七一”纪念表彰大会。

2009年6月2日，安宁市委在太平镇妥睦村举行深入学习实践科学发展观活动调研座谈会。

2009年9月3日，安宁市老年大学太平分校成立暨开学典礼。

2009年10月31日，安宁市举行太平奥林匹克体育小镇东环干道四标段工程BT项目开工仪式。

太平新城部分区域鸟瞰图

太平新城住宅小区

太平新城一期主干道

太平新城二期主干道

地　址：安宁市太平镇　　电　话：0871-8611228　　邮　编：650301

云南省安宁监狱

团结奋进的监狱领导集体

云南省监狱管理局党委书记、局长马林（左二）到安宁监狱视察指导工作。

2008年9月23日，安宁监狱举行监狱改扩建工程开工庆典。

云南省安宁监狱（企业名称为云南省光明园艺场）创建于1951年8月，位于安宁市县街镇。是一所关押普通刑事罪犯、中度戒备的国家中型监狱。

在近60年的风雨历程中，监狱工作紧随新中国的历史步伐，积极参与地方政权建设和经济建设，在不同的时期成功收押并改造了一批又一批监管改造对象，为新中国政权的建立、社会稳定及经济发展作出了突出贡献。

十一届三中全会以来，监狱历届党委在省厅、局党委的正确领导下，在安宁市委、市政府的关心支持下，认真贯彻党的监狱工作方针，团结和带领全体警察职工，以服务大局、维护社会安全稳定为首要任务，以建设法制、文明、和谐、平安监狱为目标，不断解放思想、与时俱进、抓住机遇、加快发展，充分发挥国家刑罚执行机关的职能，依法治监，文明执法，切实加强警察队伍建设，在确保监狱安全稳定的前提下，努力提高罪犯改造质量，监狱生产、经济工作实现跨越式发展，监狱整体工作进入了一个快速发展时期，监狱面貌发生了翻天履地的变化，各项工作取得了辉煌成就。2009年底，监狱改扩建工程顺利完工，为创建现代化文明监狱，实现监狱工作又好又快发展奠定了坚实的基础。

2010年3月29日，云南省司法厅厅长何剑文视察安宁监狱。

安宁监狱举办岗位练兵活动培训班

安宁监狱召开廉政风险点防范管理工作会议

2008年9月23日，云南省监狱管理局领导和安宁市委市政府领导为新监狱奠基。

安宁监狱新办公大楼

安宁监狱布局规划鸟瞰图

安宁监狱警察职工住宅小区——嵩华家园

地　址：安宁市县街镇
电　话：0871-8709350
邮　编：650304

规范、整洁的监管区

安宁供电

2010年2月26日，安宁供电有限公司召开2010年工作会暨四届一次职代会。

安宁供电有限公司前身为安宁市电力公司，成立于1963年，1998年11月由昆明供电局实行行业代管，2001年8月16日改制挂牌成立安宁供电有限责任公司，2008年2月15日公司资产上划成为云南电网公司的全资子公司，更名为安宁供电有限公司。2009年4月29日，云南电网公司昆明供电局安宁分局正式挂牌成立。目前公司与分局实行两块牌子、一套领导机构。

2010年，公司下设12个部、所、室和5个供电所，拥有35千伏变电站5座，主变8台，总变电容量94.05兆伏安；35千伏线路5条，总长12.35千米；10千伏公用线路43条，总长1004千米；10千伏客户专线13条，共68公里；配电变压器1992台，总容量441.224兆伏安。在册职工157人，其中：大专以上学历110人，具有初级以上职称25人，劳务派遣99人。公司担负全市7镇2个街道办事处，近30万人口生产、生活的供用电管理工作，供电网络和服务网络遍布全市城乡各个角落。

近年来，公司认真贯彻落实科学发展观的重要思想，坚持“以人为本”，以“对上级负责，为地方服务”为宗旨，以“主动承担社会责任、全力做好电力供应”为使命，按照“强本、创新、领先”的发展思路，发扬

2010年3月1日，安宁供电有限公司开展抗旱保供电优质服务宣传活动。

2009年6月14日，安宁供电有限公司开展安全生产月宣传活动。

有 限 公 司

团结拼搏、开拓进取的企业精神，积极深化体制改革，不断强化企业生产、经营、安全管理，努力提升企业电力供应与优质服务水平，加强推进营销绩效考核管理工作与营销监控系统建设，切实实行节能降耗，加强教育培训，继续强化依法经营，树立了良好的企业形象，促进了公司“两个文明”建设协调发展。在保证安全生产的基础上，公司供电量逐年上升，2008年供电量突破5亿千瓦时大关，2009年供电量上升为6.0007亿千瓦时，再创新高。近年来公司先后荣获中国南方电网公司基础管理达标单位、云南省文明单位、云南省劳动关系和谐企业、云南省模范职工之家、云南电网公司文明单位、昆明市百强企业、昆明市优秀企业、安宁市“最佳经济效益”企业等荣誉称号。

2009年5月28日，安宁供电有限公司签订2009年廉洁从业责任书。

2010年1月20日，中国南方电网安宁市2010年计划用电工作会召开。

开展优质服务宣传活动

开展职工篮球比赛活动

地　址：安宁市金方路1幢　　电　话：0871-8678270　　邮　编：650300

青龙镇

青龙镇位于安宁市西北部，东与温泉镇为邻，南与草铺镇相依，西接禄脿镇，东北与西山区团结镇相连，西北与禄丰县勤丰镇接壤，距安宁市区27公里，距昆明市区60公里。土地面积138平方公里，辖白塔、青龙、赵家庄、双湄4个村委会34个村民小组和1个社区居委会2个居民小组，其中：彝族村民小组6个，苗族村民小组1个。森林覆盖率67.7%，素有“绿色之乡”的美称。境内交通方便，成昆铁路、广昆复线穿境而过，安楚高速、320国道、安武、安富、双青、水青等公路四通八达，区位优越。

2009年末，全镇总户数3280户，总人口11000人，其中：乡村人口6841人，男性3292人，女性3549人；居民人口827人，少数民族人口995人，占总人口数的9%。世居民族主要有汉族6664人，彝族794人，苗族86人；外来人口3300人。农村劳动力4374人，其中：男劳动力2232人，女劳动力2142人，从事第二、三产业2504人。全镇实有耕地7729亩，其中，水田5674亩，旱地2055亩。2009年，全镇地方财政总收入完成13511万元，完成年初预算数13200万元的102.4%，其中：地方一般预算收入完成6109万元（增幅为10%），完成市政府下达增12%即6297万元的97%。地方预算支出2931万元，完成预算2931万元的100%。根据财政管理体制，市级认定青龙镇财政总收入9756万元、地方一般预算收入5171万元。全镇有非公企业296户，从业人员4880人，比2008年增加673人，增长16%，全年实现工业总产值30余亿元，增加值完成31500万元；工业增加值完成28750万元，实交税金完成5010万元。农业总产值6138万元，粮食总产3870.7吨，增长0.4%。农民人均纯收入达5637元，比2008年5042元增加595元，同比增长11.8%。

2009年，青龙镇严格按照集镇总体规划，围绕“农民向集镇集中”的原则，以开发河西新镇区为目标，加大资金投入，启动双青公路和青龙学校建设等12项重点工程建设项目，并分解立项，落实责任领导、责任人及完成时限；建立每半月召开推进会议机制，加强对重点工程推进情况的督查、督办，各项目顺利推进，确保了施工进度。全面落实党在农村的各项政策，让青龙人民共享改革开放成果。以“三创”工作为载体，积极探索抓好精神文明建设的新思路、新举措。成功创建全国园林城镇、省文明小城镇；全国环境优美镇通过省级考核，上报国家环保部审定。继续实施“燃料补贴、大病救助、农村养老”三个百万工程，民生问题得到进一步改善，得到省市领导好评，被新闻媒体广为宣传。加大对教育事业的投入，异地新建青龙学校，改善办学条件，提升硬环境。继续推进新型农村合作医疗制度，全镇参合率达99%。人口与计划生育工作进一步加强，全镇低生育水平得到巩固和稳定，计划生育率100%，荣获昆明市表彰。高标准完成农村公益性公墓——青山陵园建设，农村殡葬改革逐步深入人心。改革开放和经济发展的良好成果真正惠及广大群众。

2010年1月18日，青龙镇党委书记陈洪勇带队检查昆明二电厂安全生产工作。

2009年4月15日，青龙镇获国家卫生镇授牌。

青龙学校

青龙镇集镇建设总体规划图

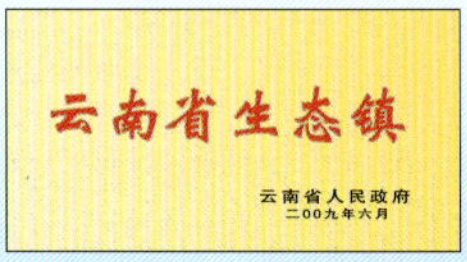

地　址：安宁市青龙镇青龙路14号　　电　话：0871-8721001　　邮　编：650308

八 街 镇

镇党委书记　张兴有

镇长　周鸿斌

文　庙

春节文艺踩街活动

养鸡场

红　梨

地　址：安宁市八街镇青云路48号
电　话：0871-8711042
邮　编：650305

八街镇位于安宁市南部，距安宁市区35公里，东西分别与晋宁县二街乡、双河乡，易门县龙泉镇、浦贝乡接壤，南北分别与安宁市县街镇、晋宁县夕阳乡毗邻，由此可东出昆阳、西进易门、南通玉溪、北上安宁。八街镇是一个典型的农业型镇，是安宁市水资源保护区、革命老区，同时也是安宁市辖区面积最大、农业人口最多的镇。全镇土地面积344.18平方公里，下辖21个村民委员会，1个社区居民委员会，94个自然村，97个村民小组，总人口42086人。

2009年，全镇完成地区生产总值9.06亿元，工农业总产值8.3亿元，其中：工业总产值4.9亿元，农业总产值3.3亿元，农村经济总收入6.58亿元，其中：种植业收入24778万元，林业收入1062万元，养殖业收入10329万元，渔业收入660万元。实现财政收入5718万元，其中：地方性财政收入3262万元，上划中央四税收入2338万元，农民人均纯收入4654万元。

2009年，八街镇党委、政府在安宁市委、市政府的正确领导下，在各级、各部门和社会各界的大力关心支持下，团结和带领全镇各族人民，坚持以经济建设为中心，以邓小平理论、“三个代表”重要思想和党的十七大精神为指导，认真贯彻落实科学发展观，以全面建设小康社会和社会主义新农村为目标，顽强拼博、开拓创新，圆满完成了市委、市政府下达的各项目标任务，促进了全镇经济社会又好又快发展。2009年，八街镇招商引资工作有了新突破，共完成招商项目6个，到位资金2.02亿元。烤烟生产创历史最好水平，实现收入3853万元，创税1000余万元。产业结构调整实效突出。在产业结构调整中，八街镇以增加广大农民收入为出发点，以实施“六个一万”工程为目标，因地制宜，大力发展支柱产业和“短、平、快”经济作物，基本上形成了以烤烟、浅水藕、蔬菜为支柱，红梨及其他农业产业共同发展的新格局。粮食生产在加快产业结构调整步伐、耕地面积减少的情况下仍保持增长势头。

禄脿镇

2010年5月12日，中共安宁市委书记李树勇，市长王剑辉等领导到禄脿镇调研招商引资项目推进工作。

新近落户禄脿的企业

2010年11月22日，禄脿彝马龙苗族合唱团亮相央视。

2010年7月6日，中共云南省委常委、昆明市委书记仇和到禄脿镇调研。

禄脿镇位于安宁市西北部，与禄丰、易门两县交界，距省会昆明57公里，距安宁市区27公里，北与青龙镇山水相连，东与草铺镇相邻。杭瑞公路、滇缅公路（320国道）、安易公路、安武公路穿境而过。该镇地处滇西交通大动脉，素有“迤西咽喉”之称，是通往滇西九地州的咽喉要道、昆明的西大门，具备特殊的区位优势。

禄脿镇辖7个村委会、1个居委会、41个村小组，面积113平方公里，总人口12636人。其中，农业人口11023人，非农业人口1613人；有汉、彝、苗等民族。全镇耕种面积11457亩。其中，水田8088亩、旱地3369亩，人均耕地面积1.04亩。禄脿镇坚持农业产业化、现代化、规模化发展模式，优化种植结构，提升、打造“七个千亩”特色产业，科技、教育、卫生、民政等各项社会事业协调发展。2009年，全镇经济总收入11455万元，实现财政总收入2283万元，农民人均纯收入4801元。

近年来，禄脿镇招商引资工作成效显著，引进了云南弘祥金麦化工有限公司、云南新捷森人造板有限公司等12家企业落户境内，完成到位资金近5亿元，经济结构实现了从“纯农业型”向“工农并重、统筹发展”格局的历史性转变。

地　址：安宁市禄脿镇新驿路5号
电　话：0871-8722001　8722002
邮　编：650311

千亩葡萄园

安宁海湾茶业有限责任公司生产的“老同志”牌普洱茶

2009年5月14日，安宁市人大常委会主任王文学等领导带领部分人大代表对安宁市公安局基层派出所规范化建设情况进行视察调研。

2009年5月14日，安宁市四班子领导视察公安信息化工作。

安宁市公安局

2009年，在安宁市委、市政府和上级公安机关的坚强领导下，安宁市公安局党委班子带领全局民警团结一心，在加强社会管理服务创新和队伍规范化建设的同时，强化社会治安防范、打击的两手职能，结合辖区实际，强化措施，推陈出新，凸显自身亮点，各项工作取得骄人成绩。一是呈现出全年刑事案件发案下降、破案率上升的良好局面，实现连续四年保持命案全破，群众满意度和安全感明显提升。二是全面落实局党委关爱民警措施。制定出台民警生日慰问、误餐补助、制服洗涤、考察学习等方面的关爱措施，对18个部门112人进行表彰，5个部门17人给予嘉奖。先后获得“全国一等县级车辆管理所”、“国家一级看守所”、参赛小品《愿者上钩》“全国公安系统相声小品大赛”优秀奖、“省级文明单位”、“云南省交通事故处理工作等级达标评价一级办案单位”、“全省公安派出所道路交通管理工作先进集体”“云南省党政机关档案室建设五星级达标单位”、“2008-2009年度全省打击假发票违法犯罪先进集体”等荣誉称号。

2009年12月7日，安宁市副市长、市公安局局长梅林慰问因公牺牲民警家属。

2009年3月1日，安宁市公安局组织开展打黑除恶宣传活动。

获得的荣誉

2009年12月24日，安宁市公安局自编自演小品《愿者上钩》在全国公安系统相声小品大赛中荣获优秀奖。

地　址：安宁市大屯新区金晖路　　电　话：0871-8718818　　邮　编：650300

安宁市人民法院

2009年以来，安宁市人民法院以为大局服务、为人民司法为宗旨，依法履行宪法和法律赋予的职责，认真开展以维护社会和谐稳定为核心的审判和执行工作，着力加强以提高司法公信力为目标，以改进审判作风、提升审判质效、深化司法改革、夯实基层基础为重点的法院自身建设，各项工作取得了新进展。全年共受理各类案件3101件，审结2999件，为安宁平安和谐社会的构建，现代绿色工业强市、现代新昆明西部新城发展目标的实现提供了有力的司法保障。2009年，市法院荣获昆明市市级文明单位荣誉；党总支被安宁市委表彰为先进基层党组织；八街法庭荣获安宁市调解工作先进集体；1名干警被昆明中院荣记个人三等功，并荣获昆明市“五一”劳动奖章；9名干警分别被昆明中院、安宁市委、市政府等部门表彰为先进法官、办案能手、服务标兵、建功立业优秀职工、先进党员、调解工作先进个人；1名干警撰写的案例荣获昆明法院系统优秀指导案例；2名干警在昆明法院系统优秀裁判文书评选活动中分获金、银奖。

2009年7月28日，国家财政部及省市有关领导视察昆钢法庭基本建设。

2009年3月18日，昆明市中级人民法院院长马幼宁到安宁市法院视察工作。

2009年3月18日，安宁市法院举行打黑除恶专案宣判会。

2009年1月19日，安宁市法院将案件执行款450万元集中发还当事人。

地　址：安宁市大屯新区　　电　话：0871-8691648　　邮　编：650300

安宁市发展和改革局

团结奋进的领导班子

2010年，安宁市委、市政府实行机构改革，将原安宁市发展改革局更名为安宁市发展和改革局，同时加挂安宁市投资促进局、安宁市粮食局牌子。其职能是负责拟定并组织实施全市国民经济和社会发展战略，中长期规划和年度计划，研究分析市域经济等方面的重大问题；负责组织制定全市综合改革配套政策措施；管理固定资产投资；负责做好市场运行监测；研究提出粮食宏观调控，监测分析粮食供求形势；负责全市招商引资工作等，是全市综合经济协调管理部门。

安宁市发展和改革局实有在册职工30人，其中核定行政编制24人，实有23人；工勤及事业编制人员4人，实有7人。班子成员分别是：局党组书记、局长、投资促进局局长马文瑜，副局长、市粮食局局长张振龙，副局长董志平、胡毅洁，投资促进局专职副局长李利华。内设办公室、发展规划科、投资科、价格管理科、粮食管理科、招商科、综合科、项目与促进科共8个科室。下属事业单位1个：安宁市价格认证中心。

2010年11月10日，安宁市召开国民经济和社会发展第十二个五年规划纲要（征求意见稿）专家评审会。

2010年2月2日，安宁市召开“十二五”规划纲要征求意见会。

地　址：安宁市金方路21幢　　电　话：0871-8699004　　邮　编：650300

云南云天化国际化工股份有限公司富瑞分公司

2009年5月14日，中共中央政治局委员、国务院副总理张德江在国务院国资委主任李荣融，云南省委常委、省委秘书长杨应楠，云南省副省长和段琪等领导的陪同下，到云天化集团草铺工业园区实地了解国家磷复肥基地实施主体单位的生产运营情况。

2009年5月15日，中央深入学习实践科学发展观活动巡回检查组一行4人，在内蒙古自治区政协主席陈光林组长带领下，在云南省委常委、省委组织部部长辛桂梓，云南省省属企业学习实践活动领队小组组长、省国资委主任、党委书记徐盛鹏和云天化集团党委书记、董事长董华的陪同下，到云天化集团草铺工业园区调研。

云南云天化国际化工股份有限公司富瑞分公司是云南省政府确定的国家磷复肥基地实施主体之一，成立于2002年11月11日,经过两期建设，现已形成年产182万吨高浓度磷复肥的能力（重钙40万吨、磷酸二铵120万吨、磷酸一铵22万吨）；配套年产湿法磷酸70万吨、硫酸190万吨以及3.5万吨氟硅酸钠的能力。

公司下设21个二级单位，其中生产厂、车间7个，职能管理部门14个。

2009年，公司紧盯目标、狠抓落实，以稳定生产、稳定队伍为主导，有效遏制了效益急速下滑的势头，生产化肥158.87万吨，完成年计划的102.50%，其中：磷酸二铵115.37万吨、磷酸一铵19.01万吨，重钙24.48万吨；生产硫酸185万吨，磷酸72.84万吨，氟硅酸钠3.11万吨，完成了全年生产任务。实现工业产值34.39亿元，销售收入29.4亿元。

2009年，公司挖潜增效效果明显，较年度预算增效1.93亿元，较2008年增效2.77亿元；万元产值能耗下降25.8%，节能2.54万吨标煤；磷酸耗硫酸降至2.498t/t，达到同行业先进水平。

2009年，分公司以优异成绩通过云南省危化品安全标准化二级达标验收和云南省清洁生产合格单位验收；公司荣获“云南省清洁生产先进企业”、“云南省清洁生产审核合格单位”、“昆明市安康杯竞赛优胜企业”、“安宁市节能减排优秀奖”、“安宁市贡献突出的驻市大中型企业”等称号，现场标准化管理和渣场标准化工作被云天化国际树为内部标杆单位。

地　址：安宁市草铺镇
电　话：0871-8750085
邮　编：650309

2009年3月31日，富瑞分公司组织召开深入学习实践科学发展观活动动员大会。

2009年9月29日，富瑞分公司举办庆国庆60周年职工合唱比赛。

一期60万吨/年磷酸二铵装置外景

云南天宁矿业有限公司

2009年12月22日，国土资源部领导到天宁矿业公司检查工作。

云南天宁矿业有限公司（以下简称公司）是云天化集团有限责任公司下属的国有控股公司，是以“磷矿资源开采、磷矿初、深加工及磷资源整合为一体”的磷矿石开采企业，于2004年8月26日经云南省昆明市安宁工商行政管理局登记注册成立的国有控股企业，公司注册资本2715万元。

公司地址位于安宁市大屯新区珍泉路。生产区设在安宁市县街镇下元良村，矿山分布于安宁市县街境内。占地251亩，距安宁11公里。公司固定资产原值4430万元，净值2323万元；生产工艺采用人机结合的作业方式进行科学开采。

公司拥有员工365人，其中，管理人员69人，生产人员297人；有本科学历9人，大专学历8人，中专学历6人；有高级职称1人（高级经济师）；中级职称人员6人，初级职称人员11人；公司拥有党员68人，团员40人，工会会员340人。公司行政设职能部门为七部一室：办公室、财务部、经营部、生产技术部、安全环保部、矿山联合部、产品加工部、矿山部。公司党委设职能部门一部：党委工作部。

公司年生产能力为原矿130余万吨、擦洗矿100余万吨。产品销售主要为云南国家级磷复肥基地的原料供应，销售网络面向云南省各地。

云南天宁矿业有限公司全体人员，将依据集团公司的整体部署安排，结合天宁公司实际情况，以实践创新、与时俱进的精神开展好各项工作，为云天化集团、安宁市做出自己应有的贡献。

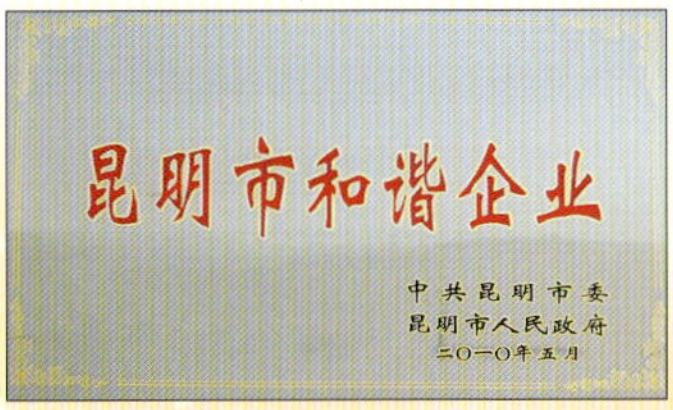

昆明市和谐企业

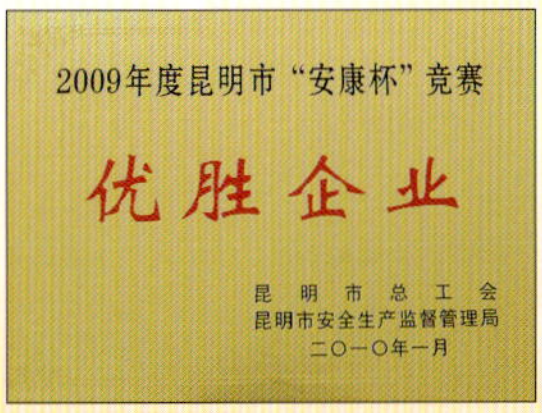

“安康杯”优胜企业

2009年6月11日，中共云天化集团委员会常委、党委工作部部长陆添义到天宁公司指导工作。

2009年12月23日，公司走访供应商。

2009年9月22日，公司开展安全大检查。

2009年7月1日，公司召开七一建党节座谈会。

地　址：安宁市大屯新区珍泉路
电　话：0871-8682658
邮　编：650300

武警安宁中队

队长　李德松

指导员　杨承栋

中队官兵积极配合安宁市公安局开展武装巡逻任务，确保驻地平安。

中队与安宁市看守所积极开展“三共”活动，共保执勤目标安全。

中队官兵苦练军事技能，提高执勤能力和处置能力。

中队官兵积极开展文体活动，营造和谐警营。

中队进行队史教育，传承中队优良作风。

中队扎实开展政治思想教育，提高官兵文化素质，始终确保官兵政治立场坚定。

中队官兵自力更生，大力搞好后勤保障。

中队官兵发扬“不怕苦、不怕累”连续作战的优良作风，积极投身于安宁市爱国卫生活动。

武警安宁市森林大队

大队长　季恩志

教导员　李星河

武警安宁市森林大队前身是于1996年3月组建的昆明市森警大队安宁森警中队，1998年12月扩编为武警安宁森林大队，下辖三、四中队，主要担负着安宁市七个乡镇、两个街道办事处共9.7万公顷森林资源的保护任务。大队组建以来，党委始终以党的创新理论为指导，全面加强部队建设，狠抓三项经常性工作，确保部队高度集中统一和安全稳定，确保了以防火灭火为中心的各项任务。部队先后完成了温泉“3・29”、八街“3・31”、增援保山“4・15”、易门“4・6”、黑龙江大兴安岭“5・30”等210余起森林火灾灭火作战任务；完成了温泉“8・2”抗洪抢险任务。2007年大队被森林指挥部评为“基层建设先进大队”，先后被上级评为先进基层党组织、森林防火灭火先进单位、“三好五无”先进单位、“五小活动”先进单位、农副业生产先进单位，还被安宁市委市政府评为拥政爱民先进单位、精神文明先进单位等。2002年、2007年5月，大队四中队团支部分别被武警总部政治部评为先进团支部；2003年，大队四中队被云南省人民政府授予“森林防火灭火模范中队”荣誉称号；2006年温泉“3・29”重大森林火灾，大队四中队被武警总部授予集体一等功；2003年在总队组织的第一届建制中队比武中，所属四中队荣获总队团体第一名。2008年6月，参加支队首届建制中队比武暨第二届军体运动会中，所属三中队以团体总分第一名的成绩夺得“精武杯”。

2009年，大队圆满完成了以防火灭火为中心的各项任务。全年共扑灭森林火灾12起，动用兵力890余人，动用车辆60余台，转场20余次，当日扑灭火灾率达100%。1月，大队为各镇、街道办事处培训专业扑火队员600人次，参加防火宣传9次，出动兵力332人次，发放宣传单3.5万余份，实现了重要时期没发生森林火警的目标。5月，大队在武警总部对支队标兵支队考核中发挥了较大作用，为支队评选标兵支队奠定了坚实的基础。7月，完成了楚雄姚安“7・9”灾后重建任务，赢得了政府的赞誉和人民的爱戴，受到了胡锦涛主席的亲切接见，充分展示了武警安宁森林大队的良好形象。全年大队先后派出了60人军政素质过硬的干部和战士为安宁一中、安宁职业中学、宝兴中学、交通技术学校、扬帆学院军训学生7600余人。学校也先后8次组织学生到大队参观学习。学校借鉴了大队管理模式，实行半军事化管理，极大地转变了校风学风。2009年，在总队组织的第二届建制中队比武中，所属四中队荣获总队团体第一名；同年，所属三中队被总队评为基层建设先进中队。在今后的工作中，大队将按高质量、严要求、强素质、抓作风、出成绩、争荣誉的标准，更好地推动大队全面建设。

防火执勤

抗旱救灾

参加姚安地震救灾

抗洪抢险

灭火作战

安宁市地方税务局

2009年12月2日，云南省地税局副局长张红霞到昆钢调研。

2009年4月23日，昆明市地税局局长李明秋到安宁市地税局调研。

2009年，是全面深化落实党的十七大、十七届三中全会精神的重要一年，世界宏观经济形势、国内改革发展趋势和全省、全市经济社会发展态势，对我局地税工作提出了更新更高的要求，特别是在全球金融危机影响波及不断扩大，经济下行趋势明显的大背景下，如何有效应对危机与挑战，减少和克服金融危机对地方税收工作的影响，驾驭好组织收入工作全局，趋利避害、因势利导、迎难而上、科学发展，是对全局干部职工的重要考验与能力检验。

按照国家税务总局、省局、昆明市局和安宁市委、市政府的工作部署，2009年，安宁市地税局以“三个代表”重要思想为指导，认真贯彻落实党的十七届三中全会和全省、市地方税务暨党风廉政建设工作会议精神，以学习实践科学发展观为动力，全力围绕组织收入中心工作，突出抓好数据大集中这个重点，大力提升税收征管、政策管理和依法治税水平，加强内部建设、队伍建设、党风廉政建设和地税文化建设，积极应对金融危机影响，主动作为开展工作，确保完成上级交赋的收入及各项工作任务，推动地税工作又好又快发展，为全市经济社会发展做出新的更大的贡献。

一年来，安宁市地税局获得了“全国精神文明单位建设先进单位”荣誉称号，三分局荣获2007～2009年昆明市文明单位称号，五分局通过了昆明市文明单位的考核验收。荣获2009年全市地税系统党风廉政建设先进单位，2009年度宣传工作先进单位和个人。在安宁市2009年民主评议行风工作中，安宁市地税局在86个评议对象中获得总排名第四、直管单位第一的好成绩。被安宁市总工会授予“先进职工之家”光荣称号；局机关党总支被评为先进集体，1名被评为先进党员；在安宁市庆祝“五一”国际劳动节暨第二届建功立业优秀职工表彰大会上，1名受到表彰。在《2009年度打击整治发票违法犯罪专项行动总结表彰暨2010年深入打击整治发票犯罪专项行动》会议上3位被表彰为先进个人。

2009年1月，安宁市地税局荣获全国精神文明建设先进单位称号。

2010年3月4日，安宁市地税局全体工作人员向旱灾灾区捐款。

地　址：安宁市中华路171号
电　话：0871-8695248
邮　编：650300

昆明市安宁工商行政管理局

昆明市安宁工商行政管理局肩负着把好市场准入关，对各类市场主体经营行为、竞争行为进行监督、管理、服务的职责。2009年末全局在职干部职工92人。其中：公务员71人，事业编制人员20人，工勤人员1人；本科以上学历41人，大专学历42人。内设办公室、人事教育科、监察室、法制科、企业个体注册登记管理科、公平交易科、市场监督管理科、商标广告监督管理科等8个机构；下设连然分局、昆钢分局、温泉工商所、太平工商所、草铺工商所、八街工商所及县街工作站等7个派出机构。

在省市工商局及安宁市委、市政府的正确领导下，安宁工商局以科学发展观统领工作全局，贯彻“四个统一”，按照“三个到位”、“六个好”工作要求，以服务群众需要，服务地方经济发展大局，努力加快安宁科学发展新跨越为己任，强服务、重监管，各项工作成效明显。2009年，全市登记注册企业合计1978户，注册资本合计703834.50万元；新设立企业合计263户，与2008年同期相比增加147户，增长8%。其中：内资企业共653户，与2008年同期相比减少35户，下降5%；私营企业共1325户，与2008年同期相比增加96户，增长8%。个体工商户合计9078户，从业人员18552人、注册资金37711万元。新办个体工商户2140户，与2008年同期相比减少3529户，减少38.9%。新设立农民专业合作社14户。完成市政府工业园区、水投、交投、旅投等投资公司的注册登记工作。安宁为民服务中心工商局窗口喜获“全国巾帼文明岗”荣誉称号。全年共办理企业动产抵押登记57份，股权出质登记2户，拓宽了融资渠道，解决了市场主体融资难题。全年建立食品经营示范店36户（未发牌）。查处不正当竞争、商标侵权、广告发布、无照经营、产品质量、违反企业登记管理和其他违法行为案件342件，其中商业贿赂案件1件；查处无照加工废旧塑料制品经营户1户，没收不合格塑料购物袋235万个。推荐创建2009年“无传销社区（村）”3个试点；捣毁传销窝点13个，转公安部门刑事拘留10人。完成新注册商标申请32件。建立“一会两站”102个，全面覆盖安宁七镇二街道办事处。共解决消费者申投诉115件，解决率达100%，为消费者挽回经济损失140752元。在红盾信息网开辟“落实阳光政府四项制度”专栏，进行重点工作通报、重要事项公示；在安宁市政务信息网和“96128”热线公布相关查询信息，并上报近200余项工商常见问题及解答信息。多渠道帮助个体私营协会会员开展职业、就业技能、资质、资格培训，提高从业人员素质。帮助企业建立工会组织26家，党组织3个。安宁工商行政管理局以扎实的服务引导工作，坚定个私企业信心，节支增收、共克时艰，使会员企业基本做到了不停工、不裁员、不减薪，勇担社会责任，为促进地方经济发展和维护社会稳定做出了积极贡献，得到安宁市委、市政府的充分肯定。

2009年10月29日，安宁工商局局长姚京伟陪同国家创卫专家组领导检查大屯农贸市场。

2009年10月12日，安宁工商局为获得“诚信市场”荣誉称号的市场主办方授牌。

2009年3月13日，安宁工商局开展保护消费者权益宣传活动。

2009年8月5日，安宁工商局开展打击防范“假币、假发票、非法集资、传销”宣传活动。

地　址：安宁市大屯新区
电　话：0871-8699102
邮　编：650300

安宁市档案局（馆）

2010年3月23日，安宁市人民政府召开2010年档案工作会议。

2010年5月10日，安宁市档案局召开学习贯彻《昆明市档案条例》颁布实施动员、培训会议。

安宁市档案局（档案馆、现行公开文件查阅中心）成立于1959年9月。现用库房和办公室建成于1983年，馆藏档案共74个全宗，有民国档案和建国后档案共计44572卷。包括文书档案、科技档案、会计档案、声像档案、实物档案、专门档案、电子档案、民国档案、金石档案、图书资料等11个门类，主要集中反映从1917年以来，市级各机关、镇、街道在工作活动中所形成的，具有保存价值的档案。

近年来，不断拓展业务指导领域，从原来的单一为机关、乡镇服务，拓展到非公企业、学校、医院、村（居）委会等，2010年被昆明市档案局评为档案系统先进集体。重点工作，一是启动市综合档案建设，编制定成安宁“十二五”档案事业发展规划，定成招商引资任务；二是积极做好档案收集征集工作，2010年共接收林改档案2518卷（盒）、机构改革涉及撤销的国有资产监督管理局的文书和会计档案共682卷（盒）；三是启动新农村建设档案室规范试点工作，在连然街道办极乐村委会、宝兴社区开展试点工作，旨在通过试点总结经验，树立榜样，典型引路，以点带面，全面推进我市96个村居委会档案室规范管理达标工作的顺利开展；四是以《昆明市档案条例》颁布实施为契机，做好法律法规广泛宣传，印制宣传册、宣传单发至村民小组；五是认真开展档案人员业务培训、综合行政执法检查，档案规范化建设指导，市重点建设项目、主要活动，市委、市政府中心工作的档案指导。通过全体人员的努力工作，全市档案进一步规范安全，工作成效显著。

地　址：安宁市连然街131号市委大院内
电　话：0871-8699228
邮　编：650300

2009年9月11日，安宁市召开档案馆建馆五十周年座谈会。

2009年7月28日，安宁市人民政府召开表彰会，对2007年～2008年度档案工作先进集体和先进个人进行表彰。

2010年5月13日～14日，安宁市档案局分别到连然、余方、八街等地开展法律法规宣传活动

安宁市供销合作社联合社

安宁市供销合作社联合社成立于1952年11月，至2009年底，有独立核算企业21个，其中：直属公司11个，直属供销社10个。有干部职工493人，其中：在职职工104人，其他用工151人，离退休职工238人。

安宁市供销社在市委、市政府的领导下，在省、昆明市供销社的指导下，按照科学发展观的要求，全面贯彻省、昆明市、安宁市《关于深化改革推进供销合作社“二次创业”的实施意见》，加快“两社一会”发展步伐，着力推进“乡村流通工程”建设，做大做强主营业务，提升为农服务实力，打造为农服务新平台，全系统经济运行情况良好。商品经营取得新突破，2009年商品销售总额达到12369万元，实现利润175万元，发挥了供销社在农村流通服务中的骨干作用。农用物资供应取得新成绩，建立了全市农资连锁经营网络，新建农资配送中心1个，创办农资连锁店95个，销售各种化肥15023吨、农药350吨，农资市场份额占全市80%以上，发挥了供销社农资供应主渠道的作用。加强对以废旧金属交易为主的再生资源经营管理，切实为经营户和从业人员提供有效服务，为促进再生资源市场繁荣，发展循环经济发挥积极作用。继续加紧对安宁知名品牌“青龙峡”旅游景区的打造提升，在国家级AA景区的基础上，服务质量有所提高，设施改造建设进一步完善。同时加强烟花爆竹的经营管理，发挥烟花爆竹协会的积极作用，严把烟花爆竹进货、储存、销售关，做大做强烟花爆竹专营工作，实现全市烟花爆竹的连锁配送，保证全市市场供应。安宁市供销社烟花爆竹专业经营中心现有销售零售点70个。近年来，在“乡村流通工程”建设中，创办农业生产资料、日用品配送中心2个，专业合作社 49个，综合服务社（乡村便民超市）91个，改造建设村级集贸市场6个。

安宁市供销社适时组织开展教育培训，实施“人才培训工程”，重点做好“新网工程”农民专业合作社带头人和农产品经纪人培训。2009年共举办各种培训班14次，培训各类人员784名。其中：农资经营网络培训班1期64人；农产品经营网络培训班1期50人；农民经纪人培训班3期272人。全市共有农民经纪人425人。

2010年5月4日，昆明市供销社主任张文俊到安宁市八街玫瑰专业合作社调研。

2010年3月19日，安宁市供销合作社资产管理公司成立。

2009年5月19日，安宁市供销合作社召开“二次创业”工作会议。

2010年1月29日，安宁市供销社召开2009年年终工作总结会。

地址：安宁市中华路8幢30号 电话：0871-8699131 邮编：650300

中国人民银行安宁市支行

中国人民银行安宁市支行作为中国人民银行总行的派出机构，履行着《中国人民银行法》赋予的执行货币政策、维护金融稳定、提供金融服务三大职能。目前，支行内设机构一室三科：办公室、基础业务科、综合业务科、保卫科。支行共有在职干部职工28人。其中党员17人；具有中级职称12人，初级职称10人；本科学历16人，专科学历12人。

行长　娄忠东

中国人民银行安宁市支行以贯彻落实党中央金融工作方针政策为己任，认真履行职责，工作中高度重视文明单位建设，在创一流领导班子、一流职工队伍和一流工作业绩中，不断引入各种活动载体，有效激发了职工的工作热情和积极性。在内部管理工作中，探索出一套以目标管理为主线的内部管理模式，各项工作相互促进，均衡发展，使内部管理体系形成一种科学有效的长效机制，培养了一支“政治过硬、业务优良、作风清正、纪律严明”的干部职工队伍。

行长娄忠东，纪检组长陈光云。

随着人民银行职能调整转换，中国人民银行安宁市支行在履行职责方面最大的变化集中体现在“一个强化、一个转变和两个增加”。“一个强化”就是强化了执行货币政策有关职责，依法监测全市金融市场运行情况，对金融市场实行宏观调控，促进金融市场调控发展；“一个转换”即由过去主要通过对银行业金融机构的设立审批、业务审批和高级管理人员任职资格审查和日常监督管理等日常监管职能转换为履行对金融业宏观调控和防范与化解系统性金融风险的职能，即维护金融稳定的职能；“两个增加”即增加了反洗钱和管理信贷征信业两项职能。为此，中国人民银行安宁市支行正确履行职责，根据国家经济金融方针，引导各金融机构信贷投向，确保地方重点项目建设；督促各金融机构建立健全内控制度，防范金融风险；加大金融支农力度，促进农村产业结构调整和农村经济发展，为全市金融业协调、稳定、健康发展提供了良好的金融服务，有力地促进了市域经济平稳健康发展。

召开中层干部会议

在新的历史时期，支行全体干部职工将在以行长娄忠东为首的强有力的领导班子带领下，和衷共济，开拓进取，以崭新的面貌、饱满的热情，务实的作风向更高的目标奋进。

地　址：安宁市湖滨路37号
电　话：0871-8688405
邮　编：650300

云南省交通高级技工学校
云南省交通职业技术培训学院

校长　杨经元

党委书记　胡大伟

2010年4月13日，校长杨经元出访韩国新星大学，与新星大学签订合作办学协议。

云南省交通高级技工学校始建于1953年，是云南省创建最早的技工学校之一，是隶属于云南省交通运输厅管理的全日制技工学校。学校占地1206.3亩，建筑面积22.57万平方米，教职工445人，其中，具有高中级职称的134人，专职教师330人，硕士研究生32人，双师型教师达229人。目前开设有轿车维修技师、汽车评估师等28个专业，形成了以高级工为基础，以技师、高级技师为主体，逐步向公路、水运拓展，面向大交通培养人才、主辅相宜的专业格局。学校拥有集多种路况于一体的16公里环校教学专用公路；能容纳6000人同时就餐并开展多种经营的餐饮楼；以及设施完善的学生公寓、标准运动场等。在校全日制学生已达到7695人，下设曲靖、大理、玉溪、宣威四个校区。

学校以“修身致远，技能卓越”为校训，始终坚持走校企合作、产教结合的发展道路，先后建成了德国博世汽车技术（昆明）培训基地、东风雪铁龙培训中心、云南小松工程机械培训中心、中国平安保险培训基地五个培训中心。2009年学校与韩国新星大学开展联合办学，开设了轿车维修技师韩国班，为学生出国深造搭建了理想的平台。

57年来，学校先后被云南省人民政府首批命名为“省级重点技工学校”；被交通部命名为“全国交通系统规范化技工学校”；被原劳动部命名为“国家级重点技工学校”；2006年2月被云南省人民政府授予“云南省高技能人才培育先进单位”；2006年10月荣获劳动和社会保障部颁发的“国家技能人才培育突出贡献奖”。

云南省交通高级技工学校在云南省交通运输厅领导下，在社会各界的大力支持下，正在向“把学校建设成为一所校园环境优美，职工福利待遇优厚，管理工作井然有序，师生员工学习工作心情舒畅，校风、教风、学风良好，技能特色鲜明，规模效益优势明显，招生就业两旺，人才辈出，全国一流，辐射东南亚的交通技师学院和国家高技能人才培训基地”的奋斗目标迈进。

2009年8月24日上午，云南省副省长李江在云南省交通运输厅副厅长杨延、云南省人力资源和社会保障厅副厅长张玉明、安宁市委书记李树勇等领导的陪同下到云南省交通高级技工学校调研。

2010年1月19日，昆明市机动车驾驶人第五考试基地在省交通高级技工学校落成并授牌。

地　址：安宁昆畹公路38公里处
电　话：0871-8672608
邮　编：650300

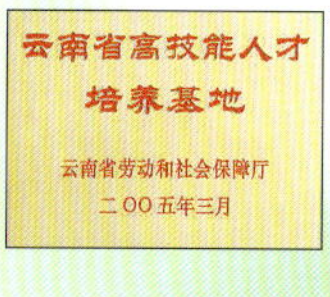

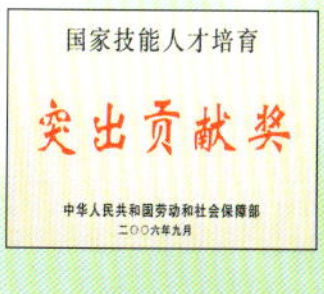

安宁中学

开校典礼——执教宣誓

安宁中学位于安宁城市西部的大屯新区。这里有完善的基础设施、优美的人居环境、通达便捷的交通网络。学校自2005年8月开校以来，以科学、创新的办学理念，人本、规范的管理，敬业勤奋、业务精良、师德规范、爱生如子的教师队伍，先进、完善的教学设备，品质纯正的校风、教风、学风和良好的育人环境，创造了骄人的办学业绩。在生源并不占优势的情况下，连年实现了毕业生的低进高出，连续五年获得“昆明市高考优秀质量奖”，连续五年高考成绩位列郊县区第一名。在2009年高考中取得了综合排名位列全省高中第14名的骄人成绩，创造了普通县级学校跻身全省481所高中、110所一级完中学校前15强的奇迹。凭借稳定、优质的教学质量，赢得社会、家长和学生的充分信赖，被喻为安宁“低进高出、加工能力强”、“办学效益整体最好的学校”。安宁中学一路以优异的成绩领跑安宁教育，是一朵绽放教苑的奇葩。

学校1997年进入省一级完中行列，1998年被命名为“云南省文明学校”，2002年评定为“云南省现代教育技术实验学校”，2003年评定为“云南省教育科研实验学校”。在新校短短几年的办学中，又先后获得“全国中小学信息技术道德教育实验学校”、“全国劳动技术教育先进学校”、“中美合作公民教育项目实验学校”、“云南省绿色学校”等10多项荣誉，并于2007年12月通过云南省教育厅专家组评审，成功晋升为“云南省一级二等完全中学”。

2010年3月26日，安宁中学校长何明当选“2009年度云南教育风云人物”。

安宁中学经过几年的快速、稳健发展，目前已成为安宁市拥有在学学生最多，级段发展最均衡，办学规模最大的一所学校。学校现有教职工204人。其中，云南省特级教师1人，高级教师47人，一级教师74人，中高职教师合计116人，中高职占教师人数的65.2%；有云南省“十佳教师”1人，昆明市以上学科带头人2人、骨干教师4名，安宁市学科带头人10名、安宁市骨干教师34人，县级以上学科带头人及骨干教师共计48人，占教师人数的28.1%，学科带头人及骨干教师覆盖各个学科，平均年龄36.3岁，教师队伍年富力强。学校自2005年至今连续面向全国公开招考、引进了60余名优秀教师，教师来源遍布全国23个省份。学校不断拓展交流面，不断提升研修档次，先后派出40余名骨干教师到英国、美国、新西兰、波兰、阿根廷、瑞典、新加坡等地进修培训；向教育发达的北京、上海、成都、江苏等地，派出多批次百余名教师参加教学研讨、学习和培训。以云南省“十佳教师”、“特级教师”马丽萍为代表的一批名师和中青年骨干教师教艺精湛、经验丰富、功底深厚，是学校办学的中坚力量。学校教师团队业务精良、师德规范、结构合理、敬业爱岗、群体优势明显，雄厚的师资不断推动学校办学质量节节攀升。

2009年2月，安宁中学民乐团出访新加坡演出合影。

安宁中学理念先进、特色鲜明，力推开放办学，积极开展对外交流活动。在几年的办学中形成了放眼世界、开放办学的鲜明特色。长期与美国、瑞典和新加坡保持稳定的交流关系，组织师生参与“中美合作公民教育”、“瑞典国际合作开发署组织的‘面向二十一世纪可持续发展的环境教育’”、“与新加坡新中文化教育交流中心的全面合作”等三大国际交流项目，积极为师生营造更多的国际交流学习机会。

2010年3月26日，何明校长当选“2009年度云南教育风云人物”，在颁奖仪式上，组委会对何明校长的颁奖词中说：“这是一个善于巧借外力做事的人，将学校建成办学条件在全省都是一流的中学；这是一个善于从管理中要质量的人，在自己的学校推广创新教法，这位学校管理的专家就是安宁中学校长何明。在他的带领下，安宁中学这所创办不足5年的学校已跨入了我省先进学校的行列”。有一个好校长，就能成就一所好学校。在何明校长的带领下，安宁中学仅用了短短5年时间就完成了从建设到开办、到优质高效办学的历史跨越，驶入了“规模与效益”协调同步发展的快车道。

在过去几年中，安宁中学始终传承着老校的优良传统，历经风雨的磨砺，弦歌如水、激荡奔流之势不改。在今后的办学中，安宁中学将始终坚定不移地走自主创新，自主发展的内涵式发展道路，不断增强和完善自主发展功能，力争将学校逐步办成安宁市、昆明市乃至全省办学环境优美，办学条件现代化，办学质量上乘，最具发展潜能的完全中学，力争将学校办成一所学生幸福成长、不断创造佳绩、书卷四季飘香的学校。

地　址：安宁市珍泉路
电　话：0871-8616878
邮　编：650300

安宁市宝兴学校

校长　张维华

党支部书记　杨志强

安宁市宝兴学校是安宁市委、市政府为进一步落实“科技兴市”战略，完善城市配套功能，优化教育环境，于2002年投资近4000万兴建的一所起点较高的公办学校。2008年8月8日,投资2567万的“二期工程”的开工建设，2009年8月6日，“二期工程”顺利竣工验收；与此同时，在上级的主导下，安宁三中、草铺中学先后顺利整合进入宝兴学校。随着安宁城市建设的拓展，学校的区位和规模优势将日渐凸显。

学校占地120亩，校园区划布局合理，教育教学设施较为完善。学校建筑面积2.7万平方米；现有教室48间，各类功能室22间。学校目前有学生2000人，38个教学班；教职工158人，大学本科及以上学历138人，教师学历合格率100%，其中，中学高级教师27人，中学一级教师68人，安宁市市级骨干教师7人，是一支年轻上进，勤奋务实，团结合作，爱岗敬业的教工队伍。

学校开办以来，坚定不移地贯彻教育方针，不断改善办学条件，切实优化育人环境，大力提高教育教学质量，着力巩固提交普九成果。努力提高学生的成长度，在强化现代学校制度建设，规范学校管理，建设学校文化等方面，也作了不懈的努力。

学校开办八年来，取得了初步的办学效益，五届毕业学生中考成绩来之不易，每届毕业生中均有不少同学以优异的成绩考取昆一中等重点高中，学生多人次荣获国家、省、市级奖项。

在师训教研、队伍建设方面，学校也作了积极努力，并取得了初步的成效，先后有多位年轻教师参加省、市级教学竞赛获得优异成绩受到表彰，并获得各级各类荣誉称号。经过全校师生员工的共同努力，学校在主渠道考评方面，取得了可喜的成绩，多次荣获一等奖。

2008年3月15日，周俊院士到学校与师生交流。

目前，在安宁市委、市政府的重视关心和支持下，在安宁市教育局的正确领导下，在已达成昆明市文明单位，昆明市文明学校，昆明市绿色学校，昆明市首批农村示范初中、昆明市督导评估优级学校系列目标的基础上，学校党政班子正率领全体师生员工秉持“求实创新，精优至善”的校训，坚持“宝贝学子、家国盛兴”的宝兴理念；以“立人”为宗旨，努力践行成功教育，基于“成绩、成长、成人、成才、成功直至‘成龙成凤’、成就幸福”的办学思想，不断优化常规工作，着力校园文化建设，切实推进素质教育，积极创建云南省现代教育示范学校，朝着“科学规范、精优至善、人文师生、和谐校园”的办学目标，为实现成就伟大校格的愿景而努力。

学校班子合影

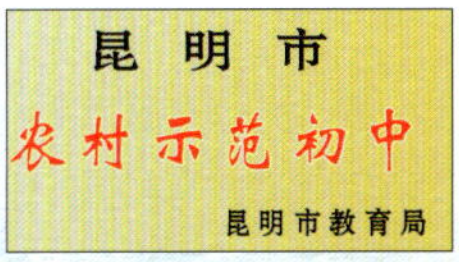

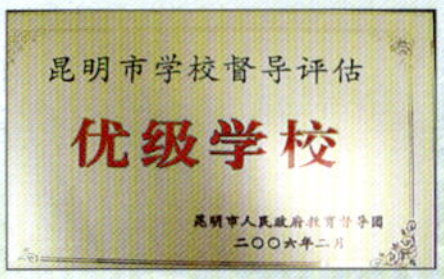

地　址：安宁市新发村　　电　话：0871－8782222　　邮　编：650300

·安宁市延安精神研究会·

2010年6月25日，安宁市延安精神研究会召开二届一次会员代表大会，昆明市延安精神研究会的领导，中共安宁市委常委、宣传部部长容国玲，副市长张岩与新当选的安宁市延安精神研究会驻会理事合影。（宋玉昆　摄）

2010年6月25日，安宁市延安精神研究会召开二届一次会员代表大会。（宋玉昆　摄）

2010年9月15日，安宁市延安精神研究会部分会员在西柏坡考察学习。（俞学云　摄）

2010年9月27日，安宁市延安精神研究会部分会员在西柏坡学习考察时合影。

（蒋林昆 摄）

2010年9月13日，安宁市延安精神研究会部分会员在大寨学习考察时合影。

（宋玉昆 摄）

2010年9月16日，安宁市延安精神研究会部分会员在河北省冉庄地道战纪念馆合影。

（陈跃辉 摄）

安宁市老年人体育协会

安宁市老体协自2006年12月28日恢复成立以来，在昆明市体育局和昆明市老体协的统一领导下，在安宁市委、市政府的高度重视和安宁市文体旅游局的领导、关心和大力帮助下，坚持“党政主导、社会参与、全民关怀”和“促进城市、发展农村、重在基层、面向全体”的老龄工作及老年体育工作方针；充分发挥市老体协的桥梁和纽带作用，把老年体育工作当做“民生工程”和“民心工程”来抓。解决了经费问题，落实了办公地点，经常性活动得以长年坚持开展，并于2008年3月配备了专职干部，保证了老年体育工作的有序开展，在短短几年里各项工作成效显著，走在了昆明市14县市区的前列。这一切都得益于安宁市老体协有一个精诚团结、锐意进取的领导班子。

安宁市委、市政府“两办”于2008年5月6日召开了安宁市老年体育工作会，并下发了《关于进一步加强老年体育工作的意见》。副市长戴彬在会上就开创我市老年体育工作新局面提出了具体的意见和要求。它标志着安宁市老年体育工作的一个新起点。在叶国才主席的带领下，老体协全体人员齐心协力、共同努力，到2008年年底，全市七镇、两街道，96个村（居）委会先后成立了老年体育组织和市门球、羽毛球和气排球分会，实现了城乡基层组织建设网络全覆盖。老体协除组织开展经常性活动外，各项活动及比赛取得了突出的成绩。2007年，成功地承办了“2007年昆明市中老年人气排球比赛”和“昆明市第五届老年农民运动会”；2008年，积极筹划实施“6·20”大型文体展演活动和“迎奥运”健身系列活动；2009年参加昆明市第七届老年人运动会12个项目的比赛，荣获14县市区第三名，并获得金奖；2010年参加昆明市老年人沙式太极拳（剑）比赛，获得一等奖。

目前，安宁市60岁以上老年人有4.2万人，老年人口占总人口13.1%，安宁市已进入老龄化城市。安宁广场、金方街道（昆钢片区）和云化社区等晨晚练点已形成规模；老年迎春门球赛、中老年人羽毛球赛、气排球赛、敬老节系列健身活动和“8·8”全民健身展演活动已形成制度，逐步做到天天有活动、月月有比赛。以上工作为全市广大老年人进一步享受到安宁社会经济发展的成果，丰富老年生活，积极参与城乡文体活动、科学健身，搭建了良好的平台，受到各级领导的表扬和社会各界的肯定。

今后，安宁市老体协将在全市范围内进一步完善和落实“五有”方针（有健全领导班子、有专职人员、有办公地点、有经费保障、有经常性活动），加强对全市城乡老年体育工作的指导和骨干的培训，增加体育健身比赛活动和文体展演活动的次数，努力使全市广大老年人的晚年生活更加丰富多彩，娱乐、健身更加科学合理，为加快安宁市城乡一体化建设和全市老年体育事业朝着又好又快方向发展而不懈努力。

2006年12月28日，安宁市老年人体育协会成立。

2007年11月29日，昆明市老体协领导与安宁市领导合影。

2007年11月，在昆明市第五届老年农民运动会上安宁荣获多项奖牌。

2007年11月29日，昆明市老体协主席戴文忠与安宁市老体协主席叶国才合影。

气排球比赛

地 址：安宁市连然街文化娱乐中心二楼 电 话：0871-8683250 邮 编：650300

特　　载

编辑：张丽华

2010 年 **1** 月 **9** 日至 **11** 日，中国人民政治协商会议安宁市第四届委员会第三次会议隆重召开。

（俞学云　供稿）

奋力攻坚2010年　超前启动“十二五”
全面开创安宁跨越式发展新局面

——在市委四届九次全体（扩大）会议上的报告

（2010年1月8日）

中共安宁市委书记　李树勇

同志们：

这次市委四届九次全体（扩大）会议，是在我国经济回升向好趋势不断巩固、现代新昆明建设深入推进、安宁跨越式发展处于最为关键时期召开的一次重要会议。大会的主要任务是：深入贯彻落实党的十七大、十七届四中全会、中央经济工作会和省委八届八次全会、昆明市委九届六次全会精神，以科学发展观为指导，总结2009年工作，部署2010年工作，审议通过《中共安宁市委关于贯彻〈中共中央关于加强和改进新形势下党的建设若干重大问题的决定〉的实施意见（讨论稿）》，动员组织广大党员干部和人民群众，奋力攻坚2010年、全面完成“十一五”各项目标任务，超前启动“十二五”规划，全面开创安宁经济社会跨越式发展新局面！

下面，我代表市委常委会，向全会报告工作，请予审议。

一、常委会2009年的主要工作

2009年，是我市各项工作任务异常艰巨繁重、经济社会发展遇到巨大挑战的一年，也是全市广大党员干部和人民群众自加压力、负重奋进，经受严峻考验的一年。受国际金融危机影响，我市以钢铁、磷盐化工为主的实体经济受到了严重冲击，主要经济指标一度大幅下滑。面对异常严峻的形势，我们坚持以科学发展观为指导，认真贯彻昆明市委、市政府的决策部署，团结带领全市党员干部和人民群众，坚定信心、主动作为、有效应对，对外扩大招商引资、向上积极争取支持、向下狠抓项目落实，增投资、稳工业、保民生，大干基础设施、大搞园区建设，大力实施生态建设、狠抓民心工程，“拼搏2009”，有效遏止了经济下滑态势，全市经济社会平稳健康发展，“543”倍增计划顺利推进，跨越式发展实现良好开局。

一年来，市委常委会主要抓了七个方面的工作。

（一）抓学习，促提高。紧紧围绕“促进安宁经济社会跨越式发展”这一主题，以深入学习实践科学发展观活动为契机，全市掀起新一轮的解放思想大讨论。一年来，通过举办理论知识讲座、专题调研、外出学习考察等活动，把学习理论与解放思想紧密结合起来，把解放思想与解决实际问题紧密结合起来，把转变作风与推动工作紧密结合起来。全市干部群众深化了对科学发展观的理解，进一步破除了不适应不符合科学发展要求的思想观念。深刻认识到，市委四届七次全会提出的跨越式发展符合科学发展观的要求，符合经济社会发展规律，符合安宁发展实际。从而进一步把思想和行动统一到了“1366”的发展思路上来，统一到“保增长、保民生、保稳定”的方针政策上来，统一到破解发展难题、着力解决热点、难点、焦点问题上来，增强了战胜金融危机、推动跨越式发展的信心、决心和勇气，进一步构建起了有利于率先发展、科学发展、和谐发展的体制机制。安宁被评为2009年度中国科学发展百强县（市）。

（二）抓投资，促增长。牢牢抓住投资拉动这一关键，逆势而上，引进与推进并举，外引与内培共抓，实施“大投资”方略。调整政策，扩大招商引资的领域和范围，调动本地民间资金积极性。组建六大招商平台，实施招商引资流程再造，加强督查督办，掀起招商引资“百日竞赛”高潮。全市共引进昆明市外资金到位项目130个，协议投资额178亿元，开工建设项目43个，内资到位51.8亿元、外资到位4 606万美元，分别完成昆明市下达任务的115%和112%；安宁市财政外内资到位81.9亿元、外资到位5 109万美元。加强对投融资工作的领导，改造投融资平台，先后成立8家投融资公司，全市新增政府性融资项目30个，新增融资25.5亿元。争取中央、省资金扶持2.5亿元。全市固定资产投资始终保持40%以上的高速增长势头，累计完成投资53亿元，有力地拉动了市域经济止跌回升。全市地区生产总值预计实现120.6亿元，增幅从第一季度的负5.8%扭为正10.2%。安宁荣获“中国最具投资潜力城市”称号。

（三）抓产业，促增收。全力稳工业。组织开展“进企业、解难题、化危机”活动，建立每月一次的市域经济运行分析制度，成立中小企业服务中心，实施中小企业成长工程，加大资金扶持力度，全力保障企业的煤、电、油、运供给，形成了与企业同舟共济、共克时艰的良好氛围。全市规模以上工业增加值预计完成63.5亿元，增幅从1月份的负22.7%扭为正6.6%；规模以上工业企业户数达82户，亿元以上工业项目开工8个。强力推进工业园区建设。优化工业园区总体规划，加快园区征地拆迁、土地收储和基础设施建设。昆钢草铺项目、云天化集团项目、中石油项目等重大项目顺利推进。积极争创国家经济技术开发区和国家新型工业化磷化工产业示范基地，后者已通过国家审查。园区规模以上工业增加值占全市规模以上工业增加值的91%。全面落实强农惠农政策，连续五年保持投入增加。大力夯实现代农业，壮龙头、建基地、强中介。加快土地流转，全市土地流转面积占耕地总面积的36.7%。启动现代农业园区建设，推行农业标准化生产，养殖业快速发展。集体林权改革全面完成。农业总产值预计完成11.8亿元，增长7.3%。着力调结构。启动麒麟片区和金方片区两个中小企业、非公经济园区建设，大力发展壮大地方工业。麒麟片区基础设施全面推进。金方片区边建设、边招商，已有6个项目开工建设。加快第三产业发展，编制第三产业发展规划和“温泉·金色螳川”4A级景区规划，积极配合做好桃花物流园建设。地方一般预算收入12.8亿元，增幅从1月份的负52.8%扭为正18%。

（四）抓城建，促开发。围绕打造现代新昆明西部新城，全市掀起大规划、大开发、大建设高潮。2009年，是“十一五”以来我市基础设施项目开工最多、投资最大、施工面最广的一年，共实施55个重点项目，其中，基础设施项目41个，规划类项目6个，总投资约80亿元，已完成29个项目建设。全市规划体系进一步完善，基础设施瓶颈进一步突破。片区开发日新月异。宁湖新城全面完成拆迁安置和市政道路建设，配套功能进一步完善。职教基地实施路网和安置小区建设，开工建设院校达5所。太平新区主干道全线贯通，绿化力度大幅提高，启动体育运动中心建设，基础设施覆盖一期11平方公里开发区域，一批招商引资项目加快推进。温泉旅游小镇实施冷热水管网分离、滨河公园等工程，基础设施进一步改善。旧城改造完成控制性详细规划方案及首期项目招商，拆迁工作顺利启动。城乡面貌焕然一新。全面加强城乡综合管理，强势推进拆临拆违，坚决杜绝违法加层、无序建房，大力整治铁路沿线环境。“四全”工作顺利开展。安宁园博园建成开园，城乡新增绿地82.8万平方米，城市绿地率达40.8%、绿化覆盖率45.1%，人均公共绿地面积17.8平方米。主城区和集镇生活垃圾无害化处理率分别达100%和80%以上。建成区污水集中处理率达到86%。深入开展四创两争，第三次被评为“全国创建文明城市工作先进城市”，完成创建国家卫生城市申报工作。

（五）抓民生，促和谐。越是困难的时候，越是要高度关注民生、优先发展民生。安宁市政府大力推进城乡一体化，启动集中居住区统规统建工程，积极转移农村劳动力，加强农村基础设施建设，自然村道路硬化率和行政村公交覆盖率达100%，新农村建设取得实效。继续深化教育综合改革，启动中小学校舍安全工程，“两基”综合质量继续提升，安宁市荣获“云南省教育先进市”称号。科技创新对地方经济的贡献日益凸显，安宁市再次荣获“全国科技进步先进市”称号。启动市人民医院新住院大楼建设，加快民办医疗发展，成功防控手足口病和甲流，安宁市荣获“全国计划生育优质服务先进单位”称号。加快建立覆盖城乡居民的社会保障体系，社会救助工作制度化、规范化。启动全民创业计划，城镇登记失业率控制在2.5%以内。强化城乡居民住房保障，新建50套农村特困居民安居房、752套廉租房，加固、新建农村抗震房1 100套。启动“家电、汽车、摩托车下乡”活动和“汽车以旧换新”工程。高度重视生态环境保护，严肃查处环境违法案件。深入推进新一轮平安建设，有效维护社会稳定。持续开展“大接访、大下访”活动，不断推进信访体制机制建设。积极实施“科技强警”，深入开展打黑除恶专项斗争，命案侦破率连续四年保持100%，人民群众安全感、满意率不断上升。有效保障产品质量和食品药品安全。高度重视安全生产工作，一般事故逐年减少，较大生产安全事故明显下降。文化体育、广播电视、新闻宣传、防震减灾、档案史志等工作取得新成绩。国防动员、民兵预备役建设和双拥工作富有成效。全市社会消费品零售总额25.3亿元，增长18.2%；农民人均纯收入6 170元，增长10.9%；城镇居民人均可支配收入18 172元，增长4.3%。安宁市荣获“2009中国最具幸福感城市”称号。

（六）抓软环境，促作风。深入开展“行政效能提升年”和“干部作风改进年”活动，实施“治庸计划”。全面推行“阳光政府”四项制度。进一步精简行政审批事项，压缩行政审批时限，行政审批“零”收费。加大问责力度，问责干部和工作人员77人。全市形成了“紧张快干”的浓厚氛围，经济社会发展环境进一步优化。紧紧围绕“钱从哪里来、地从哪里要、人往哪里去、事要怎样做”四个核心，进一步深化行政管理体制、财政管理体制、人事制度、土地利用制度改革，着力构建高效规范、公开透明的行政体系和推动发展的动力机制，建立科学的考核激励机制和政府性投资项目投资、建设、管理“三分离”运作模式，全市共实施制度创新203项，进一步深化了改革、扩大了开放、激活了发展潜力、增强了发展活力。

（七）抓党建，促合力。坚持一手抓经济社会发展，一手抓党的建设。以庆祝新中国成立60周年为契机，结合学习实践科学发展观活动，全市掀起了学习十七届三中、四中全会和中国特色社会主义理论体系的高潮。加强领导干部培训，积极开展时代前沿知识讲座，全市干部理论素养和知识水平不断提升。进一步深化干部人事制度改革，调优配强科级领导班子，充实配齐法检两院领导班子，全市提拔、调整科级领导干部91人，各级领导班子领导科学发展、促进社会和谐的能力进一步提高。夯实基层组织建设。全面建立村（居）委会办公运转经费财政投入保障和“两委”干部离职生活补助机制，开展村干部任期和离任经济责任专项审计。“三公开”工作得到加强，全面完成村级组织活动场所建设。启动村（居）两委换届工作，全市规模以上非公企业全部建立党组织。积极推进政府机构改革工作，建立为民服务三级联动工作机制。认真贯彻落实党风廉政建设责任制，加强对党员干部的教育、监督，加大案件查处力度，严惩腐败行为。加强对人大、政协工作的领导，召开了市委人大、政协工作会，出台了加强人大、政协工作的实施意见，大力支持人大、政协依照法律和章程履行职能。人大、政协工作卓有成效，民主法制建设取得新进展。老干部工作进一步加强，统战、民族、宗教、党史工作取得新成绩。完成工、青、妇、科协、残联换届，桥梁纽带作用进一步发挥。全市进一步形成了一心一意谋发展、聚精会神搞建设的良好局面，汇聚成了推动跨越式发展的强大合力。

同志们，2009年，我市经济社会发展取得的成绩来之不易。这是中央和省市科学应对、坚强领导的结果，是广大党员干部和人民群众团结一心、共同奋斗的结果；也是各民主党派、人民团体，驻市中央和省级企业，人民解放军、武警官兵积极参与、支持和帮助的结果。也充分证明了市委、市政府采取的一系列应对措施是正确、及时、有力、有效的。更为重要的是面对危机、面对前所未有的挑战，我们没有束手无策，更没有无所作为，广大党员干部和人民群众、各级领导班子经受住了严峻考验，我们既取得了明显的经济成果，也清醒地看到了自身存在的问题，更积累了在复杂经济环境中推动经济社会又好又快发展的重要经验。在此，我代表市委，向所有关心、支持、参与我市改革开放和现代化建设的同志们、朋友们，表示衷心的感谢，并致以崇高的敬意！

二、2010年及今后一个时期的工作安排

2010年，是“十一五”规划实施的最后一年，是安宁攻坚克难之年，也是承前启后、为“十二五”开好局、起好步奠定坚实基础的重要一年。做好2010年工作，对安宁的发展具有极其重要的意义。

当前，安宁发展迎来新的机遇。一是我国经济已经实现回升向好，国家将继续实施积极的财政政策和适度宽松的货币政策。这为我市吸引各方投资，培育新兴产业，调整优化经济结构，加快城乡基础设施建设，加快社会事业发展，更好地保障和改善民生提供了良好的条件。二是滇中城市经济圈区域协调发展规划的实施，安宁将迎来新的发展机遇。三是中石油、昆钢集团及我市一大批招商引资重大项目的积极推进，安宁将迎来第五次大工业开发建设高潮。

在看到机遇和有利条件的同时，我们也要清醒地看到所面临的压力和挑战。从国际环境看，世界经济复苏基础并不稳固，国际金融危机影响仍然存在。从国内环境看，当前我国经济回升的基础还不牢固，积极变化和不利影响同时显现，短期问题和长期问题相互交织，国内因素和国际因素相互影响，保持经济平稳较快发展、推动经济发展方式转变和经济结构调整难度增大。从全省全昆明市来看，县域竞争愈来愈激烈，竞争已经从区位、资源、产业等硬实力竞争，上升到了观念、作风、文化、制度等软实力竞争，形成了多层面、全方位的竞争格局。从自身来看，一是这次国际金融危机充分暴露了我市经济结构性矛盾异常突出，优化经济结构，大力发展壮大地方工业、非公经济和中小企业迫在眉睫。二是随着大工业、大项目的进入，资源和环境的瓶颈约束进一步加剧，统筹生态建设和经济社会建设任务异常艰巨。三是信访问题突出，征地拆迁引发的社会矛盾凸显，维护社会稳定、构建和谐社会的任务更加繁重。四是面对跨越式发展的历史重任，一些干部忽视理论学习，对形势认识不清，思想观念陈旧，小富即安、小进即满，竞争意识、创新意识、忧患意识不强，考虑个人利益多、关心工作少，缺乏进取的动力、创新的活力和干事创业的激情，抢抓机遇，用好用活政策的能力不强，工作方式方法因循守旧，不敢闯不敢试，作风漂浮、各自为政、推诿扯皮，严重影响工作快速推进，甚至造成恶劣后果。五是面对国际金融危机的严峻考验，一些部门、一些领导干部对涉及全局的重点、难点问题，预见性不强，创造性开展工作的勇气和胆略不够；执行力不强，缺乏一抓到底的精神，形式主义、官僚主义、经验主义、本位主义不同程度的存在；导致许多决策议而不决，被动应付，缺乏超前性、连续性、主动性。六是一些党的基层组织软弱涣散，执政意识不强，带领群众发展经济、维护社会稳定的能力不够，不能有效发挥战斗堡垒作用。在今后的工作中我们必须认清形势，正视困难和挑战，高度重视存在的问题，进一步坚定信心，增强危机感、责任感和紧迫感，采取有力措施，认真加以解决，努力在新的起点上把改革发展稳定各项工作做得更好。

2010年，全市的工作思路是：以科学发展观为指导，紧紧围绕现代新昆明建设和“543”倍增计划，坚持“1366”的发展思路，一手抓“十一五”规划的全面完成，一手抓“十二五”规划的超前启动，实施大突破、大规划、大投资、大项目、大产业、大建设、大开发、大宣传“八大”方略，着力破解经济结构性矛盾，着力破解城乡二元结构矛盾，着力突破城市发展瓶颈，全面开创跨越式发展新局面。

全市经济社会发展的主要奋斗目标建议为：地区生产总值增长10%；地方一般预算收入增长15%；规模以上工业企业增加值增长12%；全社会固定资产投资增长40%；社会消费品零售总额增长14%；城镇居民人均可支配收入增长3%，农民人均纯收入增长6%；规模以上工业万元增加值能耗下降9.5%，单位GDP能耗下降4.6%。要着重抓好以下方面：

（一）推进思想、制度和软环境建设大突破，开拓跨越式发展的新空间

实现跨越式发展，必须首先在思想上取得大突破，在制度上进行大创新，在软环境上再优化，才能把被束缚的生产力解放出来，增强发展的动力和活力，最大限度地提高城市的竞争力和影响力，在激烈的区域竞争中抢得发展先机。

推进思想解放大突破。解放思想是推动安宁跨越式发展的永恒主题。各级领导干部要着力培养开明的心态、开放的胸襟、开阔的视野和开拓的胆识，做到“五个破除”，破除框框套套，克服官僚主义、本本主义，勇于用新的信念、理念、观念指导实践；破除惯性思维，克服经验主义、教条主义，善于用新的思想、思维、思路破解难题；破除患得患失的心理，克服本位主义，敢于用改革、开放、创新的举措谋求突破；破除当“太平官”的思想，克服不思进取、小富即安的思想，志于干实事、创大业、立新功；破除自以为是的意识，克服骄傲情绪、自由主义，勇于无私奉献、乐于问计于民、勤于协调配合；全面解放“思想生产力”，推进解放思想向解放行动，思想解放向思想实践、理论实践、政策实践、制度实践的根本转变。

推进制度创新大突破。制度创新是推动安宁跨越式发展的不竭动力。要按照政策法规具体化、工作经验系统化、外地经验本地化、本地工作特色化的要求，努力把安宁建设成为创新型城市。要营造鼓励创新的良好氛围，建立有利于制度创新的保障机制，为创新扫除障碍、拓展空间，让创新的激情迸发。要尊重首创精神，宽容失败、允许失误，敢于开拓观念上的“盲区”，敢于探索体制上的“难区”。要不断拓宽创新领域，紧紧围绕关系全局发展的重点、难点、热点问题，大胆进行制度创新。要加强制度应用，尽快让制度创新的成果在实践中发挥作用、产生效益，并不断丰富和完善。

推进软环境建设大突破。软环境建设是推动跨越式发展的有力保证。要全面优化政治舆论环境、政策扶持环境、社会服务环境、法治管理环境和人文道德环境，进一步营造“三最四低”的发展环境。深入实施“治庸计划”，深化“行政效能提升年”和“干部作风改进年”活动，全面落实市级领导分工负责制和“一岗双责”责任制，彻底治“推”，强化督查、问责，坚持“七定”原则，让“推”者无理由可推，切实履行职责、承担责任；坚决治“拖”，强化“三最三严”，实施结果倒逼，让“拖”者无法再拖，切实照章办事、按时办结；坚持治“松”，强化一线工作法、五办作风，加强效能监察，让“松”者无时间可松，切实紧张快干、提高效能；严厉治“混”，强化述职、述学、述勤，严格考核，让“混”者无处可混，切实坚守岗位、忠于职守；着力治“庸”，强化绩效考核，以实绩论英雄，让“庸”者下、能者上，让“庸”者知不足而迎头赶上。

（二）加强对全局和未来的大规划，牢牢把握跨越式发展的主动权

“不谋全局无以谋一隅，不谋长远无以谋一时”。在发展日新月异、竞争你追我赶的时代，必须加强谋划、策划、规划、计划，增强工作的科学性、超前性、计划性，方能抢占先机立于不败之地。

深入谋划宏观发展战略。城市群之间的竞争已成为地区间竞争的主流。我们必须坚持和完善“1366”的发展思路，积极应对滇中城市群发展新趋势，充分发挥我市产业、区位、资源、交通优势，主动对接新昆明、融入滇中城市经济圈，谋求新突破。必须找准安宁在滇中城市经济圈中的定位，在滇中城市经济圈的“一核”中，安宁应打好工业和休闲养生这两张牌，加快从重化工基地向现代绿色工业强市和休闲养生名城的转型，主动承接现代新昆明的产业和人口转移，分担昆明主城区的部分功能，在现代新昆明格局中叫响“西部新城”的口号；在“两轴”中，安宁应是西轴的产业高地；在“三圈”中，安宁应是城乡一体化的先行区；在“四极”中，安宁应是西部增长引擎；在“五通道”中，安宁应是昆明通往滇西的门户、旅游物流的大集散地；要充分发挥辐射带动、服务配套、物流集散、发展纽带的功能。

加快完善城乡规划体系。按照“规划先行、高点起步，以人为本、生态优先，以城带镇、以镇促村，城乡一体、全面发展”的要求，构建以城市总体规划、各专项规划、近期建设规划和控制性详细规划，城市设计概念性规划，城镇体系规划、镇建设规划、镇控制性详细规划，行政村建设规划，农村居民点“迁村并点”规划为主的城乡综合规划体系，并实现以上五个方面规划的100%覆盖。围绕“三个集中”的要求和优化经济结构、转变发展方式的需要，加强产业规划，促进城市总体规划、产业规划、土地利用总体规划和环境规划“四规合一”。

科学编制“十二五”规划。“十二五”时期是构建和谐社会的重要时期，也是深化重要领域和关键环节改革的攻坚时期。科学编制和实施好“十二五”规划，对于深入贯彻落实科学发展观，妥善应对发展中面临的新情况、新问题，保持经济社会又好又快发展具有十分重大的意义。做好“十二五”规划的编制工作，必须深刻把握“十二五”时期国际经济环境的新变化、全国经济发展的新形势、安宁发展的特征，把思想和行动统一到中央、省市精神上来，把安宁的规划与上位规划呼应好、衔接好；必须深入研究事关长远发展的全局性、战略性、关键性问题，从解决经济社会发展的突出矛盾和问题入手，明确发展的战略重点和主攻方向，提出切合实际的解决方法，充分体现规划的科学性、前瞻性、操作性；必须解放思想、加强领导、集思广益、群策群力，鼓励社会各界参与规划研究，以多种形式了解群众意愿，听取、吸纳群众意见，使“十二五”规划编制工作成为凝聚人心、形成共识、解决难题、不断求索的过程；必须超前启动“十二五”规划实施的前期工作，做到项目进上级规划的“本子”、计划实施的“笼子”和资金安排的“盘子”。今年，要超前启动“十二五”重大项目建设。

（三）坚持超前高效的大投资，为跨越式发展注入强大活力

要深刻认识到，只有坚持不懈地实施大投资方略，才能做大经济总量、提高发展质量，为跨越式发展打牢基础；要深刻认识到，不发展、发展速度不快，经济总量不大、质量不优才是最大的风险；要深刻认识到，在当前你追我赶的竞争中，如果我们裹足不前，瞻前顾后，那么在下一轮的发展中必定会落后和被淘汰出局。要紧紧抓住国家实施积极财政政策和适度宽松货币政策的机遇，牢固树立负重前行的思想，增强扩大投资的勇气和历史责任感，敢于负债发展，敢于超前投入、举债搞建设。

扩大投资，要广泛拓宽投融资渠道。用足用活国家宏观调控政策，最大限度争取上级对我市基础性、公益性投资项目建设的支持。加强银政、银企、银农、银文、银社合作，全面开放引进外资，充分激活地方民间资金，多渠道带动集聚金融资本和社会资本。放大政府投资效应，利用财政资金杠杆，以资金补助、财政贴息和以奖代补等方式，撬动社会投资。今年融资规模要达到25亿元以上。

扩大投资，要突出重点调结构。加强产业投资，要确保第一产业投资，大幅提高第二产业投资，有效增加第三产业投资，促进产业结构进一步优化。要优先投入基础设施和优先保障民生，着眼于提升城市载体功能，创造更优的投资、人居环境；着眼于哺农惠农，推进城乡一体化；着眼于惠民、利民、改善民生，关注困难群众、弱势群体；将更多的财力用于提供公共产品和公共服务，集中力量建设一批事关全局、事关长远的大项目、好项目，建设一批事关群众切身利益的民心工程。

扩大投资，要深化投融资体制机制改革。建立投融资风险调控机制。科学测算偿债能力，统筹安排不同时期的偿债资金来源，合理设置债务偿还周期，做到资源配置与融资任务平衡、净资产与负债平衡，将资产负债率控制在60%左右，有效防范投融资公司的经营风险，让各投融资平台建立起“借得来、用得好、管得住、还得起”的良性循环机制，降低政府债务风险。优化全市资源配置。进一步明确各投资公司的职能，按职能配置全市资源。市投资公司要发挥全市融资的龙头、枢纽作用，把市级国有资产和市土地储备中心收储、熟化的土地注入公司，使其做大做强，作为政府与银行对接的主平台，或为全市的建设项目和片区开发向银行贷款，或为其他投资公司作担保。其他投资公司要结合开发建设的需要，积极做好融资项目的储备和报件工作，配合市投资公司实施融资，主要承担投资、经营功能。今后全市不再成立新的独立投资公司，若需成立则采取母子公司体制。增强投融资平台造血功能。各片区要将所有资产和特许经营权交由投资公司进行经营管理，支持投资公司广泛开展各种经营活动，多渠道、多元化、多方式吸引大集团、民间资金进行规模化、专业化开发。赋予投资公司土地一级市场开发权，以资本运营方式盘活土地资源，获取土地收益，实现公司的自求平衡和滚动发展。建立集中、规范的资金统筹使用和监管体系，完善资金审批流程，提高资金的使用效率。规范政府性投资项目管理，减少浪费和低效、无效投资。建立对投融资公司的考核、激励机制。

（四）狠抓大项目的引进推进，筑牢跨越式发展生命线

招商引资是经济工作的“生命线”、“主旋律”，项目是发展的生命线工程，是拉动经济社会发展的“发动机”。今年，招商引资要完成内资45亿元、外资3 000万美元，市财政外资金60亿元，确保一批签约项目早开工，开工项目早投产，投产项目早达效。

明确主攻方向，提高选商选资水平。紧扣建设现代绿色工业强市和休闲养生名城的目标，围绕“四个提升”，着力引进一批“四高五型”项目，加快引进金融保险、商贸物流、中介服务、会展旅游、科教信息等现代服务业项目。

创新方式方法，提高招商引资实效。优化平台招商方式，完善平台内部与外部的沟通协调机制。实施定向招商，锁定区域、锁定目标，敲门招商、跟踪招商，不断增强招商引资的针对性、主动性和实效性。强化专业招商，加强对石化、钢铁、磷盐化工、旅游等产业的政策、知识培训，打造一支熟悉招商业务、擅长项目策划、精于商务洽谈、善于公关的招商引资专业队伍。开展以商招商、中介招商、委托招商、代理招商，努力形成市场运作、企业为主、政府推动的招商引资新格局。

突出项目重点，夯实招商引资基础。围绕重点企业、优势产业和特色园区，搞好项目长远规划和项目库建设，形成开发一批、储备一批、推介一批、实施一批、跟踪一批的运行流程和良性机制。成立项目选址办，强力推进项目落实，提高项目落地率。积极配合推进昆钢草铺项目、中石油项目等重大项目建设。完善招商引资工作流程、项目会审制度、信息月报制度和项目推进月查制度，对项目建设中的重点、难点问题，采取“一个问题、一个领导、一套班子、一个方案、一个口径、一抓到底”的办法，逐一解决。

完善服务体系，强化招商引资保障。成立由专家、企业家、行业代表、政府官员等组成的决策咨询委员会，加强对政策意见的可行性研究，帮助企业及时应对机遇与挑战。坚持和完善市域经济运行分析机制，保持政府领导和企业经营管理层之间经常化的交流对话和信息互通，促进地方发展思路、发展战略与企业发展目标、经营策略的对接。完善政策支撑体系，加强对重大项目、重点企业、中小企业和非公经济的扶持，鼓励企业创名牌名品、加强技术创新和新产品研发，鼓励发展循环经济、总部经济。开辟更为通畅的“绿色通道”，对重大项目实行“一企一策、一事一议”。实施人才战略，外引内培产业发展急需的高层次人才、科技创新人才、高级管理人才和高技能人才，培养造就一大批高素质的劳动者队伍。

（五）构建大产业体系，夯实跨越式发展基础

加快经济结构调整步伐，构建结构优化、实力强大的产业体系，形成二三产业双轮驱动、国有民营齐上、大中小企业并举的发展格局，是推动跨越式发展的根本基础。

突破工业园区建设。完善工业园区规划，用规划引导、控制项目进入。启动工业园区“三年攻坚、六年跨越”行动计划，快速推进工业园区基础设施建设。继续抓好工业园区升级为国家经济技术开发区工作。

优化园区产业结构。大力发展石油化工、冶金及装备制造两大战略性主导产业，提升壮大传统磷化工特色产业，积极培育轻型加工制造业、高新技术产业、新型建材产业“三大导入型新兴产业”，构建“两主一特三新”现代工业体系。

调整园区空间布局，加快产业的集聚和规模化发展。沿320国道和安楚高速公路，打造钢铁产业集群、磷化工产业集群、石化产业集群、电子电器设备制造产业集群。其中，青龙镇重点发展新型建材业，禄脿镇重点发展轻型加工制造及石化下游产业，草铺镇重点发展钢铁、磷化工和石化产业。加快麒麟片区建设，着力发展高附加值、无污染、低能耗、低水耗的轻型制造业，打造中小企业群，建成工业园区的起步区、窗口区。加快金方片区建设，打造成为集生物制药、工业物流、新型建材等为一体的复合型产业基地。坚持“建园即建城”的发展理念。在构建生产组团同时，注重规划建设生产配套服务组团。

加强园区产业发展的政策指导。实行“一个产业、一套规划、一套政策、一套办法”的工作机制，建立科学合理的项目准入门槛和环保、土地集约利用评估考核体系，推行投资强度准入制度，提高土地利用效率和投入产出比。

加快新型工业化发展。把“促投资、保增长、调结构”作为实现工业突破的首要任务，以大投入、大项目、大企业、大产业带动工业大发展。分层次抓实一批重点工业项目、上亿元项目，优选一批“小进规、规入千、千上亿、亿跨五亿、五亿跃十至十五亿”的企业进行“成长、大做强”培育。鼓励为大企业、大产业作配套服务，延伸产业链，按照“专、精、特、新”的要求培育一批市场前景好的非公经济及中小企业群体。

加快都市型现代农业发展。大力发展效益农业、园区农业、设施农业、生态农业、观光农业，加快农业产业一体化经营步伐。巩固红梨、浅水藕、外销蔬菜、名特优新四个万亩农产品生产基地。着力打造“中国红梨之乡”、“云南省浅水藕繁种基地”、“昆明市畜禽生产基地”三个农业品牌。改造农业生产功能，加快土地流转，积极推进农业园区建设。拓展农业生活功能，加快建设东西南北纵横贯穿的观光农业带，大力发展节会经济。强化农业生态功能，大力发展绿色农业，推行安全、洁净、无害化循环生产技术，发展无公害优质农产品生产，提高农产品安全水平。

加快第三产业发展。大力发展生产性优质服务业，全面提升生活性优质服务业，迅速扩张公共优质服务业。重点发展现代物流业，推进草铺工业物流园、和平国际物流园、桃花物流园建设，构建昆明通往滇西地区的物资集散枢纽。加快发展旅游会展业，构建较为完整的旅游产品体系，形成全方位配套的旅游产业体系，逐步建立起较为完善的多元化旅游投入产出机制。提升优化休闲服务业，按照“要素集聚、规模特色”的要求，建设提升一批度假休闲要素集聚区和休闲产业集群区。全面发展城乡公共服务业，加快建立生产资料和生活资料市场体系，大力发展社区商业和农村商业，积极推进连锁经营向社区和乡村纵深发展，加快中心城区、城镇、村居三级流通网络的建设。进一步推动专业服务业、房地产业、金融保险服务业的健康发展。

（六）实施基础设施和社会大建设，增强跨越式发展后劲

加大基础设施建设和社会建设力度，既是立足当前扩大内需、保持经济平稳较快发展的迫切需要，又是着眼长远打牢发展基础、增强发展后劲的客观要求。要把加快基础设施建设和社会建设作为关系发展全局的大事抓紧抓好、抓出成效，以长足的基础设施建设和社会建设，支撑长远的跨越式发展。

集中力量推进基础设施建设。全市今后三年将再投入100亿元以上，新建一批基础设施项目。其中，2010年将新建项目40个，总投资近70亿元，重点抓好“三纵三横”交通路网建设和水资源开发利用“445”工程。相关部门要积极组织重点项目申报，争取将项目列入国家、省市项目库，争取上级项目资金支持。加强银政合作，采取BT、BOT等方式，最大限度吸纳银行和社会资金参与建设。强化项目推进工作，已决策实施的未开工项目，要全力做好前期工作，争取尽快开工；已开工项目，要在保证质量的前提下，全速推进工程进度。按照“八个百分之百”的要求，加强工程项目管理，确保工程质量和施工安全。建立重点工程资金保障、征地拆迁保障、施工保障、原材料保障和新闻舆论监督保障“五大保障”机制，强化规划设计意识、目标意识、质量意识、进度意识和安全意识“五种意识”，确保基础设施建设三年突破任务顺利完成。

统筹城乡基础设施建设。以村镇基础设施建设为重点，以完善农村生产生活设施为抓手，推动基础设施建设向农村延伸，逐步实现基础设施完善、服务功能齐全、发展协调有序的现代城乡基础设施建设体系。针对目前城乡基础设施差异大、功能布局不合理、设施共享性差等突出问题，着眼于城乡设施的衔接、互补，切实加强农村道路、水、电、通信和垃圾处理设施的建设，实现城乡共建、城乡联网、城乡共享。

构建完善的社会发展体系。社会建设与人民幸福安康息息相关，要全面提高人民群众的幸福指数和满意度。

优先发展教育事业。加大投入，全市财政性教育经费占 GDP 比重要达到2% 以上，每年安排民办教育发展专项资金 200 万元。加大农村标准化学校建设力度，强力推进中小学校舍安全工程。大力发展职业教育，突破性发展民办教育。实现学前教育以民办教育为主，力争民办学前教育学生在校生比重达 90% 以上，高中阶段教育增量部分主要由民办来实现。

进一步提高医疗保障水平。加快市人民医院住院大楼建设，启动市中医院、疾控中心、妇幼保健中心建设工程。加强城市社区卫生服务机构规范化建设，健全农村三级医疗卫生服务体系，推进十五分钟医疗卫生服务圈建设。积极推进公立医院改革，大力发展民营医院。

加快公共文化、体育服务体系建设。积极推进市、镇（街道）、村（社区）三级公共文化服务网络建设，启动青少年科技馆等“三馆一中心一广场”建设，实施一批文化产业项目建设。大力发展公益性文化体育事业，广泛开展群众性文化体育活动。高标准、高质量做好省城运会和昆明市城运会的准备工作。

进一步完善社会保障制度。实施劳动力资源开发“四全”工程和全民创业计划，城镇失业率控制在 4% 以内。加大企业职工“五险合一”扩面征缴力度，提高新型农村合作医疗保险、城镇居民基本医疗保险覆盖面，实施新型农村社会养老保险制度。加快廉租房等保障性住房建设。进一步完善以最低生活保障制度和“五保”供养制度为核心的适度普惠型、福利型社会救助体系。

进一步加强社区建设。积极推进社区民主自治，建设文明和谐社区。努力建设一支高素质的社区工作队伍和志愿者服务队伍。大力培育社区民间服务组织，完善社区各类公共服务设施的布局和配置。

全力维护社会和谐稳定。继续开展“五五”普法、“四五”依法治市工作。深入推进“民主法治村（社区）”创建活动。不断提高执法司法的公信力。进一步提高政府、社会诚信，加强信用市场建设。着力打造信访接待中心和“大热线”两个诉求平台，增强社会矛盾纠纷排查和调处能力，做到小事不出村、大事不出镇、矛盾不上交。加强公安工作，健全社会治安防控体系，完善城市电子报警监控体系，提高应急处置能力。确保安全生产和公共安全，确保食品药品安全。

（七）加快城乡大开发步伐，提升跨越式发展平台

根据组团式的城市空间布局原则，围绕打造中等城市、品质安宁的目标，进一步加快城乡开发建设步伐，构建城乡人口相对集中、功能分区科学合理，以主城区为核心，以特色城镇为节点，其它建制镇和中心村为基础的四位一体的新型城乡空间布局。

加快城市片区开发。强化对城市片区开发的统筹，鼓励竞争，努力形成各片区你追我赶、快速开发、出亮点、出形象的良好局面。宁湖新城要加快商业设施配套，提升服务功能，打造高端休闲娱乐区。太平新城要完善规划体系，加快东、西环干道建设，加快土地一级市场开发，积极探索城乡统筹发展新路子，抓好 2～3 个项目，形成新的引爆点，再掀开发建设新高潮。温泉旅游小镇要进一步加快资源整合步伐，注重引入有实力的高水平战略投资者，开发高端产品；加快核心区的改造提升及“温泉·金色螳川”4A 级景区的打造。职教基地要加快基础设施配套建设，继续加强院校的引进，确保在建院校按计划投入使用。旧城改造要作为最大的民生工程、最大的招商引资项目来抓，要加强领导，加大工作力度，启动安置房建设，全力做好拆迁安置工作，迅速启动道路工程建设，确保开发建设加速推进。昆钢片区要超前研究厂区搬迁后的规划建设问题，使之与主城区融为一体。继续加强对南部生态农业区的扶持，打造高标准的南部快速通道，做大做强南部中心镇、中心村，加快南部城乡一体化进程。

大力推进城乡一体化。按照一年突破、两年见成效的要求，以城乡“七个一体化”，促进“三农”实现“九化”。当前，要着力抓好以下工作：

深化户籍制度改革。逐步建立城乡统一的户口迁移制度，放宽市外迁入人员准入条件，实施有稳定就业和居住的农民工落户制度。

加强新型农村规划建设工作。用 3 年时间，大力开展集镇建设“十个一”工程，全面提升八街、县街、青龙、禄脿四镇的聚集、生产、流通、服务功能。积极推进农村居民居住用房统一规划、集中建设，打造一批农村新型社区。打破行政界限，建设高标准的农民集中居住区。鼓励先富起来的农村居民进城购买住房。凡是自愿放弃集体土地宅基地使用权、土地承包经营权，到城镇购买商品房定居的农村居民，给予相应的经济补偿和经济奖励。

改革创新农村土地管理制度。深化农村土地产权制度改革，促进农村资产资本化，解放和发展农村生产力。积极申请开展集体建设用地使用权流转试点，逐步建立城乡统一的建设用地市场。建立土地收益分配新机制，切实解决好被征地农民的就业和社会保障问题。鼓励村级集体资产（包括土地）进行社区股份合作制改革，实行折股量化、股随人转。

健全市场化资源配置机制。设立农户小额贷款风险补偿基金，建立政府扶持、多方参与、市场运作的农村信贷担保机制，鼓励发展小额贷款公司、村镇银行。规范发展林权、农民土地承包经营权等权利质押贷款。积极推进政策性农业保险试点工作。

加强城乡环境整治。坚持“环保七优先”，加快环境保障体制机制创新。加大环保执法力度，实行主要污染物总量削减保证金制度，实施重点监管企业在线监控，严查重处违法排污行为。推行清洁生产，发展循环经济，全力打好节能减排攻坚战，确保完成“十一五”节能减排目标。继续推进城乡园林绿化工作，做到非建设用地和可造林地绿化全覆盖，镇和村庄绿化逐步实现五个100%。加强水源地保护，大力推广中水回用，分步实施螳螂川河道生态清淤工程。开展农村面源污染控制和乡村清洁工程，加强对“七小行业”和城中村、城乡结合部的整治。坚决杜绝临违建筑、违法加层、无序建房。

（八）抓好大宣传全面营销安宁，助推跨越式发展

区域的竞争是城市的竞争，城市的竞争是城市品质、品牌的竞争。树立“宣传也是生产力”的理念，构建大宣传格局，全方位营销安宁，全面提升安宁的品牌价值。

着力打造城市品牌。目前，我市已经获得了30多个国家、省级荣誉称号，这些都是金字招牌。今后要对我市的产品、企业、品牌、文化、环境、城市形象等进行全方位的宣传，以提升安宁的知名度、认知度、联想度、美誉度、忠诚度，进而树立城市品牌，提高城市综合竞争力，广泛吸引更多的社会资源，推动消费、吸引投资。要继续深入推进“四创两争”活动，确保2010年创建为“国家卫生城市”，2011年创建为“全国文明城市”。

着力提高市民文明素质。品牌的核心是文化，文化的核心是文明的市民。要大力加强精神文明建设，广泛开展新市民教育活动，努力提升城乡居民的文明素质和城市文明程度。加强社会人文关怀和心理疏导，营造积极健康的社会环境。全面普及终身教育理念，加快建设全民学习、终身学习的学习型社会。

着力创新宣传模式。实施“五名联动”的城市营销宣传策略，对安宁的历史、现状、地理风貌、经济特色、人口素质、基础设施、人文内涵等进行分析，提炼、塑造“名人”、“名史”、“名景”、“名目”，通过1～3年时间，初步树立安宁的城市品牌，建设“名城”。要充分发动群众、特别是广大企业，积极参与到城市营销中来，做到企业创造独特的产品、行业推出特色品牌、政府经营城市品牌，形成以政府为主导、企业为主体，社会化运作，党政界、知识界、企业界、新闻界四界联动的大宣传格局。

三、加强和改进新形势下党的建设

当前，安宁处于工业化加速、城市化提升的关键时期，处于爬坡、上台阶的关键阶段，实现安宁跨越式发展，关键在党、关键在人、关键在领导。党的十七届四中全会通过的《关于加强和改进新形势下党的建设若干重大问题的决定》，是指导当前和今后一个时期党的建设的纲领性文件。认真学习贯彻好全会和文件精神，对于进一步加强和改进我市党的建设，为全市经济社会跨越式发展提供坚强的思想、政治和组织保证，具有重大而深远的意义。

当前和今后一个时期，要按照中央《决定》提出的总体要求，瞄准和锁定跨越式发展的奋斗目标，坚持党要管党、从严治党的方针，以执政能力建设和先进性建设为主线，以改革创新的精神，全面推进党的思想、组织、作风、制度和反腐倡廉“五位一体”建设，切实提高党的建设科学化水平，进一步增强各级党组织的创造力、凝聚力和战斗力，把各级党组织建设成为带领全市各族人民开拓奋进的领导核心和主心骨。

（一）按照建设马克思主义学习型政党的要求，着力提高全市党员干部思想政治水平

要把建设马克思主义学习型政党作为重大而紧迫的政治任务抓紧抓好。坚持不懈地用中国特色社会主义理论体系武装党员干部，推动学习实践科学发展观向深度和广度发展。把学习理论同解决我市跨越式发展进程中的重大现实问题结合起来，用科学发展观指导实践、推动工作，不断增强率先发展、科学发展、和谐发展的本领，树立有利于贯彻落实科学发展观的舆论导向和用人导向，构建有利于科学发展的政策体系和制度体系。深入开展社会主义核心价值体系的学习教育和实践活动，进一步增强社会主义意识形态的吸引力和凝聚力、巩固全市人民团结奋斗的思想基础。建立“述学、评学、考学”机制，把理论素养和学习能力作为选拔任用领导干部的重要依据之一，增强党员干部学习的自觉性和内在动力，把各级党组织建设为学习型组织。

（二）坚持和健全民主集中制，不断强化党的团结统一，增强各级党组织的创造活力

充分发挥党委总揽全局、协调各方的领导核心作用，进一步加强党对全市政治、经济、文化、社会和生态建设的领导。进一步明确全委会的职责范围、工作内容和工作方式。完善常委分工负责制和常委会议事规则及决策程序。完善党代表大会制度，探索党代表大会闭会期间发挥代表作用的途径和办法，对党代表活动给予必要的经费保障。全面落实党员知情权、参与权、选举权、监督权。完善党内选举制度，逐步扩大差额选举的范围和比例。完善党内科学民主依法决策机制，建立健全决策跟踪反馈机制、决策失误纠错机制和责任追究制度。始终维护党的集中统一，确保政令畅通，坚决纠正有令不行、有禁不止的现象，坚决反对自由主义和极端民主化。把坚持党的领导和人民当家作主、依法治市有机统一起来，支持人大及其常委会依法履行监督职能；

支持人民政协履行政治协商、民主监督、参政议政职能；广泛听取人大代表、政协委员的意见和建议，畅通和拓展社情民意反映渠道，保证人民群众的知情权、参与权、选择权和监督权。加强爱国统一战线工作，最大限度地团结、发挥社会新阶层人士的作用。不断完善党委执政、人大督政、政府行政、政协参政、群众评政的工作机制。加强党对工、青、妇、科协、残联等人民团体的领导，充分发挥其桥梁纽带作用。进一步做好民族宗教工作。坚持党管武装，加强国防后备力量建设，增进军民团结。

（三）深化干部人事制度改革，建设高素质的干部队伍

坚持党管干部原则和德才兼备、以德为先的用人标准，旗帜鲜明地树立注重学识、注重发展、注重创新、注重实绩、注重勤廉的用人导向，建设一支“个人形象一面旗、工作热情一团火、谋事布局一盘棋”的干部队伍。各级领导干部，尤其是市级领导，重点是党委、政府领导，要珍惜党和人民的信任，牢记自己的责任，静下心来、扑下身子，集中全部精力，释放全部智慧，做讲学习、讲政治、讲正气的表率，做干事、创业、进取的表率，做团结、奉献、廉政的表率，以自己的先进思想、勤奋工作、优良作风感染带动全市党员干部投入到安宁跨越式发展中来，忘我工作、无私奉献、争创一流。

坚持五湖四海，进一步拓宽选人用人视野，把熟悉经济、金融、城市规划建设、社会管理等方面的优秀人才充实进各级领导班子。突出抓好党政正职领导干部队伍建设，真正把那些具有领导科学发展能力、能够驾驭全局、善于抓班子带队伍的领导干部选拔到“一把手”岗位上来，把各级领导班子建设为学习型、调查研究型、落实型和督促检查型的领导班子。

大力推进党政正职和重点岗位干部交流，推进党政机关中层干部特别是管人、管钱、管审批等关键岗位干部轮岗及交流。加大优秀年轻干部、少数民族干部、女干部和党外干部培养选拔力度。探索完善差额选拔干部办法，重点推行镇（街道）党政正职和市直部门正职人选差额推荐、差额考察、差额酝酿、差额票决制度。加大公开选拔、公推公选、公推直选、竞争上岗等竞争性选拔干部力度。严格执行党政领导干部选拔任用“一报告两评议”、实绩公示、责任监督书、领导干部个人有关事项报告、经济责任审计及选拔任用工作群众满意度调查等制度。认真落实领导班子和领导干部思想政治建设巡察制度，建立促进科学发展的党政领导班子和领导干部考核评价机制。健全领导干部辞职、罢免等制度，严格执行领导干部职务任期制、聘任制和领导职数配备规定。

深入实施“一村一社区一名大学生”计划。继续做好离退休干部工作，落实好老同志政治、生活各项待遇。编制实施我市中长期人才发展规划纲要，为安宁跨越式发展提供有力的人才支撑。

（四）加强党的基层组织建设，不断夯实党执政的组织基础

优化创新基层党组织设置模式，不断扩大基层党组织覆盖面。进一步创新基层党组织活动内容和工作方式，推进“云岭先锋”工程，深化“三级联创”活动。培养造就守信念、讲奉献、有本领、重品行的高素质基层党组织书记队伍。健全教育、管理、监督、服务四位一体的党员队伍先进性建设长效机制。坚持“四议两公开”制度。建立多层次的党内互助关爱机制。推进城乡基层党建工作统筹发展，完善领导干部联系基层制度。从2010年起，市级财政每年预算安排每个村（社区）党组织工作经费2万元，并随经济发展和财力改善而逐步增长。在3年内实现村（居）民小组党支部活动场所全覆盖。

（五）切实加强党的作风建设，以优良作风保障跨越式发展

全市广大党员、干部要进一步要树立和坚持正确的事业观、工作观、政绩观，切实增强服务、大局、责任、创新、法纪五种意识。要牢记宗旨，弘扬密切联系群众的作风。坚持问政于民、问需于民、问计于民、问策于民，开展领导干部每年抓3至5件实事活动。狠抓落实，弘扬求真务实的作风。持续开展“行政效能提升年”、“干部作风改进年”活动。领导干部要践行“一线工作法”，深入一线，紧张快干，苦干实干。厉行节约，弘扬艰苦奋斗的作风。党政机关和领导干部要带头执行精简经费开支的有关规定，严格执行财经制度和工作纪律。增强党性，弘扬批评和自我批评的作风。坚决反对上下级和干部之间逢迎讨好、相互吹捧，坚决反对党内生活庸俗化。

（六）深入推进反腐倡廉建设，加快构建惩治和预防腐败体系

加强反腐倡廉宣传教育和领导干部廉洁自律，深入推进廉政文化建设。着力加强对权力运行的制约和监督，严格执行党风廉政建设责任制，深入实施领导干部勤廉公示制度，形成党内监督、行政监察和人大法律监督、政协民主监督、群众社会监督和新闻舆论监督的强大合力。加大违纪违法案件查处力度。深入推进反腐倡廉制度建设，围绕用制度管人、管权、管事，重点推进干部人事、行政审批、司法、预算管理、财税、投融资等重要领域和关键环节的改革；探索建立专项资金监控、行政审批电子监察、廉勤评估预警等制度；加强财政性资金和社会公共资金管理，推进公务消费和公务接待制度改革。

同志们，形势逼人，时不我待。面对新形势、新任务、新挑战，让我们紧密团结在以胡锦涛同志为总书记的党中央周围，坚定信心，以奋发有为、昂扬向上的精神状态，抢抓机遇，团结奋斗，努力开创安宁跨越式发展新局面，为率先实现全面小康社会而努力奋斗！

政府工作报告

——在安宁市第四届人民代表大会第三次会议上

（2010年1月10日）

安宁市市长　王剑辉

各位代表：

我代表安宁市人民政府，向大会作政府工作报告，请予审议，并请市政协委员提出意见。

一、“拼搏2009”成效明显，跨越式发展开局良好

2009年，是我市各项工作任务艰巨繁重、经济社会发展遇到严峻挑战的一年，也是在危机中抢抓机遇、在逆境中奋勇前进的一年。在昆明市委、市政府和安宁市委的正确领导下，在市人大及其常委会和市政协的监督支持下，市政府团结带领全市人民，坚持以科学发展观为指导，以“1366”发展思路为引领，紧扣跨越式发展目标，坚决贯彻落实上级应对金融危机的一系列工作部署，主动作为、有效应对，负重奋进、克难前行，提出并实施了“稳工业、保增长，抓项目、增投资，惠民生、保稳定”等一揽子措施，市域经济社会在应对危机中前进，在真抓实干中发展，在经受考验中提升，市四届人大二次会议确定的各项目标任务基本完成，跨越式发展实现良好开局。

回顾一年来的工作，重点抓了以下6个方面：

（一）提振信心促跨越，凝心聚力保增长。过去一年，受金融危机影响，我市以工业为主的实体经济受到严重冲击。一季度，主要工业产品价格迅速下降，部分企业生产经营困难，市域经济增速大幅回落，地区生产总值、工业经济等主要指标历史以来首次出现负增长。一月份一般预算收入负增长达52.8%。面对严峻的发展形势，我们坚定保增长的信心不动摇，围绕形势变化抓应对，围绕产业提升抓扶持，围绕重点项目抓推进，加强对经济运行的研判和分析，注重政府、企业、产业三个层面协调联动，形成多点支撑、多元发展、多极增长的格局。

坚持把稳工业作为保增长的着力点。持续开展“进企业、解难题、化危机”活动，及时出台财政扶持、行政收费减免等措施。成立中小企业服务中心，启动中小企业成长工程。安排新型工业化扶持资金1 000万元，扶持项目57个，帮助一批成长型企业实现了复产、达产、增产。积极引导企业增投资、上项目，改进技术、提升产能，化“危”为“机”，昆钢控股公司、富瑞分公司等企业启动技改项目22项，累计投资12亿元。全市新开工亿元以上工业项目8个、新增规模以上企业3户，完成工业固定资产投资24.8亿元，增长36%。永昌钢铁公司等6家企业跻身昆明市非公企业30强。9个产品成为云南省名牌，24个产品创建为昆明市知名商标。

坚持把园区突破作为保增长的主载体。完成新一轮工业园区总体规划修编。创建国家新型工业化磷盐化工产业示范基地通过评审。武钢集团昆钢股份公司淘汰落后、结构调整、搬迁改造项目工程正式开工。中石油云南炼化基地项目加快推进。园区基础设施2年突破取得明显成效，草铺麒麟、金方干海底工业片区启动建设，新增土地收储9 000多亩。园区规模以上工业增加值占全市的91%；完成工业固定资产投资21.8亿元，增长19.8%，占全市的87.9%。

坚持把招商引资作为保增长的主推手。组建六大招商引资平台，实施招商引资流程再造，大力推动平台招商、园区招商、以商招商。开展“招商引资百日竞赛”，组团参加了昆交会、农博会。协议投资额178亿元，新开工项目43个。昆明市外资金到位项目130个，到位资金51.8亿元、实际利用外资4 606万美元，分别增长了45.6%和15%。市财政外资金到位项目255个，到位资金超过80亿元。被中国国际贸易促进委员会授予“中国最具投资潜力城市”荣誉称号，也是西部唯一获此殊荣的县级城市。

坚持把财税增收作为保增长的主导力。调整市镇两级财政管理体制，建立财税增长目标倒逼机制和奖励机制。全面实施国库集中支付改革。紧盯重点税源，强化税收组织征管，保证“应收尽收、足额入库”。投资拉动和结构调整效应凸显，营业税、资源税大幅增长。在财政总收入负增长0.7%的情况下，完成一般预算收入12.8亿元，增长18%；基金收入3.99亿元，增长158.7%。

坚持把促消费作为保增长的助推器。积极推动旅游业“二次创业”，完成“温泉·金色螳川”4A级景区规划，全市接待游客突破200万人次。全力保持房地产业稳定发展，新建住宅小区近200万平方米。综合农贸市场、农副产品交易市场、再生资源回收站建设快速推进，“万村千乡”市场工程行政村覆盖率达96%。认真落实家电、汽车、摩托车下乡政策，兑现补贴资金538万元。完成社会消费品零售总额25.3亿元，增长18.2%。

这些措施对缓解金融危机影响、增强信心、保持经济平稳较快发展，发挥了积极作用。进入三季度以后，市域经济扭转了2008年下半年以来增速大幅下滑的趋势，实现了止跌回升。特别是四季度，主要经济指标加快增长，逐月向好。在极其困难的情况下，地区生产总值从一季度负增长5.8%上升为增长10.2%，达到120.6亿元（预计，下同）；规模以上工业增加值从一月份负增长22.7%上升为增长6.6%，达到63.5亿元；完成第三产业增加值42.9亿元，增长15.7%。进入2009年度中国科学发展百强县（市）行列。

（二）抢抓机遇增投资，逆势而上强基础。过去一年，是“十一五”以来基础设施建设项目开工最多、投资最大、施工面最广的一年。我们抢抓投资、货币政策“双调整”的机遇，反弹琵琶，逆势而上，启动和推进了55项重点基础设施项目，总投资近80亿元，从主城到片区、从交通到能源掀起了大规划、大开发、大建设热潮。

大力推进城乡规划全覆盖。投入规划经费1 000万元。完成城市总体规划修编、城市概念性规划及城市总体设计。编制了土地利用、矿产资源、城市综合交通、城市绿地系统、生态市建设等专项规划。主城及太平体育小镇、温泉旅游小镇、宁湖新城、职教基地、螳螂川沿岸、武家庄、安晋线、干海底、麒麟等10个片区实现控详规全覆盖。数字安宁地理空间框架建设作为国家级试点正式启动。强化规委会职能，切实做到“规划一张图、建设一盘棋”，增强了规划的“龙头”和“刚性”作用。

多元化突破建设资金瓶颈。坚持全面放开、多元投入，积极向上争取项目，扩大信贷规模，撬动社会投资。落实项目前期经费1 000万元，完成重点项目前期工作18项。13个项目列入中央扩大内需项目。全市累计争取上级资金扶持2.5亿元。启动和推进BT、BOT项目8个，完成投资6.33亿元。有效整合政府性资源，深化投融资体制改革，全市投融资平台达8个。大力推进银政合作，与建行云南省分行、交行云南省分行、富滇银行签订总额20亿元的合作协议。安排还本付息资金2亿元，新增融资项目30个。完成融资25.5亿元，创历史新高，较2008年翻了四番。

全方位展开基础设施建设。积极配合推进昆广铁路复线、昆明铁路枢纽扩能改造、安晋高速、西北绕城高速等一批重点项目，市域交通区位优势日益凸显。螳川西路景观大道建成通车，安县城市主干道、安禄快速通道、珍泉东路、西一绕、西绕城等道路工程全面启动，总投资规模超过20亿元。打金甸水库、小箐门口水库新建和小箐口水库改扩建工程进展顺利，王家滩水库完成项目招标。太平1#变电站工程如期完工，温泉变电站异地重建和武家庄、鸣矣河变电站建设相继启动。全社会固定资产投资达53亿元，增长了41.3%。

提速片区开发进程。宁湖新城路网工程全面完成，公共服务、商业配套设施加快聚集，载体功能日臻完善。太平体育小镇主干道二期路基工程全线贯通，东西环干道闭合工程全线拉开，太平体育运动中心启动建设。温泉旅游小镇自来水厂扩容、冷热水供水管网分离工程基本完成，升庵北路主体工程完工，世纪天乐生态运动场、金方森林温泉二期等项目积极推进。职教基地一期路网启动规划建设，云南技师学院一期工程即将建成，昆明冶金高等专科学校、省经济管理职业学院、昆明扬帆职业技术学院新校区动工建设。旧城改造启动首期拆迁工作。城市建设加快由“单核心圈层蔓延式”向“多中心轴向组团式”转变，多极带动的中等城市框架逐步形成。

（三）立足“三农”抓统筹，城乡一体促融合。过去一年，我们加强以工哺农、以城带乡，加快发展要素向农村流动，基础设施向农村延伸，公共服务向农村覆盖，积极推进城乡融合发展。

现代农业发展开局良好。全面落实强农惠农政策，连续五年保持投入增加。全年兑现惠农直补资金730万元，3.2万户农村居民直接受益。粮烟产量稳步增长，蔬菜、绿化苗木产值大幅提高。出栏肥猪28万头、家禽960万只，养殖小区达15个，规模养殖户突破1 000户，实现畜牧业产值5.8亿元，增长16%。出台鼓励农村土地承包经营权流转、农业园区建设等政策，完成农村土地承包经营权流转4.42万亩，流转面达36.7%。启动神田、恒进、乐义和锦苑花卉等4个现代农业园区建设，总规模达5 000亩。完成农业总产值11.8亿元，增长7.3%。

城乡一体化建设取得新进展。出台《安宁市征地拆迁补偿安置办法》，启动集中居住区统规统建工程。柳树小区、金色佳园集中居住区建成入住，5000多名被征地人员向城镇聚集。完成农村劳动力转移9 611人。新农村建设扎实推进。9个整村推进试点和66个村“一事一议”财政奖补工程全部完成。自然村通村道路硬化率、行政村公交覆盖率达100%。10个农村社区试点建成达标。启动中低产田（地）改造6年达标工程，完成水利工程489件，土地开发整理1.38万亩。实施“一池三改”224户，建成大中型沼气池3座。新建镇文化站1个、村文化室14个、村（社区）卫生室8个。移民后期扶持积极推进。南部水资源保护区扶持政策逐步完善，力度不断加大。

农村改革稳步推进。集体林权制度改革确权率96.1%，确权到户率81.8%，集体林、商品林均山到户率分别达96.9%和88.7%。户籍管理体制、基层农业技术推广体系、农村小型水利工程管理体制改革积极推进。村（居）委会办公运转经费财政投入保障和“两委”干部离职生活补助机制全面建立。启动村级会计委托代理服务，全面开展村组干部任期和离任经济责任审计，农村集体资产管理和村务公开、账务公开工作得到加强。

（四）整体联动强生态，综合治理优环境。过去一年，我们牢固树立生态文明的理念，强势发动、强力推进、强制规范、强行入轨，全力抓好“十一个零申报”，城乡面貌发生了可喜的变化。

全面加强城乡综合管理。持续开展整治违法排污行动，查处环境违法案件116件，关停“五小企业”11家，环保“三同时”执行率达100%。新建城乡截污管网35.79公里，建成区污水集中处理率达86%。粪便处理厂正式开工。封停地下水井11口。新建垃圾中转站4座，配置垃圾收集设施1 700多个，城乡垃圾集中处理率分别达100%和80%。扎实抓好水环境综合整治“四全”工作，螳螂川（安宁段）、沙河综合整治和集中式饮用水源地保护工作全面推开。车木河村搬迁工程正式启动。强力推进拆临拆违工作，严厉查处违法加层和无序建房，累计拆除违章建筑近9万平方米。铁路沿线、占道经营、户外广告、非法营运、卫生死角及“七小行业”专项整治成效明显，小流域综合治理、废弃矿山生态修复取得新成绩。12个农村公益性公墓全面建成，“三沿五区”乱埋乱葬整治成效显著，城乡居民遗体火化率达100%。深入开展“四创两争”。攻坚“创卫”取得突破，正式向全国爱卫办申报。第三次被评为“全国创建文明城市工作先进城市”。

持续加强城乡园林绿化。深入实施市域生态系统建设三年达标工程，从城市增绿到农村补绿，从矿山复绿到公路建绿，从山林扩绿到河滨添绿，园林绿化全方位、多层次展开。园博园建成开园，温泉滨河公园建成使用。新增城市绿地43.4万平方米、集镇绿地12.2万平方米、村庄绿地27.2万平方米，绿地率分别达40.8%、26.6%和25.9%，人均公共绿地面积分别达17.8平方米、6.8平方米和4.3平方米。完成河道绿化42公里、面山造林6 866亩、坟山绿化18万株、义务植树190万株，新建苗圃3 801亩，超额完成昆明市下达任务。

坚持不懈推动节能减排。昆钢控股公司、天宁公司、广明水泥厂等企业淘汰落后产能工作顺利完成。积极推进云南华电昆明发电有限公司能源系统优化、弘祥化工蒸汽冷凝回收、龙宝化工余热发电等22个节能项目。启动37户企业清洁生产审核，完成11户重点能耗企业能源审计。公共机构节能工作全面实施，推广高效节能灯87万只。昆明市下达的节能减排指标基本完成。

（五）尽心尽力保民生，以人为本建和谐。过去一年，我们致力于学有所教、劳有所得、病有所医、老有所养、住有所居，全面加强以保障民生为重点的社会建设。

城乡居民生活持续改善。城镇居民可支配收入、农民人均纯收入分别达18 172元、6 170元，增长4.3%和10.9%。启动全民创业计划，提供有效就业岗位8 847个，新增城镇就业人员5 052人，城镇登记失业率控制在2.5%以内。大力推进“贷免扶补”工程，累计发放创业贷款、小额担保贷款5 620万元，扶持创业项目1 123个。完成了656家企业工资总额备案，实行建筑领域农民工工资保证金制度，拖欠工资问题得到有效解决。五项社会保险参保人数达24.26万人次，增长25.96%。被征地人员基本养老保险参保人数达8 878人。机关事业单位离退休人员住房补贴、老年人保健补助、事业单位临时补贴全额落实到位。城镇低保提高至255元；农村低保扩大至年人均收入1 200元以下家庭，月人均补差提高至100元。4所敬老院一期改扩建工程全面完成，五保人员集中供养率达58%。完成50套农村特困居民安居住房建设。建成廉租房752套，政企共建模式得到省、昆明市的肯定和推广。

教育和医疗卫生等事业迈出新步伐。宝兴学校二期、安宁职中扩建工程全面完成，青龙学校新建、安宁二中完善工程进展顺利。启动中小学校舍安全工程。完成农村中小学现代远程教育“班班通”建设。实施了义务教育阶段学校教师绩效工资。全面免除城乡义务教育阶段学生学杂费、教科书费和住宿费，建立家庭困难大学新生政府资助机制，1.9万人次学生享受了寄宿制生活补助，城乡免费义务教育全面实现。职业教育、民办教育、学前教育加快发展。荣获云南省教育工作先进市称号。民营医院加快发展，城乡公共卫生服务体系不断完善。市人民医院新住院大楼动工建设。甲型H1N1流感等疫病得到有效防控。启动全国城乡医疗救助试点工作，救助城乡居民1万多人。新农合住院报销封顶线提高至2万元，参合率达99.7%。城镇居民基本医疗保险参保5.78万人，参保率达90%，医疗保障基本实现了城乡全覆盖。落实外来人口“四同”制度，人口自然增长率2.26‰，荣获全国计划生育优质服务先进单位称号。基层老年人、残疾人组织规范化建设全面完成。第二次全国经济普查、第三次全国文物普查工作进展顺利。再次荣获全国科技进步考核工作先进市称号。参加昆明市第九届少数民族运动会取得好成绩。国防动员和国防后备力量建设富有成效，征兵任务圆满完成，保持省级双拥模范城市荣誉。人防气象、防震减灾、民族宗教、新闻宣传、广播电视、档案史志取得新进步。

社会管理得到加强。扎实推进公安“三项建设”，深入开展“打黑除恶”专项行动，严厉打击各类违法犯罪活动，城市报警与监控系统建设初见成效，刑事发案率明显下降，命案侦破率连续四年保持100%，人民群众对社会治安满意率不断提升。积极开展矛盾纠纷排查，深入推进“大接访”工作，妥善解决了一批信访突出问题。完成森林防火通道（隔离带）建设114公里，全年没有发生大的森林火灾。加大食品药品安全监管力度，完善道路交通、防火安全长效管理机制，持续推进安全生产重点领域隐患排查整治，安全生产事故起数、死亡人数和火灾四项指标全面下降，安全生产在2009年打了一场翻身仗。

5件实事全面完成。安宁实验学校建成如期开学。61个村卫生室药品、医疗器械规范化建设工作全面完成。农村民居抗震加固、信息村建设和绿色照明工程均超额完成任务。

虽然受金融危机影响，但经过一年的努力，我们在改善民生方面向全市人民作出的承诺全部兑现，荣获“中国最具幸福感城市”称号。

（六）深化改革激活力，“两年”建设提效能。过去一年，我们以深入学习实践科学发展观活动为契机，扎实开展“行政效能提升年”和“干部作风改进年”活动。全面推进“阳光政府”四项制度，完成重大决策听证、重要事项公示、重点工作通报752项，96128热线政务查询满意率达98%。强化“两集中、两到位”，行政审批事项进一步精简至51项。市镇村“三级联动”为民服务体系基本建立。落实制度创新工作203项，投资项目审批和财政预算、国有资产、政府性工程管理得到加强和提升。市政府及组成部门认真执行市人大及其常委会的决议，自觉接受市人大及其常委会的法律监督和工作监督。主动接受市政协的民主监督，虚心听取各人民团体、民主党派、工商联、无党派人士的意见。全年共办理人大代表建议94件、政协委员提案91件，面商率、回复率100%。“五五”普法及“四五”依法治市工作扎实推进。新一轮政府机构改革稳妥实施。政府性投资建设工程项目全面落实“八个百分之百”，工程建设领域突出问题得到有效整治。严格执行厉行节约各项规定，公务购车、会议经费、公务接待费、出国（境）经费实现“零增长”。建立“三最三严”制度，倡导“五办作风”，推行“一线工作法”，实施“工作成果倒逼”，严格行政问责，政风行风明显好转，行政效能不断提升。

各位代表：过去的一年，挑战非同寻常，成绩来之不易。安宁取得的每一项进步、每一个变化，都凝聚着各位代表、各位委员的巨大支持，都是全市人民齐心协力、共克时艰、奋力拼搏的结果。我代表市人民政府，向全市人民，向给予政府工作理解、支持和监督的各位代表、各位委员，向驻市部队、武警官兵，向所有关心、支持和参与安宁改革、建设、发展的各界人士，表示崇高的敬意和诚挚的感谢！

在肯定成绩的同时，我们也清醒地看到，当前我市经济社会发展仍然面临很多困难和挑战，政府工作中还存在不少问题。

——金融危机对我市实体经济的影响仍然存在，经济回升的基础还不牢固，积极因素和不利影响同时出现，市域经济下行压力依然较大。这对巩固经济企稳回升势头、推进跨越式发展，带来了较大困难。

——长期积累的结构性矛盾依然存在，产业结构单一，第三产业、非公经济发展不足，农业增效、农民增收困难，资源和环境瓶颈制约等问题随着金融危机的加深而更加突出；黄金发展期与矛盾凸显期同步进入，短期问题和长期问题相互交织，一些涉及群众利益的问题还没有得到很好的解决，维护社会稳定、构建和谐社会的任务还十分艰巨。这是加快转变经济增长方式，推动科学发展、率先发展、和谐发展的重点和难点。

——部分干部思想解放不够，小富即安、小进则满，缺乏争先进位的志气、开拓创新的勇气、一抓到底的豪气；一些部门和单位工作主动性、预见性不够，执行力、战斗力不强，因循守旧、被动应付等问题仍然存在。这些问题，我们必须认真面对，努力加以解决。

二、奋力攻坚“2010”，全面开创安宁跨越式发展新局面

今年，是“十一五”规划的收官之年，也是谋划“十二五”规划的关键之年。做好今年工作，对于加快经济社会发展，培育“后危机时代”竞争优势，蓄势冲刺“十二五”，意义十分重大。

我们要充分看到，今年的经济总体形势将会好于去年。国家继续实施积极的财政政策和适度宽松的货币政策。省委、省政府积极推动滇中城市群发展。昆明市委、市政府加速构建昆明大都市发展新格局，将安宁作为“辅城”来培育和打造。中石油云南炼化基地等重大项目积极推进。这些都是我们做好今年工作的有利条件。我们肩负着“加快经济回升”、“推进率先跨越”双重责任，承担着“保增长”、“促转变”两大任务。抓住机遇，就能乘势而上，争先进位；错过机遇，就会拉大差距，陷入被动。我们一定要始终坚持思想解放不动摇、抢抓机遇不放松、争先发展不停步，聚精会神、扎实拼搏，努力在新的起点上，把改革发展稳定各项工作做得更好。

今年政府工作思路是：认真贯彻党的十七大、十七届四中全会、省委八届八次全会、昆明市委九届六次全会和安宁市委四届九次全会精神，深入贯彻落实科学发展观，坚持“1366”发展思路，围绕“跨越式发展”

目标和“543”倍增计划，扎实推进“八大方略”，全力完成“十一五”，超前谋划“十二五”，努力开创安宁跨越式发展新局面。

全市经济社会发展预期目标建议为：地区生产总值增长10%；规模以上工业增加值增长12%；农业总产值增长5%；一般预算收入增长15%；社会消费品零售总额增长14%；城镇居民人均可支配收入、农民人均纯收入分别增长3%和增长6%；社会固定资产投资增长40%以上；规模以上万元工业增加值能耗下降9.5%，单位生产总值能耗下降4.6%。

实现今年经济社会发展目标，机遇与挑战同在。面对发展形势的深刻变化，面对现代新昆明赋予安宁的新使命，面对全市人民的新期待，我们把今年定位为政府工作的“五个年”：

——思想解放提升年。百舸争流，不进则退。必须进一步解放思想，敢于拉高标杆，勇于承认差距，决然甩掉包袱，始终保持思想领先、改革当先、创新争先、发展率先，以思想的大突破，开拓跨越式发展的新空间。

——服务企业发展年。当前及今后一段时期，我市经济以工业为主体的格局不会改变。必须进一步牢固树立“企业发展我发展”的意识，既要锦上添花，更要雪中送炭，急企业之所急，帮企业之所需，解企业之所难，千方百计为企业排忧解难、提振信心，政企联动共度危机。

——招商引资冲刺年。没有项目就没有后劲，没有项目就没有发展。必须坚持把招商引资作为第一要事，负重加压、升格以求，冲刺新目标，形成新优势，广泛富集一切发展要素，以超常的举措谋求招商引资总量的大扩张和质量的大提升。

——基础设施会战年。只有长足的基础设施，才能支撑长远的经济社会发展。必须坚持基础设施先行、适度超前，以会战的姿态、决战的勇气、必胜的信心，提前启动一批、全力推进一批、全面竣工一批基础设施工程，为“十二五”大跨越奠定坚实基础。

——社会建设推进年。越是经济困难时刻，越要高度关注民生。必须坚持以人为本、民生为重，下大气力解决群众反映强烈的突出问题，保证民生问题制度化安排、系统化解决、长效化推进、项目化落实，努力营造更加团结、和谐的社会氛围。

围绕上述目标和要求，重点要抓好以下5个方面工作：

（一）全神贯注保增长，加快推动市域经济争先进位

保增长是今年工作的首要任务。不仅要奋力夺取应对金融危机严重冲击的更大胜利，还要努力在经济发展方式转变和结构调整上取得更大进步，加快形成二三产业双轮趋动，国有民营竞相发展，大中小企业协调并进的良好格局。

确保工业经济稳步增长。加快工业园区开发建设。启动工业园区“三年攻坚、六年跨越”行动计划，继续推进工业园区升格国家级经济技术开发区工作。调整园区空间布局，沿320国道和安楚高速公路着力打造产业集群。全力抓好草铺工业园区生产水厂、供水管网、污水处理厂和500KV草铺变电站建设，完成权甫220KV高压线迁改工程。启动园区电力通道走廊规划。加快推进园区铁路整合建设工作。继续推进工业园区“园中园”开发，集中力量，突出优势，加快构筑地方工业增长新板块。草铺麒麟片区要以中小企业科技孵化基地为重点，启动1#、2#次干道建设，新建标准化厂房4万平方米。金方干海底片区要作为非公企业集中发展区，完成望海路等基础设施配套建设，力争实现“六通一平”。园区开工亿元以上工业项目7个、竣工5个；新增规模以上企业8户、销售收入过亿元工业企业4户；工业固定资产投资、基础设施投资增长30%，规模以上工业增加值增长12%以上。全力支持重大项目建设。坚持“大集团引领、大项目支撑、集群化推进、园区化承载”，全力配合启动中石油云南炼化基地建设，加快推进武钢集团昆钢股份公司淘汰落后、结构调整、搬迁改造项目。积极支持云天化集团公司实施草铺磷化工片区开发。抓好云南盐化80万吨制盐、弘祥化工高浓度复合肥、光明磷化工总厂搬迁、永昌钢铁公司技改等重点工业项目开工。积极推动产业转型升级。围绕“两主一特三新”，加快培育上下游配套产业，推进装备制造、高新技术、新型建材等产业发展。深入推进“创新云南行动”，鼓励和引导企业培育“三级名牌”、“三级名品”。以更大的力度抓好节能减排工作。强化重点行业、重点领域能耗监管，抓好清洁生产和能源审计工作，积极开展低碳经济试点。继续加大企业技改扶持力度，持续推进“五小企业”整治，严格落实淘汰落后产能指标，力保“十一五”节能减排任务完成。继续清理和规范涉企收费，加快推进企业社区化管理、社会化建设。积极为企业搭建银企合作平台，争取政策资金支持，保障“水电油运”等发展要素供给，进一步为企业发展创造良好的社会环境。

积极筹措资金增投资。始终保持对国家、省和昆明市“增投资、调结构、促消费”政策的高度敏锐性，用足用好政策，最大限度向上争取资金支持。项目前期经费提高至3 000万元，强化产业型、基础型、民生型、公益型项目的储备和包装，完善向上争取资金的考核、奖励机制，确保争取上级资金增长10%以上。深化投融资体制改革，优化资源配置，建立风险调控机制，提升市级平台投融资能力，扩大信贷融资规模。继续发挥财政杠杆作用，政府性贷款还本付息资金增至3亿元。赋予投资公司土地一级市场开发权，支持各平台融资领域向市外、省外金融机构延伸，积极推行BT、BOT以及代建制等模式，形成政府、企业、金融机构与社会资本有机结合的多元化投融资体系。全年新增各类融资25亿元以上。大力巩固和培育主体税源，扎实抓好税收组织征管。完善税源监管体系，严格规范非税收入管理。强化国有资产和城市资源的经营管理，盘活存量资源。实施市镇两级财政预算管理方式改革，完善国库集中支付制度，优化财政支出结构，确保投入基础设施建设资金占财政总支出比重保持在20%以上。

坚定不移招商引资。坚持以平台招商为主体不动摇。建立招商引资“一站”受理制、项目联审制、全程代办制、包保责任制，构建更为便捷、高效的招商引资绿色通道。采取“倒排工期，挂图作战”方式，严格执行项目开、竣工计划，全力抓好第一批91个重点项目推进工作。围绕产业发展规划，坚持“请进来”与“走出去”、“平台招商”与“专业招商”相结合，持续掀起招商引资高潮，不断培育招商引资新的增长点，努力形成开工一批、储备一批、推介一批、跟踪一批的运行流程和良性机制。进一步树立“大投资”意识。继续把市财政外资金项目作为招商引资考核的内容不改变，做到市内、市外资金同等重视，市内、市外项目推进一视同仁。注重提升招商引资质量。坚持“招大引强”、“选商选资”，严把环保准入，提高投资强度，促进招商引资向更高层次拓展，实现数量和质量“双提升”。全年完成招商引资内资45亿元，外资3 000万美元，实现到位市财政外资金60亿元。

促进非公经济上台阶。进一步改善发展环境，制定推进非公经济发展的扶持政策，在融资担保、专项资金扶持等方面给予重点倾斜，旗帜鲜明地支持非公经济发展。按照“平等准入、公平待遇”的原则，大力鼓励非公资本投资城市建设、园区开发和市政公用事业，支持非公经济进入教育卫生、文化体育等领域发展。安排1300万元扶持资金，落实中小企业发展税收优惠政策，完善中小企业服务体系建设，加快推进“小进规”、“规入千”、“千上亿”的中小企业成长工程，新增中小企业100户，从业人员增长10%以上。完成非公经济增加值35.5亿元，增长16%以上。

加快第三产业发展。制定推进第三产业发展计划，重点推进现代物流、旅游休闲、商贸服务、房地产业的发展，积极引导和培育总部经济、金融服务等新业态。启动桃花国际物流基地和草铺工业园区物流基地规划建设，推进和平国际物流、三明鑫疆物流、利凯仓储物流等重点项目建设，加快形成服务现代新昆明，面向全省的物流集散枢纽。抓好温泉旅游小镇核心区改造提升和“温泉·金色螳川”4A级景区打造。积极支持“神系云南·书画创作基地”项目建设，推进南部生态旅游及红色旅游线路的开发。加强对历史文物资源的保护，强化非物质文化遗产的挖掘整理和开发利用。加快推进伊皇购物中心和金方商业大厦改扩建工程，启动安宁综合市场片区商业开发，着力培育“百花－湖滨”商圈。继续发挥房地产业在扩大内需中的重要作用，保持房地产业持续、有序、健康发展。

（二）更加注重统筹兼顾，加快建设城乡一体化先行区

以安宁作为现代新昆明城乡一体化试点为契机，按照“1234”的工作思路，努力实现城乡规划、产业发展、基础设施、生态建设、社会保障、社会事业、政策措施“七个一体化”。

“1个体系”，即加快建立现代都市型农业发展体系。坚持“改造生产功能、拓展生活功能、强化生态功能、转变服务功能”的原则，创新发展思路，调整产业布局，促进差异竞争，加快形成空间布局合理、区域特色明显、产业聚集的现代都市型农业发展新格局。在产业布局上，坚持“一、二、三圈层”梯度推进。第一圈层为城市型农业布局，以连然、金方、太平、温泉为中心，以改善生态、优化环境、服务城市、美化城市为主，重点推进城市景观农业、农业主题公园、森林公园、会展农业等业态发展；第二圈层为生产型农业布局，以县街、八街、青龙、草铺、禄脿的农业主产区为重点，以生产和辐射功能为主，优先发展优质粮烟、绿色蔬菜水果、高档苗木花卉、规模化畜牧养殖、农产品加工、现代农业物流“六大产业”；第三圈层为生态型农业布局，以山区、半山区为区域，兼顾生产和生态功能，突出发展特色种养业、新型林产业、生态观光业等形态。在产业发展上，坚持抓龙头带基地、抓大户上规模，突出基地化、特色化、设施化、园区化和效益化，加快形成规模和品牌效应。年内，建成现代农业园区4个，启动2个，规模达1万亩以上。新建养殖小区2个，培育规模养殖户30户，畜牧业产值占农业总产值比重达52%以上。

“2个延伸”，即加快基础设施和公共服务向农村延伸。持续增加农村基础建设投入，扎实推进中低产田（地）改造工程，完成农业综合开发7 700亩、土地开发整理4 464亩，新建重点水利工程30项。推广微型冷库30座、设施农业1 500亩。完成农村民居抗震加固2 000户。适时启动新型农村社会养老保险，完善农村低保和救助制度，不断健全农村保障体系。继续抓好村卫生室达标工作，完成13个村文化室、3个农村健身场地建设。持续开展农村“一池三改”、社区试点建设和信息化建设，进一步抓好“万村千乡”市场工程和家电、汽车、摩托车下乡、汽车以旧换新工作。继续加快城乡公交发展，进一步改善农民出行条件。建立林权管理服务中心，推进集体林权制度配套改革。积极引导金融机构服务和保障“三农”资金需求。以南部水资源保护区、山区、半山区为重点，进一步加大扶持力度，促进区域协调发展。力争通过3到5年的努力，基本建立城乡一体的基础设施和公共服务体系。

“3个转移”，即推进农民居住、农村土地承包经营权和农村富余劳动力转移。抓好集中居住区统规统建工程，在连然、金方、太平、温泉、职教基地和八街、青龙集镇启动10个集中居住区建设，加快被征地农民向集中居住区集中，率先建设一批城乡一体化发展示范区。按照“降低门槛、放宽政策、简化手续”的原则，推进城乡户籍一元化管理。完善农村宅基地管理制度，制定鼓励农村居民进城购房政策，鼓励有条件的农民向城镇集聚。积极探索农村土地承包经营权流转的新路子，大力支持农户采取出租、互换、转让、入股等形式流转土地承包经营权，力争土地流转面达40%以上。坚持“内转”与“外输”相结合，加大技能型、订单式、定向式培训力度，推进农村劳动力向技术工人、产业工人转变，不断提高农村劳动力的就业和创业能力。完成培训9 000人，转移8 000人，实现农村劳务收入的快速增长。

“4个工程”，即村庄规划工程、新农村整村推进示范工程、村庄综合整治工程和基层规范化建设工程。村庄规划工程，力争用两年时间，按照“规模适度、合理聚集、梯度缩并”的原则，编制完成市域村庄布点规划。对保留的自然村庄，逐步实现村庄规划、基础设施规划、生态环境保护规划、产业发展规划“四规进村”，促进农村依规建设、有序发展。新农村整村推进示范工程，按照昆明市“九有”目标要求，坚持“总体规划、道路硬化、植树绿化、水体净化、路灯亮化、环境美化、特色文化”的标准，扎实抓好16个整村推进项目，完成12个省级重点村建设，着力形成一批全市率先、昆明一流、全省有影响力的新农村建设典型。村庄综合整治工程，以“六清六建”为抓手，全面开展生态村、园林村、卫生村、民主法制村、星级文明户等创建活动，引导建立治安消防、森林防火、环卫保洁等志愿者队伍，促进农村社会环境、生态环境的整体优化提升。基层规范化建设工程，扎实抓好村（居）“两委”换届选举，持续加强对村组干部的教育培训，创新目标考核、绩效评估和监督管理体制，增强基层组织战斗力；进一步抓好村组干部任期和离任经济责任审计，完善村级会计委托代理和“一事一议”制度，大力推进决策公开、村务公开、账务公开、评议公开；建立和完善农村矛盾化解机制，严厉查处损害农民利益的行为，推进和谐农村建设。

（三）注重塑造城市特色魅力，加快打造现代新昆明西部新城

主动融入现代新昆明，找准在滇中城市群中的位置，加快把安宁建设成为现代新昆明的西部新城、支撑新昆明大都市发展的拓展区。

不断完善城乡规划体系。着眼建设“中等城市、养生名城”的发展定位，进一步优化空间布局，完善规划体系，强化城市经营，打响“现代新昆明西部新城”品牌。树立“全域安宁”理念，继续推进城市总体规划、产业规划、土地利用总体规划和环境规划“四规合一”，实现中心城区控详规、集镇总体规划、农村集中居住区、保留村庄建设规划覆盖率“四个百分之百”。继续推进主城区、工业园区、开发片区给排水、通讯、电力等专项规划编制，注重空间设计、环境设计、形象设计和色彩基调设计，强化绿线控制，让安宁城市不断变强、变大、变优、变美。

加快基础设施优先发展。以道路交通、水资源开发、生态环保、民生工程为重点，投资近70亿元，再启动40项重点基础设施项目。继续推进安县城市主干道、安禄快速通道、西一绕、西绕城等道路工程，启动珍泉东路东西段、安海公路、园山东路建设，完成石安一级公路入城段改造，加快形成快捷流畅、主次配套的内外交通网络。抓好东南绕城、安八公路和龙山立交建设前期工作，为“十二五”启动实施奠定良好基础。进一步强化水资源储备和开发。启动王家滩水库、龙箐水库建设，完成打金甸水库新建、小箐口水库改扩建和4座病险水库除险加固工程，不断提升城乡供水保障能力。新建第二自来水厂，启动青龙、太平、八街、县街污水处理厂（站）项目，积极推进再生水利用设施配套建设，进一步提高中水回用率。启动太平湿地景观公园、城区纪念性公园建设，完成螳螂川（安宁段）一期治理工程。加快县街至云化截污干管工程建设，建成建筑垃圾堆放场、粪便处理厂，形成更为完善的生态环保处置体系。

加速推进城市开发。坚持“东联、西进、南拓、北优”，提升主城，提速片区，多轴拓展，组团开发。宁湖新城要启动“三馆一中心一广场”、旧城拆迁配套项目、市档案馆建设，推进金沙商业广场、鼎立医院等一批综合服务型项目建设，着力在产业培育、设施配套、服务管理等方面实现整体提升。太平体育小镇要完成主干道二期工程，加快东西环干道、东西向次干道等8条道路建设；启动集镇门户区改造规划，全速推进太平体育运动中心、省第一人民医院安宁分院等项目，尽快把规模做大、实力做强、功能做优、形象做美，为承办好昆明市第四届城市运动会奠定坚实基础。温泉旅游小镇要启动温泉主题广场和新镇区建设，着力抓好金方森林温泉二期、温泉国际会议中心、网球赛事中心等一批养生、休闲、旅游产业项目建设，实现规模扩张与功能完善、品质提升的有机结合。职教基地要坚持“紧密衔接主城，致力城校互动”，扎实抓好“三年达标”工程，全面推进6条支干路网建设，实现云南技师学院开学招生，昆明冶金高等专科学校、省经济管理职业学院、昆明扬帆职业技术学院新校区一期主体工程竣工。旧城片区要加快拆迁及回迁房建设工程，全力抓好主干路网规划建设，全面提速改造开发进程。继续抓好八街、县街、青龙、禄脿集镇开发五年提升工作，大力开展集镇建设“十个一”工程，进一步增强集镇的产业支撑力、经济推动力和就业带动力。

扎实推进“四创两争”。致力“创卫”夺牌、“创文”提升，加大市容市貌、环境卫生、“七小行业”整治力度，推进划行归市、流商归摊、坐商归店，还路于民、还绿于民、还净于民；倡导细节文明，广泛开展精神文明教育和志愿者活动；坚决打好“创卫”冲刺战、“创文”攻坚战，以“创卫”、“创文”之功收“四创两争”之效。深化城市管理体制改革，建立部门协作、公众参与和社会监督机制，提升“数字城管”功能，形成齐抓共管的“大城管”格局。完成城市货运停车场规划建设，强化城市静态停车管理，进一步解决好城区交通拥堵问题。加大环保执法力度，实行主要污染物总量削减保证金制度，强化重点企业在线监控，严厉查处违法排污行为。大力推进工业污染治理、集镇污水垃圾处理、农村面源污染清理“三污”整治工作，确保城镇生活垃圾无害化处理率100%、污水集中处理率80%以上。继续推进重点水源地、重点河道环境综合整治。完成车木河村搬迁。持续抓好拆临拆违拆迁、建绿增绿补绿、治脏治乱治差工作，坚决杜绝违法加层、无序建房、临违建筑增量出现，着力营造规范有序的城市规划建设管理环境。新增城市绿地20万平方米，绿地率达41.85%。完成城市面山、交通沿线、"五采区"植被恢复造林4 982亩165万株，加快"森林安宁"建设步伐。

（四）提升社会建设水平，加快推进率先全面小康社会进程

改善民生始终是政府一切工作的出发点和落脚点，民生连着民心，民心凝聚民力。要像抓经济建设一样抓社会建设，像抓项目一样抓改善民生，使跨越式发展成果更多惠及于民。

更加重视就业和社会保障。推进全民创业计划，以创业促进就业。落实创业贷款、税收减免、小额担保等就业促进政策，加大对就业困难群体、退伍军人、应届大中专毕业生的就业援助和帮扶。提供有效就业岗位5 800个，新增城镇就业人员5 000人，城镇登记失业率控制在4%以内。继续抓好五项社会保险扩面工作，推进农民工工伤保险"平安计划"，做好被征地农民养老保险工作。完善大病救助制度，新农合住院报销封顶线提高至4万元，参合率保持在99%以上。推进城镇居民大病补充医疗保险，城镇居民医疗保险参保率达90%以上，加快推进社会保障全覆盖。

更加重视社会事业发展。完成全市中小学布点规划。加快推进中小学校舍安全工程，启动八街小学、县街中小学、鸣矣河小学、禄脿学校改扩建项目。完成青龙学校新建和安宁二中完善工程。新建教研师训中心，抓好高完中"强基提质"达标改造。完善"两免一补"、大学特困新生资助、职业教育扶持等保障机制，确保全市学生不因家庭困难而辍学。安排民办教育发展专项资金200万元，推动民办教育加快发展。大力发展职业教育，实现职教、普教在校生比例达1∶1。不断深化教育综合改革，进一步提升办学质量和办学水平。积极推进市人民医院新住院大楼建设，启动市中医院、疾控中心、妇幼保健中心工程。加快民营医院、社区医疗服务机构发展，完善公共卫生服务网络，提高优质资源比例。在基层医疗单位建立基本药物制度，切实减轻患者就医负担。巩固提升计划生育优质服务创建成果，确保人口自然增长率控制在6‰以内。完成1 584套廉租房建设，配合推进棚户区改造，进一步提升住房保障能力。完善社区服务体系，扎实推进城乡文明和谐社区建设。高度重视和支持老龄事业发展，积极扶持、培育社会化养老服务机构。认真组织开展第六次全国人口普查。提前做好昆明市第四届城市运动会筹办工作。加强国防动员，抓好征兵工作，推进"双拥共建"。进一步抓好人防气象、防震减灾、新闻广电、档案史志、民族宗教等工作。

更加重视社会管理。深入开展依法治市工作，扎实抓好"五五"普法验收。全面推进社会治安综合治理，启动城市报警与监控系统二期工程，深入开展"打黑除恶"专项行动，依法防范和打击各类违法犯罪，健全"打防管控"一体化的社会治安防控体系，推进"平安安宁"建设。深入开展社会矛盾大排查，完善人民调解、行政调解、司法调解三位一体的"大调解"工作体系。着力打造信访接待中心和"大热线"两个诉求平台，持续开展"大接访"工作，强化矛盾纠纷排查化解，切实维护社会稳定。牢固树立"安全发展"理念，扎实抓好安全生产、道路交通、防火安全、食品药品安全专项整治，加快安全生产信息化建设，最大限度防范和遏止安全事故发生，确保人民群众生命财产安全。完成森林公安"三基"建设，启动武警森林大队营房新建工程，改造和修建森林防火隔离带（通道）100公里，全力抓好森林防火工作。

（五）超前谋划"十二五"，高质量完成规划编制

去年下半年，在深入分析市情的基础上，已提前启动了"十二五"规划编制。要按照前瞻性、导向性、战略性、科学性和可操作性的要求，进一步总结"十一五"规划实施经验，加强重大问题的分析、重点问题的研究、重要指标的测算、重点项目的论证，提出切实可行的规划实施对策和保障措施；加强对上和对下、对外和对内的衔接协调，实现上位规划与下位规划、总体规划与专项规划的有机结合，做到"上下统一，左右协调"，切实把"十二五"规划和专项规划做深、做细、做透、做实。坚持阳光编制，广泛征求人大代表、政协委员、专家、群众的意见，增强社会参与度，努力使规划成为加快安宁全面小康建设、和谐社会构建的行动指南，成为凝聚民心、汇集民智、激发民力冲刺跨越式发展的蓝图。上半年，要全面完成"十二五"规划和21项专项规划、15项专题研究的编制和报批工作，加快推动一批重大基础设施、民生工程、公益事业和节能环保项目进上级规划的"本子"、项目的"笼子"和资金的"盘子"，力争在"十二五"前两年启动实施。

三、主动适应跨越式发展新要求，不断提升行政能力

（一）增强依法行政力。认真执行国务院《关于加强市县政府依法行政的决定》。贯彻落实市委人大工作会议、政协工作会议精神，自觉接受市人大及其常委会的法律监督和工作监督，主动接受市政协的民主监督，认真听取民主党派、工商联、无党派人士和各人民团体的意见。高质量办好人大代表建议和政协委员提案。完善政府议事决策程序，大力推进"阳光政府"四项制度。始终做到问政于民、问计于民、问需于民，促进科学决策、民主决策和依法决策。

（二）增强创新发展力。抓住重点领域和关键环节，持续推动工作创新和制度创新。积极营造鼓励创新、支持创新的良好氛围，扎实推进创新型城市建设。始终保持一股闯劲、一股冲劲、一股韧劲，凡事力求先人一步、快人一拍、胜人一筹，以新的观念、新的思维、新的视角、新的举措，着力构建充满活力、富有效率的政

府工作新机制。

（三）增强亲商为民力。大力推进政企分开、政事分开，全方位解决政府职能中的“越位”、“错位”、“缺位”问题。深入推进“两到位、两终结”，进一步完善行政审批制度。采取“六个一”推进机制和“一企一策、一事一议”办法，切实解决好企业发展、客商进驻存在的困难和问题，努力营造投资“洼地”，形成更加浓厚的亲商、安商、富商氛围。坚持把改善民生放在更为优先的位置，想问题、做决策、办事情，始终做到惠民为民，便民利民。

（四）增强执行落实力。强化政务督查和效能监察，推行以绩效为导向、差异化的目标管理。深化“两年”建设活动，严格执行“责任政府”四项制度，着力治推、治拖、治松、治混、治庸，实现工作上手快、项目推进快、任务落实快、矛盾处理快、目标完成快。坚持“七定”原则，严格落实“一线工作法”，确保各项政策措施不折不扣落实到位，确保重点环节和关键问题一抓到底、抓出成效。

（五）增强拒腐防变力。坚决贯彻执行关于廉洁自律的各项规定。严格落实建设工程管理“八个百分之百”，认真执行工程预算决算公开公示制度。加大审计监督和廉政监察力度，坚决纠正损害群众利益的不正之风。坚持厉行节约、过紧日子，将有限的资金更多地用在发展经济和改善民生上。

（六）增强团结凝聚力。牢固树立全市一盘棋的思想，个人利益服从集体利益，局部利益服从全局利益。倡导协调配合，力戒各自为政；倡导主动担责，力戒推诿扯皮；倡导各司其职，力戒层层推脱。上下齐心、同频共振，下好一盘棋、打好总体战，凝心聚力推动安宁经济社会争先进位、率先跨越。

各位代表，展望新的一年，困难和挑战考验着我们，责任和使命激励着我们。让我们紧密团结在以胡锦涛同志为总书记的党中央周围，在市委的坚强领导下，深入贯彻落实科学发展观，坚定信心，抢抓机遇，团结拼搏，锐意进取，为实现安宁跨越式发展而努力奋斗。

安宁市人民代表大会常务委员会工作报告

——在安宁市第四届人民代表大会第三次会议上

（2010年1月11日）

安宁市第四届人大常委会主任　王文学

各位代表：

我受安宁市第四届人民代表大会常务委员会的委托，向大会报告工作，请予审议。

2009年主要工作

2009年是新中国成立60周年、地方人大设立常委会30周年，尤其是应对国内外经济形势发生重大变化，推动我市工业化进程，大干基础设施建设，加大招商引资力度，实现“十一五”规划目标任务的关键之年。在中共安宁市委的正确领导下，市人大常委会以邓小平理论、“三个代表”重要思想、党的十七大和十七届三中、四中全会精神为指导，深入贯彻落实科学发展观，按照市委关于加强和改进人大工作的要求，切实履行宪法和法律赋予的职权，坚持“抓重点、议大事、求实效”的原则，突出监督重点，加强代表工作，强化常委会制度建设和机关服务工作，努力开创人大工作新局面。全年举行常委会会议7次，听取和审议“一府两院”工作报告及市人大常委会执法检查、视察报告67项，组织执法检查、视察12次，开展专项检查、调查6次，作出决议、决定50项，形成审议意见10项；主任会议听取专项工作汇报25项，形成意见7项，充分发挥了地方国家权力机关的作用，为全面推进民主法制建设，保持全市经济平稳较快发展，夺取全面建设小康社会新胜利作出了积极的贡献。

一、以科学发展观为统领，在服务大局中强化工作监督

一年来，常委会认真学习实践科学发展观，牢固树立以人为本，促进发展的理念，坚持党的领导、依法监督、集体行使职权，紧扣发展主题，紧紧围绕全市工作大局，按照“围绕中心、突出重点、注重实效、依法履职”这一根本要求，从关系安宁可持续发展的重大问题着眼，从事关安宁改革发展大局的重大事项切入，不断完善监督机制，认真开展视察、检查、调查，监督工作的针对性和实效性得到进一步增强，为安宁经济社会又好又快发展起到了积极的促进作用。

绕推动经济社会发展，强化计划、预算监督。常委会高度重视宏观经济运行监督，对市政府关于安宁市国民经济和社会发展第十一个五年规划纲要中期实施情况的评估报告、2009年上半年国民经济和社会发展计划执行情况、2009年上半年地方财政预算执行情况及2008年财政决算报告、2008年地方财政预算执行及其它财政财务收支审计情况，以及2009年度地方财政预算调整进行了审议，对我市经济运行情况进行了认真分析，作出了批准安宁市2008年财政决算和批准安宁市2009年财政预算调整等决议、决定，保障了全市经济社会健康发展。

围绕推进招商引资，强化项目落实监督。推进招商引资和项目落实是2009年全市工作的重中之重，常委会将监督工作的重点放在招商引资项目落实上，一是组成四个检查组对我市2008年31个招商引资项目落实情况进行检查，形成了情况清楚、问题准确的检查报告，在市委的重视下，将检查汇报会开成了项目落实的推进会，并将检查中的意见建议作为市委、政府2009年下半年目标督查事项，为促进项目落实起到了积极作用。二是组织部分市人大代表对安宁实验学校、青龙学校、温泉自来水厂扩容等重点工程建设进行视察，要求市政府在全面推进工程建设的同时做到科学合理安排重点工程建设。三是组织代表对交通道路重点基础设施建设情况进行视察，形成了针对性较强的审议意见，要求政府分类专题研究，抓紧落实，并反馈市人大常委会。市政府召集责任部门负责人专题分析研究，采取分解任务、责任到人、立项督办等有效措施，加强协调，促进建设项目推进。

围绕项目实施，强化融资支持。2009 年是我市工业化进程加速，大干基础设施建设的一年，常委会全力支持重点工程建设，7 次对市政府采取 BT 或贷款方式实施交通道路、园区开发以及其它重点基础设施等议案进行了审议，并作出决定 36 项，批准市政府融资 26.57 亿元，有力地支持了重点工程融资，为项目推进提供资金保障。

围绕人大决议决定落实，强化跟踪监督。常委会坚持“少而精、抓重点、出实效”为原则，积极探索和改进监督方式，围绕全市工作大局和发展、改革、稳定的重大问题，抓住关系人民群众切身利益的热点难点问题，开展回头看，强化跟踪监督，持之以恒，一抓到底，抓出成效。一是 2009 年 4 月，按照市人大常委会关于决议、决定落实情况反馈报告制度的规定，组成检查组对 2008 年常委会形成的 14 个决议、决定落实情况进行了检查，共涉及 11 个责任单位和部门，涵盖外来人口管理、水资源建设、病险水库除险加固、财政专项还贷资金管理使用等 29 项内容。市政府及其职能部门高度重视常委会决议决定的办理落实，将其列入了重要议事日程，围绕重点，注重实效，办理落实情况较好。通过检查，促进了各项工作的开展。二是开展“回头看”，强化跟踪监督。在连续多年重视环境保护、水资源储备项目建设的基础上，2009 年又组织代表对宁湖环境综合治理，园博园建设进行视察，要求政府切实落实各项治理措施，加大对宁湖公园开发建设和环境治理力度；主任会议专题听取了“王家滩水库建设”工程进展情况的汇报，督促项目推进。

围绕城镇化推动战略，强化规划和重要事项的监督。为推进安宁城镇化战略，打造森林式、环保型、园林化精品城市，提升市域经济竞争力，常委会审查批准了《安宁市生态市建设规划》和《安宁市城市总体规划(2008～2030)》，要求市政府严格按照《规划》要求，采取积极措施，维护《规划》的严肃性，保证《规划》的实施；常委会还作出了《安宁市关于加强城镇公园广场绿地保护的决议》，进一步增强了各级组织和全体市民保护城镇公园、广场、绿地意识。为提升安宁城市的国际知名度，推进安宁与欧洲国家在更高层次、更宽领域、更具深度的对外开放和发展，常委会作出了同意安宁市与马耳他潘布诺克市结为国际友好城市的决定，推动国际合作交流。

围绕推动新农村建设，强化视察检查。常委会始终关注“三农”问题，坚持以深化农村改革为动力，以产业发展为支撑，以农民生产生活方式的转变为着眼点和落脚点。组织代表对我市农业特色产业基地和规模经营户建设培育、新农村建设、农村公益性公墓建设及殡葬改革等进行视察，听取了市政府关于我市林权制度改革工作、农村社区建设工作及“五保人员集中供养”、农村流动人口管理等工作情况的报告。要求政府完善各项配套政策措施，加强组织领导，稳步推进新农村建设工作，开创农村改革发展新局面。

二、加强法律监督，在构建良好法制环境中推进依法治市进程

一年来，常委会认真履行宪法和法律赋予的职权，综合运用审议专项工作报告、开展执法检查等形式，加强对“一府两院”贯彻执行法律法规的监督，推进普法宣传教育，加大执法检查力度，强化司法行政监督。审议了市政府关于贯彻实施《就业促进法》、城市管理综合执法、司法所规范化建设及人民调解等工作情况的报告、市法院关于清理执行积案专项工作、市检察院关于完善公诉案件质量保障机制工作情况的报告，有针对性地提出了意见和建议；有重点地进行个案监督，组织部分代表旁听法院庭审，对法院庭审过程进行监督；组织代表参加安宁涉诉特殊困难人员救助办法、金方街道办事处辖区重点工程及项目、出租车客运价格、城市供排水价格、再生水利用管理办法和再生水利用专项资金补助等听证会，促进了我市行政部门科学决策、民主决策、依法决策。通过有效的法律监督，促进了“一府两院”依法行政、公正司法，推进我市法制环境建设，保障了法律法规的贯彻实施。常委会始终重视法制宣传教育，督促“五五”普法和“四五”依法治市的工作落实，开展以宪法为核心的法制宣传教育，进一步增强全民法制意识，在构建良好法制环境中推进依法治市进程。

常委会把做好人民群众来信来访工作作为化解人民内部矛盾，确保人民群众民主权利，维护社会稳定的重要工作来抓。按照统一管理、分级负责、综合分析、及时督办的工作原则，采取自办、转办、督办、协办等多种形式，进一步加大信访工作力度。一年来，共受理人民群众来信 25 件，接待群众来访 19 批 29 人，常委会领导和各委（室）积极协调督促办理，及时化解矛盾，为我市经济发展和社会安定营造了良好的社会环境。

三、重视调查研究，在关注民生中推进和谐社会建设

常委会始终把调查研究作为人大有效行使监督权的重要形式，围绕我市经济社会发展、法律法规实施、人大及其常委会决议决定贯彻和人民群众反映的热点难点问题，注重调研效果，为市委当好参谋，为常委会更好地行使职权奠定基础，为加强对“一府两院”工作监督提供重要依据，在关注民生中推进和谐社会建设。

一是对我市村（居）委会运转经费投入保障情况进行调研。为建立安宁市村（居）委会运转经费投入保障机制，2009 年 4 月常委会采取全面调查和集中重点调研的方式，对我市村（居）委会正常运转经费投入保障情况进行调研，形成了有情况分析和措施办法的调研报告，得到了市委的重视，市政府制定了《建立村

（居）民委员会运转经费市镇两级财政投入保障机制工作方案》，从2010年起，根据村（居）委会规模分别给予3～5万元的工作经费，保障村级两委工作的正常开展。

二是对安宁二中教学设施建设情况进行调研。安宁二中承担着我市南部及县街部分地区共23个村（居）委会群众子女初中阶段义务教育任务，一直存在教学设施不配套，师生食宿不便，挤占八街小学宿舍的情况，连续几年代表都提出要求解决的意见建议。2009年3月，常委会组织对安宁二中教学设施建设情况的调研，市委高度重视调研意见，经规委会通过，投资1 200余万元建设学生食堂、师生宿舍，预计2010年3月可以投入使用，彻底解决二中自建校以来设施不完善，严重影响教育教学的问题。

三是对我市城市居民最低生活保障情况进行调研。为进一步建立和完善城市低保管理体系，规范低保工作管理，2009年常委会组成调研组对我市城市居民最低生活保障情况进行了调研，要求政府完善失地农民社会保障机制和城市低保收入家庭救济制度，加强基层工作人员的业务指导和培训，从而保证城市低保工作有序开展。

四、任免监督并重，努力提高监督的针对性

常委会始终把党管干部和人大依法任免有机结合起来，坚持任免监督并重。涉及人事任免事项，常委会均召开党组扩大会议，听取党委关于人事任免情况通报。按照任免程序规定，组织拟任命人员进行任前法律知识考试、向常委会作供职报告和颁发任命书，增强被任命人员的法律意识和人大意识；此外，常委会通过“一府两院”被任命人员向常委会报送年度述职报告，加强对“一府两院”组成人员的工作监督。2009年常委会依法任免国家机关工作人员38人次，其中：任命28人次，免职10人次，为“一府两院”开展工作提供了组织保证。

根据《安宁市镇人大主席团议事规则》的规定，太平、温泉两镇人大主席团在人事任免事项中首次实行了法律知识考试和向主席团作供职报告制度，通过不断总结探索，为进一步完善镇人大主席团人事任免工作积累了有益的经验。

五、发挥代表主体作用，努力提高代表履职能力

常委会始终重视发挥代表主体作用，以提高代表素质为基础，以创新工作机制为突破，以发挥代表作用为重点，以丰富代表活动形式为载体，切实加强和改进代表工作，不断探索代表工作的新途径和新方法，积极为代表依法履职创造条件、提供服务，充分发挥了代表参与管理国家事务的作用。

密切联系代表，为代表履职创造条件。坚持和完善常委会组成人员联系人大代表制度，认真听取代表意见和建议。坚持为代表寄送《云南人大》、《昆明人大》、《安宁市人大常委会公报》和《安宁人大信息》等刊物，坚持代表列席常委会会议，参加视察、检查活动等制度，为代表知政识情、认真履职提供条件，进一步发挥代表参与管理国家事务的积极性。

加强指导，增强代表活动实效。常委会始终注重加强对代表活动的指导，除不断探索代表活动的形式和内容，提高代表活动质量外，在2008年组建了5个人大专业代表小组的基础上，重视专业代表小组作用的发挥。2009年5个专业代表小组结合自身特点开展调查研究，重点对我市森林防火工作及设施建设情况、病险水库除险加固、看守所规范化建设和检察院驻监检察室规范化建设进行了检查，代表们结合实际，从专业角度对各项工作分析研究，提出了意见和建议。教科文卫专业代表小组还开展了以“如何利用市域内职教资源为当地经济发展培育人才、职教招生与普高升学如何接轨”为主题的探讨研究，从政府、职能部门、学校、职教园区等不同角度，提出了针对性较强的意见和建议，为我市职业教育发展提出了新的思路。

重视“人大代表之家”创建，打造代表履职平台。根据昆明市人大常委会《关于创建“人大代表之家”工作的通知》要求，常委会于2009年3月启动“人大代表之家”创建工作，采取先行试点，全面推开的方式，共创建10个“人大代表之家”，以全市人大工作联席会议为平台，就加强“人大代表之家”的管理和作用的发挥进行了交流，进一步健全了代表活动阵地，推动了我市人大代表工作再上新台阶。

认真督办代表议案建议，努力提高办理实效。常委会重视代表议案和建议办理工作，把代表建议办理质量作为检验人大工作能否体察民情、反映民意、为民办事的重要标准，不断改进和完善办理机制，健全代表建议办理制度，建立重点建议督办和分解立项督办责任制。市人大四届二次会议及闭会期间共收到代表建议、批评和意见102件，常委会高度重视督办工作，将督办任务分解落实到分管主任和各工作委员会。坚持日常督办与全面检查相结合，2009年7月常委会组成四个检查组，对政府办公室等13个部门办理情况进行了检查。各承办部门对建议办理高度重视，市政府及其职能部门领导亲自领办或参与面商，办理措施有力，办理质量较高。通过不断建立和完善督办机制，办理实效和质量不断提高。

六、转变作风、提高效率，不断加强自身建设

常委会坚持以加强学习、改进作风、完善管理、优质服务、提高效率为重点，切实加强常委会和机关思想、组织、作风、制度建设，常委会组成人员和机关工作人员的政治意识、大局意识、责任意识、服务意识得到提高。

加强理论学习，提高履职能力。认真组织机关干部深入学习贯彻党的十七大和十七届三中、四中全会精神，省委八届七次全会、昆明市委九届五次全会和安宁市委四届七次全会精神。联系人大工作实际，在机关开展了学习实践科学发展观、“行政效能提升年”和“干部作风改进年”等活动，以及领导干部述职述廉，实施“治庸计划”等活动，结合实际查找问题，制定整改措施，进一步转变作风，提高效率，机关干部的理论素质、履职能力和服务水平得到了提高。

加强制度建设，规范工作运行。进一步加强制度建设，在实践和学习借鉴外地经验的基础上，修订完善了《安宁市镇人大主席团议事规则》、《安宁市人大常委会街道工作委员会议事规则》等十一项基层人大工作制度；组织完成了人大及其常委会 8 项制度和基层人大 13 项制度的两本汇编，使人大工作进一步制度化和规范化。

加强机关内部管理，促进文明建设。严格机关内部管理，全面加强人大机关建设，促进机关作风转变，提高机关工作水平和效率，围绕人大机关干部绩效考核办法，着力查找并解决人大机关效能方面存在的突出问题，促进机关干部进一步转变作风，机关干部的事业心和责任感得到增强。同时注重机关环境和文明素质建设，2009 年人大机关再次通过了省级文明单位的考核验收，机关精神文明建设再上新水平。

加强宣传工作，营造人大工作良好氛围。2009 年时逢地方人大设立常委会 30 周年，常委会以此为契机，加强人大宣传工作，拓宽宣传视野和渠道，努力在宣传实效上下功夫，推动了我市人大宣传工作再上新台阶。一是在《今日安宁》制作刊发了纪念地方人大设立常委会 30 周年专版。二是在安宁电视台制作播放了反映基层人大代表履职和反映常委会围绕中心工作开展监督的 3 部专题片。三是组织召开了四班子主要领导和老干部参加的纪念座谈会，回顾总结人大工作，探讨研究新时期人大工作的新途径。

加强联系指导，提高基层人大工作水平。常委会始终重视基层人大工作，切实加强联系和指导，促进基层人大自身建设和履职能力的提高。一是坚持常委会领导联系镇（街道）人大工作制度，指导镇（街道）人大做好选举、人事任免等工作，帮助基层人大研究解决实际问题。二是结合“人大代表之家”创建工作，组织制定和修改完善了安宁市基层人大工作的各项制度，加强了我市基层人大代表活动阵地建设，推进了基层人大工作规范化、制度化，提高了基层人大工作水平。三是结合深入学习实践科学发展观活动，为做好市委人大工作会议的筹备，常委会组成调研组，对我市基层人大工作情况进行分片集中调研，就市镇人大围绕中心、提高履职能力和人大制度创新等方面进行了探讨研究，为我市基层人大更好地履职提出了新的思路。

各位代表、各位同志，过去的一年，是市人大常委会解放思想、勇于创新、锐意进取、依法履职的一年。我们工作的每一项成绩，是市委加强对人大工作领导的结果，是全体人大代表、常委会组成人员和机关全体干部共同努力的结果，是“一府两院”认真贯彻执行人大及其常委会决议、决定，自觉接受人大监督，积极支持人大工作的结果。在此，我谨代表市人大常委会向给予市人大及其常委会工作关心支持的各位代表、各位领导和同志们表示衷心的感谢！

在回顾过去，总结成绩的同时，面对新形势、新任务，我们的工作与宪法和法律要求，与人民的期望，还有许多差距。主要表现在：监督方式需要探索创新，监督实效需要进一步增强；代表建议督办机制需要进一步完善；常委会自身建设仍需进一步加强，制度建设需进一步创新完善。为此，常委会将在今后的工作中不断加以改进。

2010 年工作意见

2010 年，市人大常委会的工作指导思想是：高举中国特色社会主义伟大旗帜，以邓小平理论和“三个代表”重要思想为指导，以科学发展观统揽全局，深入贯彻党的十七大和十七届四中全会精神，在中共安宁市委的领导下，进一步解放思想，开拓创新，以更加昂扬的精神、更加务实的作风，更加有力的举措，为促进安宁率先发展、科学发展、和谐发展，认真履行宪法和法律赋予的各项职权，突出监督重点，切实维护人民群众的根本利益，充分发挥地方国家权力机关的作用，积极推进安宁政治、经济、文化、社会建设和生态文明建设，切实增强经济社会发展的活力和动力，为实现安宁跨越式发展而努力奋斗！

一、突出工作重点，切实增强监督实效

要进一步深入贯彻《监督法》，积极探索创新监督方式，以加快发展为主题，以服务大局为目标，找准人大工作服务经济建设的结合点，加强对经济社会发展的重大问题，事关人民群众切身利益的热点难点问题和执法工作中的突出问题开展监督，促进“一府两院”依法行政和公正司法。处理好监督、支持和参与的关系，通过依法履行人大职能促进经济社会协调发展。坚持“少而精、抓重点、出实效”的原则，认真研究把握监督工作的重点和难点，增强监督工作的针对性和实效性。一是根据“攻坚 2010、冲刺‘十二五’”的目标任务，加强对国民经济和社会发展年度计划执行情况的监督，突出对重点项目推进的视察、检查。在对经济工作的监督中，重视对财政预算执行的监督，检查预算批准的法定性，维护预算执行的严肃性。二是加大执法检查力度，强化司法案件监督，正确处理个案监督与维护司法独立的关系。强化以执法检查为重点的法律监督，对法律法规贯彻执行情况进行检查，大力推进依法行政和公正司法，加强基层民主政治建设，不断推进依法治市进程，努力营造良好法制环境，为构建和谐安宁提供强有力的法治保障。三是把监督工作重点放在推进“543 倍增计划”的实施上来，综合运用视察、执法检查、调查、审议专项工作报告等形式，加强对农村改革发展、新农村建设、城乡一体化推进、园区开发、招商引资和项目推进、基础设施建设、城市开发、环境保护、“四创两争”、水资源开发建设与保护、重点工程建设及资金管理，以及教育医疗卫生发展改革、食品卫生、社会保障等社会事业方面的监督，着力保障和改善民生，促进经济社会全面协调发展。四是把程序性监督和实效性监督、工作监督和权力运行监督、实施监督和支持工作有机结合起来，强化跟踪监督，增强监督实效，不断完善人大决议决定落实办理报告制度，力求监督工作不断有新突破，监督水平不断有新提高。

二、严格程序，依法决定重大事项和人事任免

认真贯彻常委会依法决定重大事项规定，进一步探索行使决定权的方式，规范决定重大事项的程序，紧紧围绕全市经济社会发展中带有全局性、根本性、长远性的重大问题，充分发扬民主，认真听取各方意见建议，坚持集体行使职权，依法适时作出决议决定，促进全市经济社会科学协调发展。认真听取和审议市政府关于我市计划、财政预算执行报告和财政决算与审计工作报告等专项工作报告，提出审议意见，做出决议、决定，保障我市经济社会平稳较快健康发展。

坚持党管干部和依法任免的有机统一，充分发扬民主，严格依法办事，认真做好人事任免工作。结合年度述职、视察、执法检查和听取专项工作汇报等，加强对选举和任命干部的工作监督，不断增强选举和任命干部的法律意识、责任意识和人大意识，促使选举和任命干部依法履职、执政为民，真正为人民掌好权、用好权。

三、注重调查研究，提高常委会审议质量

常委会始终把调查研究作为人大有效行使监督权的重要形式，近两年来开展的对南部水源保护区实行政策倾斜、建立村（居）委会运转保障机制、加强农村外来人口管理等调查研究，得到了市委、政府的重视，研究制定措施，促成了一些热点难点问题的解决。实践证明，调查研究是深化人大监督、提高人大监督工作针对性时效性的有效形式。2010 年，常委会将围绕全市工作重点、代表议案建议反映较集中的热点、人大监督工作的难点，综合分析研究，确定调研重点和议题，深入基层深入实际，进一步加大调查研究的力度。一是坚持在审议报告和决定重大事项前，开展调查研究，深入了解情况，充分征求意见，掌握第一手资料，使审议具有针对性和实效性，不断提高审议质量；二是对事关安宁经济社会可持续发展，带有全局性和长远性和事关人民群众切身利益的热点难点问题，选准主题调查研究，提出具有针对性、操作性的意见建议，为市委决策提供依据，力求促成一些实际问题的解决。

四、提高服务质量，充分发挥代表主体作用

认真贯彻执行《代表法》和中共安宁市委关于加强和改进人大工作的规定，创新代表工作思路，采取多种形式，努力为代表履职创造条件。加强代表培训，不断提高代表的履职能力；丰富闭会期间的代表活动内容，开展代表持证视察和专业代表小组活动；积极组织代表参加视察、检查、调查等活动，进一步发挥代表主体作用，提高代表参与管理国家事务的能力。在 2009 年建立“人大代表之家”的基础上，管好用好，真正使“人大代表之家”成为代表学习培训、履职交流、联系选民、宣传人大工作的平台。坚持常委会组成人员联系代表、代表列席常委会会议、向代表通报重大事项制度，为代表履职提供服务。重视代表建议办理，落实督办责任制，加大督办协调力度，强化跟踪检查，通过日常督办全面检查以及将重点建议列入常委会审议、视察、调研议题等形式，切实做好代表建议督办工作，不断提高办理质量和水平，充分发挥代表管理国家社会事务的积极性，努力推进民主政治进程。

五、加强自身建设，全面提升常委会履职能力和机关服务水平

加强常委会领导班子和机关干部队伍建设，是提高常委会履职能力和机关服务水平的关键。继续加强理论学习，坚持和完善学习制度，组织常委会组成人员、市镇人大干部认真学习政治理论、法律法规和人大业务知识，不断提高履职能力；坚持民主集中制，充分发扬民主，严格依法办事，努力提高常委会决策水平；加强干部队伍建设，重视人大机关干部的教育、培养，抓好机关干部的廉洁自律，自觉遵守党的纪律和国家法律法规；加强制度建设，进一步完善依法监督工作机制，规范常委会监督行为；注重开展调查研究，不断转变机关作风，深入基层、深入群众、深入实际，关注民生、了解民情、集中民智，使工作更加贴近实际，符合民意，切实可行，富有成效；重视人大宣传工作，巩固宣传载体，拓展宣传思路，大力宣传人民代表大会制度和人大工作，提高全社会对人民代表大会制度的认识；建立适应时代发展需要，协调有序、运转高效的人大机关工作运行机制，努力提高机关服务水平，全面提升常委会履职能力；加强对基层人大的联系和指导，进一步提高基层人大工作水平。

各位代表，2010 年是实现安宁跨越式发展的攻坚之年，面对国际国内复杂经济形势，新的一年困难与挑战并存，希望与机遇同在。随着工业化的加速、城市化拓展、园区开发和基础设施建设的推进，我们将迎来前所未有的历史发展机遇，任务繁重而艰巨。让我们高举中国特色社会主义伟大旗帜，紧密团结在以胡锦涛同志为总书记的党中央周围，在中共安宁市委的坚强领导下，团结全市各族人民，以科学发展观统揽全局，紧紧围绕全面建设小康社会目标，解放思想、开拓创新、克服困难、锐意进取，为促进安宁经济社会全面协调发展，构建民主、文明、和谐安宁作出新的贡献。

中国人民政治协商会议
安宁市第四届委员会常务委员会
工 作 报 告

——在政协安宁市第四届委员会第三次会议上

（2010 年 1 月 9 日）

政协安宁市委员会主席　李海平

各位委员、各位同志：

我受政协安宁市第四届委员会常务委员会的委托，向大会作工作报告，请予审议，并请列席会议的同志提出意见。

2009 年工作回顾

2009 年，是我市积极应对金融危机带来的影响，攻坚克难，创新突破，全面开创经济社会跨越式发展，建设小康社会新局面的一年，也是我市政协工作取得新进展的一年。一年来，在中共安宁市委的领导下，市政协常委会高举爱国主义、社会主义旗帜，牢牢把握团结、民主两大主题，广泛凝聚各方面的智慧和力量，紧扣市委“1366”发展思路和“七抓七促进”工作措施，认真履行政治协商、民主监督、参政议政职能，为促进我市经济社会跨越式发展，努力构建社会主义和谐社会作出了新的贡献。

一、围绕中心，服务大局，履职水平不断提高

市政协常委会充分发挥政协联系广泛、人才荟萃、智力密集的优势，团结和带领政协各参加单位和广大政协委员，围绕中心，服务大局，认真履行职能，积极为全市经济社会发展献计出力。

（一）政治协商有序推进

政治协商是人民政协的重要职能。一年来，常委会制定工作目标、确定工作重点、安排协商活动都始终把服务经济社会发展作为政治协商的首要任务来抓，取得了明显成效。

精心组织，努力提高协商水平。政协全体会议是政协履行职能最集中、最重要的会议，是政协总体协商的有效形式。为提高会议成效，在四届二次会议召开前，市政协动员和组织政协各参加单位、各界别和广大政协委员，认真开展调研视察活动，深入了解社情民意，广泛听取社会各界意见，积极撰写提案建议和会议材料。在市政协四届二次会议上，委员们认真协商了“一府两院”及其他工作报告，围绕我市积极应对金融危机，对促进经济社会发展和总体规划、工业突破、园区建设、招商引资、城乡统筹、社会保障、教育医卫、新农村建设等方面开展协商，提出了许多具有前瞻性、建设性的意见建议。市委主要领导在会议上就加强和改善党对政协工作的领导，进一步发挥政协职能作用作了重要讲话，充分体现了市委对政协工作的高度重视。会议期间，委员提出的意见建议，常委会及时归纳整理，并报送市委、市政府研究。

切合实际，专题协商更加有效。全会闭会期间，常委会围绕我市经济社会发展的重大问题开展专题协商。应市政府提请，分别对《安宁城市总体规划 2008～2020》和政府机构改革方案进行了专题协商。在对城市总体规划的专题协商中，提出了“《规划》的时效性应适当延长；充分考虑矿产资源、地热水资源的保护和综合利用；要更加重视环境保护，做好与其它专门规划的衔接；加强宣传，努力争取驻市企事业单位支持”等方

面的意见建议。在对全市新一轮政府机构改革方案及相关内容的协商中，提出了“改革要在认真贯彻执行上级机构改革精神和政策的基础上，遵循‘精减、效能、便民’的原则进行职能调整，特别是要充分结合安宁新一轮工业开发和实施工业强市战略的实际，加强相应职能”等意见建议。专题协商的意见建议，均得到市委、市政府高度重视并充分采纳。

（二）民主监督特点突出

强调质量，提案工作不断创新。政协提案是一项全局性，经常性的工作，具有涉及面广的特点，是政协履行职能的重要方式。常委会突出以提高“提案质量、办理质量、服务质量”为主线，推行市级党政领导批阅提案，坚持市委、政府、政协三家联合督办，促进了提案办理的规范运行，逐步推动提案从数量型向质量型、答复型向落实型转变。市政协四届二次会议以来，共收到提案123件，立案94件，全部提案于2009年8月4日办理完毕。其中，市政府领导班子领办提案19件，9件重点提案均由市政府班子领导领办，办理过程中，市长、副市长亲自与政协委员面商，有效推进了提案的落实。

拓宽渠道，积极反映社情民意。常委会始终把加强反映社情民意工作作为政协履行职能的重要工作来抓，取得了较好成效。在聘请市级和部门退休老领导担任社情民意特邀信息员的基础上，通过不断拓宽反映社情民意渠道，改进政协简讯方式积极反映社情民意和宣传政协工作。先后编发《社情民意》33期，涉及昆明市范围的内容直报昆明市政协，《政协简讯》14期，并通过电子政务网的新形式发送，既提高了效率，又节约了成本，成为政协信息工作的一个新亮点。反映的许多意见建议得到了市委、市政府及职能部门的高度重视。

服务大局，发挥政协监督作用。一年来，随着学习实践科学发展观、“行政效能提升年、干部作风改进年”、“加强作风建设，促进科学发展”、继续深入解放思想等教育活动的深入开展，市政协委员担任特约监督员、行风评议员等共70余人次，涉及市委、市政府工作的多个方面。委员们认真履行职责，积极开展工作，寓监督于支持之中，帮助查找问题，共抓整改提高，促进了有关部门更好地改进工作。

（三）参政议政成效显著

紧扣民生，深入开展专题调研。常委会坚持“少而精、出精品”的原则，紧扣民生主题，选择重点课题有计划地深入开展专题调研，收到了较好的成效。先后对“推进农村土地流转”和“劳动就业促进情况”进行调研。在对推进农村土地流转的调研中，提出的“尽快制定土地流转规划；进一步明确职责，加强配合；加大宣传力度，加强政策引导完善相关政策，规范流转管理；健全流转市场，创新服务平台；加大扶持力度，培育经营主体；落实社会保障，巩固流转基础”等方面的意见建议，得到了市委、市政府的充分采纳，在我市出台的相关政策中得到体现，有效促进了我市农村土地流转工作。在对劳动就业促进情况进行调研后，提出了“健全就业服务体系，不断拓宽就业渠道，进一步落实好各项就业政策；完善就业信息服务体系，破解就业结构性矛盾；加强领导，建立长效培训机制”等方面的意见建议，市委、市政府针对金融危机下企业出现的困难进一步深入调研，采取有效措施，为一些困难企业和职工解决了实际问题。

注重实效，视察质量不断提高。先后对“城市报警与监控系统建设情况”、“交通管理工作”、“防震减灾工作”、“安宁实验学校建设情况”、“基层医疗卫生建设情况”进行了视察。在对城市报警与监控系统建设情况进行视察后，提出的“要加快城市报警系统建设”等意见建议，得到了市委、市政府的高度重视，通过在街面和治安死角广泛安装报警对讲系统，不但方便了市民及时报警，又提高了公安干警出警的准确率，对犯罪分子产生了震慑作用，有效促进了全市社会治安状况的明显改善。在对基层医疗卫生建设情况的视察中，提出了“抓好市级医疗卫生基本建设，积极探索医院多元化建设模式，探索股份制改革，引入社会资本，以股份制投资建设；合理布局，统筹规划，大力发展社区卫生服务；抓好卫生人才队伍建设，完善人才引进、培养、选拔和激励机制”等方面的意见建议，在全市医疗卫生改革中得到了重视和采纳。

委员们通过实地了解情况，发现问题，进一步增强了议政建言的实效。提交了一批具有重要价值的意见建议供市委、市政府决策参考，得到了市委、市政府及职能部门的高度重视。

同时，市政协积极配合省、昆明市政协对提案工作、金融危机下中小企业发展情况、安全生产、农村卫生、乡镇基层文化站建设等工作开展了调研视察。

二、开拓创新，发挥优势，不断完善政协工作

一年来，常委会努力发挥政协优势，积极协助市委、市政府做好“保增长、保民生、保稳定”的工作。积极开展对外协作交流，推进文史宣传工作，进一步拓展了政协工作的思路，不断改进和完善政协工作。

（一）“三化”建设得到加强。2009年7月，中共安宁市委召开了市委政协工作会议。市委对市政协的工作给予了充分肯定，并对政协工作提出了“五度”的希望和要求，即“服务大局有高度、建言献策有深度、民主监督有力度、团结合作有广度、自身建设有强度”。同时出台了《中共安宁市委关于进一步加强和改进人民政协工作的实施意见》（安发〔2009〕22号），从八个方面进一步强调了加强和改进人民政协工作的重要性和必要性，对加强和改进政协工作提供了更明确的制度保障。

（二）文史工作再添新彩。按照政协文史工作“存史、资政、团结、育人”的方针，常委会扎实推进文史工作。在人民政协成立60周年，安宁政协成立25周年之际，编辑出版《风雨同舟二十五年》画册，反映安宁政协成立25年来围绕中心，服务大局，认真履行政协职能、巩固和发展最广泛的爱国统一战线，团结进取、不懈努力，促进安宁经济社会发展的奋斗历程。

（三）交流联系更加广泛。始终坚持团结、民主两大主题，充分发挥政协联系面广的优势，不断加强对内对外交流，使政协成为党委、政府与各界人士相互交流、联络感情的重要平台。目前形成参与“全国部分钢铁企业所在地政协联席会议”、“云南省十六城市政协工作研讨会议”、“昆明市十四县（市）区政协联系会议”三个层次的交流形式。并多次接待省内外兄弟政协，相互交流了经验，加强了沟通，宣传了安宁。2009年还承办了昆明市十四县（市）区政协联系会议，会议务实节简，有力促进了昆明市各县（市）区政协间的相互沟通与交流。

（四）全力落实“一岗双责”工作任务。市政协领导班子成员按照市委的统一部署，认真做好联系点和联系项目的工作。工作中主动联系项目责任单位，帮助各单位排忧解难，积极完成“一岗双责”的各项任务。目前市政协领导班子成员联系的招商引资项目，大部分已经顺利开工建设。同时，按照市委的工作安排部署，本着“主动不被动，帮忙不添乱”的原则，积极参与全市的中心工作，先后参与旧城改造、村级“两委”换届、第二批和第三批学习实践科学发展观指导组、各项创建活动以及农业生产、护林防火、维护稳定、年度考核等工作。

（五）政协华诞隆重热烈。在人民政协成立60周年华诞之际，组织了安宁市庆祝人民政协成立60周年系列活动。一是在《今日安宁》和安宁电视台开展政协知识专题宣传。二是举办人民政协知识竞赛活动。三是邀请安宁政协历届老领导参加座谈会，重温中国共产党与各民主党派、社会各界人士风雨同舟，团结合作的光辉历程，进一步增强了坚持中国共产党领导的多党合作和政治协商制度的自觉性及通过积极履行政协职能，推动安宁经济社会发展的光荣感和使命感。四是举办安宁市庆祝人民政协成立60周年暨2009年国庆中秋茶话会。整个系列庆祝活动，隆重热烈，受到了全市各族各界、人民团体和群众的好评。

三、强化学习，提高素质，大力加强自身建设

加强自身建设，是新时期新阶段做好政协工作的客观需要。市政协以强化学习为途径，从多方面加强自身建设，使政协工作跃上新的台阶。

（一）大力加强理论学习。常委会始终坚持把理论学习摆在重要位置，通过常委会议、委员活动等方式，认真组织广大政协委员和政协参加单位学习贯彻胡锦涛总书记在政协成立60周年大会上的讲话精神、《中共中央关于进一步加强中国共产党领导的多党合作和政治协商制度建设的意见》、《中共中央关于加强人民政协工作的意见》和中共云南省委、昆明市委相关文件精神以及中共昆明市委、安宁市委政协工作会议精神。学习统一战线和人民政协理论，学习经济、法律法规和现代科学文化等方面的知识，努力提高政协履行职能的能力和水平。

（二）努力增强履职能力。为提高自身素质，增强履职能力，市政协进一步加强了委员培训和提案知识培训，并积极做好集体提案的组织、征集和培训工作，努力提高政协委员综合素质和履行职能的能力，为委员更好地履行政协职能，多提集体提案、高质量的提案奠定了坚实的基础。

（三）积极参加教育活动。常委会以“学习实践科学发展观”为契机，积极组织政协委员和机关干部参加“解放思想、深化改革、扩大开放、科学发展”大讨论活动、行政效能提升年和干部作风改进年活动，组织好政协机关“深入学习实践科学发展观活动”。通过学习教育活动，加强了机关工作作风建设，完善机关内部管理，激发干部职工工作热情，提高政协机关的服务质量；同时也调动了政协委员履职的自觉性、主动性，形成了团结、勤奋、实干、高效的良好氛围，为政协工作的深入开展提供了更加有力的保障。

（四）机关专委得到加强。在市委的高度重视和关心下，去年市政协机关交流和提拨了5名科级干部，特别是为科教文卫体委和经济委配备了负责人，充实了市政协专门委员会的力量，专门委员会的基础作用不断加强。

（五）创建取得良好成绩。在各项创建活动中，通过创造性地开展工作，把政协机关建设成为了内部和谐、外部协调、作风优良、服务优质的“委员之家”。通过机关全体干部职工的努力，市政协机关再次通过了省文明办的考评，继续保持了省级文明单位的荣誉称号。

回顾一年来的工作，我们虽然取得了一些成绩，但也存在着许多不足。政治协商的质量有待进一步提高；民主监督的途径和方法还需进一步探索；参政议政的渠道还需进一步拓展；政协的“三化”建设需要进一步加强；委员的主体作用还需进一步发挥等等，这些都需要在今后工作中认真加以重视和解决。

各位委员，过去一年政协工作取得的成绩，是中共安宁市委正确领导的结果，是市人大常委会、市政府、各镇（街道）及各部门、各单位大力支持的结果，是历届政协老同志关心、帮助的结果，也是全体政协委员和政协机关全体同志团结奋斗、努力工作的结果。借此机会，我代表市政协常委会向所有关心、支持政协工作的领导和同志们表示衷心的感谢和崇高的敬意！

2010年工作安排

各位委员，2010年是我市实施“十一五”规划的最后一年，是衔接“十二五”规划的重要一年，也是全面推动经济社会实现跨越式发展的关键之年。中共十七届四中全会，进一步强调了多党合作和人民政协事业在党的工作中的重要地位和作用，对于加强党对统一战线的领导、推进多党合作和人民政协事业发展，具有重大意义。胡锦涛总书记在庆祝中国人民政治协商会议成立60周年大会上的重要讲话，明确提出了新形势下开展人民政协工作的方针原则和工作要求。中共安宁市委四届九次全体（扩大）会议明确提出了我市2010年的工作思路：以科学发展观为指导，紧紧围绕现代新昆明建设和“543”倍增计划，坚持“1366”的发展思路，一手抓“十一五”规划的全面完成，一手抓“十二五”规划的超前启动，实施大突破、大规划、大投资、大项目、大产业、大建设、大开发、大宣传“八大”方略，着力破解经济结构性矛盾，着力破解城乡二元结构矛盾，着力突破城市发展瓶颈，全面开创跨越式发展新局面。我们认为市委确定的工作思路，催人奋进，充分反映了我市各族各界的愿望，为今后我市政协工作指明了方向，为广大政协委员提供了贡献智慧，发挥才能的舞台。面对开创安宁跨越式发展新局面对政协工作提出的新要求，建议2010年市政协常委会工作思路为：坚持以邓小平理论和“三个代表”重要思想为指导，高举爱国主义、社会主义旗帜，全面贯彻落实科学发展观，牢牢把握团结和民主两大主题，紧紧围绕市委、市政府工作大局，认真履行政治协商、民主监督、参政议政职能，扎实推进履行职能的制度化、规范化、程序化建设，广泛动员和组织全体政协委员及社会各界人士，为建设富裕文明和谐安宁贡献力量，进一步推动我市政协工作再上新水平、再创新业绩。

2010年，要着重抓好以下七项工作。

一是要切实抓好政协委员的培训学习。学习是人民政协的光荣传统，既是我们提高素质，履行职能，保持政协工作与时俱进、开拓创新的内在需要，也是人民政协的一项重要工作任务。全体政协委员一定要认真学习贯彻中共十七届四中全会精神和胡锦涛总书记对政协工作提出的新要求及《政协章程》、中共中央《关于加强人民政协工作的意见》和《中共安宁市委关于进一步加强和改进政协工作的意见》等，充分认识政协工作面临的形势和任务，把思想认识统一到市委、市政府的发展思路上来，把智慧和力量凝聚到全市经济社会发展的各项目标任务上来，增强政治意识、大局意识、责任意识和服务意识，紧密结合政协工作和个人岗位工作实际，通过认真学习新时期统一战线和人民政协工作理论，社会科学和现代自然科学知识，提高政治理论修养，扩大业务知识储备，把握政协工作规律，不断增强履行政治协商、民主监督、参政议政职能的能力。

二是认真抓好大事要事的专题协商。2009年市委政协工作会议的召开和市委《关于进一步加强和改进政协工作的意见》的出台，在我市人民政协事业发展过程中具有十分重要的意义。新的一年，要继续认真贯彻落实好中共昆明市委和安宁市委政协工作会议精神，主动争取市委、市政府对政治协商的重视和支持，切实坚持重大事项协商于决策之前，不断增强政治协商的超前性、计划性和互动性。要围绕市委四届九次全体（扩大）会议提出的各项目标任务，深入开展政治协商活动，把政府工作报告、财政预算方案、经济社会发展情况、重大人事变动及重要文件出台、重大建设项目实施等关系发展和稳定的大政方针及政治、经济文化和社会生活中的重要问题作为协商议政专题，运用全体会议、常委会议、主席会议、专委会议及专题会议等多种形式，提出有深度、有价值、有前瞻性、有针对性，科学合理又切实可行的意见和建议，努力为市委、市政府的科学决策当好参谋。

三是积极发挥民主监督的独特优势。充分发挥政协委员在履行职能中的独特优势，把协调关系、化解矛盾寓于监督之中。把解决问题，促进和谐体现于监督全过程，努力在知情环节、沟通环节和反馈环节上发挥民主监督作用，密切党群干群关系，促进社会关系和谐。努力推动提案从“数量型向质量型，答复型向落实型”转变，突出界别特色，发挥专门委员会的基础作用，引导委员多出高质量的提案和集体提案。深入推行市级党政领导批阅提案制度，认真坚持市委、政府、政协三家联合督办，加大提案督办力度，促进提案办理的规范运行。在完善监督性专题视察的同时，进一步探索新的民主监督形式和途径，特别要加强对市委、市政府各职能部门的民主监督，围绕全市工作重点，努力变被动监督为主动监督，主动了解情况，主动发现问题，主动反映和跟踪监督，力求取得实效。要更加有效地发挥民主党派、人民团体、专门委员会，尤其是各界别在民主监督中的作用，充分发挥政协提案、反映社情民意等方式在履行民主监督职能方面的作用，营造良好的监督氛围。

四是充分调动政协委员参政议政积极性。政协委员是政协组织的主体，政协工作的开展主要通过委员在履行职能中来实现。要通过充分调动委员参政议政的积极性和主动性，做好政协日常性工作，为各族各界参政议政搭建平台，为党政机关提供有价值的信息支持和决策依据，协助市委、市政府做好理顺情绪、协调关系、化解矛盾、增进共识的工作，充分调动各方面积极性。反映社情民意信息工作要把关注和反映经济社会发展的重大问题、关系群众利益的突出问题和带有苗头性、倾向性问题作为重点。要采用多种形式，激发委员反映社情民意的责任感和主动精神，并适时开展信息工作交流培训，不断提高信息质量。要更加注重按界别履行参政议政职能，按照“以专门委员会为基础，按行业职业划分，突出按界别履职”的特点，提倡内容丰富、灵活多样的活动形式，全面推进界别组建设和委员履职方式的创新，既要参大政、议大事，又要高度重视涉及人民群众切身利益的事情，更加体现政协联系广泛、包容性强的特点，着力反映来自各个界别的群众意见，重视反映一些人数不多但需要引起关注的特殊群体的合理诉求，反映一般渠道不易掌握的社会情况和群众的意见建议。

五是精心抓好重要课题的调研视察。要紧扣发展第一要务，紧紧围绕市委、市政府的工作思路，按照“求实、求深、求精、求新”的要求，选择市委、市政府重视，人民群众关心，政协有条件做好的课题，组织委员开展综合性、全局性、前瞻性的调查研究。坚持完善调研工作机制，提高调研成果质量，以集体提案为重点，专门课题为纽带，密切专门委员会、界别组与党派、团体及党政有关部门的合作，形成调查研究的整体合力，突出界别特色，深入开展调查研究，多提出高质量的意见建议，力求多形成一些调研精品。同时要围绕党政关注、群众关心的社会热点、焦点问题，精心组织好各项视察活动，提出改进工作的意见和建议，促使一些实际问题的逐步解决。

六是坚持团结民主促进社会和谐。构建和谐社会，人民政协有着得天独厚的优势，肩负着义不容辞的责任。我们要发挥政协联系面广、包容性强的优势，进一步丰富和完善人民政协大团结的内涵和形式，高度重视为党派团体和各族各界人士搭建参政议政平台，营造更加浓厚的团结民主氛围。积极促进政党关系、民族关系、宗教关系、阶层关系的团结与和谐。广泛开展联谊活动，加强与各地政协的沟通与交流，不断扩大交流范围，提高交流层次，改进交流形式。真诚关心各族各界人士的工作和生活，调动和凝聚各界人士的智慧和力量，为安宁实现跨越式发展目标献计出力。要以专门委员会和界别活动组为基础，开展委员体察民情活动，积极反映界别群众的呼声。发挥委员专长和特点，开展不同层次、不同群体、内容丰富、形式多样的活动，扩大参与面，增大受益面，努力让不同阶层、不同群体共享改革发展成果，促进党群和谐、干群和谐、社区和谐和家庭和睦。要坚持民主协商、平等议事的原则，高度重视各党派团体和社会各界人士的意见和建议，充分听取他们的愿望和要求，积极协助市委、市政府协调各方面的利益关系，努力营造团结民主、生动活泼、融洽和谐的政治环境。

七是重点抓好政协自身建设。要继承和发扬安宁历届政协的优良作风，认真总结人民政协成立60年和安宁政协成立25年来的经验，通过分析和提炼近年来经过实践证明行之有效的做法，加以规范，形成和完善相关的制度规定，推进政协履行职能的制度化、规范化、程序化建设，在不断总结经验中实现政协工作的创新和发展。要在委员中广泛开展“两个一”活动，每位委员每年至少要提一件有质量的提案、反映一条社情民意，充分履行政协委员职责。要研究制定委员履职情况报告制度，探索和创新委员述职的方式，把委员履行职能的情况列入委员考核范围，通过加强对委员的管理和服务，激发委员履行职责的积极性和主动性。要充分发挥专门委员会的基础作用，进一步加强对政协委员的指导，促进政协委员与基层群众的联系，切实发挥桥梁和纽带作用，更好地履职为民，增强政协委员的亲和力和影响力。要按照“政治坚定、作风优良、学识丰富、业务熟练”的总体要求，切实加强政协机关干部队伍建设，进一步提高机关工作效率、办事效率，为委员知情参政、履行职能提供平台。要在实践中不断总结新的工作经验，更好地适应新形势、新任务要求，继续解放思想，开动脑筋，勇于实践，大胆探索，使我市的政协事业与时俱进，不断发展。

各位委员、各位同志，面对新形势、新要求，人民政协任重道远，使命光荣。让我们在中共安宁市委的领导下，高举爱国主义、社会主义旗帜，坚持团结、民主两大主题，同心同德，开拓创新，发挥优势，履行职能，为实现市委四届九次全体（扩大）会议提出的奋斗目标，促进安宁经济社会跨越式发展，全面建设小康社会做出新的更大的贡献。

强化监督检查　确保工作落实 全力促进安宁科学发展新跨越

——在中共安宁市纪委四届五次全会上的工作报告

（2010年2月5日）

焦　林

同志们：

我代表市纪委常委会向全会作工作报告，请予审议。

这次全会的主要任务是：认真学习贯彻党的十七大和十七届三中、四中全会精神，按照十七届中央纪委五次全会、省纪委八届五次全会、昆明市纪委九届五次全会和安宁市委四届九次全会的要求，总结2009年全市党风廉政建设和反腐败工作，部署2010年工作任务。市委对这次全会十分重视，常委会专题学习了中央、省和昆明市纪委全会精神，研究了我市的贯彻意见和2010年反腐倡廉工作。市委书记李树勇同志将在今天的会上作重要讲话，我们一定要认真学习、深刻领会、坚决贯彻落实。

一、2009年主要工作回顾

2009年，在中共安宁市委、市政府和昆明市纪委、监察局的领导下，全市各级党政组织和纪检监察部门以改革创新精神深入开展党风廉政建设和反腐败工作，整体推进惩治和预防腐败体系建设，紧紧围绕市委、市政府中心工作，按照“保增长、保民生、保稳定”的方针，加强对中央、省和两级市委、政府重大决策部署执行情况的监督检查，严肃查处违纪违法案件，强化领导干部廉洁自律，纠正损害群众利益的不正之风，完善制度改革的各项措施，扎实推进以改进工作作风、提高行政效能为重点的经济社会发展软环境建设，围绕招商引资、园区建设、基础设施建设等重点工程建设情况进行督促检查。一年来，始终坚持把反腐倡廉建设工作融入全市经济社会发展的大局中谋划和部署，为我市经济社会跨越式发展的良好开局提供了坚强的政治和纪律保证。

（一）强化监督检查，确保各级决策部署有效落实。市纪委监察局充分履行职责，切实把监督检查工作作为提升干部执行力的“总抓手”，整合力量，统筹协调市目督办、软建办、党风巡查员、特邀监察员和新闻媒体的力量，充分发挥各派出纪工委（监察分局）的作用，对各单位贯彻落实党的路线方针政策和省委、两级市委重大决策部署情况进行监督检查。加强对4个新增中央投资项目的监督检查，对121项招商引资项目和56个重点建设项目实施情况，落实工程建设“八个百分之百”情况，执行园林绿化“3331”政策、“拆临拆违”和整治违法加层无序建房、铁路沿线环境综合整治、廉租房建设等工作情况开展了专项督查。积极开展清理整顿土地市场秩序监督检查工作，依照清理整顿土地市场秩序和项目用地收储目标任务，严肃查处违反土地管理法律法规和政策的行为，加强对矿产资源“私挖乱采”专项治理工作的监督检查。加强对救灾救济、扶贫、社保等专项资金管理使用情况的监督检查；加强对安全生产责任制落实情况的监督检查；加强对工程建设招投标活动的监督检查，办理各类房屋建筑、基础设施工程等招投标监督管理备案197项，并全部实行“双合同”备案制。对全市招商引资、基础设施建设、园区建设、四创两争、民生工程和各项目标任务落实情况进行了督查督办和跟踪问效，共办理各级交办督查督办件1 069件。对全市23个单位惩治和预防腐败体系建设及党风廉政建设责任制工作执行情况进行了检查考核。通过强有力的监督检查，确保各项工作落到实处。

（二）加大整治力度，进一步优化经济社会发展软环境。在全市开展“行政效能提升年”和“干部作风改进年”活动，成立8个督导组对72家单位提升行政效能和改进干部作风建设情况进行了督促检查。制订并组织实施“治庸计划”，全面推行工作日志制度，强化日常管理。积极推行“五办”作风、“一线工作法”、“工作成果倒逼法”。在服务和窗口单位推行“零距离”指导、“零停留”办公、“零差错”办理、“零关系”办事、“零利益”服务，全市各单位履行服务承诺293 189项，服务水平进一步提高。全年针对机关作风建设开展明察暗访14次，发现并整改问题107个，处理相关责任人14人。针对部分干部存在的管理不到位、失职、工作措施不力、突出问题处置不当等行为对80名责任人进行了问责。全面推进“阳光政府”四项制度，完成了重大决策听证12项，重要事项公示266项，重点工作通报473项，96128热线接转查询671次，政务信息查询网络全面建立。充分发挥电子监察系统的作用，对7 351项行政审批事项进行监察，全面实施行政审批绩效测评考核机制，测评结果每月通过媒体向社会公告。深入推进“两集中、两到位”改革，市政务服务中心窗口集中办件123 917件，办结率100%。全面启动并完成我市三级联动为民服务体系建设，建成镇（街道）为民服务中心9个，村级为民服务站96个，实现各镇（街道）与政务中心网络连接，发放为民联系卡78 650张。对全市65个列入年度目标管理考核单位、7个直管单位、17个公共服务企（事）业单位开展民主评议政风行风工作。主动接受新闻媒体的监督，圆满完成“春城热线”、“在线访谈”和行政效能专访。通过建立健全督导、监测、督查立体监督机制，营造了全社会人人关心、参与、支持、监督提升行政效能和改进干部作风的良好舆论氛围。

（三）严格教育监督，切实促进领导干部廉洁自律。坚持每两个月向全市副科以上领导干部发一封廉政公开信和发送廉政短信。组织9 140人听廉政专题讲座、廉政党课，组织各级领导干部775人到警示教育基地开展教育活动，组织部分单位主要领导54人到法院旁听贪污受贿典型案件审理情况，对34名新任科级领导干部进行廉政法规考试。继续推进廉政文化“六进”活动，共打造5个廉政文化精品点，建成38个廉政文化进农村示范村。对廉文化启蒙教育进行大胆的探索，编著出版了中国首部廉文化蒙学读本《莲廉镰》。认真落实党内监督条例，开展党政机关领导收入申报、个人重大事项报告和勤政廉政公示工作，全市各级党员领导干部881人进行了述职述廉；坚持“三谈两述”制度，组织开展领导干部任前廉政谈话184人次，诫勉谈话80人次，各级纪委负责人同下级党政主要负责人谈话78人次。开展厉行节约、禁止公款出国（境）旅游工作，完成了上级下达的各项量化目标任务。开展“小金库”专项治理“回头看”工作。开展党政机关、事业单位公务用车清理、排查、登记工作，加强对公车私用私驾的监督检查。按照昆明市纪委的要求，对2004年以来各镇集资建房和团购房情况进行清理，共清理和收缴违规补贴115.5万元。通过严格教育监督和专项清理，全市各级领导干部廉洁自律意识明显增强，对礼品礼金主动拒收、主动报告、主动上缴。

（四）开展专项整治，解决损害群众利益的突出问题。有序开展工程建设领域突出问题专项治理工作，对全市工程建设领域存在问题情况进行了自检自查。结合创建“云南省教育收费示范县（市）”活动，对教育收费进行了专项检查。强化医德医风建设，着力解决群众“看病难、看病贵”的问题。继续做好减轻农民负担监督检查工作，继续纠正征收征用土地、房屋拆迁中损害群众利益的问题，拖欠工程建设款和农民工工资等问题。进一步巩固和扩大治理公路“三乱”成果。对2008年以来全市社保基金、扶贫专项资金及救灾款物发放情况进行了专项检查，确保专项资金的安全运行。针对村级组织合同签订管理不规范的问题，制定实施了《安宁市村级组织合同签订行为管理规定（试行）》。坚持每季度在全市开展村务财务公开检查，逐步规范村务财务公开行为。在全市党委、人大、政协及法、检两院等18家单位开展清理评比达标表彰活动，撤销活动项目3个。

（五）严肃党纪政纪，加大查办案件工作力度。加强与法、检两院和公安、审计、财政等部门的协调配合，整合查办案件资源。落实纪委常委（室主任）联系基层纪委制度和领导干部下访制度，全年下访22次。切实解决群众反映的信访热点问题，全年共受理人民群众来信来访、电话举报107件，初核违纪线索47件。对组织拟任的48名干部人选、各单位拟表彰的108个先进集体和403名先进个人进行了审查。办理违反党政纪案件13件13人，给予党政纪处分14件14人，收缴违纪金额18.79万元。扎实开展商业贿赂专项治理工作，查处商业贿赂案件4件4人，挽回经济损失320余万元。积极推行《云南省纪检监察机关“一案双查”暂行办法》，针对2007年以来市农业局先后发生9件10人的违纪违法案件，对负有监管责任的市农业局党政主要领导给予了免职处理。在案件查处过程中，坚持惩处与保护并重，为49名党员干部澄清了举报失实的问题，保护了广大党员干部改革创新的积极性。

（六）健全完善制度，深入推进反腐源头治理。积极协调有关部门深化干部人事制度改革，加强对干部选拔任用工作的监督。深化行政审批制度改革，对行政审批办理时限再次进行压缩，20个市级行政部门的行政审批项目由78项精简至51项，审批时限缩短了三分之一。深化财政管理制度改革，进一步完善和规范财政转移支付制度。深化政府投资体制改革和市场机制改革，实行项目公示、责任追究等制度，在政府性投资建设项目中全面推行“八个百分之百”。层层签订《党风廉政建设领导干部“一岗双责”责任书》和《纠风目标责任书》，建立了纵向到底，横向到边的责任网络。在全市镇（街道）实行村级会计委托代理服务和“三资”监管服务。围绕保障重点工程、招商引资和干部教育管理工作三个重点，全年完成制度创新203项。建立科级领导干部包村联系制度，为全市96个村（居）委会传达上级精神184次，讲廉政党课108次，参加基层民主生活会109次，党风廉政状况分析96次，扶贫帮困74户，督促检查村务财务“两公开”情况153次，农村基层党风廉政建设进一步加强。

（七）加强队伍建设，干部综合素质明显提高。在全市纪检监察部门深入开展向王瑛同志先进事迹学习活动，认真践行“做党的忠诚卫士、当群众的贴心人”，进一步解决思想、组织、作风等方面存在的问题。多渠道加强纪检监察干部的学习和培训，采取以会代训、院校培训、跟班学习等措施，先后组织31人参加中央、省、市各级组织的培训、学习和考察活动，切实提高纪检监察干部的执纪能力和水平。建立《安宁市派出纪工委（监察分局）管理暂行办法》，进一步加强管理，使派出机构的作用得到充分发挥。按照中央和省、昆明市关于加强县级纪检监察机关建设的有关要求，从人员编制、装备配备、经费保障等方面加强了机关自身建设。完善了安宁市纪检监察干部资格准入制度，对纪检监察干部严格要求、严格教育、严格管理、严格监督，进一步树立了纪检监察干部的良好形象。

回顾一年来的工作，我们深深体会到，反腐倡廉建设要紧贴、融入、服务于市委、政府的中心工作，就必须以最严格的监督检查保证市委、政府决策部署的贯彻落实；必须紧紧抓住重点领域和关键环节，坚决查处腐败案件；必须实施最严厉的问责制促进工作作风转变和行政效能提升；必须围绕群众反映强烈的突出问题加大专项整治力度；必须大力推进制度创新，加大从源头防治腐败的力度；必须全面加强自身建设，全面提升队伍的综合素质和业务能力。这些做法和体会，我们要在今后的工作实践中不断总结和深化，积极探索与经济社会发展要求更相适应的反腐倡廉工作新路子。

同时，我们也要清醒地认识到，当前我市反腐倡廉形势仍然严峻，任务仍然艰巨。一些部门和单位的党政领导干部对反腐倡廉建设的重要性认识不足，党风廉政建设责任制落实得不够好；一些重点领域和关键环节的腐败案件还时有发生；一些群众反映强烈的突出问题还没有从根本上得到解决；少数机关和干部不作为、乱作为、慢作为等行政效能低下的问题依然存在；纪检监察干部的履职能力还有待进一步提高。这些都务必引起我们的高度重视，并采取更加有力的措施，切实加以改进。

二、2010年主要工作任务

2010年，是“十一五”规划实施的最后一年，是安宁攻坚克难之年，也是承前启后，为“十二五”开好局、起好步奠定坚实基础的重要一年，做好党风廉政建设和反腐败工作责任重大，任务艰巨。全市各级党政组织和广大党员干部要高举中国特色社会主义伟大旗帜，以邓小平理论和“三个代表”重要思想为指导，深入学习实践科学发展观，全面贯彻落实党的十七届三中、四中全会精神，按照十七届中央纪委五次全会、省纪委八届五次全会和昆明市纪委九届五次全会的部署和要求，严格执行党风廉政建设责任制，坚持标本兼治、综合治理、惩防并举、注重预防的方针，加强以保持党同人民群众血肉联系为重点的作风建设，加强以完善惩治和预防腐败体系为重点的反腐倡廉建设，大力推进制度创新，强化监督检查，着力解决反腐倡廉建设中人民群众反映强烈的突出问题，围绕中心、服务大局，开拓创新、攻坚克难，积极探索与安宁跨越式发展相适应的新路子，努力取得党风廉政建设和反腐败工作新成效，为安宁经济社会科学发展新跨越提供有力保证。

（一）坚决落实各级重大决策部署，认真履职，为推动市域经济发展提供纪律保证

全市各级纪检监察部门要认真学习贯彻党的十七届三中、四中全会和十七届中央纪委五次全会精神，全面领会精神实质，进一步明确任务要求。要按照胡锦涛总书记“进一步加强反腐倡廉教育制度建设、进一步加强监督制度建设、进一步加强预防制度建设、进一步加强惩治制度建设”的要求，在深入开展党风廉政建设和反腐败斗争的各项工作中着力推进制度创新，切实提高制度执行力。

要认真履行党章赋予的职责。把保证中央、省、两级市重大决策部署的落实作为一项重要工作任务，加强监督检查。严明党的四大纪律，特别是政治纪律，教育引导党员干部在政治上、思想上、行动上同党中央保持高度一致。采取定期检查、专项督查等方式，加强对中央和省、市关于扩大内需、调整结构、自主创新、“三农”工作、保障和改善民生、节能减排和环境保护、规范和节约用地、维护民族团结和社会稳定等政策措施落实情况的监督检查。重点要加大对在建、续建和尚未开工重大项目建设的监督检查，及时发现问题，督促整改，确保及时完工或开工建设。要对市委、市政府确定的第一批91个招商引资重点项目和40项重点基础设施项目进行立项督查，对服务不到位、措施不得力、影响项目推进的严厉进行问责，促进各项目标任务的落实。

要加大经济建设领域反腐败力度。加强对投融资体制改革中资金使用监管、政府性投资项目管理等重点工作的监督检查，对拖着不办、盯着不干、落实不力的严厉问责并公开曝光。要积极配合有关部门进一步整顿土地市场秩序，深入开展清理规划区内违法用地、闲置土地等工作。要对全市重点基础设施建设项目落实“八个百分之百”情况开展专项检查，盯住不落实的事，追究不落实的人，查办权钱交易和商业贿赂行为，确保工程项目优质、高效、安全、廉洁运行。

（二）进一步优化经济社会发展软环境，为推动经济跨越式发展提供有力保障

在全市继续开展“行政效能提升年”和“干部作风改进年”活动。进一步深化政务公开，继续推进“阳光政府”四项制度规范化建设，完善信息公开制度。对行政审批精简项目、“流程再造”、“两集中两到位”、“四进中心”、电子监察等工作开展“回头看”。进一步规范行政执法自由裁量权。进一步完善评议考核机制，深入开展民主评议机关作风和行业风气活动。进一步加大党风巡查、执法监察、效能监察、廉政监察、机关行业作风明察暗访等工作力度，充分发挥软环境监测点、“政风行风热线”的作用。深入实施“治庸计划”，继续推行“五办”作风、“一线工作法”、“工作成果倒逼法”，更加严厉地问责违反规定乱作为、消极怠工不作为、推诿扯皮慢作为等行为，促进各级机关和干部进一步改进工作作风、提升行政效能。

要严肃整治党政机关和领导干部作风方面存在的突出问题。坚决纠正脱离群众的不良风气，坚持领导干部定期接访、定期下访、及时阅处群众来信、公开并接听工作电话等制度，对群众反映的问题要限时办结、及时反馈。继续整治文风会风。坚决纠正搞劳民伤财的“形象工程”、沽名钓誉的“政绩工程”等行为。对党政机关和领导干部带头执行精简经费开支有关规定、严格执行财经制度和工作纪律的情况实施严格的监督。着力抓好反对铺张浪费、惩治奢靡之风工作，（1）继续严格控制出国（境）团组数、人数和经费支出，完善管理制度，继续开展制止公款出国（境）旅游专项工作，实行因公出国（境）经费零增长、出省考察经费压缩20%；（2）加强公务用车使用管理，严禁违反规定为领导干部配置用车，严格控制高油耗、高配置越野车，实行公务用车购置零增长；（3）进一步规范会议接待工作，积极探索公务卡接待制度，不得以参加会议、学习、培训、联谊等名义用公款请客送礼；（4）一律不准新建楼堂馆所，严禁违反规定购建、装修办公用房；（5）严格控制和规范检查考核评比达标表彰活动，坚决查处、严肃问责顶风违纪行为。坚持和完善民主生活会制度，把党性分析作为民主生活会的重要内容，认真开展批评和自我批评，坚决反对上下级之间逢迎讨好、相互吹捧的不良习气。及时发现和纠正少数领导干部在社会交往、休闲娱乐、生活作风方面存在的突出问题。

（三）大力整治重点领域关键环节突出问题，深入推进基层反腐倡廉建设

深入开展执法监察和纠风专项治理工作。继续落实纠风目标管理责任制，抓好纠风目标责任制的检查、考评工作。会同有关部门重点加强对征地拆迁行为的监管，督促落实被征地农民补偿费用和安置措施；严厉打击制售假药劣药行为，严格落实食品药品安全责任；集中整治危害群众健康的环境问题，严肃查处环境保护违纪违法行为；加强对安全生产法律法规和安全生产责任制落实情况的监督检查，加大对责任事故的查处力度；加强对社保基金、住房公积金、扶贫和救灾救济资金以及政府专项资金管理使用情况的监督检查；继续治理教育乱收费，纠正医药购销及医疗服务中的不正之风；治理各种加重企业负担的问题；规范行业协会、市场中介组织、公共服务行业的服务和收费行为。

继续开展工程建设领域突出问题和“小金库”专项治理工作。认真落实《安宁市工程建设领域突出问题专项治理工作实施方案》，督促有关责任单位切实完成工作任务，坚决查办和纠正领导干部违规插手工程建设，在工程建设招标投标中规避招标、围标串标，房地产开发中违规变更规划、调整容积率，以及将房地产和经营性资产用地搞捆绑项目等违法违规行为。严厉查处党政机关和事业单位私设“小金库”行为，并将专项整治向社会团体延伸。

扎实推进基层党风廉政建设。深入贯彻《安宁市加强农村基层党风廉政建设实施意见》，继续落实科级领导干部包村联系制度。加大对强农惠农政策落实情况的监督检查力度，认真解决虚报浮夸、作风粗暴、与民争利等问题；加强对农村集体资金、资产、资源的管理；严肃查处村（居）“两委”换届中的违纪行为。强力推进村委会“四议两公开”工作法，保证党对农村工作的领导和村民自治的有机统一。落实“三重一大”集体决策制度和决策失误追究制度。加强公用事业单位、社区的党风廉政建设。

（四）进一步加大查办案件工作力度，充分发挥办案治本功能

进一步强化“有案不查是失职、不查有影响的大案要案是不尽职、查办案件不促进经济社会发展是不称职”的观念，严肃查办发生在领导机关和领导干部中滥用职权、贪污贿赂、腐化堕落、失职渎职的案件；严厉惩处利用行政审批权、行政执法权和司法权谋取非法利益的行为；严肃查办严重侵害群众利益案件特别是涉农案件；严肃查办群体性事件和重大责任事故涉及的腐败案件，对造成人民群众生命财产重大损失的部门和单位要严肃追究有关人员的责任，对其背后的腐败行为要深入排查、严厉惩治；严肃查办商业贿赂案件，深入开展商业贿赂专项治理，在坚决惩处受贿行为的同时，加大对行贿行为的打击力度，对有行贿记录的单位和个人，在市场准入、经营资质、贷款审批、投标资格等方面加以严格限制。注重查办工程建设、房地产开发等腐败现象易发多发领域的案件，严重违反政治纪律和组织人事纪律的案件，为黑恶势力充当“保护伞”的案件；继续坚决查处诬告陷害行为，及时为受到错告、诬告的党员干部澄清事实，保护党员干部的合法权益。

进一步发挥市委反腐败协调小组的作用，完善查办案件的组织协调机制。健全纪检监察部门办案工作内部制约监督制度，严格依纪依法、安全文明办案，切实保障被调查人的合法权益，保护举报人和证人。注重办案综合效果，确保案件质量。进一步改善办案工作条件，提高办案工作水平，加大对基层的业务指导和跟踪督办力度。完善重大案件通报制度，认真剖析案件原因和规律，进一步发挥查办案件的惩戒和治本功能。

（五）切实加强教育和监督，督促领导干部廉洁从政

以领导干部教育为重点，深入开展社会主义核心价值体系学习教育和实践活动，突出抓好党性党风党纪、廉洁从政和艰苦奋斗教育，有针对性地开展示范教育、警示教育和岗位廉政教育。以廉文化蒙学读本《莲廉镰》为切入点，深入推进廉政文化“六进”活动，进一步完善反腐倡廉“大宣教”工作格局。认真执行《中国共产党党员领导干部廉洁从政若干准则》等规定，（1）严禁领导干部违反规定为配偶、子女及其他特定关系人在就业、投资入股、经商办企业等方面谋取不正当利益；（2）严禁违反规定私自从事营利性活动；（3）严禁违反规定收送礼金、有价证券、支付凭证；（4）严禁大操大办婚丧喜庆事宜或借机敛财；（5）严禁用公款或接受与其行使职权有关系的单位和个人邀请进行高消费娱乐、健身活动，严肃查处领导干部利用职务和职权上的影响为本人或特定关系人谋取不正当利益等问题。认真执行领导干部住房管理的有关规定，切实纠正党政机关和领导干部在集资建房、低价购房、多占住房等方面的违规违纪行为。进一步规范领导干部离职和退休后的从业行为，不得违反规定在各类企业和各类学会、协会、基金会等单位领取报酬。

加强对权力行使的监督。在基层党组织继续推行党务公开，建立健全监督检查、考核评价、激励惩处、责任追究等配套制度。进一步深化政务、厂务、村务和公用事业单位办事公开。严格执行领导干部述职述廉、勤廉公示、诫勉谈话、函询、质询、罢免或撤换等制度。认真落实领导干部报告个人有关事项制度，把住房、投资、配偶、子女从业等情况列入报告内容，对隐瞒不报、弄虚作假的要严肃处理。坚持"三重一大"领导班子集体决策制度，深入实施《安宁市加强和改进党风巡查工作办法》，加强对党政主要领导干部的监督。继续加强领导干部经济责任审计，加强对财政资金和重大投资项目的审计。坚持党内监督与党外监督、专门机关监督与群众和新闻舆论监督结合，形成监督合力，提高监督效果。

（六）扎实推进制度创新，着力做好治本抓源头工作

深入落实《安宁市委关于贯彻〈中共中央关于加强和改进新形势下党的建设若干重大问题的决定〉实施意见》和《安宁市贯彻落实〈建立健全惩治和预防腐败体系2008～2012年工作规划〉实施方案》，认真谋划和安排今后5年反腐倡廉主要工作任务，进一步加强反腐倡廉制度创新。认真总结近年来我市在党风廉政建设和反腐败工作中的实践经验，推广一批群众认可、切实可行的做法，并形成制度固定下来。要加强对制度的学习宣传教育和执行情况的组织领导、监督检查，严肃查处违反制度的行为，维护制度的权威性。

围绕用制度管人、管权、管事，重点配合有关部门深化干部选拔任用监督制度，坚决纠正用人上的不正之风；进一步深化行政审批制度改革，规范行政审批行为，对涉及重大公共利益的审批事项开展听证；积极推进司法公开和公正廉洁执法，强化对司法活动的监督；深化财政管理体制改革，加强政府非税收入管理，落实部门行政首长财经责任制；深化投融资和国有资产管理体制改革；深化公共资源交易制度改革，完善公共资源领域统一规范的交易市场。

（七）加强纪检监察机关建设，努力适应新形势新任务需要

要切实加强纪检监察干部的思想政治建设和能力建设，坚持用中国特色社会主义理论体系武装头脑，强化学习，努力掌握和运用纪检监察工作所需的新思想、新知识、新经验，不断提高纪检监察干部队伍的思想政治素质和业务工作水平。严格按照中央、省和昆明市纪委有关要求，在今年一季度完成队伍编制、办公经费、办案装备等方面的量化任务。进一步健全完善纪检监察机关派出机构管理制度和工作机制，积极探索镇纪委充分发挥职能作用的有效办法。切实加强干部纪律作风建设，坚持从严管干部、从严带队伍，强化政治纪律、工作纪律和保密纪律，对存在的苗头性问题早发现、早提醒、早纠正，对不适合在纪检监察岗位工作的要及时调整，违纪违法的要严肃查处。纪检监察干部要主动接受党和人民群众的监督，接受新闻舆论的监督，秉公执纪，一身正气，树立"政治坚强、公正清廉、纪律严明、业务精通、作风优良"的良好形象。

全市各部门、各单位主要负责同志，要认真执行党风廉政建设责任制，高度重视并自觉承担起推进反腐倡廉建设的政治责任和领导责任，加强组织领导，采取有力措施，推动工作落实。定期召开专题工作会议，及时掌握和全面分析本部门、本单位党风廉政建设状况，认真解决存在问题。坚持将执行责任制情况定期向市委、市纪委报告。要紧密结合业务工作，认真抓好本部门、本单位的党风廉政建设工作。部门、单位之间要建立健全联席会议制度，经常通报情况、交换意见，密切配合，优势互补，共同推进反腐倡廉工作。

全市各级纪检监察部门要进一步增强反腐倡廉工作责任感和紧迫感，牢固树立攻坚克难的信心，切实以决战和冲刺的精神状态，充分发挥党委、政府的参谋助手作用，强化组织协调，加强对工作任务落实特别是重点工作落实情况的定期检查和专项督查，确保今年反腐倡廉和经济社会各项目标任务的完成。

同志们，反腐倡廉建设责任重大、使命光荣。让我们高举中国特色社会主义伟大旗帜，深入贯彻落实科学发展观，在市委的坚强领导下，坚定信心、振奋精神、扎实工作，奋力开创我市党风廉政建设和反腐败工作新局面，为加快实现安宁科学发展新跨越提供坚强的政治和纪律保证！

大　事　记

编辑：张丽华

2009年**8**月**15**日，云南省副省长刘平等领导率参加全省保障性住房工作会议的近**200**名代表到安宁市昆钢廉租住房——晨景花园和官庄棚户区视察。（市住建局　供稿）

2009年安宁市大事记

1月

4日　云南省委常委、昆明市委书记仇和，市委副书记、市长张祖林率参加中共昆明市委九届五次全体（扩大）会议的300余人到安宁市现场观摩市生活垃圾处理中心、螳川西路、宏信新型钢结构生产项目。安宁市级领导李树勇、王剑辉、王文学、李海平、焦林等陪同观摩。

△　云南省旅游经济强县考核工作组对安宁市创建云南省旅游经济强县工作进行考核验收。

8日　中国人民政治协商会议安宁市第四届委员会第二次会议在安宁会堂隆重举行。全体市级领导出席开幕式。昆明市政协常务副主席张建伟、昆明市政协副秘书长鲁云宏应邀出席开幕式。大会执行主席李海平主持开幕式。会议通过了《政协安宁市第四届委员会第二次会议提案审查情况的报告》（草案），审议通过《政协安宁市第四届委员会第二次会议提案审查情况报告》（草案），审议通过《政协安宁市第四届委员会第二次会议决议》（草案）。会议历时3天，于1月10日胜利闭幕。

9日　安宁市第四届人民代表大会第二次会议在安宁会堂隆重举行。全体市级领导出席开幕式。大会执行主席王文学主持开幕式。市长王剑辉代表市政府作政府工作报告。会议表决通过了一系列决议事项。会议历时3天，于1月11日胜利闭幕。

8日　八街传统民用器物博物馆在八街镇关圣宫正式开馆。

15日　安宁市召开人口和计划生育工作会议，市领导李树勇、戴彬、段学发出席会议。副市长戴彬代表市政府与各镇、街道办事处签订了2009年人口和计划生育目标责任书。

△　云南安宁和盛陶瓷厂6号干燥塔炉膛煤气加热发生爆炸事故。市领导李树勇、王剑辉、张瑞金等第一时间赶到现场指挥相关部门开展紧急处置。

18日　市政府召开四届三次全体（扩大）会议，安排部署2009年工作任务。

△　云南安宁国际物流园项目正式开工建设。

21日　昆明市委副书记杨远翔，昆明市政协副主席、妇联主席陆玉珍一行在安宁市委书记李树勇、副市长李春明等陪同下到安宁走访慰问老党员、老村干部、受灾群众、五保对象等。

△　安宁市召开第十七次市域经济运行分析暨2008年度经济工作表彰大会。

2月

6日　双青公路改扩建项目正式开工。

△　安宁市召开2009年史志工作会议。会议通报了《中共安宁市组织史资料》（2003.3～2008.3）、安宁市第二轮地方志续修工作完成情况，安排布置2009年史志工作。市领导王坚、戴彬、段学发出席会议。

10日　安宁市召开公安工作会议。会议总结2008年度公安工作，安排部署2009年工作，并对2008年先进集体和先进个人进行表彰。市领导张维勇、李树华、张瑞金、曹忠昌出席会议。

11日　安宁市召开政法信访工作会议。会议总结了2008年全市政法信访工作，对先进集体、先进个人和见义勇为先进分子进行了表彰。

12日　安宁市召开2009年民政工作会议，全面部署2009年民政工作。

13日　国家环保部环评司、验收司等部门到安宁市考察评估昆钢草铺项目、天安公司合成氨项目、盐矿制盐项目。省环保厅领导陪同评估考察。

16日　安宁市召开2009年重大动物疫病防控工作会议，部署2009年重大动物疫病防控工作。

18日　安宁市召开2009年工业突破园区建设招商引资大会，总结表彰2008年全市工业突破园区建设招商引资工作，提出2009年招商引资工作目标。

△　安宁市召开2009年文化体育旅游工作会议，安排部署2009年文化体育旅游工作，同时与各镇、街道办事处签订2009年工作目标责任书。

19日　安宁市召开2009年安全生产工作会议，就安全生产、道路交通、防火、食品药品等安全工作作了安排部署。市政府与相关部门签订了2009年安全生产目标责任书。全体市级领导出席会议。

20日　安宁市召开四届人民政府第二次廉政工作暨纠风工作会议。会议总结了2008年政府系统廉政建设及纠风工作，安排部署2009年工作，并与有关部门签订了2009年纠风工作责任书。市政府市长、副市长、市长助理出席会议。

22日　昆钢钢铁控股有限公司隆重举行纪念昆钢建厂70周年庆典。省人大副主任程映萱、副省长和段琪、省政协副主席倪慧芳和昆明市部分领导到会祝贺。庆典大会上，表彰了“敬业爱岗创新绩”的70佳职工，副省长和段琪代表省委、省政府向昆钢赠送了牌匾。安宁市领导李树勇、王剑辉、王文学、马文喜等应邀出席庆典仪式。

25日　安宁市召开信息化建设暨为民服务工作会。会议对2007～2008年的工作进行了总结，安排部署2009年工作。

△ 天夏（中国）集团董事长、哈佛大学博士夏建统先生一行6人在昆明市领导陪同下，到安宁市就城市规划、建设和信息化工作进行考察。考察组一行实地察看了大屯新区、太平小镇开发规划建设等基础设施建设，并参观了安宁城区景观大道、交警智能交通指挥分中心、城市报警与监控指挥中心、数字城管指挥监督中心。市长助理刘婕陪同考察。

△ 安宁市召开2009年农业农村工作会议，研究部署2009年全市农业农村工作。会议要求各镇、街道和有关部门要认真贯彻党的十七届三中全会和中央一号文件精神，深化农村改革，促进农业稳定发展和农民持续增收。全体市级领导出席会议。

26日 安宁市召开2009年劳动与社会保障工作大会，部署劳动与社会保障工作，并由政府与各镇及相关单位签订劳动与社会保险目标责任状。

△ 市政府召开《安宁县志续编》（1989～1995）送审稿评审会议。安宁市部分老领导、市政府副市长程宇清，市政协常务副主席段学发出席会议。

27日 安宁市召开2009年打黑除恶工作推进会。会议总结安宁市前期打黑除恶工作情况，提出了下步的工作要求。

△ 安宁市召开2009年禁毒工作会议。总结2008年全市禁毒工作，研究部署2009年全市禁毒工作的主要任务和措施。市领导张维勇、李树华、张瑞金、曹忠昌出席会议。

△ 安宁市召开2009年科技暨全国县（市）科技进步考核迎检工作会议，总结2008年全市科技工作，安排部署2009年科技工作。

3月

3日 安宁市召开“行政效能提升年”和“干部作风改进年”动员大会。会议要求各镇、街道和各单位、各部门要深化制度创新、严格督查、严厉问责，制定和完善《治庸计划》《干部能力提升计划》《重点项目审批快捷通道实施细则》《行政审批日常督查抽查制度》《招商引资和重点项目落地保障措施》《重大项目推进办法》和年终综合考核办法等规章制度，将行政审批事项减少到60项以内，将行政审批办理再缩短三分之一，着力打造效能型、服务型政府。全体市级领导出席会议。

3日 昆明市调研组在安宁市副市长张瑞金陪同下，调研安宁市推进相对集中行政处罚权和实行综合行政执法工作情况。

4日 昆明市召开殡葬改革工作电视电话会议。安宁市副市长程宇清在安宁分会场交流了安宁市殡葬改革工作经验。

4～9日 文化部社会文化司司长李宏率中国儿童艺术剧院文化下乡慰问演出团到安宁进行慰问演出。安宁市7所学校3 000余名学生观看了演出。

5日 安宁市召开城乡规划建设管理园林绿化暨“四全”工作推进现场会议。上午，全体市级领导、实职正科以上领导166人实地观摩了柳树小区、桥头村民小组、和平“银杏村”、温泉滨河公园、青龙镇集镇、320国道（草铺段）公路绿化以及县街集镇广场，听取各有关镇、街道领导的现场工作汇报。下午在安宁会堂召开大会，全体观摩人员、相关职能部门中层以上干部、各镇（街道）相关负责人、全市各村（居）委会负责人以及涉及“四全”工作的村（居民）小组负责人近530人参加大会。

6日 工业园区武家庄片区1号主干道正式开工建设。市领导李树勇、王剑辉、王文学、尹贵生、张维勇、焦林等出席开工仪式。

12日 安宁市安全生产委员会召开2009年第一次工作会议，通报全市1～2月安全生产事故情况，并与各安委会成员单位及相关单位签订安全生产监管责任状。

19日 省水利厅厅长周运龙到安宁视察水利建设情况。昆明市副市长李喜，安宁市领导李春明、郭光辉、李树华、马文喜陪同调研。

23日 安宁市八街镇杨梅山斜坡已封停矿洞发生事故，造成一人轻伤，四人死亡。事故发生后，昆明市相关领导，安宁市领导李树勇、王剑辉、戴彬等赶到事故现场指挥，相关部门和单位开展救援及善后处理工作。

24日 安宁市召开推进阳光政府四项制度动员会议，安排布置推进阳光政府四项制度工作。会议要求要把贯彻落实阳光政府四项制度列入重要工作日程，加强领导，建立健全制度，尽快制定重大决策听证、重要事件公示、重点工作通报、政务信息查询和监督检查工作方案，全面推进工作。市政府全体领导出席会议。

25日 安宁市召开广电工作会议。会议安排部署2009年新闻宣传、事业建设、安全播出、社会管理、部门建设等工作任务，并与相关镇（街道）签订农村广播电视“村村通”直播卫星工程建设任务责任书。

△ 《安宁市工业产业发展规划》评审会在昆明召开。市领导李树勇、王剑辉、尹家屏出席会议。

27日 安宁市与富滇银行、中融国际信托有限公司签订云南新工业信托战略合作协议。昆明市政协主席田云翔、人大常委会副主任宋黎明、副市长赵德光、中融国际信托有限公司董事长高兴山、富滇银行常务副行长罗树才，安宁市领导李树勇、王剑辉、王文学出席签字仪式。

31日 太平体育小镇3#次干道延长线及东西向次干道工程举行开工仪式。

4月

3日 安宁市举行移动警务通配发仪式。此次共配发移动警务通390部。至此，安宁市成为昆明市首家100%配备移动警务通的县市级公安机关。

8日 省铁路建设工作督导组组长梁公卿一行对安宁市境内铁路在建项目和拟开工项目前期工作进行调研。督导组实地勘察了温泉昆广复线铁路建设现场、桃花村西货场选址点，并指示要进一步抓紧落实民房拆迁等工作，加快建设进度。

△ 2009年省级艾滋病综合防治项目工作会在安宁召开。

15日 青龙镇举行“国家卫生镇”授牌仪式。国家疾控局局长、爱卫办副主任白呼群代表国家爱卫办向青龙镇授牌。国家疾控局疾控处处长李全乐，云南省卫生厅副厅长杨鸿生，云南省爱卫办主任李玉勤，昆明市领导廖晓珊，安宁市领导李树勇、尹贵生、戴彬等参加了授牌仪式。

△ 昆明市政府第二检查组到安宁市验收公众聚集场所、高层和地下建筑消防安全专项整治工作。

△ 国家民政部社会事务司司长张明亮一行在省民政厅副厅长刘智等领导陪同下到安宁视察民政工作。副市长程宇清陪同视察。

21日 安宁市召开第十八次市域经济运行分析会。全体市级领导，各镇（街道）、各有关部门领导出席会议。驻市部分企业、金融单位、在建重大项目代表应邀参加会议。会议通报了全市一季度经济运行情况，并对贯彻落实昆明市委常委（扩大）会议精神进行了安排。昆钢钢铁控股有限公司、惠嘉集团有限公司、祥丰化肥有限公司等企业作了交流发言。

△ 安宁市正式启动家电下乡工程。

22日 由国家安监总局三司司长王浩水带队的督察调研组到安宁市调研危化品安全生产工作。

△ 安宁市召开金融工作座谈会，通报一季度全市金融运行情况，并与驻市金融单位负责人进行融资项目推荐与对接。市领导王剑辉、李春明、郭光辉、戴彬、程宇清等参加座谈。

24日 安宁市召开市级领导班子深入学习实践科学发展观中心组专题学习会议。会议总结了全市第一阶段学习实践活动，并就如何进一步提升行政效能、改进干部作风和安宁市产业发展等问题进行了研究。会议开展了“科学发展观大家谈”活动，市领导李树勇、王剑辉、王文学、李海平、尹贵生、张维勇、焦林、李春明分别作了交流发言。全体市级领导，各镇（街道）党政主要领导，市级机关各部委办局、人民团体主要负责人参加了会议。

25日 安县公路、西一绕公路、螳川西路、珍泉东路四条公路同时开工建设。4条公路总投资4.9亿元。昆明市人大常委会副主任杨丽，安宁市领导李树勇、王剑辉、王文学、李海平等出席开工仪式。

△ 安宁市召开庆祝“五一”国际劳动节暨第二届建功立业优秀职工表彰大会。

26日 安宁市召开深入学习实践科学发展观活动第一阶段总结暨第二阶段动员会，总结安宁市学习调研阶段工作进展情况，安排部署分析检查阶段各项工作。昆明市第一指导检查组副组长孙世泰到会指导。安宁市第二批学习实践活动参学单位及第三批参学试点单位主要领导参加会议。

△ “云之南”艺术团赴昆钢进行慰问演出。

28日 全省土地利用总体规划修编学习观摩培训会在温泉举行。省国土资源厅厅长张耀武在会上作动员讲话，安宁市政府市长王剑辉出席会议并致欢迎辞。全省各州市国土资源管理部门负责人、专干参加了培训。

5月

6日 省人大常委会副主任杨保建率调研组视察安宁市职业教育工作。调研组听取了安宁市职教园区规划建设情况及昆明市部分中等职业学校校长关于发展职业教育的意见和建议，视察了安宁市职业高等中学。昆明市人大常委会主任李培山，安宁市领导王文学、尹贵生、戴彬等陪同视察。

7日 安宁市召开甲型HINI流感防控工作会议。会议通报了安宁市防控甲型HINI流感的各项工作情况并安排部署下步的防控任务。

△ 安宁市召开政府信息公开暨落实政务信息查询制度工作会议。

△ 安宁市安全生产委员会召开2009年第二次工作会议，安排部署全市开展“安全生产年”活动相关工作。

12～14日 安宁市政府领导分别率7个调研组开展“进企业、解难题、促发展”专题调研活动，全面了解市域内重点工业生产企业、农业龙头企业及重点商贸企业2008年以来的生产经营情况及2009年生产计划，调查分析企业目前存在的困难和问题，收集掌握需要市、镇两级政府帮助解决的实际困难。

17日 安宁市召开第十九次市域经济运行分析会。会议通报了全市经济运行情况及重点突出招商引资项目推进情况，对市域经济运行情况进行了分析、研究、预测、预警。会议要求招商引资和项目推进工作要形成合力，多渠道融资，加大中小企业扶持力度，加快完善项目审批手续，解决好项目的选址和落地问题。安宁市全体市级领导、各镇（街道）、各有关部门领导出席会议。

△ 云南省首家农村标准化园林学校——青龙学校易地新建工程正式开工。

18日 安宁市召开供销合作社“二次创业”工作会议，要求进一步深化改革，推动供销社“二次创业”工作。

19日 昆明市委常委、市纪委书记应永生率相关人员到安宁市督察项目推进工作。

21日 国家新闻出版署农家书屋督导组组长王跃平司长一行在省新闻出版局及昆明市相关领导陪同下到安宁市检查指导农家书屋建设工作。督导组视察了温泉镇官庄村农家书屋、草铺镇青龙哨村农家书屋，并对安宁市农家书屋的管理给予肯定。

△ 安宁市召开节能减排暨清洁生产工作会议，安排部署2009年度节能减排暨清洁生产工作。

31日 国家档案局副局长、中央档案馆副馆长李明华，国家档案局馆（室）司副司长王雁宾，在云南省档案局局长黄冈平、昆明市政府秘书长赵学锋、昆明市档案局局长李蔚等陪同下视察安宁市档案工作。副市长程宇清陪同视察。

6月

1日　安宁市召开《安宁市旧城区控制性详细规划方案》评审会。市领导王剑辉、尹旭东出席会议。

△　安宁市召开2009年“六月安全生产月”活动动员会议。市安委会成员单位领导、市内大中型企业单位领导参加会议。

△　安宁市召开非法营运车辆专项整治工作会议，对专项整治非法营运车辆工作进行安排部署。

4日　国内首个将磷石膏变废为宝的综合利用项目——云南金色田野化肥有限公司20万吨磷石膏综合利用和20万吨MDCP项目在安宁草铺工业园区正式开建。安宁市领导李树勇、王剑辉、王文学、尹旭东、魏学林等出席开工仪式。

5日　安宁市政府与云锡地产公司签订38亿元的投资协议。该项目计划在太平体育小镇建设云锡体育健康城。建成后的体育城将成为2011年昆明市第四届城市运动会和云南省第七届城市运动会的比赛主场馆。

△　安宁市召开拆临拆违“零申报”工作动员暨培训会议。会议要求用1年多的时间完成依法查处和拆除任务，坚决遏制各类新的违法建设行为发生，在市域范围内实现拆临拆违“零申报”。

8日　安宁市召开阳光政府四项制度领导小组会议。会议通报了前一阶段工作，安排部署下一阶段工作；强调要完善各项政策、制度，不断加强工作的法制化规范化。

△　安宁市委书记李树勇、市长王剑辉率相关部门负责人调研太平新区开发建设情况。

10日　副市长程宇清参加在晋宁县召开的“安晋线”联合检查工作会议。会上，程宇清与晋宁县副县长李武瑜联合签发了《安宁市与晋宁县行政区域界线联合检查工作实施方案》。该方案的签发标志着全长62 750米的“安晋线”第二轮县级行政区域界线联合检查工作正式启动。

△　昆明市安全生产督查组督查安宁市安全生产工作。督查组对读书铺矿山、昆明盐矿、太平学校进行了现场检查，听取了市政府对全市安全生产工作开展情况汇报和全市农业、交通、消防、道路运输管理、教育等相关部门落实安全生产工作职责情况。

11日　市委市政府召开城乡园林绿化会议，对安宁市2009年城乡园林绿化工作作了安排部署。

11～12日　安宁市领导李树华、程宇清、曹忠昌率相关部门负责人对安宁市7镇、两个街道“三沿五区”坟墓整治及农村公益性公墓建设情况进行检查。

13日　安宁市非物质文化遗产保护中心正式挂牌。草铺镇和八街镇分别被授予“草铺水井湾苗族保护区”、“八街花灯之乡”称号。

17日　安宁市召开第二十次市域经济运行分析会。会议通报了安宁市1～5月市域经济运行情况，并围绕全市基础设施建设及项目推进工作作了分析、研究和部署。

△　副市长张瑞金主持召开安宁市迎接在昆明召开的国际人类学民族学联合会第16次大会安保工作会议，对全市安全保卫及相关工作进行安排部署。

27日　市委、市政府召开“七一”建党节表彰暨上半年工作总结大会。会议表彰了全市党建工作先进集体和优秀共产党员、优秀党务工作者、共产党员先锋户，动员全市广大党员和各级党组织充分发挥先锋模范作用，圆满完成年初制定的各项目标任务。

30日　市政府召开四届四次全体（扩大）会议，进一步安排部署下半年工作，动员全市广大干部群众迅速行动起来，改进作风、提升效能、奋力拼搏、狠抓落实，确保全年各项任务全面完成。市政府副市长分别就各自分管口工作作了总结和安排。

7月

1月　市委书记李树勇、市长王剑辉率相关部门负责人到温泉镇调研。调研会强调，要把温泉打造成高品质旅游度假区。

△　昆明市委、市政府副秘书长王有祥率昆明市第一重点工程督查组到安宁市督查农村标准化学校建设、绿化学校创建、安宁职教基地推进工作情况。

2日　安宁市委、市政府召开投融资专题会议。市领导李树勇、王剑辉、尹旭东、焦林、李春明、刘婕、程宇清出席会议。

7日　中共云南省委常委、昆明市委书记仇和率昆明市有关部门负责人到安宁职教基地实地调研项目进展情况，要求集中力量、突出重点，促进职业教育由文化教育向知识教育、智能教育方面转变。中共安宁市委书记李树勇、市长王剑辉、市职教基地管委会主任汪明涛陪同调研。

9日　安宁市召开旧城改造领导小组第二次工作会议，研究旧城改造推进工作。

10日　安宁市委、市政府召开第21次市域经济运行分析会。会议总结通报了2009年上半年政府主要工作，分析了上半年市域经济运行情况，强调要坚定信心，紧张快干，确保各项目标任务圆满完成。

13日　安宁市召开全面清理全市居民最低生活保障工作会议。会议传达了昆明市全面清理城市低保工作会议精神，安排部署安宁市城市居民最低生活保障清理工作，并由市政府与各有关部门签订《全面清理城市居民最低生活保障工作目标责任书》。

△　昆明市人大常委会第一视察组对安宁市技师学院、恺鑫冷轧厂、工业园区基础设施建设等在建项目进行视察。安宁市领导魏学林、尹家屏陪同视察。

13～14日　景洪市人民政府市长岩温才一行9人到安宁市考察城市建设及创建国家园林城市工作。安宁市领导王剑辉、尹旭东、范志东等陪同考察。

17日　安宁市政府与省未成年犯管教所举行收回国有土地使用权签字仪式。安宁市市长王剑辉与省未成年犯管教所党委书记、所长付建强签订合作协议。云南省监狱管理局党委书记、局长马林，安宁市领导李树勇、王剑辉、尹贵生、王坚等出席签字仪式。

20日　安宁市委、市政府召开整治违法加层无序建房现场推进会，部署拆零拆违工作。

23日　安宁市召开“十二五”规划编制工作会。

24日　安宁市委书记李树勇、市长王剑辉率部分市级领导慰问驻市部队官兵。

26日　全国县域经济科学发展交流会在湖南长沙举行。会议公布了全国县域经济百强县（市）名单。安宁市位居西部百强县第七。

28日　国家财政部副部长李勇在云南省政府常务副省长罗正富、昆明市政府常务副市长李文荣、副市长杜敏和省、昆明市相关部门领导陪同下到昆明市强制戒毒所、安宁市公安局罗白派出所、安宁市法院昆钢集团派出法庭实地调研财政系统政法经费保障体制改革工作情况。

△　安宁市召开档案工作会议，总结全市档案工作，安排部署下步工作。

29日　安宁市召开反假货币工作联席会议，总结2008年安宁市反假币工作情况，安排布置2009年安宁市反假币工作。

30日　安宁市召开创建国家卫生城市专项整治专题工作会议。

8月

8～9日　第三届中国品牌节在青岛举行。安宁市荣膺中国最具投资潜力城市称号。安宁市市长王剑辉率安宁市代表团前往青岛参会并领奖。

11日　省知识产权局在昆明召开实施全国知识产权强县工程启动会。安宁市副市长戴彬参加了会议。安宁市被入选为首批国家知识产权强县工程之列。

13日　昆明市委常委、组织部长郭洪波到安宁市温泉镇北塔村螳螂川边种植“河长林”。安宁市领导李树勇、王文学、尹贵生、王坚、李春明、段学发陪同。

18日　安宁市召开招商引资项目督查分析推进会。会议就项目推进中的存在问题进行了分析，并动员全市各条战线大干苦干90天，确保全年招商引资任务圆满完成。

19日　市长王剑辉主持召开市四届政府第二十一次常务会议，研究安宁市政府机构改革、基础设施建设项目贷款、行政事业单位国有资产处置审批等事宜。市领导李春明、尹旭东、郭光辉、张瑞金、戴彬、尹家屏、程宇清出席会议。

20日　投资4 500万元的脱硫节能煤气化炉项目在安宁市金方工业园区开工建设。该项目计划年生产脱硫节能煤气化炉6 000套，实现年销售收入3亿元，安置100余人就业。

△　省救灾物资储备中心建设项目在金方街道多衣者村华里山动工建设。该项目由省政府投入6 500万元新建，项目建成后将全面提升全省应对各类自然灾害和突发事件的应急处置能力。

21日　安宁市召开创建国家卫生城市冲刺动员大会。会议动员全市上下集中最后两个月时间，攻坚克难、紧张快干、奋力冲刺，力争创卫工作取得好成绩。会上，昆明市委、市政府副秘书长王有祥，省爱卫办主任李玉勤分别对创卫工作作安排部署。安宁市级四班子领导，市法院院长、检察院检察长、市公安局政委、市长助理，全市实职副科以上领导干部，镇、街道，部委办局领导参加会议。

△　安宁市政府与昆明煤气（集团）控股有限公司举行燃气项目合作框架协议。

24日　省委常委、副省长李江率相关部门负责人到安宁职教基地调研投资项目建设进展情况。

24～28日　副市长程宇清带队参加昆明市村级干部培训班。

26日　云南省常委、宣传部部长张田欣率队到安宁市调研文化建设工作。调研组听取了昆钢“昆明历史文化城”、省文化厅原生态文化传承基地及云南民族文化传承学校两个计划在建项目情况汇报。张田欣建议安宁在文化建设工作方面要充分发挥自然资源优势，挖掘人文底蕴，建设文化、生态、和谐的安宁。安宁市委书记李树勇、副书记尹贵生，副市长戴彬陪同调研。

29日　日本中部音乐艺术经纪团体访问演奏团一行35人到安宁市访问。访问团听取市政府常务副市长李春明所作的市情介绍后，到安宁中学音乐馆就中日民乐、书法、绘画等进行了交流，并与安宁中学师生互赠纪念品。

9月

1日　安宁市召开第22次市域经济运行分析会议。全体市级领导出席会议。

△　国家统计局云南调查总队、云南省企业联合会和云南省企业家协会公布了2008年云南百强企业。昆明钢铁控股有限公司、云天化集团有限责任公司、永昌钢铁有限公司、云南祥丰化肥股份有限公司进入百强企业行列。

2日　市政府召开粮食工作会议，要求切实落实好粮食工作行政首长负责制，确保1 500万斤政府储备粮规模，要创新粮食改革发展模式，按照“控总量、稳物价、调结构、促平衡”的总体要求完善粮食市场体系，强调粮食市场调控，健全粮食行政管理体制，推进全市粮食工作转入科学发展轨道。

9日　安宁市召开创建全国卫生城市工作协调会。会议就加速昆钢片区创卫等事宜进行了安排部署。安宁市领导尹贵生、戴彬，昆钢集团公司副书记、总工会主席付霞出席会议。

14日　国家人口和计划生育委员会科技司副司长王巧梅率计划生育优质服务先进单位检查组莅临安宁检查指导安宁市创建国家计划生育优质服务先进单位工作。

15日　安宁市举行《昆明枢纽扩能改造工程征地拆迁目标责任书》签订仪式。市领导王剑辉、尹旭东、刘婕参加签字仪式。

16日　安宁市召开招商引资工作专题推进督察会。会议要求，各级各部门要进一步增强招商引资工作的危机感、紧迫感和责任感，挖掘潜力，确保年度目标任务顺利完成。

△ 安宁市召开新型农村合作医疗筹资工作会。

19～23日 昆明国际花卉展暨第五届昆明国际农业博览会在昆明国际会展中心举行。农博会上，安宁市签单2.32亿元。

24日 安宁市召开工程建筑领域突出问题专题治理工作会，贯彻落实国家、省、昆明市有关精神，分析安宁市工程建设领域的突出问题，安排部署专题整治工作。市领导王剑辉、尹旭东、焦林出席会议。

24～25日 安宁市领导李树勇、王剑辉、王文学、李海平、王坚等分别率队走访慰问军队离退休干部、在乡老复员军人、“三属”及农村五保供养对象，向他们表达党和政府亲切问候和关怀，感谢他们为新中国成立和安宁市经济社会发展做出的贡献。

27日 云南高福生物科技有限公司饲料生产线开工。市领导王文学、李海平、尹旭东、李春明出席开工仪式。

28日 安宁市召开庆祝中华人民共和国成立60周年大会。全体市级领导、部分离退休干部、全市实职副科以上领导干部、各界群众代表、驻军部队、武警部队官兵参加了庆祝大会。

△ 国家测绘局、云南省测绘局与安宁市政府签署“数字安宁”地理空间框架建设项目合作共建协议。该项目是云南省首个“数字城市”地理空间框架建设试点项目。项目建成后，安宁市域地理的最新情况都能在信息平台上实现动态查询。该项目对促进安宁市城市信息化建设和地理信息资源共享，提高城市公共服务、应急处理以及科学决策能力具有重要意义，并对云南省“数字城市”建设起到示范作用。

△ 云南经济管理职业学院、昆明扬帆职业技术学院安宁校区建设项目在安宁职教基地举行奠基仪式。市领导程宇清、范志东出席仪式。

10月

10日 市长王剑辉主持召开市四届政府第二十四次常务会议，研究部署全市低保清理、部分项目贷款、新哨湾整体搬迁事宜。

13日 市长王剑辉率相关部门负责人调研全市卫生工作。副市长戴彬、张岩陪同调研。

15日 安宁市召开集体林权主体改革整改完善工作会。会议要求切实落实“四个确保”，完善“四项服务”，保障集体村级主体改革工作顺利推进。

△ 国家民政部救灾司减灾处处长张晓宁一行，在省民政厅副厅长李国材陪同下对安宁市金方街道全国减灾示范社区阳光社区进行检查验收。

15～16日 昆明市爱卫会代表省爱卫会，对安宁市县街镇2个、八街镇7个申报省级卫生村的自然村进行了检查验收。

16日 安宁太平体育运动中心、“奥林匹克记者村”项目在太平新区举行开工仪式。

20日 安宁市召开清理城市居民最低生活保障工作会。市领导王剑辉、李春明、李树华、程宇清、张岩、曹忠昌出席会议。

21日 安宁市召开昆明市第九届少数民族运动会安宁代表团总结表彰大会，表彰了昆明市第九届少数民族运动会安宁代表团优秀教练运动员和先进工作者。

24日 安宁市召开2009年征兵工作会议。会议总结了2008年冬季征兵工作，安排部署了2009年征兵工作，并对2008年征兵工作先进集体和个人进行了表彰。

26日 安宁市召开第十九届环卫工人节庆祝大会。副市长范志东出席会议。

27日 安宁市纪委书记焦林、副市长尹旭东对安县公路等4条公路建设推进情况进行调研。

28日 安宁市首家老年病专业医院——安宁市重点老年病医院正式开始营业。

29日 昆明市第二届园林绿化博览会安宁园博园在宁湖公园举行开园仪式。安宁园博园位于宁湖新城的宁湖西岸，占地15.2公顷，总投资4 000余万元，于2009年4月上旬开工建设，至9月中旬竣工。园内设有银杏园、竹园、滇翠柏、梅花园、红荷花园、石楠园、樱花园7个植物展园，1个综合馆，1个旅客服务中心。省委常委、昆明市委书记仇和出席开园仪式。昆明市市长张祖林宣布安宁园博园开园。昆明市副市长陈勇主持开园仪式。昆明市级领导班子成员、3个国家级开发（度假）区主要领导、14个县（市）区党委、政府主要领导和分管领导，昆明市相关部门领导，安宁市委、政府领导班子成员、相关部门领导及部分群众代表参加开园仪式。

△ 安宁市召开全市干部大会，学习贯彻昆明市贯彻省委八届七次全会精神和昆明市政府全会精神。大会总结分析了3季度工作，并就财税、投融资、招商引资、工业经济保增长、基础设施建设、拆临拆违、城市管理等工作进行了安排部署。全体市级领导，副科以上领导和各部门中层干部近500人参加会议。

△ 全国爱卫会专家组对安宁市创建国家卫生城市工作进行指导检查。专家组分为爱卫组织，管理城中村、城郊结合部，健康教育、病媒生物防制，传染病防治，食品卫生，公共场所、社区、单位卫生6个小组，采取查阅资料、实施检查、召开座谈会等方式，深入各镇（街道）学校社区、机关企事业单位，按照国家卫生城市验收标准，对安宁市创建国家卫生城市工作进行摸拟检查。

△ 安宁市召开涉诉特困群体执行救助实施会议。市纪委书记焦林、副市长范志东参加会议。

△ 昆明市市长张祖林率常务副市长李文荣，副市长王道兴、何波及昆明市相关部门主动到昆钢钢铁集团公司上门服务、现场办公，研究解决昆钢集团公司在项目推进中遇到的困难和问题。安宁市市长王剑辉、副市长尹家屏陪同调研。

31日 安宁市在太平新区举行太平体育小镇东环干道四标段BT项目开工仪式，安宁市领导李树勇、王剑辉、王文学等出席开工仪式。

11 月

15 日　市长王剑辉主持召开市四届政府第二十六次常务会议，研究全市中小学校校舍安全工程规划、太平奥林匹克体育小镇东环干道、西环干道等标段 BT 项目及安宁常安塑编有限责任公司借款事宜。市政府副市长、市长助理参加会议。市人大常委会、市政协领导列席会议。

17 日　昆明鼎立医院开工典礼在宁湖新区举行。该建设工程项目占地 20 亩，建筑面积 2.03 万平方米，总投资约7 800万元，计划设置 200 余张床位。

19 日　安宁市召开整治违法排污工作会。市领导王剑辉、刘婕、魏学林、尹家屏、曹忠昌出席会议。

20 日　安宁市政府与建设银行云南省分行签署银政合作协议，由省银行再次提供 5 亿元信贷资金，支持安宁市部分工业及基础设施建设项目。建设银行云南省分行行长潘念灯，安宁市领导李树勇、王剑辉、王文学、李海平、郭光辉等参加签约仪式。

21 日　安宁市召开 2010 年森林防火工作会。

24 日　市委书记李树勇、市长王剑辉一行到禄脿镇上禄脿村，就弘祥化工有限公司改扩建工程选址、规划编制及项目建设等进行实地踏勘，现场协调解决项目在建工作中遇到的困难和问题。

27 日　金方工业园三明鑫疆工业物流园、银龙新型建材项目举行开工仪式。市领导王剑辉、王文学、李海平、王坚、魏学林等出席开工仪式。

12 月

1 日　昆明市政协副主席傅汝林率部分政协委员视察安宁市生猪屠宰市场整治工作。

3 日　来自美国的舍伍德·瑞夫妇代表中华慈善总工会、美国 LDS 慈善协会向安宁市捐赠价值3 000多美金的轮椅和助听器。

8 日　省委常委、昆明市委书记仇和，昆明市委副书记、市长张祖林率昆明市级四套班子领导巡查观摩第 36 条出入滇河道的最后一条出湖河道螳螂川治理情况。仇和充分肯定了螳螂川阶段性治理成果，并强调，螳螂川沿岸要实施彻底截污，要把螳螂川变成靓丽的清水川。安宁市委书记李树勇、市长王剑辉、常务副市长李春明陪同观摩。

11 日　市长王剑辉主持召开市四届政府第二十七次常务会议，研究八街镇车木河村搬迁安置方案，太平体育小镇东环干道一、二标段贷款，2008～2009 年科技成果奖励等事宜。市政府副市长、市长助理参加了会议。市人大常委会、市政协领导列席会议。

14～15 日　安宁市召开人民调解工作表彰暨培训会议，总结全市 2008～2009 年度人民调解工作，表彰 2008～2009 年度人民调解工作先进集体和先进个人；同时对全市村（居）委会人民调解员进行了业务培训。市领导张维勇、李树华、梅林、曹忠昌、李石友出席会议。

16 日　市政府召开第二十八次常务会议，研究讨论 2010 年《政府工作报告（征求意见稿）》和工业园区投资开发有限公司、市投资开发有限公司项目贷款及安宁教育投资有限公司组建等事宜。市政府副市长、市长助理参加会议。市人大常委会、市政协领导列席会议。

22 日　国土资源部矿产资源开发管理司司长刘连和在省、昆明市领导陪同下，到安宁市就矿产资源整合情况进行现场调研。

26 日　2009 年中国最具幸福感城市评选活动颁奖典礼在西安举行。安宁市入选首届最具幸福感的十个县级市。

△　昆明市副市长李喜率昆明市涉农部门相关负责人到安宁市调研农业工作。

28 日　根据国家科技部《关于 2007～2008 年全国县（市）科技进步考核结果的通知》，安宁市顺利通过国家科技市的考核，再次荣获“科技进步考核工作先进市”称号。

△　省丘北经验推广考评组一行到安宁市考核道路交通安全工作。

29 日　中国邮政储蓄银行昆明安宁市支行开业。

△　县街镇小箐口水库改扩建工程正式启动。市领导李树勇、王剑辉、李海平等参加开工仪式。

概　　况

编辑：杨永进　于唐惠

2009 年 6 月 24 日，中共安宁市委书记李树勇、市人民政府市长王剑辉、市人大常委会副主任郭光辉率有关部门领导到金方街道办事处干海底项目现场调研、指导工作。　　（金方街道　供稿）

安宁市

【地理位置·气候】 安宁市位于昆明市西南32千米处，是通往滇西8个地州，并经畹町直接与缅甸相连的交通重镇。东北与西山区相连，东南接晋宁县，西邻易门、禄丰县，总面积1 321平方千米，平均海拔1 800米。2009年年平均气温16.3℃，比2008年上升了0.7℃；年降雨量824.2毫米，比2008年下降了155.3毫米，下降了15.9%；日照时间2 077.8小时，比2008年增加81.8小时，增加了4.1%。

【行政区划·人口】 2009年末，安宁市辖2个街道办事处、7个镇，有65个村民委员会，353个村民小组，31个社区居民委员会，128个居民小组。全市常住人口32.2万人，比上年增长0.6%。全市户籍人口26.69万人，比2008年末增长0.6%，其中：农业人口12.63万人，占总人口的47.3%；非农业人口14.06万人，占总人口的52.7%。在总人口中，男性为13.75万人，女性为12.94万人，所占比重分别为51.5%和48.5%。0～14岁人口4.02万人，15～64岁人口19.77万人，65岁以上人口2.90万人，占总人口的比重分别为15.1%、74.1%和10.8%。全市有少数民族人口36 151人，占总人口的13.5%。世居少数民族人口主要有白族11 007人，彝族13 201人，苗族3 759人，回族3 149人。全市计划生育工作不断加强，人口的增长得到有效的控制，人口的素质和质量得到不断提高，2009年全市人口出生率为9.83‰；死亡率为4.93‰，自然增长率为4.90‰。

【国民经济快速增长】 2009年，受国际金融危机的影响，安宁市以钢铁、磷化工为主的实体经济受到严重冲击，主要经济指标曾一度下滑。面对严峻挑战，市委、市政府团结和带领全市人民，以科学发展观为指导，以“1366”发展思路为引领，提出并实施了“稳工业、保增长、抓项目、增投资、惠民生、保稳定”等措施，全市经济保持了快速健康发展。

2009年，全市国民经济保持了快速增长的态势。全年实现地区生产总值（GDP）120.70亿元，比2008年增长11.2%。人均生产总值（按常住人口计算）37 595元，比2008年增长10.4%。

在地区生产总值中，第一产业实现增加值7.14亿元，比2008年增长6.1%，拉动经济增长0.3个百分点；第二产业实现增加值71.53亿元，比2008年增长10.6%，拉动经济增长6.7个百分点，其中工业实现增加值66.13亿元，比2008年增长8.6%，对生产总值的贡献率为46.9%，拉动经济增长5.2个百分点，第三产业实现增加值42.03亿元，比2008年增长13.2%，拉动经济增长5.2个百分点；一、二、三产业增加值比重为5.9∶59.3∶34.8。非公经济实现增加值47.74亿元，占全部生产总值的39.6%。全市工农业总产值374亿元，比2008年下降3.7%。

个体私营经济快速发展，2009年末全市共有个体工商户11 153户，比2008年增长14.9%；私营企业1 410户，比2008年增长29.5%；个体私营企业从业人员46 544人，比2008年增长12.1%

2009年，全市实现社会消费品零售总额25.31亿元，比2008年增长18.1%；商品零售物价指数为100.0%，比2008年下降了5.4个百分点；居民消费价格指数为100.8%，比2008年下降了5个百分点。

财政收支基本平衡，全年实现地方财政总收入22.86亿元，比2008年下降0.7%。其中：一般预算收入12.80亿元，比2008年增长18.0%；上划中央财政收入9.34亿元，比2008年下降18.7%；全年地方财政支出19.67亿元，比2008年增长24.0%，其中，一般预算支出15.30亿元，比2008年增长9.8%。

2009年末，全市金融机构各项存款余额为151.33亿元，比年初增长28.1%；金融机构各项贷款余额为97.56亿元，比年初增加15.2%；金融机构现金收入198.3亿元，现金支出213.3亿元，分别比2008年增长11.7%和12.8%；全年净投放现金15亿元，比2008年增长28.8%。

【农村经济持续增长】 2009年，全市实现农林牧渔业总产值11.84亿元，比2008年增长7.3%；实现农林牧渔业增加值7.14亿元，比2008年增长6.1%；粮食产量达53 289吨，比2008年下降6.9%；平均亩产量达380千克，比2008年下降9.9%。烤烟生产完成双控目标，烤烟产量达4 877吨，比2008年下降0.5%，中上等烟比例达到100%，实现产值7 442万元。蔬菜总产量172 239吨，比2008年增长10.6%，受霜冻灾害影响，水果总产量仅为13 418吨，比2008年下降48.8%；油料总产量1 077吨，比2008年下降50.8%。

畜牧业生产稳步发展。2009年全市畜牧业产值达5.87亿元，占农林牧渔业总产值的49.6%，比2008年下降了1.4个百分点；主要畜产品产量：肉类总产量达41 899吨，比2008年增长13.1%，其中猪肉产量23 355吨，比2008年增长20.7%；全年出栏生猪287 425头，比2008年增长25.8%；家禽出栏804万只，比2008年下降0.9%；禽蛋产量4 125吨，比2008年增长30.1%；牛奶产量3 174吨，比2008年下降16.8%；2009年末大牲畜存栏20 347头，比2008年下降4.1%；生猪存栏184 697头，比2008年增长24.3%；羊存栏28 384只，比2008年末增长0.4%。

乡镇企业快速发展，2009年，全市有乡镇企业10 569户，比2008年增长32.3%；从业人员61 271人，比2008年增长11.5%；乡镇企业实现营业收入156.76亿元，比2008年增长10.0%；实现增加值31.56亿元，比2008年增长31.1%；实交税金5.83亿元，比2008年增长17.4%。

【植树造林成效显著】 2009年绿化造林取得较好成绩，全年完成造林面积6 866亩，比2008年增长

77.1%；护林防火工作不断加强和完善。全市森林覆盖率达50.1%。

【工业生产稳步发展，经济效益有所下降】 2009年全市完成工业总产值362.16亿元，比2008年下降6.9%。实现工业增加值为66.13亿元，增长8.6%。其中：规模以上工业企业实现增加值为63.71亿元，增长8.6%。全市主要工业产品产量：钢411.0万吨，比2008年增长1.0%；钢材362.7万吨，比2008年增长3.0%；生铁408.1万吨，比2008年增长1.3%；化肥（折纯量）50.2万吨，比2008年下降8.7%；原盐50.1万吨，比2008年下降4.2%；煤气722 375万立方米，比2008年下降1.2%；磷矿石507万吨，比2008年增长18.4%；水泥213万吨，比2008年增长49.0%；自来水供应1 867万吨，比2008年下降5.6%。

全市规模以上工业企业实现销售产值350亿元；实现主营业务收入382亿元，比2008年下降5.9%；实现利税17.1亿元，比2008年增加20.6%，其中：利润总额5.7亿元，比2008年增加202.5%；产品销售率达98.95%。

【交通、邮电通信业快速发展】 2009年，全市公路里程达1 127.5公里，行政村公路硬化率达100%，交通运输条件进一步改善。全市货运量达8 806万吨，比2008年增长12.3%；货运周转量102 834万吨千米，比2008年增长14.2%；客运量为7 954万人，比2008年增长16.0%；客运量周转量为93 041万人，比2008年增长13.2%；交通运输邮政业实现增加值7.71亿元，增长13.6%。全市拥有机动车47 483辆，比2008年增长9.7%，其中：普通载货汽车7 347辆，比2008年增长8.9%。载客汽车24 180辆，比2008年增长26.1%。

邮电通信业务迅猛发展，全市实现邮电业务总量18 245万元。2009年末，全市拥有固定电话64 389部，比2008年增长5.7%；在网移动电话用户195 818户，比2008年增长14.8%；互联网在网用户4.2万户，增长23.5%。

【财政、金融快速增长】 2009年，全市地方财政总收入达22.86亿元，比2008年下降0.7%。其中：一般预算收入12.80亿元，比2008年增长18.0%；上划中央财政收入9.34亿元，比2008年减少18.7%；全年地方财政支出19.67亿元，比2008年增长24.0%，一般预算支出15.3亿元，比2008年增长9.8%。

2009年末，全市金融机构各项存款余额为151.33亿元，比年初增长28.1%，其中：城乡居民储蓄存款余额为72.46亿元，比2008年增长22.9%；金融机构各项贷款余额为97.56亿元，比年初增长15.2%；金融机构现金收入198.3亿元，现金支出213.3亿元，分别比2008年增长11.7%和12.8%；全年净投放现金15亿元，比2008年增长28.8%。

【消费品零售市场活跃】 2009年，全市批发零售贸易业商品销售总额达115.62亿元，比2008年增长15.1%；社会消费品零售总额达25.31亿元，比2008年增长18.1%。在社会消费品零售总额中：批发业实现零售额6.44亿元，比2008年增长16.0%；零售业实现零售额12.76亿元，比2008年增长18.7%；住宿业实现零售额0.58亿元，比2008年增长34.4%；餐饮业实现零售额4.41亿元，比2008年增长22.6%。从经济成分来看，公有经济实现零售额9.69亿元，比2008年增长21.1%；非公有经济实现零售额15.63亿元，比2008年增长16.4%。2009年，商品零售物价指数为100.0%，比2008年下降了5.4个百分点；居民消费价格指数为100.8%，比2008年下降了5个百分点。

【招商引资和旅游业持续发展】 2009年，安宁市坚持以平台招商为主体，建立招商引资一站受理制、项目联审制、全程代办制、包保责任制，构建更为快捷、高效的招商引资绿色通道。全市共引进内资项目130个，外资项目3个，协议引进内资178亿元，引进外资5 109万美元，实际到位内资51.83亿元，外资4 606万美元。2009年，全市工商业企业完成出口总额12.57亿元。全年共接待游客212.1万人次，比2008年增长15.0%，旅游综合收入达7.32亿元，比2008年增长17.5%。

【科技、教育、卫生事业全面发展】 科技科普工作全面加强，在昆明率先建立科技特派员制度，创建全国农村能源建设示范市和全国科普示范市，荣获全国科技进步考核先进市称号。2009年用于科学技术支出的财政资金达3 451万元，重点企业筹集科技活动经费4.52亿元，科技研发经费达0.5亿元。

城乡教育协调发展，宝兴学校二期、安宁职中扩建工程全面完成。启动中小学校舍安全工程，完成农村中小学现代远程教育“班班通”建设。实施了义务教育阶段学校教师绩效工资，全面免除城乡义务教育阶段学生学杂费、教科书费和住宿费，建立家庭困难大学生政府资助机制，1.9万人次学生享受了寄宿制生活补助，城乡免费义务教育全面实现。2009年，全市学龄前儿童毛入学率101.75%，初中毛入学率105.67%，普通高中录取率41.5%，高考综合上线率96.87%，高考录取率77.05%。2009年末，全市幼儿在园人数8 040人，小学在校学生28 658人，初中在校学生12 030人，高中在校学生3 299人。

医疗卫生工作通过深化医疗体制改革，民营医院加快发展，城乡公共卫生服务体系不断完善，甲型H1N1流感等疫病得到有效控制，城乡医疗救助试点工作启动。2009年常驻儿童疫苗接种覆盖率达100%，食品卫生监督覆盖率100%。农村合作医疗覆盖率99.7%，11.2万人参加农村合作医疗；6.19万人参加城镇居民基本医疗保险，人人享有基本医疗保障目标初步实现。2009年末全市共有卫生机构192个，病床2 372张，专业卫生技术人员1 663人，5岁以下儿童死亡率 11.66‰，新生儿死亡率 6.86‰，农村卫生厕所普及率 79.58%。

【广播、电视事业进一步发展】 广播电视事业进一步发展，有线电视光缆已经通达全市 95% 的村（居）委会，有线电视入户率达 90%。全市广播人口覆盖率达 100%，电视人口覆盖率 100%。安宁人民广播电台开办了新闻、农业、艺术、服务等广播栏目。

【人民生活水平不断提高】 2009 年末，全市在岗职工年末人数为64 163人，比 2008 年增长 7.1%；工资总额为 19.94 亿元，比 2008 年增长 8.7%；在岗职工年平均工资为31 315元，比 2008 年增长 2.5%，城镇居民人均可支配收入 18 138 元，比 2008 年增长 4.1%；城镇居民人均消费性支出10 638元，比 2008 年增长 1.7%。2009 年，农民人均纯收入达6 170元，比 2008 年增长 10.9%；全年农民人均生活消费支出6 510元，比 2008 年增长 27.9%。

城乡居民的居住条件明显改善。2009 年末，城镇居民人均住房建筑面积 33.19 平方米。农村居民人均住房建筑面积 39 平方米，住房质量继续得到提高，住房中钢筋混凝土结构的比重达到 55.9%。

社会福利事业进一步发展，2009 年，全市享受城镇居民最低生活保障的人数达150 876人次，全年共发放保障金2 398万元；享受农村居民最低生活保障的人数达44 445人次，全年共发放保障金 488 万元；全市办社会福利院 4 个，病床 460 张。6.19 万人参加城镇居民基本医疗保险，11.2 万人参加农村合作医疗，人人享有基本医疗保障目标初步实现。

环境保护事业进一步加强，环境质量逐步改善。2009 年全市环保投资总额达53 242万元，环保投资指数达 4.4%。环境综合整治取得了较好成绩。城市集中饮用水源地水质达标率达到 100%，工业废水排放达标率达 99.8%；工业烟尘排放达标率 99.7%；工业固体废物综合利用率达 44.22%，环境质量综合指数达 84.43%。

（莫金祥）

连然街道

【自然概况】 连然街道位于安宁市东南部，地处安宁市的城市中心区域，街道于 2008 年 2 月 13 日正式揭牌成立，前身为连然镇。汉朝以来，就有“连然金方、螳川宝地”的美誉，是昆明市通往滇西公路的咽喉要地，随着昆安高速公路的开通，距云南省会昆明市 23 公里。地处东经 102°10′，北纬 24°31′～25°06′之间，平均海拔1 800米。它东连太平镇，西靠草铺镇，南接县街镇，北临温泉镇，具有较好的地理位置和区位优势。在地质方面，属滇池盆地西部的第一台地，处于滇中高原的东部边缘地带；其地貌类型属螳螂川浸蚀切割地（即中山河谷盆地貌）；在土壤方面，属高原红壤区，主要有红壤、紫色土、水稻土三个土类，共 10 多个土种类。境内有高山、中低山、丘陵、河谷和盆地，主要河流有螳螂川、马料河等“一川六河”。受西南季风气候影响，夏秋季节多雨，冬春季节晴干，雨量集中，雨热同季，属滇中地区北亚热带高原季风温凉气候。区域内年均气温在 16℃～18℃之间，最高气温 35.6℃，最低气温 -6℃。境内矿产资源丰富，主要有盐、钙、芒硝、石英砂矿、钛矿等。

【行政区划·人口】 连然街道辖 3 个村委会、11 个社区居委会、16 个村民小组和 35 个居民小组（未包含云化、宁湖社区），辖区总面积为 69.84 平方公里，总人口96 085人（含流动人员36 838人），其中：农业人口7 898人，非农业人口51 349人。农业人口中，乡村劳动力资源总数5 571人，其中劳动年龄内人口数为5 294人；乡村从业人员5 209人，其中：男2 569人，女2 604人；劳动年龄内的从业人数4 923人。农林牧渔业从业人员1 333人；从事二、三产业人数为3 876人，占农村劳动力资源总数的 69.6%，其中：工业从业人员1 495人，建筑业从业人员 408 人，交通运输仓储和邮电从业人员 410 人，信息传输、计算机服务和软件业从业人员 63 人，批发零售从业人员 398 人，住宿和饮食业从业人员 291 人，其他行业从业人员 811 人。

【经济形势保持长足发展】 2009 年，连然街道完成财政总收入27 038万元，占预算16 315万元的 166%，占目标任务 23 060 万元的 117%，比 2008 年增收6 985万元，增长 35%。一般预算收入完成17 137万元，占预算10 150万元的 169%，占目标任务14 120万元的 121%，比 2008 年增收4 533万元，增长 36%。上划中央两税收入完成9 901万元。

工业经济持续壮大，非公经济健康发展，并成为重要经济支柱。乡镇企业完成增加值66 198万元，完成年计划的 109%。其中，工业企业完成增加值35 679万元，完成年计划的 104%；实交税金完成13 814万元，完成年计划的 80%；完成农产品加工销售产值23 528万元，完成年计划的 107%。

农业经济稳步发展。紧紧围绕农民增产增收的总体目标，立足抓早，做好春耕备耕和大春生产各项工作，圆满完成了省市各级下达的任务数。共完成大小春两季病虫测报 50 期，为病虫的防治打下了良好的基础，人为地降低了因病虫害带来的损失；完成对13 512头重大动物及232 913羽禽类疫病的强制免疫工作，免疫率达到 100%；在黑土厂、小桃花两个村小组实施了清洁生产示范区建设工作，养殖大户建立了垃圾处理池，实施了清污分流，清洁生产的“0”排放。完成了水稻 300 亩、玉米 500 亩测土配方工作，控释化肥面积650 亩，占总种植面积的 31.1%。围绕农产品生产加工、仓储营销，引导和鼓励农业龙头企业、种植大户、科技人员、返乡创业农民创办农民合作组织，带动本地农户2 350户，占总户数的 63.2%。2009 年完成了 30 人绿证培训任务；对2 826人进行了畜禽养殖、养鱼、粮食、蔬菜无公害栽培、病虫害防治等实用技术的培训。认真做好路检路查工作，确保不发生农机重大交通安全事故，配合道路交通安全部门对路情路况及违章现象进行检查查处。

【招商引资工作】 2009年，连然街道进一步强化大屯新区开发、村庄搬迁、技师学院、旧城改造及和平新区规划建设、桃花铁路货运编组站、道路基础设施等重点工程和重大项目推进落实工作，按时按目标任务完成拆迁、搬迁工作。同时创新招商引资思路，紧紧围绕市委、市政府制定的“三区一带”产业布局规划及政策，营造良好投资发展环境，认真做好项目引进及推进服务。2009年，招商引资项目43个，投入资金项目40个，协议引资41.7736亿元，到位资金8.9027亿元，其中：已开工项目16个，建设完工项目9个，考核注册资金公司15个，成熟度较高2010年确保开工项目1个，重点跟踪加强协调储备的项目2个。

【重点工程有序推进】 2009年，连然街道积极配合完成安县公路、安禄公路、珍泉东路延长线、昆明绕城高速公路西南段连接线、螳川西路、昆广铁路复线、昆明铁路枢纽大桃花西货运站及云南技师学院等一批重点项目建设的征地拆迁工作；按时完成伊皇购物中心、金方商业大厦两个商业项目建设用地的拆迁工作；大屯新区开发建设、“双十”项目涉及的塘房、青武山村庄搬迁安置工作进入尾声；为落实市委、市政府关于进一步加快园区发展建设的部署，将武家庄片区、和平新区作为城市拓展区开发打造，现已完成了和平新区2.65平方公里的控制性详细规划，组织实施南北主干道的道路建设以及金色佳园二期集中居住区建设工作。突破片区打造。一是江浸厂村、大桃花村整体搬迁严格按照《安宁市人民政府关于连然街道办事处江浸厂村、大桃花村整体搬迁的公告》规定，成立了工作领导小组，实行领导分片包干制，开展宣传发动、群众思想稳定及违法违章施工情况的巡查监控工作，切实做好江浸厂村、大桃花村整体搬迁工作。并参照相关补偿规定，结合江浸厂村、大桃花村实际拟定搬迁安置方案，目前，江浸厂村、大桃花村整体搬迁工作正在顺利有序推进。二是旧城改造按照市委、市政府关于旧城改造工作的部署和要求，调整充实旧城改造工作协调领导小组，明确工作职责，并于2009年12月31日前，完成对《安宁市旧城区规划红线图》范围内涉及的房屋及人员情况的摸底调查，首期旧城改造涉及4号、7号、8号、11号规划地块范围内拆迁的2 562户（其中单位75户、个人2 487户），房屋建筑面积共388 746平方米，其中单位公房168 587平方米，私有房屋220 159平方米。并初步拟定拆迁补偿方案进行报批，同时做好招商引资项目洽谈工作。

【农业和农村工作稳步实施】 2009年，连然街道加强农业基础设施建设，分阶段完成去冬今春的农田岁修工程和调水工程，投资15.8万元对黑土厂、神平村进行临时改水。在辖区松林、和平等5个水库进行水库河道绿化，投资17.5万元种植柳树3 100株，补植树木200株。

抓好森林防火和防汛工作。落实专项资金43.8万元用于防火队伍建设、物资筹备，增加24名巡山堵卡人员，分布在交通要道和重点林区。加大火源管理力度，严格控制火种入山。加大宣传教育，逐级签订防火责任状。在汛期到来之前安排部署各级、各部门提前做好防汛准备工作，成立了防汛抗旱实施应急队伍，出台了应急方案，落实了防汛队伍和防汛物资，组织人员对辖区内危房进行全面排查，并设置危房警示牌，保证汛期安全。

扎实推进新农村建设。编制完成了辖区内5个村民小组新农村规划文本，并通过评审。以武家庄村委会整村推进为契机，扎实做好新农村建设。确定了武家庄村28个基础设施建设项目，预计投入资金649.1万元，所有建设项目已全部竣工，并通过两级市的检查验收。街道配套打造建设的新农村项目——极乐和桃花村小组村容村貌整治工程拟投入资金35万元，目前工程已竣工，待验收后统一交付使用。深入开展信息村建设，2009年，辖区内拥有固定电话15 527部，占总户数的68.9%，安装宽带2 830户，占总户数的18.9%。

贯彻落实农村综合改革。认真做好辖区内6个村（居）委会、28个村（居）民小组，3 604户的林改工作，目前已转入主体改革的整改完善阶段；申报村级公益事业建设“一事一议”财政奖补项目7件，争取省、市级财政奖补资金411 107元，完成2009年“一事一议”财政奖补项目申报4件，预计投入资金126万元，拟申请补助资金16万元，受益村民414户1 141人；公益性公墓——黑土厂村大山公墓已建成投入使用，总投资约700万元；殡葬改革深入推进，火化率达100%；投入35万元资金，广泛开展“三沿五区”坟墓整治工作；依法推进农村土地流转，目前街道可流转土地有2 029亩，截止10月20日止，共流转土地2 278.05亩，占总耕地面积的47.7%。

【国土资源管理】 2009年，连然街道对国土资源管理采取以下措施：一是全力支持、配合完成土地储备、征收任务，按时足额支付被征地农民的补偿费用。二是加强矿山管理，落实国务院全面整顿和规范矿产资源开发秩序工作要求，辖区内矿业秩序良好。配合做好矿山储量动态监督管理工作。配合做好矿产资源有偿使用费、矿山地质环境恢复治理保证金收取等基础工作。三是加大地质灾害防治和地质环境保护工作力度，将地质灾害防治工作经费纳入街道财政预算并及时足额予以保障，积极开展辖区地质灾害隐患治理。四是积极调处矿业权权属争议，年内解决放马坪矿业权地界争议一宗。认真办理群众来信来访，到目前为止共接信访案件12起，其中信访件10宗，当面举报2宗，召开杨定存户听证会。各信访上访件经过调查处理，现已全部落实，形成书面材料上报了相关部门，答复了信访人并将信访时间、答复时间按要求登记在册。及时化解涉及国土资源管理的矛盾和纠纷。

【城乡园林绿化和城乡环境整治工作】　2009年，连然街道城乡园林绿化如火如荼开展。和平村“银杏五个一”工程基本完成，投资约47.3万元，种植银杏445株；杨柳庄250亩生态苗圃种植基地自3月份建设以来，至10月底共移植树木10 745株，小灌木202 100株，北桥村19.8亩景观苗圃已初具雏形；街道532亩面山绿化工程已完成设计，即将准备实施；新建绿化广场1个，创建花园式单位3家、园林村庄1个；新增苗木基地300亩；完成城乡面山绿化补植400亩，交通沿线造林100亩；义务植树105亩；完成村庄面山开荒经果林种植50亩；完成冬春河道绿化0.82公里，植树328株；完成公路沿线绿化16.29公里；完成竹子种植200丛。

大力开展城乡环境整治。“四全”工作有序推进；投入5.3万元资金，新建垃圾房17个，公厕6座，做到“组保洁、村收集、镇转运、市处理”；招聘72名人员组成村级卫生保洁队伍；组织社区（村）深入开展环境整治。

【社会各项事业协调发展】　2009年，连然街道积极开展就业服务工作，为辖区内3 167名下岗失业人员进行《再就业优惠证》年检，为356名失业人员办理《失业证》，开展再就业优惠政策宣传工作；截止目前4 484名城镇居民购买了医疗保险，4 087名失地农民参加了基本养老保险；对辖区企业退休人员实行属地化管理，完成了2 426名退休人员的摸底调查；解决农民工工资纠纷10件；发放城镇低收入家庭廉租户租赁补贴109户189人，共175 500元；对现有城市低保对象进行全面清理核查，截止10月15日共为547户683人办理城市低保手续；完成2009年新型农村合作医疗筹资，参合4 807户11 932人，参合率达到100%；落实大病统筹政策，2009年救助17人次，发放救助金18.9万元；抓好社区和社区保障平台建设，为85名社区（村）专职工作人员完善“五险”统一补齐购买工作。组织社区人员参加业务培训29期。成立街道社会保障服务所和11个社区保障服务站。

社会事业全面发展。大力支持辖区教育工作，“六一”期间组织干部职工走访慰问儿童，慰问金32 402元；开展丰富多彩的群众文化活动，投入3万元经费组织27场次文艺演出；加大文化体育活动阵地建设，为新成立的云化、宁湖社区添置文体设施和图书，同时做好街道文化站工程建设的报批工作；投资453万元建设武家庄、极乐、桃花3个农村社区，目前工程建设基本完成；强化卫生服务体系建设，加大对社区卫生服务中心的软硬件投入；有效防控甲型H1N1流感和手足口病等疾病的发生；坚决实行计生工作“一票否决”制，加大计生经费投入，全年共投入各项经费80万元，2009年人口出生缺陷干预率达96%以上；实施“奖、优、免、补”政策，发放资金20余万元；深入开展救灾、救济工作，共发放救济金138 796元；做好拥军拥属工作，发放慰问金24万元；投入1 400多万元资金建成连然中心敬老院，7月份完成搬迁，已入住老年人97人。

【剩余劳动力培训转移工作】　2009年，连然街道根据实际对14家村（居）委会社会经济发展情况及劳动力状况进行认真调查研究，摸清情况，有的放矢，制定计划，并与村（居）委会层层签定目标责任书，将工作任务分解落实到基层。根据对全街道富余劳动力培训就业意向的调查分析，组织开展电脑、电工、电焊、物管、美发、美容、餐饮、茶艺、插花、园艺等专业技能培训及其它就业引导培训。通过以上工作，截止10月31日，连然街道办事处开展富余劳动力转移培训1 071人，完成全年转移培训任务的147%，其中开展转移职业技能培训366人，完成转移技能培训任务的124%，开展转移引导性培训705人，完成转移引导性培训任务的162%。转移输出富余劳动力1 242人，完成全年转移任务的133%，实现转移新增收入558.24万元，其中省外转移35人，完成全年省外转移任务的117%，省内县外转移138人，完成全年省内县外转移任务的154%，县内转移1 069人，完成全年县内转移任务的131%。

【社区和谐建设稳步推进】　2009年，连然街道以加强党的先进性建设为目标，以学习实践科学发展观为助推，围绕创建和谐社区建设工作要求，与时俱进，大胆探索，在加强基层管理、理顺社区关系、强化为民服务、优化社会环境、提升群众素质等方面下功夫，为努力构建“管理有序、服务完善、治安良好、环境优美、文明祥和”的和谐社区奠定坚实的基础。2009年，连然街道宝兴社区荣获国家民政部（民发〔2009〕143号）授予的全国和谐社区建设示范单位荣誉称号。

【社会维稳工作】　2009年，为确保连然街道维护社会稳定工作正常有序开展，街道结合自身实际成立了以街道党工委书记为组长、相关部门人员为成员的新一轮平安创建工作领导小组，同时完善了连然街道办事处社会治安综合治理工作职责及各项规章制度，并形成定期列会制度，对社会治安综合治理工作开展情况定期分析研究，使街道维护社会稳定工作做到领导到位、责任到位、工作措施到位，为街道平安创建工作有序开展奠定坚实基础。按照连然街道办事处实际人口，将政法、综治工作经费按照人均不低于1元的标准列入年度预算，全年共划拨60 716元，做到足额到位，确保了连然街道办事处政法、综治工作的顺利开展，进一步加大了新一轮平安建设工作经费的保障力度。一是按照“谁主管、谁负责”的要求，认真落实领导责任制，高度重视事关群众切身利益的问题，特别是在征地拆迁、环境污染、重点工程建设等工作中，通过入户讲解及召开不同形式的会议等深入宣传政策、主动倾听群众意见，正确处理好群众提出的合理要求；认真落实社会保障、优抚救济、富余劳动力转移等各社会事业工作，进一步狠抓执行，强化落实，确保政令畅通，并惠及于群众。二是健全完善经常性的矛盾纠纷排查调处机制。建立了定期排查、调度会议、情况报告、交办督办工作制度，特别是针对排查出的影响社会稳定的重大矛盾纠纷，进一步加强了督查督办工作，建立了领导包案制，并成立专项工作组深入矛盾第一线，提前介入调处工作。三是加强信息情报和预警工作。健全完善信息员队伍，从村居委会干部、治保主任、综治专干延伸至村、居民小组干部、村民代表共计140余人，形成了多层次、广覆盖的信息员队伍，及时对可能发生的上访事件及苗头性、倾向性问题进行收集、上报。四是加强职能部门间的联动配合，充分发挥矛盾纠纷调处中心及信访、司法所和人民调解等基层组织的作用，密切联系，通力协作，认真做好群众来信来访、矛盾纠纷及突发事件的调解和处置工作。五是认真开展书记大接访、领导干部大下访活动。制定出台了《连然街道办事处维护社会稳定奖惩办法实施意见（试行）》，使街道维护社会稳定奖惩工作有章可循。

【安全生产工作】　2009年，连然街道办事处分别在1月5日和2月27日召开两次大型安全生产工作会议，传达文件精神，全面安排部署安全生产工作，并与辖区各村（居）委会、企业及学校签订《安全生产目标管理责任书》108份，将安全生产工作落实到部门、基层、企业，并制定文件，明确了中层以上领导干部联系安全生产“一岗双责”制度。成立了连然街道安委会，定期召开例会，分析当前安全生产形势，研究部署安全生产工作，每月17日召开例会，传达上级及街道安全生产相关文件精神。继续加强对辖区各企业的检查力度。从2009年1月至今，连然街道办事处安监站及相关职能部门开展安全生产检查工作900余次，共出动车辆185辆次，对辖区非煤矿山、危险化学品、冶金、生产加工、公共场所、水库、尾矿库、坝（塘）等高危行业单位履行检查。其中，在“春节”、“清明节”、“五一节”期间安排街道安委会各职能部门进行大规模的检查三次，配合市安监局对辖区所有生产加工企业拉网式大检查一次，配合昆明市安监局对辖区尾矿库坝检查一次，与市安监局、市工商局、市消防大队联合执法检查一次，请化工专家参与检查8次。在检查中，对不按要求进行整改的安宁福兴工贸有限公司、昆明亿丰炉料公司、安宁小桥街砖厂三家企业分别给予200～400元处罚。对无安全生产评价报告、不具备安全生产条件的安宁滇海净水材料有限公司和余树荣无证照经营的废旧塑料加工点采取联合执法的方式，责令其立即停止生产，并按要求完善相关经营手续，做到合法生产。积极配合市安监局及专家组对事故原因进行调查，积极妥善做好“1·15”安全生产事故各项事后协调处理工作。进一步加大隐患整治力度，强化安全生产管理和监督，积极探索和实施治本之策，改善安全生产条件，坚决遏制重特大事故，减少一般事故，维护正常的社会秩序，促进连然街道办事处经济社会和谐发展。事故死亡人数控制在安宁市政府下达的指标范围内，安全生产形势明显好转，总体水平得到提高。

【经济工作会议】　2010年1月19日，为总结成绩，树立典型，表彰先进，更好的鼓舞斗志，再创佳绩，连然街道党工委、办事处召开了2008年经济工作会议。会上，表彰先进单位12个，纳税突出贡献奖1个，纳税贡献奖3个，纳税先进个人10人，先进工作者56名。

（梁　燕）

金方街道

【自然概况】　安宁市人民政府金方街道于2007年9月筹建，2007年12月7日经云南省人民政府批准设立，并于2008年2月13日正式挂牌成立，是安宁市委、市政府实施工业强市、城镇化推动战略，加快城乡统筹、承接剥离昆钢企业办社会职能、实施农政管理体制向市政管理体制转变、提高城市管理水平而成立的派出机构。

金方街道位于安宁市东南部，是安宁市的城市中心区之一。辖区总面积76.92平方公里，它东连太平镇，西靠县街镇，南接西山区，北临连然街道办事处，具有较好的地理位置和区位优势。境内工业基础雄厚、区位优势明显、发展潜力巨大，驻有以昆明钢铁集团公司为主的一大批工业企业，特别是占太平新区规划面积三分之一的普河片区和浸长新型工业园区的开发受益于城乡统筹和城镇化的推进，正成为开发建设热土。境内有中低山、丘陵、河谷及盆地。主要河流有螳螂川、八街河、马料河等。受西南季风气候影响，夏秋季节多雨，冬春季节晴干，雨量集中，雨热同季，属滇中地区北亚热带高原季风温凉气候，年均气温在16℃～18℃之间，最高气温35.6℃，最低气温－6℃。境内矿产资源丰富，主要有盐、钙硭硝、石英砂矿、钛矿等。汉朝以来就有“连然金方、螳川宝地”的美誉。

【行政区划·人口】　金方街道辖10个社区居委会、54个居民小组和6个村民委员会30个村民小组。2009年末，总户数30 885户，总人口86 967人，其中：社区居民27 591户77 842人，农村居民3 294户9 125人。农村居民中，农村劳动力资源总数6 110人，乡村从业人员5 289人，其中：男3 011人、女2 278人；农林牧渔业从业人员2 329人，从事二、三产业人数为3 036人。全办事处实有耕地面积7 219.5亩，其中：水田4 903.5亩，旱地2 992.5亩。

【经济发展概况】　2009年1～10月，金方街道地方财政总收入合计4 562万元，占年初预算数1 806万元的252.6%；一般预算收入合计2 078万元，占年度预算数720万元的288.6%；上划中央“四税”收入

2 334万元，占年度预算数990万元的235.8%；上划省级收入150万元，占年度预算数96万元的156.3%。年终财政总收入预计可完成6 000万元。

【党建工作】　2009年，金方街道对照党建目标考核细则，有针对性地提出了本年度党建工作要点，分解细化了考核办法和考核细则，与16个村（社区）党总支签订了党建工作目标责任书。在具体工作中，一是实行每周例会和领导联系制度，建立了街道党工委和村（社区）党建工作领导责任制；二是成立城乡基层组织建设管理办公室；三是进一步规范台帐资料。2009年金方街道的党建工作在市委、市政府的领导下，在街道领导的共同努力下取得重大突破，取得了很好的成绩。

【基础设施建设】　统筹城乡发展，加快城市化进程。成立综合执法中队，加强违章建筑监管。随着城市化进程的加快和太平新区开发加速，金方街道辖区农村私搭乱建现象突出，违章建筑不断增多，严重影响了国土资源管理，破坏了城市规划格局，增大了征地拆迁的难度，造成了极大的行政成本。街道加强了对拆临拆违工作的整治力度，成立了金方街道综合执法中队，向社会公开招聘了6名年纪轻、责任心强的执法队员，每天到各村组加强巡查，宣传规划、土地、建设等法律法规，及时制止违章行为。

在安宁率先开展拆临拆违，全面完成农村房屋、建筑物的普查工作。2009年2月，金方街道在安宁率先开展了拆临拆违工作，对2008年12月8日以后建盖的违章建筑21户3 986.63平方米进行了拆除，在领导的重视下，各方积极配合，拆除工作仅半个月就全面完成，得到了市委、市政府的高度重视，金方街道被列为拆临拆违观摩点。拆除工作完成后，进一步加强了农村建设管理和违章建筑监管，结合金方街道实际制定了《农村住宅建设管理办法》。累计制止违章建筑行为130起，拆除违章建筑物47户17 137.36平方米，实现了拆临拆违"零申报"的目标。在规划区范围外办理新建、拆旧翻新、加层112户19 909平方米，在规划区范围内发放租房过渡费6户16人，发放金额35 000元；完成了6个村委会30个村小组3 196户925 943.621平方米、占地面积1 100 852.3915平方米房屋、建筑物的普查工作，并制作了详细的台账资料；与昆钢公司联动，拆除洛阳池片区、朝阳路片区、上下南区及昆钢商场旁私搭乱建107户78 406平方米，有效地改善了昆钢城市面貌。

协调昆钢多方联动，创卫整治成效明显。金方街道按照创建国家卫生城市标准，积极开展城中村、城郊结合部、老旧居民区整治及农贸市场整治、二次供水整治、七小行业整治，特别是城中村、城郊结合部、老旧居民区整治工作。由于多年来昆钢承担企业办社会职能，辖区有488幢16 263套房屋没有物业管理，加之多年来形成的私搭乱建、乱贴乱画现象严重，配套实施不足，卫生死角较多，给创卫工作带来的难度极大。为确保整治工作取得实效，经与昆钢公司积极协调，形成多方联动，共同推进工作进展，取得了明显成效。

强化道路、交通安全管理，预防道路交通事故。金方街道紧紧围绕"降事故、保安全、保畅通"的目标，以开展创建"平安畅通县区"活动为载体，全面贯彻落实"五整顿、三加强"工作措施，加强交通管理基层基础建设，努力提高道路交通安全管理服务水平，为创建"平安安宁"构建和谐社会营造有序、安全、畅通的道路交通环境。以宣传道路交通安全法为主线，广泛开展社会化宣传，积极探索交通安全工作的新路子，在控制交通违法行为，预防道路交通事故，开展便民利民活动等工作中取得了良好的效果。

2009年6月12日，金方街道召开拆临拆违"零申报"工作动员暨培训会。　（金方街道　供稿）

【招商引资工作】　2009年，金方街道深入贯彻工业强市战略，把招商引资作为经济工作的突破口，把工业园建设作为项目落地和加快发展的着力点，狠抓税收增长不放松，坚持主动服务、强力推进，通过五措并举（平台招商、邀请招商、区位招商、信息招商、以商招商），大力引进各类投资项目，使招商引资工作取得历史性突破。随着园区建设的积极推进，发展环境进一步优化，呈现出五大特点：一是项目数量多，投资规模大。2009年引进项目124个，协议引资77.31亿元。截止10月16日，实际开工项目累计投资10.3亿元。其中，昆明市外资金9.54亿元，占实际到位资金的92.6%。二是工业项目多，项目结构趋优。2009年引进的124个项目中，工业产业类项目89个，投资32.21亿元，占总投资额的42%；实际开工的工业项目投资7.19亿元，占实际开工项目投资额的70%。三是开工率高，推进速度快。2009年引进的124个项目中，脱硫节能褐煤气化炉、凯源物流钢制品深加工等119个项目已经开工建设，开工率达95.9%。四是项目产值高、利税大。2009年引进的脱硫节能褐煤气化炉、云大科技、利凯物流、友日久包装、西河管道等5个项目，投产后项目总产值预计达10亿元，税收预计达3 800万元，项目一期可吸纳剩余劳动力630人。五是园区建设快，项目落地快。在短时间内全面完成园区控制性详细规划、环境影响评价报告、水土保持方案等报告的编制工作；完成2.1万平方米房屋的拆迁和700亩近40余万株苗木的搬迁工作；在6月20日提前一个月实现了水通、电通和路通的目标，园区基础设施建设全面加强。脱硫节能褐煤气化炉、云大农化生物科技、凯源钢制品深加工、物流、西河管道项目已于9月30日前开工建设。这些项目的引进和开工建设，以及金方工业园的推进建设，极大地增加了骨干企业群体，增强了金方街道经济发展后劲，现三明鑫疆物流、东盟钢铁物流、龙鑫物流、凯捷利西南国际产业基地等项目均选址金方工业园建设。

【重点项目建设】　在工程建设方面，金方街道严格执行民主集中制原则，坚持重大决策、重大人事安排、重大接待和大额资金支出由领导班子集体讨论决定。金方街道严格按照工程项目决策、工程招标投标、城乡规划管理、土地使用与出让、工程质量监督、政府采购与资金使用、项目信息公开与诚信体系建设、信息管理等“八个百分之百”管理要求，建立工程管理制度，实行“三权”分离，严格把“党委执政、人大督政、政府行政”有机结合起来，形成纵向联动、横向配合，监督到位、推动有力的运行机制。党工委负责项目立项决策，督办问责和统筹管理；人大工委负责街道行政投资、重点建设项目工程质量管理，独立聘请具有资质的工程建设质量监督机构，对工程项目建设质量进行全程跟踪监督；办事处负责重点工作、重点建设项目的规划设计、工程预算决算编制及组织实施，并聘请具有资质的中介审计机构对工程决算进行审计。金方街道积极推行党务公开、政务公开和财务公开工作，充分尊重群众的知情权。

为保证金方街道建设工程领域突出问题专项治理工作顺利开展，金方街道于2009年10月下旬组织街道各部门召开会议安排部署相关工作，开展自查自纠。金方街道自2008年以来政府性投资批准建设项目20项，其中竣工10项，在建4项，未动工项目4项，未立项工程2项。20项工程全部纳入自查范围，

2009年3月11日，金方街道召开2009年重点工作部署暨动员会。　（金方街道　供稿）

做到百分之百的监察到位，项目建设均按照法定程序进行。

【社区建设工作】　建立健全社区各项制度，推进社区规范化管理进程。为实现社区管理科学化、制度化、规范化的总体目标，金方街道不断强化社区自治功能，推进居务公开，提高工作透明度和居民满意度，充分调动社区居民参与、管理和监督社区事务的积极性主动性，督促社区自我管理机制的完善，始终坚持“用制度管权、用制度管事、用制度管人”的工作方针。在社区建设中，通过召开工作例会，对各社区发展现状及工作中存在的困难和问题进行分析，认真听取社区工作人员提出的意见和建议。针对年初确定的“内强素质，外塑形象”的工作思路和急需提高社区工作人员队伍整体素质的实际，在街道领导的高度重视支持下，2009年4月25日“社区工作人员综合知识专题讲座”正式启动，标志着每月举办1~2个专题讲座将贯穿于整年社建工作。

进一步强化服务意识，健全退管服务工作体系，完善管理制度，积极组织退休人员开展丰富多彩、健康向上的文化体育活动，让退休人员真正感受到“老有所养、老有所乐、老有所依、老有所为”，不断提升退管服务工作水平。一是积极举办了“2009年昆钢离退休退养职工迎春诗、书、画、摄影展”等活动4场；在国庆、中秋和敬老节期间，组织十个社区文体活动队，共开展文体活动13场，大型游园活动1场。二是利用现有70余支文体活动队近3 000余人的文化资源，在春节期间积极组织十个社区文艺队，开展8场次文艺下乡慰问演出活动。三是做好13 813名退休人员的日常管理服务工作。看望住院退休职工1 518人，协助处理善后事宜148人次；春节慰问困难退休职工60人，“五·一”慰问省市劳模185人，国庆、中秋慰问困难退休家庭90户，敬老节慰问高龄困难家庭80户；协助昆钢退管部组织退休人员进行体检3轮11 561人。

【社会保障工作】　金方街道社会保障事务所（服务站）成立一年来，已开具灵活就业证明（未就业证明）581份，办理《失业证》400本，《再就业优惠证》年审1 389册；发布培训及招聘信息7次；与安宁市劳动就业服务局联合开展招聘活动1场，为各类求职人员提供就业岗位近700个；配合安宁市劳动就业服务局完成公益性岗位招聘工作2次，为辖区就业困难人员提供公益性岗位12个；实施鼓励创业“贷免扶补”工作，上报材料66户，成功贷款58户，完成目标任务的116%，贷款资金高达289万元；大力实施“两后双百”工程，确保“零就业家庭”实现至少1人就业。

在社会保障反面，采取专项行动与平时检查相结合，督促用人单位积极参加“五项社会保险”，高危行业意外伤害险参保率达100%；抓好城镇居民基本医疗保险扩面工作，参加2009年城镇居民医疗保险累计7 736人；开展农村社会保险领取待遇人员资格

认证29人次，已参加被征地农民养老保险人数达101人，并对辖区6个村委会农业人口、60岁以上人口数、外出打工人员及符合参保条件的人员进行了全方位的摸底调查。

金方街道积极开展劳动监察，及时掌握辖区用人单位劳动用工基本情况；发放2009年劳动执法年审通知171份；为进一步做好预防和解决企业工资拖欠工作，对辖区68家企业（安宁市工业园区外企业）及存在用工行为的商业网点认真进行了四个阶段的走访排查；成立金方街道禁止使用童工和未成年工劳动保护情况执法专项领导小组，2009年6月11日至28日，对辖区用人单位进行全面清查；妥善调解5起劳动纠纷，全年未发生因劳动争议引发的集体上访事件；专项行动与平时检查结合，督促监察辖区内用人单位与劳动者签订劳动合同、集体合同，并为劳动者购买工伤保险；辖区生产企业劳动合同签订率及工伤保险购买率达到80%以上。

【民政、计生等社会服务工作取得明显成效】 2009年，金方街道始终坚持“以民为本、为民解困、为民服务”的民政工作核心理念。加大宣传，落实各项措施，认真做好“三沿五区”范围内坟墓整治工作，共登记在册辖区内未在公墓安葬的老坟3 876塚、活人墓87塚，涉及“三沿五区”坟墓整治搬迁坟墓1 591塚，其中：农村471塚，城镇居民1 120塚。目前为止，已经搬迁坟墓1 355塚，深埋处理236塚，平毁活人墓57塚，已发放迁坟补助款450多万元。

金方街道高度重视防震减灾工作，年内共先后组织18期防震减灾宣传活动，其中发放宣传资料6 000余份。2009年街道认真组织开展“防灾减灾工作进社区”活动，街道的阳光社区还被列为省市级“创建防灾减灾社区”试点单位。

金方街道在做好“奖优免补”工作的同时，加大对农村已婚育龄妇女宣传“奖优免补”政策的力度，把“奖优免补”政策送进村入到户。严格审核，督促各村委会按期公示，增大政策执行的透明度，做到上报人员不漏不错不重，完成上报人员网站数据及时录入，录入率达到100%，共录入独生子女教育奖学金人数430人，2009年第二批一次性经济奖励8人，新型农村合作医疗参合人数3 027人。在计生局的统筹指导下，街道计生台账的建立已初步完善。

金方街道将流动人口纳入“四同”管理，按时按质上报流动人口计生报表，组织辖区内流动人口进行计生相关工作培训，全年共开办了六期讲座，培训人数达320余人。街道成立了流动人口强化管理领导小组，全面指导流动人口管理工作；征收流动人口社会扶养费7人共计金额14 330元。全国流动人口信息交换平台运行正常，回馈率达100%。

金方街道联合上级计生服务站开展每年一度的育龄妇女妇检工作，对农村已婚待孕妇女免费发放叶酸，对农村居民实行免费孕前检查。街道工作人员亲自到辖区内的酒店、宾馆发放免费安全套。

【服务大工业工作】 金方街道为民服务中心在上年度工作的基础上，针对存在问题，制定本中心2009年的工作计划，按照工作计划，严格执行承诺制，根据“两集中、两到位”和“一站式办结制”的要求，牢固树立“宁可自己麻烦百次，不让群众麻烦一次”的工作理念，采取发放服务指南、公布服务电话等方式，把服务事项、办理程序、办理时限、服务承诺等事项向社会公开，认真履行工作职责，各项工作进展顺利。制定中心的服务工作职责、服务项目一览表、服务承诺等制度，做到制度进中心、制度上墙、制度公开。至今没有收到一起对中心工作的行政投诉案件。

完成6个村委会及10个社区居委会“为民服务站”的设立，并在6月19日前统一制作了16个为民服务站的“工作人员工作职责”、“工作制度”和“村（居）委会为民服务站”牌子，制度内容现已全部上墙公开，进一步规范了基层为民服务站各项规章制度及规范服务管理。

2009年2月，在为民服务中心设立了金方街道行政效能投诉中心，并制作了投诉箱和公开了投诉电话，做到指定专人负责，每日进行开箱检查。

截止2009年10月，中心共发放各类补助金1 621人4 589 032元，办理计生证件359本。公开政府信息65条，接处群众“96128”政府信息专线查询16条，网站政策、法规信息查询2条，政府信息查询61条，社情民意收集1条，对转交为民服务中心处理的信访，协调相关部门多次深入到村小组、村委会进行调查了解，完成交由中心处理的2件信访件。街道统一制作“便民服务联系卡”11 000张发放到各个社区（村委会）干部、工作人员、辖区企业及辖区广大居民户中，以便联系和对接，受到了社区（村委会）干部和各个工作人员的一致好评。

【新农村建设工作】 自2008年10月份实施千户庄整村推进工作以来，共完成建设项目20项61个，项目涉及村容村貌整治、村间道路硬化、文化活动场所建设及产业发展等方面。其中，以金方街道为主体优化调整实施的29个，之后增加的5个，以村组为主体实施的23个，部门整合实施的4个。61个项目共投入资金415.12645万元，其中，市级补助200万元、街道投入104.4078万元、村组投入78.19069万元、部门整合32.528万元。

整村推进实施中采取因地制宜，合理布局的方式，着重实施基础设施建设、产业发展建设、生态建设、社会事业建设四大重点工程，促进新农村建设整村推进工作的实施。其中千户庄村委会下辖的谷德邑、小汉营、千户庄三个村民小组均达到了昆明市小康示范村“九有”目标。

2009年度村级公益事业建设“一事一议”项目为罗白村委会元山村村民生活用水管网改造工程，目前正在如期推进。

【社会各项事业协调发展】 2009年小春生产在遭受

严重霜冻的情况下，通过狠抓各项科技措施，平均单产为0.17吨，完成总产173.9吨。大春生产播种面积为水稻1 005亩、玉米4 453.11亩，共完成杂交玉米2 663亩、“118”工程1 500亩、地膜覆盖700亩、育苗移栽210亩、鲜食玉米700亩、温饱工程500亩、高油高蛋白玉米60亩。

金方街道农村地域广阔，区位优势明显，发展潜力巨大，土壤深厚肥沃，宜种性广，排灌渠系畅通，旱涝保收。经过培育发展，初步形成了以蔬菜、水果为主的生产格局，并具有一定的知名度，谷德邑村种植的安宁弯葱以肥、壮、甜、嫩而享有盛誉，系滇中公认的特产；浸长村是安宁浅水藕的发源地；沙木邑村的红梨在安宁、昆钢两大主城区独放异彩；小西邑村的维纳莎葡萄能与美国红提媲美。共发展浅水藕2 560亩，平均单产1 800千克，亩产值不低于4 000元；葡萄500亩，平均单产2 00千克，亩产值不低10 000元；截止10月底，累计完成蔬菜播种面积16 331亩，总产量26 421.3吨，外销量9 268.1吨，在保证产量的同时，更加注重农产品的质量安全，共完成无公害蔬菜生产10 000亩，产量24 000吨，标准化技术推广4 400亩，生物农药推广1 500亩，生物肥料推广1 500亩；截止2009年10月，完成花卉园艺1 418亩，其中鲜切花生产638亩，花卉产量506.4万枝，圆满地完成了各项目标任务。2009年1～10月，金方街道肥猪出栏18 968头，占全年任务数16 500头的114%；家禽出栏796 624只，占全年任务数1 200 000只的66.4%；肉牛出栏468头，占全年任务数550头的85%；肉羊出栏757只，占全年任务数1 500只的50.4%；肉类总产量达3 059.7吨，占全年任务数3 500吨的87.4%；奶类产量106吨，占全年任务数900吨的11.8%；禽蛋产量446.7吨，占全年任务数100吨的446%。通过对疫病防疫措施的强化落实，金方街道的动物防疫工作得到进一步的加强，2009年金方街道范围内无重大动物疫病发生。

【林权制度改革】　深化林权改革，落实火灾责任。金方街道深化集体林权制度改革工作已初见成效，通过召开村民会议、村民代表大会、户主会等方式讨论村组改革方案，决策集体事项，极大地增强了村组的凝聚力。并在金方街道辖区内广泛开展集体林权制度改革政策宣传，利用横幅和标语等多种形式宣传林改政策，于10月8日全面按质按量完成了林改外业勘查工作。

金方街道坚持“预防为主，积极消灭”的方针，按照“两监管三检查”的要求，加大投入，加大工作力度，狠抓各项防范措施的落实，提高应急处置能力，做到快速反应，科学、安全、高效、有序地处置火警、火情，有效地控制火势蔓延，最大限度地减少火灾造成的损失。2009年金方街道共发生火警、火情6次，过火总面积17亩，已经查明起火原因的四起。由于火情出现后发现早、组织扑救及时，避免了森林火灾的发生，保证了重点林区和敏感时段的安全，维护了社会和谐稳定。金方街道投入近70万元的森防经费，组建一支30人的专业扑火队伍，新购置防火车3辆，配齐森林防火队的装备。增加村委会临时巡山人员12人。与各村（居）委会签订了《森林防火目标责任状》，向下层层签订，将防火责任落实到单位和个人。

【城乡园林绿化】　大力开展园林绿化，植树建绿初见成效。以努力营造“和谐金方、绿色金方、文明金方”为目标，大力开展城乡园林绿化工作，改善城乡生产、生活环境。

城区绿化工作。结合拆迁建绿工作，依托昆钢二级企业，以生活区和厂区以及城市主干线见缝插针建绿，完成乔木种植14万株，完成了凌波二期、三期、晨景东区18 972平方米绿化工程，改造馨园广场和日月湖公园、晓塘公园绿化景观不合理，植被单一的局面，利用道路沿线因地制宜，积极开展护坡绿化，以昆钢250坡、向阳坡、望湖种植攀援植物1万株、竹子701丛，拆违建绿8 100平方米；街道投资120万元、昆钢投资140万元“政企共建”打造日月湖公园景观和视觉补差工程，栽植124万元乔木。

河道绿化工作。完成八街河沿岸7公里树木栽种任务，共种植3 900株，完成了通仙桥至千户庄小铁桥2公里树木栽种任务，共种植4 298株。预计投入资金81 980元，采取“3331”付款方式，2009年付款24 594元；完成了沙河两旁插柳112株，预计投入资金11 200元，采取“3331”付款方式，2009年付款3 360元。

道路沿线绿化工作。完成了安海路9.7公里、老安八公路2.5公里、501台至多依者8公里道路沿线绿化工作；完成了6个村委会办公区绿化工作，开展了9个村小组办公区的村庄绿化14 729平方米、乔木10 013株、竹子317株、攀援植物1 200株。

进村出入口绿化工作。大黄塘村小组进村口绿化80平方米，栽植地被植物和乔木1万元株，小西邑村办公区人员聚集地绿化60平方米，栽植地被植物和乔灌木7 000多株，小汉营和谷德邑村小组围绕新农村建设兴建2个绿化广场，面积分别为800平方米和600平方米，栽植红花木莲6 000株，栽植桂花2 000株；完成501台围墙外铺土栽植灌木及100亩道路沿线造林计划，实施荒山造林400亩。

完成苗圃基地建设150亩，完成街道办事处、思邑村委会两个花园式单位和谷德邑园林村庄的创建工作。

【安全生产与环境保护】　2009年，金方街道共检查非煤矿山117个次，发放现场检查记录117份，查出各类隐患369条，整改隐患369条，整改率达100%；共检查危险化学品生产经营企业70个次，发放现场检查记录70份，整改指令书3份，整改复查意见书3份，查出各类隐患160条，整改隐患160条，整改率达100%；共检查生产加工企业293个次，发放现场检查记录293份，整改指令书1份，整改复查意见书1份，查出各类隐患1 027条，整改隐患1 027条，整改率达100%；共检查建筑企业5个次，发放现场检查记录6份，查出各类隐患31条，整改隐患30条，整改率达96%；共检查8所学校，发放现场检查记录8份，查出各类隐患25条，整改隐患25条，整改率达100%。经过反复检查复查，存在的安全隐患及问题大多数都已整改。聘请安全专家参与检查，共开展安全生产专项检查7次。

为切实抓好“三项经济政策”的落实，提供经济保障，金方街道严格按照相关文件精神，全面动员，广泛宣传，强势推进，2009年1～10月，已有3个企业按规定缴存风险抵押金，共计200 000元；34个企业为从业人员办理高危行业人身意外伤害保险，缴纳保险费1 035 190元。为企业安全生产经费投入、安全隐患整治和突发事件应急处置提供了经济保障。

为增强公众环境意识，推动环保事业的发展，在“六·五”环境日期间街道开展了内容丰富、形式多样的宣传活动。在人口比较集中的日月湖广场设立宣传点，共发放环境宣传知识手册400份、宣传围裙300条，悬挂宣传横幅2幅，接受咨询5人。

为合理布置产业布局，严防国家禁止或淘汰的落后工艺和设备以及重污染项目向辖区内转移，及时掌握辖区内所有建设项目（新、改、扩建）的环境影响评价制度和“三同时”执行情况，积极督促企业完成“三同时”验收工作。2009年金方街道环保所共办理建设项目环保审批申请30份，建设项目竣工环境保护验收申请12份。

【社会维稳和治安工作】　2009年，金方街道深入贯彻落实科学发展观，严格履行保一方平安的政治责任，认真开展了平安创建、社会治安综合治理、矛盾纠纷排查、调解、信访、法制宣传、社区矫正、安置帮教、禁毒、防火安全、反邪教等工作，确保了金方街道辖区内的稳定。

由10个社区6个村委会综治专干、调解主任，组成金方街道办事处社会治安综合治理情报信息收集小组。每月二次常规性排查、汇报，以便街道及时掌握各村（居）委会存在的纠纷。力求排查一处、调处一起、化解一处，从源头上预防和化解社会矛盾。

2009年1月至今，共排查调解各类矛盾纠纷215起，调解成功212起。调处率、调解成功率都达到98%。变“被动保稳定”为“积极创和谐”，基本上做到了准确快速地掌握、收集和上报各类信息，及时处理各种社会矛盾纠纷，确保了金方街道社会稳定。

集中开展打黑除恶宣传19次，发放法制宣传资料25 000余份，张贴宣传挂图46份，制作打黑除恶举报箱8个，通过宣传使广大市民积极为公安机关提供破案线索，参与到打黑除恶的工作中来，为维护安宁的社会稳定、经济发展作出应有的贡献。排查出黑恶势力5起，已由派出所调查处理中。

与派出所民警密切联系，详细掌握各村（居）委会吸毒人员名单，共排查实有吸毒人员188人，由9名社区禁毒（专职）工作人员到各社区组织开展禁毒工作，依法严厉打击毒品犯罪，创建“无毒村（组）”“无毒单位”，落实艾滋病防治相关措施，禁毒和防治艾滋病工作成效明显，禁种铲毒工作落实到位，吸毒人员管控帮教有力。

金方街道为了切实作好2009年的消防安全工作，树立经济社会协调、安全、和谐发展的理念，把消防安全工作作为各项工作的重中之重来抓，为降低火灾总量、减少火灾亡人数量、维护火灾形势持续稳定，组织了16个村（居）委会综治专干，对辖区内的公众聚集场所、高层和地下建筑火灾隐患全面排查。

金方街道从政策导向、力量配置、经费保障等方面，建立健全了八大治安防控体系：一是健全城区街面防控体系网络，金方街道辖区罗白派出所、郎家庄派出所共有公安民警101人，设立9个警务亭，下派21个社区民警，25辆警车，43辆电动车，190个探头，33个自动报警器，金方街道办事处积极推进社区民警进社区工作，使社区民警和村（居）委会成员、群防队伍紧密配合，网络化布警覆盖面积达100%。二是完善快速反应网络，确保快速发现、快速指挥、快速出警、准确处置。三是健全矛盾纠纷排查调处网络，筑牢维护稳定的第一道防线。四是健全情报信息网络，加强情报信息员队伍建设，确保基层治安稳定。五是完善社区治安防范网络，广泛动员社区居民积极开展群防、互防、联防、联治，最大限度地减少防控面上的盲区、盲点，预防可防性案件的发生。六是健全流动（暂住）人口管理网络，最大限度地减少不稳定因素的发生。七是健全单位内部安全防范网络，积极推进“三防”建设，有效遏止抢劫、盗窃等案件的发生。八是健全农村中心户长治安防范网络，抓好治安防范、民事纠纷调解、法制宣传等工作。基本实现了16个村（居）委会“六有”、“六无”、“六化”。

2009年，金方街道辖区共立刑事案件343件，其中故意伤害9起，入室盗窃153起，盗电动车39起，盗生产物资41起，其它盗窃41起，抢劫12起，寻衅滋事9起，诈骗13起，非法拘禁1起，职务侵占1起，抢夺1起，共破175起，综合破案率为51%。共受理治安案件777起，查处710起，查处违

2009年7月14日，金方街道新村社区党总支举行100名党员政治生日座谈会。

（金方街道　供稿）

法人员538人，其中，拘留70人，逮捕19人，警告420人，查处率91%。

【金方街道社区党员服务中心成立】　2009年8月，金方街道结合社区党员和居民对文化生活迫切需求的实际，投入260余万元在新村社区全力打造社区党员服务中心。在中心设置红色长廊，展示中国共产党88年的光辉历程，作为街道党史教育和爱国主义教育基地；设置党员书屋、电子阅览室、绿色网吧、文体活动室和老年人休闲茶室等，丰富党员和居民的精神文化生活；设置党员谈心室和党员代表接待室，及时解决党员来信来访问题；设置爱心驿站，接受党员、居民和企事业的捐款捐物，用于帮助辖区困难党员和居民。通过社区党员服务中心建设，进一步增强了服务党员和居民的功能，在党员和居民中建立了一座“连心桥”。

（李　婧）

温泉镇

【自然概况】　温泉镇位于安宁城区北部，因境内有天然温泉而得名，距安宁城区8公里，离昆明市区40公里。处于东经102°29′，北纬24°56′之间。东南与本市连然镇毗邻，西同本市草铺镇相连，北和本市青龙镇及西山区团结镇接壤，辖区面积99.46平方公里。最高海拔2 538米，最低海拔1 820米。年平均气温13.6℃。主要山脉有龙山、笔架山、九子母山等。主要河流有螳螂川、甸中小河、箐门口小河。

2009年末，全镇总人口12 288人，其中，农业人口4 522人，非农业人口7 766人。总人口中男6 074人，女6 214人，汉族10 856人，少数民族1 432人，占总人口的11.6%。世居民族主要有汉族、彝族、苗族三种，其中，彝族656人，苗族337人。农村实有劳动力为5 803人（含温泉、羊角社区居民劳动力），其中男劳动力2 873人，女劳动力2 930人。农村劳动力中，从事二、三产业的1 588人。全镇实有耕地4 219.5亩，其中水田2 904亩，旱地1 315.5亩。

【经济发展概况】　2009年温泉镇完成增加值13 055万元，其中，工业增加值1 970万元，农民人均纯收入5 431元，比2008年增长12.8%。全镇粮食作物播种面积6 753亩，总产量3 503.5吨，平均单产518千克，比上年增长6.4%。2009年继续在螳螂川沿岸种植观光油菜3 649.5亩，由于遭受自然灾害，单产只达66.7千克。全镇种植薯类600亩，各类蔬菜5 262亩，总产量14 314吨，粮经种植比例为3∶7。2009年，全镇“四旁”义务植树3.3万株，树种为桉树、柳树、樱花、柏树、香樟等。全镇森林覆盖率80.11%。护林防火工作是林业工作的重中之重，为了切实加强森林防火工作，从2008年12月1日至2009年5月31日，成立了60人的专业灭火队伍，此外，聘请巡山堵卡人员123人，对各条山箐及重点防火地段在火险期实行严防死守。2009年共投入护林防火经费78万余元，继续保持了全年无火警、火情的较好成绩。同时认真抓好天然林保护工作，继续聘请“天保”人员20人，实施天然林保护7 876公顷。防治松毛虫1次，共0.65万余亩，继续对全镇农户发放燃料补贴，使得天独厚的森林资源得到了有效保护。

2009年，全镇大牲畜存栏1 159头（匹），其中牛930头，马226匹，驴3头。大牲畜出栏699头。山羊存栏3 282只，出栏3 679只。为了保护生态环境，在螳螂川沿岸部分村（居）民小组实行了禁养，生猪存栏下降到8 992头，出栏12 200头。家禽存栏38 980只，出栏71 114只。兔存栏266只，出栏197只。全镇肉类产量1 515.9吨，禽蛋产量133.8吨。由于“世纪天乐”项目开发建设的需要，羊角村、渡船房的鱼塘被征用，鱼年产量下降为9 500千克。全镇种植花卉345亩，盆景24 140盆，主要以李玉兵、孔繁森、李登庆、李荣庆的大棚种植为主。产品销往呈贡斗南和安宁周边市场或深加工。乡镇企业仍以旅游业为主，辅以开采、加工、建筑等。2009年，全镇共有个私企业617个，从业人员5 579人，乡镇企业营业总收入45 065万元，比去年同期增长5.4%；完成增加值13 055万元，比上年增长12.5%；工业增加值完成1 970万元。利税总额6 222万元，其中税金822万元，利润5 340万元。骨干企业为昆明汇泉高纯半导体材料有限公司、云南世纪天乐房地产开发有限公司、昆明温泉心景花园酒店有限公司、金方森林温泉，主要产品有二氧化锗、房地产业。驻镇省、昆明市属企业有云南省干部疗养院（云南省第一人民医院温泉医院）、温泉宾馆、昆钢龙山冶金熔剂公司、昆明市干部疗养院等。省、市干部疗养院主要开展医疗、保健、康复、疗养业务，温泉宾馆为服务行业，龙山冶金熔剂公司以生产石灰石、白云石为主。2009年全镇财政收入3 964万元，比上年同期增长50.4%，财政支出1 887万元，比上年同期增加0.1%。

【交通·邮电】　温泉镇境内有公路54.2公里，其中，过境公路22.9公里，即安楚高速公路2.5公里，安温公路温泉段5公里，安富公路温泉段12.4公里。景观大道温泉段约3公里，此外，还有温泉至曹溪寺2公里，前山良村至705研究所留守处4公里。乡村公路25.3公里，2009年继续完善（自然村）通水泥路面工程。境内有成昆铁路13.5公里，2009年镇政府继续做好成昆铁路复线昆广段建设的服务工作。辖区内有火车小站两个、临时停车点1个，共有跨越螳螂川公路桥8座。货运车辆日均500余辆，多为过境车辆，货运量日均5 500余吨，主要为石英砂、铁矿、磷矿、石灰石、白云石、建筑材料和农副产品等。客运车辆有昆明至温泉的班车11对，2009年安宁公交公司除继续营运温泉至昆明北市区、温泉至青龙（下半年改为安宁至青龙），安宁至温泉、温泉至甸中、温泉至后山村委会的公交车外，年底又增开了温泉至昆钢的28路公交车，此外还有富民至安宁的中巴车。随着政府对农村购买农用车、面包车实行财政补贴以及国家对小排量汽车降低税率这一惠民政策的实施，私家车拥有量大幅度上升，交通的便利，进一步促进了温泉客流量的大幅度递增，同时也大大方便了群众出行。辖区有停车场4块。全镇5个村（社区），29个村（居）民小组通程控电话和网络电话，30个村（居）民小组均通邮，通讯网络覆盖全镇。随着家电下乡政策的实施和中国移动、中国联通公司的一系列促销活动，手机用户大幅度增加，基本达到普及。

【水利·电力】 温泉镇水资源十分丰富，安宁最大的河流——螳螂川横贯南北，流经4个村（社区），21个村（居）民小组。温泉集镇中心区地热水资源日均储量达12 000立方米。甸中山箐、箐门口山箐、邑尾里山箐、官庄山箐水长年不断。2009年末有地下热火泉眼19眼，日取水量为7 500立方米。境内有冷水机井5眼，小一型水库一座，畜水量为58.3万立方米，小二型水库两座，容量分别为46万立方米和30万立方米。由于“世纪天乐”项目的开发建设，大小坝塘征占4座，剩下23座，畜水量共23万立方米。2009年继续对部分水库实行专人管护。全镇共有固定抽水站20座，流动抽水站5站，共计25台次，装机容量773千瓦。2009年共投入水利建设资金1 519.1万元，投工投劳1 180个，完成水利工程35件，其中岁修工程25件，节水工程10件。2009年继续实施集镇中心区冷热水管网分离工程。温泉区域内的电力主要由安宁市电力公司提供，2009年投入资金1 100万元启动了10kV电力回线路工程项目，年农村用电量为568.5万千瓦小时。

【商业·饮食业】 2009年末，全镇共有商业网点145个，从业人员490人，社会商品零售总额4 320万元。饮食业网点84个，从业人员876人，营业额7 380万元。集贸市场3个，集市贸易成交额705万元。2009年共接待旅客63.5万人次，同比增长22.1%，旅游综合收入7 150万元，营业税收继续占主导地位。

【科·教·文·卫·体】 科技方面，进一步加大科普宣传力度，继续完善科普设施建设，在30个村（居）民小组新建科普宣传栏31块。重视农业适用技术培训，全年举办各类农业适用技术培训班16期，共3 497人次，开办植保、农作物栽培、保安专业、农函大培训班3期，培训学员72人次，开办农民田间学校水稻综合栽培技术培训班1期，招收学员36人，进一步提高农业科技含量。大力开发农村能源建设，新建沼气池15口，继续推广使用节能灯8 209只。强化森林资源保护，兑现农村燃料补贴1 159 260元。教育方面，镇党委、政府重视对教育的投入，帮助学校解决办学中的困难，不断改善办学条件，列支7 500万元，对小学5名先进班主任、5名先进教师、1名先进教育工作者、18名优秀学生进行了表彰奖励，列支6 000元，对学年末考试成绩优异的班级进行了奖励，教师节列支14 500元，对全体中小学教职工进行了慰问。2009年对全镇考取大专以上院校的17名农村学生进行了奖励，共计46 000元。继续全面落实独生子女入学奖优“免补”和贫困学生“两免一补”政策，继续将普及九年义务教育和扫除青壮年文盲工作列为对各村（社区）工作责任目标的考核，并与奖惩挂钩。2009年，镇属各部门（中心）共有专业技术人员17人，其中，畜牧兽医服务中心1人，农林水服务中心8人，村镇规划建设服务中心5人，文化广播电视服务中心2人，副科领导干部1人。2009年全镇有线电视开通4 100户，其中农村2 255户，驻镇单位1 845户。集镇中心区有歌舞厅10个，卡拉OK厅8个，电脑网吧2个，书刊店2家，复印店1个，音像制品经营户6户，台球桌8张，保龄球馆1个。区域内有足球场1块、网球场3块、游泳池6个，农村业余文艺队2支，少儿文艺队2支，队员50人，驻镇单位文艺队6支，年内各文艺队共演出文艺节目23场次。2009年继续实施电影“2131”工程和广场电影的放映，全年共放映电影166场次。体育工作，中、小学校年内举办运动会各一次，并组队参加了安宁市中小学生体育运动会。镇政府组队参加了安宁市“6·20”全民健身气排球比赛及市“8·8”全民健身展演活动，组队参加了市少数民族运动会选拔赛。2009年新建村级文化室4个，建设镇文化站1个，结束了温泉没有文化站站址的历史。全镇有村（社区）卫生室5个，共有乡医8人，医疗病床15张，个体诊所5个，行医人员8人。2009年继续推行新型农村合作医疗制度，参合率达99.7%，参加城市居民医疗保险人数达3 645人（不含在校学生人数）。2009年开展了甲型“H1N1”流感的防控工作，有效遏制了甲型“H1N1”流感在温泉镇的暴发流行。在全镇大力开展了爱国卫生运动，积极配合市政府做好国家卫生城市的创建工作。进一步加大食品卫生安全检查力度，确保了食品安全。继续在全镇开展防治艾滋病知识的宣传活动，举办“防艾”知识培训班2期，培训劳动力输出人员80人，开展宣传活动4次。发放宣传材料12 000份。刷新宣传标语两条。继续巩固国家卫生镇、省卫生村创建成果，使卫生工作又上了一个新的台阶。

【社会·治安】 2009年，全镇有农村低保户20户31人，烈属1户，精减退职人员10人，军队无军籍退休人员14人，老复员退伍军人19人，伤残军人2人，老乡干部9人，残疾人437人。为做好上述人员的优抚、救济工作，民政部门按有关政策，分类采取按月发放退休金、生活费和定期补助，节日慰问等形式，妥善解决了他们老有所养和生活困难问题。镇政府对农村60岁以上的老年人和持有《残疾证》的人员实行每人年均240元的补助。救济工作主要是对遭受自然灾害和生产、生活困难的村（居）民进行不定期的粮食或经济救济，帮助他们度过难关，发展生产。2009年，共发放城镇居民最低生活保障金1 417户2 408人次、发放金额（人民币）约327万元，为

54名60岁以上低保老年人办理了医疗救助，发放医疗救助金10万元，为20名治病困难人员解决医疗费60 000元，对166户227人进行了寒衣救济。民政工作除做好社会救济、优抚，2009年继续在全镇推行殡葬改革，火葬率达100%。继续加大对农村剩余劳动力的培训力度，全年举办保卫员知识培训共3班200人，转移农村剩余劳动力824人，产生经济效益607.84万元。普法工作，继续认真开展"五·五普法"和依法治理工作，继续实施创建"平安温泉"工程。驻镇单位、5个村（社区），30个村（居）民小组继续做到"六有"、"六无"、"六化"标准，经市组织政法部门考核为全市第二名。2009年，继续在镇机关干部、职工，企事业单位干部、职工以及农村基层干部中开展了以《中华人民共和国食品安全法》、《中华人民共和国消防法》、《中华人民共和国劳动争议调解仲裁法》、《中华人民共和国政府信息条例》、《昆明市养犬管理条例》为主要内容的法制宣传教育培训工作，83人参加了培训，培训结束，组织了统一考试，考试合格率达100%。随着科学发展观学习实践活动的深入开展，各项管理规章制度进一步健全和完善，政务公开、村务公开进一步制度化、规范化。2009年镇司法所、各村（社区）调委会共调处各类民间纠纷105件，成功102件，成功率达97.1%。2009年共受理群众来信来访120件405人次，其中村（社区）68件112人次，接待群众来访16批577人次，处理率100%，办结率达90%，其余正在调处中。通过矛盾的调处和信访件的处理解决，促进了农村社会的稳定。2009年继续开展以创建文明单位、文明村为主要内容的精神文明创建活动，年内，共创建文明单位2个，经昆明市文明委考评，温泉镇派出所获得昆明市文明单位称号，经过安宁市文明委考评，温泉工商所被评为安宁市级文明单位，同时继续积极参与安宁市创建全国文明城市的工作。

【温泉镇第八届人民代表大会第二次会议召开】

2009年1月2日至3日，温泉镇第八届人民代表大会第二次会议在温泉镇政府一楼会议室召开，出席会议的代表48名，会议听取和审议并通过了镇人民政府镇长吴松茂作的《政府工作报告》，人大主席武龙代表镇人大主席团作的《镇人大主席团工作报告》，镇财政所所长杨永丽受镇人民政府委托作的《温泉镇2009年地方财政预算执行情况和2009年地方财政预算（草案）的报告》。

【温泉镇科协第二次代表大会召开】　温泉镇科协第二次代表大会于2009年11月26日在温泉镇人民政府一楼会议室举行，出席会议的代表34名，温泉旅游度假区管委会常务副主任、温泉镇党委书记吴松茂致开幕词，安宁市科协主席李玉平到会指导。会议听取和审议了杨伟才副镇长代表镇一届科协作的题为《求真务实、开拓创新，为温泉跨越式发展作出新贡献》的工作报告，会议选举杨伟才、陈宝林、施学林、付红梅、董艳华、李晓惠、杨朝文为温泉镇科协第二届委员会委员。在温泉镇科协第二届委员会第一次会议上，杨伟才当选为温泉镇科协第二届委员会主席，陈宝林当选为秘书长。

【温泉镇残疾人联合会第一次代表大会召开】　温泉镇残疾人联合会第一次代表大会于2009年11月27日在温泉镇人民政府一楼会议室举行，出席会议的代表35名，会议听取和审议了镇残联专干王娟作的题为《深入贯彻落实科学发展观，全面推进残疾人事业持续健康发展》的工作报告。会议选举保娅玲、王娟、施森林、晁梅琼、张俊英、李贵柱、李培荣为温泉镇残疾人联合会第一届主席团及执行理事会成员。在温泉镇残疾人联合会第一届主席团会议上，保娅玲当选为温泉镇残疾人联合会第一届主席团主席，王娟当选为执行理事长。

【滨河公园建成投入使用】　温泉滨河公园位于温泉龙风桥头，部分属于原螳螂川河道，公园占地86.5亩，总投资约1 500万元，该工程由云南国皓招标咨询有限公司进行招标代理。云南安宁建工集团有限公司中标承建，于2009年5月开工建设，2009年12月建成投入使用。

【基础设施建设】　2009年，温泉镇继续加大基础设施建设工作力度，除投资1 500万元建成滨河公园外，启动了升庵北路工程建设，2009年已完成了基础路基的铺设，工程总投资预计3 500万元。投资3 424万元，继续实施小箐门口水库除险加固工程，2009年已竣工投入使用。投入资金450万元，对江心小岛中上岛进行加固改造及景观绿化。投入资金80余万元完成了温青园的建设。2009年还完成了温青闸至牧羊湖河道综合治理的征地、拆迁工作，为螳螂川河道综合治理工程的顺利实施提供了保障。积极配合推进螳川西路景观大道、煤气管网、广昆铁路复线等重点工程项目的建设，为温泉旅游小镇的提升打造奠定了基础。

【招商引资工作】　2009年，市委、市政府下达温泉镇招商引资资金内资9亿元人民币，外资1 000万美元的任务，镇群策群力，积极做好招商引资工作，累计完成到位资金人民币9.32亿元，完成任务数的103.6%，其中昆明市外资金7亿元，完成任务数的103.7%，市内资金2.32亿元，完成任务数的103%。

【安宁温泉旅游度假区管理委员会与温泉镇政府合署办公】　2009年2月23日，安宁市机构编制委员会通知，安宁温泉旅游度假区管理委员会机构性质为安宁市人民政府的行政派出机构，与温泉镇政府合署办公，两块牌子一套人马，管理委员会内设3个职能机构：即综合办公室、经济发展局、规划建设局。

【安宁市政府任命温泉旅游度假区管理委员会领导班子】　2009年3月10日，中共安宁市人民政府党组会议研究同意，任命戴彬为温泉旅游度假区管理委员会主任；吴松茂为温泉旅游度假区管理委员会常务副主任；李启春为温泉旅游度假区管理委员会副主任、综合办公室主任（兼职）；王群为温泉旅游度假区管理委员会副主任；保娅玲为温泉旅游度假区管理委员会经济发展局局长（试用期一年）；唐启宁为温泉旅游度假区管理委员会规划建设局局长。

【温泉镇党委、政府主要领导人事调整】 2009 年 3 月根据中共安宁市委安干发（2009）21 号文件通知，李启春任中共温泉镇委员会委员、副书记。3 月 13 日，温泉镇人大主席团会议根据温泉镇党委 3 月 12 日会议的建议，批准免去吴松茂温泉镇人民政府镇长职务，同时批准李启春为温泉镇人民政府副镇长，代理温泉镇人民政府镇长。

【笔楸公路建成通车】 笔架山村至楸木园村公路全长 3.38 公里，是笔架山村民出行的主要通道，2009 年由安宁市交通局与温泉镇政府共同投资修建，总投资 118 万元。该工程由安宁市交通局设计，禄脿建筑公司承建，于 2009 年 6 月开工建设，2009 年 12 月 28 日竣工交付使用。

【温泉文化室建成并投入使用】 温泉综合文化站建设是昆明市“十一五”期间文化建设规划项目之一。2009 年，镇政府利用新建的公交车站部分建筑物进行改建，站址总面积 320 平方米，站内设有图书阅览室、文化信息资源共享室、老年活动室、多功能活动室等。

（李顺荣）

太平镇

【自然概况】 太平镇位于安宁市东北郊，距安宁市城区 12 千米，距昆明 21 千米，地处东经 102°31′，北纬 24°56′50″，海拔1 850 ~ 2 418米。东北与西山区团结镇和碧鸡镇接壤，南部与西山区海口镇相邻，西部与连然镇办事处毗邻。太平镇属丘陵地区，总面积 85 平方公里，北边、东边、南边地势高，西边地势低。山脉总属于乌蒙山脉，处于康滇地轴东缘。气候属亚热带高原季风温凉气候，受西南季风气候的影响，雨量集中于夏、秋两季。土壤主要有红壤、紫色土、水稻土 3 个土类。主要河流有：沙河、马料河等河流。主要矿产有盐矿、砂矿、红砂、石灰岩、方解石等。

【行政区划·人口】 2009 年，太平镇下辖 3 个村民委员会，3 个社区居民委员会，33 个自然村，20 个村民小组，16 个居民小组。到 2009 年底，全镇总人口16 523人，其中：农业人口4 682人，非农业人口 11 841人；男 8 253 人，女 8 270 人；少数民族人口 5 251人，占总人口数的 31.78%。世居民族主要有汉族和白族，汉族人口11 271人，白族人口4 118人。乡村从业人员6 756人，劳动年龄内的从业人员5 919人，男从业人员3 395人，女从业人员3 361人，农林牧渔业从业人员2 798人，从事二、三产业的3 958人，其中工业从业人员1 362人，建筑业从业人员 687人，交通运输仓储和邮电从业人员 671 人，信息传输、计算机服务和软件业从业人员 90 人，批发与零售业从业人员 458 人，住宿和饮食从业人员 581 人，其他行业从业人员 109 人。

【经济发展概况】 2009 年，太平镇总产值达 183 741万元，工业总产值达到161 462万元，全镇农业经济总收入达 5.08 亿元，比 2008 年的 4.913 亿元，增长 3.4%；全镇财政总收入完成9 622万元，比 2008 年的3 525万元增收6 097万元，增长 173%，其中：镇本级一般预算收入完成5 770万元，完成年度预算2 606万元的 221.4%，同比上年的2 393万元增收3 377万元，增幅为 141.1%；上划中央“四税”完成3 519万元，完成预算1 099万元的 320.2%；同比上年的1 077万元增收2 442万元，增幅为 226.7%；上划省级收入完成 333 万元，完成预算 67 万元的 497%，同比上年的 85 万元增收 248 万元，增幅为 291.8%；全镇财政收入实现了翻一番。全镇财政支出3 215万元，其中：一般预算支出2 107万元，完成年度预算数2 107万元的 100%，基金预算支出 192 万元，完成上级追加专项指标数的 100%，上解支出 916 万元。实现了财政收支平衡、略有结余的目标。财政支出控制在预算指标之内。农民人均纯收入稳步增长，从 2008 年的 4 901 元增加到 5 398 元，增长 10.3%。

【农业及农村工作概况】 2009 年，太平镇按“一产退出、二产选入、三产突出”的发展思路，全力推进太平镇由农业经济镇向城市新区的转变。全镇完成大春粮食作物播种面积1 320亩，完成粮食总产 576 吨，平均单产 440 公斤。完成优质稻 330 亩、水稻测土配方施肥 250 亩，全部做到规范化条栽；玉米育苗移栽 100 亩，“118”工程 300 亩，地膜包谷 300 亩，玉米配方施肥 300 亩。完成绿化苗木种植2 110亩、草坪种植1 220亩、蔬菜种植3 508亩，其中浅水藕 595 亩，上市量5 476吨，总产量6 716吨。完成粮油播种面积1 132.5亩，其中：小麦 238.5 亩，蚕豆 282 亩，油菜 264 亩。完成小春粮食总产 103.2 吨，单产 118.67 公斤，油料总产 29.5 吨，单产 111.33 公斤。坚持把增加农民收入作为农业科技工作重点，认真组织实施各项农业科技措施，加大科技推广力度，面向市场，依托资源，依靠科技，发挥优势。深化农业结构调整，发放惠农补贴 26.61 万元；鼓励农村土地承包经营权流转，土地流转 1 155.9 亩，流转面积 29.89%，种植草坪1 220亩，栽种绿化苗木2 110亩；种植蔬菜3 893.66亩（其中：浅水藕 595 亩），总产量8 670吨；进一步完善村（社区）办公经费财政投入保障机制，启动村级会计委托代理服务，全面开展村级干部任期和离任经济责任审计，农村集体资产管理和村务、财务公开工作得到加强。镇政府与安宁市供销合作联社共同出资10万余元分别对册峨村委会光崀大村、始甸居民委员会妥乐村的农村小集贸市场进行改造，进一步改善了农村农产品交易场所。

【畜牧兽医工作】　2009年，太平镇加大重大动物疫病防治工作力度，全镇高致病性禽流感强制免疫二次，完成禽类强制免疫219 213只，其中规模养殖场202 150只，农村散养禽17 063只。口蹄疫强制免疫二次，完成牲畜口蹄疫强免33 369头，其中猪26 801头，牛2 465头/次，羊4 103只。山羊痘强制免疫一次，完成山羊痘强免2 176只。狂犬病强制免疫一次，完成狂犬病强免1 542只。充分发挥太平镇的资源优势和区位优势，提升畜牧业生产发展水平。2009年全年完成生猪存栏5 075头，出栏16 053头，家禽出栏276 755只，肉牛出栏261头，肉羊出栏3 820只，肉类总产量3 810吨，奶类产量125吨，禽蛋产量181.5吨。全力做好牧医科技推广工作，完成猪人工授精207头，牛冻精改良71头（其中肉牛55头，奶牛16头），产犊84头，免疫标识佩带21 340个，畜禽综合免疫注射125 244头（只），青贮饲料推广3 163吨，人工种草208亩，开办专业培训班11期。按照太平新区的规划要求，对太平镇区域内的违章规模养殖场进行整治，本着坚决控制增量，逐步取缔现有存量的原则，向81家违章规模养殖场下发了限期搬迁或关停通知，为减少规模养殖场对环境造成的污染，更好地利用牲畜粪便，对三家养殖场进行排污改造，新建成大型沼气池4口，房式储粪池220立方米。

【林业工作】　为确保太平镇2009年度森林防火工作的顺利开展，有效防止重、特大森林火灾和人员伤亡事故的发生，镇政府对2009年度森林防火工作进行了周密的安排和部署，层层签订森林防火责任状，做到横向到边，纵向到底；全镇共刷新防火宣传牌36块，新增防火宣传碑2块，书写并张贴临时性防火宣传标语500余条，刷新半永久性防火宣传标语300条，张贴森林防火省长令100份、市长令150份，发放《入山告知书》3 000份、《告市民的一封公开信》5 000份、《致游客的一封公开信》800份、《森林防火户主通知书》4 800份；在财政资金紧缺的情况下，足额预算批准了森林防火经费55万元，为森林防火工作的开展做好了坚实的资金保障。全年发生森林火情1起，过火面积400平方米。有效地防止了重、特大森林火灾和人员伤亡事故的发生。高度重视林业的发展和改革工作，把林改工作列入重要议事日程，安宁市林改办下拨到太平镇的5万元林改经费和10万元的报账制经费外，镇级投入资金7.5万元，各村（居）委会、村（居）民小组也投入一定资金，林改经费达每亩1元以上，为林改工作的开展提供了资金保障。全镇应确权林地面积56 025亩，实际确权面积55 867.7亩，林改前流转面积8 386.9亩，集体统管公益林30 131.8亩，已确权宗地数466宗，已（换）发林权证248本，已确权到户263户，发林权证宗地数420宗，宗地发证率90.1%，实际确权率99.7%。全镇2009年商品林采伐涉及5个村委会13个村民小组22户；林种有桉树和圣诞树；采伐总面积1 077亩；采伐总蓄积量5 000立方米。认真做好辖区内森林病虫害的监测和防治工作，2009年4月8～10日，用4.5%绿福500倍液柴油乳剂，对全镇13个防治点的6 800亩滇油杉等针叶植物进行了松毛虫防治，防治率达93%。积极协助安宁市抓好“五采区”、近山面山绿化造林及林木管护工作。超额完成2009年义务植树造林工作任务，共植树425亩（其中连片造林314亩，零散造林111亩）70 900株，超额完成面积35%，苗木成活率达96%。城镇面山造林和交通沿线造林1 023亩（城镇面山造林661亩，含新增部分310亩，地点在始甸水库北面的象鼻山；交通沿线造林362亩，地点在读书铺轿子山的石场山一片），苗木成活率达96%。

【交通·邮电】　太平镇交通十分便利，全镇32个自然村都通了公路。安石一级公路、昆安高速公路和成昆铁路穿境而过。其中：安石一级公路过境段9千米，在镇境内建立交桥4座；昆安高速公路过境段近8千米；成昆铁路读书铺火车站在镇境内。镇内主要公路干道有安石公路、昆安高速公路、太平集镇至玉龙湾的镇级公路、太平到册峨13千米的乡级公路，太平集镇至红星农场的乡级公路，太平集镇主干道，镇境内公路总里程55千米。在市级有关单位的大力支持下，开通了安宁至太平册峨村委会、太平至昆明的公交车，极大地解决了群众出行难的问题。

【水利·电力】　2009年，太平镇进一步完善农村人畜饮水管网改造建设，先后完成了哨上村至桥头村主供水管道安装工作，将下凤凰龙潭水源引至桥头村；石照壁水源由龙箐村至桥头村口与下凤凰水源进行了并网连接；桥头村至太平新老村水池主供水管道实施了线路改道安装工程；在册峨新建一座过滤池等项工程。完成农村小型水利工程管理体制改革摸底调查，全面掌握全镇水利工程现状，根据摸底调查的结果，全镇6个村（居）委会现有小型水利工程231件、小坝塘56个、小水池15个、小水窖118个、1立方米/s以下的沟渠40条、小型泵站2座、农村人畜饮水工程40件；总投资3 738.84万元，其中国家投资489.04万元、乡村社集体投资3 239.3万元、个人10.5万元。全镇共有大小库塘61座，总库容519.5万立方米。

全年农田灌溉用水，完成了册峨阿石冲水库更换机械闸，妥睦村委会老峨山水库机械闸房修复及全镇今冬明春修沟道的改道清淤任务，保证了全镇农业生产各项任务的顺利完成。

【乡镇企业及商饮业】　太平镇乡镇企业稳步发展，2009年非公企业有698个，骨干企业主要有安宁友顺工贸有限公司、昆明湘大骆驼饲料有限公司、昆明泰尊祥和房地产开发有限公司、昆明广明水泥厂、安宁盛世达化工有限公司、云南新天力机械制造有限公司、云南英茂生物农业有限公司、中油安宁宏宇加油站等。从业人员6 669人，完成指标任务数的100%。增加值完成34 560万元，完成目标数33 111万元的104%。实交税金累计完成3 431万元，完成指标任务数2 660万元的128%，社会消费品零售总额累计完成17 222万元。

2009年，太平镇有商业网点664个，住宿及餐饮网点83个，批发零售业网点229个，食品加工业15户。镇境内有太平集镇，桥钢、安化、读书铺、象石、九公司等集贸市场。

【科·教·文·卫·体】 2009年，太平镇全面贯彻“两免一补”政策，义务教育整体水平进一步提高，教育事业均衡发展，全镇1 561名义务教育阶段中小学生享受免杂费补助和国家免费教科书政策，267名农村义务教育阶段贫困家庭寄宿生享受生活补助，为特困残疾学生发放救助资金。营造尊师重教的良好氛围，财政支出13.5万元，支持教育教学活动的开展、优秀教师的奖励和教学设备的更新；按照省、市要求，全面完成学前教育100%的民办化，实现农村儿童共享幼儿教育资源，改变了农村无幼儿园、学前教育普及率低的局面，有效促进教育可持续均衡发展。2009年全镇科教工作结合农业生产特点，继续坚持实施“科技兴镇”的战略思路，努力提高广大干部群众的科技意识，年内组织水稻测土配方施肥、无公害蔬菜栽培及种子繁殖技术、绿化苗木病虫害防治技术宣传培训41次，参加人数3 260人次，出科技黑板报257板，宣传栏144栏，贴宣传标语2 630条，举办“科普活动周”活动1次；共发放草坪及绿化苗木栽培管理技术、畜禽养殖技术、农村能源技术、科技致富、疾病预防等各类科普材料5 600份，发放各种科技宣传材料10 300多份。

文体工作围绕丰富活跃广大群众的文化生活，满足人民群众对业余文化精神生活的需要，组织镇各文艺队开展文化“四下乡”活动、春节文艺汇演和电影下乡活动，全镇文艺演出共35场次，各项活动广泛开展，进一步丰富了群众的文化生活。同时加强文化市场管理，建立了《太平镇文化市场管理工作制度》，适时联合公安、工商等部门进行“扫黄打非”专项整治和文化市场检查19次，举办各类宣传活动10次，保证辖区内文化市场健康有序。体育工作继续巩固，新建册峨村委会、始甸村居民小组健身路径，真正发挥了全民健身的作用。1月26日桥头村委会组织了“趣味”运动会，内容有拔河、双抠、象棋等；2月27日举办了妥睦、册峨村委会运动会；3月份协助镇妇联组织举办了太平镇“三八节”趣味运动会比赛；5月22日至26日组队参加市气排球比赛，荣获老年代表队第二名、男子组第六名的好成绩；8月13日至14日组队参加市少数民族传统体育陀螺、吹枪选拔赛，太平镇代表队顽强拼搏勇夺：陀螺男子团体第一名、女子团体第二名、男子个人第四名和第六名、女子个人第五名和第六名；吹枪男子团体第二名、个人吹枪男子第三名的好成绩。8月21日，太平镇举办第一届“8·8全民健身”趣味运动会比赛，政府代表队获得团体总分第二名的好成绩；9月3日，协助老年大学成立组织了文艺演出活动；9月28日下午，为了迎接祖国60华诞，创建和谐太平，活跃镇职工文体活动，举办“迎中秋、庆国庆”篮球友谊赛；10月14日至21日，太平镇9名运动员参加了在寻甸县举办的昆明市第九届少数民族运动会，主要参加了秋千、吹枪、健美操项目，其中：张建萍秋千女子两人高度第五名、足铃第三名、团体第八名；袁继华吹枪团体第三名、个人全能第六名、跪姿第五名、立姿第六名；方南芳、姜莉健美操队等10名运动员，团体获得综合类操二等奖，规定类操、自编类操获得三等奖的好成绩。

太平镇大力开展卫生运动及创建爱国卫生先进单位，加强卫生执法监督工作，重点对公共场所、集贸市场食品卫生进行监督，打击各种形式的非法行医活动，严格卫生许可证办证、换证检查。2009年全镇有村（社区）卫生所5所，共有乡医10人，个体诊所6个，行医人员25人。全镇所辖6个村（居）委会参合人数为6 816人，为保证2009年新农合作计算机现场报销工作的顺利开展，镇合管办按照原始缴费名册于2月底完成了各村小组参合人员信息录入，确保了新农合计算机网络管理工作顺利开展。全年有20例病人申请大病救助，经市合管办审核均符合条件，按照标准共计获得资金补助131 531.68元。认真贯彻落实安宁市委、市政府的重大决策和工作部署，成立了甲型（H1N1）流感防控工作领导小组，落实责任，及时宣传了甲型（H1N1）流感防控相关知识，发放宣传画册214张。切实抓好甲型（H1N1）流感防控工作。

广播电视工作有序开展，有线电视安装用户3 131户，增户116户，零散户安装92户，工程队安装607户，维修故障161户，收视费243 000元。

太平镇开展丰富多彩的群众性文化活动。
（太平镇　供稿）

【社会·治安】 2009年，太平镇始终坚持“四个文明”建设作为总揽工作全局，以开展“组织领导好，思想建设好，改革开放好，文化建设好，文明风气好”为主要内容的文明单位（村）创建活动为载体，坚持科学发展观，大力开展“十星级文明户”、“文明单位”、“文明村”、“花园式单位”等群众性精神文明创建活动。全年申报创建云南省级文明单位1个，昆明市级文明单位1个，安宁市级文明单位1个，安宁市级文明村1个。昆明市强制戒毒所已通过了省级文明单位验收。为培养职工吃苦耐劳、团结协作、不畏艰险的精神，2009年12月19日组织全镇职工和太平管委会职工进行了一次“展风貌、树新风、迎新年”登山活动。在“三八妇女节”、“五一劳动节”、“五四青年节”、“六一儿童节”等节日组织健康有益的主题文体活动，推进了精神文明建设活动的开展。

坚持为民优质服务，积极落实外来人口“四同”制度，太平镇财政列支配备9名计生流动人口专管员，加强流动人口计划生育的监管，截止2009年12月31日，全镇常驻总人口为16 560人，出生率为9.08‰，死亡率4.43‰，人口自然增长率4.6‰，符合政策生育率达99%；全面落实奖励扶助制度，做好奖、优、免、补工作，全镇累计领取《独生子女父母光荣证》579户，其中：新增203户，办理义务教育、高中、大学阶段奖学金229人，一次性奖励10人，兑现独子保健费579人。重视协会工作，全年组织有关政策宣传、志愿者服务3次。

民政工作坚持上为各级党委政府分忧，下为各类民政对象解愁，以全心全意为人民服务为宗旨，以维持社会稳定为根本任务积极开展工作。全年发放救灾救济粮78户154人4 150公斤；为农村特困残疾人危房改造11户23人116 050元；农村特困户安居工程危房改造9户25人360 000元；退伍军人住房修建改造1户3人1 000元；复员、退伍军人治病救济2户4人1 200元；发放老年人80岁保健补贴215人127 150元。全面落实优抚政策，积极为弱势群体落实各项政策，大力开展走访慰问活动，尽力为他们排忧解难。按时发放参战人员生活补助72人，全年发放资金112 320元；春节走访慰问驻地部队4家、消防队2家，发放慰问金17 101.50元；召开各村（居）委会春节退伍军人座谈会6场次，538人32 501.50元；“助残日”走访慰问5户特困残疾人1 000元，收治精神病人3名；“八一”节慰问驻地部队4家12 000元，复员军人16人3 200元；发放农村（居民）困难群众医疗补助3 000元；2009年民政对象精减退职、复员军人、五保户、农村低保户参加新型农村合作医疗保险100人2 000元，失地农民农转非参加城镇居民基本医疗保险7人（其中，领取城市最低生活保障金6人）缴费70元。根据《安宁市人民政府办公室关于转发安宁市三沿五区范围内坟墓整治工作方案的通知》精神，认真开展清查，全镇共平毁“活人墓”76冢，全年死亡人口73人（其中，农村29人，城镇44人，火化率100%）；发放农村居民遗体火化后进入公益性公墓安葬镇补助54人28 500元，农村公益性公墓植树绿化12 040株，“三沿五区”坟墓整治415冢，植树绿化350株，兑付市补助三沿五区老坟搬迁补助款160 600元，137冢。

开展了本辖区内926退休人员资格认证工作；加强对离退休人员的管理和养老金按时足额发放，认真做好城市居民低收入家庭和申请廉租住房、租赁补贴受理工作，申报城市低收入家庭申请廉租住房4户7人，租赁补贴2户4人4 140元。

认真落实被征地农民养老保险制度，镇财政按比例配套资金108.8万元，为3 007人办理被征地人员的养老保险参保手续，现已有659人达到年龄开始领取养老保险金；清理享受城镇低保户数为874户1 171人，月发放保障金106 718元；农村低保全镇保障34户70人，月发放保障金6 920元；为失地人员按每月190元的标准发放3年生活过渡费，享受三年生活过渡费人员3 644人，月发放过渡费692 360元。组织培训农村剩余劳动力478人，剩余劳动力转移输出902人。集中供养“五保”人员19人，组织拥军拥属、妇女儿童、残疾人等工作取得新成绩。

深入开展“打黑除恶”专项行动，严厉打击各类违法犯罪活动，全年接处警889起，立刑事案件64件，破获案件37件，综合破案率为57.81%；立案数与2008年同期相比下降35件；查处各类治安案件153件，2009年刑事案件的增幅低于近3年的平均值，破案率超过近3年平均值，“命案”发案同比下降，八类现行命案破案率达全省平均水平以上。不断加强综治维稳工作队伍建设，投入经费13万元加强农村平安建设工作，积极推进“平安建设”活动，集中解决群众反映强烈的热点、难点问题，接待信访96件，接待来访人员158人次，办理上级督办信访案件38件，办结38件。全面抓好食品安全监管、安全生产排查工作，认真履行属地综合监管职责，确保食品安全事故、安全生产事故“零发生”。

【新农村建设】　2009年，太平镇聘请专家对太平新区规划控制红线范围外的村组进行了社会主义新农村建设实施性规划，根据各村小组的实际情况进行了规划设计。在“整村推进”桥头村委会辖区七个行政村的工作中，除哨上村民小组因昆广复线扩建面临大面积拆迁，为避免投资浪费而未立建设项目，其他六个村小组共实施完成项目建设19个，项目投资471.57万元。把加快信息村建设作为新农村建设的重要任务来抓，完成了摸底调查和宣传工作，发放宣传材料1 000余份，在三个村委会组织信息村建设宣传专题会议三次，建设信息村宽带体验点一个，安装配置体验电脑3台。目前正在进行线路铺设、机站建设等工作。

太平镇认真抓好村级公益事业“一事一议财政奖补”项目实施。完成纳入村级公益事业一事一议财政奖补实施的项目共有8个，占全镇32个村民小组的25%，其中：道路硬化2个，机耕路挡墙1个，太阳能路灯建设2个，村内绿化3个，受益户数1 004户，受益人数达2 642人，总投资970 527.7元，其中：村民筹资1 000元，筹劳2 042个，每个工折资25元，共折资51 050元，申请财政以奖代补资金

390 700元。涉及2个村委会8个村民小组的项目均在一事一议方案的预期内完工。

【生态及城镇化建设】 2009年，全镇认真组织系统规划，果断决策，快速启动和推进关系全局、影响长远的门户区改造的基础设施建设，投资929.35万元在集镇入口新建绿化苗圃基地，新增绿化面积57 222平方米；投资252万元对玉龙路及人行道进行了全面修复；投资48.5万元安装太阳能路灯36盏，新修建了有79个车位的停车场，终结了集镇无停车场的历史，太平新城门户区形象得到有效提升。

坚持经济建设和生态建设并重，全面推进环境综合整治，沙河沿线全面截污、全面禁养、全面绿化、全面整治工作有序开展，向81家违章规模养殖场下发了限期搬迁或关停通知，同时对3家养殖场进行排污改造，新建大型沼气池4口，房式储粪池220立方米；完成西园河道机耕路绿化10.2公里、交通沿线面山造林1 023亩、坟山绿化12 390株，全民参与、主动绿化义务植树425亩，新建苗圃450亩；持续开展整治违法排污行动，推动节能减排工作，关停五小企业3家，广明水泥厂淘汰产能顺利完成，淘汰产能30万吨；启动机关节能工作，推广使用高效节能灯8 000只。投资330万元，建成农村公益性公墓，“三沿五区”整治成效显著，火化率达100%。投资90余万元，完成太平镇第一座垃圾中转站的建设。强力推进违法加层、无序建房和铁路沿线环境整治工作，累计拆除违章建筑30户、建筑面积5 876.54平方米、用地面积10 784.31平方米。进一步规范农村住宅建设管理，为新区开发创造良好的环境，积极开展创建“全国优美乡镇”工作，结合全市“创卫”工作，集镇环境卫生、交通秩序专项整治取得新成效。

多元化突破建设资金瓶颈，采取代建、BT等方式，全面推进太平新城基础设施建设。投资4 000万元完成配套建设18公里的供水主管工程、沿道路4.2公里的绿化建设；2009年，继建项目长8.4公里的主干道二期工程；新开工项目共7个，分别是：4#支路、3#次干道延长线、东环干道40米段第四标段、西环干道一标段、体育场馆段道路工程、闽粤石材城基础设施配套工程及太平体育运动中心建设项目。水电路讯基础设施基本覆盖了一期11平方公里开发区域，基础设施支撑能力进一步提升，城市功能进一步完善，城乡一体化进程加快步伐，为跨越式发展增强了后劲。

【国土资源管理】 2009年，太平镇切实加强土地资源管理，全面贯彻落实《国务院关于促进节约集约用地的通知》及相关配套文件，通过开展清理整顿土地市场秩序，对区域内6个新增建设用地地块要求限期开发，5个被列入清理的“8·31”地块，1个已被收回土地使用权，1个正在办理变更用地性质，另外3个已取得审验换证通知，正在完善后续手续，对推进太平新区开发进度起到了积极的作用。严格农村住宅建设监管，符合条件的积极组件报批，不符合申请条件的坚决不收件，全年共上报26户。认真开展国土资源动态巡查、依法治理违法用地。全年共开展巡查91次，发现违法占地建设行为103起，其中有21起情节轻微，经劝说后停止了违法占地建设行为，未发《责令停止国土资源违法行为通知书》；另外的82起下发了《责令停止国土资源违法行为通知书》。积极配合区域内第二次土地调查工作，得到了作业单位的好评。认真配合镇政府完成区域内征地工作，全年已完成年批次报地和单独选址用地18个地块，拟用地面积近4 500亩；同时对已批准农地转用的9个地块征地补偿的测算工作，切实保护被征地农民的合法权益。

按上级文件精神并结合太平区域实际协助完成了区域内征地统一年产值标准和征地区片综合地价补偿标准实施工作。协助完成了太平区域土地利用总体规划修编工作。积极开展非煤矿山的安全检查，全年矿山检查92次，发现隐患68起，已整改68起，对矿山的安全生产、减少地质灾害起到了积极的作用。

【补选人大代表】 2009年12月4日，太平镇选举安宁市第四届人民代表大会代表1名、补选太平镇第二届人民代表大会代表1名，代理镇长李强当选安宁市第四届人民代表大会代表、镇第二届人民代表大会代表。

【招商引资工作】 2009年，太平镇新签约项目7个，分别是太平集镇改造项目、东盟国际建材城、云南朗明印务建设项目、规划师学术交流中心、奥林匹克·记者村、云南省政协委员培训基地、鸿曦集团投资项目，其中奥林匹克·记者村已经动工建设。在谈项目共9个，整个平台组全年实际到位内资23亿元，完成年初目标任务144%，其中市外资金13.2亿元，完成年初目标任务110%，市内资金9.8亿元，完成年初目标任务244%；外资5 000万美元，完成年初目标任务200%，各项招商引资任务均超额完成。

【全面完成5件实事】 太平镇政府创新模式、加大投入，始终把更多的人力、物力、财力和领导精力投入到改善和保障民生上来。一是镇财政单独列支，于2009年5月起实行农村（社区）年满60周岁的农村老党员每月领取50元的定补政策。二是投入100万元资金，为新建、修缮、配套设备、规范管理等工作完成新区规划范围外的15个村（居）民小组活动阵地规范化建设。三是积极开展基层群众文化活动，在全市率先成立安宁市老年大学太平分校，第一期招收学员137人；组建太平市民学校，第一期招收学员128人；组建了12支太平市民学校基层文化活动队，有队员160余人。四是完成了安置始甸居委会（妥睦村委会）、册峨村委会，1 605户4 833人的2个集中安置小区选点、规划工作，努力实现农村居民居住生活方式一次性向城市居民生活方式转化。五是抓好人畜饮水改造建设，镇财政列支68.5万元，完成7件水利工程，解决妥睦村等地饮水难的问题。

【政府自身建设】　2009年，太平镇加大行政管理体制和机制改革工作力度，实行“三位一体”的开发建设管理体制，统筹协调，提高效能。进行综合职能“大部门”工作机制调整，以开展“行政效能提升和干部作风改进”活动为契机，规范机关内务各项管理制度。成立“目督办”，加强对重大项目和重要工作的督查；实施“治庸计划”，加强机关干部工作紧迫感；启动镇村组“三级联动”体系建设，提升为民服务水平；抓牢抓实信息工作，上报政务信息138条。全面推进阳光政府四项制度，认真执行各级人大的决议，自觉接受人大及其常委会的法律监督、工作监督，办理人大代表建议、议案63件。严格执行厉行节约的各项规定，实现会议经费、公务接待费、出国、出境经费的“零增长”。

2009年9月11日，安宁市人大代表小组持证视察太平镇。　（太平镇　供稿）

【人事调整】　2009年3月10日，中共安宁市委任命李强任太平镇人民政府副镇长、代理镇长；马丽平任太平镇人民政府副镇长，免去杨利明太平镇人民政府镇长职务、唐启宁太平镇人民政府副镇长职务。2009年10月20日，市委组织部宣布杨利明调任农业局局长，不再担任太平镇党委书记职务。

（高　杉）

草铺镇

【自然概况】　草铺镇位于安宁市西部，昆畹公路45公里处，距安宁市区12公里。东邻连然镇，南接县街镇，西靠易门县，北连青龙镇，总面积171平方公里。最高海拔2 400米，最低海拔1 600米。镇域内草铺、麒麟、权甫、三家、柳树、青龙哨6个村委会属金沙江水系，邵九村委会、王家滩村委会属红河水系。居住着汉族、苗族、彝族、傈僳族等民族。草铺镇是昆明通往滇西的重要驿站，古往今来，商贸往来频繁，人流、物流、信息流穿梭不息，境内有320国道和安楚高等级公路穿境而过，铁路东南连接昆安线，西北连接成昆线。镇域内铁矿、磷矿、沙石、地下水资源丰富，交通发达便捷，电力充裕，通讯设施齐全，投资环境良好。境内大中小型化工企业林立，成为安宁市西郊化工园区。全镇辖8个村民委员会，1个居民委员会，43个村（居）民小组。2009年，全镇总人口16 734人。其中，农业人口14 109人，非农业人口2 625人。全镇共有耕地面积11 111亩，其中水田3 623亩，旱地7 488亩。草铺镇矿产资源丰富，其中以磷矿、铁矿居多。农作物种类繁多，传统农作物有水稻、小麦、荞麦、高粱、大豆、马铃薯等。

【经济发展概况】　2009年，草铺镇完成招商引资82 897万元，实现财政总收入10 453万元，其中地方财政收入6 439万元，分别增长29%和49%，偿还历年积债87.35万元；农村经济总收入达21 122万元；农林牧渔业总产值预计达10 416万元，比上年的9 644万元增长8%；乡镇企业增加值42 935万元，比上年的39 777万元增长7.94%，非公经济实交税金8 507万元，比上年的3 491万元增长143.68%；实现农民人均纯收入6 119元，比2008年的5 600元增长9.3%。

【产业结构及“三农”工作】　2009年，草铺镇建立王家滩野猪养殖协会，带动农户15户，户均收入达5 000元；邵九茶叶协会完成茶叶生产12 000公斤。引进昆明万园春园艺有限责任公司，解决当地富余劳力100余人。完成大小春粮食作物种植17 541亩，实现粮食总产量7 156吨，确保了全镇用粮安全。完成烤烟收购13 360担，收购金额1 021万元。加强畜牧业生产及畜禽重大动物疫病防治工作。完成肥猪出栏15 381头，家禽出栏1 010 000只，肉类总产量3 352吨；办理能繁母猪保险1 054头，认真做好春秋两季重大动物疫病防治工作，保证了畜牧业的健康发展。林业和水利水土保持工作取得新成绩。加强护林防火工作管理，年内未发生森林火灾；全年完成绿化造林1 150亩，植树192 050株，防治森林病虫害20 000亩，完成人工商品林采伐960.8立方，完成了林改主体改革及整改完善工作。水利基础设施建设进一步加强，投资856.2万元，实施了大箐水库引水工程和邵九龙潭湾调水一期工程，完成了王家滩小鹰窝渣库挡渣滤水墙、集镇沟道清淤、河底人畜饮水改造、小石桥片区三面光沟等工程；加强农机安全监管，组织农机安全培训312人次，查处违章运行15台次，完成农机年检586台，进一步巩固了“平安农机”示范镇创建成果。以新农村建设为切入点，继续实施“绿色光亮工程”，安装太阳节能路灯125盏。群众生活条件得到较大改善，乡村面貌焕然一新。

【项目及重点工程建设】　2009年，草铺镇共引进项目24个，年内累计到位资金82 897万元，完成年度目标任务40 000万元的172.7%。全镇吸纳从业人员6 686人。柳树花园二期安置房建设按期竣工，并完成搬迁入住工作。三条园区运输快速通道建设正常运转。昆钢技改项目场地平整顺利开工，中石油云南炼油厂项目选址权甫，各项目的建设将推动草铺工业园区再上新台阶。完成昆钢技改项目一期规划红线范围内五个村民小组682户1 407人整体搬迁。

【集镇建设】　草铺镇持续加大基础设施和环境整治投入力度，加强320国道和安楚高速公路沿线30米范围内乱堆、乱放行为的整治。结合拆临拆违工作，查处违章建设76起，拆除违章建筑面积12 115.79平方米。投资8 681 150.24元对320国道集镇路段两侧4.24公里进行绿化，完成绿化面积38 637.11平方米。完成集镇道路两侧路灯安装88盏，金鳞路、政通路新增绿化面积5 770平方米，新建苗木基地2个，全镇现有苗木基地6家，占地1 064.5亩，为加强集镇建设和村庄绿化奠定基础。绿化美化工程逐步向村级延伸，投资50万元购置小叶榕，首批为草铺、架良山、杨柳坝、吴海塘、马明安5个村进村道路进行绿化。垃圾中转站建设完工投入使用并运行正常，集镇生活垃圾做到日产日清，顺利通过省级卫生乡镇复检验收。在集镇显要位置竖立了“草铺镇”标志碑，象征着草铺镇经济社会蒸蒸日上。

（唐建梅）

青龙镇

【自然概况】　青龙镇位于安宁市西北部，东与温泉镇为邻，南与草铺镇相依，西接禄脿镇，东北与西山区团结镇相连，西北与禄丰县勤丰镇接壤。距安宁市区27公里，距昆明市区60公里，面积138平方公里，辖白塔、青龙、赵家庄、双湄4个村委会34个村民小组和1个社区居委会2个居民小组，其中：有彝族村民小组6个，苗族村民小组1个。森林覆盖率86%，素有“绿色之乡”的美称，境内交通方便，成昆铁路、广昆复线穿境而过，安楚高速、320国道、安武、安富、双青、水青等公路四通八达，区位优越。

2009年末，全镇总户数3 280户，总人口11 000人，其中：乡村人口6 841人，男性3 292人，女性3 549人；居民人口818人，少数民族人口995人，占总人口数的9%。世居民族主要有汉族6 664人，彝族794人，苗族86人。外来人口3 300人。农村劳动力4 374人，其中：男劳动力2 232人，女劳动力2 142人，从事第二、三产业2 504人。全镇实有耕地7 729亩，其中，水田5 674亩，旱地2 055亩。

【经济发展概况】　2009年，青龙镇地方财政总收入完成13 511万元，完成年预算数13 200万元的102.4%，其中：地方一般预算收入完成6 109万元（增幅为10%），完成市政府下达增12%即6 297万元的97%。地方预算支出2 931万元，完成预算2 931万元的100%。根据财政管理体制，市级认定青龙镇财政总收入9 756万元、地方一般预算收入5 171万元。全镇有非公企业296户，从业人员4 880人，比2008年增加673人，增长16%，全年实现工业总产值30余亿元，增加值完成31 500万元，工业增加值完成28 750万元，实交税金完成5 010万元。农业总产值7 115万元，增长5%；粮食总产3 870.7吨，增长0.4%；收购烤烟202.5吨，实现交售收入307.4万元。农民人均纯收入达5 637元，比2008年农民人均纯收入5 042元增加595元，同比增长11.8%。

【基础设施建设】　2009年，青龙镇严格按照集镇总体规划，围绕“农民向集镇集中”的原则，以开发河西新镇区为目标，加大资金投入，启动了双青公路和青龙学校建设等12项重点工程建设项目，并对项目进行分解立项，落实责任领导、责任人及完成时限；建立每半月召开推进会议机制，加强对重点工程推进情况的督查、督办，有力保障了项目的顺利推进。完成小箐村整体搬迁安置工作；完成汽车客运站一期工程和青龙学校主体工程建设；双青公路改（扩）建设实现路基通车；青龙寺恢复重建和打金甸水库建设进展顺利。集镇的承载力、支撑力和吸纳力明显增强。

【招商引资】　2009年，青龙镇紧紧围绕“建设中心、保护一轴、控制两翼、发展白塔”的城镇发展思路，坚持实施对外开发战略，及时成立招商引资工作机构，落实专人负责，狠抓招商引资项目的跟踪服务，按时、按质、按量上报招商引资项目建设进展情况和重点项目推进情况，招商引资工作取得了一定成效。截止2009年12月30日，引资项目（含续建）已完工投产8个，在建项目5个，立项（备案）待建项目6个，意向、洽谈项目12个，招商引资本年到位资金40 419万元，完成市政府下达30 000万元的134.7%，其中：昆明市外资金31 350万元，完成市政府下达22 500万元的139.3%。

【园林绿化及生态建设】　2009年，青龙镇共投入资金902.6万元，全方位、多层次开展城乡园林绿化。完成青龙公园一期工程建设和供销社、镇机关食堂绿地项目建设；完成集镇行道树补植补种工作，集镇新增绿地8 830平方米，绿化率达38%，绿化覆盖率达40%，道路绿化率达95%。完成安富公路沿线23公里景观绿化工程；完成面山造林50亩、交通沿线造林100亩、坟山绿化21 794株、义务植树25 471株；新建苗木基地293亩；退耕还林108亩；开展了松坪后冲坝、白塔后箐坝和双湄山神坝水库绿化工作，村庄新增绿地16 637平方米，绿化覆盖率达33%，人均绿地率达12.24平方米。集镇人均公共绿地面积达68.01平方米。全面实施“组保洁、村收集、镇转运、市处理”的城乡垃圾处置模式，全年共清运垃圾304车，1 520余吨。拆临拆违工作强势推进，累计拆除临违建筑40户、1 618平方米，违法加层、无序建房得到有效遏制。加大环境保护和节能减排力度，鼓励、支持企业提高资源利用效率，推进工业“三废”的综合利用，依法对3户“五小”企业实行关停或搬迁。

【农业工作】　2009年，青龙镇全年粮食播种面积

8 212.4亩，平均亩产量471公斤，总产量3 870.7吨，比去年增0.4%。完成省市各级下达的良种、试验、示范各项科技措施推广任务。大小春农田灭鼠13 400亩，投放鼠药2 010千克，灭鼠样板四片面积1 230亩；指导防治稻飞虱、稻瘟病、稻蝗、油菜霜霉病等面积14 782亩。测土配方施肥完成面积3 365亩，占总面积的35.9%。拖拉机年检212台，年检率达96%。完成了现代农业示范园、农业旅游生态观光园初步规划，并启动建设。投资8.42万元，对109.5亩晚桃、21亩葡萄的规划、移栽及春季定干和夏季拉枝整形、修剪等进行补助。全镇共创办专业合作组织3个，入社农民会员户数32户。共组织农业科技培训12期、652人次，其中：葡萄培训4期、72人次；水稻测土配方施肥1期、58人次；水稻精准栽培技术培训4期、209人次；农业综合开发配套技术培训169人；IPM农民田间技术培训41人；绿色证书培训103人。

认真贯彻落实各级文件精神，加速农村土地流转，提高农业产业化经营。成立了农村土地流转机构——安宁市青龙镇农村土地流转服务站，制定了《关于加快推进青龙镇农村土地承包经营权流转促进农业规模化经营的意见》，对市下达的任务进行分解，下达到各村委会。通过对全镇36个村进行调查汇总，全镇耕地总面积6 045.1亩，二轮土地延包面积5 843.24亩，全年流转了637件、面积2 174.32亩，流转面积占耕地面积的36%。

【畜牧业生产】　2009年，青龙镇全年肥猪出栏10 046头，家禽出栏280 592只，肉牛出栏481头，肉羊出栏1 207只，禽蛋产量118.31吨，肉类总产1 680.45吨。现有年出栏500头规模养猪户3户，均建有房间式贮粪间，雨污分流排水沟和沼气池。春、秋季重大动物疫病强制免疫工作按时全面完成，共免疫注射牲畜口蹄疫13 536头，农村散养家禽禽流感免疫27 070只。经农业局抽查，免疫密度均达到100%；生猪定点屠宰场完成产地检疫4 224头，完成任务数的169%；屠宰检疫猪4 493头，完成任务数的149%；畜禽产品检疫合格率达95%以上。

【林业工作】　2009年，青龙镇森林防火工作做到"六个到位"。一是组织领导到位。进入森林防火期，迅速组织召开动员大会，建立健全森林防火组织机构，明确领导和成员，做到思想早统一，工作早准备，组织早落实，资金早到位。二是宣传工作到位。召开各种宣传会议114次；广播宣传423次；防火板报24期；发放户主通知书3 500份；制作防火宣传标语699条（块）；下发及转发森林防火相关文件6个、180份；防火戒严期，又制作10 000份森林防火入山告知书并宣传发放；在中小学生中广泛进行"六个一"宣传活动共11次。三是措施落实到位。完善扑火预案，储备扑火物资；对五种人、放牧人员、外来散居户落实了监护人并签订了责任书共计301人；与各村（居）委会、驻镇企业、风景旅游区及各相关单位签订责任书25份，并收取防火责任金4.5万元，形成了全社会齐抓共管的局面。四是责任明确到位。镇政府各村（居）委会全体工作人员缴纳森林防火责任金并签订责任状，使森林防火与个人利益挂钩，充分调动大家的工作积极性。五是检查督促到位。镇党、政主要领导亲自过问防火工作并不定时对巡山守卡人员、天保人员上岗就位情况进行检查，督促。镇政府成立5个防火检查组，实行领导包村、一般干部包组，发现隐患及时处理并提出整改意见。六是巡山守卡到位。设置森林防火检查点49个，新增巡山人员20人，对重点部位及重点路口实行24小时值班死看死守，圆满完成了2009年的森林防火工作任务。青龙镇的森林防火工作经考核名列全市第一。

办理了青龙学校和双青公路等建设项目的征占用林地手续，并做好后续跟踪服务。完成松毛虫防治面积2 600亩，取得明显效果，楚雄腮扁叶蜂也得到了有效防治。全镇已确权发证宗地859宗，核（换）发林权证540本，发证户为495户，确权率达到99.6%，林权证发证率为99.4%。

【水利建设】　2009年，青龙镇共计投入资金156万元，开展各类水利工程建设42件，其中：沟渠清挖20条，面上小修15件，重点工程3件。累计完成土石方量97 420立方米，清淤沟渠38.5公里，投入劳动工日117 800个，改善灌溉面积3 200余亩。

投入近4 000个工日，对螳螂川河道进行绿化，补植竹子4 200丛，种植杨柳树11 600株。完成双湄村委会禄脿河段绿化3.5公里，种植杨柳树460株。水库绿化共完成15件，其中小（二）型水库完成7件，绿化面积195亩，种植杨柳树4 616株，种植旱东瓜1 600株，种植其他经济果林4 300株。小小型水库完成8件，绿化面积135亩，种植经济果树7 450株。完成矿山等水土保持区绿化面积200亩，种植苗木3万余株，有效防治了水土流失。

【新农村建设】　2009年，青龙镇投资46.9万元，完成打金甸、茶花箐、杨家箐、兴龙村、禹龙甸五个村水利工程建设。投资5万元，为打金甸村安装变压器一台。投资53.6万元，为河上庄、兴龙村农户房屋外墙粉刷。投资150万元，完成打金甸、大李白、河上庄、禹龙甸村间排水沟整治。投资2万余元，为兴龙村、杨家箐村购置会议办公桌43套。投资81万元，为兴龙村修建篮球场挡墙、建盖了大李白、河上庄文化活动室，并对青龙村委会办公室进行了维修。投资81.5万元，在大李白完成农业综合开发项目，修建灌溉水沟3 433米、机耕道路2 073米。投资25万元，完成界牌村、立格母村、白塔村村容村貌治理和村间道路硬化。投资258.5万元，完成赤龙城、罗鸣村至白塔、邑旧村道路硬化7 600米。

全镇5个村（居）委会共使用电话1 991部，电话入户率97.16%，彩铃渗透率超过30%，来电显示率100%。经过安宁市信息村创建领导小组检查验收，青龙居委会达到二星级信息村标准，青龙、白塔、赵家庄、双湄4个村委会达到信息村标准。

【科技工作】　2009年，青龙镇共投入科技专项经费47万元，确保了科技工作的有效开展。完成了农村能源建设任务，新建沼气池10口；完成沼渣施肥推广等任务；引进太阳能光伏照明技术，推广绿色照明工程，全镇36个村（居）小组共安装太阳能路灯167盏，集镇新安装40盏；认真组织专管员进行学习培训，专管人员上门服务200余次。通过集中办班培训、以会代训、现场示范、参观学习等形式，共完成各类科技普及培训2 240人次，占全镇农村劳动力的74%。印发各类宣传资料2 000份（册）。开展了“科技下乡”和“科技活动周”、“全国科普日”活动，利用广播开展宣传科技知识4个小时，发放科普材料800余份，共服务600人次。开展科普讲座——《环境保护与资源利用》一期，共130余人参加。

【教育工作】　2009年，青龙镇7～12周岁人口数为575人，7～12周岁在校学生人数为575人，13～15周岁人口数为426人，初中阶段在校学生人数为426人，入学率为100%，辖区内学校小学辍学率为零，初中辍学率为零。督促学校认真贯彻执行“两免一补”政策，全年共补助学生1 166人、408 275元。建立了困难学生帮困机制，严格按照《中共青龙镇委员会、青龙镇人民政府关于建立青龙镇关心下一代工作基金和实行奖优助学金、困难助学金制度的通知》要求，继续发展“奖优助学、困难助学”活动。对参加中考，被录取普通高中、中专的学生及参加高考，被全日制高等院校录取的专科以上学生，实行奖优助学和困难补助，全年共补助122人、90 500元。启动青龙学校建设，项目总投资9 500万元，其中：镇政府自筹2 000万元，其余资金由市政府贷款贴息。学校规划建设用地为109.78亩，总建筑面积为28 705.32平方米。工程于2009年5月17日开工，计划于2010年9月1日竣工并投入使用。

2009年5月17日，青龙镇举行青龙学校建设工程开工仪式。　　（青龙镇　供稿）

【文体旅游】　2009年，青龙镇财政预算并核拨14万元文化体育工作专项经费，保证了文化体育旅游工作的顺利开展。镇2个文化室正常开放，管理规范；开展“流动书箱”活动，已交换图书800册，征订报刊6种、杂志46种，图书馆藏书达11 300册；全年放映电影共220场，观众达25 300人次。安宁绿苑山庄、安宁山楂园农家乐荣获“三星级农家乐”称号，四号农家乐荣获“二星级农家乐”称号；共开展文化体育旅游安全检查194次。

组织开展2009年春节文化系列活动，开展国庆60周年文艺晚会活动，自筹资金增添体育场地、器材，积极开展各项体育活动，组队参加安宁市“6·20”气排球比赛及少数民族陀螺选拔赛，组织了“8·8”全民健身活动。多方筹集资金，建盖白塔、罗鸣、双湄多功能文化活动室，在赵家庄筹建了农家书屋1个。做好创建“温泉——青龙峡”国家4A级景区前期规划工作，委托西南林学院国际生态旅游研究中心编制《青龙峡二期开发详规》和《关山场青龙峡景区总体规划》。

【卫生工作】　2009年，青龙镇不断加大公共卫生经费投入，做好新型农村合作医疗工作，2010年，全镇共有6 801人参加新型农村合作医疗，筹资率达99%，政府配套资金和农民筹集资金已全部按要求上缴市合管办。在春节、爱国卫生月及重大活动期间，认真组织群众开展爱国卫生运动，整治农村环境卫生；并根据安宁市爱卫会要求，组织开展了春秋季“除四害”活动及夏季灭蝇、蚊、蟑螂活动；配合有关部门做好农村改水、改厕工作，自来水普及率达100%；利用“文化四下乡”、“科技活动周”、“禁毒日”开展多种形式的健康教育宣传活动和爱国卫生宣传活动，认真做好控烟、无烟日、爱卫日宣传工作。成功创建为国家卫生镇，小李白、小箐村小组创建为省级卫生村，镇机关创建为昆明市爱国卫生先进单位。完成村（社区）卫生室建设任务。

2009年4月15日，青龙镇获国家卫生镇授牌仪式举行。　　（青龙镇　供稿）

【计生工作】　2008年10月1日至2009年9月30日，青龙镇常住人口（流动人口）共出生婴儿88人，符合政策出生人数88人，政策生育率达100%，人口自然增长率控制为3.2‰。建立了流动人口管理台帐，镇政府与村（居）委会、村（居）委会与各村组（单位）、房屋土地招租户签定责任书及管理合同，并对流动人口免费发放避孕药具、宣传材料及施行计划生育手术；对在异地违法生育来到本地的违法生育人员进行依法查处。按流动人口在500人以上的村（居）委会配备流动人口计划生育管理人员的要求，在青龙村委会、青龙居委会各配备了1名计划生育专职管理员。认真落实奖励扶助政策，100%录入基础数据，做到信息采集、初审、公示、上报审批、兑现各个环节规范管理。开展国家级计划生育优质服务先进市创建活动，实施了出生缺陷一级预防目标人群的预防干预工作。巩固提升计划生育优质服务成果，实施了外来人口计划生育“同宣传、同管理、同服务、同考核”四同制度，杜绝了流动人口在青龙镇的违法生育行为。

【民政工作】　2009年，青龙镇完成“青山陵园”建设，农村遗体火化率达100%，发放农村死亡人口遗体火化进公墓安葬补助86 000元。全年走访慰问军烈属、五保户、残疾人等各类对象203人，发放慰问金31 200元；临时救济242户、362人，发放救济金26 906元，发放救济粮74户、4 629公斤。城镇低保户原有39户、122人，全年共发放低保金126 600元，全部使用“一卡通”，实现社会化发放。完成农村社区试点工作，将双湄村小组列为农村社区建设试点，建盖村小组综合办公楼，建筑面积564.3平方米，总投资150万元，其中：市民政局补助50万元，其余100万元由镇、村小组承担，主体工程已完工。启动农村特困居民安居工程4户，已建好2户，2户正在施工。

【劳动和社会保障】　2009年，青龙镇成立了以镇党委书记任组长、镇长和镇纪委书记任副组长、镇属各相关部门及村（居）委会主任为成员的农村劳动力转移培训领导小组，制定了劳动力转移培训工作计划，把各项任务分解到各村（居）委会，并签订了目标责任书。全镇社区有城镇居民894人，545户，已实现户均一人以上就业。组织动员各企事业单位积极参加“五项社会保险”，大力宣传被征地农民基本养老保险，建立新型农村社会养老保险，高风险行业工伤保险率达到100%。共调处劳动争议事件5起，全年未发生因劳动争议引发的集体上访事件。督促检查辖区内用人单位与劳动者签订劳动合同、集体合同，劳动合同签订率达91%。大力实施“三就三百”工程，全镇农村劳动力转移培训任务528人，完成培训620人；转移任务425人，完成547人，超额完成任务。

【社会治安综合治理】　2009年，青龙镇坚持“打防并举，预防为主”的方针，不断创新群防群治、整体联动机制，依法打击各类犯罪，遏制刑事案件上升，维护社会稳定。全镇共发生刑事案件35件，侦破15件，发生治安案件53件，查处53件，处罚28人次，与2008年相比，刑事案件下降12件，治安案件下降10件，综合破案率明显上升。建立完善社会矛盾纠纷排查调处机制，继续推行领导干部联系企业和村（居）委会制度，划片包干，各负其责，确保辖区安全稳定，确保小事不出村、大事不出镇，共排查社会矛盾纠纷隐患18件，其中：成功化解16件；“五五”普法、“四五”依法治镇和“法律六进”活动有效开展，安宁市民主法治村巩固创建工作全面完成，赵家庄村委会创建为“昆明市民主法治村”；及时疏导、调解土地征收征用、房屋拆迁、环境保护等各类民间纠纷和历史遗留问题，全年共受理178件，调处178处，调解成功176件，调解成功率98.8%。全镇连续四年未发生群体性上访事件。

【安全生产】　2009年，青龙镇制定了《青龙镇人民政府关于2009年安全生产工作的安排意见》及青龙镇安全生产目标责任考核指标，与镇属各单位、企业、村（居）委会签订了安全生产责任书27份，制订了安全生产“一岗双责”隐患排查责任制。成立了青龙镇安全生产委员会、安全生产工作领导小组，把安全生产工作列入议事日程，全年安全生产工作议事7次，协调解决安全生产工作中重大问题，对上级文件、会议精神及时贯彻落实。紧紧围绕上级专项整治方案，结合青龙镇实际，及时制定实施方案并深入开展工作，把永昌公司列为全镇重点行业监管企业，全年开展安全检查197次，发现不安全隐患和问题130起、已整改127起，整改率97.7%。修改完善了镇安全生产事故应急救援预案，并督促辖区企业制订安全事故应急救援预案，督促并参与了二电厂、永昌公司、云叶、银州化工开展安全生产应急预案演练工作。镇域内未发生死亡人员事故，绝对指标控制在市政府下达的指标范围内，相对指标较2008年有所下降。

【软环境建设】　2009年，青龙镇以“深入学习实践科学发展观”活动为契机，扎实开展“行政效能提升年”和“干部作风改进年”活动，镇政府自身建设取得了明显成效，政风环境进一步优化，执政能力和服务水平得到提高。认真执行镇人大决议，自觉接受人大监督，全年共办理人大代表建议47件，办结率100%。完成了安宁市2008年经济社会制度创新任务9项。结合青龙实际制定下发了青龙镇“治庸计划”实施意见，并认真抓好学习，进行对照检查，注重日常管理，认真填写“工作日志”，着力提升行政效能。把相关职能部门如计生、劳动力转移、司法、土地、民政等集中到青龙镇为民服务中心窗口，做到了工作人员进中心、所有手续进中心，实现了“一窗式、一站式、一条龙”服务的要求，为投资者和群众提供了更加便捷高效的服务。全面推进阳光政府“四项制度”，完成重要事项公示4项、重点工作通报23项，开通了“96128”政务查询专线，收集、整理了23个行政管理服务事项常见问题，并在云南省政务信息查询网上进行了公布。全面落实政府性投资建设工程项目“八个百分之百”，建筑领域突出问题得到有效整治。严格执行厉行节约各项规定，实现了公务购车用车、会议经费、公务接待等费用“负增长”。大力倡导“五办”作风，积极推行“一线工作法”，执行重大项目、重点工作定期分析推进制度，实施“工作成果倒逼”，以各项工作的快落实，推动了青龙镇经济社会持续快速发展。

【实施三个“百万”工程】　2009 年，青龙镇实施了三个“百万”工程。燃料补贴“百万”工程。为切实解决森林保护与农村生活燃料之间的矛盾，镇党委、政府从 2007 年起，对全镇的农业人口，每年人均补助 100 元。全镇 2009 年共发放燃料补贴6 971人、1 949户，发放补贴金额 69.71 万元。

养老补助“百万”工程。为提倡尊老、爱老活动，提升老年人的生活质量，让广大农村老年人共享经济社会发展成果，实现老有所养。镇党委、政府从 2009 年起实施养老补助“百万”工程，于每年的年初一次性全额发放农村老年人生活补助。2009 年，全镇农村 60 周岁以上老年人共有 927 人，全年发放补助金额 108.35 万元。其中：60 ~69 岁的有 498 人，每人每月发放 90 元；70 ~79 岁的有 318 人，每人每月发放 100 元；80 ~89 岁的有 101 人，每人每月发放 120 元；90 ~99 岁的有 9 人，每人每月发放 150 元；100 岁以上的有 1 人，每月发放 200 元。

大病救助“百万”工程。为有效解决青龙镇参加新型农村合作医疗群众就医难和因病致贫、因病返贫问题，镇党委、政府从 2007 年起，制定了《青龙镇新型农村医疗补助实施意见（试行）》，每年安排 100 万元资金，对青龙镇参加新型农村合作医疗的住院患者在安宁市新型农村合作医疗减免核销后，又根据青龙镇新农合补助政策，再次给予医疗补助，2009 年，全镇共有 614 人获得补助，补助金额 63.41 万元。

（邓明亮）

禄脿镇

【自然概况】　禄脿镇位于安宁市境西北部，距安宁市中心 27 公里。东与草铺镇青龙哨村相接，南抵易门六街镇，西与禄丰县土官镇、金山镇接壤，北与青龙镇花箐村相连，滇缅公路（320 国道）、安楚（安宁至楚雄）公路、安武（安宁至武定）公路、安易（安宁至易门）公路穿境而过，是昆明通往滇西的交通重镇，素有昆明“西大门”之称。全镇国土面积 113.5 平方千米，辖 1 个社区居委会，7 个村民委员会 41 个村民小组，是一个汉、彝、苗等族杂居的典型农业镇。年平均气温 15℃，年降雨量近 900 毫米，境内最高的孝母山顶峰海拔2 615米。森林覆盖率达 76%。禄脿河流经 5 个村委会后，进入青龙镇，汇入螳螂川。2009 年，禄脿镇总人口12 875人，其中农业人口10 999人，占全镇总人口的 85.4%；非农业人口 1 876人，占全镇人口的 14.6%。有少数民族1 227人，占全镇总人口数的13%。世居少数民族中：彝族 680 人，苗族 547 人，回族 47 人，白族 40 人。全镇农村实有劳动力7 649人，其中：从事农业生产 4 961人，从事二、三产业2 688人。2009 年，全镇耕地总面积为11 794.5亩，其中有水田7 930.5亩，旱地 2 659.5亩，水浇地 864 亩。

【经济发展概况】　2009 年，全镇实现经济总收入 3.35 亿元，比 2008 年增长 13%，其中：完成财政总收入2 320万元，其中：地方财政一般预算收入 857 万元，增长 34.3%；财政总支出1 519万元；农业总产值13 787万元，增长 11%；农民家庭经营总收入 10 545万元，增长 20%；农民人均收入达4 801元，比 2008 年增长 12%；实现乡镇企业总收入13 300万元，增长 13%。

【农业生产】　2009 年，禄脿镇全年粮食总产6 268吨；收购烟叶6 000担，总收入 450 万元，完成税收 99 万元。产业化经营取得新成绩，完成浅水藕种植 1 034亩，亩产值达2 000元以上；种植蔬菜等经济作物6 506亩；全镇葡萄套袋 207 万枚，总产量达 800 余吨，平均单价达 6 元/千克，收入达 480 余万元；全镇合理流转土地2 719亩，主要种植蔬菜、花卉、苗木等作物，流转率达全镇农田面积的 26.03%。

连片浅水藕。　（禄脿镇　供稿）

【林业工作】　2009 年，禄脿镇按照省、市森林防火工作要求，在森林防火戒严期，全镇增派了巡山守卡人员 71 名，对重点部位、重点路段进行巡视检查，严防死守，组织参加联防互动，保护了交界区域的森林资源，并有 20 名森林管护人员实行划片包干，责任到人。2009 年，禄脿镇发生火警 3 次，过火面积不足 6 亩，维护了社会和谐稳定与生态安全。

组织完成五采区、公路沿线、集镇面山造林 551 亩。义务植树 280 亩，46 000株。除治扁叶蜂危害面积85 356亩；开挖防火公路 14 千米。计划烧除20 000亩；处置林地违法案件四起，妥善回复并处置涉林事件两起。

【林改工作】　2009 年，全镇林改应确权面积为 125 487 亩，实际确权面积 124 893.2 亩，确权率 99.5%。已确权宗地1 409宗，现已核（换）发林权证1 392宗。涉及农户844户，已确权到户808户，确权到户率91.6%，宗地发证率98.8%。完成了41个村组集体公益林的管护责权利的落实。

【水利建设】　2009年，禄脿镇完成人畜饮水工程19件，20个村小组；完成密马龙村委会水窖工程，新建10立方水窖60个，其中滑石板15个，小松棵5个，梨树箐15个，锅底塘25个。对琚家营水库进行了除险加固；完成农开项目（海湾主灌沟改造）、移民后扶水利配套（新修螃蟹河至老石坝至云丰村灌沟）工程及土地整理工程的测试申报工作；按时完成了项目区的供水工程；在相关部门的配合下，完成了禄脿辖区内申报项目的水土保持审核；对禄脿河道绿化5.5千米，栽插柳树1 570株，完成水库绿化2座；针对禄脿的旱情采取有效措施，有计划的开闸放水并跟踪管理，大大的缓解了旱情，减小了干旱对农民带来的损失。

【畜牧业发展】　2009年，全镇家禽存栏达32.2万只；生猪存栏10 602头，其中能繁母猪4 302头，大牲畜存栏1 816头；山羊存栏1 973只；家禽出栏130万只；生猪出栏20 500头；肉牛出栏200头；山羊出栏1 039只；禽蛋产量550吨。畜禽免疫注射（猪瘟、猪肺疫、仔猪副伤寒、新城疫、禽霍乱）60.9万头（只）；完成猪品种改良5 120窝，牛冻精改良52头；完成青贮饲料推广1 983户5 300吨；牧草种植360亩。举办牧医科技培训班3期，培训农户198人；猪胴体检疫4 500头，市场检疫生猪8 700头。完成禽流感强制免疫39 341只，口蹄疫强制免疫21 772头，山羊痘强制免疫1 904只。新建年出栏肥猪5 000头的养殖小区一个；全镇肥猪规模饲养大户168户，共出栏肥猪11 590头；其中：出栏10—29头的148户，出栏30—100头的17户，出栏100—500头的2户，出栏2 000头的1户。母猪规模饲养大户4户，存栏母猪2 280头，出栏（销售）商品仔猪45 000头，销售金额900万余元。禽类规模饲养大户70余户，出栏家禽130万只。新发展年出栏肥猪500头以上的养殖大户3户；养牛大户1户（存栏30头以上）；新建陈家营养牛示范村，市、镇两级共投入项目建设资金15万元。项目建设期内改造牛舍1 100平方米，建青贮氨化池130立方米；全镇累计引进金江公司怀孕基础母牛133头，产犊67头；为农村母猪散养户投保2 949头；保费由农户出12元/头，各级政府补助48元/头，每头共60元的保金，在投保范围内给予每头1 000元的理赔，全镇83头因疾病死亡母猪根据保险条例及时得到了理赔，减少了农户直接经济损失83 000元。

【招商引资工作】　2009年，禄脿镇招商引资工作成效显著，共引进招商引资落地项目7个，其中市外企业5个，市内企业2个。引进投资4 600万元的安宁市亿丰炉料有限公司；投资800万元的海祥劳保有限公司2个项目2009年已投产。引进投资3 000万元的昆明豁达食品有限公司；投资2 000万元的云南天池香料有限公司；投资4 600万元的云南勤德包装有限公司；投资2 000万元的安宁物资回收总公司4个项目2010年年初可以投产。协议总投资1.63亿元，实际到位资金1.06亿元，超额完成了市政府下达的8 600万元招商引资任务。

【城乡环境整治及生态建设工作】　2009年，禄脿镇加强对集镇“五小”行业的监管，大力整顿“三乱”现象，清理取缔占道经营、不规范牌（匾）及广告牌，与经营户签订门前“三包”责任书，建立长效管理措施，集镇环境明显改善；新建104个垃圾收集房，实现了垃圾固定收集；组建集镇和村级卫生保洁队伍，新建垃圾中转站1座，基本实现“组保洁、村收集、镇转运、市处理”的城乡垃圾一体化处置模式；集镇栽种乔木1 488株，灌木1.2万丛；集镇人均公共绿化面积13.4平方米，绿化覆盖率33%，公园绿地面积22.91万平方米。7个村委会栽种乔木1.3万株，灌木2.6万丛，竹子2.4万丛；大庄村建成为市级园林绿化示范村；农村人均公共绿化面积达6平方米，进一步提升了禄脿的对外形象，人居环境更为宜人。

【拆临拆违、殡葬改革和重点工作】　完成了全镇农村住房3 793户，用地面积166.3万平方米，建筑面积117.1万平方米的普查工作任务，并建立普查档案。经核定的38户临违建筑，用地面积1 296平方米，建筑面积1 180.7平方米，已全面完成拆除工作，实现了“减少存量、杜绝增量”的目标。投资200万元完成农村公益性公墓建设，对镇域内丧葬用品经营市场进行整治和清理。群众意识得到改变；农村殡葬改革深入推进，火化率达100%并1000%进入公墓安葬。整治活人墓66家，公路沿线坟墓搬迁55家，对公路沿线500米以内的坟墓进行了植树绿化遮盖。为广昆复线铁路、昆大输油管线、和草线网建设、工业园区快速通道等重点工程做好协调、服务工作，有效促进工程的顺利建设。

【基础设施建设】　2009年，禄脿镇投入214万元完成禄脿敬老院后续基础设施建设、禄脿社区居委会办公楼，禄脿村委会、艾家营村委会、安丰营村委会3个农村社区，北冲村委会、社区居委会2个村级文化室建设并投入使用；投入38.2万元完成禄脿客运站建设工程，开通城乡公交车，覆盖全镇村（居）委会；投入87.2万元完成7个村委会村级卫生室的规范化建设；投入1 760万元完成23个自然村33.6千米的组组通道路硬化工程；投入530万元完成琚家营水库除险加固工程；投资68万元完善禄脿服务区供水管网建设。

【安全生产和社会治安综合治理】　2009年，禄脿镇建立健全安全管理体系，层层落实责任，强化安全监管，加大安全检查监管力度和专项整治力度，事故隐患整改率达 100%，全年无安全生产事故发生。加强社会治安综合治理，深化“平安禄脿”创建活动；加强流动人口、出租房屋管理，严厉打击各种违法犯罪，公众安全感普遍提高。认真落实矛盾纠纷排查调处机制，全镇共排查各类社会矛盾纠纷 11 件，现 11 件矛盾纠纷中已达成处理意见 8 件，经安宁市信访局同意已经上报昆明市信访局，由昆明市信访局牵头处理的 1 件，有跨县的，正在与上级对接的 1 件；全年共接到上访件 12 件，成功调解 9 件，全镇共发刑事案件 28 件，破获 24 件，治安案件 60 件，处理 60 件，共受理民间纠纷 118 起，调处 115 起。有效维护了禄脿镇社会的稳定。

【民兵工作】 2009 年，禄脿镇 8 个村（居）委会共有民兵 309 人（其中，有党员民兵 46 人，团员 31 人，大专以上学历 3 人，中专及高中以上 36 人，初中学历 250 人）。根据市人武部整组文件要求，基干民兵组建为一个连三个排，九个班，在 2009 年的征兵工作中共召开征兵工作宣传会议 10 次，悬挂大幅标语 12 条，张贴小标语 140 条，征兵通知 56 份。经过初步政审和镇医院进行初步体检后确定 18 人参加市统一体检，有 4 人光荣应征入伍。组建了 20 人的专业护村队，作用明显，为本地社会治安好转提供了有力保障。全镇 7 个村委会 7 个治保会，有治保民兵 79 人，调解会 8 个 56 人，治安巡逻队 1 个 14 人，护村队 41 个，护村民兵 154 人。

【国土资源管理】 2009 年，禄脿镇完成密马龙牛厂箐地质灾害隐患严重的 4 户搬迁工作。对锅底塘地灾点请专家进行了鉴定，选择了搬迁位置；对北冲李家院村小组突发地质灾害点启动了“专项应急预案”，投入 30 万元安装帐篷 40 顶，活动板房 30 间，厨房 12 间，配置了疏散报警器、地裂报警器；对广昆复线征占地的村小组、村民进行了补偿；投资 834 万元，完成庄科、禄脿村委会 8 个村小组的土地整理项目4 464亩，新增耕地面积 860. 25 亩；严格执行各级对农村住宅建设管理规定，做好农村宅基地审批的基础工作和批后监督；全年上报批准了六个批次，共 55 户用地7 065平方米，所批准的用地户均按规划及批准面积建设；填埋了大哨张家坟私挖乱采磷矿矿坑，并对相关人员给予警告罚款；及时化解涉及国土资源管理的矛盾和纠纷，无因土地、矿业权权属争议引发的重大群体性群众问题；2009 年共妥善调处 9 件群众来信来访。

【交通·邮电】 禄脿镇全境内有通村组道路 194. 8 千米，全部实现了道路硬化。2009 年，禄脿镇邮政业务总量为 7. 5 万元。通信网络进一步完善，全镇共安装农村电话1 723部，普及率达 62%，手机使用人数绝大增加，与外界的交流沟通更加方便快捷。

【科·教·文·卫】 2009 年，禄脿镇农村能源建设：投入 22. 731 万元，在大庄和陈家营 2 个村小组组织实施能源生态村；投入 25. 931 万元，安装太阳能路灯 177 盏；投入资金 48. 877 万元，在密马龙村委会的锅底塘村、梨树箐、滑石板 3 个村小组实施能源生态村建设。2009 年已新建“一池三改”沼气池 38 口，在庄科村委会养殖小区新建中型沼气池（50 立方）4 口。科技普及与推广：禄脿镇以赶“科普街”的形式，分发各种农村实用技术科普材料7 400多份、科普书籍 300 多本，安全知识、反邪教、农作新品种等展板展出 30 块；开展各类农村实用技术培训 76 期，受训人数多人5 562次，其中开展 24 学时以上培训 4 期 187 人次，占全镇农村总劳力人数的 3%，开展 24 学时以下培训5 562人次，实现全年各类农村实用技术培训开展占全镇总劳力7 333人 75. 8% 的目标。科协：镇科协切实履行党委、政府联系科技工作者桥梁和纽带的职责，完成了全镇的“站、栏、员”建设工作，全镇共建有 8 个科普站，站长 8 人，标准化宣传栏 8 块，科普志愿者 54 人、科普宣传员 8 人；举办一年制“农函大”花卉种植知识培训班、餐饮服务招生 178 人；认真组织开展了农民技术职称评定工作，全镇申报评定初级技术员 7 人，助理技师 3 人，技师 2 人，广泛的调动持证人员的主动性和积极性，让他们参与各类科普活动。新型农村合作医疗：完成全镇 2010 年新型农村合作医疗筹资工作，参合农户3 125户，参合人数8 978人，参合率达 100%，全年共办理大病救助申请 9 人，发放救助金95 065. 1元。卫生：投入资金 87. 2 万元，完成了 7 个村委会卫生室的改扩建，配置了 7 个村委会卫生室药柜；积极开展环境卫生整治，各村、组召开环境卫生整治专题会议 75 次，受教育人数11 340人次；镇、村委会、村小组三级累计投入资金 29. 4 万元，群众投工投劳2 750人次，完成“五堆”出村1 806个；取缔占道经营摊点 17 余起、超门户经营 8 起，清除不规范设置牌（匾）灯箱、布标、广告牌等 33 个（处），清理“三乱”100 余幅（张）；清除集镇及公路沿线杂草近2 000平方米；对严重弱响环境卫生的经营单位、个人发出了责令停业通知，其中责令整改 68 户；投入人力1 150人次清运垃圾1 017. 7 吨；组建了一支 116 人的组保洁队伍；认真做好甲型 H1N1 流感防控工作，制定了可行的应急预案。教育：镇党委、政府高度重视教育教学工作，加大对教育的投入，将教育经费列入人代会预算，出台了对学校、教师及中、高考学生的奖励办法，并将教育工作纳入对各村（居）委会的考核。2009 年镇政府投入 9 万元表彰奖励了一批教育工作先进个人及优秀学生；禄脿镇农村教育教学工作呈现出良好的发展势头，2009 年，禄脿学校有 22 名学生进入安宁的普通高中，禄脿户口、禄脿学校毕业的高考生，考取二本以上 9 人；投入资金 16 万余元，对操场及校园绿化进行改造，并在学校内部安装了监控系统、校园广播系统、更换了中学部教室黑板，投入 2 万余元对大哨小学校园校貌进行改造，大哨小学在 2009 年 5 月份的督导评估中获优级；2009 年 7 月安宁市级财政投入 15 万元对禄脿学校两幢砖木结构的教师宿舍和教室进行了翻新改造；辖区内学校辍学率为零，初中辍学率为零。

【计划生育】　2009年，禄脿镇下属7个村民委员会、1个居民委员会、41个村民小组，总人口12 875人，其中农业人口10 999人，非农业人口1 058人；已婚育龄妇女2 768人，其中农业人口2 324人，非农业人口213人；领取独生子女证人数449人，其中农业人口346人，非农业人口103人；出生婴儿98人，死亡52人，人口自然增长149人，自然增长率3.5‰，计划生育率100%；采取各种避孕方法2 539人，综合节育率92%，男扎162人，女扎888人，放环及皮埋术共1 316例，长效节育率为85%，其中女扎888例，放环1 309例，取环31例，人流8例。2009年一共生育98人，未出现计划外和多孩的违法生育，符合政策生育率达100%；杜绝了计划外怀孕的出现。全面贯彻落实农业人口独生子女家庭“奖优免补”工作，2009年领取独生子女证13户，享受一次性奖励8户，享受养老生活辅助20人，特别辅助5人，中考加分8人，高考加分2人，享受义务教育奖学金小学84人，初中57人，享受考取中专奖学金2人，大专奖学金1人，高中奖学金4人；独生子女父母及子女参与医疗保险补助739人，双女结扎户560人。各村委会出宣传计划生育政策的黑板报共28期，受教育人次1万多人，大标语28条，小标语428条，固定标语72条，科普街发放资料1万多份，免费发放避孕药具200多盒。举办了五期教育培训工作，婚前培训1期168人，孕产期培训2期198人，实用技术培训6期653人参加，计生干部参加政策法规及相关业务知识培训3次，另外以会代训6次，87人参加。加强辖区内的流动人口进行清理登记，做到底子清、情况明，建立健全了流动人口计划生育管理台账，现流入禄脿镇868人，其中流入农村711人，流入集镇及企业157人；流出成年人口491人，持证491人，其中已婚育龄妇女239人，办理婚育证明239人。流入人口持有婚育证明348人，其余已发出限期补办通知书，办证率达100%，查验率达100%；为了已婚育龄妇女的身心健康，请市计生服务站医生为广大育龄妇女进行生殖健康检查，共检查1 470人，覆盖率达90%。每季度对辖区内的酒店、旅社、舞厅免费发放安全套和进行检查，安全套摆放率达100%。

【民政工作】　2009年，禄脿镇城镇低保和农村低保覆盖面不断扩大，对185位80岁以上老人实施了保健补助；投资200万元完成农村公益性公墓建设，对镇域内丧葬用品经营市场进行整治和清理。群众意识得到改变，农村殡葬改革深入推进，火化率达100%并100%进入公墓安葬；完成敬老院改扩建建设，现已投入使用，三镇共入院五保老人57人；完善了城镇居民最低生活保障制度，2009年，领取城镇最低生活保障人员156户254人、领取保障金534 746元；农村最低生活保障304户492人领取了保障金，领取金额475 560元；落实各类优扶对象69人，发放优扶金164 816元；开通城乡公交车，覆盖全镇村居委会。

【共青团工作】　2009年春节期间，禄脿镇团委组织全镇各团总支、支部青年团员85人积极参加与相关春节文艺演出及踩街活动；3月5日，组织广大团员青年及志愿者400多人上街开展了以“弘扬雷锋精神”为主题的“争做志愿者，创造新生活”青年志愿服务活动，印制各种实用技术、防火知识等宣传资料1 000余份散发给赶集群众；4月2～4月6日，举行“缅怀革命先烈，清明节”相关活动。5月4日，镇团委召开庆祝“五四”运动90周年暨表彰大会。表彰了60名“优秀共青团干部”、“优秀共青团员”；宣传动员广大团员青年捐款1 116元，组织20名志愿者参加安宁团市委“青年国庆林”植树活动；组织志愿者50人，参加安宁青年创卫冲刺大比拼活动；组织团员青年及志愿者200多人开展植树造林活动，共栽树1 450棵。镇团委于6月19日举办禄脿镇首届“青春杯”青年才艺展示赛，才艺展示赛内容丰富多彩，有独唱、演讲、朗诵、舞蹈、书法、绘画、手工作品等。共有45名青年选手报名参赛，其中演唱、舞蹈、朗诵节目共有22个，书画、手工作品参展28件。捐赠金额达12 388.50元。为庆祝中华人民共和国建国60周年，镇团委组织了镇机关青年团员11人参加了禄脿镇“祖国颂”朗诵比赛；捐款3 745元积极开展帮困助学献爱心捐款活动；在中小学中开展“法在我心中”，“送法进校园”活动，广泛宣传《预防青少年违法犯罪法》、《未成年人保护法》，“认识社会、远离毒品防范侵害”等法律、法规，有效地预防和减少青少年违法犯罪；认真开展团员教育评议工作。全镇所属9个团组织的361名团员青年参加了评议，参评率达到了96%，评选出优秀团干部、优秀团员46名，占团员总数的13%，合格团员361名，及时为经评议合格的团员办理了团籍注册手续。2009年吸收了70名入团积极分子加入了中国共青团，引导广大团员青年积极向党组织靠拢，为党组织输送优秀人才，做好党的助手和后备军。

【妇联工作】　2009年，禄脿镇妇联结合党的路线、方针和政策，适时利用各种会议、广播、妇女之家向广大妇女进行政治思想宣传和学习活动，共开展多种形势宣传教育活动23场次，受教育妇女人数达3 216人次；全镇各族妇女在镇妇联的带领下，积极发挥妇女“四有”、“四自”精神，积极主动投身于禄脿镇各行业的建设中，并发挥了不可替代的作用；组织妇女学文化、学科学、学技术、学管理、学营销、学法律，学习发展现代化农业和市场经济所需要的各类知识；组织妇女干部职工外出一次，使广大妇女过上愉快而有意义的“三八”国际劳动妇女节，并利用“三八”节之际，对全镇“五好文明家庭”标兵户8户、优秀妇女干部8名、“巾帼建功”先进个人4名、“好婆婆”、“好媳妇”各7名、“双学双比”女能手13名进行了表彰奖励；组织妇女为集体、烈军属、五保老人、老复转军人及困难户做好事，为特困户插秧、到敬老院看望老人、打扫村间道路卫生，参加活动妇女达348人次。2009年，全镇各级妇女组织共接待妇女来访件23件，处理率达成100%；镇妇联配合计生等相关部门做好妇科病检查，收到好的效益，得到妇女群众的好评；镇妇联利用各种形式向儿童及家长宣传学习《儿童发展纲要》、《云南省儿童工作规划》、《小公民道德建设》及《如何预防青少年犯罪》等知识的宣传学习9场次，受教育家长483人。镇妇联申请活动经费9 700元，慰问机关、站所45名14岁以下儿童及20名残疾儿童；镇妇联在镇机关、各中心干部职工及北冲妇委会中发起了“奉献一份爱心，救助贫困母亲”的捐款活动，共捐款3 960元，资助北冲村妇委会丁家村贫困母亲丁显兰之子治疗患上先天性心脏病。

【统战·民族·宗教】　禄脿镇居住着彝、苗等少数民族，少数民族分布在五个村民委员会，有9个少数民族村民小组。其中：苗族5个村民小组，有人口547人，彝族4个村民小组，有人口680人。9个少数民族村小组总人口1 227人。由于历史的原因，除两个彝族村（华云村、云丰村）外，禄脿镇少数民族多半生活居住在边远山区，自然条件较为恶劣，经济发展滞后。统战工作：为切实做好新时期乡镇统战工作，我们注重把握统战工作的全面性。一是把统战工作贯穿于全镇三个文明建设的全过程。我们在理思路、定决策、抓实施一直到总结、反馈全过程都注重体现统战工作的要求，十分重视听取统战对象对党委政府工作的意见、建议，把社会和群众的满意作为检验我们工作得失的重要标准。二是把统战工作贯穿于全镇三个文明建设的各领域。不仅党务工作要抓统战，社会事业、社会稳定工作等也引进统战观念，运用统战方法，主动发挥不同阶层统战对象的不同作用，共同为全镇三个文明建设作贡献。三是把统战工作贯穿于全镇三个文明建设全方位。在工作对象上不仅要发挥好政协委员的作用，更要做好家乡经济能人、非公经济组织人士、知识界人士、村组群众代表，尤其是面广量大农民的统战工作。在工作方法上，我们不仅落实人员，明确分工，做好日常工作，更重要的是做好全方位的感情联络、作用发挥工作。民族工作：深入到少数民族村组宣传党和国家的民族方针政策和法律法规知识，大力宣传农业科技知识，举办农村实用技术培训和绿证培训班，积极帮助调整种植结构，寻找适合山区少数民族地区致富开发的项目。在资金极为困难的情况下，征订了《农民文摘》、《中国农村科技》、《致富天地》、《时事资料手册》等科技书刊送给少数民族村小组，使少数民族群众思想观念不断更新，逐步用科技发展生产力，加快农业种植结构调整，逐步走上致富奔小康的和谐道路。2009年，在上级统战、民族、宗教部门的大力支持和关心下，禄脿镇共争取上级民委专项资金24万元用于改善禄脿镇少数民族地区的生产生活条件。宗教工作：禄脿镇有基督教堂1个，活动点1个，即：华云村教堂（华云村、云丰村和青龙镇云康村3个村的信徒活动场）和滑石板活动点（5个苗族村部分信徒活动场所），有信徒197人。

【新农村建设】　2009年，禄脿镇严格土地管理，落实耕地保护制度，不断提高土地资源的集约利用水平。完成41个村小组新农村建设规划。投入260万元完成艾家营村委会“整村推进”工程，投入218万元完成9件“一事一议”项目，投入130万元完成8个村小组村容村貌整治相关项目建设，农村面貌明显改善。加快农村能源建设，建成大庄、陈家营两个能源生态村，新建沼气池38口，老池“一池三改”72口。推广绿色照明节能灯23 252只，安装太阳能光伏发电路灯177盏。农村劳动力转移取得良好成效，完成培训834人，转移656人。

【精神文明建设】　2009年，禄脿镇党委高度重视精神文明建设工作，坚持“两手抓，两手都要硬”的方针，把精神文明建设列入党委重要工作议事日程，2009年，安丰营村委会、大庄村小组通过了安宁市文明村的考核验收。全镇在届期内管理的省级文明村1家，昆明市级文明单位（村）1家，安宁市级文明单位（村）2家。通过在农村广泛开展文明村建设，促进了村风民风的转变，改善了村民之间的关系，促进了邻里、家庭成员间的和睦团结。

【农村剩余劳动力转移】　2009年，禄脿镇通过精心组织，广泛宣传，共举办4个职业技能培训班，于2009年5月27日在海湾村委会举办了1个70人的花卉培训班，于2009年7月2日在禄脿服务区金钰饭店举办了1个28人的餐厅服务员培训班，于2009年9月10日在禄脿服务区洪鑫园饭店和国慧饭店举办了2个89人的餐厅服务员培训班，4个班共有187人取得了国家颁发的职业资格证书。2009年，完成农村剩余劳动力转移就业数676人，其中：市内转移就业数558人，省内转移就业数88人，输出省外就业数30人，100%完成安宁市下达禄脿镇的任务数；完成转移培训数834人，其中：职业技能培训任务数187人，引导性培训647人，超额完成安宁市下达禄脿镇的任务数。

（张富贵）

八街镇

【自然概况】　八街镇地处滇中高原中部，安宁市西南，距安宁城35公里，东西分别与晋宁县、易门县接壤，南北分别与晋宁县双河乡、夕阳乡和易门县浦贝乡和本市县街镇毗邻。全镇国土面积344.18平方公里，是安宁辖区内面积最大、农业人口最多的镇，同时也是安宁市水源林保护区、革命老区和典型的农业镇。全镇下辖21个村民委员会、1个社区居民委员会，94个自然村，97个村民小组。2009年，全镇总人口38 106人，总户数11 169户。总人口中，男性19 056

人，女性19 050人，男女人口比例为100.03∶100，全镇农业人口35 196人，城镇居民人口2 910人。2009年，全镇出生人口262人，出生率为6.2‰，死亡人口271人，死亡率为6.4‰。全镇共有汉、彝、苗、傈僳、白等民族26个，其中，以汉、彝、苗、傈僳、白等民族居多。少数民族人口3 719人，少数民族人口占全镇总人口数的9.8%；世居民族主要有汉族、彝族、苗族。2001年，从禄劝移民到八街镇少数民族是彝、傈僳族。在世居民族中，汉族34 387人，彝族2 962人，苗族178人，傈僳族177人。彝族主要分布在磨南村委会、龙洞村委会、鸣凤村委会窝铺母村民小组、二街村委会红石村小组、摩所营村委会向阳村小组、槐杉村委会云杉村小组；苗族主要分布在二街村委会苗田坝村小组；傈僳族主要分布在二街村委会红石村小组、槐杉村委会双龙村小组。全镇农村实有劳动力22 884人，其中，男劳力11 537人，女劳力11 347人。在劳动总数中，从事第一产业人数16 124人，从事第二、第三产业人数11 262人，从事第二、三产业人数占全镇农村劳动力总数的49.2%。全镇共有耕地面积2 149.1公顷，其中，水田1 190.8公顷，旱地958.3公顷。八街镇矿产资源较为丰富，其中，以铁矿、磷矿、硅矿、粘土居多。传统的农作物有：水稻、小麦、蚕豆、大豆、土豆、黄豆、玉米、藕、茭瓜、茨菇、摸摸香等。八街镇共有大小河流8条，年径流产水量8 900万立方米，水系属金沙江水系。全镇境内最高海拔2 500米，最低海拔1 900米，平均海拔2 200米。地貌东西部边缘高，并向中部倾斜。2009年年平均降雨量为549.5毫米。

【经济发展概况】　2009年，全镇完成地区生产总值9.06亿元，比2008年增长5%；工农业总产值82 927万元，其中，工业总产值49 770万元，农业总产值33 157万元，农村经济总收入6.58亿元。农民人均纯收入4 654元，比2008年增长16.6%。2009年，全镇农作物播种面积7 756.8公顷，其中，粮食作物播种面积3 621.5公顷，单产5.2吨，总产量18 680.7吨；在粮食作物播种面积中，夏收粮食播种面积1 254.2公顷，单产0.4吨，总产量515.4吨；谷物播种面积3 157.7公顷，单产5.6吨，总产量17 710.6吨。稻谷播种面积515.1公顷，单产7.3吨，总产量3 748.8吨；小麦播种面积542.6公顷，总产量24吨；玉米播种面积1 711.6公顷，单产8.1吨，总产量13 778.5吨；其他谷物播种面积388.4公顷，单产0.4吨，总产量159.3吨。豆类播种面积343.6公顷，单产0.9吨，总产量312.6吨；薯类播种面积120.2公顷，单产5.5吨，总产量657.5吨；油料播种面积450.2公顷，单产0.1吨，总产量51.2吨；烤烟播种面积1 086.3公顷，单产2.3吨，总产量2 466.7吨；蔬菜、瓜果类种植面积2 452.7公顷，单产25.9吨，总产量63 446.3吨；其他农作物播种面积146.1公顷。2009年，全镇种植业收入24 778万元，其中，出售种植业产品收入19 625万元。

2009年，全镇共有林业用地25 419公顷，其中，有林地面积21 096公顷，非宜林地面积4 323公顷，有林地面积占林业用地面积的82.9%。在有林地面积中，经济林912公顷，灌木林6 534公顷，森林覆盖率为61.5%。全镇点播补造林34公顷，全民义务植树和四旁零星植树65公顷，全年共计投入林业经费（包括护林防火经费）98万元。全镇共有果园面积1 344.2公顷，水果总产量1 468.6吨。其中，苹果园面积70公顷，产量80.5吨；梨园面积90.6公顷，产量1 158吨；桃园面积286.7公顷，产量140.7吨；葡萄园面积23.2公顷，产量10吨；其他果园面积57.3公顷，产量66公顷。林产品产量28.3吨，其中，板栗面积22.4公顷，产量25.3吨。全年木材采伐量1 572.1立方米，竹林采伐量9.5万根，全年林业收入1 062万元，其中，出售林产品收入913万元。

2009年，全镇大牲畜存栏7 601头，出栏2 833头，肉产量369.1吨。其中，牛存栏4 346头，出栏2 809头，肉产量366.4吨；马存栏703匹，出栏18匹，肉产量2.1吨；驴存栏33匹，出栏5匹，肉产量0.2吨；骡存栏65匹，出栏2匹，肉产量0.2吨。生猪存栏32 968头，出栏65 021头。猪肉产量5 482.7吨；羊存栏6 440只，出栏4 500只，羊肉产量177.4吨；家禽存栏455 040只，出栏1 054 000只，禽肉产量2 171.1吨。其中，鸡存栏431 680只，出栏1 013 884只，鸡肉产量2 086.2吨；鸭存栏17 415只，出栏34 882只，鸭肉产量74.7吨；鹅存栏5 945只，出栏5 234只，鹅肉产量10.2吨；禽蛋产量331.2吨。兔存栏8 280只，出栏10 816只，兔肉产量21.7吨；养蜂370箱，蜂蜜产量1.3吨。2009年，全镇牧业总收入10 329万元，其中，出售牧业产品收入7 442万元。

2009年，全镇水面养鱼485亩，水产品产量45.2吨，渔业收入660万元，其中，出售渔业产品收入378万元。

2009年，全镇农民家庭经营收入73 414万元，外出劳务收入3 709万元。全镇实现财政收入5 718万元，其中，地方性财政收入3 262万元，上划中央四税收入2 338万元。在地方财政收入中，工商税收入2 418万元，农五税收入844万元，财政支出3 416万元，政府性基金支出807万元。

【乡镇企业】　2009年，八街镇引进生态的、无污染的企业、资金和技术，大力抓好招商引资工作，印制八街镇招商引资工作指南，宣传八街镇优势和特色产业，使企业发展和招商引资工作收到了较好的成效。工作中，在机关干部职工中认真抓好行政效能提升和干部作风转变活动，建立《首向首办责任制》、《限时办结制》、《服务承诺制》、《责任追究制》等制度，抓好企业干部职工的岗位培训、业务技术培训和安全检查、管理工作，在非公经济党组织中开展“云岭先锋”工程党建双目标管理，开展了科学发展观学习教育活动，实施了党员挂牌上岗、争创党员示范岗活动。通过卓有成效的管理、培训和开展系列活动，增强了企业发展的后劲。2009年，全镇共有企业

1 269个，其中，私营企业 19 个，个体企业1 250个，从业人员6 779人。乡镇企业总收入49 770万元，乡镇企业总产值53 475万元。实现增加值（现价）16 494万元，工业增加值6 658万元，乡镇企业固定资产原值18 337万元，上交各种税金2 777万元，实现利润总额9 372万元。招商引资工作取得新突破。第六招商平台完成招商项目 14 个，到位资金 2 亿元。其中，落地八街镇的项目 6 个，到位资金8 819万元。落地八街镇 6 个项目是：安宁钰元工贸有限责任公司富锰渣冶炼项目、大龙洞红鳟鱼养殖厂建设项目、云南惠嘉公司小陡山良种猪扩繁场项目、磨南彝族文化生态风情园项目、云南恒进公司 200 亩钢架连体大棚项目、云南恒进公司罐头加工项目。八街镇现有骨干企业 5 个，即：安宁钰元工贸有限责任公司，主要经营铁矿石开采、冶炼，2009 年共生产铁矿石33 700吨；安宁建工集团有限公司，主要经营建筑、建材及安装；云南恒进农业开发有限公司，主要经营蔬菜育苗、种植、销售、农业产业开发，2009 年，共生产蔬菜1 000吨；云南惠嘉公司，主要经营良种猪养殖、仔猪繁殖。2009 年，养种猪存栏6 000头，仔猪繁殖108 000头；安宁天发磷业有限公司，主要经营磷矿石开采、销售，全年共生产磷矿石2 800吨。2009 年，全镇工业收入6 480万元，其中，出售工业产品收入5 641万元，建筑业收入2 811万元。

【交通·邮电】　八街镇现有过境公路 3 条，即安宁至峨山过境公路、八街至玉溪过境公路、八街至易门过境公路。全镇 21 个村委会实现了村村通柏油路，94 个自然村、97 个村民小组实现了村村通公路。2009 年 1～10 月，投资近3 000万元，修通了山后、小后冲、十里铺等 18 个自然村全长 37.25 公里的村民小组公路。其中，投资 66.7 万元修通了窑坡村委会至山后村小组长 1.4 公里的水泥小板路面；投资 60 万元修通了竹园村至前所村全长 0.95 公里的水泥小板路面；投资 205.8 万元，修通了枧槽营至大龙潭、何家营村的全长 3.4 公里的水泥小板路；投资 106.9 万元修通了凤仪至小后冲村全长 2.5 公里的水泥小板路；投资 147.5 万元，修通了大营至韭菜冲村全长 3 公里的水泥小板路；投资 592.2 万元，修通招坝至新龙村、招坝至石岩村、招坝至沙家田村、招坝至十里铺村全长 9.9 公里的水泥小板路；投资 115.4 万元，修通了一六街至小龙潭村全长 2.7 公里的水泥小板路；投资 100.6 万元，修通了磨南至桃园哨村水泥小板路面；投资 176.6 万元，修通了凤仪村委会至凤仪上、下村全长 1.9 公里的水泥小板路；投资 415.7 万元，修通了一六街至石鸡村全长 4.5 公里的水泥小板路；投资 360.2 万元，修通了一六街至新招村全长 3.9 公里的水泥小板路；投资 73.6 万元，修通了旬房村、大五岳村、摩所营村的水泥路面。至此全镇 94 个自然村中，通柏油路或水泥路的村已达 90 个，占全镇自然村总数的 95.7%。在道路交通安全管理中，镇政府与 21 个村委会签订了《公路管理、交通安全责任书》，认真开展了“关爱生命、安全发展的安全生产月”活动，下发了《关于禁止在公路上辗晒麦秆的通告》，对村级道路进行安全检查，进行道路交通知识宣传，共发放通告5 000份，拒乘拒驾“黑车”倡议书10 000份，维护了道路交通安全。2009 年，全镇共有车辆1 640辆，拖拉机1 386辆，摩托车1 297辆。在车辆总数中，货运车辆 514 辆，微型车、面包车、轿车1 116辆，货车年货运量达 370 万吨，客运车辆年客运人数达 126 万人次。全镇共有客运站 1 个，停车场 4 个。八街镇地处易门、玉溪、峨山、晋宁三角地带，交通十分便利，全天都有往返于安宁、易门、玉溪、晋宁等县市的客运车辆。安宁至八街的公交车每 20 分钟就有一次往返。全镇有 21 个村民委员会实现了村村通班车。2009 年，全镇运输业收入6 041万元。2009 年，八街交警中队共检查各种车辆18 672辆，查处交通违法4 160起，当场处罚 821 起，警告3 180起，按普通程序办理 159 起。共接处交通报警 438 起，其中，简易程序处理 395 起，立案办理 36 起，受伤 41 人。发生重大交通事故 4 起，死亡 4 人。

2009 年，全镇完成邮电通讯业务总量 228 万元，其中，邮政业务总量 48 万元，电信业务总量 180 万元，移动通讯业务总量 148 万元。八街镇通讯发展较快，年末，手机拥有量达6 120门，占全镇人口数的 16.1%，全镇现有程控电话6 938门，全年新装程控电话 280 门。在程控电话总数中，城镇1 132门，农村5 806门，移动电话、程控电话拥有量占全镇总人口的 34.4%，占全镇总户数的 116.7%。全镇 21 个村委会、1 个社区居民委员会、94 自然村实现村村通程控电话，移动通讯实现了全覆盖。

【水利·电力】　2009 年，八街镇新修水利工程 135 件，累计完成工程量 8.6 万立方米，总投资1 263.64 万元。其中，市立重点工程一件，即凤仪下库水库保险加固工程，总投资 956 万元，改善灌面积 998 亩，解决1 087人生活、生产用水。完成车木河小流域治理工程 1 件，累计治理水土流失面积 11.6 平方公里，总投资 124.3 万元。完成小型水利工程 2 件，即相连村团山水库抽水站灌沟倒塌修复。投资 1.5 万元。一六村委会小凹箐水库闸阀更换工程 1 件，投资 1.4 万元。完成第四批农村人畜饮水工程 6 件，总投资 169 万元，解决了王家村、常里营、双龙村、沙厂村、大龙洞村、凤仪上村、凤仪下村等 7 个村民小组、683 户、2 329人，870 头大牲畜饮水问题。完成了水库、河道绿化工程 6 件，投资 9.936 万元，解决了锅底箐水库、五一水库、扬尖水库、下河东水库和温水河、一六小河的绿化工程。全年完成岁修工程 118 件，工程量 8.4 万立方米。共有抽水站 49 座，装机总量 1 689千瓦。共有大小水库 60 座，坝塘 6 座，总库容 1 618.7万立方米，年实际蓄水 581 万立方米。2009 年，全镇供电总量8 127 948KW，信电总量7 729 949 KW，电力总收入3 994 326.19元。

【农业科技】　2009 年，八街镇共有农业科技人员

31人，其中，农林水综合服务中心粮果分中心、蔬菜办共有农科人员10人，21个村民委员会21人。在农业科技工作中，八街镇党委、政府以实施“科技兴农”战略为目标，认真抓好“一万亩烤烟、一万亩红梨、一万亩蔬菜、一万亩浅水藕、一万亩短、平、快的经济作物和一万头生猪养殖基地”等“六个一万”工程为重点，以提高广大农民科学种田水平、提高劳动者素质和科技在农业生产中的应用。一年来，共举办烤烟、红梨管护、水稻蜂巢式和生物多样性、晚熟桃、蔬菜种植基础知识、动物疫病预防、生猪饲养管理、土杂鸡养殖、牛冻精改良等培训323期，共培训农村劳动力16 268人次。在全镇实施“种子工程”、“良种法”，增加科技在农业生产中的应用，积极推广和应用农业科技新知识，规范种植的质量和水平，走高效农业和农业产业化的发展之路。在小麦种植上，推广高产、优质、抗病性强的“云麦42号”；在水稻种植上，推广了“合系11号”、“合系41号”优良品种；在蚕豆种植上，推广使用了“凤豆4号”；在玉米种植上，推广使用了“会单4号”、“路单10号”等优良品种，良种使用率达100%，规范化种植达90%以上。2009年，完成水稻育秧716亩，水稻移栽7 726.5亩，完成水稻精准栽培100亩，推广优质稻6 374亩，测土配方施肥4 800亩，水稻优质新品种“楚粳28”试验40亩，水稻壮秧剂推广4 860亩。种植玉米25 860亩，其中，早熟玉米种植607亩，玉米地膜连片种植4 077亩，育苗移栽1 720亩，完成温饱工程8 360亩，种植高油蛋白玉米2 358推广抗旱节水玉米300亩，玉米测土配方施肥5 300亩，鲜食玉米1 253亩，玉米“118”工程13 047亩。小麦种植9 368.3亩，其中市级样板150亩，大麦种植7 260亩，蚕豆种植5 138亩，其中市级板400亩、单产240公斤，碗豆920亩，薯类1 056亩，油菜8 455亩。种植优质马铃薯720亩，推广半免耕马铃薯215亩。对红梨进行拉技2 000亩，秋季施肥、冬季修剪4 200亩。完成了1 740亩晚熟桃的补苗、扩塘除苗、秋季施肥、冬季修剪、树干涂白、喷打石硫合剂、灌水施肥工作。引进农业龙头企业，大力发展农业产业。积极引进云南恒进农业开发有限公司，发展蔬菜产业。2009年，全镇种植蔬菜32 860亩，总产量4.98万吨。外销2.85万吨，其中，无公害蔬菜20 080亩，产量4万吨，标准化示范生产推广6 000亩，外销蔬菜总产值达5 985万元。全年种植浅水藕、茭白等水生蔬菜11 000亩，总产量19 140吨，总产值1 914万元。积极扶持生猪养殖大户，依托惠佳公司，发展二街西山、摩所营、大营三个万头生猪养殖示范基地，扶持500头以上的生猪养殖大户37户。生猪年出栏在6万余头。2009年，全镇栽种云87品种烤烟14 000亩、云97品种烤烟2 300亩，收购烤烟50 100担，烤烟总收入3 835.49万元。粮食总产量为18 727.5吨，粮食作物和经济作物比例为3∶7，粮食总产量和单产仍保持历史较好水平。

【教育】　2009年，全镇共有中学1所，小学18所，幼儿园3所，学前班16个。在小学校总数中，中心小学2所，村级完小10所，四年级以下的村小6所（含一师一校1所）。在幼儿园总数中，公立幼儿园1所，私立幼儿园3所。中学在校学生1 532人，其中，男生794人，女性738人，住校生1 118人，走读生414人。共有32个教学班，其中，初一年级10个班458人，初二年级10个班520人，初三年级12个班554人。小学在校学生2 846人，其中，男生1 405人，女生1 441人。全镇小学共有107个教学班，其中，一年级21个班，二年级20个班，三年级15个班，四年级17个班，五年级17个班，六年级17个班。全镇幼儿园（包括学前班）36个班，在园学生1 012人，其中，幼儿园在园学生共20个班598人，学前班16个班414人。全镇中学共有教职工120人，其中，男教职工64人，女教职工56人，教师102人，职工18人。在教师总数中，专任教师91人，其中，女专任教师47人。全镇小学共有教职工233人，其中，专任教师212人，工人4人，临时工7人。在专任教师中，女教师113人。安宁市级骨干教师8人。2009年，中学在校学生入学率99.56%，在校学生年巩固率100%，辍学率为零，中学毕业生人数540人，毕业率为100%，中考录取各类中专、高中、技校、职高人数474人，占报考人数的87.7%，中学生升学率为87.7%。全镇共有5周岁儿童537人，儿童入园（入学前）率为100%，小学7—12周岁适龄儿童2 846人，入学学生2 846人，小学生入学率为100%，在校学生年巩固率为100%，辍学率为零；2009年，小学应届毕业生538人，毕业人数538人，毕业率为100%，小学毕业生升初中升学率为100%；全镇共有寄宿制学生1 021人，分布在八街中心小学、一六街中心小学、二街小学、招坝小学、摩所营小学、桅杉小学、温水小学等7所小学。在寄宿制学生中，有全寄宿制学生和半寄宿制学生，其中，全寄宿制学生541人，半寄宿制学生480人，全寄宿制学生全天在学校吃住，半寄宿制学生每天在学校吃一餐饭，晚上回家去住。全寄宿制学生按一、二、三个档次，每月享受200元、150元、100元的生活补助，半寄宿制学生每月享受50元的生活补助。在学校教育教学工作中，做到以科学发展观统领全局，认真贯彻执行各种法律法规，注重师德师风修养及提升，认真实施素质教育，全面推行校务公开，对各学校实行教师工作目标管理考核，推行教职工代表大会制度，家长委员会制度，抓好班主任工作，认真落实《班主任工作规程》。推进教育人事制度改革，在中小学中层干部中全面进行竞争上岗，在教师中推行“双向选择”。做好教学常规管理“四求”和教学研究管理“二求”，抓好教学常规教育和骨干教师、学科带头人的评选，实行行巡课制度。改进教师评价方法，建立以教师自评为主，校长、教师、学生、家长共同参与的评价制度。开展“一帮一”、“手拉手”活动。积极营造良好的育人环境，改善办学条件，认真抓好学校远程教育工作，坚持“育人为本”的德育工作指导思想，强化师德师风建设，认真贯彻落实《教师规范十不准》，对违反师德师风的教师实行“一票否决制”。开展了“做文明学生、创文明校园”和“创建文明单位、文明学校、文明班级、文明学生”为主题的精神文明创建活动。抓好学校信息建设和综合实践活动，把综合实践活动同少先队主题系列活动、雏鹰争章活动相结合，全面提高学生的综合实践能力和思想道德水平。抓好对学生的安全教育、健康教育和卫生工作。2009 年，全镇中小学共开展课外活动 610 多次，共有课外兴趣小组 71 个。共有 150 多名教师获安宁市级以上的论文奖 186 篇。

【文化·体育】　2009 年，全镇 21 个村委会、1 个社区居委会、94 个自然村中，开通有线电视的自然村 92 个，占自然村总数的 97.8%，有线电视开通户 8 036户，占全镇总户数的 79.5%，全年新增有线电视用户 82 户，全镇除偏远山区石岩村、十里铺等自然村安装了闭路电视或卫星接收器外，全镇 22 个村（居）委会、94 个自然村、97 个村民小组都开通了有线电视和闭路电视。随着有线电视和闭路电视在全镇的普及，有线电视接收节目 42 套，闭路电视接收节目最多的 60 多套，最少的 10 套，全镇有线电视、闭路电视开通率和普及率均达 100%。2009 年，全镇投入用于有线电视经费 14.017 万元。全镇 21 个村委会、94 个自然村、97 个村民小组村村通广播，广播普及率达 100%。全年有线电视收视费收入 98.23 万元。全镇共有文化娱乐场所 5 个，老年活动中心 1 个，娱乐茶室 15 个，村级文化室 18 个，有业余文化宣传队 30 支，业余花鼓队 61 支，文化工作者 4 人，业余文艺工作者 475 人。2009 年，全镇各个业余文化宣传队共演出各种文艺节目 265 场次，观众达 12.8 万人次。春节期间，镇党委、政府邀请了云南省滇剧院、云南省花灯团、楚雄州民族艺术剧院到八街集镇云程广场进行文艺演出，共演出 8 天 16 场次，观众达 2.5 万人次。在一六集镇，由本地业余文艺工作者进行了自编自演文艺节目，共演出 6 场次，观众达2 500余人次。在春节除夕之夜和踩街活动当天晚上，在八街集镇燃放礼花、焰火，在一六集镇燃放了焰火。开展了一年一度的春节文艺展演暨踩街活动，参加文艺展演的代表队共 32 支，1 590人，驻镇昆明市武警二大队、安宁二中、八街小学及易门龙泉舞狮队、晋宁县双河秧老鼓队等单位应邀参加了文艺展演暨踩街活动。参加展演活动以 22 个村（居）委会代表队为主体，安宁钰元工贸有限责任公司派出威风鼓队参加了展演活动。展演队伍长达1 000多米，观众达 3.85 万人次。在全镇实施了电影“2131”放映工程。一年来，在集镇和各村民小组共放映电影 216 场次，受教育观众达 8.9 万人次。安宁二中还组织了“五四”全校艺术节活动，在八街集镇进行了文艺演出，举行了国庆节歌咏比赛，八街小学、一六街小学组织了“六一”儿童节文艺演出活动，在各小学开展了“六一”游艺活动，参加的中小学生达3 900人次。

八街镇体育活动比较活跃。2009 年，全镇共有 46 支业余体育活动队开展活动，参加人数达2 190人次。活动内容丰富多彩。开展了具有民族传统的彝族火把节、苗族花山节等活动，结合八街实际，为打造八街旅游业，在磨南德太阳寨举办了盛大的首届磨南彝族火把节，参加人数达 1.5 万余人。八街社区居委会老年健身队每天早晚在集镇云程广场开展老年健身操活动。举办了八街镇第二届运动会，参加的代表队有 22 个村（居）委会代表队、驻镇单位代表队共 31 支男女代表队，运动员 620 多名，比赛的项目有：篮球、拔河比赛等 7 个项目。共有裁判员 25 名，运动会 7 个项目设奖励名次 90 个，包括篮球 15 个，拔河 15 个，迎面接力 15 个，飞镖、象棋、背媳妇、大力士等 42 个。体育道德风道奖 2 个。同时还设组织奖 9 个。经过 8 天的紧张比赛，温水村委会代表队获村委会系列篮球比赛第一名，天发公司获机关企事业单位篮球比赛第一名，安宁二中女队获机关系列女队篮球比赛第一名。其他比赛名次分别被各代表队获得。一年来，安宁二中、八街中心小学、一六街中心小学和 10 所村完小分别组织了田径运动会，参加中小学生田径运动会的学生达3 758人次。全镇各中小学还利用课余时间开展课外活动，驻镇各单位之间、各村之间还经常开展篮球比赛，八街小学参加安宁市小学生田径运动会获团体总分第六名，一六小学参加安宁市中小学生篮球运动会获小学男子组第一名。一六小学参加云南省第三届美术比赛作品评选活动中，有 1 名教师获指导奖，10 名学生分别获金、银、铜奖。在安宁市举办的少数民族运动会上，获少数民族吹枪赛第二名，安宁市八街镇革命历史教育展馆获昆明市“十佳”优秀博物馆。2009 年，全镇用于文艺、体育活动经费 64.5 万元。

八街镇隆重举行一年一度的大型文艺展演暨踩街活动。　　（朱正才　供稿）

【卫生】　2009 年，八街镇共有卫生院 1 所，卫生院分院 1 所（一六街卫生分院），社区卫生服务站 1 所，计划生育服务站 1 所，村级卫生所（室）21 所，个体诊所 2 个，个体药店 7 个。全镇共有医务人员 83 人，其中，八街卫生院（含一六街分院、社区卫生服务所）42 人，计生服务所 2 人，村级卫生所 37 人，个体诊所 2 人。医务人员占全镇总人口的

2.18‰。全镇现有病床127张，其中，卫生院50张，社区卫生服务站7张、计生服务所4张，村级卫生所63张，个体诊所3张，病床数占全镇总人口数的3.34‰。八街卫生院是一所全镇性的综合中心卫生院，下设一个分院、一个社区卫生服务站、内科、外科、中西医、妇产科、牙科、骨科、住院部、门诊部、疾病预防组等科室。主要医疗设备有：全数字彩超、全数字超声诊断仪、X光机、尿液分析仪、心电图机、全自动麻醉呼吸机、心电监护仪、冷光源机、多功能牙科治疗仪、血红蛋白仪、血球分析仪、胎心仪、半自动生氏分析仪、CO_2激光治疗仪、全自动洗胃机、微液综合治疗仪、超声雾化器等。全镇农村医疗预防和初级卫生保健网点普及率达100%。一年来，全镇在卫生院住院病人1 013人，门诊人数46 364人，为中小学生进行健康检查530人次。新型农村合作医疗筹资标准得到了提高，由2008年的每人90元提高到120元，其中，个人缴纳部分由10元提高到20元，其余100元由中央、省、市和镇按比例承担。2009年，全镇参加农村新型合作医疗人数29 655人，参合率达98.5%。参加城镇医疗保障人数927人。全年累计住院报销2 688人次，报销金额3 300 693.2元，门诊减免710人次，减免金额20 451.8元，特殊门诊减免29人次，减免金额为24 063.23元。大病救助政策有所放宽，获救助的参合人群扩大，全年符合大病救助条件并得到救助的72人次，救助金额527 126.5元。2009年，在八街卫生院住院达起付线医疗费用3 655 948.5元，报帐1 185人次，住院报帐124.7万元，门诊现场减免1 074人次，减免金额3.2万元。在防病治病过程中，根据安宁市2009年疾病预防控制工作的要求，坚持“预防为主”的方针，提高预防重大疫情和公共卫生突发事件的处理能力。全镇卫生、防疫工作者深入基层、农户开展各种传染病的宣传和预防工作，在全镇机关、社区、村委会聘请了23名卫生监督员。加强呼吸道传染病的控制工作，重点做好鼠疫、霍乱、性病、艾滋病、病毒性肝炎等危害人民身体健康的传染病的防治工作。加强结核病的防治，巩固提高计划免疫成果。结合全国手口足病、甲型H1N1流感疫情的严峻态势，对全镇医务人员进行了培训，开设发热门诊，进行预检分诊和发热病人统计，严密监测各类人群，特别是中小学校、托幼机构及3岁以下的儿童健康状况，实行零报告制度。对全镇教职工、医务人员、机关企事业单位工作人员511人进行了甲型H1N1流感疫苗的接种。开展了慢性非传染性疾病的防治。加强对精神病人的管理，对死亡人员212人进行死亡原因调查。加强传染病网络直报工作，全年网络直传染病1例，传染病发病率为十万分之二点五，低于十万分之五十的比例。认真抓好各种传染病疫苗的接种工作，全年疫苗运转10次，完成建卡建证538人次，基础免疫5 133人次，加强免疫2 981人次，麻疹疫苗查漏补种294人次，脊髓灰质炎疫苗强化免疫1 920人次，二类疫苗接种3 096人次。加强对肠道传染病的检测工作，从4月份起，对固定点50口井、不固定点6个点进行饮水消毒工作，共投放漂白粉500公斤。对所有入院检查或分娩的孕产妇156人提供艾滋病相关知识教育和抗体检测。一年来，开展艾滋病、结核病预防知识宣传2次，对乡村医生进行艾滋病、结核病知识培训2期，充分利用广播、黑板报和赶集日进行宣传127次，发放各种预防知识宣传材料1 100余份。在中小学开设健康教育课，对中小学生进行健康教育、三防教育及禁毒、艾滋病防治教育。在全镇范围内开展了创建国家卫生镇的工作，共投入资金100余万元，对集镇“五小”店铺、街卫生、小广告等进行清理、整治，对集镇下水道进行修补、清理，对各村组垃圾、“五堆”进行清理，对公路沿线环境卫生进行整治，在集镇建垃圾中转站一个，建垃圾房10个，木制垃圾箱153个，在公路沿线建垃圾放集房70个，各村级垃圾池365个。成立八街镇绿化环卫公司，在集镇设卫生保洁员和环卫工人23人，对集镇12条主要街道进行24小时保洁，对各村组垃圾进行定期洁运。开展了春季、冬季灭鼠和“除四害”工作，进行改水、改厕工作，开展了“世界无烟日”、“世界艾滋病日”、“爱国卫生月”宣传教育活动，共发放灭鼠澳敌隆毒饵315公斤，发放灭蝇药43公斤。由于宣传广泛，预防措施有力，2009年，全镇范围内未发生重大传染病，保护了人民群众的健康，巩固了“创卫”成果。

【商、饮业】　2009年，全镇共有商业网点838个，其中，集体商业网点103个，个体商业网点735个，从业人员1 441人，全镇全年商品零售总额8 100万元。全镇共有饮食服务网点71个，从业人员226人，饮食服务网点营业额4 561万元。全年商饮业收入2 676万元，服务业收入1 242万元。全镇共有集贸市场4个。2009年，集贸市场成交额达4 713万元。

【民政·救济】　2009年，八街镇有敬老院1所，供养老人89人，敬老院工作人员11人。民政助理员3人，21个村委会民政兼职人员21人，劳动和社会保障专兼职人员5人。全镇共有军属78户、烈属6户、伤残军人7人，复员军人90人，退伍军人710人，带病回乡退伍军人25人。五保户160人，特困户804户1 749人，残疾人998人，残疾人占全镇总人口数的3.6%，精神病人109人。享受农村最低生活保障804户1 749人，享受城镇最低生活保障62户69人。60岁以上的老人5 020人，80岁以上的高龄老人697人，60岁以上的老人占全镇总人口数的17.9%。1961～1962年精减退职人员14人，领取生活补贴的原大队干部28人，领取生活补助的离职办事处、村干部29人。2009年，全镇共发生火灾3起，烧毁民房16间，损坏屋面2间，直接经济损失4万元，受灾户3户10人。一年来，全镇共发放救灾救济粮781户2 191人，救济粮食88 495公斤；解决困难户临时救济7户24人，救济金10 000元；解决困难户医疗救助40户110人，救助金额90 000元；解决贫困户、困难户冬寒救济物资180户470人400件（套）；发放农村最低生活保障金 895 户 1 787 人，发放金额 2 236 400元；发放精减退职人员及原大队干部定期补助 46 人91 200元；发放城镇居民最低生活保障金 125 户 195 人，金额 35 万元；发放 1984 年后离职原办事处、村委会干部定期补助 29 人，补助金额 54 770元；为五保户、农村低保户、重点优抚对象购买新型农村合作医疗2 185人，金额43 700元；为农村 60 岁以上老党员购买新型合作医疗 250 人，金额 5 000元；发放烈属定期定量补助 8 人43 600元；发放伤残军人抚恤金 6 人，发放金额60 000元；发放复员军人定期定量补助 100 人，金额 36 万元；发放带病回乡退伍军人补贴 25 人54 000元；发放参战人员生活补助 550 人，金额858 000元；解决优抚对象临时补助 13 户 42 人，补助金额25 000元；兑现义务兵家属优待金 40 户，金额162 600元；发放 80 岁以上高龄老人定期补助 764 人，金额886 300元；实施“农村困难党员关爱活动”共 80 人，关爱金额19 160元；免费送精神病人住院 27 人次，使用经费 11 万元；办理老年人优待证 300 本，办理残疾人证 120 本，解决赡养纠纷 6 起，调解成功率 100%。中秋节、“八一”建军节、春节走访慰问烈属、军属、伤残军人、复原军人、五保户、特困户、残疾人 411 人次，慰问金额 133 000元；慰问农村困难党员 203 人次，慰问金额 46 200元；慰问建国前入党的老党员 1 人，慰问金额 2 400元；“八一”建军节、春节召开烈军属、复退军人座谈会 44 场次，参加人员2 100人次，使用经费 50 000元；慰问驻镇部队、武警、公安、交警 12 场次，使用经费35 000元。全年共举办中式烹调、电氧焊农村技能培训班 2 期 249 人。共转移农村富余劳动力1 546人。为农村困难户修建房屋 20 户 50 间，投入经费350 000万元。

【社会·治安】　2009 年，八街镇共有司法工作人员 2 人，综治专干 1 人，禁毒工作人员 1 人，信访工作人员 2 人，22 个村（居）委会治保、调解员 22 名。镇党委、政府把创平安八街和社会治安综合治理、维稳、禁毒工作列入议事日程，加强领导，狠抓各项目标管理责任制和各项措施的落实，抓好人防、物防、技防措施的实施，并以营造良好的社会治安环境，构建和谐平安八街作为工作的出发点和落脚点，按照“谁主管，谁负责”的原则，突出工作重点，夯实基础管理，与 21 个村民委员会、1 个社区居民委员会签订了《平安创建目标责任书》、《禁毒工作责任书》、《防火安全责任书》，与企业、矿山签订了《安全生产责任书》，成立了八街镇“平安”创建工作领导小组和综治维稳、禁毒工作领导小组及安全生产委员会，健全和完善各项管理台账。加强对流动人口、外来人口的管理，认真落实创平安、社会治安综合治理、维稳、防火安全、禁毒工作、安全生产责任制，定期召开会议，安排平安建设、综治维稳工作和安全生产工作，每月召开一次治保、调解主任例会，对综治维稳工作进行通报，对社会矛盾和引发不稳定因素进行研究和排查。加强信息情报和预警工作，积极推进社区警务改革，在全镇人口相对较多的村委会建立警务室 5 个，充分发挥村委会联防中队和镇治安联防大队的作用，加大巡查、巡防力度，建立有效的安全检查、治安巡逻、防范制度和措施。认真抓好群防群治工作，建立镇、村、村民小组三级防范网络，将全镇划分为 8 大巡区，实行全天 24 小时巡逻防范。开展创建“平安镇”、“安全文明小区”、“安全文明村”、“无毒镇”、“无毒社区”、“民主法制示范村”、“平安校园”活动。加强对吸毒人员的管理，成立帮教工作领导小组，下设 4 个帮教小组，由各村（居）书记、民兵、调解、计生等部门相关人员 34 人组成，开展帮教工作，建立吸毒帮教人员台账，加大对禁毒工作的宣传，在中小学聘请法制副校长和校外辅导员，在中小学开设毒品预防法制课，通过卓有成效的工作，全镇登在册吸毒人员 54 人，戒吸率为 68.5%，三年内没有滋生新的吸毒人员。建成安全文明小区（村镇）46 个，民主法制村 22 个，无毒镇 1 个。开展了“五五”普法活动，一年来，进行普法培训班 21 场次，举办普法骨干培训班 1 期 130 人次。对全镇广大党员干部和群众进行了《中华人民共和国食品安全法》、《中华人民共和国消防法》、《中华人民共和国劳动争议调解仲裁法》、《中华人民共和国信息公开条例》、《中华人民共和国养犬管理条例》等 3 法 2 条例的学习、培训和考试，全民普法率达 87.9%。结合八街镇 2009 年群体上访事件突出这一实际，重点抓好《信访条例》的学习、宣传和培训，一年来，共进行培训一期 30 人次。发放反邪教宣传材料 100 余份，张贴大小标语 106 条、宣传手册 162 册。受教育人数达31 000人次，在小学播放反邪教光碟 2 次，受教育师生2 400余人。在全镇农村社会矛盾排查化解专项工作中，全年共排查化解了小龙潭村招商引资遗留问题、公墓道路建设滞后雨季影响出入问题、温水湿地建设淹没未被征用水田补偿问题、八街村小组新区规划土地征用问题、招坝两个村栽种金江公司假杏树问题、旧大、旧小村水库淹没农田补偿问题、易门箐矿山污染补偿等 18 个问题。一年来，全镇共发生各类民间矛盾纠纷 175 件，调解成功 146 件，调解成功率为 83.4%。共收到信访件 79 件，其中，来访 36 件，来信 31 件。网上信访 2 件，市长热线 10 件，处理和回复 79 件，处理回复率 100%。化解了杨兴片区小村、上村、大村集体围堵易门箐矿山道路事件 1 起约 500 人次。全年共发生到安宁群体上访事件 1 件，已得到妥善处理。2009 年，共接处警 118 次，立刑事案件 68 件，破获 29 件，抓获违法犯罪嫌疑人 63 人。其中，刑事拘留 16 人，逮捕 16 人，取保候审 10 人，解除取保候审 1 人，释放 7 人，强制戒毒 1 人，行政拘留 2 人；共受理治安案件 112 件，查处 104 件，查处率为 93%，其中，当场处罚 97 件，简易治安调解 5 件，一般程序处罚 2 件，治安拘留 2 人，罚款 1 人，调解治安纠纷 3 起，受理群众救助 14 起。加强对重点人口和违法人口的帮教工作，做到管控结合，对辖区内重点人口 118 人，违法青少年 12 人，治安危险分子 5 人进行管控和帮教。

按照“一个规范、三个清楚、四个依靠”的要求，以落实公安部“八条措施”为突破口，以人口管理为重点，加强对流动人口的管理，成立流动人口管理站，建立流动人口台帐，掌握常住人口状况，结构、分布。2009年，全镇常住人口43 465人，暂住人口2 043人，办理暂住证明46人，办理第二代居民身份证1 187人。强化危险物品的管理，全年共审批使用炸药8 368公斤；雷管19 650发。按照“预防为主，防消结合”的消防方针，认真抓好消防工作，调整充实了消防安全领导小组，建立镇消防中队，成立义务消防队，共有义务消防队员152人。开展了消防和防火安全教育、宣传和检查工作。一年来，利用赶集日进行宣传2次，利用黑板报、宣传栏进行宣传117期次。开展以“防火、防盗、防暴、防治安灾害故”的四防安全大检查2次。认真制定《安全生产伤亡事故应急救援预案》、《突发性地质灾害应急预案》、《突发事件处置应急预案》、《森林防应急预案》，全年共进行消防大检查2次，地质灾害检查5次，森林防火检查180余次。开展法律服务工作，全年进行法律咨询服务200余人次。由市、镇两级共同出资70 546元，为10 078户农户购买了房屋财产火灾保险。在22个村（居）委会建立人民调解委员会、治保会各22个。在反邪教工作中，成立了领导小组，建立工作责任制和信息员汇报制度，把反邪教工作纳入党建、社会治安综合治理、精神文明建设和新农村建设考核内容，按照“610办”的工作要求：挺进“四个延伸”，在全镇5个基督教堂、一个活动室2 421各基督教徒和2个寺庙中开展反邪教宣传教育，倡导科学健康的生活方式，增强群众、青少年识别邪教、抵制邪教的能力。一年来，在全年未发现“法轮功”等邪教组织。做好企业和矿山安全检查工作，认真落实工作责任制，规范各种管理的制度和台帐，全年共对全镇各企业、矿山进行安全检查9次，出动车辆20辆次，参加检人员81人次。杜绝了不安全事故的发生。在全镇所有企业中，没有出现企业拖欠工人工资的现象，也没有发生经济案件。由于高度重视，宣传到位，措施有力。2009年，全镇社会稳定，治安秩序良好。

【自然灾害】　2009年3月14日凌晨2:00左右，八街镇发生近30年来的严重霜冻，造成全镇146 800亩水果、8 105亩小麦、5 891亩大麦、2 868亩蚕豆、2 830余亩蔬菜和810余亩花卉受灾，受灾涉及全镇21个村委会、97个村民小组。农作物受灾面积42 263亩，绝收35 080.06亩，造成直接经济损失4 120.64万元，受灾人口达30 000余人。

2009年，由于八街年降雨量偏少，全年平均降雨量549.5毫米，其中东部300多毫米，西部500多毫米。年降雨量只有2008年的57.6%。自入秋以来一直无雨，气候干燥，温度居高不下，形成严重的旱情，全镇所有库塘蓄水量不足2008年的一半，农田灌溉用水困难，部分村出现人畜饮水困难，到2009年12月底，全镇农作物受灾面积20 510.7亩，成灾20 110亩，绝收10 809亩，受灾人口达34 736人。

【农村能源】　2009年，八街镇开展水源林保护工程，推广新能源，在全镇建成沼气示范村14个，使用沼气农户4 829户，建成沼气池4 987口，沼气使用遍及全镇21个村委会，97个村民小组，普及率达100%。在沼气池总数中，2009年新建71口。在大龙洞、窑坡、杨兴小村、七街村、月照屯、史家庄、摩所营等21个村民小组推广太阳能光伏路灯，总投资234.4万元，共安装太阳能光伏路灯293盏。其中，2009年新安装109盏，投资87.2万元。大力推广太阳能热水器，到2009年底，全镇农户累计安装太阳能热水器3 803套。完成了草田坝村小组生态村建设，建成大型沼气集中供气试点村建设，在该村完成36户厨房改造，安装太阳能热水器36台，新建洗澡间36间，配套沼气灶具42套，总投资105万元。

【人口和计划生育工作】　2009年，八街镇党委、政府把计划生育工作列入工作重点，成立领导小组和办公室，在镇政府设立专职计生工作人员4名，在22个村（居）委会设计生宣传员22名。认真落实计划生育工作的各项制度和措施，把计划生育工作列入村组干部考核奖励的一项内容，层层签定目标管理责任书，层层落实责任制，做到级级有人抓，层层有人管。实行计划生育工作黄牌警告制的一票否决制，全面实施“三大工程”，认真做好“八项”服务，坚持以人为本，以人的全面发展为中心，开展“优质服务”，利用各种宣传阵地和群众喜闻乐见的形式，认真宣传贯彻落实《中华人民共和国人口与计划生育法》，利用“5·29”会员活动日、男性生殖健康日、幸福工程救助贫困母亲活动日、科技周，“三八”妇女节等节日和赶集日开展宣传教育活动，全年共发放各种宣传材料24 600余份、计生历画10 108张，发放避孕套18 200只，口服避孕药83盒、外用避孕药102只、计划生育法律法规咨询3 150人次。进一步巩固三为主成果，推广“三结合”工作。一年来，共召开计划生育工作例会24次，参加人员830人次，进行计划生育法律知识培训2次60人，对22个村（居）委会已婚育龄妇女生殖健康检一期5 288人，进行孕前出生缺陷预防检查324人，参检率为85%，举办婚前培训班二期110余人。举办出生缺陷一级预防干预知识培训4期701人。2009年，全镇已婚育龄妇女8 774人，出生人口262人，符合政策生育262人，其中，一孩150人，二孩111人，计划内多孩1人，出生率6.2‰，一孩率57.3%，二孩率42.4%，多孩率0.3%。计划生育率99.6%，死亡人数271人，死亡率6.7‰，人口自然增长率-2‰。一年来，对已婚育龄夫妇采取各种避孕节育措施8 142人，综合节育率92.8%，其中，男扎294人，女扎1 787人，放环5 748人，皮埋13人，针药具300人。采取长效避孕人数7 842人，长效避孕节育率89.4%。全年共办理《独生子女父母光荣证》4 792户，其中，非农人口266户，农业人口家庭户4 526户。申报一次性奖励41户78人，新申报养老生活补助23人，领取养老生活补助110人，新申报特别扶助户3户4人。办理高考加分49人，中考升学加分84人。申报教育奖学金小学816人，初中529人，独生子女家庭申报新型农合3 831户9 386人，双女户478户927人。全年共办理二孩审批81户，领取二孩生育证84个，办理一孩生育208个。共清理出违法生育（含非婚生育）24户，其中，违法未处罚17户，已处罚来缴处罚款的7户。2009年，八街镇计生服务所开展门诊服务3 000余人次，放环295例、取环232例，人工流产116例，免费技术咨询服务560人次，发放避孕药具254人次。在流动人口的管理中，认真贯彻《流动人口计划生育管理办法》、《昆明市流动人口管理条例》，加大对流动人口计划生育的管理力度，与流动人口用工单位、房屋出租户、土地出租户签定《流动人口管理合同》，建立流动人口管理台帐，与从八街镇流出人员家属签定《外出做工人员计划生育管理责任书》。一年来，共清理出流入八街镇流动人口2 069人，其中，已婚育龄妇女489人，违法生育229人，省内193户，省外36户，违法生育一孩108户，二孩55户，三孩以上66户，在本地生育31户，外地生育198户，已查处的52户，未查处的177户。全镇流出的务工人员3 106人，其中，跨省流出126人，省内2 980人，男性1 571人，女性1 535人，已婚育龄妇女1 014人，办理外流人员《婚育证明》2 778人，其中2009年办理765人。全年用于计划生育方面的经费共计87万元。发放计划生育“三结合”帮扶资金19万元。

【重点工程】　八街集镇垃圾中转站建设工程：为认真做好城乡园林绿化和生态治理，创建国家卫生镇，2009年，八街镇党委政府在八街集镇大里屯村头建设垃圾中转站1个，该项目总投资110万元，其中，市财政补助50万元，镇政府出资60万元，占地2亩，建设的内容包括垃圾吊装车间、工具房、看守房、污水处理设施，日转运垃圾量180～200吨。该项目于2009年2月14日开工，2009年8月31日竣工，土建部分由安宁建工集团承建，吊装设备由五华区环卫处负责施工。

集镇南湖公园建设：为发展八街镇旅游业，扩大招商引资覆盖面，打造集镇品牌，建设滇中各镇。2009年，八街镇党委、政府在集镇南面实施了南湖公园建设工程。该项目工程占地30 601.3平方米，总投资650万元，于2009年7月20日开工，12月31日竣工。建成后的南湖公园湖面占地9 990平方米，绿化面积20 000余平方米，其中，大树98株、林木45 000株，草坪3 000余平方米。建假山一座，休闲亭4个，休闲广场一个300平方米，栈道200米，人行道300米。该项目由云南山川园林有限公司承建。

安宁二中改扩建工程：为缓解安宁二中学生吃饭、住宿和教师住宿问题，2009年投资1 380万元实施了安宁二中改扩建工程，该工程总建筑面积8 545.14平方米，工程项目包括：在原学生食堂增加一层752平方米的建筑；新建学生宿舍一幢三层1 028平方米；新建教职工宿舍一幢4层4 800平方米104套。该工程于2009年7月8日开工，2009年12月31日竣工，由云南CY集团通过公开招标承建。

【八街镇第一届人民代表大会第四次全体会议】　2009年1月1～2日，八街镇召开了第一届人民代表大会第四次全体会议，出席这次会议的人民代表69人，列席和特邀人员60人。在会议的开幕式上，党委书记张兴有作了讲话。在为期2天的会议中，与会代表听取和审议了《八街镇人民政府工作报告》、《八街镇人大主席团工作报告》、《八街镇2008年地方财政预算执行情况和八街镇2009年地方财政预决算（草案）的报告》、《八街镇人民政府第一届第三次会议代表所提的议案、建议、批评和意见办理情况的报告》、《八街法庭工作报告》。与会代表对上述五个报告进行了认真的讨论，会议通过了《八街镇人民政府工作报告》、《八街镇人大主席团工作报告》，审查批准了《八街镇2009年地方财政预算》，并作出了相关决议，确定了2009年镇人大主席团、镇人民政府工作的总体思路、指导思想和奋斗目标及要办的6件实事。

【“行政效能提升年”和“干部作风改进年”活动】

八街镇党委、政府于2009年3～11月在全镇开展了八街镇“行政效能提升年”和“干部作风改进年”活动，参加此次活动的单位数23个，即镇机关、中心、站所和22个村（居）委会，人数162人。为做好这次活动，镇党委、政府成立了八街镇“行政效能提升年”和“干部作风改进年”活动领导小组，由党委书记张兴有任组长，党委副书记、镇长周鸿斌、人大主席王茹任副组长，成员由班子领导、综合办主任、经社办主任组成，领导小组下设办公室，负责日常事务。结合八街镇实际，制定了《中共八街镇委员会、八街镇人民政府关于切实提升行政效能和改进干部作风的实施意见》，认真抓好第一、第二、第三阶段中各个环节的工作，较好地完成了“行政效能提升年”和“干部作风改进年”活动的各项工作任务。在第一阶段学习教育工作中，于3月11日召开了有31个党总支（支部）书记、副书记、22村（居）委会主任、副主任、新农村建设指导员、97个村民小组书记、组长、镇机关、中心全体干部职工共268人参加的八街镇“行政效能提升年”和“干部作风改进年”活动动员大会，会上党委副书记、镇长周鸿斌作了动员讲话，党委书记张兴有，人大主席王茹对活动作了部署和安排。会后，各单位按照市委和镇党委的部署和安排，采取集中学习、分散自学、中心学习组学习等方式，全面系统地学习了党的十七大、十七届三中全会精神、省委八届六次全会、昆明市委九届五次全会、安宁市委四届七次全会精神，学习了中央、省市委关于加强行政效能和干部作风建设的文件精神及《党章》、《公务员法》、《劳动合同法》，参加学习机关干部职工101人，村组干部350

人，党员2 011人。在学习的基础上，机关干部职工和村组干部结合如何提高行政效能和改进干部作风，撰写了学习心得体会，全镇共撰写学习心得体会381篇。在学习的基础上，认真抓好第二阶段的工作。在第二阶段工作中，认真进行了思想发动，采取无证名问卷调查的方式广泛征求了村（居）委会干部、机关部分干部职工和企业、驻镇单位干部群众的意见、建议，经过认真的原汁原味的梳理，对党委、政府班子提出的意见和建议172条，9名科级干部38条，经过反馈意见、交心谈心、查找问题、撰写专题民主生活会发言提纲，于4月14日召开了八街镇科级领导班子和领导干部专题民主生活会，开展批评与自我批评。民主生活会后，根据征求到的意见、建议和民主生活会上提出的意见，制定了《中共八街镇委员会、八街镇人民政府2009年“行政效能提升年”和“干部作风改进年”专题民主生活会整改方案》和个人整改措施，并在机关干部职工大会上和以书面形式下发到各党总支（支部）村（居）委会进行了通报。在第三阶段的工作中，结合制度创新工作，以提升行政效能和改进干部作风为重点，完善各种制度和保障措施，制定了《关于在全镇开展“治庸计划”的实施办法》，出台了《关于进一步加强党建工作示范点活动的实施意见》、《关于进一步加强对公务接待的管理规定》，对重要工作、招商引资项目、重大工程，制定项目落地的保障措施和责任单位、责任人及推进时间表。认真抓好“两集中、两到位”改革，全面推行阳光政务，实行重大决策公示、通报制度，建立了八街镇贯彻落实《首问首办责任制规定》第三个文件的实施细则，严格责任追究制度，对工作不负责、不按规定做好工作的单位和个人，进行黄牌警告和问责。建立和健全了加强干部作风建设的教育、预警、监督、考评、奖励等机制，认真落实“一岗双责”工作责任制，实施了“一线工作法”、“工作成果倒逼法”和“五办”作风。开展“行政效能提升年”和“干部作风改进年”活动，8个月以来，全镇共受理涉及服务承诺事项受理件326件，办结323件，办结率为99.1%；限时办结1 506件，办结率为99.7%；首问首办216件，转办2件，办结率为99.1%；涉及投诉件7件，办结率为100%。领导干部深入基层都在80天以上，机关中层干部、一般干部70天以上，村（居）委会干部100天以上，为群众解决困难和问题1 000多件。共有3名村委会干部、3名村小组干部受到黄牌警告，3名村干部进行了戒免谈话，1个村委会干部进行了问责。

【深化集体林权制度改革】　八街镇自2007年7月～2009年12月在全镇21个村民委员会、97个村民小组开展了深化集体林权制度改革。为认真抓好全镇深化集体林权制度改革工作，成立了以党委书记张兴有为组长、党委副书记、镇长周鸿斌、分管林业工作的副镇长郭绍忠为副组长的八街镇深化集体林权制度改革领导小组，抽调机关干部3人成立林改工作办公室，负责林改工作日常事务。制定了《八街镇深化集体林权制度改革工作实施方案》、《八街镇深化集体林权制度改革工作宣传方案》和《八街镇领导干部挂钩联系林权制度改革工作督导检查制度》，成立7个督查组，每个科级领导分别联系督查3个村委会的林改工作，协助解决各科纠纷。为保证林改工作顺利进行，镇党委、政府召开了八街镇深化集体林权制度改革工作动员会，传达省市有关文件，安排布置“林改”工作，对全镇21个村委会97个村民小组264名村组干部进行动员培训，与21个村委会主任签订了《八街镇深化集体林权制度改革工作目标责任书》。动员会后，21个村委会成立领导小组，制定实施方案，开展广泛的宣传动员工作，全镇共召开各种会议496次，张贴宣传标语3 840条，发放宣传材料15 000份，公开信11 084份，发放林改知识问答12 266份，办板报345期次，利用广播宣传405次，派出宣传车进行全方位宣传100余次，宣传覆盖率达100%。在宣传动员的基础上，按照市委、市政府的要求，镇党委、政府组织有关人员进村入户对各村组林地分布状况，商品林、公益林划分现状和林地经营、流转情况入村入户，通过召开座谈会、老党员老干部、村民代表会等会议进行摸底调查。同时，聘请云南省规划院昆明分院5名工程师组成5个工作组对全镇21个村委会、97个村小组林地进行实地勘测工作，勘测工作结束后，进行了林权证的填写、办理和发证工作。全镇正确权林地面积372 394.5亩，实际确权面积361 157.6亩，共核（换）发林权证2 723本，确权到户2 647户，确权到户率78.8%，发林权证宗地数3 732宗，宗地发证率98.7%，确权率97%。做好林权纠纷的调处是深入集体林权制度改革的重要一环，为镇党委、政府制定了《八街镇集体林权制度改革纠纷调处工作制度》，成立了以镇长周鸿斌为组长的林权纠纷调处工作小组，认真做好全镇各村委会林权纠纷的调处工作，全镇共排查各类纠纷277起，已调处266起，调处理96%，其中：本镇范围269起，涉及农户245起，集体24起。涉及其他县的林权纠纷7起。并做到了使当事人双方满意，保证了全镇林改工作顺利完成。“林改”共使用经费40万元。

【拆临拆违·农村用地审批】　2009年6～7月，八街镇在全镇开展了拆临拆违工作。工作中，成立了领导小组，制定了《八街镇拆临拆违“零申报”工作实施细则》，召开了宣传动员和培训会，与21个村委会书记签订了《八街镇拆临拆违零申报工作责任书》。开展了拆临拆违工作普查，全镇共普查了农户10 294户，建筑面积1 861 127.7平方米，占地面2 133 576.8平方米。查出违法建设23户，建筑面积673.4平方米，占地面积1 609.6平方米。在普查的基础上，对违法建筑的农户进行说服教育工作，召开了八街镇拆临拆违工作现场会，对重点户实施拆除违法建筑工作。全镇共拆除在2008年6月～2009年6月期间违法建筑的农户20户，建筑面积543.1平方米、总占地面积1 559.4平方米，占违法建设户数的87%。

按照农村建房审批制度和“五不准”、“六不准”的原则，2009 年，全镇共审批农村建设用地 69 户，其中，审批新建房 31 户，办理折旧建新手续 38 户。全年补办规划手续 41 户，查处违法用地 17 户。在二街村委会樟富营村小组和右所村小组实施了农村居民地震安全工程，对拆除重建的 120 户给予10 000元的补助，加固改造的 96 户农户给予3 500元的补助。

【八街镇残疾人联合会第一次代表大会】　为推进八街镇残疾人事业的发展，做好残疾人的管理和服务工作，2009 年 12 月 16 日，八街镇召开了残疾人联合会第一次代表大会。参加这次代表大会的代表共 63 名，其中，残疾人代表 37 名，健全代表 26 名。会上，安宁市残疾人联合会理事长方玉忠作了讲话，镇纪委书记李伟作了动员讲话，八街镇民政助理员王庭忠作了《八街镇残疾人联合会工作报告》，通过了《八街镇残疾人联合会章程》，大会选举产生了八街镇残疾人联合会第一次代表大会第一届主席团委员、主席、副主席兼理事长，选举委员 7 名，主席郭绍忠，副主席兼理事长王庭忠。

（曹文光）

县街镇

【自然概况】　县街镇原名那龙城，元至元十三年，在此设三泊县而得名。清雍正三年（1725 年）裁三泊县改云龙镇。民国年间称云龙镇，隶属安宁县。2006 年 3 月，撤消原县街乡和鸣矣河乡，两乡合并，建立县街镇，镇政府所在地设在原县街乡政府所在地。

县街镇距安宁城南部 8 公里，东与安宁市金方街道办事处、昆明市西山区相连，南与安宁市八街镇、晋宁县二街乡接壤，西与易门县六街镇连接，北与安宁市草铺镇毗邻，平均海拔1 860米，年平均气温 17.8℃，年平均降雨量 77.4 毫米。辖区国土面积 266 平方千米，辖区 10 个村民委员会 55 个村民小组。镇域世居民族有汉族、彝族、回族、蒙古族等多个民族。各民族民风纯朴，友好相处，热情好客。2009 年来，全镇总户数8 452户，总人口28 331人，其中：农业人口25 878人，非农业人口1 003人，流动人口1 800人。年末常用耕地面积26 343亩，有效灌溉面积19 087.5亩，人均拥有耕地面积 1.03 亩。在安宁市城市总体规划中定位为：“生态农业观光旅游区，南部水资源保护区”。

县街镇境内山脉属乌蒙山脉。境内多山，有犁头山，海拔2 488米，黑风洞，海拔2 671米，属安宁境内最高山峰，白泥山、云龙山等，但于县街西南面；菜子尖山、接天石山、红尖山等位于县街东南面。山场面积243 平方公里，森林覆盖率达65.9%。主要河流有鸣矣河、小漩河、梨子河、山口小河、下元良小河等。

县街镇境内资源丰富，主要有磷矿石（已探明储量 1.6 亿吨）、石灰石、石英沙，其次是铁矿、钛矿、硅矿、铝土、耐火粘土等；农作物主要有水稻、玉米、麦类、豆类等，经济作物主要有烤烟、水果、蔬菜、油菜、洋蓟等。在农业方面，形成了以烤烟、水果、蔬菜、养殖四大主要产业，带动全镇经济健康发展。

【经济发展概况】　2009 年，是县街镇全面实施“十一五”规划的关键之年。镇人民政府在安宁市委、市人民政府的正确领导下，团结带领全镇广大干部群众，以邓小平理论和“三个代表”重要思想为指导，深入贯彻党的十七大、十七届三中、四中全会精神，认真落实科学发展观，立足镇情，科学定位，明晰和优化发展思路，按照“生态农业镇”的城市定位，做精一产业，服务二产业，发展三产业。实施“农业立镇、工业富镇、科教兴镇”三大战略，进一步巩固农业产业结构调整成果；积极推进社会主义新农村建设；加大招商引资力度，营造良好投资环境，鼓励土地使用权向业主集中合理转移；努力培植特色农业及农业品加工业。加强集中镇基础设施建设，不断提升集镇功能，推动全镇经济社会又好又快发展，完成了年初确定的各项目标任务。

2009 年末，全镇农村经济总收入41 318万元。其中：农业收入6 092万元，林业收入 267 万元，牧业收入13 352万元，渔业收入 59 万元，工业收入3 653万元，建筑业收入1 575万元，运输业收入10 357万元，商饮业收入4 381万元，服务业收入 486 万元，其他收入1 096万元。完成财政总收入14 443万元，其中地方税收6 895万元。农民人均纯收入达5 578元。粮食播种面积31 722亩，粮食总产量9 771吨。

【工业发展】　县街镇境内矿业资源丰富，磷矿石（探明储量 1.6 亿吨）、石英砂、材石料尤为突出。工业经济发达，2009 年末，全镇有企业1 242个（含个体工商户），其中规模以上企业 16 家。实现工业增加值49 134万元，企业实交税金16 246万元，从业人员6 551人。

县街镇工业发展对当地经济的带动作用：一是解决当地农村剩余劳动力就业，增加农户经济收入。每年吸纳当地农村剩余劳动力2 333人，劳动者报酬达4 426万元；二是带动当地运输业发展，随着县街工业的不断发展壮大，带动了县街镇运输业的发展。2009 年末，全镇共有大货车 445 辆参与运输，农用车 173 辆，货运微型车 202 辆，从事运输业人员近1 000人，实现运输业收入8 820万元；三是实现工业反哺农业。下元良、县街、雁塔、甸东、耳目等村民委员会所属的相关村民小组，2009 年末共得到资源返补费1 502万元；四是支持当地社会公益事业建设。县街镇人民政府全力做好镇域企业发展的协调服务工作，企业得到不断发展壮大，效益明显提高。

【农业发展】　县街镇属农业镇，主要产业有种植业和养殖业。主要种植产业有：烤烟、水果（以红梨为主）、蔬菜、粮食。养殖业主要是生猪养殖和家禽养殖。

2009年，全镇种植烤烟“红大”品种9 430亩，收购烟叶1 225 000公斤，兑付烟农交售烟叶款2 336.87万元，中上等烤烟比例达95%，实现财政税收410万元，被昆明市政府授予“烤烟生产先进乡镇”荣誉称号；充分利用“万亩无公害蔬菜生产基地”平台，发展无公害蔬菜，种植无公害蔬菜13 143亩次，实现总产值2 430万元；完成大小春作物播种面积31 722.5亩，实现总产9 770.9吨，实现产值1 532.5万元；完成鲜切花种植758.39亩，实施红梨标准化管护4 037亩。

积极开展养殖清洁生产管理、畜牧兽医科技推广和重大动物疫病防控等各项工作。全镇共完成生猪出栏60 010头，家禽出栏320.2万只，肉牛出栏595条，肉羊出栏2 444只，肉类总产达到11 000.9吨；奶类产量达到305吨；禽蛋产量达到350吨，实现畜牧业产值1.2亿元，畜牧业继续成为县街镇农业经济的一大增长点。

全面启动了现代农业示范园、农业旅游生态观光园、规模养殖小区、养殖基地建设，建成了昆明神田农业示范园、云山村生猪养殖小区、梨园村生猪养殖小区和独房子村母猪养殖示范村，昆明锦苑花卉鸣矣河园区、云南鹏程农牧科技发展有限公司40万蛋鸡养殖基地落户县街。

【土地整理及流转】　县街镇完成了石庄至甸东11 698.5亩土地整理项目，通过整理新增耕地1 000亩，较大程度地改善了4个村委会16个村小组的土地耕作条件，有效提高了土地利用率。土地流转工作顺利推进，全镇共流转土地12 700亩，土地流转率达40%，超额完成了上级下达给县街镇的任务数。

农田机耕道路绿化工作全面展开。全镇共完成机耕道路绿化33段27 275米，种植绿化苗木7 452株，完成市政府下达县街镇任务的227.3%。

【林业工作】　2009年，县街镇育林造林稳步推进，全年完成造林1 309亩，依法采伐商品林11 457.9立方米，实现林业产值500万元以上；完善森林防火硬件，建成森林防火隔离带53千米，形成森林防火快速通道，加大森林防火投入，严格森林防火管理，实现了连续14年无大的森林火灾的佳绩，林权制度改革全面完成，全镇共确权宗地2 149宗，已发证2 130宗1 548本，发证率达99.1%，并完成均山到户，实现了“山有其主、主有其责、责有其利”的林权制度改革目标。

【农田水利基础设施建设】　县街镇第四批人畜饮水工程任务圆满完成，全面实现村村通洁净水。沟渠、河流疏浚和库塘绿化工作全面开展，组织完成了13件水利工程建设项目，争取上级投资383万元完成了两件农开水利工程项目，下元良653万元农开项目的立项工作和2 300万元的小箐口水库扩容工程全面启动，农业生产水利设施进一步完善；农业开发项目工作取得明显成效。

【国土资源管理】　2009年，县街镇严格落实耕地保护目标责任制，严格进行土地和矿产资源管理，主动配合市国土资源局查处国土资源管理违法违规行为，查处土地违法案件10件，办理社员建房审核报批120余宗，及时对耳目、白登中山等私挖乱采点进行了调查处理。无越级、越权、违法批地、批矿行为。

【科技和节能减排、环境保护】　县街镇进一步加大科技工作力度，顺利完成太阳能路灯安装232盏，新建沼气69口，完成沼气“一池三改”28口。全面组织开展和落实节能减排工作，按要求实施了落后生产能力淘汰计划，全镇新增推广节能灯45 348盏，规模以上企业工业增加值能耗同比下降了6.2%，镇机关水、电、油节能降耗分别控制在10%以内；在成功创建云南省生态镇的基础上，积极创建“全国环境优美镇”，现已经通过昆明市级验收，等待省级验收后上报国家环保总局审定。

【集镇和村庄形象得到提升】　县街镇组织完成了村组的绿化规划，推进村庄园林绿化，自然村绿化面积达489 414平方米，绿化率达27%，绿化覆盖率达32.5%；加强集镇绿化，突出景观绿化，镇新增公共绿化面积5 935平方米，人均新增公共绿化面积5平方米，建成县街集镇门户区景观大道800米，安装安八（安宁—八街）公路、县下（县街—下元良）公路路灯42盏。通过引入市场化运作模式，较好推进了集镇、村庄环境卫生管理，“组保洁、村收集、镇转运、市处理”的垃圾处理要求得到较好实施，集镇和村庄绿化、亮化得到加强，环境、村容村貌明显改善，集镇、村庄形象进一步提升。

【自然村道路硬化工程】　县街镇在2008年完成48个自然村的基础上，突破难点，全力推进，完成剩余7个自然村进村道路硬化，实现了全镇55个自然村进村道路100%硬化的目标。

【安全生产】　2009年，县街镇认真落实安全生产责任制，层层签订责任书，整合安全生产管理资源，严格落实和执行“安全生产年”各项要求，各类安全事故指标控制在上级核定的指标范围之内。

【新农村建设】　2009年，县街镇人民政府始终把深入推进新农村建设列入重要议事日程，认真按照市新农办的具体工作要求，积极争取上级支持，较好地组织实施了整村推进“一事一议财政奖补”和信息村建设工作，累计投入资金912.01万元，实施新农村建设项目32项；继打造县街村、大元末新农村试点村后，又成功打造了好义村、小红祥等新农村试点村，形成了一批全镇率先、管理一流、在安宁乃至昆明有影响的新农村典型。并通过了省、昆明市、安宁市三级的验收。全镇农户拥有各类电话12 035部，电话拥有率达151%，建成电脑信息体验点2个，信息村建设取得明显成效。

【村容村貌“三沿五区”整治和拆临拆违工作】 县街镇以自然村为单位，大力开展“清洁庭院·清洁村庄·清理河道·清洁道路”的四清活动和清除公路沿线、村庄主干道、小巷道内和房前屋后“五堆”的整治活动，在集镇、行政村、自然村不断完善环卫设施，全镇垃圾无害化处理率达98%，有效杜绝了农村垃圾脏、乱、差现象以及对环境的污染，提高了人民群众生活质量。实施殡葬改革和“三沿五区”坟墓整治强势推进。全镇共整治坟墓1 418冢，推行文明殡葬，殡葬改革不断深入，城乡遗体火化率达98.7%，规范了殡葬行为，完成农村公益性公墓建设2个。对违章建筑进行有情操作、无情拆除，年内共组织拆除临违建筑144户，12 706.11平方米，达到了“消灭存量、杜绝增量”的临违建筑“零”申报整治要求，形成拆临拆违的强大声势，有效遏制了乱建乱盖的不良势头。

【民政·科技·教育·文化和社会各项事业】 2009年，镇人民政府按照促进社会进步，充分尊重民权、全力保障民生的要求，进一步增强民政、劳动和社会保障、教育、科技、文化、卫生、计划生育和精神文明建设工作力度，全面促进社会和谐进步。一年来，投入经费48.2万元，组织完成了8户特困户安居重建和4户特困难户危房加固改造，全面完成了县街镇所有特困户的危房改造，积极争取了上级主管部门的支持，在全镇组织实施了120户农居抗震加固工作，拆除重建150户，有效的消除了部分农村住房安全隐患；认真组织实施“三就三百”工程、科技能源工程和人才工程，全镇共转移剩余劳动力3 482人，实现转移收入3 074.88万元；进一步建立和完善了奖优助学机制，切实做好“控辍保学”工作，全镇初中、小学适龄儿童少年入学率为100%，辖区内学校学生辍学率为零，加强教育投入，提高教学质量，县街中学和县街小学在2009年安宁市统考中均取得了较好的成绩；文化体育工作全面开展，在市级各项比赛中取得优秀成绩，较好地完成了石江、县街2个村级文化活动室建设和鸣矣河、王家庄2个农家书屋建设；食品卫生、爱国卫生和新型农村合作医疗工作深入开展，全面完成村卫生室规范化达标工作，计划生育工作有序进行，全镇新农合参合率达99.8%，人口自然增长率为5.8‰。

【社会治安综合治理】 2009年，继续开展了书记大接访、干部大下访活动，推行领导包村、干部包组责任制，加大社会矛盾纠纷排查调处力度，积极预防和及时解决群众合理诉求。全年共发生一般矛盾纠纷375件，调解375件，调解率100%，调解成功372件，调解成功率达99.2%，协调处理办结和基本处理了发生的14件大的社会矛盾纠纷和信访突出问题。接待群众来信来访92件，协调办理92件，落实办理市信访批办件78件。组织成立了护村队10支，有效遏制了各类案件上升的势头，全年刑事案件发案56件，破获17件，破案率为30.4%；受理治安案件98件，查处93件，查处率94.9%。

【精神文明建设】 县街镇发挥工会、共青团、妇联组织的积极作用，促进全镇社会经济不断发展。一年来，全镇共申报创建省级文明村1个、昆明市级文明村1个、安宁市级文明村2个，争取上级民族机动金21万元，组织发放各类扶贫小额贷款1 060万元，有力地支持了全镇的社会、经济建设。

【招商引资】 2009年，县街镇在招商引资工作中严格按照安宁市产业规划，树立招好商、慎选商、促发展的思想，全年共洽谈项目29个，投资总额27.85亿元，上报项目信息31个，签订意向协议书13个，截至12月10日，实际到位资金5.0356亿元，占考核任务数的111.92%，其中，市外资金4.02134亿元，占考核任务数的124.84%，较好地完成了市委、市政府下达给县街镇的任务，工作实现了新突破。

园区建设、重点基础设施项目稳步推进，较好地完成了昆明冶金专科学校、云南经济管理职业学院、扬帆职业技术学院和安县（安宁—县街）公路、县草（县街—草铺）公路、西一绕公路征地拆迁工作，安澜雅苑安置小区建设项目顺利启动。

【政府自身建设】 2009年，县街镇扎实开展了软环境建设和机关作风转变年、行政效能提升年活动，严格落实行政问责等“四项制度”，倡导“五办作风”，推行“一线工作法”，着力转变机关工作作风。进一步加强了政府为民服务中心和村级为民服务站建设，实现了网上政府信息公开，人事制度改革深入推进，工作考核制度逐步完善。主动接受镇人大主席团的法律监督，高度重视并加强人大代表建议、意见办理工作，不断改进办理方法，42件代表建议意见全部办结，面商率、回复率达100%，落实率达54.8%。机关档案管理工作全面提升，投入39万元，较好地完成了“五星级”档案室建设工作。

（陈贵元）

政　　治

编辑：旃　燕　李　波

2009 年 3 月 31 日，安宁市召开推进阳光政府四项制度动员会议。　（路　宽　摄）

中国共产党安宁市委员会

主要工作

【简述】　2009年，受国际金融危机影响，安宁市以钢铁、磷盐化工为主的实体经济受到严重冲击，主要经济指标一度大幅下滑。面对异常严峻的形势，中共安宁市委坚持以科学发展观为指导，认真贯彻昆明市委、市政府的决策部署，团结带领全市党员干部和人民群众，坚定信心、主动作为、有效应对，对外扩大招商引资、向上积极争取支持、向下狠抓项目落实，增投资、稳工业、保民生，大干基础设施、大搞园区建设，大力实施生态建设、狠抓民心工程，“拼搏2009”，有效遏止了经济下滑态势，全市经济社会平稳健康发展，“543”倍增计划顺利推进，党的建设进一步加强，跨越式发展实现良好开局。

【抓学习，促提高】　2009年，中共安宁市委紧紧围绕“促进安宁经济社会跨越式发展”这一主题，以开展深入学习实践科学发展观活动为契机，在全市掀起新一轮解放思想大讨论。通过举办理论知识讲座、专题调研、外出学习考察等活动，把学习理论与解放思想紧密结合起来，把解放思想与解决实际问题紧密结合起来，把转变作风与推动工作紧密结合起来，增强了战胜金融危机、推动跨越式发展的信心、决心和勇气，构建起了有利于率先发展、科学发展、和谐发展的体制机制。安宁被评为2009年度中国科学发展百强县（市）。

【抓投资，促增长】　2009年，中共安宁市委逆势而上，引进与推进并举，外引与内培共抓，实施“大投资”方略。调整政策，扩大招商引资的领域和范围，调动本地民间资金积极性。组建六大招商平台，实施招商引资流程再造，加强督查督办，掀起招商引资“百日竞赛”高潮。全市共引进昆明市外资金到位项目130个，协议投资额178亿元，开工建设项目43个，内资到位51.8亿元、外资到位4 606万美元，分别完成昆明市下达任务的115%和112%；安宁市财政外内资到位81.9亿元、外资到位5 109万美元。加强对投融资工作的领导，改造投融资平台，先后成立8家投融资公司，全市新增政府性融资项目30个，新增融资25.5亿元。争取中央、省资金扶持2.5亿元。全市固定资产投资始终保持40%以上的高速增长势头，累计完成投资52.59亿元，有力地拉动了市域经济止跌回升。全市地区生产总值实现120.7亿元，增幅从第一季度的负5.8%扭为正11.2%。荣获“中国最具投资潜力城市”称号。

【抓产业，促增收】　2009年，中共安宁市委全力稳工业。组织开展“进企业、解难题、化危机”活动，建立每月一次的市域经济运行分析制度，成立中小企业服务中心，实施中小企业成长工程，加大资金扶持力度，全力保障企业的煤、电、油、运供给，形成了与企业同舟共济、共克时艰的良好氛围。全市规模以上工业企业增加值完成63.71亿元，增幅从1月份的负22.7%扭为正8.6%；规模以上工业企业户数达82户，亿元以上工业项目开工8个。强力推进工业园区建设。优化工业园区总体规划，加快园区征地拆迁、土地收储和基础设施建设。昆钢草铺项目、云天化集团项目、中石油项目等重大项目顺利推进。积极争创国家经济技术开发区和国家新型工业化磷化工产业示范基地，后者通过国家审查。园区规模以上工业增加值占全市规模以上工业增加值的91%。全面落实强农惠农政策，连续五年保持投入增加。大力夯实现代农业，壮龙头、建基地、强中介。加快土地流传，全市土地流转面积占耕地总面积的36.7%。启动现代农业园区建设，推行农业标准化生产，养殖业快速发展。集体林权改革全面完成。农业总产值完成11.8亿元，增长7.3%。着力调结构。启动麒麟片区和金方片区两个中小企业、非公经济园区建设，大力发展壮大地方工业。麒麟片区基础设施全面推进。金方片区边建设、边招商，已有6个项目开工建设。加快第三产业发展，编制第三产业发展规划和温泉·金色螳川4A级景区规划，积极配合做好桃花物流园建设。地方一般预算收入12.8亿元，增幅从1月份的负52.8%扭为正18%。

【抓城建，促开发】　2009年，中共安宁市委围绕打造现代新昆明西部新城，全市掀起大规划、大开发、大建设高潮。全年共实施55个重点项目，总投资约80亿元。全市规划体系进一步完善，基础瓶颈进一步突破。片区开发日新月异。宁湖新城全面完成拆迁安置和市政道路建设，配套功能进一步完善。职教基地实施路网和安置小区建设，开工建设院校达5所。太平新区主干道全线贯通，绿化力度大幅提高，启动体育运动中心建设，基础设施覆盖一期11平方公里开发区域，一批招商引资项目加快推进。温泉旅游小镇实施冷热水管网分离、滨河公园等工程，基础设施进一步改善。旧城改造完成控制性详细规划方案及首期项目招商，拆迁工作顺利启动。城乡面貌焕新一新。全面加强城乡综合管理，强势推进拆临拆违，坚决杜绝违法加层、无序建房，大力整治铁路沿线环境。全市拆临拆违近9万平方米。“四全”工作顺利开展。安宁园博园建成开园，城乡新增绿地82.8万平方米，城市绿地率达40.8%、绿化覆盖率45.1%，人均公共绿地面积17.8平方米。主城区和集镇生活垃圾无害化处理率分别达100%和80%以上。建成区污水集中处理率达到86%。深入开展“四创两争”，第三次被评为“全国创建文明城市工作先进城市”，完成创建国家卫生城市申报工作。

【抓民生，促和谐】　2009年，中共安宁市委大力推进城乡一体化，启动集中居住区统规统建工程，积极转移农村劳动力，加强农村基础设施建设，自然村道路硬化率和行政村公交覆盖率达100%，新农村建设取得实效。继续深化教育综合改革，启动中小学校舍安全工程，“两基”综合质量继续提升，荣获“云南省教育先进市”称号。科技创新对地方经济的贡献日益凸显，再次荣获“全国科技进步先进市”称号。启动市人民医院新住院大楼建设，加快民办医疗发展，成功防控手足口病和甲流，荣获“全国计划生育优质服务先进单位”称号。加快建立覆盖城乡居民的社会保障体系，社会救助工作制度化、规范化。启动全民创业计划，城镇登记失业率控制在2.5%以内。强化城乡居民住房保障，新建50套农村特困居民安居房、752套廉租房，加固、新建农村抗震房1 100套。启动“家电、汽车、摩托车下乡”活动和“汽车以旧换新”工程。高度重视生态环境保护，严肃查处环境违法案件。深入推进新一轮平安建设，有效维护社会稳定。持续开展“大接访、大下访”活动，不断推进信访体制机制建设。积极实施“科技强警”，深入开展打黑除恶专项斗争，命案侦破率连续四年保持100%，人民群众安全感、满意率不断上升。有效保障产品质量和食品药品安全。高度重视安全生产工作，一般事故逐年减少，较大生产安全事故明显下降。文化体育、广播电视、新闻宣传、防震减灾、档案史志等工作取得新成绩。国防动员、民兵预备役建设和双拥工作富有成效。全市社会消费品零售总额25.31亿元，增长18.1%；农民人均纯收入6 170元，增长10.9%；城镇居民人均可支配收入18 138元，增长41%。荣获“2009中国最具幸福感城市”称号。

【抓软环境，促作风】　2009年，中共安宁市委深入开展“行政效能提升年”和“干部作风改进年”活动，实施“治庸计划”，全面推行“阳光政府”四项制度。进一步精简行政审批事项，压缩行政审批时限，实现行政审批“零”收费。加大问责力度，问责干部和工作人员80人。全市形成了紧张快干的浓厚氛围，经济社会发展环境进一步优化。紧紧围绕“钱从哪里来、地从哪里要、人往哪里去、事要怎样做”四个核心，进一步深化行政管理体制、财政管理体制、人事制度、土地利用制度改革，着力构建高效规范、公开透明的行政体系和推动发展的动力机制，建立科学的考核激励机制和政府投资项目投资、建设、管理“三分离”运作模式，全市共实施制度创新203项，进一步深化了改革、扩大了开放、激活了发展潜力、增强了发展活力。

【抓党建，促合力】　2009年，中共安宁市委坚持一手抓经济社会发展，一手抓党的建设。以庆祝新中国成立60周年为契机，结合学习实践科学发展观活动，全市掀起了学习十七届三中、四中全会和中国特色社会主义理论体系的高潮。加强领导干部培训，积极开展时代前沿知识讲座，全市干部理论素养和知识水平不断提升。进一步深化干部人事制度改革，调优配强科级领导班子，充实配齐法检两院领导班子，全市提拔、调整科级领导干部91人，各级领导班子领导科学发展、促进社会和谐的能力进一步提高。夯实基层组织建设。全面建立村（居）委会办公运转经费投入保障和“两委”干部离职生活补助机制，开展村干部任期和离任经济责任专项审计，“三公开”工作得到加强。全面完成村级组织活动场所建设。启动村（居）两委换届工作，全市规模以上非公企业全部建立党组织。积极推进政府机构改革工作，建立为民服务三级联动工作机制。认真贯彻落实党风廉政建设责任制，加强对党员干部的教育、监督，加大案件查处力度，严惩腐败行为。加强对人大、政协工作的领导，召开了市委人大、政协工作会议，出台了加强人大、政协工作的实施意见，大力支持人大、政协依照法律和章程履行职能。人大、政协工作卓有成效，民主法制建设取得新进展。老干部工作进一步加强，统战、民族、宗教、党史工作取得新成绩。完成工、青、妇、科协、残联换届，桥梁纽带作用进一步发挥。全市进一步形成了一心一意谋发展、聚精会神搞建设的良好局面，汇聚成了推动跨越式发展的强大合力。

【安宁荣膺“中国最具投资潜力城市”】　2009年8月8至9日，由中国国际贸易促进委员会、山东省人民政府、品牌中国产业联盟主办的第三届中国品牌节在青岛市举行。安宁市荣膺“中国最具投资潜力城市”称号，中国西部城市中仅安宁一家。市委副书记、市长王剑辉率安宁市代表团到会领奖并作了《传承千年盐铁文明，打造绿色工业新城》的演讲。

【安宁荣膺“2009中国最具幸福感城市”】　2009年12月28日，“2009中国最具幸福感城市”推选活动在古城西安隆重揭晓。安宁荣膺这次活动首次设立的“中国最具幸福感城市（县级市）”奖。市委副书记尹贵生、副市长戴彬出席颁奖仪式，安宁中学校长何明作为市民代表在会上颁奖。“2009中国最具幸福感城市推选活动”组委会给安宁的颁奖辞是：生活就像泡温泉，把幸福与和谐沉淀为安祥与宁静，以千树红云的财富和一池碧玉的心灵，吟唱自己的轻松节奏。悠闲自在的温泉之乡，懂得收放自如的技巧——连然金方，螳川宝地，云南安宁。

【2009年工业突破园区建设招商引资动员大会】

2009年2月18日，安宁市召开2009年工业突破园区建设招商引资动员大会。市委书记李树勇在讲话中强调，工业突破是目标，园区建设是载体，招商引资是手段，三者必须联动推进。会议号召全市干部群众上下一心、群策群力，在全市掀起争先创优、你追我赶的招商引资新热潮，奋力开创安宁跨越式发展新局面。

【2009年党建工作会议】　2009年2月23日，安宁

市召开2009年党建工作会议。会议签订了2009年永葆先进性《云岭先锋》工程目标考核责任书。市委副书记尹贵生强调，全市各级党组织、广大党员要认清形势，在改革创新中适应新变化，在服务大局中谋求新作为，扎扎实实做好新形势下的党建工作，把党的政治优势和组织优势转化为推进安宁跨越式发展的强大力量，努力开创党的建设新局面，为安宁跨越式发展提供坚强的政治保障。

【全市农业农村工作会议】 2009年2月25日，安宁市召开全市农业农村工作会议。会议指出，当前及今后一个时期，农业农村工作指导思想是：以深化农村改革为动力，以规划为龙头和基础，以产业发展为支撑，以形成市场化配置资源的机制为关键，以农民生产生活方式的转变为着眼点和落脚点，以完善的配套政策和措施、规范化服务型政府建设和基层民主政治建设为保障，全方位、系统、扎实推进工业向园区集中、农民向城镇集中、土地向规模经营集中，统筹协调城乡经济、社会、文化和生态建设，推进城乡一体化，开创新农村建设新局面。市级四班子全体领导，市职教基地管委会常务副主任，市长助理；市级涉农部门领导；各镇（街道）党政主要领导，分管领导，农林水中心、畜牧兽医服务中心主任；全市各村（居）委会和部分村民小组负责人参加会议。

【“行政效能提升年”和“干部作风改进年”动员大会】 2009年3月2日，安宁市召开“行政效能提升年”和“干部作风改进年”动员大会。市委书记李树勇在讲话中强调，提升行政效能，改进干部作风，事关群众的切身利益，事关党和政府的形象，事关安宁跨越式发展能否实现，事关我们的各项目标任务能否全面完成，要常抓不懈。会议要求全市干部要进一步统一思想、改进作风、规范行政行为、提升服务质量和工作效率，努力把全市工作的组织程度提升到最大化，把各级干部的主观能动性发挥到最大化，把全社会抓落实的积极性调动到最大化，奋力开创安宁跨越式发展新局面。

【城乡规划建设管理园林绿化暨“四全”工作推进会】 2009年3月5日，安宁市召开城乡规划建设管理园林绿化暨“四全”工作推进会。这是一次规模大、人数多、要求高的现场会，会议以现场观摩的形式举行，全体市级领导、实职正科以上干部，协管单位、金融单位、供电公司、烟草公司主要领导160多人参会。市委书记李树勇在推进会上强调，当前安宁市处于工业化加速、城市化提升的关键时期，在谋求跨越式发展的新形势下，广大干部群众要进一步统一思想，提高认识，掀起城乡建设新高潮，完善城市功能，提升城市形象，打造品质安宁，进一步提升城乡规划建设管理水平。

【深入学习实践科学发展观活动动员大会】 2009年3月25日，安宁市召开深入学习实践科学发展观活动动员大会。市委书记、市委深入学习实践科学发展观活动领导小组组长李树勇作动员讲话。全体党员市级领导，市深入学习实践科学发展观活动领导小组全体成员及办公室全体成员，参加第二批深入学习实践科学发展观活动参学单位主要领导参加会议。深入开展学习实践科学发展观活动，是党的十七大作出的战略决策，根据省委和昆明市委的统一安排部署，安宁市属于第二、第三批开展学习实践活动单位。其中第二批学习实践活动的单位于2009年3月开始至8月结束。参加范围包括：市级领导班子，市党政机关（含协管单位），市人大、市政协机关，市人民法院、市人民检察院和人民团体机关，不含中小学的市属企事业单位。第三批学习实践活动试点一共涉及70家单位、100多家基层党组织和3 000多名党员，于9月开始至2010年2月结束。整个学习实践活动分为学习调研、分析检查、整改落实三个阶段进行。

【市级领导班子深入学习实践科学发展观中心组专题学习会议】 2009年4月24日，安宁市级领导班子深入学习实践科学发展观中心组专题学习会议召开，市委书记李树勇强调，要把学习实践科学发展观活动作为当前及今后一个时期工作的重中之重，要以“六抓”实现“六促进”（抓学习、促发展，抓投资、促增长，抓税源、促增收，抓民生、促稳定，抓作风、促效率，抓督查、促落实），确保完成2009年的各项目标任务，推动安宁跨越式发展。这次中心组专题学习会议，既是在学习实践第一阶段即将结束的关键时期，对深入推进安宁市学习实践活动的再动员、再部署、再督促；又是在当前安宁市经济运行困难重重、形势极为严峻的紧要关头，对当前形势的再分析、再认识，对全市工作的再总结、再安排、再加压。

【庆祝“五一”国际劳动节暨第二届“建功立业优秀职工”表彰大会】 2009年4月25日，安宁市庆祝“五一”国际劳动节暨第二届“建功立业优秀职工”表彰大会在安宁会堂隆重召开。会议对李杰等100名“安宁市第二届建功立业优秀职工”予以表彰奖励。市委书记李树勇在讲话中强调，推动安宁跨越式发展要始终全心全意依靠广大职工，大力弘扬劳模精神，努力形成尊重劳动、尊重知识、尊重人才、尊重创造的社会风尚，切实维护好广大职工和劳动人民的合法权益。昆明市人大常委会副主任、市总工会主席杨丽出席表彰大会。

【拆临拆违“零申报”工作动员暨培训会】 2009年6月5日，安宁市拆临拆违“零申报”工作动员暨培训会在安宁会堂召开。会议提出了拆临拆违的总体目标：用1年多时间，完成依法查处和拆除任务，坚决遏制各类新的违法建设行为，坚决做到发现一起、查处一起、拆除一起，在市域范围内实现拆临拆违“零申报”。市委书记李树勇强调，要采取有力措施，建立长效机制，全面开展拆临拆违工作，促进城市土地科学合理利用，优化城市空间布局，增强城市功能，维护辖区内广大人民群众的根本利益和长远利益，推进城乡一体化建设，实现安宁和谐稳定发展。

【全市城乡园林绿化工作会议】　2009年6月11日，安宁市召开城乡园林绿化工作会议，对全市2009年城乡园林绿化工作进行再部署、再督促、再鼓劲。市委书记李树勇在会上要求各级各有关部门要进一步抢抓节令、抢抓进度，再掀城乡园林绿化新高潮。

【市委党建工作专题会议】　2009年6月17日，中共安宁市委党建工作专题会议召开。会议回顾总结了上半年干部作风、基层党建、社会维稳、宣传思想等工作，对下半年工作进行安排部署；动员全市各级党组织和广大党务工作者进一步统一思想，凝心聚力，鼓足干劲，全力以赴完成2009年各项目标任务，以党建工作推动安宁市经济社会又好又快发展。市委书记李树勇作重要讲话，对做好新时期党建工作提出四点要求：一要解放思想，更新观念；二要切实加强各级领导班子建设；三要加强队伍建设；四要加强基层组织建设，夯实基础，固体强基。市委副书记尹贵生，市委常委、政法委书记张维勇，市委常委、组织部部长王坚，市委常委、纪委书记焦林参加会议。

【市委人大工作会议】　2009年6月24日，中共安宁市委人大工作会议召开。会议主要任务是：以科学发展观为指导，根据新形势、新任务和新要求，研究安排进一步加强和改进党对人大工作的领导，更好地推进安宁市社会主义民主政治建设，努力推动安宁经济社会跨越式发展。市委书记李树勇作重要讲话，对进一步做好全市人大工作提出三点意见：一是深化对坚持和完善人民代表大会制度的认识，切实增强做好人大工作的责任感和使命感；二是围绕中心、服务大局，努力开创人大工作新局面；三是进一步加强和改进党对人大工作的领导，尊重和支持人大及其常委会依法行使职权。市委副书记、市长王剑辉，市人大常委会主任王文学也作了讲话。

【“七一”建党节表彰暨上半年工作总结大会】

2009年6月27日，中共安宁市委、市政府在安宁会堂隆重召开“七一”建党节表彰暨上半年工作总结大会。会议表彰了全市党建工作先进集体和优秀共产党员、优秀党务工作者、共产党员先锋户，动员全市广大党员和各级党组织进一步统一思想、凝聚力量、鼓舞斗志、紧张快干，充分发挥先锋模范和战斗堡垒作用，确保圆满完成年初制定的各项目标任务，努力推动安宁经济社会跨越式发展。市委书记李树勇作重要讲话，市委副书记、市长王剑辉总结全市上半年经济社会发展情况，安排部署下半年工作。

【市委政协工作会议】　2009年7月7日，中共安宁市委政协工作会议召开。会议主要任务是：以科学发展观为指导，学习贯彻省委、昆明市委政协工作会议精神，分析新时期政协工作面临的新形势、新任务，研究部署进一步加强政协工作的举措，广泛凝聚社会各界力量，全力推动安宁跨越式发展。市委书记李树勇作重要讲话，对如何做好新形势下的政协工作提出三点意见：一是统一思想，提高认识，切实增强做好政协工作的责任感和使命感；二是创新理念、群策群力，奋力开拓安宁市政协工作新局面；三是加强领导、多方支持，为政协充分发挥作用提供有利保障。市委副书记、市长王剑辉，市政协主席李海平也作了讲话。

【整治违法加层无序建房现场推进会】　2009年7月20日下午，安宁市委市政府召开整治违法加层无序建房现场推进会，市领导李树勇、王剑辉、尹旭东、焦林、刘婕，相关部门、各镇（街道）主要领导、分管领导齐聚违法加层无序建房拆除现场，共同监督拆除过程。这是一次在全市范围内对违法加层、无序建房进行铁腕整治、强势推进的誓师会。市委书记李树勇强调，要不折不扣地落实好昆明市委、市政府相关会议精神，不折不扣地执行好各项整治任务，不折不扣地问责问效，对违法建设行为要做到100%发现，100%查处，年内完成拆除量的50%，2010年完成100%，确保“杜绝增量，冻结存量，长效控制，永无违建”目标的顺利实现。

【“十二五”规划编制工作会议】　2009年7月23日，安宁市召开“十二五”规划编制工作会议。为增强规划的前瞻性、科学性和可操作性，此次安宁市经济社会发展、城乡建设、土地利用、环保及生态建设四个重大规划和14个行业规划将同步启动、同步编制。市委书记李树勇强调，规划编制要全面兼顾，突出重点，着眼于解决实际问题，着眼于破解发展瓶颈，着眼于推动安宁跨越式发展，编制出体现安宁特色、符合安宁发展、反映安宁民意、符合科学发展观要求的规划。会议对编制规划工作进行了安排部署。

【创建国家卫生城市冲刺大会】　2009年8月21日，安宁市召开创建国家卫生城市冲刺大会，动员全市上下集中最后2个月时间，攻坚克难、紧张快干、奋力冲刺，打一场创卫工作的攻坚战，以高标准、高质量迎接“大考”。市委书记李树勇强调，创卫是一项民心工程，对于提高城市建设和管理水平，优化人居环境，塑造良好城市形象，提升城市竞争力都具有重要意义。昆明市委、市政府副秘书长王有祥，省爱卫办主任李玉勤分别对创卫工作作了指示和安排。

【市委党风廉政建设专题会议】　2009年9月16日，中共安宁市委召开党风廉政建设专题会议。市委书记李树勇在会上强调，当前工作任务重，事情繁杂，各级各部门领导干部要切实管好自己、看好自己的门、管好自己的人、做好自己的事，不断提高廉政建设和反腐倡廉的认识，做到自警、自省、自觉、自律，树廉洁正气，立干事新风。市委常委、市纪委书记焦林主持会议。

【庆祝中华人民共和国成立60周年大会】　2009年9月28日下午，安宁市庆祝中华人民共和国成立60周年大会在安宁会堂隆重召开。市委书记李树勇在讲话中指出，安宁60年的发展历程，是一幅描绘大工业开发建设波澜壮阔的画卷；是一首抒发绿色城市建设激情燃烧的诗歌；是一部歌唱和谐发展大气磅礴的交响乐。60年来，安宁上下求索，走上了一条工业强市的康庄大道，圆了一个绿色城市的瑰丽之梦，开创了一个和谐发展的小康伟业。全体市级领导；部分离退休老领导、老同志；全市实职副科以上领导干部；各界群众代表，解放军、武警部队官兵参加了庆祝大会。

【安宁园博园开园】　2009年10月29日，昆明市第二届园林绿化博览会开幕，安宁园博园作为分会场盛装开园，主题是“绿色・生态・文化——绿色城市・和谐安宁”。省委常委、昆明市委书记仇和，市委副书记、市长张祖林，市政协主席田云翔等领导；安宁市委副书记、市长王剑辉，市人大常委会主任王文学等出席开园仪式。安宁园博园位于宁湖新城宁湖西岸，占地面积15.2余公顷，总投资4 000余万元，于2009年4月开工，9月完工，设有银杏园、竹园、市树滇翠柏园、红花荷园、石楠园、市花梅花园、樱花园7个植物专类园，栽植植物品种90余种。

【市委理论学习中心组（扩大）会议】　2009年12月4至5日，中共安宁市委召开理论学习中心组（扩大）会议。会议对安宁经济社会发展重大问题进行研讨，超前谋划2010年及今后的工作，进一步统一思想，更新观念，提升理念，为市委全会、市政府全会、市“两会”的召开，以及“冲刺2010”，规划编制“十二五”奠定坚实的基础。市委书记李树勇在总结讲话中要求各部门、各镇（街道）要结合各自实际，对2009年工作进行认真梳理，对2010年工作进行早谋划、早安排，为2010年工作开好头、起好步。市级四班子领导；市公安局局长、政委，市法院院长、市检察院检察长、市委党校常务副校长；调研员、副调研员，市长助理；各镇（街道）党政主要领导及有关部门负责人参加会议。

【省委常委、副省长李江调研安宁职教基地】　2009年8月24日上午，省委常委、副省长李江率相关部门负责人到安宁职教基地调研建设进展情况。李江要求，各级各部门要提高认识，统筹协调，责无旁贷地按期、按质推进职教基地建设。市委书记李树勇、市委常委刘婕陪同调研。

【昆明市委全会观摩安宁】　2009年1月4日，中共昆明市委九届五次全体（扩大）会议召开。上午动员会结束后，与会人员在省委常委、昆明市委书记仇和，市委副书记、市长张祖林带领下，现场观摩了体现安宁基础设施建设、工业园区突破的三个代表性观摩点：市生活垃圾处理中心、螳川西路、宏信新型钢结构生产项目。

【省委常委、昆明市委书记仇和调研安宁职教基地】

2009年7月7日下午，省委常委、昆明市委书记仇和率有关部门负责人到安宁职教基地实地调研建设进展情况。仇和强调，要解放思想、更新观念，推进职业教育由文化教育转变为知识教育、由知识教育转变为智能教育、由智能教育转变为技能教育；要集中力量、突出重点、攻坚克难，把安宁职教基地建设成为立足昆明、服务全省、辐射东南亚、南亚的一流现代化职业教育基地。安宁市委书记李树勇，市委副书记、市长王剑辉陪同调研。

【省委常委、昆明市委书记仇和巡查螳螂川】　2009年12月8日，省委常委、昆明市委书记仇和，昆明市委副书记、市长张祖林率市级四套班子领导巡查观摩36条出入滇池河道的最后一条、也是唯一出湖河道螳螂川。仇和指出，对螳螂川沿岸要实施彻底截污，让螳螂川变成靓丽的清水川、生态川、景观川、休闲川、旅游川，甚至沿河漂流川。

【省委常委、宣传部部长张田欣调研安宁文化建设工作】　2009年8月26日，省委常委、宣传部部长张田欣率队到昆明调研文化建设工作。调研组一行实地调研了石林斗牛城、《阿诗玛》原生态歌舞剧、文庙恢复重建项目后，到安宁市听取了昆钢“昆明历史文化城”、省文化厅原生态文化传承基地及云南民族文化传承学校两个计划在安宁建设的项目情况汇报。张田欣指出，安宁要充分发挥自然资源优势，挖掘人文底蕴，建设一个文化、生态、和谐的安宁。昆明市委副书记、市长张祖林，安宁市委书记李树勇参加汇报会。

【省人大调研组视察安宁职业教育工作】　2009年5月6日，由省人大常委会副主任杨保建率队的调研组到安宁市视察职业教育工作。调研组实地视察安宁市职教园区和安宁市职业高级中学后强调，目前职业教育面临最好的发展时期，各级政府要强化主导、主体作用，完善思路、加大投入，积极扶持、科学评价，促进职业教育快速、稳定、持续发展。昆明市人大常委会主任李培山，安宁市人大常委会主任王文学、市委副书记尹贵生、副市长戴彬、市职教基地管委会常务副主任汪明涛陪同视察。

【昆明市领导到安宁市走访慰问】　2009年1月21日，昆明市委副书记杨远翔，市政协副主席、妇联主席陆玉珍一行到安宁市连然街道办事处大桃花村，温泉镇沈家庄、邑尾里村走访慰问老党员、老村干部、重灾群众、优抚对象和五保对象。安宁市领导李树勇、李春明、周美英陪同。

【昆明市委副书记杨远翔到安宁调研】 2009年5月15日，中共昆明市委副书记杨远翔到学习实践科学发展观活动联系点安宁进行专题调研和民情恳谈。杨远翔在对连然街道和平村民小组、宝兴社区、东湖社区进行实地调研后提出，要深入实践科学发展观，坚持统筹协调，全力推进城乡一体化进程，为实现安宁跨越式发展创造条件。

【昆明市委副书记杨远翔调研安宁学习实践科学发展观活动】 2009年8月27日上午，昆明市委副书记、市深入学习实践科学发展观活动领导小组副组长杨远翔到安宁市调研学习实践科学发展观活动。杨远翔一行到金方街道办事处及其所辖阳光社区、新村社区实地检查指导党建工作后，在连然街道办事处为安宁市党员领导干部上了一堂生动的党课。杨远翔要求，安宁要认真总结前期好的经验和做法，建立健全制度，使学习实践活动常态化、长期化、规范化。安宁市委书记李树勇，市委常委、组织部部长王坚陪同调研。

【昆明市委常委、组织部部长郭红波在安宁种植"河长林"】 2009年8月13日上午，昆明市委常委、组织部部长、螳螂川"河长"郭红波与安宁市领导李树勇、王文学、尹贵生、王坚、李春明、段学发等在螳螂川流经的温泉镇北塔大桥附近种植"河长林"。"河长林"占地30亩，以林为主，突出生态效益最大化，此前已栽种了石楠、玉兰、香樟等5 800多株乡土常绿树种。郭红波要求，要管好、爱护好"河长林"，使之成为安宁的一道亮丽风景；要保护好安宁的母亲河螳螂川，减少污染排放，让水质逐渐好起来。

【昆明市委常委、市纪委书记应永生到安宁督查项目推进工作】 2009年5月19日，昆明市委常委、市纪委书记应永生率相关人员到安宁市督查项目推进工作。应永生在听取了和平国际物流园、云锡体育健康城等项目建设推进情况汇报后要求，要多想办法、克服困难、鼓足干劲，采取强硬措施推进项目建设；要制定项目建设时间进度表，实行时间倒逼，确保进度。

【昆明市副市长李喜调研安宁市农业工作】 2009年12月26日，昆明市副市长李喜率昆明市涉农部门相关负责人到安宁市调研农业工作，实地视察了县街镇安宁市森林消防直属大队、锦苑花卉园、小箐口水库及新农村建设示范村好义村。安宁市副市长范志东陪同调研。

【安宁市委领导到禄脿镇密马龙村委会调研】 2009年1月22日，在新春佳节即将来临之际，安宁市领导李树勇、王坚、李春明、周美英率有关部门走访调研禄脿镇密马龙村委会。市委书记李树勇强调，对于像密马龙这样的山区半山区少数民族地区要一手抓基础设施，一手抓产业培育，使之与全市小康社会建设同步。

【安宁市领导慰问春节值班干部职工】 2009年1月24日，螳螂川大地洋溢着节日的喜庆气氛，安宁市委书记李树勇、市长王剑辉、市人大常委会主任王文学、市政协主席李海平等市领导带着市级班子和全市各族人民的深情，走访慰问了春节期间坚守岗位的干部职工，为他们送去节日的问候和美好的祝福。

【安宁市委领导调研非公企业】 2009年3月10日，安宁市委书记李树勇、副市长尹家屏带队，对安宁市部分非公企业进行实地调研，了解和掌握当前金融危机下全市非公企业经营现状。市委书记李树勇强调，在当前严峻的经济形势下，政府和企业一定要坚定发展信心，同舟共济，共度难关。

【安宁市委领导调研招商引资类项目推进工作】

2009年5月20日，安宁市委书记李树勇率发改、经贸、国土、规划、目督办等部门深入金方街道办事处、草铺镇、禄脿镇，对恺鑫冷轧钢板有限公司、干海底片区、金色田野化肥有限公司搬迁项目、冬冬食品项目等进行调研，全面了解招商引资工业类项目推进工作。李树勇要求，要强化招商引资，狠抓项目落实，大力引进工业类项目，发展中小企业，做大做强地方工业。

【安宁市委领导调研财税工作】 2009年6月2日上午，安宁市委书记李树勇率相关部门负责人调研安宁市财税工作。李树勇书记走访了市经贸局、市财政局、市国税局、市地税局、市工商局，并召开座谈会。李树勇强调，面对当前依然严峻的经济形势，财税部门要负重奋进，及时提出存在的困难和问题，群策群力，做到目标不变，任务不减，攻坚克难，紧张快干，确保圆满完成全年各项目标任务。副市长程宇清参加调研。

【安宁市委领导到太平镇妥睦村委会调研】 2009年6月2日下午，安宁市委书记李树勇深入第三批学习实践科学发展观活动示范点太平镇妥睦村委会，实地察看妥睦村小组公房建设和光莨小村苗圃基地，并与镇领导、村委会干部群众亲切座谈，问需于民、问计于民、问政于民。市委常委、组织部部长王坚参加调研。

【安宁市委领导到县街镇调研】 2009年6月3日上午，安宁市委书记李树勇率相关部门负责人到县街镇就1~5月目标任务完成情况、招商引资和项目引进推进情况、维护社会稳定等方面工作进行调研，现场视察了龙瑞工贸有限公司石场、锦苑花卉安宁产业园，并召开座谈会。李树勇强调，要狠抓经济工作，抓招商引资，抓项目引进，全力服务好重大项目、重点工程；要加强对矿产资源的管理，履行好地方党委政府对矿产资源管理的职责；对上半年工作完成情况要认真总结、梳理和回头看，查缺补漏，早抓、快抓各项工作，坚定信心，迎难而上，确保完成2009年的各项目标任务。市领导王坚、洪雯静，职教基地管委会常务副主任汪明涛参加调研。

【安宁市委领导到太平新区调研】 2009年6月9日，安宁市委书记李树勇，市委副书记、市长王剑辉率相关部门负责人调研太平新区开发。李树勇强调，当前及今后一个时期，要正确处理好系统性开发与阶段性工作的关系，统筹兼顾，加快太平新区开发。市委常委、常务副市长李春明，副市长程宇清参加调研。

【安宁市委领导到金方街道调研】 2009年6月24日，安宁市委书记李树勇，市委副书记、市长王剑辉率相关部门负责人调研金方街道。李树勇强调，要坚持走新型工业化道路，把握好园区项目的准入关，加强园区绿化建设，加快干海底工业片区建设，把金方工业园区打造成安宁绿色生态示范工业片区。市人大常委会副主任郭光辉、副市长尹家屏、市政协副主席曹忠昌参加调研。

【安宁市委领导到温泉镇调研】 2009年7月1日，安宁市委书记李树勇，市委副书记、市长王剑辉率相关部门负责人调研温泉镇。李树勇强调，温泉镇领导班子要明确工作重点，采取有力措施，以扎实的作风推进项目，以科学的规划包装项目，着力把温泉打造成高品质旅游度假区。市委常委、市纪委书记焦林，市委常委刘婕参加调研。

【安宁市领导"八一"走访慰问】 2009年7月24日，在"八一"建军节即将来临之际，带着全市广大干部群众浓浓的拥军真情，安宁市委书记李树勇，市委副书记、市长王剑辉等市领导分别带队走访慰问驻市部队官兵和重点优抚对象，向他们致以节日的问候，并送上慰问金。

【安宁市委领导调研重点工程建设】 2009年8月28日，安宁市委书记李树勇带领相关部门负责人调研重点工程建设，实地视察了珍泉东路、螳川西路、西一绕城线、安县路（安宁—县街）、县草路（县街—草铺）、安禄路（安宁—禄脿）的建设情况。李树勇强调，各级各部门要统一思想、齐心协力，正视存在的困难和问题，增强破解难题的信心和勇气，按质按期完成任务。市委常委、副市长尹旭东，市委常委、纪委书记焦林，市人大常委会常务副主任魏学林参加调研。

【安宁市领导中秋走访慰问】 2009年9月24至25日，在新中国60华诞和中秋佳节即将来临之际，安宁市领导李树勇、王剑辉、王文学、李海平分别率队走访慰问了军队离退休干部、在乡老复员军人、"三属"及农村五保供养对象，向他们表达党和政府的亲切问候和真情关怀，感谢他们为新中国成立和安宁市经济社会发展所作的贡献。

【安宁市委领导视察重点工程项目建设】 2009年11月11至12日，安宁市委书记李树勇、市委副书记、市长王剑辉率相关部门负责人深入螳川河道、闽粤石材城、太平主干道、珍泉东路、螳川西路、安县路、西一绕市政道路、县草路、安禄路等建设工地，视察安宁市部分重点工程项目建设。李树勇在视察中要求坚持高标准、严要求，倒排工期、落实措施，加快重点工程建设进度，确保工程质量，确保工程限期内完工。市委常委、常务副市长李春明，副市长程宇清参加视察。

【安宁市委领导到太平镇走访调研】 2009年11月25日，安宁市委书记李树勇深入第三批学习实践科学发展观活动联系点——太平镇，进村入户、下工地，和基层干部群众、项目负责人亲切交谈，情牵百姓，心系发展。李树勇在走访调研时强调，要把学习实践活动与学习党的十七届四中全会精神，与加快发展、改善民生、生态环境建设和促进和谐社会建设紧密结合起来，更好地破解发展中的困难和问题。

【安宁市委领导督查创卫工作】 2009年11月30日，安宁市委书记李树勇，市委副书记、市长王剑辉率相关部门、街道负责人督查创卫工作。李树勇强调，创卫要坚持长效管理，坚决杜绝反弹。市委副书记尹贵生，市委常委、副市长尹旭东，副市长戴彬，市政协常务副主席段学发参加督查。

【苏州大学沈荣华教授到安宁调研】 2009年8月8日，苏州大学沈荣华教授与四名博士带着研究课题，在安宁市委副书记尹贵生的陪同下，深入太平、连然、金方、温泉等地，就安宁市工业园区建设、城乡园林绿化和城镇建设等开展调研。沈荣华教授是苏州大学地方政府研究所所长、教育部地方政府体制创新课题组首席专家，近十多年来主要从事公共管理学、地方政府理论、法制政府理论的教学与研究。

【2009年四届市委委员、候补委员名录】 （截止2009年12月31日共30人，按姓氏笔画排列）

委　　员：王　坚　王文学　王剑辉　尹贵生
尹家屏　付成林　毕广才　李国祥
李春明　李荣敬　李海平（女）
何寿成　汪正国　张　毅　张维勇
耿玉立　顾明东　郭加强　蒋红雨
焦　林　魏学林　王　燕（女）
申　林　李树勇　尹旭东
刘　婕（女）　黄　晶

候补委员：王国花（女）　王银华（女）
陈锦良

【2009年四届市委常委名录】 （截止2009年12月

31 日共 12 人，按中共昆明市委批复顺序排列）

委　员：李树勇　王剑辉　尹贵生　张维勇
尹旭东　王　坚　耿玉立　焦　林
李春明　申　林　刘　婕（女）
黄　晶

（李　超）

市委办公室

【办文工作】　2009 年，中共安宁市委办公室紧紧围绕全市中心工作，以“严、细、深、实、快、高”的工作理念为目标，做好文稿起草工作；公文办理坚持“准确、高效、保密、规范”的原则；公文制发严格执行有关规定，严把拟制、审核、送签、印制等关键环节；公文交换坚持“随到随分，随时交换”的原则。全年分发云南省、昆明市文件 600 余份，完成公文交换 2 万多份，没有出现任何纰漏；起草领导讲话稿 200 余篇，编发市委和市委办公室文件 350 多期，报送信息材料 136 期（条）；办理机要文件、明传电报、领导传阅件2 970余件次。

【办会工作】　2009 年，市委办公室围绕市委中心工作，根据市委各种重要日程安排，协调五大机关办公室重大活动和会议，做好会议服务工作。从党委的中心工作任务出发，按照主次、轻重、缓急程度，精心组织、周密安排，保证上下之间、部门之间、工作之间的有机联系、合理衔接。统筹协调好市人大、市政府、市政协、市纪委机关的重大活动，对时间上发生冲突的重大活动及时报告协调安排，并制定《市级五大机关一周重大会议安排》，加强了会议的预见性和计划性。细致周密地做好筹备和服务工作，做到各环节联系紧密细致、无疏漏，会议紧凑、秩序好、效果佳，保证会议顺利召开，圆满完成。全年共组织完成各类会议、重大活动 200 多场次，整理有关重要会议记录 47 次。特别承担了昆明市委九届五次全会现场观摩，市委四届八次全会、四届九次全会，市委理论学习中心组（扩大）会议、市“两会”等 20 余次重大会议（活动）的会务工作。

【综合协调工作】　2009 年，市委办公室紧紧围绕市委中心工作和全年目标任务，认真履职，着眼大局，正确理解上级精神，深刻领会领导工作意图，把握工作动态，增强工作预见性，按照工作办事原则，积极主动与各科室沟通、协调、联系，做到事事有回音、件件有落实，促进各项工作的贯彻落实。以“上情下达、下情上传”为枢纽，以承上启下、内外联系为纽带，以信息传递、沟通交流为桥梁，及时批阅传递文件材料，及时组织学习上级的方针政策、会议精神和市委、市政府的重要决策部署，及时向领导反馈各方面的意见和建议，及时将领导的工作意见传达到各科室，高效、圆满地完成了领导交办的各项工作任务。对于重要会议、重大活动做到提前介入，并注意协调方方面面的关系，周密安排，不断提高工作效率和质量。全年共处理领导批示件 147 件，接待、处理来信来访 80 余批（人、次、件）；完成省、市领导到安宁考察、调研、观摩等多次活动，以及安宁市领导到各乡镇（街道）的走访、调研；做好昆明市委办公厅和安宁市委办公室上下级之间以及五办之间的各项协调工作。

【信息工作】　市委办公室信息科紧紧抓住信息工作为市委服务这个中心，在求真、求实、求准、求深上下功夫，广泛搜集全市上下、省内外信息，努力提高信息功能作用，从而使信息数量明显增大，采用率明显提高，覆盖面明显扩展；积极向省、市委办公厅报送反映安宁经济社会热点、难点等方面的信息，为本级党委、领导采编、提供反映全市各行业、各方面的信息，为领导决策提供信息参考。2009 年，信息科共向省委办公厅、昆明市委办公厅报送各类信息 1 277篇（期），采用 520 篇，其中：昆明市委办公厅采用 288 篇；省委办公厅采用 175 篇；中央办公厅采用 57 篇，共计得分3 103. 2分。全年共编辑《每周要情》42 期，为市级领导提供每周上报信息情况，使领导能够全面、及时、准确地掌握安宁市各方面的重要情况，为领导决策提供了依据，起到了一定的参谋助手作用。编辑《领导参考资料》70 期，为市级领导提供信息参考。编辑《安宁简讯》11 期，向全市各单位通报信息采用情况。摘编《云南信息》156 期，为办公室领导、文秘人员更多地了解、掌握信息报送要求，了解全省各类信息情况提供了参考资料。

【督查工作】　2009 年，市委办公室紧紧围绕省、昆明市委、市政府和安宁市的总体工作要求，紧扣重大决策和重要工作部署，切实加大督查督办力度。一是加强对省、昆明市重要、重大工作涉及安宁市的工作进行贯彻落实督促督办，落实好省、昆明市“两会”精神，落实昆明市招商引资工作会、城乡园林绿化及生态建设工作会、拆临拆违动员大会等重点、重要会议精神，对昆明市委九届常委会议明确的重点工作涉及安宁市的工作任务进行督查督办。二是加强安宁市重点工作、重大决策的督促落实；围绕安宁市“两会”等重要会议，市委、市政府重大决策、重要部署集中力量形成督查合力抓落实，对全市 56 项重点基础设施建设项目和 117 项重点招商引资项目开展集中督查，全年共下发 90 个立项督查督办文件；对市委、市政府主要领导关于各镇（街道）、招商引资和重点工程建设情况等 12 次调研工作会明确的 54 项具体工作立项督查、时限落办。三是抓领导交办批办件的督促落实。办理了昆明市委书记仇和的批示件 15 件；办理了安宁市委书记李树勇、市长王剑辉等市级领导对安宁市招商引资，重大、焦点问题的批示件 78 件。四是做好目标任务立项分解、立项督查和监控管理工作。围绕昆明市下达安宁市的 46 项主要工作目标任务和安宁市“两会”明确的 214 项目标任务完成情况督促督办和监控管理，开展了半年、季度自检自查。五是做好年度工作目标管理考核工作。制定《安宁市工作目标管理考核办法（试行）》和《办法实施细则》，组织全市65家被考核单位完成了目标责任书的拟定、签订，年终组织考核，做好迎接昆明市主要工作目标管理考核工作。六是办理昆明市人大代表建议案1件和安宁市政协交办的提案3件。

【信访工作】　市委办公室充分发挥信访工作密切联系群众、调解人民内部矛盾、维护社会稳定的职能作用，从维护大局稳定出发，认真处理群众来信。按照领导批示，妥善协调、解决好群众反映的困难和问题，以化解矛盾、解决矛盾为职责，为领导分忧，帮群众解难，避免矛盾激化。积极宣传、贯彻落实《信访条例》，引导上访群众学法、知法，依法信访，规范信访秩序。自2008年7月开展市委书记大接访活动以来，市委书记接访时，信息科专职信访员参与陪同接访，及时办理领导交办的信访事项。2009年共参与市委书记接访59起123人次；共处理群众来信48件，办结48件；接待群众来访105起286人次，信访办结率达100%。接待群众来访做到热情、耐心、细致，认真记录来访者反映的情况，为来访者讲清政策及信访工作处理程序，耐心做好来访者的思想疏导工作，稳定群众情绪，从未发生因来访者情绪高涨或不满而闹事影响正常办公的情况。

【档案管理】　2009年，市委办公室按照规范化、制度化、科学化的要求，强化书报、文件资料整理装订和办公室日用品的保管，日常档案工作以升“五星”为目标。全年共整理永久性档案21盒555件，定期30年档案13盒230件，资料16本，电子档案2卷及办公室会议档案9卷。严格按照保密要求加强对文件的管理，认真做好上级文件的清退和销毁工作，一年来未发生文件丢失泄密事件。

【行政后勤工作】　市委办公室2009年按照“高效运行、保障有力”的要求，全面提高后勤服务水平。认真遵守财务制度，规范财政支出，全年经费往来正常有序，无差错情况产生；做好日常人事编制管理，加强日常行政管理工作；加强车辆管理，严格执行《中共安宁市委办公室车辆管理规定》，确保行车安全；认真做好市委机关大院的管理服务、卫生及保洁、设备维护和安全保安工作；保障供电系统、供水系统、消防系统、电梯设备等安全运行；协助机关后勤服务中心综合科工作人员养护管理好草地和花卉，保持市委机关大院的洁美、绿化及美化；全面完成办公室各项后勤保障服务及机关管理工作，有力保障了市委机关各项工作的正常运行。

【开展“规范化建设年”活动】　2009年，安宁市开展“规范化建设年”活动，按照简洁明了、务实管用、程序最佳的原则，市委办公室规范党务、政务、事务、服务方式和程序，使各项工作衔接紧密、运转顺畅、有条不紊。全面落实岗位责任制，实行首问责任制、服务承诺制、限时办结制，确保“人人有责任，事事有人管”，杜绝“有人没事干，有事没人干”现象，形成积极进取、干事创业的良好氛围；严肃组织纪律，健全工作运行协调机制，保证重大决策和重要部署的贯彻落实；改进服务态度和质量，做到文明礼貌，热情周到；坚持廉洁为民，做到干净干事。党政办领导定期或不定期督导检查，及时、全面、准确掌握情况，确保规范化建设年的各项目标措施落到实处。同时，建立长效机制，使规范化建设制度化、科学化、常态化，对工作规范严谨、实绩突出的给予表彰奖励；对不讲程序、不按章办事、不遵规办事致使工作出现差错和失误的进行通报批评和处罚，使“规范化建设年”活动真正取得实效，达到预期效果。

【开展“干部作风改进年、行政效能提升年”活动】

2009年，安宁市开展“干部作风改进年、行政效能提升年”活动。按照科学发展观的要求，市委办公室进一步理顺各科室内部职能、权限和分工，切实解决职能交叉、职责不清、权责脱节、有权无责、推诿扯皮等问题，完善了机制，强化了责任追究；进一步推行“阳光政务”，深化政务公开，把人民群众关心、涉及人民群众切身利益的问题作为公开的重点内容，增强公开的针对性和有效性，更好地满足人民群众的需求。切实改进干部作风。一是加强对机关干部作风状况的监督检查，促进机关干部加强党性修养，树立和弘扬良好作风，增强立党为公、执政为民的自觉性和坚定性。认真解决理论脱离实际、作风飘浮、弄虚作假，对群众疾苦漠不关心等问题；大力发扬艰苦奋斗精神，认真执行中央、省、市、县有关厉行节约、反对铺张浪费的规定，规范和控制机关干部职务消费，严禁用公款大吃大喝和进行高消费娱乐活动，坚决纠正讲排场、比阔气、奢侈浪费等不良风气。二是增强机关干部服务意识。服务企业、服务基层、服务社会，提倡开短会、少开会、讲短话、办实事，以优质的服务取信于民、取信于企业。一年来，通过深入开展“干部作风改进年、行政效能提升年”活动，办公室呈现出朝气蓬勃、奋发向上的良好精神状态。

【召开民主生活会】　2009年，市委办公室结合市委科学发展观活动要求，召开了2次领导班子专题民主生活会。班子成员按照民主生活会的要求和事先准备好的个人发言提纲，各自进行批评和自我批评，面对面地谈思想、谈不足、谈差距、讲党性、讲原则，严肃而又具有针对性；认真对照省委提出的“一面旗、一团火、一盘棋”的要求，深入进行自我检查，客观地指出存在的问题和不足，深刻剖析存在问题的原因，并提出整改方案。市委办公室共发出领导班子征求意见表60份，收回45份，经梳理共征求到意见建议14条，并结合意见建议对领导班子分析检查报告进行了修改完善，提出三点要求：一是指出了办公室工作的重要性，要求办公室人员加强学习，提高素质，发挥好参谋助手、综合协调和督促的作用，努力为领导、为机关、为基层做好“三个服务”；二是要加强办公室领导班子建设，统一思想、形成合力，抓好落实，做好表率；三是加强个人综合素质，加强思想道德修养，树立正确的世界观、人生观、权力观和利益观，遵纪守法，勤政廉政，为机关、基层起到好的带头作用。民主生活会的召开，促进了领导班子建设，营造了良好的干事创业的和谐环境。

【创新理念，实现新突破】　2009年，市委办公室根据新的形势和要求，致力创新服务理念，积极创新服务方法，大力推行“三个转变”，实现了工作方式的新突破。一是由注重日常事务服务向服务发展大局转变。发展是第一要务，也是办公室服务的主题。办公室集中精力和时间用在服务发展大局上，放在为领导决策出谋划策上，放在重大问题的协调解决上，有效提升了工作水平，赢得了领导的充分肯定。二是由被动服务向主动服务转变。办公室工作有着较强的从属性、被动性。市委办公室工作人员主动克服这一弊端，紧紧围绕市委工作和领导要求，充分发挥主观能动性，努力超前思考运筹，正确预测发展趋势，紧贴领导求主动，围绕大局谋主动，尊重规律赢主动，从而牢牢掌握了工作的主动权，逐步实现了由被动服务向主动服务的转变。三是由务虚服务向务实服务转变。从改革会议、精减文件入手，力改过去务虚多、务实少的工作方式，少蹲机关、多下基层，少开会、多调研，少发文、多抓落实，力戒形式主义和官僚主义，潜心研究和解决市委工作中的重大问题，创造性地开展工作。

【组织学习，提高自身素质】　2009年，市委办公室把学习作为提高自身素质的总抓手摆到更加突出的位置，采取集中学习和自学的形式，并以自学为主，使办公室的学习走上经常化、制度化的路子。坚持一切从实际出发，不断丰富学习内容，改进学习方式，提高学习成效：一是与时俱进，坚持学习工作两不误，认真学习中央和省委、市委的重大决策和部署，增强全体工作人员的政治意识和全局意识；二是结合办公室写作、接待、协调、服务等实际工作特点，认真组织学习“如何认识公文的格式”“如何作好公文处理”“如何写好讲话稿”“如何写好工作总结、计划、报告”等业务知识，并以办公室作为机关工作服务的窗口，努力提高服务意识，把握各项法律、法规知识，积极锻炼自身口才，树立机关干部良好形象；三是注重学习实效，坚持政治学习，按照缺什么补什么，并有计划地组织办公室工作人员到先进的机关单位办公室学习，进一步增强办公室人员的公仆意识，努力提高办公室工作人员廉洁勤政的自觉性和工作的责任感、使命感。办公室工作人员一年来恪尽职守，努力完成工作，并在工作中寻求突破、创新，提供热情、周到、优质、高效的工作服务，树立甘于清苦、勇于奉献、勤于磨练的精神，达到“学而不思则罔，思而不学则殆”，努力营造办公室争先创优、团结协作、无私奉献的和谐、进取精神，为不断开创办公室工作新局面做出了新的贡献。

（杨　利）

组织工作

【党组织、党员简况】　截止2009年12月31日，安宁市共有市属党委（总支、党工委）23个，其中，镇党委7个，街道党工委2个，城区市属党委7个、党工委2个、党总支2个；市属党（工）委（总支）下辖109个党总支、738个党支部，其中：村党总支65个、社区党总支123个、支部6个；村民小组党支部335个，社区居民小组党支部116个；全市建立了22个党组。2009年共发展党员363人，全市党员总数14 986人（其中女党员4 260人占28.43%，少数民族党员1 562人占10.42%，35岁及以下党员2 734人占18.24%）。

【干部简况】　截止2009年12月31日，安宁市共有副科级以上领导干部379人，其中县处级领导干部31人，正科级领导干部144人，副科级领导干部204人。副科级以上领导干部中妇女干部60人占15.8%，少数民族干部51人占13.5%，大专以上文化程度373人占98.4%，无党派和民主党派干部32人占8.4%，40岁以下干部146人占38.5%，平均年龄44.2岁。

【干部调配】　截止2009年12月31日，全市共调整科级领导干部91人，其中，提拔34人（其中：正科15人，副科19人），平级交流24人，轮岗1人，兼任职务11人，免职21人（其中：免兼任职务4人，退居二线11人，免职6人）。

【干部教育培训】　2009年8月31日至9月13日，中共安宁市委组织部举办了2期485名公务员参加的都市经济培训。此外，举办干部各类培训：市委组织部和市委党校先后举办8期933人的村（居）民小组干部班；配合昆明市委组织部组织4期78名干部赴华西村等地进行异地学习培训（其中：市级领导干部1人，科级领导干部2人，村干部68人，一般干部7人）；组织大学生村官100余人次参加昆明市举办的“三生”知识教育讲座；选派32名机关、村（社区）干部到五华区街道跟班学习。开展“送教”活动21次，培训农村、机关、企事业干部1 260人。

【开展深入学习实践科学发展观活动】　2009年3月以来，安宁市先后开展了第二批、第三批深入学习实践科学发展观活动，市委成立了以市委书记为组长的领导小组，并成立了办公室；市（镇）两级组建了8个指导检查组、62个指导检查小组，派出指导员233名，建立党员领导干部联系点75个。全市共有861个基层党组织、14 766名党员参学，开展调研245次，形成调研报告879篇，作学习报告487场。各参学单位共举办讲座、报告会、培训班534次，培训骨干880名，各级领导班子及班子成员征求到意见、建议1 998条，查找出存在的问题978个、已解决542个，撰写分析检查报告、材料230篇，提出整改措施864条，为人民群众做好事、实事3 261件。结合安宁实际，开展“八抓八促进”活动，确保学习实践活动主题鲜明、特色突出，有效提高了基层党组织驾驭全局的能力、科学谋划的能力、处理复杂问题的能力、服务群众的能力和抓落实的能力，营造了促进安宁跨越式发展的和谐稳定环境。

【提高选人用人公信度】　2009年，安宁市委组织部认真抓好《中共昆明市委、昆明市人民政府关于深化干部人事制度改革的意见》及配套文件的贯彻落实，研究制订《安宁市进一步深化人事制度改革实施意见》和《安宁市2009—2012年党政领导班子建设规划》。建立健全领导干部署名推荐制，坚持推行常委会和全委会票决制，对91名干部的任免职进行票决，对6名镇（街道）党政正职的任职向市委委员、候补委员征求意见。

【开展党建巡察】　2009年，市委组织部完成7镇2街道的党建巡察，全面掌握领导班子和领导干部思想政治建设情况；健全完善干部考核评价体系，继续推行并不断完善体现科学发展观要求的地方党政领导班子和领导干部综合考核评价办法。完善民主测评和民意调查的程序方法，扩大参与考核人员范围，把考核结果作为领导班子和领导干部评优评先、表彰奖励以及干部选拔任用的重要依据。

【强化干部监督管理】　市委组织部2009年坚持干部监督联席会议制度，通报干部监督情况、沟通信息，讨论进一步加强干部监督工作的意见和建议，全年共召开4次干部监督联席会议。严格执行领导干部收入申报和个人重大事项报告制度，完成领导干部收入申报工作。坚持组织部部长访谈、谈话诫勉制度，对提拔、交流、兼任、退二线等干部进行谈话，全年共谈话230余人次。坚持领导干部任期经济责任审计制度，全年共审计正科级领导干部9人10个岗位，其中离任审计2人2个岗位，任中审计7人8个岗位。做好干部来信来访工作，全年共受理干部来信来访40余件，其中来信来访举报涉及干部的14件。认真做好出国出境人员审查、备案工作，全年共办理15名干部因公出国审查、备案工作，其中正处级3人，副处级6人，科级6人。

【推进公务员规范管理】　2009年，市委组织部认真做好《公务员法》的贯彻实施，及时对党群口公务员的信息进行更新汇总，严格开展符合条件人员的公务员登记工作。进一步建立健全公务员管理和参照公务员管理相关制度，深入推进全市事业单位岗位设置和绩效工资分配。认真贯彻落实公开选调工作人员制度，公开选调职教园区、工业园区管委会工作人员10人；做好公务员招考录用工作；不断完善提高享受上一级职务层次非领导职务待遇工作，制定《解决安宁市党政机关部分公务员提高享受上一级职务层次非领导职务待遇实施意见》；妥善解决其他人员待遇处理问题。

【加强招商引资考核工作】　2009年，市委组织部认真制定招商引资实绩考核奖惩制度，充分发挥考核的导向作用，采用有效考核手段加快项目的开、竣工速度。2009年完成内资51.83亿元（占任务的115.18%）、外资4 606.16万美元（占任务的112.35%），考核认定内资项目136个、外资项目5个。

【构建城乡统筹的基层党建新格局】　2009年，3个机关党组织被评为安宁市“基层党建示范点”，12个机关党组织被评为先进基层党组织。通过建立党建工作联系点、扶贫联系点、领导干部“一岗双责”联系点和选派新农村指导员等工作，全年机关党组织共向农村（社区）党组织提供帮扶资金1 957万元、帮扶项目250个，开展培训594次38 418人次，开展调研1 478次，共同开展组织生活862次。全年投入81万元，通过援建活动室、改造村间道路、援助车辆、接收挂职干部、建立共建对子等措施，与瑞丽市共建“边疆党建长廊”。

【全力推进党内民主建设】　2009年，市委组织部大力推行党代表联系和接待群众制度，开展市级党代表接访工作，167名党代表接访群众284批1 219人次，现场解答说明216件，现场批示交办68件，现场办理率为100%。在青龙镇试点党代表大会常任制，在其他市属党委推行党代表任期制；坚持常委会定期向全委会报告工作并接受监督制度；在2008年全市所有基层党组织全面推行党务公开的基础上，扩大党务公开的范围和渠道，要求市属党（工）委、党总支建立党员旁听党（工）委会、党总支委员会制度；全年在13个基层党组织中推行“公推直选”工作；健全完善党员政治生日、党员党性定期分析评议和党员议事会制度；全年无党员投诉其党内权力受到侵害现象，有效培养和激发了广大党员促进和谐谋发展的积极性和主动性。

【加强基层党员干部队伍建设】　市委组织部贯彻执行《安宁市2008—2012年党员教育培训规划》，培训经费纳入财政预算，党费留存部分的66.9%用于党员教育培训。2009年市镇两级共举办12期普及型农村党员实用技术培训班，3期技能型农村实用人才培训班，9期管理型村组干部和大学生“村官”培训班，2期创业型致富能人培训班，培训基层党员干部约1 700人次，同时认真组织415名基层党员参加了昆明市级统筹培训任务。成立新农村建设工作指导员领导小组，制定《新农村建设工作队队员管理办法（试行）》，并成立昆明市委新农村建设工作队安宁督导组。下派65名（其中省和昆明市下派15名，安宁市下派50名）指导员到村开展工作。新农村建设指导员撰写调研报告和论文55篇，为群众办实事354件，调解纠纷443起，帮助驻村制定和完善各项制度137项，争取项目22个、涉及资金483万元。按照上级关于选聘高校毕业生到村（社区）任职的相关要求，完成选聘86名高校毕业生到村（社区）任职的任务。加强对大学生“村官”的教育管理和服务工作，逐级签订大学生“村官”管理和安全责任书，定期排查安全隐患和进行安全教育，落实好大学生“村官”工作补贴、养老保险和安置费等相关待遇，定期走访和慰问大学生“村官”，为大学生“村官”成长成才创造了良好条件。

【加强村级活动场所建设】　市委组织部制定《安宁市村（社区）活动场所建设方案》，明确了各镇（街道）和市政府相关部门的职责，整合各方面的力量和资源，提高建设标准，全面推进村（社区）活动场所建设工作。截止2009年5月，全市96个村、社区活动场所全面实现全覆盖，并完善配套了全套设备，各项制度全部上墙，充分发挥了培训教育党员干部和群众的作用。此外，启动村（居）居小组活动场所建设工程，新建或修缮村（居）民小组活动场所22个，争取用3年时间实现村（居）民小组活动场所全覆盖。

【为民服务体系建设】　2009年，市委组织部以做好党员联系和服务群众工作为切入点，加强全市为民服务中心（站）建设，全市共建立市级政务（为民服务）中心1个，镇（街道）为民服务中心9个，村（社区）为民服务站96个。全面推行为民服务“三级联动”，打造昆明市“示范基地”，加强为民服务中心基础设施建设，做到人员、公章、带班领导、所有手续进中心。将法律援助、社会保障、医疗保险等服务引入为民服务中心，拓展和延伸中心服务功能。一年来各中心（站）共办理为民服务事项15 606件次，办结率达98.7%。镇（街道）共组建义务消防、义务护村、义务服务等党员志愿者服务队56支，各级干部开展民情恳谈4 632次，收集民情民意3 061条，采纳或解决2 894条。

【开展街道社区党建工作】　2009年，市委组织部制定下发《开展社区党的建设推进年活动的实施方案》，明确活动主题、目标任务、具体措施和方法步骤。通过一年的努力，90%的社区活动阵地达到“十有”标准，70%的社区达到党建“五好”社区标准。召开街道社区党建工作经验交流和现场观摩会，深入开展“四联四同”活动，稳步推进党建“五好”社区创建活动，全年2个社区被昆明市委组织部命名为党建“五好”社区，2个社区被安宁市委命名为党建“五好”社区，5个社区党总支被评为先进基层党组织。

【抓好发展党员工作】　2009年，市委组织部坚持发展党员预审制、入党介绍人资格审查制、公示制、票决制、责任追究制，重点培训和发展工人、农民、高知识群体和私营企业主，举办入党积极分子培训班11期，培训入党积极分子823名，发展党员363名，其中男231名、女132名，本科学历54名、专科学历64名、中专学历33名、高中及以下学历212名，在岗职工126名、非公经济16名、农村213名、其他24名，35岁以下236名，大专以上学历118名，少数民族32名，预备党员转正351名。处置不合格党员8名。全市无“党员空白村民小组”。

【流动党员教育管理服务工作】　2009年，市委组织部在金方街道打造面积3 000余平方米功能全、内容齐的社区党员服务中心，同年12月被昆明市委党建工作会列为现场观摩点。依据为民服务中心（站），全市共建立流动党员服务中心1个、服务站23个、服务点96个，实行流动党员教育管理服务工作月报制，切实做好对全市300名流动党员的管理和服务工作。

【完善党内关爱互助机制】　2009年，安宁市党员互助资金比上年度净增35.4%。市委组织部为全市874名60岁以上农村老党员代缴“新型农村合作医疗”个人承担部分费用17 480元；发放468名70岁以上农村老党员定期生活补助40 320元；走访慰问老党员379名，发放慰问金154 800元。积极开展“多捐一月党费，帮助困难党员”活动，全市机关事业单位党员多捐一月党费87 100元。

【党员电化教育和远程教育工作】　2009年，市党员电化教育中心建立了市、镇、村三级党员电化教育播放网络，印发了《安宁市党员电化教育工作手册》，做好电教片的领取、登记和发放，加强对基层党员电化教育工作的指导和检查，进一步规范了全市党员电化教育的播放、收看、登记和管理工作；召开党员电化教育暨远程教育工作会议，表彰了7个优秀播放（站）点；纪念建党87周年期间，在安宁电视台开展先进基层党组织和优秀党员先进事迹展播；完成2个党建示范点专题片的拍摄；认真完成农村党员干部远程教育站点的调查、布点和建设，完成了83个远程教育站点的建设任务。

【加大人才培养力度】　2009年，市委组织部完成“科技之光”活动任务，确定红梨栽培、葡萄种植等13项作为“科技之光”项目，并按计划完成了培训任务。完成安宁市6支人才队伍调研工作，形成调研报告，并初步形成了安宁市高层次人才引进、培养实施意见。完成“兴滇人才”推荐、MPA公共管理硕士研究生报名推荐和组织优秀企业经营管理人才外出培训等工作，建立和完善了高层次人才信息库，认真做好乡土人才的推荐工作。面向全国公开招聘总规划师，组织召开安宁市农村实用人才交流现场会。整合培训资源，积极开展领导干部联系优秀人才工作，探索建立服务于安宁工业发展的人才培训新机制。

【档案管理工作】 2009年完成年度党内档案建库和统计工作。认真落实干部人事档案目标管理，在已达到中组部一级标准基础上，继续做好档案维护工作。全年共审核干部人事档案91卷，审核材料3 260份，补全材料82份，进一步提高了干部人事档案管理的规范化、科学化水平。

（朱云荣）

统战工作

【春节走访慰问各界人士】 2009年1月20～21日，中共安宁市委统战部到7镇、2街道办走访慰问了原国民党起义人员、港澳台同胞、归侨、侨眷和民族宗教等各界代表人士80多人，为他们送去市委、市政府的关心和春节的问候。

【民盟安宁职中支部成立】 2009年4月11日，中国民主同盟安宁基层委员会安宁职中支部成立大会在安宁高级职业中学召开。昆明市人大常委会副主任、民盟昆明市委主任夏静，安宁市人大常委会副主任洪雯静出席会议。中共安宁市委统战部分管副部长、市教育局局长、职中党政主要领导以及民盟安宁市基层委员会50多名盟员参加成立大会。

【民建专家到安宁讲授科普知识】 2009年春天，安宁市遭受了一场严重的冻灾，对农业生产，尤其对红梨生产带来了严重影响。4月10日，市委统战部、市科协以及相关部门联合举办科普知识讲座，邀请民建云南省委委员、云南省标准化研究院院长石克燕讲授红梨标准化种植与管理。安宁市、镇（街道办）农科部门人员及红梨种植户200多人参加学习讲座。

【深入学习实践科学发展观活动见实效】 2009年初，安宁市在机关开展深入学习实践科学发展观活动。统战部全体干部职工通过学习，思想政治觉悟有了很大提高。自7月1日进入整改落实阶段以来，统战部全面抓整改，重点抓落实。首先针对各民主党派提出的活动经费问题，向相关领导汇报并得到支持，为6个民主党派解决活动经费6万元；其次是对民主党派在政协会议上提出的其他建议和意见努力协调、积极面商，使民主党派的提案面商满意率达到100%；第三是根据部分政协委员提出成立安宁市侨联的建议，进行认真调查研究并向相关领导汇报，给提案的委员作了满意的答复。总之，在统战部全体干部职工的共同努力下，通过深入学习实践科学发展观活动，2009年政协转交办理的提案面商率均达到100%。

【对原国民党起义人员进行调查】 原国民党起义人员为新中国的建立做出过很大贡献，是统战工作的主要对象之一。随着时光的流逝，这些人当中许多人已作古，现健在的普遍已是80岁以上高龄。特别是身在农村的一部分人，他们年岁高、丧失劳动力并体弱多病，生活无着落。近年来许多人到统战部提出自己生活困难，需要政府帮助的要求。为了准确掌握这部分人的情况，统战部向市委、市政府提出合理性建议和意见，积极组织对市属原国民党起义人员进行调查。此次调查涉及市属7个镇、2个街道，25个党委（总支）。调查结果表明：安宁市截止2009年共有原国民党起义人员58人，其中：农村无业31人，单位退休23人，无起义证书和统战部前两次调查底册4人。

【中秋节走访慰问统战人士】 2009年中秋节前夕，市委统战部组织对市属部分统战代表人士进行走访慰问，慰问起义人员15人，台、侨眷属6人。

【组织民主党派负责人到香格里拉学习考察】 为加强统战工作，扩大交流，“走出去，请进来”，使统战工作进一步适应新形势下经济建设和社会和谐稳定的要求，2009年10月21～25日，市委统战部组织统战、民族宗教和民主党派主要负责人18人到迪庆州香格里拉县进行为期5天的考察学习。此次考察增强了两地统战、民族宗教和民主党派之间的交流，对今后做好安宁统战工作有着重要意义。

【开展“三普”外语教育培训】 根据中共安宁市委办公室、安宁市人民政府办公室《关于组织开展“三普”教育培训的实施意见》，经“三普”教育领导小组研究，安宁市电子计算机、普通话、外语（简称“三普”）培训2009年11月正式启动。其中，外语（英语、老挝语、缅甸语、泰国语、越南语）培训由安宁市人民政府侨务办公室主要负责。侨办在接受任务后于11月30日就全市公职人员外语培训与安宁职中协商了教师聘请、骨干培训、教材征订、编班开班、分期教学等事宜。同时，协助相关单位填报参学人员报表。至12月16日，全市已有69个单位2 846人报名参学。预计这次外语培训，全市应参学人员将超过5 000人。

【对港澳台侨资源进行调查】 为进一步做好港、澳、台、侨工作，较准确地掌握安宁市港、澳、台、侨资源，使之为社会经济建设和招商引资工作服务，2009年8月，市委统战部对市属港、澳、台、侨资源进行了认真调查。此次调查涉及全市7镇、2个街道办事处，25个党委（总支）。调查结果：一是侨胞侨属共42户，其中：昆钢侨联18户，云化12户，市属12户，定居海外的知名人士6人；二是台胞台属共21户，其中：昆钢3户，云化2户，市属16户；三是澳门眷属1户；四是香港眷属6户，其中：昆钢4户，市属2户。

（杭建荣）

宣传工作

【思想建设和理论武装工作】 2009年，中共安宁市委宣传部通过抓好党委（党组、党工委、党总支）中心组的带动及促进作用，不断完善政治学习制度，创新学习方法，把学习贯彻“三个代表”重要思想与深入学习实践科学发展观活动、“行政效能提升年”和“干部作风改进年”活动、建设学习型城市结合起来，建立解放思想的长效机制，不断推进理论武装工作。编制下发了《关于2009年全市在职干部理论学习的安排意见》，对全市党员、干部理论学习重点及时作出安排。认真组织好中国特色社会主义理论体系、社会主义核心价值体系和十七届三中、四中全会、昆明市委九届五次全会、安宁市委四届七次全会精神及党和国家一系列应对金融危机的重大战略部署的学习贯彻。适时提出2009年理论学习参考推荐书目，编发了《领导干部科学发展观党课宣讲参考材料》、《六个“为什么”宣讲提纲》、《杨竹芳同志先进事迹选编》等学习材料4期，积极为基层理论学习提供服务，并与市委党校联合为各镇（街道）、村（居）委会、机关企事业单位开展科学发展观、党的知识、建设和谐家庭等9个专题的理论辅导讲座共计52场次，参加人数3 623人次。邀请省市知名专家教授到安宁市，举办《转变机关作风，提升行政效能，践行科学发展》等全市性各类社会科学专题讲座、报告10场，参加人数3 670人次。认真组织科级以上领导干部参加云南省领导干部时代前沿知识讲座共计11期次，参加学习的领导干部3 447人次。组织市级领导干部参加昆明市领导干部培训日专题讲座50期次，参学人数1 006人次。全市各级党组织、各单位组织举办各种政治理论专题学习和培训共计2 788期次，参学人员118 300多人次。

【组织开展“继续解放思想、推动跨越发展”大讨论活动】 2009年，市委宣传部起草《中共安宁市委深入学习实践科学发展观活动领导小组关于在深入学习实践科学发展观活动中开展“继续解放思想、推动跨越式发展”大讨论的通知》，经市委主要领导同意，由市委深入学习实践科学发展观活动领导小组发文，对全市解放思想大讨论活动进行安排部署，全市各单位各部门广泛开展了“继续解放思想、推动跨越式发展”大讨论活动，掀起了思想解放的新高潮。各部门各单位在宣传发动的基础上，开展了“四个一”讨论活动，即：讲一堂“继续解放思想、推动跨越发展”为主题的党课、开一次查找思想解放的差距和不足的集中讨论交流会、召开一次征求意见查找问题的座谈会、开展一次围绕制约安宁市发展体制机制等瓶颈问题的调研活动。通过开展继续解放思想大讨论活动，全市广大党员干部和各级各部门进一步查找了阻碍跨越式发展的思想观念和制度瓶颈，在观念上、行动上、体制上解决了部分影响和束缚跨越式发展的突出问题，进一步创新了观念、创新了制度，以思想的新解放推动安宁市经济社会发展的新发展。

【组织开展向杨竹芳同志学习活动】 2009年，市委宣传部起草《中共安宁市委关于在全市开展向杨竹芳同志学习活动的通知》，经市委领导同意后以中共安宁市委文件形式，对全市公务员、政法系统以及其他机关事业单位人员学习活动作出了安排部署。宣传部在广泛收集资料后，编辑了《杨竹芳同志先进事迹选编》，通过电子政务交换系统普发给各部门各单位，为学习活动的开展提供参考资料。全市各部门各单位认真传达市委的《通知》及要求，组织干部职工学习《杨竹芳同志先进事迹选编》，广泛开展讨论活动，畅谈学习体会，掀起了向杨竹芳同志学习的热潮。各镇（街道）还结合学习实践科学发展观活动，扩展了学习范围，组织村、组干部和部分群众也参加了学习讨论。经过学习，广大干部职工纷纷表示在今后的工作中将以杨竹芳同志为榜样，始终保持一种昂扬向上的朝气、敢于争先的勇气、奋力开拓的锐气，务实高效，百倍努力，为开创安宁市经济社会跨越式发展新局面而不懈奋斗。

【昆明市委对安宁市领导干部培训日学习情况进行督察】 2009年8月19日，市委宣传部草拟《中共安宁市委办公室关于做好昆明市委对我市“领导干部培训日”学习情况进行督察的准备工作的通知》，按照中共昆明市委办公厅《关于对“领导干部培训日”学习情况进行督察的通知》要求，协调组织安宁市实职县处级领导干部对参加昆明市“领导干部培训日”学习情况认真开展自检自查，并由宣传部汇总相关材料撰写安宁市市级领导班子的学习情况报告。9月16日，昆明市委“领导干部培训日”学习督察组到安宁市进行督察，安宁市委副书记尹贵生从开展学习活动的基本情况、主要做法、学习成效、意见与建议等方面作情况汇报。督察组在听取汇报、查阅材料、座谈交流之后对安宁市领导干部参加昆明市“领导干部培训日”学习情况给予了较高评价，认为安宁市领导干部学习培训工作领导重视，形成了多层次的学习体系，学习成果转化较好，切实收到了实效。

【广泛开展社会动员，营造良好舆论氛围】 2009年，市委宣传部社会动员工作坚持以团结、稳定、鼓劲和正面宣传为主的方针，唱响主旋律，牢牢把握正确的舆论导向，紧紧围绕市委市政府的中心工作，服从服务于全市发展大局，不断提高舆论引导水平。及时、准确完成市委四届七次全会，市人大、市政协四届二次会议和招商引资、新区建设、园区开发、园林绿化、新农村建设、“四创两争”等重要会议和重大活动的宣传报道任务。开展好森林防火、春耕生产、土地调查、殡葬改革、综治维稳、打黑除恶、安全生产月、科技活动周、拆临拆违、建绿透绿和环境卫生整治等专项活动的宣传教育工作。组织好全市开展“行政效能提升年”和“干部作风改进年”活动、深入学习实践科学发展观活动的宣传发动工作。成功在八街镇承办昆明市2009年文化、科技、卫生“三下乡”活动启动仪式。牵头组织各有关部门共同开展安宁市2009年文化、科技、卫生、法律“四下乡”活动，现场发送各种宣传和实用技术资料186 000余份（册），进一步提高农民健康水平、法制意识和科技意识。在市属新闻媒体上开设专栏，大力发掘宣传各行各业和广大党员、干部和群众中涌现出的先进典型和经验。在全市营造迎难而上，科学发展，团结奋进的浓厚氛围。

【扩大对外宣传，进一步提升安宁良好形象】 2009年，安宁市积极主动加强与中央、省、昆明市主流媒体的协调与合作，及时为他们通报新闻信息，提供新闻线索，联络、协助采访报道，不断拓宽对外宣传渠道。召开了2次外宣工作座谈会，邀请中央驻滇、省、昆明市新闻单位领导、记者，就如何加强安宁市外宣工作，为经济社会发展服务提出意见和建议，进一步加强沟通与协作。邀请或配合中央、省、昆明市新闻媒体对安宁市实施“1366”发展思路、经济社会发展成就、“四创两争”工作、招商引资举措、社会主义新农村建设等方面进行深入采访报道。法国电视五台、中央电视台等媒体对安宁市农村生态能源建设和新型农村合作医疗进行采访报道；省、昆明市学习实践科学发展观采访团《云南日报》迎国庆“祖国好，云南红”采访团、昆明新闻媒体冲刺四季度工作采访团、拆违透绿创卫工作采访团等都到安宁市对相关工作进行采访报道；《昆明日报》刊登昆交会特刊《安宁招商实现新跨越》；市领导坐客昆明信息港春城会客厅宣传推介安宁，与网友进行沟通交流等等，全年对外宣传形式多样，出彩出亮，密集报道常态化，进一步提升了安宁的影响力和知名度。全年仅省、昆明市新闻媒体刊（播）正面宣传安宁的各类稿件就达560余篇（条）。

【不断加大网上舆论监督、管理和宣传力度】 2009年，安宁市注重网上舆论监督管理工作，先后出台《关于加强网上舆论引导工作的实施方案》和《关于建立新闻监督员制度的实施办法》。一年来，安宁市密切关注舆情信息，宣传部安排专人负责网络舆情每日扫描查看，加强舆论监督，积极应对舆论事件，正确处理好舆论监督与改进工作的关系。在和盛陶瓷厂爆炸、八街矿洞盗矿、金碧天下农民工讨薪、太平征地拆迁堵路等突发性、群体性事件中，宣传部都及时、准确地与新闻媒体协调沟通，为避免不实新闻炒作，稳定社会秩序和群众情绪，配合有关部门解决问题，平息事态、改进工作做出了积极贡献。

【深化细节文明工程，全面推进文明城市建设】

2009年，市委宣传部以建设社会主义核心价值体系为根本，以努力推进“四创两争”为契机，全面加强思想道德教育和精神文明建设，不断提高全市人民思想道德素质和文明程度，努力构建和谐社会。大力推进文明单位、文明社区、“十星级文明户”等群众性精神文明创建活动，认真开展省级文明单位18个、文明村2个、文明小城镇1个、文明社区1个，昆明市级文明单位15个、文明村3个，安宁市级文明单位15个、文明村8个、文明社区4个的申报、考评、验收工作。广泛深入开展学习贯彻《公民道德实施纲要》和社会主义荣辱观活动，推动社会公德、职业道德、家庭美德和个人品德建设。组织开展省、市道德模范的选树和学习宣传、“迎国庆、讲文明、树新风”、“中国青年志愿者服务日”、“公民道德宣传日”、“向国旗敬礼，做一个有道德的人”网上签名寄语等主题活动。安宁市第三次荣获“全国创建文明城市工作先进城市”，温泉镇荣获“全国创建文明村镇工作先进村镇”，市地税局荣获“全国精神文明建设工作先进单位”称号，青龙镇荣获“国家卫生镇”等荣誉称号。

【安宁市获“中国最具幸福感城市（县级市）”殊荣】 2009年，市委宣传部积极组织发动广大市民参加“2009云南16州市城市幸福指数评比活动”、“2009中国最具幸福感城市调查推选活动”，为昆明市、安宁市投票助力，达到热爱家乡、宣传家乡的目的。安宁市最终脱颖而出，获得“中国最具幸福感城市（县级市）”殊荣，成为全国2 000多个县级城市中产生的10个县级最具幸福感城市之一。

【庆祝新中国成立60周年系列活动】 2009年，市委宣传部按照市委、市政府的安排，精心策划、周密计划、认真组织、统筹协调，与市委办、市政府办、市文体旅游局、市城管局、市文联等有关部门密切配合，积极开展庆祝中华人民共和国成立60周年系列活动。在《今日安宁》、安宁电视台和广播电台上开设专栏，对建国60年来特别是改革开放30年来祖国和安宁取得辉煌成就、不断发展前进的巨大变化进行大力宣传。组织各单位在国庆期间张贴悬挂庆祝标语布标，升挂国旗，布置彩旗、彩灯，主要街道、公共场所和公园保持卫生整治，布置摆放鲜花，营造浓厚的节日氛围。组织观看《铁人》、《五月的声音》、《袁隆平》等主旋律电影，激发爱国热情，感染和教育广大党员、干部和职工为祖国建设作贡献。组织“纪念新中国成立60周年征文活动”，收到征文60篇，评出优秀征文20篇给予表彰奖励。开展系列主题活动，形成庆祝活动高潮：2009年9月28日下午，安宁市隆重召开庆祝中华人民共和国成立60周年大会，全体市级领导，各单位领导，部队官兵及各界群众代表欢聚一堂，热烈庆祝建国60周年；9月28日晚，在娱乐中心广场举行大型国庆文艺晚会《螳川颂歌》，上万市民共贺祖国60华诞；10月1日早晨，在娱乐中心广场举行庄严的升国旗仪式，数千干部群众、中小学生参加升旗，重温了一堂生动的爱国主义教育课；9月27日至10月15日，举办庆祝建国60周年美术、书法、摄影、工艺作品综合展览，参观、爱好者络绎不绝。

【举办通讯员培训班】 为提高市域通讯员的写作水平，建立健全通讯员网络，2009年6月25至26日，市委宣传部在市委党校举办全市新闻宣传通讯员培训班。各镇（街道）党（工）委和人民政府（办事处），市级机关各部委办局，各人民团体、驻市企业的71名通讯员参加了为期两天的培训。市委副书记尹贵生作开班动员讲话。《昆明日报》社党委书记、总编辑孙学敏，副总编王晓洁，县区新闻部主任邓代华分别从“如何做一名合格通讯员、如何采写区域性新闻、新闻写作要求”等方面为通讯员们上了生动的一课。培训班同时还举行了《昆明日报》社安宁记者站和通讯员联络站授牌仪式，孙学敏、尹贵生，市委党校常务副校长耿玉立等领导为《今日安宁》编辑部、7镇2街道及市发改局、教育局、卫生局授予记者站和通联站匾牌。

【加强宣传文化队伍和阵地建设】 2009年，安宁市不断加强宣传文化阵地建设和宣传思想工作干部队伍建设，为做好新时期宣传思想工作提供有力保证，促进社会主义文化事业发展繁荣。不断完善学习制度，营造良好学习氛围，在宣传文化系统扎实开展“行政效能提升年”和“干部作风改进年”、深入学习实践科学发展观活动，进一步提高宣传干部队伍的政治素质和业务素质；举办1期新闻宣传通讯员培训班，培训市属单位、驻市企事业单位通讯员71名。安宁电视台记者杨云萍当选昆明市第三届“十佳新闻工作者”。《今日安宁》编辑部、安宁电视台、安宁广播电台广泛征求意见，改进工作，不断提高采、编、发质量，广大读者和观众、听众的满意率稳步提升。农村（社区）文化室和农家书屋建设加快步伐，城乡业余文艺团队活力进一步增强。

【全面完成党报党刊征订任务】 2009年，昆明市下达安宁市2010年党报党刊征订发行任务较重。对此，市委宣传部高度重视，及早动员安排，2009年10月27日召开了全市2010年度党报党刊征订发行工作会议，传达贯彻中央、省、昆明市党报党刊征订发行工作会议精神，安排部署2010年度安宁市党报党刊征订发行工作。同时，加大指导和督查力度，加强收订服务工作，采取有效措施，确保全面完成上级下达的2010年度党报党刊征订任务。经过积极努力，安宁市各单位各部门共征订2010年度《人民日报》723份、《经济日报》291份、《云南日报》2 125份、《昆明日报》2 700份、《光明日报》71份、《求是》579份、《半月谈内部版》791份、《时事资料手册》794份、《时事报告》796份、《党建》432份、《瞭望》144份，全面或超额完成了昆明市下达的征订发行任务，巩固和扩大了党报党刊的覆盖面。

（王 恒）

《今日安宁》编辑部

【圆满完成出刊任务】 2009年，《今日安宁》编辑部以“三个代表”重要思想为指导，全面贯彻落实科学发展观，围绕市委、市政府中心工作和人民群众关心、关注的问题，牢牢把握先进文化的发展方向，坚持弘扬和培育民族精神，加强公民道德建设，为社会主义服务，为全市大局服务。全年共出刊53期、226个版面，比原计划多出26个版面，超额完成每年50期的出刊任务，为安宁经济社会发展营造了良好的舆论环境。

【不断创新报道方式，营造浓厚舆论氛围】 2009年“两会”期间，《今日安宁》编辑部一是及时报道时政新闻，尊重人民群众的知情权；二是适时扩版或增刊，及时报道“两会”精神和重大决定，营造浓厚舆论氛围。对于市委全会报告、政府工作报告以及市委、市政府出台的重要政策，迅速做好解读工作，使广大干部群众的思想更快、更好地统一到市委、市政府的决策上来。围绕落实科学发展观、招商引资、城乡园林绿化、创文创卫、地方人大设立常委会30周年及政协成立25周年等，编辑部组织了多个宣传战役。

【不断增强编辑记者业务素质】 编辑部定期组织记者学习中央到地方的各级会议文件精神，学习理论前沿知识和十七大精神，力求在不断的学习中在一定程度一定领域内引领思想领域的前卫潮流。业务学习方面，2009年9月，编辑部3名记者参加了云南省新闻战线2009年度州（市）报刊责任编辑“三项学习教育”培训，并取得合格证书。11月，编辑记者参加企事业单位专业技术人员和管理人员继续教育培训，对身体、思维、精神等方面突破极限的方式方法有了进一步探索。

（王志群）

机关党委

【机关党组织简况】 2009年，中共安宁市级机关党委所属党支部42个，党总支8个，党员1 505名。其中：男1 066名、女439名，预备党员45名，少数民族党员165人，45岁以下党员810人，大专以上文化党员1 002人，党员总数与2008年的1 416名相比，增加了89名，增长6.29%。

【制定永葆先进性“云岭先锋”工程目标】 2009年，市级机关党委根据市委永葆先进性“云岭先锋”工程目标，结合机关实际制定《安宁市级机关党委2009年永葆先进性“云岭先锋”工程目标责任书》。为加强分类管理和指导，针对离退休干部党支部的特点，区别不同情况制定了离退休干部党支部目标责任书。对目标责任进行分解细化，制定出《安宁市级机关党委2009年永葆先进性“云岭先锋”工程目标考核细则》占80%，《安宁市级机关党委2009年永葆先进性“云岭先锋”工程日常考核细则》占20%。年初与所属各党支部（总支）签订，采取日常考核与年终考核相结合的办法，日常考核每2个月进行一次；年终组成2个考核组，对50个支部（总支）执行2009年永葆先进性“云岭先锋”工程目标情况进行全面考核。经过考核评出最高分102分，最低分91.4分。考核结果按综合考核10分折算后报市委，作为市委、市政府对机关党委所属党支部（总支）年终党建目标综合考核的组成部分。

【党员目标管理】 2009年党员目标管理按《安宁市实施“云岭先锋”工程党员目标管理手册》执行。党员责任目标分为共同目标和个人自报目标两个部分，其中共同目标40分，个人自订目标60分。个人自订目标由党员个人结合工作实际、岗位特点、性质和任务制定后，与党支部签订，除个别离退休党员同志因年老体弱需经党委同意外，均实行党员目标管理。2009年应参加目标考核的党员1 505名，实际参加考核1 482名，占应参加考核数的98.47%。考核评议采取评两头的办法，即：评议出先进党员和不合格党员，评选出先进党员36名，没有不合格党员。

【发展新党员】 按照“坚持标准、保证质量、改善结构、慎重发展”的方针和坚持“成熟一个，发展一个”的原则，2009年，市级机关党委各支部（总支）共发展新党员11名。其中：男5名、女6名，大专以上文化程度的11名，35岁以下的9名，经共青团推优的1名。发展党员工作的重点放在加强对入党积极分子的培养教育和考察上。2009年选送40名积极分子参加党校培训。对培养对象采用填写《党员发展对象培养考察登记表》，进行跟踪培养考察。发展党员严格执行“五制”，即：公示制、预审制、入党介绍人资格审查制、责任追究制和票决制。

【充分发挥基层党建示范点带动作用】 市国土资源局、市委党校党支部在2009年“七一”表彰大会上被命名为2007～2008年度安宁市基层党建示范点。7月10日，市级机关党委在国土资源局和市委党校成功承办安宁市第六次组织工作例会。会上，市级机关党委、国土资源局和市委党校党支部分别在会上作交流发言。6月4日下午，组织直属的党支部（总支）49名党务工作者到示范点进行现场观摩，参观“云岭先锋”工程目标资料的收集整理，规范化党员活动室建设，党员电化教育活动的开展情况。在整顿相对后进薄弱党支部工作中，机关党委充分发挥先进后进的作用，国土资源局党支部帮扶市林业局党支部，市委党校党支部帮扶市质量技术监督局党支部。通过结对帮扶，林业局、质量技术监督局支部在2009年“云岭先锋”工作目标考核中取得较好成绩，在机关党委直属50个党支部（总支）中跃居中上水平。

【开展相对后进薄弱党支部整顿工作】 根据《中共安宁市委组织部关于开展相对后进薄弱党组织整顿提高工作的通知》精神，为全面加强党的基层组织建设，市级机关党委从2009年起，每年将“云岭先锋”工程目标考核相对靠后的党支部列为相对后进薄弱党支部进行整顿。通过摸底排查，对市林业局党支部和市质量技术监督局党支部集中进行整顿。从2009年8月开始，机关党委领导每月到党支部进行督促指导，党支部针对存在问题制定整改方案和整改措施，每月报送整改进展情况和下月整改项目。通过近半年的整顿，2个党支部的工作取得很大进步，在“云岭先锋”工程目标考核中跃居机关党委直属50个党支部（总支）中上水平。

【邀请专家开展一次典型案例教育】 为帮助参加第二批学习实践科学发展观活动的各党支部（总支）开展一次典型案例教育，2009年4月22日，市级机关党委邀请云南大学生命科学院副院长段昌群教授到安宁会堂开展典型案例教育。段教授以《从滇池污染与治理谈科学发展》进行案例分析。机关党委共组织39个党支部（总支）500名党员参加教育活动。

【坚持领导干部包村联系点制度】 认真落实安办通〔2009〕39号文件，自2009年6月开始，市级机关党委先后8次深入到金方街道办事处新村社区开展联系活动，为新村社区讲党课，指导党建文化长廊、党员活动室、图书室等建设，并在经费紧缺的情况下给予2 000元的图书室建设补助。通过领导干部包村，增进了机关党委与金方街道办事处新村社区的共建联系，新村社区党建文化长廊建设成效显著，得到昆明市级领导的充分肯定和好评，受到安宁市委的表彰奖励。

【树立和表彰先进典型】 2009年6月30日，机关党委召开中共安宁市级机关委员会庆祝中国共产党建党88周年表彰大会，表彰2007—2008年度先进党支部、先进共产党员和先进党务工作者，5个先进党支部、43名先进共产党员和15名党务工作者受到表彰。在安宁市庆祝建党88周年大会上，机关党委、2个基层党建示范点、8个党支部（总支）、18名优秀党员和15名党务工作者受到市委的表彰奖励。通过树立典型，让机关的广大党员干部学有榜样，赶有目标。

【开展多捐一月党费活动】 2009年，市级机关党委积极响应市委组织部号召，以“多捐一月党费”形式庆祝党的生日。“七一”前夕，机关党委动员党员开展“多捐一月党费”活动，共有42个党支部（总支）1 072名党员参加活动，捐款26 936元。

【承办昆明市第二十次县（市）区机关党建工作联席会】 2009年10月19至20日，昆明市第二十次县（市）区机关党建工作联席会议在安宁召开。盘龙、五华、西山、官渡、东川、安宁、呈贡、晋宁、宜良、石林、嵩明、禄劝、寻甸等13县（市）区机关党（工）委共67人参加会议，安宁市级机关党委委员应邀列席会议。会议由中共安宁市委组织部常务副部长、机关党委书记董朝荣主持。会上，昆明市市级机关工委书记王永华就传达学习贯彻党的十七届四中全会，全国、全省机关党建工作会议精神作重要讲话；中共安宁市委常委、组织部部长王坚致辞，并介绍了安宁市经济社会发展情况和党建工作取得的成效。安宁市级机关党委在会上作《机关党建工作要突出创新求实效》的交流发言。

【开展讲廉政党课活动】 围绕“加强作风建设，促进科学发展”主题，机关党委2009年6月30日利用“七一”建党节活动邀请市委常委、纪委书记焦林讲党课。焦书记围绕《增进感情　坚定信念　永葆共产党员先进性》为题，结合机关实际，从三个方面进行讲解。一是以真情深植理念信念之根。要求党员做到真情为民、真心爱党，真情奉献。二是以真信打牢理想信念之本。要求党员加强学习，用理念上的清醒保持头脑上的清醒，坚定共产主义理想信念不动摇。三是以真行体现理想信念之实。要求党员把先进工作者形象树起来，把工作劲头鼓起来，把身边群众带起来。机关130名党务干部、党员参加了此项活动。

【文明创建结硕果】 2009年，市级机关党委充分发挥机关党建在文明创建中的作用，把所属党支部（总支）建设成为精神文明的阵地，营造文明创建的良好氛围。通过努力，被命名为省级文明单位8个，昆明市级文明单位8个，安宁市级文明单位34个，文明科室113个；被命名为“全国巾帼文明岗”1个，昆明市级“巾帼文明示范岗”3个、“青年文明号”3个，安宁市级“巾帼文明岗”12个、“青年文明号”5个，创建“五好文明家庭”74户；机关工会评选“合格职工之家”7个，“先进职工之家”2个，在党员集中的科室、部门争创“党员先锋岗”16个，在服务窗口争创“党员示范窗口”9个。

（陈茂芬）

党史研究

【完成《中共安宁市组织史资料》编辑出版工作】

2009年，安宁市史志办完成《中共安宁市组织史资料》（2003.3～2008.3）编纂出版工作。该书编列了近800个中共党组织机构、400多个行政管理机构、211个市属企事业单位及派出机构、协管单位，驻市部分厂矿和武警部队党、政机构；收录范围下延两级，把最基层政权——村（居）民委员会编入，彰显最基层党政组织状况；扩录驻市大中型企业，展示工业特色。全书图文并茂，为研究安宁的发展提供了翔实的史料，是全市各条战线干部职工不可或缺的一部“信史”和工作必备的工具书。该书四易其稿，共六章九节100万字，于2009年12月由云南民族出版社出版发行。

【征编《大事记》】 2009年，按照中共昆明市委党史研究室的工作要求，结合安宁党史工作的实际，安宁市史志办完成2008年度《昆明市党史大事记》辑录的编报工作；完成2008年度《安宁大事记》摘编的征编任务，共计360余条10万余字。

【完成《活力昆明——亲历者的心声》组稿】 按照中共昆明市委办公厅、昆明市人民政府办公厅转发《关于开展“活力昆明”大型宣传活动的方案》和中共昆明市委党史研究室对此项工作的安排，安宁市史志办拟订《关于参与完成编纂〈活力昆明——亲历者的心声〉组稿方案》，经中共安宁市委办、市政府办批转，由安宁市史志办组织实施。共收录2007～2009年安宁市经济社会及改革发展变化和重大事件的综述、统计报告、专题、访谈录共20余篇约5万字，图片20余幅。经史志办分类编辑和统校，于2009年10月上报中共昆明市委党史研究室，圆满完成工作任务。

【编报党史专题】 按照中共昆明市委党史研究室的工作安排，2009年，安宁市史志办完成《安宁“四清”运动》和《昆明下乡安宁知青综述》专题编报。安宁是云南省“四清”运动的试点县之一，始于1963年8月，延续到1966年“文化大革命”开始为止。“四清”运动虽然对于解决干部作风和经济管理及建立农村各级群众组织起到一定的促进作用，但由于不同性质的问题都认为是阶级斗争或者是阶级斗争在党内的反映，致使不少基层干部受到不应有的打击，直至党的十一届三中全会之后，“四清”运动中受错处的人员才得以落实政策，历史遗留问题得到解决。

上世纪五十至七十年代，安宁是昆明青年学生下乡插队锻炼的主要县区，曾先后到安宁的知青有8 000多人。《昆明下乡安宁知青综述》反映了知青下乡的历史背景、政治生活待遇和在农村及各条战线上自强不息的奋斗精神风貌。

【党史教育】 按照中共安宁市委办的通知要求，安宁市史志办以“安宁市革命历史教育展览馆”为平台，主要负责参观单位的联系和讲解工作。截至2009年12月31日，共为140余批次参观人员4 000余人作讲解，成功配合全市深入学习实践科学发展观活动，为加强与巩固党的基层组织建设取得实效，让党史成果得以充分利用收到良好的教育效果。此项工作已成为史志办开展党史教育的长效机制，得到社会各界人士的肯定和赞誉。

【专题调研】 2009年，安宁市史志办结合旧城改造工作，邀请本单位老领导（城市变革见证者）与本单位人员一同多次走街窜巷，实地确认安宁古城遗址范围和历史文物旧址。经调研和查阅资料，撰写《安宁市旧城改造与重建“古连然”调研报告》，供市委、政府和相关部门决策参考。报告概述了安宁古城的历史人文资源，提出了打造与经营“古城”的意义，重塑安宁“文献名邦”之品牌和发挥历史人文资源的建议。针对原部分市级老领导呼吁对安宁楠园加强保护的建议，安宁市史志办邀请原部分市级老领导和参与楠园建设的决策者和见证者多次到安宁楠园考查论证，经大量收集材料和专访，数次召开审定会，最终完成“楠园春秋”调研课题。安宁楠园始建于1990年4月29日，竣工于1991年12月17日，位于安宁城中百花公园之南，占地6 667平方米，总投资240多万元，建造以楠木为主，香山木、云冷杉为辅。该园由我国著名古建筑和园林专家陈从周先生构图设计，建成古典园林风格，是云南惟一入选《中国名园观赏》收录的我国81个著名园林之一，其“名贵在于楠木，珍稀在于墨宝，保护在于大家”。

【奖项荣誉】　2009年2月25日，在中共昆明市委党史工作会议上，安宁市史志办荣获“2008年度昆明市党史大事记征编二等奖”。安宁市史志办建成的“安宁市革命历史教育展览馆”2009年7月被中共安宁市委宣传部、昆明市文化局评为“昆明市2008年发展博物馆业优秀奖”。

【走访慰问革命老同志】　曾参加过革命的老同志，是党史工作者的“活字典”，史志办历来尊重、关心曾经参加革命的老同志。建国60周年之际，在史志办建议下，受中共安宁市委的委托，史志办专程到昆明、楚雄等地登门拜访和慰问部分原“安禄罗”游击队员老领导。同时与民政局协调，专程下乡进村入户，走访慰问困难老游击队员家属及曾为革命做过贡献的农村老同志。

（李成林）

市委党校

【主体班次】　2009年，中共安宁市委党校、安宁市行政干部学校、安宁市社会主义学校、安宁市政法干部学校、安宁市基层干部学校，实行“一个机构，五块牌子”管理模式（以下简称“中共安宁市委党校”），共举办主体班次培训班15期，授课600个学时，培训学员1 842人。

2009年3月18至19日，中共安宁市委党校开展社区党务干部培训工作，来自连然、金方街道办事处的94名社区党务干部参加培训。本次培训班是根据安宁市连然、金方街道办事处区划调整后党务工作的现实要求，为促使新任党务工作者迅速进入角色，积极有效开展党务工作而举办的。通过培训，社区党务干部进一步明确了工作职责，理清了进一步搞好今后工作的基本思路，为社区经济发展和社会稳定奠定了坚实的基础。

7月2至4日，中共安宁市委党校举办首次安宁市高中学生入党积极分子培训班，来自安宁职中、昆钢一中、安宁一中、安宁中学党组织推荐的41名品学兼优的中学生入党积极分子参加了培训。培训班根据中学生认知特点，有计划、有重点地组织他们学习党建知识，进行国情教育，把个人奋斗志向同社会发展紧紧联系在一起，把个人成长进步同安宁明天的繁荣昌盛紧紧联系在一起，立志为家乡经济社会建设争光添彩，争取早日跨入党的大门，对于保证党的事业兴旺发达，保持党的先进纯洁，意义十分重大。

7月19日至9月18日，中共安宁市委党校对全市村（居）居小组组长、副组长，党支部书记、副书记共933名村（居）民小组干部，分8期进行轮训。轮训中科学合理安排，凝心聚力组织，呈现出一些新特点。工作人员主动向有关部门通报培训情况，形成农村（社区）基层干部培训工作的合力，体现了“谋事布局一盘棋”的特点。党校领导和骨干教师积极承担培训教学工作，班主任老师随堂听课，及时了解掌握教学动态和学员的基本情况，主动热情为学员提供各种帮助，自觉树立党校人“个人形象一面旗”的良好形象。党校领导及班主任主动到学员驻地查看、问候；在甲型H1N1流感来势汹汹、安宁市成为重灾区之际，党校主动为学员提供“大锅药”，预防甲型H1N1流感，让学员感受到办学单位的严谨和热情，显现了“工作热情一团火”的氛围。

7月19至25日，中共安宁市委党校举办首次选聘到村（社区）任职的高校毕业生岗前培训班，69名被选聘到安宁市各村（社区）正式任职的大学生参加了培训。市委书记李树勇、市委组织部部长王坚、市委党校常务副校长耿玉立出席开班仪式。在培训中坚持“五立足五注重”：立足角色转变，注重励志教育；立足意识培养，注重军事训练；立足岗位需要，注重知识传授；立足作用发挥，注重经验交流；立足认识提升，注重实践培训。通过培训，使新任大学生“村官”们对农村情况和到村任职工作有了进一步的了解，进一步明确了工作任务，切实增强新任大学生“村官”的责任感和使命感，使他们尽快融入农村，适应农村工作环境，尽快进入角色，迅速投身社会主义新农村建设的实践中。

8月31日至9月13日，中共安宁市委党校利用晚上和周末时间，开展公务员都市经济知识培训工作，全市488名公务员参加培训。这期培训紧紧围绕促进安宁跨越式发展的主题，结合昆明区域经济社会发展实际情况，邀请云南知名专家学者讲授课程，着力提高公务员政治理论水平和业务素质，培育发展现代业务意识，推动全市招商引资、市域经济发展，增强利用经济知识服务各项工作的综合素质和能力。

【制度创新】　2009年，中共安宁市委党校在征求意见建议后，及时调整领导班子成员分工，调整校内各部门工作职责和教职工个人岗位职责，修订和完善安宁市委党校规章制度。2009年3月，将2005年制定成册的24项规章制度和25个岗位职责再次进行制定、修改和完善，7月20日辑印成册。进一步明确职责分工，规范教职工行为，以制度激发活力，以制度鞭策工作，使学校各项工作有章可循，有据可依，不断提升服务型学校建设，为安宁市社会经济发展做出更大贡献。

【教学科研】　2009 年，中共安宁市委党校把科研与教学统一起来，以科研促教学，形成了开展党校科研工作的良好氛围。2009 年 4 月 1 至 8 日，中共安宁市委党校组织教师分三个调研组开展安宁市农村党员干部教育培训需求和基层党校基本情况调研活动。全年教师共撰写论文 18 篇，88 986字。其中常务副校长耿玉立的题为《安宁市推进城乡一体化发展综述》和《超前谋划，主动干事，努力开创干部教育培训新局面》的论文，得到了到校访问的云南省委党校、云南行政学院经济管理师资班，来自全省 14 个州、市、县委党校领导和任课教师的高度评价；教师龙玲、资芯的《安宁市农业合作社经营状况调查报告》为掌握全市农村经济合作组织提供了第一手材料。与安宁市委组织部、云南省委党校社会主义教研部共同进行《安宁市产业转型对策研究咨询报告》前期调研准备；与云南大学公共管理学院联合就《安宁市建立十五周年以来的改革和发展研究》课题已进入资料收集阶段。先后有云南省委党校、云南大学公共管理学院、云南大学人文学院和云南大学经济管理学院、省电大、禄丰县委党校、五华区委党校、东川区委党校等 7 家单位 245 人次到校开展校际交流活动，就干部培训、学校科研和内部管理等工作交换意见。

【送教到基层】　截止 2009 年底，中共安宁市委党校主动开展送教到基层工作，突出强调宣讲“三性”。一是宣讲的及时性。党校教师带头钻研学习，深入机关、厂矿、农村，把课堂延伸，采用送教送学的形式，分专题、有重点地在第一时间把党的科学理论的宣讲和辅导送到广大干部中。二是宣讲的主动性。主动联系全市有关部门、各基层党组织及各类新经济组织，向安宁社会提供学习宣教的师资。三是宣讲的深入性。5 名党校教师先后到 45 个单位开办培训班和专题讲座，授课 179 个学时，讲授课题 12 个，参学人数达3 187人。

【函授学历教育】　2009 年终，中共安宁市委党校共有在校党校系统函授 7 个班，共 644 名学员，包括 2007 级经济管理 2 个大专班共 176 人、2007 级法律大专班 22 人，2008 级经济管理 2 个大专班 307 人、2008 级本科班 105 人，2006 级专本科连读班 34 人。昆明广播电视大学“一村一大”2 个大专班，共 61 名学员。全年完成 2006 级专科班及 2007 级本科共 305 名学员毕业论文的撰写、答辩工作，全部学员顺利毕业。

【招商引资】　2009 年，中共安宁市委党校努力做好引资工作，分别引进投资商林万元和两个公司的基站建设和工厂改扩建项目，其中，林万元投资项目 500 万元，中国联通 518.42 万元，昆钢公司12 144.24万元，全年共计引资13 162.66万元，完成了市委下达的本年度 2000 万元的招商引资任务。

【党建工作】　2009 年，中共安宁市委党校积极推动支部“三项建设”。一是建设规范化支部。深化党建目标管理，认真落实“三会一课”制度，健全支部生活制度，促进党组织建设规范化和制度化，7 月，中共安宁市委党校被授予安宁市党建示范点。二是建成学习型支部。全年共组织各类理论学习活动 32 次，开展深入学习实践科学发展观活动、“行政效能提升年”和“干部作风改进年”活动，增强了危机感，树立超常规、跨越式发展的意识，突出办学特色，担负起大规模培训干部、大幅度提高干部素质的重任。三是建立和谐型支部。全年慰问生病住院的在职、退休教职工及在职教职工家属 12 人次，节日慰问 4 次，召开家属座谈会 1 次，组织职工到安宁市人民医院进行全面体检 1 次。为太平镇读书铺村委会七孔山村民小组 27 名 14 周岁以下儿童发放价值1 710元的学习用品；为村民小组活动室购买了4 000余元的办公用品；敬老节到来之际，为村民小组 34 位老人送去了价值2 100元的慰问品。

（张德义）

政策调研·扶贫

【开展关于促进农业稳定发展农民持续增收调研】

2009 年，中共安宁市委政策研究室围绕如何妥善处理工农城乡关系，破解困扰安宁经济社会发展的二元结构矛盾，逐步消除工农和城乡差别的问题，对近年来安宁市实施的支农惠农政策进行分析；结合当前现代新昆明建设和西部大开发，一大批企业落户建设，围绕安宁面临的重大城市发展机遇、问题进行调研，提出安宁市《关于促进农业稳定发展农民持续增收的意见》。

【提出关于加快现代化农业园区建设的实施意见】

党的十七届三中全会提出“必须按照高产、优质、高效、生态、安全的要求，加快转变农业发展方式，推进农业科技进步和创新，加强农业物质技术装备，健全农业产业体系，提高土地产出率、资源利用率、劳动生产率，增强农业抗风险能力、国际竞争力、可持续发展能力，积极发展现代农业”。以现代农业园区建设为抓手和平台，大力推行农业园区化、土地经营规模化、生产标准化、产业特色化、产品安全化，符合科学发展观，符合党的十七届三中全会精神，是加速传统农业向现代农业转变的有效途径，也是提高农业综合生产能力和市场竞争力、农民长效增收有效而实在的措施。为加快安宁市农业现代化园区的规划和建设，市委政研室 2009 年通过深入开展调查研究，结合安宁市实际情况，提出安宁市《关于加快现代化农业园区建设的实施意见》。

【完成对安宁市农村贫困人口情况的调研】　为进一步准确掌握安宁市农村贫困人口情况，为市委、市政府为农村经济社会发展决策提供准确的参考数据，市委政研室 2009 年在各镇（街道）大力支持下，对全市农村贫困人口情况进行深入调查，对广大农村人均年收入1 000元以下、1 000—1 300元、1 300—2 000元的情况进行调查统计。通过调查统计，准确掌握了安宁市农村贫困人口在数量、分布等方面的情况。

【办好《安宁政研》】 2009年，市委政研室围绕市委、市政府中心工作，结合安宁市实际，紧紧围绕全市社会、经济运行中的一些问题积极开展调查研究，注重求真务实，创新思路。2009年共编印《安宁政研》六期，发表调研材料6个，为市委、市政府决策发挥了参谋助手作用。

【农村小额扶贫信贷成效显著】 2009年安宁市农村小额信贷扶贫工作进展十分顺利，分别于2009年4月、6月、8月和11月四个时段，分四批在安宁市八街、县街、禄脿、温泉四个镇发放小额信贷扶贫贷款1 750万元；按照《安宁市小额信贷扶贫管理办法（暂行）》的要求，组成小额信贷互保组746个，获贷农户3 636户。由于有农村小额信贷资金的支持，大大增强了农村广大群众的生产能力，获贷资金主要用于农户的种植、养殖和加工等农民增收的项目，获贷农户收入明显提高，平均增加收入5%以上。

【农村联系点工作成绩明显】 为进一步加强安宁市农村扶贫工作，市委、市政府2009年对全市72家农村联系点单位进行了调整。各联系点单位深入联系村调查研究，了解民情，倾听民意，帮助联系村制定工作方案，并在整合资金、集中力量帮助贫困村改善生产生活条件，搞好产业开发、富余劳动力转移、增加贫困农民收入等方面做了大量工作。全市72家联系点单位采取不同方法对联系点伸出关爱帮扶之手，深入联系点达4 000多人次，为他们送去扶贫项目、化肥、农药和现金共计200多万元。同时，各联系点单位加强与联系点进行沟通交流，深入开展调查研究、摸清了各自帮扶对象的基本情况，为扶持对象今后的发展“号脉”，确定了帮助联系点的发展方向和思路，制定了帮扶方案。

（杨　俊）

新农村建设

【安宁市召开新农村指导员总结表彰会】 2009年1月16日，安宁市第二批新农村建设工作队总结暨表彰大会召开。会上，市委副书记、市新农村建设工作队领导小组组长尹贵生对新农村建设工作队工作进行总结，表彰了5名优秀工作队长、20名优秀指导员和8个工作队员派出先进单位及18篇好文章获奖指导员。市新农村建设工作队领导小组办公室对新农村建设信息报送的3个先进集体和5名先进个人进行了表彰奖励。昆明市新农办主任刘水林，安宁市领导王坚、郭光辉及昆明市新农村建设工作队安宁督导组组长罗俊贤等领导为受表彰的单位和个人颁发奖状和牌匾。

【第三批新农村建设指导员下派安宁市】 2009年2月13日，第三批新农村建设指导员全部下派到安宁市65个村民委员会。此次下派新农村建设指导员，省级下派5名，昆明市下派7名，安宁市下派32名，各（镇）街道下派21名，组成9支工作队。

【加强新农村建设指导员培训】 2009年3月16日，安宁市对65名新农村建设指导员进行培训，培训内容为中央、省、昆明市新农村建设方针、政策，并结合安宁市经济社会发展情况提出抓好新农村建设的目的、意义、目标、要求；提出指导员自身建设的相关要求，如：“怎样当好一名合格的指导员?”等等，各镇（街道）新农办主任参加培训。

【结合实际制定安宁市新农村建设工作思路】 为指导好安宁市新农村建设的开展，市新农办结合实际，制定了安宁市新农村建设工作思路：认真贯彻落实党的十七大、十七届三中全会精神，以科学发展观统揽全局，以发展农村经济、增加农民收入、优化美化农村环境为重点，以深化农村改革为动力，按照新农村建设“1334”工作思路开展工作，扎实推进新农村建设。“1334”工作思路中，“1”就是一个方针，即“生产发展、生活宽裕、乡风文明、村容整洁、管理民主”20字方针；“3”就是统筹城乡发展，扎实推进“三化”建设，即城乡一体化、集镇城市化、村庄集镇化建设；“3”就是统筹推进“三个集中”，即全力推进工业向集中发展区集中，大力推进农民向集中居住区集中，合力推进农用地向规模经营户集中；“4”就是“反哺、提高、统筹、核心”，即大力实施工业反哺农业、市民整体素质提高、统筹城乡发展、充分发挥党组织的领导核心作用“四大工程”，整体提升农村发展水平。

【完成自然村新农村建设规划】 为使安宁市新农村建设有序开展，市、镇（街道）两级先后投入资金575万余元，根据城郊、坝区、山区和半山区三个层次的实际，结合各地经济状况、生产条件、人文地理、基础设施等不同特点，围绕长期目标和近期任务，分层次、有重点地进行村级经济社会科学规划，做到一村一策和一套规划文本。经过两次组织专家评审，全面完成市级新农村建设十二五规划和304个自然村新农村建设规划编制工作，为整村推进科学决策提供了保障。

【全面完成2008年度新农村建设整村推进项目】

根据昆明市新农村建设整村推进工作要求，市新农办从全市7镇2街道中选出太平镇桥头村等9个行政村46个自然村作为安宁市2008年度整村推进项目村，采取市级9个领导挂钩、18个部门联系、46家企业结对及9个驻村科级领导指导、镇（街道）主要领导负总责的工作机制，扎实推进安宁市新农村建设整村推进工作。通过大力实施基础设施建设工程、产业发展工程、生态建设工程和社会事业建设“四大工程”，整村推进的9个行政村46个自然村已全面完成工程建设。2009年6月16至19日，市新农办组织部分成员单位组成三个检查组，对2008年整村推进以及市列新农村建设项目进行检查、验收，对46个自然村的“九有目标”进行达标考评。经过检查，10个自然村基本达到致富发展村目标要求，36个自然村基本达到小康示范村目标要求，顺利通过昆明市考核验收并位居第一。

安宁市整村推进原规划实施村委会9个，自然村46个，实际实施项目村委会9个，自然村46个。共计投入新农村建设资金6 569.18万元，其中昆明市级资金900万元，本级市配套资金900万元，整合部门资金3 861.68万元，群众自筹资金606.42万元，其他资金301.38万元。其中，1. 基础设施建设投入3 297.63万元，实施农田建设197.83亩，解决2 027人饮水困难，修乡村公路17.73公里、村间硬化道路667 625平方米，安居房改造1 269间，粉刷墙面149 991平方米；2. 产业发展投入82.45万元，种植经济林果677亩；3. 生态建设投入833.74万元，种树20.3万株，建69个垃圾池、14口沼气池，改灶159眼，改厩95间，改厕70所，建公厕39所，安装太阳能144套，建污水处理池4个；4. 社会事业发展投入2 044万元，建卫生室400间3 500平方米，建多功能文化室269间1.9万平方米，安装节能路灯191盏；5. 其他建水窖、修沟渠、架电路等投入311.26万元。

2009年5月19日，安宁市人大常委会召开视察新农村建设推进情况汇报会。（市新农办　供稿）

【全面完成2008年度村级公益事业“一事一议”财政奖补工作】　2009年，按照昆明市计划五年之内把全市自然村轮一遍的要求，市新农办布置安排了群众最迫切、最急需解决公益事业的66个自然村进行“一事一议”项目建设，集中改善村容村貌、加强基础设施建设，建文体中心、村民活动场所等，积极争取中央、省补助资金200万元，统筹各类资金1 253万元，极大改善农村的生产生活条件。通过努力，66个村的一事一议财政奖补工作已全部完成，顺利通过省级验收，并获得高度评价。

【全面完成创建信息村工作】　2009年，根据《全国农业和农村信息化建设总体框架》精神及省市相关要求，为加快安宁市农村信息网络建设，为农民群众提供全面、系统的信息服务，引导农民利用网络发展现代农业经济，促进农业信息技术在农村的推广运用，有效促进农业增效、农民增收和农村进步，全面提高农村信息化水平，安宁市政府出台了《安宁市创建信息村实施意见》，成立了以市政府分管领导为组长，市新农办主任、市政府办副主任、市农业局局长和市电信局局长为副组长，各镇（街道办事处）镇长（主任）为成员的信息村创建领导小组，并在市新农办下设办公室负责日常工作。各镇（街道）对《安宁市创建信息村实施意见》迅速贯彻落实。至10月底，全市94个村（居）委会电话入户率、来电显示、彩铃入户率均达到较高标准，经检查验收100%达到创建标准，并建设12个免费信息体验点，全市广大农村通过电话等信息手段获取信息的问题基本得到解决。

【完成园林绿化示范村建设工作】　为推进安宁市自然村村庄绿化，2009年，市新农办按照市委市政府领导的安排，在每一个镇（街道）选取一个自然村作为园林绿化示范村，各村结合“五堆”清理，对村庄绿化盲区进行绿化美化；通过绿化广场建设和村庄入口绿化、道路绿化、四旁绿化的有效实施，最大限度地扩展村庄绿化空间。9个示范村绿地率达40%以上，绿化覆盖率45%以上；人均公共绿地面积10平方米以上，宽度在4米以上的进村道路绿化普及率、达标率分别为95%和80%以上，庭院户达100%，每户盆花不少于4盆，绿化广场建设任务全面完成。

【广泛开展新农村建设宣传】　2009年以来，市新农办通过广播、电视、报刊等新闻渠道，在广大干部群众中广泛宣传社会主义新农村建设的目的及其意义，制作了46 000份宣传挂历，免费发放全市村、居民家庭，发放宣传单2 380份，制作大型喷绘宣传牌7块1 780平方米，宣传标语763条，综合宣传文化墙面16 000余平方米，协调市广电局《走进安宁》栏目多次专题报道新农村建设，全方位、多层次对全市新农村建设的方针、政策进行宣传，并制作了安宁市2008年底新农村建设整村推进宣传专题片，让全市农民群众充分认识到自己是新农村建设的主人。

（武吏雄）

保密工作

【保密宣传教育】　2009年，安宁市国家保密局认真做好保密宣传教育工作。1. 对全市各单位办公室主任进行保密业务培训。4月17日，安宁市举办全市各单位办公室主任培训班。培训班特邀昆明市国家保密局检查处处长梁建华作保密业务培训。2. 依托党校教育阵地，抓好保密教育教学工作。把保密教学列入党校教学计划，充分发挥党校实施保密教育的阵地作用和辐射作用。市委党校2009年共开展保密教学51个学时，23个班次，接受保密教学人员1 857人。3. 开展政府信息公开保密审查业务培训。5月7日，安宁市召开政府信息公开暨落实政务信息查询制度工作会议，全市70多个单位，90多人参加会议。会上，市国家保密局副局长王明起详细讲解了政府信息公开保密审查原则、制度等相关内容。4. 继续开展保密警示教育。2009年3月至10月，安宁市组织开展了形式多样的保密警示教育活动。3月17日，市委保密委员会召开全市保密工作会议，全市辖区内120多个单位，150余人参加会议。会上开展《云南省2008年泄密案情通报》学习教育活动；播放《警钟长鸣》、《信息化条件下的主要技术窃密手段及其防范》等保密教育专题片。在2009年保密警示教育活动中，全市共有120多个单位，3 000余人观看保密警示教育片。5. 认真做好《党政机关工作人员保密须知》和《保密工作》杂志购买征订工作。在全市各单位组织购买《党政机关工作人员保密须知》680本；征订2010年《保密工作》杂志342份，完成昆明市保密局安排给安宁市的征订任务，并超额完成55%。

【保密管理和检查】　2009年，安宁市国家保密局进一步加强保密管理和检查工作。1. 落实党政领导干部保密工作责任制。根据《安宁市党政领导干部保密工作责任制考核办法》，市委保密委员会与全市117个单位，320多名科级以上（含科级）领导干部签订保密责任书，实行100分制考核办法，并严格执行奖惩措施。2. 加强保密要害部门、部位管理。市国家保密局要求各有关单位严格执行中央、省和昆明市保密部门关于对保密要害部门、部位保密管理的规定和办法，不断加强内部防范，落实岗位责任，完善人防、物防和技防措施。年内对部分保密要害部门、部位进行了一次保密检查。3. 不断完善“定密”工作。市国家保密局积极主动与有关单位开展保密工作，不断完善和准确确定秘密范围，对部分单位新定和重新确定国家秘密事项，全市已有72个单位开展了定密工作。4. 进一步加强对各类考试保密工作的督促、检查和指导。在全年各类考试中，市保密局都派保密干部参加各类考试试卷的押运和对保密工作的督促、检查和指导，加强对保密室的检查，并与考试单位签订《保密协议书》，进一步加强各类考试的保密工作管理。2009年，市国家保密局对全市各类考试的保密工作参与督促、检查和指导29次；签订《保密协议书》18份。5. 对全市文件、资料统一定点销毁。根据《昆明市涉密文件、内部资料销毁管理暂行办法》，市国家保密局要求各单位销毁文件资料必须到昆明市文件资料销毁定点单位进行销毁，并由市保密局对各单位销毁文件资料情况进行监督和检查。2009年，按规定共销毁文件资料8吨多。6. 开展保密承诺书签订工作。根据上级保密部门要求，全市共有859人签订保密承诺书，其中：科级以上领导干部326人签订保密承诺书；一般干部和涉密人员533人签订保密承诺书。7. 开展保密工作检查。9月至11月，市国家保密局组织开展保密工作大检查，要求辖区内各单位先开展保密工作自查，并将自查情况报市国家保密局，市国家保密局组织人员对18个单位进行了抽查。8. 严格保密审查工作。对市党史地方志办公室编纂的《安宁年鉴》（2009年版）、市档案局馆藏部分文书档案的开放和网站栏目内容、市财政局编纂的《安宁市财政志》、市发展改革局编纂的《云南县域经济》（安宁市资料）的出版内容、市民政局信息公开内容等进行保密审查，杜绝安宁市出版发行中的泄密隐患，确保了国家秘密的安全。

（王明起）

机要工作

【加强密码干部队伍建设，不断提高密码干部综合素质】　2009年，中共安宁市委机要局一是继续深入学习贯彻中央、云南省委、昆明市委、安宁市委关于加强新形势下密码工作的决定和意见，以学习中央、省、昆明市各级党委和各级领导有关密码工作的重要文件、重要讲话和重要批示精神为重点，深入领会上级有关新形势下密码工作的重大方针、政策、决定，进一步增强对党的密码工作重要性的认识，增强做好机要工作的责任感和使命感；二是把各级党委和各级领导对密码工作的关心、关注和关怀及时传达给每一位密码干部，从而激发工作热情和树立爱岗敬业的思想，增强做好机要工作的积极性和主动性；三是继续加强机要革命传统教育、保密教育和典型案例警示教育，牢固树立机要密码工作不能有丝毫差错的思想；四是老同志和局领导以身作则，起好传、帮、带作用；五是积极参加“行政效能提升年和干部作风改进年”活动，建立和修改完善工作制度、规定3个，个人在思想、作风、组织纪律、服务态度、服务质量等方面得到了改进和提升；六是积极参加第二批深入学习实践科学发展观活动，认真完成每一阶段各个环节的活动内容，增强贯彻落实科学发展观的自觉性。

【加强对机要业务知识的学习培训，不断提高业务水平】　2009年，市委机要局加强对机要业务知识的学习培训，一是注重对业务知识的学习，积极安排人员参加上级组织的业务培训；二是认真组织好局内集中交流学习和自学，重点学习计算机基础知识、网络知识、网络安全知识，现用机器设备性能、软硬件等知识，熟悉、熟练掌握现用设备的使用操作；三是积极参加全市组织的各种专题培训、专题讲座等方面的学习。2009年，全局人员均参加了昆明市局组织的网络知识培训和业务知识培训；10月，安排新选调密码干部参加北京电子科技学院举办的新机要人员培训。

【履行职责做好通信服务保障工作】　2009年，市委机要局紧紧围绕密码工作“两个绝对确保”的要求，加强内部管理，规范工作程序，认真落实各项工作制度和规定，严格执行密码保密的各项制度和规定，全年始终坚持24小时值班，认真细致地做好译、传、办的每一个环节，快速、及时、准确地办好每一份电报。全年共收、发办理电报1 276份6 978余页，没有发生失、泄密，漏收、漏发、漏办，压误、延迟签收电报等责任事故，较好地完成了全年工作任务。

【做好市委总值班室工作和其他工作】 2009年，市委机要局在履行好机要、保密工作职能的同时，认真做好市委总值班室和市委紧急重大信息报送中心的工作。机要局还同时承担市委总值班室和市委领导干部电话接听工作，节假日昆明市电子公文查收等工作。全年共处理值班记录24次，紧密重要电话10次；接听、记录和处理市委领导电话30次，未发生漏接、漏报、压误等情况，切实发挥了市委总值班室信息传递的作用。

【完成“安宁市党政机关计算机商用密码信息加密系统”建设工作】 按照上级要求和领导批示，市委机要局2009年底前牵头负责完成安宁市部分党政机关计算机商用密码信息加密通信系统建设工作。机要局主动向分管领导请示汇报，积极与昆明市委机要局、安宁市电子政务中心、市财政局等部门沟通协调，并与系统承建方中安网脉（北京）技术股份有限公司密切配合，2009年12月14日对各镇（街道办事处）和部分党政机关共31个接入单位人员进行计算机商用密码加密系统安装使用培训，并要求会后即自行开通试用，计划2010年1月正式启用。

（武忠祥）

精神文明建设

【文明城市创建工作】 2009年，安宁市积极开展文明城市创建工作。1. 与省社科院编制完成《安宁市创建全国文明城市2009年——2011年三年规划》，完成创建全国文明城市工作主要任务分解，把各项测评标准进一步细化分解到市级机关各部门、各单位，把各项任务落实到基层。2. 广泛动员社会各界参与“提升素质行动”，引导市民养成良好的文明习惯。为贯彻落实中共昆明市委、昆明市人民政府《关于全面提升市民文明素质的实施意见》，进一步动员和号召全市各级各部门和广大干部群众以更加饱满的热情，更加扎实的作风，更加高效的工作，积极行动起来，努力开创安宁市文明城市工作新局面，2009年8月11日下午，安宁市提升市民素质宣讲报告会在安宁中学报告厅举行。来自市级机关、人民团体、7镇和2个街道办事处机关干部；昆钢集团公司企业领导和干部职工；各行业“窗口”单位员工；武警消防、森警官兵共计700余人参加听讲。报告会由云南大学教授、硕士生导师，云南省演讲学会常务理事，云南大学“四大铁嘴”之一，云南著名社会活动家金子强主讲。市委常委刘婕主持报告会，并提出要求：一是要提高认识，抓好落实。昆明市委、市政府决定从2009年起，用三年时间对95%的市民进行市民素质大培训，加快推进全国文明城市创建工作，全面提升市民文明素质，确保昆明市2011年创建全国文明城市目标的实现。安宁市决定成立安宁市民素质培训宣讲团。同时要求7镇和2个街道办事处成立9个宣讲分团；村民委员会和社区居委会要成立宣讲小组。为此，各级、各单位要切实把思想和行动统一到市委、市政府对加强新形势下精神文明建设工作的部署和要求上来。二是以专题讲座为契机，带动和促进提升市民素质的各项工作。要把培训工作作为改善城市环境，提高社会服务水平的助推器，作为全面提高市民文明素质的突破口，带动“三个文明”建设全面发展。三是切实加强领导，落实责任。要切实加强对培训工作的组织领导，全面落实工作责任，确保各项任务的落实。要制定工作目标，从推进“细节文明”入手，坚持教育引导与严格管理相结合，组织活动与健全机制相结合，政府倡导与全民参与相结合，在全市组织开展说文明话、做文明事、当文明人活动。动员和引导广大群众自觉遵守公民基本道德规范和法律法规，认真落实文明公约，自觉革除各种不文明行为。通过持之以恒抓落实，促使广大市民养成科学、健康、文明的生活方式，树立社会主义道德风尚，全面提升市民文明素质，提升城市形象。3. 以“迎国庆、讲文明、树新风”活动为主题，开展多种形式的宣传教育和文化活动。结合庆祝新中国建立60周年活动，精心组织第七届云南省“红土地之歌”演讲预赛，选拔3名选手参加昆明市复赛获得优秀组织奖；深化“我们的节日·中秋”主题活动，着力在弘扬优秀传统、唱响时代主旋律上下功夫，突出节日内涵，把中华民族传统节日介绍、安排、组织好，在“中秋节”期间倡导和谐团圆的社会氛围；组织“向国旗敬礼”、“爱国歌曲大家唱”等系列活动。市文体旅游局、团市委充分发挥组织优势，机关干部、社区群众和团员青年积极响应，共计10 000余名中小学生和5 600余名社会各界人士参加了系列活动。

【公民思想道德建设】 2009年，安宁市大力加强公民思想道德建设，主要做了几项工作：1. 扎实抓好“城市形象塑造工程”，大力弘扬安宁精神。9月20日组织全国第七个“公民道德宣传日”系列活动，编印、下发宣传资料（小折页）20 000份。2. 广泛深入开展道德模范的选树和学习宣传活动，推动社会公德、职业道德、家庭美德和个人品德建设。组织第二届全国、全省和昆明市道德模范投票评选工作，倡导“好人有好报”的价值导向。6月19日00：00点至7月19日24：00，全国道德模范评选表彰活动组委会组织《人民日报》、《光明日报》、《工人日报》、《中国青年报》、《中国妇女报》和中国文明网、央视网、人民网、新华网、中青网等网站刊登了317位全国首批模范候选人名单及事迹，面向社会公示，接受群众监督，进行群众投票。安宁市文明委高度重视此次评选活动，按照评选活动的相关工作要求，结合安宁市实际，对组织开展第二届全国道德模范评选群众投票活动进行了安排部署，确保评选活动取得实效。根据昆明市文明办《关于做好第二届全国道德模范评选群众投票有关工作的通知》，为认真开展好第二届全国道德模范评选群众投票活动，安宁市文明办制定了（安文明办〔2009〕09 号）《关于转发昆明文明办〈关于做好第二届全国道德模范评选群众投票有关工作的通知〉的通知》，并下发到全市，广泛组织社区、企业、村镇、学校、机关等基层单位，全面安排安宁市开展第二届全国道德模范评选群众投票活动。各基层单位高度重视此次评选活动，精心安排，把道德模范评选活动作为加强公民道德建设的有效抓手，组织村（居）委会干部、村（居）委会工作人员、村（居）民代表、企业职工、学生、机关干部11 560人，通过报纸、网络或手机各种形式积极参与第二届全国道德模范评选群众投票活动。通过参与评选投票活动，广大群众在投票评选中受到了教育，得到了提高，使评选过程成为学习模范、崇尚模范、急当模范的过程，为推动安宁市精神文明建设工作迈上新台阶奠定了群众基础。3. 组织参加“向国旗敬礼，做一个有道德的人”网上签名寄语活动。安宁市教育局明确要求，城区学校一方面在校内组织学生上网参加；一方面针对有电脑能上网的家庭，布置学生作为“一道家庭作业”来完成。同时规定，每所学校上报 1－3 条经典寄语。团市委充分发挥组织优势，团员、青年积极响应，共计11 000余名中小学生和5 600余名团员青年参加此项活动，部分学校上报了经典寄语。

【未成年人思想道德建设】　在未成年思想道德建设中，社会文化环境历来是全社会关注的热点和矛盾焦点，也是各级各部门的工作难点。2009 年 4 月，全省召开净化社会文化环境工作视频会议以后，遵照中央、省、市和上级有关部门的指示精神，安宁市按照“属地管理，守土有责”的原则，积极采取措施，制定实施方案，做到及时发现问题和隐患，及时了解掌握不稳定因素和苗头，把矛盾化解在基层，坚持做到常抓不懈，防范于未然，确保社会文化环境的良好发展态势。截止 2009 年底为止，整个社会文化环境未出现大的违法违规案件，市场经营秩序总体良好。1. 取缔黑网吧，严禁网吧接纳未成年人。按照云南省工商行政管理局转发国家工商局等六部委《关于加强协调配合开展查处取缔黑网吧专向行动的通知》精神，重点查处取缔黑网吧。市文体旅游局会同工商、公安等相关职能部门，依据《互联网上网服务营业场所管理条例》规定，广泛发动群众，根据举报线索，对黑网吧露头就打，发现一家取缔一家，坚决不留死角。2009 年全市共查处 2 家（安宁市小桥街新村 124 号、安宁市太平镇桥钢厂门口好又宜商店），已移交工商行政部门处理。严厉查处网吧接纳未成年人进入行为。对网吧的监督管理，重点针对违规接纳未成年人现象，始终坚持高压态势、严查重处。截止 2009 年底，因违规接纳未成年人情节严重，吊销《网络文化经营许可证》3 本。在平时监管中，注重加强对经营业主法律、法规的学习培训，通过反复学习《互联网上网服务营业场所管理条例》有效提高法律意识；广泛发动群众积极参与社会监督，向社会公告监督举报电话，承诺举报有记录、件件有落实，并将查实情况及时反馈给举报人。全年共计检查网络 326 家次，出动执法人员1 215人（次）、检查车辆 339 辆（次），查出网吧违规行为 24 家（户），立案调查21 起，移交工商部门案件2 起，共接群众举报7 起，回复举报当事人 7 起，回复率 100%。2. 加强互联网的管理，整治低俗化倾向。严格措施管理，对于已经备案的客户进行以下清理工作：（1）对于已取得备案号的实际接入客户，通知客户核对备案信息填写的真实性、准确性，客户备案信息填写有误的及时帮客户更正。（2）对于已取得备案号的名义接入客户，统一取消其接入资格。（3）对于已提交备案信息未取得备案号的客户，通知客户对相关信息进行修改。（4）对于新增客户，详细审核客户备案信息，提交审核意见。3. 净化荧屏声屏，遏制低俗媚俗之风。积极做好广告的事先审查、事后监播回访等净化银屏工作。每月按时将所播广告内容制成广告播出报表，上报安宁市工商局备案，并制作广告光盘存档。严把两台（电视台、电台）播出广告的整治关、导向关、艺术关。通过管理，有效抵制质量低劣、格调低下、胡编乱造的文化垃圾的流入。4. 加强对出版物的监管，防止不良出版物注入市场。盗版书刊、盗版音像制品泛滥，出售盗版音像制品行为是管理难点之一。“打击非法出版物，天天在行动”，不断打击、收缴、处罚但还是难以杜绝，关键在源头。在节假日检查或专项整治行动中，有效打击非法出版物市场，净化了文化市场环境。2009 年对出版物市场的查处情况：检查出版物市场 467 家（次）；出动检查人员 452 人（次）、车辆 124 辆（次）；取缔非法音像摊点 19 个、非法书摊点 7 个；收缴非法音像制品18 792 套、非法书刊 648 本；群众举报 37 起；立案调查 37 起；结案 37 起；收缴罚款12 150元；行政警告 3 起；责令整改 2 起；停业 2 起；移交工商处理 1 起。

【群众性精神文明创建活动】　为回顾总结 2008 年安宁市精神文明创建活动，讨论研究下一步工作打算和总体思路，2009 年 2 月 2 日，安宁市召开 2009 年第一次文明委全会。会议由市委副书记尹贵生主持，市委书记、市文明委主任李树勇，市文明委其他领导和成员单位负责人共计 22 人出席会议。会议首先审议通过 2008 年安宁市级文明单位（村、社区），确定 25 个文明单位、9 个文明村、2 个文明社区经市级媒体公示无异议后予以表彰。市委常委，市委宣传部、统战部部长周美英通报云南省创建文明城市工作“曲靖会议”精神；市委副书记尹贵生通报中央文明委全国精神文明建设表彰大会精神；市委宣传部副部长、文明办常务副主任罗卫国作创建全国文明城市工作小结，并提出下一步工作建议。会议强调，各级各部门要及早规划、制订和安排工作进度，认真抓好任务分解和责任落实，深化、量化目标考核标准，继续开展全国文明城市争创活动，力争2011年安宁进入全国文明城市行列。

为贯彻落实全国精神文明建设工作表彰大会精神，进一步动员和号召全市各级各部门和广大干部群众以更加饱满的热情，更加扎实的作风，更加高效的工作，积极行动起来，努力开创安宁市精神文明建设工作新局面。2009年2月25日，安宁市召开2009年精神文明建设工作总结表彰大会。市委副书记尹贵生，市文明委副主任申林、戴彬、李树华、段学发等领导出席会议；各镇（街道）主要领导和文明专干，市级机关各部委办局、协管单位、人民团体的领导，受表彰的文明单位（村）、文明社区的领导，建成区社区居委会书记（主任）和文明专干共计180余人参加会议。

2009年1月20日，中央文明委在首都京西宾馆召开"全国精神文明建设工作表彰大会"，安宁市温泉镇荣获"全国创建文明村镇工作先进村镇"称号，安宁市地方税务局荣获"全国精神文明建设工作先进单位"称号。在热烈的掌声中，温泉镇、安宁市地方税务局领导上台接牌。受到表彰的文明单位代表武钢集团昆钢物流中心党群工作部部长王国仙和文明村代表安宁市县街镇鸣矣河村民小组组长秦丽娅在会上分别作了题为《以人为本，让职工成为文明创建的受益者》、《争创文明村，建设新农村，构建和谐家园》的汇报发言。市委副书记尹贵生作了主题为《肯定成绩，坚定信心，努力做好精神文明建设工作》的重要讲话。全市以此为契机，围绕城乡经济发展和各行各业的中心工作，按照城市一条线、农村一条线、机关企事业单位一条线的工作格局，大力开展文明城市、文明村镇、文明单位、文明社区、文明行业创建活动。按照分配指标，遵照申报程序，严把初检关口，筛选符合条件的申报对象，推荐温泉镇等3个镇申报云南省文明小城镇，昆钢集团公司职工教育培训中心等20家单位申报云南省文明单位，连然街道办事处和平村民小组等4个自然村申报云南省文明村。并在2009年4月顺利通过省、市文明委的考评验收，得到了考评组领导的一致好评。

【队伍建设与管理】　2009年，安宁市文明办采取措施加强队伍建设与管理。1. 贯彻落实中央文明委《关于深入开展志愿服务活动的意见》，普及志愿理念，弘扬志愿精神。启动"志愿者行动工程"，组织引导广大市民积极参与社会志愿服务和应急救援志愿服务。2009年上半年健全了志愿服务体系，完善志愿者注册制度和管理系统，建立健全志愿服务信息平台。协调教育、民政、工会、共青团、妇联、科协、残联、红十字会、老龄办、关工委等部门发挥自身优势，大力组织开展行之有效的志愿服务。

2009年3月5日是第10个"中国青年志愿者服务日"，也是毛泽东同志发表"向雷锋同志学习"46周年。当天，安宁百花公园大门两侧团旗、队旗飘扬，人群熙熙攘攘。安宁市30多家单位的200多团员、青年、志愿者汇集在这里摆摊设点，为市民修理家电、自行车，测量身高、体重、血压，擦皮鞋，为手机美容，赠送图书，回收废旧电池，开展法律咨询，宣传医疗保健、交通法规知识等，志愿者认真热情的服务受到了过往市民的交口称赞。据不完全统计，此次活动共计服务市民8 700余人次，发放宣传资料30 000余份。为提高志愿者整体素质，增强志愿者为群众服务的本领，确保志愿服务活动质量，3月4日，安宁市召开志愿者服务培训会，团省委宣传部王部长在培训会上讲述了志愿者的义务与责任。市文明办、市总工会、市妇联、团市委、市志愿者协会的领导出席并参加了培训会，来自全市20个单位的150名志愿者骨干参加了培训。3·5志愿服务活动期间，安宁市一些志愿者服务队还进行了现场招募志愿者活动。2. 加强队伍建设。按照上级主管部门要求，认真开展"行政效能提升年"和"干部作风改进年"活动。抓紧抓好干部队伍理论和业务知识学习，适时举办文明办工作人员，各镇和街道办事处文明专干培训班；按照市委宣传部的要求，理顺内部工作机制，明确内部工作职责。

（杨本昆）

政法工作

【打黑除恶工作会议】　2009年1月15日，安宁市召开打黑除恶工作会议，市、镇（街道办事处）领导及政法部门负责人共120余人参加会议。市委常委、政法委书记张维勇安排部署全市打黑除恶工作：一要深刻认识，态度坚决，始终保持对黑恶势力犯罪的高压态势；二是打准重点，有力打击，确保打黑除恶专项斗争打出声威、打出成效；三要党政重视，部门配合，努力构建打黑除恶工作长效机制，确保社会治安大局持续稳定。要求各镇（街道）党（工）委、人民政府（办事处）及各有关部门要迅速成立机构，明确人员，在党委、政府的统一领导下，形成纪检监察组织部门大力支持、政法部门发挥主力军作用，有关部门齐抓共管、人民群众广泛参与的工作格局。全市通过信息收集分析、研判预警、专案督办等方式，严厉打击带黑社会性质的犯罪集团和地方流氓恶势力组织，决不让其在安宁形成气候。市人大常委会副主任李树华宣读了安宁市委办公室、市人民政府办公室《关于成立安宁市打黑除恶领导小组的通知》。市纪委、市委组织部、市公安局、市检察院、市法院、市司法局等部门主要领导对打黑除恶工作作表态发言。

【政法工作会议】　2009年2月11日，安宁市召开政法工作会议。市委、市人大、市政府、市政协分管联系领导，各镇（街道），市属各部委办局领导及部分驻市单位、市域企业负责人共200余人参加会议。市委常委、政法委书记张维勇总结2008年政法及信访工作，分析新时期政法信访工作面临的形势和问题，安排部署了2009年的政法及信访工作任务。一要发挥政法综合维稳和信访工作优势，促进经济社会平稳较快发展和各项措施的落实；二要推进新一轮平安安宁建设，切实维护国家安全和社会稳定各项措施的落实；三要维护公平正义，推进司法体制和工作机制改革各项措施的落实；四要进一步提升政法队伍的素质，狠抓党对政法工作领导各项措施的落实。市委书记李树勇从贯彻落实科学发展观的高度，对做好新时期政法综合维稳和信访工作作了重要讲话，要求各级各部门要正确认识当前面临的形势，坚定信心做好新时期政法及信访工作。要紧紧围绕跨越式发展大局，切实把政法信访工作置于跨越式发展的大局中来谋划、来推进、来落实，不断提高政法信访工作水平。从致力于保障经济平稳较快发展、致力于实现人民群众的根本利益、致力于维护和谐稳定的主力军等方面来落实各项任务，确保2009年政法综合维稳和信访工作各项措施落到实处。市委政法委书记张维勇代表市委、市政府与两个办事处、七个镇及成员单位签订2009年综治维稳及平安建设目标管理责任书。会上还表彰了2007至2008年度7名见义勇为先进分子。

【综治维稳信访工作会议】　2009年8月28日，安宁市召开综治维稳信访工作会议。市委、市政府领导，市集中处理信访突出问题及群体性事件联席会议领导小组成员，各镇（街道）党（工）委主要领导及分管领导，公、检、法、司、信访班子成员及中层以上干部，部分驻市企事业单位负责人共100余人参加会议。市委常委、政法委书记张维勇认真总结全市综治维稳信访工作取得的成效，剖析查找了工作中存在的不足和问题，分析预测了综治维稳信访工作所面临的形势和困难，对当前和今后一个时期的综治维稳信访工作进行了安排部署：一要应对新的形势，增强责任意识。以“创平安、保稳定、促和谐、推发展”为目标，推动综治维稳及信访工作的深入开展。二要细化工作任务，推进平安建设。力争通过三年左右的努力，把安宁建设成为全昆明市乃至云南省最平安的地区之一。三要突出工作重点，狠抓措施落实。着力在深化创建措施上下功夫，在健全创建机制上求突破。会上，市委书记李树勇强调：一要进一步统一思想认识，把思想和行动统一到中央、省、昆明市的决策部署上来，统一到安宁市“1366”发展思路上来，统一到“保增长、保民生、保稳定”，积极应对金融危机上来，齐心协力推动安宁跨越式发展。二要进一步明确工作重点，坚持围绕中心，服务经济社会发展大局；坚持安民为要，突出保障群众根本利益；坚持综合治理，全力确保社会和谐稳定；坚持标本兼治，着力解决群众合理诉求。三要进一步加强组织领导，明确责任、细化措施，确保全市社会和谐稳定。市政府副市长范志东要求全市各镇（街道）、政法各部门及有关部门要把思想认识统一到会议的精神和具体工作要求上来，狠抓落实、细化责任，确保工作取得实效，为安宁市经济跨越式发展营造和谐稳定的社会环境。

【维护社会稳定工作】　2009年，市委政法委共排查影响社会稳定的矛盾纠纷47件，化解31件，化解率66%。其中：涉及矿产、山林、水土、土地、草场、坟地6件，农民工权益6件，企业亏损半停产破产2件，职工权益1件，非法集资1件，医患纠纷3件，环境污染3件，交通运输2件，医保社保1件，征地拆迁9件，重点工程建设5件，企业教师、民办教师3件，其他5件。受理人民群众来信来访1 670件，同比增加221件，上升15.25%。接待群众来访1 205批3 577人次，同比增加282批86人次，上升30.23%。全市已建立起以书记“大接访”为核心的领导接访机制，37位市级领导共接待来访群众335批818次，批示有关信访件90件；共有313人次的市级党代表、部门领导及律师接待来访群众390批771人次。人民调解组织和社会矛盾调处中心调解民间纠纷1 683件，调解成功1 633件，成功率达97%。国庆60周年庆典期间，通过排查梳理，对14名重点稳控对象逐一落实包保工作措施；对军转干部、“两案”人员、“法轮功”重点人员、赤脚医生和民办教师等特殊群体落实责任部门和稳控措施；对全市排查确定为重点的43件重信重访案件和国庆前影响全市社会稳定的不稳因素落实了包案领导、承办单位及协办单位，有效维护了安宁市社会大局的稳定。

【处置群体性事件】　2009年，市委政法委共依法妥善处置群体性事件16件，其中处置影响较大的3件。一是妥善处置2009年9月7至25日发生在太平镇桥头村因低保问题引发、长达19天之久的100余名群众阻止施工现场的群体性事件。事发后，安宁市委政法委、市公安局、太平镇党政领导及工作人员第一时间赶到现场，对居民做耐心细致的思想教育及相关政策的解释工作，反复进行宣传疏导、政策释疑。但由于低保、养老保险问题涉及居民切身利益，居民对“今后能否继续享受低保，低保到底还能享受多长时间，如何保障养老”等问题心存顾虑。特别在少数人操纵下，村民思想情绪波动较大，不听劝阻，继续围堵，且愈演愈烈。在此情况下，安宁市委、市政府立即组织由市委常委、政法委书记张维勇任组长，市政府常务副市长李春明、副市长程宇清、范志东和太平镇党委书记杨利明任副组长，部、委、办、局领导为成员的42个工作组，配合太平镇党政工作人员一道，坚持每日7时至23时深入堵路现场、深入村（组）做群众的宣传教育疏导工作，召开村民大会，发放《告知书》、法制、信访等宣传材料2 000余份。经耐心细致地做群众的宣传教育疏导缓解及政策解释工作，堵路居民于9月25日撤离施工现场，长达19天之久的100余名群众阻止施工现场的群体性事件得以化解。二是积极稳妥处置10月27日至11月5日发生在县街镇祁家庄村、铜车坝村、上石江村、下石江村因征地补偿问题引发的阻止施工现场及堵断施工道路的群体性事件。事发后，县街镇党委、政府组织人员做了大量劝解工作，但收效不大。10月28日，上石江村和下石江村村民也因同样问题参与堵路，人数猛增至200余人，而且有扩大之势。29日，市委政法委书记张维勇召集县街镇及有关部门领导会议，分析研究事发原因及解决办法，抽调相关人员组成工作组，于30日上午进村入户做村民劝解工作，面对面地宣传相关政策和法律法规，解决群众的合理要求。至11月5日下午17时，村民停止堵路，道路疏通。三是依法处置发生在草铺镇火草山和保家坟外来人员长期侵占土地违章建筑的群体性事件。为维护法律尊严及保护合法权益，2009年12月3日，在市委政法委书记张维勇的组织领导协调下，抽调市人民法院、市公安局等15个部门组成的工作组，调集搬家货车20辆，装载机、推土机6辆，运载外来人员中巴客车5辆，运输牲畜车辆4辆，将14户61人及所有物品、物资全部搬运至架良山新的安置点，牛、羊、猪、鸡等大牲畜、家禽统一送走圈养再作妥善处理，拆除违章建筑1 350.12平方米，收回私自开垦的土地115亩，依法处置了外来人员长期侵占土地违章建筑的群体性事件。

【开展专题调研，解决突出问题】　2009年，在深入学习实践科学发展观活动整改落实阶段，市委政法委书记张维勇，副书记杨春、李茂文多次深入到问题比较集中的连然、金方街道办事处和太平、温泉、草铺等镇开展调研，形成《安宁市农村自然迁徙外来人口形成村落的调查》、《安宁市化解处置因征地拆迁引发的影响社会稳定的矛盾纠纷及群体性事件的状况及思考》、《维护社会稳定，保障经济发展》、《建全社会保障机制，解决失地农民后顾之忧》等调研报告6篇。报告从提出问题、分析问题、解决问题的方法入手，对强化外来人口管理，化解处置安宁市因征地拆迁安置引发的影响社会稳定的矛盾纠纷及群体性事件提出了较为超前的防范措施、化解方法等，对维护全市社会政治稳定、促进经济社会发展起到了积极的作用。《安宁市农村自然迁徙外来人口形成村落的调查》还荣获昆明市2009年度政法系统调研论文三等奖。在抓好调研工作的同时，注重解决政法机关存在的突出问题。一是解决了政法委机关纪律作风松懈，少数干部职工工作积极性、主动性、创造性不强等问题。健全完善了政法委机关政治理论学习、党员目标管理、德能勤绩考核等制度。二是解决了一批在维护社会稳定工作中的难题。针对不稳定因素增多，调处难度增大等问题，市综治维稳委及相关职能部门健全完善综治维稳基本情况信息搜集、分析研判、重大事项社会稳定风险评估、维护社会稳定预警、综治维稳工作问责等工作制度。三是解决了在化解矛盾纠纷及排查整治突出治安问题和治安混乱地区体制机制不健全、排查整治不规范等方面的问题。健全完善了安宁市矛盾纠纷排查化解和治安混乱地区及突出治安问题排查整治工作制度。四是强化市委政法委的工作职能。针对政法机关存在执法不公等问题，加大重大疑难案件的协调处理力度，健全完善了执法监督保障机制，保障了政法机关严格公正执法。

【严打斗争取得实效】　2009年，市委政法委按照省委政法委及昆明市委政法委的统一部署和要求，认真组织开展“严打”及打黑除恶专项斗争，为全市经济社会又好又快发展创造了一个良好的社会治安环境。全年各类刑事案件共立案1 498件，破案782件，综合破案率52.2%。其中：立命案9件，破9件，命案破案率100%，连续四年保持命案全破；立“三电”案件32件，同比下降87.3%；立“两抢”案件72件（抢劫50，抢夺22），同比下降27.8%；立盗窃案件1 159件，同比下降26.7%，抓获上网逃犯139名；打击处理违法犯罪团伙52个，抓获涉案人员221人，破获各类案件165起。受理治安案件3 503件，查处3 497件，查处率99%，查处违法人员1 227人。市检察院受理提请审查批捕的各类刑事案件232件426人，批准和决定逮捕197件353人，受理移送审查起诉、不起诉的各类案件246件447人，起诉195件330人。市法院受理各类案件2 783件（其中受理各类刑事案件243件，审结212件，结案率为87%，共判处各类案犯374人），审结1 699件，结案率为59%；受理各类执行案件639件，执行443件，执行率为63%，执行标的总金额为2 700万余元。市司法局办理民事、经济公证事项3 921件，办理民事援助案件38件、刑事法律援助案件30件，非诉案件265件，开展“法律进村”活动110次，出动宣传车98次，解答法律咨询1 359人次，发放各类宣传材料83 500份。打黑除恶专项斗争中，全年共打击恶势力犯罪团伙2个、其他犯罪团伙63个，涉案人员413人，抓获涉案人员297人，破案193起；捣毁卖淫嫖娼窝点6个，查获团伙赌博案件8起，取缔涉嫌传销窝点8个，整治治安复杂场所5处。

【防范和处理邪教问题】　2009年，安宁市防范和处理邪教问题工作以巩固“无邪教镇（街道）”为载体，坚持打防并举，巩固转化并重，宣传发动并抓的工作思路，有效遏制邪教案件的发生，确保“三零”指标的实现。一是强化组织领导。按照昆明市610办下达的各项目标任务，结合《安宁市关于防范邪教问题工作实行领导责任制的规定》的要求，从基本原则、领导责任、目标考核、责任追究、奖励机制等方面进一步明确各级党委、政府和单位的责任，尤其是一把手的政治责任，形成各司其职、各负其责，相互配合、齐抓共管的良好氛围。二是认真开展教育转化工作。市610办认真组织帮教人员分两次到云南省第二劳教所、省女子劳教所举办教育转化学习班，与监所一起对安宁市在押的“法轮功”未转化人员开展教育转化工作。三是依法严厉打击“法轮功”等邪教组织的违法犯罪活动。全年共发生“法轮功”等邪教案（事）件42起，立案2起，破案2起，抓获犯罪嫌疑人4名，收缴各类“法轮功”等邪教宣传品800余（份）。四是全面做好防范控制工作。认真落实“法轮功”敏感日、重大节日以及重要会议、重要活动期间的防控措施。对纳入控制的“法轮功”人员形成单位、社区控制日常行踪，派出所民警重点监控，亲属协助控制，邻里协调控制的多层次监控网络，确保安宁市无悬挂、张贴大幅反动标语等影响社会政治稳定事件的发生。五是做好反邪教警示教育宣传工作。共出知识长廊、法制宣传橱窗180期，书写反邪教标语120条，播放光碟85场（次），发放反邪教宣传材料16 000份、反邪教宣传挂历和科普宣传资料7 000余份，在安宁市广播电台和电视台每天不少于6次滚动播出《反邪教宣传教育公益广告》，展出科普及反邪教展板50块，发放各类科普宣传资料40 000余份。

【铁路护路联防工作】　2009年，安宁市铁路护路联防工作按照“打造平安、推动发展、构建和谐”的总要求，深入推进护路联防承包责任制，大力开展创建平安铁路活动，全面推动打、防、管、建多措并举，不断加强护路联防基层基础工作，确保铁路运输安全。一是把铁路护路联防工作纳入“平安”建设整体目标，分别与涉路4镇2个街道办事处签订《2009年安宁市铁路护路联防工作责任书》，明确铁路护路承包任务。年内，市护路办召开铁路护路工作研究部署会议6次、义务队员定期会12次，省、市护路办领导到安宁市检查、指导护路工作5次，为安宁市铁路护路工作的顺利开展提供了组织保障。二是抓好宣传教育，充分利用赶集日大力宣传《铁路法》、《铁路运输安全保护条例》等法律法规；在铁路沿线校园开展“小手拉大手安全进我家”宣传活动，展出铁路交通事故警示展板；组织600多名学生参加“小卫士”杯征文竞赛，评出优秀作文20余篇，被省护路办采用5篇；与“五残”人员监护人和大牲畜饲养户签订安全协议书5 000余份，劝阻、教育在铁路上行走的人员300余次，制止机动车驾驶员在无人看守道口上与火车抢道500余人次；在安宁电视台连续18次滚动播出爱路护路宣传情况。三是组织铁路沿线成昆线、昆玉线、安宁支线和五家企业专用线开展拉网式安全大排查，对排查出的安全隐患进行认真整改。四是遏制路伤事故的发生。2009年发生路伤事故一起死1人，同比下降1起；发生大牲畜上道1起，撞死毛驴1匹；发生治安案件1件，已破。

【见义勇为协会工作】　安宁市见义勇为协会2003年5月10日经安宁市民政局批准成立。协会成立以来得到广大干部、群众和社会各界的广泛关注和大力支持，广大干部、群众、人民团体、企事业单位纷纷向协会捐款，向见义勇为先进分子奉献爱心，使见义勇为工作得以顺利开展。2009年，安宁市见义勇为协会积极发挥社团组织“服务社会、反映诉求、规范行为、弘扬正气”的作用，促进了见义勇为工作的健康发展。一是加强组织领导。市见义勇为协会2009年2月9日召开理事会，研究调整部分理事，选举产生新一届名誉会长、会长、副会长、秘书长。新一届安宁市见义勇为协会理事会由市委副书记尹贵生担任名誉会长，市委常委、政法委书记张维勇担任会长，市人大常委会副主任李树华，市政府副市长、市公安局局长张瑞金，市政协副主席曹忠昌、昆钢集团有限责任公司党委副书记顾俊恒、市民政局局长陈锦良担任副会长，市委政法委副书记李茂文担任秘书长，调整后的理事为：市公安局政委崔加壁、市人民检察院检察长董毅、市人民法院院长李石友、市司法局局长李云龙、市财政局局长李国祥，市委宣传部副部长、市广电局局长闫晴芳，市委统战部副部长李桥明、市建设局局长何寿成、市卫生局局长洪开才、市劳动和社会保障局局长王银华、市教育局局长蒋红雨、市文体旅游局局长王国花、市地方税务局局长张小兵、市工商局局长姚京伟、市国土资源局局长陈波涛、市总工会常务副主席王梅、市妇联主席瓦兰、团市委副书记杨敏、云南华云实业总公司党委书记普锐刚、云南安化有限责任公司党委书记申利民、云南华电集团昆明发电有限公司纪委书记陈永庚、云南和盛陶瓷有限公司林时营等。会上，市见义勇为协会办公室向新一届安宁市见义勇为协会理事会报告了协会资金的管理和使用情况，同时对2007至2008年度涌现出的见义勇为先进分子进行审议，确定了奖励事项。二是大力表彰奖励见义勇为先进分子。2009年2月11日，安宁市召开见义勇为表彰大会，对2007至2008年度涌现出的张柳生等7名见义勇为先进分子进行表彰奖励。三是营造见义勇为社会氛围。市见义勇为协会办公室积极与市广电局联系，把张柳生、杨存华、张贵云、李玉兴、杨国良、李培正、李海霞等人的见义勇为先进事迹制作成《安宁故事》，通过安宁有线电视网进行滚动播出，大力宣传见义勇为精神，营造见义勇为光荣的良好氛围。

（房玉芬）

机构编制

【党政群机关机构设置】　至2009年底，安宁市设置市委工作部门7个，部门管理机构2个；市委、政府综合职能部门1个；市政府工作部门26个（不含合署办公的监察局、编办和人防办3个机构），部门管理机构2个，政府直属管理部门1个，议事协调机构1个；市人大，政协，纪委，人民法院，人民检察院，群众团体机构6个；按党章设置机关党委。

【事业单位机构设置】　至2009年底，安宁市事业单位204个，其中：市委、政府直属事业单位6个，2个街道办事处事业单位6个，7个镇事业单位30个，部门管理及其他事业单位162个。

【党政群机关人员编制】　至2009年底，安宁市党政群机关共核定行政编制1 582名，工勤编制179名。安宁市级党政群系统行政编制848名（包括街道和各镇），行政在职764人。其中：2个街道行政编制36名，行政在职42名；7镇行政编制196名，行政在职147人。安宁市政法专项编制734名（包括下达给公安的40名社区民警控制数），行政在职692人。其中：法院行政编制73名，行政在职65人；检察院行政编制72名，行政在职66人；公安行政编制550名（包括下达给公安的40名社区民警控制数），行政在职529人；司法行政编制29名，行政在职24人；安宁市森林公安局行政编制10名，行政在职8人。

【事业单位人员编制】 至2009年底，安宁市事业单位共核定事业编制5 523名。其中：街道事业编制60名，镇事业编制255名，市级事业编制5 208名。

【党政群机关实有在职人数】 至2009年底，安宁市党政群机关行政实有在职1 456人，工勤实有在职236名。其中市委部门（含纪委）行政实有107人，工勤实有18人；人大行政实有23人，工勤实有4人；政府部门（含2个街道办事处）行政实有1 008人，工勤实有138人；政协行政实有17人，工勤实有4人；群众团体行政实有23人，工勤实有5人；法院行政实有65人，工勤实有10人；检察院行政实有66人，工勤实有10人；7镇行政实有147人，工勤实有36人。

【事业单位实有在职人数】 至2009年底，安宁市事业单位实有在职5 027人，其中，市委、政府直属事业单位92人，2个街道办事处事业单位70人，7镇事业单位251人，部门管理及其他事业单位4 614人。

【工资基金管理工作】 2009年，市编办对全市机关所属部分事业单位每月进行工资审批，在审批基础上对各单位人员编制增减情况和实有人员情况进行统计。

【机构成立、更名、经费形式变更、编制调整等工作】 2009年，市编办机构成立、更名、经费形式变更、编制调整情况：1. 调整安宁工业园区管理委员会机构编制。核定行政编制5名、事业编制10名、聘用人员控制数15名。安宁工业园区管理委员会主任由市政府分管副市长兼任，设专职副主任1～2名（按正科级配备）、兼职副主任1～3名。安宁工业园区管理委员会内设4个职能局（室），各设负责人1名（按副科级配备）。2. 调整安宁太平新城管理委员会机构编制。安宁太平新城管理委员会使用太平镇行政编制和事业编制，核定聘用人员控制数15名。安宁太平新城管理委员会主任由市政府分管副市长兼任，设专职副主任1～2名（按正科级配备）、兼职副主任1～3名。安宁太平新城管理委员会内设3个职能局（室），各设负责人1名（按副科级配备）。3. 调整安宁温泉旅游度假区管理委员会机构编制。安宁温泉旅游度假区管理委员会使用温泉镇行政编制和事业编制，核定聘用人员控制数15名。安宁温泉旅游度假区管理委员会主任由市政府分管副市长兼任，设专职副主任1～2名（按正科级配备）、兼职副主任1～3名。安宁温泉旅游度假区管理委员会内设3个职能局（室），各设负责人1名（按副科级配备）。4. 调整安宁职业教育基地管理委员会机构编制。安宁职业教育基地管理委员会核定行政编制5名、事业编制10名、聘用人员控制数15名。安宁职业教育基地管理委员会主任由市政府市长兼任，设常务副主任1名（副县级）、专职副主任1～2名（按正科级配备）、兼职副主任1～3名。安宁职业教育基地管理委员会内设3个职能局（室），各设负责人1名（按副科级配备）。5. 调整安宁宁湖新城管理委员会机构编制。安宁宁湖新城管理委员会核定行政编制3名、事业编制5名、聘用人员控制数8名。安宁宁湖新城管理委员会主任由市政府分管副市长兼任，设专职副主任1～2名（按正科级配备）、兼职副主任1～3名。安宁宁湖新城管理委员会内设3个职能局（室），各设负责人1名（按副科级配备）。6. 调剂市政府序列各有关单位人员编制，补充到安宁工业园区管理委员会、安宁职业教育基地管理委员会和安宁宁湖新城管理委员会，调剂行政编制13名。7. 增设安宁市人大常委会办公室副主任1名（副科级）。8. 增设政协安宁市委员会办公室副主任1名（副科级）。9. 设立安宁市招商引资考核办公室，牌子加挂在安宁市委组织部，设主任1名（由市委组织部副部长兼任）、专职副主任1名（副科级）。10. 将安宁市公路路政管理站更名为安宁市公路路政管理大队，机构规格由股级提升为正科级，人员编制由3名调整为11名（管理人员编制8名、工勤人员编制3名），并设领导职数2名：大队长、教导员1名（由市交通局局长兼任）、副大队长1名（副科级）。11. 调整中共安宁市委、安宁市人民政府目标督查管理办公室人员编制，由2名增加为5名，并设领导职数3名：主任1名（由市委办公室主任兼任）、第一副主任1名（由安宁市人民政府办公室主任兼任）、专职副主任1名（正科级）。12. 规范安宁市森林公安机关机构设置，名称规范为安宁市森林公安局，加挂安宁市公安局森林警察大队牌子。机构级别为正科级，设办公室、法制室、刑事侦查中队三个内设机构。安宁市森林公安局使用政法专项编制，设领导职数3名：局长1名（正科级，由市林业局局长兼任）、副局长2名（副科级）。13. 调整安宁市新型农村合作医疗经办机构编制，将"安宁市新型农村合作医疗管理委员会办公室"更名为"安宁市新型农村合作医疗管理中心"，隶属安宁市卫生局管理，机构规格副科级，为财政全额拨款事业单位。各镇（街道办事处）合作医疗工作人员由市级管理中心委派。安宁市新型农村合作医疗管理中心人员编制由16名增加为19名：管理中心核定编制5名、各镇（街道办事处）派驻核定编制14名。各镇（街道办事处）派驻核定具体编制数量由市卫生局结合工作实际自行确定。安宁市新型农村合作医疗管理中心设主任1名（副科级）。14. 将安宁市妇幼保健院更名为"安宁市妇女儿童保健中心"。15. 在安宁市疾病预防控制中心加挂"安宁市健康教育所"牌子。16. 在安宁市经济贸易局（安宁市乡镇企业局）加挂"安宁市中小企业服务中心”牌子。17. 将安宁市土壤肥料植保植检站更名为“安宁市植保植检站（安宁市土壤肥料工作站）”。18. 在安宁市农业技术推广所加挂“安宁市种子管理站”牌子。19. 在安宁市出租汽车客运管理处加挂“安宁市地方公路管理段”牌子，负责全市县乡公路养护及路政管理工作。20. 将安宁市人民政府便民服务中心更名为“安宁市人民政府政务服务中心”。21. 在安宁市公安局治安大队加挂“安宁市公安局出入境管理大队”牌子。22. 将安宁市公安局交通警察大队车辆管理分所更名为“安宁市公安局交通警察大队车辆管理所”。23. 安宁市人民检察院增设人民监督员工作办公室和监察科两个内设机构。24. 调整禄脿卫生院、八街卫生院、草铺卫生院、太平卫生院、县街卫生院人员编制，调整后相关卫生院人员编制分别为：禄脿卫生院人员编制6名：管理1名、专技4名、工勤1名；八街卫生院人员编制45名：管理2名、专技41名、工勤2名；草铺卫生院人员编制18名：管理1名、专技16名、工勤1名；太平卫生院人员编制17名：管理1名、专技15名、工勤1名；县街卫生院人员编制29名：管理1名、专技27名、工勤1名。25. 收回划转到安宁工业园区管理委员会6名人员编制，并将收回的6名人员编制分配到原单位使用。具体为：安宁市财政局人员编制调整为45名：行政编制42名、工勤编制3名；安宁市人民政府连然街道办事处人员编制调整为20名：行政编制18名、工勤编制2名；安宁市规划监察中队人员编制调整为4名，为管理人员编制；安宁市环境监察大队人员编制调整为15名，为管理人员编制；安宁市教师进修学校人员编制调整为33名，其中：专业技术人员编制27名、工勤人员编制6名。26. 核定安宁市拥军优属拥政爱民工作领导小组办公室行政编制2名，从市民政局机关调剂使用。安宁市拥军优属拥政爱民工作领导小组办公室设办公室主任1名。27. 将安宁市第三中学更名为安宁市实验学校。28. 将安宁市连然镇小学更名为安宁市和平小学。29. 分2次对安宁市教育系统各事业单位人员编制进行调整，由原分配的2 795名增加至2 834名。30. 成立“安宁市人才服务中心卫生人才分中心”，核定人员编制2名，分别从安宁市疾病预防控制中心、安宁市新型农村合作医疗管理委员会办公室各划转1名。31. 为安宁市公安系统下达政法专项编制20名，具体分配为：金方派出所4名、连然派出所4名、罗白派出所4名、郎家庄派出所4名、草铺派出所2名、经济犯罪侦查大队2名。32. 再次规范安宁市森林公安机关机构设置。森林公安机关实行部门和公安部门双重领导的管理体制，党政工作以林业主管部门为主，公安业务以公安部门为主。按照“机构要精干，序列、称谓要统一”的原则，安宁市森林公安机关机构名称规范为安宁市森林公安局，加挂安宁市公安局森林警察大队牌子，机构规格为正科级，下设办公室、法制室、刑事侦查中队三个内设机构，规格为股级。增设安宁市森林公安局南片林区派出所，机构规格为副科级，人员编制由8名增加为10名，领导职数3名：局长1名（正科级）、副局长2名（副科级），其中1名副局长兼任安宁市森林公安局南片林区派出所所长。33. 对太平镇所属事业单位人员编制进行调整：农林水综合服务中心由10名调整为14名，文化广播电视服务中心由2名调整为10名，村镇规划建设服务中心由21名调整为9名，畜牧兽医服务中心保持2名不变。34. 各镇、街道办事处人口和计划生育办公室单独设置，核定行政编制2名。所需行政编制在各镇、街道办事处行政总编制内调剂解决。35. 将安宁市爱国卫生运动委员会办公室机构编制事项进行调整。安宁市爱国卫生运动委员会办公室设主任1名（正科级），核定人员编制5名，从安宁市卫生局机关调剂使用。36. 将温泉镇村镇规划建设服务中心人员编制各调剂1名到温泉镇农林水综合服务中心和温泉镇畜牧兽医服务中心。调整后，温泉镇村镇规划建设服务中心人员编制由17名调整为15名，温泉镇农林水综合服务中心人员编制由11名调整为12名，温泉镇畜牧兽医服务中心人员编制由3名调整为4名。37. 增加安宁市人民检察院政法专项编制6名。增加编制后，市人民检察院人员编制从77名（其中政法专项编制66名、工勤编制11名）调整为83名（其中政法专项编制72名、工勤编制11名）。38. 增加安宁市司法局基层司法所政法专项编制2名。增加编制后，安宁市司法局政法专项编制从27名调整为29名。39. 安宁市社会治安综合治理办公室设主任1名（按正科级或副科级配备）。40. 将安宁市禄脿卫生院6名人员编制（其中管理人员编制1名、专业技术人员编制4名、工勤人员编制1名）划转到安宁市人民医院。划转后，安宁市人民医院人员编制从232名调整为238名（其中管理人员编制4名、专业技术人员编制222名、工勤人员编制12名），安宁市禄脿卫生院人员编制为0。41. 对安宁市人民法院内设机构、领导职数作调整：一是内设机构。市人民法院增设置内设机构1个：环保审判庭。增设后，市人民法院共设置内设机构16个：办公室、政治处、司法行政处、监察室、执行局、立案庭、刑事审判庭、民事审判一庭、民事审判二庭、行政审判庭、审判监督庭、法警大队、昆钢法庭、草铺法庭、八街法庭、环保审判庭。二是领导职数。院长1名（副处级）、副院长3名（正科级），纪检组组长1名、政治处主任1名、执行局副局长1名、审判委员会专职委员2名、办公室主任1名、司法行政处处长1名、监察室主任1名、立案庭庭长1名、刑事审判庭庭长1名、民事审判一庭庭长1名、民事审判二庭庭长1名、行政审判庭庭长1名、审判监督庭庭长1名、法警大队大队长1名、昆钢法庭庭长1名、草铺法庭庭长1名、八街法庭庭长1名、环保审判庭庭长1名（按副科级配备）。42. 对安宁市人民检察院内设机构、领导职数作调整：一是内设机构。市人民检察院增设内设机构1个：环境资源检察科。增设后，安宁市人民检察院设置内设机构15个：政治处、办公室、反贪污贿赂局、监所检察科、侦查监督科、公诉科、控告申诉检察科、民事行政检察科、职务犯罪预防科、反渎职侵权局、行政装备技术科、司法警察大队、监察科、人民监督员工作办公室、环境资料检察科。二是领导职数。院长1名（副处级）、副院长3名（正科级），纪检组组长1名、政治处主任1名、反贪污贿赂局局长1名、监所检察科科长1名（按正科级配备），政治处副主任1名、反贪污贿赂局副局长1名、反贪污贿赂局侦查一科科长1名、反贪污贿赂局侦查二科科长1名、检察委员会专职委员2名、监所检察科副科长2名、办公室主任1名、侦查监督科科长1名、公诉科科长1名、控告申诉检察科科长1名、民事行政检察科科长1名、职务犯罪预防科科长1名、反渎职侵权局局长1名、行政装备技术科科长1名、司法警察大队大队长1名、监察科科长1名、人民监督员工作办公室主任1名、环境资源检察科科长1名（按副科级配备）。43. 增加中共安宁市纪律检查委员会（安宁市监察局）机关行政编制5名，从中共安宁市纪律检查委员会（安宁市监察局）派出的五个纪工委（监察分局）调剂出行政编制5名到中共安宁市纪律检查委员会（安宁市监察局）机关使用。调整后，中共安宁市纪律检查委员会（安宁市监察局）核定人员编制42名：其中中共安宁市纪律检查委员会（安宁市监察局）机关行政编制27名、工勤人员编制2名、第一纪工委（监察分局）行政编制2名、第二纪工委（监察分局）行政编制3名、第三纪工委（监察分局）行政编制2名、第四纪工委（监察分局）行政编制3名、第五纪工委（监察分局）行政编制3名。44. 增加安宁市人民法院政法专项编制4名。增加编制后，市人民法院人员编制从80名（其中政法专项编制69名、工勤编制11名）调整为84名（其中政法专项编制73名、工勤编制11名）。

【2008年度事业单位登记和法人年检工作】　截止2009年3月31日，共办理事业单位法人设立登记8家；变更登记38家；注销登记0家；法人年检170家，年检合格率100%。

【人员编制使用审批】　市编办2009年对全市机关、事业单位及需要办理调入人员的单位进行编制审核，并及时进行登记。截止10月30日，共开具《机关事业单位编制使用证明》41份，办理《人员编制使用审批》86份；共计办理入编手续328人，其中：调入行政单位28人，调入事业单位300人。

【《机构编制管理手册》审核工作】　市编办2009年对全市党政群机关和各级各类事业单位《机构编制管理手册》进行适时审核，督促单位认真更新和修改已发生变化的内容，确保机构编制和实有人员数据的准确性。截止10月30日，完成月统计报表10份，并于2009年2月按时完成昆明市2008年度年终统计工作。

【制度建设】　2009年，市编办采取措施加强制度建设工作。1. 进一步明确机构编制审批权限。一是由昆明市委、市政府和安宁市委、市政府及昆明市编委审批的机构编制事项：全市行政管理体制和机构改革总体方案，党委、政府工作部门、部门管理机构和议事协调机构的常设办事机构的设立、增加、减少或者合并，由市编委提出方案，经市委、市政府研究通过，报昆明市委、市政府批准。党委、政府工作部门、部门管理机构和议事协调机构的常设办事机构的名称变更或者加挂牌子，由市编委提出方案，经市委、市政府研究通过，报昆明市编委批准。党政群机关和事业单位机构改革实施意见，由市编委审核，报市委、市政府审批。正科级、副科级事业机构的设立、更名及领导职数的核定和调整，由市编委审核，报市委审核批准后由市编委行文。二是由安宁市编委审批的事项：党委、政府工作部门、部门管理机构和议事协调机构的常设办事机构人员编制的核定和调整、内设机构的设置和调整。正科级、副科级事业机构的职责任务、人员编制、编制结构、经费形式、内设机构的确定和调整。股级事业单位的设置及其机构名称、主管部门、职责任务、人员编制、编制结构、经费形式、内设机构、领导职数等相关机构编制事项的确定和调整（具体审批流程见附表）。镇（街道办事处）机关内设机构和镇（街道办事处）所属事业单位机构名称、机构数量和人员编制总量、领导职数不变的情况下，内设机构和事业机构人员编制和名称调整，由市编委批准。人员参照《中华人民共和国公务员法》管理的事业机构相关机构编制事项的审批，按照《云南省机构编制管理条例》规定办理，其他相关审批事项按照有关规定执行。2. 进一步明确机构编制审批工作程序。一是全市行政管理体制和机构改革总体方案，由市编委审议，并经市委、市政府研究同意后以市委、市政府名义报昆明市委、昆明市人民政府批准；二是市人民政府各工作部门的设立、增加、减少及合并，由市编委初步审议、市人民政府研究同意后报昆明市人民政府批准，并报市人大常委会备案；三是市人民政府各行政机构的职能配置、内设机构、编制总体方案由各相关部门提出请示，市编委研究同意后报市人民政府批准，部分职能、内设机构的调整和编制的确定由市编委审批，并分别以市政府和市编委名义行文；四是市委、市人大常委会、市政协、市法院、市检察院、群团单位的职能配置、内设机构、编制总体方案由市编委研究同意后按审批程序报批，部分职能、内设机构的调整和编制的确定由市编委审批，并分别以市委和市编委名义行文。

【市政府督办重点工作】　2009年，市编办由市政府督办的重点工作是：1. 综合执法大队机构设置。2009年2月初，市编委办和市综合执法大队结合安宁市实际和市政府的要求，就成立综合执法局的机构设置、职能配置和人员调整工作认真开展调查研究，并就有关工作进行多次对接和协商。经市编委初步研究通过和市编委主要领导同意，参照昆明市执行的安宁市综合行政执法局机构设置方案于3月31日完成并上报昆明市编委。市编委办和市法制办、市综合行政执法大队已完成安宁拟实施的综合行政执法局机构设置、人员调整方案，并已征求相关单位意见，待政府研究决后后即可组织实施。2. 政府机构改革工作。安宁市政府机构改革工作自2009年7月6日收看《明确目标狠抓落实圆满完成州市县政府机构改革工作任务》后正式启动。启动后，市编委办积极与昆明市14个县（市）区交流政府机构改革工作；就安宁市政府机构改革初步方案主动与昆明编办作汇报和交流；向安宁市主要领导汇报安宁市政府机构改革情况和方案。同时征求安宁市人大班子领导和人大代表、安宁市政协班子领导和政协委员意见建议。安宁市政府机构改革方案已通过安宁市委常委会议、安宁市编委会议、安宁市政府常务会议，以安宁市委、市政府名义上报昆明市委、市政府审批，并抄送昆明市编办，待昆明批复后即可组织实施。

（史锦泽）

老干部工作

【老干部基本情况】 至2009年底，安宁市共有离休干部和副科以上退休干部266人。其中离休干部52人，副科以上退休干部214人。在离休干部中市属单位38人，协管单位7人，易地安置7人。离休干部中1943年1月1日至1945年9月2日参加革命工作的3人；1945年9月3日至1949年9月30日参加革命工作的49人。离休干部享受副厅级待遇1人；享受正县（处）级待遇2人；享受副县（处）级待遇21人；享受科（局）级待遇28人。离休干部男48人，女4人。离休干部年龄在80岁以上的35人，其中最大的92岁2人，最小的75岁2人。在副科以上退休干部中市属单位199人，其中享受副厅级待遇1人，任过实职正县和副县以上25人，科级干部（含享受副县（处）级待遇）173人。协管单位副科以上退休干部12人，易地安置副科以上退休干部3人。副科以上退休干部中，男199人，女15人。

【领导高度重视　工作扎实推进】 市委历来高度重视老干部工作，组织机构健全。市委书记亲自抓，市委常委、组织部部长直接抓，组织部副部长、老干部局局长具体抓。随着领导变动，及时调整充实老干部工作领导小组，并经常研究老干部工作。2008年12月29日，市委、市政府在金川大酒店召开2009年离退休老干部新春茶话会。会议由市委副书记尹贵生主持，市长王剑辉通报2008年安宁市经济社会发展情况，并在会上向老干部征求意见和建议，市委书记李树勇致新春贺辞，市人大常委会主任王文学，市政协主席李海平，市委常委、组织部部长王坚，市人大常委会常务副主任李凤岚，市政协副主席曹忠昌，市委办、市政府办领导及市老干部工作领导小组成员和全市离退休干部共236人参加会议。2009年1月6日，昆明市委老干部局副局长张跃华带队到安宁市检查老干部工作，市委组织部副部长、老干部局局长刘平忠汇报2008年工作。检查组查阅了材料，对安宁市老干部工作给予了高度评价，对安宁市委把老干部工作纳入《永葆先进性“云岭先锋”目标责任书》考核作法予以肯定。1月12日和1月16日，市委、市政府分别在温泉潮溪山庄、昆明新龙门酒店召开在安宁担任过实职副县（处）级以上领导参加的新春茶话会。4月3日，召开市属21个党委（总支）老干部工作会议，各党委（总支）分管老干部工作的领导和专干参加会议。昆明市委老干部局直属机关党委书记王晓奕和安宁市委常委、组织部部长王坚到会讲话。会上，市委老干部局与市属21个党委（总支）签定了2009年《老干部工作目标责任书》。为加强老年大学工作，8月6日市委副书记尹贵生率领老干部局干部职工到昆明市老年大学、晋宁县老年大学参观学习。市委书记李树勇5次听取老干部工作汇报，市长王剑辉3次听取老干部工作汇报，市委常委、市委组织部部长王坚主动过问老干部工作，及时解决老干部工作中遇到的困难和问题。市委老干部局按照《责任书》对各单位进行指导、督促和落实。

【进一步规范老干部学习和阅文制度】 2009年，市委老干部局定于每月16日为安宁市老干部集中学习日，全年共组织12次，参加活动人数3 600人次。坚持为每位老干部订阅两报两刊，即《云南老年报》、《今日安宁》，《老同志之友》、《老干部参考》，供他们学习。坚持每周三为老干部阅文日，由老干部局办公室负责及时把中央、省、市委文件送到老干部活动中心，供他们阅读。在老干部活动中心订《人民日报》、《云南日报》、《昆明时报》、《参考消息》、《内参选编》、《都市时报》等13种报刊供老干部学习，为老干部“老有所学”创造良好的学习条件。

【坚持老干部参加重要会议制度】 2009年1月7至10日，6位离退休老干部列席政协安宁市第四届委员会第二次会议。1月8至11日，14位离退休干部列席安宁市人大第四届二次会议。10月，6位担任过实职副县（处）级以上老领导担任安宁市民主评议行风督导组组长，对各单位2009年行风进行评议。11月，6位任过实职副县（处）以上老领导担任安宁市勤政廉政工作督导组组长，对各单位领导干部勤政廉政工作情况作督查。11位担任过实职副县（处）级以上老干部参加安宁市委四届八次会议报告修改征求意见会，12位县（处）级老领导参加市政府工作报告修改征求意见会。

【坚持重要情况通报制度】 2008年12月29日，市长王剑辉在金川大酒店向全市老干部通报2008年安宁市经济社会发展情况和2009年工作重点。2009年8月17日，副市长程宇清向全市老干部通报2009年安宁市上半年经济社会发展情况及下半年工作重点。

【组织老干部学习考察】 为使老干部充分发挥“老

有所为”作用，2009年3月，市老干局组织116位离休干部和副科级以上退休干部到保山、腾冲参观考察，组织21位老干部到玉溪、江川参观考察；10月组织30位担任过实职副县（处）级以上老领导到天津、北京参观考察。

【坚持职能部门向老干部汇报工作制】　2009年10月16日，市老干局组织180多位老干部到青龙镇参观集镇建设，先后参观了镇容镇貌、卫生院、新农村建设、华电集团建设等，并听取镇长李文洪对青龙镇经济社会发展情况的汇报。青龙镇向全市每位离休干部和副科级以上退休干部赠送了一台电子血压计。

【举办第七期老干部读书班】　2009年5月18日，安宁市委老干部局在老干部活动中心举办读书班，邀请云南大学马克思主义研究院教授苏升乾作《当前形势热点分析》形势报告；邀请中国人民解放军成都军区昆明总医院43医院神经内科主任刘诗翔作《心脑血管病的干预策略》专题讲座。全市180多位老干部参加读书班。

【继续落实老干部生活待遇】　安宁市离退休干部离退休费按时足额发放，离休干部医药费实报实销，老干部专项经费财政及时下拨，“三个机制”健全，老干部生活待遇全面落实。2009年1月，落实20位企事业单位离休干部的津补贴；落实36位离休干部的护理费；7位离休干部80周岁高龄补贴从200元/月增至300元/月；落实3位离休干部住院期间的陪护费；看望生病住院老干部167人（次）；协同有关单位处理4位老干部去世的丧事。坚持老干部疗养制度。12月组织27位老干部分别到云南省干部疗养院和昆明市干部疗养院进行疗养，疗养经费50 000元。建立老干部特困资金，为困难老干部排忧解难27人，共补助特困资金28 290元。春节前夕，走访慰问因病未能参加新春茶话会的老干部、老干部遗属、老党员58人。建国60周年之际对52位离休干部进行慰问，共发放慰问金10 400元。春节、中秋节、敬老节、国庆节等重大节日，除市委老干局进行慰问外，其他各部门（单位）也进行了慰问。

【组织离退休干部体检】　坚持退休干部两年一次和离休干部一年一次体检制度。2009年6月8至12日，组织全市离休干部和科级退休干部236人到安宁市人民医院健康体检，组织担任过实职副县（处）以上的离退休干部28人到云南省第一人民医院健康体检。体检项目有：抽血化验、小便化验、B超、心电图、拍X光片、内科、外科、眼科、口腔科、耳鼻喉科、妇科（女性）、乳腺红外线扫描（女性）、CT共13个项目。

【实行生日慰问制】　为使老干部工作做细、做实，使每位老干部心中话有诉处，困难有帮处，意见或建议有提处，市委老干局坚持老干部生日慰问制度。2009年共召开生日座谈会12次，为198位老干部集中庆祝了生日，其中68位登门庆祝。在生日座谈会上，一是市委组织部副部长、老干部局局长刘平忠通报近期老干部工作开展情况；二是倾听老干部的意见或建议，以便改进，全面做好老干部工作。

【开展深入学习实践科学发展观活动】　2009年，为认真开展好深入学习实践科学发展观活动，市委老干部局成立了市委组织部副部长、老干部局局长刘平忠为组长，副局长李光仙为副组长、科室负责人为成员的领导小组，下设办公室负责具体工作。4月15日组织局机关全体干部职工到昆明市戒毒所进行典型案例教育，观看戒毒所大型宣传图片，观看由吸毒人员自编、自排、自演的文艺节目。4月16日邀请市委组织部徐文泉作《深入学习实践科学发展观　充分发挥老干部的作用》的专题讲座，190多位老干部及市委老干部局全体干部职工聆听了讲座。按照市委深入学习实践科学发展观活动领导小组办公室的要求，严格方法步骤，按质、按量完成深入学习实践科学发展观活动各阶段的工作任务。11月16日邀请省委党校教授浦德书为全市老干部和老年大学部分学员作《党的十七届四中全会精神》专题报告，全市老干部和部分老年大学学员300多人听讲座。

【加强活动中心工作，充分发挥阵地作用】　2009年，市委老干局完善老干部活动中心管理制度，明确岗位职责，实行奖惩制度。为更好地服务老干部，老干部活动中心服务人员实行季度工作总结制。一是投资10 000余元修缮老干部活动中心大厅台球室供老干部使用；二是活动中心工作人员全年除春节，中秋节，五一节放假4天外，其他时间坚持从早上八点到下午四点半开放，为老干部“老有所乐”创造和提供良好的活动阵地。

【大胆探索，谋老年大学新发展】　2009年，市委老干局大胆探索，不断总结、提升，谋老年大学新发展。第六届老年大学开设了舞蹈、声乐、书法、绘画、交谊舞、太极拳、二胡、葫芦丝、花灯、小品10个专业，15个教学班，17个校外班，9个分校，聘请了10名专业教师，共有学员2 128名。2008年12月23日，老年大学2009年新春茶话会召开，老年大学副校长叶国才、贺成林、龙向明、黄继学参加会议，副校长洪钟对2008年度工作作全面总结，并提出今后的工作思路，市委组织部副部长、老干部局局长刘平忠作讲话。为抓好老年大学各镇教学点工作，市老干局投资30 000多元购买移动式扩音机15台赠送到各镇教学点。2009年7月8日召开老年大学2008学年工作总结会，副校长洪钟做工作总结，并对下学年工作作了安排。7月16日举行老年大学2008年结业文艺汇报演出，邀请昆明市老年大学，盘龙区、五华区、官渡区、西山区、晋宁县等观看演出，昆明市老年大学校长何光炽作讲话。9月1日安宁市老年大学举行2008年结业暨2009学年开学典礼，市委副书记、安宁市老年大学校长尹贵生到会讲话。9月10日教师节到来之际，组织老年大学教师到禄丰黑井古镇参观学习。

【组织文体活动】 为丰富老干部文体生活，陶冶情操，市委老干部局组织全市离退休老干部2009年2月16日、6月16日分两次在老干部活动中心开展麻将、双抠、跳棋、象棋等项目比赛，370多人次参加活动。为使安宁老干部文体活动有声有色，加大宣传力度，落实“老有所乐”精神，2月至9月七次参加省、昆明市组织的乒乓球、象棋、太极拳、时装表演、戏曲表演等比赛，分别获得一等奖和二等奖。

【加强队伍建设】 市委老干局高度重视自身队伍建设，结合深入学习实践科学发展观活动以及“行政效能提升年”和“干部作风改进年”活动，坚持星期一定期学习制度和工作汇报制度。为找准工作切入点，2009年初在全市老干部中广泛征求工作意见，12月16日召开老干部工作总结测评会，总结2009年老干部工作，并发放工作征求意见和工作测评表对2009年老干部工作及全体干部职工征求意见、建议和测评，测评满意率达99%。建立健全“三薄五册”，坚持值班制，积极参加各级组织的学习培训，5人分别参加省档案局、省委老干局、省老干部活动中心、昆明市委老干部局举办的业务培训学习。高度重视招商引资工作，完成3 000万元的招商任务。认真做好信访工作，对信访工作做到件件有答复，事事有回音。加大宣传力度，营造良好的社会氛围，按时向上级主管部门报送工作简报42期，《云南老干部工作》登载2篇，《昆明老干部工作》登载36篇，《今日安宁》登载14篇，《螳螂川》杂志登载2篇，在安宁电视台宣传报道19次。组织老干部参与创建全国卫生城市，在昆明电视台宣传1次，撰写调研报告2篇，推选先进材料1篇。

（熊在荣）

目标管理督查

【督查督办工作】 在中共安宁市委、安宁市人民政府的统一领导和市督查工作领导小组的具体组织安排下，安宁市目督办2009年紧紧围绕省、昆明市委、市政府和安宁市总体工作要求，紧扣重大决策和重要工作部署，切实加大督查督办力度。一是加强对省、昆明市重要、重大工作涉及安宁市的工作进行贯彻落实督促督办。落实好省、昆明市“两会”精神，落实昆明市招商引资工作会、城乡园林绿化及生态建设工作会、拆临拆违动员大会等重点、重要会议精神；对昆明市委九届常委会议明确的重点工作涉及安宁市的工作任务进行督查督办。二是加强安宁市重点工作、重大决策的督促落实。围绕安宁市“两会”等重要会议，市委、市政府重大决策、重要部署集中力量形成督查合力抓落实，对全市56项重点基础设施建设项目和117项重点招商引资项目开展集中督查，全年共下发90个立项督查督办文件；对市委、市政府主要领导关于各镇（街道）、招商引资和重点工程建设情况等12次调研工作会议明确的54项具体工作立项督查、时限落办。三是抓领导交办、批办件的督促落实。办理昆明市委仇和书记的批示件15件；办理安宁市委书记李树勇、市长王剑辉等市级领导对安宁市招商引资，重大、焦点问题的批示件78件。

【目标管理工作】 2009年，市目督办紧紧围绕昆明市下达的目标管理工作任务和安宁经济社会事业发展的目标任务，强化管理，加强督促，确保完成目标任务。一是做好目标任务立项分解、立项督查和监控管理工作。围绕昆明市下达安宁市的46项主要工作目标任务和安宁市“两会”明确的214项目标任务完成情况督促督办和监控管理，开展半年、季度自检自查。二是做好年度工作目标管理考核工作。制定《安宁市工作目标管理考核办法（试行）》和《办法实施细则》，组织全市65家被考核单位完成目标责任书的拟定、签订，年终组织了考核；做好迎接昆明市主要工作目标管理考核工作，年终成立迎考办，收集整理目标管理台账迎接昆明市考核。三是办理昆明市人大代表建议案1件和安宁市政协交办的提案3件。

（张绍权）

纪检·监察

【中共安宁市纪委四届四次全会】 2009年2月9日，中国共产党安宁市第四届纪律检查委员会第四次全体会议召开，市纪委常务委员会主持会议。出席会议的市纪委委员24人，列席162人。全会以高举中国特色社会主义伟大旗帜，以邓小平理论和“三个代表”重要思想为指导，深入贯彻落实科学发展观，认真学习贯彻党的十七大、十七届三中全会精神，按照十七届中央纪委三次全会、省纪委八届四次全会、昆明市纪委九届四次全会和安宁市委四届七次全会的要求，总结2008年党风廉政建设和反腐败工作，部署2009年工作任务。全会审议通过了市委常委、市纪委书记焦林代表市纪委常委会所作的《深入贯彻落实科学发展观，扎实推进反腐倡廉建设，为全市经济社会又好又快发展提供有力保证》的工作报告。市委书记李树勇出席会议并作重要讲话。全体市级领导出席会议。市委常委、市级党员领导干部、有关方面负责人参加会议。

【贯彻落实科学发展观，加强监督检查】 2009年，市纪委紧紧围绕贯彻落实科学发展观，有力促进了昆明、安宁“两级”市委政府重大决策部署的贯彻落实。市纪委会同有关部门重点对节能减排、土地管理、环境保护、矿产资源开发等重大政策措施落实情况开展监督检查和专项整治。围绕贯彻落实中央、省和昆明市关于扩大内需促进经济平稳较快发展的决策部署组织专项检查。配合有关部门先后9次分片区、分步骤对市域内51户企业、24家尾矿库开展监督检查和专项整治，依法关停企业23户，责令限期关停12户，要求限期整改9户。积极配合有关部门开展“安全隐患排查百日专项整治行动”。认真开展非公有制企业挂牌保护工作，对安全隐患突出、经营转向、无恢复生产能力的3家企业进行摘牌处理。积极参与对廉租房建设、分配、管理和保障制度的监督检查。参与“6·12”等安全生产责任事故的调查，严格追究相关责任人。加强督促，全程参与清理整顿土地市场秩序工作。对92项金额为28.31亿元的建筑工程和市政基础设施招投标过程进行监督，并实行100%双合同备案制。对2008年底必须完工和开工的城乡规划建设及重点基础设施项目推进情况进行督促检查。对2006年以来382项建设工程及建筑材料标准件质量进行全面检查。对武钢集团草铺项目主厂区4.25平方公里内的拆迁工作，江苏雨润集团项目、新型钢骨架复合管道生产项目、安宁污水处理厂配套管网和珍泉东路、连然街向北延长线建设等重点项目进展情况进行督查督办。对林权制度改革、护林防火、第二次全国经济普查，独生子女“奖优免补”等工作进行监督检查。

【优化经济社会发展软环境】 2009年，市纪委用“整风”的精神、“三讲”的办法，在全市开展经济社会发展软环境建设活动。一是强势推进行政审批和行政事业性收费制度改革。行政审批事项从375项精简压缩为78项，审批时限压缩一半以上，保留的行政审批项目全部实行“零收费”；对127项行政事业性收费项目进行清理，取消73项。二是全面推行“阳光政务”，再造审批流程。易地改建市为民服务中心，按照行政审批“两集中、两到位、两终结”的要求，具有行政审批事项的28家单位全部进入中心，实现“一窗式受理、一站式办结、一条龙服务”。三是建立行政审批电子监察系统。对78项行政审批事项和104项管理服务事项进行全程监控，建成后共监督行政审批2 974件。四是强化首问负责、限时办结、服务承诺“三项”制度的落实。81家单位主要负责人在新闻媒体上就依法行政、廉洁从政、优质高效、政务公开、违诺责任等作出公开承诺，接受监督。建立“三最三严”制度，倡导“五办作风”，推行“一线工作法”和“工作成果倒逼法”。五是加大监督检查。组织党风巡查员、特邀监察员进行4次督查和2次暗访；在全市设立34个软环境监测点，聘请52名义务督察员，建立明察暗访相关制度，组织明察暗访3次，对发现的问题跟踪督促整改。六是围绕机关作风方面存在的突出问题，按照市委、政府的安排部署，开展专项治理。七是认真调查处理群众投诉。建立行政效能投诉中心，共受理群众来信来访及投诉举报155件，办结率100%。八是认真做好领导干部电话接听工作。自市级领导和全市438名科级领导干部电话向社会公布以来，基本做到个个电话有接听、有答复，件件问题有处理、有反馈。

【落实党风廉政建设责任制，加强对权力行使的监督】 2009年，市委、市政府对党风廉政建设责任制非常重视，认真推行目标责任制，全市各级各部门层层签订责任书，做到横向到边、纵向到底；推行全面安排制，分解细化目标任务、明确牵头单位和协办单位职责任务；推行适时提醒制，督促各级班子成员认真履行“一岗双责”；推行考核奖惩制，把责任制工作纳入市对镇（街道）、市属各单位的综合考核；全面开展领导干部勤政廉政公示工作；推行责任追究制，重视结果运用。

切实加强对权力行使的监督。落实民主集中制、重要情况通报和报告、述职述廉、民主生活会、廉政和诫勉谈话等制度。2009年来，领导干部报告个人重大事项167人次，全市科级以上领导干部366人进行述职述廉，市级领导同下级党政领导谈话540余人次，对科级干部诫勉谈话18人。同时，对党政机关、事业单位公务用车、领导干部配偶和子女从业情况进行清理登记，并实行备案制；对市直65个预算单位“小金库”、宕欠公款及规范非税收入管理工作开展清查，取缔违规账户13个，收缴非税收入资金450余万元；对全市党政机关事业单位违规购买超标车、修建楼堂馆所、公款出国（境）旅游、公车私用等问题进行清理纠正；对党政机关和事业单位小灵通捆绑办公电话进行清理，共解除小灵通捆绑办公电话517部，清退话费3万余元。

【深化反腐倡廉教育，构建“大宣教”工作格局】

2009年，安宁市整合资源，形成纪委组织协调，各部门积极参与的“大宣教”工作格局。组织撰写心得体会、赠送廉政台历、发廉政公开信，组织市级领导到省警示教育基地观看警示教育图片展，组织科级领导干部开展专题教育，组织村（组）干部进行党纪法规培训等。通过打造廉政文化示范村、组织观看优秀影片，在文化广场、金方车站、机关办公场所设立廉政文化宣传栏、电子滚动屏幕、政务公开栏、建立便民窗口等形式，不断推进廉政文化进机关、进农村、进社区、进家庭、进校园、进企业活动。

【加大查处违反党纪政纪案件力度】 2009年，市纪委受理群众来信来访、电话举报95件（次），初查核实违纪线索41件，立案6件6人，移送司法机关2件2人，审理违反党纪案件7件7人（含先法后纪案件），结案7件7人，处分7人，其中正科级干部2人，一般党员干部3人，一般党员2人；开除党籍处分5件5人，党内严重警告处分1件1人，党内警告处分1件1人。办理解除行政处分2件2人；办理按期恢复党员权利2件2人。坚持惩处与保护并重，先后为35名党员干部澄清举报失实问题，保护了广大党员干部改革创新的积极性。对组织拟任的22名干部人选、各单位评先推优的集体和个人进行审查。继续开展治理商业贿赂工作，查处商业贿赂案件14件7人，涉及金额114.37万元。

【解决损害群众利益问题】 2009年，市纪委着力解决损害群众利益问题。一是认真开展专项治理工作。针对物价监控、教育收费、医药购销和医疗服务、生态环境保护、食品药品安全、征地拆迁、农民减负和公路“三乱”等民生问题进行监督检查和专项整治，对7件损害群众利益的问题进行妥善处理。在配合“书记大接访”活动中，共接待群众来访231批846人，认真调查处理昆明市和安宁市级领导交办的接访件15件。二是认真抓好纠风目标管理责任制落实情况的监督检查和考核，建立纠风工作联系会议制度。三是认真开展民主评议行风工作。对党群政法部门、政府职能部门和银行单位3个类别65家单位进行评议。四是积极组织参加昆明市政风行风“春城热线”，通过广播热线宣传安宁，现场接听群众投诉，受理群众投诉10件，办理率100%。

【加强纪检监察队伍建设】 市纪委2009年以“做党的忠诚卫士、当群众的贴心人”主题实践活动为载体，深入开展“解放思想、深化改革、扩大开放、科学发展”学习讨论活动，增强了贯彻落实科学发展观的自觉性和坚定性。以开展经济社会发展软环境建设活动为契机，强化纪检监察机关的思想、组织、作风和制度建设。通过举办培训班，到先进地区学习考察，到上级纪委跟班学习等方式，加强对纪检监察干部的教育培训，切实提高执纪能力和水平。完成对全市纪检监察派出机构实行统一管理体制改革工作，集中派出5个纪工委和监察分局，归口联系65个单位部门，整合了监督力量，实现了监督主体与责任主体的分离，促进了党风廉政建设和反腐败工作的深入开展。

【六项措施解决“中梗阻”问题】 2009年，市纪委采取六项措施解决“中梗阻”问题。一是完善投诉电话和网上投诉网络，运用安宁政风行风热线电话、安宁纪检监察信息平台和网站，畅通投诉渠道，扩大监督面；二是建立由纪检监察机关牵头，组织人事、政风督查、目标督查、信访举报、政务服务等部门参与的联系会议制度，加强协调配合；三是建立投资环境问题报告通报制度，每季度向市委、市政府报告投资环境问题办理情况，对损害投资环境行为的处理结果予以公开，放大个案效应；四是扩大督察员的聘请范围，增加企业和社会人员，授予他们监督纠正权、明查暗访权、协调处理权、作风评议权和奖惩建议权，开展暗访和评议，加强对职能部门和干部的动态监督；五是继续深入推进民主评议行风工作，扩大评议范围，加大对评议结果的应用；六是开展跟踪督查、全程督查和专项督查，加大案件查处力度。

【实施市级领导“一岗双责”工作制度】 2009年2月27日，安宁市级领导深入各联系点调研，听取工作汇报，加强对联系点各项工作的指导、检查、督促，及时帮助协调解决存在和反映的问题，正式实施市级领导“一岗双责”工作制度。该制度规定，市级领导联系镇（街道），同时联系驻镇（街道）企业和重大项目，要全面履行经济社会发展、党的建设“一岗双责”，特别要强化对招商引资，重大和重点项目建设、新农村建设、党风廉政建设、基层组织建设、信访工作、维护社会稳定、安全生产、护林防火等工作的联系责任。制度规定了对市级领导“一岗双责”联系工作的考核，各联系市级领导的本职工作考核占60%，由各班子主要领导考核评定；“一岗双责”联系工作占40%，考核评定与联系点的年终考评挂钩，由市工作目标责任检查考核领导小组评定；总的考核结果与年终全市各项奖惩挂钩。

【成立八个督查组加强督查，不断推进干部作风建设】 自2009年3月10日起，市纪委成立八个督查组，由市党风巡查员（特邀监察员）任组长，定期不定期对全市贯彻落实“行政效能提升年”和“干部作风改进年”动员会精神情况进行督促检查，进一步加强安宁市软环境建设。

【市纪委组织到各镇（街道）调研】 2009年3月10日，安宁市纪委组织三个常委带队调研组，分别到七镇和两个街道办事处对贯彻落实市纪委四届四次全会、安宁市“行政效能提升年”和“干部作风改进年”动员大会情况开展调研。各调研组在听取汇报，到各村民小组进行实地查看后，就当前各镇（街道）工作提出三点要求：一是要加强党的农村基层组织建设，旗帜鲜明地维护党的绝对领导，充分发挥党支部的战斗堡垒作用；二是加强农村党风廉政建设，纪检监察工作要服务经济建设，推动效能提升和干部作风转变，依靠严密的政治纪律保证科学发展观的贯彻落实；三是组织好《党章》、《公务员法》和《劳动法》的学习，完善各项规章制度，严格干部职工的管理。

【安宁市各纪工委对林权制度改革工作进行督查】

根据市委书记李树勇的批示和市纪委书记焦林的要求，由监察局会同五个纪工委、监察分局以及林业部门人员一起组成三个督查工作小组，2009年2月24至26日三天分别对全市七个镇和两个街道办事处的林权制度改革工作进展情况进行督促检查。一是各镇和街道办事处领导十分重视该项工作，明确责任，组织抽调人员集中力量突击完成工作任务；二是各镇和街道均能按照市林改办的要求认真开展工作，二次复核率、纠纷调处率、确权率、确权到户率、发证率等方面工作正按要求全力保质保量完成任务；三是各镇和街道报审工作已接近尾声，有的地区正积极准备林改资料和档案收集整理工作。通过督查，各镇、街道更进一步明确责任，加快了工作进度。

【加大问责力度，切实推进干部作风转变】 2009年，为切实提升行政效能和改进干部作风，加强软环境建设工作，市纪委对未按要求参加安宁市城乡规划建设管理、园林绿化暨“四全”工作推进现场会议的单位和人员进行调查核实并将情况进行了通报。这次会议对推动城乡规划建设、园林绿化暨“四全”工作有着十分重要的意义，各级领导高度重视，但部分单位个别人员未按要求参加会议。安宁市纪委、监察局对未按要求参加会议的5个单位共8名工作人员情况进行了调查核实，初核情况是已参加会议未签到人员3名、被单位派出工作未参加会议人员3名、因身体原因未参加会议人员2名。市纪委、监察局对相关单位和人员进行情况通报，对有关单位和人员进行了批评。在下步工作中，市委、市政府要求各级党政组织要进一步严明纪律，强化责任，转变会风，切实提高会议质量，以严明的纪律和简洁高效的会风促进机关效能提高，推动工作的落实。

【成立“减负”工作领导小组，19名“减负”工作特派监察员上岗】 为深入贯彻落实上级教育部门关于切实减轻中小学生负担，全面提高教育质量的文件精神和要求，市纪委加强对减负工作的领导，加大监督检查力度。2009年2月25日召开“减负”工作会，成立安宁市切实减轻中小学生负担全面提高教育质量工作领导小组。领导小组由安宁市教育局、市监察局、市纠风办组成，负责统筹、协调全市工作。会上，“减负”工作领导小组成员为来自社会各界的19名人大代表、政协委员、科室负责人、教师代表、学生家长代表颁发了聘书，他们受聘成为安宁市首批切实减轻中小学生负担全面提高教育质量工作特派监察员并即日上岗。至此，安宁市“减负”工作特派监察员队伍正式成立。在今后的工作中，监察员将承当起督导、检查和相关工作。领导小组的成立与特派监察员队伍的组建将有效推动安宁市“减负”工作的稳步、深入开展，为安宁市“减负”工作取得实效发挥重要作用。

【全程监督法检两院书记员招聘工作】 2009年安宁市法检两院书记员招聘工作从开始时的笔试到面试，再到结束时总分在网络上向社会公布，始终在安宁市纪委的参与监督下进行，此项工作已顺利完成。市法院招聘合同制书记员12名，检察院招聘合同制书记员10名。此次招聘对象主要面向安宁市和部分昆明市四区的应往届高校毕业生。经过资格审查，市法院书记员招聘共有63人，市检察院共有58人参加考试。

【出台《重要工作督查办法》、《重要工作推进责任追究实施办法》】 2009年4月15日，安宁市出台《重要工作督查办法》、《重要工作推进责任追究实施办法》，规定将采取督办和问责，监督和管理，报告和反馈等有效措施，对重要工作落实和重大项目推进情况进行督促检查，问责由市纪检监察部门实施。市目督办、主管部门、责任领导发现工作不能按期推进和完成的，移交市纪检监察部门依照《安宁市重要工作责任追究办法》对相关责任人实施问责。《重要工作推进责任追究实施办法》规定，市纪检监察部门在实施工作监督中发现应进行责任追究的事项，可直接进行责任追究。在重要工作推进过程中，有以下四种情形的，要提请进行责任追究，并对牵头单位或责任单位领导及其责任人进行相应问责处理：一是不能按期推进和按时完成工作的；二是不报送工作完成计划和情况的；三是工作懈怠，协调不力，经督促不作整改或整改不力的；四是按规定应进行责任追究的其他事项。

【实行科级领导干部党风廉政建设包村联系制度】 2009年4月27日，安宁市在进一步加强农村党风廉政建设工作基础上，制定实施了科级领导干部包村联系制度。全市除在镇（街道）工作以外的96名正科级领导干部，分别与96个村（居）委会结对联系。制度要求每一位领导干部一年内深入联系村（居）委会的时间不得低于10个工作日，每月必须深入联系村一次以上。包村联系工作纳入全年目标考核体系，实行百分制考核。包村联系制度是安宁市委、市政府推进制度创新，深入贯彻落实党的十七届三中全会精神，进一步加强农村党风廉政建设的新举措。包村领导干部在联系村（居）委会工作中要履行六项工作职责，抓好三方面提高，达到一个目的。履行六项工作职责：一是组织一次传达会，把中央和地方党委党风廉政建设方面的精神及时传达到村组；二是讲一次廉政党课，讲党风廉政形势，进行党风廉政教育；三是参加一次民主生活会，促进村（居）两委班子团结干事，廉洁自律；四是在村组织一次党风廉政状况分析，总结工作，分析问题，提出措施，掌握党员和群众的思想动态，解决群众的实际困难，并提交一篇分析报告；五是切实帮助一户困难户，在帮助过程中了解群众困难，增进干群关系；六是进行一次督察，督察落实农村政务财务公开，推进民主管理的情况，督察国家的惠农政策是否落实到村，落实到群众。抓好三方面提高：一是通过履行包村联系工作职责，推动领导干部廉洁自律和自身素质的提高；二是通过包村联系的形式，推动镇（街道）落实农业农村工作效能的提高；三是通过领导干部的联动作用，把单位、镇（街道）、村（居）委会有机结合起来，推动农村党风廉政建设和其他工作水平的提高。达到一个目的：就是通过实施领导干部包村联系制度，形成一个带一村，一村推一镇，一镇联一片的工作格局，从而实现进一步加强农村党风廉政建设的要求。

【昆明市委常委、市纪委书记应永生到安宁市督查项目推进工作】 2009年5月19日，昆明市委常委、市纪委书记应永生率相关人员到安宁市督查项目推进工作。应永生一行听取了安宁市相关领导对和平国际物流园、云锡体育健康项目建设推进情况汇报后，到项目规划选址地进行了实地查看。

【出台50万元以下招投标管理办法】 针对政府性投资额度小、便于基层可操作性的工作实际，安宁市2009年出台了50万元以下招投标管理办法，即：20

万元以上至50万元以下的，由业主采取邀请招标方式进行招标，被邀请具备施工资质能力的投标单位不得少于三家；20万元以下的，由业主选择具备资质能力不得少于三家企业进行报价，优先选择施工单位进行施工。此项规定不仅维持了“八个百分之百”的精神实质，也增强了具体工作中的灵活性，提高了政府性投资建设的工作效率。

【贯彻落实“地方县级纪检监察机关建设工作电视电话会议”精神】 2009年6月9日，安宁市纪委在组织全体纪检干部和相关部门主要负责人参加“地方县级纪检监察机关建设工作电视电话会议”后，一是及时向安宁市委、政府主要领导进行工作汇报，提出市纪委存在问题的解决措施；二是组织全体纪检干部认真学习《关于加强地方纪检监察机关建设的若干意见》，要求各室主任吃透意见精神，针对工作实际，认真贯彻落实意见；三是认真清理老旧工作设备，及时上报。

【落实信访“三项谈话制度”】 安宁市纪委2009年以来继续推行信访“三项谈话制度”，即对新提拔或交流使用的领导干部进行任前谈话，对党政主要领导进行廉政谈话，对有轻微违规的领导干部进行诫勉谈话。对组织新提拔或交流使用的领导干部，在任职前由市纪委书记按照党内监督条例和党风廉政责任制的有关要求进行谈话。对部分镇（街道）和各委、办、局的党政主要领导，由市纪委书记或副书记不定期进行廉政谈话。对一般信访举报的问题，由市纪委信访室联系牵头，由联系的纪工委、单位纪检组长或镇纪委书记与信访被举报人进行信访谈话，要求其对信访件反映的问题有则改之，无则加勉，正确对待；对信访举报且经过信访初查核实发现有轻微违纪问题的人，由市纪委领导与其进行信访诫勉谈话，要求被反映人正确认识错误，并努力改正。

【对全市48名村组以上领导干部进行问责】 2009年，根据软环境建设及“行政效能提升年”和“干部作风改进年”的要求，按照《安宁市领导干部问责办法》的规定，市纪检监察机关和部分行政机关对全市48名村组以上领导干部进行问责，其中：副科级以上领导干部17人；诫勉谈话28人；通报批评9人；调离工作岗位2人；取消评优3人；停职4人；作出书面检查2人。

【推行信访预警告知　及时化解信访问题】 2009年，市纪委信访室在处理信访问题上，通过对群众的来信来访、下访时收集到的信息、每周五各基层报的信访周报等渠道及重点工作、重点项目进入前一些可预见的因素，特别是针对2010年3至4月村“两委”换届选举前反映村、组干部有关问题信访件增多的趋势，对全市信访动态进行综合分析，对于一些有前瞻性、预见性的信访问题和隐患，通过信访预警告知的方式，及时提醒有关部门在规定的时间就有关问题及时调查、及时化解、及时处理。此举有效及时地消除了信访隐患，化解了矛盾，避免了问题的激化。

【强化合同管理　促进农村基层党风廉政建设】 针对当前涉及村级组织合同、协议签订中存在的问题，市纪委在调研和反复征求意见的基础上，结合安宁实际，2009年8月24日制定出台《安宁市村级组织合同签订行为和管理规定（试行）》。该规定的制定是根据《中华人民共和国村民委员会组织法》，以及省、昆明市关于加强农村“三资”管理和全面推行村级会计委托代理服务工作实施意见的精神，从合同主体、时限、标的、报审程序和档案管理及签订合同后履行情况的监督方面作了具体规范要求，进一步明确了镇（街道）、村（居）组织的职责和权限。管理规定的实施，必将有力加强和规范安宁市村级组织合同的管理，是促进农村基层党风廉政建设的一项新举措。

【组织全市科级领导干部接受警示教育】 为进一步加强领导干部的党性党风党纪教育，筑牢拒腐防变的思想政治防线，2009年9月10日上午，由安宁市纪委牵头，组织全市科级领导干部近300人，分三个批次到位于云南省第三监狱内的昆明市预防职务犯罪警示教育基地开展警示教育活动。整个活动组织严密，现场秩序井然，参加活动的领导干部遵守纪律，认真观看展厅图文，并详细听取解说员生动的讲解，教育活动取得较好的警示效果。

【组织科级领导干部旁听法院典型案件庭审】 为增强领导干部法律意识，加强廉政教育，发挥身边典型案例的警示教育作用，2009年10月14日上午，安宁市纪委组织全市副科以上领导干部54人旁听市法院对云南华云公司双扶福利厂原厂长郭亮受贿、贪污案的公开庭审。通过旁听此次庭审，54名领导干部受到很大触动，纷纷表示这种直观生动的教育形式非常有针对性，有较强的警示作用，自己将引以为戒，在今后的工作中进一步提高廉洁自律意识，对自己、对家人负责。此次科级领导干部旁听法院庭审是安宁市纪委开展廉政教育活动的一项重要内容，下步还将分批次组织科级领导干部参加法院庭审旁听工作，进一步提高党员干部反腐倡廉意识和拒腐防变能力。

【对各镇集资建房和团购房情况进行认真清理】 按照昆明市纪委的要求，根据国务院、省、市房改政策和中共中央关于领导干部廉洁自律的有关规定，安宁市纪委对2004年以来各镇集资建房和团购房（住房638套、车库212个、商铺4间）情况进行认真清理。通过清理发现有违规补贴房款的情况，共收缴建购住房补贴1 115 235.62元。

【倾注“五心”使用“三法”处理信访工作】 2009年，安宁市纪委要求各级干部在信访工作中必须倾注“五心”：对待上访群众要有热心；对待上访的困难群众要有同情心；为群众排忧解难要有诚心；解决信访问题遇到困难时要有决心；做好信访工作要有长期作战的恒心。使用三法："一解"，就是对于应该解决、容易解决的问题及时解决，不拖延，同时给予及时答复；"二稳"，就是对于一些历史遗留问题，因政策性原因一时解决不了的，要想方设法化解矛盾，力保社会稳定；"三处置"，就是对于上访人员反映的疑难、复杂问题，要运用法律、经济、行政、教育等手段，协调相关部门支持配合，妥善处置。2009年1至10月，安宁市纪委信访室共受理群众来信、来访、电话举报102件（次），其中：业务范围内的信访件72件，业务范围外的28件，批评与建议1件，申诉1件，初查核实违纪线索45件。运用以上工作方法，办结率达100%。

【对落实服务承诺情况进行明查通报】 2009年10月22至30日，安宁市软建办对全市72个单位落实服务承诺情况进行明查，72个单位向市软建办上报了2009年1~3季度的服务承诺事项落实情况。1~3季度，全市72个单位共受理涉及服务承诺事项的报件数219 892件，办结件数219 757件，办结率99.9%；限时办结数180 491件，超时办结数8件，限时办结率99.9%；首问首办数109 378件，转办件数687件，首问首办率99.4%。在72个服务承诺单位中，共有21个部门收到投诉932件，办结883件，办结率94.7%。

【廉文化蒙学读本《莲廉镰》三字经在安宁问世】

2009年12月28日，"廉文化蒙学读本《莲廉镰》"研讨会在安宁召开。这也是由安宁市纪委策划、编印，由作家邓红锦历时一年创作完成的廉文化蒙学读本《莲廉镰》三字经的首次面世。省、市纪委，安宁市有关领导和来自清华大学、复旦大学、中国人民大学、上海华东师范大学、苏州大学、云南大学等名校的知名专家、学者汇集一堂，共话廉政文化。昆明市委常委、市纪委书记应永生认为，安宁市纪委策划编印的《莲廉镰》读本在廉政文化建设方面作了一个有益的实践和探索，为安宁市廉政文化建设的发展提供了很好的思路。该读本用多个历史典故将廉文化的发展历史脉络展示出来，教育广大读者鉴古明今，可谓充分挖掘了传统文化中蕴含的廉文化资源。这样一个编印廉文化书籍，以书载廉，以文传廉，以史说廉的形式来创新反腐倡廉教育的举措是非常好的。《莲廉镰》以中国廉文化理论"六廉"为起点，结合历史典故和人物以"三字经"的形式编写而成，定位为孩子的"廉文化蒙学读本"，倡导"出淤泥而不染"的莲花清性。安宁市纪委将把这一读本推广进校园，让安宁市的每个学生、老师人手一本，每个公务员一本。并通过儿歌、童谣等方式传唱，让是非标准植根在孩子们的幼小心灵，通过孩子影响家庭，通过家庭进入机关、企业、农村、社区，让廉文化深入人心。通过《莲廉镰》蒙学读本的推广，让人们在不知不觉中逐渐接受廉政文化的熏陶，通过廉洁理念的树立和廉洁文化的支撑，逐步在全社会形成以廉为荣的浓厚氛围。与会各位专家、学者充分肯定《莲廉镰》读本是廉文化建设里程碑式的创新，是在当代文化背景下具有社会核心价值的好书，该书有意义、有创意、寓意深刻、可读性强。同时，专家建议，要根据推出后的社会反响对作品进行改进，并在内容和推广形式上不断丰富完善，让大众更好地认可、接受这本书。

（杨继学）

安宁市人民代表大会常务委员会

【综述】 2009年，在中共安宁市委的正确领导下，市人大常委会以邓小平理论、"三个代表"重要思想、党的十七大和十七届三中、四中全会精神为指导，深入贯彻落实科学发展观，按照市委关于加强和改进人大工作的要求，切实履行宪法和法律赋予的职权，坚持"抓重点、议大事、求实效"的原则，突出监督重点，加强代表工作，强化常委会制度建设和机关服务工作，努力开创人大工作新局面。全年举行常委会会议7次，听取和审议"一府两院"工作报告及市人大常委会执法检查、视察报告67项，组织执法检查、视察12次，开展专项检查、调查6次，作出决议、决定50项，形成审议意见10项；主任会议听取专项工作汇报25项，形成意见7项，充分发挥了地方国家权力机关的作用，为全面推进民主法制建设，保持全市经济平稳较快发展，夺取全面建设小康社会新胜利做出了积极的贡献。

【四届人大二次会议胜利召开】 2009年1月9至11日，安宁市第四届人民代表大会召开第二次会议。会议听取和审查批准了市人民政府工作报告、2008年国民经济和社会发展计划执行情况与2009年国民经济和社会发展计划的报告，2008年地方财政预算执行情况和2009年地方财政预算报告，市人大常委会、市人民法院、市人民检察院工作报告，补选高自文为安宁市第四届人大常委会委员，修订通过了《安宁市人民代表大会议事规则》。

工作监督

【围绕推动经济社会发展，强化计划、预算监督】

安宁市人大常委会高度重视宏观经济运行监督，加强"十一五"规划的执行监督，组织部分人大代表对"十一五"规划中期执行情况进行评估，并于2009年2月24日安宁市第四届人民代表大会常务委员会第六次会议上听取和审议了对市政府关于安宁市国民经济和社会发展第十一个五年规划纲要中期实施情况的评估报告。会议对市人民政府实施《纲要》

三年来取得的成绩给予了充分肯定，决定同意市人民政府中期评估报告，并对部分指标作适当调整：将人均地区生产总值55 000元调整为47 300元；将地方财政收入年均增长10%调整为16%，地方财政收入由10.26亿元调整为13.4亿元；将全社会固定资产投资年均完成30亿元调整为40亿元，与落实国家扩大内需政策保持一致；将城市化率由60%调整为67%；将农村居民人均住房面积由人均35平方米调整为人均46平方米，与小康指标体系一致。为适应社会发展变化的需要，对部分指标统计口径作变更：将人均地区生产总值、城市化率两个指标由户籍人口计算改用常住人口计算，与小康指标体系一致。

严格执行《预算法》和《监督法》，加强年度国民经济计划和预算执行的监督，听取和审议2009年上半年国民经济和社会发展计划执行情况、2009年上半年地方财政预算执行情况及2008年财政决算报告、2008年地方财政预算执行及其他财政财务收支审计情况，对2009年度地方财政预算调整进行了审议，对安宁市经济运行情况进行认真分析，作出了批准安宁市2008年财政决算和批准安宁市2009年财政预算调整决议。按《预算法》有关规定，对安宁市市本级2009年度地方财政预算进行了调整。其中，拟调增一般预算收入2 170万元，调增基金收入8 760万元，拟调增市本级支出预算11 765万元。调整后的安宁市2009年度地方财政总收入预算237 631万元，其中：一般预算收入为121 549万元，基金预算收入为28 760万元，地方财政支出预算为158 829万元，其中，市本级支出预算为141 229万元，乡镇（街道）支出预算为17 600万元。由于年末结算和现行财政管理体制等因素，年末各项预算收入发生变化，上级转移支付和调入资金增加了财力，市人民政府向市人大常委会提出了《关于安宁市市本级2009年年末地方财政预算调整的议案》。

为保障预算的执行，常委会加强同财税部门的联系，认真查看执行月报，及时了解工作中的困难和问题。2009年8月13日，市人大常委会主任会议专题听取市国税局、地税局关于上半年税收征管工作情况的汇报。会议就税务机关严格依法征税、加强税收征管工作给予了充分肯定，对下半年税收征管工作存在的不确定因素进行认真分析，提出了意见和要求。针对国税系统公务员还未进行新的津补贴改革、影响职工工作积极性的问题给予了高度关注。针对市地方税务局办公用房紧张、办公环境亟待改善的问题，建议市人民政府尽快协调解决办公用房建盖问题，以适应安宁市科技治税及国家税务总局关于收缩征管机构，强化信息化建设的要求。常委会积极推进安宁市“阳光财政计划”体制的建立，强化预算管理执行。2009年10月21日，市人大常委会主任会议听取市财政局关于安宁市国库集中支付制度运行情况的汇报。会议对安宁市财政部门围绕“建立国库单一账户体系、资金缴付以国库集中收付为主要形式的现代国库管理制度”的总体目标，贯彻“确保资金安全、提高工作效率、方便单位用款”的原则，积极推进市本级全额预算拨款单位国库集中支付制度全面实施工作给予了充分肯定，并针对安宁市国库集中支付制度改革工作中存在的困难问题，提出了进一步提高国库集中支付制度改革的认识，加强对预算单位财务人员的业务培训和各单位财务管理制度的建立健全及执行情况、国有资产的安全、完善和财政资金的有效运用等方面定期进行检查监督，完善国库集中支付制度的配套改革，简化环节，规范运行逐步扩大直接支付范围，形成以财政直接支付为主、授权支付为辅的支付格局，将国库改革覆盖全市所有预算单位和财政资金，顺利实现改革总体目标；同时要求市政府要督促组织人事部门尽快研究解决国库支付中心人员配备问题，确保支付中心日常工作正常开展及改革工作顺利推进等意见建议。

【围绕推进招商引资，强化项目落实监督】　推进招商引资和项目落实是2009年全市工作的重中之重，市人大常委会将监督工作的重点放在招商引资项目落实上。一是市人大常委会2009年7月14日组织各有关部门组成四个检查组对安宁市2008年31个招商引资项目落实情况进行检查，形成了情况清楚、问题准确的检查报告；在市委重视下，召集有市委、政府主要领导、市级四班子联系项目责任领导、31个招商引资项目责任人，及市委办、政府办和有关部门负责人参加的市人大检查汇报会，集中听取四个检查组的检查情况，将检查汇报会开成了项目落实的推进会。会议决定将检查中的意见建议作为市委、政府2009年下半年目标督查事项，由市委办、政府办负责分解，落实办理时限和责任人，确保各招商引资项目快速推进，早日竣工投产，为促进项目落实起到了积极作用。二是市人大常委会8月7日组织部分市人大代表对湖东路一标段、安县路二标段、西一绕城线、珍泉东路、螳川西路、双青公路，温泉自来水厂扩容，安宁实验学校、青龙学校等重点工程建设进行视察，要求市政府在全面推进工程建设的同时做到科学合理安排重点工程建设，突出重点，对急需、影响面大的工程项目，如珍泉东路作为缓解城市出口通道交通压力的项目，应从时间、精力、资金上及早、优先安排实施。同时统筹各个投融资平台资本运作，以市场运作模式，加强土地收储，对土地的开发利用必须统一规范，以土地收益最大化作为项目还贷和BT回购资金主要来源，为工程项目提供资金保障，确保重点工程项目的顺利有序推进。三是市人大常委会12月1日组织人大代表对交通道路重点基础设施建设情况进行视察，作出加强弘祥化工公司渣场搬迁、昆钢汽管处房屋拆迁工作协调等针对性较强的审议意见，要求政府分类专题研究，抓紧落实，并反馈市人大常委会。市政府召集责任部门负责人专题分析研究，采取分解任务、责任到人、立项督办等有效措施，加强协调，促进建设项目推进。

【围绕项目实施，强化融资支持】　2009年是安宁市工业化进程加速，大干基础设施建设的一年，市人大常委会全力支持重点工程建设，7 次对市政府采取BT或贷款方式实施交通道路、园区开发以及其他重点基础设施等议案进行审议，并作出决定36项，批准市政府融资26.57亿元，部分融资项目得到银行信贷支持，有力支持了重点工程融资，为项目推进提供了资金保障。同时，市人大常委会保障财政的平稳运行，确保重点基础设施建设贷款还本付息、BT项目回购及财政贴息，建议在2010年财政预算安排上，将市财政专项还贷资金在原来2亿元的基础上，每年增加安排市财政专项还贷资金1亿元，专项用于偿还银行贷款本息、BT项目回购和企业技改贴息。

【围绕人大决议决定落实，强化跟踪监督】 市人大常委会坚持“少而精、抓重点、出实效”的原则，积极探索和改进监督方式，围绕全市工作大局和发展、改革、稳定的重大问题，抓住关系人民群众切身利益的热点难点问题，开展“回头看”，强化跟踪监督，持之以恒，一抓到底，抓出成效。一是2009年4月按照市人大常委会关于决议、决定落实情况反馈报告制度的规定，组成检查组对2008年常委会形成的14个决议、决定落实情况进行检查，共涉及11个责任单位和部门，涵盖外来人口管理、水资源建设、病险水库除险加固、财政专项还贷资金管理使用等29项内容。市政府及其职能部门高度重视常委会决议决定的办理落实，将其列入重要议事日程，围绕重点，注重实效，办理落实情况较好。通过检查，促进了各项工作的开展。二是开展“回头看”，强化跟踪监督。“王家滩水库建设”是2008年四届人大一次会议所列议案，常委会将其作为重点工作监督事项进行跟踪监督。由于建设中型水库项目未列入“十一五规划”盘子，项目改为小一型工程，2009年再次听取了进展情况的汇报，要求市政府加强办结项目审批手续办理及加强项目资金落实，尽快开工建设此项水库工程。宁湖公园规划建设及环境治理是常委会连续多年跟踪监督的重要事项，2009年9月9日，常委会组织部分人大代表对昆明园博园场馆建设及宁湖环境综合治理情况进行视察，提出了加强宁湖公园整体打造及研究采取从水源上游截污和环湖治污、周边绿化整治等根本性措施等意见建议。

【围绕城镇化推动战略，强化规划和重要事项监督】

为推进安宁城镇化战略，打造森林式、环保型、园林化精品城市，提升市域经济竞争力，2009年2月24日，安宁市第四届人民代表大会常务委员会第六次会议审查批准《安宁市生态市建设规划》和《安宁市城市总体规划（2008—2030）》，明确修编后“三区一带”的安宁市域产业布局、“一心、两轴、多节点”的城镇体系、“一心五组团”的城市功能区划、“东联、西进、南拓、北优”的城市空间拓展布局、城镇重点建设控制区总面积约410.14平方公里为体系的城市总体规划，以及以“资源节约型、环境友好型社会”为核心的生态市建设规划，要求市政府严格按照《规划》要求，采取积极措施，维护《规划》的严肃性，保证《规划》的实施。为对安宁市城镇规划区公园、广场、绿地实行强制性、永久性保护，增强各级组织和全体市民保护城镇公园、广场、绿地意识，2009年4月14日，安宁市第四届人民代表大会常务委员会第七次会议作出《安宁市关于加强城镇公园广场绿地保护的决议》，明确已建成或规划预留的公园、广场、绿地用地性质和面积，任何单位和个人不得违反规划擅自改变。为提升安宁城市的国际知名度，推进安宁与欧洲国家更高层次、更宽领域、更具深度的对外开放和发展，2009年2月24日，安宁市第四届人民代表大会常务委员会第六次会议作出同意安宁市与马耳他潘布诺克市结为国际友好城市的决定，推动国际合作交流。

【关注“三农”发展，促进新农村建设向深度开展】

市人大常委会始终关注“三农”问题，坚持以深化农村改革为动力，以产业发展为支撑，以农民生产生活方式的转变为着眼点和落脚点。2009年分别组织市人大代表对安宁市农村公益性公墓建设及殡葬改革工作、新农村建设、安宁市农业特色产业基地和规模经营户建设培育工作情况进行视察，组织听取市政府关于安宁市林权制度改革工作、农村社区建设工作及“五保人员集中供养”、农村流动人口管理等工作情况报告。要求政府完善各项配套政策措施，加强组织领导，稳步推进新农村建设工作，开创农村改革发展新局面。

【关注环境资源保护，促进经济社会可持续发展】

在连续多年重视资源环境保护的基础上，市人大常委会2009年组织代表对宁湖环境综合治理、园博园建设进行视察，要求政府切实落实各项治理措施，加大对宁湖公园开发建设和环境治理力度。常委会4月16日组织调研组对玉龙湾水库水质保护情况进行调研，提出较为翔实的调研报告送市委作为决策依据。车木河水库是安宁市城市集中饮用水源地，其水质及环境保护对保障安宁经济社会可持续发展极为重要，常委会连续多年对车木河水源林保护、车木河村搬迁工作给予持续关注。市人大常委会9月16日主任会议专题听取市人民政府关于车木河水源保护区划定情况汇报，针对车木河水源保护区划定及管理中存在的困难问题提出了积极争取昆明市支持，尽快制定车木河水源林保护区总体规划和管理办法，并报请昆明市人民政府，经省有关部门批准，将径流区范围内的晋宁县双河乡所属6个村委会划归安宁市代为管理；车木河水源径流区划定为一类保护区，一律禁止在保护区范围内从事挖砂采石和采矿作业等意见建议。常委会10月23日组织对车木河水库湿地建设情况进行视察，在肯定市人民政府在车木河水库入库湿地工程建设，促进加强城市饮用水源生态环境建设，确保饮用水安全工作取得成绩的同时，建议从2010年起将湿地管护及人员经费列入年度财政预算，为湿地长期发挥效益提供资金保障。

【关注民生，促进社会和谐】　市人大常委会紧紧围绕人民群众关心的热点及改革发展中的难点问题开展工作监督。2009年，常委会组织代表参加安宁市特殊困难人员救助办法、金方街道办事处辖区重点工程及项目、出租车客运价格、城市供排水价格、再生水利用管理办法和再生水利用专项资金补助等听证会，促进了安宁市行政部门科学决策、民主决策、依法决策。为进一步建立和完善城市低保管理体系，规范低保工作管理，常委会组成调研组对全市城市居民最低生活保障情况进行调研，要求政府完善失地农民社会保障机制和城市低保收入家庭救济制度，加强基层工作人员的业务指导和培训，从而保证城市低保工作有序开展。组织部分市人大代表对安宁市2009年廉租房第二季度建设工作进展情况进行视察，主任会议听取有线电视数字化整体转换工作实施方案和乡村流通工程建设情况的汇报，并就涉及安宁市城镇和农村千家万户切身利益的事项提出意见建议。

【法律监督】　2009年来，市人大常委会认真履行宪法和法律赋予的职权，综合运用审议专项工作报告、开展执法检查等形式，加强对"一府两院"贯彻执行法律法规的监督，推进普法宣传教育，加大执法力度，强化司法行政监督。听取和审议市政府关于贯彻实施《就业促进法》、城市管理综合执法、司法所规范化建设及人民调解等工作情况的报告，市法院关于清理执行积案专项工作，市检察院关于完善公诉案件质量保障机制工作情况的报告，有针对性地提出意见和建议；有重点地进行个案监督，组织部分代表旁听法院庭审，对法院庭审过程进行监督。3月26日，市四届人大代表政法专业代表组代表对安宁市公安局看守所进行执法检查；5月14日，安宁市人大常委会组织部分代表对公安派出所规范化建设情况进行视察，提出了加强队伍建设和内部管理及设施更新改造等意见建议。常委会始终重视法制宣传教育，督促"五五"普法和"四五"依法治市工作的落实，开展以宪法为核心的法制宣传教育，进一步增强全民法制意识，在构建良好法制环境中推进依法治市进程。

2009年3月26日，安宁市人大代表政法专业代表小组检查安宁市公安局看守所工作情况。

（市人大　供稿）

代表工作

【代表活动】　2009年，市人大常委会始终重视发挥代表主体作用，以提高代表素质为基础，以创新工作机制为突破，以发挥代表作用为重点，以丰富代表活动形式为载体，切实加强和改进代表工作，不断探索代表工作的新途径和新方法，积极为代表依法履职创造条件、提供服务，充分发挥了代表参与管理国家事务的作用。坚持和完善常委会组成人员联系人大代表制度，认真听取代表意见和建议。坚持为代表寄送《云南人大》、《昆明人大》、《安宁市人大常委会公报》和《安宁人大信息》等刊物。坚持代表列席常委会会议，参加视察、检查活动等制度，为代表知政识情、认真履职提供条件，进一步发挥代表参与管理国家事务的积极性。常委会始终注重加强对代表活动的指导，除不断探索代表活动的形式和内容，按要求组织代表活动、提高代表活动质量外，在2008年已组建5个人大专业代表小组基础上，重视专业代表小组作用的发挥。2009年5个专业代表小组结合自身特点开展调查研究，重点对安宁市森林防火工作及设施建设情况、病险水库除险加固、看守所规范化建设和检察院驻监检察室规范化建设进行检查。代表们结合实际，从专业角度对各项工作分析研究，提出了意见和建议。教科文卫专业代表小组还开展了以"如何利用市域内职教资源为当地经济发展培育人才、职教招生与普高升学如何接轨"为主题的探讨研究，从政府、职能部门、学校、职教园区等不同角度，提出了针对性较强的意见和建议，为安宁市职业教育发展提出了新的思路。

【"人大代表之家"创建工作】　根据昆明市人大常委会办公厅《关于创建"人大代表之家"工作的通知》要求，安宁市人大常委会2009年3月启动"人大代表之家"创建工作，全面安排部署，下发了《关于加强人大代表活动阵地建设的意见》，对创建工作提出了具体要求，确定由县街、连然先行试点。5月中旬，两个试点单位创建工作都按要求完成了场地选址、装修、布局设计、制度文本规范、张贴上墙、各种表册制作、家具配备和电脑配置，全面完成了创建试点工作任务。6月初其余各镇、街道全面开展创建工作，同时以创建工作为契机，建立、健全、完善和规范基层人大工作制度。由人事代表联络工委负责，和有关镇、街道配合，起草制定了基层人大工作制度。通过反复征求各镇人大主席团、街道人大工委意见，经主任会议通过，形成《安宁市人大常委会街道工作委员会议事规则》、《代表活动制度》、《代表视察、调研制度》、《代表联系选民制度》、《代表学习培训制度》及《代表向选民述职制度》六项制度，对《代表权利义务》、《镇人民代表大会主席团职责》、《镇人民代表大会主席团主席职责》、《镇人民代表大会主席团成员守则》、《街道人大工委职责》、《街道人大工委主任职责》及《街道人大工委委员守则》等七个制度进行了修订规范，以常委会文件和统一设计制作的“四簿一册”样式下发至各镇、街道，保证创建工作的规范、有序进行。至6月底，10个“人大代表之家”全面完成创建任务。安宁市“人大代表之家”的创建完成，进一步加强了安宁市基层人大代表活动阵地建设，为推进安宁市基层人大工作水平再上新台阶提供了保障，奠定了坚实基础。11月，昆明市人大常委会检查验收给予了高度评价。

【代表意见建议办理】 市四届人大二次会议及闭会期间共收到代表所提建议102件，其中交由市政府办理94件，占建议总数的92.2%；交由市委有关部门办理7件，占建议总数的6.9%；市人大常委会办理1件。其中：涉及社会保障5件，民政4件，交通、治安、户籍管理3件，教育、文化9件，农村工作及新农村建设18件，财政经济3件，水利23件，城管建设土地7件，安全生产2件，道路交通12件，环保3件，水利23件，城管建设土地7件，安全生产2件，道路交通12件，环保3件，社区建设2件，组织工作、林业、园区建设各1件，其他8件。建议办理工作涉及全市22个部门、1个街道及5个镇，在市人大、市政府的重视和协调下，通过各级各承办部门的努力，2009年6月底全部建议办理完毕，并将办理结果以书面形式回复代表，面商率达100%。其中已解决和部分解决的建议53件（A类），占52.0%，主要集中于市政府、财政局、交通局、民政局承办的涉及安宁市城乡统筹、教育、文化、通讯等社会事业及经济社会发展、道路交通建设、殡葬改革方面的建议，各承办部门明确责任分工，成立工作机构，制定工作方案，深入调查研究，充分听取代表的意见，研究制度并落实办理措施，所提建议已得到解决和落实；列入规划或经常性工作，逐步解决的建议27件（B类），占26.5%，主要集中于新农办、劳动和社会保障局承办的涉及新农村建设、农村养老保险等方面的建议，由于政策、资金等因素限制，暂时难以解决，承办部门本着实事求是，结合实际的原则，将建议列入计划和经常性工作逐步加以解决；因多种原因无法解决的建议22件（C类），占21.5%，主要集中于水务局、八街镇政府承办的涉及农田水利建设方面的建议，由于资金短缺等原因一时难以解决，在办理面商中，有关承办部门一一向代表作了解释说明，得到代表的理解和支持。

为加强意见、建议办理工作，市人大常委会将建议办理工作列入常委会、主任会议年度工作计划，认真分析整理，及时交办，明确责任分工，分解督办任务，强化责任落实，将办理工作与日常监督工作有机结合，突出重点，坚持日常督促与全面检查相结合，加大督办力度，狠抓跟踪问效，提高了建议办理质量。一是继续加强对四届人大一次会议“关于草铺王家滩水库建设的议案”的督办。主任会议2009年9月听取专项工作汇报，对水库建设的下一步工作提出意见建议。二是加强重点意见建议的调查研究。针对代表提出的“关于村（居）委会运转经费的建议”，市人大常委会2009年4月采取全面调查和集中重点调研的方式，对全市村（居）委会正常运转经费投入保障情况进行调研，形成调研报告，在市委、政府的重视下，制定了《安宁村（居）委会运转经费市镇（街道）投入保障方案》，明确自2010年起，市财政将按每个村（居）委会年均核拨3—5万元正常工作经费，保障村级两委工作的正常开展。针对代表提出的“关于解决安宁二中教学设施问题”的建议，常委会2009年3月对安宁二中和八街小学设施建设情况进行调研，提出了解决措施和办法，得到了市政府的重视，投资1 200万元建设师生宿舍彻底解决教学设施不完善的问题。三是以代表小组活动为载体，将建议督办与增强代表活动的针对性相结合，采取调研、视察、检查等方式进行督办。针对代表提出的“关于建立奖励机制、进一步加快打造安宁职业教育品牌步伐的建议”，教科文卫专业小组深入各职教学校进行广泛调研。通过实地走访，了解市域内职业院校改革、发展情况，与职教基地管委会、市教育局多次协调，就加快安宁职业教育发展提出了富有建设性的建议。

2009年4月13日，安宁市人大常委会召开村（居）委会正常运转经费情况调研会。

（市人大　供稿）

【市四届人大代表补选工作】 安宁市第四届人民代表大会第二次会议实有代表175名。市四届人大二次会议以来，部分代表因工作变动调离本行政区域，其中，张瑞金、周美英、汪明涛3名代表因工作变动调离本行政区域，根据《代表法》有关规定，其代表资格自行终止；马萍、杨利明、武容华3名代表因工作变动，向市人大常委会提出辞去代表职务，经2009年12月22日市四届人大常委会第十二次会议审议，决定接受3人辞职请求，辞去安宁市第四届人民代表大会代表职务。依照《代表法》、《选举法》及《云南省县乡两级人民代表大会代表选举实施细则》的规定，2009年12月4日对缺额和出缺代表进行了选举和补选。太平镇机关企事业选区选举李强、市公安局选区补选崔家璧、温泉镇羊角社区居委会选区补选李启春为安宁市第四届人民代表大会代表。安宁市第四届人大常委会代表资格审查委员会2009年12月

8 日召开会议，对上述三个选区选举、补选工作的各个环节进行认真审查，确认李强、崔家璧、李启春 3 名当选代表资格有效。至市四届人大三次会议，实有代表 172 名。

其他工作

【工作交流】　市人大常委会注重与省、昆明市人大的联系，加强与县（区）人大和全国钢铁企业所在城市人大及友好人大的交流，促进人员互访和工作及信息交流。2009 年 3 月 17 日，市人大常委会主任王文学带队组织各镇人大主席团主席和街道人大工委主任及市人大机关相关委室人员到西山区参观学习“人大代表之家”创建工作。为加强机关自身建设，还组织与晋宁县人大进行了联谊交流活动。

同时，常委会坚持组织开好每年两次的安宁市人大工作联席会，发挥好联席会作为安宁市市、镇（街道）两级人大交流学习、增进了解和友谊的重要平台作用。2009 年 5 月 27 日，安宁市人大工作联席会第 23 次会议以创建“人大代表之家”为主题，组织与会人员对县街、连然创建试点情况进行观摩学习，并进行交流发言。安宁市人大工作联席会第 24 次会议 2009 年 11 月 5 日在连然街道召开，会议就“管好用活代表之家，完善代表履职平台”这一主题作了会议交流。

2009 年 10 月 10 日，安宁市召开纪念地方人大设立常委会三十周年座谈会。　　（市人大　供稿）

【宣传工作】　人大宣传和理论研究工作是人大工作的重要组成部分，市人大常委会高度重视人大宣传工作，着力在创新宣传思路、拓展宣传渠道上下功夫。《安宁人大信息》（彩版）2003 年创刊以来共印发 50 期，其中 2009 年印制 6 期，宣传报道安宁市人大及其常委会履职情况，展示代表风采，推进人大理论研讨。2007 年《安宁人大公报》创刊以来共印发 12 期，其中 2008 年印发 5 期，及时向市属各部委办局、人民团体和市人大代表集中宣传常委会决议决定、主任会议意见及调研报告等。2009 年时逢地方人大设立常委会 30 周年，常委会以此为契机，加强人大宣传工作，拓宽宣传视野和渠道，努力在宣传实效上下功夫，推动安宁市人大宣传工作再上新台阶。一是在《今日安宁》制作刊发了纪念地方人大设立常委会 30 周年专版；二是在安宁电视台制作播放了反映基层人大代表履职和反映常委会围绕中心工作开展监督的 3 部专题片；三是组织召开四班子主要领导和老干部参加的纪念座谈会，回顾总结人大工作，探讨研究新时期人大工作的新途径。

【信访工作】　2009 年市人大常委会共受理接待人民群众来信来访 41 件，其中来信 25 件，与 2008 年相比下降 5 件；来访 19 批 29 人，与 2008 年相比下降 15 批 20 人。来信中涉法申诉 5 件，与 2008 年相比下降 2 件；举报 5 件，与上年持平；涉及土地征用、拆迁安置、婚姻关系、迁移落户等问题 8 件；其他 6 件。接待来访中个人访 16 人，集体访 3 批 13 人。从来信来访反映的内容看，主要集中在以下几方面：一是涉及征地拆迁补偿问题的矛盾日益突出，部分群众对政策不理解，认为补偿费用偏低，分配不公，今后生活无着落，养老无保障等反映较集中；二是农村集体资产管理不规范，部分干部不廉洁、作风不民主、财务不公开或公开不够，导致群众信访；三是部分企业和公民因法院生效判决得不到执行引发信访；四是部分破产企业退休职工和待岗职工要求解决住房和生活待遇问题；五是征地拆迁后因婚姻关系、子女落户引发的信访；六是历史遗留问题的信访。从来信来访所反映出的特点看：一是个人访减少，集体访增加且集体访联名人数增多。2009 年收到和接待群众集体访 5 件，联名人数 913 人（2008 年为 2 件 500 人），单件联名人数达 472 人。二是来信来访涉及面广，呈现多元化、复杂化趋势，除历年出现的土地纠纷、拆迁安置、婚姻关系、子女落户、执行不力等问题外，施工影响、承包租赁、落实低保等新问题和围海造田民工、参加“三线”建设民兵、“文革”“两案”人员要求给予生活补助、医疗补助等历史遗留问题，在 2009 年的来信来访中占一定数量。三是集体联名罢免村组干部的信访件增加（2008 年 3 件，2009 年 4 件）。四是涉法信访仍集中在反映法院执行问题方面。

市人大常委会高度重视信访工作，针对这项经常性、长期性工作，常委会加强领导，切实采取措施，通过机关各委室的共同努力，全年接受办理的各类信访件，按照属地管理、分级负责、归口办理的原则，采取自办、转办、督办、协力等多种形式办理完毕，做到事事有交待，件件有落实。通过积极办理人民群众来信来访和申诉案件，为群众排忧解难，化解社会矛盾，维护了群众的合法权益和社会的和谐稳定。

【自身建设】　2009 年，市人大常委会坚持以加强学习、改进作风、完善管理、优质服务、提高效率为重点，切实加强常委会和机关思想、组织、作风、制度建设。一是加强理论学习，提高履职能力。认真组织机关干部深入学习贯彻党的十七大和十七届三中、四中全会精神，省委八届七次全会、昆明市委九届五次全会和安宁市委四届七次全会精神。联系人大工作实际，在机关开展了学习实践科学发展观、“行政效能提升年”和“干部作风改进年”等活动，以及领导干部述职述廉，实施“治庸计划”等活动，结合实际查找问题，制定整改措施，机关干部的理论素质、履职能力和服务水平得到提高。二是加强制度建设，规范工作运行。进一步加强制度建设，在实践和学习借鉴外地经验的基础上，修订完善《安宁市镇人大主席团议事规则》、《安宁市人大常委会街道工作委员会议事规则》等十一项基层人大工作制度；组织完成人大及其常委会8项制度和基层人大13项制度的两本汇编，使人大工作进一步制度化和规范化。为适应新形势对街道人大工作的要求，优化街道人大工委组成结构，加强街道人大工委建设。2009年8月11日安宁市第四届人民代表大会常务委员会第九次会议作出决定，将市人大常委会街道工作委员会委员名额从5名增设至7～9名（其中主任或副主任1名）。三是加强机关内部管理，促进文明建设。严格机关内部管理，全面加强人大机关建设，促进机关作风转变，提高机关工作水平和效率。围绕人大机关干部绩效考核办法，着力查找并解决人大机关效能方面存在的突出问题，促进机关干部进一步转变作风，机关干部的事业心和责任感得到增强。同时注重机关环境和文明素质建设，2009年人大机关再次通过省级文明单位考核验收，机关精神文明建设再上新水平。

【人事任免】 市人大常委会始终把党管干部和人大依法任免有机结合起来，坚持任免监督并重。涉及人事任免事项，常委会均召开党组扩大会议，听取党委关于人事任免情况通报。按照任免程序规定，组织拟任命人员进行任前法律知识考试、向常委会作供职报告和颁发任命书，增强被任命人员的法律意识和人大意识。此外，常委会通过“一府两院”被任命人员向常委会报送年度述职报告，加强对“一府两院”组成人员的工作监督。2009年常委会依法任免国家机关工作人员38人次，其中：任命28人次，免职10人次，为“一府两院”开展工作提供了组织保证。

2009年2月24日，安宁市第四届人民代表大会常务委员会第六次会议决定任命：程宇清为安宁市人民政府副市长，并报安宁市人民代表大会备案。

2009年4月14日，安宁市第四届人民代表大会常务委员会第七次会议任命：高自文为安宁市人大常委会办公室主任。决定任命：汪德华为安宁市经济贸易局局长，决定免去：汪明涛安宁市经济贸易局局长职务。

2009年6月9日，安宁市第四届人大常委会第八次会议决定任命：尹旭东为安宁市人民政府副市长，报安宁市人民代表大会备案；任命：陈虹、唐志云、周亮、桂欣为安宁市人民法院审判员。

2009年8月12日，安宁市第四届人大常委会第九次会议决定任命：范志东为安宁市人民政府副市长，报安宁市人民代表大会备案；免去：叶庆华安宁市人民代表大会常务委员会教科文卫工作委员会主任职务。

2009年10月13日，安宁市第四届人民代表大会常务委员会第十次会议免去：马萍安宁市人大常委会人事代表联络工作委员会主任职务；决定任命：张岩为安宁市人民政府副市长，报安宁市人民代表大会备案；决定任命：杨利明为安宁市农业局局长、张建忠为安宁市安全生产监督管理局局长；决定免去：汪正国安宁市农业局局长职务、周兴春安宁市安全生产监督管理局局长职务。任命：邹光辉、余志明、黄兆岩为安宁市人民检察院副检察长，免去：尹红伟安宁市人民法院民事审判第一庭庭长职务；任命：李云华、何莉琼、赵剑波为安宁市人大常委会连然街道工作委员会委员，苏鹤洲、杨树清为安宁市人大常委会金方街道工作委员会委员。

2009年12月8日，安宁市第四届人民代表大会常务委员会第十一次会议决定任命：梅林为安宁市人民政府副市长、安宁市公安局局长，免去张瑞金安宁市人民政府副市长、安宁市公安局局长职务，报安宁市人民代表大会备案；任命：罗俊贤、杜铮、耿召军、李涛、郭进帮、卢万玉、郑林聪为安宁市人民法院人民陪审员。

2009年12月22日，安宁市第四届人民代表大会常务委员会第十二次会议决定：接受马萍的辞职请求，辞去安宁市第四届人民代表大会代表、安宁市第四届人民代表大会常务委员会委员职务；接受杨利明、武容华的辞职请求，辞去安宁市第四届人民代表大会代表职务。

（李加成）

2009年4月15日，安宁市人大机关再次通过省级文明单位考评验收。（市人大　供稿）

安宁市人民政府

主要工作

【简述】 2009年，在昆明市委、市政府和安宁市委的正确领导下，在市人大及其常委会和市政协的监督支持下，安宁市人民政府团结带领全市人民，坚持以科学发展观为指导，以“1366”发展思路为引领，紧扣跨越式发展目标，坚决贯彻落实上级应对金融危机的一系列工作部署，主动作为、有效应对，负重奋进、克难前行，提出并实施了“稳工业、保增长，抓项目、增投资，惠民生、保稳定”等一揽子措施，市域经济社会在应对危机中前进，在真抓实干中发展，在经受考验中提升，市四届人大二次会议确定的各项目标任务基本完成，跨越式发展实现良好开局。

【经济总量止跌回升逐月向好】　2009 年一季度，安宁市受金融危机影响，主要工业产品价格迅速下降，部分企业生产经营困难，市域经济增速大幅回落，地区生产总值、工业经济等主要指标历史以来首次出现负增长。在极其困难的情况下，全年地区生产总值从一季度负增长 5.8% 上升为增长 10.2%，达到 120.6 亿元；规模以上工业增加值从一月份负增长 22.7% 上升为增长6.6%，达到63.5 亿元；完成第三产业增加值 42.9 亿元，增长 15.7%。

【工业经济全面提升】　2009 年，安宁市实现工业增加值 66.1 亿元，同比增长 8.6%，占全市 GDP 总量的 54.76%。全市新开工亿元以上工业项目 8 个，新增规模以上企业 3 户，完成工业固定资产投资 24.8 亿元，增长 36%。永昌钢铁公司等 6 家企业跻身昆明市非公企业 30 强。9 个产品成为云南省名牌，24 个产品创建为昆明市知名商标。

【招商引资成绩显著】　2009 年，昆明市外资金到位项目 130 个，到位资金 51.8 亿元、实际利用外资 4 606万美元，分别增长 45.6% 和 15%。安宁市财政外资金到位项目 255 个，到位资金超过 80 亿元。被中国国际贸易促进委员会授予“中国最具投资潜力城市”荣誉称号，也是西部唯一获此殊荣的县级城市。

【园区建设取得新突破】　2009 年，安宁市完成新一轮工业园区总体规划修编。创建国家新型工业化磷盐化工产业示范基地通过评审。武钢集团昆钢股份公司淘汰落后、结构调整、搬迁改造项目场平工程正式开工。中石油云南炼化基地项目加快推进。园区基础设施 2 年突破取得明显成效，草铺麒麟、金方干海底工业片区启动建设，新增土地收储9 000多亩。园区规模以上工业增加值占全市 91%；完成工业固定资产投资 21.8 亿元，增长 19.8%，占全市 87.9%。

【现代农业发展开局良好】　安宁市全面落实强农惠农政策，连续五年保持投入增加。2009 年兑现惠农直补资金 730 万元，3.2 万户农村居民直接受益。粮烟产量稳步增长，蔬菜、绿化苗木产值大幅提高。出栏肥猪 28 万头、家禽 960 万只，养殖小区达 15 个，规模养殖户突破1 000户，实现畜牧业产值 5.8 亿元，增长 16%。出台鼓励农村土地承包经营权流转、农业园区建设等政策，完成农村土地承包经营权流转 4.42 万亩，流转面达 36.7%。启动神田、恒进、乐义和锦苑花卉等 4 个现代农业园区建设，总规模达 5 000亩。完成农业总产值 11.8 亿元，增长 7.3%。

【城乡一体化建设取得新进展】　2009 年，安宁市出台《安宁市征地拆迁补偿安置办法》，启动集中居住区统规统建工程。柳树小区、金色佳园集中居住区建成入住，5 000多名被征地人员向城镇聚集。完成农村劳动力转移9 611人。9 个整村推进试点和 66 个村“一事一议”财政奖补工程全部完成。自然村通村道路硬化率、行政村公交覆盖率达 100%。10 个农村社区试点建成达标。启动中低产田（地）改造 6 年达标工程，完成水利工程 489 件，土地开发整理 1.38 万亩。实施“一池三改”224 户，建成大中型沼气池 3 座。新建镇文化站 1 个、村文化室 14 个、村（社区）卫生室 8 个。南部水资源保护区扶持政策逐步完善，力度不断加大。集体林权制度改革确权率 96.1%，确权到户率 81.8%，集体林、商品林均山到户率分别达 96.9% 和 88.7%。户籍管理体制、基层农业技术推广体系、农村小型水利工程管理体制改革积极推进。

【第三产业成为经济增长的助推器】　2009 年积极推进旅游业“二次创业”，全市接待游客突破 200 万人次。全力保持房地产业稳定发展，新建住宅小区近 200 万平方米。综合农贸市场、农副产品交易市场、再生资源回收站建设快速推进，“万村千乡”市场工程行政村覆盖率达 96%。认真落实家电、汽车、摩托车下乡政策，兑现补贴资金 538 万元。完成社会消费品零售总额 25.3 亿元，增长 18.2%。

【城乡居民生活持续改善】　2009 年，城镇居民可支配收入、农民人均纯收入分别达18 172元、6 170元，增长 4.3% 和 10.9%。启动全民创业计划，提供有效就业岗位8 847个，新增城镇就业人员5 052人，城镇登记失业率控制在 2.5% 以内。大力推进“贷免扶补”工程，累计发放创业贷款、小额担保贷款5 620万元，扶持创业项目1 123个。五项社会保险参保人数达 24.26 万人次，增长 25.96%。被征地人员基本养老保险参保人数达8 878人。建成廉租房 752 套，政企共建模式得到省、昆明市的肯定和推广。

【社会建设取得新进步】　2009 年，安宁市宝兴学校二期、安宁职中扩建工程全面完成，青龙学校新建、安宁二中完善工程进展顺利。启动中小学校舍安全工程。职业教育、学前教育加快发展。荣获“云南省教育工作先进市”称号。民营医院加快发展，城乡公共卫生服务体系不断完善。新农合住院报销封顶线提高至 2 万元，参合率达 99.7%。城镇居民基本医疗保险参保 5.78 万人，参保率达 90%，医疗保障基本实现城乡全覆盖。落实外来人口“四同”制度，人口自然增长率 2.26‰，荣获“全国计划生育优质服务先进单位”称号。扎实推进公安“三项建设”，深入开展“打黑除恶”专项行动，严厉打击各类违法犯罪活动；城市报警与监控系统建设初见成效；刑事发案率明显下降，命案侦破率连续四年保持100%，人民群众对社会治安满意率不断提升。

【五件实事按时完成】　2009年安宁市人民政府五件实事：完成安宁实验学校建设，保证当年9月开学招生　安宁实验学校于2008年9月26日启动建设，2009年9月1日建成交付使用。学校占地150亩，建筑面积54 000平方米，绿地率50.71%，是一所数字化、园林式、环保型学校，也是“小学就近入学，初中适当向城镇集中”的试点学校。

完成61个村卫生室药品、医疗器械规范化建设　市政府投入资金36.6万元，对61个村卫生室进行“两个规范”建设，第一批34个村卫生室“两个规范”建设于2009年11月通过昆明市验收，第二批27个村卫生室“两个规范”建设于2009年12月底通过昆明市验收。截止2009年，全市70个村卫生室“两个规范”建设达标率达100%，确保广大群众用药、用械安全有效。

完成农村民居抗震加固1 000户　安宁市2009年开展了农村民居抗震加固工作。截止2009年12月底，全市共完成农村民居抗震加固1 100户，超额完成100户。

实施农村绿色照明工程，为农村新增500盏太阳能路灯　截止2009年12月底，共在全市23个村委会57个村小组新装太阳能光伏路灯566盏，超额完成66盏。

完成67个村（居）委会信息村建设工程　截止2009年12月底，全市7镇2街道91个村（居）委会信息村建设工作全面完成并通过验收，超额完成24个。

【市政府常务会议】　2009年1月3日，安宁市市长王剑辉主持召开市四届人民政府第九次常务会议。会议研究全市2008年财政预算执行情况及2009年财政预算收支计划有关情况报告、2008年国民经济和社会发展计划执行情况及2009年国民经济和社会发展计划报告和数字电视整体转换等工作。

1月14日，市长王剑辉主持召开市四届人民政府第十次常务会议。会议研究了2009年重点工作立项分解督办、第十七次市域经济运行分析会暨表彰大会方案等工作。

1月24日，市长王剑辉主持召开市四届人民政府第十一次常务会议。会议研究了信访维稳、安全生产、工业园区投融资、永昌公司技改项目建设等工作。

2月15日，市长王剑辉主持召开市四届人民政府第十二次常务会议。会议研究了招商引资、国库集中支付改革、城区环境卫生作业市场化运作等工作。

3月29日，受市长王剑辉委托，市委常委、副市长李春明主持召开市四届人民政府第十三次常务会议。会议研究了“四全”区域畜禽禁养零申报管理、低温霜冻灾害救助、城乡医疗救助、重点基础设施项目融资等工作。

4月21日，市长王剑辉主持召开市四届人民政府第十四次常务会议。会议研究了农民工工资支付保障、国有资产管理等工作。

5月18日，市长王剑辉主持召开市四届人民政府第十五次常务会议，对政府性投资重点基础设施建设项目投融资管理、在村级会计委托代理服务、环境卫生管理体制改革等工作进行了研究。

5月30日，市长王剑辉主持召开市四届人民政府第十六次常务会议，专题研究八街镇车木河村搬迁、八街南部铁矿资源开发整合、武钢项目征地拆迁安置等工作。

6月11日，市长王剑辉主持召开市四届人民政府第十七次常务会议，研究征地拆迁补偿安置、投资项目绿色通道审批等工作。

6月17日，市长王剑辉主持召开市四届政府第十八次常务会议，研究八街镇车木河村搬迁、村（居）委会办公经费投入、行政事业单位2007年资产清查、固定资产核实处理等工作。

7月7日，市长王剑辉主持召开市四届人民政府第十九次常务会议，研究成立安宁市国土资源委员会、清理城市低保对象、昆钢医院股份制改革等事宜。

8月6日，市长王剑辉主持召开市四届人民政府第二十次常务会议，研究基础设施建设项目贷款、太平新区道路建设BT项目回购、实施国家知识产权强县工程等事宜。

8月19日，市长王剑辉主持召开市四届人民政府第二十一次常务会议，研究市政府机构改革、基础设施建设项目贷款、行政事业单位国有资产处置审批等事宜。

9月11日，市长王剑辉主持召开市四届人民政府第二十二次常务会议，研究项目贷款、民主评议行风、铁路枢纽建设、城镇居民低保清理等事宜。

9月15日，市长王剑辉主持召开市四届人民政府第二十三次常务（扩大）会议，专题研究部署全市甲型H1N1流感防控工作。

10月10至12日，市长王剑辉主持召开市四届人民政府第二十四次常务会议，研究全市低保清理、部分项目贷款、新哨湾村整体搬迁等事宜。

11月4日，市长王剑辉主持召开市四届人民政府第二十五次常务会议，研究全市开展“三普”教育培训、部分公务员提高享受非领导职务待遇及部分项目贷款等事宜。

11月15日，市长王剑辉主持召开市四届人民政府第二十六次常务会议，研究全市中小学校舍安全工程规划、太平奥林匹克体育小镇东环干道四标、西环干道一标及四标BT项目、安宁常安塑编有限责任公司借款等事宜。

12月11日，市长王剑辉主持召开市四届人民政府第二十七次常务会议，研究八街镇车木河村搬迁安置方案、太平体育小镇东环干道一、二标段贷款、2008～2009年科技成果奖励等事宜。

12月16日，市长王剑辉主持召开市四届人民政府第二十八次常务会议，研究讨论2010年《政府工作报告（征求意见稿）》和工业园区投资开发有限公司、市投资开发有限公司项目贷款及安宁教育投资有限公司组建等事宜。

【市政府四届三次全体（扩大）会议】 2009年1月18日，市政府召开四届三次全体（扩大）会议，安排部署2009年各项工作。会议要求，全市领导干部要靠智慧解决困难问题、靠务实解决思想问题、靠团结解决战斗力问题；严格自律，主动接受监督，带头勤政廉政；全面落实政府性投资工程建设“八个百分之百”规定，切实加强建设工程管理。会上，市政府领导与各镇、街道办和部门签订了安宁市“八个百分之百”建设工程管理责任书。市领导王剑辉、李海平、李春明、张瑞金、戴彬、尹家屏及市长助理刘婕、欧明锋出席会议。

【市政府四届四次全体（扩大）会议】 2009年6月30日，市政府召开四届四次全体（扩大）会议。会议进一步安排部署下半年工作，动员全市广大干部群众迅速行动起来，改进作风、提升效能，奋力拼搏、狠抓落实，确保全年各项任务全面完成。市政府副市长分别就各自分管口工作作了总结和安排。市政府组成部门，直属机构、议事机构、派出机构，直属事业单位，协管单位，金融部门，人民团体和各镇人民政府、街道办事处主要负责人参加了会议。

2009年6月3日，安宁市人民政府召开四届四次全体（扩大）会议。　（路　宽　摄）

【市政府专题会议】 2009年2月25日，安宁市召开信息化建设暨为民服务工作会议，对2007～2008年工作进行总结，安排部署2009年工作。会议指出，要进一步加速信息化进程，强化为民服务工作，全力打造一流的政务服务环境，促进安宁市经济社会又好又快发展。2009年信息化工作将在电子政务、电子商务、全社会信息化建设、政府信息公开等方面展开，重点支持市域范围内的国土地理空间信息系统建设，建立全市可共享的高精度地理空间数据库系统，整合国土现有的土地信息系统，建成集地面、地下一体，集城镇、乡村一体的全市地理信息数据库系统。昆明市信息办副主任王佳到会指导工作，市领导王坚、魏学林、尹家屏、程宇清出席会议。

2月20日，安宁市召开四届人民政府第二次廉政工作暨纠风工作会议，总结2008年政府系统廉政建设及纠风工作，安排部署2009年工作，并与有关部门签订2009年纠风工作责任书。会议要求2009年要着力抓好执法监察、效能监察和廉政监察，深入开展经济社会发展软环境建设和制度创新工作，继续深化体制改革。围绕政府中心工作开展执法监察，加大行政效能监察工作力度，促进政府职能转变和管理创新；开展专项执法监督检查，整顿和规范市场经济秩序，推进治理商业贿赂工作；加大查办案件工作力度，严格权力监督制约，从创新机制上强化政府廉政建设。市政府市长、副市长、市长助理出席会议，市委常委、市纪委书记焦林、市人大常委会副主任李树华、市政协副主席曹忠昌，市检察院检察长董毅应邀参加会议。

3月2日，安宁市召开“行政效能提升年”和“干部作风改进年”动员大会。会议要求各镇、街道和各单位、各部门要深化制度创新、严格督查严厉问责，制定和完善“治庸计划”、“干部能力提升计划”、重点项目审批快速通道实施细则、行政审批日常督查抽查制度、招商引资和重点项目落地保障措施、重大项目推进办法、年终综合考核办法等规章制度。将行政审批事项减少到60项以内，将行政审批事项办理时限再缩短三分之一，着力打造效能型、服务型政府。全体市级领导出席会议。

5月4日，市长王剑辉主持召开市政府专题会议，对违章建筑问责办法、市级领导调研企业方案、节能减排工作、殡葬改革等问题进行研究。

5月7日，安宁市召开甲型H1N1流感防控工作会议。会议通报安宁市防控甲型H1N1流感的各项工作情况并安排部署下步防控任务。

9月28日，安宁市召开庆祝新中国成立60周年大会。会议回顾了安宁60年的发展历程，并指出坚持不懈地解放思想，增强发展的紧迫感和责任感是安宁开创局面，取得新成就的重要保证；坚持工业强市战略，走新型工业化道路是实现安宁现代化和全面小康社会目标的必由之路；各级、各部门要坚定信心、抢抓机遇、团结奋斗、继往开来，为实现全面小康社会和建设富强民主文明和谐的社会主义现代化国家而努力奋斗。全体市级领导，部分离退休老干部、老同志，全市实职副科以上领导干部，各界群众代表，解放军、武警部队官兵参加了庆祝大会。

10月29日，安宁市召开干部大会，学习贯彻省委八届七次全会、昆明市贯彻省委八届七次全会精神和昆明市政府全会精神。按照“拼搏2009”的要求，安宁市总结分析了1～3季度工作，并就财税、投融资、招商引资、工业经济保增长、基础设施建设、拆零拆违、城市管理等工作进行安排部署。同时，会议动员广大干部群众再接再厉，攻坚克难，全力冲刺，奋战60天，确保年度各项目标任务全面完成。全体市级领导，全市副科以上干部及各职能部门中层干部近500人参加会议。

2009年10月29日，安宁市召开干部大会，学习贯彻省委八届七次全会、昆明市贯彻省委八届七次全会精神和昆明市政府全会精神。　（路　宽　摄）

【市域经济运行分析会】　2009年1月21日，安宁市召开第十七次市域经济运行分析暨表彰大会。会议对2008年度经济工作先进集体进行表彰，并提出2009年及今后一段时期内全市发展思路。会议要求全市干部职工必须清醒认识到市域经济发展的困难和问题，做到谋势而动、逆势而上、顺势而为，坚定信心抓好发展，迎着危机推动发展，抓住机遇加快发展。同时要求各有关职能部门切实履行职能，全力帮助企业过冬。全体市级领导出席会议。

4月21日，安宁市召开第十八次市域经济运行分析会。全体市级领导，各镇（街道）、各有关部门领导出席会议，驻市部分企业、金融单位、在建重大项目代表应邀参加会议。会议通报了全市一季度经济运行情况，并对贯彻落实昆明市委常委（扩大）会议精神进行安排。昆明钢铁控股有限公司、惠嘉集团有限公司、祥丰化肥有限公司等企业作了交流发言。

5月17日，安宁市召开第十九次市域经济运行分析会。会议通报全市经济运行情况及重点突出招商引资项目推进情况，对市域经济运行进行了分析、研判、预测、预警。会议要求招商引资和项目推进工作要形成合力，多渠道融资，加大中小企业扶持力度，加快完善项目审批手续，解决好项目的选址和落地问题。全体市级领导，各镇（街道）、各有关部门领导出席会议。

6月17日，安宁市召开第二十次市域经济运行分析会，由副市长尹旭东主持。会议通报全市1～5月市域经济运行情况，并围绕全市基础设施建设推进工作作了分析、研究和安排部署。

7月10日，安宁市召开第二十一次市域经济运行分析会。会议总结2009年上半年工作，通报上半年市域经济运行情况，强调要坚定信心，紧张快干，拼搏三季度、冲刺四季度，确保各项目标任务三季度不塌进度，四季度全面完成、超额完成。李树勇、王剑辉、王文学、李海平等市级领导出席会议。

9月1日，安宁市召开第二十二次市域经济运行分析会，对2009年1～8月全市财税、投融资工作进行分析研判。会议强调，当前要逆势而行保增长，深入落实全面抓发展，中心抓经济，重点抓项目，关键抓收入，核心保民生等重点工作。会议要求各级各部门要增强大局意识、责任意识，千方百计保增长，尽心尽力保民生，全力以赴保稳定，拼搏三季度，冲刺四季度，全面完成各项工作任务。全体市级领导出席会议。

2009年5月17日，安宁市召开第十九次市域经济运行分析会。　（俞学云　摄）

【项目建设开工仪式】　2009年1月20日，云南安宁国际物流园项目正式开工建设。市领导李树勇、王文学、王剑辉、李海平、尹家屏出席开工仪式。

2月6日，双青公路改扩建项目正式开工。市领导李树勇、王剑辉、王文学、尹贵生、张维勇、焦林、周美英出席开工仪式。

3月6日，工业园区武家庄片区1号主干道正式开工建设。市领导李树勇、王剑辉、王文学、尹贵生、张维勇、焦林、申林、周美英出席开工仪式。

3月31日，太平体育小镇3#次干道延长线及东西向次干道工程举行开工庆典仪式。市领导李树勇、王文学、尹贵生、李海平、李春明出席开工仪式。

4月25日，安宁市安县公路、西一绕公路、螳川西路、珍泉东路四条公路同时开工建设。4条公路总投资近4.9亿元，是安宁市为有效缓解城市道路压力，缩小地区发展差距，促进地方经济社会协调发展，构建安全、环保、舒适的道路交通软环境的实效举措。昆明市人大常委会副主任、市总工会主席杨丽，安宁市领导李树勇、王剑辉、王文学、李海平出席开工仪式。

5月17日，云南省首家农村标准化园林式学校——青龙学校易地新建工程正式开工。昆明市人大常委会副主任夏静、昆明市政府办公厅厅务委员汪云兰、昆明市教育局副局长李裕华、昆明市教育电视台台长李红平，安宁市领导李树勇、王剑辉、王文学、尹贵生、尹旭东、洪雯静、戴彬、段学发出席开工仪式。

6月4日，国内首个将磷石膏变废为宝的综合利用项目——云南金色田野化肥有限公司20万吨磷石膏综合利用和20万吨MPCP项目在安宁草铺工业园区正式开建。李树勇、王剑辉、王文学、尹旭东、魏学林、尹家屏、程宇清等市领导出席开工仪式。

8月20日，投资4 500万元的脱硫节能褐煤气化炉项目在安宁市金方工业园开工建设。该项目3个月后即可投产，预计年生产脱硫节能褐煤气化炉6 000套，实现年销售收入3亿元，安置100余人就业。市领导李树勇、王剑辉、李海平、焦林、李春明、尹家屏、程宇清出席开工仪式。

8月20日，省救灾物资储备中心建设项目在金方街道办多衣者村华里山动工建设。该项目由省政府投入6 500万元，新建20 000平方米救灾物资储备仓库。项目建成后，将全面提升我省应对各类自然灾害和突发事件的应急处置能力。省民政厅副厅长李国材，市领导李树华、程宇清、曹忠昌出席开工仪式。

9月27日，云南高福生物科技有限公司饲料生产城开工。市领导王文学、李海平、尹旭东、李春明出席开工仪式。

10月16日，安宁太平体育运动中心、“奥林匹克记者村”项目在太平新区举行开工典礼仪式。云南日报报业集团党委书记、社长罗杰，市领导王剑辉、王文学、李海平、李春明、张维勇、尹旭东、申林出席奠基仪式。

10月31日，安宁市太平体育小镇东环干道四标段BT项目在太平新区举行开工庆典仪式，市领导李树勇、王剑辉、王文学、李春明、程宇清、张岩出席开工仪式。

11月17日，昆明鼎立医院在宁湖新区举行开工典礼。昆明鼎立医院建设工程项目占地20亩，建筑面积2.03万平方米，总投资约7 800万元，计划2010年建成投入使用，建成后将设置200余张床位。安宁市副市长程宇清、范志东出席开工仪式。

12月29日，县街镇小箐口水库改扩建工程正式启动。小箐口水库改扩建工程对于缓解车木河水库供水压力，增强职教基地、县街片区供水保障能力，加快职教基地和县街集镇开发将起到积极作用。市领导李树勇、王剑辉、李海平参加开工仪式。

【签订合作协议】　2009年2月11日，安宁市与交通银行云南省分行签订战略合作协议。交通银行云南省分行行长李大军、副行长李智斌，市领导李树勇、王剑辉、王文学、尹贵生、李春明、郭光辉、尹家屏、程宇清、曹忠昌、汪明涛，市长助理欧明锋、刘婕出席签字仪式。

3月27日，安宁市与富滇银行、中融国际信托有限公司签订云南新工业信托战略合作协议。昆明市政协主席田云翔、人大常委会常务副主任宋黎明、副市长赵德光、中融国际信托有限公司董事长高兴山、富滇银行常务副行长罗树才，安宁市领导李树勇、王剑辉、王文学出席签字仪式。

4月27日，安宁市举行招商引资项目签字仪式，签约合作项目5个，协议投资总额16.7亿元，项目涉及化工、物流、社会事业等领域，市领导王剑辉、尹家屏、戴彬出席签字仪式。

6月5日，安宁市政府与云锡地产公司签下38亿元投资协议，计划在太平体育小镇建设云锡体育健康城。建成后的体育城将成为2011年昆明市第四届城市运动会和云南省第七届城市运动会比赛主场馆。市领导李树勇、王剑辉、王文学、李海平、尹贵生、尹旭东、申林、李春明、戴彬、尹家屏、程宇清、刘婕、欧明锋出席签约仪式。

7月17日，安宁市政府与省未成年犯管教所举行收回国有土地使用权签字仪式。市长王剑辉与省未成年犯管教所党委书记、所长付建强签订合作协议。省监狱管理局党委书记、局长马林，市领导李树勇、王剑辉、尹贵生、王坚、李春明、刘婕、魏学林、张瑞金、程宇清出席签约仪式。

8月21日，安宁市政府与昆明煤气（集团）控股有限公司举行燃气项目合作框架协议。市委常委、副市长尹旭东，市人民检察院检察长董毅，昆明煤气（集团）控股有限公司党委书记、董事长莫云出席签约仪式。

9月15日，安宁市举行《昆明枢纽扩能改造工程征地拆迁目标责任书》签订仪式。市领导王剑辉、尹旭东参加签字仪式。目标责任书的签订，标志着昆明铁路枢纽扩能改造（安宁段）征地拆迁工作正式启动。

11月20日，安宁市政府与建设银行云南省分行签署银政合作协议，省建行将再次提供5亿元信贷资金支持安宁市钢铁、石油化工、交通、水利等产业和基础设施建设。建设银行在云南省分行行长潘念宁，市领导李树勇、王剑辉、王文学、李海平、郭光辉、尹家屏、程宇清、曹忠昌参加签约仪式。

【青龙镇举行“国家卫生镇”授牌仪式】　2009年4月15日，青龙镇举行“国家卫生镇”授牌仪式。国家疾控局局长、爱卫办副主任白呼群代表国家爱卫会向青龙镇授牌，国家疾控局疾控处处长李全乐，云南省卫生厅副厅长杨鸿生、爱卫办主任李玉勤，昆明市副市长廖晓姗，市委、市政府副秘书长王有祥，市政府副秘书长李云周，市卫生局局长许勇刚、副局长吴争鸣，安宁市领导李树勇、尹贵生、周美英、戴彬、段学发参加授牌仪式。

【安宁市非物质文化遗产保护中心正式挂牌】　2009年6月13日，安宁市非物质文化遗产保护中心正式挂牌。安宁市的省级传承人肖国祥，昆明市级传承人龙树岗、朱文光、张云祥，县级传承人王兴祥获得了传承人牌匾和慰问金，草铺镇和八街镇分别被授予“草铺水井湾苗族保护区”、“八街花灯之乡”称号。

【安宁园博园在宁湖公园举行开园仪式】　2009年10月29日，昆明市第二届园林绿化博览会安宁园博园在安宁宁湖公园举行开园仪式。安宁园博园位于宁湖新城宁湖西岸，占地15.2公顷，总投资4 000余万元，于2009年4月上旬开工建设，至9月中旬竣工。园内设有银杏园、竹园、滇翠柏园、梅花园、红荷花园、石楠园、樱花园7个植物展园，1个综合展馆，1个游客服务中心。省委常委、昆明市委书记仇和出席开园仪式，昆明市市长张祖林宣布安宁园博园开园。昆明市副市长陈勇主持开园仪式。昆明市级领导班子成员、三个国家级开发（度假）区主要领导，十四个县（市）区党委、政府主要领导和分管领导，昆明市级部门相关领导，安宁市领导班子成员、相关部门领导及部分群众代表参加开园仪式。

【八街传统民用器物博物馆成立】　2009年1月8日，我省首家镇级博物馆——八街传统民用器物博物馆在八街镇关圣宫正式成立。昆明市委常委、宣传部部长张红苹、昆明市政协副主席汪叶菊为博物馆成立揭牌。市领导周美英、戴彬出席启动仪式。

【省、昆明市领导视察安宁】　2009年1月4日，省委常委、昆明市委书记仇和，市委副书记、市长张祖林带领参加中共昆明市委九届五次全体（扩大）会议的300余参会人员到安宁市现场观摩市生活垃圾处理中心、螳川西路、宏信新型钢结构生产项目。安宁市领导李树勇、王剑辉、王文学、李海平、焦林、尹家屏等陪同观摩。同日，云南省旅游经济强县考核工作组对安宁市创建云南省旅游经济强县工作进行考核验收。安宁市以885分通过创建云南省旅游强县考核。

2月18日，省政协人口资源环境委员会主任委员谢承彧带领视察组到安宁市视察螳螂川河道综合整治工作。市领导李春明、郭光辉、马文喜陪同视察。

3月3日，昆明市调研组到安宁市调研推进相对集中行政处罚权和实行综合行政执法工作情况。安宁市副市长张瑞金陪同调研。

3月5日，由省教育厅厅长助理于达林率队，教育、财政等7厅领导组成的省综合检查组检查安宁市创建规范教育收费示范市暨减负工作。副市长戴彬陪同检查。

4月1日，省推进国有资产监管和企业改革工作第三督导组到安宁市督导工作。市领导尹贵生、程宇清、曹忠昌陪同视察。

4月15日，昆明市政府第二检查组到安宁市验收公众聚集场所、高层和地下建筑消防安全专项整治工作。副市长张瑞金陪同检查。

5月6日，省人大常委会副主任杨保建率领调研组视察安宁市职业教育工作。调研组听取了安宁市职教园区规划建设情况及昆明市部分中等职业学校校长关于发展职业教育的意见建议，视察了安宁市职业高级中学；同时强调要完善思路、加大投入、积极扶持职教基地快速稳定持续发展。昆明市人大常委会主任李培山，安宁市领导王文学、尹贵生、戴彬、汪明涛陪同视察。

5月19日，昆明市委常委、市纪委书记应永生率相关人员到安宁市督察项目推进工作。督察组听取了和平国际物流园、云锡体育健康城项目建设推进情况汇报，并到项目规划选址地进行了实地查看。安宁市领导王剑辉陪同查看。

6月2日，昆明市委、市政府办公厅副秘书长，昆明市创建办主任王有祥一行到安宁调研“四创两争”工作。安宁市领导尹贵生、戴彬陪同。

6月10日，昆明市委、市政府副秘书长王有祥，省爱卫办主任李玉勤组织专家对安宁市创卫工作进行检查指导。安宁市领导尹贵生、戴彬陪同。

7月7日，省委常委、昆明市委书记仇和率有关部门负责人到安宁职教基地实地调研项目进展情况，要求集中力量、突出重点，促进职业教育由文化教育向知识教育、智能教育、技能教育转变。安宁市领导李树勇、王剑辉、汪明涛陪同调研。

7月13日，昆明市人大常委会第一视察组对安宁市技师学院、恺鑫冷轧厂、工业园区基础设施建设等在建项目进行视察。安宁市领导魏学林、尹家屏陪同视察。

8月6日，省林业厅副厅长、省林改办主任王德祥率队调研安宁市林业法律法规执行情况。调研组听取了市政法委、林业、检院、法院、法制办对相关工作的汇报，并建议安宁整合林业队伍、提高执法能力，加大基层林业站人员培训力度，提高法律业务素质，进一步加大监督和惩治力度。市领导张维勇、李春明陪同调研。

8月13日，昆明市委常委、组织部部长郭洪波到安宁市温泉镇北塔村螳螂川边种植“河长林”。安宁市领导李树勇、王文学、尹贵生、王坚、李春明、段学发陪同。

8月26日，云南省委常委、宣传部部长张田欣率队到安宁市调研文化建设工作。调研组听取了昆钢“昆明历史文化城”、省文化厅原生态文化传承基地及云南民族文化传承学校两个计划在安宁建设的项目情况汇报。张田欣部长就安宁文化建设工作，建议安宁市充分发挥自然资源优势，挖掘人文底蕴，建设文化、生态、和谐的安宁。市领导李树勇、尹贵生、戴彬陪同调研。

10月15至16日，昆明市爱卫会代表省爱卫会对安宁市县街镇2个、八街镇7个申报省级卫生村的自然村进行检查，同意验收。

10月29日，昆明市市长张祖林率常务副市长李文荣，副市长王道兴、何波，市级相关部门主动到昆明钢铁集团公司上门服务，现场办公，研究解决昆钢集团公司在项目推进中遇到的困难和问题。安宁市领导王剑辉、尹家屏陪同。

10月30日，省旅游局党组书记朱飞云一行到安宁市调研温泉旅游小镇开发建设工作。调研组听取了安宁市关于温泉旅游小镇规划建设工作情况汇报，并实地察看世纪天乐、金叶科技园等项目，充分肯定了温泉旅游小镇在规划建设方面取得的成绩，并希望温泉旅游小镇挑起全省第一旅游名牌的重任，走集约化品牌化道路。安宁市副市长戴彬陪同调研。

11月9日，昆明市政协副主席陆玉珍带队对2008年度重点提案暨农村中小学标准化建设工作进行检查。安宁市副市长张岩陪同检查。

12月1日，昆明市政协副主席傅汝林率部分政协委员视察安宁市生猪屠宰市场整治工作。安宁市副市长范志东，市政协副主席曹忠昌陪同视察。

12月8日，省委常委、昆明市委书记仇和，昆明市委副书记、市长张祖林率昆明市级四套班子领导巡查观摩第36条出入滇河道最后一条、也是唯一出湖河道螳螂川。仇和充分肯定了螳螂川的阶段性治理成果，同时强调，螳螂川沿岸要实施彻底截污，要把螳螂川变成靓丽的清水川。安宁市领导李树勇、王剑辉、李春明陪同。

12月26日，昆明市副市长李喜率昆明市涉农部门相关负责人到安宁市调研农业工作。安宁市副市长范志东陪同调研。

12月28日，省"丘北经验推广"考评组一行到安宁市考核道路交通安全工作。考核组到市客运站、温泉镇进行实地查看，认为安宁市高度重视丘北经验推广工作，通过抓实源头、完善设施、广泛宣传、严格执法等一系列措施，构建了交通事故社会化防控体系，取得了明显成效。副市长梅林陪同。

【友好往来及对外开放】　2009年1月11日，瑞丽市委副书记、市长刀晓瑞带领的党政代表团与安宁市就"边疆党建长廊建设"共建工作进行回访。两市就如何推进交流合作，推动边疆党建长廊建设工作进行座谈。瑞丽市代表团实地参观考察了大屯新区、为民服务网络体系构建、学校建设模式等情况。安宁市领导王剑辉、尹贵生、王坚陪同。

2月12日，福建省林业厅副厅长林少霖、云南省林业厅副厅长王德祥一行12人到安宁市森警大队考察防火、灭火工作。市委常委、副市长李春明陪同考察。

2月25日，天夏（中国）集团董事长、哈佛大学博士夏建统先生一行6人在昆明市有关领导陪同下，到安宁市就城市规划、建设和信息化工作进行考察。考察组一行实地察看了大屯新区、太平小镇开发规划建设等基础设施建设，并参观了安宁城区景观大道、交警智能交通指挥中心、城市报警与监控指挥中心、数字城管指挥监督中心。安宁市市长助理刘婕陪同考察。

3月6日，石林县副县长潘光华带领县考察团到安宁市考察殡葬改革工作。副市长程宇清陪同考察。

3月20日，富民县委副书记熊坚带领县考察团到安宁市考察新农村建设整村推进工作。市领导李春明、郭光辉、马文喜陪同考察。

4月30日，瑞丽市委书记杨跃国，市委副书记、市长刀晓瑞带领瑞丽市党政代表团到安宁市商洽边疆党建长廊结对共建工作。安宁市市长王剑辉陪同考察。

7月13至14日，景洪市人民政府岩温才市长一行9人到安宁市考察城市建设及创建国家园林城市工作。安宁市领导王剑辉、尹旭东、张瑞金，市政府党组成员范志东陪同考察。

7月17日，西北工业大学暑期研究生社会实践博士团一行26人到安宁市进行为期半天的社会实践活动。副市长戴彬出席座谈会。

8月7日，由贵州省瓮安县副县长刘华龙带队的政府考察团到安宁市考察工业园区建设及磷化工产业发展情况。考察团一行先后到云天化富瑞公司、天安化工有限公司、云天化矿业分公司、弘翔化工有限公司等重点企业进行了考察，表示要把安宁发展磷化工产业的好经验带回瓮安，将资源优势转化为经济优势，拉动县域经济发展；同时表达了与安宁市缔结友好城市、深化合作的意愿。市领导尹家屏、曹忠昌陪同考察。

8月13日，曲靖市富源县委常委、副县长刘本芳一行到安宁市，对兴屯二期、安宁市实验学校、宁湖公园及园博会项目进行考察。市领导李春明、范志东、马文喜陪同考察。

8月29日，日本中部音乐艺术经纪团体访问演奏团一行35人到安宁市访问。访问团听取了市政府常务副市长李春明所作的市情介绍后，到安宁中学音体馆就中日民乐、书法、绘画等进行交流，并与安宁中学师生互赠纪念品。市委常委刘婕陪同访问。

9月10日，元江县副县长孙汝泽一行10人到安宁市考察垃圾处理工艺及城市建设。副市长范志东陪同考察。

10月21日，石林彝族自治县委常委、鹿阜镇党委书记汪明涛，县委常委李燕，县人民政府副县长张忠贵等一行23人到安宁市就城中村改造建设工作进行考察交流。市领导尹旭东、刘婕陪同调研。

12月3日，来自美国的舍伍德·瑞夫妇代表中华慈善总工会、美国LDS慈善协会向安宁市捐赠了3 000多美金的轮椅和助行器。副市长程宇清，市政协副主席曹忠昌陪同。

（刘　刚）

政府办公室

【办文工作】　2009年，安宁市政府办公室在办文工作中严格按照准确、及时的原则，积极承办各镇、各部门和各企业上报的请示和报告事项，做到件件拟办、件件承送。在领导讲话稿、市政府及办公室文件起草工作中，力求高水平、高质量办文。一年来，共印发市政府文件31 000余份，市政府办文件17 000余份，会议通知3 500余份，会议纪要109期3 300余份，各种会议材料、领导文稿和上级党委、政府要求完成的各类书面材料若干份，并按要求高标准完成了年鉴和地方志政府部分的撰稿。

【办会工作】　2009年，市政府办公室严格执行市政府会议制度，按照会务组织的有关规定，对承办的每次会议都周密安排，精心组织，责任到人，搞好会前、会中、会后各个环节的衔接。会前认真做好筹备工作，提前下发会议通知，安排好会议议程，准备好会议材料，严格执行签到制，督促与会人员准时参会；会中搞好服务工作，认真做好会议记录；会后抓好宣传报道，如需制发会议纪要，严格在规定工作日内予以印发。努力做到环环严谨，一丝不苟，不出纰漏。全年组织完成250多次会议。协助领导对全市各项工作进行决策和部署，积极发挥办公室的协调沟通作用。

【办事工作】 2009年，市政府办公室坚持统筹兼顾，分类处理，认真办好每一件事。对上级指示、领导批示和交办的事项，根据分级管理原则，实行逐级负责，按程序办、按规矩办、按原则办、按惯例办。同时，坚持原则性与灵活性相结合，及时处置和灵活办理，不断提高办事效率，确保工作高效运转，办好市政府领导交办的各项工作。深入开展调查研究，高质量地完成市政府领导交办的各项调研任务。紧紧围绕市委、市政府中心工作，做好市政府领导的各项工作，充分发挥办公室的参谋助手作用。

【法制督办和便民热线工作】 2009年，市政府办公室法制督办工作严格按照法律程序，认真办理各类建议、提案，做好行政复议工作，高要求、高效率办事。全年接到185件建议、提案，其中人大代表建议94件，政协提案91件。截止2009年12月，安宁市四届人大二次会议议案及代表所提建议、批评和意见全部办理完毕，并以书面形式回复了各位代表，办结率、面商率达100%；接到政协安宁市四届委员会第二次会议委员所提提案，已全部办理完毕，并以书面形式回复了各位委员，面商率达100%。积极抓好干部职工学法、知法、用法的宣传教育，认真办理人大代表和政协委员的建议、批评和提案，重视“12345”市长热线工作，共受理群众来电办件420件。所有受理热线办件均在规定时限办理回复，已办结420件，办结率100%。同时，借助网上信访工作平台，共收到群众通过书记电子信箱、市长电子信箱反映的各类问题298件，已办结298件，办结率100%。截止2009年12月31日，共收到领导工作电话办件12件，办结率100%。

【信息工作】 2009年，市政府办公室信息督察科始终把服从和服务于政府中心工作，为领导决策提供优质信息服务作为发挥参谋助手作用的重要途径，按照“及时、准确、全面、真实”的原则狠抓信息质量，为安宁市政府和昆明市政府提供了大量有参考价值和借鉴作用的信息。全年共收到信息2 642条，上报昆明信息总数为516条（其中采用市级部门信息48条），编发《安政信息》50期（其中采用市级部门信息48条）、《安宁政讯》12期，对全市工作起到了较好的指导作用。

【接待工作】 2009年，市政府办公室本着“热情周到、发展友谊、促进合作”的原则，认真做好各项政务接洽、接待工作，进一步完善接待制度，圆满完成了国家环保部、文化部、民政部、财政部、国家安监总局、国家档案局、国家人口和计划生育委员会、中国石油天然气集团公司规划计划部、福建省林业厅、天夏（中国）集团、西北工业大学、美国舍伍德·瑞夫妇代表的中华慈善总会、日本中部音乐艺术经纪团体、贵州省瓮安县、曲靖市富源县、景洪市、瑞丽市、石林县、富民县、元江县等领导到安宁的视察、检查、调研、参观、工作洽谈等接待工作，受到广泛好评。

（刘　刚）

城市供排水工程

【概述】 在安宁市委、市政府的直接领导和省、市有关部门的大力支持下，安宁市供排水工程建设指挥部自1999年12月26日成立至今，共完成了引水一期、引水二期、自来水厂至锅盖山引水工程及污水处理厂截污干管工程、配套管网工程。

【引水一期工程】 一期工程属云南省立项计划批准的建设项目，批准概算投资为11 861.34万元。该工程于2000年7月开工建设，于2002年7月20日实现并网试运行。完成管网建设38.8千米，日处理4万立方米净化厂一座。工程档案于2008年3月20日通过省、市档案局验收。

【引水二期及锅盖山引水工程】 经云南省建设厅、云南省发展计划委员会2003年4月2日下发《关于对安宁市城市供排水工程（二期）初步设计的批复》，同意该工程建设，概算总投资8 131.81万元。车木河至水厂工程于2006年3月20日竣工并交付使用，完成管网建设36.6千米。水厂至锅盖山工程根据云南省建设厅《关于安宁市城市供水（二期）工程项目设计变更的批复》，同意将安宁水厂至太平新区供水管道加压泵站进行调整，项目总投资由原来的8 131.81万元调整为9 640.28万元。完成管网建设12.5千米，调节水量日处理3万立方米泵站一座，4千立方米的高位水池一座，该工程于2009年11月24日开始试运行生产，工程档案于2009年10月通过省、市档案局验收。

【污水处理厂及截污干管工程】 2002年11月，经云南省建设厅、省发改委批复同意实施安宁市污水处理厂及截污干管工程项目工程概算总投资1.34亿元。于2003年1月6日开工建设，2006年10月竣工，建成管网13.2千米，日处理5万立方米的污水厂一座，并交付使用。实际完成投资9 955万元，工程档案于2009年通过验收。配套管网工程经发改部门立项，总投资4 077万元（含昆钢集团有限责任公司投资实施部分2 268.83万元）。于2008年10月15日开工建设，2008年12月15日竣工，完成15.19千米管网建设，泵站10座，并交付使用。管网建成后污水处理率显著提高。现正进行工程及财务评审工作。

【工程竣工验收工作】 安宁市供排水工程建设指挥部承建工程已全部竣工，并交付使用，工程资料立卷归档工作已完成，并于2009年10月通过了省、市档案局的验收，工程财务评审工作基本结束，已做好工程档案资料移交和工程竣工总体验收准备工作。

（谢永熙）

宁湖新城管理

【宁湖新城管理委员会成立】 2009年2月23日，根据安宁市机构编制委员会《关于调整安宁宁湖新城管理委员会机构编制事项的通知》，安宁宁湖新城管理委员会正式成立。安宁宁湖新城管理委员会内设3个职能局（室）：综合办公室、经济发展局、规划建设局。管委会主任由市长王剑辉担任，常务副主任由市规划局局长付成林担任，兼职副主任由连然街道办事处书记王燕担任。宁湖新城管委会有安宁市人事局组织公开招聘事业单位人员2名，其余人员均为原规划局、建设局、教育局抽调至大屯指挥部的7人组成。

主要职能：负责做好项目用地报批和土地、林业等方面的相关手续；做好项目涉及的征地、拆迁、补偿和安置工作；负责做好对外联系和协调工作，加强与有意投资的单位沟通联系，了解掌握项目投资内容及要求，做好项目引进、项目落地等工作；负责编制宁湖新城建设总体规划、控制性详细规划和修建性详细规划，按照规划预审制负责组织实施和管理。行使市政府授予的其他职权。对符合条件的其他项目进行投资、开发及管理；对宁湖新城规划范围的土地进行保护利用和土地资源一级市场开发。对宁湖新城征地拆迁安置进行统一管理；负责招商引资项目的引进、洽谈、协调及服务管理；按照管理权限审批或审核宁湖新城的各类投资建设项目。

【宁湖新城概况】 安宁宁湖新城是安宁目前建设规模最大、投资最多的城市建设重点，是服务配套大工业和现代服务业的城市综合区。宁湖新城总规划面积15平方公里，其中大屯片、宁湖片7.1平方公里为重点核心区。大屯片规划面积3.28平方公里，以行政办公、文化教育、卫生、体育、商业、金融及住宅为主，人口规模7万人。宁湖片规划总面积3.82平方公里，以宁湖公园（水域面积0.85平方公里）为主，将形成城市滨湖休闲、康体休闲、自然生态的城市标志性公园。

【宁湖新城规划和开发理念】 为培育新的经济增长点，高效促进宁湖新城良性发展，树立经营城市的理念，发挥宁湖新城城市平台服务业、商业产业聚集、招商引资促动、内需拉动的积极作用，宁湖新城不断优化建设性详细规划，加强基础设施、市政公共服务设施和商业设施建设。充分考虑土地开发的经济效益，坚持不断调整和优化项目建设的规划设计，强化商务休闲娱乐和商业购物的功能，突出特色、做优环境、提升城市品质。致力将宁湖新城打造成高端的休闲商务区、最具特色的餐饮购物聚集区、最好的休闲娱乐区。

宁湖新城按照“5331新区开发建设模式”，坚持“统一规划、统一征地拆迁安置、统一配套基础设施、统一公益性项目建设、统一招商引资”；破解了“二次搬迁、城中村、失地农民身份”三大关键问题；全面提高了“农民综合素质、农民生活水平和城市规划建设水平”；搭建了“一个城市融资投资、招商引资平台”。

【自身建设】 2009年，宁湖管委会通过开展提升行政效能、改进工作作风等学习教育活动，切实改善经济社会发展软环境。管委会坚持以诚信、实干、廉洁、高效为原则，为投资者和建设者提供全方位服务，为新区营造“公开、公平、竞争、择优”的投资环境；认真履行工程建设的基本建设程序，实行项目负责制、服务承诺制、限期办结制，严格控制建设工程成本预算，严格资金和财务管理，在重点工程建设中，发挥新城公司的投融资作用，积极为项目建设筹集建设资金，缓解市财政资金压力；一次性告知服务内容和提供相关资料；认真做好政务信息查询及重点工程情况的公示；落实“治庸计划”的各项工作，有计划、有重点地对全体干部职工中存在的“平庸”行为进行整治。围绕工作任务，强化工作责任意识，加强责任监督措施，严格责任追究，强化绩效考核，提高了管委会全体员工的执行力，确保各项工作任务的落实到位。以实现一流投资环境为目标，加强管委会干部职工作风建设，形成责任意识强、责任体系完善、责任追究落实到位的良好工作局面，保证管委会工作任务的完成。管委会加强财务审计管理、监理签证和资金逐级审批制度，实施“全过程旁站审计制度”，控制工程造价，最大限度地发挥了资金效益。管委会领导严格按照《审计法》、《会计法》完成管委会及新城投资公司的资金和财务审计，并经审计局审计及组织部考核认定。管委会领导严格按照勤政廉政的有关规定执行，没有出现任何违规违纪的行为。

【信访件办理】 2009年，管委会认真落实领导每一个批示交办件及重要信访件，网上信访件、市长热线电话交办件。没有导致和发生群体性事件和集体上访事件。认真处理、回复群众的来信来访，答复信访事件19件，政府交办6件。认真办理回复回访政协提案1件。

【招商引资成绩突出】 2009年，宁湖管委会招商引资平台组认真做好招商引资项目的引进、洽谈、协调及服务管理。管委会认真搭建招商引资平台组工作部门，制定各项招商引资机制，强化落实各项措施，以优势引项目，强化手段抓落实，落实项目抓推进，认真梳理、分析项目，制定推进计划，实行专人全程跟踪服务制，从每一个环节落实招商引资各项工作，解决招商引资项目在推进过程中客观存在的困难和问题。认真收集、统计、整理各招商引资项目的材料，分析梳理、归类建档，按质按量报送周报、月报。招商引资项目恺鑫冷轧厂、安宁市试验学校、兴屯二区多次被列为昆明市、安宁市招商引资项目及重点建设工程项目的现场观摩点，多次迎接了省内外考察团及地州县市学习观摩团，受到了广泛好评。

2009年，宁湖新城管理委员会招商引资平台组共有到位资金59个，招商引资总额23.75亿元。其中昆明市外总到位资金为10.5亿元，安宁市财政外到位资金为23.75亿元，超额完成市委市政府下达的10亿元招商引资目标任务。

【安宁市实验学校交付使用】　安宁市实验学校规划用地150亩，总建筑面积5.4万平方米，是安宁市2009年五件为民实事之一。学校总投资人民币1.77亿元，是一所数字化、园林式、环保型的高标准现代化学校。为保证实验学校工程建设，宁湖新城管委会积极开展投融资工作，向富滇银行安宁支行借款1亿元，顺利完成实验学校建设工程。安宁市实验学校于2009年1月10日开工建设，9月1日正式投入使用。

【安县公路一标段道路工程建设】　安县公路全长2 283米，宽40米，按城市Ⅱ级主干道规划设计。电力、自来水、煤气、电信、广播电视、绿化、路灯等市政配套设施同步建设。

【宁湖公园东岸规划建设】　2009年，宁湖新城管委会以“环湖路网、环湖截污、环湖绿化、环湖环境治理”一湖四环的工程建设总体步骤，按工作计划积极开展宁湖公园各项建设工程，加强了公园的清理整顿、截污、治污工作等水环境综合治理工作。建设完成安县公路一标段3 842米的雨污管网工程，种植完成公园东岸景观绿化10.2万平方米和2 008株银杏。管委会强化了监督队伍，强化了绿化管护养护，成活率均达到99%，共投入绿化建设资金2 308万元。

【市政道路工程建设】　2009年，宁湖新城管委会全面完成了总长5 041.18米的新城14条支线道路建设工程。1. 廉租房支线道路建设工程（景兴路东段）：全长340米，宽19米，总面积为6 460平方米。2. 宁湖左岸1号支线道路建设工程（玉泉路南段）：全长370米，宽25米，总面积为9 250平方米。3. 宁湖左岸2号支线道路建设工程（富安街东段）：全长467.14米，宽25米，总面积为11 678.50平方米。4. 综合市场东侧支线道路建设工程（金康路北段）：全长234米，宽25米，总面积为5 850平方米。5. 综合市场西侧支线道路建设工程（金兴街北段）：全长258.52米，宽25米，总面积为6 463平方米。6. 天然居支线道路建设工程（大屯西路北段）：全长681.56米，宽25米，总面积17 039平方米。7. 公检法1号支线道路（金屯路西段）：全长367米，均宽19.4米，总面积7 119平方米。8. 公检法2号支线道路（金晖西路）：全长380米，宽15米，总面积5 700平方米。9. 金屯西路延长线道路建设工程：全长110米，宽25米，总面积2 750平方米。10. 天华苑支线道路建设工程（富安街西段）：全长340米，宽12米，总面积为4 080平方米。11. 工商地税支线道路建设工程（金屯路东段）：全长145米，宽25米，总面积3 625平方米。12. 划地建房支线道路建设工程（大屯南路文苑雅居南侧）：全长420米，宽20米，总面积8 400平方米。13. 实验学校西侧支线道路建设工程（大屯西路南段）：全长451.06米，宽25米，总面积为11 299平方米。14. 实验学校北侧支线道路建设工程（景兴路西段）：全长476米，宽25米，总面积为11 900平方米。

【住宅小区项目建设】　宁湖管委会加强招商引资服务管理，协调推进各招商引资项目。已建成、在建和待建住宅小区18个，其中金屯小区、兴屯一区、金沙小区、兴屯二区、江东天然居、鸿杰苑、天华苑、宁湖左岸、祥丰上城、连然馨苑已交付使用；龙山苑、水逸居、宁湖峰境一期、丽景嘉园、欣和雅苑、文苑雅居、金色半岛等住宅小区已于2009年相继建成，盛世锦院住宅小区顺利启动建设。

【公共服务设施项目建设】　2009年，宁湖新城不断优化建设性详细规划，加强基础设施、市政公共服务设施和商业设施建设。省建行档案馆、安宁公交站场主体工程全部竣工，移动办公楼、金色商业广场、工商局办公楼、鼎立医院顺利启动建设。

（宋文娟）

工业园区管理

【简况】　2009年，安宁工业园区管理委员会全面贯彻落实科学发展观，根据中共昆明市委九届四次、五次全会精神，全力加速工业化和城市化建设。认真研究分析安宁工业的现实和矛盾，充分认识工业发展的重要性和必要性，坚定不移地推进工业强市战略，按照新型工业化发展理念，强势发动，强力入轨，全力促进工业园区突破和发展。

【主要经济指标推进情况】　2009年，全球性的金融危机对以资源型、重化工为主导的安宁工业造成了严重的冲击。面对严峻的形势，在安宁市委、政府的坚强领导下，管委会认真落实“七抓七促进”的工作布置，主动作为、积极应对与园区企业共渡难关。1～12月，安宁工业园区规模以上工业增加值完成59.79亿元，完成目标进度的106.4%；主营业务收入完成360.32亿元，完成目标进度的91.1%；利税总额完成16.49亿元，完成目标进度的130.3%；地方财政一般预算收入完成4.75亿元，完成目标进度的105.5%；工业固定资产投资完成22.92亿元，完成目标进度的 100.6%；新开工亿元以上工业项目 6 个，完成目标任务。

【园区规划调整】 2009 年，随着石油炼化项目的推进和安宁城市快速发展的需要，工业园区在 2008 年园区总体规划的基础上，对园区总体规划再进行优化调整。将安宁工业园区向草铺、青龙及禄脿三镇集中，将草铺麒麟片区作为园区起步区，重点打造，并完成了工业园区麒麟片区控制性详细规划编制工作。目前，安宁工业园区可建设用地约 67 平方公里，重点发展钢铁、石油炼化、机电装备制造、高浓度磷复肥、精细磷盐化工、新型建材、工业物流业和高新技术产业。其中：麒麟起步区定位为以轻型加工制造业为支撑的环保型工业组团，具体发展新型制造、生物制药、电子电器设备制造、服务加工业等；草铺镇中涵盖草铺钢铁加工制造组团、草铺磷盐化工制造组团、石化炼油组团、邵九石化中下游制造组团四个组团，重点培育钢铁、石油炼化、机械装备制造、磷化工及其延伸产业；禄脿镇中涵盖禄脿石化下游组团、禄脿轻型制造工业组团，重点发展石化下游产业及轻型机械制造业；青龙镇中涵盖青龙循环产业及钢铁加工制造组团，重点规划发展循环产业及新型建材。通过优化调整，安宁工业的发展布局更为科学合理，产业聚集度进一步提高，为大工业、大项目的进入预留了充足的建设用地，又为中小企业、民营经济规划了发展空间。

【投融资工作】 2009 年，安宁工业园区投资开发有限公司积极抢抓政策先机，创新运作模式、大力开展融资业务，投融资工作取得明显成效。全年实现融资到位资金 7.65 亿元，其中：成功发行 5 亿元云南新工业信托投资理财产品，落实富滇银行对草铺镇柳树村搬迁安置项目贷款 1 亿元、中国银行安宁支行向安宁工业园区运输快速通道（县街至草铺一级公路）项目贷款 1.45 亿元、草铺镇柳树村搬迁工程场地平整土石方开挖工程项目贷款 2 千万元。加大园区土地收储力度、坚持“园中园”开发建设思路，为加快推进园区“五通一平”、基础设施配套建设提供了有力的资金保障。同时，公司积极开展安宁工业园区国家级中小企业科技孵化基地建设工程项目，该项目工程选址在安宁工业园区麒麟起步区，对区域经济具有辐射和带动及中小企业发展的助推作用，项目建成规模40 000平方米标准厂房、8 000平方米孵化科技楼、5 000平方米公寓，投资总金额约 2.2 亿元。

【招商引资】 2009 年，安宁市把工业园区作为招商引资的重要平台，创新机制、发挥优势、强化措施，实行招商引资任务倒逼。经过各成员单位的共同努力，工业园区平台实际到位资金项目 51 个，到位资金总额超过 25.61 亿元，其中市外资金近 23.75 亿元，市内资金 1.87 亿元，完成市委政府下达的 16 亿招商引资目标任务的 160%。

【国家新型工业化产业示范基地创建】 创建国家新型工业化产业示范基地，将加快推进全市磷资源集约高效利用，提高磷资源综合利用率，建设资源节约型、环境友好型企业；形成良好的产业发展空间，提升精细磷化工产品产出率，加快培育磷化工高新技术产品，形成具备新型工业化产业特点、现代磷化工行业特色的重要的磷化工产业示范基地，促进区域经济稳定、协调、快速、可持续发展。2009 年 9 月，安宁市成立工业园区创建国家新型工业化产业示范基地工作领导小组，安宁工业园区成立领导小组办公室，全面开展创建工作。安宁工业园区国家新型工业化磷化工产业基地的产业布局，坚持“可持续发展”、“优势集中”、“与现代物流发展方向相结合”的基本原则，以安宁工业园区为载体，立足现有磷化工产业分布，着眼未来发展，实现工业向园区集中、产业集群化发展目标。草铺片区作为全市磷化工产业发展片区，依托位于片区西南部云天化集团所属的磷化工企业发展磷化工产业，该产业是安宁市国家新型工业化磷化工产业基地的发展主体，其向西涵盖禄脿镇的部分区域，向北延伸涵盖青龙镇的部分区域，作为磷化工产业的集聚发展区，是全市着力推进磷化工产业向规模化、集群化、精细化方向发展，培育发展延伸磷化工产业链，形成磷化工产业集群的基础。

2009 年 9 月 5 日，安宁市迅速完成国家新型工业化产业示范基地规划编制调整相关工作；10 月 24 日，组织召开专家论证会，修改完善申报材料；10 月 26 日，申报材料上报昆明市经委及省工信委审查；10 月 28 日，省工信委将安宁市申报材料报送国家工信部；12 月 14 日，安宁工业园区国家新型工业化产业示范基地列入拟批准挂牌名单，在国家工信部网站正式公示，到 2010 年 1 月 6 日公示期满，将在 2010 年 2 月 2 日，正式授牌“国家新型工业化产业示范基地（化工、磷化工）”。

【基础设施建设】 在科学规划的前提下，坚持“适度超前，梯度推进”的原则，大力实施园区基础设施建设。强化园区生产要素聚集，2008 年以来，先后实施了 3 条园区快速主干道建设，总里程 33 公里，工程投资 13.3 亿元；安晋片区、武家庄片区区内道路相继开工建设；重点开展安宁工业园区草铺麒麟片区 1、2 号次干道建设项目前期工作；为保障武钢、石化项目生产用水，开展草铺片区生产用水水厂项目，完成项目竞争性谈判工作、可行性研究报告、水资源论证和项目选址等前期工作；园区污水集中治理项目完成规划布局，启动可研、立项等前期工作；完成草铺第二个 500 千伏变电站选址，完成武钢项目 4.25 平方公里项目区内强弱电力线路搬迁工作；坚持“园中园”开发建设，大力发展中小企业，安晋线片区金方工业园、草铺片区麒麟工业园全面开发建设。2009 年，安宁工业园区完成土地收储8 582.77 亩，完成目标任务 103.4%，“五通一平”完成1 575亩。

（许　倩）

职教基地管理

【简况】　2009年2月23日，安宁市编委会议研究并明确了安宁职业教育基地管理委员会机构编制相关事项，确定机构名称为安宁职业教育基地管理委员会，机构性质为安宁市人民政府的行政派出机构。内设3个职能局（室）：综合办公室、经济发展局、规划建设局，各设负责人1名（按副科级配备）。人员编制核定行政编制5名、事业编制10名、聘用人员控制数15名。市委书记兼任管委会党工委书记，市长兼任管委会主任，设常务副主任1名（副县级）、专职副主任1～2名（按正科级配备）、兼职副主任1～3名。

主要职能：贯彻执行党的路线、方针、政策，国家法律、法规和市委、市政府的决策，制定职教基地建设与经济、社会发展的有关政策、管理方法和实施细则；编制职教基地建设总体规划和控制性详细规划并报批实施；组织编制职教基地的修建性详细规划并组织实施和管理；编制职教基地规划范围内投资项目的初审等工作，并对落户学校、项目进行跟踪服务。负责职教基地建设用地的管理交易以及职教基地各项基础设施、公用设施和其他公益性建设项目的建设、监督、管理。做好对外联系和协调工作，主动向国内外著名职业学院进行宣传，加强与有投资意向学校的沟通联系，掌握投资学校的具体情况，做好项目的引进、落地等工作。协助教育行政主管部门实施行政管理，探索职业教育事业的新发展模式和管理制度，提高职教基地内各学校的社会效益和经济效益。负责引导基地内的学校结合安宁市产业发展特点针对性地设置专业。建设校企联系平台，引导职教基地内的学校与驻市企业进行沟通，开展校企合作，人才订单培养等工作。做好职教基地的对外开放、招商引资工作，按规定权限指导职业教育的内企、事业单位发展。负责职教基地的各项社会事务并做好市委、市政府交办的其他工作。

【总规编制】　《云南省高等职业教育基地和公共实训基地总体规划》于2007年10月委托云南省城乡规划设计院研究编制，2008年10月7日在安宁市城乡规划委员会第三次会议上通过，10月10日由昆明市规划局组织专家进行了论证，11月20日昆明市城乡规划委员会第十六次会议评审通过。

【控规编制】　2009年5月全面启动职教基地控制性详细规划工作，规划由云南省城乡规划设计院研究编制，2009年12月24日通过专家评审。

【市政配套基础设施规划】　管委会成立安宁职教基地市政基础设施规划建设工作领导小组，加速推进水电路气通信等各种市政配套基础设施的专项规划编制工作。2009年以安县公路和西一绕为核心的职教基地市政基础设施规划建设工作全面展开，同时启动了职教基地规划区内配套路网、安置小区、供电、供排水、燃气、通讯、有线电视等各项市政基础设施配套设计及管线的专项规划工作。

【成立投融资公司】　为解决职教基地开发建设资金短缺的困难，加快安宁职教基地建设步伐，确保安宁职教基地管委会建设目标任务全面完成，高标准建好安宁职教基地，2009年4月，安宁市政府批准成立了安宁兴育投资开发有限公司。公司职能是作为安宁职教基地开发实体化运作的主体和开发建设的主体，代表安宁职教基地管委会行使安宁职教基地的资产经营、管理和开发。积极筹措银行资金、企业资金和社会资金，投入安宁职教基地，为基地建设提供资金支持；推进安宁职教基地市政基础设施、公益性项目、城市配套设施建设及土地一级市场开发。

2009年8月，成立了育腾投资开发公司，主要职能是参与职教基地规划区内的基础设施、公共实训基地、公共绿化、公益性项目等进行投资开发建设和管理，做好项目建设服务工作。公司经营范围：项目投资、开发、建设及咨询；物业管理；广告制作、代理发布；建筑材料、矿产品、五金交电、有色金属、办公用品、电子产品、农副产品、文体用品、日用品、机械设备销售；机械设备租赁。

【安澜雅苑项目】　2009年12月25日，职教基地安澜雅苑集中居住区项目正式启动建设。项目设计用地面积162.2亩，是安宁职教基地规划建设实施用地集约化、节约化的重点项目之一，主要用于职教基地规划区内10个村1 218户3 643人的拆迁安置。一次性的统一征地拆迁安置可使农村就地城市化，农民就地市民化，有效破解失地农民身份问题。

【昆明冶金高等专科学校项目】　项目规划用地1 000亩，总建筑面积52.6万平方米，预计总投资7.5亿元。建成后将作为昆明冶金高等专科学校的主校区，办学规模预计达1.5～2万人。项目一期建设规模约20万平方米，力争2010年内实现学生入驻。

【云南技师学院项目】　项目选址于安宁观音山片区，规划用地1 120亩，批准办学规模2万人，总建筑面积约50万平方米，预计投资7.6亿元。项目一期建设规模约为14万平方米，现教学楼及宿舍的主体工程基本完成，已进入验收阶段。二期建设即将展开。计划2010年秋季实现学生入住。

【云南经济管理职业学院项目】　该项目于2009年9月28日举行了开工仪式。规划用地520亩，总建筑面积31.55万平方米，预计投资5.5亿元，办学规模计划达1.5万名在校生。力争2010年内实现入驻学生。

【昆明扬帆职业技术学院项目】　昆明扬帆职业技术学院新校区建设项目于2009年9月28日举行了开工

仪式。项目规划用地309.26亩，总建筑面积18.18万平方米，预计总投资3.5亿元，办学规模计划达8 000～10 000名在校生。项目一期建设规模约为10万平方米，力争2010年内实现入驻学生。

【昆明市委书记仇和调研安宁职教基地】 2009年7月7日，省委常委、昆明市委书记仇和到安宁职教基地调研。仇书记在调研过程中指出：要像办基础教育一样办职业教育，像办公办教育一样办民办教育；要把职教基地建设作为“一把手”工程，集中力量、突出重点、攻坚克难，想方设法解决好资金筹措、土地收储、拆迁安置等瓶颈制约问题。

【昆明市教育局局长宋栋调研安宁职教基地】 2009年6月12日，昆明市教育局局长宋栋到安宁职教基地进行专题调研，了解安宁职教基地开发建设、招商引校工作进展情况。宋局长建议安宁职教基地管委会进一步明确解决问题的路径；重点从项目建设角度考虑问题，并加强近期发展目标计划和远期规划设计的联系；要有计划的控制好土地资源，在开发建设过程中充分把握好土地资源与开发成本之间的关系，争取做好内部平衡；要积极争取省、市的支持。

【安宁市委书记李树勇调研安宁职教基地】 2009年3月31日，安宁市委书记李树勇到职教基地进行专题调研。市委常委、组织部部长王坚，市人大副主任洪雯静、职教基地管委会领导班子、市委目督办、市教育局、连然街道办事处、县街镇主要领导参加了调研。李书记认为职教基地管委会机构建立以来，一方面建设项目得到快速推进，另一方面，在工作开展中善于思考，做到了工作有序推进，发展健康快速，取得了明显成效，并对职教基地下步工作提出了更高的要求。

【安宁市人大代表调研安宁职教基地】 2009年10月29日，安宁市人大代表对安宁职教基地规划建设工作进展情况进行视察。王文学、魏学林、郭光辉、洪雯静等领导在市委常委刘婕、职教基地管委会兼职副主任蒋红雨、李宏斌陪同下，对云南技师学院、云南省交通高级技工学校考试基地建设现场进行了实地视察。

【召开项目协调会】 2009年2月11日和7月29日，安宁职业教育基地管理委员会就昆明冶金高等专科学校安宁校区易地建设项目中需协调解决的相关问题，在项目建设地两次召开了现场协调会。会议对目前制约项目建设推进的安宁绿化公司育苗基地进行了实地踏勘，并就急需解决的相关问题逐一进行了协调研究。6月25日，在云南技师学院筹建办公室会议室召开现场协调会，专题解决云南技师学院项目建设推进中存在的困难和问题。

【招商引资】 2009年，安宁职教基地招商引资平台招商引资任务为内资8亿元人民币，其中昆明市外资金6亿元。根据全市招商引资指导性目标任务，结合各单位工作实际，与成员单位签订《招商引资任务目标责任书》，分解、细化内部责任，制定了《招商引资考核奖励办法》及《招商引资考核实施细则》，对所有项目到位资金采取月报制度，健全通报机制，搞好招商引资项目工作台帐自查、督察，确保项目进展及时准确、资金数字翔实可靠。编制了《招商引资项目手续办理及审批流程图》，积极配合校方办理各项手续，协同相关部门尽快完成审批工作，确保项目及早开工建设。经年终考核认定，2009年职教基地管委会招商引资任务完成10.58亿元，其中昆明市外资金6.35亿元，全面超额完成了昆明市及安宁市委、市人民政府下达的招商引资目标任务。

【召开招商引资专题例会】 2009年2月19日，安宁职业教育基地管理委员会召开招商引资工作第一次会议。会上，市委常委、组织部部长王坚做了重要讲话，要求大家认真做好信息报送工作，向市委、政府及时、准确、真实地报送项目进展情况及招商引资工作动态，保证每月至少召开一次工作会议，各成员单位要加强协作，确保招商引资工作任务的完成。

3月18日，召开招商引资成员单位第二次工作会议。职教基地管委会与各成员单位签订了《2009年招商引资工作目标责任书》。

5月8日，安宁职教基地工作交流及招商引资平台工作例会在扬帆职业技术学院召开。

5月21日，组织召开职教基地招商引资项目信息报送责任人会议。邀请市考核办为大家介绍全市招商引资工作最新进展，就大家最关心的考核方式、考核内容、考核要件等问题具体做了说明。

6月19日，在安宁监狱会议室召开安宁职业教育基地工作交流及管理委员会招商引资工作成员单位工作例会，以进一步加强职教基地内各学校的工作交流，做好安宁职业教育基地管理委员会招商引资和项目推进工作，顺利完成职业教育基地管委会招商平台百日竞赛目标任务。

8月25日，安宁职教基地工作交流及招商平台工作例会在云南省交通高级技工学校召开。各成员单位主要负责人分别就本单位项目引进情况和资金到位情况作了说明，并对完成2009年招商引资目标作了承诺，表示一定通过努力确保2009年招商引资目标任务顺利完成。

9月25日，安宁职教基地管委会在县街镇召开招商引资工作例会，全面推进招商引资工作。

10月30日，在昆明冶金高等专科学校会议室召开招商引资工作例会，对招商引资工作进行阶段性总结。

【承担现场观摩工作任务】 2009年7月29日，安宁职教基地承担了作为昆明市市委工作会现场观摩点的工作任务。省委常委、昆明市委书记仇和一行800余人在云南技师学院建设现场听取了安宁市委书记李树勇关于安宁职教基地规划建设情况汇报。8月1日，西山区委观摩团400余人在云南技师学院建设现场听取了安宁职教基地专职副主任汪明涛关于基地规划建设情况的汇报。

【党建工作】 2009年5月11日，职教基地管委会向安宁市委组织部申请成立中共安宁职业教育基地机关支部委员会。安宁市委组织部下发《中共安宁市委组织部关于建立中国共产党安宁职业教育基地机关支部委员会的批复》，正式同意中共安宁职业教育基地机关支部委员会成立，并明确支部设委员3人（其中书记1人）。8月24日，管委会召开党员大会，采用民主推荐、无记名投票方式和差额选举办法在党员大会上选举产生支部书记和支部委员，唐科为管委会党支部书记，马玲、段庆云为支部委员。

【做好基地宣传工作】 职教基地管委会重视宣传工作的开展，多次与昆明电视台、昆明日报、都市时报、昆明人民广播电台等众多昆明市级各媒体合作开展专题宣传。2009年7月14日，与《昆明日报》合作，在第2版进行了题为《安宁未来3年增4万职教学子》的独家报道；9月16日，与《都市时报》合作，在A3版作了题为《一幅蓝图实现　十万学子圆梦》的整版专题宣传，取得良好效果。2009年底职教基地管委会专题宣传册的制作已经完成，同时，职教基地管委会还设计了职教基地的形象LOGO，并在昆明到安宁的高速公路上竖立了宣传广告牌，使安宁职教基地得到更多人的认同。

（祝　嘉）

温泉旅游度假区管理

【简况】 安宁市温泉旅游度假区管理委员会经安宁市人民政府批准变更为安宁温泉旅游度假区管理委员会，属安宁市人民政府的行政派出机构，与温泉镇人民政府合署办公，内设规划建设局、经济发展局、综合办公室3个职能部门。安宁市人民政府副市长戴彬任主任，温泉镇党委书记吴松茂任常务副主任，王群任专职副主任、唐启宁任规划建设局局长、保娅玲任经济发展局局长；工作人员抽调温泉镇人民政府工作人员、临时招聘人员共12人组成，主要负责旅游小镇建设的各项工作。

【加大旅游小镇规划力度，提升温泉品牌】 根据云南省、昆明市的旅游发展规划和总体部署，为实施云南省旅游二次创业，安宁温泉镇被列为全省首批开发建设的60个旅游小镇、昆明市重点发展的六大景区之一。为切实做好温泉旅游小镇的打造，安宁温泉旅游度假区管理委员会严格按照2006年12月完成的《安宁市温泉旅游小镇保护与开发利用规划》，落实旅游小镇保护规划，切实打造旅游小镇AAAA景区，控制新建项目的规划审批工作。根据“营造特色、完善功能、优化结构、统筹发展”的总体要求，在工作中坚持战略性，体现系统性，突出特色性，重视统筹性，增强严肃性，切实强化规划宏观调控功能。在安宁市委、市政府的支持下，全力配合温泉镇文化广播电视服务中心打造AAAA级旅游景区，沿线村镇以及新建安置区的统一规划，控制景观效果，保障了安宁温泉旅游小镇景观的完整性和协调性，整体提升了小镇品位，保留了旅游特色。

结合社会主义新农村建设，进行了新农村规划建设内容研究，推出多项服务社会主义新农村的实质性举措，对温泉镇城乡规划的实施做了完善和补充，加强村镇规划指导，完善规划编制体系。按照规划先行的要求，先后组织完成《邑尾里安置区总体规划》、《新镇区控制性详细规划》的编制，为新农村规划建设提供理论保障和村镇发展支持。

【招商引资项目建设】 2009年，安宁温泉旅游度假区管理委员会平台组共完成招商引资任务9.32亿元，累计推进服务项目18个。其中，昆钢会议中心一期项目在温泉旅游小镇落地并开工建设。安宁温泉旅游度假区管理委员会以科学发展观为指导，坚定不移地实施招商引资“一把手”工程，动员一切可以动员的力量，调动一切可以调动的资源，创新招商方式，根据一岗双责的要求，使平台内的所有部门集中统一到此项工作中，使目标明确、任务细化。通过领导带头、部门参与、全民动员、合力招商，迅速掀起大招商、大引资、大开工、大建设的招商引资热潮，全面提升招商引资质量和水平，努力实现招商引资新突破、新跨越，推动区域经济又好又快发展，各个项目快速推进。**安宁温泉国际会议中心项目：**云南世纪天乐房地产开发有限公司投资21.7亿元，2009年累计到位资金3.55亿元。已完成天乐时光园一期工程建设，二期工程已进入装修阶段，三期工程已进入场地平整阶段；高尔夫球一号球场正在建设中，力争2010年7月投入使用；基本完成项目用地范围内的征地拆迁工作。**龙山别墅项目：**云南林源房地产开发有限公司投资4亿元，2009年累计到位资金2 300万元，现已完成1－1期45栋别墅的封顶断水及区内部分绿化，1－2期项目正在报审。**云南安宁金叶科技园项目：**云南省烟草公司投资5亿元，2009年累计到位资金2 500万元，已完成项目用地场地的“三通一平”工作，于8月16日开工建设一期主体工程专家楼，至2009年底，一期专家楼主体工作已断水封顶。**安宁伊皇购物中心项目：**云南卓可立房地产开发有限公司投资1亿元，2009年累计到位资金1 220万元，前期工作已完成，已于9月20日动工建设。**英之源五星级酒店·度假村项目：**昆明英之源投资发展有限公司投资3亿元，2009年累计到位资金655万元，年底取得用地手续并开工建设。**“凤山明珠”健康养生项目：**云南金佑嘉置业有限公司投资5亿元，其子项目翠鸣泉庄2009年到位资金1 200万元，已取得省林业厅同意使用林地的批复及发改立项，已完成地块的矿产压覆、地质灾害评估报告的审批，正在进行项目规划方案的编制，等待用地指标上报，挂牌。

德安医院项目：云南德安科技有限公司投资 3 亿元，2009 年累计到位资金3 956万元，已于 9 月 28 日开工建设。**国际网球赛事中心项目**：昆明同盛和投资有限公司投资 2.7 亿元，2009 年累计到位资金 802 万元，公司已于 8 月 24 日开始了地面建筑物的评估。**金方森林温泉二期工程**：安宁市金方假日森林温泉有限公司投资 1.3 亿元，2009 年累计到位资金3 550万元，项目已于 8 月 22 日开工建设。**心景·汤天下温泉博览园项目和心景·禅佛禅文化酒店项目**：云南睿和鑫有限公司投资 3.6 亿元，2009 年累计到位资金 300 万元，项目的初步设计已经完成，需进一步审定、修改、完善。**天天洗涤项目**：昆明天天洗涤有限公司投资1 500万元，2009 年累计到位资金1 500万元，已于 2009 年 8 月 1 日正式投产。**金方购物中心改扩建工程**：安宁金方商业集团有限责任公司投资 1.2 亿元，2009 年累计到位资金 710 万元，电信改造、构建筑物拆除工作已经结束，电力改造工作正在施工。**安宁·颐园项目**：昆明广播电视网络有限责任公司投资 1 亿元，项目选址楸木园村民小组，已完成项目规划设计的初审，正在进一步的修改、完善。

【基础设施建设】　2009 年，温泉旅游度假区管理委员会、温泉镇人民政府投入大量的物力、财力，以"关注民生"为出发点，着力加强基础设施建设。2009 年，相继开工并完成了以下工程。**冷热水管网工程**：总投资3 424万元，工程包含：（1）小箐门口水库除险加固工程（总投资1 500万元，整个工程于 2009 年 11 月 13 日完工）；（2）水源地至自来水厂管道铺设工程；（3）自来水厂改扩建工程（2 000立方米每日扩建至5 000立方米每日）；（4）冷热水供水管网铺设工程。**温泉旅游度假区架设 10KV 电力线路工程**：预计投资1 700万元。**滨河公园建设（银杏河谷）**：占地34 100平方米，51.1 亩，总投资1 500万元，公园栽种有 37 种乔木、35 种藤灌植物、5 种水生植物，林草覆盖率达 76.91%，现已投入使用。**江心小岛改造工程**：总投资 450 万元。该工程为螳螂川江心河道景观治理的关键工程，同时兼顾汛期行洪安全。2009 年 3 月初对江心上中两个小岛在原来的基础上进行加高和"瘦身改造"及绿化景观，预计 2010 年初投入使用。**螳川西路项目**：由安宁市建设局投资33 772.2万元。**打金甸水库项目**：由安宁宏腾供水有限公司投资5 076.6万元。**螳螂川河道治理（温青闸至牧羊湖段）**：该段全长 4.2 公里，总投资5 500万元，现已动工建设。**升庵北路道路工程**：道路南起温泉镇玉清桥，向北延伸跨螳螂川至老安温公路楸木园入口处，道路全长2 200.126米，道路红线宽 15 米，含桥梁一座，为城市二级次干道。该道路为温泉旅游度假区的主要干道，属于温泉镇重要基础设施建设工程项目。项目占地面积为32 927.4立方米；项目总投资为3 500万元。**安宁市官庄村跨螳螂江桥**（原名：却普厂大桥）：本桥位于安宁官庄村北与安富公路相交的支路上，该桥东西向横跨螳螂江，桥中桩号为 K0 +110.902，桥梁跨径为 2×16 米，桥全宽 5.7 米，栏杆宽 2×0.3 米，桥梁结构采用两跨简支梁，上部结构采用 16 米预应力空心板，下部结构桥台采用重力式桥台，中墩采用椭圆形柱式墩，基础为钢筋砼扩大基础，项目总投资 98 万元。

【滨河公园、温青园建成开园】　安宁温泉旅游度假区管理委员会、温泉镇人民政府十分重视民生工程。2009 年，在温泉镇龙凤桥及温泉小学门前，利用两块闲置空地，改造成为集景观绿化和休闲为一体的中小型公园。在绿化、美化温泉旅游小镇的同时，为前来温泉游玩的游客提供了优美的休憩场所。

（邝春丽）

太平项目开发管理

【太平新区概况】　2009 年，太平新城年初确定的"规划编制、基础设施建设、招商引资、征地拆迁"四项重点工作任务基本完成，平台组的招商引资目标顺利实现，各项经济指标呈现较快增长态势，新城的开发效应和效益初步显现。体育小镇规划面积，经法定程序审批为 69.03 平方公里，是安宁市 6 大经济区中土地面积较大的一个经济社会发展平台。城市发展环境容量潜力较大，交通区位优势突出，昆安高速、安晋高速、石安公路、成昆铁路、昆玉铁路等交通大动脉穿境而过，高海高速临区南北延伸，昆明西北绕城高速、昆明铁路与轨道交通网络工程规划已列入城市轻轨建设，连通高海高速的隧道建成后，交通将极为便捷，区位优势将更加明显。

【体制机制调整】　2009 年 2 月 16 日，市委、市政府调整管委会机构编制，机构更名为"安宁太平新城管理委员会"，内设机构调整为综合办公室、经济发展局、规划建设局 3 个职能局室，实行管委会、太平镇、太平新城投资公司日常工作在太平镇党委统一领导下的管理体制。按照民主集中制原则，实行会决制，以镇党委（扩大）会议对重要日常工作进行决策，报经市政府分管领导批准后贯彻执行。2009 年 8 月，管委会、太平镇对内部资源进行整合，管委会办公室、镇政府综合办公室合并为一个办公室；镇村镇规划建设服务中心招商引资职能与管委会经济发展局职能合并；组建管委会建设管理局，负责太平新城工程建设监管、市政公用事业管理。通过统一日常工作制度、管理制度和奖惩制度，最大化地整合行政资源、人力资源、办公资源，统筹协调各方，齐心协力开发建设太平新城。

【领导干部调整】　2009 年 3 月 10 日，市政府对太平新城管委会领导干部职务进行调整。任命李春明为管委会主任、杨利明为管委会常务副主任、李强为管委会副主任、王志华为管委会副主任，任命周喜材兼任太平新城管委会副主任；任命段结亮为管委会综合办公室主任、沈耀伟为管委会经济发展局局长、唐志雄为管委会规划建设局局长。同时因工作调整，王群不再担任管委会副主任、马丽平不再担任管委会社会事务局局长、曹宏伟不再担任管委会综合执法局局长、沈耀伟不再担任管委会工程管理部主任；11月，杨利明不再担任管委会常务副主任职务。5月4日，安宁市人事局调整周中林、胡巍、覃文汇、唐忠明、刘科兰和王晓毅充实到太平新城管委会工作。5月8日，市政府分别抽调严加明、游永林、尹荣尚充实到太平新城管委会征地拆迁工作中。

【规划建设】　2009年，管委会按照“三高”（高起点、高标准、高品质）要求和“控制长远、系统规划”原则，编制体系科学、结构合理、可持续性强、特色鲜明的各级各类系统规划。一是优先编制全局性城市规划。2月24日，《中国太平奥林匹克体育小镇控制性详细规划》经镇人大主席团审议通过、市政府批准执行。二是优先编制前提性、基础性和公共性的专项规划、做好土地报批和道路设计。完成9个投资项目的规划审批工作，即：万辉星城三期、四期（包括幼儿园）、五期、六期、七期以及休闲度假中心，昆明市强制收容教育所改扩建工程，安宁太平体育运动中心，云南报业集团奥林匹克记者村《建设工程规划许可证》办理工作；完成如意商务酒店项目、玉龙名苑项目、林海云霄项目、昆华医院项目、始甸妥睦安置小区工程上报规委会审议工作；完成颐和项目初步审查及专家评审工作及太平体育运动中心十字交叉口与控规衔接专家论证会议。组织专家对新区供排水规划、燃气规划进行了初步方案的评审；完成了新区内10余条道路的踏勘、评审、优化、线行调整论证、施工图审查、编制、修改等设计工作；组织太平新城市政道路（含管线综合、道路照明）、供电、通信（含有线电视）、景观绿化、生态环境、商业及石安公路产业发展带等专项规划工作。完成四个批次和独立报地面积共计3 562.87亩及2010年拟用地计划。三是适度超前编制太平体育小镇“十二五”经济社会发展规划。针对太平体育小镇的综合基础和实际需要，市发改局将太平列为镇级经济社会发展规划编制的试点区，支持太平按照中长期发展目标，将城规、土规、环规、产规精炼为最高层次的经济社会发展总体规划。

【基础设施建设】　经过5年努力，投资4.33亿元，太平新区完成市政道路建设工程9项11公里，配套建设18公里供水主管工程、沿道路4.2公里绿化，水电路讯基础设施基本覆盖了一期11平方公里开发区域。2009年，太平新区完成了建设项目的主干道一期工程、立交联络线、油库专用线、1#支路、1#次干道等6个项目的竣工验收和资料的移交备案；完成主干道2#口连接戒毒所和3#口东延线的施工和初步验收；投资250万元对集镇入口干道玉龙路全线420米实施全面改造；投资600万元对集镇入口区132亩的用地采用建设新区储备苗圃的方式进行绿化改造，既为今后新区绿化项目储备了苗木，又绿化美化了集镇入口区。目前在建项目共7个，其中道路工程6个，5个采用BT方式投资建设，合同价款共计5.9亿元。其中长8.4公里的主干道二期路基工程已完成，4#支路属林海云霄自建道路，路面工程已全面完成；东环干道40米段第四标段、西环干道四标段、西环干道体育场馆段道路工程以及太平体育运动中心项目开工建设。

【招商引资】　2009年，管委会加大招商引资工作力度。采取五项有力措施，内培和外引同抓，引进和推进并重，新签约项目7个，分别是太平集镇改造项目、东盟国际建材城、云南朗明印务建设项目、规划师学术交流中心、奥林匹克·记者村、云南省政协（太平镇）委员培训基地——西山快活林精品生态旅游区、鸿曦集团投资项目。其中奥林匹克·记者村已经于10月16日动工建设。整个平台组2009年实际到位内资23亿元，完成年初目标任务的144%，其中市外资金13.2亿元，完成年初目标任务的110%；市内资金9.8亿元，完成年初目标任务的244%；外资5 000万美元，完成年初目标任务的200%，各项招商引资任务超额完成。管委会制定了2009年招商引资目标任务奖惩办法，参加安宁市发改局2009年项目初审会议。完成潮汕商会科技园项目建议书评审；完成主干道峭壁水景工程、玉龙路改造工程、集镇3#次干道景观绿化工程、集镇5#支路工程、老峨山苗圃工程、太平银杏大道工程、太平新城册峨安置小区、始甸安置小区工程的立项报批和批复工作。

【征地拆迁安置】　通过大量细致的协调工作，2009年管委会完成了太平镇主干道二期、3#次干道延长线、东环干道四标、4#支路、5#支路、6#支路、西环干道体育场馆段、西环一标、西环四标、太平新区输水管线、太平新区110KV变电站及主供电线路架设、主干道一期两侧20米绿化带等14个基础设施建设项目的征地拆迁补偿和太平体育运动中心、昆华苑、昆华医院、林海云霄、恒嘉地产、云报安之泰记者村、玉龙湾运动休闲社区、册峨安置小区、始甸妥睦安置小区、昆明—大理输油管线、云锡地产一期、闽奥石材城、冬冬食品厂、周记世佳、西郊殡仪馆道路绿化、太平垃圾中转站、昆广复线、昆明盐矿新征三口盐井、万辉地产七期、恒大金碧二期等25个项目的征地拆迁补偿工作。其中主干道二期、3#次干道延长线、西环体育场馆段和太平体育运动中心、昆华苑、安之泰地产等18个项目已经开工建设；林海云霄、5#支路、6#支路、昆明盐矿新增三口盐井等项目已具备开工条件；东环四标、西环一标、西环四标、册峨安置小区、始甸妥睦安置小区、恒大二期等项目正在对接、协调准备开工。预计征地面积3 800多亩，其中涉及企事业单位几十家、农户200多户超过千人；涉及坟墓搬迁2 600多冢；林木砍伐1 200余亩；房屋拆迁27 000多平方米。

（杨玉莲）

太平新城投资管理

【公司建设】　2009年2月21日，经市政府研究同意，将太平新区基础设施及公共设施投资建设主体变更为安宁市太平新城投资有限公司，具体负责组织投资、建设、管理等工作，开发建设资金从土地收益中弥补。4月21日，安宁市人民政府同意授予太平新城投资有限公司土地一级开发权；12月14日，昆明市人民政府同意授予太平新城投资有限公司土地一级开发权。7月18日，根据《市国有资产管理局关于向太平新城投资有限公司委派董事会和监事会成员的请示的批复》，安宁市太平新城投资有限公司董事会董事变更为李春明、杨利明、王志华、李强、罗先明、夏荣生、杨惠琼7人。9月22日，公司注册资本金增资为6 600万元；至12月31日，公司注册资本金增资为28 600万元。

【融资业务】　2009年，公司认真开展融资业务。完成由市交通投资有限公司为春硕园林绿化公司提供担保，向中国农业银行贷款1 500万元工作；完成安宁市农村信用合作联社关于太平集镇主干道（一期）景观绿化工程项目2 000万元流动资金贷款工作；完成中国银行股份有限公司昆明市安宁支行关于太平集镇3#次干道工程2 000万元贷款工作；完成农村信用社短期融资1 600万元；完成中国农业银行安宁支行绿化流动资金1 000万元融资业务。4笔融资任务共计6 600万元。完成3#次干道延长线、西环干道体育场馆段、西环干道4标段、东环干道40米四标段4个BT项目融资1.46亿元。

2月17日，向中国农业发展银行安宁支行还款用于太平镇1#次干道工程、1#支路工程及立交联络线工程的建设的贷款本金4 300万元。11月23日，经市政府研究同意，太平新城投资有限公司补缴原昆明安宁玉龙湾旅游发展中心土地使用权所拖欠土地出让金共计42万元。

【基础设施建设】　2009年，太平新区重大基础设施建设由公司负责建设的项目有：

1. 3#次干道延长线工程。该工程全长2 038米，宽40米，由广东省八建集团有限公司BT投资建设，项目于2009年3月31日开工，目前工程进展顺利。东西向次干道工程全长4 379.5米，宽40米，由广东省八建集团有限公司BT投资建设，待规划线型调整完成和沿线拆迁补偿安置工作完成后，立即开工建设。

2. 西环干道体育场馆段工程。该全长1 164.9米，宽40米，由云南明岭建筑有限公司BT投资建设，项目于2009年7月中旬开工，目前已初验通车。西环干道一标段工程。该工程全长3 430米，宽40米，由云南明岭建筑工程有限公司公司BT投资建设，项目沿线拆迁补偿安置工作完成后，立即开工建设。西环干道四标段工程已于2009年9月29日开标，由内蒙古新华建设集团有限公司中标，2009年12月31日工程开工建设。

3. 东环干道40米第四标段工程。该工程全长1 400米，宽40米，由安宁市螳川水利建设工程有限公司BT投资建设，工程于2009年10月31日开工，目前完成路基工程。

4. 太平新区供水工程。该工程由公司委托安宁市自来水公司代建，管线全长13 460米，总投资3 700万元。工程于2008年9月18日开工建设，目前城区段管网铺设基本完成，初验实现通水。

5. 2009年主干道一期绿化BT建设项目已完工；太平集镇道路改造，环境整治、绿化、美化工程已全部完工；太平镇西龙潭农村公益性公墓代建工程完工并投入使用；玉龙路连接线道路工程、景观绿化工程通过竣工验收，实现通车；始甸村临时周转用房建设工作圆满完成。

6. 6月22日，市政府同意委托公司代建始甸安置点和太平集镇东环干道工程；10月14日，册峨、始甸安置区建设工程项目立项。

【投资开发】　2009年，太平新城投资有限公司利用新区市场开发主体优势，进一步扩展公司经营业务。5月6日出资1 000万，注册成立云南春硕园林绿化工程有限公司，绿化分公司法人代表为何学辉。目前已完成太平镇光崀小村苗辅新建、种植；太平镇玉龙路苗圃新建、种植；玉龙路连接线道路景观绿化工程；太平镇玉龙路景观绿化工程；太平集镇主干道一期道路景观绿化工程苗木补植；太平集镇主干道一期绿化补植工程；太平镇绿化造林工程；3#次干道道路景观绿化；昆安高速立交连接线两侧20米范围苗圃建设项目。完成主干道一期龙门架广告牌制作及太平新区昆安调整公路单立柱广告位施工建设；主干道一期路灯灯杆广告及龙门架广告牌出租；公司拍得玉龙湾资产由云南玉龙湾旅游发展有限公司租赁经营。

（郑洪坤）

安宁市综合执法管理

【简况】　2009年，安宁市综合执法大队主要围绕“四创两争”（清理占道经营、违法广告、禁白禁煤、拆临拆违、旧城改造、整治黑车）开展工作。因创建国家卫生城市工作的需要，原安宁市卫生局卫生执法监督局及安宁市环保监察大队的执法人员于2009年6月18日撤回原单位。2009年的综合执法大队还保留城管、建设、规划、国土资源、文化、工商、交通（运政、路政、交警）的执法职能。

【城市管理综合执法】　2009年，清理、搬迁花鸟市场、黉学路、建新路、金安巷、天华苑、金屯路320国道、湖滨西路、连成巷等严重占道经营路段并建立长效管理机制。派出专职执法人员定点守候管理市场，为全市重点工程开工建设打下坚实的基础。印发城管方面宣传资料和签订责任书1 300份，处理数字城管案件630起，查处渣土运输127起，处理机动车上人行道360起，处理违章占道经营520起，清理违章户外广告306块（个）、布标130条、水牌87起；扣留户外晾晒拖把146把，取缔夜间占道私设烧烤摊36户。

【规划、建设、国土资源执法工作】　2009年，综合执法大队在相关单位的支持配合下，规划、建设、国土资源等方面的执法工作成效显著。1月9日，对大屯新城区李氏姐妹的违章建筑实施强制拆除；2月6日，依法对连然街道办事处青武山村违章建筑实施了强制拆除；5月，对温泉镇、草铺镇等的11户违章建筑实施了强制拆除。6月5日以后，结合昆明市拆临拆违建绿透绿工作的安排，于9月30日圆满完成全市建筑物的普查工作，共计普查43 244户，全部建立了相应档案。执法大队在村头地角、螳川河道旁、铁路沿线等地段开展拆临拆违建绿透绿工作。全年全市在各阶段、各工作面共拆除870户、合计102 367平方米的临违建筑物。

【文化工商行政执法】　2009年，综合执法大队在文化市场方面开展日常监督检查1 628家次，取缔无证书摊9个、无证音像摊点17个、黑“网吧”4家、无证电子游戏室7户；停业整顿电子游戏室6家（户）、卡啦OK厅5户、印刷厂3户；限期整改11家（户），给予行政警告9家（户）；收缴非法书刊2 148本、非法音像制品20 296本（张）、非法电子游戏机2台、非法电子游戏机主板22块、非法电子游戏币2万枚；扣留文化经营许可证5本，案件移交4起；实施当场处罚案件8起；立案调查案件92起，办结案件92起，结办率100%；收缴罚款3.665万元，其中电子游戏3 000元，网吧21 500元，音像制品12 150元。接举报37起，回复当事人37起，回复率100%。

【打击“非法营运”，维护道路运输秩序】　2009年，综合执法大队在各镇、街道办的大力支持下积极开展交通安全宣传活动。共向群众发放《拒乘拒驾“黑车”倡议书》、《乘“黑车”五大害》、《昆明市人民政府公告》等宣传资料2.5万份；发放“安全出行”画册2 000份；在集镇中心展示“关爱生命、安全出行”交通安全宣传展板近15次，播放交通安全宣传音像资料宣传片10场次；同时通过安宁电视台、昆钢电视台和《今日安宁》等新闻媒体做同步宣传，在群众当中引起了极大反响。全年共出动执法车辆1 270辆次，投入执法人员4 280人次，查处非法营运车辆76辆并顺利移交到昆明市打击非法客运领导小组办公室。打击工作的顺利开展，给参与非法客运的机动车驾驶员一个震慑，为全市下一步打击工作的开展奠定了基础。经过大力整顿，全市非法营运的现象在一定程度上得到了遏制。

（刘一滩）

城市管理

【组织建设】　2009年，安宁市城市管理局以提升行政效能，转变干部作风为工作核心，以开展深入学习实践科学发展观活动为契机，不断完善各项管理制度和措施，逐步形成促进科学发展的长效机制。整个科学发展观学习实践活动，领导重视、组织机构健全、工作人员到位、目标明确、措施有力、载体丰富、成效明显，增强了全局职工的机遇意识、忧患意识、责任意识和服务意识，树立了竞争观念、发展观念、创新观念和全局观念，达到了党员干部受教育、人民群众得实惠的目的。按要求认真开展民主生活会和各类专项学习活动，广泛征求基层职工以及部分工作联系单位对局领导班子、班子成员以及城市管理工作的意见和建议，共发放征求意见表32份，对回复意见表上的建议进行了认真梳理、汇总，制定出完善措施。

【党风廉政建设】　认真贯彻落实安宁市委、市政府廉政建设工作会议精神，以构建“学习型、服务型”机关为目标，切实做好2009年党风廉政建设责任制和领导干部廉洁自律工作。按照“八个百分之百”的要求进行，严格规范各个工作环节，推进党风廉政建设深入开展，进一步转变机关和行业作风，提高行政效能和服务水平。局领导班子成员定期到局属部门、定点联系单位、村委会、村小组进行下访活动，将办理工作公开化、制度化。

【人大、政协提、议案和来信来访办理】　2009年，市城管局认真组织学习《信访条例》，严格执行、落实信访接待制度，对群众来信来访问题认真做好记录，群众来访有专人接待，对所反映、建议的问题按行业划分责任到所属部门限期整改，搭建起市民监督、参与城市管理工作的联系桥梁，增强了工作人员的责任心，促进了城市管理工作的快速发展。全年涉及市城管局的人大、政协提、议案，市民信访件均做到在规定时限内件件落实，事事办理回复，无拖办、不办现象。

【户外广告设施规范化安全管理】　户外广告报批实行现场踏勘审验，2009年共接到申请报件143件，符合审批条件的122件。定期对大型户外广告进行安全检测，落实安全目标管理责任制。继续推进对城区户外广告、门头招牌实行分街道、分片统一规格、尺寸、色调的规范化设置和管理力度，对不符合城市管理规定的户外广告下发限期整改通知。全年共拆除、清理、规范城区门头广告250余块、灯箱广告56块、户外布标180条、店招店牌180余个，完成了95%以上不规范店招店牌的整改。

【路灯市政工程】　市城管局认真贯彻落实《昆明市城市道路照明设施管理实施办法》，加快城区道路灯光亮化建设力度，努力使灯光亮化与城市道路建设同步。2009年共完成昆楚公路和平村收费站至极乐村路段铺埋管线5 480米、路灯137套的安装；湖滨路铺埋管线1 120米、安装路灯32套；连然街延长线、螳川北路铺埋管线3 840米、安装路灯96套；大屯新区新安装路灯210套等工程建设。加强城区路灯、景观灯日常巡查管护力度，全年累计维修路灯1 967套、景观灯448套，恢复被损被盗电缆3 553米，对设施容易被盗区域地段，派出人员进行防守、值班共计10余批50余人次。全年路灯设施被盗情况较往年有大幅下降，路灯年平均亮灯率达99.2%。

【创新数字化城市管理】　市城管局2009年加强与昆明市数字化城市管理办公室的联系和对接，强化业务培训，做好月报工作。全年共受理案卷745件，立案669件，结案660件，其中：城市管理事件709件：市容环境24件、宣传广告249件、施工管理17件、街面秩序419件；城市管理部件36件：公用设施6件、道路交通6件、市容环境24件，结案率为98%。通过城管热线“8612319”受理群众投诉34件，办理34件，做到件件回访，群众满意率达100%。

【城乡生活垃圾统筹】　2009年，安宁市城区道路清扫保洁面积达1 250 376平方米，市城管局严格按国家卫生城市道路清扫保洁的质量要求进行日常考核和管理。不断完善环卫设施的覆盖范围，全年分别在园博园、大屯新区及城区道路新安装果皮箱264套，城郊结合部安装垃圾收集房25间，安装公厕导向牌15块。组织环卫工人清理城郊结合部卫生死角327处，清理淤泥、建筑垃圾500多吨、杂草75吨，清除小广告5 900多条。继续全面推行组保洁、村收集、镇转运、市处置的城乡生活垃圾一体化处置模式。全市所有镇、街道办事处建成垃圾中转站7座，购买中转车辆4辆，建设垃圾收集设施1 562个，配套村小组保洁员708人。部分指标超额完成昆明市级下达任务。全年共清运和处置生活垃圾4.4万吨，实现城市生活垃圾无害化处理率100%、集镇生活垃圾无害化处理率80%以上。

【启动安宁市环卫体制改革】　2009年7月，根据昆政办〔2009〕40号《关于印发昆明市中心城区环境卫生管理体制改革指导意见》的通知，安宁市环卫站组织上报的《关于组建安宁市环卫产业服务公司实施方案》经安宁市四届政府三十一次常务会议讨论通过，计划2010年3月完成安宁市环卫产业服务公司的组建工作。

【粪便无害化处理厂项目建设】　2009年10月29日，安宁市粪便无害化处理厂开工建设，项目选址安宁市连然街道办事处文化路居民小组010山箐，建设规模为日处理粪便100吨，占地面积5.75亩，预计投资750万元。经多方论证，项目采用北京世纪国瑞工程技术有限公司粪便固液分离、絮泥脱水处理工艺。工程预计2010年上半年建成投入使用。

【建设职高校区垃圾转运站】　为不断完善城市环卫基础设施建设，规范职高校区7.5平方公里范围内居民生活垃圾的日常收集处理，2009年在职教园区大汉营村建成占地2 000平方米日处理生活垃圾50吨的垃圾中转站1座。

【狠抓市政设施管理】　市城管局严格按照《城市道路管理条例》开展好业务工作。2009年审批道路挖掘18起、占道8起，开口1起，无声音审批。更换丢失损坏窨井盖5个，修复沟盖板3起，对城区破损路面共修复约1 000平方米，灌缝约200平方米，修复人行道松动小板约600平方米，保证市政公用设施完好率达95%以上。不定期对城区20家对外停车场、19家洗车场进行清理检查，鼓励单位和个人兴建生态型停车场，缓解城区停车压力。

【市容市貌综合整治】　2009年，市城管局以“创卫”为契机，以集中开展专项整治为突破口，加强对乱摆摊设点、占道经营、流动摊贩等严重影响市容环境、市场经营行为的监管。一年来发出宣传材料400多份，查处违规经营行为1 300余起（其中乱摆摊设点、占道经营620起），妥善搬迁、分流花鸟市场、建新路、建新北巷自发形成的临时摊点130余个，清理天华苑、金屯小区占道经营180余户，金安巷占道经营90余户。配合相关部门对机动车违规停放进行集中整治，全年共处理占道停车800余辆次，查处渣土运输78起。全力配合连然街道办事处、金方街道办事处、太平镇、温泉镇、青龙镇完成拆临拆违，市容整治，流浪犬收容等工作。

【招商引资】　安宁市城市管理局隶属于温泉旅游度假区管理委员会招商平台。按文件要求，结合温泉旅游度假区管委会2009年招商引资任务实施方案，根据温泉旅游度假区管理委员会招商领导小组的招商任务分解，市城管局具体负责“金方森林温泉二期建设”项目的推进、“昆明市天天洗涤有限公司安宁公司”的招商引资工作。昆明市天天洗涤有限公司安宁公司于2009年3月开始正式动工建设，同年7月投入试生产。项目预计投资1 000万元，全部由企业自筹。公司利用安宁市生活垃圾处理中心焚烧产生的余热对宾馆、酒店的床单、被套及市民的衣物进行洗涤，不用锅炉，没有排放。洗涤废水经处理后消毒回用，达到零排放。沉淀的污泥送到安宁市生活垃圾处理中心焚烧，实现了资源化目标。金方森林温泉二期建设2009年完成项目方案最终的编制工作，该项目预计投资1.3亿元。

【强抓安全生产监管】　2009年，作为安委会成员单位之一，市城管局各部门认真履行安全生产“一岗双责”目标责任，强化对高空操作、工程用车、道路清扫、水上游乐设施等危险作业人员的安全宣传和安全隐患防范力度，建立完善部门安全定期检查台帐报送制度，对发现的安全隐患要求及时整改，全年无重特大事故发生。

（蒋　祁）

园林绿化

【完善各项园林绿化行业管理制度】 2009年，安宁市园林局按照“三高、三精、三化”要求实施城市园林绿化工程规划、建设与管理工作，城市绿化步入制度化、规范化、科学化轨道。2009年依据城市总体规划，配合西南林学院、昆明市鸟类协会建成《安宁市城市绿地系统规划（2009—2030）》修编、《园博园可行性研究报考》、《安宁市物种调查》、《安宁市鸟类调查报告》、《安宁市城乡园林绿化管理办法》、《安宁市园林集镇、园林村庄评选标准和办法》、《安宁市园林集镇、园林村庄考核评分标准》和《安宁市公园绿地永久性保护细则》等行业管理制度。

【严格绿化审批验收】 2009年，市园林局组织专家对丽景嘉园、欣和雅苑小区绿化规划方案进行评审。全年验收绿化工程14个、审批占用绿地报件25件，其中：永久性占用绿地3件，占用面积390平方米；长期占用绿地4件，占用面积21.5平方米；临时占用绿地12件，占用面积7 103.87平方米；未批准6件。全年共计审批此类报件28件。审批砍伐树木295株、修剪树木1 607株、移栽树木168株。

【园林单位（小区）、花园式单位评选】 2009年，市园林局推荐安宁第二中学、温泉银鹰山庄等13个单位参加云南省园林单位（小区）评选；推荐安宁市昆钢一中、安宁市宁湖幼儿园等6个单位参加昆明市园林单位（小区）评选；七镇、二个街道办事处创建安宁市“星级花园式单位”20个。

【持续推进城乡园林绿化一体化及生态建设】 市园林局紧紧围绕“安宁市城乡园林绿化及生态建设规划纲要（2008—2010年）”要求，按照“城市现代化、集镇城市化、城乡一体化”发展思路，全面开展集镇、村庄绿化工作，城乡绿化、一体化进程不断加快。2009年新增城市绿地43.36万平方米，完成计划数的166.78%；建成绿化广场3个，栽植银杏10 361株，种植攀援植物81 940株，绿地率达40.81%，绿化覆盖率达45.13%，人均公共绿地面积17.82平方米；新增集镇绿地122 243平方米，集镇绿地率达26.6%，绿化覆盖率达31.7%，人均公共绿地面积达6.8平方米；新增村庄绿地272 192平方米，村庄绿地率达25.9%，绿化覆盖率达31.2%，人均公共绿地面积达4.3平方米。青龙镇完成国家园林集镇创建任务。七镇、两个街道办事处共计完成9个园林村庄创建任务。

【纪念性植树公园规划建设】 2009年为进一步丰富城市绿地服务内容，满足人民群众绿化个性化追求的需要，市园林局通过实地踏勘，选定连然街道办事处武家庄村委会红山片区建设纪念性植树公园，面积为131 222.8平方米，规范有“三八林、共青团林、劳模林、和谐林”等10余个植树区。现种植多花含笑1 000株，管护工作由市园林局绿化科协调进行。

【城区公共绿地管护】 2009年城区公共绿地继续实行政府采购、承包管理的模式，日常管护由市园林局严格按一级标准定期考核，对被践踏、损坏的绿地及时进行视觉补差。全年分别在城区各公交站台补植各类苗木9 045株；城区公共绿化广场栽植银杏153株；金晖路、大屯路、中华路、百花西路、百花东路、安温路补苗乔木20株、小灌木7 500株。2009年8月昆安公路和平立交至极乐立交段道路景观工程A、B、C、D段移交市城管局管理，新增绿化管护面积79 831.97平方米，其中：乔木13 517株，地被19 193.94平方米，灌木47 154.53平方米，早熟禾13 483.5平方米。全年城区公共绿化管理施用化肥42 480千克，杀虫、杀菌剂（水剂）13 365瓶，杀虫、杀菌剂（粉剂）4 060千克。

【绿化工程】 2009年由市园林局园林绿化公司完成的绿化工程为：和平立交至温泉路口隔离带绿化改造1 860平方米，栽种法国冬青2 430株；安宁市滇缅公路36公里绿化工程1 021.5平方米，拉运种植红土283立方米，栽种天竺桂176株，八角金盘1 131平方米（28 275株）；安宁市廉租房二期绿化工程2 428.6平方米；安宁市中医院绿化改造工程884平方米；鸣矣河甸东村绿化工程、鸣矣河甸东村水源林保护工程718平方米；云南省安宁监狱新办公区绿化规划27 441.6平方米。

【苗圃建设及苗木繁育】 2009年，市园林局不断完善新苗圃基础设施建设，新建育苗钢架大棚1 908平方米，育苗遮荫网架2 569平方米。为迎接2009年园博会及国庆六十周年和日常各主要街道、路口鲜花的点缀，全年共精心培育各品种盆花210 000盆，繁殖各种绿化苗木13个品种、50万余株；引进绿化苗木4个品种、2 210株；出圃绿化苗木48个品种、136 839株。

【公园建设与管理】 2009年，市园林局不断完善公园各项管理制度，制定完善《安宁市公园管理站内部管理制度》、《安宁市公园管理站临时工日常管理制度》，形成制度管人新机制。除认真开展日常各项管理工作外，组织完成了对公园正大门处入园台阶防滑、加宽、加固处理；拆除儿童乐园临时建筑60多平方米，对百花山顶长廊和休闲亭等进行刷新，重新铺筑小东湖旁、百花山顶人行通道846平方米；维修园内损坏的休息桌、椅；检修喷泉，更换各类球阀和各类景观灯线路380米，发光二级管880米，灯管、灯泡500支、触发器、稳压器等，对儿童乐园旁水冲式公厕进行高效节能生态式改造；对部分因游客践踏而产生斑秃的草坪、灌木绿化带进行多次视角补差，全年共栽种各类绿化苗木7 387多株、补植草坪300多平方米，丰富了公园植物的多样性。为消除安全隐患，采用以物代资的方式聘请专业人员对原公园食堂、百花山顶片区40多棵桉树进行修枝截顶。

【成功申办昆明市第二届“园林绿化博览会”】 昆明市园林绿化博览会安宁会场（安宁园博园）位于安宁宁湖新城西岸，整个会场建设围绕环湖截污、园林绿化、展园建设、宁湖南坝堤景观改造展开，由安宁市城市管理局负责组织实施。工程自2009年4月10日开工，9月中旬竣工，总占地面积15.2余公顷，栽种植物品种90余种，总投资4 000余万元。10月29日，昆明市2009年第二届园林绿化（安宁）博览会开幕，昆明市委书记仇和、市长张祖林，安宁市委书记李树勇、市长王剑辉等市级领导到会参加开幕式。园博会主题是“绿色·生态·文化——绿色城市·和谐安宁”，园博园定位为“城市的森林公园、园博会的会场、安宁的文化窗口”。园内设有银杏园、竹园、市树园（滇翠柏园）、红花荷园、石楠园、市花园（梅花园）、樱花园七个植物专类园，以及综合展馆、游客服务中心、亭、廊、喷泉、园林小品、公共卫生间、休闲广场等。

（蒋　祁）

信访工作

【群众信访基本情况】 截止2009年12月20日止，安宁市委、市政府信访局共受理人民群众来信来访2 091件，比上年同期1 692件增加399件，同比增加23.58%。其中：收到群众来信549件，比上年同期575件减少26件，同比减少4.52%；重复信133件，比上年同期96件增加37件，同比增加38.54%。接待群众来访1 542批4 379人次，比上年同期1 117批4 817人次，批次增加425批，人次减少438人，批次同比增加38.05%，人次同比减少9.09%，其中集体访158批2 171人次，比上年同期136批2 026人次增加26批145人次，批次同比增加19.12%，人次同比增加7.16%。

【市级领导参与定期接访制度执行情况】 2009年，市委、市政府信访局认真执行有关接待制度，已建立起以书记“大接访”为核心的领导接访，共有349人次的市级领导、市级党代表、部门领导及律师接待来访群众717批1 804人次。其中，41位市级领导共接待来访群众402批1 134次，批示有关信访件104件。

【网上信访及电子信箱办理情况】 截止2009年12月20日，通过网上信访、书记电子信箱、市长电子信箱收到群众反映的各类问题298件。其中通过云南省网上信访系统投诉反映的问题248件，占总数的83.22%；书记电子信箱收件15件，占总数的5.03%；市长电子信箱收件35件，占总数的11.74%。已办结298件，办结率100%。

【2009年信访量仍然高位运行】 2009年，全市信访总量、来信、来访、重复性等项指标都有大幅度上涨，信访总量同比增加16.2%，群众来信同比增加0.94%，重复信访同比增加35.42%，群众来访批次同比增加29.15%，人次同比增加19.36%，信访总量较2008年同期有较大幅度上升。

【群众主要反映的信访问题】 2009年，安宁市群众主要反映的信访问题：1. 民政低保问题凸显。2009年，安宁市根据相关政策对全市范围内的低保进行清理，一些原来的低保户在清理工作结束后，因不符合领取条件，不再领取低保，导致群众上访突出。特别是国家基础设施建设及安宁市工业化加速、城市化提升进程中，因各类建设而形成的失地农民反映尤为强烈。如：太平镇桥头村村民由于对国家低保政策的不理解，在此次清理过程中以过激行为反对低保清理。市委、市政府领导十分重视，及时成立专项行动小组，杜绝村民的上访行为，变群众“上访”为领导干部“下访”。2. “拆零拆违”工作压力大。第一，农村中有的房屋已成危房，而现划地建房已被禁止，有的危房属于规划范围内，没有动工的已经不允许折旧翻新，有的村民乱搭乱建，相关部门要求拆除。第二，由于停止划地建房，有的地方将要被征占，村民中有的确实有困难，还有的则希望得到更多的补偿，近几年又出现大量临时建筑和违章建筑。2009年安宁加大“拆零拆违”力度，很多临时、违章建筑被强制拆除，引发很多村民投诉和上访。3. “医患纠纷”矛盾日趋明显。由于经过司法途径解决医疗事故纠纷耗费时间长、花费人力物力多、处理结果不尽如人意，导致安宁市2009年“医患纠纷”上访越来越多，情况也越来越复杂。信访局领导秉承“以人为本，服务群众”的原则，对每一个医患纠纷的信访件都认真分析，及时组织信访人、涉及医院、市卫生局、市司法局相关人员召开组织协调会，让双方在平等的前提下各抒己见达成协议，促进事情的解决，努力达到“三赢”效果。4. 60至70年代特定群体上访频繁。2009年8月以来，安宁市60至70年代特定群体上访频繁，主要涉及有“三线建设”民兵、围海造田建设者、赤脚医生、民办代课教师、原安宁县国营拖拉机厂拖拉机手、农村兽医等。这些群体都是在特定历史条件下产生的，他们曾经都不计报酬地为国家建设做出过贡献，现在生活困难，要求享受改革开放成果，希望政府给予一定的生活补助。但是现在国家还没有相应政策依据来解决这些群体的生活补助，所以市信访局只能要求涉事单位、各镇（街道）高度重视上访群体的思想变化，同时对生活确实有困难的人员给予必要的帮助；相关职能部门积极分析研究，尽快找到切实可行的办法解决这一群体的问题。

5. 信访问题办理难度加大。2009年，重信重访人员增多，且办理难度越来越大，如：安宁市连然街道办事处杨定存的问题已经通过正常信访给予答复，进行复查，2009年3月也已进行公开听证会，部分问题经过了司法程序。但其仍不断上访，还多次到省、昆明市政府长时间滞留，甚至出现仅仅一个星期3次到省、昆明市政府滞留的情况，信访人情绪一次比一次激动，劝返难度也一次比一次增大。

【严格落实信访工作责任追究制度】　2009年，市信访局严格落实信访工作责任追究制度，建立健全台帐管理体系，对每一件信访件交、转、督办件的送达时间、签收人、包案领导、调处责任人、调处时限、延期原因和办理情况、回复时间等内容进行详细登记。市级领导批示件原则上必须在5个工作日内进行答复，网上信访件、热线交办件必须在7个工作日内进行答复，一般交办件必须在10个工作日内进行答复。情况复杂，一时不能回复，需要延期的，必须书面说明情况，经市联席会议同意后，方可延期，最长不超过60个工作日。2009年市信访局建立落实包案领导制，制作相关登记册，每件信访件交办到部门后，要求相关部门在接到交办后2天内报包案领导及调处责任人，以确保信访问题的落实。

【矛盾纠纷排查化解工作制度化】　在矛盾纠纷排查方面，市信访局始终坚持解防结合的方针，对有上访苗头倾向、已发生的重大上访和排查出的信访不稳定隐患，高度重视，妥善处理，教育疏通，防止问题反弹。坚持每月的定期矛盾纠纷排查例会制度，并且在全国、省、市“两会”召开期间以及国庆60周年庆典活动期间，按照“1·21”以及“8·13”全国电视电话会议精神，在各单位配合下，迅速组织部署，认真做好重点人员监控工作，确保安宁市在全国两次重大活动时的进京“零上访”。同时，为认真做好安宁市人民群众的来信来访工作，配合中央、省、昆明举办的各种大型会议、活动，围绕“4·25”、“6·4”等敏感时间，做好稳定工作。安宁市还对社会不稳定因素重点进行不定期排查，对信访形势综合情况作全面分析，并向相关工作机构上报分析报告，制定出工作预案，实行信访问题日报告制度，提前介入开展调处工作，收到较好效果。

【进一步加强和完善接待日制度】　2009年，安宁市为了更好的搭建群众与政府之间的桥梁纽带，继续坚持市级领导接待制度、部门专题联合接待制度和律师接访制度，专门以群体性事件联席会议办公室下发的《关于2009年市属部门联合接待和律师接访安排的通知》（安信联办〔2009〕1号），并两办名义下发《关于市级党政领导2009年信访接待日安排的通知》（安办通〔2009〕2号）以处理信访突出问题。已建立起以书记“大接访”为核心的市级领导接访、市级党代表接访、部门联合接访、涉法涉诉信访问题专题接待、律师专题接访和日常常规接待等六种形式的接待方式。建立了以网上信访为基础的书记电子信箱、市长电子信箱、市长热线电话、领导干部工作电话等五个诉求投诉平台，共11个利益诉求反映渠道。特别在国庆60周年庆典前，为确保全市人民过上一个平安、祥和的节日，根据中央联席会议办公室《关于进一步做好县（市、区）委书记接待群众来访工作的通知》要求，经市委、市政府研究，决定2009年9月1至30日，每天安排1名市级领导到市信访局接待来访群众。《通知》发布以后，把领导推向了前台，也将陪同接访的职能部门从第二线推到了第一线，真正意义上为群众解决实际问题，同时也为安宁市国庆期间的信访维稳工作打下了坚实的基础。

【积极探索信访工作新方法】　市信访局在工作中积极探索新途径和新方法。2009年3月初，市信访局首次在昆明市十四个县市区成功召开杨定存信访事项听证会，充分尊重和保护群众依法享有的信访权利，进一步拓宽了民意诉求的表达渠道。听证活动借助于传媒的宣传，教育了更大层面的群众，最大限度地减少了不和谐因素，最大限度地增加了和谐因素，为安宁市不断摆脱经济社会发展和前进中的障碍，大干快上，创造了良好的环境和条件。同时，在举行听证会的基础上，积极探索无理上访的认定工作。目前安宁市第一起无理上访认定前期相关资料已报昆明市。

【农村矛盾纠纷排查化解工作】　根据省委联席会议《关于开展农村矛盾纠纷集中排查化解工作的通知》的安排部署和省委主要领导近期关于信访工作的有关批示，2009年4月起至6月底，市信访局在全市范围内开展农村矛盾纠纷集中排查化解工作。为认真贯彻落实好昆明市联席会议和昆明市委、市政府领导的指示要求，结合3月31日昆明市联席会议召开的专项工作会议要求，安宁市向各镇（街道），市联席会议各专项工作小组，市属有关部门下发《关于在全市开展农村矛盾纠纷集中排查化解工作的通知》（安信联办〔2009〕10号），请各镇（街道）结合各自工作实际，尽快组织开展农村矛盾纠纷集中排查化解工作，抓好督促检查，做好日常协调和情况收集工作，着力排查化解关系农村群众切身利益的突出矛盾纠纷，夯实全市社会和谐稳定的基础。

【“信访积案化解年”工作】　按照昆明市处理信访突出问题及群体性事件联席会议办公室2009年3月2日下发的《关于对信访积案进行清理的通知》（昆信联办发〔2009〕6号）精神，为做好“信访积案化解年”工作，安宁市对2006至2009年之间的信访案件做了认真细致的清理工作。按照要求对“三跨”（跨地区、跨部门、跨行业）、“三分离”（人事分离、人户分离、人事户分离）以及历史遗留信访问题通过盘底、摸底、清底，共清出信访积案59件。根据协调、处理、答复情况，确定43件时间较久、上访较频繁的重点积案，占排查信访积案的72.9%。安宁市针对积案确定了负责领导。为做到快速反应、迅速处置，对重点人物制定相应的处置预案，一旦发生不稳定现象，立即按预案快速、及时作出反应，并妥善解决了其中的14件。市信访局还将继续加大力度，积极化解积案。

【网上信访工作】　网上信访的开通和依托网上信访搭建的“书记信箱”和“市长信箱”，极大方便了人民群众反映问题、提出建议意见，拓宽了信访渠道。为能尽快在各镇（街道）和市属部委办局全面开通“网上信访”系统，安宁市在对各镇（街道）、部门进行硬件设施等方面的摸底后，2009年5月底一次性开通了28家单位的网上信访系统，得到省、昆明市领导的肯定和表扬。

【妥善处置金座公司非法集资案】　2009年，市信访局积极采取措施，妥善处置金座公司非法集资案。1. 高度重视、迅速行动。2009年8月23日，按照昆明市委、市政府关于认真做好金座公司非法集资人员稳控工作专题会议的安排部署，安宁市积极行动，周密安排，稳妥有序地开展相关人员的稳控工作。一周内就同一项工作连续五次召开专题会议进行安排部署和检查，充分体现出安宁市委、市政府领导对做好社会稳定工作的重视和关注。在组织领导工作上，安宁市成立了由市委书记李树勇任组长，市委政法委书记、昆钢集团公司党委副书记、市政府副市长任副组长的领导小组，下设综合协调组、信访维稳组、案件查办组和新闻宣传组四个小组负责具体工作，为安宁市妥善处置金座非法集资案涉案集资人员的稳控工作奠定了基础。2. 强化宣传，营造氛围。市信访局主动创新工作手段，通过设点宣传、利用手机法制短信平台宣传、电台电视和报刊宣传，以及发放宣传单、公开信等方式，让广大市民认清非法集资的本质以及给个人、家庭和社会带来的危害，帮助市民提高识别能力，自觉抵制各种诱惑，不参与非法集资活动，收到明显效果。3. 落实包保，明确责任。通过进行任务分解，建立领导负责、层层落实、责任到人的双包保责任制，共计签订稳控包保责任书776份。自2009年9月1日开始，安宁市投入大量人员开展信息采集申报登记工作。截止9月30日，经工作人员反复核实，采集登记集资人信息166人，占全市实有核实人数的90.21%，太平镇另有5位集资人员已在昆明登记点进行信息登记。市公安局经侦大队共登记报案116件（次），制作笔录107份，涉及171份集资合同，涉及金额319.45万元。

【做好国庆前各项维稳工作，确保国庆活动顺利举行】　2009年全国、全省有关维稳信访电视电话会议召开后，按照会议精神，市委书记李树勇立即贯彻落实会议精神，特别就确保国庆60周年期间的信访维稳工作提出四点要求：一是各级、各部门充分认识做好维稳信访工作的重要性和紧迫性。二是明确领导责任，狠抓落实，确保各项工作到位。强调亲自过问，亲自抓，亲自到现场，亲自处置，亲自承担责任，尤其是主要领导的责任。三是部门工作责任要进一步落实。着重指出：在部门工作责任上，特别是访了又访的问题，仍发生到上级上访的，就说明各级各部门的努力不够，工作没有落到实处，要着力加强。四是热点难点问题要进一步排查，排查后要区分情况，把矛盾处理在萌芽状态，同时做好后续处置工作。

安宁市就贯彻落实这次电视电话会议精神，抓好全市信访工作提出八个着力：1. 着力抓好党政领导干部定期接访、下访工作；2. 着力做好矛盾纠纷排查化解工作；3. 着力在事要解决上下功夫；4. 着力提高预防处置群体性事件的能力；5. 着力畅通群众来信来访渠道；6. 着力落实好信访工作责任；7. 着力做好2009年重点阶段工作；8. 着力加强信访干部队伍建设。

为确保党的十七届四中全会和国庆60周年庆祝活动的安全顺利，确保安宁市社会大局持续稳定，市联席会议办公室结合安宁市实际情况，2009年9月中旬下发了《关于切实做好国庆期间信访维稳工作的通知》（安信联办〔2009〕26号）和《关于强化国庆期间信访维稳工作的通知》（安信联办〔2009〕29号），要求各镇（街道）、各部门对辖区内有可能或扬言到省、进京集体上访、非正常上访或有过激行为的重点人员、重点群体进行一次全面排查，逐人逐件建立台帐，明确包保领导和管理责任，包保情况要及时上报。从9月20日起认真落实每日“零报告”制度，每日情况须当天下午15时前报送市联办，对不按时执行“零报告”制度、造成重点人员漏管失控或其他严重后果的，将严肃追究责任。9月23日，市委政法委副书记李茂文带领督导小组一行深入到全市各镇（街道）督促检查信访维稳工作。督导组每到一地就逐一听取各地关于信访积案落实化解情况、重点人员落实包保稳控情况、矛盾纠纷排查化解情况、金座公司非法集资人情况和集资人稳控包保情况、低保清理情况等相关工作汇报。李茂文对各镇（街道）工作做了充分肯定，同时也对国庆期间的工作提出了要求：1. 按照市委、市政府的要求，领导班子的思想认识要统一，对工作的重视程度要再落实、再强调；2. 矛盾纠纷的排查化解、信访积案的处理要再落实、再强调；3. 国庆期间的情报信息（包括值班制度、“零报告”制度）要再落实、再强调；4. 国庆期间一切活动的安全保卫要再落实、再强调；5. 安全生产和社会面的控制要再落实、再强调。通过这次督促检查工作，有利推动了安宁市各镇（街道）国庆期间的安保维稳工作，为国庆期间各项活动的顺利开展打下了坚实的基础。

【通过带案下访加大信访案件的化解力度】　2009年，市信访局坚持把认真贯彻“一线工作法”作为工作重点，坚持以党政主要领导接访为核心，以点带面，带案下访，深入实践科学发展观，力争在破解困扰经济社会发展的瓶颈问题上有新的突破。截止2009年底，市级领导到基层帮助解决群众反映的实际困难和问题73件次，帮助解决影响经济社会发展的问题21件次。同时，市信访局还把重信重访案件和矛盾激化的信访件通过协调会的形式来解决。信访局作为牵头单位，联系信访人、责任单位和各相关职能部门，以平等的方式对话、沟通，寻求解决问题的方法，把矛盾化解在萌芽状态。2009年以来，市信访局通过协调会的方式，成功解决了几起医疗事故纠纷、租地被排水冲毁造成经济损失的问题、失业人员朱云贵要求恢复公职待遇的问题等，给信访人和涉及单位带来了极大的便利。

【信访工作存在的主要问题】　2009年，安宁市信访工作主要存在以下问题：1. 矛盾隐患较多。经过多次矛盾纠纷排查会后，排查出的隐患较多，且部分问题现阶段很难解决。如：民办教师待遇问题和义务教育学校实施绩效工资改革波及事业单位的问题、城市低保对象全面清理核查涉及农转非的大部分失地农民面临不能领取低保金的问题、“云南金座农业科技有限公司”涉嫌非法集资被依法查处波及安宁市参与有责人员的稳控问题、太平镇读书铺和桥头村村民因为矿山开采及土地分红阻拦道路问题、草铺镇火草山保家坟部分土地被外来人员长期占用问题、原耳目村群体性事件遗留问题、国家重点工程“昆广复线”因征地拆迁安置引发沿途村组矛盾纠纷等问题。2. 日益增长的信访工作量与相对较少的人员编制矛盾突出。市信访局除肩负正常的信访工作外，还履行着市政府市长热线电话办公室、市政府信访事项复查复核与听证处的职能，而人员编制仅有5个，人少事多的矛盾十分突出。同时，信访部门领导兼任同级党委、政府办公室副职的问题仍未落实，给协调工作带来一些不利因素。3. 部分信访问题涉及政策不完善、不配套，没有明确的法律法规支持，导致调处困难加大。

（陈　猛）

市长热线

【市长热线电话办理情况】　截止2009年12月20日，安宁市人民政府市长热线电话共受理群众来电投诉420件，其中收到昆明市人民政府市长热线电话交办件112件，市本级受理市长热线电话办件308件。在市本级受理的308件热线投诉件中，交由有关部门办理178件，占总数的57.79%；直接答复群众来电咨询问题或就有关投诉进行解释的130件，占总数42.21%。所有受理的热线投诉均在规定时限办理回复，已全部办结，办结率100%。

【书记、市长电子信箱收件办理情况】　2009年借助网上信访工作平台，共收到群众通过书记电子信箱、市长电子信箱反映的各类问题298件，其中通过云南省网上信访系统投诉反映的问题248件，占总数的83.22%；书记电子信箱收件15件，占总数的5.03%；市长电子信箱收件35件，占总数的11.74%。所有受理的信件全部办结，办结率100%。

【党政领导干部公开工作电话办理情况】　截止2009年12月20日，共收到领导工作电话办件12件，已办理回复12件，办结率100%。

【群众来电受理情况分析】　2009年，从群众通过市长热线反映的问题来看，涉及经济补偿、赔偿及社会福利方面问题的有178件，主要反映农民工讨薪、房屋拆迁补偿等问题，占来电总数的24.79%；涉及城乡建设方面的115件，主要反映城区内农贸市场规划不合理导致摆摊户占道经营、私搭乱建和违章建筑的拆迁等问题，占来电总数的16.02%；涉及交通方面的100件，主要反映城区内“黑车”存在交通安全隐患、道路拥堵造成市民出行不便等问题，占来电总数的13.93%；涉及环境污染方面的95件，主要反映各种娱乐场所噪音扰民、建设施工过程中粉尘和噪音污染等问题，占来电总数的13.23%；反映其他方面的230件，主要反映各类投诉、咨询及提供建议等问题，占来电总数的32.03%。

【强化宗旨意识，为民排忧解难】　热线电话是通过电波与群众进行沟通的一种交流方式，一声温暖的接电问候就是第一印象。市长热线办公室工作人员在日常工作中始终把接电问候用语作为第一堂课，把《市长热线电话工作规则》作为第一教材，把接电工作技巧作为第一阶梯，把接电分流问题水平作为第一重点，把为民服务理念作为第一责任，以市民群众满意为第一准则，牢固树立宗旨意识，倾听人民呼声，了解群众意愿，在政府与人民群众之间开辟“绿色通道”，架设“连心桥”，全天候、多方位接受和办理市民群众反映的问题，满腔热情地帮助市民排忧解难，真情实意地为群众办实事，解难事，做好事。

【完善机制，规范运行，切实做好热线工作】　2009年，市长热线办公室完善机制，规范运行，切实做好热线工作。1. 抓常规工作，做好市长热线接办件的基础服务。一是抓受理。做到接电认真、耐心、文明、准确，提高现场接电的群众满意率。二是抓交办。要求接电人员针对所接来电内容提出拟办意见，认真审核，再由领导严格把关，做到交件准确。三是抓协调。针对复杂问题，做到事前讨论分析，事中牵头协调，事后力争落实。四是抓督办。对超过办理期限或不符合办理要求的，实行催办和重办、跟踪督办，每月定期通报。五是抓反馈。只要群众来电留有联系方式的，均要求承办单位反馈来电人，做到“事事有回音，件件有落实”。市长热线办公室认真执行《市长热线电话工作规则》，优化热线运行流程，不断完善《市长热线电话登记表》等文书工作，形成接电、受理、登记、签办、交办、回复、归档等环节完整的工作运行程序。2. 关注民生，反映社会热点。尊重社情民意，关注舆情动态，及时编报各类信息呈报市政府领导批示。先后解决一批热点难点问题，如反映城市公交通行问题、城区内“黑车”猖獗存在很大的交通安全隐患问题、建设施工过程中粉尘和噪音带来的污染问题、娱乐场所噪声扰民问题、摆摊户占道经营等问题。共编写《市长热线工作信息》12期、《市长热线电话通报》12期。3. 充分发挥热线电话作为群众与政府沟通交流的桥梁作用，做好政府工作的“听诊器”。市民群众就城市开发建设与管理、公共交通建设和服务、关系民生的水电气等方面提出的建议，是政府贯彻科学发展观，落实执政为民理念的苦口良药。2009年以来，市长热线电话、市长电子信箱共收到市民群众各类建议20余条，均及时转交有关部门研究办理。市民反映的一些有价值的建议已由各部门采纳，如建议安宁市在大屯新区建设大型公交车场；建议增加各乡镇公交车班次，取缔所有客运“黑车”停车点等热点问题，加大执法力度，彻底杜绝非法营运造成的严重后果和经济损失；建议相关部门及时更新安宁市各类信息的发布情况。市长热线作为这方“良药”的承接和传递使者，应当充分发挥应用的作用。

【认真办理昆明市政府市长热线交办事项】　2009年，昆明市市长热线电话交办事项明显增多，安宁市市长热线均能够及时做好衔接，按照相关要求督促有关部门办理，并及时反馈办理情况。年内共承办昆明市市长热线交办事项112件，已全部按照规定时限办结回复，办结率在上级的历次通报中均名列前茅，达到100%。较好地解决了一些典型疑难问题，例如群众反映市观音山职教园区建设施工噪音影响学生高考作息问题。市长热线办公室接件后，经领导批示及时转请市环保局进行调查落实。相关部门当即对职教园区建设项目指挥部的不文明施工行为进行批评，并下达现场处理决定书，要求其在学生高考期间严格按照建筑施工噪声管理的规定进行施工，停止一切夜间施工行为。由于调处及时，噪声扰民问题得到快速、妥善解决，为全市中、高考期间提供了良好的环境。

（陈　猛）

地方志

【全市史志工作会议召开】　2009年2月6日，安宁市史志工作会议召开，有关市级领导和各单位主要领导，全市史志撰稿人共130余人参加会议，分管、联系党史地方志工作的市级领导出席会议。会议由市政府办副主任叶华主持。会上，史志办主任张丽华传达第四次全国地方志工作会议、省市党史、地方志工作会议精神，通报上年全市党史、地方志工作情况，安排部署全市2009年度史志工作。会议表彰了全市33名《安宁年鉴》（2008版）优秀撰稿人。第二轮修志工作成绩突出的部分单位在会上作经验交流发言。分管党史工作的市级领导、市委组织部部长王坚，分管地方志工作的市级领导、副市长戴彬分别就党史、地方志工作作指导性讲话。会议要求各单位要提高编史修志的责任感和使命感，做好《安宁年鉴》2008年版的发行和利用工作。

【编辑出版《安宁年鉴》】　按照安宁市人民政府《关于批转二〇〇九年版〈安宁年鉴〉编辑方案的通知》要求，安宁市史志办组织、协助安排各单位撰稿人员开展编撰工作。经各撰稿人和全体编辑人员的共同努力，2009年10月完成编辑任务，同年11月交付市保密局、省年鉴学会（受省新闻出版局委托），分别通过保密和图书出版质量达标审查验收，同年12月交付云南民族出版社出版发行。全书综合记载2008年度全市各项工作情况，重点记录全市在落实科学发展观，促进市域经济发展，推进工业强市战略，加大招商引资力度，推进社会和谐发展所取得的成绩。该书共设21个部目，下设类目和条目，共计147万字，正16K精装印刷。

【修改审定《安宁县志续编》】　按照上年度省市评审意见和相关志书出版质量的要求，史志办在其体例作调整的基础上，删重补漏，归类整理。2009年2月26日，再次邀请原安宁市级部分老领导和见证与决策1989～1995年安宁发展的当事人30余人对《安宁县志续编》进行评审。依据突出安宁特色，重点记述安宁要事，增添人物传记等意见，史志办对书稿再作修改、论证与统校工作。2009年12月完成全书修改工作，交付印刷厂改排版面。

【督促编撰《安宁市志》入编稿件】　按照省、昆明市第二轮修志工作要求，结合《安宁市第二轮地方志续修工作实施方案》，针对部分单位撤并、领导更换导致无人抓修志事宜、单位不重视修志工作等原因而造成修志难、志稿迟迟未报的情况，史志办各对口编辑经电话联系了解未报志稿单位的情况后，与单位主管领导一同到其单位协调、指导、督促修志工作。至2009年底，共收到《安宁市志》入编单位稿件80余家单位，尚有20余家单位暂未完成编修任务。年内已出版发行的部门志有《昆钢志》、《教育志》。

【编报省市年鉴安宁部分稿件】　按照省、昆明市关于编报相关年鉴安宁部分稿件的工作要求，安宁市史志办2009年3月相继完成2009年版《云南年鉴》、《云南经济年鉴》、《云南小康年鉴》、《云南生态年鉴》、《昆明年鉴》安宁部分稿件的编报任务。所编内容主要反映2008年度安宁市经济社会发展状况、生态、大事记、人文地理、市级领导干部名录等，同时根据有关年鉴的入编要求各作侧重编报。

【成果利用】　2009年，安宁市史志办应有关领导和相关单位的要求，向市委、市政府、市规划局、市建设局、市环保局、太平管委会等行政机关，中石油、省路桥公司、省农科院等投资建设单位提供《安宁县志》、《安宁年鉴》40余册，供第二轮修志单位查询资料30余批次。通过成果利用和转化，为领导决策、部门规划、公司投资等事宜提供科学依据。

【奖项荣誉】　2009年7月1日，据省新闻出版局核准，省第八届年鉴评奖，2007、2008年版获奖年鉴奖级奖项公告：2007年版《安宁年鉴》获“综合一等奖”，2008年版《安宁年鉴》获“综合特等奖”。同年11月17日，安宁市史志办被中共昆明市委宣传部、昆明市社会科学界联合会评为“2007～2008年度昆明市哲学社会科学先进集体”。

【招商引资】　2009年，安宁市史志办全年招商引资任务为500万元人民币。经积极开展相关工作，年末引进楚雄南方耐磨材料厂注入资金500万元，完成年度招商引资任务。

【其他工作】　2009年，按照市委、市政府及有关部门的要求，安宁市史志办相继开展“行政效能提升年”和“干部作风改进年”、“深入学习实践科学发展观”活动，均通过考评验收；实施“治庸计划”；开展政务信息公开工作；完成普法培训及考试工作；节能工作在年底考核加分受奖；对扶贫点草铺镇增福村小组儿童进行慰问；对党风廉政建设联系点草铺镇邵九村委会进行指导和帮助；开展行风评议；实施“云岭先锋”工程。本办3名工作人员分别被中共安宁市委、市级机关党委、市级机关工会评为优秀公务员、先进共产党员、优秀工会工作者。

（李成林）

档　案

【思想政治建设】　2009年，安宁市档案局围绕干部政治理论素养提高，坚持以人为本，加强干部职工政治思想教育，形成了政治坚定、团结向上的精神风貌。加强政治理论和业务知识学习，提高干部队伍综合素质。要求每个档案干部必须做到政治强、业务精、纪律严、作风正，具有较高的理论素养和业务素质。坚持每周学习制度，精心安排每次学习内容。为建立局政治业务学习长期机制，使干部不断适应新形势发展需要，2009年制定了《安宁市档案局政治业务学习三年规划》，并认真组织实施。通过学习，干部职工政治和业务素质明显提高，初见成效。认真组织开展好各项学教重要活动。按照安宁市委的统一安排和部署，认真开展“行政效能提升年和干部作风改进年”、“深入学习实践科学发展观教育活动”、“加强作风建设、促进科学发展”和“继续解放思想、推动跨越发展”大讨论活动及昆明市档案局创先争优活动。通过开展专题教育活动，进一步树立了科学发展观，解放了思想，增进了团结，激发了工作热情，树立了大局意识，提高了行政效率，强化了服务人民群众的意识，增强了做好档案工作的责任感和使命感。抓好支部工作。按照市级机关党委2009年“永葆先进性·云岭先锋”工程目标考核细则的要求开展工作，坚持“三会一课”制度，领导班子成员坚持每季度为支部讲一次党课。截止2009年底，共讲党课7次，观看电教片10次。按时报送各种材料和报表，认真做好关爱党员工作。切实加强对工会、妇委会的领导，上半年组织工会会员9人进行健康体检；与草铺镇龙凤箐村小组开展“岗村联动”活动，春节走访慰问了龙凤箐村小组困难户，儿童节慰问村小组中小学生39人，为他们送上了党和政府的关怀、温暖，提升了“巾帼文明示范岗”的社会影响力。加强档案信息宣传报道工作。市档案局十分重视档案信息宣传报道工作，一是加强组织领导，制定《档案局信息工作规范》，形成局班子成员带头写稿子，人人动手，积极参与档案信息宣传报道的工作格局；二是明确任务，局领导班子成员带头撰稿；三是形成考核奖惩机制，年底汇总，列入年度目标考核重要内容之一。由于制度措施有力，任务具体，责任明确，调动了干部职工动手写作的积极性，主动深入基层，调查研究，大胆探索，及时总结，形成了良好的档案宣传氛围。截止2009年底，共编印《安宁档案》工作简讯21期，优秀信息分别在云南省、昆明市档案杂志上发表。按照《中华人民共和国政府信息公开条例》的规定，以昆明市档案信息网为依托，不断完善安宁档案信息网内容，年内共上传档案信息35条，图片5张。

【档案业务建设】　2009年7月28日，市政府召开全市档案工作会，对近几年安宁市的档案工作作了总结回顾，并提出了下一步全市档案工作的主要任务。同时对在2007～2008年度档案工作中表现突出的5个先进集体和17名先进个人进行了表彰，激励先进，鞭策后进。以档案馆建馆50周年为载体，加大档案法律法规宣传力度。与市司法局共同开展档案法律法规（普法）和档案知识宣传周活动，印制法律法规宣传册1 300份、宣传单10 000份，深入农村（镇、村委会、村小组）、学校、医院、企业、街道、机关进行宣传；通过媒体——安宁电视台、《今日安宁》报，进行重现历史珍贵档案、重要人物、重要事件的专题报道；整理精装了安宁有档案记载以来的重要照片资料3本；召开庆祝档案馆成立50周年座谈会。通过多形式、多渠道的广泛宣传，使各级干部和广大群众对档案工作的重要性有了一定了解和认识，扩大了档案工作的社会影响和知名度，为全市档案工作法制化建设营造了良好的社会环境和舆论环境。积极做好综合档案馆建设规划编制工作。根据云南省发展和改革委员会、云南省档案局《关于印发云南省县级综合档案馆建设规划编制工作方案的通知》（云发改投资〔2009〕752号）文件精神，在市委、市政府的重视和领导下，市档案局抓住新综合档案馆建设中央补助经费的难得机遇，积极协调市发改局、市规划局、市国土局等单位，同时积极向省、昆明市档案局汇报请示，全力作好新档案馆建设规划上报的相关材料，做到认识早提高，任务早落实，措施早加强，确保材料及时、准确上报到昆明市、云南省档案局和发改委，努力提高新建档案馆立项的成功率。通过筹备期间的努力工作，档案馆新址确定在宁湖新区，面积5.35亩，前期预备费用市政府已安排给档案局，现正在积极开展前期工作。

【业务培训】　2009年，市档案局开展业务培训，提高档案人员业务素质。一是抓好基层档案员的业务培训，分期、分批对市属单位及镇（街道）档案专兼职人员进行业务培训。截止2009年10月底，共举办培训班8期344人次，组织协作组活动6次，108人次。通过培训，档案员的业务知识和业务能力得到进一步提高。二是注重本单位干部职工的培训。截止2009年底，本单位共11人次分别参加了昆明市和安宁市举办的各类业务培训，提高了职工的业务水平。三是组织基层19名档案员参加云南省档案局组织的“档案专业知识”培训。四是组织单位中层以上干部16人次分别到盘龙区、官渡区、西山区、富源县档案局开展学习交流活动，从中学习他们先进的管理经验，查找安宁市在档案工作八项工程建设、信息化建设、档案编研等工作方面的差距，为实现安宁档案事业又好又快发展奠定了良好基础。

【市属单位创建“星级”档案室工作】　2009年，市档案局业务指导人员经常深入各单位进行“转星”、“申星”业务指导。截止2009年底，累计通过验收实现“星级”档案室的单位有41家，正在争创的有45家，其中科级单位17家、科技业务单位试点10家，村居委会试点18家，2009年评定为星级的11家。通过星级评定工作，进一步加强了单位档案管理，实现了档案管理现代化、制度化、规范化。

【日常业务和家庭建档工作指导】　2009年，市档案局进一步做好日常业务和家庭建档工作指导。一是督促指导市属机关、企事业单位和各镇（街道）做好一年一度文件材料的立卷归档工作。2009年初下发《关于认真做好上年度归档文件整理工作的通知》，同时派出业务指导员分别深入到各单位进行具体指导。截止2009年9月底，共指导90余家次、250余人次，出动车辆65车次，共帮助指导整理各门类档案材料9 152卷（盒）。二是结合创建“星级”档案室活动积极开展家庭建档的培训和指导工作，共帮助、指导建立家庭档案672户。

积极做好全市各单位“归档与不归档范围及文书档案保管期限规定”的审核、备案工作。至2009年9月底共上报60家，通过审核60家。

【农村重点工作档案指导】　2009年，市档案局与新农办、林业局、农业局等单位共同协作配合，对林权制度改革档案、新农村建设档案等涉农档案进行监督、指导，为农业、农村和农民做好服务。截止2009年底，安宁市林改档案和二轮土地延包补换发证档案都已接收进馆保存。

【档案收集、征集】　在库存容量已饱和的情况下，2009年上半年，档案馆为确保重点工作档案的安全，共收档案1 266卷202盒6 514件，其中林改档案1 064卷、二轮土地延包补换发证档案202盒6 514件。征集资料205册，拍摄反映安宁市大事、要事以及具有保存价值的照片200张。

【档案开发利用】　档案的最终目的是提供服务。2009年以来市档案局努力提高服务质量，端正服务态度，做好热情接待。截止2009年10月底共接待社会各界档案利用者279人次，查阅档案1 037卷（册），免费复印825页，为安宁市经济建设、编史修志、落实政策、机关查考、调解纠纷、核实工龄、工作调动、户口迁移、复退转军人安置、学术研究等方面提供了大量详实的第一手资料，为服务机关、服务群众做出了应有的贡献，创造了较好的社会效益。

【档案现代规范化管理】　市档案局（馆）积极构建各级档案目录数据库和检索体系，做好馆藏档案文件级目录数据库建设，积极创造条件对档案进行数字化管理工作，逐步建立数据库，现已实现部分馆藏档案数字化、信息化管理。由于受服务器存储容量限制，自2008年底起，档案信息化建设工作被迫停止。在市委、市政府的高度重视和支持下，2009年拨给专项经费16万元，用于扫描仪、服务器购置。购置的新设备已安装调试完成，现正开展档案数据的校对，完成了档案数据的备份工作，确保了档案数据的安全。

【档案保护及安全管理】　市档案局按照“十防”要求，加强档案管理，做好保护档案安全工作。一是由于档案馆库房老、旧、损，2009年5月争取财政资金4万多元对库房、办公区生锈门窗和老化电路进行维修和更换，对库房屋顶做了防水处理。为确保万无一失，在库房外安装了空气开关，做到离开库房，切断电源，切实保证档案安全；二是定期对馆、库门、窗、照明及各种管线和灭火器使用期限等情况进行检查，发现问题及时进行维修和更换；三是坚持测记库房温湿度，并根据温湿度测记情况采取有效措施，使档案库房的温湿度保持在正常值范围内；定期更换箱柜内的药片并进行库房消毒杀菌，保持库房干净整洁，档案无霉变、虫蛀、鼠咬等情况发生。

【成立档案学会】　2009年，市档案局筹备成立了安宁市档案学会，共发展会员99个，其中，单位会员65个，个人会员34个，发挥了档案行业自我约束，自我管理的重要职能作用。

【党风廉政建设】　2009年，市档案局扎实推进惩治和预防腐败体系建设，突出重点，强化措施，有效促进党风廉政建设和反腐败工作的深入开展。一是完善制度，构建职责体系。为把反腐败工作推向深入，对原有党风廉政建设制度和反腐败工作制度进行重新修订，进一步完善党风廉政建设和反腐败工作责任制度。二是注重预防，堵塞腐败源头。突出对重点岗位和重点环节的监督与预防，不定期组织检查、巡访和回访活动，并对外公开廉政监督电话，坚决杜绝吃、拿、卡、要、报等以权谋私和不廉行为。三是模范带头，增强责任意识。抓好党员干部特别是领导干部的模范带动作用，班子成员定期给全体职工讲廉政党课，并把党风廉政建设和反腐败工作作为政治理论学习的重要内容。不断增强干部职工的廉政责任意识，营造浓厚的廉政教育氛围。四是坚持领导干部包村联系制度，主动深入县街社区调研。2009 年 5 月，市档案局局长为社区讲一次廉政党课，并把中央、省、市精神及时传达到社区；联系残疾人困难户 1 户，赠送给社区三屉木桌子 14 张、木椅子 15 把、角柜 1 个，折合人民币2 290元；协调带领县街社区全体工作人员到连然街道东湖社区、金方街道阳光社区考察学习，为县街社区工作人员充电，学习借鉴先进经验，受到好评。

（华　敏）

政务服务

【概况】　2009 年，安宁市人民政府政务服务中心认真开展深入学习实践科学发展观活动，全面开展“行政效能提升年”和“干部作风改进年”活动。年初，政务中心联合市政府法制办对全市行政审批项目进一步精减压缩，保留市级行政审批项目 51 项、管理服务项目 72 项，办理时限压缩 30%。“三级联动”为民服务体系的实施，使政务服务工作深入基层、贴近群众。中心先后制定了《代书员制度》、《行政审批部门绩效评估制度》、《投资项目“绿色通道”审批暂行办法》等一系列制度，为中心的科学化管理提供了制度保障。信息中心全面推进网上办公和无纸化办公，年初完成了电子公文交换系统的建设；96128 政务信息查询专线正常接听，多渠道保障了市民的知情权、参与权、表达权和监督权；着力推进“阳光政务”四项制度建设。安宁市政务服务中心 2009 年共受理办件192 924件，办结192 924，办结率 100%。

【强化管理】　2009 年，安宁市人民政府政务服务中心严格执行局长接待日制度、值班领导进中心制度，及时通报各窗口业务办理和运行情况，主动与各部门领导协调解决好进驻窗口存在的问题，使窗口业务办理工作更加顺畅、规范，形成中心和原单位齐抓共管的良好态势。实行领导带班制。自 2009 年 4 月 20 日起，由中心两位班子成员每天轮流到中心带班，加强对中心的日常管理，时间安排为：主任周一至周五上午，副主任周一至周五下午。自实施以来中心领导认真执行，使各项工作运转有条不紊。严格窗口工作人员考勤管理，每天两次考勤，每月汇总反馈各单位，中心领导定期对考勤制度执行情况进行抽查。工作人员上班时间有事外出，30 分钟以内向中心管理办公室口头请假，外出 30 分钟以上向中心管理办公室书面请假。同时，要求中心办公室管理人员每天上午 8∶20前到岗，当日值班人员 8∶00 以前必须进入中心，窗口工作人员 8∶25 到岗做好各项工作准备。各窗口工作人员认真执行，迟到缺席现象较少。

【建立“三级联动”为民服务体系】　构建市、镇（街道）、村（居）“三级联动”为民服务体系，可以有效整合政务资源，形成上下联动，相互支撑，高效快捷的政务服务新机制，让群众和投资者享受高效、快捷、优质的政务服务，大幅度降低办事的经济成本、时间成本、创业成本。截止 2009 年 12 月 5 日，安宁市市、镇（街道）、村（居）“三级联动”为民服务体系建设完成，共发放便民联系卡 78 650张。

【加强行政机关电子政务及信息化建设，提高行政效能】　2009 年 3 月 1 日，安宁市行政机关单位电子公文交换系统全面启动，实现无纸化办公。同时，配备专业技术队伍对整个系统进行维护，对出现的问题能够及时解决；9 月 18 日，还为本系统客户端用户安装杀毒软件，有效保障了各单位电子公文交换系统的正常运行。

【推行政府信息公开和查询制】　2009 年，安宁市信息中心作为政务信息查询工作的责任单位，先后完成：一是全市相关单位政务信息查询人员配备情况表，常见问题和解答信息收集表的收集整理。二是为安宁市涉及政务信息网络查询的单位分配了网络管理员用户和密码。截止 2009 年 4 月 30 日，各相关单位完成了常见问题和解答信息网上发布，实现了政务信息网络查询。三是组织全市涉及政务信息查询单位的技术人员（接线员）进行培训。四是积极做好政务信息查询的接听、服务、监督等相关工作。96128 政务信息查询专线自 2009 年 6 月 26 日至 12 月 31 日开通以来，转接次数 671 次，转接成功 562 次，转接失败 109 次，转接成功率 90.93%；满意 553 次，不满意 9 次，满意率 98.39%；时忙 40 次，无应答 16 次，用户挂机 29 次，其它 24 次。推行政府信息公开和查询制，切实保障了市民的知情权、参与权、表达权和监督权，确保权力在阳光下运行。

【招商引资】　安宁市政务服务中心以安宁市宁湖新城管理委员会为依托作为招商引资平台，为了能够顺利完成招商引资工作，2009 年 4 月成立安宁市政务服务中心招商引资工作小组，中心主任唐宽任组长，副主任李帆任副组长，成员为两名中心工作人员。同时，动员全体干部职工参与到招商引资工作中，主动寻找项目，明确项目，强力促进项目的落地建设。2009 年政务中心推进的项目被昆明市列为重点项目，并于年底前建设完成。

【制度建设】　2009 年，安宁市政务中心先后建立了

《代书员制度》、《行政审批部门绩效评估制度》；重新制定了《投资项目“绿色通道”审批暂行办法》、《奖励办法》、《食堂管理办法》。

（李　伟）

机关后勤服务

【建立公共节能管理机构，明确节能工作目标任务】　为进一步认真贯彻落实《中华人民共和国节约能源法》、《公共机构节能条例》和省、市公共机构节能工作有关会议精神，切实抓好安宁市公共机构节能工作，按照“上下对应，条块管理”原则，经市政府研究，决定成立安宁市政府公共机构节能工作领导小组，下设办公室在市级机关后勤服务中心，负责市政府公共机构节能的日常工作。2009年市政府公共机构节能办公室主要开展了以下几方面工作：一是组织完成对市属44个职能部门2006年~2008年近三年的能耗摸底调查统计工作；二是根据各部门近三年能耗情况，编制《2009—2010年安宁市政府公共机构节能规划》和《安宁市公共机构“十一五”后两年节能计划实施方案》；三是对市属各部门实行公共机构节能工作目标考核管理，分别与职能部门签定2009年工作目标考核责任书；四是为进一步强化全民节能意识，积极推广国家节能产品，认真组织市属54个部门开展“节能宣传周”和“能源短缺体验日”活动。全市2009年水耗比前三年平均基数下降12.5%，电耗比前三年平均基数下降5.5%，车辆运行费比前三年平均基数下降16%，全面完成昆明市公共节能办下达的各项指标任务。

【积极开展争创省“五星级”综合档案室活动】　根据安宁市人民政府办公室安政办〔2009〕121号文件《关于转发安宁市加快推进档案工作“八项工程”的实施意见的通知》要求，结合单位档案管理工作混乱，不符合国家档案管理标准和规定等情况，为尽快推进市级机关后勤服务中心档案管理建设工作，使档案管理工作逐步走入制度化、规范化、标准化，经请示市政府和市档案局批准，同意市级机关后勤服务中心申报“五星级”档案达标活动。在工作经费比较紧张的情况下，单位自筹档案工作经费6万余元购置档案所需办公设备，2009年7月开始对1992年至2008年单位形成的各类文件资料整理归档立卷，经过6个多月的共同努力，2009年12月底全面完成单位档案立卷归档工作。经统计共整理文书、会计、科技、声像、实物、电子等各门类、载体的档案资料113盒507（卷），其中：文书档案113盒64卷（永久31卷、30盒466件，长期26卷、30年53盒950件，短期7卷、10年30盒238件）；会计档案356卷；科技（基建、设备）档案75卷；声像档案1卷；实物档案8卷；图书资料61册；电子档案3卷。

【为机关办公提供有力后勤保障服务】　2009年，市级机关后勤服务中心认真做好市政府办公区和机关各住宅区内公共设施、设备的维修保养及环境卫生等管理工作，组织完成了市政府一碗水机关住宅区水网管道抄表到户改造工程、总造价320 395.45元，市政府办公大楼十楼卫生间维修改造工程、总造价61 482.48元；其次，认真开展好单位辖区内除害灭病、爱卫工作和卫生责任区卫生清理整治“创卫”工作。全年共检修公共设施、设备29次，排处水电故障321次，更换水管、水笼头、开关、闸阀、灯泡等小项维修542次，为市级机关办公正常运转提供了有力的后勤保障服务。

【努力做好会务服务工作】　2009年，市级机关后勤服务中心努力为全市各类会议、重大活动提供优质满意的接待服务，始终坚持用心服务、满意服务和微笑服务为宗旨，不断加强服务意识、大局意识和责任意识，严格规范工作人员文明礼仪服务行为，做到工作热忱，服务周到，虚心细致，团结协调，密切配合，工作无重大失误，圆满完成了2009年市级各类会议和重大活动的服务接待任务。全年共接待各类大、中、小型会议服务201场次，接待人数33 410人次，其中：大型文艺演出13场次，大型会议73场次，中、小型会议103场次，反映爱国主义教育影片12场次；重点保障了2009年市人大、市政协“两会”、市委扩大会、市政府全会和群团组织协会的换届选举会议及市级举办的一系列大型活动的会务服务保障任务。

【严格公务用车购置审批，确保公务用车全年零增长】　为进一步摸清全市党政机关、事业单位公务用车基本情况，对全市党政机关、事业单位公务车辆彻底进行清查统计工作，同时拟定全市公务用车购置审批流程和办结工作时限。截至2009年底，安宁市党政机关、事业单位共有公务用车612辆，其中：市委办9辆、市人大办10辆、市政府办15辆、市政协8辆、市级各部门384辆、镇（街道办）186辆。2009年全市公务用车购置审批严格执行安宁市委办公室安办通〔2009〕40号文件《转发〈中共昆明市委办公厅昆明市人民政府办公厅关于将2009年确定为我市党政机关事业单位购置公务用车“无车年”通知〉的通知》要求，安宁市公务用车定编领导小组办公室从2009年3月起对全市各单位部门新购公务用车一律停办审批各项手续。为确保特殊工作部门和个别单位开展工作业务需要，按照相关政策和规定全年审批购置特殊业务专用车辆8辆，办理报废公务车辆9辆。全年未发现违纪违规或超标超编购置公务用车现象，实现了全市2009年公务用车零增长的目标任务。

（徐加仓）

广播·电视

【围绕中心，服务大局，突出重点】　2009年来，安宁市广播电视事业局始终坚持团结、稳定、鼓励，以正面宣传为主的方针，坚持贴近实际、贴近生活、贴近群众，唱响主旋律，打好主动仗，团结奋进、开拓创新，牢牢把握正确的舆论导向。以宣传学习十七大精神、“1366”思路为主线，组织好“学习实践科学发展观”、“行政效能提升年”、“干部作风改进年”、园区建设、招商引资、重点工程、园林绿化、创卫、拆临拆违的宣传。突出宣传好市委、市政府积极应对金融危机、保民生、保增长的重大举措及取得的成效，动员全市人民团结一心，凝聚力量应对危机。加强人大、政协工作的宣传。组织好建国60周年纪念活动的宣传，采取专题和系列报道相结合，围绕老百姓60年衣、食、住、行等细节的变化折射出安宁60年来的变化；组织航拍，高质量地完成了建国60周年专题片《我们一起走过》的拍摄任务，弘扬改革开放好、共产党好的主旋律。组织完成市委全会、四届人大二次全会、四届政协二次全会、贯彻昆明市委九届五次全会等重大会议、重要活动的宣传，努力营造团结、民主、和谐和科学发展的政治氛围，为安宁经济社会又好又快发展鼓劲加油。圆满完成了年初与市委、市政府签订的各项宣传报道任务。截止12月31日，安宁新闻制作231期，采编新闻1 920条；制作播出栏目118期，其中，《安宁警方》28期、《法院说法》27期、《走进安宁》40期、《安宁故事》23期、《安宁万象》98期。安宁人民广播电台共播出各类节目315期、2 180小时。

【高度重视外宣工作显成效】　2009年，市广电局高度重视外宣工作，采取多种措施积极向省、市台供稿。把年度上稿任务量化分解，并制定上稿奖惩措施，充分调动记者的上稿积极性。在组织记者自己上稿的同时，确定宣传重点，积极与省、市台联系，邀请省、市台记者前来安宁市合作做节目、搞报道，通过他们把安宁市发展经济社会的新经验、新做法、新成果、新亮点及时在省、昆明电视台宣传报道，大大提高了安宁市的社会知名度，为安宁市跨越式发展营造了良好的外部环境。截止12月31日，昆明电视台播发安宁市新闻稿571条（篇），云南电视台播发稿件4条。

【按时按质完成广播电视“村村通”工程直播卫星覆盖工程】　经过多年努力，安宁市采用光缆联网、“9+2”地面卫星接收设施解决了农村收视问题。但截止2008年，仍有27个自然村由于地处偏远、人口少而且分散，收看电视难的问题还没有得到解决。市广电局结合实践科学发展观活动，急群众所急，想群众所想，争取省、昆明市的支持，从2009年2月开始，至5月30日，为4个镇、12个村委会、27个村小组、482户农户安装了直播卫星电视接收设备。至此，这些村的农民群众可以清晰收看收听到54套电视节目和4套广播节目。

【攻艰克难，顺利完成无线覆盖建设工程】　市广电局经过实地踏勘、科学制订实施方案、精心组织施工，2009年12月31日前优质、高效、圆满完成了农村省级广播电视节目无线覆盖建设工程，把党和政府的声音更好地传到农村的千家万户。

【完善制度，确保安全播出】　安全播出是广播电视行业的生命线，市广电局高度重视此项工作，建立健全安全播出目标责任制，明确任务，落实责任，加大检查监督力度；认真落实设备日常维护管理工作制度，在重大节日、重要活动和重点时期做好事前设备安全大检查和技术预案的演练工作，实行局领导带班、干部值班制度，提高了安全播出的保障能力，圆满完成了“两会”，省、昆明市重要会议、重大活动和“十·一”的安全播出任务，全年无一起重大安全事故发生。

【规范管理好卫星地面接收设施的销售、安装和使用】　为加强小型卫星地面接收设施的管理力度，防止有害节目信号的插播，规范辖区内地面卫星接收设施的销售、安装和使用，市广电局2009年7月20日和8月25日，分别会同市综治办、市公安局、市工商局等部门在全市范围内开展了2次整治非法销售、安装和使用卫星电视广播地面接收设施专项行动，共出动车辆32台次，人员104人次，收缴非法销售卫星接收设施535套，其中天线213个、高频头129个、接收机193个，取缔销售和安装点32个，规范管理好卫星地面接收设施销售市场，确保安宁市广播电视的安全播出。

【创新制度推整体工作上新台阶】　市广电局积极创新制度，建立健全激励机制，制定和完善《节目考核办法》、《外宣奖励办法》和《作品获奖奖励规定》，极大调动采编人员的积极性和创造性，全面提高采编人员的整体素质，广播电视节目在省、市屡屡获奖。2009年，市广电局选送的8篇新闻作品有6篇分获昆明市广播电视政府奖、金孔雀奖一、二、三等奖，在昆明市各县区中获奖作品数量和获奖等级位列榜首。同时，获一等奖的《我的30年》系列报道还荣获云南广播电视奖2008年广播电视新闻类三等奖，这是昆明十四县（市）唯一的获奖作品。2009年8月，在云南省广播电视学会举办的首届县（市、区）优秀广播电视奖评选中，市广电局选送的电视短消息《山寨通公交　苗胞思发展》荣获电视消息一等奖，电视专题《安宁故事——慈云古刹》荣获电视专题类二等奖；广播短消息《“计薪”变“保薪”助推农民工拿到工资》荣获广播消息二等奖。

【记者获昆明市“十佳新闻工作者”称号】　市广电局记者杨云萍荣获2009年昆明市第三届“昆明市十佳新闻工作者”荣誉称号，这是除昆明市级媒体外十四县（市、区）唯一获此殊荣的新闻记者。

【强化创建国家卫生城市，营造良好的舆论氛围】

市广电局紧紧围绕安宁市“创卫”指标，根据各新闻宣传部门的不同定位，广播电视同步开设专栏，以消息、新闻特写、专题等形式，对安宁市“创卫”工作进行全方位、多层次的宣传报道。时政新闻部开辟“创建卫生城市　构建和谐安宁”专栏，在安宁新闻中重点报道创建活动开展情况和创建活动取得的实效；开辟“我们距文明、卫生城市有多远”专栏，对不文明不卫生情况进行曝光，对创建不力的单位进行督促；开辟“创卫小知识”节目，系统介绍创卫各项指标以及一些和市民相关的卫生知识，提高全民卫生意识。栏目部根据创卫进程，不定期开辟专栏，对创建工作突出的单位，好的创建经验进行专题报道，例如：将后山崀村委会旅游区——牧羊湖及村庄沿线综合创卫取得的成效、经验摄制成专题短片进行宣传，使牧羊湖的经商户及游客主动配合村委会工作，该片区卫生整治取得阶段性成果。《安宁万象》除在子栏目“我问你答”中适时穿插爱卫知识，提高市民知晓率外，还充分发挥舆论监督作用，以电话8611111为热线，听取市民情况反映；开辟“创卫”曝光台，对在“创卫”工作中工作不力的单位及脏、乱、差区域和卫生死角进行曝光，对一些难点、热点问题跟踪报道。安宁人民广播电台在《新闻早班车》节目中对“创卫”工作中的重点、难点和市民关注的热点问题进行动态报道，全方位宣传安宁市“创卫”工作的进程和取得的成效。同时，对环境卫生差，违法排污等行为进行曝光；在《健康生活》和《与健康同行》节目中播出与身体健康、卫生等方面相关的小常识，以小见大，宣传讲文明卫生从小做起、从身边事做起。据统计，2009年，市广电局共采编播出“创卫”新闻240条，专题10期，播出批评报道80余条，健康知识120期。在所报道的问题中，88.6%得到解决。通过宣传报道，推动了该项工作的深入开展，充分发挥了广播电视主流媒体引导舆论的作用。同时，为进一步加强创建国家卫生城市的宣传力度，扩大宣传面，使全市人民家喻户晓，市广电局在安宁政务信息频道每天滚动播出安宁市“创建国家卫生城市”的重要意义及相关政策、法规等。

（李跃辉）

广播电视网络建设

【简况】　2009年，在市委、市政府及市委宣传部的领导下，在广电局的大力支持与帮助下，安宁市广播电视网络中心以邓小平理论、“三个代表”重要思想为指导，认真学习、宣传、贯彻党的十七大精神和省、市、县精神，围绕中心、服务大局，进一步夯实网络基础，加强领导、强化管理，确保有线电视网络的安全传输，保证各项工作稳定运行。至2009年底，全市67个村委会、28个社区居委会全部实现同城区有线电视光缆联网，全市村（居）委会所在地有线电视光缆联网率达到100%。全市358个村民小组、58个居民小组，除4个村民小组未通电视外（青龙镇3个：界牌大村、界牌小村、一摆田村，太平镇1个：龙凤箐村），其余412个村（居）民小组都有电视覆盖（有线电视、“9+2”地面接收和直播卫星三种方式），全市村（居）民小组广播电视综合覆盖率达99%。全市有线电视用户总数达57 166户，其中光缆联网的有线电视入户率达90%以上。安宁市广播电视网络中心2009年经营总收入突破1 200万元，上交税金77万元，广播电视网络建设事业保持了良好的发展势头。广电网络的发展为全市经济建设、精神文明建设和社会事业建设和发展做出了积极贡献，圆满完成了全年既定工作任务，取得了较好的社会效益和经济效益。

【深入学习实践科学发展观活动】　按照市委、市政府及上级相关部门的要求，结合单位实际开展“服务质量提升年，工作作风改进年”和深入学习实践科学发展观活动。通过学习讨论、征询意见，结合工作实际认真疏理，查找问题和差距；结合任务分解，制定切实可行的整改措施，着力解决实际工作中存在的问题，建立健全长效管理机制。

深入学习实践科学发展观活动的开展，进一步增强了广大职工自觉树立正确的人生观、世界观和价值观的意识，提高了全体职工做文明公民、树行业新风的意识，在工作中进一步讲效率、讲实效、讲奉献，提高了全体职工的理论水平和服务意识，统一了“一切着眼于发展，一切服务于发展。用发展凝聚人心，用发展破解难题”的思想，树立了“发展是第一要义”的理念。职工忧患意识、创新意识、工作紧迫感、压力感和责任感明显增强，进一步明确了工作目标，有了进取方向；拓展了工作思路，改变了一些旧有的工作方式、方法，极大推进了广播电视网络的建设与发展。

【新区有线电视网络建设工作】　2009年是安宁市基础实施建设的高潮时期，安宁市广电网络中心围绕城市新区、工业园区规划建设的需要，以新区发展建设为契机，对网络干线重新进行规划设计。面对任务重、时间紧、工作量大等情况，市广电网络中心克服困难，科学组织，合理安排，积极主动配合各有关单位做好新建道路和开发新区的有线电视基础设施建设。全年架设和迁改光缆约30公里，溶接光缆接头240余个，计2 766芯。按时按要求顺利完成市委、市政府布置的线路迁改工作任务，有效配合各有关单位的工作，保障了城市新区和新建公路基础设施建设工程的顺利推进，有力支持了市委、市政府的中心工作，促进了安宁市经济社会的发展。

【加强网络维护管理，保障安全传输】　2009年，市广电网络中心为确保网络的稳定、安全、正常运行，认真总结历年安全播出、安全传输经验，变短期防范为长期经常性工作，建立了长效机制。进一步加强日常维护，对辖区有线电视网络定期和不定期开展网络巡视、用电安全检查，开展技术维护工作，加大督查工作力度。认真受理用户意见、建议，及时排除有线电视故障。牢固树立“安全传输工作无小事”、“安全传输是广播电视政治生命线”的思想意识，层层落实责任制，全力抓好安全传输工作。2009 年 10 月 1 日，60 周年国庆阅兵在首都北京隆重举行，市广电网络中心全体职工以饱满的工作热情，严密的技术措施，有效抵制和防范敌对势力对广播电视网络的攻击和破坏，圆满完成了国庆期间的安全传输任务，确保全市有线电视用户收看举世瞩目的盛大阅兵式，保持了网络中心自成立以来无安全传输事故的优良记录。

【数字电视工作】　2009 年 4 月 20 日，安宁市政府正式批准《安宁市有线电视数字化整体转换实施方案》。为稳步推进数字电视整体转换工作，市广电网络中心成立工作领导小组，明确各部门工作职责；新招职工 16 名，并组织培训工作；制作宣传展板，印制宣传单，在安宁电视台政务频道播放数字电视宣传片，开展宣传工作。至 2009 年 5 月底，安宁市广电网络中心各项准备工作已全部就绪。但是，在与昆广网络公司洽谈数字电视合作协议时遇到诸多困难，双方未能在合作协议上达成一致，导致此项工作在 2009 年末仍未启动。

【“事转企”改革工作】　2009 年，为认真贯彻落实昆明市文化建设工作要求，按照国家、省、市文化体制改革的要求，市广电网络中心认真领会转制的指导思想和原则，结合单位实际，认真、全面、总结分析了单位基本情况，经过反复研究，拟定了“事转企”总体思路、工作步骤和改革后的发展目标及措施，提出了人员安置办法和资产处置方案，对改革成本进行了初步估算。方案制定后，及时召开职工代表大会对“事转企改革方案”和“人员安置方案”进行审议。经职代会审议讨论，原则上同意改革方案，同时提出合同制工人工龄、待遇及改制后劳动合同签订等问题。会后，广电网络中心以书面形式将职代会审议意见及改革方案及时上报市广播电视局。因改革工作涉及面广，情况复杂，工作难度大，市广电局和有关部门正按照有关程序进行办理。

【成立工会组织】　为健全企业管理体系，维护职工合法权益，促进企业和谐发展，根据《中华人民共和国工会法》，依据《中国工会章程》的有关规定，市广电网络中心尊重广大职工要求组建工会的愿望，经过精心筹备，依法成立安宁市广播电视网络中心工会委员会，并于 2009 年 4 月 7 日上午召开第一次工会全体会员大会，参会正式代表 56 人，实到 50 人。会议以无记名投票形式差额选举产生安宁市广播电视网络中心工会第一届委员会委员和经费审查委员会委员。4 月 10 日，工会第一届委员会和经费审查委员会召开一届一次全体委员会议，吴彦斌当选工会主席，李荣军当选经费审查委员会主任。工会成立后紧紧围绕单位中心工作，注重倾听职工心声，及时向单位领导反映职工愿望，依法维护广大职工合法权益。组织开展工会活动两次，看望慰问住院和困难职工 11 人次，实实在在为广大职工服务，较好地履行了工会职责，对协助中心领导班子抓好单位管理工作发挥了积极作用。

【落实合同制工人保险待遇】　在全体职工的努力工作下，市广电网络中心经过 6 年的艰苦发展，全市有线电视网络已遍布城乡。与 2002 年相比，实现用户数翻两番，国有资产大幅度增长。2008 年、2009 年中心经营收入连续两年突破1 200万元。广播电视网络的建设与发展为安宁市国民经济信息化建设做出了贡献。为解决合同制职工老有所养、病有所医等问题，根据《劳动合同法》的有关规定，在中心领导的大力支持下，中心办公室与财务室团结协作对医疗、养老等社会保险的参保要求、所需经费预算、特殊情况的协调处理、保险核定等情况开展了大量协调、调研工作，认真落实了合同工社会保险参保工作。2009 年，单位为职工缴纳了 41.5 万元社会保险费。此项工作的落实，进一步调动了职工的工作积极性、主动性，进一步促进了单位内部关系的和谐。

（吴彦斌）

中国人民政治协商会议
安宁市委员会

【简述】　2009 年，安宁市政协高举中国特色社会主义伟大旗帜，以邓小平理论和“三个代表”重要思想为指导，深入贯彻落实科学发展观，深入学习贯彻落实中共十七大、十七届三中、四中全会精神，在中共安宁市委的坚强领导下，坚持和完善中国共产党领导的多党合作和政治协商制度，牢牢把握团结和民主两大主题，广泛凝聚各方面的智慧和力量，紧扣市委“1366”发展思路和“七抓七促进”工作措施，不断提高履行政治协商、民主监督、参政议政职能的水平和实效。广泛动员、组织全体政协委员和社会各界人士开拓创新，扎实工作，圆满完成了市政协四届二次会议确定的各项目标任务。全年举行政协全会 1 次，常委会 7 次、主席会 13 次、党组会 2 次，进行调研视察 7 次，组织委员活动 2 次，召开座谈会 3 次、专题协商 2 次，写出调研视察报告 7 份，为促进安宁市经济社会跨越式发展，努力构建和谐社会做出了新的贡献。

【市政协四届二次全体会议】　政协安宁市第四届委员会第二次全体会议 2009 年 1 月 8 至 10 日在安宁会堂举行。本次会议应出席委员 173 名，实到 151 名。中共安宁市委、市人大常委会、市政府、市人武部、法检两院、市公安局、市委党校的全体市级领导及历届政协主席应邀参加会议；政协安宁市第四届委员会主席李海平、常务副主席段学发，副主席马文喜、曹忠昌、钱美琴，秘书长段建军及全体委员出席会议。

三届市政协副主席、部分老干部代表、民主党派负责人、市域内昆明市政协委员、市长助理和各镇（街道），市属各部委办局的有关领导应邀列席会议。昆明市政协常务副主席张建伟到会祝贺并在开幕式上讲话，中共安宁市委书记李树勇在闭幕式上讲话。

会议听取和审议了政协安宁市第四届委员会常务委员会工作报告及提案工作报告，列席了安宁市第四届人民代表大会第二次全体会议，听取了安宁市人民政府工作报告，协商讨论了“一府两院”工作报告。会议作出决议，同意政协安宁市第四届委员会常务委员会工作报告及提案工作报告。

会议认为，2009年，政协安宁市第四届委员会在中共安宁市委的领导下，高举中国特色社会主义伟大旗帜，以邓小平理论、“三个代表”重要思想为指导，深入贯彻中共十七大和十七届三中全会精神，全面贯彻落实科学发展观，团结带领全体政协委员和社会各界人士，始终坚持团结民主两大主题，紧紧围绕中心、服务大局，认真履行职能，政治协商扎实推进，民主监督不断深入，参政议政富有成效，工作思路不断创新，自身建设不断加强，为开创安宁市人民政协工作新局面，推动全市经济社会又好又快发展、促进社会和谐做出了积极贡献。会议对常委会的工作表示满意，赞同常委会提出的2009年工作建议；会议赞同“一府两院”工作报告。过去的一年，全市人民在中共安宁市委的领导下，团结奋斗，努力拼搏，克服金融危机带来的困难，圆满完成了全市经济社会发展各项目标任务。报告提出的2009年指导思想、奋斗目标和主要工作任务符合安宁实际，经过努力是可以实现的。会议号召全体政协委员和社会各界人士要坚定不移地高举中国特色社会主义伟大旗帜，深入贯彻落实科学发展观，在中共安宁市委的坚强领导下，积极进取、锐意创新、求真务实、同心同德，扎实工作，为促进安宁实现跨越式发展，夺取全面建设小康社会的新胜利而努力奋斗！

【市政协四届五次常委会】 2009年1月8日，安宁市政协召开四届五次常委会，会议主要听取各组审议《政协安宁市第四届委员会常务委员会工作报告》、《政协安宁市第四届委员会常务委员会关于四届一次会议以来提案工作情况的报告》的情况汇报。

【市政协四届六次常委会】 2009年1月9日，市政协召开四届六次常委会，会议听取各组协商讨论《政府工作报告》、《安宁市2008年国民经济和社会发展计划执行情况及2009年国民经济和社会发展计划的报告》、《安宁市2008年地方财政预算执行情况和2009年地方财政预算的报告》的情况汇报。

【市政协四届七次常委会】 2009年1月9日，市政协召开四届七次常委会，会议听取各组协商讨论法院工作报告和检察院工作报告的情况汇报；审议通过《政协安宁市第四届委员会第二次会议提案审查情况的报告》（草案）和《政协安宁市第四届委员会第二次会议决议》（草案）。

【市政协四届八次常委会】 2009年3月6日，市政协召开四届八次常委会议。受李海平主席委托，段学发常务副主席主持会议。会议审议并原则通过《政协安宁市委员会2009年工作要点》，提出了市政协2009年工作的总体要求；会议传达《中共昆明市委转发〈中共政协昆明市委员会党组关于加强市政协对市政府部门实行民主监督推动工作落实的意见〉的通知》精神。

【市政协四届九次常委会】 2009年5月11日，市政协召开四届九次常委会，会议传达了全国政协会议和中共昆明市委政协工作会议精神；审议并原则通过《关于我市对城市报警与监控系统工作的视察报告》、《关于我市城市交通管理工作的视察报告》、《关于安宁市农村土地承包经营权流转工作的调研报告》；协商通过了有关人事事项。

【市政协四届十次常委会】 2009年10月19日，市政协召开四届十次常委会，会议传达学习中共十七届四中全会精神，胡锦涛总书记及省委常委、昆明市委书记仇和分别在首都和昆明庆祝人民政协成立60周年大会上的讲话精神；审议并原则通过《关于对安宁实验学校建设情况的视察报告》、《关于我市防震减灾工作的视察报告》、《关于对我市基层医疗卫生建设情况的视察报告》、《关于我市就业促进工作的调研报告》四个调研视察报告；协商通过了有关人事事项。

【市政协四届十一次常委会】 2009年12月28日，市政协召开四届十一次常委会，会议协商通过调整增补政协安宁市第四届委员会委员名单及常务委员会候选人名单。会议审议通过了政协安宁市第四届委员会常务委员会工作报告及报告人、提案工作报告及报告人，关于召开四届三次会议的决定、会议议程和日程、轮值主席名单、召集人和编组名单；听取并审议了政协安宁市委员会各专门委员会2009年工作报告，协商讨论了政府工作报告及办理提案工作情况报告。会议建议市政府按有关程序对《政府工作报告》、《市政府关于办理市政协四届二次会议以来提案工作情况的报告》进一步修改完善。

【中共安宁市委政协工作会议】 2009年7月7日，中共安宁市委召开政协工作会议，会议总结近年来安宁市政协工作的经验，安排部署新形势下进一步加强政协工作的措施，下发了《中共安宁市委关于进一步加强和改进人民政协工作的实施意见》。会上，李海平主席总结了近年来市政协的工作，对市委加强对政协的领导，市人大、市政府对政协工作的大力支持，各界、各部门的关心和帮助表示感谢，并表示：市政协要牢固树立科学发展观统领政协工作的思想，更加自觉地按照科学发展观的要求推动人民政协事业的发展。始终坚持“党的领导，围绕发展大局履行职能，突出团结民主”三个原则，力求实现“委员思想理论水平、议政建言能力、履职质量”三个提高，认真做到“切实创新思路、切实加强班子建设、切实加强委员队伍建设”三个切实。王剑辉市长在讲话中表示市政府要把政治协商纳入政府决策程序，更好地发挥政治协商在政府决策中的重要作用；要自觉接受政协民主监督，更好地发挥政治协商在提升行政效能、改进干部作风中的重要作用；要大力支持政协参政议政，更好地发挥政治协商在提高执政能力中的重要作用；要认真办理政协建议案、提案，更好地发挥政治协商在促进全市经济社会发展中的重要作用。要畅通政府与政协的联系渠道；要全力配合市政协调研、视察活动；要积极为政协履职创造条件。李树勇书记指出，近年来，安宁市委认真贯彻中央、省、昆明市关于政协工作的一系列文件精神，省委和昆明市委政协工作会议精神，不断加强对政协工作的领导，形成了党委重视、政府支持、政协主动、各方配合、共同推进的良好局面。市政协在市委领导下，牢牢把握团结和民主两大主题，围绕中心，服务大局，为全市经济社会发展做出了重要贡献。市委对政协工作是满意的，对政协工作取得的成绩是充分肯定的。并强调：全市上下要进一步统一思想，站在推动安宁跨越式发展的高度，充分认识加强人民政协工作的重大意义，不断增强做好政协工作的责任感和使命感。加强人民政协工作，是实现科学决策、提高党的执政能力的必然要求；是凝聚各方力量、推进安宁跨越式发展的迫切需要；是维护团结稳定、构建和谐安宁的重要途径。要创新理念、群策群力，奋力开创安宁市政协工作新局面。实现安宁跨越式发展目标，政协肩负的责任十分重大，地位非常重要。市政协工作要力求做到“五度”，即：服务大局有高度、建言献策有深度、民主监督有力度、团结合作有广度、自身建设有强度。要加强领导、多方支持，为政协充分发挥作用提供有利保障。要切实把政协工作摆在全局工作的重要位置，为政协开展工作提供坚强的政治保证；要不断优化政协领导班子和干部队伍，为政协开展工作提供坚强的组织保证；要努力为政协履行职能创造良好条件，努力营造全党全社会重视和支持人民政协工作的良好氛围，形成党委执政、人大督政、政府行政、政协参政、群众评政的工作格局。

市委政协工作会议对市政协的工作给予充分肯定，出台的《中共安宁市委关于进一步加强和改进人民政协工作的实施意见》从八个方面进一步强调了加强和改进人民政协工作的重要性和必要性，对加强和改进政协工作提供了更明确的制度保障。

【安宁市召开纪念人民政协成立60周年暨2009年国庆中秋茶话会】 2009年9月22日上午，安宁市召开庆祝人民政协成立60周年暨2009年国庆中秋茶话会。市委书记李树勇，市委副书记、市长王剑辉，市人大常委会主任王文学，市政协主席李海平和其他市级领导及历届政协老领导；四届市政协全体常委，市政协秘书长、市政协委员、民主党派、民族宗教、港澳台同胞、归侨侨眷等社会各界人士代表，市级机关各部委办局、人民团体的党政主要领导，各镇、街道办事处党政主要领导，驻市企事业单位、部队代表，市域内省、昆明市政协委员参加会议。会议由市政协主席李海平主持。李树勇书记代表中共安宁市委、市人大、市政府、市政协，向各位政协委员、各民主党派、工商联和无党派人士、各人民团体，驻市企事业单位、部队，向关心和支持安宁建设发展的各界友人致以节日的问候，并作重要讲话：1949年9月21日人民政协的成立，标志着中国共产党领导的多党合作和政治协商制度的确立。人民政协60年的历史充分证明，人民政协这一中国特色政治组织和民主形式，是我国社会主义民主政治建设的伟大创造，既适合中国国情，又顺应世界民主发展潮流，体现了中国共产党和中国人民的政治智慧，具有强大生命力和远大前程，值得我们倍加珍惜、长期坚持。2009年，安宁政协成立25周年。25年来，在历届党委的领导下，市政协牢牢把握团结和民主两大主题，紧紧把握时代主旋律，围绕中心，服务大局，认真履行政治协商、民主监督、参政议政职能，在加快安宁经济发展，维护社会安定团结，推动社会全面进步，促进祖国和平统一等方面发挥了重要作用。市政协要继续保持和发扬优良传统，继续扎实有效地履行好政治协商、民主监督、参政议政职能，组织动员参加政协的各党派团体和各族各界人士把思想认识统一到市委的决策部署上来，把各方面的积极性、主动性、创造性引导到推动科学发展、促进社会和谐上来，更好地发挥人民政协协调关系、汇聚力量、建言献策、服务大局的重要作用。广大政协委员，各民主党派、工商联和无党派人士，各人民团体要站在服务跨越式发展的高度，紧紧围绕市委的工作部署，积极投身安宁的发展事业，在参与中支持，在支持中服务，在服务中监督，把工作的主要精力放在对经济社会发展全局的把握上，放在对后发赶超、富民强市的全局性、前瞻性问题的思考上，放在党委政府关注的大事要事和热点难点问题的研究上，履职尽责，献计出力，在招商引资、园区建设、工业突破、项目推进、城乡园林绿化、基础设施、城乡统筹等工作中更好地发挥作用。市长王剑辉通报全市经济社会发展情况，并表示：我们的政府是人民的政府，我们的政协是人民的政协。人民政府与人民政协目标一致、使命相同，同舟共济、肝胆相照。市政府将把政治协商纳入市政府决策程序，更好地发挥政治协商在政府决策中的重要作用；将自觉接受政协民主监督，更好地发挥政治协商在提升行政效能、改进干部作风中的重要作用；将大力支持政协参政议政，更好地发挥政治协商在提高执政能力中的重要作用；将认真办理政协建议案、提案，更好地发挥政治协商在促进市域经济社会发展中的重要作用。政协老领导代表，政协委员及统战人士代表，驻市单位代表，各镇、街道办事处、部委办局代表分别发言。市政协主席李海平表示，在庆祝新中国60华诞和人民政协成立60周年之际，认真回顾人民政协的发展历程，深刻总结人民政协所取得的重大成就和宝贵经验，对于我们继承和发扬人民政协的光荣传统，把安宁市人民政协事业不断推向前进，具有重大深远的意义。25 年来，安宁政协在历届党委的坚强领导下，履行职能不断深入展开，政治协商水平不断提高，民主监督力度不断加大，参政议政实效不断增强，调查研究、委员提案、社情民意、文史资料等基础性工作取得了良好成绩，政协工作制度化、规范化、程序化建设稳步推进，政协事业的生机和活力不断增强。希望全市政协各参加单位和广大政协委员要进一步加强对人民政协的认识，为推动科学发展积极献计出力；要切实加强履行职能的制度化、规范化、程序化建设，发挥人民政协的特点和优势；进一步加强政协自身建设，在中共安宁市委的坚强领导下，围绕中心，服务大局，不断开创安宁市政协工作新局面，为促进安宁经济社会实现跨越式发展做出新的更大的贡献。

【政治协商】 2009 年，市政协常委会在制定工作目标、确定工作重点、安排协商活动中都始终把服务经济社会发展作为政治协商的首要任务来抓，取得了明显成效。一是精心组织，努力提高协商水平。在市政协四届二次会议上，委员们认真协商了“一府两院”及其他工作报告，围绕安宁市积极应对金融危机，对促进经济社会发展和总体规划、工业突破、园区建设、招商引资、城乡统筹、社会保障、教育医卫、新农村建设等方面开展协商，提出了许多具有前瞻性、建设性的意见建议，并报送市委、市政府决策参考。二是切合实际，专题协商更加有效。应市政府提请，分别对《安宁城市总体规划 2008—2020》和政府机构改革方案进行专题协商。在对城市总体规划的专题协商中提出了“《规划》的时效性应适当延长；充分考虑矿产资源、地热水资源的保护和综合利用；要更加重视环境保护，做好与其他专门规划的衔接；加强宣传，努力争取驻市企事业单位支持”等方面的意见建议。在对全市新一轮政府机构改革方案及相关内容的协商中提出了“改革要在认真贯彻执行上级机构改革精神和政策的基础上，遵循‘精减、效能、便民’的原则进行职能调整，特别是要充分结合安宁新一轮工业开发和实施工业强市战略的实际，加强相应职能”等意见建议。专题协商的意见建议，均得到市委、市政府高度重视并充分采纳。

【调研视察】 2009 年，安宁市政协紧扣民生，深入开展专题调研。常委会坚持“少而精、出精品”的原则，紧扣民生主题，选择重点课题有计划地深入开展专题调研，收到了较好的成效。先后对“推进农村土地流转”和“劳动就业促进情况”进行调研。调研提出的意见建议，得到市委、市政府的充分采纳，在安宁市出台的相关政策中得到体现，有效促进了安宁市农村土地流转和劳动就业工作。

2009 年，市政协注重实效，不断提高视察质量。全年对“城市报警与监控系统建设情况”、“交通管理工作”、“防震减灾工作”、“安宁实验学校建设情况”、“基层医疗卫生建设情况”进行了视察。委员们通过实地了解情况，发现问题，进一步增强了议政建言的实效，提交了一批具有重要价值的意见建议供市委、市政府决策参考，得到了市委、市政府及职能部门的高度重视。此外，市政协还积极配合省、昆明市政协对提案工作、金融危机下中小企业发展情况、安全生产、农村卫生、乡镇基层文化站建设等工作开展了调研视察。

【民主监督】 2009 年，市政协把民主监督融入履行职能的各项工作之中，创新监督手段，特点突出，取得实效。一是拓宽渠道，积极反映社情民意。在聘请市级和部门退休老领导担任社情民意特邀信息员的基础上，通过不断拓宽反映社情民意渠道，改进政协简讯方式积极反映社情民意和宣传政协工作。全年共编发《社情民意》33 期，对涉及昆明市范围的内容及时报送昆明市政协。编印《政协简讯》14 期，并通过电子政务网的新形式发送，既提高了效率，又节约了成本，成为政协信息工作的一个新亮点。反映的许多意见建议得到市委、市政府及职能部门的高度重视。二是服务大局，发挥政协监督作用。2009 年，在学习实践科学发展观、“行政效能提升年、干部作风改进年”、“加强作风建设，促进科学发展”、继续深入解放思想等教育活动中，市政协委员担任特约监督员、行风评议员等共 70 余人次，涉及市委、市政府工作的多个方面。委员们认真履行职责，积极开展工作，寓监督于支持之中，帮助查找问题，共抓整改提高，促进有关部门更好地改进工作。

【提案工作】 2009 年，市政协常委会突出以提高“提案质量、办理质量、服务质量”为主线，推行市级党政领导批阅提案，坚持市委、政府、政协三家联合督办，促进了提案办理的规范运行，逐步推动提案从数量型向质量型、办理从答复型向落实型转变。抓集体提案的征集，努力提高提案质量；狠抓办理质量，提高落实率。通过全体政协委员、政协各参加单位和市委、市政府提案承办单位的共同努力，提案工作呈现出质量不断提高、办理质量明显提升、提案工作有序开展的新特点。市政协四届二次会议以来共收到提案 123 件，立案的 94 件提案 2009 年 8 月 4 日办理完毕，并达到“三个 100%，即办复率 100%，面商率 100%，采纳率 100%。其中，市政府领导班子领办提案 19 件，9 件重点提案均由市政府班子领导领办，办理过程中，市长、副市长亲自与政协委员面商，有效推进了提案的落实。

【文史工作】 2009 年，安宁市政协发挥文史资料工作“存史、资政、团结、育人”的作用，一是完成《安宁年鉴》（2009 年版）政协篇目的撰写任务；二是完成了近 3 万字的《中共安宁市组织史资料》（2003. 3 ~ 2008. 3）安宁市政协部分的撰写工作；三是完成了编印《安宁文史资料》第 12 辑的前期准备及征稿工作；四是完成昆明市政协组织的各项征文活动；五是完成了反映安宁政协历程《风雨同舟二十五年》画册的编印出版工作。

【深入学习实践科学发展观活动】　2009年2月以来，市政协机关为进一步提升行政效能、改进干部作风、优化发展环境，开展了“行政效能提升年”和“干部作风改进年”活动。全体干部职工在认真学习有关文件精神的基础上，撰写心得体会。并对近年来的工作情况进行了认真回顾与思考，自我查找突出问题，通过发放征求意见表、走访委员、召开座谈会及委员约谈会等多种形式，广泛征求委员及机关各部门、基层人民群众对政协机关的意见建议，制定了整改方案。通过“两年”学习教育活动的深入开展，使市政协干部作风进一步改进、服务质量进一步提升、工作效率进一步提高，干部能力进一步增强，行政行为进一步规范。3月30日，市政协对深入开展学习实践科学发展观活动进行专题研究和安排部署，拟订学习实践活动工作方案，成立了以市政协党组书记、主席李海平为组长的学习实践活动领导机构开展学习活动。在学习实践活动中，市政协以“高举一面旗帜、突出一个主题、围绕一个总要求、明确三个着力点”为指导思想，通过半年学习调研、分析检查、整改落实三个阶段的工作，扎实地完成学习实践活动的各项任务。8月27日，市委深入学习实践科学发展观领导小组第四指导组对市政协机关学习实践活动工作进行考核，认为市政协机关能够按照市委学习实践活动的要求，在市政协党组的直接领导和市委第四指导组的具体指导下，精心组织，周密部署，各项工作扎实开展，自选动作结合政协实际有声有色，较好地完成了学习实践活动三个阶段和深入解放思想、推动跨越发展大讨论的各项工作任务，并通过考核。学习实践活动进一步提高了政协机关广大党员干部特别是领导干部贯彻落实科学发展观的执行力、创新力和协同力，机关服务观念得到进一步增强，工作作风进一步转变，服务质量得到提高。

【委员活动】　2009年6月31日至7月2日，市政协按界别组组织上半年委员活动。各界别组根据实际情况，分别选择不同地点开展活动。活动中，一是传达学习省委常委、昆明市委书记仇和在昆明市委政协工作会议上的讲话精神并进行讨论；二是集中整理政协委员们收集的社情民意；三是开展多种形式的履职活动，深入到王家滩孤残儿童寄养点看望孤残儿童。市政协主席李海平，常务副主席段学发，副主席马文喜、曹忠昌、钱美琴，秘书长、办公室主任段建军参加了各界别组活动。

11月18日，市政协组织下半年委员活动，召开通报会：一是市政协主席李海平通报2009年市政协工作情况；二是传达学习中共十七届四中全会精神；三是传达学习胡锦涛总书记及省委常委、昆明市委书记仇和分别在首都和昆明市庆祝人民政协成立60周年大会上的讲话精神；四是进一步安排和征集2010年集体提案；五是收集社情民意。第三届市政协主席张毅，市政府副市长张岩，市政协副主席段学发、曹忠昌，秘书长段建军及全体市政协委员参加通报会。分组活动中，各委员小组分别深入基层，参观基层党建长廊，了解工业园区建设情况。

【座谈会议】　2009年1月14日上午，市政协在新春来临之际邀请机关18位离退休干部在金川酒店召开迎新春座谈会，向他们送上新春慰问并通报了刚刚闭幕的四届二次全会精神，感谢他们对安宁经济社会发展和政协工作的关心和支持。希望老干部一如既往地关心、支持政协工作，为安宁经济发展和政协事业积极建言。9月4日，在新中国成立60周年和人民政协成立60周年、安宁政协成立25周年之际，邀请安宁政协历届老领导参加座谈会，重温中国共产党与各民主党派、社会各界人士风雨同舟，团结合作的光辉历程，进一步增强了坚持中国共产党领导的多党合作和政治协商制度的自觉性及通过积极履行政协职能，推动安宁经济社会发展的光荣感和使命感。9月15日，市政协召开重点提案督促办理工作座谈会，对2009年部分重点提案和部分提案进行督办。市委、市政府相关职能部门和有关政协委员参加会议。会议听取市政府办承办2009年重点提案的情况介绍和昆明公路运输管理局安宁分局承办提案的情况介绍，听取了提案人对办理情况的意见建议，并进行座谈。座谈会上，委员们认为2009年的提案办理工作一是领导重视；二是办理质量较高；三是办理速度较快。委员们在充分肯定成绩的同时，也针对提案办理中存在的问题提出了改进的意见和建议。

【精神文明建设】　2009年，安宁市政协机关在2006年至2008年省级文明单位的基础上，狠抓精神文明建设成果巩固工作，使政协机关各项工作上了一个新台阶。4月13日，云南省精神文明建设指导委员会考核组到安宁市政协考核市政协机关创建云南省级文明单位工作。考核组在听取市政协机关创建云南省级文明单位的情况汇报基础上，通过查阅相关资料档案及对干部职工进行问卷调查等工作后认为，安宁市政协机关精神文明工作取得较好成效，达到省级文明单位指标标准，再次获得云南省文明单位荣誉称号。

【对外交流】　2009年，安宁市政协始终坚持团结、民主两大主题，充分发挥政协联系面广的优势，不断加强对内对外交流，使政协成为党委、政府与各界人士相互交流、联络感情的重要平台。

6月15至18日，安宁市政协副主席曹忠昌等一行4人到大理市参加云南省十六城市政协工作研讨会议，并作了题为《高度关注民生，坚持履职为民，促进科学发展》的会议交流。

8月12至18日，市政协主席李海平、第三届市政协主席张毅一行5人参加全国部分钢铁企业所在区（市）政协第十九次联席会议。该会议在山西省太原市尖草坪区政协开幕，在新疆自治区乌鲁木齐市头屯河区政协闭幕。会议期间，安宁市政协就《人民政协成立60周年以来政协工作成果和经验》、《探讨人民政协在全面贯彻落实科学发展观，构建和谐社会方面的主要工作和方法措施》进行了会议交流。

9月25至28日，云南省十六城市（区）政协工作研讨会第23次年会在个旧市举行。安宁市政协常务副主席段学发一行4人参加会议，并作了题为《围绕中心　服务大局　履行政协职能　促进科学发展》的交流。

10月20日，思茅区政协副主席梁明辉带队到安宁市考察学习招商引资工作。考察团实地参观考察了大屯新区、安宁中学、安宁实验学校情况及安宁市容市貌。市政协副主席曹忠昌、秘书长段建军及部分专委主任、副主任陪同参观考察，并进行了座谈。

12月2至3日，昆明市政协第十九次提案工作联系会在安宁温泉召开，昆明市十四县（市）区和各民主党派从事提案工作的领导和相关人员参加会议。会议传达学习了云南省政协提案工作座谈会精神并作大会交流发言；云南省政协提案委员会副主任聂华，昆明市政协副主席陆玉珍，昆明市政协提案委员会主任杨友太在充分肯定各县（市）区和党派提案工作好经验的同时，针对提案工作面临的新情况、新任务提出了新要求。安宁市政协主席李海平，副主席马文喜参加会议，并作了题为《强化服务推进"两个"转变》的交流发言。

（俞学云）

2009年12月2至3日，昆明市政协第十九次提案工作联系会在安宁温泉召开。　（俞学云　摄）

工商业联合会

【简况】　2009年，安宁市工商业联合会在市委、市政府的领导下，在昆明市工商联及市委统战部的指导、关心、帮助下，紧紧围绕市委、市政府中心工作，充分发挥工商联作为党和政府联系非公有制经济人士的桥梁和纽带及助手作用，协助政府管理好非公经济。认真学习贯彻邓小平理论、"三个代表"重要思想、党的十七届四中全会精神和科学发展观，切实履行各项工作职责，充分发挥自身优势，积极探索、创新、拓展工商联工作，因地制宜、开拓进取，深入基层调查研究，参政议政，拓宽服务渠道，提高服务质量，不断促进非公经济健康发展和非公经济代表人士健康成长。2009年，工商联有会员313名（其中团体会员10家，企业会员87家；非公企业投资经营者87人，个体工商户118户，有关部门负责人8人），干部职工4人，党组成员5人（其中党组书记1人），执行委员会委员37人（其中主席（会长）1人，副主席（副会长）14人）。

【学习宣传】　2009年，安宁市工商联努力探索做好非公经济人士思想政治工作的新方法、新路子，认真组织广大非公经济代表人士学习贯彻党的路线、方针、政策，加强对非公经济代表人士的政治思想教育引导工作，为非公经济人士了解掌握国家的方针政策搞好宣传与服务，不断提高会员综合素质，着力培养一支"爱国、敬业、诚信、守法、贡献"的非公经济队伍。及时分发省、市工商联编发的宣传材料《云南工商》200余册、《昆明商会》300余册、《昆明市人民政府公报》950余册；印发安宁市新实施的《安宁市加快非公有制经济发展实施细则》，安宁市委、市人民政府《关于加快中小企业发展的实施意见》，工商联《简报》等学习、宣传材料200余份，送发到非公经济人士手中，为他们提供政策、法律法规、招商引资、经济贸易等信息服务。为提高非公经济代表人士的政治素质和管理水平，组织非公经济代表人士、工商联干部参加昆明市委统战部、工商联举办的"昆明市非公经济代表人士培训班"、"工商联、德国NDH商会干部培训班"学习培训活动，向非公经济代表人士宣传贯彻党的方针政策及市场经济、相关法律法规等，着力培养一支非公经济人士具有创业精神、现代理念、创新意识的队伍。市工商联结合单位工作实际，加强机关作风建设。着重从抓好规章制度的落实入手，加强工作人员岗位职责的检查落实。以市委统战部机关党支部为核心，共同开展"科学发展观"、"行政效能提升年和干部作风改进年"等学习教育活动。通过活动，机关干部勤动脑、勤动腿、勤动嘴、勤下企业日趋增多，由市工商联撰写的题为《改善投资环境，促进非公经济发展》文稿被安宁市深入学习实践科学发展观活动领导小组办公室作为典型案例（十三）进行了交流；工作人员各司其职，各负其责，加强和改进了机关作风，进一步提高了为非公经济服务的自主意识和工作效能。

【参政议政】　2009年，市工商联充分发挥非公经济人士在参与政治和社会事务中的主渠道作用，积极参政议政，认真组织、引导非公经济代表人士就安宁经济、社会发展中的热点、难点问题建言献策，反映社情民意。认真组织好工商联界别、经济工业界别政协委员的会议和活动，努力提高其参政议政的效能。在安宁市第四届二次人代会、政协会上，代表和委员们撰写的《关于加大安宁本地民营企业扶持力度的建议》、《关于加强清欠工程款工作的建议》、《关于把中小企业列入表彰安宁经济工作先进单位范围的建议》、《各级政府应加大对乡村旅游扶持力度的建议》等多个提案、议案，得到政府及相关部门的高度重视，得以逐一认真落实。如安宁市公安局针对工商联撰写的《关于加强反窃抓捕工作》的提案，专门制定了“安宁市公安局切实开展反扒专项行动加强巡逻防控、提高捕现奖励的工作措施”的文件，为有效打击不法分子，维护安宁市社会治安起到了积极作用。

【表彰先进】　为尊重、鼓励非公经济人士的创业精神和劳动创造，肯定他们为强市富民做出的贡献，市工商联积极组织相关材料向上级部门推荐各类先进典型：云南祥丰化肥股份有限公司被评为“2008年度社会扶贫先进集体”，受到云南省委、省政府的表彰；安宁市金成矿业集团有限公司蒋勇等10位同志评选为“安宁市第二届建功立业优秀职工”，受到安宁市委、市政府的表彰；艾镇云评为“昆明青年十大创业之星”；云南宏华经贸有限责任公司评为“昆明市第四届劳动关系和谐企业”；杨利荣、戴素芳评为昆明市第三届“优秀中国特色社会主义事业建设者”等荣誉称号。这些先进典型的树立，对彰显安宁市非公企业代表人士的新形象起到了较好的宣传、示范作用，是贯彻实践科学发展观，体现“充分尊重、广泛联系、加强团结、热情帮助、积极引导”的工作方针最好的诠释。积极发挥在构建和谐劳动关系过程中的协调作用。为共同应对金融危机，促进企业做好、做久、茁壮成长，市工商联与市劳动和社会保障局、市总工会等部门建立了三方协商工作机制，齐抓共管通力配合，在企业中积极开展“劳动关系和谐企业、爱职工的优秀经理（厂长）、爱企业的优秀职工”的评比活动，表彰安宁市先进集体企业。积极帮助、核查云南安宁化工厂、安宁供电有限责任公司、云南安宁化肥有限责任公司三家企业，向昆明市有关部门申报、复核，顺利通过，继续保持“昆明市劳动关系和谐企业”荣誉称号，为企业调整劳动关系，构建和谐企业，促进社会的和谐与稳定起到了积极作用。

【服务会员】　深入基层，调查研究，支持非公企业发展，为会员服务是工商联的立会之本。2009年，市工商联充分调动干部职工积极性，牢固树立目标意识、责任意识，把为非公企业服务当成义不容辞的责任，进一步增强机关干部树立为会员服务的责任意识，积极发挥工商联联系非公有制经济人士的桥梁纽带作用和政府管理非公经济的助手作用。热情为企业办实事、办好事，反映其诉求意愿，为企业排忧解难。积极为企业、会员、个体工商户协调解决来信来访反映的困难问题。全年为企业、会员做实事、做好事，解决困难、问题10余件次。如反映、协助安宁市“家具商会”、“氟硅酸钠商会”积极解决经营场地扩建、资金短缺等困难；为安宁市兴达商场协调解决租赁双方租金矛盾；向市政府有关部门领导协调批建裕华公司驾驶员综合服务中心项目；为泰源工贸公司办理工程施工“廉政合同”等，积极促进安宁经济社会的发展。

【光彩事业】　“致富思源、富而思进”是中华民族的传统美德。为积极引导非公经济人士踊跃承担社会责任，促进非公经济人士积极参与光彩事业，积极履行社会责任，回馈社会，2009年2月24日，在市委、市政府的支持下，市工商联在昆明市14个县（市）区中率先第一家成立“安宁市光彩事业促进会”，选举原安宁市委常委、宣传部、统战部部长周美英为会长；市工商联主席、商会会长梁夏为常务副会长；市工商联常务副主席、副会长罗耀凌为秘书长并主持工作；有兼职工作人员4人，办公室设在安宁市工商联。光彩事业促进会成立后有会员理事79名（单位会员48家，个人会员31人），常务理事35人，使安宁光彩事业健康发展跨上了新的台阶，迈出了崭新步伐。自2009年2月成立到12月底，驻地非公企业向安宁市及外地社会各类公益事业拨付了捐赠资金19次共计159.2万元，其中：云南三明鑫疆有限公司为修建“安八”公路捐资50万元；云南金成矿业集团有限公司为八街镇敬老院捐资40万元；云南祥丰化肥股份有限公司为安宁荣获“中国最具投资潜力城市”称号捐资20万元，等等。市工商联还争取上级“光促会”支持，在“敬老节”前夕到八街镇敬老院、禄脿镇敬老院等安宁市各镇敬老院，及密马龙村委会小松棵、梨树箐等苗族村，分别走访、慰问住院老人及苗族群众，免费赠送了价值约1万元的纽徕佛牌蛋白质粉共1 000份，每份200克，让他们切实感受到党和政府的片片爱心。非公经济人士热爱国家、为党和政府分忧的社会责任意识得到充分体现，彰显出非公经济人士作为社会主义事业建设者的新形象，得到社会各界的赞誉。

【贷免扶补】　根据云南省人民政府办公厅文件及昆明市工商联《关于认真落实鼓励创业贷免扶补政策的实施意见》文件精神，经安宁市工商联研究决定，成立安宁市工商联“贷免扶补”领导小组，负责创业贷款相关工作。为进一步扩大内需，拉动就业，鼓励创业，带动就业，促进经济社会的发展和稳定，认真落实鼓励创业贷免扶补政策实施意见的要求，安宁市工商联在昆明市14个县（市）区中率先第一家完成昆明市工商联下达的30万元“贷免扶补”工作指标任务，于2009年6月30日前把创业贷款全部发放到创业者手中。

【招商引资】　为认真贯彻落实市委、市政府招商引资工作精神，安宁市工商联通过招商引资工作平台，切实做好经济领域统战工作。调动资源，共同努力，实施人人招商，多招商、招好商，热忱接待，着力促进推荐有意到安宁市考察投资的省内外客商。2009年与客商进行多次招商洽谈，如洽谈了“无毒环保新型增塑剂”、“改扩建酒产业”等项目；与沧州商会洽谈了“汽车轮毂钢产业附产品”投资项目、嵩明泰和超市到安宁投资等，向客商推荐安宁、宣传安宁，广交朋友。积极营造安宁市良好的亲商、扶商、富商、安商的招商引资投资环境，认真完成宁湖招商引资平台组分解的2 500万元的招商引资任务。经协商，市工商联与招商引资目标单位——云南红河州金慧矿业有限公司 2009 年 1 月 18 日签订“安宁连然金成酒店项目投资暨招商引资委托书”，积极协助该公司完成会所投资建设工作，该会所已于 2009 年 6 月 10 日开工建设，总投资8 014万元；其次又与昆明福清招商分局团结协作，完成了把江西省丰城市引入安宁市注册公司 800 万元，2009 年 8 月注册完毕，即“云南致爱生态农业发展有限公司”，为该公司今后在安宁市扩大再生产规模奠定了基础，为安宁市招商引资工作任务全面完成做出了积极努力。

【职能工作】　2009 年，安宁市工商联按时填报送交市委、市政府及省、市工商联等部门各类月、季、年度报表，总结、计划、信息、简报材料；认真完成单位年鉴、非公企业年鉴撰写工作（共 16 家）；按昆明市工商联的要求，向云南扶贫开发项目成就巡礼《云南光彩事业成就篇》编辑部报送、宣传安宁市非公企业参与光彩事业成就的图片、资料文稿。积极搭建政府与非公企业沟通平台，一是向政府有关部门反映会员企业情况，提出意见建议；二是积极参与有关非公经济政策的讨论研究，如“关于城乡社会化养老服务实施意见的修改意见”等；三是积极配合市纠风办开展“千人行风评议”工作，下发并收回 30 余份《行风评议问卷调查表》；四是组织非公经济代表人士积极参加市委政府召开的企业家座谈会，利用政府搭建的平台向企业扩大各类信息沟通与交流。认真做好“安宁市打黑除恶领导小组办公室”安排的各项工作，积极开展打黑除恶法制宣传、发动、摸查排查等专项工作，向非公企业发放宣传资料1 700余份，为维护安宁市社会和谐稳定，经济平稳发展营造良好的治安环境做出了积极努力。工商联作为人民团体，以保证党和政府的方针政策在会员中的贯彻落实为职责，以积极搭建非公企业和政府沟通交流平台为重要任务，起到了沟通上下，协调左右等工商联职能的“五个作用”，为建设新安宁，构建和谐社会做出了应有贡献。

（吴学贵）

群众团体

安宁市总工会

【简况】　2009 年，安宁市总工会自觉树立围绕中心、服务大局意识，更加主动地把握工会工作推动科学发展、服务中心任务的切入点和着力点，更加有效地为经济社会又好又快发展发挥服务、促进、推动作用，使工会工作与推动科学发展在思想上相一致，在工作目标上相衔接，在工作部署上相呼应，切实把推动科学发展贯穿到工会各项工作中，把贯彻落实科学发展观转化为团结动员广大职工建功立业的新高潮，转化为维护职工合法权益的新成效，转化为促进社会和谐稳定的新行动。不断解放思想，更新观念，以改革的精神，全面加强工会自身建设，把始终保持同职工群众的联系、全心全意为职工群众服务作为一切工作的出发点和落脚点，把继承和创新相结合作为提高工作水平的动力，使工会工作始终适应时代要求，符合市情，体现工会性质，切实做到履行职责坚定不移，把广大职工的思想凝聚到想发展、盼发展、促发展上来，充分发扬工人阶级识大体，顾大局的优良传统。面对国际金融危机，为党政分忧，为职工群众解难，协助党政解决职工群众最关心、最直接、最现实的利益问题，尽心竭力为职工群众办实事、做好事、解难事。团结职工同舟共济保增长，建功立业促发展，激励职工立足本职岗位，创造一流业绩，以主人翁姿态为安宁跨越式发展做贡献，充分发挥工会作用，展示了工会的作为。安宁市总工会在昆明市总工会 2009 年度责任目标考核中获特等奖，被云南省总工会授予“全省县（市）区先进工会”称号。2009 年末，全市有市属基层工会组织 548 个（含外资企业工会 13 个），比上年新增 97 个；工会会员37 570人，占职工人数的 96.87%，其中农民工会员19 474 人，女职工会员14 117人，女农民工会员4 887人。

【安宁市工会第四次代表大会召开】　安宁市工会第四次代表大会 2009 年 7 月 16 日上午在安宁会堂召开，会议审议并通过安宁市总工会第三届委员会工作报告、财务工作报告、经费审查报告，选举产生安宁市总工会第四届委员会、经费审查委员会，马文喜当选安宁市总工会主席；王梅当选常务副主席；潘健当选副主席并当选经审会主任，卢兴英当选副主任。

2009 年 7 月 16 至 18 日，安宁市工会第四次代表大会召开。　（市总工会　供稿）

【实施创优争先工程，激发职工创造激情】　2009 年，市总工会积极组织开展创先争优竞赛活动，连然小学杨琴莉、市总工会王梅、市法院韩莹、市城管局王美仙被授予昆明市“五一”劳动奖章；吴敏被授予昆明市“女职工建功立业标兵”称号。安宁市交警三中队被授予昆明市“五一”劳动奖状。隆重召开安宁市2009年庆祝“五一”国际劳动节暨第二届“建功立业优秀职工”表彰大会，对全市各行业评选出来的100名优秀职工进行表彰，通过电视报纸对先进个人、先进集体进行宣传报道，极大激发了广大职工立足本职，建功立业的热情。开展“同舟共济保增长，建功立业促发展”竞赛，组织“共同约定行动”19家企业签订《共同约定书》，坚定了企业和职工面对经济危机共克时限，共度难关的信心和勇气。

2009年4月25日，安宁市庆祝“五一”劳动节暨第二届建功立业优秀职工表彰大会召开。
（市总工会　供稿）

【积极推进“双措并举、二次覆盖”工作，组织建设实现新突破】　2009年，市总工会采取有力措施，强势推进新建企业建工会和会员发展工作，完成出租汽车行业建会，新发展会员135名。全市新建工会97家，涵盖法人单位1 050家，新发展会员7 470人。全力推进“双措并举、二次覆盖”试点工作，按照工会干部职工化、社会化的思路，采取积极措施，通过公开招考，为七镇两街道配备工会组织员。通过“二次覆盖”，将规模小、人员少的非公企业通过建立区域和行业联合工会加以覆盖。安宁市“双措并举、二次覆盖”试点工作得到省总工会领导的充分肯定。

【实施再就业援助工程，做好就业和创业帮扶】

2009年，市总工会与市就业局举办“进城务工、帮您解难”为主题的“春季劳务交流会”，组织省内外50家企业及培训机构提供招聘岗位1 500个，5 000多人参加，350人现场签定初步就业意向书。开展创业“贷免扶补”，向10名创业者发放贷款50万元。对下岗、失业职工和返乡农民工进行技能培训，免费培训188人。开展职工技能提升培训，764人参训，其中技师27人，高级工23人、中级工709人、初级工5人。

【关爱困难职工和农民工，维护职工合法权益，创建和谐企业】　2009年元旦、春节、中秋节，市总工会开展送温暖活动，慰问帮扶困难职工321人次（含困难劳模17人次），支出送温暖资金12.22万元。帮扶救助重特大患病困难职工19人，支出救助金3.3万元。为市委、市政府分忧解难，慰问云南和盛陶瓷有限公司“1·15”炉膛爆炸事故伤员6名，支出慰问金6 000元。金秋助学救助考入大中专学校的困难职工子女13名，支出救助金3.4万元。安排75名一线职工和15名劳模到省市疗养院疗养。抓企业和谐劳动关系的建立，促进企业和谐健康发展，切实加强维权机制建设，农民工维权分中心接待群体性上访案件21件，涉及上访职工1 475人次；承办法院委托调解劳动争议纠纷案4件；为来访人员提供法律、政策咨询35人次，帮助农民工申请工伤认定14件。在草铺镇建立全市第一个基层农民工维权工作站，拓展农民工维权范围。三家企业被评为昆明市“劳动关系和谐企业”。

【开展职工医疗互助活动】　2009年，市总工会组织全市职工参加云南省第六期职工医疗互助活动，有18 676人参加本期医疗互助活动，比第五期增加321人，超额完成昆明市总工会下达任务。市职工医疗互助代办点被省总工会评为先进代办点，2人荣获职工医疗互助活动先进个人。

【普及安全生产和防治艾滋病知识，保障职工生命健康】　2009年，市总工会组织全市企事业单位95家，1 251个班组，22 102名职工参加昆明市“安康杯”竞赛。围绕“安全生产年”，联合安监局组织开展2009年安全生产宣传系列活动，组织安全文化文艺宣传队，以歌舞、小戏、小品等形式深入农村、街道、企业对职工群众进行安全知识的普及宣传，演出15场，观众达9 500多人。组织重点企业和行业开展安全生产知识竞赛，全市42个单位的45支代表队参加竞赛。安宁市参赛队代表昆明市参加“09‘云天化杯’云南省职工安全生产知识竞赛”获三等奖。邀请中华全国总工会“防治艾滋病、送健康知识”宣讲团专家为职工宣讲防艾知识，861名职工听讲。配合市防艾办在农民工集中的永昌钢铁公司和祥丰化肥公司开展企业艾滋病防治项目试点工作。

【做好工会财务和经费审查工作】　2009年，市总工会加快财务制度建设和财务软件运用，地税代征工会经费拨付系统正式启用后，在昆明十四县区率先开通网上银行，实现了工会经费回拨的快捷方便。经审工作进一步规范化，按要求完成2008年度工会经费预算执行（决算）情况、2008年专项帮扶送温暖资金、2009年经费预算、第五期职工医疗互助金的审计工作和经审台帐及相关材料的报送工作，获昆明市总工会经审工作考核一等奖，并获得昆明市经审工作先进集体称号。

【女职工工作不断推进】　2009年，市总工会积极推进女职工“311”行动计划，突出工会女职工工作特色，维护女职工合法权益，特殊利益方面取得新进展。全市有286家企业签订女职工权益保护专项集体合同。免费组织148名女职工干部到九州医院健康体检。邀请中国人口福利基金会专家免费为镇（街道）、改制企业和部分非公企业11家单位的1 357名下岗失业女工、女农民工进行健康体检。

（杜　铮）

共青团安宁市委员会

【简况】　2009年，共青团安宁市委认真贯彻落实党的十七大、团的十六届二中全会和昆明市委工青妇工作会议、昆明团市委十二届三次全会精神和安宁市委四届七次全会精神，高举中国特色社会主义伟大旗帜，以邓小平理论和“三个代表”重要思想为指导，深入实践科学发展观，按照《共青团昆明市委二〇〇九年目标管理责任书》各项目标任务，紧扣安宁市中心工作，认真履行“组织青年、引导青年、服务青年、维护青少年合法权益”的工作职能，大力实施基层团组织建设、青年创业就业、青年志愿者服务、爱心助学助困工程、青春建功新农村、青少年维权等重点工作，使团的组织活动覆盖全市青少年，党执政的青年群众基础得到切实巩固，全市共青团工作迈上新台阶。

【各级团组织工作】　2009年，共青团安宁市委严格按照程序，圆满完成了深入学习实践科学发展观活动、“行政效能提升年”和“干部作风改进年”学习活动、“加强作风建设、促进科学发展”主题教育活动的各项任务，团市委机关干部职工空前凝聚，工作作风切实转变，工作效率切实提高，团结干事的氛围愈加浓烈。团市委顺利完成团市委班子换届工作，按照市委统一部署，2009年7月底召开共青团安宁市第五次代表大会，选出新一届团市委班子。通过大会，实现了统一思想、凝聚人心、振奋精神的目的。团市委大力实施基层团组织建设工程，坚持党建带团建，大力推进基层团建基础工程，巩固和发展基层团的组织体系，增强基层团组织的活力。建成18家安宁市级基层团建示范点，团市委统一制作标识和规范材料，做到机构完整、制度上墙、台帐全面、各具特色。强化团干队伍建设，组织30余名基层团干前往西山区和五华区考察学习基层团建工作；举办为期3天的干部培训，对100余名基层团干部进行了基层团组织建设以及公文写作、实用外语等方面的培训，切实提高了团干队伍的整体素质，基层团组织的凝聚力和战斗力不断增强。团市委积极建立区域化共青团工作运行体系，按照“组织共建、队伍共育、活动共联、资源共享”的原则，与驻市企业和有关单位团组织建立市域团组织联席制度；积极探索创业贷款项目建团、区域建团、行业建团工作机制，新建3家非公经济团组织，将60个创业贷款项目纳入共青团组织；以青少年议事委员会、青年服务中心为载体，将部分不具备建团条件的非公经济组织和社区青年纳入团组织管理，新建宁湖、云化两个社区青年服务站；与会泽县团委联合建立外来务工青年流动团支部，切实加大共青团组织的覆盖面和服务范围。切实抓好共青团信息化建设，加强团市委网站建设工作，进入团中央“县县上网”网络。建立团内电子政务自动化办公平台和团市委工作QQ群，完善信息和工作报送机制。创办《安宁共青团》期刊，为全市共青团工作搭建宣传平台，团的影响力不断扩大。

【引导青年工作】　2009年，共青团安宁市委紧扣纪念“五四”运动九十周年、建国六十周年等重大主题，通过举办座谈会、报告会、书画展、大型宣传等形式，深入开展“我与祖国共奋进，我与安宁同发展”系列活动，进一步激发全市团员青年的爱国情怀和参与经济社会建设的热情。举办“唱红歌、庆五四、颂祖国”青年歌手电视大赛，250多名选手参加比赛，30人获奖，规模超过历届。同时，将获奖选手吸纳为安宁市青年联合会会员，进一步实现区域资源共享。按照“大区域、大团建”的要求，联合驻市企事业单位团组织以及有关部门举办青工技能大赛、技能培训等活动，选拔出一批高技能青年人才和青年岗位能手，以典型带动，凝聚和引导全市各类优秀青年积极参与全市经济社会建设。提升青年文明号品牌效应，开展年度星级青年文明号评比创建工作。全市有省级青年文明号4家、昆明和安宁市级青年文明号50家。通过青年文明号品牌建设带动行风建设，引导广大青年职工弘扬社会美德，投身信用实践，为群众提供优质服务，为全市发展做出努力。

【服务青年工作】　2009年，共青团安宁市委全面开展“青春彩云南·扬帆工程”，鼓励创业贷免扶补工作，完成60人共300万元的青年创业贷款，新增就业岗位200多个，2人分别获昆明市十佳创业之星和创造之星。联合联想集团安宁市授权经销商组织举办了促进农村青年就业创业联想项目培训班，累计培训3 000余名农村青年，并提供部分见习岗位和创业培训机会，有力激发了全市青年的就业创业激情，提高了青年的就业创业意识和能力，对安宁市青年就业创业工作起到了很好的引领作用。团市委将招商引资作为首要任务，多方沟通，积极协调，扎实抓好团市委招商引资工作。最终完成5个项目、近8 000万元的招商引资项目，圆满完成了太平平台安排3 000万元的招商引资任务。充分发挥共青团组织在“四创两争”工作中的排头兵作用，建立高效、广泛的青年动员机制。以“一湖两江”志愿服务站、志愿服务小分队为抓手，深入开展安宁青年“母亲河”保护行动；开展“青年国庆林”捐植活动，筹集捐款50 000余元，650名团员青年在公益性公园种植树木1 000多棵；以青年创卫宣誓、卫生大扫除和创卫宣传工作为主要内容，组织全市近万名团员青年开展“创卫大冲刺，安宁青年在行动”大型活动，再次掀起全市创卫新高潮，团中央、团省委、昆明团市委网站以及昆明电视台、《昆明日报》、安宁电视台、《今日安宁》报社等媒体相继刊载活动信息。建立健全青年志愿服务组织体系，围绕扶贫帮困、社会服务、文化教育、美化环境以及“四创两争”等工作，开展形式多样的青年志愿服务活动。积极参与禁毒日、安全生产日、艾滋病防治日、科普宣传日等宣传活动，为市民提供健康咨询、免费体检、缝补衣裤、免费擦鞋和理发等服务；组织青年志愿者到敬老院、孤残家庭打扫卫生，美化环境等。10 月底和市总工会联合开展“四创两争、你我共同参与”大型宣传活动。全年累计组织青年志愿者35 000余人次参与“四创两争”各类宣传活动。

【维护青少年合法权益工作】　2009 年，安宁团市委认真开展法制宣传教育和普法工作，不断完善违法犯罪青少年社区矫正工作机制，推动预防青少年违法犯罪和帮教矫正工作向法制化、专业化方向发展。推动优秀青少年维权岗工作向社区、学校、企业、农村、家庭延伸，及时掌握青少年思想动态、服务需求和社会敏感问题的舆情动态，帮助困难青少年解决实际问题，动员志愿心理咨询师、青少年事务社会工作者等专业人员和社会机构为青少年提供法律援助、矛盾调处、心理矫治、应急救助等服务。针对困难青少年群体，协调有关部门共同开展济困助学，帮助农村贫困青少年、残疾青少年等青少年群体解决学习、工作和生活上的实际困难。做好下岗失业青年、农村贫困青年、残疾青年、进城务工人员子女、农村留守儿童、流浪少年儿童等为重点的弱势群体帮扶工作。“六一”期间慰问 14 所中小学校和幼儿园，到扶贫联系点慰问了 112 名儿童。开展“爱心助你上大学”活动，筹集爱心助学资金约 23 万元，资助 144 位贫困学子。深化希望工程扶助机制，资助全市贫困中小学生 150 余名。

（周佳晶）

安宁市妇女联合会

【简况】　2009 年，安宁市妇女联合会全面贯彻落实党的十七大、十七届四中全会、昆明市委九届五次会议、昆明市妇联第四次妇女代表大会及安宁市委四届九次会议精神，以邓小平理论和“三个代表”重要思想为指导，深入贯彻落实科学发展观，围绕市委市政府的中心工作，更加注重解放思想、改革创新，依法维权，大力宣传贯彻男女平等基本国策，扎实做好组织妇女、引导妇女、服务妇女和维护妇女儿童合法权益工作，促进妇女全面发展，团结动员广大妇女为全面建设小康社会做出新的更大的贡献。

【“三八”节系列活动】　2009 年，市妇联召开庆祝“三八”国际劳动妇女节 99 周年表彰大会，大力表彰在平安和谐安宁建设中涌现出来的 15 个先进集体和 96 个先进个人。为认真贯彻落实市委、市政府“创业促就业”的工作方针，组织 40 名下岗失业小额贷款妇女参加昆明市妇联、昆明电视台联合举办的“风采巾帼——昆明市庆祝三八国际劳动妇女节电视专题晚会”；组织 20 多家大中型企业到昆明劳动力开发中心与安宁开展送创业指导、送小额信贷、送技能、送就业岗位、送维权知识等为主要内容的创业就业“五送”活动。各级妇女组织发扬妇女尊老敬老、扶贫帮弱的精神，开展“三八”连心桥活动，为军烈属、孤寡老人做好事，为贫困、残疾妇女送温暖等活动，送去党和政府的关怀。

【爱国卫生运动】　各镇（街道）妇女组织 2009 年因地制宜，组织妇女群众开展形式多样、内容丰富的“爱国卫生运动”，通过健康有益、喜闻乐见的文艺演出和义务植树、清扫村间道路、疏通沟道等活动，为安宁洁净美丽贡献力量。

【“四下乡”活动】　2009 年，市妇联在“四下乡”期间加大了《婚姻法》、《妇女权益保障法云南实施办法》和《未成年人保护法》、男女平等基本国策等有关法律、法规的宣传力度，共发放宣传材料17 000份，营造了浓厚的维权宣传氛围，妇女维权意识逐步提高。

【妇女干部培训】　2009 年，市妇联加大妇女干部培训力度，推荐 2 名女领导干部参加昆明市第十二期妇女干部培训到北京大学学习；组织 7 名妇联干部参加云南省妇联举办的妇联干部岗位培训；在安宁电力大厦举办 2009 年妇女干部培训班，175 名妇女干部参加培训。

【“六一”儿童节系列活动】　2009 年“六一”儿童节到来之际，安宁市妇联以建国 60 周年为契机举办“庆‘六一’放飞童心，我与祖国同成长”配乐诗朗诵比赛，全市各中小学校选派 98 名选手参加。6 月 1 日，市妇联组织 18 家单位在文化娱乐中心广场设点进行游园活动，通过各具特色的游园项目引导少年儿童树立正确的世界观、人生观、价值观，为“六一”儿童节增添了节日的气氛。积极开展“爱心助学，送温暖”活动，“六一”前夕，妇联领导深入扶贫联系点走访慰问 41 名贫困儿童和 60 余名残疾儿童，送去节日的祝福和慰问品。

【巾帼志愿者活动】　为进一步弘扬“奉献、友爱、互助、进步”的志愿者精神，2009 年，安宁市妇联以创建全国文明城市和国家卫生城市为契机，发挥24 000多名志愿者的积极作用，组织志愿者走上街头，通过文明乘车引导、交通协勤监督、交通安全宣传、发放宣传资料等，针对城市交通中存在的各种不文明行为，狠抓宣传，树立卫生意识，形成全民参与创建“全国文明城市、国家卫生城市”的浓厚氛围。

【开展“双合格”家庭教育宣传实践活动】　为加强

和改进未成年人思想道德建设，形成学校、家庭、社会共同建设的合力，营造良好的社会氛围，市妇联积极协助教育部门及学校开展家教培训和骨干培训。2009年，在全市举办家庭教育骨干培训76期5 306人，家长培训879期96 840人次，超额完成培训任务。

【来信来访】 2009年，市妇联积极开展调研，建立健全维护妇女儿童合法权益联席会议制度，充分发挥妇联信访网络和全市58个妇女"维权岗"作用，协同社会各方力量，拓展源头维权，形成一个健全的社会化妇女工作网络系统，加大社会矛盾纠纷排查调处工作力度，坚持月排查、季度分析制度。全年全市各级妇联信访网络共接待群众来访、咨询174件，处理174件，处理率达100%，做到"事事有答复，事事有结果"。

【零家庭暴力示范社区建设】 2009年，安宁市创建昆明市"零家庭暴力示范点"1个，创建安宁市"零家庭暴力示范点"3个，申报昆明市级"零家庭暴力示范社区（村）"1个，并促进昆明市"零家庭暴力示范社区（村）"工作推进会成功在安宁召开。

2009年10月28日，昆明市"零家庭暴力示范社区（村）"工作推进会在安宁市召开。

（孟宪普　摄）

【"巾帼科技致富示范村"创建活动】 2009年安宁市共创建云南省级"巾帼科技致富示范村"1个，昆明市级"巾帼科技致富示范村"3个，安宁市级"巾帼科技致富示范村"5个；申报昆明市级"巾帼科技致富示范村"4个。

【"双结对"活动】 2009年，安宁市妇联培育巾帼科技致富带头人78人，示范户103户；组织开展科技工作者与女致富带头人、女科技致富带头人与农村妇女牵手结对的"双结对"活动，共结对子54对，开展活动54次，帮助农村贫困妇女增收致富。

【科技培训工作】 市妇联2009年举办各类实用技术培训74期，受训妇女达15 512人次；举办参加绿证培训14期753人，农函大培训14期803人，新型女农民素质教育培训8期753人。

【农村富余女劳动力转移】 为做好农村富余女劳动力转移工作，2009年市妇联共培训农村富余女劳动力15期3 258人，转移妇女劳动力1 909人。

【实施"妇女创业促进就业援助行动"】 2009年，市妇联以"技能培训提高妇女素质"、"挖掘岗位扩大妇女就业"、"小额贷款促进妇女创业"、"普及法律维护妇女权益"、"政策扶持打造妇女实体"为五大目标，帮助妇女解决创业就业资金瓶颈，广辟渠道，自筹农村扶贫资金12.7万元，争取省、市妇女发展循环金15万元，组建了7人的"创业指导师"队伍，通过开展咨询培训、创业项目评审、创业师指导帮扶、跟踪服务帮扶，扶持妇女创业就业。

【城市小额担保贷款和贷免扶补】 市妇联2009年加大对城市下岗失业人员和大学生的扶持力度，发放贷免扶补贷款200万元、城市小额担保贷款4 000万元，帮助840名下岗失业妇女重新走上新的就业道路。

2009年5月8日，安宁市妇联举行鼓励创业"贷免扶补"首批贷款发放仪式。　（孟宪普　摄）

【开展"五进妇女之家"创建活动】 在全市各级妇联组织的积极努力下，"妇女之家"成为对广大妇女进行思想政治教育的阵地、学习科学文化的课堂、致富信息交流的窗口和活跃文化娱乐生活的场所。2009年安宁市创建云南省级"优秀妇女之家"1个，昆明市级"优秀妇女之家"2个，安宁市级"进城务工妇女之家"3个，争创昆明市级"进城务工妇女之家"1个。

【拓展"巾帼建功"活动】 2009年，市妇联拓展"巾帼建功"活动，一是在巩固好原有"巾帼文明岗"基础上，不断加大在窗口、服务网点创建"巾帼文明示范岗"力度。2009年创建全国"巾帼文明岗"1个，安宁市级"巾帼文明岗"1个，争创昆明市级"巾帼文明岗"2个。二是搭建妇女创业创新创造平台，开展妇女创业、就业培训，扎实推进对城市下岗失业人员的扶持力度。一年来，为2 471名妇女送去岗位，培训下岗女工406名，推荐下岗女工796名，从事社区服务89名，培养巾帼创新业带头人23名；在组织安宁市级以上11个“巾帼文明岗”与11个社区（村委会、村小组）进行联动的基础上，创建岗村（岗社）联动示范点2个，为文明和谐社区建设、家庭美德建设做出应有贡献。

【关注妇女儿童】　2009年，市妇联积极开展妇女儿童工作，一是争取名额为安宁市10名患子宫肌瘤的贫困母亲进行免费治疗；二是对全市100名贫困母亲进行走访慰问；三是在草铺镇和县街镇开展妇科病普查活动；四是开展“中国温暖‘12·1’爱心基金——中国移动关爱行动项目”，对2名艾滋孤儿进行定期与不定期的跟踪走访，并发放救助金3 000元。

【深化“五好文明家庭”创建活动】　2009年，市妇联以实施“家庭文明工程”为载体，不断深化“五好文明家庭”创建活动。各级妇联全年表彰“和谐家庭”20个、“绿色家庭”20个、“平安家庭”20个、“五好文明家庭”89户、“学习型家庭”7个、“和谐家庭”28户，“好婆婆”19名、“巧媳妇”20名。

【“春蕾计划”】　2009年，安宁市妇联认真做好“春蕾计划”各项工作，一是根据昆明市妇女儿童工作委员会《关于开展昆明市贫困家庭女童就学情况调研的通知》要求，在全市范围内采取发放调查表、入户调查等形式，对七镇、两街道31个社区的120个居民小组和65个村委会的354个村民小组的城镇低保家庭、零就业家庭和农村贫困家庭女童就学情况进行调研，初步摸清了城镇低保家庭、零就业家庭和农村贫困家庭户数、人口数、收入情况、致贫原因、就业情况及子女就学情况，特别对女童就学情况作了全面、深入、细致的入户调查，并建立了信息库；二是向昆明市推荐春蕾女童“春蕾高中班”7名，“中等专业学校春蕾班”20名，完成“安宁职业高中班”50名春蕾女童的推荐、资助工作；三是发动广大妇女为春蕾少年儿童募捐资金10万元，被昆明市妇联授予“救助失学儿童捐款纪念单位”。

【关爱灾区儿童】　2009年为圆满完成“把爱留给孩子——昆明妇女爱心行动”，市妇联一是将四川安县灾区的82名小学生安全送回家，充分体现了安宁社会各界对灾区孩子的拳拳爱心；二是为表达依依惜别之情，与安县82名学生共同栽下银杏树，共植“爱心林”。

【改善基层妇女干部经济待遇】　根据昆明市财政局、共青团昆明市委、昆明市妇女联合会联合下发《关于昆明市基层团干部和妇女干部工作补贴有关问题的通知》精神，经安宁市妇联积极争取，自2009年1月1日起，安宁市城市社区妇女组织负责人每月由财政补贴100元工作补贴，村委会妇女工作负责人每月由财政补贴200元工作补贴，并督促七镇、两街道妇联对全市31个社区和65个村委会的妇女干部进行考核，按考核情况发放岗位补贴。

【建立健全妇女组织】　2009年，按照党建带妇建的要求，市妇联在安宁职业教育基地管委会成立妇委会，在非公企业安宁钰元工贸有限责任公司建立基层妇联组织，形成基础稳固、组织健全、工作活跃、作用显著的基层妇女组织体系和工作体系。并在安宁市太平镇妥睦村民委员会创建安宁市基层妇女组织示范点。

【安宁市妇女第四次代表大会召开】　安宁市妇联于2009年4月届满，根据《中华全国妇女联合会章程》规定，经市委批准，市妇联于2009年7月23至24日召开安宁市妇女第四次代表大会，选举瓦兰为市妇联主席，王莲丽为副主席，王梅、王国花、田燕萍、杨丽芬、李建琼、陈茂芬、戴素芳为常务委员会委员。

2009年7月23至24日，安宁市妇女第四次代表大会召开。　（孟宪普　摄）

【工作结硕果】　2009年9月，安宁市妇联被全国妇联评为“三八红旗集体”；12月被昆明市妇联评为“先进妇联组织”。

（王莲丽）

安宁市残疾人联合会

【概况】　安宁市残疾人联合会（以下简称残联）内设一室三站，即：办公室、康复站、就业站、用品用具供应站。2009年共有干部职工9人，其中行政编制6人，事业编制3人，设理事长、副理事长各1人。

安宁市残疾人联合会履行“代表、服务、管理”的职能，代表残疾人共同利益，维护残疾人合法权益；开展各项残疾人业务活动，直接为残疾人服务；承担政府委托的部分行政职能，发展和管理残疾人事业。主要职责是团结教育残疾人遵纪守法，履行应尽义务，发扬乐观进取精神，自尊、自信、自强、自立，为社会主义现代化建设贡献力量。积极开展残疾预防和残疾人康复、教育、扶贫、劳动就业、文化、体育、用品用具供应、福利、社会服务等工作，创造良好环境和条件，扶助残疾人平等参与社会生活。

【组织建设】 2009年8月，安宁市残疾人联合会胜利召开第五次残疾人代表大会，成功完成换届工作，选举新一届残联理事会，为残疾人事业发展注入了新的活力。截止12月末，全市七镇、两个街道办事处召开第一次代表大会，成立残疾人联合会，选举产生了理事长。全市96个村（居）委会成立残疾人协会，配备了96个专职联络员开展各项工作。

【残疾人康复工作】 康复是保障残疾人回归社会，平等地充分参与社会生活的基础。安宁市残联把残疾人康复作为维护其合法权益的重要基础性工作来抓。2009年为96名白内障患者实施复明手术，使他们重见光明。为52名低视力患者配戴了助视器。组织实施“长江新里程计划——长江普及型假肢服务项目”。在2008年末组织假肢安装需求筛查的基础上，2009年5月20至28日对已取型的人员实施假肢安装。全市全免费安装大腿假肢1条、小腿假肢5条；提供回访服务，维修假肢5条。残联还投资5万元购置了6种康复、训练器材。精神病防治工作已完成对摸底调查出的1 700多名精神病患者的建档立卡工作，利用每一季度的定期发药培训会，分别以镇、街道办事处为单位，对乡村精防医生进行综合性、面对面的行之有效的精防业务培训指导，共举办培训27期次；健全完善彩票公益金救助贫困精神病人的档卡册及用药送药工作，工作中坚持服务贫困患者，为贫困患者及家庭排忧解难，不断完善送医送药工作；已完成全年四个季度的发送药物工作，全年服药患者达270人，使全市1 700多名精神病人监护率、显好率、社会参与率等主要工作目标顺利完成。

【送温暖、献爱心】 2009年春节，市残联对安宁市七个镇、二个街道办事处的210户特困残疾人进行了慰问，为每户残疾人送去了200元的慰问金。并为安宁顺天骨灰盒厂、安宁亿丰炉料有限公司两家福利企业的102名残疾职工送去2万多元的慰问金。

2009年3月3日，第十次全国爱耳日当天，为提高广大市民爱耳护耳意识，减少或避免听力损失损伤及正确使用助听器，安宁市开展了以“正确使用助听器为主题”的宣传活动。活动期间，发放相关知识宣传材料350份，免费检测听力10余人，接待群众咨询30余人。

2009年5月17日是我国法定的第十九次“全国助残日”，市残联紧紧围绕助残日主题“关爱残疾孩子，发展特殊教育”，广泛动员社会力量，开展系列助残活动：为2名残疾儿童、2名听力患者验配了助听器；走访慰问全市七镇、两个街道办事处45户残疾人贫困户，为他们送去每户200元慰问金，以解决残疾人贫困户春耕生产的实际困难；购置50台轮椅免费赠送给下肢残疾的儿童。

【以人为本，为残疾人解难题、办事实】 2009年，在全市深入学习实践科学发展观活动中，市残联紧紧围绕学习重点，结合工作实际情况，真心诚意为残疾人做好事、办实事、解难事。分别对7户特困残疾户进行临时补助，发放补助金4 100元。对施行白内障复明手术的35名患者进行白内障手术补助，补助金额10 500元。为行动不便的困难残疾人捐赠轮椅31台（彩票公益金配发10台），腋拐杖6副，盲杖2根，其他彩票公益金用品用具15件。向安宁市政府申请资金12.5万元，为全市残疾人免费办理乘坐公交车“爱心卡”，已办理“爱心卡”1 257张。开展资助贫困残疾学生及残疾人家庭学生考取大中专工作。共有21名学生获得资助，其中本科9名、大专6名、中专6名，资金4.5万元。继续做好残疾人机动轮椅车落户、换牌证工作。2009年有4人进行落牌、核发行车证、准驾证。做好第二代《中国残疾人残疾证》换发工作。

【残疾人体育工作】 2009年，安宁市残疾人运动员刘光文在云南省第三届特殊奥林匹克运动会上取得男子200米、4×400米、4×100米第一名，男子100米、男子铅球第二名的好成绩。

安宁市残疾人运动员刘光文及获奖证书

（市残联　供稿）

【残疾人教育培训、就业工作】　教育和培训是残疾人参与社会生活的必备条件。2009 年，市残联核实并录入各单位信息情况表 282 家，收取残保金 142 万元（其中机关 97 家，90 万元；企业 185 家，52 万元），安置 1 名残疾人到金钱饲料有限公司工作，选送 1 名盲人到昆明市就业中心培训初级按摩职业资格证。对前来求职的 14 名残疾人，按照残疾类别，分别建立了就业登记表。对农村残疾人劳动技能培训 800 人次。

【切实维护残疾人合法权益】　2009 年，市残联认真做好信访工作，接到群众来信来访件 11 件，都给予了耐心细致的答复和处理。落实安宁市残疾人邓先生"春城热线"上访事件。2009 年 6 月 19 日，就安宁市太平镇肢体残疾人李朝芝向"春城热线"反映本人瘫痪在床，不能办理残疾证一事，安宁市残联一行 4 人，由市残联理事长张智民带队，深入调查，发现李朝芝生活能自理，拄单拐也能独立行走，并未瘫痪在床，反映问题不属实。经安宁市残联研究决定，按昆明市残联文件 2 号、6 号文件精神，按照办证流程给予办理残疾证，此事得到圆满解决。9 月 11 日，由信访局转交市残联的安信字〔2009〕第 383 号关于"马尚德反映的公园设置无障碍通道问题"信访事项，市残联积极协调安宁市城市管理局对百花山公园设置无障碍通道进行改造，方便残疾人参与社会生活。

（廖继宏）

军　事

编辑：李成林

2009 年 7 月 24 日，中共安宁市委书记李树勇等领导到五〇一台部队走访、慰问全体官兵。

（金方街道办事处　供稿）

中国人民解放军
安宁市人民武装部

【思想政治建设】　2009年，安宁市人武部按照警备区党委扩大会议精神和年度政治工作指示，认真开展学习实践科学发展观活动和“培育当代革命军人核心价值观”主题教育。教育始终结合自身实际，紧紧围绕“实践科学发展观，努力开创安宁市国防后备力量建设新局面”的主题和“党员干部受教育、科学发展上水平、履行使命见成效”的总体要求，精心部署，周密组织，扎实工作，利用半年多的时间，圆满完成了科学发展观三个阶段九个环节的学习实践活动任务。为进一步延伸主题教育效果、促进重大教育具体化、经常化，根据上级军事机关要求，认真开展了“重事业、强素质、树形象”专题教育和“五股歪风”专项整治活动，着力解决了在“重事业、强素质、树形象”方面存在的问题。广大干部、职工和民兵预备役人员通过学习教育，思想政治素质明显增强，始终保持了全体党员干部、职工政治上的坚定性和思想道德上的纯洁性。年底，人武部被昆明警备区表彰为“全面建设先进单位”和“安全稳定工作先进单位”。

【军事训练】　根据警备区《2009年度民兵军事训练工作指示》精神，安宁市人武部狠抓战备工作、军事训练、国防动员、后备力量建设，努力拓宽民兵军事训练的程序与方法，整体提高民兵军政素质、快速动员及遂行各种应急任务的能力。完成了1 643名基干民兵和13支专业分队的组织整顿工作。整组工作中，部领导深入基层，亲自点验，严把入队审查关，进一步加强了基干民兵的思想政治教育，确保了民兵队伍纯洁可靠，民兵组织建设进一步得到加强。同时，组成军事训练工作小组，对应急分队民兵进行了为期15天的森林扑火专业训练，参训民兵120人，参训率达83%。为进一步提高民兵遂行多样化任务的能力，部党委严格按照上级要求组建了民兵多样化分队，及时调整人员，补充装备，进行训练，为检验训练效果，适时组织人员、装备进行相应的拉动演练。先后两次参加了省军区、昆明警备区组织的人员、装备静态展演示和装备竞赛性演练活动，分别取得了优异的成绩，受到了各级首长的一致好评，为安宁市后备力量建设和遂行多样化任务的能力打下了良好基础。

【正规化建设】　为深入贯彻落实两级军区基层建设工作会议精神，进一步推进县（市、区）人武部正规化建设质量，提升人武部全面建设整体水平，人武部党委严格按照上级要求，对人武部全面建设各项工作进行认真梳理，及时制定了突出基础设施建设和狠抓制度落实两个重点的建设方案，对人武部基层建设软硬件工作进行了统一的规范，全面建设有了质的跃升。2009年6月23日，云南省军区在安宁市人武部组织召开了正规化建设现场会，省军区党委、首长和129个县（市、区）人武部的主要领导亲临现场观摩，初步为全省县（市、区）人武部正规化建设提供了借鉴，并形成了“安宁模式”推广到全省人武系统。

【后勤管理】　安宁市人武部以贯彻落实《基层后勤管理条例》为依据，按照总部和两级军区要求，认真抓好后勤建设与管理工作，科学制定了规范、合理的结算预算制度，杜绝了经费开支无预算、无计划的现象。为贯彻落实军委《关于进一步加强军队财经管理的意见》，根据省军区《关于开展资金安全管理专项检查的通知》精神，狠抓了《基层后勤管理条例》的学习贯彻，以正规化建设活动为牵引，进一步规范了后勤战备库室建设，补充配齐了后勤给养物质。后勤干部和驾驶员分别参加了警备区和省军区组织的后勤综合业务培训和驾驶员管理培训，后勤业务整体水平得到明显提高。

【安全管理】　市人武部党委始终坚持贯彻落实上级抓安全稳定工作的重要指示，牢固树立安全发展理念，把安全管理作为头等大事来抓，不断强化人员安全意识，着力提高了内部安全事故预防的能力，严格加强了涉密信息管理，对信息网络、涉密载体进行了彻底的清理清查，所属人员按要求签订了安全管理责任书。严格执行省军区《车辆管理规定》，严把车辆安全管理关，安装了车辆视频监控系统，进一步规范了车辆运行秩序。切实加强武器弹药管理，严格落实武器弹药动用、审批、管理各项规章制度，进一步建立完善了武器弹药仓库监控设施，确保武器弹药仓库的绝对安全。突出抓好敏感时期、重大节日期间的安全防范工作，定期召开安全形势分析会，积极做好预防“法轮功”破坏活动和企业军转复员人员上访工作，有效杜绝和消除了安全事故苗头，确保了部队“六个管好”和“三个不发生”落到实处。

【双拥共建】　市人武部积极组织民兵预备役人员参加支援地方经济建设和完成抢险救灾等急难险重任务，参加了创建“和谐平安安宁”等活动。组织全市民兵预备役人员1 000余人次参与森林防火工作；积极做好处突维稳等工作准备，制定了各类应急预案和附案。协调驻市部队官兵积极参与全市创卫和“双拥”共建活动，先后协调和组织市森警大队、消防大队官兵和民兵应急分队人员清理城市垃圾。开展了建国60周年庆典活动，武警二大队官兵为全市进行了一次盛大的升国旗仪式，极大地鼓舞了市民的爱国热情，受到广大人民群众的一致好评。

【征兵工作】　2009年度征兵工作于10月15日全面展开，为保证兵员质量，将优秀的合格青年送到部队，各相关部门加大了教育宣传工作力度，在征集过程中，市人武部突出抓体检和政审这两个重点，层层把关，处处抓落实，于12月26日圆满完成了征兵任务，把112名优秀适龄青年送入空军某雷达部队、十四集团军、二炮、西藏武警、云南森警等部队。

（白玉琦）

武警安宁市森林大队

【全面完成中心任务】　武警安宁市森林大队主要担负着安宁市7个镇、两个街道办事处共9.76万公顷森林资源保护、抢险救灾和维稳处突等任务。2009年，自进入森林防火期以来，森林大队根据支队和安宁市年度防期工作指示，结合实际情况及时制定各项防火灭火方案预案，大队党委一班人始终把防期战备工作列入重要议事日程，多次召开防火工作分析会；始终坚持“预防为主、积极消灭”的防火原则；努力做到“预有准备、力争主动”的森林防火的主导思想。大队多次精心安排职能任务、战备教育和安全常识教育，着力提高官兵的安全意识、政治责任心和使命感，从而牢固树立了“居安思危”和“上一线、打头阵”的思想观念。2009年1月份，大队担任对各镇、街道办事处防火灭火培训任务，全年培训地方扑火队员600人次。2009年防期中，大队全体官兵发扬不畏艰险、不怕牺牲、勇上一线、敢打必胜的精神，扑灭大小森林火灾12起，动用兵力890余人，动用车辆60余台次，转场20余次，当日扑灭火灾率达100%，为保护国家森林资源，维护生态平衡做出了应有的贡献。针对安宁地区严峻的防火形势，大队积极贯彻预防为主的方针，先后参加防火宣传9次，出动兵力332人次，发放宣传单3.5万余份，受教育群众17万人次，收到了较好的教育效果，实现了重要时期没有发生森林火警的目标。

【加强班子建设】　大队党委认真贯彻落实四级党委扩大会议精神，坚持把党委班子当作“龙头工程”来建，党委班子的凝聚力、战斗力逐步提高，核心领导作用明显增强。大队党委一班人始终以“讲团结、守规矩、树形象、创佳绩”为目标，坚持靠共同的事业追求维护班子团结，靠主官的团结带动班子团结，靠法规制度规范班子成员言行，树立“同在一届班子、同挑一副担子、同心协力工作、同创一流业绩”的共事理念，增强了党委班子团结共事和维护大局的意识。党委一班人自觉做到感情上互相沟通，生活上互相关心、工作上互相支持，行为上互相提醒，决策上互相把关，一班人合心合拍，一心扑在部队全面建设上，带领官兵较好地完成了以防火灭火为中心的各项任务。5月份，在武警总部对支队标兵支队考核中也发挥了促进作用。

【军事训练】　2009年1至3月，大队在确保中心任务圆满完成的同时，承担了指挥部处置突发事件演练任务，全体官兵高度重视此项任务，主官始终奋战在指挥、训练的最前沿，党员、班长骨干先锋模范作用发挥明显，全体官兵任劳任怨，齐心协力克服了科目新、时间短、难度大、标准高等重重困难的影响，圆满的完成了此项演示任务，为下一步处置突发事件打下了良好基础。在2009年总队组织的第二届建制中队比武中，所属四中队代表支队参加比武，中队全体官兵发挥不怕苦、不怕累、敢打必胜的精神，在“见红旗就扛，有第一就争”口号的激励下，凭借过硬的军事素质和良好的作风，获得总队团体第一名。

【拥政爱民工作】　“部队打胜仗，人民是靠山”。大队时常为官兵灌输“学人民、爱人民、为人民”的思想观念，教育官兵处处为人民着想。2009年，大队参与了多项公益活动，在劳动节、国庆节、春节以及11月份老兵退伍等期间，共出动官兵600余人次对安宁广场、中华路、人民路和五庙坡等街道进行大扫除。2月份在安宁创建卫生城市中，大队义务清洁排水沟5次共10余千米，为安宁“创文明城市，建绿色安宁”作出应有的贡献。同时，大队官兵还不定期到连然镇敬老院看望老人，为他们送去食品和衣物，并帮老人打扫卫生、清洗衣物、整理内务，受到了人民群众的高度赞誉。

【抢险救灾，扶贫济困】　云南楚雄姚安“7·9”地震发生后，灾害无不牵动着大队全体官兵的心，干部、士官纷纷带头解囊相助，义务兵们也拿出自己微薄的津贴捐给灾区，为灾区人民献出自己的一份爱心。大队共捐款20 000余元，捐衣物200余件，大力弘扬了中华民族扶贫济困、助人为乐的传统美德。同时，许多官兵主动放弃休假，积极响应上级的号召，分别以7月17日、7月22日共出动70名官兵，赴姚安执行灾后重建任务。救灾期间，大队官兵共拆除农户危房74户217间，烤烟房16 000余平方米，房屋木架15 000余根，清理砖瓦84吨，抢运生产生活物资60余吨，平整场地1 000平方米，搭建帐篷30余顶。全体官兵以牢记“全心全意为人民服务”的宗旨，圆满的完成了救灾任务，赢得了政府的赞誉和人民的爱戴，受到了胡锦涛主席的亲切接见，充分展示了武警安宁森林大队的良好形象。

【开展警民共建育人才活动】　2009年，大队积极响应中央军委关于“军队精神文明建设应走在全社会前列”的号召，贯彻落实科学发展观，结合驻地实际，以提高大队精神文明建设为出发点，着眼于培养高素质“四有”军人建团育人这一根本。大队积极与共建单位开展“思想工作联抓、公益事业联做、文化活动联谊、人才培养联手”为主要内容的“四联”活动。通过“四联”的开展，为双方青年求知成才、服务社会、实现自身价值提供了实践平台，探索出一条警地联动、资源共享、优势互补、共同进步的育才工作新格局。全年，大队先后派出了60名军政素质过硬的干部和战士为安宁一中、安宁职业中学、宝兴中学、交通技术学校、扬帆学院军训学生7 600余人。几所学校先后8次组织学生到大队参观内务设置、训练、作风养成和扑火演练等。参观和军训的学校都借鉴大队管理模式，实行半军事化管理，极大地转变了学风校风，得到了学校领导、教职员工和学生、家长的高度评价。五四青年节，大队与安宁一中共同举办了新团员入团活动，同时表彰了一批优秀团员。11月份，在老兵临近退伍期间，省第二劳教所、交通技术学校、安宁职业中学为感谢大队退伍老兵曾经对他们单位的关心、帮助和支持，与大队共同举办了一场“学老兵、赞老兵”警民联欢晚会，为退伍老兵留下美好回忆。警民共建，极大地丰富了部队的文化生活，加深了部队与地方群众的鱼水情，谱写了精神文明的新篇章，为安宁市争创全国文明城市增添了力量。

（李星河 邓文平）

安宁市消防大队

【简况】 2009年，安宁市公安消防大队紧紧围绕安宁市发展大局，坚持以胡锦涛总书记对全国消防部队提出的“要努力建设一支‘忠诚可靠、服务人民、竭诚奉献’的消防队伍”“三句话”总要求为统领，以深入贯彻新修订的《中华人民共和国消防法》为主线，按照支队党委扩大会议的统一部署，全力构筑“事故（案件）防控、灭火救援、后勤保障、火灾防控”四大体系。全市消防官兵始终坚持“以打得赢为目标、以战斗力为精神、以战斗精神为核心”，充分发扬不怕苦、不怕累、不抛弃、不放弃的优良作风，团结作战，努力拼搏，用行动诠释了“人民消防为人民”的忠实誓言，展示了安宁消防部队忠诚卫士的光辉形象。

【思想政治建设】 学习贯彻党的十七大和十七届三中全会、省委八届六次全会、省委省政府专题调研座谈会、市委九届五次全体（扩大）会议精神，以及中央和省、市关于加强行政效能和干部作风建设的文件精神，中共昆明市委书记仇和在全市“行政效能提升年”和“干部作风改进年”电视电话会议上的讲话精神。通过学习，进一步激发官兵立足本职、爱岗敬业的热情，充分发挥“一方有难、八方支援”的优良传统，积极投身到抗洪抢险等救灾工作中。2009年，大队官兵为群众提供安全保障53次，惠及群众26人；照顾、慰问孤寡老人、军烈属、残疾人150多人；捐赠粮食600余千克、捐赠慰问金20 000余元。

【消防监督检查及专项整治】 为认真贯彻落实曹建方副省长在全省消防工作电视电话会议上的讲话精神，结合城市消防工作部署，强化消防监督检查，着力整治火灾隐患，坚决预防和遏制重特大火灾、尤其是群死群伤恶性火灾事故的发生，确保安宁市火灾形势整体稳定。安宁市政府高度重视消防工作，组织召开了专题工作会议，对2009年的消防工作进行了研究部署。今年来大队积极开展消防安全大检查工作，及时整改火灾隐患，采取有效措施防止火灾事故的发生。一年来，对辖区的商场、市场、宾馆、饭店、学校、医院、公共娱乐场所等人员密集场所，供电、供水、供油、供气等生命线工程，广播、电视、交通、通信枢纽和易燃易爆场所等重点要害部门、单位以及春节、“五一”、“十一”等节日涉及的大型活动场所进行消防监督检查1 500个单位（部处），查处消防违法行为16起，整改火灾隐患2 000余处，处罚款5万余元。同时大队认真落实年初昆明市防火工作要求，协调组织安监、工商、文化、建设、公安和镇、街道办事处等相关职能部门，组成火灾隐患排查整治联合工作小组26个，开展“公众聚集场所、高层和地下建筑消防安全专项整治”、“中小学校舍消防安全专项整治”及“日用品批发市场消防安全专项检查”等专项整治行动。参与人员共计1 000余人次，专项整治共发现火灾隐患324处，当场整改193处，下达重大火灾隐患整改通知书3份，政府挂牌督办单位1家，下达火灾隐患限期整改通知书20份。已于9月30日以前全部整改完毕。督促各镇、街道办事处、社区、派出所自行组织辖区单位开展了自检自查，充分利用社会资源，按照群防群治的原则，全面落实消防安全管理制度。真正形成“政府统一领导，部门依法监管，单位全面负责，公民积极参与”的良好局面，切实整改和消除了一批影响社会公共安全的火灾隐患，有效地从源头上控制了火灾的发生。

【从严治警】 大队坚持“从严治警”的方针，以高标准、严要求确保灭火救援工作落实到位。2009年，大队严格按照《纪律条令》、《内务条令》制定了一整套行之有效的规章制度，以制度管理，定岗、定位、责任到人，实行考评制度，深入开展了执勤岗位练兵活动。开展基础和专业化训练，强化实战训练；着眼多种灾害应急任务需要，联合辖区专职消防队积极开展高层建筑火灾扑救战术研究，有针对性的实施灭火救援演练15次；开展“六熟悉”42次；调查重大危险源单体80个；修订完善重点单位灭火作战预案97份（其中文字式预案16份，卡片式预案70份，数字化灭火救援预案11份）。同时为进一步夯实战训工作，大队以体能训练为重点，进行了装备器材操作、使用、佩戴强化训练，为成功处置各类事故奠定了坚实基础。

【创建消防安全市】 按照昆明市防委会的总体部署和“平安安宁”建设的相关要求，安宁市公安消防大队在安宁市政府的领导下，明确任务，落实标准，创新工作，充分整合人力资源，不断夯实消防基础工作，完成了7个镇2个街道办事处35 220户村民的农村火灾保险投保，投保率达100%。同时深入持续开展了消防安全乡镇创建工作，推出1个街道办事处（连然街道办事处）、1个社区（百花社区）、3个村寨（武家庄、极乐村、罗白村）、3个学校（安宁中学、安宁一中、安宁一小）、5个重点单位（电力大厦、安宁市文物保护管理所、云南盐化天塑公司、安宁市煤气建设指挥部、金方商业大厦）为基层创建消防安全典型示范单位。力争全市100%的镇、街道办事处、90%的重点单位、100%的社区、100%的行政村完成创建达标。

【消防安全宣传教育】　大队以推行新《消防法》为契机，多措并举，采取多形式、全方位、多角度、深层次、不间断地认真宣传贯彻新《消防法》和《机关、团体、企业、事业单位消防安全管理规定》。2009年5月份新《消防法》实施以来，大队积极组织开展公共聚集场所及消防控制室消防安全培训班人数813人。在“119”消防宣传日活动期间，大队还组织播放消防宣传电影，发放宣传资料等形式宣传火灾的危害性，传授防火、灭火、逃生自救技能等相关知识，多层次、多角度推进全市消防安全宣传工作。

（刘　威）

成都军区昆明疗养院

【思想政治建设】　2009年，成都军区昆明疗养院院党委着力在“贯彻一个主题、突出一个主导、打牢一个主体、围绕一条主线”四个方面下功夫。始终把开展学习实践科学发展观活动作为重大政治任务，坚持大事大抓、大事实抓、大事特抓，深入持久地开展了第二批、第三批学习实践科学发展观活动。活动开展以来，落实了“五个一”，开好了“五个会”，组织了三次深入调研，共参加专题辅导15场，撰写调研报告37篇。突出实践特色，征求各类意见建议31条，查找梳理解决24个突出问题，立项建立制度机制7项，使学习实践活动成效较好的纳入到推动疗养院全面建设科学发展的轨道上来。注重运用学习实践活动成果，围绕“三个确保”，坚持“三个紧贴”，狠抓思想政治建设各项工作落实。扎实开展“当代革命军人核心价值观”主题教育和“八爱”实践活动。进一步加强军营政治文化环境和荣誉室建设，积极参加“迎国庆”红歌演唱会和书画展，部队政治氛围进一步浓厚。

【卫勤保障】　疗养院着眼使命任务要求，修订完善战备预案，适时对本院应急医疗卫勤分队进行了紧急拉动，保持了良好战备状态。全面贯彻新一代后勤训练大纲，狠抓军事共同课目训练、卫生专业训练和机动卫勤分队专项训练。规范了野战医院组织指挥程序，高标准完成了团级首长机关室内作业任务。认真梳理总结本院近年来参加国际维和、抗震救灾等重大保障实践经验教训，建立应急机制、领导机制和工作机制，进一步提升了多样化军事任务能力。采取紧急措施、及时制定《甲型H1N1流感防控工作应急预案》，积极对甲型H1N1流感进行防控。深入汶川灾区进行回访，深入空44师进行随访，先后派出60多人次完成了10余次卫勤保障任务，得到了广大官兵的一致好评。

【干部队伍建设】　2009年，全院深入学习贯彻党的十七届四中全会精神，着眼建设坚强有力、奋发有为的党委班子，狠抓民主集中制学习教育。认真贯彻落实军委有关要求，突出加强作风建设，强化班子成员的事业心和责任感。集中开展“重事业、强素质、树形象”专题教育，广大党员、干部的先进性进一步增强。详细制定学科带头人培养计划和科室领导培训计划，先后安排28人外出进修学习，邀请一批较有名气和水平的专家教授来院进行授课和培训，提高了全院干部的综合能力素质。全年共发表学术论文54篇。进一步完善了《科室领导和机关干部考核方案》，从德、能、勤、绩、廉等方面对官兵进行考核，全面形成了公开、公正、合理的竞争机制，激发了官兵安心尽职爱岗敬业的事业心和责任感。

【安全稳定工作再创佳绩】　疗养院坚持把依法从严治军作为全局性、基础性、经常性工作紧抓不放。以广泛开展规范“五个秩序、五个行为”、“严法规、抓落实、促安全”活动为抓手，不断筑牢官兵思想防线，全面提高部队正规化建设水平。加强网络安全管理，在全院安装监控系统，健全完善防范重大安全事故体系，加大对敏感时期、重要时节、关键部位、重点人员管理力度，严防车辆事故、失密泄密、经济犯罪等重大事故案件发生。定期进行安全形势分析，严格落实安全工作责任制，细化硬化各级各类人员值班制度，把“六个管好”、“五个严防”落到了实处。在医疗管理方面，严格遵守医护操作程序，定期检查讲评，全年无等级医疗事故发生。按照“六个不发生”的要求，抓好了国庆60周年重要目标安全防范和安全隐患排查等工作，实现了“平安国庆”目标。2009年，本院再次被表彰为“安全稳定单位”。

【基层建设】　认真学习贯彻落实新《纲要》，深化“双学”“双争”活动，抓好“三个一线”、“四个基本”、八项经常性主要工作落实。召开院八届二次党委扩大会，通过了《院基础设施改造规划方案》。本着“以我为主、为我所用、统筹兼顾、科学论证、着眼发展、确保效益”的原则，制定了本院《医疗合作项目管理暂行规定》，从立项论证、申报审批、合同签订、设备管理、运行管理等方面对本院合作项目进行了全面清查和整改。以“优质服务达标年”活动为载体，提高“姓军为兵”服务质量。对党委会议室和基层支部会议室进行了统一规范，以学习贯彻《支部工作条例》为重点，举办了支部书记培训班，以党支部为核心的基层组织建设得到明显加强。先后投入300余万元修缮电梯、美化营院、改造电路、更换基础设施，基层安全、生活、工作条件有新的改善。

【完成疗养康复工作任务】　2009年，疗养院共收治疗养员4 439人，疗养员占用床位总天数64 186天，床位使用率72.3%。接待"一条龙"服务5 088人次，同比增长22%。门诊急诊病员共收治78 493人次，对外体检13 705人次，收治空勤人员46人次，床位使用率156.5%，治愈率为74.8%，同比增长35%，再创历史新高。全年无等级医疗事故发生，疗养医疗质量总体评价优秀。圆满完成了总后卫生部等9批次140余人来院视查的重大接待任务。出色完成了6批共计328人次的疗养团接待保障任务。全院官兵同心同德、锐意进取、团结协作、勤奋工作，出色完成了以疗养康复为中心的各项工作任务，得到了上级首长的肯定，受到了广大疗养首长的一致好评。

（赵　社）

77215部队

【部队全面建设水平稳步提高】　2009年，77215部队在上级党委的正确领导下，坚持以科学发展观为指导，始终抓住用中国特色社会主义理论武装官兵这个根本，抓住为军事斗争作准备这个龙头，把握党委班子建设这个关键，突出抓基层打基础这个重点，积极推进组织建设、干部队伍建设、思想政治建设和后勤装备建设，部队连续六年被上级表彰为"安全稳定工作先进单位"，全面建设水平稳步提高。

【思想政治建设】　77215部队紧紧抓住学习实践科学发展观这条主线，深入开展当代革命军人核心价值观主题教育和"重事业、强素质、树形象"专题教育，积极探索训练中的思想政治工作，不断增强经常性思想工作的主动性、针对性、实效性。通过军事运动会、八一文艺晚会、核心价值观演讲比赛、歌唱祖国歌咏比赛等活动的开展，进一步凝聚力量、激发斗志、培养人才、展示形象，不断增强广大官兵高举旗帜、听党指挥、履行使命的思想基础，为部队建设安全发展、科学发展注入了强大的精神动力，充分发挥了思想政治工作的服务保障作用。

【军事训练】　77215部队凭借过硬的教学队伍、科学的训练模式和优异的训练成绩得到了上级首长机关的充分肯定和一致好评。部队始终抓住训练中心工作不放松，依据《军事训练大纲》，结合遂行多样化军事任务需要，积极探索训练难点问题，科学规范训练组织程序，不断创新训练方法手段，有效提高官兵组训能力，大力开展岗位练兵活动，战斗力水平大幅度提升。

【开展拥政爱民】　77215部队视驻地为家乡，视人民为父母，坚持军民携手共同努力，不断为推进社会主义精神文明建设贡献力量。部队定期与共建单位开展"双拥"互助活动，不断与地方企事业单位结成共建对子，无偿为驻地学校提供活动场地，并先后出动官兵700余人次，车辆40余台次，支援地方经济建设。充分利用学雷锋等活动，为驻地群众修理电器40余件，义诊100人次，免费发放价值3 000余元的药品。通过一系列的拥政爱民活动，进一步加深了军民关系，展示了军队的良好形象。

（魏忠强）

武警安宁市中队

【执勤工作】　武警安宁市中队在工作中狠抓法规制度，职能使命、形势任务等执勤教育，树牢居安思危的忧患意识和确保执勤安全的职能使命意识。设立"党员示范岗"、"优秀哨兵"、"优秀领班员"评比，激发官兵立足本职，热爱岗位的热情。中队积极与目标单位开展好"共建、共管、共建"活动，着力加大执勤检查力度，扎实搞好执勤隐患治理，为执勤工作打下扎实基础。根据特殊时期和任务的需要，坚持队所联合演练，确保每名官兵熟悉情况处置原则、程序、要求。在专勤专训上始终做到贴近实战、贴近任务的需要，有效提高单兵、单哨及时发现，正确判断，妥善处置的"三个能力"，确保"中心"任务万无一失。在重大节日期间积极配合安宁市公安局开展好公安、武警联合城市武装巡逻。在执勤任务中认真研究部署武装巡逻任务，搞好教育，确保官兵在外执勤树立好形象，遵章守纪，配合好公安干警依法执勤，文明执勤。在开展联合城市武装巡逻过程中共协助公安干警处理各类突发案件30余起，帮助困难群众20余人，受到了上级机关和市民一致好评，树立武警部队威武之师、文明之师的良好形象。

【思想政治教育】　中队始终充分认清搞好政治教育对于稳定官兵思想，促进部队全面建设，为圆满完成以执勤、处突为中心的各项任务的重要性。2009年，中队重点开展"培养当代军人核心价值观"教育、"四不一保持"教育、拥政爱民等教育。通过教育，引导官兵充分认清部队完成执勤任务面临的新形势，明确肩负的重大责任，切实把官兵思想统一到党中央、中央军委的重大决策上来，统一到上级的指示要求上来，统一到圆满完成以执勤、处突为中心的各项任务上来，时刻保持居安思危的忧患意识和"上一线，打头阵"的职能意识，确保部队安全稳定和以执勤、处突为中心的各项任务圆满完成。同时组织官兵重点学习国家的法律法规和部队的条令条例及规章制度，特别是政治纪律"十不准"、行政管理"十不得"和党员领导干部廉洁从政等有关规定。教育引导广大官兵强化法纪法规意识，坚决抵御"四不"，严防在"四反五防"上出问题栽跟头，始终保持政治上的坚定和思想道德上的纯洁。

【自力更生搞建设】　中队党支部认清了“四项设施”的重大意义，明白了“四项设施”利于官兵训练，方便官兵生产生活，能够满足官兵文化娱乐需要，营造出一个拴心育人的良好环境，官兵才能安心尽心，履好职，尽好责。中队强化官兵主人翁意识，牢固树立了艰苦奋斗的创业理念，通过自力更生发动官兵，夜以继日地劳动，通过自己的双手艰苦奋战，将中队的“四项设施”建设标准提高了一个档次，并取得了显著的成绩。官兵自己动手搬运土石50多立方米，粉刷墙壁400多平方米、栏杆300多米，铺设管道、线路100多米，平整修建训练场2个，种植树木30余棵、铺设草坪400余平方米，累计节约经费1万余元。

【开展拥政爱民活动】　中队官兵始终牢记武警部队是人民子弟兵，来自人民，植根人民，服务人民。同人民群众同甘共苦、共患难，全心全意为人民谋利益是我们的宗旨和信念。2009年，中队积极开展“双拥”活动，开展共建社会主义精神文明活动等。每逢过年过节中队主动组织官兵到连然敬老院帮助老人清理营院卫生，陪老人们谈心聊天，同时带去大米和生活用品帮助老人解决一些实际困难。考虑到老人们年龄已高生活不能自理，中队官兵自发捐款2 000余元为敬老院购置洗衣机，方便老人们的生活。在安宁市“爱国卫生”活动中，出动官兵100余人清理街道和排水沟，在清理卫生时官兵发扬“不怕苦、不怕累”连续作战的优良作风受到安宁市人民好评。为积极帮助四川“汶川大地震”灾区重建家园，组织中队官兵捐款、缴纳“特殊党费”、“特殊团费”1万余元，为灾区的重建贡献自己的一份爱心。中队官兵每月均自发缴纳“学雷锋基金”，主动帮助那些生活困难的群众，以实际行动积极投身到社会主义精神文明建设之中。

（李德松）

法　制

编辑：李成林

2009 年 4 月 3 日上午，安宁市公安局隆重举行移动警务通发放暨启动仪式。（市公安局　供稿）

公　安

【简况】　2009年，安宁市公安局在市委、市政府和昆明市公安局的坚强领导下，深入落实科学发展观，以“三项建设”为载体，以维护社会稳定为中心，以“打黑除恶”、命案侦破、严打各类严重刑事犯罪为重点，以确保新中国成立60周年大庆为目标。局党委带领全局民警团结一心，努力奋斗，发挥新优势、筑牢新基础、打造新亮点、创造新业绩，牢牢掌控社会治安主动权。刑事案件发案持续下降，人民群众安全感全面提升，维护了全市社会治安持续稳定，为全市经济社会又好又快发展提供了强有力的保障。

【三项建设】　2009年，市公安局强化“三项建设”，全面提升公安信息化、现代化水平。一是在市委、市政府的大力支持下，投资230余万元建成县街派出所，占地面积3 012平方米、建筑面积1 524平方米。投资5 001万元，为局机关各部门接入百兆公安通信网，为全局527名民警配备办公电脑和公安数字证，建立了专门的信息化应用培训教室；为全局实战部门建立14个标准化信息采集室，配备了活体采集仪、打印机、扫描仪、数码照相机、摄像机等现代化信息采集设备；建成以指挥中心为龙头，连然、金方、罗白、郎家庄、草铺派出所和交警大队5个二级监控平台报警系统，安装摄像头490个接入指挥中心，组织利用社会资源在全市企业、单位建立以自防为主的监控摄像头4 177个。4月3日，公安局在昆明14个县（市）区公安机关中率先按100%的比例为全局527名民警配发“移动警务通”，被昆明市公安局确定为2009年昆明市“移动警务通”试点单位；为全局民警配发350兆集群对讲机，为保安人员购置179部400兆对讲机，全面提升了全局信息化、现代化警务水平，增强了城市社会治安防控能力，提高了对各类突发案（事）件的处置能力。二是深入推进执法规范化建设，强化“平和、理性、文明、规范”执法意识。2009年，公安局加强构建案例指导制度，制定出台《执法指导意见》，细化法律适用标准条件，形成完整、科学、适用的执法规范，最大限度地压缩弹性执法空间，约束自由裁量权的行使。落实统一案件审核审批标准，在执法活动中，除涉及国家秘密的事项外，从实体法到程序法，从内容到形式，从标准到结果，从案件管辖到执法民警的基本情况，做到一律实行公开，提高执法工作透明度，让群众认识了解执法活动、监督执法活动，确保依法履行职责和严格公正执法。三是扎实开展构建“和谐警民关系”。按照全国公安机关开展“大走访”活动要求，公安局各部门、警种、派出所和社区民警开展“和谐警民关系”宣传771场次，2 417名次民警深入社区、企业、单位，向3 497户（家）和社会各界人士征求对公安工作和公安队伍建设意见建议，了解群众对公安工作的新要求、新期盼，把工作做到人民群众心中，共收集各类信息676条、征求群众意见建议534条，消除并化解矛盾（误解）184件，解决信访问题8件，树立了公安机关和公安队伍良好形象。积极开展为困难群众送温暖、送爱心活动，全局各部门为困难群众购买了5 000元的食用油、大米上门慰问；网监大队积极争取辖区网吧业主支持，募集7台旧电脑修复后分别送到下元良、摩所营等村委会，受到群众欢迎。

【维护社会政治稳定】　2009年，是新中国成立60周年，西藏民主改革50周年，新疆和平解放60周年，澳门回归10周年，“六四”20周年，取缔“法轮功”邪教10年敏感重点。公安局把维护社会政治稳定放在首位，坚持“讲政策、讲法律、讲策略、讲感情”原则，全力做好维护社会政治稳定工作。全年共协助党委政府妥善处置各类群体性事件78起、涉及3 674人。其中：群体性上访29起、1 374人，与去年相比减少16起、下降17%，参与人数减少1 275人、下降26%；对所发生的78起群体性事件，公安局均做到提前预警。全年共发生散发“法轮功”宣传品案（事）件48起，立“法轮功”案件2件、破2件，破案率100%，抓获违法犯罪嫌疑人员4人，劳教1人、逮捕3人，收缴“法轮功”书籍41本、光碟28张、宣传材料、护身符、小册子等592份（册）、信件7封，涂毁“法轮功”小标语39条。共排查出各类矛盾纠纷和不稳定因素219条，经工作化解36条；共搜集维稳信息790条，上报国保信息478条；实施分色预警224条（次），其中：红色42条（次），橙色106条（次），黄色76条（次）。在国家重大活动、重要敏感日，组织对辖区28名“法轮功”重点人员、24名“两案”人员、11名扬言进京上访重点人员落实管控措施，实现与“法轮功”斗争“三零”目标，维护了全市社会政治稳定。

【刑事案件】　2009年，市公安局坚持“严打”方针，始终把打击的矛头对准杀人、放火、绑架、强奸等暴力犯罪和“两抢一盗”等多发性犯罪，取得显著成效。全年共立各类刑事案件1 893件，与去年立案2 336件相比，减少443件，下降19%。其中：立命案9件、破9件，命案破案率100%，连续四年实现命案全破；立故意杀人案4件、破4件；立故意伤害案60件、破50件；立抢劫案77件、破41件；立抢夺案30件、破16件；立盗窃案1 434件、破725件；立诈骗案160件、破36件；立破坏案19件、破16件；立强奸案12件、破10件；立其它案97件、破87件；缴获财物总价值1 200余万元。全年刑事拘留532人、逮捕387人、移送起诉511人、取保候审138人、监视居住11人、释放111人；送强戒50人、收教21人、劳教4人；追逃犯139名。刑事犯罪案件高发势头得到有效遏制，刑事发案持续下降。

【刑事技术】　2009年，市公安局共勘验各类案件

795起。其中：刑事类现场440起、非刑事类现场355起，采集DNA 1 552份，超额完成昆明市公安局下达的1 500份任务；录入现场勘验系统179件，检验尸体313具、活体检验98人，出据伤情鉴定书98份，出据检验报告84份；实施毒品检验10件，出据毒品检验鉴定书10份；采集指纹1 831份，利用指纹破案55件；提取现场指纹162起、600枚，出据指纹检验鉴定书12份；出据车辆痕迹检验鉴定书1份；全年共录入接警、立案、破案信息3 783条，录入违法犯罪人员信息1 831条、其它信息560条；发布刑事案件动态综合分析信息12条、预警信息30条、串并案件信息15条；物建使用刑事特情130名，列控阵地86个。为控制发案、侦破案件和案件诉讼提供了强有力的基础和证据。

【打黑除恶】　2009年，市公安局坚持“有黑打黑，无黑除恶，无恶治邪，无邪治乱”方针，成立局长任组长的领导小组，充分发挥专业队伍和主力军作用，深入开展打击黑恶势力专项斗争，共梳理上报各类疑似涉恶警情、信息77条，查证群众举报、信访涉恶线索14条，摧毁以李斌、王鑫为首的2个恶势力犯罪团伙，抓获涉案人员22人，破案26起。在打击恶势力犯罪的同时，严打其他团伙犯罪，共打击各类犯罪团伙63个、涉案人员413人，抓获298人，破案193起，震慑了犯罪，维护了全市社会治安稳定。

【打击经济犯罪】　2009年，市公安局先后组织开展“09行动”、“打击传销百日联合执法行动”、“端点行动”等，加大打击经济犯罪力度。全年共受理经济犯罪案件28件，涉案金额2 544.6万元。其中：职务侵占案2件、合同诈骗案9件、出售非法制造假发票案1件、信用卡诈骗案1件、组织传销案10件、生产销售不合格卫生标准食品案1件。破案21件。其中：破职务侵占案1件、合同诈骗案8件、出售非法制造假发票案1件、组织传销案10件、生产销售不合格卫生标准食品案1件。共抓获违法犯罪嫌疑人92人，刑拘21人、逮捕17人、取保候审3人、移送起诉7人、行政处罚19人、遣返传销人员52人。全年上网追逃7人、抓获6人。为国家、集体和个人挽回经济损失23万余元，追缴税款、滞纳金470.6万元。全年共组织检查整治违规经营户126户，查处无证经营户1户、收缴假烟40条，取缔非法传销窝点8个，维护了全市经济秩序健康有序发展，经侦大队被云南省公安厅、云南省国家税务局、云南省地税局评为“2008～2009年度打击假发票违法犯罪先进集体”。

【禁毒工作】　2009年，是新一轮禁毒人民战争的第二年，公安局坚持“严打、严管、严治”方针，先后组织开展“掘挤肃毒”、“打零收戒”“打击娱乐服务场所涉毒活动”等专项斗争，严打吸贩毒活动。全年共破毒品案件32件，抓获违法犯罪嫌疑人30人，逮捕21人、其它处理9人；缴获毒品5.74千克，缴获毒资47.8万元；破获预备贩毒案件5件，抓获违法犯罪嫌疑人10人，逮捕5人、其它处理5人，缴获毒资44万元；查获吸毒人员202人，送强戒58人、行政处罚8人、社区康复136人。全年共发现5起非法种植毒品原植物罂粟案件，铲除罂粟897株。全市在册吸毒人员984人，实有吸毒人员410人，录入吸毒人员动态管控信息1 010条。

【行政（治安）案件】　2009年，安宁市共发现和受理治安案件4 387件，查处4 195件，处罚违法人员1 874人。其中：行政拘留183人，收容教育16人，强制戒毒27人，罚款1 027人，警告621人，通过严查治安案件，促进了辖区社会治安稳定。

【治安管理】　2009年，市公安局治安管理坚持“打防结合、预防为主”方针，实施重兵防范、精兵破案机制，构建“点、线、面、边策应”和“专群结合、动态布警、全时空覆盖、整体联动”巡防巡控网。一是实施治安形势分色预警，加强群防群治。实行科学测算确定各派出所警情常量，按绿色良好、黄色关注、橙色严重、红色警告四个等级，及时统计发布各警种警情，适时调整打防控措施。组织10辆巡逻警车、20辆摩托车、179辆电动助力车实施全天24小时公开巡逻，巡逻中抓获违法犯罪嫌疑人28人，抢劫嫌疑人7人、吸毒人员4人、盗窃嫌疑人17人；组织在石安、安海公路2条主要干道设置2个一级堵卡点24小时查缉过往可疑车辆，局机关值班备勤人员每晚20时至24时在城区主要路段、重点区域设9个网络化巡逻执勤点进行巡查，11个派出所在各自辖区复杂地段设14个二级卡点进行巡逻布控，组织辖区护村队、单位内保组织、小区物管、行业场所等自防力量，对重点区域进行守卫巡逻、联防联控。二是强化技防。全年共查出重点单位（部位）防范薄弱环节21处，已整改17处，处罚单位2家、责任人5名，警告单位2个，对检查中存在问题的13个单位逐一下发整改通知书。全年投资100余万元，在5家党政机关、71个金融单位（场所）、5个抽水站、3个水源净化站、1个污水处理厂、16个蓄水池、2个煤气罐、5个变电站、10个爆炸物品储存库安装视频监控探头294个，强化技防措施。三是严打整治“黄赌毒”。全年共查处卖淫嫖娼案12件、23人，介绍妇女卖淫案1件、1人，行政拘留14人、收教10人；查处吸食毒品案8件、8人，送强制戒毒6人，其它处理2人；查处利用麻将赌博案1件、4人，利用电子游戏机赌博案8件、83人，收缴并销毁电子游戏机电路板146台，处罚8人、训诫75人，罚款4万元。四是加强特行管理。全市共有歌舞厅65家、游戏室23家，全部按照一档一册建档管理。在检查整治中，对违反管理规定或存在问题的责令现场整改15家，收缴低俗书刊16册、非法影像制品41本；对存在安全隐患的3家歌舞厅、1家电子游戏室下发整改通知书，对1家网吧给予警告。全市共有宾馆旅店190家，50个床位以上27家，50个床位以下163家，全部安装旅馆业治安管理信息系统，全年上传数据38万条，通过旅馆业治安管理信息系统抓获上网逃犯10人。在检查中对不按规定落实旅馆管理的6名法人代表分别给予200至500元处罚。全市有废旧金属收购业63家、报废机动车收购及旧机动车交易业1家、刻字业7家，全部完成备案登记，实行规范管理。五是做好出入境管理。2009年，共接待临时来安宁市境外人员73人，常住境外人员26人，均按规定和要求办理手续；全市有三资企业13家，其中：中外合资9家、外商独资4家，对在三资企业工作的外国籍人员，全部按规定纳入管理。全年共受理居民出国护照申请1 324份，办理港、澳通行证1 360份，全部按要求办理。

【人口管理】　2009年，市公安局人口管理以户籍制度改革为契机，全面实施“一元化”户籍管理，实现人口由静态管理向动态管理转变。一是完善实有人口分层次管理机制。对重点人口，突出抓好高危人群管理，人口信息按照“完整、准确、鲜活”标准，实行动态采集管理；对人户分离的常住人口，以实际居住地管理为主，户籍所在地配合，将辖区居住的实有人口，包括常住人口、人户分离人口、暂住人口和境外人员全部纳入管理，做到台账统一、数据准确，人口管理实现科学化、规范化。二是深化人口信息改革，强化出租房管理。坚持以信息化为核心，完善更新常住人口基本信息，提高对流动人口、暂住人口信息录入，完善出租房信息动态更新，提高信息实战应用效果。全年，出具暂住人口IC卡居住证明5 716份，录入出租房信息482户、653间，录入流动人口信息33 832人，流动人口登记率达95%以上，流动人口及出租房录入率达100%，在逃人员信息网上比对率达100%。三是“二代证”换发工作转入常态化管理。全年共受理二代证信息8 906条，未满16周岁申领629条、年满16周岁申领429条、换领5 885条、补领1 963条，发放二代证6 221张。四是加强重点人口管理。全年共列管重点人口921人，其中：吸毒人员256人，利用宗教进行非法活动1人，“两劳”释放人员664人；列管治安危险分子42人，其中：刑嫌1人，扬言爆炸3人，扬言杀人1人，老上访户5人，精神病30人，可能铤而走险闹事行凶2人；列管违法青少年帮教对象70人，其中：从重点人口中列管违法青少年62人，有轻微违法犯罪青少年8人。对摸排梳理出来的重点人口、治安危险分子、违法青少年帮教对象，采取社区民警与监控人员签订责任书，派出所所长与社区民警签订责任书，分管副局长与各派出所签订责任书的办法层层落实管理。

2009年，全市7镇、2个街道办事处有常住人口106 866户、266 894人，比2008年增加1 424人。其中：男性137 476人、女性129 418人，男女比例为106∶100；年龄100岁以上18人；有少数民族35 470人，占人口总数的13.36%；农业人口126 333人、非农业人口140 561人；年内迁入5 580人，迁出4 981人；死亡销户1 639人。

【火灾】　2009年，公安消防共接警136起，出动消防车151台次、消防官兵1 095人次，发生火灾5起，无人员伤亡，直接财产经济损失2.27万元。与去年相比，火灾起数下降79.17%，死亡人数下降100%，财产经济损失下降84.59%。公安消防参加抢险救援131起。其中：交通事故79起，社会救助26起，其它抢险救援26起，抢救被困人员48人，疏散群众117人，抢救财产价值110万元。

【消防工作】　2009年，公安消防工作认真贯彻新修订的《中华人民共和国消防法》，按照“政府统一领导，部门依法监管，单位全面负责，公民积极参与”原则。紧紧围绕“预防为主，防消结合”方针，强化消防监督管理，全面提升灭火救援能力，以预防重特大火灾和群死群伤为目标，大力开展群防群治工作。一是强化消防监督管理。全年共组织对辖区商场、市场、宾馆、饭店、学校、医院、公共娱乐场所、人员密集场所，供电、水、油、气等生命线工程，广播、电视、交通、通信枢纽和易燃易爆重点要害部门进行消防监督检查1 500个单位（部位），查处消防违法行为16起，整改火灾隐患2 000余处，罚款5万余元。协调安监、工商、文化、城建、镇、街道办事处组成火灾隐患排查整治小组26个，对公众聚集场所、高层和地下、中小学校舍、日用品批发市场进行专项检查整治，共发现火灾隐患324处，当场整改193处，下达重大火灾隐患整改通知书3份，政府挂牌督办单位1家，下达火灾隐患限期整改通知书20份，全部整改完毕。二是从严治警，全面提高灭火救援能力。全年，有针对性地实施灭火救援演练15次，开展“六熟悉”训练42次，调查重大危险源80个，修订完善重点单位灭火作战预案97份，为处置各类事故、灭火救援奠定了坚实基础。三是全面推进“消防安全县（市）”创建工作。按照昆明市消防委员会总体部署和要求，完成了7个镇、2个街道办事处、35 220户农村火灾保险投保，投保率100%；持续开展“消防安全乡镇”创建工作，推出1个街道办事处、1个社区、3个村寨、3所学校、5个重点单位为基层创建消防安全典型示范单位。

【交通事故】　2009年，全市辖区共发生道路交通事故667起，发生一次死亡3人以上特大道路交通事故1起，共死亡10人、伤175人，直接经济损失102.47万元。四项指标与去年相比，事故起数上升9.7%，死亡人数上升11.11%，受伤人数持平，经济损失下降31.2%。

【道路交通管理】　2009年，全市道路交通管理，坚持“疏堵结合，综合治理”方针，紧紧围绕“降事故、保安全、保畅通”为目标。一是大力推进道路交通管理信息化建设。坚持以信息为重点，以规范管理为核心，以实战需要为目的，扎实推进交警信息综合化平台建设，实施“信息全警采集、全警共享、全警应用”。强化“警务通”应用于现场处罚交通违法，应用好现有机动车、驾驶人、交通违法、交通事故系统功能，做好人、车、路基础信息采集录入，健全规范基础信息台账，为道路交通管理奠定坚实基础。二是创新服务。按照“在管理中体现服务，在服务中加强管理”原则，落实首问首接负责制，实行接待群众咨询、投诉、退办一体化，推出新车注册登记35分钟、换证5分钟、驾驶证审验1分钟办结服务承诺。投资20余万元在草铺、八街、昆钢设立3个车管便民服务站，建立“流动服务车管所”下乡服务制度。3月10日，在昆明十四个县（市）区中率先对105种轻微交通违法实施“首违不罚”。全年共办理机动车新车注册登记8 160辆、在用车业务6 191辆，审验驾驶证26 585份、换发驾驶证6 670份，受理机动车科目一考试7 549人，制发摩托车驾驶证2 020份、扫描机动车档案9 911份、合成机动车照片13 717张，均做到热情快捷服务，取得良好社会效应。三是以科技提升交通管理水平。在全市16个主要交叉路口实施接警工作、交通监管控制、电子取证记录。投资20余万元，完成连然街娱乐中心路段、百花东路、湖滨路金方大厦路段的物理隔离和交通信号灯改造维护，在不妨碍通行路段漆划240个临时停车泊位，全面提升了城区主街道车辆通行速度，缓解了车辆拥堵现象。四是深化道路交通安全宣传。在“全国交通安全主题宣传日”、“5月交通安全宣传月”、“6月安全生产月”，组织开展以“拒绝超员超速”、“遵守交通信号”、“安全乘坐车辆”、“拒绝酒后驾驶”和“遵守交通安全法共同参与”为主题的交通安全“五进”宣传活动，共出动警力458人次，车辆229辆次，集中开展宣传教育22次、进社区29次、进单位39次、进学校72次、进农村33次、进家庭62次、悬挂横幅38条，发放各类宣传材料5.2万份，摆放宣传展板295块，播放宣传光盘1 741场次，讲授交通安全课153场次，受教育人数5.3万人次。四是强化路面交通安全管控，严查各类交通违法。全年共出动警力219 301人次，车辆7 682辆次，检查各类车辆119 261辆次，查处各类交通违法32 697起，查处无证驾驶189起、饮酒驾驶66起、醉酒驾驶58起、货车违法载人84起，行政拘留159人、暂扣驾驶证124本、吊销驾驶证8本，罚款282万元。

【信访接待】　2009年，公安信访工作按照“坚定决心和信心，加强领导，强化措施，落实责任，将一些信访问题消除在萌芽状态、化解在基层”的要求，扎实做好信访工作，实现“进京零上访”目标。全年共接待群众来信来访148起（件）。其中：来访95起、157人，来信53件，受理123起（件）；来访与去年相比增加47起，来信与去年相比增加5件。在148起（件）来信来访中，属于公安机关管辖123起（件），当面答复32起，限期回告91起，均已办结，停访息诉118起；对不属于公安机关管辖的25起，告知来访群众到相关部门办理。148起（件）来信来访中，初信初访126起（件）、重信重访8起，对所受理的信访件做到能当场答复的当场答复，不能答复的均按信访工作规定时限办理、办结、回告，做到件件有落实，事事有回告。

【看守工作】　2009年，公安看守工作按照“依法、严格、科学、文明”的要求，坚持以“保安全”、打“牢头狱霸”为重点，深挖犯罪线索。全年共收押各类犯罪嫌疑人员556人。其中：安全交付投牢执行211人、取保侯审出所50人、刑满释放151人、缓刑释放14人、其它处理184人，羁押死刑犯4人、安全交付执行2人，月均羁押310人。全年对在押人员进行个别谈话教育1 930人次，集体教育260人次，物建安全耳目56名，开展安全清监检查25次，监所消毒48次，为在押人员医治25 000人次。全年接待办案部门提讯，律师、家属会见在押人员3 500余人次，挖出犯罪线索210条，破获刑事案件106起，看守工作未发生任何大小事故。

【公安队伍建设】　2009年，公安局队伍建设深入落实科学发展观，以加强队伍正规化建设、构建新时期和谐警民关系为重点，坚持“教育到位、关爱到位、激励到位、查处到位”和着眼全局方针，全面推进队伍建设不断向前发展。一是深入落实科学发展观。坚持用科学发展观统领队伍思想，打造一支政治过硬、思想可靠、高素质的公安队伍。一年来，重点组织“推进科学发展观，建设平安安宁”为主题的学习教育活动，教育做到全员参与、主题突出、效果明显、学习工作两不误，为队伍正规化建设打下坚实基础。二是以构建和谐警民关系为切入点，全力推进队伍正规化建设。按照省公安厅和昆明市公安局要求，扎实开展“问政于民、问需于民、问计于民”公安民警大走访活动，参与走访民警2 417人次，走访群众和企业3 497户（家），收集各类信息676条，征得群众意见建议534条，开展宣传教育771场次。走访中，消除并化解警民矛盾（误解）184件，解决信访问题8件，密切了警民关系，树立了队伍良好形象。三是加大监督力度，查找队伍建设薄弱环节。实施开门纳谏，主动向市委、人大、政府、政协、企业、社区、农村、群众等代表汇报工作，征求意见，查找不足。为使公安队伍建设管理更加法制化、透明化、阳光化，2009年公安局的监督员会议由原来的一年2次增加为一年4次，并将新闻媒体、记者、网民等纳入监督员队伍，实施队伍建设全方位监督。四是强化教育培训，全面提高队伍素质。为全面提升队伍的战斗力、公信力、亲和力，结合“三项建设”，立足公安业务，强化“战训合一、轮值轮训”。全年共组织“战训合一、轮值轮训”6期，参加省公安厅、昆明市公安局组织的民警警衔晋升培训10期，组织领导干部专题培训班5期，组织刑侦技术民警赴沈阳考察学习3期，开展民警处突训练4期，开办民警夜校15期，组织法律知识讲座12期，组织民警计算机技能培训13期。通过教育培训，全面提高了队伍打击犯罪、服务群众的素质和能力，促进了队伍正规化建设。五是大力宣传先进典型事迹，弘扬新时期人民警察队伍精神。全年在《安宁警方》进行宣传26期，制作张贴宣传栏24期、96版，在昆明市公安局政治部有关刊物、简讯发表文章44篇，在国家、省市级报刊杂志发表文章、简讯12篇（条）；昆明电视台《昆明警方》栏目播出公安局专题片6期，弘扬了公安正气，塑造了良好的公安队伍形象，促进了队伍建设。六是落实关爱民警措施，促进队伍建设。全年组织完成对572名民警、工勤人员年度考核，一次性发放年终奖；组织100名股级干部竞争上岗，为新招录40名民警办理转正定级手续，为调公安局15名民警、14名退休民警办理完相关手续，为36名科级干部办完试用期满转正手续，为符合晋升警衔的167名民警、首授警衔的44名民警办理警衔晋升申报工作，为符合条件的11名民警申报享受副县级待遇手续，为11名民警办理晋升主任科员手续，为88名民警办理享受主任科员待遇手续，为13名受伤民警办理工伤申报手续；全局民警落实了公休假制度，落实了超时补贴、加班补贴。七是强化督察检查，规范队伍建设。全年围绕中心工作、重大警务活动进行专项督察43次、随警督察22次、现场督察187次，通报批评10个部门次，个人13人次，强化了队伍正规化建设。

【荣誉奖项】　2009年，公安局交警大队车管所被公安部授予“全国一等县级车辆管理所”称号；公安局选送表演的小品“愿者上钩”获公安部政治部、中国曲艺家协会、中国公安文联“全国公安系统相声小品大赛”优秀奖；经侦大队队长李贵生被国家税务总局、公安部评为“全国打击制售假发票和非法代开发票专项整治行动先进个人”；1人被云南省公安厅记一等功，4个部门、9名个人受到省公安厅表彰奖励；安宁市公安局被昆明市委、市政府评为“昆明市第二批新农村建设优秀县、乡级派出单位”；公安局16个部门、50名个人受到昆明市委、市政府和昆明市公安局的表彰奖励；涌现出一生热爱公安工作，一心扑在公安工作上，一身献给公安事业的盖迎昆等一批先进模范人物。

【干部变动】　2009年12月8日，原局党委书记、局长张瑞金调昆明市公安局；梅林任公安局局长，12月11日任局党委委员、书记；11月20日，公安局县街派出所副教导员盖云昆因公牺牲；12月公安局罗白派出所副所长周绍伟被批准退休。

【典型案例】　320国道盗抢汽车货物系列案。2009年9月3日4时许，受害人张雪云驾货车从昆明广福路双桥货配站运货行驶至320国道草铺段新站人行天桥时，被2名男子窜至公路中间将货车强行堵停后，采用暴力手段将张雪云打伤，抢走其随身携带的现金3 200余元及车上的部分货物逃逸。案发后，公安局领导高度重视，迅速组织刑侦大队成立专案组，对案件进行分析研究，经分析认为：此案的发生不属偶然，结合近几个月110接警情况分析，可能是一个有组织专门在320国道对货运车辆实施盗窃、抢劫的团伙，而且胆大妄为，实属车匪路霸，此案不破后患无穷，有可能还要发生更为严重的案件。对此，局领导决定，不惜代价侦破此案。专案组经过2个月艰苦深入调查后查明，在320国道草铺一线已发生过多起同类案件。根据犯罪嫌疑人的作案特点、受害人提供的情况和调取320国道收费站录像资料分析，专案组认为该案属流窜作案，且这伙人应该居住在昆明市一带的可能性极大。对此，专案组请示局领导同意，启动特情开展工作。同年10月，专案组获悉在昆明市西山区船房村居住着一伙在进出昆明市的主要高速公路从事攀爬货车盗抢货物的犯罪团伙线索。专案组经深入走访调查，准确掌握了该团伙的主要犯罪嫌疑人、通讯、住址、作案使用的车辆及作案规律等情况。同时并发现该犯罪团伙作案时间已长达2年多，团伙成员10余人，靠犯罪手段获取财富，成员每月人均收入上万元，多名成员还用赃款购买了轿车专门用于运输赃物。经过梳理，专案组查明近年来安宁市境内各条高速公路上货运车辆被盗窃的警情，仅昆楚高速公路安宁路段就发生20余起，因被盗车辆货物的驾驶员不是货主，发现被盗后不知道地点和具体货物价值，造成报警后隐案漏案情况较多或无法立案。据被调查的部分驾驶员反映，猖獗的盗抢活动已使多数驾驶员不敢夜晚载货行车。但因专案组无该团伙犯罪的确切证据，一时难以下手。为确保一举摧毁该犯罪团伙，专案组制定了一个“等待时机，人赃齐抓，一案全歼灭”的侦破方案。11月2日，专案组获取该团伙成员已驾车前往石安高速公路准备作案的线索，即请示昆明市公安局技术行动支队和便衣分局配合，公安局出动40名民警赶赴石安高速公路小喜村收费站堵卡查缉抓捕。抓捕组民警忍受冬日寒冷和饥饿，经过一整夜不眠守候，于2009年11月3日8时许，在小喜村收费站抓获嫌疑人周前兵（别名周贤兵、曾用名周灿，男，27岁，重庆市云阳县人）、吴远彬（男，28岁，重庆市云阳县人）、刘小发（男，30岁，重庆市云阳县人）、吴美学（男，38岁，重庆市云阳县人）、吴美菊（女，32岁，重庆市云阳县人）、吴文庆（男，32岁，贵州省镇宁布依族苗族自治县人）、刘恪江（男，35岁，重庆市云阳县人），当场缴获作案使用车辆4辆和盗窃的大批皮鞋、名酒、药品、名牌服装、电脑、毛毯、化妆品等赃物。12月15日上午，又在昆明市西山区采莲路117号1单元601室，抓获涉嫌收购赃物的犯罪嫌疑人杨建平（男，40岁，昆明人），并从其住处缴获家用电器、电脑、通信设备等大量赃物。经审查，犯罪所有抓获团伙成员交代，自2009年8月以来，该团伙在石安高速、昆楚高速和320国道作案40余起的犯罪事实，涉案价值30余万元。此案的成功侦破，有力地打击了专门从事货运车辆盗窃抢劫、车匪路霸违法犯罪的嚣张气焰，保障了安宁市境内道路运输安全，受到广大货运驾驶人员好评。

检　察

【简况】　2009年，安宁市人民检察院以邓小平理论和“三个代表”重要思想为指导，坚持党的利益至上、人民利益至上、宪法法律至上，在中共安宁市委和上级检察院的领导下，在市人大及其常委会的法律监督、市政协的民主监督和市政府及各部门的大力支持下，认真贯彻党的十七大、全国和省、市政法工作会议、检察长会议精神，紧紧围绕实现安宁跨越式发展，深入落实科学发展观，以构建平安和谐安宁为目标，以化解社会矛盾为主线，以维护社会和谐稳定为已任，全面加强和改进检察工作，为保增长、保民生、保稳定作出了积极的贡献。

【打击刑事犯罪】　2009年，安宁市人民检察院共受理提请审查批捕的各类刑事案件255件469人，审结254件468人。其中批准和决定逮捕222件395人，不批准逮捕32件73人。受理移送审查起诉的各类刑事案件296件538人，审结288件515人。其中起诉261件468人，不起诉2件8人，移送昆明市检察院16件22人，公安机关撤回9件17人。出席法庭支持公诉案件166件，适用简易程序76件，经法院审理作出有罪判决228件416人。

【查办职务犯罪】　2009年，安宁市人民检察院共受理、初查各类经济案件13件13人，立案查办10件10人，成案率为77%；查办了挪用公款1 000余万元、受贿200余万元的特大案件2件、大案6件，大案率为80%；侦查终结并移送起诉10件10人。通过办案为国家挽回经济损失434万元。共受理渎职、侵权犯罪案件4件4人，立案查办并移送起诉国家工作人员涉嫌玩忽职守、滥用职权犯罪2件2人。介入重大安全责任事故的调查处理7次。

【预防职务犯罪】　2009年，安宁市人民检察院结合执法办案，对职务犯罪案件开展专项预防2件，发出检察建议2份。其中，针对农业系统职务犯罪开展案件预防专项工作成效显著，受到省、市检察院的高度关注。与安宁市环保局建立预防职务犯罪工作联系制度，成立预防职务犯罪协调工作领导小组。为国税等单位开展法制宣传教育活动12次；为市农业局等单位上法制课4次；与工商局等联系单位举行工作联系会12次；主动深入到市质量技术监督局等5家行政单位进行专题调研。开展警示教育活动20次，接待参观人员1 400余人。

【诉讼监督】　2009年，安宁市人民检察院立案监督5件；提前介入案件53件次；参加公安机关对重大疑难案件的研究讨论37件次；对侦查活动、庭审活动中存在的问题提出口头纠正意见63次，提出抗诉4件，向法院发出刑事判决审查意见书4份。受理各类民事行政案件32件，审查处理31件，结案处理22件，其中建议提请抗诉3件，提请抗诉18件。监督监管部门办理减刑3 763件、假释117件、保外就医17件；对161名暂予监外执行罪犯进行检察监督；检察关禁闭、带械具、生活、卫生等情况583次，配合教育谈话500余次；立案查办司法警察涉嫌玩忽职守犯罪1件；受理控告、申诉案件12件。

【化解社会矛盾】　2009年，安宁市人民检察院共受理来信来访56件。坚持检察长接待日制度，落实首办责任制，采取联合接访、领导包案、定期通报、挂牌督办、责任追究等行之有效的工作方法，建立健全矛盾纠纷排查调处工作机制，畅通群众诉求渠道。认真完成市综治维稳办、市信访局、市处理信访突出问题及群体性事件联席会议的各项任务。在全国、全省“两会”和“国庆”期间，启动了信访情况每日零报告制度，并对近年来的69件群众来信来访、控告申诉案件开展了排查化解工作。

【开展专项检查】　2009年，安宁市人民检察院把促进解决突出问题作为服务大局的切入点，开展了直接立案侦查案件涉案款物的扣押、冻结、处理情况专项检查工作，上缴市财政涉案款250余万元，发还涉案单位和个人80余万元；开展了排查化解信访案件工作，对2004年以来已办结的424件来信来访进行了排查；开展了刑事审判法律监督专项检查活动，查找和解决在刑事审判法律监督工作中存在的主要问题和薄弱环节，努力实现刑事审判法律监督工作的力度、质量、效率、效果的有机统一，提升执法公信力；开展了看守所“牢头狱霸”专项检查活动，对看守所300余名在押人员的体表状况、伤情登记及审批程序等情况进行了检查；开展了监狱清查事故隐患、促进安全监管专项活动，防范和遏制监管安全事故的发生，维护监管秩序。通过开展各项专项检查工作，增强了服务大局的实效。

【增强服务效果】　2009年，安宁市人民检察院结合深入学习实践科学发展观活动，与全市17家国有、民营企业领导进行座谈，围绕当前检察机关如何进一步为国有、民营企业发展提供法律服务和法律保障进行交流和探讨。结合安宁市工业园区建设，制定了《安宁市人民检察充分发挥检察职能作用、服务工业园区建设的意见》，有效探索检察机关服务园区建设、促进经济发展的新途径和新路子。围绕维护农民权益，保障农业生产发展，促进农村和谐稳定，力所能及地为扶贫联系点提供帮助，解决实际困难。通过对涉农职务犯罪情况进行了深入调研，完成了昆明市检察机关《昆明市涉农职务犯罪情况分析》的重点调研课题，切实提高了服务农村改革发展的能力和水平。

【参加社会治安防控体系建设】　2009年，安宁市人民检察院充分发挥法制副校长的作用，为中小学生上法制课5次；对发案单位进行发案原因调查分析，发出检察建议12份。深入开展打黑除恶专项斗争。设立了打黑除恶举报箱，对外发放打黑除恶宣传材料1 000余份。构建“大信访”格局，与公安、法院、司法局联合接待群众来访40件92人，切实做好息诉罢访工作。

【开展量刑建议工作】　2009年，安宁市人民检察院及时与法院召开座谈会，对如何有效开展试点工作进行探讨。同时，加强干警的业务培训，提高提出量刑意见的准确性与公正性。从5月至12月，安宁市人民检察院根据法律依据和案件事实，在庭审中向安宁市法院提出量刑意见45件66人，法院采纳23件29人。

【检察长列席法院审判委员会工作】　2009年，安宁市人民检察院主动与法院进行协商，就检察长列席审委会讨论案件的具体范围、工作程序等事宜达成共识，形成了安宁市人民法院、安宁市人民检察院《关于人民检察院检察长列席同级人民法院审判委员会会议纪要》。

【推进派出公安派出所检察官办公室试点工作】

2009年，安宁市人民检察院按照省、昆明市检察院的要求，在全省率先于市域内四个城区派出所设立了派出检察官办公室。从7月至12月，检察官办公室介入重大案件侦查活动15次、参与案件研究讨论23次、纠正违法行为7次、化解矛盾纠纷2次，试点工作初见成效。

【首次实行合同制书记员制度】　2009年，安宁市人民检察院在安宁市委、市政府的高度重视下，面向社会公开招录了10名合同制书记员协助检察官工作。合同制书记员的补充使安宁市人民检察院案多人少的突出问题得到了一定的缓解。

【提升检察队伍执法水平】　2009年，安宁市人民检察院鼓励检察干警参加高学历教育，提高法律专业知识水平，7名干警报考了在职法律硕士。组织30余名干警参加省、市检察系统的各类业务培训。对2名新进公务员、10名书记员进行了岗位培训。20名干警参加了安宁市举办的都市经济知识培训。组织观摩庭3次，提升队伍实战能力。

【推进检察文化建设】　2009年，安宁市人民检察院将检察文化与廉政文化有机结合，积极开展廉政文化进机关活动。建成了干警体能训练室，建立了检察文化长廊，营造健康向上的检察文化氛围和政务环境。重新设计、规划、完善预防犯罪警示教育基地，成为了党员干部进行党风廉政建设和预防职务犯罪的教育基地。现安宁市人民检察院已被昆明市纪委拟定为昆明市廉政文化进机关示范点。

【增强拒腐防变能力】　2009年，安宁市人民检察院在市委的高度重视下，配齐配强领导班子，形成整体合力，不断提高决策的科学化、民主化水平。结合开展“行政效能提升年、干部作风改进年”活动要求，推行检务例会制度，建立巡回督察制度，加强公务用车管理，将纪检监察工作由静态变为动态，适时对各部门和干警的工作纪律、履职和贯彻各项规章制度情况进行巡回检查。针对关键岗位和薄弱环节，健全权责明确和监督有效的工作机制，确保每个执法环节都能体现严格、公正、文明的执法要求。

【提高信息化水平】　2009年，安宁市人民检察院加大装备投入，2007年与西山区检察院合作研发《检察机关业务信息系统免疫机制与应用技术研究》项目进入验收阶段。全面推行讯问职务犯罪嫌疑人同步录音录像工作，将保密工作与信息化建设有机结合，对全院计算机进行了身份认证，建立了电子阅览室，使工作信息查询更加快捷。

【进一步深化“检务公开”】　2009年，安宁市人民检察院推行实名举报答复制度，切实保护举报人的合法权益，努力营造良好的举报环境。通过开展“举报宣传周”活动，在安宁市市区、昆钢及八街镇等地，散发宣传材料5 400余份，为27人提供法律咨询和帮助。与安宁电视台合作录制并播出了6期法制宣传节目《安宁检察》，增强工作透明度，接受社会各界的有力监督。进一步深化人民监督员制度试点工作，人民监督员监督案件4件5人，通过社会参与的形式，确保检察权在阳光下运行。

（岑　涔）

审　　判

【简况】　2009年以来，安宁市法院以为大局服务、为人民司法为宗旨，依法履行宪法和法律赋予的职责，认真开展以维护社会和谐稳定为核心的审判和执行工作，着力加强以提高司法公信力为目标，以改进审判作风、提升审判质效、深化司法改革、夯实基层基础为重点的法院自身建设目标，各项工作取得了新进展。全年共受理各类案件3 101件，审结2 999件，为安宁平安和谐社会的构建，现代绿色工业强市、现代新昆明西部新城发展目标的实现提供了有力的司法保障。

【打黑除恶，惩罚犯罪，维护社会稳定】　2009年，市法院共受理各类刑事案件266件，审结265件，结案率为99.62%；共判处各类案犯483人。在给予刑事处罚的案件中，判处10年以上20年以下有期徒刑50人，占10.35%；判处5年以上10年以下有期徒刑51人，占10.56%；判处5年以下有期徒刑、拘役、单处罚金228人，占47.2%；判处缓刑94人，占19.46%；免予刑事处罚31人，占6.4%。市法院按照昆明市、安宁市的统一部署，精心组织、落实措施、加大力度，深入开展了“打黑除恶”专项斗争。对涉嫌寻衅滋事、敲诈勒索、抢劫等多项罪名的16案30余名涉恶犯罪分子依法予以了严惩，召开了3次宣判会，极大地震慑了涉恶势力犯罪。同时，以专案宣判会的形式，对盗窃通讯电缆犯罪、诈骗犯罪予以了重点打击，对28名盗窃通讯电缆、诈骗犯罪分子依法进行了惩处，有效地遏制了刑事犯罪的上升趋势，维护了社会治安秩序。全年审结严重危害公共安全、侵犯公民人身权利、危害社会稳定的故意杀人，故意伤害，强奸，非法拘禁，危险物品肇事等暴力性、团伙型犯罪案件74件，判处案犯136人；审结抢劫、盗窃、诈骗、故意毁坏财物等扰乱人民群众生活安宁的多发性财产型犯罪案件149件，判处案犯287人；审结贩卖、运输毒品，非法持有毒品，妨害公务，非法猎捕杀害珍贵濒危野生动物，引诱、容留、介绍卖淫等妨害社会管理秩序、危害社会治安的犯罪案件25件，判处案犯42人；审结信用卡诈骗，合同诈骗，出售、购买、运输假币，非法制造、出售非法制造的发票以及非法经营等破坏市场经济秩序的犯罪案件9件，判处案犯10人；审结贪污、行贿、受贿等危害国家利益、损害国家工作人员职务廉洁性的犯罪案件8件，判处案犯8人。

【化解矛盾，调节关系，保护权益】　2009年，市法院共受理各类民事案件2 012件，审结1 965件，结案率为97.66%；有效地化解了大量矛盾和纠纷，依法保护了各类民事主体的合法权益，促进了经济的健康发展。一是坚持保护弱势群体及无过错方合法权益的原则，审理好各类婚姻家庭案件，积极化解矛盾，维护公序良俗，弘扬良好的道德风尚。审结离婚、赡养、扶养、抚育、继承等婚姻家庭案件444件。二是坚持尊重和保障民权的原则，审理好各类与公民人身权，公民、法人、其他民事主体财产权密切相关的侵权案件以及矛盾容易激化的群体性、敏感性、民生类案件。审结雇员受害赔偿、道路交通事故赔偿、医疗事故损害赔偿、名誉权纠纷、农村承包合同、劳动合同、劳务合同以及由征地、拆迁、“外嫁女”等问题而引发的土地收益权分配等案件1 164件。三是对各类合同案件，法院严格适用民事法律及相关司法解释，依法公正、快捷地审理，平等保护各类市场主体的合法权益。全年审结买卖、承揽等合同案件128件；审结借款、担保、财产租赁、委托、保险、服务、仓储保管等合同案件191件；审结商品房预售、生产经营、建筑工程、货物运输等合同案件37件；审结了历时5年的安宁铸造总厂破产案，有效地发挥了调节市场秩序，规范市场行为，维护交易安全，促进市场经济健康发展的作用。2009年，市法院贯彻“调判结合，调解优先”的原则，加大调解力度，释法析理，疏导关怀，促使民事纠纷双方当事人达成谅解、和解，保障了社会和谐稳定。全年共调解结案1 193件，调解率为60.71%。

【监督、维护、协调，促进依法行政】　2009年，市法院共受理并审结涉及公安，交通管理，强制戒毒，农业、林业管理等领域的行政案件11件；共受理并审查涉及交通规费征收、土地管理等领域的非诉行政执行案件35件。

【做好信访及审判监督工作，维护当事人的诉讼权利】　2009年，市法院新制定实施了《法官诉导制度》，由院领导、各业务部门法官在正常工作日轮流到法院大厅接待来访或应诉当事人，做好诉讼引导、判后答疑、涉诉信访、院长预约接访等工作的办理、协调、接洽事宜。该项制度实施以来，共为1 500余名来访群众或来院参诉的当事人提供了积极、有效的诉导服务。同时，市法院进一步强化审判监督职能，做好涉诉信访案件的接收、督办工作。全年共审结再审案件4件；对到本院信访及市信访局转办的26件信访案件及时批转责任部门并认真回复了办理结果。

【促进执行工作良性循环】　2009年，市法院共受理执行案件773件，执结719件，执结率为93.01%，执结标的总金额为6 839.89万元。在执行积案清理，执行机制创新，维护申请执行人合法权益方面取得了显著成效。一是按照中央政法委和最高法院的统一部署，积极有力地开展了清理执行积案工作。清理出来的112件执行积案，已全部执结。二是贯彻“大执行”理念，把握时机，快捷执行。对129件民事判决和调解及刑事附带民事判决的民事赔偿部分在审判环节予以及时执行，有效地保护了申请执行人的合法权益。三是开展了金融案件、婚姻家庭案件、涉及社会弱势群体等类案件专项执行活动。召开了两次执行案款集中发还大会，集中发还了78件案件的执行款5 336 079.05元。四是加强执行长效机制建设。实施了被执行财产悬赏举报制度，积极推进了由党委领导、政府主导、法院推动，与财政、民政、劳动和社会保障、医疗保险等部门衔接的涉诉特殊困难群体执行救助机制的建立实施。逐步探索、建立了执行案件协调机制，对执行过程中遇到的困难和问题，争取党委、政府的支持及相关部门的协作配合。2009年，在市委、市政府的重视、支持及相关部门的协作配合下，圆满执行了王官乙申请执行昆明东方旅游发展公司加工承揽合同纠纷等6件疑难案件。五是加大强制执行力度，增强执行威慑力。组织了10余次规模较大的集中突击执行；通过新闻媒体对45名被执行人发布了执行公告，予以曝光督促；对20名拒不执行法院生效裁判的被执行人及阻碍执行的案外人予以了司法拘留；委托拍卖公司对依法查封、扣押的价值418万余元的被执行财产进行了12次公开拍卖，变现了财产权益，维护了法律的权威。

【开展综治维稳和平安创建工作】　一是认真审理好未成年人犯罪案件，坚持回访帮教制度。全年共判处未成年罪犯39人，到云南省未成年犯管教所对24名被安宁法院判处刑罚的未成年罪犯进行了回访帮教。

二是加大巡回审判力度，化解基层矛盾纠纷。昆钢、草铺、八街三个法庭共审结各类民事案件559件；民事各庭深入农村、厂矿、监狱巡回审判36次。三是加强对基层调解组织的业务培训、工作指导。八街、草铺法庭与辖区乡镇司法所、派出所联合召开了6次联席会议，对基层调解组织进行业务培训、工作指导51次，协助基层调解组织调处纠纷24起。四是积极开展法制宣传工作。编撰工作简报62期；应邀为行政执法机关、乡镇、企业、学校、森警部队讲授法制课5次；协同市纪委组织本市54名副科级以上干部到本院旁听了1起典型职务犯罪案件的审判；与中央电视台十二频道《庭审现场》栏目联合录制了1期交通肇事案例宣传片；通过云南电视台《都市条形码》、昆明电视台《走进法院》、安宁电视台《法院说法》、《安宁万象》、《走进安宁》等节目播出案例宣传片26期、法院工作宣传报道11期；《云南法制报》、《昆明日报》、《都市时报》、《今日安宁》等报刊共刊载本院法制宣传文章40余篇。五是紧紧围绕市委、政府工作大局，参与了综治维稳，城市化发展战略推进以及草铺工业园区、县街镇、太平新区开发建设过程中的各类执法活动。在市委、政府、上级法院的重视和支持下，积极稳妥地处置了涉及560余户职工财产权益的安宁裕安钢铁股份有限公司、安宁云安炼铁厂群体性纠纷；与政府相关部门通力合作，圆满执行了涉及13户外来人口的草铺镇保家坟、火草山系列返还土地案，确保了全市社会稳定。

【加强教育，严格管理，争先创优】　一是认真组织干警开展了“人民法官为人民”主题实践活动，把深入学习实践科学发展观、社会主义法治理念作为政治思想教育的重点，努力通过教育，增强干警的政治责任感、职业使命感。二是按照“改进干部作风、提升行政效能”的要求，结合法院实际，认真组织干警开展了“改进审判作风，提升审判质效”活动。三是重视抓好廉政建设。组织干警签订了党风廉政目标责任状，加强对干警的纪律作风督查，努力杜绝违法违纪行为。四是坚持实施案件质量评查工作。对2009年审结的401件各类案件进行了4次质量评查，形成了案件质量评查报告，进行了分析、反馈、整改，促进了案件质量的提高。五是加强干警业务素质培训。组织干警90余人次参加了国家法官学院、北京大学、西南政法大学举办的“中国法官能力建设与素质提升”主题培训。2009年，市法院荣获昆明市市级文明单位荣誉；党总支被安宁市委表彰为先进基层党组织；八街法庭荣获安宁市调解工作先进集体；1名干警被昆明中院荣记个人三等功，并荣获昆明市“五一”劳动奖章；9名干警分别被昆明中院、安宁市委、市政府等部门表彰为先进法官、办案能手、服务标兵、建功立业优秀职工、先进党员、调解工作先进个人；2名干警在昆明法院系统优秀裁判文书评选活动中分获金、银奖。

【创新机制，规范流程，提升质效】　一是开展了“制度年”活动。制定实施了《法官诉导制度》、《关于进一步规范诉讼保全和先予执行的规定》等多项制度，进一步发挥制度的规范、保障、促进、制约作用，推进了法院的规范化建设步伐。二是着力加强“执行力”建设。继续有效落实《院长办公会议制度》、《院领导值周制度》，进一步推进审判、执行业务管理，司法政务管理，更好地发挥领导的整体职能作用，提高“执行力”。三是在立案环节，按照繁简分流的原则，设立速裁合议庭，推行简单民事案件速裁机制。速裁合议庭成立以来，共审结民事案件399件。其中28件案件在立案当天即审结，及时有效地保护了当事人的合法权益。四是在执行局设立了诉讼保全组，负责案件的诉讼保全工作，进一步规范了审判流程。五是合理配置了审判资源，圆满完成了合同制书记员的招录、培训、管理、运用工作。

【加强档案管理及基层基础工作】　一是积极推进档案规范化管理、达标升级建设。通过积极努力，2009年市法院档案管理建设达“五星级”标准。二是启动了八街法庭建设工作，八街新法庭建设主体工程部分已于2009年底完成。

（韩　莹）

司法行政

【普法与依法治理】　2009年安宁市司法局普法与依法治市工作紧紧围绕安宁改革、发展、稳定的大局，深入开展法制宣传教育，扎实推进依法治市工作。一是不断提升法制宣传教育效果。构建和谐社会，就要把法律真正交给人民群众，努力在全社会形成崇尚法律的风尚。结合安宁实际，市司法局拟定了《安宁市二○○九年法制宣传教育与依法治市工作计划》，印制6 000本《2009全民普法教育读本》发放到全市各机关、企事业单位和各镇、街道办事处和村（居）委会。4月27～29日组织9名2009年普法骨干参加了昆明市司法局组织的培训学习；7月8～10日举办了全市普法骨干培训班，全市各单位110名普法骨干在温泉参加了培训；各镇、街道也相继组织开展了普法骨干培训班；10月15日上午在全市范围内组织了2009年全民普法教育考试，126个部门、单位的8 700多人参加了考试。为进一步增强领导干部的法律素质和法制观念，于4月23日下午，在安宁会堂组织举办了全市副科级以上领导干部及部分执法单位的中层干部近600人参加的法制讲座，讲座邀请了西南林学院副教授、云南凌云律师事务所主任李春光主讲《公权行使与私权保护——从群体事件的危机防控谈依法行政》。同时通过深入扎实地开展法律“六进”系列活动，定期不定期地到市域群体性事件较为突出的镇、村开展法制宣传教育；配合工商、文化、环保、卫生等相关部门做好部门法的宣传；加强对社区流动人口的法制宣传教育。通过提高法制宣传的覆盖面和渗透力，提高了广大人民群众的法律素质，增强了依法维权意识和依法履行义务意识。二是拓展法制宣传教育内容。市司法局开展以宪法为核心的法制宣传教育，进一步增强全市公民的法律意识；开展以维护稳定为目标的法制宣传教育，使人民群众懂得依法按程序解决矛盾纠纷和问题。利用《宪法》宣传周、法律宣传日等形式开展形式多样、内容丰富的法制宣传教育活动。一年来在全市开展了“12·4”全国《宪法》宣传周、“3·8”妇女维权周、“6·26”、“10·26”全国禁毒日、《禁毒法》、艾滋病防治等宣传活动。采取设点宣传咨询，散发宣传资料，上法制课等多种形式，积极宣传与广大公民生产、生活、工作密切相关的法律法规。全年共开展普法宣传工作45次，发放各类法律法规宣传资料96 500份。积极开展专项整治宣传工作。3月1日，市司法局会同公、检、法等多个部门，分别在安宁广场、昆钢日月湖广场开展了主题为打黑除恶专项斗争的法制宣传活动，共展出图片展板60余块，发放打黑除恶宣传材料2万余份。针对金座公司非法集资案件，市司法局先后两次在安宁娱乐中心广场和昆钢日月湖广场设点宣传和绕城区巡回宣传、由法制宣传手机短信平台免费向全市市民发送防范非法集资短信5 000条，为金座公司处置印发材料万余份。积极排查全市矛盾纠纷突出的重点村组，开展有针对性的“法律进乡村”活动。一年来，累计开展“法律进村”活动110次，出动宣传车98次，发放各类宣传材料83 500份。三是创新法制宣传教育形式。为创新普法宣传形式，经过精心筹划准备，于5月22日正式开通了安宁市法制宣传手机短信平台，每月通过法制宣传短信平台向各位市民免费发送2~3条法律宣传短信，进行普法宣传。年底，已免费发放法律宣传短信24 850条次。同时为推进法治安宁建设，市司法局牵头成立了“安宁市法律服务志愿者服务队”，在全市范围内组建了10支法律志愿者服务小分队，法律服务志愿者定期为各镇（街道）、村（居）委会、村小组群众提供无偿法律服务，目前安宁市法律援助志愿者服务队已近200人。四是积极推进依法治理工作。市司法局进一步加强对基层民主法治创建工作的指导和监督，在已经通过验收的75个“民主法治村（社区）”的基础上，继续深入开展了以“四民主、两公开”为主要内容的“民主法治村（社区）”创建巩固活动，100%完成创建巩固任务。全面推进“民主法治村（社区）”的创建巩固迈向规范化、制度化，促进农村各项事务向法治化方向发展，使基层民主法治创建活动真正成为推动社会主义新农村建设的重要载体。安宁市县街镇石庄村委会已被推荐申报“全国民主法治村”。

【人民调解】　市司法局认真贯彻落实司法部《关于加强司法行政基层建设的意见》，在抓落实、见成效上下功夫，坚持一手抓建设，一手抓管理，不断探索整合基层资源，发挥整体优势，服务中心工作的新路子。一是全面完成规范化司法所建设。通过积极协调，争取中央、省、市各级配套，不断探索整合基层资源，抓好规范化司法所建设。目前，七镇两街道规范化司法所已建成并投入使用。二是积极加强人民调解网络建设，贯彻“调防结合、以防为主”的方针，积极进行社会矛盾纠纷排查调处，充分发挥人民调解维护社会稳定的作用。全市共有106个调委会，438个调解小组，调解人员1 038人。其中镇（街道）调委会9个，村调解委员会65个，社区调委会31人，企业调委会1个。2009年全市各级调解组织共调解各类民间纠纷1 683件，调解成功1 633件，调解成功率97%。三是初步构建“大调解”工作格局。2009年2月，政法委统筹协调，出台了《关于构建“大调解”工作体系的实施意见》，市司法局与公安局、人民法院、检察院共同协作，在11个派出所、法院立案庭、检察院开展人民调解与行政调解和司法调解相互衔接的“大调解”工作，共设立13个联合调解室，联合调处纠纷97件。目前，安宁市以人民调解为依托，加强行政调解和司法调解相互衔接，“大调解”工作体系已初步建立。四是进一步完善人民调解“以奖代补”机制。在上年人民调解试行“以奖代补”取得良好效果后，安宁市人民政府出台《关于进一步加强人民调解工作的实施意见》，安宁市司法局制定下发了《安宁市人民调解组织调处矛盾纠纷考核奖励办法》和《安宁市人民调解组织调处矛盾纠纷考核奖励实施细则》，通过采取司法所初审、基层事务管理科复核和局考核领导小组评定的三级考核制度，对人民调解的纠纷案件进行考核。随着“以奖代补”机制的运行，全市人民调解纠纷案件的受理数和调解成功率均大幅上升。

【安置帮教】　市司法局积极协调驻市各监狱、劳教所、看守所完成2004~2008年刑释解教人员的数据库建立，做到底数清，情况明，并定期开展了刑释解教人员排查活动，不断完善信息化、网络化建设，切实加强对刑释解教人员的衔接管理，完善帮教制度，最大限度地预防和减少重新违法犯罪。经摸排，2004年11月至2008年10月，共有刑释解教人员319人。其中：帮教319人，帮教率100%；就业安置人员287人，就业安置率92.6%；重新犯罪9人，重新犯罪率2.9%；重新违法9人，重新违法率2.8%。同时，司法局积极认真做好刑释解教人员的安置帮教工作。2009年1至9月，全市共有刑释解教人员94人（其中：刑释93人；农业人口7人，城市人口47人），帮教94人，帮教率100%。安置86人，安置率92%。重新犯罪率1%。到安宁境内各监、所提供法律宣传和法律服务9次。

【社区矫正工作】　2009年，司法局按照上级文件要求，积极开展社区矫正工作。一是建立组织机构。3月，成立了“安宁市社区矫正工作领导小组”，召开了安宁市社区矫正工作会议，制定了《安宁市社区矫正工作方案》，对全市社区矫正工作进行了部署。二是狠抓队伍培训。4月，司法局组织全市司法所所长到盘龙区考察社区矫正工作，对司法所工作人员进行了4次业务培训，为社区矫正工作的顺利展开奠定了基础。三是开展社区矫正对象的衔接工作。司法局积极和监狱、人民法院、公安派出所进行衔接，目前监狱方面移交了20个矫正对象的档案，法院移交了57个矫正对象的名单，公安派出所移交矫正对象20名，在册矫正对象101人（其中：按期解教13人）。四是建立健全工作制度。

【法律援助】　2009年，司法局认真贯彻实施《法律援助条例》，以维护弱势群体合法权益为宗旨，扎实开展法律援助工作，进一步加大法律援助工作力度，切实解决困难群众"打官司"难的问题。通过到盘龙区司法局、盘龙区残疾人联合会实地考察学习后，拟定了《安宁市关于加强残疾人法律援助工作的实施意见》、《安宁市残疾人法律援助指南》、《法律援助联系卡》。同时加强了对96个法律援助联系点的工作指导，法律援助力度进一步加大，覆盖率和影响力进一步提升。积极争取省、市法律援助资金，依法保障困难群众平等享用法律资源的作用，不断加大对农民群众、下岗困难职工、农民工的法律援助工作力度。一年来共办理民事援助案件38件、刑事法律援助案件30件，非诉案件265件，解答法律咨询1 350人次，办理上级督办案件5件。

【公证工作】　2009年，市司法局加强公证队伍建设，努力提高公证人员的办案质量，完善公证、收费公开栏和各项规章制度。认真贯彻执行《公证法》，完善公证公开事项及服务承诺制度，确保提高公证人员办案质量，保证公证内容的真实性、合法性。一年来共办理民事、经济公证3 921件。同时积极配合相关部门做好企业改制、行政强拆等公证的办理。

【律师工作】　加强律师队伍建设，完善律师事务所内部管理制度、规范律师个人执业行为，确保"诚信为民、服务社会"的良好形象。引导和推行律师参与信访接待、处理涉法信访和群体性事件，协助政府有关部门做好群众工作。2009年，司法局共承担法律援助案件26件，刑事诉讼案件11件，民事诉讼案件20件，行政诉讼案件3件，解答法律咨询1 100人次。

【自身建设】　2009年，安宁市司法局始终坚持把提高干警队伍的整体素质摆在重要位置，采取集中培训业务和每月例会学习政治理论的方式，并结合"行政效能提升年"和"干部作风改进年"、科学发展观活动的开展，努力造就一支政治坚定、业务精通、作风优良、执法公正的司法行政队伍。一是认真开展行政效能提升年和干部作风改进年活动，同时继续深入开展科学发展观学习实践活动；二是以班子建设为根本，以队伍建设为前提，全面提高司法行政队伍人员素质；三是加强作风建设，推动党风廉政建设深入开展。通过一系列学习教育培训、制度建设、绩效考核，全体干警队伍素质明显提高。

（杨　荣）

云南省第三监狱

【简况】　2009年是《监狱法》颁布实施15周年，是推进省第三监狱科学发展的重要一年。一年来，在厅局党委的正确领导下，省三监党委深入贯彻落实科学发展观，带领全狱警察职工坚定信心、团结拼搏、攻坚克难、锐意进取，监狱工作各个方面都取得了显著的成绩，主要表现为：一是监狱实现了安全稳定的总体目标，整体管理水平有了进一步提高；二是班子建设成效明显，队伍建设得到加强；三是监狱改扩建工程和"双三十工程"项目整体推进；四是监狱抗风险能力进一步增强，监狱经济平稳发展，各项工作稳步推进。

【以提高改造质量为中心，实现监管改造目标】

2009年，省三监进一步突出工作重点，紧紧围绕"四无"的目标，强化四项机制的建立和完善，不断夯实基础工作，提升监狱整体管理水平。以提高改造质量和减少重新犯罪率为中心，以抓基础、夯基础，提高警察基本素质为重点，坚持依法治监和公正执法，实现了监管改造的既定目标，确保了监狱的安全稳定。一是以监狱专项整改活动的开展推进监狱管理水平的提高，开展了专项整顿和专题教育实践活动，从监管场所管理、监狱执法环节、监狱人民警察队伍纪律作风等方面开展清理、整顿，并对存在的问题采取坚决果断措施进行整改，有效地的促进了监狱管理水平的提高。二是周密部署，构筑起严密的防控体系。监狱抽调机关科室男警察充实一线警力，落实管理责任制，强化现场管理，严格落实"双警"制和带班"七件事"，落实门卫管理规定，加强犯情调研。在专项整顿活动中组织大规模的联合清监活动，切实消除各类隐患，提高了监狱的防范能力。三是拓宽教育渠道，丰富教育形式、内容，切实增强教育实效。监狱在坚持对罪犯开展"三课"教育的基础上，重点抓好出入监教育、个别教育和顽危犯的攻坚转化工作，切实增强教育实效。四是加大公开执法的力度，增加执法透明度。坚决执行司法部"三个杜绝"的要求，认真清理整顿执法过程中方式方法简单的行为。五是依法维护和保障罪犯的基本生活权利，抓好生活卫生工作。保障罪犯合法的休息时间，杜绝罪犯超时超体力劳动，保证罪犯吃饱、吃熟、吃卫生。同时改造传染病犯住院部，减少了各类传染病在监狱内的蔓延。针对部分监狱罪犯出现甲型H1N1流感病例的情况，监狱高度重视，措施有力，制定预防制度、严格落实各项措施，确保监狱不发生甲流病例，实现了预防工作目标。六是明确责任，严格落实责任追究制度。监狱建立了警察执法档案，有效地督促所有警察秉公执法、依法办事。2009年，省三监为维护政治稳定和社会安宁做出了重要贡献。

【监狱经济平稳有序发展】 2009年受全球金融危机的影响，省三监经济工作面临异常严峻的形势，产品成本居高不下、积压胀库、严重亏损，钙镁磷肥、过磷酸钙相继被迫停产。在这样严峻的形势下，监狱党委以科学发展观为指导，实事求是、坚定信心与广大职工共度难关、共谋发展。监狱千方百计设置岗位安置工人，使公司的工人有岗可上，有活可干，按安宁市最低工资标准给予补助，并按时足额缴纳各项社会保险费。通过一系列积极措施，分流安置了数百名工人，确保了在钙镁磷肥、过磷酸钙停产后没有一个工人下岗，解除了职工的后顾之忧。面对严峻形势，省三监迅速将下半年经济工作重心转移到白登矿山，一是本着"剥离先行"的原则，克服土层较厚，剥离量大，穿爆任务重，排土场滑坡、分台开采、排土、爆破作业中种种困难，加大磷矿开采的力度，做好采剥、植树、采空区清理、过磅房搬迁新建和矿石的销售。二是加强钙镁磷肥异地贴牌生产协作工作。三是在省、州、县等相关职能部门的大力关心帮助下，黄磷技改工程通过项目领导小组全体人员锲而不舍的积极努力，通过了节能评价、安全评价、消防评价及环境评价，黄磷炉主体工程已建设完毕，正在抓紧进行供电线路等配套设施的建设。四是加强罪犯劳动管理，加强劳务项目管理，通过实行罪犯低报酬制，极大地提高了罪犯劳动改造的积极性及劳动效率。五是完成复合肥、钙镁磷肥、过磷酸钙产品生产许可证复审换证工作，现已全部通过审查。全年，省三监实现化肥销售收入3 313.56万元，亏损108.15万元；开采磷矿石实现销售收入3 969.14万元，利润872.57万元；监管改造实现劳务收入2 080.21万元，实现劳务收益191.10万元；全狱提取奖金后盈利787.08万元。

【改扩建工程和实施"双三十工程"项目】 按照省监狱管理局体制改革指导思想，省三监以监狱改扩建工程和"双三十工程"项目为重点，充分利用现有资金和资源，做好协调管理和统筹安排，不断推进项目顺利实施。省三监改扩建工程自2008年10月23日启动以来，克服重重困难，严格按照建筑法规、程序操作，加强现场管理、质量监督、施工过程管理以及对外和现场协调。先后完成了新公路施工建设，后山高压线线路迁改，施工现场坟墓迁移，16幢单体建筑的施工和装修，周边道路的铺设，污水处理、管网工程的施工等工作。目前，改扩建项目工程已进入尾声，监狱正在抓紧进行搬迁工作。在省监狱管理局和安宁市政府及各部门的大力支持帮助下，"双三十工程"项目筹建组积极开展工作。一是安宁市规划选址工作，规划局已出具了建设项目的《选址意见书》，拟选位置为安宁市草铺镇柳树村，拟用地面积455.10亩；二是环境影响评价工作，已通过了大纲评审、环境现状监测，经省工信委复函对"双三十工程"项目符合产业政策进行了确认。在省环保厅环评中心专家组对该项目环评报告书审查通过的基础上，省环科院对环评报告书从工艺指标、环保装置等方面进行了大幅修改，将SO_2排放量控制在本公司原许可排放总量249.3吨/年的范围之内，修改定稿后的环评报告书已送省环保厅评审中心待昆明市局及省厅两级行政批复；三是土地预审工作，省水利厅已对水土保持方案批复同意，地质灾害报告省国土厅已批复，调整总体规划用地修改方案经昆明市国土局已批复，矿产压覆报告已通过了省国土厅专家组评审，土地预审报告经昆明市国土局通过，待省国土厅行政审批。至此，待以上报告批复后，即可报请省发改委对"双三十工程"项目进行核准。

【安全生产】 2009年，省三监坚持"突出重点，全面防范"的工作方针，明确责任，强化管理，持续构建安全生产长效机制。一是强化管理，落实责任。将安全目标逐级分解，各级签订安全生产责任书，将各项责任落实到个人。形成一级抓一级、层层抓落实，人人保安全的安全责任网络。二是加强宣传教育，抓好安全培训。坚持每月一次的安全员教育培训，制定安全教育计划，开展形式多样的安全教育活动，利用各种安全宣传教育方式，不失时机地对全狱警察职工及罪犯进行安全生产教育，提高全员安全生产意识。三是设立专项资金，保障经费投入。监狱设立了安全生产专项资金，确保增值税返还的10%用于安全生产工作，按规定保障安全生产宣传、教育、培训、隐患整改等费用的投入，并为一线作业的工人、服刑人员购买了意外伤害保险。四是突出重点，加强排查，全力做好安全生产工作。建立安全隐患排查治理机制，促进安全隐患的整改。同时，针对金融危机影响、化肥销售困难、库存量大及重化工生产安全风险大等实际，监狱党委调整产业结构，于2009年7月停止了钙镁磷肥的生产，对从事化肥生产的工人及罪犯实行转岗，使600余名罪犯、近50名工人从高危行业退出，有效避免了重化工生产带来的安全隐患。进一步加强对特殊物品的管理，建立了严格的炸药购买、运输、贮存、领用、退回等制度和台账，将管理责任落实到人。围绕磷矿60万吨扩邦开采、监狱改扩建工程，制定了一系列安全管理配套措施。加强驾驶员的管理，建立责任制、签订责任书，做到一车一人，严格制止驾驶员酒后驾车和超速、超载现象，防止了交通事故的发生。做好加工现场的消防安全工作，定期组织消防知识和技能培训，购置和配备了消防器材，定人定位管理，消防通道定期检查，消除隐患。五是安全生产成绩突出。全年安全生产达到了预期的目标，先后被昆明市总工会和安宁市安委会评为安全生产先进单位。

【加强队伍建设　提高队伍素质】 2009年，省三监党委紧紧抓住队伍建设这个关键，充分调动广大警察职工的积极性和创造性，开展多项活动，不断提高队伍素质，为监狱工作提供坚强思想保证和组织保证。一是抓好深入学习实践科学发展观活动，开展了学习实践活动“回头看”工作，进一步采取有力措施，提升认识，把开展党的十七大精神和胡锦涛总书记重要讲话大学习大讨论活动引向深入。二是扎实开展各项教育活动，着力提高队伍素质。按照部、局的部署和要求，结合实际，在全狱警察中开展了严格公正文明廉洁执法专题教育活动、“规范执法行为，提高执法水平”专题教育实践活动、“加强作风建设，促进科学发展”主题教育等活动。全狱警察签订了严格公正文明廉洁执法承诺书，全狱职工签订了严守监狱各项管理规定的守法承诺书。三是召开了2009年政治工作会议和党风廉政工作会议，为队伍建设工作指明了方向、明确了任务。四是认真贯彻执行《党政领导干部选拔任用工作条例》，进一步加强领导班子建设，为监狱领导班子建设提供了充足的干部储备和人才支持。五是认真开展人事、警务、专业技术人才管理等各项工作，加大警务督察力度，全年组织警务督察20次，促进了全狱警察的纪律作风建设。六是认真落实中央关于老干部政治待遇、生活待遇的政策，组织开展形式多样的学习活动，开展好各类慰问活动，组织好春游及其他文体娱乐活动，促进老干部身心健康。七是不断加强基层党组织建设和党员队伍建设，巩固“云岭先锋”工程和保持共产党员先进性教育活动成果。积极发展新党员，为党组织注入新鲜血液。广大党员带头学习宣传贯彻落实党的十七大精神，深入学习监狱工作相关法律法规知识，不断完善知识结构。八是以“我与监狱共奋进，岗位奉献争先锋”主题教育实践活动为主线，不断加强共青团建设。建立建好团委QQ群，推动监狱共青团工作科学发展。九是教育培训工作进一步加强。组织各类教育培训工作，不断提升警察职工的综合素质。十是宣传工作坚持正确的导向，结合监狱开展的各项学习教育活动，发挥了凝聚人心，鼓舞士气的积极作用，营造了健康向上的氛围。在立功创模活动中，评选先进个人150名，集体9个，向上级推荐先进个人2名；5个集体、28个个人受到上级表彰，其中4人获记监狱局个人三等功；为4名从事监狱工作三十年的人民警察申报荣誉称号。十一是监狱工会用好用活党政赋予的资源和手段，建设全国模范职工之家工作取得长足进步，建成了全总职工书屋示范点，发挥好工会大学校作用，开展了政务礼仪知识大赛、责任警察练兵等活动，开展了丰富多彩的文体活动，丰富了广大警察职工的文化生活，推动了监狱和谐文化进程。监狱警官艺术团参加监狱系统文艺汇演获得二等奖和优秀组织奖，为监狱增添光彩。

（李四宏）

云南省安宁监狱

【简况】 2009年，在云南省监狱局党委和安宁监狱党委的坚强领导下，以科学发展观为统领，认真落实“安全稳定巩固提高年，改革发展攻坚拼搏年，作风建设整顿加强年”各项要求，牢牢实实打基础，攻坚克难促发展，各项工作取得新成绩。监管改造持续稳定、改造质量稳步提高；队伍建设不断加强、整体素质全面提升；产业结构调整明显加快，生产经济健康发展；改革发展稳步推进，监狱建设成绩斐然。

【领导班子建设】 认真贯彻落实中央、省委、局党委的部署要求，深入学习贯彻党的十七届三中、四中全会精神，扎实开展“三个一”主题实践活动，深入推进学习实践科学发展观活动，圆满完成了整改落实阶段各项工作。制订了整改方案，27个问题得到了整改落实；加强规章制度“废、改、立”，新建工作制度104项，修改完善43项，废除15项，奠定了促进科学发展的制度基础；解决了存在的8个问题，突出了实践特色。通过深入学习实践活动，党委领导班子的思想、组织、作风、制度建设明显加强，执行力、创新力、凝聚力进一步提升，警察队伍的思想素质、执法能力有了明显提高，为加快推进监狱改革发展提供了坚实基础和组织保障。

【监管安全】 安宁监狱以加强内部管理和执法工作为重点，扎实推进专项整顿活动，注重机制创新，着力强化规章制度落实和安全隐患排查治理，确保了安全稳定目标顺利实现。监狱连续6年实现安全稳定，警察队伍和工人队伍保持稳定。依法新收押罪犯503名、办理减刑案件590件，圆满完成对在押罪犯加大减刑、假释、暂予监外执行力度工作。罪犯生活卫生得到保障，共支出生活卫生费用2 547 256元，杜绝了公共卫生安全事故发生。教育改造工作广泛深入，共支出教育改造经费310 000元，三课教育、出入监教育稳步推进，个别教育扎实有效，心理矫治、服刑指导、社会帮教、监区文化建设力度进一步加大，教育改造工作的作用进一步凸显，罪犯改造质量不断提高。

【监狱经济】 安宁监狱加强对经济运行情况的研判和分析，适时调整工作思路，克服外部经济环境带来的不利影响，多数来料加工项目保持了小幅增长，全年实现主营业务收入1 480万元，利润200万元左右。加强对安全隐患的跟踪治理，安全生产工作力度进一步加大。加快产业产品结构调整，与云南新兴航钢结构工程技术有限公司等三家规模较大的企业达成了协议。三家企业正常生产后，每年能提供劳动岗位大约创造产值800～1 000万元，为保持经济发展健康准备了充足后劲。

【警察队伍建设】 安宁监狱以加强思想教育、规范执法行为、提高执法水平为重点，扎实开展“规范执法行为，提高执法水平”专题教育实践活动，警察队伍思想素质和执法能力进一步提高。注重党员发展工作，确定入党积极分子11人，吸收预备党员7人，按期转正11人。领导班子思想建设不断加强，领导能力和工作水平不断提高。干部人事制度改革深入推进。根据监狱体制改革、行政体制改革的有关精神，拟订了《云南省安宁监狱职责配置内设机构和人员编制方案》，职能职责、机构设置、人员编制、领导职数进一步规范合理；根据《云南省安宁监狱中层领导班子后备干部管理办法》，确定正科级后备干部15名，副科级43名。教育培训工作深入开展。共组织开展各类学习培训30余次，受训受教育警察达2 000人次。宣传文化建设深入发展。加大先进典型和先进事迹的宣传，共播发信息、图片52篇幅，编发各类简报70余期。争先创优工作深入推进，表彰奖励了2008年度先进集体45个、先进个人283人次；8个集体，21人获得省局表彰，警察队伍工作积极性、主动性进一步提高。工会、共青团、老干部工作不断加强，政治工作的保障作用充分发挥。

【基础设施建设】　牢牢抓住改扩建工程建设的重大发展机遇，创造条件，抢抓机遇，迎难而上，有计划、有步骤、有重点地抓好工程建设。建成警察警用房10 000平方米，武警用房3 060平方米，罪犯用房35 875平方米，其它附属用房1 183.5平方米。各项工程正进入紧张的装修和绿化阶段，预计明年年初实现监狱整体搬迁。

【后勤保障】　以警察职工的需求为第一信号，着力保障和改善民生，警察职工得到新实惠。发放年终奖金120万元，进一步提高了警察职工收入水平；新建108套经济适用住房，解决了部分年青警察住房困难问题。支出经费72万余元，组织185人到西安和延安等地考察、70人到省监狱局警察职工疗养院疗养，进一步缓解了警察工作压力，开拓了视野。发放职工子女一次性升学奖励和午餐补贴42 000元，进一步提高了警察职工子女学习积极性。报销离休干部医药费140人次、152 879.43元；看望住院老干部31人次，慰问老干部291人次、发放慰问金95 950元；支出经费279 400元，组织52名退休干部职工到广西桂林等地参观考察。同时，认真做好公务员转正定级、非领导职务、警衔晋升及专业技术人员职称评定、警察职工定期休假等工作，保证广大警察职工享受正常的生活待遇。

（冯　浩　和卫先）

云南省未成年犯管教所

【简况】　2009年，在省监狱管理局的正确领导下，省未成年犯管教所党委全面贯彻落实科学发展观，牢固树立“十二种观念”，总揽全局，协调各方，着力解决“七个突出问题”，抓住“三大发展机遇”，强化首要任务，执行首要标准，提升队伍素质，发展生产经济，整体工作全面协调发展，布局调整迈出坚实步伐，各项工作均创历史新高。全年警察职工考察培训费投入202.26万元，文体设施费投入11.32万余元；全年狱政经费投入662 290.8元，教育改造经费投入718 623.06余元，罪犯生活费投入7 400 034.84元。

【监管安全】　强化监管改造工作，贯彻宽严相济刑事司法政策，突出人防、物防、技防、联防“四位一体”的互补性和整体性，完善“四项机制”，深化“四个下移”，推进安全大检查大排查制度化；增加狱政设施投入，加大管教业务知识培训，完善应急处突方案；严格落实《狱内侦查工作规定（试行）》，完善狱犯情情报网络，强化犯情分析制度，深入开展“四个明确，六个严厉打击”、“三个和谐”等专项整治行动，连续三年实现无罪犯脱逃、无狱内重特大案件、无重特大监管安全事故、无重特大疫情、无重特大生产安全事故的目标，成功抵御甲流侵袭。

【教育改造】　认真落实《未成年犯管教所管理规定》和《教育改造罪犯纲要》，圆满完成“三课”教育、个别教育、服刑指导、心理咨询、社会帮教工作任务。制定《五年教育改造规划》，编印《未成年服刑人员服刑指导手册》，完善教育改造制度体系。突出主题教育，强化挂牌攻坚，深化入所教育，规范出所教育，顽危犯转化率75%；罪犯守法守规率98.82%，出所考核合格率99%，心理测试率达应测人数的100%，罪犯出所评估率100%。加大电教设备，创新教学方法，规范教学科目，教学质量提高。加大基地建设，改进法制教育方法，单位形象提升。

【生产经营】　围绕“保稳定、保民生、促发展”的要求，强化风险控制，调整产业结构，成功抵御金融危机冲击。淘汰织布、手套和宝石加工项目，引进打火机电子配件、表粒加工项目；改善供电设施，确保生产用电需求；加强成本管理，发展租赁经济，搞活“三自”生产，提高经济效益。全年实现经济总收入1 812万元。

【队伍建设】　围绕建设法治平安文明和谐未管所的目标，以强化理论武装为核心，以解放思想为动力，以执政能力和先进性建设为重点，突出监管改造，推进“三化”建设；以专项活动为载体，深化党的先进性、社会主义法治理念和学习实践科学发展观专题教育，增强警察职工责任心、事业感。强化素质培训，创新培训机制，拓宽培训形式，警察职工受训面100%。加强岗位交流，优化队伍结构，增加警察编制，警囚比例提高，警力不足得到缓解。建立“七项制度”，完善奖惩办法，加强纪律作风建设，警察职工无党纪政纪处分、无违法乱纪现象。完善休假制度，组织全所警察职工外出考察，加大基层疗养力度，缓解工作压力，开阔眼界视野。加大资金投入，改善文化场所，丰富文化生活。完善老干工作制度，落实“两个待遇”。

【加大帮困力度，改善生活质量】　立足于发展成果惠及全所警察职工，从解决警察职工最关心、最直接、最现实的利益入手，积极解决警察职工住房、交通、学习、娱乐等问题。及时补发警察职工地方性津贴，人均工资收入增加6.8%。实施库改房、廉租房方案，改造住房10间，争取廉租房建设指标30套，即将有效缓解警察职工和低保人员住房紧张问题；争取上级支持，采取自筹资金办法，购置客车和公务车4辆，解决车辆紧张和车况较差问题。加大扶贫帮困力度，困难职工住有所居，低保全面落实，生活得到改善。

【布局调整】　始终把布局调整放在突出位置，更新观念，攻坚克难，深入研究，科学决策，布局调整步伐得到加快。强化请示汇报，争取省局指导帮助，省局连续两次召开局长办公会和政府协调会，专题研究解决未管所整体迁建土地、资金和发展定位问题。所党委四次研究布局调整工作，规划新所建设蓝图，成立组织机构，建立工作制度，制定工作计划，部署阶段工作。加强对外协调，积极稳妥推进新所建设规划调整、土地划拨和程序报批工作。当前，新所土地划拨、初步规划尘埃落实，前期工作有力推进，布局调整取得历史性突破。

【获奖情况】　省未成年管教所被省监狱管理局评为2009年度“监管改造工作先进单位”和“云南监狱教育改造工作先进单位”。

（朱家宏　李顺志）

经济管理

编辑：李　波

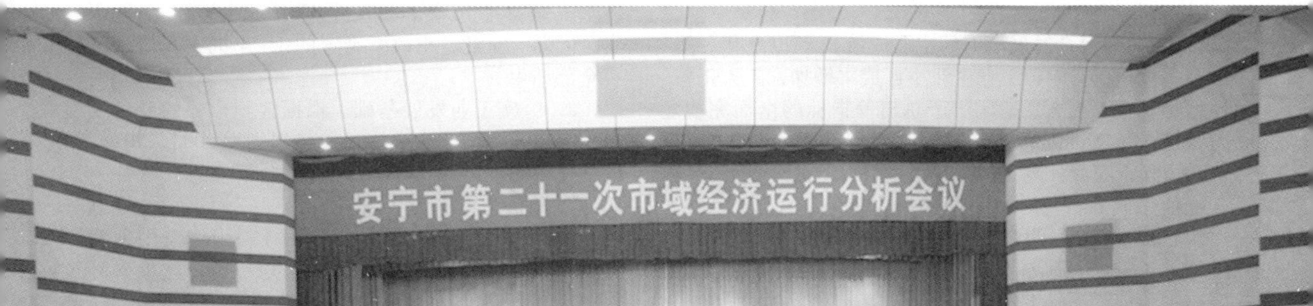

2009 年 7 月 10 日，安宁市召开第二十一次市域经济运行分析会。 （路　宽　摄）

发展改革

【年度国民经济和社会发展计划执行情况】 2009年确定的13个经济社会发展指标中：农业总产值完成11.84亿元，同比增长7.3%，完成计划的103%；地方财政一般预算收入12.8亿元，同比增长18%，完成计划的102.6%；全社会固定资产投资53亿元，同比增长41.3%，完成计划的100.8%。招商引资到位内资51.8亿元，同比增长48%，完成计划的115.2%；外资4 606万美元，同比增长5.3%，完成计划的112.3%。社会消费品零售总额25.3%，同比增长18.2%，完成计划的100%；农民人均纯收入6 170元，同比增长10.9%，完成计划的100.8%；人口自然增长率为2.26‰，城镇登记失业率为2.5%，单位生产总值能耗下降4.6%，均完成或超额完成年初任务。

【年度经济社会发展取得的主要成绩】 2009年，受金融危机的影响，工业企业生产成本增加，工人工资增幅不大，影响了地区生产总值等指标的全面完成。预计全年实现地区生产总值120.6亿元，同比增长10.2%，完成计划的92.8%；规模以上工业企业增加值完成63.5亿元，同比增长6.6%，完成计划的84.38%；城镇居民人均可支配收入18 172元，同比增长4.3%，完成计划的94.9%；规模以上工业万元增加值能耗下降1%。

1. 继续做好三农工作。新农村建设扎实推进。完成9个行政村46个自然村整村推进项目建设。经过考核，10个自然村基本达到致富发展村目标要求，36个自然村基本达到小康示范村目标要求。完成66个村一事一议财政奖补工作并通过省级验收。完成其他零星项目建设43项，撬动各级各类资金9 618万元。完成94个村（居）委会信息村创建和9个园林绿化示范村建设工作。克服困难，实现农业生产恢复性增长。面对低温霜冻灾害和初夏持续高温干旱，及时采取了救灾补损、加大科技推广力度、加快畜牧业发展、突出安全监管、推行标准化生产等措施，为农业增效、农民增收和农村社会稳定作出了重要贡献。全年完成粮食播种面积14.5万亩，粮食总产量达到52 323吨。完成蔬菜播种10万亩，总产量达22.1万吨，外销量8万吨，总产值达2.8亿元。发展特色水果基地1 201亩，种植园艺花卉14 321亩，特色农业迈出新步伐。出栏肥猪28万头，肉牛6 700头，家禽960万只，肉羊2.52万只，畜牧业完成产值5.8亿元，占农业总产值的48.98%。流转土地10 403件，流转面积3.86万亩，占耕地总面积的33.9%，提前完成了土地流转面积达25%的目标。

集体林权制度主体改革基本完成。全市林改确权面积129.9万亩，已核（换）发林权证7 962本，确权率为96.1%，确权到户率为81.8%，通过了云南省、昆明市的检查验收。实施面山造林6 866亩，实施“五采区”植被恢复1 065亩。完成义务植树6 600亩、190万株。建设苗木基地35个，总面积达到3 801亩。组织实施低产林改造示范160亩，种植经济果林（核桃）1 427亩，全面完成了全年绿化任务。继续加强护林防火工作，建设防火隔离带（防火通道）16条共114公里，年内没有发生大的森林火灾。

实施大小水利工程501件，完工489件，累计完成土石方186.9万立方米。新增灌溉面积0.11万亩，恢复灌溉面积0.26万亩，改善灌溉面积4.68万亩。改造中低产田1.97万亩，治理水土流失面积26.47平方公里，开工建设小（一）型水库1座，水利工程建设总投资6 512万元。积极组织开展王家滩水库、大营水库、龙箐水库建设前期工作。加速推进打金甸水库建设和五一水库等病险水库的除险加固工作。打金甸水库完成投资3 046万元，完成工程进度的60%；五一水库、下村箐水库、琚家营水库全部完工；八街凤仪下库完成总投资的60%，扬海坝水库、神平水库、江浸厂水库分别完成总投资的50%。实施人畜饮水工程项目16件，解决了17个村5 000人的饮水安全问题。至此，市政府确定的1～4批人畜饮水工程全部结束。

2. 夯实工业发展基础。根据客观形势的变化要求，完成了《安宁工业园区总体规划》（2008～2020）的优化调整工作。安宁工业园区由原来的“三片一基地”调整为向草铺、青龙、禄脿三镇集中，规划控制区总面积为395平方公里，可利用建设用地为67.7平方公里。完成园区总体规划环评，已报省环保厅等待审查批复；按照打造示范园区的总要求，完成麒麟片区控制性详细规划的编制工作，启动1#、2#主干道建设；工业园区快速运输通道（主城区—禄脿、草铺—县街）建设项目稳步推进。通过各方积极努力，武钢集团昆钢股份有限公司淘汰落后、结构调整、搬迁改造项目正式动工。中石油云南炼油厂项目正式落地草铺权甫，项目前期工作进展顺利，有望于2011年上半年正式动工；金方干海底物流片区征地拆迁、“三通一平”及主干道建设工程快速推进，控制性详细规划编制工作已经完成。大桃花铁路货运站征地拆迁工作有序进行，为建设云南未来最大的物流基地奠定了基础；工业园区再生水厂项目BOT投资方式招标工作结束，投资方已经确定，计划2010年开工建设并投入使用，确保昆钢草铺项目的生产用水。截污干管及污水处理厂建设项目基本完成规划布局，正积极开展给排水专项规划工作。配合云南电网公司完成草铺550kv等变电站新建、改扩建项目的相关工作。根据中石油等重大项目建设需要，积极开展草铺片区的高压线迁改工作；新增土地收储9 000多亩，全面完成年度土地收储工作任务。完成园区“五通一平”1 575亩。创建国家级经济技术开发区及创建国家新型工业化磷化工产业示范基地“两创”工作顺利推进，国家新型工业化磷化工产业示范基地通过国家工业和信息化部审查并公示；面对金融危机，安宁市采取盘存量、促增量，紧盯重点区域、重点企业，专项扶持等一系列措施，努力刺激经济增长。一是设立1 000万元新型工业化发展扶持资金，扶持项目57个。二是大力支持驻市企业向上级申报项目扶持资金：组织云南祥丰化肥股份有限公司300kt/a普通过磷酸钙技改等12个项目申报昆明市节能降耗专项扶持资金；组织武钢集团昆明钢铁股份有限公司2#130平方米烧结机烟气脱硫等16个项目申报昆明市发展新型工业化专项扶持资金；组织云南天安化工有限公司50万吨/年合成氨等11个项目申报省级财政技术改造贷款贴息资金；组织安宁锦鑫综合服务公司等24户企业申报云南省省级财政淘汰落后产能专项奖励资金。三是大力开展节能技改、淘汰落后产能工作，市属规模以上企业实施技改项目22个，累计投入资金12亿元。完成重点能耗企业能源审计11户，清洁生产审核37户，推广节能灯87万只。

3. 大力发展各项社会事业。强化科技创新，搞好科技项目及成果的管理。共组织推荐申报省级科技计划项目14项，昆明市级科技计划项目9项，争取省、昆明市资金718万元。征集到科技计划项目54项，为下年工作打下基础。新安装太阳能光伏路灯566套（盏），完成农村户用沼气池“一池三改”建设224口，完成大中型沼气建设3座，建设能源生态村4个。优化教育环境，各类教育得到了持续、快速、健康发展。宝兴学校（二期）工程，安宁职中学生宿舍、食堂新建，安宁实验学校建设工程竣工投入使用；青龙学校异地新建主体工程竣工；安宁二中改扩建工程开工建设，主体工程竣工。“农村中小学现代远程教育班班通工程”竣工投入使用；小学适龄儿童入学率与毕业合格率、初中入学率均达到100%，幼儿入园（班）率84.18%，高考综合上线率96.87%。普教与职教招生比例接近1:1.19，普高与职高的结构性比例更加合理。民办教育持续发展，年内新办中等职业学校1所、民办教育（培训）机构6个，民办幼儿园7所。至今全市有各类民办教育机构38所，民办学校现有中小学在校学生3 829人，中职生686人，在园幼儿5 338人。突出重点，卫生工作扎实有力。市人民医院住院大楼动工建设；昆钢医院改扩建，中医院、市妇幼保健院择址新建项目前期工作稳步推进。完成了8个村卫生室和1个社区卫生服务中心（站）新建。引进的安宁重生老年病医院、安宁真爱妇科医院已正式运营；云南德安医院、昆明鼎立医院开工建设。不断巩固加强新农合，参合率达99.7%。做好各类传染病的预防控制工作，全年无重大传染病爆发流行。大力开展爱国卫生运动，已向全国爱卫会申报创建国家卫生城市。文化、体育、旅游事业蓬勃健康发展。完成2个文化站、14个村文化室的新建（改扩建）及2个博物馆的建设工作。春节文化系列活动丰富多彩，文艺创作辅导与培训、非物质文化遗产保护、图书馆等工作取得新的成绩。群众体育、竞技体育成绩显著，家庭、社区、趣味运动会形式多样，组队参加了云南省、昆明市多项赛事获得好成绩。完成《安宁金色螳川旅游区4A级景区总体规划》编制；完成10户农家乐的星级评定；积极培育发展南部红色·生态旅游。全年接待旅游人次达到200万人次以上，旅游综合收入1.6亿元。安宁新闻制作了231期，采编新闻1 920条；制作播出栏目118期。安宁人民广播电台共播出各类节目196期、1 380小时。新闻宣传报道紧扣市委、市政府中心工作，宣传了政策、鼓舞了士气、凝聚了人心。

【经济社会发展中存在的主要困难和问题】 2009年，安宁市经济社会发展取得一定成绩，但也存在一些困难和问题。1. 金融危机对全市实体经济的影响还未消除，经济发展面临的不确定、不稳定因素还比较多。2. 经济支柱单一，中小企业、民营经济发展较慢，经济实力较弱；农业产业化经营水平低，抗风险能力差；第三产业发展滞后，服务业有效需求不足，工业对城镇化发展和农村的发展带动作用不强；低水平加工业比重过大与高附加值产业成长不足并存，制约了产业升级和增长方式转变。3. 工业园区基础设施相对较为滞后。土地指标有限，项目等土地的问题十分突出。4. 融资渠道较为单一，财力与需求的矛盾突出，建设资金瓶颈仍亟待缓解。

【年度计划、各项规划编制】 面对国际金融危机对我国经济影响的蔓延和加深，安宁市经济发展出现增速下滑的严峻形势。在认真总结上年全市计划执行情况的基础上，经过深入调查研究，紧紧围绕“十一五”规划的总体目标，在综合分析有利条件和不利因素的基础上，形成了《安宁市2008年国民经济和社会发展计划执行情况及2009年国民经济和社会发展计划（草案）的报告》的编写，经市四届人大二次会议审议通过。同时，完成了《安宁市十一五规划中期评估报告》通过人大常委会审议、《安宁市工业产业发展规划》通过专家评审，并得到了云南省工业和信息化委员会的核准；《安宁市功能区规划》的编写接近尾声，《安宁市产业发展规划》已编写出思路稿；《安宁市经济和社会发展第十二个五年规划纲要》的编制工作进展顺利，课题研究基本结束，完成了《安宁市经济和社会发展第十二个五年规划》初稿。

【建设项目投资管理服务】 2009年，市发改局对建设项目是否符合国家法律法规、产业政策等方面进行审查。截止9月共审批、核准和备案基本建设投资项目493个，项目计划总投资103.93亿元，其中政府性投资项目126个，计划投资26.41亿元。积极为安宁市基本建设投资项目申报国家、省和昆明市资金补助，1～9月共争取中央预算内投资、省预算内投资（贴息、地方债券）和昆明市补助资金共计6 712.2万元。上报安宁市2010年争取中央投资计划项目11个：即市妇幼保健院、中医院、昆钢医院、草铺卫生院、八街卫生院、太平卫生院、760套廉租房、普渡河安宁段综合整治、王家滩水库、县街小箐口水库和温泉冷热水管网分离项目。

【价格管理】　完成了2009年度《收费许可证》年度审验工作，共审验《行政事业性收费许可证》（含医疗单位）正本66个、副本78个，注销正本12套、副本17个，新补办《收费许可证》3套。对涉案物品价格进行认证，全年受公安机关委托，涉案物品价格认证201件，认证涉案金额255.25万元。按照国家、省和昆明市有关改革资源性产品价格，合理利用资源，促进经济社会可持续发展的要求，市发改局及时对全市的资源性产品和服务收费价格进行了改革：一是按照法定程序，通过成本审核，组织召开价格听证会，并对八街集镇部分村民用水户进行了走访调查征询意见，于2009年3月改革了八街集镇自来水供水价格；二是2009年9月6日按法定程序组织召开了安宁市出租汽车客运价格听证会，听证报告经市政府法制办审查通过后在云南省政务网上进行公布，对拟调整的价格方案报安宁市政府常务会议研究同意，于2009年11月1日起调整了安宁市出租汽车营运价格；三是通过对安宁市城市供水价格和污水处理费价格成本进行监审，经市政府同意，发改局于2009年9月25日按照法定程序组织召开了价格听证会，撰写听证报告经安宁市政府法制办审查通过后在云南省政府网进行了公布，向市政府报送了安宁市城市供水和污水处理费价格拟调整意见，2009年12月31日经市政府常务会议研究，即将改革安宁市的城市供水和污水处理费价格。加大对市场价格的检查力度，特别是节日期间的市场价格监督检查，组织安宁市职工物价监督站对安宁市商场、商铺和集贸市场、旅游景点的明码标价、短斤少两等进行检查，制止价格欺诈，规范市场价格行为；对汽车客运站的服务收费进行了检查。1～9月共处理价格投诉案件15件，信访局和市政府纠风办交办的信访件4件。主要涉及物业收费、机动车停车收费、行政机关培训收费、中介评估收费、出租汽车客运收费等，及时进行了调查处理，回复了投诉人。

【粮食管理】　围绕《2009年昆明市粮食行政首长负责制目标管理责任书》和《昆明市粮食系统2009年目标管理考核责任书》的具体内容和要求，切实抓好粮食管理工作。在安宁市粮食清仓查库领导小组的正确领导下，全面完成全市粮食清仓查库工作。加强对储备粮进行监管，进一步实现科学储粮，使其做到数量真实、质量优良，让政府和人民放心。结合农村矛盾纠纷集中排查化解工作，开展为期7天的粮食工作调研，细致分析本系统存在的突出问题，为确定今后工作思路和重点提供科学依据。督促企业扭亏增盈，优化生产经营模式。两家粮食企业预计到年底可完成昆明市粮食局下达的年销售额5 500万元、利润38万元的指标。加强对军粮供应站的服务和监管工作，严格执行军粮供应政策和有关规定，坚持检查制度，做到定期检查发现问题及时解决。完成了2008年度安宁市社会粮食、食用植物油及油料供需平衡调查工作。严格履行对两家粮食企业的安全生产每月检查制度，帮助其建章立制，做到组织机构健全、人员经费落实、工作台账完善。完成“安宁市粮食局关于开展粮食供应应急体系建设情况的调研报告”。理顺了7个粮管所的国有资产管理机制。9月17日，参加安宁市科普活动周活动，完成粮油科技活动周任务；9月19～23日，参加并积极组织粮食企业进行昆明国际花卉展暨第五届昆明国际农业博览会会展。

【招商引资】　2009年，为迅速掀起大招商、大引资、大开工、大建设的招商引资热潮，全面提升安宁市招商引资质量和水平，努力实现招商引资新突破、新跨越，推动市域经济又好又快发展，主要采取了以下措施：一是搭建招商平台；二是细化招商任务；三是完善招商机制；四是创新招商思路；五是加大项目包装和项目初审力度；六是认真组织招商引资百日竞赛活动及到位资金月报制度；七是严格招商引资推进督办问责；八是积极组织筹备参与一系列节会活动。

坚持外引内培的发展战略，在市委、市政府的高度重视下，通过狠抓落实，招商引资工作取得新成绩。全年参加省内外招商引资洽谈会5次，洽谈项目16个，协议投资约60.4亿元。新开工项目43个，竣工项目25个。实现昆明市外实际到位内资51.8亿元，外资4 606万美元，全面完成了昆明市下达的目标任务。在招商引资过程中始终严把项目准入关。全年初审项目79个，淘汰投资强度低、技术落后的项目13个，对污染大、无税收贡献的项目直接予以拒绝。项目初审制度保证了新上项目的质量，对安宁市发展循环经济，走新型工业化发展道路起到积极作用。

【武钢集团昆钢公司草铺项目建设推进】　2009年，市发改局配合昆钢园区办完成了林地预审、环评、水土保持、矿压、土地预审等基本建设审批手续。安宁市财政投资完成了项目用地红线内国防光缆、移动、电信等弱电线路迁改以及移民搬迁、企业搬迁、渣场搬迁、坟墓搬迁等工作，对高压线的迁改正加紧推进。

【中石油云南炼油厂项目前期工作】　根据2008年12月昆明市政府召开的对炼油厂项目安排工作有关会议，安宁市发改局会同有关部门正在开展安宁权甫选址前期工作：①用地现状调查，用地报批和征地拆迁补偿工作。②草铺片区环境影响报告书编制及报批工作。③生产、生活用水规划编制。安宁草铺片区生产水厂前期工作完成，准备工程招投标，采用BOT方式建设；新建王家滩水库解决炼油厂和石化项目生活用水。地质灾害评估报告、矿产压覆报告已上报云南省国土资源厅批复，同意建设方案；可研报告已于7月2日组织专家评审，待批复；移民淹没报告报昆明市移民局，待批复。④草铺片区截污管网规划、建设的前期工作。⑤进厂公路设计方案前期工作。⑥正在与昆明铁路局对接铁路整合方案审查工作。⑦昆明市供电局已完成草铺片区供电可行性研究报告，纳入供电规划。

（孙汝明）

经济贸易管理

【概述】 经济贸易管理是安宁市经济贸易局三项主要职能（即：经济贸易管理、工业经济管理及乡镇企业、非公经济管理）之一。2009 年，安宁市经济贸易局在行使经济贸易管理职能中主要开展了编制《安宁市优质服务业发展规划》，招商引资，对外贸易管理，市场秩序规范整顿，外商投资企业设立、变更审核及审批，煤炭经营许可证初审，生猪定点屠宰厂（场）设立审核，石油成品油零售（加油站）经营资格年检、变更，酒类流通备案登记，大中型商业网点设立审核，出具直销服务网点设立认可函等项工作。

【编制《安宁市优质服务业发展规划》】 按照《中共安宁市委办公室、安宁市人民政府办公室关于对2009 年经济社会工作目标责任内容进行立项督查的通知》文件精神，市经贸局在 10 月 30 日前完成了编制《安宁市城市商业网点和优质服务业发展规划》的任务，供市委、市政府和专家评审。该《规划》以《国务院关于加快发展服务业的若干意见》、《昆明市国民经济和社会发展第十一个五年计划规划纲要》、《昆明市服务业发展“十一五”规划》和《安宁市城市总体规划（2008 ~ 2030）》等 10 余个各级社会经济发展规划和服务业有关要求及安宁经济发展史料为依据，结合安宁现状，遵循“快速、协调、公平、融合、集约”的原则，突出协调性、层次性、地域性、环境性、引导性、综合性、营销性、战略性、可持续性发展等九大特点，分为 2009 ~ 2012 年的近期规划、2012 ~ 2020 年的中远期规划。其范围为安宁境内南北长约 66.5 公里、东西宽约 46.5 公里、总面积1 301平方公里，包括了安宁市连然、金方 2 个街道办事处和太平、草铺、温泉、县街、八街、禄脿、青龙 7 个镇。

【招商引资】 2009 年共接洽并签署招商引资协议投资项目 13 个，协议引资 20.56 亿元人民币，外资 26 万美元。到位资金 1.08 亿元人民币、外资 26 万美元，圆满完成招商引资任务。

【进出口贸易】 2009 年因受国际金融危机影响，出口价格持续降低、订单减少、国家关税提高，全市共完成外贸进出口额总值8 981万美元，占全年任务16 047万美元的 55.96%。

【成品油零售企业经营资格年检】 2009 年 4 月，市经贸局按照昆明市商务局《关于开展 2008 年度成品油零售企业经营资格年度检查工作的通知》要求，对辖区内所有加油站（点）的《成品油零售经营批准证书》进行了年度检审，顺利完成了 31 家企业的年检工作。全年安宁市内共计销售成品油176 870.92吨，其中柴油134 768.26吨、汽油42 102.66吨；中石油和中石化分别销售71 186.92吨和105 684吨；成品油销量同比增加 13.4%。完成了天达实业化工有限公司加油站原址改造备案工作；接待并告知了 3 家拟新建加油站企业的申办流程；审批了 3 个搬迁、4 个新建加油站的选点上报工作。

【加油站安全检查】 2009 年 9 月 15 ~ 16 日，由市经贸局牵头，联合市安监局、市消防大队对域内加油站进行“加强消防和安全生产工作”的专项联合检查。通过联检，提高了加油站、油库对安全经营重要性的认识，进一步增强了安全管理的精细化和清晰度，从本质上提高全市加油站的整体安全管理水平。为“平安安宁”的创建，打造软环境建设和建国 60 周年大庆创造良好的环境。

【煤炭经营企业许可证年检】 全年共完成了对安宁市 8 家煤炭经营企业经营许可证的年检初审工作，并及时上报昆明市、省煤炭厅检审。办理了新增 4 家煤炭经营企业经营许可证初审工作。

【撰写各项专题报告】 在认真学习领会昆明市有关城乡一体商贸网络体系建设文件精神、分析和研究了安宁实际情况的基础上，完成了《安宁市关于城乡一体商贸网络体系建设的实施意见》的制定工作，并报市政府审定。为防控甲型 H1N1 流感，制定了《安宁市经贸局防控甲型 H1N1 流感应急预案》。为帮助企业走出金融危机带来的困境，促进安宁经济平稳、健康发展，深入企业进行调研，为企业排忧解难，并完成了《市政府领导“进企业化危机解难题促发展”第四调研组调研报告》的撰写工作。

【“万村千乡市场工程”建设】 2009 年，为加强“万村千乡市场工程”建设的协调、指导、监督和服务工作，市经贸局多次到乡村调研，深入了解万村千乡店的建设和运行情况。根据昆明市商务局的安排，结合本市实际，及时制定全年工作计划。一是做好发展规划，初步完成了 2009 年 10 个新店建设的选点及定点工作，并确定老店提升改造方案；二是加强“万村千乡市场工程”建设的协调、指导、监督和服务工作，建立长效管理服务机制，确保农家店和商品配送中心的建设和经营规范化，提高经营水平；三是认真做好《安宁市“万村千乡市场工程”工作总结暨表彰会议方案》。

【酒类流通备案登记管理】 2009 年，为进一步推动酒类流通备案及随附单制度的贯彻落实，安宁市经贸局主动与省商务厅、昆明市商务局、云南省酒类管理协会对接，在安宁电视台及工商局的支持下，有 35 家经营户完成备案登记，12 家发放使用随附单。目前此项工作正在有序进行中，并及时把备案登记情况及随附单的发放使用管理程序上网填报到云南省商务厅酒类流通管理信息系统。

【农贸（集贸）市场调研】 于年底前完成了对连然、华西2个标准化农贸市场的验收工作和对全市农贸（集贸）市场基本情况的调研。目前全市有16家农贸（集贸）市场，其中农贸市场7家、集贸市场8家、批发市场1家。

【“家电下乡”惠农工作】 2009年3月1～18日，市经贸局与相关单位配合，完成了商务部家电下乡信息管理系统的激活、登录以及乡镇管理系统的录入，确定了3家第一批备案的家电零售点：安宁市金方商业集团有限责任公司、云南苏宁电器有限公司安宁连然街店、中国电信股份有限公司安宁分公司。4月21日，安宁市家电下乡工程正式启动。8月，安宁市家电下乡领导小组按照国家相关政策要求，新增家电下乡产品——太阳能热水器，并对安宁市朝祥太阳能设备经营部进行备案，太阳能热水器中标产品为玉溪太标牌太阳能。同时为联想和清华同方授权的安宁腾翔科技有限公司、安宁网盛信息技术有限公司2家销售企业颁发了“家电下乡指定店”授权标示牌。9月，全市家电下乡产品新增2类：电磁炉、微波炉。家电下乡产品增至8类：彩电、冰箱、手机、洗衣机、电脑、太阳能热水器、电磁炉、微波炉。全年全市8类家电下乡产品投入市场共计销售4 043台（件），销售金额7 599 387元；共计补贴3 577台（件），对购买家电的农村村民发放补贴金额达872 114.23元。

【开展汽车摩托车下乡工作】 按照财政部等7部委联发的文件要求，市经贸局迅速开展“汽车摩托车下乡”工作。分别于2009年8月4日、8月6日召开了两次汽车摩托车下乡工作协调会，就汽车下乡实施方案、组织机构、实际工作中的相关问题进行了协调。通过与市财政局、公安局、发改局等9个部门充分沟通，于2009年8月21日下发了《安宁市汽车摩托车下乡实施方案》。截止2009年10月28日，安宁市共销售农村汽车摩托车1 005台，为购车村民补贴资金共计257.7万元。

【生猪定点屠宰管理】 2009年，市经贸局加强生猪定点屠宰管理工作，确保上市猪肉安全，让市民吃上放心肉。1～9月份共组织检查670人次，出动车辆56辆次，检查市场36个，查处违法6起，对不合格产品进行没收，接到举报点外私宰猪肉2户，作出教育处理1起。全市1～9月份共屠宰生猪106 266头，检出不合格产品116头，全部作无害化销毁处理。9月15、16日两天，组织联合检查组对全市的猪肉市场和生猪定点屠宰场进行大检查。共检查了生猪定点屠宰场5个，猪肉经营户320余户。通过对农贸市场经营户的票证和肉品质量的检查，没有发现注水猪肉和病害猪肉上市，肉品质量较好。

【绿色饭店、绿色商场创建】 2009年，市经贸局在全市继续推进“绿色饭店”和“绿色商场”创建工作。完成2家“绿色饭店”和1家“绿色商场”的创建，并对过去已“创绿”的企业，经常督促检查，使其保持绿色形象。

【再生资源回收体系建设】 再生资源回收利用对安宁经济发展及创建全国文明城市、卫生城市起到积极的推动作用。2009年，市经贸局对安宁辖区内2家具有合法认证资质的回收公司（安宁供销合作社物资回收公司、安宁物资总公司回收公司）做了2009年资格备案登记工作，引导安宁物资总公司在12月底以前完成一个分拣中心建设并投入使用，同时完成全市35个绿色回收站（点）建设任务，并投入生产使用。

【开展汽车以旧换新工作】 为做好汽车以旧换新工作，2009年8月21日，按照昆明市经济委员会要求，安宁市经贸局选派专人参加了汽车以旧换新工作培训，并按照财政部、商务部2009年第20号公告、昆明市经委等4部门联发的《昆明市汽车以旧换新工作实施方案》等文件精神，起草了《安宁市汽车以旧换新工作实施方案讨论稿》，于9月2日联合市财政局、环保局、公安局等部门讨论，10月12日下发了《安宁市汽车以旧换新工作实施方案》，安宁市汽车以旧换新工作就此全面展开。

【市场监测】 2009年，为加强市场监测，及时掌握节日市场供应情况，市经贸局按照上级商务部门要求，安排专人对市场日常运行情况、节日期间市场价格和食品安全进行监督检查。严厉打击制售假冒伪劣商品活动，进一步净化商品市场，积极配合工商局、食药监局等成员单位，针对每个节日及时段特点，认真对食品生产、加工、流通、消费等重点环节、范围进行检查，对检查中存在的问题，当场提出整改和限期整改意见。通过严格规范食品安全管理制度，不断提高经营者食品安全意识，严把食品进货渠道，保证了公众饮食安全。

（张仕能）

工业经济管理

【概述】 2009年是安宁市工业经济发展最为艰辛的一年。全市以82户规模以上工业企业为安宁市经济工作重点，通过重点区域企业帮扶，全面加速推进新型工业化进程，坚持深化企业改革，加快工业结构调整，推动企业技术进步，提高对外开放水平，加强经济运行的宏观调控等一系列保民生、保就业、保增长、促发展的措施，保证了各项经济指标任务的圆满完成。市经济贸易局在行使工业经济管理职能中，认真开展节能减排、清洁生产；安全生产、法制教育；新型工业化技改项目、节能减排项目、资源循环利用项目投资管理；资源循环利用企业申报；能源审计等项工作，为安宁工业经济的发展作出了积极的贡献。

【清洁生产管理】 2009年，市经贸局在实施清洁生产管理中，对重点企业进行清洁生产审核验收。2月14～20日，由市清洁生产办牵头，市环保局、工业园区管委会，企业所在镇、街道办事处，省清洁生产协会、省清洁生产中心专家组成验收组对云南昆钢桥钢有限公司等9户2008年实施清洁生产审核重点企业进行清洁生产审核验收。验收组分别听取了9户企业清洁生产审核工作情况报告，并对企业实施的中/高费方案进行了现场查验。经过认真查验，云南昆钢桥钢有限公司、昆钢桥钢350轧钢厂、昆钢桥钢异型轧钢厂、昆明正大有限公司、昆明三合钢结构制造有限公司、安宁云科化肥有限公司、昆明汇泉高纯半导体材料有限公司、安宁立方新型建材有限公司、昆明华凌高恒磁性材料有限公司等企业实施的轧钢冷却循环水系统改造项目、蓄热式加热炉改造、大功率风机变频装置、钢管相贯线切割机、冷却水循环利用系统、制浆与回浆循环使用系统、水幕除尘系统等项目产生了明显的经济效益和环境效益，受到验收组专家的一致肯定。11月9～14日、12月22～25日两次组织对第二批企业进行清洁生产审核验收，云南安宁磷化工厂等35家企业获得通过。

【清洁生产、节能管理人员培训】 2009年4月8～14日，市经贸局组织各镇、街道办事处，市节能减排、清洁生产各有关成员单位，20户重点耗能企业、2006年以来开展清洁生产审核工作的企业，举办安宁市2009年清洁生产审核员培训班，共有400余人参加培训。6月9～10日，举办有各镇、街道办事处村镇规划中心主任、市级10个重点涉能单位节能减排工作分管领导及科室负责人、30户重点耗能企业能源管理（项目管理）、财务人员，年综合能耗低于2 000吨标准煤的53家规模以上企业、50户依法开展清洁生产审核工作重点企业，市域内房地产开发企业及建设公司等单位领导和统计人员参加的节能管理人员培训班，共270人参训。

【节能减排、清洁生产工作会议】 2009年5月21日，市经贸局节能减排、清洁生产领导小组办公室组织召开2009年安宁市节能减排暨清洁生产工作会议，市委副书记尹贵生到会颁奖并作讲话。会上授予昆明钢铁集团有限公司等2户企业安宁市2008年度节能减排突出贡献奖；云南弘祥化工有限公司等13家企业节能减排优秀奖；对30名先进个人给予表彰奖励；经贸局局长汪德华与云天化国际化工有限公司等企业、各镇、街道办事处、重点涉能单位和重点耗能企业代表签订了《安宁市2009年节能减排目标责任书》；下发了《关于深入开展驻市重点企业清洁生产审核工作的通知》要求2009年市域内50户重点清洁生产审核企业于6月15日前全面启动审核工作。

【重点能耗企业能源审计】 2009年5月，根据昆明市节能减排工作领导小组办公室《关于昆明市2009年组织开展能源审计工作的通知》要求，经贸局下发了《安宁市2009年组织开展能源审计工作的通知》。要求市域内20户年综合能耗5 000吨标准煤以上且未完成能源审计的重点耗能企业必须于6月30日前完成能源审计工作，并将10户年综合能耗2 000吨标准煤以上重点耗能企业纳入2009年能源审计重点名单，提出企业必须于12月15日前完成能源审计工作的硬性要求。经统计，目前安宁市年综合能耗5 000吨标准煤以上重点耗能企业中，除昆明云华玻璃厂因淘汰落后、彻底停产无法开展能源审计工作外，已有17户完成能源审计工作；10户年综合能耗2 000吨标准煤以上重点耗能企业中，已有6户完成能源审计工作，其余企业正在进行前期准备。

【积极申报专项扶持资金】 为抓住国家实施扩内需、保增长经济刺激计划的重大机遇，1～5月，组织云南祥丰化肥股份有限公司300kt/a普通过磷酸钙技术项目、云南安宁龙宝化工有限公司3 000kw/a余热发电项目等12个项目申报昆明市节能降耗专项扶持资金。组织武钢集团昆明钢铁股份有限公司2#130平方米烧结机烟气脱硫项目、云南大西洋钛业有限公司烧结焊剂扩能技改项目等16个项目申报昆明市发展新型工业化发展专项扶持资金。组织云南天安化工有限公司50万吨/年合成氨项目、云南昆钢嘉华水泥建材有限公司4.5MW＋7.5MW出低温余热发电工程等11个项目申报省级财政技术改造贷款贴息资金计划。组织安宁市太鑫造纸厂、安宁市桃花化工厂等24户企业申报云南省省级财政淘汰落后产能专项奖励资金。

【清理整顿“五小”企业】 2009年9月30日，随着天马化工厂生产设备的拆除，安宁市清理整顿“五小”企业工作顺利结束。共关停淘汰“五小”企业43户，为彻底排除螳螂川沿线氟化物污染源、优化产业结构腾出了发展空间。

【实施节能技改，淘汰落后设备】 2009年，市属规模以上工业企业技改项目23个，累计技改投入资金12亿元，一批重点企业实施了技改扩能项目。云南华电昆明发电有限公司实施2×300MW机组能源优化节能技术改造项目，8月7日通过重庆市财政投资评审中心和重庆节能技术服务中心组织评审，通过技术改造，公司年节约标准煤45 000吨；昆明钢铁股份有限公司淘汰3台20平方米烧结机改造工程、2×120万t/a氧化球团完善工程经省节能办评审准予通过；云南昆钢新型建材公司30万m^3/a蒸汽加压混凝土砌块及1亿块/a混凝土砖项目按期实施；云南天宁矿业有限公司淘汰2条8万吨/年矿粉生产线，每年可节约用电384万千瓦时，减少排放二氧化碳1.2吨，粉尘7.1万立方厘米；昆钢第二烧结厂拆除巨型烟囱，每年减排二氧化硫约3 500吨；昆明安宁广明水泥厂淘汰落后立窑及30万吨生产线，更新节能增效装置。各企业通过技术升级改造，生产能力进一步扩大，技术装备水平进一步提升，产品附加值进一步提高，市场竞争力进一步增强，为来年经济发展奠定良好基础。

【全面推广高效节能灯】 2009年7月15日，由安宁市节能减排工作领导小组主办，广东雪莱特光电科技股份有限公司、浙江阳光集团股份有限公司、佛山照明有限公司协办，安宁市2009年高效照明产品节能灯推广工作启动仪式在安宁市娱乐中心广场隆重举行。2009年省节能办下达安宁市任务是确保推广50万支，努力完成80万支，力争突破100万支高效照明产品节能灯。到年底节能灯推广已完成了87万支，超额完成下达的推广任务。高效节能灯的全面推广取得了良好的社会效益和经济效益。

【服务企业保增长】 一是抓重点优势企业保增长。着重抓好昆钢、云天化、弘祥化工、嘉华水泥等82户规模以上优势企业的保增长工作，全方位、多层面，逐一对接、"一企一策"，确保重点优势企业满负荷生产，让优的更优、好的更好。二是抓好加快项目达产。抓好云南昆船瑞升技改项目、大西洋钛业有限公司烧结焊剂技改项目、昆明二电厂技改项目、昆明钢铁股份有限公司18个技改项目及富瑞分公司2×80万吨/年硫磺制酸余热回收（HRS）综合利用项目，做好项目跟踪协调服务工作，力争项目早达产，早做贡献。三是抓重点工业项目竣工投产工作保增长。对安宁凯鑫冷轧钢板有限公司900四辊直流四连冷轧机带精深加工生产线项目、云南景成基业材料有限公司年产30万方混凝土砌块生产线项目等已竣工投产的工业项目，重点保障企业生产经营条件，鼓励企业开足马力加快生产；对即将竣工投产的项目，加强动态跟踪，主动帮助企业完善投产条件。四是抓重点区域保增长。规模总量大、发展势头好的工业园区、金方街道、连然街道、青龙等重点区域，作为保增长的主战场，充分发挥其龙头作用、引领示范效应和产业集群效应，进一步增强紧迫感和危机感，强化对企业的协调和服务，推动优势骨干企业加速发展。五是抓工业园区保增长。进一步完善园区基础设施建设，培育以草钢、云天化支柱产业、龙头产业的同时，合理引导、逐步解决工业产品单一、档次较低、结构性矛盾突出的现状，减轻资源依赖型产业比重，加大新型产业和高新技术产业比重。逐步解决园区内工业企业工艺简单，企业管理、经营管理滞后，技术更新改造滞后，节能降耗、综合利用水平比较低等问题，科学、合理培育衍生产业，健全产业链。

（张仕能）

统　　计

【圆满完成统计报表任务】 2009年，安宁市统计局强化举措，圆满完成了各项统计报表任务。把统计数据质量放在首位，按照国家、省、市关于对主要数据质量进行质量评估制度的要求，定期召开评估会，对上报的各专业数据质量进行评估验收，坚持以GDP评估为龙头，专业评估与综合评估相结合，以专业数据间的逻辑一致性，主要社会经济发展指标的匹配性及社会经济发展形势与趋势分析等方面对各专业数据进行评估；继续加大对源头数据质量的控制，规范工作流程，加大审核力度，发现问题、查明原因，及时予以纠正；加强对基层统计人员的指导，建立健全台账、原始记录并定期进行检查，推进统计基础工作的规范化、制度化，保证源头统计数据质量。在抓好数据质量的同时，按照国家统计制度的要求，全局干部职工克服人少、任务繁重的困难，对2008年年报和2009年定期报表进行认真研究部署，严格按照规定的时间和质量上报各项报表，全面优质地完成了2008年年报和2009年定期报表的收集、整理、汇总及上报工作。

除了完成国家统计调查任务外，统计局围绕市委、市政府重点抓好了以下工作：一是进一步加强国民经济综合核算。建立各专业间的协调和联审机制，着力提高GDP的综合核算数据与专业统计调查数据的匹配性，进一步完善了按经济成分划分的生产总值核算制度，强化三次产业基础数据统计调查规范工作，为GDP数据的统计计算奠定基础。二是切实加强能源统计。按照《国务院批转节能减排统计监测及考核实施方案和办法的通知》要求，建立健全能源统计台帐，逐步建立细化、完善的能源统计监测体系，客观准确地反映能源消耗和节能降耗情况，为节能降耗责任考核提供科学依据。二是切实加强服务业统计工作。按照《昆明市人民政府关于加强服务业统计工作的通知》要求，加强服务业统计工作的领导，严格执行《昆明市服务业统计报表制度》规范统计调查方法，建立了面向全行业的服务业统计调查制度。四是加强重点建设项目的跟踪统计。在金融危机的背景下加强项目跟踪调查，与市委招商考核办、目督办等部门对全市所有重点招商引资项目进行实地调研，准确把握全市各重大项目的建设进度。五是以新农村建设统计监测为契机，以农村经济核算为龙头，重点抓好新农村建设进程监测，农民增收统计监测和粮、油、蓄统计监测，采取多种有效办法，提高农业经济核算数据质量。六是加强统计信息化建设。积极构建网络健全、程序统计、运转高效、方便快捷的统计信息化支撑体系，全面实现了工业、批发零售贸易业、房地产业、建筑业和镇（街道办事处）的联网直报，减少了人为干扰因素，确保数据质量，既减轻了基层负担，又提高了工作效率。

【农村和城市居民住户调查】 2009年，安宁市统计局继续开展对城市100户住户和农村80户住户调查的业务指导工作。安宁市2009年农民人均纯收入6 170元，比上年增长10.9%；城镇居民人均可支配收入18 138元，比上年增长4.1%；城镇人均住房建筑面积33.19平方米；农村居民人均居住面积39平方米。

【专项调查】 2009年，安宁市统计局在认真开展各项工作的基础上，继续开展专项调查工作：为了解规模以下（年销售500万元以下）个体工业的基本情况，分4次对12户法人企业和35户个体企业开展规模以下工业企业抽样调查；为进行市场管理和宏观调控以及国民经济核算提供准确可靠的统计数据，对64户限额以下批发和零售业、住宿和餐饮业企业和个体工商户进行了调查；在全市抽取350家单位开展服务业统计工作；根据《国务院办公厅关于建立劳动力调查制度的通知》的要求，在安宁市连然街道办事处百花社区和金方社区每月各抽取20户开展2009年大城市月度劳动力调查工作；为加强畜禽生产监测，布置畜禽监测任务，以镇（街道办事处）为单位、各村（居）委会为龙头对36户生猪养殖户、35户养鸡户、1户奶牛养殖户、1户肉牛养殖户、1户养鹅户，按月进行畜禽监测统计工作；根据省委组织部和省统计局的安排开展乡村干部公信度调查；根据昆明市统计局的安排开展流动人口计划生育管理测评；配合国家统计局、昆明市调查队开展了环境满意度调查和警民关系调查；开展了2户成品油调查和2户房地产成本抽样调查。通过开展各项专项调查，对统计工作进行了补充，丰富了统计信息，为各级党政部门快速掌握全市国民经济情况，科学决策起到了信息保障作用。

【统计优质服务】 2009年，金融危机席卷全球，出口及实体经济受到明显影响，安宁市经济社会发展压力加大。统计局牢固树立“为安宁经济社会率先发展、科学发展、和谐发展是统计工作第一要务”的理念，立足于满足党政机关和社会公众对统计调查的需求，加强统计调查的分析研究工作，充分利用统计调查数据及时撰写分析报告，增强统计分析服务的敏锐性、主动性、预见性、实效性。一是全力以赴为“两会”和市党代会做好服务，为政府工作报告和党代会工作报告及时整理提供各项国民经济发展统计资料；二是围绕安宁市实施“工业强市”，促进市域经济快速健康发展的要求，按月编制国民经济发展综合资料；三是围绕市委、市政府及社会关注的热点、焦点和难点问题，深入调查，广泛研究，为党政领导和社会公众提供准确、及时、有用的信息，增强统计服务的针对性；四是密切关注经济运行情况及重大决策在贯彻落实过程中出现的新情况和新问题，加强对经济运行情况的监测和分析，提供市委、市政府领导参考；五是对市委、市政府主要领导尚未引起重视，上级规定和要求必须列为对市委、政府班子考核的关键指标，如GDP、节能降耗等，及时发现倾向性、苗头性问题，主动出击，提前介入，搞好分析研究，提出可行性的意见和建议；六是继续健全统计预警监测体系，探索建立经济领域重大情况应急报告机制，进一步加强对生产、销售、投资、消费、就业等领域运行情况的监测，密切监测重点企业、用电量、交通运输量，贷款总额及增长率等方面的变化情况，提高监测水平；七是落实好经济形势分析制度，为市委、市政府召开经济运行分析会按月度（季度）整理撰写安宁市经济运行情况分析分发参会领导；八是综合、工业、农业、固定资产投资、建筑业、批发零售贸易餐饮业、城乡调查等各专业按季度反映出全市各行业经济发展情况及存在的问题报送市委、市政府领导和各职能部门及时掌握情况；九是加强与广播、电视、报刊等新闻媒体的联系，充分发挥信息资源的社会效益，增强统计服务的多样性；十是抓紧整理2008年各项统计资料，完成《安宁市2008年社会经济统计年鉴》编辑工作；十一是为市委、市政府制定各种规划提供详实的统计数据，2009年上半年提供各类统计信息45期。

【统计执法】 2009年，安宁市统计局以《统计法》颁布25周年为契机，按照“五五”普法规划，深入开展形式多样的统计普法宣传，创新普法形式，丰富普法内容。一是结合统计注册登记，发放相关统计法规资料；二是在各种统计业务培训会上认真组织参会人员学习统计法律法规；三是结合各项普查和调查向社会宣传法律法规。通过普法宣传，进一步提高全社会的统计法律意识，形成全社会关注重视、支持和配合统计的良好氛围。在依法统计方面，规范行政处罚行为，坚持“教育为主、处罚为辅”的原则，把执行法律的规范性和坚持从实际出发的灵活性结合起来，进一步更新执法观念，创新执法形式。借经济普查之机组建执法检查组，与有关部门联合集中力量针对经济普查、节能降耗统计、新开工项目和从业资格认证等重点领域开展检查，为各项统计工作的开展创造良好条件。支持全市各级统计部门依法行使统计调查、统计报告和统计监督的法定职权，通过法律的引导、规范，保障和推动统计工作的改革和发展。

【统计单位注册登记】 结合统计执法检查，促进统计单位注册登记及年审工作。统计局于2009年3月向各单位发放了《安宁市统计局关于开展2009年统计单位注册登记和年审公告》2 000余份，并在年审中除严格审核外，对各单位发放了《中华人民共和国统计法》、《云南省统计管理条例》、《昆明市统计管理办法》等相关资料，加大统计法律法规的宣传。全年共办理统计单位注册登记及年审804家，其中新办证29家；注销45家；变更120家。

【统计培训】 为提高统计人员的素质，不断提高解决统计人员在实际工作中遇到的新情况、新问题能力，按照统计法中“统计人员应当具备执行统计所需专业知识”的规定，组织从事统计工作，不具备所需专业知识未取得合格证的人员报名参加从业资格培训。结合乡镇统计体制改革，组织统计站人员进行上网直报和统计业务知识培训，邀请省、市工业能源统计专家对工业企业统计人员进行能源统计指标填报方法系统培训，对建筑业、房地产业统计人员进行统计台帐培训。全年累计培训基层统计人员300余人，提高了统计人员的业务素质，对提高统计数据质量、规范统计工作起到了积极的作用。

【经济普查】　第二次全国经济普查涉及范围广，参与部门多，技术要求高，工作难度大。全市各级普查机构严格按照《全国经济普查条例》和《国务院关于开展第二次全国经济普查的通知》要求，统筹兼顾，科学安排，周密部署，依法实施，在2008年完成普查方案制定、普查员选调和培训、单位清查等工作基础上，从2009年1月1日至6月初开始完成入户登记、数据质量的检查验收、数据处理和核算数据的衔接等工作。在各个阶段工作中，落实质量管理制度和责任追究制度，切实抓好、抓实普查登记的各项工作，全力以赴取得真实可靠的普查数据。提早制定预案，加强调查研究和督促检查，及时协调解决普查登记及后续工作环节中出现的各种困难和问题；根据第二次全国经济普查数据处理工作方案的部署，做好经济普查的数据录入、审核、汇总；切实加强对普查表的审核验收力度，认真评估数据质量，严格质量检查，层层把好数据质量关；重视和加强基本单位名录库建设，利用经济普查数据建立全新的基本单位名录库；认真制定核算方案，统一核算方法，综合利用经济普查数据、部门统计数据，科学推算等多种方式修订2008年GDP数据，按照国家、省、市要求搞好第二次经济普查年度GDP核算工作。2009年5月顺利通过了昆明市和云南省的普查数据质量检查验收，安宁市的第二次全国经济普查工作得到了省经普办和昆明市经普办的肯定。

（王忠兴）

国有资产监督管理

【建立健全国有资产监督管理制度】　为规范各行政事业单位资产管理，安宁市国资局拟定了《安宁市行政事业单位国有资产处置管理办法》、《安宁市行政事业单位经营性国有资产管理办法》和《安宁市行政事业单位国有资产产权登记管理办法》、《安宁市市属行政事业单位资产处置审批制度》等管理制度，已经市人民政府批转下发执行。通过以上制度的建立，为逐步建立管理制度化、审批法制化、监督经常化的国有资产监督管理体系，确保国有资产的保值增值，促进安宁市经济社会全面协调可持续发展打下坚实的基础。

【开展行政事业单位2007年固定资产清查核实】

共清查单位总户数为203户，实际核实单位202户（安宁市公安局单独进行资产清查，已向国资局申报资产清查结果并批复）。经实地核实，同意市属95个单位固定资产增加（盘盈）为233 985 927.5元。同意核销104个单位的固定资产（盘亏）23 219 818.66元。不同意核销18个单位申报减少数（固定资产盘亏）17644 451.58元，继续挂账。202家单位的2007年资产清查固定资产核实结果批复下发到各单位，并通知各单位调整账务处置已核销的资产。

【行政事业单位日常资产处置情况】　2009年，国资局共办理22个行政事业单位共计1 925.6万元的资产处置事项。其中：划拨资产387.1万元，报废资产1 040.8万元，工程完工移交497.7万元，收回资产处置残值收益4万元。

【行政事业单位国有资产产权登记】　2009年，市国资局在资产清查的基础上，按照《安宁市行政事业单位国有资产产权登记管理办法》的要求，认真开展全市行政事业单位国有资产产权登记工作。已完成197家市属行政事业单位登记工作，固定资产总额为1 092 223 244元。

【行政事业单位经营性资产管理】　2009年2月，市国资局对30个单位的经营性资产情况再一次进行了核实。核实后，拟定了《安宁市行政事业单位经营性国有资产管理办法》，同时对填报的行政事业单位经营性资产情况按照管理办法进行了分类。根据《安宁市人民政府对市国资局关于将部分行政事业单位的经营性国有资产授权由市投资公司经营管理请示的批复》，国资局首批对15个行政事业单位的49处经营性国有资产授权由安宁市投资开发有限公司经营管理。由于有部分单位申请将部分经营性资产转做非经营资产或因情况特殊，已完成了9个单位31处资产授权投资公司经营管理。

【国有及国有控股企业监管】　2009年，市国资局监管的国有企业共计17家，涉及园林、自来水、粮食、能源、服务等行业。2009年末，国有企业资产总额为476 046.4万元，负债总额为215 535.1万元，所有者权益为260 511.3万元，资产负债率45.28%。全年实现主营业务收入20 002.8万元，实现利润总额1 094.6万元，净利润956.2万元。2009年末，安宁市国有企业从业人员总数为718人，全年平均从业人数为724人，职工工资总额为1 490.5万元，人均2.1万元，比上年增长27.27%；在岗职工工资总额为1 110.9万元，人均1.7万元。

投融资工作

【投融资平台改造提升】　2009年3月，市国资局多次与专家组及金融单位讨论研究投融资平台整合提升的可行性和措施途径，初拟《市投资公司投融资平台改造提升方案》，4月，政府批复实行。现已完成划入固定资产3.7亿，划入木材公司、工业总公司、行政事业单位经营性资产租金收益。充实投资公司工作人员9人，改善财务状况，市投资公司的资产负债率大幅下降，经营收入增加，工作效率提高，融资能力增强。

【贷款偿还及利息支付】 2009年到期贷款及借款2.15亿元，到12月底已偿还14 500万元，延期7 000万元，全年已付利息3 785.1万元。

【项目贷款及融资情况】 截止2009年12月底，安宁市投资开发公司向银行申请项目贷款已到位资金33 000万元，企业借款到期后又延期7 000万元，目前公司向银行及企业借款余额5.9亿元。

【市属投资公司“增资提信”工作】 一是为抓好市属投资公司“增资提信”，无偿划拨给市投资公司14宗未竣工国有资产3.7亿元。筹建温泉旅游度假区、职教基地以及水利、交通等投资公司，无偿划给旅游投资公司4宗国有资产评估价值2 885万元作为注册资金；无偿划拨给安宁市水利投资开发有限公司评估价值7 007.19万元资产作为注册资金；对成立工业园区、交通、旅游、水利、兴育投资公司董事会、监事会及委派成员进行了批复，配合办理成立手续。二是开展了市属8家投融资平台的调研工作。10月以来，根据市委、市政府领导的安排，开展了市属8家投融资平台的调研工作，初拟调研报告，供市委、市政府对下步融资工作作决策参考。

【制度创新】 2009年，安宁市投资开发有限公司制定的《关于实施安宁市投资开发有限公司投融资平台改造提升方案》获昆明市制度创新三等奖，该方案已经市政府批转下发《安宁市人民政府对市投资公司关于实施投融资平台提升方案请示的批复》。该方案的制定及实施，降低了投融资平台的资产负债率，增强了平台的经营能力，提升了平台的融资能力，为市政基础设施建设融资提供保障，同时加强了国有资产监管，确保国有资产的保值增值。

企业改革

【进一步完善粮食系统改革】 2009年，市国资局经市国企改革领导小组同意，以2007年3月31日为基准日，委托中介机构对安宁9家粮食企业进行重新清产核资、财务审计、资产评估，资产损失进行了核销，理清了账务。

【顺利推进物资公司改革】 经安宁市物资公司提出申请，市国资局审核，报市政府同意，核销了物资公司资产损失。以2009年12月31日为基准日，现正在开展清产核资、财务审计及资产评估工作。

【完成铸造总厂破产清算终结工作】 在铸造总厂整体资产拍卖处置完毕的基础上，按法定程序及时召开债权人会议。会议表决通过的《清算工作终结报告》和《破产财产终结分配方案》报告经市人民法院裁定生效。破产企业清算工作进入到注销、资料归档等收尾阶段。

【妥善解决改革遗留问题】 2009年，市国资局积极采取多种措施，妥善解决改革遗留问题。一是为从根本上解决问题，理顺关系，对已改制企业人员的基本情况进行认真清理，并与各社区平台进行协商对接，积极探索移交社区规范管理的路子。完成造纸厂、印刷厂、编织厂3家改制企业410户、826个职工户籍移交社区管理工作。二是针对个别处于停产状态的困难企业职工不稳定的情况，一方面积极想办法为企业寻求出路，一方面多管齐下解决职工的实际困难，力所能及的提高职工的生活费。三是在认真核实的基础上，对原商业系统5家单位离退休人员的“三费”采取企业、政府共同承担的方式，彻底解决其后顾之忧，对编织袋厂48名未领到身份置换金人员申请资金妥善解决。对破产或改制企业涉及医保问题，积极与医保部门协商，按政策解决。四是妥善处理来信来访，做好改制企业困难人员的慰问及企业复、退转军人、军转干部的思想工作，努力维护社会稳定。全年共处理上访件26件，接待群众来访88人次。五是认真做好改制企业低保核查工作，经核查，符合领取低保的人员有33户55人。

其他工作

【安全生产】 2009年，为进一步加强安全生产管理工作，市国资局与下属企业天惠、华瑞签订了安全生产目标责任书。每月和重大节日前对天惠、华瑞进行安全生产大检查，全年无1起安全事故发生。

【文明单位创建】 积极和安宁市创建办对接，按要求配备了软硬件，建立了阅览室、活动室，购买了健身器材，各科室添置了文明标志和花草以及文明科室的挂牌。已顺利通过安宁市文明单位的验收。

【扶贫帮困】 2009年，市国资局积极做好帮扶慰问工作。重大节日对企业困难职工、退休职工24人、困难党员24人、建国前参加工作的老党员及老职工各1人进行了走访慰问；为两个扶贫联系点和农村指导员联系点送去25吨化肥和价值7 000多元的六一礼物；在国庆节和春节期间，对草铺村委会和白塔村委会的10户困难户进行走访慰问。

【老干部工作】 每季度按时发放6名退休职工遗属补助6 990元；按建设局、财政局审核拨付的资金，及时足额发放30位退休职工（信托公司4名）的住房补贴360 589.52元；及时发放局机关及下属企业支部36名80岁以上老干部每月100元的保健补贴；敬老节和春节前分别召开老干部座谈会，向老干部通报工作并了解老干部的身体生活状况。

【自身建设】　结合开展科学发展观活动的学习，国资局党委认真抓好自身建设。一是做好信访和维稳工作，全年共受理信访件26件，办结26件，办结率100%；收到投诉5件，办结5件，办结率100%，做到件件有落实，事事有结果。全年领导干部接听群众反映问题电话87人次，群众反映的问题多数都已得到解决。二是做好政治理论和业务技能的学习培训，制定严格的学习计划，购买业务书籍，利用每周一的政治业务学习时间，学习政治理论和业务知识，提高干部职工的业务能力。三是结合岗位目标，制定各项工作的督办方案，确保市委、政府的各项工作责任落到实处。四是认真开展阳光政府四项制度工作，对重点工作进行通报，向档案局移送涉及国资局业务办理的相关法律法规类信息8篇，在政务网上公开信息44期，对国资局5项内部管理服务事项进一步进行细化公开，让群众和相关单位及时查询国资局相关业务办理的工作程序，提高办事效率和服务质量，机关效能显著提高。

（安　恒）

审　计

【简况】　2009年，安宁市审计局按照业务求精、执法求严、工作求实、方法求新、质量求高的总体目标，正确把握好财政审计、经济责任审计、政府投资审计、民生资金审计、信息化建设、学习实践科学发展观活动、行政效能提升和干部作风改进七个工作重点，做到开拓创新，求真务实。在人员少、任务重，交通工具紧缺等众多困难共存的情况下，全局干部职工齐心协力，团结奋战，圆满地完成了各项工作任务。全年共开展审计项目67项，其中：昆明市审计局安排项目7个，安宁市委、政府安排项目60个；共查出管理不规范资金70 463万元，针对存在的问题提出并被采纳审计建议31条。

【本级预算执行审计】　2009年，市审计局按照审计“一体化”思路，围绕促进财政体制改革，规范财政管理行为，提高资金使用效益的目标，在财政预算的制定和执行上，在财政资金合规合法性、财政集中支付、预算执行的结果上加大了审计力度，在审计方法上继续把财政预算执行审计与各项专业审计相结合起来，突出了重点，改进了方法。开展对市财政局、地税局预算执行情况审计，审计结果表明2008年市财税部门充分发挥财政、税收的职能作用，不断完善税源监控，加大税收稽查力度，强化非税性收入监管，调整优化支出结构，较好地完成了安宁市四届人大一次会议确定的各项目标任务。从预算执行情况看，年中预算调整较上年大幅减少，调整数仅占到全年预算数的4.99%，但预算支出结构调整变动还较为频繁，全年调整变动额依然较高，达30 928万元，占全年预算支出数的22.2%。税收征管过程中仍存在对部分代扣代缴税款单位监管力度不够，税款滞留于代扣代缴义务人账户，未按期入库，对部分行业特别是房地产行业监管力度不够，税款未按期征收入库等问题。针对存在的问题提出了审计建议，财政、地税部门积极进行了整改。

【部门预算执行情况审计】　2009年，市审计局开展了对卫生局、规划局、人事局等5个单位的部门预算执行情况审计。审计结果表明被审计单位能严格按照《中华人民共和国预算法》、《中华人民共和国预算法实施条例》及安宁市财政局的要求编制和调整预算，建立了较为完善的内部控制制度，并能按制度的规定执行，财政收支基本真实地反映了单位财务收支状况，会计核算较为清晰，审计中未发现有违纪违规的情况。但存在以下问题：一是会计核算不够规范；二是部分单位基本建设项目的程序不够完善；三是往来款长期挂账，未作清理。

【乡镇财政决算审计】　2009年，市审计局开展了对金方街道办事处和温泉镇财政决算审计。审计结果显示，2008年温泉镇和金方街道办事处不断培植地方税源，强化收入征管，努力克服全球经济下降对地方收入增长的影响，不断调整支出结构，在加大对“三农”支出投入的同时保证了行政事业单位工资发放和机构正常运转以及重点工程必须的支出，做到财政收支自求平衡，略有结余。但在预算执行过程中还存在未及时批复镇属各部门预算、未按预算拨款、财政资金中暂付款挂账一年以上的金额达799万元等问题。

【固定资产投资审计】　2009年，市审计局加强对安宁市重点建设项目资金的审计监督。摸清建设项目的性质和用途，查清建设资金来源、工程造价和项目建设等方面的管理情况及有关政策的执行情况，并针对存在的问题提出建议，揭露和处理存在的违规违纪问题，以促进项目法人加强各项管理，堵塞漏洞，提高投资效益。全年审计政府投资工程项目21项（均为竣工决算审计），其中：以前年度审计项目12项（其中2项为跟踪审计），本年审计项目8项（其中6项为跟踪审计）。已完成工程竣工决算审计3项（其中1项为跟踪审计），在审18项（其中工程造价结算审结10项）。报审结算金额61 433万元（含已完成项目2项），审定金额60 303万元，审减金额1 130万元，审减率1.84%，提出审计建议及意见10条，被审计单位进行整改落实。

【民生资金和专项资金审计】　为严肃财经法纪，规范财政专项资金管理，使民生资金发挥更大效益，切实维护广大人民群众的切身利益，2009年市审计局开展了新型农村合作医疗基金资金、2008年度企业职工基本养老保险基金审计、2008年度农业开发资金审计、农村民居地震安全工程建设项目资金管理使用情况审计等7个审计项目。对涉及民生的资金和财政专项资金的审计结果表明，2008 年度相关单位对此类资金管理情况较好，未发现违纪违规问题，资金使用效益得到较好地发挥，民生项目资金的正确使用确保了社会稳定和经济的发展。

【领导干部任期经济责任审计】 开展对领导干部任期经济责任审计是从机制和源头上预防和治理腐败的一项有效措施。市审计局认真贯彻执行《审计法》，加大了任中经济责任审计工作的力度。2009 年，组织部委托了 11 个项目的审计，自接到任务后，审计局先后多次召开办公会议研究、安排此项工作。通过认真分析被审计单位的基本情况后，局领导精心谋划，充分整合审计资源，派出精兵强将，与全省知名社会中介合作完成此项任务。所开展的经济责任审计工作取得良好效果，得到市委、政府的充分肯定，审计结果成为组织上考察评价、任用干部的重要依据。

从审计情况看，总体情况较好，大部分领导干部能严格遵守财经法规，依法理财、依法行政，确保财政资金的安全有效运行。但还存在以下问题：1. 非法集资；2. 未严格执行预算资金的管理规定；3. 乱收费、乱摊派；4. 偷逃税金；5. 挤占挪用专项资金；6. 违规发放奖金、违规报销高档消费品；7. 接待费过高；8. 违反政府采购法的规定进行采购；9. 伪造会计凭证，提供虚假会计资料；10. 固定资产管理不规范；11. 违反现金管理规定使用现金；12. 往来款长期挂账等问题。针对存在问题，市审计局及时向市委、市政府主要领导作了汇报。2009 年 11 月 11 日，市长王剑辉将被审计单位的领导干部请到办公室分别进行了个别谈话，要求相关人员要正确看待此次审计中查出的违纪违规问题，并依法依规及时进行整改，健全制度，堵塞漏洞。及时下发审计整改通知书，要求被审计单位进行整改，并对整改情况进行了检查。通过促进被审计单位对审计查出问题的整改，不仅确保了财政资金安全有效运行，严肃了财经法规，宣传了财经法规，而且充分展示了审计工作的免疫系统功能。

【村干部经济责任审计】 根据《农业部、监察部、国务院纠风办关于做好村干部任期和离任经济责任专项审计的通知》、《安宁市村干部任期和离任经济责任专项审计工作方案》及《安宁市人民政府办公室关于批转安宁市村干部任期和离任经济责任专项审计工作实施办法的通知》和安宁市村干部经济责任审计领导小组的委托，2009 年审计局派出工作人员，开展对 30 个村、居委会领导的经济责任审计工作。从审计结果看，被审计的 30 个村、居委会主任任职期间，总体上能认真执行财务、政务、村务公开等相关规定，重大决策、事项、大额资金的收支等方面，坚持集体讨论研究决定，村、居委会财务管理及核算在实行村账镇管后逐步规范，未发现有个人经济问题。但还存在以下问题：（一）固定资产管理不规范，未按要求计提折旧，未及时入账，保管、使用不善造成遗失；（二）债权债务不清；（三）票据使用不规范；（四）部分单位经济活动资料保管不善，造成审计过程中部分经济业务性质不能查清；（五）个别单位外出考察、奖金等支出无上级批准文件。

对村干部的经济责任审计，是一项全新的工作，市审计局领导班子高度重视，采取有效手段完成了此项任务。首先是到村干部的经济责任审计开展得比较早的官渡、盘龙等友邻地区“取经”；其次是制定并完善《安宁市村干部任期任期和离任经济责任专项审计工作实施办法》；第三是优中选优精心挑选省内知名的社会中介机构参与审计；第四是大力宣传相关的法律法规；第五是审计过程中多次听取审计组的工作汇报，牢牢把握审计工作的方向。通过开展村（居）委会主任的经济责任审计，从经济工作的角度客观、公正、实事求是地对被审计的领导进行了评价，进一步促进了村务公开，为 2010 年村（居）委会的换届选举工作打下良好的基础。

【基础设施建设】 2009 年，市审计局根据工作需要开展基础设施建设。一是采购了 12 台笔记本电脑和 3 台台式电脑、1 台一体机、1 台复印机、1 台数码摄像机、12 个 U 盘、14 个移动硬盘及工程造价软件、档案管理软件等软硬件设施；二是完成局域网建设及路由器、防火墙交换机的迁移等；三积极开展审计实施系统的培训工作，多次与昆明市审计局信息处联系，对审计人员进行了 2 次业务培训。通过硬件设施的更新和软件设施地提升，极大地改善了办公条件，为搞好各项审计工作创造了良好的条件，为今后的审计工作全面应用 A0（计算机辅助审计）系统奠定良好的基础。

【学习实践科学发展观活动】 2009 年，市审计局紧密联系审计工作实际，认真扎实地开展学习实践科学发展观及干部作风改进年和行政效能提升年活动开展情况活动。全局 12 名党员和其他人员全部参加了这次活动，参学率达 100%。通过这次活动，党支部的创造力、凝聚力、战斗力得到增强，党员队伍的先进性和纯洁性得以充分展现，审计工作在质量和力度上都有显著提高，受到市委、市政府和上级业务机关的充分肯定，也赢得了人民群众的好评。

（赵书涛）

安全生产监督管理

【简况】 2009 年，安宁市安全生产监督管理局编制数 16 人，在职在岗干部职工 17 人。其中党组书记、局长 1 人，党组成员、办公室主任 1 人；本科学历 3 人，专科学历 12 人，高中 1 人，初中 1 人；党员 12 人。内设办公室、危险化学品安全监督管理科、矿山安全监督管理科、企业安全监督管理科、教育培训科、信息化管理科 6 个职能科室。

【构建安全监管体系】 2009年，安宁市全面推动乡镇安全监管网络向村组延伸，初步形成市、镇（街道）、村级安全监管体系。在市政府与市属7镇2街道、16个行业主管部门、19个重点监管企业签订44份安全生产责任书的基础上，安监局又分别与7镇、2街道安监站签订安全生产监督管理目标责任书9份，与重点企业签订《企业主要负责人安全生产承诺书》223份；市安委会与26家负有安全生产监督管理责任的部门、单位签订了“一岗双责”《安全生产监督管理责任书》。真正把安全生产责任落实到各级、各部门，落实到基层、到企业、到岗位，形成了一级抓一级，一级对一级负责的安全生产监管体系。

【开展联合执法行动】 为确保全市人民在2009年各重大节日庆典期间以及重点时段的和谐安宁，安监局多次牵头组织市安委会相关成员单位在全市开展重点行业（领域）联合执法安全专项整治行动，组织全市性的安全生产大检查。在“迎国庆、保安全”检查督查行动中，市安委会动员组织全市15个检查组、570余人次对市域内900余家企业（单位）进行了安全大检查。查处事故隐患700余处，当场责令整改392条，下达整改指令书114份，限期整改295条，隐患整改率达98.1%。

【非煤矿山安全监管】 2009年，安监局积极开展各类非煤矿山及尾矿库专项整治工作，重点抓好地下开采矿山的隐患排查治理和重大危险源的监控。全年对6个地下矿山检查8次、18家尾矿库检查60余次、露天矿山检查200余次，查出隐患565条，立即整改385条，限期整改180条，年终整改率达97.8%。整治保留下来的18座尾矿库通过了昆明市安监局的专项考评验收，验收通过率为100%，非煤矿山企业全年生产安全事故为零。

【危险化学品安全监管】 针对安宁市危险化学品企业点多面广的特点，2009年安监局以危险化学品生产、经营、储存、运输等环节为整治重点，加大隐患排查和监督检查力度。对民用爆炸物品、成品油储存经营、城市燃气、液化气、危险化学品生产经营企业、烟花爆竹专营中心仓库等进行全面检查。全年共检查危险化学品生产经营企业269个次，查出隐患686条，整改653条，整改率95.2%。较上年同期相比，危险化学品企业生产安全事故起数下降66.7%，死亡人数下降了100%。

【冶金、建筑、生产加工企业安全监管】 2009年，安监局共计对市域内生产加工性企业开展安全生产检查207家次，检查在建工地100个次，查出隐患1 465条，整改1 359条，整改率92.8%。发出现场检查记录239份，下达责令整改指令书72份，整改复查意见书49份，专家检查意见书5份。经过检查复查，存在的安全隐患及问题大多数都已督促整改，与上年同期相比，事故多发势头有所遏制。2009年，冶金、建筑、生产加工企业共发生生产安全事故2起，与上年同期相比，事故起数下降33.3%，死亡人数下降33.3%。

【烟花爆竹专项整治】 2009年，安监局以储存、运输、销售、燃放等环节作为整治重点，切实做好烟花爆竹经营单位的培训、审批工作。全年发放烟花爆竹经营许可证76家。积极强化对烟花爆竹销售网点的安全检查力度及后续管理工作，加大联合执法检查力度，检查烟花爆竹经营单位80余家次。

【安全生产“三同时”审查】 为督促企业严格执行建设项目安全设施“三同时”规定，2009年安监局组织专家对企业建设项目的安全评价报告和安全设施进行了验收审查。办理非煤矿山“三同时”审查验收7家，危险化学品生产、经营企业“三同时”审查验收8家，冶金、生产加工企业审查验收2家。

【安全生产许可证和安全经营许可证办理】 2009年，安监局严格源头管理，严把安全生产许可证换发关。全年办理非煤矿山企业安全生产许可证155个，危险化学品经营许可证63个、安全生产许可证38个，烟花爆竹经营许可证1个。对证照到期、无证经营的3家企业责令停产停工，对连然街道1家未办理工商登记的非法生产经营企业责令停产。推进联合执法、集中执法，严厉打击“三违”现象，不断从事后查处向事前预防、事中监管转变，加大事前查处力度，确保事故隐患消灭在萌芽状态。

【安全生产宣传教育】 2009年，安监局共组织各类安全培训班15期，培训企业负责人、安全管理人员和特种作业人员429人。组织市域内302家企业的8 347人进行安全生产全员培训。在以“关爱生命、安全发展”为主题的“安全生产月”活动期间，制作宣传展板23块，累计发放各类宣传材料3万余份；组织43家驻市企业代表队参加“安全生产知识”竞赛活动；开展安全生产文艺演出进街道、进社区、进厂矿（企业）宣传活动15场次，受益群众超过1.1万人。通过广泛开展宣传教育培训，为全市营造出了有利于加强安全生产、促进安全发展的浓厚社会氛围。

【生产安全事故】 2009年1～12月，全市共发生生产安全事故3起，死亡2人，伤13人，直接经济损失209万元，与上年同期相比，事故起数下降57.1%，死亡人数下降83.3%。全年未发生较大以上生产安全事故，各项指标均控制在昆明市政府下达的指标范围之内。

【深化软环境建设】 在全力抓好安全生产工作的同时，2009年安监局以服务经济建设为目的，着力改善行政管理，全面开展“行政效能提升年”和“干部作风改进年”各项活动。坚持把学习教育、制度建设、监督检查贯穿始终。组织实施“治庸计划”，实行工作日记制，修改完善审批制度，细化审批工作，最大限度地简化办事程序、压缩办事时限、提高办事效率，提升行政效能。通过召开座谈会、个人和科室自纠自查等形式，广泛征求意见、建议，针对存在的问题和不足及时制定具有针对性的整改措施，落实责任领导和相关责任人。局机关工作作风、干部作风得到了切实有效的转变和改进，在优化了政务环境的同时，行政效能也得到有效提升。

【制度创新】 2009年，安监局以科学发展观为指导，坚持制度创新，实施规范管理，以制度创新促工作落实。坚持以人为本、统筹兼顾、科学发展的思路，以操作性、规范性、前瞻性为总体要求，积极探索安全生产监管与服务对象主体责任落实的新机制，探索安全生产长效机制建设，细化落实安全生产责任制与安全生产隐患排查治理制度；不断修订完善局机关党务、政务、事务管理制度，明晰岗位职责、工作标准和目标要求，建立完善学习、会议、工作督查、廉洁从政等制度；拟定了《安监局工作手册》，逐步规范了印签使用、公文处理、考勤考核、文明卫生等日常机关管理，制度创新工作得到了切实有效增强。

【政务公开】 为接受人民群众的有效监督和局政务信息的公开、透明，安监局在办公楼入口处张贴悬挂了公示牌，将服务内容、办事所需手续、时限、程序、工作纪律等内容进行了公开，方便群众和企业办事。坚持实施重要工作公示和重点工作通报制度，定期更新政务信息查询系统并公开安全生产监管工作信息和相关资料，对群众来访来电反映的问题准确客观地进行记录，及时向有关领导汇报，畅通了沟通渠道，有效推进了政务公开工作。2009年，安监局对上级领导和部门交办、转办的9项工作认真开展了调查核实、组织办理工作，切实做到了“事事有落实，件件有回复”。

（李正菊　姜　华）

国土资源管理

【落实耕地保护目标责任】 按照昆明市2009年国土资源管理目标责任书的要求，安宁市国土资源局严格耕地保护制度的落实。认真贯彻《监察部人力资源和社会保障部国土资源部第15号令》、《昆明市委市人民政府关于深化土地使用制度改革加强土地管理的决定》精神，进一步强化市、镇、街道办事处主要领导第一责任人的职责，形成强有力的领导机制。4月29日，召开了全市国土资源暨地质灾害工作会议，市政府分别与7镇2街道签订了《安宁市2009年国土资源管理目标责任书》，形成耕地保护良好机制。

【“双保”工作取得实效】 2009年，按照《昆明市关于保增长保红线行动实施方案》的规定和要求，市国土资源局紧贴“调结构、扩内需、促增长”目标，研究用地保障具体情况，制定“双保”实施方案，成立工作领导小组抓工作落实，加强宣传，提高意识，通过保增长、保红线的“双保”行动工作，节约集约用地水平有进一步提高。

【推进土地利用总体规划修编】 按照全市发展规划和上级土地利用总体规划修编要求，加紧推进土地利用总体规划修编工作。前期研究专题和规划大纲经云南省国土资源厅审查通过，2009年6月23日取得云南省国土资源厅《关于安宁市土地利用总体规划（2006～2020年）前期专题研究的审查意见》、《关于安宁市土地利用总体规划大纲（2006～2020年）的审查意见》，待昆明市级规划指标分解下达后即可完善规划大纲报云南省国土资源厅备案。4月28日，云南省土地利用总体规划修编学习观摩培训会在安宁召开，安宁市在会上作了工作成果交流发言。

【开展土地开发整理，确保耕地占补平衡】 2009年，省级投资1 974余万元的省级重点项目——县街镇土地开发整理项目于4月15日按期完成。市国土资源局按照规划要求上报了禄脿镇、八街镇、青龙镇3个中低产田改造项目入库工作，预计总投资4 136万元。协助农业部门完成了全市26 585亩农用地流转工作。

【抓紧用地报批，严格土地供应】 随着全市招商引资工作及经济社会发展进程的不断加快，项目建设用地因受上级分配指标的限制，保障难度面临巨大困难。按照市政府“解决土地瓶颈问题”要求，加强与省市相关部门的协调，市国土局先后发出催办函件500余份，督促用地单位积极准备用地报件资料。完成了5个批次4 117.68亩及昆明冶金专科学校、富瑞化工渣库、富瑞化工“836”工程、云南技师学院、云南省交通技工学校、太平体育运动中心6个单独选址项目，共5 284.54亩用地报批。对经批准供地方案的地块严格按照规定进行供地。严格执行土地出让收支管理，应收尽收国有土地使用权出让价款，按照“收支两条线”全额缴入财政专户，共收取土地使用权出让金15 875万元。对经批准供地方案的地块严格按照规定进行供地。

【民生工程用地保障】 2009年，市国土局按计划完成了安晋高速公路征地拆迁工作任务，昆广复线建设项目征地拆迁工作基本结束，枢纽扩能建设项目征地拆迁工作按照昆明市下达安宁市目标任务正有条不紊地进行中。协助有关单位为西南输油管线、变电站选址、西一绕、安县路、螳川西路、珍泉东路、安宁至禄脿武钢快速通道等项目提供服务保障。完成了温泉、草铺、鸣矣河等500千伏、220千伏、110千伏变电站选址、线路及矿产资源压覆、地质灾害评估备案。

【积极推进土地管理制度创新】　2009年，市国土局拟定了《安宁市基础设施建设项目征地拆迁补偿标准和安置办法》、《关于大力推进节约集约用地的意见》、《安宁市征地拆迁补偿安置办法（试行）》、《昆明铁路枢纽扩能改造工程（安宁段）征地拆迁工作实施意见》等土地管理制度，进一步规范了全市征地拆迁工作。

【安宁市国土资源管理委员会成立】　近年来国家土地调控政策和土地管理愈发严格，安宁市社会经济发展对土地需求量不断增大，坚守耕地红线目标任务艰巨。根据市委市政府的安排，经过精心策划，7月份成立了安宁市国土资源管理委员会，加强对国土资源的管理和调控，提高国土资源管理决策的科学性、合法性和权威性。

【扎实做好新一轮矿产资源规划修编和盐矿专项规划修编】　新一轮矿产资源规划修编在完成调研、资料收集工作的基础上，经过云南省国土资源厅组织的专家论证，完成规划成果审批工作。为确保太平奥林匹克小镇建设，经过积极协调，云南省国土资源厅同意紧急启动了云南省第一个专项规划——盐矿资源保护和建设项目用地压覆矿产资源规划，9月份按期限完成了规划编制，年底经过专家评审顺利获得云南省国土资源厅审批。工作的实施为太平的规划发展提供了有力的矿产资源压覆避让依据。

【矿政管理】　2009年，市国土局完善矿政管理数据库建设，推进矿业权全国统一配号工作，提高矿产资源管理信息化水平。对全市矿业权进行实地核查和储量半年报、矿产资源开发利用现状调查工作。截止10月31日，完成征收矿产资源补偿费390.8万元，矿产资源有偿使用费64.7万元，收存矿山地质环境恢复治理保证金235.3万元，采矿权价款68.37万元，采矿权使用费13.5万元。

【矿产资源整合工作】　2009年，市国土局扎实推进矿产资源整合工作。编制完成《安宁市磷矿资源整合方案》并经市常委会审查批准上报，云南省国土资源厅已经批准了该方案；金方街道办事处麦地厂石灰石矿区的整合工作稳步推进；市政府批准了《八街南部铁矿整合实施方案和矿业权设置方案》；禄脿猴子山锰铁矿矿区整合已上报省国土资源厅审批中。

【完善地质灾害防治群测群防网络】　4月29日，市政府与7镇2街道签订了《2009年地质灾害防治工作目标责任书》。在地质灾害隐患点排查的基础上，市国土局编制了《2009年度地质灾害防治方案》，完善了《突发性地质灾害应急预案》，4月30日前报请市政府发布实施。全市27个地质灾害隐患点明确了监测人，落实了监测工作经费，共发放“两卡一书”1 280份。组建30人的地质灾害防治应急小分队；指导职中开展地质灾害隐患防治方案和预案演练，提高师生防灾避灾意识，掌握避灾防灾方法；加强禄脿镇李家院地质灾害的监控、群众安抚工作，有效督促温泉凤山地质灾害责任单位履行治理职责。向上级争取50万元经费，积极推进职中地质灾害设计方案工作。全市未发生地质灾害亡人问题。

【非煤矿山和地质灾害隐患防治管理】　严格执行“四项制度、三项措施”，以非煤矿山、各重点工程、矿山、公路铁路沿线、人口密集区、中小学校、旅游景区景点和陡坡下、沟口处的居民点为重点进行了检查，督促责任单位落实防灾责任制、监测预警手段及治理措施。

【规范土地交易管理】　2009年，土地交易管理中心强化用地出让合同管理，明确建设项目投资额、开竣工时间、规划条件等内容，坚持工业用地最低出让标准，按照公开招标、拍卖、挂牌方式进行土地出让，确保土地交易阳光作业。截止10月底，通过挂牌出让土地1 251.7亩，完成交易额32 769万元。

【土地基础工作】　第二次全国土地调查工作深入推进，农村部分土地外业调查成果已通过省级验收报国家核查，城镇部分在完成外业地籍调查的基础上，转入建库及汇总阶段。全市新一轮土地定级及基准地价更新成果报云南省国土资源厅审核，完成了辖区内6家丙丁级测绘资质测绘单位的年检及注册工作，信息化金土工程一期建设进一步完善。1～10月份，共办理登记颁发各类土地使用证913本，办理国有土地使用权设定抵押登记权利证书76本，完成新增建设用地勘测定界技术报告、具体供地技术报告上报审查及验收70件（490本）。

【启动数字安宁地理信息系统空间框架建设】　国家测绘局《关于批准列入2008年数字城市地理空间框架建设试点的通知》，将安宁市列入数字城市地理空间框架建设试点。《数字安宁地理空间框架建设项目设计书》经云南省测绘局组织完成编写。9月28日，安宁市召开了数字安宁地理空间框架建设项目设计评审暨国家测绘局云南省测绘局安宁市人民政府合作共建协议签署仪式会议，数字安宁地理空间框架建设正式启动。

【政务信息系统建设】　2009年，进一步完善了安宁市国土资源局网站。按照要求实施政府信息公开；推进政务信息系统建设，为民服务中心窗口建设进一步规范，实现了“一站式”业务审批，系统内实现了无纸化办公。

【土地违法案件查处】　2009年，市国土局依法立案查处国土资源违法案件1件，配合市综合执法大队完成全市拆临拆违建筑316户，面积49 371.9平方米。

3月份会同相关部门对草铺王家滩片区私挖乱采矿产资源问题进行了严厉打击，维护了矿产资源开发秩序。5月份查处了月子庄水库借用鱼塘改造非法开采磷矿资源的问题。9月份根据市政法委的统一部署，协调相关单位开展了全市矿产资源打黑除恶专项行动，共查处违法违规采矿行为3起，为矿业权管理秩序的正规有序奠定了良好的基础。

【土地市场秩序清理整顿】 2009年，市国土局严格按照土地市场秩序清理整顿工作方案确定的时限要求和任务目标，以更加扎实的工作作风、更加严格的工作规范、更加有力的工作措施，扎实深入开展工作，按时完成清理整顿土地市场秩序阶段任务。按照要求配合相关部门开展"三沿五区"墓地治理工作。

【国土资源法律法规宣传】 以"四下乡"、"地球日"、"土地日"、"平安月"为契机，利用电视媒体、《今日安宁》的方式，印制宣传资料10万余份，系统开展国土资源管理法律法规、地质灾害防治知识等宣传，进一步提高广大市民爱资源、管资源、用资源的良好意识。

【党风廉政建设】 2009年，市国土局进一步加强党风廉政建设。主要领导与分管领导、分管领导与科室签订了责任书，建立了一级抓一级，层层抓落实的机制。落实公务用车管理规定，加强车辆的使用管理。加强警示教育，11月4日，组织全局干部职工到安宁市警示教育基地开展警示教育学习，应用典型案例引导干部职工铸牢思想防线，增强拒腐防变的能力，全年党风廉政建设工作健康发展。

【来信来访办理】 协助昆明市国土资源局办理人大建议案1件、政协提案2件。3件安宁市人大建议也按期办结。重视群众来信来访，对群众反映的问题按照一事一议的原则，实事求是，妥善答复处理，防治矛盾激化。

【安全稳定和保密工作】 2009年，市国土局加强摸底排查，掌握全市因国土资源引发的矛盾纠纷，制定具体防范措施，落实零报告制度。坚持主要领导带班，专人值班，确保了"两会"、"国庆"等重大活动期间的安全稳定；加强信息公开审查、计算机网络、移动存储介质的管理使用，落实保密管理规定，开展保密安全教育，无失泄密问题的发生。

【开展"治庸计划"】 2009年，根据昆明市国土资源局、安宁市"治庸计划"要求，市国土局制定单位"治庸计划"实施方案。开展广泛动员，统一思想，设置"治庸计划"公示栏，建立健全制度，抓好"治庸计划"工作的落实。

【开展"四创两争"活动】 市国土局引导干部职工关注安宁，热爱安宁，按照全市统一安排，组织全体干部职工坚持每周五下午对责任卫生区进行打扫，以实际行动参加"四创两争"活动，广大职工意识有明显提高，环境整洁有序。

（徐春华）

工商行政管理

【简况】 2009年末，昆明市安宁工商行政管理局在职干部职工92人。其中，公务员71人，事业编制人员20人，工勤人员1人。本科以上学历41人，占在职人员总数的45%；大专学历42人，占在职人员总数的46%。内设办公室、人事教育科、监察室、法制科、企业个体注册登记管理科、公平交易科、市场监督管理科、商标广告监督管理科等8个机构；下设连然分局、昆钢分局、温泉工商所、太平工商所、草铺工商所、八街工商所及县街工作站等7个派出机构。

【深抓党风廉政建设，打造"阳光工商"】 2009年，安宁工商局在深入学习实践科学发展观活动中，紧紧围绕"党员干部受教育、科学发展上水平、人民群众得实惠"的目标，开展好"十个一"活动。在"行政效能提升年和干部作风改进年"活动中，重点以学习教育为主，增强责任意识、大局意识、服务意识、创新意识、法纪意识。签订责任书96份，党组召开民主生活会2次、党风廉政建设专题会议3次、研究党风廉政建设工作办公会3次。贯彻落实阳光四制，建立了重大决策听证、重要事项公示、重点工作通报、政务信息查询制度；共开展巡察督察3轮次，出动巡察督察27人次，发现并指出问题8条，肯定成绩12条，发出巡察督察建议书18份。全年组织学习教育27次，参加政治教育1 802人次，参加业务学习729人次；组织示范教育3次、参加人员225人次，组织警示教育2次、参加人员141人次；组织学习讨论63次，撰写心得体会154篇、廉政建设论文7篇；在市局《纪检监察动态》发稿2篇；撰写廉政建设简报49期。

【队伍建设】 2009年，安宁工商局以队伍建设工作为契机，以"岗位大练兵"活动为抓手，全面提高队伍科学履职能力、战斗力、凝聚力、创造力。积极将法律法规培训与业务学习相结合，将干部素质提升与队伍形象养成相结合。坚持理论联系实际，不断丰富完善学习形式，全面扩大学习覆盖面和参与度，努力在监管服务中掌握新知识，积累新经验，形成学以致用、以用促学的良性循环。在昆明市工商局举行的"注册登记、计算机、行政执法"三项大比武活动中，安宁工商局有6位职工分别取得昆明市工商系统"注册登记"、"计算机操作"、"行政执法"能手的荣誉称号。

【“食品安全示范店”和“诚信市场”创建】 2009年，安宁工商局以宣传《食品安全法》为契机，推进食品经营分类监管，完善索证索票及进货台账制度建设。大力开展“农村食品经营示范店”创建活动，遵循政策引导、部门指导协调、企业自愿承诺、食品经营店申报、“食品安全示范店”创建领导小组评审确认、工商局命名挂牌的原则。全年建立食品经营示范店36户（未发牌），超额完成5户。积极推动“诚信市场”创建活动的开展，制定下发了《安宁工商局关于开展2008～2009年度“诚信市场”创建活动复核考评实施方案》，将在商品交易市场信用分类基本完成后，按照星级分类标准逐步命名星级“诚信市场”。

【服务市域经济】 2009年，安宁工商局改革创新登记制度，对18名注册登记人员进行了授权。简化审批程序，对内资企业实行直接授权登记制；对外商投资企业实行授权延伸服务机制。对申请材料齐全、符合法定形式的，实行当场办结；对企业登记承诺在2个工作日办理完结。开通了网上年检，全年已有10余户企业顺利通过了网上年检。积极执行昆明市工商系统《关于支持外引内培，发展外向型经济和民营经济的若干意见》，按照“非禁即入”的原则，进一步放活非公有制经济发展。完善重点招商引资项目工商注册登记跟踪服务制，对招商引资项目积极介入、全程跟踪、快办快结。实行重大投资上门办理制、重大事项联合办理制、紧急事项预约办理制、全程陪同服务制。定期对关系国民经济的重要行业和关键领域的企业数量、资本规模和所有制结构等情况进行分析，向政府提报各类市场主体经济运行分析报告，为政府实现经济改革目标、制定产业政策等提供决策参考。2009年，全市登记注册的企业合计1 978户，注册资本合计703 834.50万元；新设立企业合计263户，与上年同期相比增加147户，增长8%。其中：内资企业共653户，与上年同期相比减少35户，下降5%；私营企业共1 325户，与上年同期相比增加96户，增长8%。有个体工商户合计9 078户、从业人员18 552人、注册资金37 711万元。新办个体工商户2 140户，与上年同期相比减少3 529户，减少38.9%。在原有45户农民专业合作社的基础上，全年新设立14户。共登记户外广告90户，办理企业动产抵押登记57份。办理股权出质登记2户，拓宽了融资渠道，解决市场主体融资难题。完成了市政府工业园区、水投、交投、旅投等投资公司的注册登记工作。

【服务农村经济】 2009年，安宁工商局强化农资市场监管，落实“七农机制”，为农村经济发展服务。共清理规范农药、化肥、农膜、农具等经营户89户，种子经营户48户；对全市48户种子经营户经营的51个品种的种子作留样备查。查处违规农资经营户6户，没收过期农药3个品种，共97袋（瓶）。新发展农村经纪人15个，拟推荐上报昆明市工商局“百佳农村经纪人”5户（人），拟推荐上报昆明市工商局“守合同重信用”涉农企业和农户5户。在2008年的基础上，“合同帮扶”工作试范点又增加了1个。鼓励、支持在广大农村建立商品经销“放心店”和农业生产资料连锁经营“放心店”，已配合有关部门完成96户“万村千乡市场工程”建设。

【行政执法】 2009年，安宁工商局坚持抓好队伍培训、提升执法素质、历练执法办案精兵。按事前预警告诫、事中纠正制止、事后教育规范，积极执行“三步式”行政执法程序，规范行政处罚自由裁量权的行使。共查处不正当竞争、商标侵权、广告发布、无照经营、产品质量、违反企业登记管理和其他违法行为的案件342件，罚没入库金额合计172.30万元。其中：简易程序处罚案件236件，罚没30.30万元；一般程序处罚案件106件，罚没142万元。查处无照加工废旧塑料制品经营户1户，没收不合格塑料购物袋235万个。加大商标专用权保护力度，共查处商标侵权案件9件，罚款7.20万元。与公安机关联合开展严禁传销宣传咨询活动3次；推荐创建2009年“无传销社区（村）”3个试点；捣毁传销窝点13个，转公安部门刑事拘留10人。立案查处商业贿赂案件1件，结案处罚收缴罚没金额11.13万元。销毁包括假酒、过期变质小食品、不可降解塑料袋、陈化粮、黑心棉、假冒卷烟等61个品种的物品，价值10.50万元。

【商标培育申报】 2009年，安宁工商局针对各基层分局、所辖区状况，有计划有步骤，突出服务社会主义新农村建设、服务地方大工业开展的特色，开展“一所一标”和“一所多标”工作。全年完成新申请商标32件，完成任务数的106.67%；推荐“云南省著名商标”1件，推荐“昆明市知名商标”2件。

【“一会两站”和“12315平台”建设】 2009年，安宁市应建消费者协会分会、12315申诉举报工作站9个，已建立9个；应建行政村消费者投诉站、12315申诉举报联络站93个，已建立93个，建站率达100%，圆满完成了建站任务。充分发挥12315指挥中心作用，利用现代网络联动平台，拓宽网络覆盖面，强化快速处置功能，规范工作流程，努力做到事事有回音、件件有着落。全年接到申投诉115件，解决115件，消费者申投诉解决率达100%，为消费者挽回经济损失140 752元。

【基层工商所规范化建设】 2009年，安宁工商局通过制定《规范化建设实施方案》、《规范化建设考核细则》，成立了规范化建设领导小组。确定昆钢分局、草铺工商所为试点单位，并投入12.8万元专门对办公房屋、制度、标识、资料收集进行统一规范。并于12月正式启动了安宁工商局新建办公大楼工程。力求通过基础设施建设，使全局逐步达到“执法行为规范、监管制度规范、基层设施规范、队伍管理规范”的建设目标，从而带动执法监管规范化。目前，昆钢分局、草铺工商所规范化建设已通过申报，并经昆明市工商局规范化建设考评组验收，受到了考评组的好评。

【落实阳光政府四项制度】 在贯彻落实责任政府四项制度的基础上，2009年，安宁工商局努力营造贯彻阳光政府四项制度的良好氛围。制定《安宁工商局贯彻落实重大决策听证、重要事项公示、重点工作通报、政务信息查询实施办法》，在红盾信息网上开辟“落实阳光政府四项制度”专栏，进行重点工作通报、重要事项公示。在安宁市政务信息网和“96128”热线公布相关查询信息，并上报近200余项工商常见问题及解答信息。制定了阳光政府四项制度督察方案和细则，采取实地督查（不定期）、明查暗访（每季度）等方式认真开展督查工作。

【发挥个私协会服务会员作用】 2009年，安宁市个体私营经济协会认真按照“阳光政府四项制度”要求，理清发展思路、强化服务职能，围绕协会组织规范化建设，推动协会工作全面转型、全面创新和全面发展。按照市总工会“双措并举、二次覆盖”的部署，协会先后成立了连然分会美容美发行业联合工会、温泉分会餐饮行业联合工会、昆钢分会屠宰行业联合工会、八街分会食品经营行业联合工会、太平分会食品经营行业联合工会、草铺分会修理行业联合工会。多形式组织会员回顾改革开放30年来我国社会经济取得的巨大成就，并组织会员126人开展《安全生产法》、《食品安全法》学习培训，发放试卷126份，《信息传递》、《信息简报》、《安全生产法》、《食品安全法》学习材料700多份。发挥党和政府联系个私企业会员主渠道作用，深入会员中了解其生产经营面临的困难和问题，引导个私会员增强应对和战胜国际金融危机的信心。向市政府提交了《安宁市个体私营企业当前面对的困难问题，需要协调解决的三个方面问题的报告》。此外，协会还通过多渠道帮助会员开展职业、就业技能、资质、资格培训，提高从业人员素质。帮助企业建立工会组织26家，党组织3个；利用定期会务平台为会员提供产销信息；帮助企业注册商标2户，提供咨询服务56人次。以扎实的服务引导工作坚定个私企业信心、节支增收、共克时艰。使会员企业基本做到了不停工、不裁员、不减薪，勇于承担社会责任，为促进地方经济发展和维护社会稳定做出了积极贡献，得到了安宁市委、市政府的充分肯定。

（龙泽祥）

食品药品监督管理

【简况】 2009年，安宁市食品药品监督管理局坚持以邓小平理论和“三个代表”重要思想为指导，深入学习实践科学发展观，依法行政、科学监管、转变作风、提升效能，切实履行食品安全委员会办公室综合协调职责和药品安全监管职责，大力整顿食品药品市场秩序，确保人民群众饮食用药安全，为促进安宁经济社会又好又快发展作出了积极贡献。2009年，安宁市被评为“昆明市食品安全工作目标考核先进单位”，市食品药品监督管理局被评为“昆明市食品药品监督管理工作先进单位”。

【食品安全综合监管】 2009年初，市政府与市食品安全委员会10家成员单位和各镇（街道办事处）、各镇（街道办事处）与村（居）委会签订食品安全目标责任书，层层落实目标责任。市食安委会办公室组织召开食品安全联席工作会议5次，传达学习省、昆明市食品安全工作精神，协调解决食品安全监管工作中出现的新情况、新问题，安排部署阶段性工作。各成员部门协调配合、齐抓共管，有力保障食品安全监管职责落实。全年未发生重大食品、药品安全事故。

【打击违法添加非食用物质和滥用食品添加剂】 2009年，安宁市成立了打击违法添加非食用物质和滥用食品添加剂专项整治领导小组，办公室设在市食药监局。领导小组办公室制定工作方案，明确各监管部门工作职责和各阶段工作重点。在市政府的统一领导下，各监管部门加强领导、认真履职、协同配合，专项整治工作稳步推进。专项整治期间，领导小组办公室组织召开工作会议2次，落实各部门工作进展情况，研究分析存在问题；及时收集各部门监管信息，工作动态及统计报表10日一报，重大信息及时上报。全市各部门累计出动执法人员827人次，检查食品生产经营户2 612户次，发放各类宣传材料7 000余份。

【猪肉市场专项整治】 2009年全市累计出动执法人员742人次，检查猪肉生产经营单位2 696户次，查处案件7起，没收不合格猪肉产品价值2 760元。接到投诉举报1起，市食安委会办公室联合市农业局到实地调查核实，并书面给予了答复。

【食品安全执法检查】 2009年，市食药监局在“元旦”、“春节”、“五一”、“国庆”、“中秋”等重要节日期间，组织机关成员部门深入开展食品市场联合执法检查4次，共出动联合执法人员97人次，执法车辆20辆次，检查各类食品生产经营户292户次。安排部署“端午节”和“六一”国际儿童节期间食品安全保障工作，确保节日期间无食品安全事件发生。积极配合农业、教育、经贸、卫生等部门开展食品安全专项检查5次；参与安宁市迎接国际人类学与民族学联合第十六届大会期间食品安全保障工作。

【食品安全学习宣传】 2009年，市食药监局大力开展食品安全学习宣传活动。一是组织《食品安全法》

学习培训。组织收听收看全省学习贯彻《食品安全法》电视电话会议；组织《食品安全法》专题培训1次，培训执法人员51人；购买发放《食品安全法》、《食品安全法释义》、《食品安全法执法问答》、《食品安全法实施条例》等材料190本。二是开展食品安全宣传。综合发布食品安全简讯15期、预警公告4期；参与"3.15"宣传活动，印发宣传材料1 000余份；组织开展"食品安全宣传周"系列宣传活动，各部门累计悬挂宣传标语68条，散发各类宣传材料2.5万余份，咨询、服务群众近5 000人。

【全力支持"创卫"工作】 对照"创卫"指标任务，分析总结食药监局"创卫"工作情况，按要求完成2006～2008年"创卫"材料的收集汇编并通过"创卫"指挥部办公室审核验收。抽调3名工作人员全力支持相关镇（街道）开展"七小"行业整治。配合市卫生局开展小饮食店、小熟食店、小副食店达标整治。牵头组织卫生局、工商局开展食品卫生、公共场所卫生联合检查。

【药品生产监管】 2009年，市食药监局以生产、质量管理人员在岗情况和物料管理、生产验证为检查重点，对4家药品生产企业和3家医疗机构制剂室进行了4次以上检查，对生产中存在的问题责令限期整改。

【药械流通市场监管】 2009年，市食药监局加强药械流通市场监管工作。一是以药品、医疗器械流通、使用环节的购、存、销和各项管理制度执行情况为重点开展重要节日专项检查。二是开展GSP认证和追踪检查。对新开办的6家药品零售企业进行GSP认证；开展药品经营企业GSP认证后追踪检查；部署全市药品零售企业第二轮GSP认证工作。三是开展疫苗经营使用单位、计划生育药械市场及特殊药品专项检查，与辖区内经营、使用特殊药品的单位签订《安全管理承诺书》；紧急核查出现问题的"双黄连注射液"和"香丹注射液"。四是对贵阳黔峰生物制品有限公司生产的假药人血白蛋白等8种假劣药品开展专项稽查。

【药械安全监管】 2009年，市食药监局加强药械安全监管。一是全面推进村卫生室药品医疗器械规范化建设，对全市已通过"两个规范"的全部28家医疗机构开展"两个规范"专项追踪检查。二是加强美沙酮维持治疗点监管。对1个美沙酮维持治疗点进行了4次现场检查，该维持治疗点购药渠道合法，各项制度健全，相关管理符合规定。

【村卫生室药品医疗器械规范化建设】 在2008年9个试点村卫生室全部通过"两个规范"验收后，2009年市政府将61个村卫生室"两个规范"建设列入《政府工作报告》为民办好5件实事之一。此项工作自2009年2月启动以来，市食药监局共对61个村卫生室进行了267次现场指导，为全部村卫生室设计定做了储药柜2组、调配柜2组和承诺牌、药械分类标识牌、分区管理标识牌，配置了档案盒、温湿度计、药柜遮光帘、凳子和各类质量记录表、记录本；编写了《村卫生室药品医疗器械规范化管理培训教材》、《药品器械监督管理法律法规汇编》等资料；对全市村卫生室医务人员进行培训。基层医疗机构药品、医疗器械质量管理水平得到提高，有力保障了广大农民群众用药用械安全。截止12月23日，安宁市70个村卫生室"两个规范"通过率达100%。

【药品抽验和不良反应监测】 全年总抽验药品46批次。组织召开全市药品不良反应、医疗器械不良事件监测工作领导小组协调会；为昆明市结核病院医务人员进行1次现场药品不良反应监测和报告培训。2009年，全市共上报药品不良反应报告80例、医疗器械不良事件报告1例。及时介入对甲型H1N1流感疫苗的质量监控和不良反应监测，认真做好甲型H1N1流感防控药品医疗器械质量监管。

【药品经营行政审批】 从2009年3月1日起，办理《药品经营许可证》（零售）行政审批时限从15天再压缩至12天；自5月1日昆明市食药监局下放药品零售（连锁）药店行政审批权以来，《药品经营许可证》（连锁）行政审批确定为8个工作日。截至11月底，共接待药品经营咨询人数152人次，核发《药品经营许可证》13份，变更30份，注销5份；核发《医疗器械经营企业许可证》9份，换证2份，变更19份，注销3份，均严格按行政审批程序和时限要求办理。

【药械案件查处】 2009年共查处药品、医疗器械案件18件，涉案药品、医疗器械金额19 683.70元，没收药品4 341.70元。参加昆明市食药监局组织的假劣药品销毁活动，销毁假劣药品672批次10 180瓶（盒），货值金额60 628.48元。受理、调查药械投诉、举报6件，均在规定时限内办结并给举报人满意回复。

【农村药品"两网"建设】 一是进一步完善农村药品供应网。安宁市共有66个行政村，2009年新设供应点5个，全市供应点达到91个，覆盖率达100%。二是建立农村集市巡查制度，由领导班子成员分片负责，联合各镇（街道办事处）、公安、工商等部门，加大集镇市场巡查力度，坚决打击违法行为。三是加强专职协管员管理，规范考核制度，对全市3名专职协管员和9名兼职协管员开展2次培训。

【药品广告监测整治活动】 2009年，市食药监局开展药品广告监测和整治活动。一是联合工商局、城管局对安宁市城区和昆钢片区公交车站台的广告牌、药品零售企业的店内广告和安宁电视台广告进行清理整顿。二是对齿白金咀漱片、水宜生微电解制水器等

26批次的违法广告品种采取强制措施，予以封存扣押，货值金额11 392元。

【政务公开】 一是按照设置“96128”政务信息查询专线相关工作要求，落实责任领导和具体工作人员，设立服务电话，并结合本局职能职责，认真收集整理与业务相关的24条常见问题和解答，通过政府信息公开网站、“96128”政务信息专线电话等途径，为公众获取食品药品监管政务信息提供帮助和服务，主动接受社会各界监督。二是对61个村卫生室“两个规范”建设情况通报4次，对全市2009年药品经营企业诚信体系建设（A级企业）公示1次。

【食品药品监管信息宣传】 2009年，市食药监局印发食品、药品监管简讯53期，主动发布政务信息70条。积极报送食品药品监管信息，国家局采用1则，省局采用4则，昆明市局采用71则，安宁市委采用1则、市政府采用1则、《今日安宁》采用1则。积极参与“3.15”消费者权益保护日、“全国科普日”等活动，设置宣传栏，对“禁毒”、“创文”、“创卫”、党风廉政等方面的知识进行宣传。

【深入学习实践科学发展观】 2009年，市食药监局严格按照上级安排部署开展学习实践科学发展观活动，并将开展活动的范围由党员扩大到全局干部职工。紧扣活动主题，努力提高全局干部职工的思想道德素质和综合素质，将科学发展与实际工作紧密结合，以食品药品监管为重点，进一步规范药械经营使用行为，促进全市医药经济又好又快发展。

【队伍建设】 一是切实抓好政治理论学习培训。制定学习培训计划，组织及参加各种政治理论、法律法规等学习70余次，各类培训13次，组织开展20次党员电化教育，参加普法、危机管理等公务员素质提升教育及考试2次。二是深入开展“继续解放思想、推动跨越发展”大讨论、“加强作风建设、促进科学发展”主题教育及党史、军史、国史学习教育等活动。三是采取六项措施深入实施“治庸计划”，狠抓队伍建设，激发干部职工的工作积极性。四是制定退休干部管理计划，对退休人员进行走访慰问6次，适时掌握、了解退休干部思想动态及身体健康状况。五是积极参与篮球友谊赛、气排球比赛、歌咏比赛（获昆明市局二等奖）等文体活动，增进团结，增强凝聚力。

【党风廉政建设】 2009年，市食药监局大力加强党风廉政建设。主要领导与班子成员、班子成员与分管科室负责人层层签订“一岗双责”责任书，一般干部签订“廉洁自律承诺书”。认真落实党风廉政建设责任制，把党风廉政建设与业务工作紧密结合起来，同部署、同落实、同检查。组织开展2次爱国主义教育活动和3次预防职务犯罪学习教育活动。

【扶贫帮困】 2009年，市食药监局深入扶贫点、党风廉政联系点、新农村建设联系点15次，了解春耕生产情况、党风廉政工作情况及存在的问题困难，积极为群众办实事，解决基层困难。出资2 000元补助新农村联系点禄脿镇海湾村委会秧田冲村民小组抗旱保苗；与海湾村总支邑头村民小组党支部“开展城乡党的基层组织互帮互助”活动；对各联系点部分困难老党员、困难老人开展“敬老节”等慰问活动；为扶贫点征订“农村三刊”。

（刘思思）

质量技术监督

【简况】 2009年，安宁市质量技术监督局在昆明市局党组和安宁市委、市政府的正确领导下，深入学习实践科学发展观，按照省局关于“质量和安全年”活动及十项专项整治任务要求，抓质量、保安全、促增长，整顿和规范市场经济秩序，实现四个“明显提升”。扎实开展“基础建设年”主题活动，积极推进全市质监各项工作任务的有效落实，统一思想，明确职责，分解任务，狠抓落实，严格按照《昆明市质监系统2009年工作考核办法》履行质监工作职能，增强服务意识。由于较好地完成了2009年各项目标任务，荣获昆明市质量技术监督局系统优秀单位二等奖。

【党风廉政建设】 2009年，市质监局认真组织学习和传达各级纪检监查工作会议精神，参加安宁市第二批深入学习实践科学发展观活动；积极参加市检察院组织开展的专项警示教育活动；制定了《安宁市质量技术监督局行政效能提升和干部作风改进活动整改方案》；开展行政审批制度改革工作“回头看”活动；开展“质量和安全年”活动；签订《2009年党风廉政建设责任书》，分解责任目标到个人，强化责任目标考核。

【名牌产品培育】 2009年，市质监局积极推进品牌战略，全面加强质量、标准化和计量等基础性工作，努力为促进区域产业提升和经济增长方式转变发挥积极作用。在充分调研论证的基础上，把昆钢等5个企业的6个产品纳入重点培植云南名牌产品，把昆钢、祥丰等11个企业的20个产品纳入重点培植昆明名牌产品，把富瑞的磷酸一铵、磷酸二铵和祥丰的过磷酸钙产品纳入重点培植中国名牌产品。

【工业产品生产许可证管理】 2009年，市质监局加强工业产品生产许可证管理。完成生产许可证年度审查36家；以观察员身份参加生产许可证现场审查22家，其中8家未通过审查；查处无生产许可证生产企业12家、经营活动中使用无证产品企业4家；对2008年度未进行生产许可证年度审查的5家企业下达限期整改通知书，并对列入昆明市2008年实地核查的6家企业下达实地核查通知。

【产（商）品质量监督检验】　2009年，市质监局认真开展对农资产品、建材等产（商）品的监督检查工作。协助省质监局抽检化肥样品25个，其中：过磷酸钙19个、钙镁磷肥2个、复混肥料4个，合格率为100%。检查在建建筑工程9个，抽检样品20批次，合格5批次，合格率为25%；检查建筑钢材生产企业5家，抽检样品5批次，合格4批次，合格率为80%；检查建筑用砖生产企业5家，抽取样品5批次，合格4批次，合格率为80%；检查水泥预制构件生产企业7家，产品质量符合要求，但有4家企业生产钢筋混凝土输水管无工业产品生产许可证，有6家企业使用无“3C”认证的低压成套开关设备。

【食品质量安全管理】　2009年，市质监局认真开展食品生产加工企业专项整治工作。开展了打击食品生产加工企业违法添加非食用物质和滥用食品添加剂行为专项整治行动，对辖区内31家使用食品添加剂的食品企业进行备案；制订了安宁市质量技术监督局《开展打击食品生产加工环节违法添加非食用物质和滥用食品添加剂专项整治方案》；定期向昆明市局和安宁市食安委上报专项整治情况。对有问题的部分食品生产加工企业下达责令改正通知书，要求其限期整改。加强对食品生产加工企业的监管力度、服务力度和巡查力度，及时掌握企业所用的原辅材料及食品添加剂，向企业宣传食品安全方面的知识，对其生产的食品实施批批检验，不合格食品决不出厂。重点对以下五个区域进行了监管：一是城乡结合部，二是外来人口聚集地，三是中小学周边地区，四是医院周围，五是大型超市，让广大消费者有一个放心的消费环境。年内无食品生产安全事故发生。

【计量监督管理】　2009年，市质监局认真开展计量监督管理工作。开展“关注民生、计量惠民”专项活动，对全市的强检计量器具进行了建档工作，共计录入强检计量器具2 320台；摸清辖区内各医疗单位强制检定计量器具在用情况，对辖区内4家较大规模的医院共102台计量器具进行强制检定。对全市用能单位能源计量器具配备和管理工作进行监督，有效地推进节能减排工作。

【标准化监督管理】　2009年，市质监局进一步加快农业标准化示范区建设步伐，着力提升农业标准的质量和水平。严格企业产品标准备案和审查工作程序，强化标准体系建设，严格进行标准备案前的审查论证，提高备案标准的技术要素水平。全年办理执行标准登记4家企业10个标准、标准备案2家企业2个标准；清理企业标准95个，标准执行情况企业抽样调查39家；开展世界标准日宣传活动，印制悬挂布标3条，印发宣传材料30 000余份。

【特种设备安全监察】　2009年，市质监局积极开展特种设备安全监察工作。全年共受理特种设备安装、大修、改造方案备案181份；锅炉注册登记发证28台；压力容器注册登记发证210台；起重机械注册登记211台；电梯注册登记172部；场（厂）内机动车辆注册登记429辆；特种作业人员备案登记674人，建立了台帐。下达《特种设备安全监察指令》18份；签订特种设备使用安全管理责任书40份；调查处理特种设备安全事故1件。开展特种设备日常检查120天/次，查处特种设备违法案件19件，有效地保证了特种设备的安全运行。开展企业在用特种设备信息变更、审核换证和动态监管工作。

【组织机构代码管理】　2009年，市质监局继续开通移动电话“企信通”，在组织机构代码证年检时间内先后2次向组织机构代码证持证单位法人或负责人群发了《组织机构代码证年检时间的通知》。通过手机短信提醒持证单位年检、换证的方式方便、快捷，受到社会各界的赞许。全年共（换）发组织机构代码证739件，变更302件，迁址5家，年检1 504件；业务咨询、投诉处理58件；废置、清理300件。行政审批事项实行“零收费”。

【质监行政执法】　2009年，市质监局全面推行统一领导、整体联动、集中处罚的行政执法体制，执法效能进一步提高。开展了食品、农资、建材、低压电器和电线电缆、珠宝玉石贵金属饰品、危险化学品及包装物、燃气用具、验配眼镜、特种设备、计量等10项专项整治。全年共立案查处案件89件，结案88件，结案准确率为100%。共受理消费者投诉16起，除1起交由工商部门处理外，其余15起全部处理完毕，为消费者挽回了经济损失，有力的维护了消费者的切身利益。

【健全党组组织机构】　2009年7月22日，昆明市局任命彭官辉为中共安宁市质量技术监督局党组书记、局长、稽查队队长，孙静不再担任党组书记、局长、稽查队队长职务。2008年12月17日，任命杨帆为副局长、稽查队副队长，刘明不再担任副局长、稽查队副队长职务。2008年5月19日，任命周悍祥为党组成员、纪检组长。至此，中共安宁市质量技术监督局党组领导班子配备齐全，党组组织机构健全。

（王志军）

农·林·水·电

编辑：李 波

安宁市能源生态村——县街镇大元末村　　　　（市新农办　供稿）

农　业

【圆满完成昆明市下达的粮食生产任务】　2009年计划完成粮食播种面积118 200亩，总产4.75万吨，通过各级干部群众的努力，实际完成粮食播种面积145 462.1亩，实际粮食总产53 288吨，为昆明市下达任务4.75万吨的112%，确保了全年粮食总产任务的完成。其中：完成小春播种面积48 220亩，为计划任务的115%；但由于受霜冻灾害的影响，全市小春粮食总产仅达2 293吨，比计划产量减产77%。2009年全市完成栽插水稻27 748亩，玉米栽种66 766亩，分别为计划任务的99%和209%，实现大春粮食总产50 995吨，比计划数3.75万吨增136%。经测产水稻平均单产532.4千克，玉米平均单产512.8千克。

【小春作物科技试验示范】　2009年，市农业局在青龙镇赤龙城村和赵庄村开展了250亩蚕豆/油菜生物多样性和200亩油菜育苗移栽示范。经测产，生物多样性最高单产215千克、最低单产98.5千克，育苗移栽最高单产256千克、最低单产135.3千克，完成油菜生物多样性种植5 000亩。开展了油菜专用肥、控释BB肥、测土配方、习惯施肥、不施肥等肥效试验及油菜根肿病药效筛选试验共计58个小区，为试验区约500户农户科学使用农药、化肥起到了显著的辐射带动作用。在八街镇窑坡村和禄脿镇安丰营村实施蚕豆示范样板375亩，中期长势较理想，后期遇强霜冻天气，平均单产77.2千克，比上年单产223千克减产145.8千克，减65.4%。在连然街道办事处武家庄村实施了鲜食蚕豆样板372亩，平均单产304.6千克，按每千克2.50元计算，每亩收入761.5元。承担了昆明市农科院生物所油菜“道迈丰”药效试验一组，平均单产361.27千克，比对照单产344.01千克增产5.02%。

【测土配方施肥工作】　为有效推进全市农业清洁生产，改善农业生产技术、降低农业生产成本、减少农业面源污染，2009年把扩大测土配方施肥技术作为实施重要科技措施之一。全年完成测土配主施肥油菜15 000亩；完成水稻测土配方施肥技术推广10 015亩，完成中心示范样板1 070亩，完成玉米测土配方施肥10 000亩，完成中心示范样板1 100亩，各项任务均按质按量完成预期目标。对涉及项目的28个村、94个组、3 600户村民，印制并发放了施肥建议卡6 500份。经测产，1 000亩水稻示范样板平均单产634.4千克，比习惯施肥亩增54千克，增幅为9.3%；1 000亩玉米示范样板平均单产865.62千克，比习惯施肥亩增244.2千克。

【水稻精准栽培】　为实现水稻控病增产目的，2009年，全市计划推广水稻精准栽培1万亩，中心示范样板600亩，经过各级干部群众的努力，共完成水稻精准栽培10 714亩、完成计划数的107.14%；完成中心示范样板627亩，完成计划数的104.5%，并在各镇设置了同田对照。云南省农科院、昆明市植保站对安宁市水稻精准栽培进行了初验，市统计局、市科技局和相关人员对温泉200亩示范点进行了现场产量验收，经脱粒、去杂、称重，平均亩产为625.8千克，比习惯栽培亩产586.6千克亩增39.2千克，增幅6.7%，以每千克2.5元（拆合大米3.3元）计算，减去生产成本，亩增收98元。

【病虫草害防治】　2009年，因受持续高温和频繁晴雨天气的影响，全市水稻稻飞虱的发生迅速增长，田间虫口密度剧增。为及时有效的做好稻飞虱的防治工作，最大限度的减少损失，市农业局下发了《关于做好水稻稻飞虱防治工作的紧急通知》，加大了防治力度、强化措施，及时组织稻飞虱的专项统防工作，全市统防面积达21 000亩，由于各级重视，措施有力，全市稻飞虱防治工作取得了显著成效。据统计，全市共组织开展大、小春各种病虫害防治39.84万亩，其中：小春防治6.96万亩次、大春防治14.7万亩次，大小春化学除草7.48万亩次，灭鼠10.7万亩。

【大力建设IPM示范村】　2009年，在已建八街镇温水村、青龙镇赵庄村集栽培、管理、科学施肥、病虫综合防治为一体的两个农业面源污染控制IPM示范村建设成果的基础上，紧紧围绕以南部（八街、县街）生态镇和无公害农业园区建设的总体规划，举行了八街镇铁厂村IPM示范村建设班，为该村建设了6个农业投入品废弃物回收池和6个秸秆堆沤池。设立了以生物防治虫害为重点的100亩性诱剂、100亩杀虫灯、100亩黄板诱杀。参加培训的37个学员通过历时3个多月对粮油、蔬菜、果树等作物病虫的识别与防治技术的学习，较好地掌握了低毒低残留药剂的选择与应用，为促进水源保护区建设，控制面源污染奠定了良好的基础。

【大春作物科技示范推广】　2009年水稻新品种推广以“楚粳28号”为主，全市共推广10 000亩，在禄脿镇云丰村实施高产样板100亩，各镇各建立示范样板50亩。优质稻推广26 500亩，平均单产532.1千克。云光109示范、推广117亩，平均单产738千克。玉米“118”工程28 097亩，鲜食玉米5 379亩，温饱工程11 380亩，高油高蛋白玉米4 041亩，在八街镇双龙村玉米抗旱节水肥高产栽培示范300亩，品种以长城700，海禾2、14号，宣黄单2、5号，兴黄单892等为主，300亩抗旱节水栽培示范加权平均单产为561.3千克/亩，较对照增3.0%。

【种子市场管理】　全年对种子市场检查22次，通过对安宁市32家种子经营户及市场的检查，查出8个不符合规定的杂交玉米品种，其中2个未经审定，

4个审定区域不含昆明地区，2个适应区域不含云南或西南地区。部分经销商销售散装蔬菜种，少数经销商手续不全或超范围经营，有流动商贩走村窜户，违法、违规销售种子现象出现。以上检查情况均对经营户进行了批评教育并提出了限期整改和停止销售处理，保证了广大农户的用种安全。

【扩大种子抽留样数量】 2009年，根据种子市场的实际，在安宁市区域共抽取样品21个、63份。其中常规水稻种3个、杂交玉米种18个，达国际20个，不达标1个（沈阳北玉公司生产“北玉2号”，原因为发芽率79.7%，底于国际85%的标准）。以上品种为安宁市主推品种和部分搭配品种。

【畜牧生产】 2009年，全市完成肥猪出栏29.05万头，为任务数28万头的103.7%；出栏家禽960万只，为任务数950万只的101%；出栏肉牛7 793头，为任务数6 500头的119.9%；出栏肉羊25 200只，为任务数2.5万只的100.8%。肉类总产4.35万吨，为任务数4.2万吨的104%；完成畜牧总产值5.8亿元，为任务数5.5亿元的105.45%。

【肉类食品检疫及活畜产品检疫】 2009年肉类食品检疫完成428 965头（只），占年计划22.6万头（只）的189.81%。猪胴体检疫完成160 134头，占年计划12万头的133.55%，检出不合格猪胴体169头（其中：猪瘟9头、黄脂47头、黄疸31头、猪丹毒8头、死猪20头、病因不明54头、其他不合格的产品4 610公斤），均按相关规定作了无害化处理。牛胴体检疫完成5 686头，占年计划3 500头的162.43%。羊胴体检疫完成4 169只，占年计划2 500只的167.76%，检出不合格羊胴体27只。白条禽检疫完成258 616只，占年计划100 000只的258.62%。腌制品检疫完成739吨，占年计划200吨的369.5%。活禽产品检疫实际完成87 595头（只），占年计划8万头（只）的109.5%。

【实施“瘦肉精”监测项目】 为加强畜产品质量安全源头监管工作，严厉打击滥用添加剂和使用非食品添加剂的违法行为，维护广大人民群众身体健康，保证肉食品质量安全。2009年积极组织开展了对全市5个生猪定点屠宰场、50头以上规模的生猪养殖场共186户的“瘦肉精”检测工作，利用免疫胶体金快速检测卡对采集的尿样进行“瘦肉精”检测，共检测样品684份，通过检测均为阴性，没有发现有违规使用添加剂的情况发生。

【奶牛“两病”检疫及牛奶“三聚氰胺”监测】

2009年5月，对全市辖区内1 170头奶牛进行了“两病”检疫监测工作。共检疫奶牛结核病974头，检出阳性奶牛6头，检疫奶牛布鲁氏病463头，结果全为阴性，按照规定对复检后的2头阳性结核病牛进行了扑杀净化。同时认真组织开展全市奶牛规模养殖场牛奶三聚氰胺的监测工作，抽检19批次，通过检测均无添加三聚氰胺的情况发生。

【动物免疫标识及疫病可追溯体系建设】 为加快全市动物免疫标识及疫病可追溯体系建设工作的整体推进，2009年，全市加大卫生监督基础设施投入，在太平镇武警总队食品基地、金方街道办事处鑫鑫种猪场、八街镇和牧牧业有限公司、云南惠嘉公司等4家试点规模养殖场，配备了智能识读器，发放了二维码耳标、耳标钳等，同时，加大培训力度和技术指导。目前，4家规模养殖场建立了基础数据收录上传工作，设备使用正常，上传数据规范有效。

【严把屠宰检疫关，确保肉品质量】 2009年，市农业局做好全市5个生猪定点屠宰场生猪屠宰检疫管理工作，认真抓好上市销售的肉品质量。要求全市屠宰场严格遵照《云南省猪、牛、羊屠宰检疫操作规程》实施检疫、检验，责任到人，层层把关，全方位做好屠宰检疫工作。并开展了杜绝病死猪肉流入市场专项整治百日行动，认真对动物饲养，屠宰、经营、隔离、运输以及动物产品生产、经营、加工、贮藏、运输等活动中的动物防疫实施监督管理，做到监督不留死角，宰前检疫、宰后检验率达100%。有效保障了全市肉品质量，确保市民吃上“放心肉”，促进畜牧业的健康发展。

【加大动物卫生监督执法力度】 认真做好肉品市场的日常监管工作，定期或不定期对全市肉食品市场进行检查，配合相关职能部门做好全市肉品市场质量安全检查工作，杜绝病害肉流入市场。组织监督检查市场179个，查处违法违规案件14起，其中：点外私宰3起，贩卖病猪肉7起，贩卖不合格山羊肉3起，变质禽类1起，罚款3 100元，没收不合格动物产品364.3千克，全部作了无害化处理，同时做好违法、违规案件处理记录。

【牧医科技推广】 2009年全市共推广牛冻精品种改良1 210头，完成计划数1 100头的110%。推广猪人工授精1.7万窝，完成计划数1.5万窝的113%。推广种植黑麦草、苜蓿等优质人工牧草2 500亩，完成计划数2 000亩的125%。开展畜禽综合免疫注射6 120万头（只），完成任务数5 000万只的122%。推广青贮氨化饲料4.7万吨，完成任务数4.5万吨的104%。

【重大动物疫病防治】 全市认真开展了口蹄疫、禽流感等重大动物疫病春、秋两季强制免疫和常年补针工作，共免疫禽类高致病性禽流感1 167万羽次，免疫度100%。其中规模养禽户免疫1 071万羽，农村散养禽类免疫96万羽，免疫密度100%。免疫牲畜口蹄疫368 450万头（只），免疫度98.8%。其中猪免疫284 875头，牛免疫29 996头，羊免疫53 669只，免疫密度98.8%。通过免疫工作的开展，构建起了有效的免疫保护屏障。强免工作结束后，分4个检查组进行检查验收，按每个镇抽查5%的自然村，每个自然村抽查10%的农民进行了抽查。根据检查结果，对局部免疫密度达不到100%的镇，通过督促后已及时进行了补免。开展重大动物疫病免疫效果监测，高致病性禽流感监测15户313份，合格311份，合格率99.36%；新城疫监测3户62份，合格62份，合格率100%；猪瘟监测6户40份，合格32份，合格率80%；口蹄疫监测6户猪血清40份，合格30份，合格率75%；监测牛血清16户30份，合格24份，合格率80%；监测羊血清5户30份，合格23份，合格率76.6%。按照农业部、省下发的文件要求，安宁市四种疫病免疫监测结果均达到了免疫合格率的要求。在甲型H1N1流感的防控工作中，建立了值班制度及疫情日报和零报告制度，对全市规模养猪场及散养户进行疫情排查，对养殖户等密切接触人员进行认真登记并将情况及时报送市疾控中心，做好规模养殖场的监测和监控，共监测种猪场1个，商品代饲养场259个，排查猪63 506头，散养户3 190户，无可疑病例发生。

【养殖小区、养殖示范村及规模养殖户建设】　在养殖示范村建设上，2009年全市新建县街镇独房子母猪示范村、禄脿镇陈家营肉牛示范村2个养殖示范村项目。共引进良种基础母牛33头和良种母猪35头，示范村已完成培训、圈舍改造、种草、引种等全部建设内容，其中肉牛示范村80%的基础母牛已产下牛犊，示范村建设初见成效。至2009年底，全市培育建成养殖示范村20个。2009年实施的2个养殖小区建设已全部完成并即将投入生产。县街镇梨园村姜丽娜养殖小区建设规模为年出栏肥猪10 000头，该养殖小区建设工程已于8月25日通过检查验收，已投入生产。禄脿镇庄科村委会王庆贤养殖小区建设规模为饲养母猪400头，年出栏肥猪6 000头，项目工程已于9月22日通过检查验收，已投入生产。2009年共批准立项建设规模养殖户20户，其中有7户因土地征占等原因，待重新申报审批后进行续建，其余13户养殖大户已按要求完成畜禽标准化建设及环保设施建设，于10月18日通过验收，现全部新建的规模养殖户都已投产。

【规划区畜禽禁养工作】　2009年开展了安宁市城区、车木河水库外延保护区的螳螂川流域河道全面禁止畜禽养殖工作。共关闭散养户1 433户，禁养畜禽19 297头（只），关闭规模养殖户26户，搬迁1户，禁养畜禽51 755头（只）。所涉及范围的禁养工作已基本完成，并于2月26日通过了市"四全"禁养工作领导小组的检查验收。市政府组成4个调研组，对涉及全市禁养区域的两镇、两个街道办事处禁养区经济发展进行了调研，提出了意见和建议。

【能繁母猪和奶牛保险工作】　2009年，全面开展了能繁母猪和奶牛保险工作。全市共开展能繁母猪保险16 515头，其中规模养殖户投保9 684头，农户散养投保6 831头；开展了奶牛养殖保险工作，共投保24户，保险奶牛头数1 012头。能繁母猪保险金额按每头1 000元投保，保险费为60元，农户只承担12元；奶牛按省市要求以60%的投保金额，每头投保金额3 600元（实际赔 付3 600元），不足部分由各级财政补助。共计理赔能繁母猪501头，奶牛9头，为养殖户挽回经济损失53.4万元。

【红梨管护】　红梨产业通过连续五年的扶持发展，特别是安宁获得"中国红梨之乡"称号后，全市加大了冬季修剪、病虫害防治、疏花疏果、套袋为重点的管护措施。2009年完成冬季修剪、病虫害防治15 129亩，组织生产调运红梨果实袋1 200万套，调运硫磺粉17吨、硅钙钾肥152.2吨及其它农药、化肥等物资，为红梨基地建设和各镇水果发展提供了物资保障。3 481亩市级红梨标准化生产示范基地以提质增效为核心，全面实施红梨标准化、科学化生产管护措施，严把各环节生产技术关，共拨付肥料、修剪、统防扶持经费472 264元。项目于2009年2月10～11日通过了相关部门的检查验收。为延长红梨的市场供应周期，缓解红梨集中上市销售的压力，提高红梨经济效益，2009年计划在原已建微型冷库60座的基础上再新建10座，实际完成了7座15吨级微型冷库的建设工作，余下3座正在建设中。

【名特优水果种植】　安宁市2009年新发展建设特色水果基地1 201亩。其中种植凯特杏505亩，核桃295亩，晚熟桃208亩，改换甜柿50亩，晚熟樱桃143亩。2003～2009年在八街镇发展了1 800亩晚熟桃、120亩甜柿、田家营村100亩凯特杏；草铺镇权甫村100亩核桃、天井山150亩冬桃；县街镇双村150亩冬雪桃、云山村60亩晚桃，累计名特优水果种植面积近2 500亩。

【农田生态环境建设】　2009年全市计划机耕路绿化10公里，后增至40公里。完成机耕路、进村道路和村庄周边道路绿化74 778米，为昆明市下达任务的249.26%。2009年9月1～2日相关人员组成验收组进行了实地验收。

【茶叶安全生产】　2009年对产茶镇（禄脿镇、草铺镇）茶叶生产情况进行了调查，主要调查茶叶生产环节中农药、肥料的使用和加工情况。通过调查发现：全市茶叶生产中极少使用农药，所使用农药均为低毒、低残留的安全农药，可安全放心使用。调查组还提出了意见和建议，规定具有一定规模的种植户建立田间管理档案，按无公害茶叶生产标准进行生产。

【蔬菜产销情况】　2009年全市完成蔬菜播种面积10.4万亩，完成目标任务的104%；总产量22.2万吨，完成目标任务的101%；总产值2.8亿元，为任务数的186%，外销量6.9万吨，完成目标任务的

57.8%。上市量14.33万吨，平均市场价为2.75元/千克，批发价2.1元/千克，外销价2.8元/千克，综合平均菜价2.55元/千克，与上年相比，平均每千克增涨0.54元，同比增长26.8%。

【花卉产销情况】 2009年全市园艺花卉种植面积完成14 321亩，产值7 812万元。其中鲜切花种植3 804.8亩，完成计划任务数的224%，鲜切花产量达4 644.6万枝，完成计划任务数的103%，产值4 122万元，鲜切花主要品种以百合、玫瑰、康乃馨为主。草皮及观赏绿化苗木生产9 166.2亩，实现产值2 840万元；无公害食用玫瑰种植1 350亩，产量47.25万千克，实现产值850万元。

【浅水藕生产】 为稳定浅水藕种植面积、产量，2009年，以八街镇为主加强了浅水藕栽培技术培训。全市完成浅水藕种植面积17 338亩（其中浅水藕育苗移栽82亩），在2006～2008年引进试管藕良种试验示范的基础上，引进0312、鄂莲5号2个试管藕品种示范栽培4亩。由于气候利于浅水藕生长，浅水藕产量、品质好于上年，平均市场价2.5元/千克，批发价2元/千克。据统计局和农业局测产平均亩产量达1 913.9千克，总产330万千克，商品率达80%以上，实现产值8 295万元。

【依托农业龙头企业，发展鲜销蔬菜生产】 2009年，全市共发展鲜销蔬菜生产10 877亩，实现总产1 670万千克，实现总产值3 507万元。其中，依托云南恒进公司发展西兰花、豌豆、娃娃白菜、生菜等鲜销蔬菜6 004亩，收售产品总量750万千克，平均亩产值2 300元，实现收售产品总产值1 400万元。依托加工企业、农民经济合作组织、种植大户等发展鲜销蔬菜4 873亩，实现总产值2 107万元。

【发展脱水蔬菜订单生产】 2009年，依托云南惠嘉绿色食品有限公司采取租用土地组织农户生产的形式，发展优质脱水蔬菜生产800亩，其中种植大葱500亩，甘蓝300亩。共收购农户产品6 375吨，兑现产品款375万元，平均亩产值达4 687元。

【无公害蔬菜生产示范推广】 2009年示范推广无公害蔬菜生产6万亩，完成全年目标任务的86%，无公害蔬菜生产总量12万吨，完成全年目标任务的66.7%。无公害蔬菜标准化示范推广1.86万亩，完成全年目标任务的93%。圆满完成县街镇无公害蔬菜标准化示范栽培540.5亩，平均亩产值达1 713元。全年完成无公害蔬菜生产示范推广7万亩，实现产值15 000万元。按照“五化”（区域化、标准化、规模化、专业化、订单化）要求，树立标准化生产示范点5个，其中八街镇2个，县街镇1个，禄脿镇1个，金方街道办事处1个；标准化生产示范户5户（八街镇2户，县街镇1户，禄脿镇1户，金方街道办事处1户）。在2009年的无公害蔬菜生产综合技术推广应用工作中，重点抓“五个一”工程的实施。5月，在八街镇完成了1 000亩物理杀虫灯建设任务。到2009年底，全市共推广应用物理杀虫灯287盏，防治面积达8 000亩；推广应用性诱剂300亩；推广应用黄板（蓝板）50 000余片，防治面积3 000亩；推广应用生物农药11 600亩，推广应用生物肥料8 600亩，开展蔬菜多样性种植8 200亩。全年实现综合技术推广应用5万亩次。

【蔬菜新品种、新技术试验示范】 2009年新品种引试在近年来蔬菜常规品种引试的基础上，以特种瓜及大叶芫荽为主。从台湾农友公司引进特种瓜品种17个，在县街镇农业示范园区试验示范栽培获得成功，在农博会上展示效果明显，得到参观群众及同行的好评。从瑞丽引进大叶芫荽种进行飘浮育苗试验栽培。同时，引进试管耦品种0312、鄂莲5号在八街镇高桥村示范栽培4亩；继续开展特种蔬菜阳荷、刺五加、紫背天葵、菊花脑、枸杞尖等示范栽培3亩，积极配合昆明市农科院经作所开展了昆明紫长茄、9211、9314品种比较试验；辣椒组合品种比较试验3组9个品种。圆满完成“特种蔬菜引种试验示范”项目，并顺利通过科技局验收。

【蔬菜产品农残监测】 2009年根据省、市要求，对全市蔬菜产品质量安全及“三品”监管工作进行部署安排，加大了蔬菜产品质量安全宣传及培训。开展全市蔬菜生产基地安全生产检查3次，并与36户蔬菜规模种植户（企业）签定农药安全使用责任书。在原有一站四点的基础上，新筹建了禄脿、金方2个快速检测点。全年一站六点共抽检生产基地蔬菜样品2 934个，农残快速检测合格率达99.9%，年内完成了年初计划抽样检测3 500个的目标任务数。在初步建立12个蔬菜标准化生产田间档案管理示范点，对重点蔬菜产品及基地进行生产环节全程质量监控，为即将实施的农产品市场准入制及产品质量安全追溯制奠定了基础。

【“三品”认证及监管工作】 2009年，积极指导重点农业企业、专业合作社开展“三品”认证申报工作。完成无公害农产品认证2个，已通过省、市级承办机构审核，报农业部农产品质量安全中心审批；正在申报认证的绿色食品5个，其中云南恒进公司3个，县街礼义红梨专业合作社1个，八街桅杉果蔬合作社1个。在“三品”监管工作上，成立了“三品”用标联合专项整治小组，对辖区内金方、湖滨、鑫疆、贸易公司及昆钢天顺等主要商场和超市开展“三品”用标专项整治检查，共检查用标产品186个，涉及用标企业61个，其中区域范围内生产用标企业3个。通过用标信息查询，对冒用绿色食品标志产品、超期使用标志产品、超范围用标产品、不规范用标产品、已续展仍使用过期老包装标识产品、无公害农产品不规范用标产品进行了限期整改，有效规范了全市的“三品”用标。

【安宁市汽车驾驶学校成功改制】 为认真贯彻落实党和国家有关“政企分开、企事分开”的文件精神和要求，市农业局对隶属企业安宁市汽车驾驶学校成功改制。面向社会公开竞价出售，中标成交价179万元。

【农机交通安全】 春运期间，配合“春运交通安全联合执法组”认真开展农机春运安全生产大检查，期间共检查各类机动车32 000余辆次，其中，检查拖拉机2 300余辆次；查处和纠正拖拉机驾驶员违法行为35起，其中，无证驾驶8起，无牌拖拉机上道路行驶3起，违法载人3起，未随身携带“两证”17起，其它违法行为4起。

2009年，开展道路交通安全“五进”宣传活动，加强“五整顿、三加强”工作措施，在全市农村深入开展“关爱生命、平安出行”主题宣传教育活动。组织开展市、镇两级农机工作人员集中安全教育活动，提高依法管理水平；组织人员进村入户，通过会议、讲座、广播、电影、电视、标语、大型图片等多种形式，深入开展《道路交通安全法》、《农业机械化促进法》及相关法律法规的宣传教育活动。共播放交通安全宣传光碟34场次，制作永久性宣传标牌108块，张贴标语200余条，印制发放“农机安全宣传手册”7 500册，接受安全宣传教育人数2万余人。对田间地头、场院及重点线路和地区的农机作业场所，开展农机安全生产检查和专项整治。严厉查处拖拉机违法载人、无牌无证、酒后驾驶、超速行驶、疲劳驾驶等严重交通违法行为，消除事故隐患，遏制重特大农机事故的发生。全年共出动农机监理执法人员175人次，出动检查车辆120辆次，检查拖拉机2 810台次，查出无牌无证拖拉机21辆次，违法载人9次，未随身携带“两证”18起，其它违法行为4起；依法处理拖拉机违法行为21起。通过检查、整治，无牌、无证和各类交通违法行为有了明显下降。由市、镇、村委会、村民小组、农机户逐层签订农机安全责任书4 100余份，确保落实到户、责任到人，为农机安全工作打下坚实的基础。

【拖拉机年度集中检验制度】 为进一步做好农机安全生产工作，贯彻落实《中华人民共和国道路交通安全法》，从源头上保障农机生产安全，全市自10月13日至11月9日开展了2009年度拖拉机集中检验工作，共集中检验拖拉机720台。

【争取中央资金，实施农机购置补贴】 为促进农业节本增效、农民增产增收，提高农机装备水平，增强农民购机能力，扩大农民受益范围。2009年争取中央财政农机购置补贴资金350万元，通过广泛宣传动员、受理申请、深入调查核实、确定补贴对象、张榜公示、签订协议、协调供货事宜、组织技术培训、举办现场演示等各项工作的顺利开展，圆满完成了农机购置补贴工作和设施农业项目建设工作，已报请省、市主管部门进行组织验收。全市补贴受益农户359户；购置各类农业机械共计295台，建设喷、滴灌溉设施535亩，建设农业钢架连栋大棚12.8万平方米、钢混水泥大棚13万平方米。项目总投资达1 200万元（其中：农民自筹资金850万元；中央补贴资金总额350万元）。

【农业龙头企业和农村专业合作经济组织建设】 在发展30个农民专业合作社工作上，2009年新发展了县街农机合作社、县街民旺肉牛养殖合作社、安宁慧超蚂蚱养殖合作社等13个农民专业合作社。到2009年末，全市创建的农民专业合作社达到43个。申报安宁市级农业龙头企业已达18家，申报重点专业合作经济组织12家，辐射带动70%以上农户。对41户规模种植大户、46户养殖大户、24户营销大户完成了审核和申报工作。

【成立土地承包流转服务中心，实施现代农业园区建设】 2009年，安宁市委、市政府下发了农村土地流转相关政策文件，农业局成立了土地流转办公室，及时开展土地流转的相关工作。积极深入各镇村检查、指导、协助土地流转工作，调查处理农户上访的土地矛盾纠纷，帮助各镇（街道办事处）对村组干部进行土地流转政策和业务培训。市政府与各镇（街道办事处）签订了2009年农村土地流转工作目标责任书。市土地流转办共调查处理和签复农户土地纠纷上访11起，其中涉及侵害农户土地承包权益的上访案2起。全市累计完成土地流转10 526件4.46万亩，为全市耕地面积的37%。其中：流转在册耕地面积2.65万亩，流转荒地面积0.63万亩，流转荒山面积0.99万亩。初步搭建起了农村土地流转和农业园区建设信息平台。启动了八街镇的云南恒进公司和金鹏公司、县街镇的神田公司和锦苑花卉、禄脿镇的艾家营和海湾等一批现代农业园区建设。

【农村集体财务管理和财务公开】 2009年，对各镇（街道办事处）会计站负责人和农村会计参加的农村财务管理工作进行了培训，对农村财务管理和财务公开工作中存在的问题与会议人员进行了交流、讲解和探讨。下发了《关于尽快落实村组财务公开张贴栏建设完成情况的通知》，各镇（街道办事处）均完成了所属村、组农村财务公开张贴栏的建设。全市各镇、街道办事处均统一采用电脑打印的新财务公开表在新建的财务公开张贴栏上进行张贴公开，新的财务公开表公开情况明细、规范，群众易懂，极大地满足了村民和各级干部了解集体财务情况的需要。对每季度财务公开检查情况都进行了总结、通报。

【加大市场监管力度】 全年组织开展执法大检查11次，监督检查市场151个，查处违法违规案件14起，重点治理区域16个，签订农药使用安全承诺书200多份，保证了年内没有发生农产品质量安全事故。

【进一步强化节能减排】 2009年，市农业局与9户农产品及饲料加工企业签订了节能减排目标责任书。据对其中5家企业的统计，电力消耗总量比上年减少188.8万度，下降18%，万元产品工业耗电量比上年减少523度，下降7.38%。完成报废排放不达标的大中型拖拉机30台，小型拖拉机153台。

【超额完成招商引资任务】 2009年，安宁市第六招商平台组下达农业局招商引资任务1 500万元，实际到位资金5 314万元。云南惠嘉公司36万吨饲料加工厂按时开工和小陡山种猪扩繁场按时竣工。

【实施“中央扩大内需”基层动物防疫体系建设项目】 项目涉及安宁市级（市兽医站）及温泉、青龙、禄脿、草铺、八街5个镇畜牧兽医中心动物防疫体系基础设施建设及仪器设备购置。总投资121.5万元，其中市站项目建设52万元，5个镇项目建设69.5万元。建设内容主要为兽医实验室业务用房建设，仪器设备购置，所有工程项目已全部开工建成。

【积极发展农业广播学校】 2009年，安宁市农业广播电视学校以提高农民整体素质为主，与阳光办、绿证办协作，共同开展了农业科技培训工作。参与实施并完成了绿证培训22期，894人；农村实用技术培训752班次30 153人次；基层农业技术推广人员培训任务2期，培训人数为198人；“阳光”工程培训人数2 040人。继续完成开办的中专班《现代种植技术》、《现代养殖技术》两个专业共18人的教学管理，圆满完成了预定的教学工作任务。

【扶贫攻坚工作】 八街镇龙洞村是农业局的扶贫联系点。农业局通过与公司、企业对接，研究制定了“八街镇龙洞村蔬菜示范栽培实施方案”，加强对村民培训及引导工作，积极协调各方资金及力量，先期开展鲜销蔬菜种植示范工作。动员31户农户种植出口型娃娃白菜40亩，目前长势良好，可实现亩产值1 500元以上。农户思想意识、种植积极性有了较大提高，为今后实现100亩名特优蔬菜生产基地建设奠定了基础。

【“绿色证书”工程】 2009年昆明市下达安宁“绿证”培训任务600人，发证人数180人。2009年全市完成绿证培训22期，894人，涉及一市9个镇（街道办），专业为粮、畜、果、蔬和农机、农经六个专业。完成计划任务的149%，通过培训考试成绩优秀，符合领取绿证的267人，完成获证人数的148%。

【农村实用技术培训】 2009年，市农业局从科技培训入手，加大对农村生产者实用科技培训，计划培训农村实用技术人员3万人次。举办了拖拉机驾驶技能、旱育秧技术培训、水稻测土配方施肥、杂交稻栽培技术、小春作物高产栽培技术、无公害蔬菜标准化栽培技术、农产品质量安全、水稻精准栽培、红梨疏花疏果夏季整形拉枝、葡萄种植，养殖技术、农村合作经济组织财务培训等内容的培训班。全市实际共培训752班次30 153人次。完成计划任务的100.5%。共发放农业科技资料43 151份。

【农业科技队伍建设】 2009年，昆明市下达安宁市基层农业技术推广人员培训任务2期，培训人数为198人。全市完成基层农业技术推广人员培训2期，培训人数为276人，完成计划任务的140%。全市7个镇、2个街道办、68个村委会的农科人员、畜牧兽医人员参加了培训。

【实施“阳光”工程】 2009年，安宁市“阳光”工程计划培训2 000人，其中引导性培训1 300人，技能性培训700人。实际完成“阳光”工程培训人数2 040人，完成计划任务的102%。其中引导性培训1 337人，完成计划任务的103%；技能性培训703人，完成计划任务的104%。

【农业科技宣传】 市农业局积极参加到市委宣传部组织的2009年“四下乡”活动中，结合各站所的工作职能发放相关技术资料43 000份，咨询人数7 351人次。同时在科技活动周中，采取市、镇及村委会联动的方式，在全市范围内深入开展农业科技知识等多种形式的活动，出动专业技术人员共计52人，对农业生产中新农药、新品种、新技术的推广应用进行了宣传咨询，发放宣传材料15 407份册，咨询人数4 322人，培训农户1 799人次。

【完成事业单位岗位设置管理】 根据事业单位岗位设置管理工作的相关要求，2009年，市农业局所涉及的7个相关站所的事业单位岗位设置方案暨管理方案已经通过了安宁市人事局的核准，在12月正式办理了聘用手续。

【农业系列中级职务评审库的建设及评审】 根据省、昆明市下放行政审批权的要求，安宁市设置农业系列中级评审委员会，完成了30人中评委的建库工作。上报了高级职称8人，由昆明的高评委进行评审。申报中级职称26人，初级职称8人，于2009年9月8日召开首届农业系列中级职务评审委员会对申报农业系列中级、初级职称的人员进行了评审。评审通过了中职13人，初职7人（其中助师6人，技术人员1人）。

（刘萍莲）

林　业

【简况】 安宁市位于昆明市西南32公里处，全市土地面积1 301.75平方公里，其中林业用地面积924.76平方公里，占土地总面积的71.04%。至2008年完成森林二类资源调查时，全市森林覆盖率

50.07%，其中，有林地覆盖率49.75%，国家特别规定灌木林覆盖率0.32%，全市林木绿化率为67.80%。

【森林防火目标任务圆满完成】　2009年，安宁市森林防火指挥部以科学发展观为指导，认真贯彻落实国家、省、昆明市森林防火工作电视电话会议精神，坚持“预防为主，积极消灭”的方针，按照“三个力争”和“三个确保”的工作目标要求，通过林火预防、应急处置、队伍建设和物资保障等各方面工作措施的不断落实和推进，较好地完成了各项工作任务。2009年进入森林防火期至防火期结束，全市共计发生一般森林火灾2起，过火面积0.6公顷；查处火案2起，查处率100%。与上年相比，森林火灾总量减少了4起，下降66.6%，发生的2起一般性森林火灾，及时组织先期处置扑救，均得到快速、科学、合理、妥善的处置，没有酿成森林火灾和人员伤亡事故，确保了全年“不发生大的森林火灾和不发生人员伤亡事故”目标的顺利实现。

【森林防火基础设施建设】　2009年，为加快全市森林防火基础设施建设步伐，提高对森林火灾的综合防控能力，市委、市政府决定组织实施16条共计109公里的防火隔离带（防火通道）建设工程。年内已完成114.2公里的建设任务，完成计划的104.7%。同时瞭望台哨、原有防火隔离带等不同程度得到维修完善，防扑火物资得到补充，各级森林防火指挥部办公室建设进一步规范，为2010年的森林防火工作夯实了基础。

【集体林权制度主体改革】　安宁市集体林权制度改革于2007年5月开始启动，全市林改应确权面积1 351 768.5亩，实际已确权1 299 181亩。全市已确权宗地数11 575宗，已核（换）发林权证7 962本，发证户数7 573户，发证面积1 240 026亩，发证宗数11 575宗，确权率为96.1%，确权到户率为81.8%，发证率达100%，集体林、集体商品林均山率分别达到97%和88.7%，全市林改的主体改革工作已基本完成，工作指标达到省、昆明市要求。

【城乡园林绿化】　2009年，安宁市完成市级辖区绿化造林6 866亩，完成昆明市下达年度任务的134.6%；完成“五采区”植被恢复823亩，完成昆明市下达年度任务的411.5%；实施政府样板林工程415亩，完成昆明市下达任务的207.5%。组织义务植树190.62万株，完成昆明市下达年度任务的268.5%；实施苗木基地建设3 801亩，完成昆明市下达年度任务的117.5%。按昆明市下达的单项造林任务，组织实施了银杏“五个一”工程山区低产林改造示范160亩、经济果林（核桃）种植1 427亩，全面超额完成了昆明市下达的绿化任务。

【公益林建设和退耕还林工作】　自2009年起，安宁市开始实施公益林建设工程，至今累计实施公益林建设面积54 032亩，工程区分布于全市7镇和2个街道办事处的近山、面山地块和车木河水源保护区，共涉及小班地块212块。目前，54 032亩的公益林建设面积主体造林、生物围栏和宣传碑等工程已全面完工，封育效果明显。2002年，安宁市开始实施退耕还林工程，2002年度退耕还林建设任务为4 000亩，8年为一个周期。项目于2002年当年全部实施完成，结合安宁市社会经济发展状况和人员结构等因素，2002年后全市没有规划新的退耕还林面积。随后的工作主要集中在对2 000亩退耕林还林地和2 000亩新造林地的抚育管护和补植补造上，并逐年进行检查验收，按时兑现粮补，目前工作进展顺利，大部分已郁闭成林。

【森林病虫害防治】　2009年5月全部完成全市森林松毛虫害10.2万亩的春季防治工作，防治面积超过调查的病虫害面积。防治后通过监测，全市森林松毛虫虫口密度大幅度下降，已由重度危害转为轻度危害，防治工作取得明显效果。

【林政管理】　2009年，市林业局组织力量对全市重点区域使用林地的情况进行认真检查清理，对违法使用林地的行为依法进行处理，确保依法、规范林地的使用。加大了项目建设范围四至界线的落实和事前、事中的现场督察力度，确保不出现未批先占、少批多占等违法行为的发生，保证了项目建设在依法依规的基础上顺利进行。对野生动物养殖经营利用和木材加工经营项目从严审核，从严管理，对不具备经营条件和资格的予以取缔，全年共计审计木材加工经营1家，审批野生动物驯养繁殖、经营利用13家，同时对木材加工、经营、运输及野生动物驯养繁殖经营等实行每月1次监督检查，确保依法经营。2009年，安宁市林业局代表昆明市接受了云南省的林政管理工作考核，受到省考核组的好评。

【林业执法】　2009年，市林业局组织森林公安分局认真开展“春绿”、“打击破坏野生鸟类资源”、“打击非法移植大树”等专项行动。共计侦破涉林刑事案件1起，逮捕犯罪嫌疑人4名；查处涉林行政案件37起，行政处罚违法人员36人、违法单位2家，行政罚款429 211.5元，有效打击了林区违法犯罪行为，确保全市林区治安环境的稳定。

【项目服务】　由于安宁市园区开发和新区建设框架已基本形成，加之境内矿产资源丰富，工业发展势头强劲，项目建设征占用林地数量逐年增多。市林业局在加强林政管理的同时，不断提高工作效率和服务质量，采取拟定工作计划、先期介入、政策引导、建立协调制度和专人负责制等措施，主动服务，认真组织、审核、上报各类项目征占用林地报件材料。2009年，市林业局共计组织、审核上报征占用林地项目报件74件，已获批准66件，其中包括安县公路工程、西一线市政道路、安宁国际物流园、工业园区运输快速通道建设、太平新区开发相关项目等重点建设项目，项目服务工作满足了经济发展的需要。

【公益林生态效益补偿】 2009年，市林业局组织完成了地方公益林区划界和各级公益林补偿实施方案的拟定等工作。形成了正式文本，并通过了评审，为全市集体林权制度改革、项目推进、资源管理、营造林等工作的开展提供了详实的基础数据。

【人工林商品材采伐按时完成】 2009年，安宁市人工林商品材采伐计划2.3万立方米的任务已于12月30日前全部依法依规完成采伐、检疫、运输审核等工作。

【人大代表建议办理】 2009年度，市林业局共接到批转落实的人大代表建议2件，严格按照安宁市人民政府《关于办理人大建议和政协提案的规定》，认真与代表和委员进行面商，实实在在开展工作，在规定的时限内，面商和书面答复、回访工作全部完成，代表满意率为100%。涉及林业局职能的市人大常委会主任会议意见一项，即关于听取市政府划定车木河水源保护区情况汇报的意见，林业局结合部门职能，提出了如何落实的部门建议。

（王永红）

水　利

【农田水利基本建设】 2009年，安宁市计划完成大小水利工程523件（市重点立项23件），实际动工数501件，完工489件，完工数占计划数的93%；累计投入劳动工日270.6万个，累计完成土石方186.89万立方米。新增灌溉面积0.11万亩；恢复灌溉面积0.26万亩；改善灌溉面积4.68万亩；改造中低产田1.97万亩；除涝灌溉面积0.03万亩；新增节水灌溉面积1.06万亩；治理水土流失面积41.47平方公里；修复水毁工程58处；疏浚河道64.5千米；清淤渠道167.8千米；新建小（一）型水库1处；新建“五小”水利工程274件；完成渠道三面光衬砌干渠26.37千米、田间渠道123.69千米，完成烟水面积0.21万亩，解决人饮0.57万人，畜饮0.6万头；新增蓄水能力15.48万立方。水利工程建设总投资6 512.55万元，中央投资565.7万元，省级以上投资1 099.61万元，昆明市级投资1 376.37万元，安宁市级投资1 050.01万元，乡镇自筹577.79万元，集体群众集资299.46万元，其中烟草配套资金209万元，农业综合开发项目总投资366万元，土地整理投入资金968.61万元。

【人畜饮水工程建设】 2009年，禄脿、八街两镇16件、17村人畜饮水工程完工，至此安宁市1～4批已立项的人畜饮水工程共计225件、276村，已全部完工。

【水土流失治理】 2009年，安宁市计划完成水土流失治理面积是24平方公里，投资计划是318万元。其中，坡改梯90平方公顷、蓄水池2 315立方米、沟渠10千米、沉沙地80立方米、保土耕作213.33平方公顷、作业道路5千米、植物护埂120千米、溪沟整治1千米、谷坊2座、拦沙坝1座、水保林270平方公顷、经果林180平方公顷、封禁治理1 046.67平方公顷。截止2009年12月完成车木河、三家村两条小流域综合治理面积26.47平方公里，投资403.83万元，实际完成任务占下达计划任务的210%。其中：完成坡改梯151.51平方公顷、蓄水池206口、沟渠12.72千米、沉沙池203口、保土耕作2 795.04平方公顷、作业道路7.44千米、溪沟整治1.5千米、谷坊3座、塘堰整治1座、水保林150.72平方公顷、经果林24.42平方公顷、封禁治理2 040.74平方公顷。建成流域简介碑3块，封禁管护碑10块，水保林抚育管护碑5块，永久性宣传标语3条，开展水土保持国策宣传教育，严格执行“三权”，有效落实“三同时”制度。全年累计开展水保法规宣传教育活动1次，下发乡镇水土保持业务杂志120册，组织乡镇水保人员培训1期，出动执法检查123次（其中，与环保、国土、林业部门进行联合执法检查14次），重点检查项目280个，依法审批开发建设项目水土保持方案85个（省级项目8个、昆明市级项目7个、安宁市级项目70个），督促开展水保监测5个，完成水保验收2个，受理水土流失危害赔偿请求2起，成功协调赔偿金额5.7万元。

【病险水库除险加固】 2009年，安宁病险水库除险加固工作顺利进行。五一水库主体工程已完工，昆明市水务局已组织竣工验收；下村箐水库全部完工，已做好竣工验收准备；琚家营水库工程目前已完成全部工程量，正在编制竣工资料；八街凤仪下库完成总投资的60%；草铺扬海坝，连然街道办神平水库、江浸厂水库3座小（二）型水库已完成工程总投资的50%；八街老高坝、锅底箐2座小（一）型水库安全鉴定工作已通过评审和复核，目前正在做初设工作，老高坝已被昆明市立为2010年重点建设项目；松林、张家坝、丰收厂3座小（二）型水库安全鉴定、地质勘探、设计报告已完成，被昆明市立为2010年建设项目；螃蟹河、山神坝等15件小（二）型水库安全鉴定、地质勘察已完成，目前正在做初设工作。

【河道、沟渠绿化】 2008年去冬今春河道沟渠绿化补植补种螳螂川22.6公里、沙河7.8公里、八街河县街段14.8公里。2009年河道绿化任务完成情况：禄脿镇完成禄脿河绿化7.7公里；青龙镇完成禄脿河绿化5公里；草铺镇完成九渡河绿化9.76公里；县街镇完成县街河、螃蟹河绿化13.1公里；八街镇完成双河绿化7公里。累计完成6条（段）共42.56公里。完成芦苇及其它水生植物种植面积 256.9 亩（含车木河湿地工程）、柳树 248.44 亩、竹子 34.4 亩、其它适宜陆生植物 461.6 亩，已完成昆明市水利局下达水库坝塘芦苇柳树竹子工程 3 年（2009～2011 年）种植 222 亩的计划任务。

认真开展河道治理项目的地质勘查、水文分析、综合整治规划、项目可行性研究、初步设计及水土保持方案工作。第一期（温青闸至牧羊村）4.73 公里整治工程已于 11 月 15 日开工建设，年底已完成 10% 工程量。

【防汛抗旱】　截止 2009 年 5 月 12 日，全市农作物受旱面积达 4.71 万亩。其中：轻旱 4.5 万亩、重旱 1 995亩、绝收 150 亩，水田缺水5 430亩、旱地缺墒 3.53 万亩。针对旱情，全市累计投入抗旱人数9 440 人、机电井 11 眼、泵站 75 处、机动抗旱设备 362 台（套）、出动机动运水车 20 辆，投入抗旱资金 29.82 万元（其中地方投资 10 万元、群众自筹 19.82 万元）、抗旱用电 23.96 万度、抗旱用油 6.36 吨，浇地 2.6 万亩。截止 2009 年 10 月 19 日，全年累计降雨量为：城区 803.1 毫米、八街车木河水库 546.6 毫米、县街月子庄水库 697.3 毫米、草铺大箐水库 632.5 毫米。全市库塘蓄水7 920万立方米，占计划蓄水量 10 466.8万方的 75.67%，比上年同期9 293万立方米少1 373万立方米（上年同期蓄水已达到计划蓄水的 87.59%）。其中：中型水库蓄水总量4 438万方，比上年同期少 251 万方；小（一）型水库蓄水总量 1 778万方，比上年同期少 415 万方；小（二）型水库蓄水总量1 353万方，比上年同期少 533 万方；小坝塘蓄水总量 351 万方，比上年同期少 174 万方。入汛期以来，全市先后发生 3 次区域性强降雨天气过程，造成城乡内涝，全市倒塌房屋 11 间、山体滑坡 4 处、冲毁道路 200 米、灌溉沟路被毁 5 处 250 米，紧急转移人员 590 人，农作物受灾3 220.5亩、成灾 1 434亩、绝收1 174.5亩，绿化苗木受灾 3 亩，鸡死亡1 750只，直接经济损失 380 万元。

【大中型水库移民后期扶持】　截止 2009 年 12 月，安宁市共发放移民后期扶持资金12 612 450元。其中：省下达资金6 787 500元，昆明市下达资金 2 838 150元，安宁市承担资金2 986 800元。完成车木河村搬迁工作方案，开展各种报告编制工作。

【水产养殖】　2009 年，全市计划水产品养殖总产量 1 600吨，年底已完成1 620吨，圆满完成下达任务。开展工作期间实行水产品质量安全工作责任管理，健全监管制度、严格执法，及时查处水产品质量安全违法行为。全年共发生渔业污染死亡事件 11 件，水务局水产站认真细致的做了调查、记录，并委托环境监测部门进行水质分析，确定为渔业污染事故 11 件，组织调解 11 件。共补偿养殖户经济损失 37.78 万元，为养殖户挽回了一定的经济损失。

【水政水资源工作】　2009 年，完成初步审查、上报取水许可申请 6 件；办理地表水取水申请 1 件。严格按照《2009 年滇池流域及安宁地下水清理整顿实施办法》及安宁市《2009 年地下水封停方案》工作计划，坚持“先易后难、先供水后封停”的原则，对市域内未经许可擅自开挖的地下水井和自来水管网覆盖区域内的地下水井重点清理，统一组织封停或封填。至 8 月 20 日，共计封停（填）地下水井 11 口，超额、提前完成地下水井封停目标任务。严格执行《取水许可和水资源费征收管理条例》，依法征收地下水资源费 22 万元，足额上缴财政。加大对重点区域执法力度，有效制止水事违法行为 4 起。

【水源建设】　2009 年，市水务局不断推进水源建设工作。王家滩水库除环评报告外，已完成各种报告审批工作，工程于 12 月 21 日开工建设。龙箐水库可研审批、初设已完成，积极争取昆明市水利局审批。大营水库正开展淹没区移民规划及实物指标调查和各专题报告编写工作。打金甸水库已完成进度 60%，投资3 050万元。小箐门口水库除险加固已完成全部工程量，在做其他后续工作。按照年初制定的安全检查方案，水务局每季度组织一次水利工程安全大检查，同时督促各镇、街道办，确保水利设施安全，水利工程严格执行昆明市对工程建设管理“八个百分之百”的规定。

【水利勘测设计】　2009 年，完成小（二）型病险水库除险加固工程勘察设计 3 件，工程总投资1 300万元。根据安宁市农开办的要求，完成了 2009 年县街无公害蔬菜基地及禄脿中低产田改造项目初设，投资 619 万元。完成市管水库主灌沟的岁修工程，重点水源工程保护区部分围护工程的勘测设计，及时上报省市下达任务编制的各类水利规划（含移民后扶项目 2009、2010 年度实施方案）。2009 年 1 月至今累计收回勘察设计费 143 万元。完成水勘队“设计资质”和“水保方案编制资”。

【招商引资】　2009 年，市水务局招商引资工作在 2008 年取得成效的基础上，更上新台阶。首先，青龙镇打金甸水库 BOT 建设项目正在推进中。其次，县街小箐口水库建设采用 BOT 项目进行加固扩容，已进入施工阶段。其他招商工作取得新进展。

【群众来信来访】　2009 年，共受理人大代表建议、政协委员提案 17 件。其中：人大代表建议 13 件，政协委员提案 4 件。水库工程除险加固扩容类 10 件；河道沟渠治理类 4 件；新建蓄水工程类 1 件；解决工程管养经费类 1 件；水资源保护 1 件。截止 2009 年 10 月 28 日，全部建议、议案办理工作全部完成。

（苏安萍）

电　力

【概况】 2009年，安宁供电有限公司扎实抓好各项工作，理顺和完善了各项基础管理体系和标准，坚持统筹兼顾，确保安宁电网的协调可持续发展。2009年4月29日，云南电网公司昆明供电局安宁分局正式挂牌成立。公司再次荣获省级文明单位称号，档案管理工作达到五星级标准。

至年末，公司有35千伏变电站5座，主变压器8台，总变电容量94.05兆；35千伏线路5条，总长12.35千米；10千伏公用线路43条，总长1 004千米；10千伏客户专线13条，共68千米。配电变压器1 992台，总容量441.22兆伏安。其中，公用变压器649台72.58兆伏安，客户专用变压器1 343台368.65兆伏安，用户数6.72万户。公司下设乡镇供电所5个，行政职能部门5个；在册职工157人。其中大专以上学历人员110人，具有初级以上职称人员25人，劳务派遣人员99人。

【安全生产】 2009年，公司组织工作票签发人、工作负责人、工作许可人、操作人及外协施工队的工作票签发人、工作负责人对电业安全工作规程、配网电气工作票、配网电气操作票、配电网电气安全工作规程进行了培训。对兼职供电可靠性管理专责进行了培训及考试。全员参与了“安规”100分考试及组织了“三种人”的资格认证考试，开展自救互救知识培训。公司与部门、部门与班组、班组与个人签订了安全承诺书，确保公司安全机制的传递。组织职工观看安全教育影片并对安宁市中小学生进行了安全警示教育，从思想的源头强化安全预防工作。公司各部门对安全工器具及安全工器具柜进行了规范配置。组织开展“安全生产教育周”活动及“安全生产大讨论”活动，规范公司各部门安全隐患滚动排查整改台帐的标准性附录，逐步完善应急管理措施。开展人员责任事故专项治理活动和专题安全日活动，完成对电网结构及输配电设备、调度自动化系统及通信、变电设备、电气测试设备管理、作业环境、安全生产管理的安全性评价工作。全年执行工作票1 004份，合格1 004份，合格率100%；操作票421份，合格421份，合格率100%；共计施工579次，现场检查372次，检查率为65.80%，发现违章次数27起，下发安全隐患整改通知书27起。全年实现连续3个百日安全长周期，没有发生负主要责任的安全生产事故、交通事故、火灾事故。

安宁供电公司2008～2009年主要经济技术指标统计表

指标名称	单位	2008年	2009年	同期相比（%）
供电量	万千瓦时	55 868.03	60 007	7.41
售电量	万千瓦时	53 783.69	57 774.07	7.42
供电总成本	万元	4 971.98	4 497.94	-9.53
供电单位成本	元/千千瓦时	92.44	77.85	-15.78
售电收入	万元	23 245.62	24 707.38	3.42
电费回收率	%	100	97.74	-2.26
线损率	%	3.73	3.72	-0.01
主设备完好率	%	99	99	持平
综合电压合格率	%	96.54	96	-0.54
供电可靠率	%	99.81	98.88	-0.917 6
企业总资产	万元	13 819.18	13 084.65	-5.32
固定资产原值	万元	16 122.59	17 614.15	9.25
固定资产净值	万元	8 979.09	9 496.71	5.76
销售收入	万元	23 663.53	30 491.91	28.86
实现利润	万元	421.87	924.13	119.06
上缴税金	万元	1 254.54	1 427.41	13.78
全员劳动生产率	万元/人·年	15.2	15.7	3.29

【电网建设】　2009年，公司配网线路新建投运48.68千米，拆除4.61千米；新建35千伏小河边变电站1座，新出了10千伏狮子山线、桃花线、茨城线，解决了10千伏和平线、10千伏象石线等过负荷及末端电压偏低的问题。公司新建物资管理系统，实现与财务系统的对接，提高了物资的出席、入库、台帐管理、仓储物资的现存量查询、盘点和收发存汇总报表的工作效率。与此同时，进一步完善配电网无功电压管理，在2008年电网无功补偿设施的基础上，加大了配电网无功补偿、电压调整管理力度，进一步明确中低压配电网无功补偿原则。2009年公司更新改造19台变压器，解决了公用变压器过负荷问题。在4条10千伏公用线路上安装4台在线监控的10千伏无功自动分组补偿装置，在2个低压岩区安装2台在线监控的0.38千伏无功自动分组补偿装置，解决了局部地区电压质量低的问题。

【营销管理】　2009年，公司按照省网公司和供电局的要求，通过对营销标准的审定和对标，相继下发了营销管理标准52个、营销工作标准48个、营销技术标准132个，规范了常用的单据和台帐。公司借供电局调整抄表时间的时机，对10千伏线路专变客户和户表客户的抄表时间、线路、以及户表单双月抄表的工作进行重新调整，在满足供电局抄表时限要求的同时，对公司原单双月抄表量进行了平衡，确保每月抄表数量相对平均，有效缩短了抄表时间，压缩了电费结算的周期。2009年，公司成立了营销稽查中心，依据营销管理标准开展“业扩报装业务稽查”等专项检查和自查活动，有效提高了公司内部稽查和外部检查的职能作用，促进了公司的内部管理能力提升。

【线损管理】　2009年，公司结合省网公司、供电局线损四分管理的要求，先后制订了《线损四分管理制度》、《线损分析制度》、《线损分析会议制度》、《线损异常控制管理制度》、《线损四分管理考核办法》、《公用变低压台区线损管理工作实施细则》、《10千伏单条线路线损管理工作实施细则》。完成10千伏线路理论线损的计算工作，同时在多条10千伏手拉手互供线路安装计量表，满足了10千伏单条线路线损计算时互供电量有据可查。不断加快配变监测系统的发展和建设，为实现配变台区远程抄表和负荷监控功能，提高线损管理的准确性和负荷监测的及时性提供保障。

【供用电合同管理】　2009年，公司制定了《10千伏、0.4千伏及以下客户工程管理实施细则（暂行）》，明确客户工程管理各部门的工作职责，进一步细化客户工程管理业务流程。统一10千伏、0.4千伏客户工程竣工资料范本；编制了《安宁供电有限公司客户工程签证单》，对用电业务关键节点的办理进行签证和备案，有效规范了“三不指定”现象。对客户工程中各承揽单位按《云南电网公司客户工程市场管理规定》进行动态评价、考核。对未签订及合同到期未及时签订情况进行排查，制定了相应整改措施。对网内高、低压用户供用电合同签订情况进行了全面的清理。目前，公司共计用电客户64 836户，其中高压客户1 276户（含重要用户29户），已签订供用电合同1 276户；低压客户63 560户，已签订63 560户。

【优质服务】　2009年，公司清理了用电紧张形势下限制投运的有关规定，落实好《云南电网客户用电申请受理审批暂行规定》，加快办电速度，落实提高供电可靠性总体方案确定的目标和任务，最大限度地缩短客户停电时间和停电次数，提高供电可靠率。除客户自身原因引起的超时外，提供供电方案、审核受电工程资料、装表接电超时率同比下降20%以上，平均办理时限缩短10%以上。全年受理故障报修业务2 017件，办结率100%，无超时现象；实施客户走访工作计划；深化优质服务监测点建设，推进纠风工作；规范计划停电信息，完善信息沟通机制，大力推进优质服务工作建设；制订灵活的营销策略和方案，加快公司营销MIS平台、95598电话受理、负控系统的统一建设，推进县级营销一部两中心机制创新和标准化管理。

【依法经营】　2009年，公司修订、完善财务管理制度，充实和加强财务人员力量，财务工作的系统性、管理力度得到加强。建立信息化物资管理系统，为物资管理规范打下基础；重点对供电所进行了半年期内审；物资采购基本实现了招投标或竞争性谈判，对年度计划的工程项目进行了造价审计；清理、完善了合同管理和合同审查会签表，聘请专业律师为公司法律顾问，提高规避法律风险的水平；独立设置人事部、财务部、电力营销部、安监部和工程部，管理职责得到清晰和明确，提高了专业管理水平；积极规范主多关系，完成了领导班子成员从多经企业经营岗位退出工作和退股工作。

【教育培训】　2009年，公司启动了员工素质工程，制定了《安宁供电有限公司员工素质工程实施方案》、《安宁供电有限公司员工素质工程三年目标任务》和《安宁供电有限公司员工素质工程2009年项目分解推进计划表》，并积极开展了各项提高员工素质的培训工作。组织相关人员，分级、分类、分层参加培训，共举办培训班17期，1 015人次；参加有关单位组织的培训24期，229人次；承办昆明供电局营业用电业扩报装现场培训，并圆满完成。组织人员参加了昆明供电局和昆明理工大学电力工程学院联合举办的“电力工程及其自动化”专升本函授班。同时，公司加强内部培训师的队伍建设，在各个职系中聘用了宋军等5人为公司的内部培训师。配合云南电网公司农电局在公司连然供电所开展体验式培训。2009年公司全员培训覆盖率100%。

【党群工作】　2009年，公司党支部围绕党建目标责任书的工作任务，积极开展“争先创优”活动，围绕中心工作开展特色党支部、党员先锋岗建设主题实践活动。开展好党员责任区工作，让每位党员责任对象落实到员工个人；开展好“一名党员、一面旗帜”的争创党员先锋岗活动，让每位党员在工作中做好模范带头作用；开展好创新思想研讨活动。在创建特色支部活动中，公司党支部组织以党员为主的优质服务宣传组深入到公司电网内的八街镇、草铺镇、县街镇和安宁城区开展了“文明诚信、科学用电”的优质服务宣传活动，发放宣传材料、开展咨询答疑。春节期间，公司全体党员到县街镇、草铺镇、八街镇、连然镇4个敬老院免费更换电线、灯泡、检修用电设备、赠送慰问品，为敬老院的孤寡老人们送上一份温暖；到扶贫点八街镇双龙村进行慰问，帮助双龙村订阅报刊、安装路灯和篮球场，建成了双龙村党员林。2009年公司党员、员工共向党员扶贫帮困基金捐款6 160元；“送温暖、献爱心”社会捐助5 540元；向困难农电工捐款14 760.5元；向患病的内退职工捐款9 140元。

（谢小燕　叶建明）

工业·乡镇企业

编辑：段春华

2009 年 **5** 月 **14** 日，中共中央政治局委员、国务院副总理张德江在国务院国资委主任李荣融，中共云南省委常委、省委秘书长杨应楠，云南省副省长和段琪等领导陪同下到云南天安化工有限公司调研。

（天安公司　供稿）

市属工业

安宁化肥有限责任公司

【简况】 2009年，安宁化肥有限责任公司面临市场不景气、效益大幅下滑等因素的影响，公司党政领导班子在安宁市委、市政府的领导下，认真贯彻落实科学发展观，积极开拓市场，应对金融危机，克服重重困难，通过公司上下齐心努力，公司在节能减排、产量及销售量、产品质量、制度创新、员工培训素质提高、企业改革等方面都取得了可喜的成绩，生产经营状况好于预期。

【生产经营】 2009年，全年生产磷矿粉83 979.8吨，同比增长44.3%；生产硫酸53 242.62吨，同比减少5.66%；生产粉钙145 725.4吨（含散料19 536.5吨），同比增长21.53%；生产复混肥2 916.04吨，生产粒钙19 318.73吨，同比减少53.11%。除硫酸1车间超额完成了生产任务外，其余矿粉、硫酸2车间、粉钙、粒钙都没有完成年初公司下达的生产任务，没有完成生产任务的主要原因为受金融危机影响，生产不饱和。

【坚持科学发展观，迎难而上战胜危机】 2009年，公司始终把贯彻落实科学发展观作为企业开展各项工作的出发点，根据市委的要求开展学习活动，员工还写了学习心得46篇并认真做好学习读书笔记。公司党总支严格按照市委及国资局党委的要求参加了第二批学习实践科学发展观活动、严格按照上级的安排要求完成了各个阶段的任务，明确公司落实科学发展观要与公司的实际相结合，确保职工有工作干、有饭吃就是最大的实践。为此，公司于2009年3月，在安宁会堂与公司工会、职工代表签订了共同约订书，坚定战胜危机的信心和决心。2009年6至8月份是公司生产经营最差的时候，有一半的生产线停产，职工思想不稳，公司党总支及时配合公司行政做好职工思想工作，为保证公司正常生产的流动资金，公司决定从7月份起全公司人均降薪10%，得到了职工的支持和理解，由于公司上下团结一致，在危机中找商机，9月市场逐步回升，这也坚定了公司上下战胜危机的信心和决心。

【开展深化企业改革方案讨论】 公司进一步深化改革，从2006年开始酝酿，到2009年6月29日，正式提到议事日程并实施。2009年以来职工一直关注企业深化改革的问题，随着企业的发展，全员持股给企业发展带来了许多新的问题：一是职工思想观念一直停留在“我是国家安排”的状态上，二是不利于引进新员工，培养新骨干，三是对公司高层的激励不够。为解决这些问题，应职工要求，公司于2009年上半年初拟定了解决改制遗留问题及理顺产权关系方案。公司采取了先在“三会”统一思想，再到党内由党员讨论，再到职工中讨论的办法，经过“三会”和各支部多次讨论、磋商，2010年初召开持股会会员大会通过实施。公司班子认为这是关系职工切身利益的大事，一定要办好，要在和谐的氛围中完成改革，不和谐宁愿不改。本次讨论为公司依法实行企业民主管理，走公司治理新路子开了头、起了步，具有一定的现实意义。

【节能减排】 2009年，公司持续开展从每台设备、每个岗位、每个工序“三查”活动；实施高处作业，生产重要设备清理检修审批报告制度，生产系统开停机报告制度；加大了对安全、环保工作的监控力度。

【依靠自主创新，技改成绩显著】 2009年1月，公司制作矿粉分厂大门至过磅房隔音墙65米，降减噪声10dB，对减少附近住户村民干扰起到了积极作用；同月，硫酸分厂1车间更换了重力除尘、一冷、溢渣口，并将材质改为20#锅炉钢，以延长设备使用寿命；5月，更换了排渣滚筒、干吸塔出酸口、转化一段和5换出口；2月，2车间更换了转化风机；7月，大修炉子至锅炉烟道，更换了干吸系统分酸装置，通过改进，跑、冒、滴、漏得到了有效控制；6月7日，完成污水二次过滤技改项目，实现了公司废水的“零”排放，对公司的生存和发展起到了决定性作用。

公司深入挖掘内部发展动力，2009年11月，公司推行磷矿石新配方生产工艺，同月推行生产成本每周考核制度，极大地培养了分厂的效益意识。

【争创一流、和谐发展】 2009年春节，支持驻地北桥村委会老年协会资金4 000元，于9月份组织210名职工参加了建国六十周年知识大赛、质量月知识竞赛、组织参加了安宁市举办的安全知识竞赛。同时还组织了迎国庆、迎中秋体育，趣味比赛，丰富了职工业余文化生活。在元旦春节、中秋来临之际慰问退休和低保特困职工380人次。公司连续荣获昆明市“劳动关系和谐企业”称号。公司生产的螳川畔牌过磷酸钙连续四次荣获云南名牌称号。公司员工刘国利被评为安宁市“建功立业优秀员工”。吴敏荣获昆明市女职工巾帼标兵称号。

【技能培训上水平】 在抓职工素质提高上，公司除对职工进行思想教育外，还组织了11名职工参加市总工会组织的电脑培训学习。为提高职工技能，公司于11月底开始对化验、电工、焊工，钳工四个工种62名技术工人进行技术等级培训鉴定，请教师到公司结合生产实际。提高技术水平，这次培训为企业培养了技师16名、高级工19名，员工素质得到了全面提升。

（吴　敏）

2009年12月24日，安宁化肥有限责任公司举行职工技术比武。　（市化肥有限责任公司　供稿）

安宁市磷矿有限责任公司

【企业概况】　2009年，安宁市磷矿有限责任公司属半停产状态，由于市场因素和磷矿石现状，公司采取果断措施，于2009年5月1日，暂停矿山开采，磷矿擦洗厂也同时停止生产。经营多年的安宁火车站货场，因铁路部门对安宁火车站进行货场改造，并规定所有散装磷矿石都不准在此站发送。9月，公司对货场剩余矿石进行清理回收，同时停止在安宁火车站货场的发送工作。

【生产经营】　2009年，公司通过积极开拓市场实现销售部收入800万元，其中：磷矿石516万元，各类轮胎销售收入284万元，实现利润总额60.4万元，上缴各种税费143.6万元，其中：企业所得税15.1万元、增值税38.8万元、营业税1.4万元、资源税49.6万元、城建教育附加税4万元、农村通补费34.7万元。上缴职工社会保险（五险）24.6万元。新增固定资产5.7万元。

（何玉书）

安宁磷业机械工程有限责任公司

【思想教育】　公司党支部紧紧围绕学习实践科学发展观这一主题，在公司员工中开展思想教育和形势教育，并通过组织党员参观革命历史教育基地和祭扫烈士陵园等活动，不断提高党员干部的思想觉悟，培养员工勇于面对困难和团结拼搏的精神。七一前夕，公司党支部受到了国资局党委的表彰。今年公司党支部又新增培养入党积极分子一名。

【安全生产】　不断强化内部管理，增产节约，增收节支，坚持以人为本，科学发展。公司全体员工思想稳定，工作积极性高，2009年未发生一起安全责任事故。公司在安宁市个私协会开展的《安全生产法》和《食品安全法》知识竞赛活动中荣获二等奖。

【创卫活动】　2009年，公司积极参与安宁市创建全国卫生城市的活动，美化净化办公区及住宅区环境，清运垃圾2吨，清除小广告300余条，强化楼道卫生管理，加大经费投入和整治监管力度，监督责任落实到户，全面改善了公司办公生活环境的卫生状况，促进了公司的精神文明建设。

（孙祖明）

驻安宁的省、昆明市属企事业单位选介

昆明钢铁控股有限公司

【概况】　2009年，面对国际金融危机的严重影响，昆钢控股公司上下齐心协力，攻坚克难，奋力拼搏，全年实现销售收入410亿元，利税28亿元，利润10.52亿元，工业增加值57.5亿元，与2008年相比增长10.05%、72.56%、369.33%和32.05%，圆满完成了省委、省政府和省国资委的工作要求。

【主业生产经营】　2009年上半年，面对钢铁行业严峻形势，昆钢以科学发展观为指导，理性认识市场有风险、经济有周期、危机之中也有“机”的发展规律，冷静看待外部环境变化，清醒分析比较优势，紧紧围绕“五坚持五调整一转化”发展思路，以变应变调结构，求真务实转方式，扎实推进新型工业化，着力培育具有明显发展前景的新一轮经济产业。同时，积极发挥与武钢在布局规划、技术研发、市场营销、企业管理等多方面的协同效应，整体效益逐步显现。武钢集团昆钢股份公司强化市场倒逼机制，对标挖潜，果断采取一系列降本增效措施，全年产钢573万吨、铁570万吨、材610万吨，实现销售收入245亿元、利税6.39亿元，实现利润1.65亿元。

【相关多元发展】　2009年，昆钢相关多元发展取得突破性进展，从简单制造业向制造服务转变，加速培养企业竞争能力。顺应全球经济一体化和企业集团大型化发展趋势，大力推进“主业优强、相关多元”发展战略，把提升竞争力的着力点从制造商向服务商转变，进一步加快钢铁产业链的延伸和非钢产业的发展速度，下大力改变产业单一的历史现状，有效规避“一荣俱荣、一损俱损”的市场风险。在控股公司重新进入中国企业500强的基础上，非钢产业板块体量不断增大，质量效益不断提升，为进一步提升公司抵御市场风险能力和综合实力作出了重要贡献。与玉溪市、红河州、曲靖市、楚雄州、大理市、攀枝花市、迪庆州相继签订了推进新型工业化战略协议，产业区域布局已具雏形。煤焦化产业师宗县项目快速推进，规模效益逐步体现，全年可实现收入46.7亿元。矿产业资源控制量不断增加，自产铁矿突破390万吨，实现20.5亿元销售收入（进口越南矿56.7万吨）。

水泥建材集团快速扩张，产能达到520万吨，利润突破1.2亿元。重装集团收入超过13亿元，大型铸钢件项目、复合离心轧辊项目相继建成。房地产业开发量超过49.5万平方米，保障性住房开发面积达29万平方米，含中央丽城项目共实现利润3亿元。工程技术公司实现收入6.2亿元，同比2008年增长410%。钛产业项目有序推进。钢制品加工产业链多方式拓展。昆钢抓住国家保增长、扩内需的机遇，危中寻机、加速发展，积极拓展外部市场，培育和发展壮大铁矿业、煤焦化工、水泥建材、房地产、装备制造、铁合金、管道运输、现代服务、工程设计、海外业务等产业，全年非钢产业实现销售收入165亿元，利润8.87亿元。2009年，以2008年销售收入计算，昆钢控股公司在钢铁主业销售收入归口武钢计算后，重新进入中国企业500强，位居第418位。

【运行机制改革】 昆钢进一步加快从生产经营型向资产经营型、从工厂制向集团化公司管理的转变。大力推行完全成本管理，成立内部银行，提高资金使用效率，成功发行15亿元短期融资债券，有序推进煤焦化公司借壳上市工作。根据发展变化，对部分控股、参股公司的股权进行了调整。成功引入战略合作者濮耐高温材料公司重组云南昆钢耐火材料公司。完成入股玉溪市商业银行成为第一大股东。以资本为纽带，先后完成入股攀枝花新缘矿业公司、回购铁合金公司股权、收购红河恒际经贸公司等股权结构调整相关工作。通过新建、整合、并购重组，水泥建材产业已形成年产720万吨水泥的规模，成为省内较有优势和发展潜力的水泥建材集团。深入推进机关"集团化、市场化、高效化"改革，强化"母子"公司管理，简政放权，理顺关系，压缩拨款单位和人员数量，提高管理效率。整合原料经营部、物资采购部、国贸（销售）公司，构建面向市场、更宽领域拓展的新国贸公司。对红河钢铁有限公司、玉溪新兴钢铁有限公司等子公司进一步放权。整合集中设备维护检修、计量工作、治安保卫等业务。深入推进直属机关"双优化两加强"工作，管理观念进一步转变，各层级和岗位的责、权、利进一步明晰，业务流程不断优化，组织结构更加完善，机关管理人员实现控制在400人以内目标。

【产品结构调整】 2009年，昆钢调整结构，以经济效益为中心，精心打造区域市场。公司上下"为效益而战，为生存发展而战"，统筹协调，积极推进结构调整和区域布局，加大效益目标市场的运营力度：一是推进钢材产品研发和结构优化工作。累计开发14个品种钢，高效抗震钢得到大量推广使用，"双高"产品比例大幅提升；二是积极发展有色金属产业。成功利用钒钛钢渣生产出高纯度五氧化二钒，填补了云南省空白；发起设立云南钛业股份有限公司，年产2万吨钛材加工项目开工建设；大红山铜精矿、镁合金等项目均在推进之中；三是大力发展钢结构房屋设计与开发、城市灯杆制造、钢复合板等新型产业；四是产业发展与区域布局紧密结合，与省内7个州市携手推进新型工业化建设项目，积极拓展四川攀枝花钒钛铁矿资源，控股玉溪商业银行，与濮耐合作重组昆钢耐火材料公司，在越南、老挝等境外业务继续推进；五是淘汰落后、调整结构、节能减排的390万吨/年高级板材昆钢新区项目已报国家有关部门待批，以六高炉异地大修改造为主的185万吨/年高性能抗震钢项目开始场平工程。

【对标挖潜改造】 2009年，昆钢生产单位和管理部门以国内先进企业为标杆，组织开展了一系列劳动立功竞赛活动。对标工作从对比指标提升到对比方法和措施，从对比分项指标提升到对比最终效益指标。钢铁主业以同行业先进企业为标杆，深入开展"挖潜降本、增收增利"为主题的劳动竞赛活动，对比成本、劳动生产率、利润等主要经济技术指标，实行市场倒逼，严格财务预算，建立对标指标管理体系长效机制，推行完全成本管理，有效降低工序成本，吨材完全成本同比下降1 200元。公司建立了对标指标管理体系的长效机制，推行完全成本管理，应对市场竞争的能力得到了有效提高，深入开展"挖潜降本、增收增利"为主题的劳动竞赛活动，全员、全面、全过程改善和控制成本，实现效益最大化。股份公司果断采取措施，调整炉料结构，扩大红河钢铁有限公司、玉溪新兴钢铁有限公司和板带厂的经营权，大力压缩库存，盘活存量，扭亏为盈。推进内容"运行市场化、成本完全化、资源一体化"运作；建立内部银行，强化"母子"公司管理，内部市场运行机制进一步激活，加强了统计管理基础工作。

【技改工程建设】 2009年，昆钢抓住经济危机中建设成本低的机遇，全力推进关系公司发展、民生安全、循环经济的项目建设，全年完成固定资产投资36.77亿元。认真抓好项目前期工作，加强工程建设基础管理，强化过程管理，先后建成投产焊管公司搬迁工程管线钢项目、大盘卷改造工程、师宗县日产4 000t水泥项目、煤焦化公司昆明焦化制气厂年产5万吨苯加氢项目、昆明城市煤气改造工程、五氧化二钒工程、直接还原铁、东川包子铺铁矿尾矿干堆等29个工程项目。全力推进大红山铁矿年产800万吨扩产工程；师宗县煤焦化工程项目；2万吨钛材加工项目一期工程；红河钢铁有限公司、玉溪新兴钢铁有限公司填平补齐；铁合金香格里拉三期工程；镇康矿业、提钒炼钢项目、抗震钢结构校舍样板工程等工程项目。以六高炉易地大修改造为主的草铺年产185万吨高效抗震钢生产线也于12月25日举行了场平开工仪式。昆钢严格执行项目招标程序，完成招标项目227项，招标金额52.1亿元，定标金额42.70亿元；严格审核减少投资9.31亿元，有效降低了建设成本。认真组织工程竣工验收和结算，圆满完成云南省工业和信息化委员会委托的7个重大工程项目的验收。

【节能减排工作】 2009年，昆钢全面完成节能量责任目标。利用低温余热八压和煤气回收自发电 9 亿度，玉溪新兴钢铁有限公司转炉煤气综合利用、红河钢铁有限公司转炉煤气回收和 2 × 25MW 发电机组建设等一批节能减排项目均按计划完成。继昆钢本部后，红河钢铁有限公司也实现了负能炼钢。污染物综合排放合格率 94%，生产、生活废水综合整治工作已基本完成，本部焦化废水已达标循环使用。本部和玉溪新兴钢铁有限公司烧结烟气脱硫工作总体进展顺利。积极申报国家、省级节能支持奖励资金获批 4 013万元。投资10 967.6万元进行废水综合整治，实现了本部焦化生产废水零排放和煤焦化公司昆明焦化制气厂生活污水全部回收利用的目标。本部 SO_2、COD 比 2008 年减少排放 913 吨和 379 吨，超额完成全年减排任务。提高二次资源综合利用，回收利用钢渣 108.4 万吨。2009 年，含铁尘泥、高炉渣的利用率分别达到 99.52% 和 99.71%，利用水渣、粉煤灰、钢渣、脱硫渣等生产免烧砖2 912.95万块；利用高炉瓦斯泥（灰）、氧化渣、钒渣等生产氧化锌粉 400.88 金属吨、锶铁氧体预烧料18 083.2吨、五氧化二钒 681 吨，取得了较好的经济、环保和社会效益。

【党建工作】 2009 年，昆钢党委与时俱进，加强企业党建工作，以科学发展观为指导，坚持抓党建促发展，为公司完成全年各项目标任务提供了坚强的组织保障。全司各级党组织围绕中心服务大局，有效发挥了推动发展、服务群众、凝聚人心、促进和谐的重要作用。一是学习实践科学发展观活动成效显著。以“练内功，强素质，努力提高市场竞争力”为活动载体，凝聚共识、集中力量，着力解决企业面临的突出困难。“以变应变，提高适应性”、“对标挖潜，缩短差距”、“节能减排，生态文明”等做法在中央和省委学习实践科学发展观活动办公室工作简报上作了专题介绍，中央电视台等媒体作了报道宣传，在全省总结会上做了经验交流发言；二是企业党建工作持续改进，继续深入实施“云岭先锋”工程，开展创“四好”领导班子活动。进一步规范党内评比表彰办法和党内选举制度，根据生产经营发展及时调整党组织机构设置。实施“双向培养”，不断优化党员结构。开展“个人形象一面旗、工作热情一团火、谋事布局一盘棋”主题实践活动，领导班子和党员干部的作风进一步转变。积极探索党支部委员和党支部书记公推直选、发展党员票决制、党员发展工作责任追究办法。在炼铁厂成功开展的导入 ISO9000 系列标准建立党建质量管理体系试点工作通过外审；三是干部人才队伍建设不断加强。制定实施中层管理人员聘用、问责、引咎辞职、挂职管理办法。调整交流 72 名中层管理人员，提拔使用 9 名，免职 8 名，引进 2 名。对 14 名中层以上管理人员进行了问责。动态管理后备干部。组织 111 名中层管理人员到浙江大学和上级部门培训班学习。对 53 个领导班子和 255 位中层管理人员进行综合考评。加强干部人才队伍建设，机关科级干部管理由直接代管转变为宏观管理；四是反腐倡廉建设深入推进。以惩防体系建设为龙头，以党风廉政建设责任制落实为关键，以整合工作资源、聚集工作力量为重点，以案件的查办和剖析为抓手，加强对公司人、财、物等重点环节、重点岗位的管理和有业务处置权人员的交流，开展工程建设领域突出问题专项治理工作。扎实开展纪检监察审计工作，巩固了反腐倡廉建设成果；五是充分发挥工会、共青团、武装保卫、离退休职工管理工作的重要作用，凝聚全司员工为热爱昆钢、建设昆钢，发展昆钢贡献力量。

【和谐企业建设】 2009 年，昆钢坚持社会利益、企业利益与员工利益共同发展，充分凝聚各方力量共建共享和谐昆钢，履行责任，增强企业发展活力，促进社会全面和谐发展。进一步完善以职工代表大会为基本形式的企业民主管理制度，建立职工代表巡视制度，深化厂务公开，重点抓好重大决策问题、生产经营管理重要问题、涉及职工切身利益问题、与领导班子建设和党风廉政建设密切相关问题的公开工作，维护职工合法权益。昆钢积极推进资源节约型、环境友好型企业建设工作，积极参与滇池、螳螂川污染治理，公司本部基本实现工业污水“零排放”。牢固树立“发展昆钢首先要发展昆钢人”的理念，提高职工综合素质，增强适应能力。积极改善昆明职业技术学院办学条件，继续扩大招生，为昆钢培养更多技能型人才。职工五大社会保险管理规范，退休人员养老金继续提高；启动第二轮离退休人员健康体检，帮困解困工作力度加大。配合地方政府加强社区建设，改善职工生活环境。开工建设职工保障性住房 80 万平方米，680 户符合条件的住房困难家庭喜迁廉租房，“政企共建廉租房”模式产生了较好影响，中央电视台等中央、省、市媒体相继作出报道。投资1 996万元，打通了昆钢朝阳路、阳光东路，大修钢海路、晨景东路，进一步改善交通条件。充分发挥帮困解困资金、职工医疗互助金、寒窗助学、女职工安康保险等作用，对困难职工进行帮扶。稳妥处置矛盾纠纷，强化治安综合防范，全年没有发生越级到省市、进京上访和大的群体性事件。开展新中国成立 60 周年系列文艺活动，举行昆钢建厂 70 周年系列庆祝活动，进一步激发职工家属热爱祖国、热爱昆钢、建设昆钢、发展昆钢的豪迈情怀。积极践行“兴企报国”的核心价值观，向地震灾区捐赠钢材等物资 513.2 万元，社会性帮扶捐资 335 万元、衣服12 924件。扎实开展新三年“兴边富民”工作，从项目帮扶、产业推动、人才培养等方面作出了国有大企业的贡献。

（陈昆林）

云南华电昆明发电有限公司

【简况】 2009 年，是公司实现减亏、控亏的关键一年。公司紧紧围绕“2234”工作思路，以开展深入学习实践科学发展观活动为契机，解放思想、开拓进取、攻坚克难，紧紧围绕扭亏增盈和科学发展，树立价值思维，推进管理创新，全力增产增收，各项工作扎实推进，取得了积极成效，总体形势企稳向好。对关停的老厂资产进行了盘活处理。公司全面开展管理创新年活动，着力创新体制机制、再造管理流程、优化主要指标、夯实管理基础、提升工作水平。

公司深化对标管理工作，进一步完善对标指标体系。努力提高机组经济运行水平。提出："一个杜绝（杜绝机组非停）、二个确保（确保安全生产、指标真实）、三个提高（提高主再热蒸汽温度、汽轮机真空度、机组负荷率）、四个降低（降低厂用电率、锅炉排烟温度、补给水率、燃油耗量）、五个优化（优化厂内辅机运行方式、燃烧调整、汽轮机配汽、机组滑压运行曲线、热工自动调节品质）"的总体要求。通过开展对标管理工作，生产指标与前一年相比有了较大进步，对标管理工作取得了成效。2009 年现场员工宿舍建设已取得阶段性成果，主体已完成，综合楼已投入使用。

【质量管理】 2009 年，公司根据火力发电厂技术监督工作内容和范围。围绕公司生产任务、工作要求，结合现场实际有效开展工作，完成了绝缘、电测、继电保护及安全自动装置、励磁、节能、环保、金属、化学、热工、电能质量、水工、汽轮机 12 个专业的技术监督工作，为安全、经济、稳定运行提供了有力的技术支持。全年二氧化硫排放绩效 0.54（克/千瓦时）；全年烟尘排放绩效 0.15（克/千瓦时）；全年氮氧化物排放绩效 1.72（克/千瓦时）；电除尘器投运率 100%，电除尘器效率 99.7%；脱硫系统投运率95%。

【生产经营】 结合公司在安全生产中存在的一些重点和难点问题，成立了锅炉稳定燃烧、汽机经济性、脱硫系统投入率及经济性、热值差保证、燃料采购、自动投入率、融资、外部环境争取等八个攻关小组，通过明确各个小组工作职责，制定工作计划和方案措施，认真开展工作，在一定程度上解决了长期以来困绕安全生产的设备问题和隐患。全面启动星级发电企业创建活动，根据查评细则，运用管理评价和指标评价，引导公司不断提升运营水平。

【安全生产】 通过深入开展"安全生产月"、"创无违章"、"安全生产征文"、"安全伴我行"演讲比赛、"安全知识竞赛"、"两票管理知识培训"和安全教育培训、反装置性违章、应急演习、落实春检整改等活动，以丰富多样的安全宣教活动为载体，大力推进公司的安全文化建设，使广大员工的安全意识、质量意识、管理意识、效益意识得到了加强。

公司始终坚持"安全第一、预防为主、综合治理"的工作方针，认真落实各级安全生产责任制，加强运行管理，加大设备治理力度，千方百计确保燃煤供应，较圆满地完成了全年安全目标和任务。全年未发生人身伤害事故和一般及以上设备事故、交通事故、火灾事故，锅炉熄火事件得到了有效控制，全年"非停"次数为 1 次，年内实现了安全天数 365 天，累计安全生产天数达1 467天，实现了年内三个百日安全天。

公司还对原有《突发事件应急预案汇编》进行修订，新版《突发事件应急预案汇编》1.02 版经公司组织评审，正式发布实施，进一步加强和规范了应急管理工作。

【技术改造】 2009 年，公司利用#1 机组扩大性小修、2 机组小修的机会对设备进行了全面整治和技术改进，使机组经济性大幅提高，先后组织完成的科技项目有：300MW#1、2 机组凝结水泵、一次风机变频改造；汽轮机轴封进行调整、小机油档、汽封系统改造；冷却塔三元流换热改造；燃煤机械采样装置改造；稳定锅炉燃烧；低氮燃烧；优化 30MW 汽轮机调门控制程序。

【人力资源开发管理】 公司制定的《2009 年教育培训工作计划》，全面筹划，突出重点，扎实推进。通过采取内部培训、外送培训、外聘培训等方式开展多种多样的培训，取得了良好的成果。在学历方面：1 人取得硕士学位，3 人取得专科学历。职称方面：1 人取得高职、5 人取得中职、15 人取得初职。职业技能鉴定方面：10 人取得技师资格，186 人取得上岗资格证。公司举办非人力资源管理者的人力资源管理知识专题培训；举办了非财务管理者的财务管理知识专题培训；举办两期管理人员系统性培训班；举办了两期 30MW 机组集控专业仿真培训。积极开展"结对互学"活动，持续开展"导师带徒"活动。

【工会工作】 2009 年，公司工会根据企业不同时期的工作实际，坚持围绕一个中心，提高两种能力，开展五项活动，抓好六项重点工作。围绕一个中心即紧紧围绕公司扭亏增盈、推进科学发展这一中心任务来开展工作；提高两种能力即提高服务科学发展、服务职工群众的能力；开展五项活动即"工人先锋号"活动、"安康杯"竞赛活动、以"创建学习型组织，争做知识型职工"为主要内容的职工素质提升活动、"扶贫济困、送温暖"活动以及适合企业特点、群众喜闻乐见文体活动；抓好六项重点工作即着力抓好工会组织自身建设、职代会精神的贯彻落实、民主管理、职工权益维护、职工素质提升、班组建设。

【共青团工作】 2009 年，公司结合新中国成立六十周年和纪念"五四"运动九十周年之际，由公司团委组织团员青年到云南省档案馆爱国主义教育基地参观学习，组织青年参加安宁市第六届"移动杯"青年歌手电视大赛，并取得了较好的成绩。为充实和丰富青年业余生活，组织团员青年代表参加了由昆明电视台《街头巷尾》与昆明市滇池管理综合行政执法局等多家单位联合组织的"春暖盘龙江 2009 昆明保护母亲河环保公益行动"和"行万里路，送万双鞋活动"。在公司（厂）募得善款5 081元、书籍 38 本、书包 1 个。

【企业文化】 2009 年，公司为进一步将企业价值观理念转化为企业和员工的思想和行为，并使之渗透到安全生产、经营管理和项目发展的各个方面，最终转化为员工在岗位上的自觉行动，进而团结、凝聚员工。公司成立企业文化建设领导小组，由曹云川总经理担任组长，余江云书记担任副组长，公司领导为领导小组成员，并设立了办公室。积极利用一报一刊和网站加强对《华电宪章》的宣传教育，设了多块宣传栏，并安排对《华电宪章》进行专题学习。对原“昆电凝聚力”文化的构速进行了修编，组织了部门理念和员工格言的提炼工作。

【文明建设】 重视文明建设，修编下发了文明建设管理标准，积极组织开展华电集团文明单位、地方文明创建工作。大力实施文明创建的“细胞工程”，开展公司内部创建文明单位、文明班组（部室）、文明员工、文明家庭的评比系列活动，在企业形成了爱岗敬业、诚实守信、办事公道、团结互助、奉献社会的良好风气，营造出了崇尚科学、崇尚文明，倡导家庭和睦、尊老爱幼的良好风尚。卓有成效地抑制了不文明行为的发生，有力地促进了公司的文明建设。积极推行安全、文明清洁生产，注重生态环境保护，积极推进人文环境建设，维护良好的生产生活秩序。

【思想政治工作】 按照分级负责和“谁主管、谁负责”的原则，认真抓好思想政治工作。一是重视思想教育，认真抓好理论学习，认真组织好对科学发展观深刻内涵的学习，抓好党员领导干部和有业务处置权岗位人员的廉洁从业教育，员工理想信念教育和形势任务教育，促进解决问题能力的提高。二是坚持定期召开党委会、党支部书记会分析研究职工思想动态，解决员工普遍关心的热点、难点问题，及时化解矛盾，消除各种不稳定因素。三是认真做好敏感时期、敏感事件中的维护稳定工作，有针对性地做好矛盾排查，发现苗头性、倾向性问题及时采取措施加以化解，把隐患解决在萌芽状态，确保企业和职工队伍稳定。四是加强员工思想教育工作，以培育“四有”员工为目标，把加强员工思想道德教育与创建文明单位工作结合起来，大力开展“八荣八耻”的社会主义荣辱观教育，引导员工树立正确的世界观、人生观和价值观，加强“三德”建设，制订了《云南华电昆明发电公司员工行为规范》。五是在员工中广泛进行法制教育，普及法律知识、增强法制观念，搞好社会治安综合治理，员工无违法犯罪，未发生“黄、赌、毒”以及封建迷信等社会丑恶现象和各类邪教活动，计划生育率为 100%。

【获奖情况】 公司被中国华电集团公司授予 2009 年度安全生产先进单位；公司被安宁市委宣传部、安宁市安全生产监督管理局、安宁市总工会授予安宁市安全生产知识竞赛优秀组织奖；300MW 集控室被共青团云南省委认定为云南省“青年文明号”；维修部热工班被共青团云南省委认定为云南省级“青年文明号”。

（张豫江）

云天化国际富瑞分公司

【简况】 云南云天化国际化工股份有限公司富瑞分公司是云南省政府确定的国家磷复肥基地实施主体之一，成立于 2002 年 11 月 11 日，经过两期建设，现已形成年产 182 万吨高浓度磷复肥的能力（重钙 40 万吨、磷酸二铵 120 万吨、磷酸一铵 22 万吨）；配套年产湿法磷酸 70 万吨、硫酸 190 万吨以及 3.5 万吨氟硅酸钠。

公司下设 21 个二级单位，其中生产厂、车间 7 个，职能管理部门 14 个；现有在册员工1 071人。

【调整生产经营策略，沉着应对金融危机】 2009 年，公司通过密切关注行业市场信息，加强宏观经济形势的研究分析，正确把握生产经营方向、重点、力度和节奏，有效增强了策略调整的预见性、针对性和有效性。一是在金融危机的影响下，面对经营业绩急速下滑的趋势，果断将“挖潜增效、减损提效”确定为年度首要任务，并结合实际确定了“以销定产、保证质量、稳定消耗、降低费用、关注环保、重视安全”的原则组织生产；二是针对原料品质下降，产品质量出现波动的问题，将调控的着力点转向加强内部管理和提高产品质量，质量攻关活动取得突破性进展，确保了“金富瑞”品牌市场占有率。同时组织了消缺检修，确保了装置能力的有效发挥。以上举措对缓解公司生产经营运行中的突出矛盾、增强信心、实现年度工作目标，发挥了至关重要的作用，年内共生产化肥 158.87 万吨，完成年计划的 102.50%。

【安全管理】 公司牢固树立“环境友好、安全稳定是公司一切工作的基础和保障”的思想，确立了“环保优先、安全第一、以人为本”的理念，切实把环保安全摆在各项工作的首位来抓，确保了全年环保安全形势的持续稳定。一是积极采用先进技术，加强环境监测管理，加大污染源治理力度，按规定完成建设项目“三同时”相关工作。年内投入环保专项资金1 043万元，在总排口、各装置的排水口及三套硫酸装置安装在线监测仪，实施南排口回水泵、磷酸一铵装置尾气洗涤系统、废水零排放等项目改造，完成装置内的清污分流、外排水循环利用工作，外排水量比去年同期减少 41 万 m^3。二是狠抓安全综合治理，广泛开展“安全生产月”、“百日安全生产”竞赛活动，扎实推进安全标准化工作，认真落实班组互保和联保制度，充分发挥班组的核心作用。年内签订环保安全责任书、承诺书及管理协议共计 321 份，组织各类安全培训 817 人次，查出隐患 405 项，整改完成率 98.76%。三是高度重视渣场森林防火和汛期安全管理，扎实推行渣场标准化管理，细化渣场防范措施，组织完成各项整改，并顺利通过安宁市和集团公司组织的专项整治验收。

【抓好内部管理，挖掘生产潜力】 2009年，公司在面临液氨供应严重不足、矿石品质下滑、系统物料平衡难等诸多困难情况下，公司加大与云天化国际内部及天安、天达等关联方的沟通协调力度，采用日报、会议、书函、网络等多种方式，与关联方保持密切有效沟通，及时跟踪分析新情况、新问题，灵活采取相应对策，努力为生产经营创造良好的外围条件。同时，积极探索有利于消耗控制和成本控制的生产组织方式，深入推进磷酸降耗攻关活动，广泛开展产品质量攻关，继续推行精细化管理理念，着力抓好内部管理，进一步挖掘均化磨机的生产能力，积极开展磷酸装置使用浮选矿为原料的生产性实践，取得突出成效。年内圆满完成生产任务，二期80万吨/年硫酸装置、硫化氢装置顺利通过72小时性能考核，一期80万吨/年硫酸装置实现第三个“百日红”，质量攻关取得实质性进展，消缺检修圆满完成，各项关键指标均列各分公司前列，得到了云天化国际和云天化集团的认可。

【大力推进技术创新】 2009年，公司按照云天化国际“有保有压”的原则，围绕节能减排、环保安全、质量改进和提升循环经济水平，抓紧实施在建技改项目，大力推进技术创新，有序开展技改项目前期工作：一期80万吨/硫酸装置低温位热能回收项目建成；二期80万吨/年硫酸装置整改后达到100%的生产负荷；22万吨/磷酸一铵装置尾气洗涤除尘项目成功实施后，装置尾气排放达标；磷矿化学脱镁技术研究、生产装置水资源综合利用及环保治理技术研究、大型磷酸装置串级浓缩应用技术研究及推广应用、磷石膏渣场回水综合利用技术研究等4个应用研究项目完成验收；一期60万吨/年磷酸二铵装置尾气洗涤改造、1 000m^3污水池建设等项目前期工作也在有序进行中；全面梳理了技术创新流程，工程技术人员管理制度和激励机制进一步完善。

【深入开展挖潜增效活动】 面对严峻的经营形势，公司不等不靠，克难攻坚，紧紧围绕“挖潜增效”中心任务，采取了一系列减损提效措施。一是节能减排深入推进：完成电气节能改造项目第一阶段技改工作，设备平均节电率达20%～35%，每年可节电约377万KWh，折合电费110万元；积极推进清洁生产，通过加强冷凝水回收、渣水系统及排水管控、实施污水处理站处理水循环利用、硫酸循环水排水利用改造、废水零排放项目等，生产耗水明显下降，基本实现废水零排放。二是备件管理初见成效：遵循“保障生产、质量为先、降本为重”的原则，通过加强采购成本控制，评审优选供应商，完善询价、比价采购模式，积极推进储备定额管理，扩大代储物资种类和数量，充分发挥分公司间的协同效应，有效减少了资金占用。同时，积极开展修旧利废，年内修理各类备件及设备1 948件，修复价值约758万元；修旧物资现场使用率大于70%，废旧物资利用率达到24.5%，有效降低了生产成本。三是成本费用严格管控：通过逐一分解落实内部财务预算目标，制定具体管控办法和保障措施；修订财务预算考核办法，加大检查考核力度；出台《资金支付过程内部控制管理办法》，大力推行票据结算；重视成本精细化管理，对可控性成本费用进行严格管控；严格费用审批控制，强化工程造价审核；深化二级成本核算管控，所有消耗及费用均纳入单位成本考核，各项费用和成本均有明显降低，公司息税前回报率、费用控制率、备品备件储备额度均名列云天化国际前茅。

【不断夯实公司内部基础管理，深入开展管理创新】
2009年，公司确定并实施了9个管理创新课题，从干部培养、职工教育、环保安全管理、成本控制等方面摸索创新管理办法、大胆改变固有模式，有力促进了公司整体管理水平的提升。一是企业制度管理日渐规范。从夯实基础管理，建立健全规范、系统、科学的管理工作机制入手，通过管理评审全面清理内部管理制度，进一步理顺管理流程，保持了文件制度的有效性、充分性和适宜性。另外，编制《管理大纲》，指引公司各项管理工作，使企业文化充分融入企业管理之中；二是人力资源管理持续优化。通过校企合作，启动校外大专函授班，开展技能提升培训3 065人次，员工综合素质得到有效提升；实施《优化劳务派遣人员管理》，形成了具有富瑞特色的劳务派遣人员管理模式，外用工队伍建设得到切实加强；持续优化绩效管理考核指标体系，初步实现指标动态管理，推进了核心业务模块管理水平的提高；制订完善《工人技能培养管理办法》《劳务派遣人员特别奖管理办法》《内训师考核办法》等系列管理制度，制度建设取得一定成效；三是信息化服务水平逐步提高：根据生产管理实际，对内部运行的EMS、SAP信息系统以及“双创”信息平台功能分别进行了补充完善。新建“清洁生产网”、“安全生产网”，改版“富瑞网上党校”、“富瑞论坛”，建立“内部知识库和在线学习考试系统”，定期对中层干部系统应用培训进行抽查，在系统推广应用方面取得明显效果，信息化服务水平逐步提高；四是“6S”管理坚持不懈：通过虚心学习好的现场管理经验，修订完善星级评价制度，加大检查考核力度，认真落实设备包机制，重点治理“跑、冒、滴、漏”，全面推行办公区域“6S”管理，切实做到了管理不滑坡、措施不松懈、成绩不后退，现场管理得到不断巩固、深化和精细化；五是质量攻关取得突破。在原料品质急剧下降的情况下，公司充分发挥攻关小组的作用，采用稳定酸质、优化配比、改进粒度外观等措施，质量攻关取得突破性进展，三大主产品通过攻关控制过养分，节约成本约500万元。同时深入开展QC活动并取得丰硕成果，有1个小组获全国化工优秀QC小组称号，另有4个小组获省级表彰；六是目标管理初步建立：全面推进目标管理，通过不断完善检查的方式方法，定期对各单位的实施情况进行认真细致的检查评价，及时实行培训辅导与沟通，所有二级单位均已建立目标管理体系，目标管理步入正轨，顺利实现由计划管理到目标管理，任务管理到创效管理的转变。

【创新党建工作思路】 公司党委始终坚持“围绕中心、服务大局、贴近实际、创建特色”的党建工作思路，广泛开展深入学习实践科学发展观活动，大力宣传生产经营举措，着力抓好党建基础工作、党风廉政建设、职工思想政治工作，持续创新和丰富思想政治工作的内容和形式，有力促进了公司中心工作的开展。一是深入学习科学发展观活动取得实效：围绕“苦练内功强素质、节能挖潜见成效、科学发展上台阶”的主题，分步骤、盯重点、抓关键，确保了学习调研、分析检查、整改落实三个阶段工作扎实稳步推进；广泛开展专题调研、案例分析，形成了5项技术研究、4个典型分析案例、6个调研报告等成果，切实解决影响公司科学发展的突出问题，推进公司不断加快发展步伐。二是党建工作进一步夯实：以“任务完成好、指标控制好、围绕协作好、纪律遵守好”为主题在全体党员中开展“争先创优”活动，进一步深化“党员承诺制”、“党员先锋岗”、“做党的忠诚卫士、当群众的贴心人”等主题实践活动，创新开展“党员先锋创业绩”、“党员身边无事故、无违章”等活动，着力打造“个人形象一面旗、工作热情一团火、谋事布局一盘棋”的党员干部新形象，不断扩大党的工作覆盖面和影响力。三是干部队伍建设得到切实加强：创新学习方式，通过师生互换、课件制作、互动交流等形式开展干部交流学习，组织案例分析、封闭式培训等，有效提高了干部整体素质。同时建立“公司中层管理团队绩效评价模型”，以团队协作为重点，切实加强干部队伍建设。四是反腐倡廉和审计监察能力得到提高：继续以“三位一体”的党风廉政建设机制为平台，加强制度防范、思想教育。对“挖潜增效、减损提效”活动的开展情况进行监督检查，积极开展工程建设领域突出问题治理工作。强化效能监察工作，并对管理绩效进行评价。坚持“全面审计，突出重点”的方针，重点对各单位的成本控制及经济效益进行了审计。年内组织专项监察和日常监察60多次，完成审计项目9个，参与经济活动监督227次。

【宣传工作扎实推进】 公司在办好《富瑞简报》的基础上，充分利用电视、网络，发挥宣传舆论的正面导向作用，全面增强全公司应对金融危机的信心；扎实做好企业文化宣传，将“文化富瑞”的理念通过“颂祖国、爱富瑞”大合唱、摄影展、诗歌散文集等活动展现出来，塑造了良好的企业形象。

【积极开展工会工作】 2009年，公司不断加强基层工会组织建设，强化企业民主管理，切实维护广大职工的合法权益，广泛开展劳动竞赛和职工技能提升活动，积极开展职工医疗互助、困难帮扶、捐款资助等送温暖、献爱心活动，不断丰富职工业余文化生活。

【共青团工作持续进步】 公司积极探索服务企业、服务青年的有效途径，创建“青年安全生产示范岗”，组建“青年突击队”，积极开展青年读书活动，大力推进青年兴趣小组活动，坚持爱心助学，团结和带领广大青年服务大局，全面发展。

【职工福利待遇】 公司始终坚持以人为本的理念，确保职工工作稳定，积极改善生产生活条件，尊重保障职工的权益。在资金十分困难的情况下，完成了天然居职工活动中心的装修，安排54名职工外出疗养，并组织全员进行年度健康体检。

（陈海莉）

云南天达化工实业有限公司

【简况】 云南天达化工实业有限公司成立于2007年9月25日，是云南磷肥工业有限公司债转股成立的新公司。成立后公司注册资本为9.29亿元，其中，信达公司占有60.59%的股权，云天化集团占有39.41%的股权。2009年4月初，按照省国资委转增资本的指示精神，公司及时办理了土地转增注册资本这一工作。截至目前，公司注册资本18.96亿元，其中，云天化集团占有70.33%的股权，信达公司占有29.67%的股权。截至2009年12月31日，公司拥有总资产19.55亿元；实现工农业收入37 418万元，扣除转供电部分17 031万元后，实现营业收入20 387万元，完成年计划的100.69%。

公司按照集团公司和股东会的安排，经营定位为“按照工业园区的管理模式，为园区内的各产品生产企业提供公用工程管理与服务”。目前主要经营范围包括水、电、气（汽）、铁路及公司运输、消防气防、安全保卫、环卫绿化、污水排放、总图管理和规划管理、医疗急救等十项业务。主要生产经营性资产包括40万吨重钙装置、6万吨黄磷装置、14万吨磷酸装置、铁路专用线和铁路站台、供电系统、供水系统、供热供气装置、设备修造、综合仓库。其中重钙装置租赁给云天化国际富瑞分公司经营，黄磷和磷酸装置租赁给马龙产业安宁分公司经营。除以上业务外，公司还具有监理（丙级）、测绘（丙级）、设计（丙级）、实验室（建材强度实验）等相关资质，可开展相关业务。

截至2009年，公司实有员工1 064人，其中在岗员工527人，内退职工273人，正退职工252人，其他12人。

【生产经营】 2009年全年供水1 589万立方米，其中生产水1 379万立方米，生活水210万立方米；供电66 920万千瓦时，生产压缩空气4 160万标方，生产氮气930万标方，外购蒸汽3.6万吨，供应汽油195吨，柴油2 186吨。

【安全环保】 2009年，公司生产经营实现了持续有效、安全平稳协调的发展，安全环保工作取得全年“三个零”的成绩，即死亡事故、千人负伤率为零；

火灾事故、设备、工艺、交通等较大事故为零；三废达标排放、环境污染事故为零。全面完成了与集团公司签订的安全、环保责任目标。全年目标86次专项安全检查，查出安全隐患67项，安全隐患整改率91.04%。组织安全资格证、特殊工程上岗证等取证工作，实现62名特殊工种人员全部取证上岗。开展《安全生产许可证》办证工作，先后通过安宁市、昆明市两级安监部门的现场审查及省安监局的审查，于3月份取得安全生产许可证。完成氮氧气的生产许可证取证工作。适时启动了安全生产标准化建设工作。全面开展节能减排、挖潜增效工作。完成电极壳制作改进工作，节约资金11.84万元；完成取水井筒500kw深井泵、大汉营780kw电机节能变频改造，年节能量8 720吨标煤，超额完成集团下达的节能减排任务；协调供电局调整优化园区供电运行方式，全年节约资金88.88万元。大力开展清洁生产工作，通过了省质监局的清洁生产现场审核。

【企业管理】　2009年，公司进一步加强内部管理，在责任制落实、制度建设、资金管理等各方面取得了进展，进一步提升了管理效率。按照年初董事会下达的年度经营计划，根据公司实际，与生产单位签订了年度生产成本控制责任书，与经营单位签订了经济责任书，与职能管理部门签订了工作目标管理责任书，把公司的生产经营计划进行层层分解和落实。出台了《工作及周边绩效评价考核办法》《管理创新实施办法》等制度。认真组织清理了公司印发的各项管理规章制度。通过开展调查分析，整理反馈存在的问题26条，修订建议20条。经过梳理，根据公司工作实际对制度进行了补充、修订和废止，全年共起草制订规章制度29个，修订8个，废止2个。抓好效能监察、内部审计等工作，对公司重大工程、重大采购、重大项目进行过程监督，从源头和机制上防止不廉洁行为的发生，保证企业的正常生产经营秩序。

【党建工作与企业文化】　2009年，公司党委以开展“深入学习实践科学发展观”活动为切入点，突出实践特色，坚持边学边改，解决突出问题，做到工作、学习“两不误，两促进”。大力加强党的思想建设、组织建设、作风建设、廉政建设及制度建设，围绕中心、强化核心、凝聚人心，团结和带领公司全体党员、干部和职工克服困难，积极做好园区内服务协调和管理工作，为促进公司又好又快发展提供强有力的思想保障、组织保障和作风保障。通过学习实践科学发展观活动的开展，进一步增强了各级干部的责任感、危机感和紧迫感，执行力、创新力、凝聚力得到了进一步的提升。充分利用现有资源在宣传模式上大胆创新，2009年1月推出移动广播新闻栏目，企业文化彰显风采。工会积极发挥桥梁纽带作用，为丰富职工业余文化活动，开展了篮球、排球运动会、建国60周年“激情广场”演唱会等。共青团积极开展“青年文明号”、“青年突出队”等品牌争创活动。

（周莹莹）

云南红云氯碱有限公司

【简况】　2009年，在集团公司的领导下，红云氯碱党政工领导，认真深入学习实践科学发展观、用科学发展观统一领导班子思想，指导公司的各项工作，团结带领全体干部、员工，紧紧围绕公司的经营责任目标，做好三个管好（管好人、管好物、管好资产）以保证职工队伍的稳定促进企业和谐，来支持集团公司应对金融危机，实现又好又快的发展。

在学习实践科学发展观活动的推动下，为保证公司确定的社区三年规划改造计划如期实现。改变云化社区老、旧、差、乱的现状，缩小与安宁市城市规划要求的差距，为社区职工家庭创建良好的宜居环境，改善住房条件。公司领导班子带领广大员工积极开展前期准备工作，按计划完成了社区规划设计工作和经济适用住房的立项工作。

目前，公司在册员工188人，（其中三病人员12人，内退职工144人），离退休职工1 392人，公司以保持职工队伍的维稳为前提，妥善处理好历史遗留问题，确保改制成果。

【经济适用房建设】　2009年6月，在集团相关部门的帮助下，向省发展和改革委员会、省国土资源厅、省住房和城乡建设厅递交了建设经济适用住房的请示。三委厅批准红云氯碱建设400套、面积为27 600平方米的经济适用住房建设投资计划。9月，按属地管理的要求，公司向安宁市发展改革局递交了请示，安宁市发展改革局批准立项，并取得了建设工程规划许可证。现已完成职工经济适用住房规划设计方案。按照“边搬迁、边拆除、边改造、边建设”的原则，已按规划拆除了部份危房，场地清理完毕，基本满足第二批第一期经济适用住房建设用地，其它建房用地正在做搬迁、腾空工作。这些工作的完成为下步正式实施三年修建性计划奠定了基础。

【基础设施建设】　2009年11月，针对公司所属云化社区公交车存在的交通安全隐患，按规划方案进行公交车场用地上棚户房、自留地、危房的拆迁工作，为明年公交车场改造做好准备。12月，为了加大公司所属云化社区公共场所和公共设施的安全管理。对存在的安全隐患制定了整改措施，修人工湖大坝副板；搬迁三幢危房的住户，拆除危房1 272平方米和698.55平方米自建棚户房；完成六幢1 740.58平方米住房的屋面防水层大修。

（腾　蓉）

云南盐化股份有限公司昆明盐矿

【概述】　昆明盐矿是云天化集团控股子公司——云南盐化股份有限公司下属的四个生产企业中最大的企业，位于昆明市西郊30公里处安宁市连然街道办事处青武山村。昆明盐矿1993年6月28日建成投入试生产，2002 年云南盐化股份有限公司成立，2002 年 8 月 21 日云南盐化股份有限公司昆明盐矿注册成立。昆明盐矿生产规模为年产 50 万吨精制盐、13 万吨聚氯乙烯、13 万吨烧碱。主要生产食用盐、液体盐、工业盐、医药用盐、畜牧用盐、肠衣盐、多品种营养盐、聚氯乙烯、烧碱等盐及盐化工产品。2009 年，昆明盐矿固定资产净值98 506.27万元，实现销售收入87 299.93万元，上缴税费3 220.3万元。年末有员工1 819人，具有大专以上学历的 316 人；有专业技术人员 424 人、技师 44 人。

【生产经营】 昆明盐矿不断加强生产排程分析和工艺指标分类和分级管理工作，生产管理能力得到了提高。通过严格执行生产工艺指标管理，加强对生产的监控能力，通过生产排程管理，增强对生产的指导性和控制力，解决了长期困扰、制约 PVC 生产转化阻力高的问题，十万吨装置实现了长时间达到排程通量的目标氯碱装置开车率大幅提高，三万吨装置克服了年初电石供应紧张、聚氯乙烯市场不景气、设备故障等不利因素的影响，PVC 月产量连续创新高，8 月份生产 PVC 2 600吨，9 月份生产2 650吨，10 月份生产2 700吨，11 月份生产2 650吨，实现了创高产目标，制盐装置连续 3 个月超过月产 5 万吨的历史最好水平。全年共生产精制盐501 085.01吨，其中食用盐130 511.89吨，较去年同期增加6 123.48 吨。生产500g 小袋盐71 633.63吨，较去年同期增加21 615.94吨。十万吨装置生产 PVC 75 811.625吨，较去年同期增加31 411.625吨；生产烧碱69 593.648吨，较去年同期增加27 190.854吨。

【狠抓锅炉长周期运行，提高产汽量】 2009 年，昆明盐矿围绕提高锅炉供热质量，从技术和操作管理方面狠下功夫，通过开展劳动竞赛活动、加大工艺指标合格率和消耗考核力度等方式，基本做到了工艺指标管理标准化、中控分析系统化、装置运行维修规范化，提高了锅炉长周期运行时间，提高了产汽量，从而保证了盐硝和氯碱装置的用汽供给。十万吨装置 1 #75 吨锅炉全年运行达到6 835.25小时，比上年同期多运行 2.75 小时。45 吨锅炉运行达到4 446.09小时，比上年同期多运行 479.82 小时，比去年同期多产蒸汽49 211吨，多供蒸汽75 203吨，产汽耗标煤比去年同期下降 12.97 kg/t。三万吨装置 20 吨锅炉实现了安全、连续运行 194 天的历史记录，是 20 吨锅炉自投产以来连续运行的最长周期记录，全年平均吨蒸汽耗标煤与计划相比下降 11.1kg，与上年同期相比下降 8.6kg。

【降低设备故障，严格控制修理费用】 昆明盐矿紧紧抓住“降低设备事故故障，严格控制修理费用”两个工作重点开展工作，通过加强设备事故、故障分析考核、实施每周不少于一次的设备管理检查考核、修理费用月度控制目标考核、外委修理次数考核等考核手段，通过推行设备润滑管理、设备巡检标准化管理、专人专机设备承包管理等措施达到减少设备事故、为生产的“安、稳、长、满、优”提供有力保障，同时降低修理费用的目的。2009 年设备事故、故障总数低于年初制订的目标，较上年月大幅下降。

【节能减排】 2009 年，昆明盐矿实施了 45TCFB 新增烟气在线监测项目、新建上清液贮罐项目、上清液回用专项技改项目、含汞废水专项治理、提高 30 万吨制盐装置返回水改造项目、制盐真空系统改造项目和全矿高低压变频节能改造等节能减排项目。通过新增和改造，同时加大对“三废”特别是废水排放的监管和考核力度，昆明盐矿“三废”排放基本达标。2009 年，安宁市环境监测部门对昆明盐矿 45 吨锅炉烟气、厂正门外排废水、厂界噪声监测以及涉汞废水治理验收监测，监测结果均符合国家标准。8 月份完成了装置内电石渣上清液回用的改造，实现了电石渣上清液零外排，乙炔用生产水量显著降低，电石渣场水位上升速度明显降低。

由于“峰、谷、平”电价差异较大，从优化生产调度的角度，昆明盐矿按峰谷平电价政策，精心安排，紧密部署，编制了生产优化运行方案，并在确保安全生产的前提下，有计划、有步骤地实施。按照“峰、谷、平”电价政策，尽量在低电价时段进行取水和上清液回打，尽可能减少取水耗电、电石渣场上清液回打的电费支出，降低生产成本。此外，还按照“用足谷时，用好平时，规避峰时”的工作思路，对夜间提高生产负荷、增开间隙式运转设备的可行性进行探索和论证。对需定期短时停机进行维护、保养和维修的动力设备，对 PVC 聚合定期停机清釜、盐硝打乏水等作业内容，有计划地安排在“谷时段”进行，努力减少“峰时段”用电量，积极探索装置运行新模式，拓展装置运行的绩效，进一步降低生产成本。

【加强管理降低产品成本和各项费用】 昆明盐矿认真修订并执行《昆明盐矿 2009 年绩效管理办法》，进一步加大了对各项消耗的考核力度，以全年产量、消耗和费用为导向，按照效率优先和兼顾公平的原则，明确了考核重点，各部门及员工的绩效工资与产品消耗紧密挂钩，通过消耗指标的层层分解，做到了“千斤重担人人挑，人人头上有指标”，引导员工关注产量、消耗和费用，从而努力降低消耗。其次，制订《昆明盐矿综合管理考核办法》和《昆明盐矿单项奖励办法》，逐步完善各项专业考核的二级考核体系，加大考核与奖励力度，不断提升设备管理、生产管理、技术管理、安全管理、消耗管理等专项基础管理工作的水平。第三，以检修费用和机物料费用控制为重点，加大对各项可控费的控制力度，通过强化管理，挖掘效益，进一步降低制造费用和管理费用。第四，完善昆明盐矿车辆维修费及使用费用、办公用品费、固定电话费、业务接待费用管理制度，并对可控费用指标进行层层分解、严格控制和考核，积极引导全矿各分厂和部室在节能降耗、挖潜增效上下功夫，以节约支出，降低管理成本。通过以上措施，昆明盐矿产品成本和各项管理费用得到了有效控制。特别是电石消耗尤为明显，十万吨装置、三万吨装置PVC电石折标耗分别比去年同期下降27.05kg/t、7.70kg/t，合计节约电石2 200多吨。主产品精制盐硝、PVC、烧碱单位成本均比去年同期有不同程度的降低。全年管理费用较上年减少1 691.31万元。其中办公费、修理费、业务接待费、水电费、绿化费、公务用车使用费、其他管理费合计较上年下降596.49万元。

【各类培训教育】 2009年，共组织举办了包括中层、一般员工和外委人员的安全技能和岗位练兵培训、岗位操作技能培训、三标知识学习和员工转岗培训等，先后组织了500余名管理人员和技术人员进行了中层管理、生产管理、设备管理及安全、环保、消防、劳动防护用品使用及安全标准化知识培训；100余名工段班组长以上管理人员进行工段班组管理和QC小组活动知识讲座；组织盐矿管理人员进行ELN在线学习。全年共9 341人次参加了各类培训，通过培训，员工对管理技能、岗位安全、技能操作知识和技能有了一定程度提高。此外，协助公司完成员工在职学历教育工作，135人参加了云南盐化股份有限公司与东南大学、昆明理工大学联合开办在职学历函授教育学习。

【加速推进危化品生产企业安全标准化建设工作】

根据安全管理的需要，昆明盐矿于6月初出台了《安全标准化实施方案》，通过近5个多月的推进，完成了前期整改工作；成立了风险评价工作领导小组，负责昆明盐矿安全标准化风险评价工作的策划、组织、实施和改进工作。同时编制了风险评价工作的计划进度，明确了期限、责任部门、责任人及相关要求。相关工作正在有序进行。安全标准化自评专家小组于12月29日到昆明盐矿安全标准化建设及自评工作进行了检查和模拟考核。

【抓紧抓好重点在建项目建设工作】 2009年，昆明盐矿矿山250万方/年卤水扩建工程情况开工建设、电石渣压滤项目开工建设，同时，新建的75t/h锅炉一次试车成功、三氯化铁项目顺利建成、电石渣上清液封闭改造项目建设完成并投入使用、含汞废水整治项目建成投入使用。

【人才培养、选拔和任用】 为培养德才兼备的中层管理团队，进一步优化管理人员队伍，昆明盐矿坚持“公开竞聘、平等竞争、择优聘任、严格考核”的原则，逐步实行中层管理人员岗位竞聘上岗，先后组织完成了两轮昆明盐矿中层管理岗位竞聘工作。两轮中层管理岗位竞聘，共有54人参加了17个岗位的竞聘，通过对竞聘人员进行资格审查、入职考试、竞聘演讲、民主测评及评定考核后，续聘9人，新聘9人，解聘2人。

（李智娟）

云南天安化工有限公司

【概述】 2003年11月20日，云南天安化工有限公司（以下简称公司）在云南省工商行政管理局注册成立。公司注册资本金为120 000万元人民币。其中云南云天化股份有限公司出资总额为72 000万元人民币，占60.00%股份；云南省投资控股集团有限公司出资48 000万元人民币，占40.00%股份。公司主要负责建设经营位于云南省安宁市草铺镇的年产50万吨合成氨项目，项目建设总占地面积365.20亩，主要技术及关键设备都是从国外引进，项目概算总投资为33.56亿元人民币。2003年1月27日，公司年产50万吨合成氨项目经国家经贸委正式批准立项，并列为第三批国家重点技术改造“双高一优”项目和云南省重点建设项目之一。2003年12月1日，公司年产50万吨合成氨项目开工建设；2008年6月18日，50万吨合成氨项目顺利建成并贯通全厂工艺流程，成功产出合格液氨产品。

【装置生产实现新突破】 2009年是公司年产50万吨合成氨装置从试车转为试生产的第一年，新装置的不稳定性因素多导致装置生产维护工作极其困难。2009年，公司以狠抓生产设备管理为核心，以强化工艺和设备技术消化为重点，以提高生产突发问题处理水平为手段，突出重点，将装置较短时间运行变较长周期稳定运行，最终取得了装置连运两个50天长周期的好成绩，生产实现了突破，在国内同类型装置生产运行维护方面走在前列。一是以完善生产管理制度和工艺技术资料为切入点，夯实生产管理基础。一年来，公司建立健全了工艺管理、调度管理等生产管理制度；在装置不断整改完善的同时，组织完成了《操作手册》、《事故案例汇编》的修订和汇编工作。二是狠抓会议决策落实、执行力度和工作作风。每月组织进行工艺纪律检查，进行相关台帐、记录、报表检查及评比工作；每月召开生产综合考核会，定期召开生产技术管理例会。强化交接班制度、开停车计划执行、标准化作业流程、重要操作程序规范和事故预案及案例培训学习。三是高度重视处理装置暴露问题的总结和分析工作，以点带面，举一反三，提升了生产工艺问题化解能力和设备故障检修的处置能力，保障装置运行。四是加大了工艺生产的考核力度，推行更为合理的奖惩办法。将生产指标同绩效奖密切挂钩，充分调动员工工作积极性。五是严格明确工作责任，对各项工作进度进行严密跟踪，进一步深化了装置开停车的调配能力，优化了装置检修、大修的组织方式，大幅提高了装置开停车、日常调度维护以及设备检修等各专业工作的衔接紧密协同能力。六是坚持以现场“6S管理”为衡量尺度，解决了初建化工企业生产现场杂乱问题，进一步以科学管理的方法推进了公司生产现场管理。七是继续高度重视各类专业技术人员的培训、培养工作，定期组织培训和岗位考试，进一步提高了一线员工的岗位技能和技术素养。

八是针对性组织开展各类事故应急预案的演练工作，进一步强化了员工准确果断地应对突发事件和事故的处置能力。九是科学严谨地组织进行了装置性能测试或预考核工作，对装置进行性能摸底，并根据实际测试情况对工艺生产、装置开停车步骤进行了优化调整。

【装置检修保运能力大幅提高】　2009年，公司组织进行了5次装置消缺整改和1次计划大修工作，装置检修能力得到大幅提高，尤其在突发性检修和装置第一次计划性大修方面，均实现了高质量、高水平的检修，为装置生产实现长周期运行切实做到了维护措施到位、保障力度到位、检修实效到位。

一是进一步完善了设备基础管理制度，2009年公司先后出台了《检修安全管理规定》等多项设备管理制度，建立了可以覆盖公司设备管理各个领域和层面的管理制度，并严格落实执行。二是进一步完善了机电仪维护保障体系。装置投产以来，公司高度重视机电仪维护保障体系的建立和完善，坚持不懈狠抓保运队伍建设，通过努力，已经建立起了一支以检修、电仪为主，各保运单位为辅，并且能快速反应、能打硬仗的机电仪维运保障队伍。同时，公司还进一步总结检修维运经验，不断优化节省维护费用，切实做到了检修能力大幅提升、检修成本有效控制、检修质量高度保证。三是认真组织好生产装置的消缺整改和大修工作。在2009年里，装置各类问题更是层出不穷，公司根据工艺和设备实际情况的需要，先后组织了5次较大规模的消缺整改检修和首次计划大修，有力地保障了装置稳定运行。同时，公司每次检修均高度重视安全作业工作，在历次停车检修中均实现了“安全停车好、安全检修好、安全开车好，安全事故为零”的“三好一个零”目标。四是全面组织完成了特种设备的登记注册工作，2009年公司全部特种设备都取得了登记注册证，按设备位号建立特种设备档案，达到了规范设备管理的目标。

【加强原料管理和产品销售工作】　2009年，公司在原料煤、燃料煤控质保量工作、煤炭管理工作方面采取了较为有效的措施，工作成绩较为明显。一是为了保证生产用煤质量的稳定，加强了供煤片区驻点力量，把煤质控制放到源头。二是核算综合成本，通盘考虑煤量、煤质、基价、运费、税费等构成因素，控制煤炭采购单位成本。三是严密跟踪煤炭合同的执行情况，对各供应商煤炭到货质量进行统计分析。通过对供应商实行严格的分类管理，进一步培养了部分供货质量稳定、供应能力强的供应商家。

2009年，公司积极研究并采取有效的办法和措施，稳定生产，为销售合同的执行提高保障，做好液氨产品的销售工作，增强用户信心，增强合同谈判议价，定价实力，努力做到产销平衡。一是进一步强化了同集团内部的沟通协调，建立协调机制开展液氨销售工作。同时，大力展开了液氨市场的调研和开拓工作，努力确保能够在市场上有效地销售公司液氨产品。二是进一步梳理销售管理程序，通过ERP销售管理软件，实现产品销售全过程监控，提高了销售调度系统指挥管理能力。

【技术管理和节能减排工作】　公司生产装置技术难点多、复杂程度高，为解决好制约装置稳定高负荷运行的因素，公司一年来强化技术管理，加大技术创新力度，持续开展了一系列的技术改造和创新工作，进一步消除了影响装置长周期运行的不利因素。

一是进一步建立健全了技术管理制度。2009年，公司完成了技术专家库的建立工作。技术改进建议、技术课题攻关统一经过网络申报，实现了规范管理。全年确定技术改造共19个大项，通过网络申报的技术改进建议240项。二是技术改造创新成果多。全年共收到各类技术论文58篇，其中2篇论文申报集团公司科技进步奖，2篇论文申报省优秀论文奖，推荐了10篇论文申报集团科技单项奖。另外，推荐《灰渣综合利用项目》申报省节能技改重点项目。三是狠抓能源管理规范化工作。2009年公司成立了能源管理小组，建立了能源管理体系，建立完善了能源管理负责人台帐，完成了公司能源管理办法的编写，制定了公司节能减排目标和规划。四是坚持不懈抓好“节能减排、挖潜增效”工作。公司积极响应国家循环经济政策，认真抓好“节能减排、挖潜增效”工作。公司建台帐、细培训、强管理，在全公司范围内开展“节能宣传周活动”。同时，将“节能减排、挖潜增效”落实到具体的技术优化改造工作中，先后开展了多项技术节能改造，进一步消除导致装置高耗能运行的不利因素。

【安全环保质量管理再创佳绩】　全年实现了“重大人身伤害事故为零、重大职业危害事故、重大火灾爆炸事故为零，重大环境污染事故为零、千人负伤率小于4‰”的年度工作目标。

一是进一步完善了综合安全管理责任制。公司分别与各责任单位签订了《综合安全管理责任书》，将责任内容逐一进行了分解，全面落实了安全生产“关口前移、重心下移”的管理措施。另外，对《安全生产责任制》等40余项管理制度进行了修订，并以文件形式下发执行。二是成立了安全标准化认证工作小组，下发《安全标准化工作实施方案》，全面展开安全标准化工作的推行与认证工作。三是全年共查出各类安全隐患230余项。开展三级安全教育56场次，受教育人数480人次；组织公司级员工再教育7次，受教育员工达331人次；共有681名外来施工、检修人员接受了安全教育。四是开展安全生产月活动。6月份共计开展安全宣传教育活动十余场次，受教育人数435人次，进行车间、班组级演习5次，参演人数达90余人，发放宣传单2 000余份。五是对《公司事故应急救援预案》进行了全面的修订和完善，编制了《液氨长输管线应急救援预案》等专项事故应急救援预案和处置程序。编制了《事故应急救援演习方案》，经多次专业组的桌面推演，于10月

30日组织天达消防救护队、医疗站，以及公司生产、安全环保、设备、保卫、环境监测、物资保障等各级应急响应力量，开展公司级二级响应液氨泄漏事故应急救援综合学习。六是强化环境保护和职业健康管理，整改取得实质性成果。组织公司465名员工及43名新进公司员工进行了年度岗中职业卫生体检，体检没有发现职业禁忌员工。

【基础管理工作得以夯实】 2009年是公司生产经营发展的“管理年”，全年公司进一步夯实了各项基础管理工作，完善优化了管理体系，推行了精细化管理。

一是以“提升管理水平、提高工作质量”为工作目标狠抓各项职能管理工作。2009年公司各类职能管理紧密围绕公司工作重点开展工作，真抓实干，有效提升工作效率，使得职能管理成为公司管理标准化、规模化的排头兵。二是全面启动了质量管理标准体系、环境标准体系、健康安全标准体系“三标一体化”认证取证工作。2009年公司坚持“强力推进、强制规范、全面覆盖、不留死角”的工作原则，以开展“三标一体化”认证取证工作为契机，运用标准化管理体系促进各类职能管理工作规范化、标准化、程序化，全面提升公司管理水平。三是狠抓工作作风建设，在修订和完善管理制度和办法的同时，理顺了管理流程，严格了目标管理，优化了内部管理控制机制。加强了重点工作的交办、督办、查办力度，强化工作执行力度，并将工作不落实、落实不及时、落实有偏差现象与综合考核严格挂钩。四是公司结合装置生产、设备检修等实际情况，进一步优化了绩效考评办法，完善了激励机制，充分调动广大员工积极性，引导员工自觉地比学习效果、比工作质量、比能力提升、比奉献大小，在全公司形成“你追我赶、争先创优”的竞争氛围。五是公司加大了财务基础管理力度，本着“严控费用、厉行节约”的原则，重点强化了资金使用管理控制，切实降低生产经营管理成本。

【党工团工作有效开展】 2009年，公司在抓好装置稳定生产的同时，进一步强化了党群工作，效果显著。一是在党务工作方面。按照集团公司党委、股份公司党委的要求和统一部署，组织开展了深入学习实践科学发展观活动，实现了党员干部受教育、科学发展上水平、职工群众得实惠的活动预期目标。动员和号召全体员工为公司节能减排、挖潜增效献计献策，取得实效；定期组织召开公司党委中心组理论学习扩大会；为庆祝祖国60周年华诞和和云天化建企35周年，在国庆前夕举办“庆祝新中国60华诞，传承优秀企业文化”系列活动；新成立了机电仪党支部，完成了基层党支部的换届选举工作；完成了公司党组织和党员信息库建设更新工作。举办了公司第四期入党积极分子培训班，18名同志光荣地加入了党组织。举办了第三期中级管理人员培训班；印发了《公司中级管理人员值班管理办法》和《公司中级管理人员绩效奖管理办法》，改进了公司中级管理人员年度综合考核工作，把干部日常管理、值班管理与月度、年度绩效考核紧密结合，加大了干部管理考核力度。二是纪检监察工作方面。认真学习贯彻胡锦涛同志在中纪委第六次全会上的重要讲话和中纪委向党的十七大的工作报告，组织党员干部深入学习集团公司、股份公司纪检工作会议精神；组织党员干部深入学习《党内纪律处分条例》、《公司关于对领导干部进行廉政、警示、诫勉谈话和函询的规定》和《云天化集团有限责任公司党风廉政教育制度》；开展了公司2009年党风廉政宣传教育月活动；公司党委与11个部门签订了《廉政建设责任制责任书》；建立了5份领导人员廉洁从业档案；组织中层以上干部参观了云南省廉政警示教育基地；加大来信来访的接待和回复力度，做到了件件有落实，件件有交代，及时解决群众反映的问题，稳定了职工队伍。积极开展效能监察：制定公司2009年度效能监察项目实施计划表，要求效能监察小组根据检查情况，认真做好检查记录。对于存在的问题下达《整改通知书》，并提出整改建议或处理意见，规定整改或处理期限；效能监察小组对煤炭采购验收管理进行了8次检查，提出监察建议5条。加强对财务监督管理，未设小金库和“帐外帐”；加大了对采购、供应工作的监督力度；加大了对高风险岗位的监管力度，识别了高风险岗位23个，一般风险岗位2个。三是工会工作方面。创办职工技术协会，成立职工技术协会经济实体，制定了相关的规章制度。在工会维权方面，加大对《劳动合同法》的宣传力度，督促《集体合同》和《女职工特殊保护专项集体合同》的具体实施；重视职工职业健康，做好全员体检工作，建立职工职业健康档案；建立劳动争议调解委员会和职工代表督察安全工作小组，定期组织参加综合安全大检查及安全隐患排查工作；组织职工参加云南省第六期医疗互助活动，在职员工参与率达100%；关心职工的工作和生活，为生病、困难职工送温暖。开展了以节能减排为主题的劳动竞赛活动；选派一线业务骨干参加集团工会总控工技能大赛和全国总工会职业技能大赛DCS方面的竞赛，均获得好成绩。积极组织开展各类职工运动会，极大丰富了员工业余生活。四是共青团工作方面。组织进行了8个基层团支部的换届选举工作，同时先后组织迎春卡拉OK比赛、青年读书月等主题活动。选派70多名团员青年参加上级团委组织的各类培训，全面提升共青团队伍综合素质。五是维稳工作方面。严格按照《集团公司“国庆”期间信访维护稳定工作预案》要求，在国庆期间向集团汇报公司维稳工作开展情况。全年公司未发生不稳定不和谐事件。六是先进评比表彰工作。在云天化股份党委2007~2009年度优秀评比中，公司党委被授予“优秀基层党委”，生产党支部被授予“优秀基层党支部”，于立龙、张元梁、邓明被授予“优秀共产党员”荣誉称号。12月，公司党政工组织了2007~2009年度先进评比工作，10名优秀共产党员、17名优秀员工、10名优秀工会会员、10名优秀宣传工作者、10名劳动竞赛节约能手分别受到了表彰。七是普法工作和宣传工作。继续组织开展了"一月一法"宣传教育活动。充分利用《天安简报》、《大修快讯》等宣传载体对公司进行宣传；充分利用现场标语、橱窗、广播站等渠道，营造现场热烈氛围。在对外宣传方面，公司与昆明电视台等多家媒体保持密切联系，对公司重大事件进行及时报道。

（陈宏瑋）

2009年7月1日，天安化工有限公司党委荣获云天化股份有限公司2007～2009年度优秀基层党委荣誉称号。　　（天安化工有限责任公司　供稿）

云南马龙产业集团股份有限公司安宁分公司

【简况】　云南马龙产业集团股份有限公司安宁分公司（以下简称公司）成立于2004年5月26日，是云南马龙产业集团股份有限公司租赁云南天达化工实业有限公司（原云南磷肥工业有限公司）下属黄磷厂组建而成。公司位于安宁市西郊12公里的草铺镇云天化草铺工业园区内。拥有备料、烧结、黄磷、磷酸四大装置，公司主要产品黄磷和磷酸，装置设计能力黄磷年产6万吨，磷酸年产14万吨。公司现有员工518人，其中高职4人，中职34人，职工平均年龄35岁。公司设职能部门4个（行政人事部、生产安全部、物流管理部、质量管理部），生产车间5个（备料车间、烧结车间、黄磷车间、磷酸车间、电仪车间）。

【装置特色】　公司拥有两台年产3万吨黄磷炉，自动化程度和生产能力都有小磷炉无法比拟的优势，装置可以利用20～24%（P_2O_5）低品位磷矿粉生产黄磷。公司环保装置投入高，达到磷矿100%的综合利用，符合国家绿色环保、循环经济的产业政策要求。

【生产经营】　2009年公司受金融危机的影响，全年装置开工率44.9%，完成黄磷生产13 654.707吨，73%酸2 684吨，外供烧结料8 011.78吨。期间公司先后两次开车，克服了电极安全、DCS故障等诸多因素，磷炉运行率提高10%。通过一系列新建项目和技术改造为公司降低能耗提高产品竞争力迈出了重要的一步。

【安全环保】　年初公司通过层层组织签订《安全环保责任书》，让千金重担人人挑，人人身上有指标。全年，公司开展一级、二级、三级安全教育共3 919人次，安全管理培训11人次，消防安全培训44人次，辐射安全管理培训4人次。隐患查出107项，整治106项，隐患整改率99.07%，做到了防患于未然。对外来务工人员开展一级、二级、三级安全教育共444人次，达到100%合格上岗；五月启动"安全标准化"工作；六是公司结合安全月主题开展系列活动。

【党建工作】　2009年是公司面临内外部形势严峻、各种困难、问题和矛盾更加突出的一年，为有效开展好党的各项工作，切实发挥好党组织的"三个作用"，公司党总支继续贯彻"围绕生产抓党建，抓好党建促生产"的工作方针，认真落实好"一级带着一级干，一级做给一级看"和"公平、公正、合法、合规、实事求是"的理念。1. 制定下发了公司党总支的《2009年度工作要点》，明确公司党总支的指导思想、工作目标和要求，提出工作思路，让基层党支部工作有明确的方向；2. 组织签订目标责任书；3. 全面开展了深入学习实践科学发展观活动，以科学发展观指导和推动企业的各项工作。结合实际认真研究，明确提出了活动总体要求，即"三求"、"三强"："降低成本求生存、带好队伍求稳定、抓好质量求市场；夯实基础强管理、攻克难关强信心、挖潜增效强意识"。抓好学习培训工作分为自学、集中学习、专题辅导三种，支部自行组织党员学习、中层干部在自学的基础上集中利用周六日休息日学习讨论。按要求圆满完成上级党委的"七个一"活动，开展了一系列自选特色活动，通过深入基层、车间、职工群众中，广泛开展调研活动的基础上，找出了影响和制约公司科学发展的10大突出问题，提出了"降低成本、控制亏损、挖潜增效"的14项应对措施；在第二阶段活动中的分析检查报告基础上，围绕"认识是否深、问题是否准、原因是否透、思路是否清、措施是否行"方面组织班子成员认真研究、中层管理人员多次反复讨论，形成了《公司深入学习实践科学发展观活动整改落实方案》及《整改落实计划表》上报集团，提出了公司整改项目及措施——近期4个、中长期2个，需集团公司协调解决的项目——近期5个、中长期4个，并确定了项目具体责任人和责任单位；4. 加强干部的思想作风建设，与深入学习实践科学发展观活动结合起来，一起安排、一起布置，推动干部思想作风和政治理论水平的提高；5. 成立效能监察组织机构加强原料验收管理；6. 做好维护稳定工作；7. 规范日常党务工作，完成了云南省国资委要求的党员信息数据库的录入工作；8. 继续引导员工树立"人造环境，环境育人"的思想理念推进“6S”管理。

【挖潜增效见成效】　2009年1月15日，公司召开了“挖潜增效、节能减排”动员会，号召动员员工投身到活动中，大力倡导员工树立“西瓜要抱，芝麻要捡”、“不仅工作上挖潜，还要挖出一种精神”的理念。各级单位组织深入探索和研究，提出合理化建议，将号召转化成行动。1. 生产组织上多项举措进行挖潜；2. 优化工艺操作参数，严格控制工艺指标，降低消耗量上进行挖潜；3. 从新产品、新材料应用及设备备件逐步实现国产化；4. 修旧利废工作上进行挖潜；5. 技改工作上进行挖潜；6. 对可控费用进行挖潜。活动共收到各种挖潜增效、节能减排方面的合理化建议、意见196条。

【工会工作】　2009年，工会工作做了以下几个方面：1. 开展劳动竞赛，提高员工的工作热情，五月份黄磷车间积极组织开展“结合消耗挖潜、立足自强增效”劳动竞赛，9月8号恢复生产后结合实际专门组织人员对错让峰用电进行研究和测算，开展了“错峰让峰用电生产”竞赛；2. 开展行车技能比武，提高大家参与的积极性，稳定了职工队伍，提升了操作技能；3. 元旦、春节、五一期间慰问了17名困难员工、2名工伤员工；寒窗助学一名员工；国庆中秋慰问在岗员工、生病员工256人，其中正式职工154人、外来劳务用工100人、生病住院员工2人、困难职工15人；4. 对新员工进行走访，关心新员工的成长；5. 组织大型“庆祝国庆　凝心聚力　迎接佳节　展现风采”文艺晚会，大家载歌载舞尽情讴歌伟大祖国六十年取得的伟大成就；6. 组织“三八”节系列活动，开展“七个一”活动，丰富了女职工节日气氛；7. 组织了分公司安全监察员和节能减排监察员的培训学习。

2009年9月27日，马龙产业股份有限公司安宁分公司举行国庆六十周年文艺晚会。

（马龙产业集团安宁分公司　供稿）

【宣传工作】　2009年宣传重点主要是深入学习实践科学发展观、挖潜增效、节能减排，队伍建设等方面，高度关注宣传稿件质量，并在宣传模式和扩大面上进行了创新。1. 安宁分公司9月份恢复生产后加入到云天化草铺工业园区天达移动广播站，把宣传工作扩大到了园区兄弟单位；2. 同时在基层黄磷车间、电仪车间公共创办了《零点周刊》，充分调动基层员工的工作积极性和主动性；3. 在厂区黑板报的组织上也有了新的要求，还不定期组织实施评比，不断提升板报质量。全年上交稿件量466篇，采用稿件103篇，共出黑板报76期。

【共青团工作】　2009年，共青团工作主要做了：1. 公司新招收员工27名，团组织规模不断壮大，为正确引导好新员工走向社会的第一步，公司仅仅抓住要点，以创新培训模式为尝试，提升综合素质为举措开展一系列活动；2. 开展青年学习之星活动，要求团员每月读一本好书目并写心得体会；3. 组织青年团员观看爱国主义教育片《铁人》和《南京·南京》；4. 开展丰富的文体活动展现了团员青年的青春与活力；5. 对新员工宿舍进行管理、评比让大家有一个舒适的环境。

【开展师带徒活动】　2009年9月4日，公司对2008年6对优秀师徒对子进行表彰，同时对2009年新招收的27位应届毕业生签订了师徒协议。

2009年9月4日，马龙产业集团股份有限公司安宁分公司举行“师带徒”活动。

（马龙产业集团安宁分公司　供稿）

【获奖情况】　公司员工黄河庚代表云天化集团参加第二届全国石油和化工行业“中控杯”化工总控工职业技能竞赛中被授予“全国技术能手”称号，并获技师资格；丁维峰同志2009年4月26日被评为“安宁市建功立业优秀职工”。

（高　垒）

云南安宁化工厂

【简况】　2009年，云南安宁化工厂以科学发展观为指导，积极应对经济形势变化，抓住企业经济稳、回、升的有利时机，完成全年生产工业炸药11.2万吨（其中：乳化炸药4.8万吨，粉状炸药6.4万吨）；

全年销售工业炸药11.3万吨（其中：乳化炸药4.8万吨，粉状炸药6.5万吨；实现销售收入7.4亿元，利润总额1.8亿元。非民爆产业合资公司经营状况比去年有所好转，安宁戴科精细化工有限公司实现销售量600吨，销售额2 100万元，利润560万元，净利490万元；东方塑料建材有限公司生产型材650吨，生产门窗34 000平方米，实现销售收入730万元，利润10万元；西仪安化发动机连杆有限责任公司生产连杆产品21.8万件，销售连杆产品19.5万件，实现利润8万元。

【推进技术进步和调整产品结构】 2009年11月底，工厂从现有生产工艺和设备入手，淘汰现有二条生产线上使用的混药设备——轮碾机，引进应用螺旋混药设备，经过一个多星期的安装调试，运行正常，现已投入批量生产，产品质量稳定。在加快技术进步的同时，工厂加快新产品的研发和引进应用，着力实施产品结构优化调整，逐步增加安全性好、可靠性高的乳化炸药生产比重，减少粉状炸药生产比重，增加散装产品和大规格产品的比重，减少小规格产品的比重。2009年乳化炸药产销量同比增加37.1%，粉状炸药产销量同比减少4.5%，散装产品和大规格产品同比增加5.5%，小规格产品同比减少5.5%。

【强化内部管理，推进企业可持续发展】 2009年，工厂及时调整生产时间和作业模式，利用有效的作业时间，合理调配有效资源，严格按行业管理要求组织生产，生产处于均衡状态，既确保安全生产，又保证市场需求。工厂积极开展节能减排工作，找出资源和能源使用不合理的地方，为改进工艺和加强管理提供依据，采取有效措施，加强能源管理，提高能源使用效率。为改变单纯依靠提高产销量实现经济效益的粗放式发展方式，工厂现正与民爆流通公司沟通洽谈合作成立爆破服务公司，以尽快实现生产、销售、爆破服务一体化经营模式。

【狠抓安全管理】 工厂以“安康杯”、“安全月”活动为契机，利用“黑板报”、“广播”、“闭路电视”等方式宣传国家安全生产法律法规和相关政策，把安全理念转变为每个职工的自觉行动，把“我要安全”的理念落实到行动中。建立健全工厂安全管理制度，认真落实安全生产责任，同时按照“横向到边，纵向到底”的原则，工厂与所有部门逐级签订“安全生产责任状”35份，对中层以上领导收取安全风险抵押金12.5万元。认真开展“三项行动”及“三项建设”工作，共查出隐患231项，整改229项，余下2项正在整改中，整改率98%。引进先进设备、增加成品倒运车辆、增加倒运次数、合理安排作息时间，杜绝“四超”行为的发生。重点加强对生产区、总库区、硝铵库区等重点部位的安全保卫工作，增加保卫人员的巡视检查，坚持领导日常带班值班制度，加强生产、运输、贮存、销售等环节安全管理。修订各种事故应急救援预案，组织预案涉及的相关人员对预案进行培训学习，并在生产车间策划组织了一次火灾事故应急预案演练。

【注重提高质量意识】 强化质量目标管理，积极推行事前预防、事中处理、事后跟踪的全过程质量管理要求，加强对全过程的质量控制，杜绝不合格产品进入市场。2009年在全厂范围内组织4次现场质量管理专题培训；在深化开展QC小组活动过程中158名小组成员参加了QC知识学习，提出合理化建议306条，创可计算经济效益81万元，荣获云南省QC小组活动优秀企业。组织全厂范围内的现场质量检查活动，有效促进了职工的质量意识。进一步完善和改进工艺技术，稳定和提高产品质量，除玉溪分厂因生产线整体搬迁存在局部质量波动外，各生产线均没有出现大的质量问题，全年顾客满意度测评结果为94%。

【党建工作以“实”为重】 重点学习了党的十七大精神、十七届四中全会精神、胡锦涛在中纪委第七次会议上的讲话及云南省委书记白恩培同志“三个一”讲话精神。在深入“学习实践科学发展观活动”中，组织开展“学习实践科学发展观，努力打造百年安化”理论文章征集评选活动，评选出优秀文章十四篇；组织党政领导班子以“玉溪分厂整体搬迁经验启示”为题的调研，撰写调研报告，为总厂和武定分厂调迁建设汲取经验；同时在全厂范围内发出《征求意见表》102份，形成《云南安宁化工厂分析检查报告》。对2009年新提拨任用的四名中层管理人员和调整工作岗位的四名中层管理人员进行了考察；对各党支部按规定推荐并符合条件的二十名后备干部进行年度考察。2009年底，采用个人自评、职工评议、考评组评分、分管领导打分、领导班子成员考评五个步骤，对全厂89名中层管理人员从德、能、勤、绩四方面进行量化考核。发展党员工作实行票决制度和公示制度，并注重在科技人员、生产经营骨干及中层管理人员中发展党员，全年共发展党员16名，为14名预备党员按期转正。指导工会、共青团、民兵等组织结合自己的特点积极开展工作，做好调解工作，及时化解矛盾，为工厂生产经营提供和谐稳定的环境。

【以人为本，构建和谐企业】 工厂通过工资调整、增加奖金等方式不断提高职工收入，改善职工生活，让全厂职工家庭共享企业发展的成果。积极争取经济适用住房政策，利用自有土地，改善职工住房条件，2008年5月1日动工的第一期经济适用住房总建筑面积8 249m^2，共96套，2009年1月初动工的第二期经济适用住房部建筑面积15 276m^2，共180套，现已竣工验收，正在办理职工认购手续。组织132名职工到云南省干部疗养院进行疗养，2名职工参加省国防工会组织的疗养。积极改善医疗条件和就医环境，为全厂职工进行健康体检和女职工专项休检，做到全厂职工的疾病预防控制工作。开展了元旦“开门红”职工拔河赛、“和谐安化”元宵晚会、迎国庆歌咏比赛、职工篮球赛等活动，展现了安化日新月异的精神面貌和全体职工对和谐美好生活的追求。

【制定中长期发展规划】　随着太平镇规划建设不断加快，太平新区开发的快速推进，与厂现行的生产和总仓库的安全要求矛盾越来越突出，加之现有生产线上既有先进的装备，又有需要淘汰的落后设备和工艺，与民爆行业的发展要求有一定的差距。为此，工厂党政领导班子用科学发展观统领全局，制定出工厂上既有先进的装备，又有需要淘汰的落后设备和工艺，与民爆行业的发展要求有一定的差距。为此，工厂党政领导班子用科学发展观统领全局，制定出工厂的中长期发展规划：一是在现有五车间位置建设两条乳化炸药生产线及相关配套设施，将现有生产线的土地（约360亩）投资1亿元左右建盖标准厂房，作为小型工业园区与太平镇合作开发、综合利用。两条生产线的建设，计划投资3亿元左右，引进国内外目前领先的工艺技术和装备，建设精简、高效的炸药生产线，大幅减少危险作业人员，提高人均劳动生产率和本质安全水平。二是总仓库重新选址建设，地点拟选择在老峨山村小组与西山区的交界处，地名叫沙坝，计划投资5 000万元。三是征用与工厂生产区交错的土地，重新规划建设生活区。四是工厂现有总仓库区、各生产区、机分厂区、老一车间区以及西邑村生活区约800亩土地，统一在太平新区的规划下合作开发。上述规划方案符合太平新区的总体规划，得到了安宁市政府和太平管委会的支持，在国防科工局和民爆集团公司的关心、帮助和支持下，现正在进行立项申报和规划设计工作。

（武春雁）

云南省有色地质局三一二队

【简况】　2009年末，三一二队职工总数841人，其中，离休9人，退休682人，在岗职工39人，非在岗职工111人，职工遗属124人，事业编制外用工33人（主要从事测量产业），主要居住在安宁市连然镇钢安路1号，安宁市连然镇福兴巷6号，安宁市连然镇昆畹公路36公里7号，行政办公地在安宁市中华路169号。在云南省有色地质局的领导和驻地各级部门的支持关心下，2009年是三一二队全面贯彻落实党的十七大精神和深入学习实践科学发展观，紧紧围绕云南省有色地质局以“地质找矿立局，矿业开发强局，工勘三产稳局，科技人才兴局”的发展战略，结合自身实际，实施“稳定发展并举，依托昆钢，以铁、磷为主，大力发展地质找矿，巩固提高测绘产业，积极开拓工勘岩土”的第二年。经过队广大干部职工群众的奋力拼搏和扎实有效的工作，全队实际外经产值超过千万元，全面完成了全年的各项任务，实现了保持队伍基本稳定和经济跳跃式发展的两大战略目标。

【地质找矿有所突破】　三一二队先后完成了云南省金平县普玛铁矿资源量核实，昆钢金平马鞍山矿段南东侧含钛磁铁矿勘查，昆钢金平大坡钛磁矿勘探项目，通过大量的地质工作和地质工作者的辛勤劳动，核实了矿产的资源量和矿山的可服务年限，报告质量深得用户的好评。取得了好的经济效益和社会效益。

【测绘产业稳步提高】　测绘队在融入地方经济建设中进一步提高了适应激烈市场竞争的能力，经济总量稳步增长，在技术质量和经营管理上有所创新，逐步完善了《三一二队测绘队管理规定》，依法为事业编制外用工签订劳动合同，并购买了养老保险、工伤保险、生育保险及医疗保险，解决从业人员的后顾之忧。在管理上做到有章可循，逐步走上制度化管理的轨道，得到了上级领导及用户的好评，测绘产品质量明显提高，全年无用户投诉，在安宁小有名气，为全队经济的发展做出了贡献。

【工勘岩土效益明显】　以项目促发展，以质量促发展，以质量求生存，以良好的信誉来进一步拓展市场空间，依托昆钢、大黄磷等大集团，取得了重要突破，产值、效益明显提升，为全队探索可持续协调发展方面成效显著。

【物业收入有所突破】　队行政科在做好管理服务工作的同时，积极盘活存量资产，尽量减少土地及房产的闲置，最大限度地进行经营性开发利用，为弥补全队事业费和基地维护费的不足，起到了很好的补充。

【机关工作作风】　全队和谐稳定，关注民生，关爱困难职工，凡是局规定的职工遗属等待遇都按时足额发放，坚持每月一次局队两级信访接待日制度，坚持每月一次到安宁各大医院探望住院职工，并为住院职工及时报销医疗互助金，对特困职工给予及时补助。因地制宜地组织广大职工群众开展健康向上的文娱活动，并组织文艺节目参加云南省有色地质局主办的庆祝新中国建国60周年“祖国颂”汇报演出。进一步推进精神文明建设，领导干部率先垂范，全队两级干部中，未发现违法违纪行为，做到了廉洁从政。队党委组织实施了深入学习实践科学发展观活动，进一步健全完善了保持共产党员先进性的长效机制，发挥党支部的战斗堡垒作用，激发了全队党组织和共产党员坚定理想信念，牢记党的宗旨，强化党的意识，树立团结勤奋，求真务实，争创一流的精神状态，营造了积极向上，扎实苦干的良好氛围，和谐稳定工作有进步。

（冯锦明）

云南天宁矿业有限公司

【简况】　云南天宁矿业有限公司（以下简称公司）是云天化集团有限责任公司下属的子公司，国有控股。以两个法人实体和一名自然人出资组建的集“磷矿资源开采，磷矿初、深加工及磷资源整合为一体"的磷矿石开采企业，于2004年8月26日经云南省昆明市安宁工商行政管理局登记注册成立的国有控股企业，公司注册资本2 715万元。

公司地址位于安宁市大屯新区珍泉路天宁矿业办公楼办公，生产区是在安宁市县街乡下元良村，矿山分布于安宁市县街境内，公司占地251亩，距安宁市11公里。公司固定资产原值4 430万元、净值2 323万元；生产工艺采用人机结合的作业方式进行科学开采。

公司拥有员工364人，其中管理人员69人，生产人员297人。有大专学历8人，中专学历6人；有高级职称1人（高级经济师）；中级职称人员6名、初级职称人员11人。公司拥有党员68人，团员40人；工会会员340人。公司行政设职能部门为七部一室，即：办公室、财务部、经营部、生产技术部、安全环保部、矿山联合部、产品加工部、矿山部。公司党委设职能部门为一部，即：党委工作部。

公司年设计生产能力为原矿130余万吨、擦洗矿100余万吨。产品销售主要为云南国家级磷复肥基地的原料供应，销售网络面向云南省各地。

云南天宁矿业有限公司全体人员，将依据集团公司的整体部署安排，结合天宁公司实际情况，以实践创新、与时俱进的精神开展好各种工作，为云天化集团、安宁市做出自己应有的贡献。

【克服不利因素，确保生产顺利进行】　受下游用矿客户用矿的影响、林地手续办理不顺、运输内外部环境变化等不利因素和国家宏观调控政策的影响，生产工作时有停顿。为此，公司积极应对、及时解决生产、经营、运输等过程中的矛盾和问题，圆满完成了原矿生产和经营业务，完成了集团交给的生产经营任务。公司根据下游公司装置的运行情况，及时调整自己的生产计划，有效提高了生产灵活性和及时性。针对被采矿供应不足、林地手续办理不顺等问题，切实加大内外协调力度，及时协调处理生产经营过程中出现的问题，确保生产经营的正常进行。同时公司始终关注环境保护工作，坚持走环境友好型企业道路，坚持环保与发展并重，强化源头防治、综合治理。将"三废"排放的监管与治理作为日常工作的重点，重点加强产品加工部的安全环保管理，同时投资1 000多万对公司西排土场进行了全面的整治和绿化。每一个季度都要在全公司范围内开展安全大检查，这个制度已经坚持了5年，在检查中，公司安委会成员、公司领导、各职能部门领导都要参加大检查，这对公司的安全生产起到了积极的推进和监督作用。使得公司连续3年没有发生任何安全事故和事件。

【强化基础管理，持续提升管理能力】　公司为了更好执行公司管理制度，把2009年定为"制度管理年"，成立了专门的制度管理部门，企业管理部，对全公司的制度和规则进行梳理和完善，用制度来规范和管理全公司的工作经验生产，确保用制度管人，管事，管设备，应该说2009年的一年管理，公司的制度化建设有了大的进步，用制度开展工作的情况得到了广泛的体现，持续提升了管理。

同时公司开展了绩效管理制度，用绩效来进行考核和管理，让"多劳多得"得到了最大可能的实现。突出以绩效为导向的分配原则，以难度系数、贡献系数、成本系数进行综合测评进行绩效考核。

【注重文化建设，加强党建思想工作】　公司党委紧紧围绕一届五次职代会提出的工作目标和措施，客观面对生产经营工作中面临的困难和问题，全面加强党的建设和员工思想政治工作，注重企业文化建设，积极引导职工立足岗位努力工作，全力完成各项生产经营任务。公司以开展"解放思想、深化改革、扩大开放、科学发展"思想大讨论活动为契机，积极开展学习实践科学发展观活动，解决好各级管理干部的思想认识问题。公司党委高度重视、精心组织、周密安排，成立活动领导小组，紧密结合生产经营、党建和职工思想工作，努力解决公司生产经营中存在的薄弱环节和突出问题，通过广泛宣传发动、深入学习探讨、认真查摆问题、严格落实整改，达到既解决思想问题，又解决实际问题的目的。公司注重企业文化建设，加大思想宣传工作力度。全年共形成《天宁简讯》12期、《天宁之窗》12期，共发表各种文章近400篇、照片50幅。

2009年8月18日，天宁矿业有限公司举行学习实践活动总结和测评大会。

（天宁矿业有限公司　供稿）

【落实关怀措施，增强企业凝聚力】　公司还对员工采取各种关怀措施解决员工困难，仅仅2009年就慰问困难员工38人，共发放困难经费25 600元。公司重视职工的技能提升和技术水平的提高工作，在公司内部积极进行了技能比赛和考试，提高广大员工的技能水平，同时还外请教授和专家对广大员工进行医疗救助、思想工作等各方面的培训工作。其中于2009年11月组织了15人的代表队，参加了云天化集团在磷化集团开展的挖掘机和推土机劳动技能竞赛活动，很好地展现了天宁矿业员工的风采和拼搏精神。

（荣　松）

2009年8月25日，天宁矿业有限公司开展入厂青工军事训练。　（天宁矿业有限公司　供稿）

云南省交通高级技工学校

【安宁市市长王剑辉到校调研】　2009年3月19日，安宁市市长王剑辉、副市长戴彬携安宁市各职能部门负责人，对学校未来的建设规划进行了实地调研。

调研会上校长杨经元汇报了学校的建设规划，表示学校将积极融入安宁市未来城市建设理念，美化校园环境，为安宁市创建全国卫生城市做出贡献。会上校长杨经元重点向王剑辉市长反映了学校即将实施的实习部教练场地建设、学生公寓及教职工住宅建设以及学校供水紧张等问题。

王剑辉市长表示对学校申报云南交通技师学院和规划建设等工作将给予最大的支持。

【安宁市人大教科文卫专业代表小组到校调研】

2009年3月26日，在安宁市人大常委会副主任李树华的带领下，安宁市人大教科文卫专业代表小组及安宁市各中学校长到校调研指导工作。并实地考察学校办学情况。

校长杨经元在汇报工作时提出：希望安宁市把学校卫生所建成为社区医院，积极推进学校与安宁市教育机制的对接，促进安宁职教的大发展。

安宁市人大常委会副主任李树华表示：通过实地考察，加深了对学校的了解，更新了对学校的旧印象。现在职业教育赶上了发展的好时机，政府不断加大了对职业教育的投入力度，这对促进本地经济的发展十分有利；对于社区医院的建设问题是一件对周边村落农民办的实实在在的好事，有关部门一定会全力支持。

安宁教育局局长蒋红雨表示：通过几次对学校的实地考察，看到了学校日新月异的变化，这次安宁市人大教科文卫专业代表小组及安宁市各中学校长的到来，加深了开放意识和合作意识，更有利于找准本身发展定位；面对安宁市初高中生具体分流与职业教育具体结合工作，将本着自愿的原则，积极做宣传，并希望学校在对安宁市初高中毕业生的具体招收条件、费用上给予绿色通道，与安宁市各中学积极寻求合作途径，为安宁市职业教育的发展及劳动力的转移做贡献，以促进安宁地区经济更好更快的发展。

【安宁市委书记李树勇到校视察】　2009年5月26日，安宁市委书记李树勇携安宁市国土资源局、规划局、交通局、草铺镇等相关领导一行到学校调研，主要针对学校急需安宁市委市政府帮助解决的教职员工住宅建设、驾驶培训考试基地建设和饮水问题进行了调研和现场办公。

调研会上，校长杨经元向李树勇汇报了学校办学模式、改革发展现状、四个校办企业、五个培训中心、以及申办交通技师学院的情况。同时，杨经元还向李树勇书记汇报了目前影响和制约学校发展的三大突出问题：一是根据安宁市政规划，学校驾驶培训考试场地被占用，必须重新选址建设新的驾驶培训考试场地；二是学校用水资源来自两公里外的龙山矿地下水，随着学校招生规模的扩大已无法满足全校师生的用水需求，全校师生的饮水成为亟待解决的问题；三是随着学校的长足发展，建盖职工住宅势在必行，这也是全校教职工期盼的大事。并希望得到安宁市委、市政府领导的支持。校长杨经元还向安宁市委市政府提出了整合安宁职教资源、建立教育对接机制、对吸纳本地毕业生的企业给予奖励等合理化的建议。

2009年5月26日，中共安宁市委书记李树勇率市国土资源局、规划局、交通局、草铺镇等相关领导到云南省交通高级技工学校调研。

（省交通技校　供稿）

听了学校领导的汇报，李树勇指出：学校近年来在办学方式、办学思路和办学规模上取得的辉煌成就，学校对安宁市发展做出了积极贡献。他认为学校目前发展的目标定位和人才培养方向是符合国家产业发展需要的，安宁市委市政府将会支持服务好学校，实现既定的目标。对于学校提出的建议，他表示，安宁市委市政府一定从思想上、工作上、政策上将学校纳入安宁职教园区的整体工作中，同时将学校的建设纳入安宁宁湖片区的规划当中，相互支持，携手打造职教园地。在办学方面，他要求职教园区管委会要协调教育、规划、建设等多个部门，和学校建立良好的对接机制。在扶持奖励政策方面，李树勇书记明确表态，未来的4～5年，安宁市将发展成一个中等规模的城市，实现“城市一体化”，劳动力的转移和输出，拓展他们的就业渠道和培训技能很重要，政策就是要依托现有的职教资源，所以要广泛听取职业院校的建议，制定出台对整个职教园区的优惠政策。在学校规划方面，李树勇表示，市委市政府将按规委会确定的原则，在短期内解决学校用水问题。另外，要求学校严格程序，在短期内完善土地等主要手续的办理，抢在国家拉动内需的有利时机到来之时，建好职工宿舍，解决教职员工的后顾之忧，才能引进更多的高层次人才。

【全国政协委员、中国职工教育和职业培训协会会长林用三视察学校】 2009年6月26日，全国政协委员、中国职工教育和职业培训协会会长林用三视察了学校校办企业安大修理厂、东风雪铁龙培训中心和茶艺培训基地等校企合作实训基地。在六大茶山培训基地，林用三会长和学校茶艺与营销专业同学们亲切交谈，询问同学们的学习状况，关心同学们对专业的掌握和喜爱程度，并亲自品尝了茶艺专业学生现场表演泡制的云南红茶。

林用三会长提出，学校要以培养高技能人才为出发点，学生质量是学校发展的生命线，师资力量和德育教育是关键问题。建议学校根据自己的实际，以市场的需求来决定发展的规模，做到面对市场设专业，专业强、竞争强，多种专业共同发展，才能立于不败之地。学校发展要重基础，不能封闭思想，作为交通类技工学校，我们应该时刻关注汽车发展的动态，聘请知名人士、技工大赛的获奖者到校讲学的方式，提高学生的综合素质。作为高技能人才的培养基地，在国家大力发展职教事业，市场急需复合型高技能人才的时机，我们要趁势而上，做强做大。

【全国文联副主席、作家协会副主席丹增视察学校】

2009年7月8日，全国文联副主席、作家协会副主席丹增在省交通厅副厅长康仲明的陪同下，视察了学校东风雪铁龙等培训中心，参观了学校污水处理系统科技示范工程、理实一体化教学场地。丹增副主席对学校贴近市场设专业，“进校就是进厂、实训就是上班”教学模式表示肯定和支持。丹增副主席说：安宁是昆明市的后花园，环境优美，学校处在这样一个好的地理位置，应该把握时机，在建设好校园环境的同时，扩大招生规模，跟着市场设专业，培养出更多的高素质劳动者和高技能人才。丹增副主席鼓励同学们学好技能，努力成为对社会有用的人才。

【云南省副省长李江到校调研视察工作】 2009年8月24日上午，云南省副省长李江一行到学校调研工作。校长杨经元向李江副省长汇报了学校的基本情况、申报技师学院的情况、今后发展的思路。在听完汇报后，李副省长指出：近年来学校发生了巨大的变化，取得了显著的成绩，希望学校以科学发展观为指导，再接再厉，取得更加辉煌的成绩。之后，李副省长视察了学校东风雪铁龙培训中心，饶有兴趣的操作了发动机实作台架，了解发动机实作台架在教学中的功用，并对学校一体化教学模式给予了充分的肯定。在视察中，李副省长还与学生亲切交谈，询问学生的学习、生活情况，鼓励学生们学好技术，贡献社会。李副省长还视察了新建的学生公寓、餐饮楼等。陪同李副省长调研视察的还有云南省交通运输厅副厅长杨延、云南省人力资源和社会保障厅副厅长张玉明、安宁市委书记李树勇等领导。

【安宁市人大代表到校调研】 2009年9月29日，安宁市人大代表在市人大常委会主任王文学的带领下，视察了技工学校正在建设的驾驶员考试基地。在调研会上杨经元校长汇报了校园规划情况。2009年初，技校通过安宁市城乡建设规划局，邀请云南省城乡规划局专家在原上海同济大学城市规划研究院设计的校园整体规划基础上，对校园规划进行了进一步的完善，使之更加符合安宁市城乡规划的要求。在安宁市委市政府的大力支持下，目前，占地53.6亩，投资1 200多万元的新的考试场地正在建设中，工程预计11月20日以前完工。该考试基地将成为昆明市机动车驾驶员最大的考试基地，年考试容量将达到6万人。在调研会上，校长杨经元就学校目前存在的困难，希望安宁市人大代表积极呼吁给予学校更多的关心和支持，及时解决学校饮水问题、职工住宅建设问题、城市道路对接问题等。安宁市职教园区管委会领导就安宁市职教基地规划建设情况向人大代表做了详细的回报。人大代表同时就安宁市职教园区的建设和发展提出了宝贵的意见和建议。

【云南省编办领导到校视察工作】 2009年12月9日下午，省编办领导一行在云南省交通运输厅组织劳工处处长苏永忠的陪同下，实地考察了学校校办企业安大汽车修理厂、理实一体化教室、东风雪铁龙培训中心、小松工程机械培训中心、驾驶员培训考试场地、教学专用公路、学生宿舍等，并认真听取了校长杨经元对学校教学改革、办学特色、办学规模、办学成就、发展规划等方面的汇报。

【廉政建设】 2009年1月，校党委根据《云南省交通运输厅党风廉政建设责任书》的具体要求，与5个党支部签订了《党风廉政建设责任书》，把《责任书》作为党建工作和党风廉政建设的总抓手，把党的组织制度建设与党风廉政建设有机结合，着力推进学校党建工作，为推进学校稳步健康发展提供坚实的政治保障。

2009年9月8日，为积极开展党风廉政教育月活动，学校组织中层以上领导干部及分管财务的负责人一行40余人到省反腐倡廉警示教育基地（云南省第二监狱）参观了灰色“警示厅”、红色“阳光厅”，观看了原云铜董事长邹韶禄等严重违纪违法案的警示教育专题片。通过参观学习，广大干部深感震动，并进行了深刻的反思，受到了一次很好的警示教育。

2009年11月，为进一步贯彻落实党风廉政建设责任制，推动领导干部廉洁自律工作的深入开展，保证责任制各项任务的圆满完成，学校党委成立了党风廉政建设责任制考核领导小组，同时，下发了《关于对2009年党风廉政建设责任制进行考核的通知》，提出四项要求全力做好考核工作。第一、自检自查。要求各党支部根据2009年党委与其签订的《党风廉政建设责任书》和《2009年党风廉政建设责任制量化考核评分表》的具体要求，逐项逐条开展自检自查工作，肯定成绩，寻找差距，制定整改措施。第二、述职述廉。要求各党支部结合年内民主生活会，广泛听取干部职工意见，在此基础上撰写述职述廉报告。第三、廉政谈话。要求校纪委制定廉政谈话计划，由党委书记负责对学校领导班子成员、纪委班子成员进行集体谈话；校纪委同时组成三个谈话小组，及时开展廉政谈话。第四、群众测评。为进一步加强干部队伍建设，全面准确了解干部在思想政治素质、组织能力、工业业绩、工作作风、谦洁自律等方面的实际表现，进一步维护和树立干部形象，建设一支政治上靠得住、工作上有本事、作风上过得硬、人民群众信得过的高素质干部队伍，在党风廉政建设责任制的考核中，要在各党支部组织部分干部职工对本支部领导班子进行民主测评。

2009年11月2日起，为进一步贯彻落实党风廉政建设责任制，做好干部监督、管理、保护工作，使干部警钟长鸣，增强自律意识，由党委书记负责对学校领导班子成员、纪委班子成员进行了集体谈话。由校纪委组成三个谈话小组，对学校各部门中层干部（31人）进行个别谈话。通过考核，各党支部较好地完成了党风廉政建设责任制各项任务，取得了显著的成绩。

【甲流防控】 2009年5月12日，为贯彻落实全国疾病控制中心关于加强甲型H1N1流感防控工作电视电话会议和云南省交通运输厅云交办发电〔2009〕42号文件精神，学校成立了以校长杨经元为组长的防控甲型H1N1流感工作领导小组，积极开展防控工作。

【专业建设】 2009年，教研工作紧紧围绕学校发展战略，加大了专业教学建设的力度，完成了24个专业课程方案、207个课程标准的修订和增补工作，已形成中级、高级、技师层次、汽车、工程机械、公路、茶艺四个大类的专业集群。2009年新开设了公路工程机械技师专业、轿车美容装饰与设计专业，技师专业达到7个、高级工达到12个，中级工专业4个。

东风雪铁龙培训中心完成总部安排培训任务三期70人次，外出承担网点人员考试2期260人次；按照总部要求开设了汽车销售顾问培训班36人（21人为定向雪铁龙网点），钣喷和汽车销售顾问定向班正在培训中；中心积极开展多种形式教师提高培训工作、送培及承担自培教师42人，为专业班级学生进行专项培训215人。

博世培训中心全年完成二批培训，第一批开展博世维修站运营能力培训，共培训28人；第二批开展EM3发动机管理系统培训，共培训29人。同时，博世培训中心全年承担了学制生近320名的汽车检测一体化教学任务。

【招生就业】 2009年招生工作，以“创建交通技师学院，提升办学层次，扩大办学规模”为工作目标，坚持“解放思想，拓宽思路，创新方法，务求实效”的工作方针，以科学发展观为指导，把握机遇，克服困难，迎接挑战。2009年的招生数和招生质量均创下历史新高，全校共招收新生3 569人（其中总校2 414人，分校1 155人），招收高中毕业生932人；技师类专业报到649人，高级工专业报告1 227人（含汽车评估师、保险理赔两个专业）。校本部招生计划数2 000人，录取数3 073人，报到数2 414人（含楚雄办学点123人），报到率78.5%，招生计划完成率120.7%。大理分校招生计划数500人，录取数780人，报到数560人，报到率72%，招生计划完成率112%。曲靖分校招生计划数450人，录取数400人，报到数211人，报到率53%，招生计划完成率46.9%。玉溪分校招生计划数350人，录取数350人，报到数258人，报到率74%，招生计划完成率73.7%。曲靖分校宣威校外班招生计划数200人，录取数126人，报到数126人，报到率100%，招生计划完成率63%。2009年共有12专业619名学生毕业，就业率达98%。2009年学校共对十三家用人单位，192名毕业生进行顾客满意度调查，顾客满意度综合得分86.5分，满意度达“很满意”，满意率为99.1%。

【校企、校际合作】 2009年3月17日，学校在昆明交通运输集团总公司举行学生学习基地挂牌仪式。学生实习基地的挂牌，是校企合作发展新模式的又一里程碑，它将进一步夯实双方长期合作的基础，开创校企合作工作的新局面，有力促进学校和企业持续、健康的发展，共同实现“共赢”。

2009年3月25日，韩国新星大学校长李丙夏、国际交流学院院长李钟尹院长一行在云南省教育厅对外交流中心和云南省留学服务中心韩国分部等相关领导的陪同下，对学校进行了考察。李丙夏校长对我校博世培训基地、东风雪铁龙培训中心、小松工程机械培训中心和钣金喷涂中心等专业培训基地等产教结合、校企合作办学模式很感兴趣，并于当天下午和学校签订了友好交流意向书，决定自2009年9月起从汽车系开展联合联合办学。

2009年4月7日，中央电大开放教育09级春季汽车专业（汽车维修、汽车营销）大专班开学典礼在学校举行，这是学校与云南广播电视大学联合开办的第3期大专班，77名学员参加了开学典礼。会上，云南电大理工学院周晓俊院长对被录取就读的同学表示热烈欢迎，殷切希望同学们通过两年的学习，求真务实，让所学的知识成为日后成长的动力；学校副校长何跃华代表学校领导及全体教师向同学们表示祝贺，并要求同学们抓住学习机会，勤奋努力，克服困难，在校的时间里使自己的综合素质再上新台阶，把自己锻炼成社会需要的高学历高技能人才。

2009年5月22日，学校举行"六大茶山人才培养基地"暨"茶艺与营销实训中心"揭牌仪式于。云南六大茶山茶业有限公司董事长阮殿蓉女士、副总经理戚践先生、行政人事部副经理王希女士、市场营销部经理张丽敏女士、学校领导、各部门主要负责人以及茶艺与营销班全体同学参加了揭牌仪式。"六大茶山人才培养基地"暨"茶艺与营销实训中心"的成立对于加深与促进云南六大茶山茶业有限公司与我校的校企合作有着十分积极的意义。2009年6月2日，学校与安宁市职业高级中学合作办学签约仪式在我校三楼会议大厅举行。学校主要领导和安宁市职业高级中学的主要领导出席了仪式。学校校长杨经元表示校际合作办学有利于普通中等职业教育与高级职业教育的交流合作，为学生创造新的升学渠道，拓宽培养高素质技能型人才之路。安宁市职业高级中学校长张照明表示，两校的合作办学是强强联盟、强校合作，是两校办学渠道的扩展，双方将互利互惠，优势互补，共同发展。联合办学协议包括了学校每年在安宁市职业高级中学定点招收"三校生"、职高毕业生（汽车专业）30名，凡属安宁籍的"三校生"、职高毕业生（汽车专业），只需凭高中毕业证、职高毕业证选报我校；安宁市职业高级中学品学兼优的"三校生"、职高毕业生（汽车专业）可以优先选报学校开设的所有专业，报读学生由安宁市职业高级中学审核推荐等内容。

2009年6月9日，经过层层严格的选拔，学校东风雪铁龙定向班金艳琴等9名同学成为东风雪铁龙北京金泰开元汽车销售服务有限公司的一员，是学校首批进入北京就业的学生。东风雪铁龙北京金泰开元汽车销售服务有限公司成立于2002年10月，是全系统内最优秀的团队，2007年公司成为销售、售后"双十强"单位，2008年销售总量为北京第一。

2009年6月30日，学校举行了云南省特种设备作业人员考试中心安宁工程机械考试基地的挂牌开业仪式。云南省特种设备作业人员考试中心安宁工程机械考试基地，是云南第二家授牌考试单位，负责整个云南省滇西片区的特种设备作业人员的培训、考试。云南省特种设备安全检测研究院主要领导、学校领导、小松工程机械有限公司主要负责人、学校小松工程机械培训中心的老师们参加了挂牌开业仪式。挖机学费为3 800元，培训周期40天；挖机装载机学费为4 500元，培训周期40天，培训合格后颁发《中华人民共和国特种设备作业人员证》。

2009年9月4日，学校与云南省留学服务中心在云南省教育厅正式签署合作协议，学校与韩国新星大学达成国际交流与合作的友好学校，并指定学校为云南省唯一技工类学校战略合作方。合作协议的签订，使省技工类学校学生走出国门赴韩留学已成为现实。目前合作办学主要是汽车维修专业，采取［1+2+1］办学模式，即第一年在学校进行韩语培训；第二、第三年到韩国学习专业课程，学业合格后授予新星大学专科毕业证书；第四年回我校学习考技师证。

2009年12月1日，学校首届韩国留学生班开班，18名来自学校轿车维修、汽车评估师、轿车修理与检测的学生及家长参加了开学典礼，从即日起他们将开始集中学习赴韩的汽车维修专业知识和韩语课程，为一年后的出国作准备。云南省教育厅对外交流中心领导、学校相关领导出席了开学典礼。

2010年3月3日，新知图书云南交通高级技工学校荐购部隆重开业。荐购部图书品种近5 000种，图书接近200万册，并根据学校教学内容和学生实际需求配置了商务礼仪、汽车维修类街相关专业图书，同时引进了传统文学、经济类书籍和日常生活相关的热销书籍、时尚杂志和文化用品。安宁市图书馆馆长刘红、书记阎琼英、新知集团董事长总经理李勇、副董事长罗莉、执行副总经理罗启、业务副总经理唐晓芳、昆明购书中心总经理李卫民以及学校领导，各科室主管领导、部分教师代表和同学参加了开业剪彩仪式。

【校办企业】　2009年，随着国家针对"小排量汽车购置税减半、微型车下乡补贴、汽车养路费停缴"等一系列汽车产业优惠政策的相继实施，充分刺激了汽车的消费和维修售后服务业的发展。安大汽车修理厂结合市场情况，积极抓住市场机遇，努力开拓销售和售后服务品牌。在原有的销售品牌北京现代、东风雪铁龙、长安铃木、长安、哈飞；售后服务品牌北京现代、东风雪铁龙、长安、哈飞、博世维修站的基础上，增加了奇瑞、比亚迪、天津一汽夏利、上汽通用五菱品牌的销售和所增加销售品牌的售后服务。现安大共经营九个汽车品牌的销售和十个特约维修站的售后服务。安大汽车修理厂全年共销售新车426辆，较上一年度上升165.42%，创出了自开展汽车销售业务以来的历史新高，为售后服务的开展奠定了良好的业务基础。同时，开办了二手车交易市场，交易、置换二手车19辆。2009年安大汽车修理厂共销售车辆保险289.56万元，完成产值2 328.4万元。

培训鉴定中心全年共培训、鉴定29期，培训、鉴定不员2 631人。其中汽车驾驶员技师161人、高级工324人、中级工44人、初级工4人；汽车维修工高级技师2人、技师114人、高级工125人、中级工701人、初级工23人；汽车维修检验工高级18人、初级2人；汽车维修电工中级1人；旧机动车鉴定估价师中级工137人，道路养护工技师4人。鉴定2010届在校毕业生690人，云南磷化集团有限公司职工进行职业技能岗位培训225人，昆明铁路局汽车驾驶员技术比赛56人。经云南省职业技能培训鉴定协会批准，授予学校即云南省第58鉴定所为2009年培训鉴定会员单位"双十佳"职业技能鉴定先进单位的荣誉称号。

2009年11月19日，学校隆重举办昆明市机动车驾驶人第五考试基地竣工典礼及授牌仪式。考试基地内设场内道路驾驶9个项目和红外线桩考场，年考试容量60 000万人，是目前昆明市建设质量最好、场地最规范、考试车型最全的考试培训基地。加强实习部全年共培训操作教练员1 215人，培训初学驾驶员2 906人，实现产值1 194.4万元。

2009年3月25日，云南省交通高级技工学校与韩国新星大学签订联合办学协议。

（省交通技校 供稿）

【基础设施建设】 2008年12月，学校贷款2 000多万元建盖两栋学生宿舍，建筑面积13 266平方米，总投资2 300多万元，可容纳2 240名学生居住。该工程2008年12月动工，2009年8月竣工，9月投入使用。

2009年7月，年考试容量6万人的云南省交通高级技工学校培训考试基地即云南省机动车加强人第五考试基地建设工程在学校动工。该基地占地40 738.5平方米，总投资1 200多万，2010年1月竣工投入使用。目前设有坡道起步、侧方停车、通过单边桥、直角转弯、通过连续障碍、曲线行驶、起伏路面、百米加减档、限速通过限宽门、桩场倒为等10个项目。

【校园文化】 2009年3月27日，全省交通新闻信息工作暨表彰会议在景洪召开，省交通运输厅副厅长唐文祥，厅属相关处室、各有关单位、省公路投资开发公司、各州市交通局相关领导及获奖通讯员100余人参加了会议。会议总结了去年全省交通信息工作所取得的成绩，安排部署了今年的工作，表彰了一批先进集体和个人，学校荣获“新闻信息工作先进单位”称号，杨经元获得优秀信息工作者奖励，从永明获得优秀通讯员鼓励奖。

2009年4月28日，云南省人民政府在昆明市抗战胜利纪念堂召开“云南省2009年度五一劳动奖状、奖章暨职工经济技术创新工作表彰大会”，云南省交通系统杨经元、王春喜、孙锡明、马万权、柳彩霞等五人喜获“全省五一劳动奖章”称号，同时，颁发了2 000元的奖金。会后，校长杨经元将2 000元奖金捐赠给学校，并设立专项奖学金，有10名同学获得此项表彰奖励。

【举办第二届汽车模特大赛】 20009年5月15日，学校举办第二届汽车模特大赛。学校第二届校园汽车模特大赛历时两个月，参赛人数达到370余人，经过初赛和复赛，通过对选手汽车专业知识、文化知识和T台着装、个人才艺的等环节的展示，最后24名优秀选手挺进决算。在决赛角逐中，汽车商务五班的彭琳茹摘得女模桂冠，评估师四班的张天俊卫冕男模冠军。通过汽车模特大赛，更好地体现了学生积极向上的精神风貌，为广大学生提供了发现自我、展示自我的广阔平台，同时也增进了学生对自己专业的了解和兴趣，是深入推进校园文化建设的良好举措。

【推进名校工程建设】 2009年6月11日，为全面贯彻落实科学发展观，大力推进“名校工程”，宏扬宣传先进人物事迹，展示教职员工爱岗敬业、自强不息、开拓创新的精神风貌，激励全校师生员工科学发展，扎实工作，迎接评估，为创建云南交通技师学院而努力奋斗，学校举办了“学先进、比贡献，我为申报技师学院作奉献”演讲比赛，比赛决出一等奖一名、二等奖两名、三等奖三名、优秀奖八名。

2009年6月25日学校召开第十八届学生代表大会。出席这次大会的代表应为240名，大会审议修订了《学生委员会工作条例》、《学生委员会文化建设构想》。大会选举产生了第十八届学生委员会委员。

2009年6月29日，在中国共产党成立八十周年纪念日即将到来之际，在全面贯彻落实科学发展观，大力推进“名校工程”建设，努力创建云南交通技师学院的冲刺时刻，学校举行了新党员入党宣誓仪式，29名新党员面对鲜红的党旗向党作了郑重承诺，成为一名光荣的中国共产党党员。

2009年6月29日由学校贺如发等老师历时近两年自主开发研究的《汽车电气教学软件》通过综合评审，该软件的成功开发，不仅大大提升了我校教学教研的水平和层次，对年青教师起到了良好的示范作用，而且对学校申办交通技师学院做出了贡献。

2009年7月2日，云南经济日报《教育那里刊》校园记者站在学校正式成立。记者站设站长、副站长各一名，现有学生记者53名。

2009年10月28日，由昆明技工教育研究会主办的第一届学生广播体操大赛成绩揭晓，学校组织的千人广播体操《时代在召唤》荣获昆明技工教育研究会第一届广播体操大赛一等奖。

2009年12月9日，人力资源和社会保障部、交通运输部联合下文，授予北京市公共交通控股（集团）有限公司电车客运公公司等200个单位“全国交通运输系统先进集体”荣誉称号；授予宫美贤等176名同志“全国交通运输系统劳动模范”荣誉称号；授予学校党委书记胡大伟等324名同志“全国交通运输系统先进工作者”荣誉称号。

2009年12月14日，学校举行2008～2009年度学生表彰大会，分别对赵祥等35名奖学金获得者和百名优秀学生干部进行了表彰。

2010年1月29日，国务院法制办、国家人力资源和社会保障部关于“企业职业技能培训和鉴定”立法调研组在学校召开座谈会。国务院法制办政法司副司长彭高建、处长陈培勇、人力资源和社会保障部法规司巡视员党晓捷、副主任科员袁山、职业能力建设司调研员谢瑗出席会议，认真听取了参会单位就企业职业技能培训和鉴定的意见、建议，并参观了学校东风雪铁龙培训中心，“博世”培训基地、机动车加强员培训考试基地、安大汽车修理厂等。

杨经元校长提出在企业职业技能培训和鉴定立法中，要进一步明确职业院校毕业生的学历问题，以解决职业院校毕业生不能参加公务员考试等就业不公的问题；国家应通过立法给企业以适当补助，要求企业接纳职业院校学生实习，以解决实习资源困乏的问题，以此提高学生的动手能力。参加会议的还有云南省人力资源和社会保障厅法规处处长原红凯、副处长杨家勇、职业技能鉴定中心主任张泽斌、学校党委书记胡大伟、副校长何跃华以及昆明钢铁公司等多家知名企业的领导。

（田文忠）

民营企业选介

云南安宁金成矿业集团有限公司

【公司简况】　云南安宁金成矿业集团有限公司坐落在安宁市安海公路岔口，成立于1998年，2004年正式注册成立集团公司，注册资金2 600万元。2009年资产总额达10亿元，有在册员工2 200人。其中工程技术和经营管理人员100人；大专以上学历40人；中专学历80人；高中学历120人。集团公司是云南安宁金成矿业集团有限公司和其控股的安宁金鹏矿业有限责任公司、安宁市金卉园艺有限公司、安宁金成装饰公司、云南安宁金成矿业集团房地产开发有限公司及参股企业18家组建成的一家大型民营企业。以铁矿石开发为龙头，房地产开、投融资、第三产业为辅的多元化企业。2009年受金融危机的影响，实现销售收入25 000万元，上缴税金1 600多万元，利税总额3 600万元，利润总额2 000万元，比上年分别下降17%、10%、20%。

【参与公益事业活动】　2009年集团公司被授予“纳税贡献突出奖”；被评为经济工作“先进单位”；受到安宁市委、市政府的表彰奖励。公司董事长蒋勇被评安宁市和谐企业“先进个人”，几年来公司致富不忘回报社会，热心公益事业，积极参与新农村建设及捐资助学等光彩事业活动，捐赠各种款项达800万元，2009年为八街敬老院修建捐资40万元。2009年集团公司投资8 600万元修建金成会所，2010年10月将竣工投入使用，为安宁的地方经济发展将起到积极的推动作用。

（吴学贵）

云南祥丰化肥股份有限公司

【公司简况】　云南祥丰化肥股份有限公司，始创于1988年，经20余年不懈努力，现已形成以生产农化肥为主的大型民营企业，公司集化工生产、进出口贸易、磷矿石开采、宾馆服务、房地产开发为一体，综合经营、全面发展。公司拥有固定资产12亿多元，在册职工1 700多人，其中大专以上300人。形成了年产130万吨高、中浓度磷复肥30万吨磷酸等的生产规模。产品销往国内23个省、自治区，并出口东南亚、澳洲、美洲等国家。公司2006年主营业务收入8.82亿元，利税1.1亿元。2007年主营业务收入14.71亿元，利税2.67亿元。2008年实现工业总产值24.65亿元，销售收入23.02亿元，出口创汇6 000多万美元。2009年，由于全球金融危机的影响，实现工业总产值14.5亿元，销售收入10.5亿元，出口创汇7 000多万美元。上缴税收6 000多万元（含海关税4 000多万元）。

【节能减排】　公司以建设资源节约型、生产安全型、质量效益型、环境友好型目标，对设施产能技术进行改造，拆出陈旧的生产设施，新建一套300kt/a回转化成装置及与之相配套的含氟气体洗涤系统及设有桥式抓斗起重机翻堆的熟化库，使公司普钙生产的工艺和设备水平跃上一个新台阶，达到当今先进水平。本技改项目采用的工艺技术成熟、可靠、先进，使环境污染得到有效控制，符合新型工业化和可持续发展的要求，体现公司科学发展的思路。

【信誉荣誉】　公司遵循“以人为本，生产优质产品、创国际名牌”的宗旨，“以技术创新促进企业发展，以质量和服务创造企业信誉”的发展战略，积极引进人才和先进的科学技术生产设备，使公司产品的质量、数量和各项技术指标在同行业中处于领先地位。2006～2009年“螳丰”牌商标连续4年评审为“云南省著名商标”；复混肥、过磷酸钙、重过磷酸钙等三项产品荣获“云南名牌产品”；2009年公司位居云南百强企业第36名。公司先后被评为“云南省优强工业企业”、“云南省劳动关系和谐企业”、“云南最具成长性民营企业”、“中国优秀民营科技企业”、“云南省优秀民营科技企业”，“云南省中小企业暨非公有制经济优强企业”、“中国农资质量万里行、百佳名优农资企业”。2009年公司副董事长杨利荣被评为昆明市第三届“优秀中国特色社会主义事业建设者”。

【光彩事业】　公司在董事长杨宗祥的带领下，多年来热心公益事业，积极投身社会主义新农村建设、积极参加扶贫、帮困、“希望工程”等捐资助学活动。2009年以前，公司共捐款达860万元（2009年各类捐款170万元，向瑞丽市政府办企业反哺社会科捐赠（希望工程款）100万元；在“光彩事业怒江行”活动中捐款50万元。安宁获最具潜力投资城市捐资20万元），以实际行动回报了社会。

（吴学贵）

安宁市建筑实业有限责任公司

【公司简况】 安宁市建筑实业有限责任公司，成立于1993年，注册资金750万元，固定资产3 000万元，在册职工210人（其中大专以上学历20人，高中以上学历45人，具有高级技术职称4人，中级技术职称85人，初级技术职称130人）；拥有各型施工机械61台，持有云南省建设厅核发的《房屋建筑工程施工资质证书》，从事房屋建筑工程、市政公用工程、水利水电等工程项目施工。2009年公司共完成施工产值5 000万元，上缴国家税金160万元。公司本着“质量求上、诚实经营、以人为本”的经营宗旨，按照“建一个工程，树一块丰碑，交一个朋友”的经营理念。坚持“以质量求生存，以质量求发展，以质量为生命”的质量方针，定期抽调一批骨干到外地进行巩固性技能培训和考察、学习先进经验。把好的专业知识、先进的管理经验带回公司，注入企业，为创建优质工程起到了决定性的作用。多年来公司始终坚持“守法经营、诚实经营”的方针，得到了各级政府及管理部门的充分肯定和建设单位的一致好评。连续几年被云南省工商行政管理局、昆明市、安宁市人民政府命名为“守合同、重信用”单位，“安全生产先进单位”、建筑行业“先进企业”，公司承建的安宁市新检察院办公大楼工程被安宁市建设局评定为“文明卫生样板工地”，青龙镇行政中心办公楼工程、永昌钢铁厂综合楼工程被昆明市建设局评定为“安全质量标准化优良工地”。

【安全质量】 公司按照安宁市建设行业行政主管部门的要求，每年向主管部门签订《质量安全生产责任书》全年安全、质量生产的行为以责任书为准则，公司内部设有质检科，负责工程质量、安全管理制度、细则、目标的落实检查。质检科制订了《安宁市建筑实业有限责任公司工程质量管理制度》及《安宁市建筑实业有限责任公司安全生产管理制度》、《安宁市建筑实业有限责任公司安全事故应急预案》、《安宁市建筑实业有限责任公司专项资金使用制度》。

【公益事业】 公司致富不忘回报社会，几年来积极投身社会公益事业，共捐资60多万元，解决劳动就业达120人。

（吴学贵）

安宁东成商贸有限责任公司

【公司简况】 安宁东成商贸有限责任公司成立于2002年10月，前身是安宁雄山公司，安宁雄山公司成立于1996年。公司办公楼们于安宁市龙宝寺百花东路延长线，处于钢材市场的黄金地段，现代化的办公楼一幢800多平方米，拥有一块能仓储1万吨钢材的场地，办公业务用车8辆、吊车1辆。公司注册资金500万元，有一支高素质的管理、技术人才队伍，共有员工126人，公司领导具有丰富的管理经验和经营阅历。公司经过不断发展壮大，现已发展成为集铁矿石开采、加工、销售、钢材仓储销售、煤炭产品加工、销售为一体的集团化企业。公司位于大屯的300多亩的铁矿石加工料场，是具备年加工、储备300万吨安宁地区最大、功能最完备的大型露天料场，加工设备先进齐全（有装载机9台，轧矿破碎机2台，球磨机大型设备一套，东风自卸车2辆），加工量大、质优，是昆钢钢铁股份有限公司指定的专业综合沙石加工料场。2009年销售收入1.5亿元，资产总额8 000多万元，实现利润1 000万元，上缴税收100多万元。公司始终秉承“以人为本，科学决策，诚信经营，顾客至上”的管理理念，发挥“创新、协作、敬业”的团队精神，面向市场，满足用户的需要。

【组织荣誉】 现在公司成立了工会，党支部，支部认真践行“三个代表”重要思想，切实把关心职工的工作做好、作细、做实，率先垂范，以身作则，充分发挥党员的先锋模范作用。公司现已成为昆明钢铁集团公司的特许代理商；曾荣获“昆钢产品星级经销商”的荣誉称号；获安宁市政府“守合同，重信用”单位；获安宁市工商行政管理局“先进企业会员单位”及“纳税先进企业”等称号，受到了广大用户的一致好评。

【面向新农村建设】 公司在取得良好的经济效益的同时也取得了良好的社会效益，积极投身社会主义新农村建设、积极参加扶贫、帮困、“希望工程”等捐资助学活动，几年来共捐资22万元，支持各种社会事业用实际行动回报了社会。

（吴学贵）

安宁青龙机械厂

【公司简况】 安宁青龙机械厂筹建于1992年，注册资金800万元，拥有固定资产5 000万元，有在册员工120人，（其中工程技术人员10人，工程师6人，初职人员4人；经营管理人员8人；技术工人91人），全部通过技术培训并取得上岗证。厂房及建筑设施总面积约3 000多平方米。有切削加工机床60多台，各型焊接设备50台。金属加工及制作方面的车、铣、镗、刨、磨等加工手段完善，设备随着行业的发展而变更，技术统一，管理严格。机械厂主要从事机械加工，机械制造，各种非标制作，冷作铆焊，机械设备安装，土建工程等业务。2009年青龙机械厂实现销售产值3 000万元，上缴税金120多万元。机械厂始终坚持“质量第一、用户至上、以人为本”的企业宗旨，一贯执行“全心全意满足和保证用户”，

"想为客户所想，急为用户之所急"的营销理念。积极推行"精益求精"为产品，"吃苦耐劳"创品牌的目标，就是企业遵循的质量方针。

【创新发展】　安宁青龙机械厂针对机械行发展迅速，产品及设备更新换代快的特点，自建厂以来工厂十分注重新项目，新技术，新设备的投入。2008～2009年投资800万元新建了近1 500平方米的厂房，投资120万元购置20吨行吊，6130数控车床一台，4×2.5型冲剪板机一台，叉车两台，万能锯床一台，土建工程机械三台、龙门洗床2.5×1.25立车各一台。目前所投资的设备，将为今后的发展奠定稳实的基础。机械厂根据省政府对茶叶生产提出的清洁生产的要求，先期拨出20万元专款用于清洁茶叶设备的开发，现开发的产品得到了用户的肯定，现以投入批量生产。

【安全质量】　2009年机械厂的安全生产工作在充分总结去年和以往工作的基础上，制定了《关于加强安全生产工作的计划》，以生产副厂长为安全生产主管的工作制度，实行了安全生产岗位责任制及配套的标准考核和系统的奖惩办法。通过安全生产宣传、教育、工作实施目标管理与软硬件相结合，取得了"确保全年安全生产，无安全事故"的可喜成绩。坚持以主管负责宣传，以"黑板报"为窗口，用广告、海报等多层次、多渠道的方式、方法进行安全生产法律、法规、规章制度及相关知识的学习和运用。对安全生产的设施进行了维护和配套建设，及时增添或更换安全器材；生产场地保证安全通道畅通等日常工作都基本做到了规范管理。注重新法规、新技术、新方法等新事物的学习、吸纳，大胆引进，努力推广。

【公益活动】　多年来机械厂致富不忘回报社会，热心公益事业，积极参与"希望工程"捐资助学，敬老爱老等公益活动；几年来捐赠各种款项达30万元，为确保社会稳定企业吸纳了当地部分农村剩余劳动力的就业，解决了当地贫困农户的实际困难。

（吴学贵）

云南安宁泰源工贸集团有限公司

【公司简况】　云南安宁泰源工贸集团有限公司成立于1996年，是以生产加工铁矿石产品为主，开展多元化经营的民营企业集团。下属昆钢泰源工业物流园、安宁泰达矿业有限责任公司和安宁泰通经贸有限公司3个子公司。4个分公司：景洪分公司、新平分公司、东川分公司、运输分公司。集团腔股；景洪市龙鑫矿业有限责任公司。集团公司前身为安宁银荣工贸有限责任公司，2006年变更为云南安宁泰源工贸集团有限公司，注册资金5 000万元。现有员工500余人，其中：中职以上管理人员和技术人员116人。拥有开采经营权的铁矿山3座，有矿石加工厂、洗选厂、仓储物流、汽车运输、钢材销售、钢材产品延伸加工等多个生产经营单位，有大型机械设备90余台套，固定资产达2亿元。

【经营情况】　2009年，泰源集团始终坚持脚踏实地、诚信经营，在董事长杨继荣的正确决策和超前的经营意识的带领下，坚持"以人为本"的管理理念，奋力拼搏、镜意进取、开拓创新，坚持走集团化、规模化和经营多元化的道路。2009年公司铁矿产销售60万吨，实现销售收入2亿元；工业物流园综合收入1 800万元，实现利润400万元；销售钢材8万吨，销售收入2.5亿元；生铁购销贸易实现销售收入3 500万元。公司总的销售收入达到4.85亿元，实现利润4 500多万元，上缴税金2 800多万元。

【信誉荣誉】　多年来公司开拓经营、潜心发展，多次被昆明市、安宁市委、市政府评为"先进私营企业"、"消费者满意私营企业"、"流通先进企业"、"纳税贡献突出奖"；被评为经济工作"先进单位"；公司董事长杨继荣曾被评为"云南省百优中小企业（非公）企业家"；昆明市第二届"昆明市优秀中国特色社会主义事业建设者"。

【光彩事业】　几年来，泰源集团热心公益事业，积极参与"希望工程"捐资助学、"助学济困"、"见义勇为"和慈善基金捐款等光彩事业活动，力促社会公益事业的发展，多次为社会公益捐资献款，捐赠各种款项累计达350多万元。

（吴学贵）

安宁市金太工贸有限责任公司

【公司简况】　安宁市金太工贸有限责任公司成立于2004年。由原昆钢凉轧劳司改制成立。注册资金120万元，为私营有限责任公司。主要延续原来经营的冷拔丝、镀锌铁丝等金属制品加工业务。2007～2009年增加了冷轧带钢生产线，并投入生产，产品符合各项质量技术要求，在市场上得到广泛好评。2008～2009年公司在云南省文山麻栗坡县开发铁矿一座，已连续两年产出优质铁矿，并在云南省文山州、大理州、红河州等地取得煤矿、铁矿、钨矿等多个采矿许可证。公司2009年实现销售收入2 800万元。各种产品产量达2 000余吨，实现产值超过千万。由于生产中使用煤、酸，对能源消耗过大，不符合国家节能减排的政策，2008～2009年，公司进行整顿，耗能项目彻底结束。公司的理念是"企业要有名气、职工要有骨气"，始终贯彻勇于创新，踏实苦干的精神，在生产方面，公司所遵循的原则是"今日的质量、明日的市场、宁肯停工停产、不出不合格产品"。"不拘一格、广纳贤才"，在公司领导曾代云的带领下，企业始终坚持以职工的利益为先，尽量为职工创造良好的工作和生活条件，为职工解决后顾之忧，吸收各种专业技术人才，并鼓励职工不断吸取新鲜知识，提高素质，更好地为企业服务。而职工们在良好的环境晨工作，团结互助，为了企业的效益，自己的福利而用心工作。互相的付出形成了企业良好的工作氛围，也让企业在发展的道路上越行越远，越走越顺，逐步向多元化企业发展。公司一直注重安全质量的管理。按照要求，由专人负责，层层下传，签订安全目标责任书，严格落实职工“安全生产两教育”制度。为职工（包括进城务工人员）缴纳、购买社会保险及工伤保险。2009年，公司未发生工伤事故。

【项目投资】 公司2008～2009年，公司原有产品作了很大调整，停止了用煤用酸的镀锌项目，将原来的回火炉、烟囱等设备拆除，并引进温州先进技术，投资2 000多万元进行两个环保型项目的开发。

【组织建设】 安宁金太工贸有限责任公司党支部，是太平镇唯一家私营企业党支部，党支部书记由公司经理曾代云同志兼任。党支部认真践行“三个代表”重要思想，适应新形势、新目标、新要求，切实把关心职工的工作做好、作细、做实，率先垂范，以身作则，充分发挥党员的先锋模范作用。2009年被评为太平镇“优秀党支部”，虽然是企业支部，公司总经理非常重视企业党支部的建设，他说：非公企业也是党的女儿，不管企业有多忙，党建工作也要抓紧、抓好。几年来，热心公益事业，积极参与光彩事业活动，力促社会公益事业的发展，多次为社会公益捐资献款，捐赠各种款项累计达20多万元。

（吴学贵）

云南安宁建工集团有限公司

【公司简况】 云南安宁建工集团有限公司是一个拥有12个独立法人公司的集团企业，在册职工1 100人，在职管理人员、专业技术人员180人，（其中：高级工程师15人；高级经济师2人；高级会计师2人；工程师50人；助理工程师60人；技术员70人）经考核达标的二级项目经理30人，三级项目经理30人，各类特殊工种持证人员180人。2009年，完成产值8 000万元，实现利税260万元。在过去几年中，公司荣获了“全省建筑施工企业百强”、被昆明市政府命名为“连续十年以上重合同、守信用企业”、昆明市建设局“质量管理优秀企业”和“春城杯优质工程一等奖”、连续十年获安宁市“十佳企业”等多项荣誉称号。公司董事长马寿云同志曾荣获首届“昆明市优秀中国特色社会主义事业建设者”的光荣称号，2009年公司被评为安宁市“纳税贡献先进企业”。

【组织建设】 公司认真围绕2009年党建目标，开展民营企业基层党组织建设的各项工作。组织党员学习，认真贯彻党和国家的路线、方针、政策，学习十七届四中全会精神。积极探索新形势下加强民营企业党员思想建设的新思想和新方法，把全体员工的思想统一到为安宁社会经济的全面发展和为集团公司的经济腾飞服务上来。

【管理机制】 集团公司为逐步适应现代化企业管理和发展的需求，在激烈的市场竞争中谋求企业的不断壮大和发展。2009年，公司按照企业确定的改革思路，通过资产重组、人员优化，完成了集团公司下属各企业的改制工作，形成了以集团公司为龙头，实行动态管理，下属各企业自主经营、自负盈亏，上下通力协作的企业管理格局。同时，从建立现代化企业管理体制出发，进一步完善了各企业的内部管理机制，从岗位分工、人员聘用、分配体制、管理制度等各方面进一步细化，以公司经营状况和人员结构为基础，键全了更加科学、规范的内部管理机制。集团公司机关还按照劳资结合、工资挂钩的管理机制，完善了机关员工全员聘任制，为企业的发展理清了思路，找准了方向。

【安全质量】 2009年，公司严格按照与上级有关部门签订的质量、安全目标责任书的要求，继续加强对施工人员的质量和安全教育培训，层层签订安全生产目标责任制，明确安全责任人，制定了《云南安宁建工集团有限公司建筑安全生产事故应急议案》，组建起“建筑安全生产事故应急处置领导小组”。在日常生活管理中，加强对施工现场的质量和安全自检自查，发现隐患及时整改，使整个施工现场的质量安全进一步规范起来，取得了全年无事故的好成绩。

（吴学贵）

安宁市钢渣磁选厂

【企业简况】 安宁市钢渣磁选厂于1994年成立，主要承担从昆明钢铁集团公司排出的废渣废物的回收、排放工作。十多年来，在厂长的带领下，全厂员工的共同努力下，工厂从当时固定资产仅30万元的简易填埋场发展成为今天拥有固定资产上亿元，占地面积316亩，具有年吞吐、排放、回收废渣百万吨的能力，环保、水保、林地使用达标的规范化生产企业。现有磁选设备和球磨精加工二条主干生产线。有职工240人，建有工会、团、妇女组织，有健全的职工娱乐场所，篮球场、排球场，乒乓球室、文化活动室和阅览室。2009年，吞吐、排放昆钢各厂、车间排出的工业废渣70万吨。生产、回收、交往昆钢废渣钢20万吨；处理其它工业废弃物25万吨；填埋、处理昆钢排出的废渣、废弃物90万吨。2009年实现产值8 000万元，销售收入6 5000万元，完成工业增加值6 200万元，上交税金2 200万元。

【项目投资】 2008～2009年，磁选厂投资1 000万元建成年产900万块废渣混凝土砌块小块砖生产线，2009年生产7 000余万块砖，实现产值6 000万元，新增产值9 800万元，新增税金200万元。另外又投资新建了一条破碎、分筛、磁选为一体的生产线，为废渣混凝土砌块生产线提供充裕的原料，提高废钢渣磁选回收利用经济效益，创造磁选回收工艺的新亮点，达到“节能、降耗、减污、增效”的目的。

【安全管理】 厂领导班子十分重视企业的安全生产，列为重中之重，设有专职安全领导小组，配备专职安全员来细抓工作，制定《年度安全生产措施》、《安全环保目标管理责任书》，层层签定安全责任合同，坚持“谁主管、谁负责”的原则。安全员和班组长亲临工作现场，发现隐患及时制止，督促整改。每月组织职工不少于两次以上的安全方针、政策和业务知识学习，定期进行安全检查和教育。生产机器、电、焊工等特种操作工人经专业部门培训，并取得相应的上岗证。同时厂里成立联防队，实行三班24小时不间断巡防。措施的落实和领导的重视使我厂安全生产工作完成了既定的管理目标，多次荣获各级部门授予的安全生产先进单位，成为本区域内安全先进的典范。

【公益事业】 该厂每年坚持开展“送温暖献爱心”活动，向孤寡老人和困难户送去大米、糖果、油等钱物。积极支持周边浸长、普河、思邑等6个村委会12个自然村的农田水利设施建设、道路修缮，安置接收失地农民200多人。几年来公司共捐资100多万元，2009年捐新建昆明市工人文化宫5万元。

（吴学贵）

云南和盛陶瓷有限公司

【简况】 云南和盛陶瓷有限公司，位于安宁市连然街道办事处江西厂村，创建于1998年，是省内专业生产建材陶瓷产品的企业之一。10多年来，公司在董事长林时营的带领下，不断开拓创新，日益壮大，现占地400余亩，拥有固定资产4亿多元，8条全自动陶瓷生产线，年生产能力达500万平方米各类地板砖、外墙砖、彩瓦等陶瓷产品。并与国内多家陶瓷科研机构和院校长期合作，共同研制开发新产品，并出口缅甸、越南等东南亚各国，在省内外市场享有盛誉。2009年，公司产品优等率达到98%，生产各类陶瓷产品475万平方米，实现生产产值3.93亿元，实现利润854万元，上缴税收603万元。

【企业荣誉】 在企业不断发展的同时，始终把用户满意程度作为生产经营的宗旨，开发新产品，对用户负责，提高对产品质量的管理，在企业全面推行ISO9001质量体系管理。几年来相继获得“中国驰名品牌”，“中国建筑工程推荐产品”，“绿色建材产品”，“质量信得过单位”，“全国消费者满意企业”，“守合同重信用企业”，“云南省推荐消费单位”，“昆明市双爱双评先进集体”，“安宁市挂牌保护企业”，“安宁市消费者满意私营企业”。公司董事长林时营被选为云南省第十届（商会）副会长、云南省政协委员、安宁市第四届政协委员。2005年公司的产品以最优良的品质一举中标昆明最大的楼盘之一，“世纪城”商住区的陶瓷产品供应商，使公司的产品知名度进一步提升，产品市场进一步拓展，发挥了积极的作用。

【组织建设】 公司在发展的过程中，十分重视企业的工会、共青团、党组织的建设工作。在辖区内的非公企业中，率先成立了工会、共青团组织，目前正组建党支部。在支持工会开展活动的同时，利用工会活动，加强员工的劳动安全意识、节能环保意识和技能培训等素质教育。利用共青团组织开展社会公德教育使公司的员工达到内强素质，外树形象的目的。在关心职工生活方面，公司因地制宜，建起了职工宿舍、职工食堂、洗澡堂、篮球场、健身房等配套设施，为职工提供了良好的工作和生活环境。

【公益事业】 企业发展了，公司没有忘记所承担的社会责任。董事长热心公益事业，关注职工福利，为职工购买社会保险和意外伤害保险，发放职工劳动保护用品，为职工排忧解难，对家庭困难的职工子女考入大学后进行资助，解决失地农民进入企业就业500多人，投资100多万元修建了一条驻村通往城区的柏油路，投资20多万元为驻村村民接通自来水、有线电视、电话线，出资70万元捐资助学，同时资助的有见义勇为基金，周边的道路绿化管理，2009年捐赠达10多万元，这些行为，得到社会的广泛选誉和好评，也为企业营造了良好的外部环境。

（吴学贵）

云南成飞工贸有限公司

【公司简况】 云南成飞工贸有限公司，成立于2007年7月12日，公司办公地址位于安宁市华西小区别墅1幢。注册资金610万元。现有职工100多人，其中工程技术和经营管理人员30人，本科学历2人，大专学历8人，中专学历15人，高中学历20人。公司主要以矿产品采掘、加工、销售和其它物资贸易为主。2008年1月公司矿业部一期投入资金6 100万元，收购了安宁飞龙经贸有限责任公司下属的两个铁矿石加工厂及机械设备。第一个加工厂，位于昆畹公路38公里处，占地35亩，年铁矿石加工能力40万吨。第二个加工厂，位于昆明钢铁股份有限公司北后门，占地20亩，年铁矿石加工能力30万吨。两个加工厂年铁矿石加工能力合计70万吨。根据矿业部经营情况，公司还计划向矿业部投入第2期资金4 000万元。2009年实现销售收入3.8亿元，上缴税款1 560多万元。公司领导本着：“紧跟市场的发展需要，抓住机遇，大力发展”的思路发展企业。

【严明治企】 公司在总经理鲁学飞的领导下，大力倡导“以人为本、创新管理，务实求真”的现代经营理念，使公司注入了团结奋进的活力，有力的促进了公司在发展道路上从量到质的飞跃。公司的企业宗旨是“诚信、守信”。在生产经营中，从领导到全体员工转变观念、开拓创新、扎实工作、努力拼搏，克服了种种困难，使产品质量、产品合格率进一步提高，材料消耗进一步下降，生产成本的控制达到历史最好水平，在发展中逐步建立了一套适应市场经济的管理模式和高效运作的管理体系。努力抓住机遇、捕捉机遇、利用机遇、迎难而上，形成了平安向上、和谐奋进的局面。进而增强了凝聚力和战斗力，呈现出和谐奋进的现代企业文化。

【回报社会】 公司2004年1月被评为“优秀乡镇企业”，2004年~2006年被评为“先进私营企业”，2005年被授予“突出贡献奖”，2006年~2007年被评为“守合同重信用企业”，2007年~2009年被评为“先进单位”，2007年被授予“纳税突出贡献奖”，2008年1月被授予“纳税贡献奖”，2008年5月22日被授予“向四川省汶川‘5·12’地震灾区捐赠20万元，荣誉证书”，2009年被评为“先进私营企业”。几年来公司致富不忘回报社会，热心公益事业，积极参与新农村建设及损款助学等光彩事业活动，捐赠各种款项。在2008年全球金融危机蔓延的形势下，也没有忘记回报社会，在云南省楚雄洲姚安县先后捐资50万元新建希望小学一所，名为“学飞希望小学”。公司领导一有时间便带领员工，带上学习用具，书籍等驱车200余里到希望小学慰问师生。2008年5月22日向四川省汶川“5·12”地震灾区捐赠20万元。公司为安宁地方经济发展起到了积极的作用，得到了安宁市委、市政府相关部门以及社会各界的好评。

（吴学贵）

乡镇企业

【概况】 2009年，为积极应对世界金融危机，确保乡镇企业、非公经济稳步发展，安宁市乡镇企业局干部职工进一步增强服务意识、提高服务质量。深入企业及时排忧解难；巩固和扩大“企村结对”成果；加大企业职工技能培训力度；成立和发挥中小企业服务中心的服务作用；启动安宁市“中小企业成长做大工程”，培育其做精、做大、做强；积极争取并用好各项扶持资金；以市场为导向、创新机制体制；突出企业和地区特点、抓大扶小；为乡镇企业、非公经济的发展营造了良好的软环境。

【各项经济指标完成情况】 至2009年12月31日，全市乡镇企业汇总数为10 569个。其中法人单位399户，个体工商户10 170户；从业人数为61 271人，其中法人单位27 832人，个体工商户33 439人；增加值完成315 597万元，其中法人单位完成226 964万元，个体工商户完成88 633万元；工业增加值完成213 995万元，其中法人单位完成181 919万元，个体工商户完成32 076万元；实交税金完成58 330万元，其中法人单位完成52 653万元，个体工商户完成5 677万元。社会消费品零售总额完成176 412万元；销售收入累计完成1 450 795万元。

【亿元以上骨干企业】 2009年，全市营业收入亿元以上的乡镇企业、非公企业有24家，分别为安宁市永昌钢铁有限公司23.44亿元、昆明永昌物资经贸有限公司17.33亿元、云南云之叶生物科技有限公司6.52亿元、安宁金地化工有限公司4.72亿元、云南成飞工贸3.79亿元、云南金色田野化肥有限公司3.46亿元、安宁创佳房地产开发有限公司2.6亿元、云南安宁金成矿业集团有限公司2.59亿元、云南祥丰化肥有限公司2.48亿元、（瑞士）金钱饲料昆明有限公司2.28亿元、安宁市连然建筑总公司2亿元、昆明湘大骆驼饲料有限公司1.98亿元、云南铁龙工贸有限公司1.93亿元、昆明市华港饲料有限公司1.9亿元、云南三明鑫疆矿业有限公司1.8亿元、安宁华龙经贸有限责任公司1.78亿元、昆明新希望农业科技有限公司1.46亿元、安宁市金聚矿业有限公司1.36亿元、昆明三合钢结构制造有限公司1.35亿元、安宁建工集团有限公司1.31亿元、福鑫工贸有限公司1.3亿元、云南华源包装有限公司1.23亿元、云南新天力机械制造有限公司1.09亿元、安宁亿都经贸有限责任公司1.07亿元。

【产业结构】 安宁乡镇企业生产经营主要以采矿冶金业、磷盐化工业、交通运输业、建筑房地产业、商贸批发零售业、餐饮旅游服务业六大行业为主，按行业涉及一、二、三产业、高新产业和其它。

【农产品加工业悄然兴起】 近年来安宁市农产品加工业悄然兴起，2009年纳入统计的有167户，其中法人单位30户，个体工商户137户，农产品加工销售产值共完成155 417万元。

【开展一线工作法】 从2008年10月份以来，针对世界金融危机、经济市场振荡，原材料价格上涨、企业生产成本增加、多数产品价格起不来、利润空间缩小、部份产品价格大降、市场不景气，企业融资难等情况。局机关干部职工采取一线工作法对全市七镇、二个街道及其部份有代表性骨干企业进行了多次走访了解情况、专题专项调研。深入了解企业的生产情况、遇到的困难和问题。撰写专题报告，提供政府和上级部门决策参考，同时为企业实实在在的解决实际困难和问题，使企业尽快摆脱困境。

【银政企合作】 为帮助企业解决融资难问题，有效应对危机。继去年乡镇企业局在与广发行开展的“银政企”合作，为安宁友顺经贸有限公司获得300万元授信贷款、为云南新天力机械制造有限公司获得500万元贷款后，今年又与省建行中小企业处、安宁建行开展“银政企”合作，对20多家提出急需贷款的非公民营企业，带着银行人员逐家了解情况、上门服务。已为合瑞商品混凝土公司、四季青风味食品有限公司、安宁青龙机械厂等4个民营企业获得贷款1 140万元。目前伟中机电铸造厂200万元、云南邦维钢业有限公司600万元贷款事宜正在协调办理中，其它企业的贷款待建行进一步核实情况后有望解决。

【巩固扩大“企村结对”成果】　乡镇企业局从2009年年初开始，对各镇、街道及结对企村进行了实地指导。突出了以产业为载体、企业为龙头、农户为基础的运作方式，今年又选准了8户为结对企村。并注重引导结对企村以携手推进双方生产发展互利共赢为重点：共谋发展思路、共兴生产经济、共建基础设施、共办社会事业，共育文明新风、共促农民就业。形成了有安宁特色的企村合作互动型、产业带动型、企业直接回报型、解决就业服务型等多种形式内容的企村结对对子。对其中5对典型授予示范牌，今年任务指标5对，实际完成了6对。

【开展技能培训】　2009年共开展乡镇企业“蓝色证书”职业技能鉴定培训2期，参训人员440人次，其中烹调师102人、餐饮服务员15人、花卉园艺了323人，通过考试全部取得了资格证和上岗证；组织了7家企业法人代表参加国家中小企业银河培训；各镇（街道办）主任及工作人员、企业法人20余人，参加昆明市乡镇企业局举办的专题讲座；完成了12名中职专业技术人员（含一名高职）的职称晋升申报工作。

【成立中小企业服务中心】　为使安宁市非公经济、乡镇企业积极应对金融危机、为跨越式发展创造更加宽松的环境，在市委、市人大、市政协的关心重视下，按照实施细则及工作计划，安宁市“中小企业服务中心”于2009年3月26日正式揭牌成立，成为昆明市第一个县级中小企业服务中心。

一年来，中心干部职工接待、服务民营企业200多家，到民营企业走访调研征求意见80多家；受理报件141件，办结141件，办结率100%；首问首办156件，首问首办率99.6%。起划制定和推行了《安宁市加快民营企业社会化服务体系建设方案》，制定并落实了服务中心职责、任务、工作措施、服务承诺、规章制度等，为满足非公经济和中小企业新型工业化发展的需求，发挥了非公服务体系的核心引导作用。在形成公益性、公共性服务的基础上，准备探索向商业性层次服务格局逐步迈进。

【启动“中小企业成长做大工程”】　为加快安宁市中小企业特别是符合产业发展的中小企业健康快速成长，使其做精、做大、做强。根据《昆明市中小企业成长工程指导意见》，结合我市实际，制定了《安宁市“中小企业成长做大做强工程”工作意见》。从2009年起，每年优选一批“小进规”、“规入千”、“千上亿”、“亿跨五亿”、“五亿跃十至十五亿”企业进行成长型、做精、做大、做强培育，培育方式采取滚动式一扶三年。2009年已列入“小进规”企业5家、“规入千”企业5家、“千上亿”企业5家、“亿跨五亿”2家、“五亿跃十至十五亿”企业1家。同时建立培育企业基本情况表、动态情况分析表，做到定期掌握企业的生产经营情况。通过综合运用财政、金融、担保、培训、信息等优势资源，支持和促进培育企业做专、做精、做大、做强。使入选培育企业的销售额、利税增长率达到年15～30%以上，成为高增长、做强型企业，从而带动提高全市中小企业整体运动水平。2009年，永昌钢铁公司等6家企业跻身昆明市非公企业30强。9个产品成为云南省名牌，24个产品创建为昆明市知名商标。

【抢抓机遇投资新项目】　为使市域非公企业、乡镇企业积极应对金融危机，抓住国家结构调整、地区产业梯度转移和我市实施扶持社会效益型、科技环保型、优势成长型中小企业的政策机会，引导市域非公企业变危为机，投资安宁、新上项目，培育和发展总部经济。乡镇局提出了具备重点扶持非公经济产业结构调整及产业技术导向的技术开发项目、名、特、名、新、稀产品开发项目、利用高新技术自主开发新产品项目、科研成果的商品化和产业化项目、进行传统产业技术改造和实现产品升级换代项目、服务配套大工业项目、城市基础设施项目、新农村建设项目、以及农产品加工和现代农村服务项目、农副产品规模化储藏、保鲜、运销和经营项目等条件的乡镇企业、个体私营等非公经济中的骨干企业、龙头企业向政府和有关部门申请项目扶持资金。

【申报安宁市政府扶持资金】　2009年根据企业申请、各镇、街道初审推荐，乡镇企业局审核申报符合安宁市非公民营企业专项扶持资金条件的扶持项目113个，申请扶持资金约1.17亿元人民币。第一批40户企业已报经市政府批复给予扶持，到位资金共计652万元。第二批已报市政府待审批。

【争取省、市政府各项扶持资金】　年初推荐上报申请昆明市非公经济专项资金扶持的企业19家；组织申报昆明市中小企业成长工程和现代服务体系项目企业各3家；推荐争取昆明市中央促进中小企业发展专项扶持资金的中小企业48家。2009年已为安宁海湾茶业有限公司、云南弘祥化工有限公司等17家企业争取到省市扶持资金472万元。帮助一批成长型企业实现了复产、达产和增产。

（张仕能）

乡镇骨干企业概况表

计算单位：万元、人

企业名称	详细地址	企业注册类型	所属行业	增加值	总产值	营业收入	利润总额	上交税金	劳动者报酬	从业人员年末数	主要产品产量		
											产品名称	单位	数量
安宁市永昌钢铁有限公司	安宁市青龙镇打金甸平头	有限责任公司	制造业	28 733	235 157	234 379	5 121	4 461	5 311	3 000	钢	吨(实物)	8 844 506
昆明安宁永昌物资经贸有限公司	云南省昆明市安宁市	有限责任公司	批发零售业	857	50 249	173 271	161	786	55	35			
云南云之叶生物科技有限公司	安宁市青龙镇原719厂	有限责任公司	制造业	15 030	52 500	65 192	45	32	329	80	复合肥	吨(实物)	113 410
安宁金地化工有限公司	安宁市草铺	有限责任公司	制造业	8 121	47 178	47 178	756	104	1 557	814	磷肥	吨	42 525
云南成飞工贸有限公司	云南省昆明市安宁市	有限责任公司	批发零售业	2 101	11 393	37 978	367	1 570	102	87			
云南金色田野化肥有限公司	云南省昆明市安宁市	有限责任公司	制造业	6 186	36 370	34 615	679	32	265	260			
云南天宁矿业有限公司	安宁市县街镇下元良村	有限责任公司	采矿业	24 105	30 084	32 777	14 515	12 872	1 017	371	磷矿	吨(实物)	288 000
安宁创佳房地产开发有限公司	云南省昆明市安宁市	有限责任公司	质等级的建筑企业	1 958	29 000	26 038	52	1 612	178	84			
云南安宁金成矿业集团有限公司	云南省昆明市安宁市	有限责任公司	批发零售业	52	7 769	25 895	-167	189	59	39			
云南祥丰化肥股份有限公司	云南省昆明市安宁市	有限责任公司	制造业	5 751	29 116	24 826	409	189	1 287	577			
(瑞士)金钱饲料昆明有限公司	安宁太平桥头村	外商投资企业	制造业	2 091	22 478	22 774	1 006		382	144	饲料	吨	74 737
安宁市连然建筑总公司	云南省昆明市安宁市	有限责任公司	质等级的建筑企业	1 842	24 440	19 963	395	1 072	734	560			
昆明湘大骆驼饲料有限公司	安宁市太平镇火龙村	有限责任公司	制造业	709	16 826	19 802	284	51	305	120	饲料	吨	43 922
云南铁龙工贸有限公司	云南省安宁市昆钢物流园	有限责任公司	制造业	350	19 262	19 262	154	52	69	27			
昆明市华港饲料有限公司	安宁市太平镇象石村	有限责任公司	制造业	438	17 960	18 915	95	5	229	150	饲料	吨	42 000
云南三明鑫疆矿业有限公司	安宁县街小新桥村	有限责任公司	采矿业	4 056	19 285	18 023	2 618	1 728	345	157	磷矿	吨	288 000
安宁华龙经贸有限责任公司	云南省昆明市安宁市	有限责任公司	批发零售业	150	5 354	17 846	37	53	37	25			

续 表

企业名称	详细地址	企业注册类型	所属行业	增加值	总产值	营业收入	利润总额	上交税金	劳动者报酬	从业人员年末数	主要产品产量		
											产品名称	单位	数量
昆明新希望农业科技有限公司	云南省昆明市安宁市	有限责任公司	制造业	917	14 585	14 621	485	25	240	96			
安宁市金聚矿业有限公司	云南省昆明市安宁市	有限责任公司	批发零售业	408	4 095	13 648	289	4	42	29			
昆明三合钢结构制造有限公司	云南省昆明市安宁市	有限责任公司	制造业	1 882	13 462	13 462	77	325	515	201			
安宁建工集团有限公司	安宁市市金方路	有限责任公司	建筑企业	4 067	15 822	13 132	701	1 594	1 801	1 722			
福鑫工贸有限公司	云南省昆明市安宁市	有限责任公司	制造业	250	13 034	13 034	79	62	111	44			
云南华源包装有限公司	云南省安宁市昆钢物流园	有限责任公司	制造业	1 726	13 740	12 294	159	335	857	131			
云南新天力机械制造有限公司	安宁市太平镇小河边村	私营企业	制造业	930	8 220	10 979	300	90	497	258	型农用拖拉机	台	3 268
安宁亿都经贸有限责任公司	云南省昆明市安宁市	有限责任公司	批发零售业	74	3 730	10 657	−30	24	58	25			
云南邦维钢业有限公司	安宁市昆钢物流园	私营企业	制造业	3 816	9 829	9 829	1 929	484	791	45			
安宁力新磷化工有限公司	安宁市草铺镇	有限责任公司	制造业	5 769	8 309	8 951	3 786	3 009	537		折含 P20 530%	吨	692 425
安宁祥源经贸有限公司	云南省昆明市安宁市	有限责任公司	批发零售业	276	2 827	8 833	8	148	55	35			
安宁成杰物资经贸有限公司	云南省昆明市安宁市	有限责任公司	批发零售业	4 381	2 640	8 251	−557	1 400	258	146			
安宁市成杰物资经贸有限公司	安宁	有限责任公司	采矿业	4 156	6 882	8 250	−315	1 384	236	146	磷矿	吨	101 400
安宁齐业经贸公司	云南省昆明市安宁市	有限责任公司	批发零售业	24	2 572	8 037	1	6	23	7			
安宁鑫屯化工工贸有限责任公司	云南省昆明市安宁市	有限责任公司	制造业	590	7 659	7 659	32	109	374	193			
安宁裕盛强拉丝制钉厂	云南省昆明市安宁市	私营企业	制造业	337	9 078	7 656	−51	14	328	184			
安宁飞龙经贸有限责任公司	云南省昆明市安宁市	有限责任公司	批发零售业	1 364	716	7 597	−12	1 402	31	16			
安宁蒙源经贸有限公司	安宁市连然街道办千户	有限责任公司	制造业	2 513	7 481	7 370	64	5	395	137			

续 表

企业名称	详细地址	企业注册类型	所属行业	增加值	总产值	营业收入	利润总额	上交税金	劳动者报酬	从业人员年末数	主要产品产量		
											产品名称	单位	数量
钰元工贸有限责任公司	安宁市八街镇竹园村	有限责任公司	制造业	1 147	8 187	7 278	-165	410	390	320			33 700
安宁富联经贸有限公司	云南省昆明市安宁市	有限责任公司	批发零售业	79	2 176	7 254	47	76	23	7			
安宁泰达矿业有限责任公司	安宁市昆钢物流园	有限责任公司	采矿业	693	7 210	7 210	586	65	40	11			
昆明安宁福立木业公司	云南省昆明市安宁市	私营企业	制造业	15	7 069	7 069	-268	105	94	88			
云南安宁化肥有限责任公司	云南省昆明市安宁市	有限责任公司	制造业	2 616	13 081	7 050	268	80	713	347			
云南和盛陶瓷有限公司	云南省昆明市安宁市	有限责任公司	制造业	3 801	6 564	6 564	170	125	361	800			
安宁汇鑫经贸有限责任公司	云南省昆明市安宁市	有限责任公司	批发零售业	31	2 073	6 480	4	1	22	8			
安宁万合磷肥厂	安宁市县街礼义村	私营企业	制造业	482	6 218	6 440	45	2	150	76	磷肥	吨	16 100
云南梅塞尔气体产品有限公司	安宁市昆钢	外商投资企业	制造业	2 024	5 811	6 110	25	1 021	455	54			
云南劲力重型机器有限公司	昆钢物流园	有限责任公司	制造业	2 049	6 000	6 000	1 920	6	20	80			
昆明金方金属制品有限公司	云南省昆明市安宁市有限责任公司	有限责任公司	制造业	746	5 867	5 867	228	63	152	57			
安宁东成商贸有限责任公司	云南省昆明市安宁市	有限责任公司	批发零售业	145	1 848	5 775		44	62	5			
安宁市县街云龙山磷矿	安宁市县街镇山口村	私营企业	采矿业	704	5 255	5 255	102	271	158	121	磷矿	吨	73 895
安宁市亿丰炉料有限公司	云南省昆明市安宁市	有限责任公司	制造业	761	4 848	4 848	-256	414	367	169			
云南世纪天乐房地产开发有限公司	安宁温泉羊角村	有限责任公司	其他企业	2 493	4 800	4 800	1 529	192	680	1 200			
安宁广盛物资有限公司	云南省昆明市安宁市	有限责任公司	批发零售业	44	1 366	4 552	11	8	12	7			
云南安宁荣和工贸有限责任公司	云南省昆明市安宁市	有限责任公司	批发零售业	205	1 457	4 552	44	101	72	23			
云南惠嘉托佩克育种有限公司	安宁市八街镇二街村委会	有限责任公司	农林牧渔业	746	5 049	4 462	937		307	246			

续 表

企业名称	详细地址	企业注册类　型	所属行业	增加值	总产值	营业收入	利润总额	上交税金	劳动者报酬	从业人员年末数	主要产品产量		
											产品名称	单位	数量
安宁市禄腠建筑公司	安宁市嵩华路	私营企业	建筑企业	952	6 300	4 320	346	232	293	340			
云南安宁兴亚磷化工有限责任公司	云南省昆明市安宁市	有限责任公司	制造业	1 232	4 105	4 104	62	13	196	110			
安宁伟中机电铸造有限公司	安宁市青龙镇白塔平头	有限责任公司	制造业	720	3 724	3 943	79	207	410	197	电机铸件	吨(实物)	8 284
昆明华凌高恒磁性材料有限公司	安宁市昆钢平顶山	有限责任公司	制造业	-89	3 572	3 939	695	112	79	30			
昆明泰尊祥和房地产开发有限公司	安宁市太平镇始甸村	有限责任公司	其他服务业和娱乐业	270		3 800	35	400	121	32			
云南安宁龙宝化工有限公司	云南省昆明市安宁市	有限责任公司	制造业	886	3 746	3 701	-191	636	296	150			
云南联程建筑有限公司	云南省昆明市安宁市	有限责任公司	资质等级的建筑企业	1 062	3 555	3 555	238	204	416	215			
安宁市建筑实业有限责任公司	安宁市青龙集镇	有限责任公司	建筑业	707	3 951	3 504	38	186	490	248	竣面积	平方米	13 711
安宁红方工程有限责任公司	云南省昆明市安宁市	有限责任公司	制造业	610	3 375	3 375	3	58	495	147			
安宁泰利五金加工厂	安宁市草铺镇	私营企业	制造业	37	2 988	2 988	8	16	29	45			
昆明宜宁商贸公司	云南省昆明市安宁市	私营企业	批发零售业	56	86	2 898	21	18	14	7			
昆明方圆商贸有限责任公司	云南省昆明市安宁市	有限责任公司	批发零售业	40	865	2 884	0	9	23	6			
安宁市惠忠精细化工有限公司	云南省昆明市安宁市	有限责任公司	制造业	746	2 802	2 789	104	275	277	140			
云南杉银同创钢结构工程公司	安宁市昆钢物流园	私营企业	制造业	247	2 778	2 778	18	76	102	15			
云南安宁裕华经贸有限公司	云南省昆明市安宁市	有限责任公司	批发零售业	1	810	2 700	-50	15	33	17			
昆明安宁广明水泥厂	安宁市太平镇塘房村	私营企业	制造业	42	2 947	2 536	-886	120	341	250	水泥	吨	118 740
温泉心景花园酒店	安宁温泉升庵南路	有限责任公司	住宿及餐饮业	1 147	2 528	2 528	464	63	472	300			
云南金盛新型材料有限公司	云南省昆明市安宁市	有限责任公司	制造业	436	2 749	2 398	-58	107	156	88			

续 表

企业名称	详细地址	企业注册类型	所属行业	增加值	总产值	营业收入	利润总额	上交税金	劳动者报酬	从业人员年末数	主要产品产量		
											产品名称	单位	数量
昆明功达食品有限公司	罗白村委会大凹子	有限责任公司	制造业	79	2 277	2 277	5	7	65	55			
安宁盈华矿业有限公司	安宁市草铺镇	有限责任公司	采矿业	978	2 169	2 169	-251	110	833	281	折含 P20 530%	吨	85 834
昆明环恒粉煤灰有限责任公司	安宁市青龙镇电厂内	有限责任公司	制造业	531	2 536	2 167	319	215	114	80			
云南昊恒混凝土有限公司	安宁市普河村委会	有限责任公司	制造业	651	2 206	2 081	150	144	155	75			
云南祥丰化肥股份有限公司安宁鸡石分公司	安宁市草铺镇	股份有限公司	采矿业	475	2 060	2 060	194	276	5	2	折含 P20 530%	吨	57 1211
安宁螳川水利建设工程有限公司	安宁市禄脿镇西华路 173 号	有限责任公司	建筑企业	706	3 150	2 007	398	94	114	280			
云南安宁连然磷化工厂	云南昆明市安宁市	私营企业	制造业	208	1 771	2 001	-25	4	143	64			
安宁凯源经贸有限公司	安宁市罗白村委会大凹子	有限责任公司	制造业	135	2 000	2 000	74	81	54	54			
昆明汇泉高纯半导材料有限公司	安宁温泉白塔村	有限责任公司	制造业	229	2 209	1 934	42	57	75	48			
昆明昆钢装饰福利有限公司	云南省安宁市昆钢物流园	有限责任公司	制造业	554	1 371	1 917	153	298	172	52			
安宁市温泉金方温泉假日有限责任公司	安宁温泉龙溪路	有限责任公司	住宿及餐饮业	502	1 901	1 901	42	69	315	230			
安宁立方新型建材有限公司	云南省昆明市安宁市	有限责任公司	制造业	627	1 863	1 889	75	1	266	28			
云南尊王工程钢品有限公司	云南省昆明市安宁市	有限责任公司	制造业	583	1 794	1 794	-15	89	217	112			
安宁云佳香料有限公司	云南省昆明市安宁市	有限责任公司	制造业	58	1 666	1 708	-32	47	20	11			
云南海运鑫化肥有限公司	云南省昆明市安宁市	有限责任公司	制造业	420	1 695	1 695	-13	4	96	42			
安宁培源机电铸造有限公司	青龙镇白塔平头	有限责任公司	制造业	319	1 519	1 581	47	63	200	88	电机铸件	吨(实物)	4 095
云南惠嘉绿色产业开发有限公司	安宁市县街镇县街村	股份有限公司	农林牧渔业	104	1 578	1 578	24	26	88	120	蔬菜制品	吨	716

续　表

企业名称	详细地址	企业注册类型	所属行业	增加值	总产值	营业收入	利润总额	上交税金	劳动者报酬	从业人员年末数	主要产品产量		
											产品名称	单位	数量
安宁温泉甸中青石山采石场	安宁温泉甸中	私营企业	采矿业	331	1 570	1 570	73	14	153	65			
云南希尔康制药有限公司	安宁市草铺	有限责任公司	制造业	269	1 490	1 490	11	45	122	83			
昆明安宁精密铸件厂	安宁市县街镇上西元村	集体企业	制造业	44	1 269	1 370	78	60	20	16	矿产粗铅	吨	1 124
云南安宁力立化工有限公司	安宁市草铺镇	有限责任公司	制造业	72	1 272	1 343	8	19	21	16	磷肥	吨	2 000
安宁云耀冶炼厂	安宁市草铺镇	私营企业	制造业	124	1 389	1 329	9	16	107	80			
安宁合瑞混凝土有限公司	云南省昆明市安宁市	有限责任公司	制造业	244	806	1 306	30	10	55	120			
农业生产资料有限公司	云南省昆明市安宁市	有限责任公司	批发零售业	46	367	1 223	1	7	38	15			
安宁泰丰林化工有限公司	安宁市禄脿镇上禄脿村	有限责任公司	制造业	273	1 666	1 200	49	52	46	50	松脂及制品	吨(实物)	13 082
安宁华盛铁粉有限公司	安宁市浸长村委会	有限责任公司	制造业	697	1 184	1 184	434	250	107	30			
安宁青龙机械厂	安宁市青龙集镇	私营企业	制造业	255	1 352	1 155	6	71	147	80			
安宁仕林纸业有限公司	安宁市浸长村委会	有限责任公司	制造业	367	1 082	1 137	29	13	64	45			
昆明恒光塑业有限公司	云南省昆明市安宁市	有限责任公司	制造业	82	1 250	1 085	−3	13	60	42			
云南嘉木茶业有限公司	云南省昆明市安宁市	有限责任公司	批发零售业	278	134	1 062	70	164	41	13			
云南安宁林源经贸有限责任公司	云南省昆明市安宁市	有限责任公司	批发零售业	26	317	1 057	−171	6	25	8			
昆明文远经贸有限公司	云南省昆明市安宁市	有限责任公司	批发零售业	27	316	1 054	−0	9	8	3			
云南龙山化肥有限公司	安宁市草铺镇	有限责任公司	制造业	302	1 039	1 039	104	16	47	30			
云南英茂生物农业有限公司	安宁市太平镇红星农场	有限责任公司	制造业	449	986	986	196	16	331	170	大花蕙兰	万盆	11
昆明百炼铸造有限责任公司	云南省昆明市安宁市	有限责任公司	制造业	177	910	951	−19	23	113	57			
安宁友顺工贸有限公司	安宁市太平镇小河边村	私营企业	制造业	495	911	911	4	4	106	49	封箱胶带	万平方米	3 185

续 表

企业名称	详细地址	企业注册类型	所属行业	增加值	总产值	营业收入	利润总额	上交税金	劳动者报酬	从业人员年末数	主要产品产量		
											产品名称	单位	数量
安宁东兴农业科技发展有限公司	安宁市禄脿镇大哨农场	有限责任公司	农林牧渔业	87	900	900	90	1	33	60	蔬菜制品	吨(实物)	1 200
安宁吉森粘土矿石加工厂	安宁市草铺镇	私营企业	制造业	183	798	798	72	63	23	20			
安宁市矿业有限责任公司	安宁市县街	有限责任公司	采矿业	196	819	789	65	64	59	28	磷矿	吨	7 500
安宁金成投资公司	云南省昆明市安宁市	私营企业	批发零售业	1 736	233	778	1 614	44	77				
云南家华新型墙体玻璃有限公司	安宁市县街镇上西元村	有限责任公司	制造业	391		763	33	36	216	156	新型建筑板材	平方米	
安宁再大食品厂	安宁市县街镇白登村	私营企业	制造业	71	771	713	15	1	40	42	粮食制品	吨	2 342
安宁威力洗涤化工有限公司	云南省昆明市安宁市	有限责任公司	制造业	42	728	703	-5	13	29	32			
昆明市安宁神风汽配有限责任公司	云南省昆明市安宁市	有限责任公司	批发零售业	38	210	701	2	4	25	15			
云南安宁云科化肥有限公司	安宁市草铺镇	有限责任公司	制造业	123	701	701	17	14	70	25	磷肥	吨	1 307
昆明金耐鑫机械制造有限公司	安宁市浸长村骡子山	有限责任公司	制造业	73	680	691	15	8	35	24			
安宁盛世达化工有限公司	安宁市太平镇火龙村	有限责任公司	制造业	81	668	668	49	39	31	18			
安宁金江绿色产业有限公司	安宁市八街镇一六村	有限责任公司	农林牧渔业	141	2 499	664	36		49	52			
安宁凯达气体有限公司	安宁市罗白村委会大凹子	有限责任公司	制造业	208	652	652	51	29	108	45			
安宁润苗化肥有限公司	云南省昆明市安宁市	有限责任公司	制造业	174	637	637	18	22	80	110			
金成公司餐饮分公司	云南省昆明市安宁市	有限责任公司	住宿及餐饮业	195	625	625	53	39	108	91			
云南恒进农业发展有限公司	安宁市八街镇樟富营	有限责任公司	制造业	181	584	584	29	3	133	53			1 000
安宁银吉经贸有限公司	云南省昆明市安宁市	有限责任公司	批发零售业	51	174	580	23	6	14	12			
云南鸿誉植物开发有限公司	安宁市禄脿镇	有限责任公司	制造业	166	560	560	0	3	15	30			

续　表

企业名称	详细地址	企业注册类型	所属行业	增加值	总产值	营业收入	利润总额	上交税金	劳动者报酬	从业人员年末数	主要产品产量		
											产品名称	单位	数量
昆明泰瑞通电源技术有限公司	云南省昆明市安宁市	有限责任公司	制造业	175	571	557	3	28	130	101			
云南远腾集团混凝土有限公司	云南省昆明市安宁市	有限责任公司	制造业	158	554	554	-12	50	53	25			
安宁神龙建筑装饰公司	云南省昆明市安宁市	有限责任公司	资质等级的建筑企业	245	568	543	70	29	52	20			
安宁添云磷化工有限责任公司	云南省昆明市安宁市	有限责任公司	制造业	79	600	541	-108	10	70	48			
云南景成基业建材有限公司	安宁市草铺镇	有限责任公司	制造业	57	683	523	-64	5	93				
安宁宏源经贸有限公司	云南省昆明市安宁市	有限责任公司	批发零售业	-83	22	507	-167	4	20	15			
安宁县街辉煌磷化工	安宁市县街镇县街村	股份有限公司	制造业	90	550	500	3	12	45	55	磷矿	吨	5 400
云南安宁兴鸣化工厂	安宁市县街镇小新桥村	私营企业	制造业	223	523	497	-11	0	43	26	磷肥	吨	2 548
安宁市县街菠萝湾磷矿	安宁市县街镇	集体企业	采矿业	286	312	492	10	151	68	46	磷矿	吨	23 400
昆明安宁蓄电池厂	安宁市禄脿镇海湾村	私营企业	制造业	122	565	482	20	23	64	65	蓄电池	枝	20 000
安宁付祥冶金炉料有限公司	云南省昆明市安宁市	有限责任公司	制造业	159	315	454	31	49	51	29			
云南劲牛钾肥有限公司	云南省昆明市安宁市	有限责任公司	制造业	-12	396	396	-335	38	113				
云南安宁隆昌化工有限公司	安宁市草铺镇	有限责任公司	制造业	107	398	359	-39	8	49	42	磷肥	吨	2 231
安宁天发磷业有限公司	安宁市八街镇枧曹营村	有限责任公司	制造业	320	533	349	152	97	89	88			
安宁洪源经贸有限公司磷化工厂	安宁市草铺镇	私营企业	制造业	-31	337	337	-48	5	61	55	磷肥	吨	1 872
云南金然矿业有限公司	安宁市县街镇县街村	有限责任公司	制造业	86	356	303	-99	24	78	20	磷矿	吨	9 599
安宁千丰工贸有限公司	安宁市县街镇	有限责任公司	制造业	46	252	186	5	1	17	12	黄磷	吨	15 637
昆明北方鞋业橡塑有限公司	安宁市太平镇小街	有限责任公司	制造业	31	136	34	5	1	15	12	塑料桶	只	39 600
云南云溪植物制药有限公司	安宁市太平镇妥乐村	有限责任公司	制造业										

三资企业选介

云南昆钢嘉华水泥建材有限公司

【简况】 云南昆钢嘉华水泥建材有限公司地处距昆明市西南40公里处的安宁市草铺镇下麒麟村老320国道旁。原为昆明钢铁控股有限公司、香港嘉华集团利达投资公司、云南华云实业总公司、安宁投资有限公司于2004年9月1日共同出资组建的中外合资企业，注册资金6.6亿元人民币。几经股权转让和增资扩股后，新出资比例为昆明钢铁控股有限公司38%、美力投资有限公司32%、柏佑有限公司30%；注册资金由6.6亿元人民币增加到8.25亿元人民币。固定资产原值91 719.4万元，净值80 893.4万元。

【机构人员】 公司内设行政及人力资源部、财务部、生产技术部、法律事务部、设备动力部、安全环保部、品质管理部、营销部、采购部等职能部门和原料分厂、熟料分厂、水泥分厂、微粉分厂、矿山分厂。2009年底有在册职工533人，专业技术人员88人，其中中级职称10人、初级职称78人。

【主要工艺装备】 水泥生产作业区，有一条日产2 000吨和一条日产4 000吨的新型干法水泥熟料生产线，两条生产线均采用FCS计算机现场总线自动控制系统，质量控制采用荷兰菲利普公司的X荧光分析仪与执行机构形成智能化的QCX质量检测系统。从原料的预约到产品的包装实现了生产自动化，有效保证了产品质量的均匀性和稳定性。矿粉生产作业区，有一条年产60万吨粒化高炉矿渣微粉生产线。主机引进德国莱歇公司LM46.2+2S大型磨，生产过程采用DCS计算机现场总线自动控制系统，可生产比表面积$350m^2/KG \sim 600m^2/KG$的矿渣微粉产品。矿山生产作业区，是与日产4 000吨新型干法水泥熟料生产线相配套的石灰石矿山系统，具有年产250万吨石灰石生产能力。主要设备有2台板喂机、1台破碎机、5条皮带机和从安宁市县街乡耳目村鸡蛋山，输送石灰石至草铺镇麒麟村水泥生产作业区、采用法国雷依公司技术、全长10.5公里的皮带运输通廊。

【技改扩建】 公司不断进行技改扩建，于2008年投资8千多万元建设的纯低温余热发电项目，已于2009年底并网发电、投入运行；2009年投资3 300万元建设一条年产30万吨矿渣微粉生产线项目，工程正在实施中。目前公司已形成日产6 000吨的水泥熟料、年产300万吨新型干法水泥的生产规模。

【产品性能】 云南昆钢嘉华水泥建材有限公司生产的西麟牌系列产品主要包括：普通硅酸盐水泥、矿渣硅酸盐水泥、矿渣微粉等产品。具有：普通水泥早期强度高、凝结硬化快、抗冻性、抗渗透性、耐磨性好；矿渣水泥后期强度增进率大、水化热低抗硫酸盐侵蚀性能好，蒸汽养护强度发展快，耐热性好等特点；矿渣微粉的产品颗粒级配合理，需水量小、水化热低、后期活性高、与外加剂适应性好等特点。产品已在我省各建设领域广泛应用。

【产量产值】 2009年共生产熟料173.9万吨，水泥201.21万吨，矿渣微粉53万吨；全年共销售水泥198.7万吨，熟料36.78万吨，矿渣微粉33.21万吨。实现销售收入7亿元，利润6 000万元，上缴国家税金4 785万元。

（张仕能）

云南绿珍食品有限公司

【简况】 云南绿珍食品有限公司位于安宁市太平镇册峨甸28号，距昆明25公里，是一家中外合资企业。成立于2003年12月16日，2004年9月正式投产，注册资金10万美元。其中加拿大奥斯曼贸易有限公司出资3万美元占30%、昆明麦考奇食品有限公司7万美元占70%。公司占地面积8 500平方米、车间面积2 850平方米，绿化面积达60%。驻地空气清新、水质优良。公司有一个董经营善管理的领导集体和一支有丰富农产品加工经验的职工队伍。法人代表：陈莲珠。

【主要产品产量】 公司主要从事美味牛肝菌、盐渍牛肝菌、速冻牛肝菌、豆类、瓜子仁及脱水蔬菜等食品的加工生产。年产美味牛肝菌片100吨、盐渍牛肝菌200吨、速冻牛肝菌250吨、豆类250吨、脱水蔬菜150吨、瓜子仁100余吨。

【开发新产品】 公司自成立以来不断总结经验，提高产品质量产量，开发新产品以满足客户的不同需要。2007年开发的新产品“韩式炮弹辣椒”，主要销往韩国市场，取得了良好的经济和社会效益。

【投资改造】 2009年公司投资20余万元安装变压器、改造冻库、增加冻库设备，扩大生产规模。

【出口贸易】 2009年生产速冻牛肝菌200吨、牛肝菌干片30吨、华子菇95吨、混合菇85吨、冷冻蔬菜200吨。主要销往意大利、德国、马尔代夫、约旦、西班牙等国家，产值达2 000万元，出口创汇200多万美元，被安宁市委评为2009年度出口贸易成绩显著企业。

（张仕能）

云南金盛新型材料有限公司

【简况】 云南金盛新型材料有限公司位于安宁市金

方街道办事处昆畹公路29公里处。是1998年由云南省工业投资控股集团公司与香港志盛科技有限公司，共同投资近1亿元组建的中外合资企业。生产线成套设备由台湾泓泰工业总公司设计安装，达到国际先进水平。现已发展成为具有年产铝塑复合板220万平方米、铝镁锰合金屋面板8 000吨生产能力的行内著名企业。

【产品性能】　公司现有金盛铝塑板、冰纹板、阻燃板及石纹板、变色龙板、防菌板和抗静电板等七大系列的上百种产品。具有重量轻、易造型、易安装、抗老化无污染、不脱色等优点及防火、防潮、隔音功能。广泛应用于高档建筑幕墙、室内装修、吊顶和隔间壁材及箱材装饰。是国家建设部推荐使用的新产品，其中新型冰纹涂料涂装金属复合工艺技术获得了“国家科技部专利证书（030143号）”，代表了国产铝塑板的最高水平。

【生产销售】　2009年，在铝塑板行业仍然处于恶性竞争的情况下，生产铝塑板9.73万标张，实现销售收入2 398万元，其中出口610万元；缴纳各种税金89万元。

【机构人员】　公司实行董事会领导下的总经理负责制，下设办公室、财务部、质量技术部、营销部及生产车间。现有员工87人，其中大学12人、大专18人、中专39人、高中及其他18人；专业技术人员30人。

【荣誉称号】　2000～2003年先后通过中国建材质量管理体系认证中心ISO9001：2000质量体系、ISO14001：1966环境管理体系及GB/T 28001：2001职业健康安全管理体系认证，是国内同行业第一家通过三项认证的企业；2002～2009年被行业协会授予“中国铝塑板知名品牌”荣誉证书；2008年度“金盛”商标获得云南著名商标称号。在2009年举办的“力同杯”《中国优质铝塑板示范工程》评选中，公司的两个应用工程“红塔体育中心”及“十四集团军办公大楼”被评选为中国优质铝塑板示范工程。

（张仕能）

安宁戴科精细化工有限公司

【简况】　安宁戴科精细化工有限公司位于安宁市太平镇安宁化工厂内，由云南安宁化工厂和美国仙农有限公司于1995年合资创办，是目前国内唯一生产精制漂白紫胶的企业。该产品以云南特产紫胶（一种天然高分子聚合物树脂，无毒、无害具有可食性）为原料。现年产量已达600吨，产品90%出口，已成为全球第二大精制漂白紫胶生产企业。公司于1999年获昆明市“出口创汇先进单位”称号，并已连续10年被评为云南省外商投资企业“双优企业”。

【产品用途】　公司主要产品为食品级精制漂白紫胶。广泛应用于果蔬保鲜、制药、食品、涂料行业，该产品填补了我国产业空白。

【经营状况】　2009年受国际金融危机的影响，美元汇率下调，出口产品市场压力加剧，给公司经营带来极大困难。经公司多方努力年产量达630吨、年销量达629吨、销售额达2 300万元人民币、营利502万元，比去年有所提高。

【项目投资】　公司在国际金融危机、美元贬值、市场竞争激烈的情况下，仍然保持着产销两旺的发展势头，已迫使世界第一大漂白紫胶生产企业—美国MANS公司与我方商谈投资入股合作事宜，预计入股投资250万元人民币，引进先进工艺设备，合作生产新的漂白紫胶产品，以拓展全球市场份额，且将公司年产销量增加50%。该项目第一阶段投资60万元对生产线进行改造的工程已完成，并进行了试运行，产品经检验达到了相关技术要求，为深化合作打下了基础。当年公司先后投资30多万元对废水处理设施进行改造，以达到环保要求。

【节能减排】　经过设备改造，公司原辅材料物耗较去年大为降低，产率却提高0.8%。其中用水量减少9.5%、电量减少11.7%、气量减少3%、固体废弃物量减少了4.3%。取得了较好的经济和社会效益。

（张仕能）

昆明正大有限公司

【简况】　昆明正大有限公司是由泰国正大集团和昆明面粉厂合作经营的一家大型现代化农牧企业。成立于1991年10月，总投资1 392.82万美元，注册资本640.53万美元。

【经营范围】　公司主要生产、销售各种全价饲料、浓缩饲料、饲料添加剂和肉雏鸡苗；经营饲料原料、畜禽、蛋类、食品、水产品、兽药，并进行动物诊疗。

【生产规模】　公司拥有饲料厂、父母代种鸡场各一个，饲料厂年产24万吨，父母代种鸡场年产1 600万羽肉雏鸡苗，养殖罗斯308父母代种鸡10万套，艾维茵父母代种鸡6万套，全年可向市场提供商品肉雏鸡苗1 600万羽。公司集饲料生产、商品肉雏鸡苗生产、畜禽一条龙养殖和销售为一体，是云南省科委和云南省经贸厅认证的技术先进型企业。

【主要产品】　主要生产猪、鸡、鸭、鱼、牛的全价配合饲料和浓缩饲料，其中猪饲料包含猪浓缩料、仔猪前期浓缩料、乳猪料、母猪浓缩料、小猪料、中猪料、大猪料、通用猪料61个品种；鸡饲料包含肉（土）鸡颗粒料、蛋鸡浓缩料、蛋鸡料27个品种；

鸭饲料包含蛋鸭料、肉鸭料；鱼饲料包含鱼颗粒饲料、漂浮鱼料16个品种。公司始终视产品品质如生命，追求客户满意、环境保护及技术创新，并不断研发和推出国际尖端饲料新产品——正大三宝（正大代乳宝、正大乳猪宝、正大仔猪宝），为公司产品锦上添花。

【人员培训】 公司始终尊重知识，尊重人才，并不断培养提高其技能水平。2009年度进行了35次岗位技能、安全生产知识教育、公司规章制度培训，送外部培训5次，总计参加培训人数达1 500人。

【产量产值】 2009年实现饲料产量146 917吨，销量102 006吨，鸡苗产量882万只，销售收入57 298万元，总利润4 867万元，固定资产16 953万元，总资产24 357万元。

【清洁生产、节能减排】 公司邀请具有专业技术水平的清洁生产审核专家指导工作、进行清洁生产审核人员培训，在审核程序规定的七个阶段35个步骤的具体实施过程中，共完成了无/低费方案35项，中/高费方案3项，实现“节能、降耗、减污、增效”的清洁生产目标，并通过了审核。

（张仕能）

骨干企业选介

云南弘祥化工有限公司

【简况】 云南弘祥化工有限公司位于安宁市草铺镇昆畹公路38公里处，是以生产高浓度磷复合肥为主的私营企业，公司成立于2003年8月，注册资金5 000万元，由云南祥丰化肥股份有限公司全额出资，收购原安宁市水泥厂后在其原址上建设生产装置。公司先后投资8亿多元，现已形成年产70万吨高中浓度磷复肥的生产能力，其中：年产重钙（TSP）25万吨、磷酸二铵（DAP）35万吨、磷酸一铵（MAP）10万吨。公司现有固定资产5亿多元，内部职工700余人，外部用工300余人。

【营销产值】 产品销往国内23个省、自治区并远销东南亚、大洋洲、美洲等地区国家。2009年实现工业总产值14亿元、出口创汇5 600多万美元、上缴税利5 000多万元。

【荣获荣誉】 自2003年以来，公司先后荣获中国化工企业“500强企业”、云南省私营企业“100强企业”、昆明市私营企业“50强企业”，昆明工业企业“100强企业”、昆明工业企业“纳税大户”、“纳税先进企业”等荣誉称号。通过了ISO9001、ISO14001、GB/T28001质量、环境、职业 健康安全管理体系认证和云南省商务厅YC品牌认证。

2009年度，公司所生产的“螳丰”牌重过磷酸钙和磷酸二铵被评为“云南名牌”产品、“螳川”牌磷酸铵肥被评为“昆明名牌”产品。公司的综合实力在“中国化肥行业100强”评比中名列第47位；在“全国工商联上规模民营企业营业收入排序”中列第604位——比2006年首次参加评比时前进了368名；在“中国化工500强”中列183位，比上届评选前进了50名；在“云南省百强企业”评比中列第36名，比上届评比前进了13名。成为全国同行业中发展较快的民营企业，被中国化工行业协会授予“最具成长型企业”称号。

【建设二期工程】 2009年公司考虑，为了长远发展，经过多方考察、论证，公司决定建设弘祥二期工程。该项目已经在2009年12月23日由昆明市经委批准立项，并成为安宁市重点项目和昆明市重点项目，该项目预计投资8亿元人民币，简称“836”工程（硫酸80万吨/年、磷酸30万吨/年、磷酸二铵60万吨/年），届时公司的市场竞争力将更上一个新的台阶。

（张仕能）

云南金色田野企业集团有限公司

【简况】 云南金色田野企业集团有限公司位于云南安宁市连然街道办事处武家庄。前身是云南磷化集团复合肥厂，2005年7月，按照云南省国资委《关于云南磷化集团主辅分离辅业改制方案的批复》，国有资产从原厂里全部退出，置换为民营资本，完成了企业改制。公司始建于1995年，注册资金为500万元，拥有固定资产4 000多万元。云南金色田野企业集团有限公司属下由云南金色田野企业集团进出口公司、云南大陆商贸有限公司、云南润苗化肥有限公司、云南金然矿业有限公司、普洱金色田野农业工程有限公司及香港璟鸿贸易有限公司七个全资公司组成。

【主要产品及营销】 公司主要以生产饲料添加剂、重过磷酸钙（TSP）、富过磷酸钙（DSP）、普通过磷酸钙（SSP）、磷矿粉和（高、中、低浓度有机—无机）复合肥（NPK）等系列产品及种植经济林木为主。2009年，因受全球金融危机影响，导致产品滞销，当年实现销售收入3.6亿元。

【项目投资】 公司为了积极响应政府号召，按照城市总体规划要求，在草铺工业园区先后征地150亩（已办理手续的90亩、其余的正在办理相关手续），准备投资建设以下装置：20万吨/年MDCP生产、7.5万吨/年的湿法磷酸生产线，20万吨/年磷石膏综合利用装置、30万吨/年富过磷酸钙生产线、20万吨/年重过磷酸钙生产线、30万吨/年硫磺制酸、10万吨/年磷矿粉生产线。以上装置将采用国内先进的生产工艺及配套的环保治理设施。新基地生产线建成后，原武家庄片区的生产装置将全线关停。

【节能减排】　2009年公司为实现“节能、降耗、减污、增效”的清洁生产目标，邀请具有专业技术水平的清洁生产审核专家组对公司进行清洁生产审计，于2009年11月10日通过了清洁生产审核，公司按照清洁生产审核过程中的方案实施，效益很好。

【清洁生产】　为摸清公司的能源消耗情况，2009年进行了能源审计工作，按要求对公司成旧、耗能高的相关设备进行了改造，将其更换为新型的节能降耗产品并增加保温层以减少能源损耗。

【设备改造】　公司计划投资72万元，于2010年2月将三条造粒装置的手烧炉窖改造为沸腾炉，大大降低劳动力及燃料煤的使用量，真正实现“节能、降耗、减污、增效”的清洁生产目标。

【信誉荣誉】　公司自成立以来，一直致力于国际、国内、省内三个市场的开拓，于2009年注册商标“云磷”被认定为“昆明名牌”。同时还通过了ISO9001：2008质量管理体系及ISO24001：2004环境管理体系的认证，并参加了由云南省产品质量监督检验研究院组织的企业化验室的能力验证活动，且一举通过了验证。

（张仕能）

昆明湘大骆驼饲料有限公司

【简况】　昆明湘大骆驼饲料有限公司位于安宁市太平镇火龙村，是由农业产业化重点龙头企业：唐人神集团股份有限公司和湖南唐人神肉制品有限公司，于2004年12月投资3 000万元人民币，在安宁合资兴建的年产18万吨饲料加工企业，2005年9月22日正式投产。2009年年末人数172人。2009年完成产量4.5万吨，产销率为99.5%，实现产值1.48亿元，实交税金50.8万元。2009年公司荣获“云南省饲料企业二十强”及安宁市“守合同重信用企业”称号。

【改扩建工程】　公司根据“饲料、种苗、动物保健、肉制品加工和商业连锁”一条龙产业链的发展战略，决定再投资5 000万元启动昆明湘大二期工程，兴建一条年产5 000吨的肉类深加工生产线，以加速云南的农牧业发展。

（张仕能）

云南梅塞尔气体产品有限公司

【简况】　云南梅塞尔气体产品有限公司位于昆钢氧气厂内，是由梅塞尔格里斯海姆（中国）控股有限公司在云南省投资4 475万美元兴建的独资企业，成立于1998年9月30日，2000年4月正式投产，当年获利。2005年12月又在玉溪设立了云南梅塞尔气体产品有限公司玉溪分公司。

公司2009年末从业人员83人，其中工程技术人员57人、大学26人、大专22人、中专11人、中级职称以上13人、初级职称8人。

2009年公司实现总产值15 038万元、营业收入15 373万元、利润3 035万元、实缴税金637万元。

【经营范围】　主要生产、销售和储运自然气态、液态、固态气体产品及销售、出租配套的气体处理和存储设备、相关产品的售前售后服务和气体应用技术的开发及其咨询服务。

【主要产品及设备】　主要产品为管道氧气、管道氟气、液氧、液氩及液氟。主要设备为生产用主体机械设备为空气分离设备及空气压缩设备。位于昆钢的生产现场生产能力为10 000NM3/H，玉溪分公司生产现场生产能力为12 000NM3/H。2009年9月玉溪分公司第三套空分设备开始投产，其生产能力为10 000NH3/H＋100TPD液化。

（张仕能）

云南红梨科技开发有限公司

【简况】　云南红梨科技开发有限公司位于安宁市温泉镇渡船房村，成立于2000年1月，注册资金1 500万元，现有资产总额3 357万元，是从事集云南特色水果、蔬菜及农副产品研究、生产、开发销售为一体的高科技农业股份制企业。

公司通过与中国农科院和云南省农科院技术合作，培育出具有自主知识产权、适应云南种植的“云红梨一号”红色梨新品种；成功引种、筛选出3个红梨品种“红梨95－2号”、“红梨32号”、“红梨35号”，为红色梨产业发展提供了早、中、晚熟配套品种。

【生产规模】　公司在安宁市和江川县建立了2 300亩红色梨标准化示范基地，注册产品“滇之红”牌商标。2006年，建成云南省最大的红梨现代化采后处理中心，年处理能力为3 500吨。建有1 500平方米的果品包装车间、4 500立方米的冷库、200立方米的预冷库、1 100平方米的管理、质检、研发综合楼、600平方米的温室。

【荣获荣誉】　公司先后被评为“昆明市龙头企业”、“国家外专局引智示范基地”、产品获得了“昆明市农业博览会银奖”、“绿色食品”等称号。

【科技创新】　从2000年起，公司与新西兰皇家园艺研究所、云南省农科院合作，共同进行红色梨的科学研究与开发；目前，公司建立了完善的产品质量与安全的管理和监控体系，引入了国外先进的现代农业管理体系，种植基地先后通过了中国绿色食品A级认证；欧盟良好农业规范（EORUGAP）、中国友好农业规范（CHINACAP）认证；ISO9001：2000质量管理体系认证，加工中心先后通过了英国零售商协会（BRC）全球标准认证；ISO9001：2000质量管理体系认证。

【开拓国际市场】 公司与新西兰第二大农产品出口公司新西兰鲜果公司合作，合资在新西兰共同组建了各占50%股份的“YunNanFresh Ltd. Co”，负责云南生产的红色梨和其它农产品的出口。截止2009年底，公司和安宁市农业局合作在安宁带动农户发展红色梨2万多亩，全省达5万多亩。产品成功进入国际市场，深受好评。公司产品：红梨、甜柿、石榴出口到英国、泰国、新加坡、马来西亚等国家，打造了云南省特色水果品牌。

（张仕能）

云南新天力机械制造有限公司

【简况】 成立于2003年4月28日的云南新天力机械制造有限公司，位于安宁市太平镇昆安公路28公里处。注册资金1 500万元人民币，总占地面积5万多平方米，建筑面积3万多平方米。主要从事农业机械的研究开发、生产制造和推广使用，是专门生产、销售“新天力”牌手扶拖拉机、盘式拖拉机、后驱动变形拖拉机及农用耕作机械等多种系列农机产品的民营企业。至2009年，累计投资已近6 000万元。

【人员】 现有员工320人，其中各类专业人员60余人、大学本科以上20人。

【质量管理】 2008年，公司在云南农机行业第一家通过ISO9001—2000质量管理体系认证。

【产量产值】 2009年，生产拖拉机3 401台，销售3 576台（含2008年库存）；产值达2.5亿元，上缴税金60余万元。

【荣获荣誉】 2003年，公司被安宁市定为“挂牌保护企业单位”；2008年，董事长陈建明被云南省政府授予“优秀企业家创业之星”称号。

【科技创新】 公司先后投入技改资金3 000多万元进行新产品开发和工艺改造，2006年与昆明理工大学共同研发出具有自主知识产权的绿色节能型卧式双缸柴油机，填补了国内空白。该项目于2008年被列入昆明市重大科技项目及云南省强省计划项目。该机已于2009年获国家生产许可证书，并获得了37项专利。

（张仕能）

交通·运输·邮政·通信

编辑：马义芳

2009 年 2 月 6 日，安宁市举行青龙镇双青（双湄至青龙）标准二级公路开工仪式。

（青龙镇　供稿）

交　通

【重点交通基础设施建设】　1. 工业园区运输快速通道（安宁至禄脿一级公路）开工建设：安禄公路起于安宁市主城西端新哨湾，止于禄脿镇安丰营，路线全长19.59千米，工程概算总投资6.96亿元。此项目系国道320线改造项目。于2009年6月25日开工，2010年12月31日竣工。2. 工业园区运输快速通道（县街至草铺一级公路）开工建设。县草公路起点位于安宁市县街镇旋水井村，终点与安禄公路相接，路线全长8.63千米。工程概算投资约2.862亿元，2009年6月25日开工，计划2010年12月31日竣工。3. 安县市政道路开工建设。安县市政道路起于安宁市县街镇老安八路与梨河路相交处，止于大屯油库（老安八路与昆钢专运铁路相交处），全长6.915千米，总投资约4.117亿元。道路等级为城市Ⅱ级主干道，路基宽52米。2009年4月25日开工，计划2010年12月30日竣工。4. 西一绕市政道路开工建设：西一绕市政道路起于安宁监狱，接安县市政道路，止于草铺镇麒麟村，全长4.89千米，总投资约2.47亿元。道路等级为城市Ⅱ级主干道，路基宽52米。2009年4月25日开工，计划2010年12月30日竣工。

【安楚第二汽车专用线大修养护】　昆楚高速公路安宁城区至温泉收费站联络线（二专线）大修养护工程全长5千米，路基宽13米，路面宽12米，项目总投资950万元，2009年4月5日开工，2009年9月1日完工。

【自然村道路硬化】　2009年完成138千米自然村道路硬化，总投资7 700多万元，截止2009年12月31日，安宁市384个自然村道路硬化全部完成，提前实现“三个百分之百”，即：百分之百行政村道路硬化，百分之百自然村道路硬化，百分之百行政村通公交。

【公路养护】　2009年对所辖的公路进行了相应的管养维护，共投入养护资金1 000余万元。其中大修5千米，小修、中修里程为2千米。挖补沥青病害路面1 500平方米，投入资金20万元。公路养护管理的加强，使安宁市农村公路管养水平达到了上级主管部门要求的公路好路率标准。

【公路安全保通工作】　2009年共投入资金30余万元对辖区公路缺损的安全设施，警示、标示牌进行修理或重新安装。水毁修复完成路基土石方6 000余方，挡墙修复500余方，清理修复涵洞5道，沙石路面保通7.5公里。

【路政管理】　2009年审批挖掘公路路面埋设管道2起；审批利用公路用地搭接道口8米；收回路产占用费51 770元。实施公路巡查311天，投入公路巡查车辆计579辆次，人员2 466人次。坚决打击超限超载车辆，制止和惩处破坏公路产权、污染公路路面、损坏公路附属设施的行为。全年累计检测货运车辆2 670余辆，劝近199多辆，处理556多辆次；共制止和查处各类损坏路产案件47件，其中立案41起，立案率87%，查处41起，查处率100%，共收回公路路产损失赔偿费62 560元。有效保护了公路路产不受损失、路面不受污染。确保了上半年没有一起公路“三乱”行为发生。

【安全生产管理】　2009年共召开交通安全生产工作专题会议6次，参会44人次；制定交通安全生产文件5份，转发上级交通安全生产文件6份，并成立目标责任督查室，有效督促各责任科室及责任人严格执法。截至12月31日，交通局共开展水上交通安全督查检查27天，投入118人次；公路建设督查检查29天次，投入161人次；联合安检、交警、运管分局、农机监理四家单位对危货运输、旅客运输、出租车客运、货物运输督查检查18天，投入36人次。经过努力，有效遏制了安宁市重特大道路交通事故的发生。

【桥梁建设】　2009年，在建桥梁有大桃花村沙河桥，工程预算总投资133万元，2009年4月份前各项准备工作全部完成，并于4月2日与云南路桥股份有限公司签订施工合同，工程正式开工，2009年9月30日建成投入使用。

【公路绿化】　2009年，安宁市交通局对原先无绿化的农村公路进行多品种、多层次绿化；对原公路已有绿化的实施插绿、补绿工作，共计完成公路绿化里程127.71公里，共栽种各种苗木45万余株，共投入资金520万元。

【城乡公交基础设施建设】　通过和禄脿供销社合作，改造禄脿供销社闲置房产建成禄脿客运站，项目总投资70万元，建筑面积567平方米，2009年12月完成改造投入使用。青龙客运站于2009年12月竣工，建筑面积614平方米，总投资117万元。同时，按照辐射人口多或者较大村庄设置公交站点的原则，全年新建了县街，甸东、下元良三个村庄站点。

【机构调整及领导班子变动】　2008年8月，根据昆明市机构编制委员会《关于组建昆明市公路运输管理局的批复》，原安宁运政管理所上划昆明市运输管理局直管，新成立安宁市运输管理分局，原所长浦永华同志不再兼任交通局副局长。2009年3月市委对交通局领导班子进行调整，李利锋同志任交通局副局长。

【城乡公交发展】　随着市域经济的快速发展和人民

群众物质文化水平的不断提高，发展更为安全、方便、快捷、便宜的城乡公共交通已成为广大群众的迫切愿望。为破解城乡二元结构矛盾，统筹城乡发展，满足人民群众的需求，安宁市凭借大工业的有力支撑，加大以工哺农力度，推进城市基础设施向农村延伸，在大力推行城乡公交一体化发展的过程中，坚持科学发展，城乡公交取得了跨越式发展。安宁市的城乡公交一体化发展大致经历了2001年初创、2005年奠基、2008年成型三个阶段。2001年9月，安宁城区公交正式运行，首批投放6辆车、开通3条公交线路。2005年9月，开通了城乡至八街镇的农村公交，标志着安宁市正式启动城乡公交一体化工作。截至2009年12月31日，全市已拥有公交车327辆，运营线路65条（其中：城区线路21条，乡镇线路20条，通村线路24条），其中；160辆公交车服务于农村地区。线路覆盖65个行政村，总里程达980公里，公交行政村覆盖率实现100%，率先实现公交村村通，沿线数万名农村群众受益。目前，安宁市已初步形成了“外联周边县（市），内通安宁市主城区、各镇，有效覆盖各行政村”的三级城乡公交运行网络，城乡公共交通呈现出安全、方便、快捷、便宜的良好发展局面。

（徐寅生　张　波）

运　　输

【简况】　2009年，安宁市拥有各类营运车辆7 085辆。其中普通载货汽车6 637辆，载重量32 109.604吨；载客汽车448辆，9 600个客位。全年共完成客运量3 038.92万人次，客运周转量97 465.32万人千米；货运量1 351万吨，货运周转量83 762.53万吨千米。

【城乡公交一体化建设】　2009年，安宁市结合自身独特的自然条件、区位优势和发展实际，在采取规费减免、专项补助、贷款贴息、加大公交基础设施建设等一系列倾斜性政策措施的引导下，使安宁市城乡公交事业得到了较快发展。全年公交公司共投入1 671万元新增65辆公交车，新开辟8条公交线路（含2条通镇、村线路）服务于城乡公交一体化发展；同时，于2008年5月正式启动60周岁以上老年人免费乘坐城区公交车的工作，2009年度共办理老年人爱心卡7 369份，现爱心卡持卡数量为19 513份；2009年2月份启动了安宁市残疾人免费乘坐城区公交车的工作，共办理残疾人爱心卡1 450份。截至12月，全市投入使用客运站5个（安宁市客运站、温泉客运站、县街客运站、八街客运站、草铺客运站），在建2个（青龙客运站、禄脿客运站），未建1个（太平镇客运站）。拥有公交车326辆，运营线路63条（含乡镇17条，以及23条通村公交线路），其中85辆公交车服务于农村地区，线路覆盖65个行政村、370个自然村，总里程700公里，通村覆盖率达到98%，并已实现公交“镇镇通”。

安宁县街客运站　　（安宁市运管分局　供稿）

【年度审验】　2009年，共审验各类营运机动车5 663辆，审验率91%；审验汽车维修户270户，审验率为90%；审验搬运装卸户6户，审验率100%。

【驾培管理】　严格审查从业人员资质准入关，严肃查处各类违规培训行为，做好从业人员的培训工作，确保培训质量，健全营运驾驶员培训管理档案，搞好从业资格证年审等工作。搞好从业资格证年审，全年共派出监考人员42人次，举办培训班21期，培训从业人员1 600人，有1 560人取得营运驾驶员从业资格证。全年共审验营运驾驶员从业资格证5 200个，审验率95%。

【春运工作】　春运期间，安宁市共投放旅客运输车辆97辆，日均开行班次204辆次，运送旅客24.8645万人次，完成旅客周转量870.2575万人千米。安全圆满地完成了2009年春运工作任务，实现了春运工作“安全、有序、畅通、优质”的总体目标。

【维护道路运输市场秩序】　为切实加强全市客运市场监管，遏制非法营运行为蔓延，维护正常客运秩序，构建道路交通安全牢固防线，保障合法经营者和广大群众合法权益，昆明市政府出台《昆明市打击非法客运车辆经营行为规定》第26号公告，按照昆明市政府打击非法客运经营行为领导小组的工作部署，安宁市政府成立了打击非法客运领导小组，制定工作实施方案，明确各镇、街道办事处及各部门工作职责。2009年，分局稽查大队继续加大打击非法客运力度，由稽查大队牵头，交警大队等部门协同配合，组成联合执法队伍，依托各检查站，积极与市综合执法大队、市纠风办联系，坚持以打击城区非法营运为主，日常稽查为辅的原则，采取重点检查、流动巡查、定点监控的方式，重点对无营运证照或伪造营运证照从事非法营运的客运车辆进行专项重点检查，对乱窜线路、乱停乱靠的客货运车辆进行严厉查处。全年，运管分局共出动稽查人员2 650人次，稽查车辆6 548辆次，查处非法营运车辆76起，罚款41 750元，移交昆明市客运出租汽车管理处76辆。通过长期坚持与专项整治相结合，使非法营运现象得到进一步遏制，确保了道路运输市场健康有序发展。

【开展出租客运秩序专项治理】 2009年，针对出租汽车从业人员管理不规范的情况，安宁市运管分局根据2008年的出台的《安宁市人民政府关于开展出租客运秩序专项治理的通告》，进一步加大整治力度，规范城市出租客运行为。截至12月，安宁市出租汽车客运管理处共检查出租汽车及客运车辆617辆次，查处违章车辆64辆次，教育处理违章从业人员42人次，罚款6 600元，受理电话投诉34件，办结34件，办结率达100%。

【开展第四届“爱心送考”公益活动】 高考来临之际，安宁市运管分局组织全市客运企业开展第四届“爱心送考”公益活动，得到了昆明市交运集团安宁公交分公司、昆安驾驶培训学校、昆钢汽车运输公司客运服务站、安宁市恩捷出租汽车公司及广大司机的大力支持，共有87辆公交车，40辆教练车、10辆出租汽车参与“爱心送考”公益活动。

2009年6月8日，安宁市运政管理分局组织全市客运企业开展第四届“爱心送考”公益活动。

（市运政管理分局　供稿）

【微型客运车辆全部退出营运市场】 为进一步优化公交运行环境，强力推进安宁市城乡公交一体化发展。2009年，在安宁市委、市政府的大力支持下，截止到10月底，安宁市最后一批营运时限到期的10辆微型车全部退出营运市场。

【完成市运管局组织的赴丽江地区开展昆明市主城区客运站搬迁宣传工作】 2009年10月11～15日，安宁市运管分局抽调业务骨干组成宣传工作组赴丽江交通运输集团公司、丽江市客运站开展昆明市城区客运站搬迁宣传工作。宣传工作组通过运用多渠道、多沟通、多协调的方法，最大限度地争取到丽江市交通局、运政处的理解和支持，进一步加强了与当地客运企业的联系，保证了材料的及时有效发放，达到了宣传目的，取得了实质性效果，完成了市运管局安排的宣传工作任务。

（杨鹏霖）

邮　政

【简况】 2009年，安宁市邮政局坚持效益优先原则，以市场为导向，继续深化业务结构调整，重点发展邮务类业务，突出发展速递物流类业务，继续稳步发展邮政金融业务，在履行好邮政普通服务义务的同时，不断加速竞争性业务商业化运作和专业化经营的步伐，做到有重点、有目标、有计划地推进各项业务的发展，不断深化体制机制转变，促使安宁邮政持续健康快速地向现代邮政企业转变。主要收入完成情况：全年共实现业务收入732.94万元，比上年同期增长16.54%。各专业收入完成情况：邮务类业务的发展速度、业务规模及在业务总收入中的占比均居三大板块业务之首，全年累计实现业务收入470.63万元，完成年计划的110.74%，同比增长22.04%，绝对值84.99万元。代理速递业务全年累计实现收入130.24万元，完成年计划的108.53%，较去年同期增长15.97%，增长绝对值17.76万元。代理金融业务全年累计实现收入112.04万元。

【企业体制改革不断深入】 随着新修改的《邮政法》出台，邮政业务市场不断得到规范，邮政专营业务的发展环境不断优化。继邮政储蓄银行挂牌成立后，2009年底，邮政速递物流专业正式自主化经营，标志着邮政企业体制改革不断深入，推进实施专业化经营是邮政发展与改革道路上的必然方向，是解决制约邮政企业发展的关键。

【服务质量管理】 认真开展好日常服务质量的监督管理工作，严肃认真处理各种用户投诉，不断提升“营、投”窗口服务质量，使服务质量与企业形象得到进一步提高；根据市局统一安排，开展好“投递服务质量年”活动，使投递班组的服务质量、服务水平有了长足进步。

【安全生产管理】 通过加强日常安全生产的监督检查工作，确保了全局全年无安全事故发生；机要文件失密和丢损件数为零。严格按照邮政企业安全生产的要求，与班组签署了“安全生产责任书”；认真开展了金融从业人员排查工作，排查面达到100%，确保了邮政金融安全。

【精神文明创建】 2009年，安宁市邮政局积极开展精神文明创建工作，投递组荣获“十佳服务团队”称号；顺利完成安宁市市级“文明单位”申报验收工作。

（张铮勇）

通　信

中国电信股份有限公司安宁分公司

【简况】　2009 年是中国电信全业务发展的开局之年，也是中国电信发展和转型历程中极不平凡的一年，安宁电信紧紧围绕上级分公司 2009 年的主要工作目标即："深化转型、融合发展、固网维稳、移动促增、网络保障、服务支撑"开展工作。

经营工作坚持以品牌经营为主保存提升基本面，以转型业务发展为突破口，保证业务收入的持续增长。

政企客户服务坚持以商务领航为主，家庭客户坚持以我的 E 家、个人客户以天翼为切入口，改善基本面，拉动业务发展，稳定业务收入。继续加强农村信息化建设，不断推进信息化应用服务创新，以平台新型业务带动基础业务的协同发展。优化和完善了面向客户的团队体系，建立了以转型业务为支撑，以市场部和政企客户经理为核心的营销体系，

维护建设工作坚持以市场需求为导向开展网络建设，围绕提高网络安全性、业务开通、压缩障碍处理限、提高服务质量、减少用户投诉和支撑前端做好全业务发展几方面的工作。

加强员工思想队伍建设，逐步实现以人为本的管理体制，积极做好昆明市级文明单位申报工作，巩固和提升文明成果，不断完善服务机制，积极推进公司的各项改革，实行企务公开，维护职工合法权益。

作为基层电信公司，主要是围绕经营工作的四个方面进行资源的配置和投入。为适应市场竞争形势，公司进行了架构调整，让每一位员工在合适自己的岗位上充分展示自己，公司设有三个部门（营销分部、维护安装分部、综合办公室），下设 5 个班组，在安宁连然街和东湖圆山北路设有两个营业厅，在昆钢、县街、草铺等镇及部份乡村设有合作营业厅及电信业务代办点，为安宁市广大电信用户提供了更为优质、便捷的服务。

多年来，在自身发展的同时，始终坚持依法纳税，2009 年向地方税务缴纳税收 231.2 万元，员工人均纳税 5.78 万元（不含员工所缴纳的个人所得税）。

【信息化应用与服务创新工作】　2009 年，安宁电信制定了政企客户以商务领航、家庭客户以我的 E 家、个人客户以天翼为切入口，改善基本面，拉动业务发展，稳定业务收入。在 2008 年与政府部门合作的良好基础上，继续加强农村信息化建设工作；持续不断地推进信息化应用服务创新，以平台型业务带动基础业务协同发展。优化和完善了面向客户的团队体系，建立了以转型业务为支撑，以市场部和政企客户经理为核心的营销体系。安宁市城市报警系统 2009 年已完成收尾工作，全面投入使用。

【移动、3G 互联网实现客户规模化】　安宁电信自 2008 年末经营移动业务后，把 CDMA 网络建设列为安宁分公司 2009 年三项重点网络建设工作之一，在人手紧、任务重的情况下仅用了 5 个月的时间便实现了 CDMA 网络建设和优化改造。同时，通过"添翼迎春"、"天翼带你畅游 3G"、"09 年末风暴行动"等大型促销活动，天翼品牌得到广泛认可。实现学校、聚类等重点市场的有效突破，至 2009 年末移动用户实现了客户规模化。

【网络建设】　2009 年，电信公司通过采取多种措施，在装移机服务质量方面取得了较好的效果。通过采取做干节点监控、把 PDH 传输设备换为 SDH 设备、明确相应工位对 C 网派单实行全程管控等措施，C 网维护质量有了较大的提升；安宁宽带业务发展较快，为了确保用户快速增长的同时网络质量不下滑，对级连点多、设备较老、拨号连接速度慢、掉线率高、网速慢等的点进行了网络优化，使宽带网络质量有了一个较大的提升，起到了网络建设与业务增长协调发展的作用。

【加强精确化管理，提高工作执行力】　2009 年电信安宁分公司实施三个面向，提高工作执行力：①面向市场，年初根据适才选用的原则进行员工岗位的架构调整，改变思想观念和工作作风；②面向压力，制定 2009 年绩效考核办法，坚持收入分配向工作业绩优的员工倾斜；③面向客户，为客户提供差异化服务，领导和客户一起跑客户，跑项目，千方百计求发展，想方设法增收入。在全局范围内开展节能教育活动，确定了由维护部、综合部分别负责机房和办公的节能降耗工作，把节能工作深入到日常工作的各个方面。

【加强队伍建设，实现以人为本的管理体制】　积极做好文明单位申报创建工作。在 2009 年继续开展申报昆明市文明单位工作，专门成立了创建工作领导小组，抽调人员加班加点开展整理文档、资料立卷、硬件设施以及环境卫生整治，做到领导重视、员工参与、主抓得力，形成了良好的创建氛围。

加强"安全年"宣传教育，提高安全防范意识。2009 年是国务院确定的安全生产年，将安全生产宣传教育活动深入每位员工，积极组织开展安全教育活动，举办了安全相关知识培训和防火、灭火演练，对表现优秀者给予奖励；在进行以"关爱生命、安全发展"为主题宣传教育系列活动的同时，积极组织员工参加市各类隐患排查整治工作，与各部门签定了《防火安全责任书》和《社会治安及综合治理责任书》，确保无安全事故发生。积极推进公司的各项改革，实行企务公开，维护职工权益。抽出时间组织员工进行了多种培训，对生病住院员工以及病故员工家属及时进行看望和安抚，及时了解员工思想动态；落实带薪休假制度以及员工生日慰问。克服了时间紧，涉及人员情况复杂等困难，配合分公司完成了职工最

为关心的职工住房补贴资料的上报及发放工作。

（李素娥）

中国联合网络通信有限公司安宁市分公司

【简况】 中国联合网络通信集团有限公司安宁市分公司成立于2003年7月。2009年，联通安宁市分公司注重目标管理、重视网建网优、不断提升服务形象，科学有效发展，全面完成了各项生产经营任务。取得了云南联通系统内县级公司业绩排名第一的可喜成绩。分公司在安宁市各级领导及社会各界人士的大力支持下，按照国家电信重组政策的要求，全面完成了业务重组工作。在电信重组工作和3G业务全面推进的大好市场环境下，公司快速推进市场渠道建设，提升服务水平，加强对安宁市范围内的GSM网络优化，积极兴建基站，为移动和固网业务融合、3G业务发展进行了积极充分准备。为夯实在安宁市区域的发展基础，更好的为安宁市经济发展做出应有贡献，联通安宁市分公司已投资2 000万元在安宁市宁湖新城区购地建筑办公楼，拟投资超过一亿元在安宁市建设核心机房，拟投资1 000多万元在安宁职教基地、新旧城区建设固网宽带项目。这些工作的开展将为公司的发展带来新的机遇与挑战。

2009年5月，联通安宁市分公司隶属于中国联合网络通信有限公司昆明市分公司，目前设立有市场营销部、集团客户部、综合部、营业部等四个部门，公司员工22名。根据上级公司KPI考核要求，联通安宁市分公司加大对一线营销人员的激励力度，在奖惩分明的考核制度下，有效提高了全员工作积极性。

【网络建设】 2009年，联通安宁市分公司注重通信信号的质量建设工作，力求打造安宁通信市场的精品网络。在安宁市委、市政府及各单位领导的大力支持和关心下，公司合理有效地利用资源，加快网络建设步伐，在安宁城区和乡镇新建并投放使用2G基站20多个，新建3G基站40多个，安宁区域内联通网络覆盖质量得到大幅改善，网络覆盖率达到98%。

【市场经营】 2009年，安宁联通致力于用户打造方便、快捷的渠道服务体系，快速推进渠道建设工作。全年新建自建他营营业厅6个、话费代收点4个、小型收费网点达40个，有效的扩大了公司服务覆盖面，提高了对大众客户的普遍服务能力。此外，公司积极推进便利型渠道建设工作，“空中营业厅—快易充”是重点推广的用户充值服务项目，通过多类型、全方位的渠道体系建设工作，为公司取得良好的业务发展效果奠定了基础。

【客户服务】 联通安宁市分公司本着“客户至上”的原则，围绕“一个中心、三个基本点”开展服务，即以“全面提升用户感知”为中心，以“重要客户—顾问型分级服务、大众客户—标准型便捷服务、投诉客户—首问型限时服务”为基本点积极开展客户服务工作，以联通重组为契机，进一步提升公司服务质量使公司的社会形象更上一层楼。2009年，为回馈广大用户，公司推出了“真情在沃，缴费送礼”活动，用户参与率达到了80%，有效的回报了长期支持中国联通的广大客户。

【团队建设】 联通安宁市分公司是一支年轻充满活力的队伍，平均年龄仅有25岁。2009年为加强企业文化建设工作，公司开展了一系列团队互动活动，增强了员工的责任意识，激发了员工爱岗敬业的热情，有效地推动了公司的稳定与发展。

（张志宏）

中国移动通信集团云南有限公司安宁分公司

【简况】 中国移动通信集团云南有限公司安宁分公司成立于1999年，是中国移动设在安宁地区的营业窗口，11年来作为中国移动在安宁市的品牌形象为安宁市民提供优质、便捷的服务。2009年分公司设正、副总经理各一名，下设综合管理、市场管理、基站建设维护部，按区域划分为安宁城区，昆钢，温泉、青龙、草铺、禄脿，太平、八街、县街四个服务片区。（含三个“沟通100”服务厅）共有员工88人。

【网络覆盖情况】 中国移动安宁分公司在2008年已完成全部行政村覆盖、全市信号覆盖99%的基础上，2009年继续加快基站建设工作、提升信号质量。针对用户提出需求的区域，增设基站、扩大基站容量，加强用户通信质量保障。

【服务网点建设】 本着“沟通从心开始”的服务理念，2009年安宁分公司以用户服务需求为方向，在安宁新区、各乡镇及行政村增设服务网点，为用户提供便捷服务；以“沟通100”服务厅为标准，继续提升服务网点的服务水平和业务办理能力，为用户提供优质服务。

【经营管理提升】 2009年，安宁移动分公司秉承“正德厚生、臻于至善”的核心价值，在全体员工的共同努力下，在生产经营、内部管理方面均取得了良好的成绩。

以客户为中心积极开展工作，生产经营稳步上升，继续保持同行业的领头羊位置，各项服务、网络、市场指标均持续提升；以构建和谐社会、和谐行业为己任，积极响应政府大政方针，努力打造和谐通信服务行业环境，为创建和谐安宁添砖加瓦；以“青年文明号”、行风评议、“满意100服务”、劳动竞争评选等活动为契机，树立服务意识、强化业务技能，服务质量持续提高，成为安宁市内同行业服务标杆；不断深化内部改革，形成了高效而人性化的管理机制，坚持“以人为本”，建设了一支高效有力的员工团队。

【信息化建设】 在为大众客户提供优质、便捷服务的同时，2009年安宁移动重点提升企事业单位集团客户的服务水平，为企事业集团客户提供了三大“动力100”产品包，为企事业单位提供全方位的形象宣传、国际化的内部管理平台和量身订制的集团资费，为企事业单位信息化建设提供100%“动力”。政务通、农政通、警务通、校训通及企业信息化产品等等得到广泛运用，为政府、学校、企业管理提升提供了强大的助力。

按照“群众得实惠、政府得民心、企业得发展”的指导思想持续推进“136信息富民工程”，全面扩大农村偏远地区网络覆盖，通过建设惠农网、优惠资费、提升服务，使低收入群体用得起手机，农村客户持续迅速增长，一同分享社会进步的成果，进一步缩小了城乡数字鸿沟。

【精神文明建设】 移动安宁分公司一直将精神文明建设工作作为企业发展的要务，2009年通过持续推进文明单位建设，较好地促进了员工素质的提高，也进一步提高了内部管理的效能。继续保持云南省级“青年文明号”、昆明市“春城青年示范岗、昆明市级“文明单位”、“云岭先锋——青年优质服务岗”等光荣称号。

（任　婷）

城建·环保

编辑：马义芳

2009年12月8日，中共云南省委常委、昆明市委书记仇和，昆明市人民政府市长张祖林等领导视察安宁市新建成的安温大道——螳川西路。（市住建局　供稿）

城乡规划和管理

【旧城区控制性详细规划】 2009年3月18日通过邀标的形式，邀请了广州市科城规划勘测技术有限公司、云南省城乡规划设计研究院、昆明市建筑设计研究院有限责任公司及海南元正建筑设计有限责任公司4家设计单位进行旧城改造方案设计。6月1日在组织专家评审结果基础上，由广州市科城规划勘测技术有限公司吸取其他3家规划设计单位方案优点进行整合，8月完成规划编制成果，经安宁市城乡规划委员会会议审议通过，安宁市政府批准实施。该规划东起螳螂川西岸、西至人民路、北抵安楚公路、南至珍泉路，规划区总面积为184.02公顷，规划按“一心、三带、三组团”布局（即：旧城文体娱乐服务中心，行政办公服务带、商务办公服务带及商业休闲服务带，螳螂川滨水居住组团、昆畹综合居住组团、太极公园生态居住组团），以“文化重塑，功能再造，活力复苏”为规划理念，对旧城区的用地进行整理、盘点和调整，优化用地结构和用地布局，重塑安宁旧城形象。规划居住用地总面积为61.08公顷，占用地的33.83%；公共服务设施用地总面积为38.85公顷，占用地的21.52%；规划区对外交通用地总面积约2.56公顷，占用地1.42%；道路广场用地总面积为44.55公顷，占用地的24.67%；市政公用设施用地总面积约1.05公顷，占用地的0.58%；绿地总面积约32.47公顷，占用地的17.98%。规划通过用地整合，形成多个功能集中的分区，有利于产业的聚集发展和土地的统一开发，为安宁旧城改造提供了科学的依据。

【安宁市城市综合交通规划编制】 2009年4月23日通过招投标，由中标公司（昆明市政工程设计科学研究院有限公司）承担《安宁市城市综合交通规划》编制。综合交通规划范围为安宁市域及周边相关区域，规划市域道路网按“五横三纵”布局，依据安宁“两翼一心五组团”城市空间结构布局，规划道路总体格局为环形放射式，路网以主城区和太平新城为环向周围辐射，东西、南北、各有11横、16纵主干道，形成东西贯联、南北兼顾、内部城环、组团结构的格局。规划对主干道、次干道道路断面分别提出了规划方案，对公共交通、轻轨交通、旅游交通、物流交通等作了详细规划布局。规划设计成果为《安宁市城市综合交通规划》、《安宁市道路交通系统专项规划》、《安宁市公共交通系统专项规划》，成果于2010年2月26日经2010年安宁市城乡规划委员会第三次会议审议通过。

【青龙镇总体规划编制】 2008年青龙镇政府委托云南省城乡规划设计研究院编制了青龙镇总体规划，2009年2月完成编制成果。规划按照建制镇、中心村、基层村三级体系，提出“建设中心、保护一轴、控制两翼、发展白塔”的城镇规划和“一廊三片”空间格局的镇域旅游资源规划思路及“两轴、四区、一中心”镇域经济区划，镇区按“一心、一带、两轴、五组团”结构布局，即：集镇商业中心、沿螳螂川绿化带、城市经济发展轴及旅游产业发展轴和城镇中心服务组团、河上庄综合商住组团、河西综合商住组团、禹龙甸休闲度假组团、大、小李白居住组团。规划期限为13年（2008年至2020年），人口规模：2020年规划期末镇区总人口15 080人。镇总体规划包含了青龙集镇总体规划、河西控制性详细规划，镇区城镇发展思路为“重点发展河西、提升大、小李白、完善老镇区”。在城镇建设中老镇区为轴点；向西发展螳螂川以西的三个片区；向南提升大、小李白；形成城镇向西、向南两个方向发展的空间格局，规划镇区总面积200公顷，建设总用地125.75公顷，人均建设用地116.5平方米/人。

【安宁职教基地控制性详细规划】 依据2008年编制完成的《云南高等职业教育基地和公共实训基地总体规划》，为确保职教基地各类项目按规划组织实施，2009年安宁职教基地管理委员会委托云南省城乡规划设计院承接了东起下西元村、西至丰收厂村、南达县街镇、北接宁湖新城15.52平方公里的安宁职教基地控制性详细规划编制。此控制性详细规划秉承了职教基地总体规划“城校互动、建校即建城、资源共享”的理念，按照以高等职业教育、居住、高新技术产业一体，具有山水自然特色的安宁市综合新区的规划定位，对基地建设用地、建筑容量控制指标、公共服务设施和停车泊位、绿化与景观、建筑间距、建筑退让、建筑物高度控制、道路及市政管线工程等作了明确规定，做到了控制指标科学化、合理化、合法化。

【西一绕城市主干道规划设计】 2008年11月安宁市委托云南省城乡规划设计研究院承担西一绕城市干道规划设计，2009年3月完成。西一绕城市及主干道（安县公路经富安村、丰收厂至草铺镇新建安水公路）全长4 851.85米，宽42米，道路等级为城市二级主干道，规划设计车行道为16米（2×8双向四车道），机动车道两侧各设有3米宽的绿化带，绿化带两侧各设5米宽的非机动车道，非机动车道两侧各设5米宽的人行道，道路红线两侧分别预留5米宽的绿化带。规划设计包括道路工程、给排水管道工程、道路照明工程、道路绿化工程、道路交通标志和标线设施工程、公交站台、工程预算说明等及各种管线横断面和平面线型布置。

【建设项目审批】 市规划局依据《安宁市城市总体规划》和乡镇集镇规划，根据建设项目的功能、规模，合理布局城市各类建设。在建设项目报件审批过程中，依法严格把关，坚持功能合理，造型、外装饰、绿化、房屋间距等符合规划要求，城区各类管网统一入地同步实施。各类建设项目审批坚持“规划一张图、审批一支笔、建设一盘棋”的审批制度。实地勘察后，按规定逐级审批，做到层层把关，对不符合规划要求的坚决不予审批。2009年共核发《建设项目选址意见书》86份；核发《建设工程规划许可证》178份，建筑面积343万m^2，城区私人建房《建设工程规划许可证》311份。

【建设项目批后管理】 为强化建设工程批后管理工作，自2009年起规划局在核发《建设工程规划许可证》的同时，发出《安宁市规划局建设工程规划批后管理告知书》，明确告知建设单位在取得许可证后如何完善建设工程建设相关手续，并按规划要求组织建设。2009年市规划局实施城市规划区放线、验线21起，建设工程基础±0复核25起，上部检查25起，核发《建设工程规划验收合格证》18份，确保建设工程按规划审批要求实施。

【规划监察】 2009年，市规划监察中队配合安宁市综合执法大队坚持经常性普遍巡查和重点检查相结合的方式，对城市规划区内的待建、在建工程进行监督检查，重点地段重点巡查。一年中共查处违反规划建设行为80起，其中拆除的42起。继续积极配合抓好“四全”工作，组织做好临违建筑鉴定工作，配合综合执法大队、镇、街道办事处拆除临违建筑736户，建筑面积86 130m^2；拆除铁路沿线36户，建筑面积1.4万平方米。

【落实“阳光政府”四项制度】 自2009年4月开展“阳光政府”四项制度以来，市规划局向省级网站公示规划和规划设计方案25项，并公示了公示结果，利用单位办公楼宣传橱窗及时公开规划和规划设计方案。拟出96 128查询常见问题和解答信息收集表，明确96 128接受答复专人，及时答复市民提出的有关规划事项。

【城乡规划法宣传】 加强规划法律法规宣传，强化规划管理。2009年，一是印制《规划管理政策法规汇编》120册发给相关部门，印制《昆明市农村住宅规划建设管理办法》300份、购买《城乡规划法》300册在6月5日安宁市监违“零申报”工作暨培训会上发给参会的镇（办事处）、村干部；二是利用规划咨询、规划办件、违规查处等形式开展规划法律法规宣传，提高市民规划意识；三是加强村（居）民入住单元楼宣传，引导城市规划区、园区、城市新区和太平新城建盖安置房小区。

【强化对五大平台规划管理】 2009年结合安宁市五个管委会的相继组建，为加强对管委会和镇（街道办事处）的指导，进一步规范规划管理工作。市规划局一是对班子分工进行调整，明确对五个管委会和镇（街道办事处）联系、对接职责；二是经过对规划管理审批的调研，形成《安宁市建设项目规划许可审批程序及流程》经规委会议审议通过；三是再次规范了行政审批事项和规划报件表册。

【规委会议审议制度】 按照《安宁市城乡规划委员会章程》，强化规委审议规划方案制度。规委会办公室认真履行职责，加强与建设单位联系、协调，指导建设单位按照给出的规划设计条件编制规划设计方案，及时收集整理规划设计方案进行初审后提交规委会议审议。2009年组织召开规委会议13次，提交审议项目规划设计方案72个，并将规委会审议意见及时反馈给建筑单位修改完善规划设计方案。

【组织总规划师招考】 安宁市分别于2003年和2008年在全国范围内实施招聘均未招聘到总规划师，按照城乡规划和规划管理“三高”的要求，为认真落实政府工作报告中提出的“建立总规划师制度、健全规划委员会制度、专家评审制度和规划调整报批制度”，充分发挥规划设计的引领作用，2009年安宁市再次在国内进行公选招聘总规划师的工作。名额1名，招聘人员要求是全日制国民大学本科及以上学历（工作学士），年龄在40岁以下，具有国家注册规划师资格证。通过昆明市人事网、云南人才网，安宁人才网，安宁市政府网站、昆明市政府网发布《安宁市公开招聘城市总规划师公告》，市规划局向符合招聘条件的全云南省76名注册规划师发出了邀请函，7人报名，于2009年11月9日在规划局六楼会议室对报名资格审查合格的4名组织了综合知识及专业知识笔试，12月1日组织了面试。

（姜汝钧）

城市建设

【城镇化建设】 2009年安宁市深入实施“环境立市、工业强市、城乡一体化”三大战略，坚持富民为先，环境优先，开放争先，通过财政撬动，投资拉动，项目带动，全速推进工业化，全力提升城市化，全面拓展城乡一体化，推动全市经济社会又好又快发展，加快全面建设小康社会进程。大力实施“两后双百”、“三就三百”工程，加大农村劳动力“内转外输”力度，推进农民就业向非农产业转移，向二三产业集中。建立跨区域安置农民方式，推进被征地农民和先富起来的农民向城镇梯次转移，向安置区集中居住。

建设局严格按照规划引领，适度超前，梯度推进，组团发展，积极实施“543”倍增计划和“12345”目标，把安宁建设成为现代新昆明的西部新城和休闲养生之城。重点加快推进工业园区运输快速通道（安宁城区至禄脿）、珍泉东路工程建设，实现太平主干道全线贯通、东西环干道主体工程双向闭合，启动西一绕、安县城市干道工程，推进螳川西路向温泉延伸，建立市域快速交通网络，连通城市组团，加速片区开发，构建中等城市发展框架。启动征地拆迁和安置区建设，八街、县街、青龙、禄脿4镇突出区域特色，提升集镇规划和开发水平，不断增强小城镇的聚集、辐射和带动能力，确保城镇化率的提高。根据昆明市统计的反馈数据，安宁市2009年的城镇化率达64.8%。

城市公用事业管理

【城市煤气建设】 2009年安宁市5万立方米煤气柜及净化储配站建成运行，完成煤气户内安装3 364户，铺设煤气管网8 643.34米，完成了昆钢焦化厂至新建净化站的煤气气源主管道改造，煤气用户达21 418户，城区煤气用户普及率达到91%。

【城市自来水建设】 2009年安宁市投资400万元解决新发村片区供水问题，目前该片区供水工程已完工投入使用；投资484万元解决和平片区供水；投资407万元对螳川西路供水设施进行扩建。市自来水公司对所辖的58.5公里输配水管线进行20多次巡检，应急处理管漏事故150多次，维护管道阀门100多个，保证了供水的安全，加强了自来水生产管理和水质检测的力度。水质、水压指标严格执行国家标准，合格率保持100%。

【防洪度汛】 为保证雨季时减少水患，确保城区洪水的顺利排放，2009年4月份，建设局组织人员对安宁市城区的排水沟及街、巷排水沟进行了清掏，同时对中华路地税局门口位置及太极路口、大屯新区珍泉路与金屯路交叉口进行了改造，为雨季防洪奠定了坚实的基础。进入汛期以来，安宁市城区单点暴雨较多，平时暴雨来临时，建设局派出值班人员，分点分片进行巡查，将汛情及时报告总值班人员。2009年，市城区范围内先后出现4次汛情。汛情发生后，建设局及时启动《安宁市排水突发事故应急预案》，先后进行了4次城区排洪抢险任务。在4次排洪抢险过程中，及时地采取了有效措施，成功地完成了渡汛抢险任务。

【污水处理厂配套管网建设】 2009年，安宁市污水处理厂配套管网进一步完善，污水处理量显著提高，日处理生活污水由原1.2万m^3增加至4.3万m^3，达到设计规模的85%以上。市污水处理厂按照省、市环保部门4月28日现场检查提出的整改要求，5月底完成厂区在线监测系统及工艺控制系统六项监控数据的设备采购及安装调试工作。9月15日，市污水处理厂及配套管网建设通过了昆明市环境保护局的初步评审验收。污水处理达到了1级B标，城市污水处理率达到了85%（含昆钢）。根据市环境保护局上报的环境统计报表数据显示，2009年安宁市工业用水重复利用率为96%，已经达到创建国家节水型城市的工业用水重复利用率≥75%的技术指标。

【再生水利用及二次水箱清洗工作】 2009年，安宁市于7月27日制订了《安宁市二次供水设施的管理方案》，并于8月18日举行了《安宁市再生水利用管理办法》和专项资金补助办法的听证会。8至12月底，市自来水公司完成了对安宁市城区范围内的455个二次供水水（箱）池进行专门的清洗工作。

【人防工程建设及管理】 2009年，安宁市加强防空警报建设和警报鸣放工作，落实防空警报管理办法，与设置警报单位签定“安宁市人民防空警报目标管责任书”，实行专人负责，专人管理，对防空警报进行了一次大检查。继续完善安宁城区、昆钢晓塘花园地下防空洞，龙山矿地下防空洞、云南省第三监狱地下防空洞、安宁化工厂地下防空洞的内部翻新、排水系统维修和部分坍塌地方维修维护工作，完成了安宁太极山人防基地的水土保护工作，新建防空袭观察基地等人防设施。会同安宁消防大队、安全局、公安局等相关部门对安宁已建和在建工程（高层建筑和地下建筑）进行历时一个月的检查，逐步完善人防建设基础的管理。完成2009年“9·18”防空警报鸣放和演练工作。

市政基础设施建设

【珍泉东路工程】 安宁市珍泉路东延线道路工程，东起圆山南路，西至钢安路。道路全长854.045米，桥梁长度为665米，道路长度为189.045米；桥面宽度22.5米，路面宽度25米。桥梁总跨数为20跨，跨度28～55米，其中：跨螳螂川河道为35米，跨昆安铁路为55米。该项工程于2009年4月25日开工，预计2010年3月30日竣工。

【螳川西路工程】 安宁市螳川西路景观大道新建工程项目设计全长5 177.123米，道路红线宽26米，景观带宽19－28米，工程自2009年4月25日开工并于2010年12月31日完成主体工程的建设并顺利通车。螳川西路景观大道的建成进一步缓解了安宁市城区交通压力，方便了市民出行。

民生工程建设

【农村民居抗震加固1 100户】 根据建设局2008年4月份对安宁市农村危旧房及地震安居工程户数的数据统计，全市危旧房30 812户（不含城中村危房690户）、人口92 436人，建筑面积3 974 748平方米，其中需要加固改造5 126户，需要拆除重建25 650户。2009年昆明市下达安宁市计划农村民居抗震加固1 000户任务。建设局根据实际情况，于2009年底实际完成拆除重建500户（其中：连然街道办事处拆除重建80户，金方街道办事年拆除重建80户，青龙镇拆除重建20户，青龙镇拆除重建20户，禄脿镇拆除重建40户，草铺镇拆除重建20户，县街镇拆除重建140户，八街镇拆除重建120户。）完成加固改造600户（其中：青龙镇加固改造60户，禄脿镇加固改造

120户，草铺镇加固改造60户，县街镇加固改造120户，草铺镇加固改造60户，县街镇加固改造120户，八街镇加固改造240户。）2009年全市共计完成农村民居抗震加固1 100户，超额完成100户。

【廉租房建设工程】 2009年安宁市共建752套廉租住房，廉租房分别在宝兴小区和金方办事处朝阳前山建设，宝兴小区廉租房工程于2009年3月27日竣工，朝阳前山廉租房工程于2009年6月30日竣工。根据上级文件精神，结合科学发展观，积极探索出的"政企共建"廉租房新型廉租房建设管理模式，在2009年8月15日云南省保障性住房工作观摩上受到云南省副省长刘平的高度评价："水平很高，搞得很好！"并建议各地州县加以学习和推广。2009年8月16日的《云南日报》、《云南信息报》、《昆明日报》、《春城晚报》对安宁市的保障性住房建设情况均做了相关报道。

【启动旧城改造首期项目】 安宁市的旧城改造区位于安宁市城市中心区，首期开发面积59公顷。根据安宁市委、政府及旧城改造领导小组的安排部署，以及安宁市旧城改造《招商文件》（龙翔招字2009－08－01）的要求，2009年安宁市向地产商发出招商邀请函，于2009年11月3日在市建设局3楼会议室召开了旧城改造首期开发项目招商评审会，云南俊发地产、云南达峰屋业、中汇地产3家企业参加了本次评审会。之后根据招商评审会的结果，在市委、市政府以及旧城改造工作领导小组的安排下，先后与云南俊发地产、安宁创佳房地产、云南达锋屋业进行招商谈判。截至2009年底，旧城改造招商谈判工作正在有条不紊的推进中。

建筑行业管理

【建筑工程管理】 2009年安宁市建设局进一步加大对建筑业管理力度，严格建筑业企业资质、资格申报管理，规范招标投标行为，加强建设工程质量、安全管理，维护建筑市场秩序，市建筑业总体水平和市场竞争能力进一步提高，建设工程款清欠工作取得阶段性成果。2009年全市共有建筑企业35家，其中总承包企业16家、专业承包企业14家、劳务分包企业2家、乙级监理资质企业1家、检测企业2家。二级资质企业由原来的4家晋升为8家。

【严格落实建筑安全责任制】 2009年，安宁市累计办理工程质量监督注册手续64项，建筑面积为127.3834万平方米，竣工验收备案39项，面积61.6804万平方米。在各项目施工过程中认真组织开展定期和不定期的安全生产大检查和专项安全生产检查，共组织专项安全检查5次，建筑面积240余万平方米，建立安全检查台帐160余份。

【建筑从业人员培训】 2009年，安宁市建设局在全市范围内举办了以工程质量、安全管理、基本建设程序等为内容的培训班，各镇、街道办村镇建筑管理人员、施工单位专业人员231人参加了培训。通过培训，进一步提高了大家的质量及安全管理水平，提升了政策的执行力。

【全面落实"八个百分之百"】 2009年安宁市共办理各类房屋建筑工程、市政基础设施工程、煤气管网工程、工程监理、采石场植被恢复工程、煤气管网工程、工程监理、采石场植被恢复工程、规划、勘察设计、装饰装修等招标投标监督管理备案155项（公开招标114项，邀请招标41项），其中：施工招标117项，监理招标10项，其他性质招标28项。招标投标监督管理备案的155项中含政府性投资项目（包括一些机关事业单位的自筹资金）110项。

房地产业及物业管理

【房地产管理】 2009年安宁市房地产市场发展基本呈平稳态势，房地产开发投资和住房供应持续增长。2009年，安宁市拆迁房屋438户，总建筑面积8.456 114万平方米（其中：砖混3.178223万平方米，砖木0.177222万平方米，土木0.47679万平方米，简易房4.623879万平方米。），补偿总金额0.66931916亿元。

【房地产交易】 2009年安宁市新建商品房3 028件，建筑面积38.604676万平方米，销售金额7.935030573亿元；发放所有权证7 034本，共有权证3 175本，他项权利证发证4 646本，建筑面积115.8133万平方米，抵押登记金额9.498亿元；二手交易1 710件，建筑面积21.15815万平方米，成交金额2.6572585亿元（其中：已购公房交易928件，建筑面积6.880084万平方米，成交金额0.8238371亿元，存量房交易782件，建筑面积14.27807万平方米，成交金额1.8334214亿元）；办理析产手续209件，建筑面积1.73266万平方米，继承手续165件，建筑面积1.923328万平方米，赠与手续12件，建筑面积705.16平方米，交换手续4件，建筑面积642.87平方米。

【物业管理】 截至2009年底安宁市辖区范围内共有物业管理企业16家，管理面积300余万平方米。一年来，建设局物管部门在各相关部门的配合下共收缴入账4 400余万元的专项维修基金，共接到小区业主的投诉20余件，在与相关部门的协调下均得以妥善解决，处理率100%。根据《物业管理企业资质管理办法》，制定了外地物业管理企业登记备案制度。

【完成机关事业单位离退休人员住房补贴发放工作】

根据安宁市建设局、安宁市财政局《关于对安宁市机关事业单位退休干部职工住房补贴发放的通知》（安建〔2008〕36号），在各单位的支持配合下，安宁市建设局、安宁市财政局于2008年11月已完成审核上报，2009年4月28日下发《关于对安宁市机关事业单位退休干部职工住房补贴拔付发放的通知》，该项工作自2008年5月开展以来，至2009年5月30日完成了对安宁市机关事业单位退休干部职工住房补贴拔付发放的工作。

四创两争工作

【四创两争工作】　“争创中国人居环境奖、联合国人居奖”的前提条件一是被命名为“节水型城市”、二是获得“国家环保模范城市”称号、三是获得“国家园林城市”称号，只有满足以上三个条件才能申报争创“中国人居环境奖和联合国人居奖”。2009年，安宁市已经获得“国家园林城市”称号，经安宁市委、市政府研究，决定在“国家园林城市”的基础上开展创建国家节水型城市。建设局按照《节水型城市考核标准》拟定了《安宁市创建节水型城市实施方案》，目前建设局正在做水价调整、污水处理、再生水利用等方面的基础工作。

【积极开展再生水利用及管理】　根据我市环境保护局上报的环境统计报表数据显示，2009年安宁市工业用水重复利用率为96%，已经达到创建国家节水型城市的工业用水重复利用率≥75%的技术指标；污水处理率达到城市供水的85%以上（含昆钢），已经达到创建国家节水型城市的技术指标。

【积极推进再生水利用设施建设】　根据2007年1月1日起施行的《云南省城市建设管理条例》第十五条规定，在城市规划区范围内新建、改建、扩建下列工程项目，建设单位应当同期配套建设再生水利用设施。2009年，昆钢、昆明盐矿、云南省第二劳教所都已自建污水处理再生利用设施；与污水处理厂相配套的再生水设施正在规划当中。结合污水处理厂配套管网的建设，各行政事业单位、居民小区排放的污水将全部得以收集处理。

【污水处理工作】　安宁市污水处理厂原设计国家综合排放标准，现经过技改达到国家一级A标准中的B标类。2009年，市污水处理率达到85%，青龙镇完成规划设计2 000吨/日污水处理厂工作，温泉镇、连然街道办事处的污水已全部进入污水收集管网。

招商引资工作

【招商引资情况】　2009年，建设局积极发挥市区域优势，拓展招商领域，提高招商质量。截至2009年底，引进安宁伊皇购物中心（1亿元）、螳川西路工程（2亿元）、珍泉东路工程（0.96亿元）、金方购物广场改扩建项目（1.2亿元）四个项目，协议引资5.16亿元人民币，累计到位资金1.41668亿元。

【伊皇购物中心项目】　伊皇购物中心项目由云南卓可力房地产开发有限公司投资1亿元人民币，拟在安宁城区建设一个集商住为一体的品牌购物中心，选址洪源路，用地面积约8.57亩。该项目于2009年9月25日正式开工建设，预计2010年底竣工。

【金方购物广场改扩建项目】　金方购物广场改扩建项目的拆迁范围东至湖滨路、西至螳螂川大沟、南至湖西路、北至原建设局办公楼及住宅楼。该项目拆迁涉及共36户，占地面积3 624.96平方米（约5.44亩），非住宅2 609.49平方米，住宅2 700.44平方米。截至2009年底该项目已完成开工前期准备工作，预计于2010年初开工建设。

城建工作荣誉

2009年3月26日被省政府命名为“2008年度全省农村民居地震安全工程建设先进单位”。

2009年2月，安宁市建设局获“安宁市2008年招商引资工作三等奖”。

2009年2月，安宁市建设局获中共安宁市委表彰为“安宁市2007～2008年度信息化建设为民服务工作先进集体”。

2009年5月，获中共安宁市委、市政府表彰为“安宁市2008年度节能减排优秀奖”，

2009年6月，安宁市建设局第三党支部被中共安宁市委命名为“安宁市2007～2008年度先进基层党组织”。

（李智平）

环境保护

【环境宣传教育】　2009年，安宁市环境保护局紧紧围绕创建国家环保模范城市、国家生态城市、节能减排、污染防治等工作，以宣传环保法律法规、环保阳光政务为主线，广泛开展环境宣传教育，全年共出动宣传人员120余人次，宣传车20余台、次，分别深入到安宁市主城区、宁湖社区宣传，接受10 000多名群众咨询，发放《昆明市噪声污染防治管理办法》、七彩云南保护行动相关资料、保护环境珍爱自然宣传画、《医疗废物管理汇编》、《环境保护违法违纪行为处分暂行规定》、昆明市创模宣传画、安宁市环保基本知识光蝶、安宁市环境保护局“阳光政务”材料汇编等宣传材料40 000多册、份，把“保护环境可做的100件小事宣传册”发放到各中小学校，广大安宁市民对环保工作的认知度不断得到提升。

同时，安宁市环境保护局认真组织昆钢一中、安宁市第一小学开展云南省级绿色学校创建工作并通过考核验收；组织昆钢一小、安宁一中开展昆明市级绿色学校创建工作并通过考核验收；组织温泉小学、和平小学、草铺中学、化工小学、宝兴中学、安宁实验

学校开展安宁市级绿色学校创建工作并通过考核验收。积极开展绿色社区创建工作，认真组织宝兴社区开展云南省级绿色社区创建工作并通过考核验收；组织宝兴社区、百花社区开展昆明市级绿色社区创建工作并通过考核验收。

【严格审批建设项目】 2009年，安宁市环境保护局严格遵守建设项目审批程序及相关规定。全年共审批各类建设项目168个，项目建设总投资为420 982.96万元，其中环保投资42 236.46万元，环保投资比例为10%。所审批的168个建设项目环境影响评价制度执行率为100%。在审批过程中依法否定了3个选址不当的建设项目。

【环保“三同时”竣工验收管理】 2009年，安宁市环境保护局严格执行《建设项目环境管理条例》，严把建设项目竣工验收关，所有建设项目环境影响评价报告书（表）审批率及环保“三同时”制度执行率均达到100%。对153家已投入生产的企业组织了竣工验收，环保“三同时”制度执行率达100%。

【实施排污许可证制度】 2009年，安宁市环境保护局为规范企业排污行为，对全市工业企业污染物排放情况进行有效监控，将排污许可证管理作为重要的环境管理手段，严格按照国家有关规定和标准开展换发工作，认真核对企业排污口的基本信息，实现污染物浓度及总量达标排放才予换发。通过对排污许可证的管理，及时掌握区域内污染源的排放情况，对实现污染物排放总量控制目标，有效改善环境质量起到了积极的促进作用。全年共发放定量污染物排放许可证147家，其中包括年检污染物排放许可证33家，换发污染物排放许可证5家，新发污染物排放许可证109家；发放定性污染物排放许可证107家。

【完成二氧化硫、化学需氧量总量控制目标】 2009年，安宁市环境保护局建立主要污染物增、减量工作台帐，认真分析区域经济发展对污染物年度指标增量的需求，制定安宁市污染物削减计划，每月认真填写并按时向昆明市环境保护局上报安宁市主要污染物总量控制“增量统计备案表”和“削减统计备案表”。积极采取有效措施，确保完成2009年二氧化硫、化学需氧量总量控制目标。按照2009年年初制定的计划，将昆明钢铁公司第三烧结厂脱硫工程、安宁市污水处理厂截污干管工程、昆明广明水泥厂淘汰落后生产线、天宁矿业公司矿粉生产线淘汰项目列入减排重点。安宁污水处理厂已由昆明市环境保护局验收，完成了减排工作；昆钢集团公司本部1×130平方米烧结机烟气脱硫项目已完成调试，正委托监测；云南天宁矿业有限公司已完成落后产能淘汰，减排二线按要求12月底关停。按减排工作考核要求，具体减排量需国家环保部核准确认。

【工业园区规划环评及重点基础设施环评】 2009年，安宁市环境保护局委托云南省环境科技开发中心开展安宁市工业园区总体规划环境影响评价工作。2月22日，省环保厅环境影响评价管理处组织有关部门领导及专家召开审查会，对《安宁市工业园区总体规划（2008年~2020年）环境影响报告书》进行了审查。在此基础上，《安宁市工业园区总体规划（2008年~2020年）环境影响报告书》加入了石油炼化项目相关内容，8月1日，省环保厅组织相关部门领导及专家对修改报告书进行了审查。

同时，安宁市环境保护局委托昆明市环境科学研究院开展安宁工业园区运输快速通道（县街至草铺一级公路）环境影响评价工作，3月31日，昆明市环境保护局组织相关部门领导及专家召开审查会对环境影响评价报告进行了评审；委托昆明市环境科学研究院开展安宁市安县公路市政道路工程项目环境影响评价工作，对环境影响评价报告进行了评审。

【生态市建设】 2009年，安宁市环境保护局编制完成《安宁生态市建设规划》，经安宁市人大批准实施。编制完成《安宁市2009年生态市建设工作计划实施方案》，明确了各有关部门创建工作任务目标，经安宁市政府下发实施。加强落实《昆明市创建国家生态市2009年工作任务》，分解、明确各有关部门的目标任务及工作要求。每月定期向安宁市政府和昆明市“四创两争”分指挥部办公室分析上报安宁市“创卫”工作进展情况，2009年5月，安宁市环境保护局组织县街、太平、禄脿3镇分管领导及工作人员参加了昆明市创建全国环境优美乡镇培训和创建工作推进会，对“云南省生态乡镇”和“全国环境优美乡镇”创建工作做了积极动员，并安排局属相关科室专人负责协调、指导自愿申报创建的镇组建创建组织机构、编制建设规划和具体创建工作实施等工作，9月29日，县街、太平、禄脿3镇通过昆明市环境保护局创建全国环境优美乡镇工作验收。加强指导，推进温泉镇全国环境优美乡镇再提高整治工程，每月定期向昆明市环境保护局分析上报工程进展情况，目前，工程已基本完工并通过昆明市环境保护局审核。

【饮用水源地生态环境保护】 2009年，安宁市环境保护局为加强安宁市车木河水库饮用水源地生态环境保护建设，改善水质，确保饮用水安全，完成了车木河水库温水村下游湿地一期建设工程预验收。加强湿地一期工程建设管理，每半月进行一次现场工程检查，及时安排修整和植物补种，不断完善湿地工程。启动车木河水库饮用水源地湿地二期185亩建设工程。2月初，编制完成《车木河水库饮用水源地湿地二期建设工程可行性研究报告》、《车木河水库饮用水源地湿地二期建设工程初步设计报告》，并且通过了省级专家评审。7月17日，湿地二期工程如期顺利开工建设。安宁市环境保护局加强工程监督管理，组织相关单位召开了5次建设工地现场会，协调各方面工作，确保工程建设按质按量进行。目前，湿地工程进展十分顺利，人工湿地二期工程已基本完成设计工程量，准备组织工程验收。车木河水库入库口人工湿地工程建设，加大了饮用水源保护区污染治理力度，有效削减入库污染负荷，改善水源质量，推进饮用水源保护区生态环境建设，促进了水资源可持续利用。此外，2009 年 7 月，安宁市环境保护局完成了安宁市典型乡镇饮用水源地八街镇凤仪水库集镇饮用水源地基础环境调查及评估工作，形成书面调查评估报告并上报省环保厅，待评审考核，开展此项工作，有力推进了农村饮用水源地生态环境建设与保护工作。

【城市环境综合整治定量考核】　2009 年，安宁市环境保护局完成了 2008 年安宁市城市环境综合整治定量考核分析、上报工作。根据“城考”指标和年度工作计划，收集、分析了 2008 年“城考”考核情况，2008 年安宁市“城考”考核结果名列云南省县级市第 4 名。

【创建国家环保模范城市】　2009 年，安宁市环境保护局完成了安宁市 2008 年公众对城市环境满意率调查，市民对城市环境保护工作满意率为 72.87%，比 2007 年提高了 12 个百分点。完成了《安宁市创建国家环保模范城市规划》编制工作，2009 年 10 月初已向省环保厅申报评审。编制完成了《安宁市创建国家环保模范城市工作方案》（讨论稿）并上报安宁市政府。组织安宁市 12 家“创模”相关单位参加了昆明市“十一五”创模指标培训工作会议，对《昆明市创建国家环保模范城市 2009 年工作任务》进行分解，明确目标任务及工作要求。完成了安宁市 84 家工业企业 2006 年～2009 年创模环境管理档案复印、整编、上报昆明市“创模”办工作。每月定期向安宁市政府和昆明市“四创两争”分指挥部办公室分析上报安宁市创模工作进展情况，全面推进创模工作。

【建立放射源及危险废物管理审批及档案】　2009 年，安宁市环境保护局认真审核复查各单位辐射安全许可证、放射源转让及转移、放射源收贮等办理资料，并上报上级环保部门审批。组织安宁全市 20 多家放射源及射线装置使用单位参加省环保厅举办的辐射管理工作培训。制定并下发了《安宁市环境保护局关于进一步加强放射源及工业射线装置管理的通知》，进一步加强安宁市放射源及工业射线装置环境安全管理，预防和杜绝放射性污染事故发生，保障公众健康，维护社会稳定。完成安宁市域内重点放射源单位环境管理档案建档工作。加强工业危险废物管理，开展企业办理危险废物经营许可证申请材料核查。建立健全市重点医疗机构医疗废物管理档案。开展及完成全市电子废物污染防治调查工作，并向昆明市上报了电子废物污染防治管理情况。

【编制《安宁市生态建设与环境保护“十二五”规划》】　生态立市与节能减排是安宁市经济和社会发展“十二五”规划重要专题研究内容，根据安宁市委、市政府对“十二五”规划编制工作的安排部署，安宁市环境保护局牵头编制并上报了生态立市与节能减排的专题研究报告。积极开展《安宁市生态建设与环境保护“十二五”规划》编制，完成编制所需资料收集治理，2009 年 9 月 30 日已完成《规划》初稿编制。

【查处环境违法行为】　2009 年，安宁市环境保护局按照环境管理和环境监察工作要求，加强排污企业日常监督管理，对重点企业每月进行现场环境监察一次，一般企业每季度进行现场环境监察一次。强化环境违法行为“后督察”工作，及时跟踪督促企业落实整改措施，消除污染隐患。全年共开展现场环境监察 495 家、次，查处环境违法案件 90 件，对其中 70 件下达了限期改正通知书，立案查处 12 件，对 9 家企业累计处予罚款 66 万元；对另外 58 起环境违法行为下达了现场处理决定通知书，相关环境违法问题都已得到解决。

【危险废物（医疗废物）、射线源监管】　2009 年，安宁市环境保护局对安宁市域内危险废物（医疗废物）的收集、转移、处置实行全程监督检查。开展涉氟、涉铅、涉汞企业专项检查工作，共出动环境监察人员 186 人、次，检查涉氟、涉铅、涉汞企业 59 家、次，下达整改通知书 15 家，立案查处 4 家，下达现场处理决定通知书 8 家、环境监察意见书 12 家。重点对危险废物收集、转移联单制度、处置、应争措施落实情况进行了详细检查。同时，安宁市环境保护局加大医疗机构监察力度，对 5 家医疗机构下达了废水限期治理通知书。强化医疗废物管理，安宁市的 12 家医疗卫生单位均已与有资质的处置单位云南正晓环保投资有限公司签订了医疗废物收集处置协议，实现了医疗废物集中收集处置。

【放射源现场环境监察】　2009 年，安宁市环境保护局共检查放射源企业 7 家，重点检查放射源管理工作台帐与实物是否相符、警示区辐射安全警示标志安装情况、生产班组对放射源巡检记录、使用单位对放射源的自检记录、辐射安全防范措施、单位应急预案制定与落实情况。通过检查，进一步落实了企业的环境安全责任制度，企业增强了环保观念，预防和杜绝了放射源丢失及环境污染事件的发生。

【“禁煤”、“禁白”专项整治】　2009 年，安宁市环境保护局制订《安宁市 2009 年控制燃煤污染专项整治工作方案》，在学习和借鉴先进地区餐饮业环境管理工作经验的基础上，9 月初对安宁市燃煤使用情况进行了摸底调查，向相关经营户下发了整改通知书；11 月初向 611 家使用燃煤的餐饮业个体经营户下达了禁煤通知。在安宁市全面开展“禁白”、“禁煤”工作，并取得初步成效。

【螳螂川流域河道综合整治和环境治理“四全”工作】 2009年，安宁市环境保护局为了加强组织领导，明确工作责任，成立了相关工作领导小组，制定了《安宁市环境保护局螳螂川流域河道截污及环境治理“四全”工作实施方案》，召开了全市各镇（街道办事处）环保及相关企业负责人参加的专项工作会议，并按照安宁市委、市政府的要求认真安排部署，落实分解整治工作的目标和任务。开展螳螂川沿岸排污单位调查工作，全面掌握螳螂川流域排污单位基本情况；认真查处螳螂川流域氰化盐、汞和重金属超标问题；认真执行“五小”企业关停措施，拟取缔关停企业排污许可证。每月按频次完成国控、省控企业和市属企业环境监察任务；配合省、昆明市环境保护部门进行在建项目环境监管工作。加大对螳螂川沿岸生产企业废水治理工作督促检查力度，确保不发生环境污染事故。

【环境安全隐患排查督查】 2009年，安宁市环境保护局成立了安全检查小组，共出动环境执法人员117人、次，现场检查工业企业67家，对全市重点行业、重点企业和重点污染环节进行检查，特别是对使用、生产和运输危险化学品的企业、放射源使用单位进行了全方位检查，对检查中发现的问题和事故隐患提出整改要求，确保将污染事故消除在萌芽状态。

【集中式水源地环境监察】 2009年，安宁市环境保护局共开展水源地环境保护现场监督检查10次，专门检查3次。经过检查，未发现严重影响水源地水质状况的问题。

【征缴排污费】 2009年，安宁市环境保护局严格执行《排污费征收使用管理条例》，按照《条例》规定的征收范围、权限、时限和程序进行排污费征收。2009年因受世界金融危机影响，很多企业停止了生产，对排污费征收工作造成一定影响。安宁市环境保护局认真进行复核并督促企业依法缴纳，对120家单位征收了排污费，全年共征收排污费1 550万元，并已全部到帐。

【人大建议、政协提案答复及受理群众来信来访】

2009年，安宁市环境保护局实行“8612369”环保举报投诉热 线24小时全天候值班，对群众反映的环境问题做到有报必查、查必有果、果必反馈。全年共受理群众来信来访47件、次，环境污染投诉185起，处理答复率增均达100%。通过加强环境监察执法，及时处理污染投诉，有效扼制了环境违法行为，维护了群众利益和社会稳定。2009年，安宁市环境保护局共承办人大建议、政协提案3件，现已全部办结，办结率及人大代表、政协委员满意率均达100%。

【污染源在线监控建设】 2009年，针对安宁市企业多、监管任务重、环境执法人员少、办公条件有待于进一步改善的情况，安宁市环境保护局组织动员相关企业启动了安宁市污染源在线监控系统建设工作，并把它列为加强环境监督管理的一项重要任务来抓。至今共督促相关企业建设在线监控系统39台、套，其中4家企业通过了验收。同时不断完善网络系统建设，在安宁市环境保护局建设了在线监控平台，现有4家企业已经并入了联网。

【污染减排现场环境监察】 2009年，安宁市环境保护局开展节能减排现场监察72次，对安宁市污水处理厂城市污水处理情况、华电集团昆明二电厂脱硫设施运行情况、昆钢余热余能发电工程和转炉除尘废水处理回用工程进行重点现场监察，督促企业确保节能设施正常运行。及时跟踪昆钢第三烧结厂脱硫项目运行情况、微波水处理项目建设情况，积极淘汰高能耗、高污染、低产出的小企业，优化产业结构。

【环保专项行动】 根据《昆明市2009年开展整治违法排污企业保障群众健康环保专项行动实施方案》要求，安宁市环境保护局制定了《安宁市2009年开展整治违法排污企业保障群众健康环保专项行动实施方案》，成立了环保专项行动领导小组，认真安排部署此项工作，2009年共开展环保专项行动7次，出动人员168人、次，检查企业143家、次，并及时准确地上报了相关工作情况。

环境监测

【有效数据测定】 2009年，安宁市环境保护局利用现代化科技手段，认真开展环境监测工作，全年共完成水环境、大气环境、噪声和污染监测有效数据32 180个，有效数据超过昆明市环保局下达全年工作总量要求的3.29倍。

【常规工作】 1. 市环保局认真开展地表水水质动态监测，及时掌握辖区内水环境质量现状。为全面掌握辖区地表水环境质量，2009年，安宁市环境保护局河流监测网络包括了螳螂川、鸣矣河、沙河、九渡河4条河流及车木河、月字庄、玉龙湾、宁湖、东湖、百花湖6个湖库，地表水监测网共有监测点位21个。监测频率为湖库每年监测2次，河流每年监测12次（部分点位每年6次），饮用水监测点位每年监测12次。分析项目以GB3838－2002《地表水环境质量标准》为依据，对溶解氧、总磷等29项污染指标进行监测。全年共获得有效监测数据4 598个。

2. 认真开展环境空气质量监测，每周向社会公布市区空气质量状况。安宁市环境监测网中环境空气监测点位共8个，包括自动站2座、24小时连续监测点位1个、挂片监测点位4个、降水监测点位1个。以GB3095－1996《空气质量环境标准》为依据，对环境空气中二氧化硫、二氧化氮、可吸水颗粒物、氟化物、硫酸盐化速率等6项污染指标进行监测，获得有效监测数据9 789个。为让广大市民及时了解城市环境空气质量，安宁市环境保护局每周均通过安宁电视台发布市区环境质量周报，全年共播报52期。

3. 环境噪声监测。为进一步加强噪声污染控制，让广大市民创造一个宁静的生活空间，2009年秋季，安宁市环境保护局分别开展昆钢分区“环境噪声达标区”、主城区“环境噪声达标区”、城市区域环境噪声及交通噪声监测。噪声监测共涉及区域环境噪声监测点位332个，交通噪声监测点位46个，监测频次为每个点位昼、夜各监测一次，共获得有效监测数据3 024个。

4. 污染源废水、废气及噪声监测。安宁市环境保护局在完成环境空气、地表水等常规监测任务的同时，仍把辖区内污染源监测作为重点工作来抓。2009年共完成223家、次企业的监测，其中监督性监测80家次，委托性监测（排污申报）115家次，建设项目“三同时”竣工验收监测63家次，获得废水、废气、噪声有效监测数据共14 778个。委托监测率达100%，为企业进行年度排污申报工作提供了及时准确的监测数据，也为环境管理部门提供了科学有效的数据依据。

【环境监测专项工作】 2009年，安宁市环境保护局完成云南嘉华水泥有限公司、安宁市污水处理厂、云南盐化股份有限公司昆明盐矿等重点企业58个废气排放口及2个废水排放口的监测工作，为企业开展节能减排工作提供准确、可靠的技术依据。开展新增环境空气监测点位认证工作，增加环境监测辐射面。开展了编写点位预选方案、现场监测、技术分析等一系列工作，于2009年4月向昆明市环境保护局上报了增点请示及技术分析报告，2009年5月请示获得昆明市环境保护局批准，2009年6月获得省环保厅批准，待国家环保部统一配置的环境监测设备到位后，即可开展现场监测工作。开展玉龙湾水库、宁湖水质监测及污染调查工作，为改善城市景观出谋划策，2009年共对玉龙湾水库库头、库中、库尾等点位进行了3次监测，宁湖进行了10次监测，针对湖库水质污染特征，对周边污染源进行了排查监测，为玉龙湾水库及宁湖今后的开发和保护提供科学、准确的技术依据。开展乡镇饮用水源地水质监测工作，确保农村饮水安全，2009年安宁市环境保护局扩大了饮用水监测网络，在城市饮用水源地水质监测的基础上，新增了八街镇饮用水源地、草铺饮用水源地、温泉饮用水源地、县街饮用水源地等水质监测工作，按GB3838－2002《地表水环境质量标准》表1、表2要求的29项监测指标对各镇饮用水源地水质进行采样分析，确保农村饮水安全。积极开展应急监测车现场监测工作，提高事故应急处置能力。安宁市辖区内未发生大的污染事故，为保证应急监测车的现场监测能力，安宁市环境保护局不定期地开展应急监测演练，分别开展了昆钢生活区环境空气现状监测、局部区域环境空气自动监测等现场监测工作，并指派专人负责环境应急监测车的日常维护及保养，确保应急监测车能在事故状态时正常运行。

【编写各类技术报告】 2009年，安宁市环境保护局共完成地表水水质监测月报12期，环境空气监测月报12期，地表饮用水源水水质监测月报12期，水质监测季报4期，环境空气监测季报4期，污染源监测季报4期，专题技术报告8期。同时，根据环境质量报告书编写规定，安宁市环境保护局统计和分析了2008年全部环境因子监测数据，完成《2008年安宁市环境质量报告书》编写、上报工作。报告书内容全面翔实、评价准确、装订精美，获得上级业务部门的肯定和表扬。

（罗贤明）

财政·税务

编辑：李成林

2009 年 4 月 11 日，安宁市地税局开展 2009 年税法宣传月活动。 （市地税局　供稿）

财　政

【财政收支】　2009年，安宁市地方财政总收入完成228 601万元，完成预算数223 690万元的102.2%，减幅0.7%（与2008年同口径相比，下同）。其中：一般预算收入完成128 009万元，完成预算的102.6%，增长18%；上划中央“四税”收入完成93 444万元，完成预算的101.3%，减幅18.7%；上划省级收入7 148万元，完成预算的107.7%，增长6.9%；基金预算收入完成39 949万元，完成预算的100%，增长158.7%。一般预算收入中税收收入完成117 655万元，完成预算数114 645万元的102.6%，增长21.2%；非税收入完成10 354万元，完成预算数10 160万元的101.9%，减幅9.8%。全市财政支出196 692万元（含上级补助支出），完成预算的95.7%，增长24%。其中：一般预算支出152 976万元，完成预算的95.6%；基金预算支出43 716万元，完成预算的96.1%。按预算级次划分：市本级支出174 898万元，比上年增加38 630万元，增长28.35%，镇级支出21 794万元，比上年22 352万元，减少558万元（主要是上级专项补助减少），减幅0.25%。

【财政工作成效显著】　2009年，全市财政工作扎实推进，具体表现在以下几个方面：一是沉着应对金融危机，财政收支平衡运行。积极配合税务部门采取有效措施，确保各项税收收入及时足额入库，同时加大非税收入的征管。二是全力以赴保增长，经济发展取得显著成效。积极支持各部门做好项目前期工作，最大限度地争取中央、省、昆明市支持。扎实推进“家电·汽车摩托车下乡”工作，办理汽车、摩托车下乡1 705辆，补贴资金446万元；家电下乡3 503台（件），补贴资金92万元，兑付率93%。积极帮助企业应对危机渡难关，不断加大科技创新的支持力度，大力推进节能减排工作。三是统筹兼顾，“三农”工作迈出新步伐。及时足额落实惠农补贴政策，办理、发放各项涉农补贴资金2 430.4万元，支持农业农村发展。安排资金1 188万元启动了5个病险水库除险加固。整合资金，将村级公益事业“一事一议”财政奖补资金与新农村建设整村推进资金进行整合，完成2008年村级公益事业“一事一议”财政奖补项目68件，拉动投资1 090万元，调动社会资金592万元。四是千方百计惠民生，和谐社会建设取得新进展。优先保障教育经费投入，安排教育支出资金26 966万元。实现了学生人均教育经费、教师工资和生均公用经费的逐年增长，确保了专项教育资金按时足额拨付到位，切实落实了“两免一补”专项配套经费，保障了校舍建设、维修、职业教育、教师培训及教育奖励等专项经费的投入，促进了全市教育事业的协调发展。大力支持医疗卫生事业发展，全市安排医疗卫生支出资金8 140万元，加快推进农村公共卫生机构建设，落实好新型农村合作医疗改革，实施大病救助，及时拨付财政补贴资金，解决好农民群众“看病难”的问题。不断健全城乡社会保障体系和社会救助制度，全市安排社会保障与就业资金10 238万元，在全市全面推行城乡最低生活保障制度，做到了城乡低保动态管理下的“应保尽保”，保障了城乡低保对象基本生活需要，完善社会救助体系，解决好人民群众“老有所养”的问题。实施被征地人员基本养老保险，切实解决了被征地人员的后顾之忧，促进了社会和谐稳定。支持创业带动就业各项工作的发展，加大支持劳动力转移培训的力度，提高农村劳动者素质和自主创业能力。积极支持保障性安居工程建设，不断推进公共文化服务。

【推进财政改革】　安宁市财政局真抓实干，不断推进依法理财和规范财税管理，统筹安排支出，优化支出结构，硬化预算约束，强化财政监管，为更好地提供公共服务和提高财政资金使用效率作保障。一是继续深化预算管理方式改革，推进国库集中支付改革，对市本级全额预算拨款单位全面实施国库集中支付制度。二是加强政府采购管理，严格政府采购预算编制。继续扩大采购范围和规模向纵深发展，规范采购行为，优化采购程序。2009年全市政府采购规模达3 069万元，节约率5.44%。三是稳步推进乡镇财政预算管理方式改革工作。四是全面推行村级会计委托代理服务工作，全市各镇（街道办事处）实现100%村级会计委托代理服务。

【加强财政监督】　2009年，市财政局进一步强化财政监管工作，确保资金使用安全高效。一是对市本级全额预算拨款单位全面实施了国库集中支付制度，从根本上规范了政府性资金收支管理，增强了预算收支透明度和政府调控能力，强化资金收支的源头控制，提高了资金使用效益，较好地发挥了财政在经济建设和社会发展中的宏观调控作用。二是认真开展政府性投资项目评审工作。提高财政项目资金使用效益、促进政府投资项目资金管理使用科学化、规范化和透明化。2009年，市财政局共评审项目资金3 078万元，审定金额2 929万元，审减金额149万元，审减率4.84%，对建设单位节约使用财政建设资金起到了促进和监督作用。三是加强预算管理，硬化预算约束。严格预算支出管理，降低行政运行成本，提高预算执行的透明度，着力做好扩大内需、扶持政策落实和资金监督检查工作，认真开展清查单位“小金库”及宕欠公款“回头看”工作，严肃财经纪律，确保财政资金的使用安全，提高了财政资金的使用效率。四是加强会计培训，提高会计人员素质。做到持证上岗，进行会计从业人员继续教育，认真开展财政法律法规的执法检查。五是强化非税收入管理，严格执行“收支两条线”。实行综合预算，强化非税收入统筹调剂，增强了全市的非税收入治理，确保非税收入足额入库。加强票据领用、缴销管理，规范了全市行政事业单位的票据管理，从源头上制止了各种违规行为。

【党风廉政建设】 市财政局党建工作扎实推进，反腐倡廉工作不断加强，依法理财能力继续提高。以科学发展观活动为抓手，进一步加强制度建设，推进党风廉政工作全面落实。以完善制度、加强学习教育、责任追究，进一步筑牢反腐倡廉思想道德防线。安宁市财政局被市委评为2007～2008年度先进基层党组织。

【软环境建设】 安宁市财政局结合自身工作实际，紧紧围绕市委、市政府的中心工作，进一步“提升行政效能”、“改进干部作风”。推行重大决策听证制、重要事项公示制、重点工作通报制、政务信息查询制四项制度。

【人大建议、政协提案和来信来访工作】 2009年，安宁市财政局共办理人大建议、政协提案8件，办理过程中严格按照办理的有关要求，坚持“先面商、后答复”的办理制度，面商中严格执行“领导不在不许面商，情况不清不许面商，协调不到位不许面商”的规定，按时按质完成办理答复工作，保障面商率100%，办结率100%。王晓燕被安宁市人民政府表彰为2008年度办理人大代表建议政协提案先进个人。认真接待群众的来信来访，年内办理信访件2件，满意率100%。

【招商引资】 2009年安宁市财政局负责温泉国际会议中心项目建设的推进工作，年内新增投资3.5亿元。为确保项目的顺利实施，成立领导小组，负责项目的推进跟踪和日常材料的整理。积极协调水、电部门配合招商平台组做好招商引资项目推进工作，确保了项目的顺利实施。

【投融资工作】 2009年，市财政局通过建立金融机构考核评价和奖励制度，对地方经济发展贡献较大的金融机构给予奖励，拟订了《安宁市金融机构支持地方经济发展考核奖励办法》，为安宁市投融资工作进一步完善提供了政策依据和工作规范，同时建立健全了金融机构支持地方经济发展的激励机制，顺利完成了年度25亿元融资任务。

【精神文明建设】 安宁市财政局被省委、省政府评为省级文明单位，被昆明市委、市政府评为2008～2009年度昆明市市级文明单位，八街财政所被安宁市委、市政府命名为2008年度安宁市文明单位。年内全系统未发生安全事故，未出现违法违纪行为。

【干部队伍建设】 市财政局干部队伍建设坚持做到领导重视，组织机构健全，经费保障，学习教育宣传工作有条不紊地开展。2009年，24人分二期参加了执法培训；49人参加了全民普法考试；14人参加了岗位能力培训；1人参加了云南省高级会计人才考评并录取；2人参加了农村村级财务委托代理培训并组织推行了此项工作；10人参加了安宁市委组织部、安宁市人事局组织的都市经济培训，为搞好财政工作提供了基础。进一步加强财政干部队伍建设，促进党风廉政工作落到实处、收到实效，使财政局各项工作更好地为安宁市经济建设服务。安宁市人民检察院、安宁市财政局协商确立了工作联系制度，成立预防职务犯罪协调领导小组，努力从源头上预防工作人员职务犯罪案件的发生。

（杨学辉）

国　　税

【收入完成情况】 2009年，安宁市国税局共组织税收收入115 012万元，比上年同期下降21.03%，税款减收30 612万元。完成市局调整下达收入确保目标的89.41%，塌进度10.59个百分点，塌进度额30 612万元。其中：国内增值税收入累计完成103 404万元，比上年同期下降23.25%，减收31 308万元；国内消费税收入累计完成19万元，与上年同期持平；企业所得税收入累计完成6 134万元，比上年同期下降4.99%，减收322万元；个人所得税收入累计完成340万元，比上年同期下降57.72%，减收464万元；车辆购置税累计完成5 114万元，比上年同期增长40.76%，增收1 481万元。

【税收收入概况】 2009年，安宁市财政总收入228 601万元。其中：国税收入107 589万元，占安宁市财政总收入的47.06%。增值税25%留地方的财政收入为25 274万元，完成中央“两税”上划93 444万元后，由中央返还安宁的补助为32 509万元，合计57 783万元，为安宁市的财政收支、地方经济发展和城市建设做出积极的贡献。

【收入特点】 2009年，安宁市税收收入呈现以下特点：一是国税收入总额超税收计划进度4 347万元。二是国内增值税受全球金融危机和宏观经济下滑冲击的影响较大。全年增值税收入完成103 404万元，比上年同期下降23.25%，减收31 308万元。在增值税的减收中又以制造业中的化学原料及化学制品业、黑色金属冶炼及压延加工业和电力、燃气的生产供应业、商业等几个行业较为突出。

【税源分析】 2009年，安宁市国家税务局由于受全球金融危机和宏观经济下滑冲击的影响，全年税收收入出现下降的态势。一、作为安宁市的支柱产业的昆钢公司（武钢集团昆明钢铁股份有限公司增值税收入锐减，累计入库增值税51 366万元，同比下降33.78%，税款减收16 702万元；昆明钢铁集团公司增值税收入累计完成9 937万元；昆明钢铁控股公司增值税收入累计完成15 939万元）增值税收入共计77 242万元，比上年同期下降20.45%，减收19 856万元。武钢集团昆钢股份公司减收主要原因：1. 受全球经济的影响，钢材价格一路下滑，年钢材平均销售价格降到3 448元/吨，每吨比上年同期下降1 034元，下降比率为23.07%，至使钢材销售收入在产销量增加的情况下比上年同期减少224 907万元；2. 进项税金比上年减少46 783万元，同比下降18.29%，造成增值税收入的大幅下降；3. 由于生产钢材的主要原材料如焦炭、矿石价格一直上涨，造成成本增大。二、云南华电昆明发电有限公司累计入库增值税4 646万元，与上年同期相比增长124.01%，税款增收2 572万元。该公司税款大幅增长的原因：1. 发电量增加。全年生产运行较稳定，年发电量为2 901 519千千瓦时，比上年同期增长35.16%，实现销售81 532万元，同比增长63.76%。2. 进项税金减少。1～12月进项税金为7 424万元，比上年同期的8 378万元减少954万元，下降11.38%。3. 电价有所提高。全年平均上网电价为271元/千千瓦时，每千千瓦时比上年增长45元，增长率为19.9%。三、云南云天化国际股份有限公司富瑞分公司累计税款入库308万元，与上年同期1 203万元相比下降25.6%，减收895万元。减收的主要原因是2009年由于公司生产的主产品磷酸二氨享受免税政策，磷酸二氨免税后，导致2009年应税销售收入和应纳增值税与上年同期相比大幅下降。

【税收法制建设】　2009年，安宁市国税局认真抓好税收法制建设工作。一是继续认真贯彻落实《安宁市国家税务局开展软环境建设工作实施方案》，按要求和工作步骤稳步地推行，落实首问责任制、服务承诺制、限时办结制、行政问责制“四项”制度，切实转变工作作风，提升纳税服务环境。二是制定《安宁市国家税务局分类稽查实施方案》，对税务稽查执法行为进行分类管理，明确职责权限和岗位责任，以制度管人。三是制定《安宁市检察院、安宁市国家税务局预防职务犯罪工作联系制度》，从源头上遏制腐败现象滋生蔓延，加强国税系统干部队伍建设。四是聘请安宁市司法局的老师到国税局宣讲《食品安全法》、《消防法》、《政府信息公开条例》等法律知识，提高全局职工知法、守法的自觉性。

【加强干部队伍建设】　2009年，安宁市国税局围绕税收中心工作抓好干部队伍建设。一是建立健全中心学习组制度，坚持每季度学习一次，充分发挥领导班子的表率和战斗堡垒作用。二是加强干部职工职业道德教育，牢固树立“人人都是行风，人人代表税风”的观念，并体现在税收执法工作中。三是组织开展职工趣味运动会，丰富职工的业余文化生活。

【领导班子建设】　2009年，安宁市国税局从加强班子的思想、政治、作风建设入手，抓好领导班子建设。一是坚持和健全民主集中制，每位局领导都坚持集体领导和个人负责相结合，做到分工不分家、合作不争权、责权相称、得失共担，凡属重大决策、重要工作部署、大额资金使用、人事任免等问题，一律由领导班子成员集体讨论决定。二是充分发挥班子的聪明才智，使班子成员安其位、尽其责、竭其智、展其长，真正做到思想上合心、言论上合拍、工作上合力，使整个班子形成一个声调，切实维护和增强领导班子的团结，发挥好集体领导的作用。

【精神文明建设】　2009年，安宁市国税局注重加强精神文明建设的创建工作。一是把创建文明单位的要求作为职工的行为准则进行教育，积极努力创建省政府和国家级文明单位。二是以邓小平理论和“三个代表”重要思想为指导，深入学习实践科学发展观，认真贯彻落实“创新发展年”各项工作措施，切实加强物质文明、政治文明、精神文明、生态文明建设。2009年再次被昆明市人民政府授予“文明单位”称号。三是按照安宁市委、市政府的要求，积极做好安宁市创建“国家级卫生城市”的工作，落实工作区域周五卫生大扫除的工作制度，组织税务干部走上街道做好安宁市政府指定各单位的卫生指定区域周五义务劳动活动，为安宁市创建“国家级卫生城市”做出积极的贡献。

【廉政建设】　2009年，安宁市国家税务局进一步加强党风廉政建设。一是为有效防范和遏制违法违纪行为的发生，积极执行《安宁市国家税务局廉政预警工作实施方案》，促进全局干部职工廉洁从政，规范执法；二是充分利用周五学习日、纪检日、民主生活会等制度，做到事前抓教育，事中抓落实，事后抓检查；三是层层签订《2009年度廉政纠风目标管理责任书》，共计签订87份，其中：集体2份（昆明市国家税务局和中共安宁市委），个人85份。

【加强征管夯实基础】　2009年，安宁市国税局按照《征管法》及《征管法实施细则》的规定，加强税收征管，夯实税收基础。一是加强对征管基础资料的规范管理和分析应用，建立和完善征管资料户籍档案管理制度，实行“一户式”管理。二是按照合法、有效、实用的原则，对各类征管基础资料进行规范和简化。做好税务登记管理工作，全年办理开业税务登记1 186户，办理变更税务登记732户次，办理停业登记186户，办理注销税务登记510户，开具外出经营税收管理证明单53份。三是开展纳税信用等级评定，为建立评审体系做准备。四是建立与工商部门、地税部门户籍联系制度，加强工商登记与税务登记信息的交换与共享。建立户籍管理责任制度，将责任明确到个人。五是做好纳税人的税务登记管理工作，截至2009年12月31日，全局共有纳税户5 991户。其中：国有企业36户，国有独资公司7户，集体企业130户，其他有限责任公司415户，股份企业59户，其他联营企业1户，个人独资企业23户，私营企业726户，其它企业48户，外资企业10户，合资企业

(港、澳、台)6户,中外合资经营企业6户,中外合作经营企业1户,个体工商户4 523户。通过登记管理,摸清了家底,夯实了基础。

【加强发票管理】 2009年,安宁市国家税务局严格按照《中华人民共和国发票管理办法》及其实施细则和相关法律法规的规定,强化服务,加强监管。一是加强发票库房管理,按照“五专六防”的要求确保库房安全。二是积极推广普通发票监管信息系统,实现全省普通发票联、存根联比对。三是制定了《安宁市国税局代开发票管理办法》,规范了发票代开行为,开展打击制售假发票和非法代开发票专项整治及增值税专用发票存根联滞留专项核查工作。四是加强发票出入库的管理,做到“日清月结”,确保发票出入库无差错。全年共销售增值税专用发票1 618户90 922份,增值税普通发票625户43 779份,机动车销售发票42户3 106份,销售手工版普通发票5 743户21 984本,销售其它电脑版普通发票19户次110 900份。税务机关全年代开增值税专用发票1 392份,代开普通发票3 460份,代开机动车销售统一发票21份。对开具增值税专用发票进行认证,已认证108 631份,其中:运输发票6 072份。受理纳税申报8 448户(次)。一年来,全局未发生票证被盗、票证遗失等现象。

【执行国家税收政策】 2009年,安宁市国税局始终坚持依法行政,积极推行“阳光政府”工作,认真贯彻执行国家的税收政策。一是采取广泛的、多渠道的方式宣传政策,认真学习和正确领会国家的各项税收政策和法规,确保各项税收政策的有效贯彻执行。二是从申报环节严格审核、严格把关,经核查清理,共有13户企业涉嫌账外经营,滞留票面金额为4 867万元、税额为827万元,已补缴增值税款43万元。加强了增值税专用发票和其他抵扣凭证的审核工作。三是积极落实国家税收优惠政策,做到件件有落实。对可享受安置残疾人就业税收优惠的13户企业中的10户实行了按限额即征即退增值税(1户在查、2户未申请退税)。目前10户企业共安置残疾人员379人,累计缴纳增值税1 295万元。全年按限额即征即退增值税995万元,发挥了税收政策促进残疾人就业的作用,保障了残疾人的切身利益,体现了国家税收对残疾人事业的税收支持。四是积极贯彻执行税收政策,全年享受企业所得税减免的企业共计38户,减免税额853万元;经税务机关审批的财产损失税前扣除1笔,批准金额872万元。

【所得税清算汇算工作】 2009年,安宁市国家税务局按照“核实税基、完善汇缴、强化评估、分类管理”的要求,认真做好2008年度企业所得税的汇算工作。全局现有企业所得税征管736户。其中:查账征收672户,核定征收64户。到目前为止,共预缴入库企业所得税5 890万元,企业所得税年度预缴税款占当年企业所得税入库税款82.24%。2008年应参加企业所得税汇算清缴的纳税人为627户,汇算亏损399户,亏损金额为6.50亿元,亏损面为63.64%;汇算盈利企业145户,汇算应纳企业所得税3 130万元,当年已预缴税款3 869万元,汇算清缴后应退还企业所得税739万元。

【做好纳税人的认定工作】 2009年,安宁市国税局坚持执行增值税一般纳税人的认定管理工作制度,严格按增值税一般纳税人资格的认定政策管理要求和程序进行一般纳税人认定。截至2009年12月,全局共有增值税一般纳税人624户。其中:正式认定工业企业增值税一般纳税人268户;正式认定商贸企业增值税一般纳税人279户;暂认定增值税一般纳税人44户;纳税辅导期增值税一般纳税人33户。企业关停被取消一般纳税人资格18户,本年重新认定89户符合条件的企业为增值税一般纳税人,确保了一般纳税人的认定质量。

【加大稽查力度,查处涉税案件】 2009年,安宁市国税稽查局按照“公平执法、规范操作、廉洁从税、令行禁止、严守秘密”的职业要求,整顿和规范税收秩序工作,认真做好日常稽查、专项稽查工作,抽调精兵强将参与纳税评估。全局累计检查、评估户数206户,共计查补收入25 966 972.28元,其中:稽查查补增值税7 730 163.03元、所得税1 031 363.28元、罚款3 404 139.14元、加收滞纳金1 207 131.77元,合计稽查查补收入13 372 797.40元,税款、罚款、滞纳金已全部入库。入库率101.30%,偷税处罚率62.64%(定性偷税4户,应补税款1 136 087.13元,偷税罚款711 674.67元),平均处罚率51.59%。

【做好税收法规宣传工作】 2009年,安宁市国税局围绕“税收·发展·民生”税收宣传月的宣传主题。一是4月3日,与安宁地税局联合,在百花公园门前以“税收·发展·民生”为主题,在《乐于奉献在高原》的歌声中,开展了声势浩大、丰富多彩的税收宣传活动,全面拉开了第18个全国税收宣传月活动的序幕。二是举办以“税收情系你我他,和谐发展靠大家,送温暖献爱心普税法”活动,将税收政策送到学校、社区和农村,走近纳税人。三是在各繁华路段、办税服务厅和窗口部门悬挂宣传标语,张贴宣传画进行税收政策和图片资料的宣传,鲜明突出了税收宣传月“税收·发展·民生”的主题,并在办税服务厅利用电子显示屏进行税收政策及相关法规的滚动播放宣传。四是加强与新闻媒体的协作,对税法宣传活动进行跟踪报道,将税法宣传的目的、意义和内容在电视、报刊上广泛宣传。

【个人所得税】 根据《国务院对储蓄存款利息所得征收个人所得税的实施办法》,从1999年11月1日起开征,税率为20%;从2007年8月15日起,对储蓄存款利息所得减按5%的税率征收个人所得税;从2008年10月16日起暂停征收个人所得税。截至

2009年12月31日，个人所得税收入累计完成340万元，比上年同期下降57.72%。减收464万元。

【车辆购置税】 根据《中华人民共和国车辆购置税暂行条例》的规定，在安宁市国家税务局征收车辆购置税，征收对象为在中华人民共和国境内的单位和个人购置（包括购买、进口、自产、受赠、获奖或者以其他方式取得）的自用应税车辆行为。征收范围为10%。2009年，受国际金融危机的影响，国家为“保民生、保增长”拉动内需，2009年1月15日国家税务总局货物和劳务税司发出了“关于加强对减征部分乘用车车辆购置税管理的紧急通知”，对纳税人自2009年1月20日至2009年12月31日期间购买的排气量在1.6升（含，下同））以下的小排量乘用车，暂减按5%的税率征收车辆购置税。按此规定到12月31日止，累计减征乘用车2 784辆，减征车辆购置税772万元。累计入库车辆购置税5 114万元，比上年同期增长40.76%，增收1 481万元。

【信息化建设】 2009年，安宁市国税局积极稳妥地推进信息化支持下的征管改革。一是加强安全保密工作，认真执行《安宁市国家税务局计算机信息系统管理办法（试行）》的管理制度，将全局的计算机纳入桌面防护体系管理，做到专用设备的专机专用、专人负责，加快计算机信息化管理步伐。二是为确保全局干部职工和纳税人准确地掌握税务信息化知识，专门设置电教室用于做好计算机信息化管理的培训工作。三是积极稳步地推行国家税务总局信息化建设平台工作，提高增值税申报管理的质量和效率。四是确保中国税收征管信息系统（简称CTAIS）正常运行，做好CTAIS系统维护，强化对CTAIS系统数据的监督管理，稳步提高CTAIS的运行质量。

【机构设置】 2009年，安宁市国税局根据省、市国税局实施机构改革的安排意见，园满地完成了机构改革工作。共设置内设机构8个（办公室、政策法规科、税政科、收入核算科、征收管理科、人事教育科、监察室、办税服务厅）；直属机构1个（稽查局）；派出机构2个（管理一分局、管理二分局）；事业编制1个（信息中心）。截至12月31日全局共有在职职工85人。

（马建光）

地　　税

【税费收入】 2009年，安宁市地税局共组织地方各税收11.58亿元，同比增长39.50%，增收3.28亿元，创造了历史新高。同期，征收社会保险费2.39亿元，同比增长5.81%，增收1 312万元，征收率100.10%；征收其它规费共计3 245万元。圆满完成了全年税费收入任务，为地方经济建设提供了坚强的财务保障。

【信息化建设】 一是把数据大集中工作单项考核和“六好”考核结合起来，实现“双考”；二是把数据采集、审核、录入、测试各环节业务辅导与检查工作结合起来，边检查边辅导；三是把数据清理工作与征收方式鉴定、税源调查结合起来。对所有管户进行了全面清理，对相关征管信息进行了重新采集、录入、审核，确保了7 218户管户信息的全面完整。6月份MIS2.0系统顺利上线，并与富滇银行合作启动“银税一体化”工作，开设“大厅实时下账支付平台”，实现了网上申报。

【加强征管，挖掘税源】 深入开展税收调查，加大税源监管力度，抓大不放小。加强税收分析预测，把握组织收入主动权。规范纳税评估，对528户企业进行了信用等级评定。实行划区分片管理，对税源按照“抓大、控中、规小”的管理原则，落实管户责任。强化发票管理，重点加强对普通手工填开发票的管理，积极开展专项清理检查，提高以票控税能力。加强代征代扣税款的管理，建立纳税流程管理平台，与23家单位签订了《委托代征代扣协议书》，有效加强对交通运输业营业税、印花税等税种的管理，从源头上加强管理。深入推行办税服务厅首问负责制、限时办结制、一站式服务，完成了三分局软硬件升级改造工作，积极开展省级优秀办税服务厅活动，全局的纳税服务水平明显提高，受到了广大纳税人的好评。顺利完成了规费系统的数据集中。对迁移到MIS2.0系统中的各险种基础信息，进行再次修改、补充，共计核对基础信息10 291条。实现了全市辖区内企事业单位、自谋职业、灵活就业人员缴纳社保费大厅实时下账，网络申报工作全面推进，全年大厅实时下账和网络申报200多户，共3 378笔，征收金额2 706万元。加大欠费清缴力度，全年共清缴以前年度欠费1 367万元。积极配合省劳动和社会保障厅、财政厅、省地税局等9部门，认真做好税务系统社会保险基金专项治理工作实施方案的检查工作，并以第二名的好成绩得到检查组的好评。

【强化税政管理，严格执行政策】 圆满完成了所得税汇算清缴工作。组织近400户汇算户进行企业所得税汇算清缴政策培训和汇算软件的应用辅导，发放各种表单4 000多份。完成2008年347户企业的所得税自汇自缴工作，汇算收入9 790万元，同比增收339万元，增长3.87%；提前完成年所得12万元以上个税自行纳税申报工作，申报人数460人，占昆明市地税局下达任务的100.4%，汇缴入库税款153万元。严格落实税收优惠政策。在减免税管理中，准确运用政策依据，严格审核手续，完备归档资料，及时建立减免税统计台账。对符合优惠政策的118户企业和个人，共计减免各项税收954万元。认真落实政策，调研执行情况。认真做好年审工作，对7户货物运输业自开票纳税人、9户福利企业进行年检审核。加强个税管理，对高收入行业人员和个人投资者实行个人所得税建档管理，积极采取措施加强个人所得税管理系统的推广应用，推进个人所得税全员全额管理。积极做好调查研究，企业所得税在税基、税率、法人所得税三个方面变动较大，税负水平高于旧“两法”，对税收是一个增收因素。认真举办税收宣传日活动，发放涉税宣传资料共3 000余份，讲解咨询150多人次。深入开展“送税法上门宣传”活动，实行“点对点”上门服务，实地了解企业生产经营情况和执行税收政策中存在的问题，尽可能地帮助企业解决涉税实际困难，共建和谐征纳关系。

【规范执法，提高稽查质量】 加强制度建设，提高依法治税水平。开通96128政务信息查询专线，接听电话11次，全年共进行重要事项公示14件，重点工作通报4项，在政务信息网络公开政策咨询80余条、热点问答20余条。以“改进工作方法、增强责任意识、创新监督方式、提升执法效能”为切入点，积极打造执法工作新亮点。规范重大案件的审理工作，2009年完成案件移交8件，审理8件。在执法管理系统停用的情况下，及时启用手工考核办法。强化稽查威慑力，税收大检查出成效。对南方电网、房地产企业和建筑安装业等行业进行了重点检查，共查补税款2 654万元，同比增长160%，财产1 634万元。严肃查处制售假发票的违法行为，5月26日，查获一造售假发票案。通过统一规程、及时安排、舆论造势等措施使税收大检查成效显著，查处各类税费987万元。

【争创先进，助学扶贫】 2009年，顺利获得“全国精神文明建设工作先进单位”荣誉称号，三分局荣获2007~2009年昆明市文明单位称号，五分局也通过了昆明市文明单位的考核验收工作。开展各项捐资助学、扶贫帮困活动，共计筹款1万多元。

【队伍建设】 全年共组织税收业务、计算机、法律知识等培训10多期，通过培训考试切实提高干部解决实际问题和驾驭工作的能力，打造了一支业务娴熟、能打硬仗的干部队伍。开展预防职务犯罪讲座，为13位特邀监察员颁发了聘书。荣获2009年全市地税系统党风廉政建设先进单位。

（张志明）

金融·保险

编辑：黄昌明

2009 年 3 月 26 日，安宁市举行云南新工业信托战略合作签约仪式。（路　宽　摄）

综　述

【全辖金融机构】　2009 年，辖内共有银行类金融机构 10 家，连同分支机构、分理处、储蓄网点等共 62 个。(如下表)

2009 年全辖银行类金融机构统计表

金融机构	机构数	分理处(个数)	储蓄网点(个数)	自助银行(个数)	信用社(个数)
中国人民银行安宁市支行	1	0	0	0	0
中国农业发展银行安宁市支行	1	0	0	0	0
中国工商银行股份有限公司安宁支行	1	3	2	3	0
中国建设银行股份有限公司安宁支行	1	2	2	6	0
中国农业银行股份有限公司安宁市支行	1	2	4	0	0
交通银行股份有限公司安宁支行	1	2	0	3	0
富滇银行股份有限公司昆明安宁支行	1	1	0	0	0
安宁市农村信用合作联社	1	0	0	1	18
中国银行股份有限公司安宁支行	1	1	0	1	0
中国邮政储蓄银行有限责任公司昆明安宁市支行	1	1	0	0	0

【货币信贷运行情况】　2009 年，安宁辖内金融机构人民币贷款呈现适度增长态势。年末各项贷款余额 97.56 亿元，全年新增贷款 12.84 亿元，增长 15.16%，同比少增 7.15 亿元。

【各项存款快速增长】　2009 年末各项存款余额 151.33 亿元，全年新增 33.17 亿元，增长 28.07%，高于历年水平。

人民币各项存款增量分析图（单位：亿元）

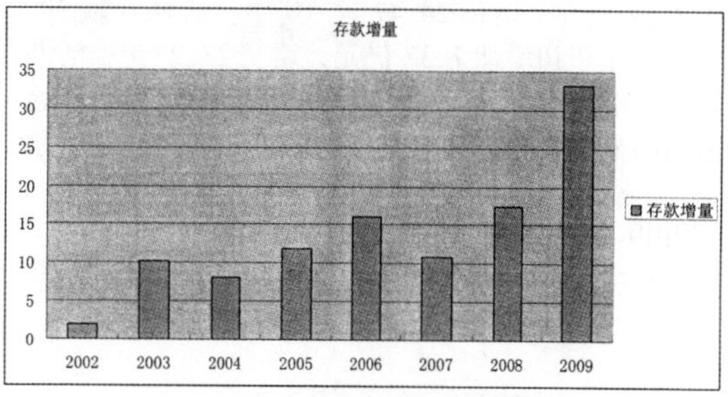

人民币储蓄存款年末余额 72.46 亿元，比年初增加 13.48 亿元，增长 22.86%。虽然经过多次降息，人民币存款基准利率较低，但由于居民投资渠道缩减，加之受国内外经济金融形势的影响，居民资金呈现向储蓄回流的趋势。

2009 年储蓄存款余额分析图（单位：亿元）

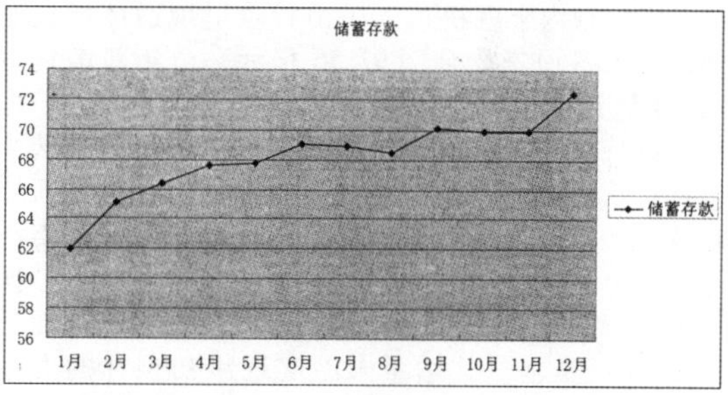

同时，储蓄存款活期化趋势明显，主要是因为：一是 2009 年以来，尤其是 3 月份以来股市行情开始升温，股票市场的财富效应使得居民储蓄存款活期化的趋势加剧，很多居民都留有相当部分的流动资金随时准备介入；二是由于存贷款利息的几次下调，缩小了定、活期存款的利差，居民定期存款的意愿不断回落；三是在各种政策刺激下，居民消费、尤其是大宗商品的消费异常火爆，在通胀压力加大的情况下居民消费意愿明显增强，这也导致了部分居民储蓄存款的活期化趋势。

2009 年储蓄存款活期化分析图（单位：亿元）

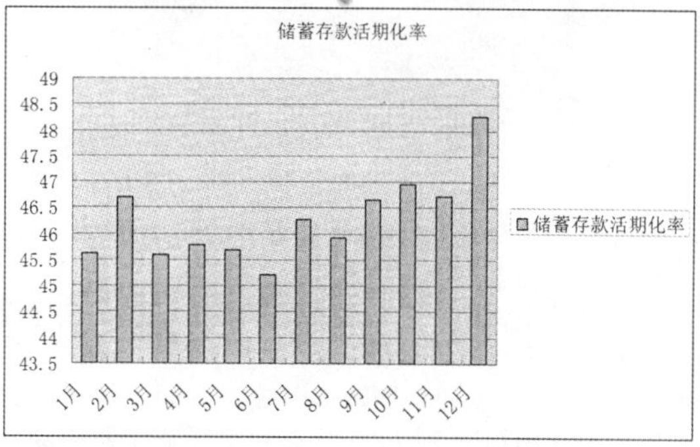

人民币企业存款年末余额44.1亿元，比年初增加8.84亿元，增长24.47%。其中：活期存款39.04亿元，比年初增加7.37亿元，增长23.27%，活期存款占全部企业存款的86.78%，企业存款活期化趋势依然明显，企业短期交易资金需求旺盛。

2009年末企业存款组成分析图（单位:%）

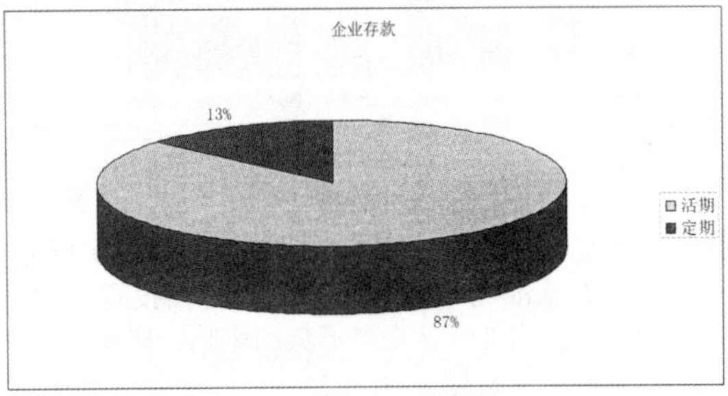

【各项贷款增长适度，结构调整成效明显】 2009年，安宁辖内金融机构人民币贷款呈现适度增长态势。年末各项贷款余额97.56亿元，全年新增贷款12.84亿元，增长15.16%，同比少增7.15亿元。由于工总行将安宁工行部分存量贷款9.1亿元打包转为信托贷款类理财产品（是指商业银行将存量或新增贷款替换成发行“信托＋理财”产品，发行该类产品，将募集到的资金通过信托的方式，专项用于替换商业银行的存量贷款或向企业新发放贷款），从而导致2009年全辖贷款增量未能实现年初预计的大幅增长。

2005～2009年人民币各项贷款的年增长率分别为20.32%、16.5%、－8.37%、30.9%、15.16%，呈波动起伏态势。

人民币各项贷款增长情况分析图（单位:%）

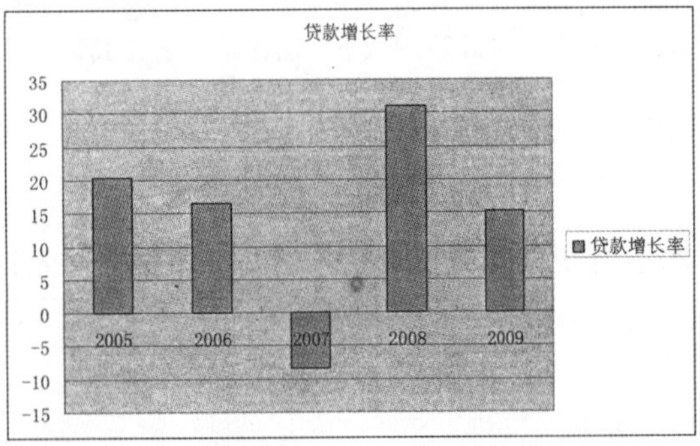

在人民币贷款适度增长的基础上，2009年人民币贷款的结构表现出一些新特点：

一是从贷款期限结构看，用于城市基础设施建设和企业技改升级的中长期贷款比年初增加15.6亿元，增长54.02%。企业短期融资中较为方便、灵活的票据融资全年增幅达77.02%，有利于缓解企业流动性压力。

2009年末人民币各项贷款期限结构分析图（单位:%）

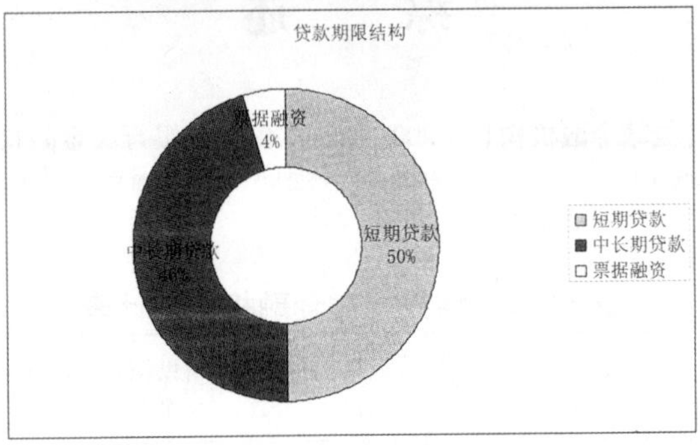

二是从贷款投向结构看。对“三农”的信贷投入增加，年末农业贷款余额31.62亿元，比年初增加10.8亿元，增长51.87%。“三农”贷款投放的快速增长，增强了安宁市农业发展的后劲，显示出金融业在逐步加强对农业的支持力度。

由于安宁市房地产业蓬勃发展，加之受2009年房地产市场回暖影响，安宁市各银行业金融机构加大了对房地产市场的信贷投入，年末余额为8.32亿元，比年初增加3.64亿元，增长77.78%，其中：房地产开发贷款余额2.01亿元，增长82.73%；个人购房贷款余额6.31亿元，增长76.26%。

同时，进一步密切银政合作，市域各银行业金融机构对安宁市8个政府融资平台发放贷款年末余额为13.01亿元，比年初增加8.26亿元，增长173.89%。各银行业金融机构在有力支持地方经济的发展的同时，也实现了自身的发展壮大。

三是从贷款行业结构看。各项贷款中，工业贷款31.29亿元，占比32.07%；农业贷款31.62亿元，占比32.41%；商业贷款27.33亿元，占比28.01%。由于受国际金融危机对实体经济的影响，尤其是对安宁市工业企业的影响，全年工业贷款降幅达22.6%，农业类贷款历史上首次超过工业类贷款。

2009年末人民币各项贷款行业结构分析图（单位:%）

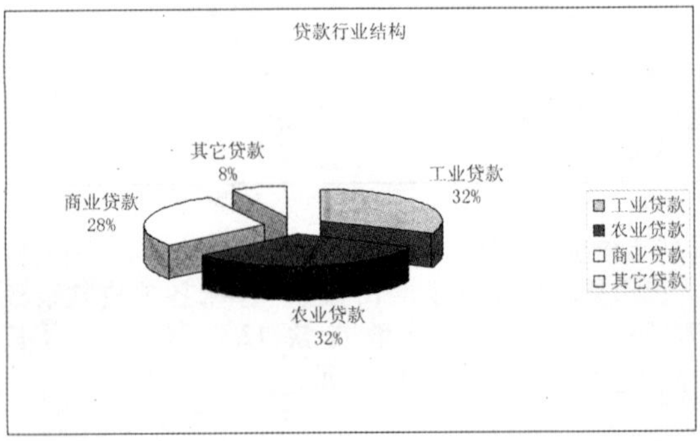

四是从贷款的行际结构看，虽然国有控股商业银行仍然是贷款主力，占比为57%，但市场份额较上

年末下降8%。地方法人金融机构通过近几年的快速发展，已占有近32%的市场份额，其存、贷款总量稳居辖内金融机构首位。

2009年末人民币各项贷款行际结构分析图（单位:%）

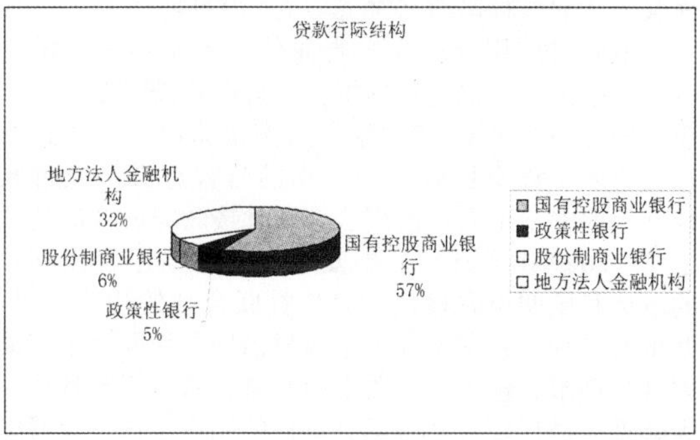

（陈利冰）

云南银监局安宁办事处

【简况】 中国银行业监督管理委员会云南监管局安宁办事处于2004年1月18日正式挂牌成立，主要负责对辖区内银行业金融机构实施监督管理职责。安宁办事处现有职工4人，设主任、副主任各1名。2009年，云南银监局安宁办事处坚持以邓小平理论、“三个代表”重要思想和科学发展观理论为指导，认真贯彻落实银监会工作会议和省局年度工作会议精神，围绕省局“保增长、防风险、促稳定”的工作思路，坚持以优化信贷投向支持扩大内需为导向，以风险管理为核心，以完善农村和小企业金融服务为重点，以提高人员素质为出发点，以强化执行力为突破口，以认真完成日常监管工作任务为载体，积极开展银行监管工作和其他各项工作。一年来，办事处自觉加强内部管理教育，强化工作执行落实，不断提升银行监管工作有效性，努力完成上级安排的各项工作任务，维护了辖内银行业金融机构稳健经营和持续发展，推动了安宁市域经济持续、快速、健康发展。

【辖内金融机构及从业人员情况】 截止2009年12月末，安宁地区共有银行业金融机构50个，从业人员645人（详见下表）。

安宁市银行业金融机构及从业人员情况表

机构名称	网点数	支行（个数）	翻牌支行（个数）	分理处（个数）	储蓄所（个数）	基(分)社（个数）	从业人员
中国工商银行股份有限公司安宁支行	7	2		1	4		98
中国农业银行股份有限公司安宁市支行	7	1	4	2			90
中国银行股份有限公司安宁支行	2	2					28
中国建设银行股份有限公司安宁支行	5	2		3			90
交通银行股份有限公司安宁支行	3	1		2			62
中国农业发展银行安宁市支行	1	1					18
富滇银行股份有限公司昆明安宁支行	2	2					36
安宁市农村信用合作联社	19	1				18	195
中国邮政储蓄银行有限责任公司昆明安宁市支行	4	1			3		28
合　计	50	13	4	8	7	18	645

【加强学习，把握监管方向】 2009年，办事处面对国际金融危机和国内实体经济影响的不断加剧，积极组织学习国家相继出台的“保增长、扩内需”和“产业振兴规划”等一系列宏观调控政策，认真学习和领会2009年中央1号文件要求，把促进农业稳定发展和农民持续增收作为国民经济新的增长点，加大对重点基础设施和民生工程的投入力度，为“保八”目标的实现，提供强大的资金支持，认真学习贯彻

2008 年国务院办公厅《关于当前金融促进经济发展的若干意见》。

2009 年 2 月，银监会出台了《关于调整部分信贷监管政策促进经济稳健发展的通知》，这一系列政策的出台实施，表明政府对保持经济较快发展的态度和决心，增强了民众对发展经济的信心。为使员工对做好新形势下银行业监管工作的重要性有一个清醒的认识，进一步掌握银行监管工作的政策尺度和监管“容忍度”，办事处及时组织员工对国家相关宏观调控政策进行认真学习，对当前金融政策调整的实质精神进行深刻领会。通过学习，全体员工对当前经济形势、金融政策和银行监管工作有了清醒的认识，为进一步支持中小企业和“三农”经济发展，引导优化信贷投向，为调整产业结构，促进地方经济平稳较快发展奠定基础，为提高银行监管工作有效性提供了方向性保证。认真学习年度工作会议精神，把握工作重点。通过学习，使大家学到了工作方法，明确了工作目标，把握了工作重点。通过对年度会议精神的学习、领会，组织员工围绕省局年度监管工作任务，积极开展学习讨论活动。认真收集员工对办事处年度工作的意见和建议，结合工作实际，对办事处的年度工作进行了认真梳理、分析和思考，根据上级年度工作计划，对办事处的年度工作进行了统一规划和部署，统一了职工的思想和行动，为推动办事处各项工作有序展开奠定了基础。

【突出工作重点，加强风险防范】 2009 年，办事处认真贯彻落实银监会“四四六”监管理念和省局年度工作会议精神，密切关注形势变化，严防不良贷款反弹，严控事故案件发生，自觉加强对辖内银行业金融机构的监管。督促辖内各银行业金融机构完善各项内控制度，增强风险防范意识，继续抓好事故、案件防范和不良贷款“双控”工作，不断提高资产质量，杜绝违规违纪行为，保持持续经营和稳健发展。围绕“双控”目标进一步保持和扩大案防工作成效，督促各行（社）建立、健全案防工作长效机制，要求各行（社）对当前案件防控工作的严峻形势保持清醒头脑，认真吸取其他发案机构的教训，切实抓好事故、案件防控工作，从严从细抓好制度的完善和执行，加大对基层营业网点的检查力度，坚持做到常抓不懈，警钟长鸣，始终保持事故、案件防控的高压态势，切实落实案防责任，提高风险管控能力，提升经营水平和服务质量，增强决策的科学性、连续性和有效性；依托非现场监管信息系统，定期分析农村信用社报表数据所反映的信息，及时发现、掌握其风险状况，自觉加强风险预警提示和报告工作，突出“风险为本”监管理念的贯彻和落实，督促农信社理事会和高管层自觉加强审慎经营和持续发展，不断完善公司治理结构，加强内控制度建设，加大对内部从业人员的合规文化教育和引导，增强风险防范意识，严格落实制度规定，做好风险防范工作。督促农信社理事会和高管层加大对不良贷款的“双控”管理力度，努力提高资产质量，扩大拨备覆盖面，提高资本充足水平，增强拨备和资本缓释风险的能力。

【强化执行力度，提升监管有效性】 2009 年，办事处认真做好市场准入、退出工作。1. 2009 年 1 月，完成安宁市农村信用合作联社设立大屯自助银行的初审、上报工作，根据省局批复，督促其按时开业，增强服务功能，提高服务质量；2. 2009 年 3 月，完成安宁市农村信用合作联社青龙信用社机构搬迁的初审、上报工作，根据省局批复，督促其按时搬迁、开业，提升服务水平；3. 根据云南银监局《关于进行社员代表、理事换届选举工作的监管意见》文件精神，督促安宁市农村信用合作联社按时完成换届选举工作。2009 年 7 月，根据安宁市农村信用合作联社的申请和昆明市农村信用合作社联合社的相关意见，办事处受理并初审了安宁市农村信用合作联社第二届理事会理事、理事长、监事会监事、监事长及其他高级管理人员任职资格备案、审核的初审工作，及时上报省局给予备案、审核，根据省局批复，督促安宁市农村信用合作联社及时完成相关人员的任职手续；4. 2009 年 11 月，办事处根据省局授权，按照有关规定和要求，完成安宁市农村信用合作联社定向募股 3 000万元的初审和上报工作。继续认真做好农村信用社非现场监管工作。年初，根据银监会相关通知，农村合作金融机构非现场信息系统报表数据报送范围、报表结构和数据口径均有所调整，针对这一新情况，办事处及时组织报表审核人员，认真学习相关业务知识，掌握相关报表变动信息和审核要求，为完成非现场监管信息系统报表审核打下了坚实基础。截止目前，办事处共完成 2008 年年报、2009 年 1 至 12 月月报、2009 年 1 至 4 季度季报表和 2009 年年报表的审核工作，完成 2009 年末和 2009 年第 1 季度 S45 表、S56 表、S57 表、S58 表、S59 表的补报审核工作，完成 2009 年第 1、2、3 季度 S45 表的数据核对、更正工作；自非现场监管信息系统正式运行以来，办事处始终坚持把非现场监管工作的重点放在农村信用社非现场监管数据的及时性、完整性和准确性上，注重对数据的分析和应用，按季撰写非现场监管风险分析报告，及时发现和识别农村信用社风险情况，做好风险预警、提示、报告和处置工作，截止目前已完成安宁市农村信用合作联社 2008 年度监管报告 1 期，2009 年风险分析报告 3 期；在搞好非现场监管报表审核、风险分析的同时，办事处自觉加强对农村信用社非现场监管信息系统数据的安全备份工作，确保在系统更新和升级后历史资料和数据的完整性和有效性，为贯彻落实持续监管奠定了基础。按要求完成农信社年度监管评级。根据银监会《非现场监管指引》和省局的有关通知要求，完成了对安宁市农村信用合作联社 2008 年度监管评级的初评工作，并及时向省局上报了相关材料，经省局和银监会复评，维护办事处评级结果。根据云南银监局合作金融机构监管处《转发〈中国银监会办公厅关于全国农村信用社 2008 年度监管评级情况的通报〉的通知》精神，认真对安宁市农村信用合作联社 2008 年度监管评级工作中存在的突出问题进行了梳理和分析，有针对性地提出了监管建议和意见，完成了《关于安宁市农村信用合作联社2008年度监管评级及相关监管指标落实情况的通报》，按规定要求对该联社2008年度监管评级情况进行了通报。督促农信社及时完成农村合作金融机构主要监管指标达标升级规划，并按季监测规划指标落实情况。根据银监会和省局的相关通知精神，督促安宁市农村信用合作联社按要求制订了《2008年至2010年以及2009年当年农村合作金融机构主要监管指标达标升级规划》，及时上报省局合作金融机构监管处；每季按要求及时上报安宁市农村信用合作联社《2008~2010年达标进步度监测表》，督促农信社按规划要求规范业务发展，保持审慎经营，严格落实监管规划指标，搞好升级达标工作。

【完成《地图集》数据采集和调研工作】 办事处认真完成《地图集》数据采集上报工作。根据银监会和省局相关要求，组织辖内银行业金融机构认真填报2008年度《地图集》数据，及时收集、汇总、审核数据，完成安宁市2008年《地图集》数据采集工作，为加强农村金融地图服务打下基础。1. 继续加强辖内金融运行分析，为保持地方经济较快发展提供服务。金融是地方经济发展的重要支撑，为保持安宁市域经济的较快发展，办事处坚持每季对辖内金融运行情况进行分析、研究，按时向上级和当地政府报送分析报告，已完成2008年度及2009年1~4季度安宁市金融运行分析报告5期；2. 认真完成省局组织的调研工作。根据省局年度工作任务安排，认真制定办事处年度调研课题，及时上报年度调研课题计划。根据省局协调处安排，积极派员参加省局协调处组织的银监会新“十条”中涉农贷款情况调查调研活动，协助其他办事处同志完成调研报告的撰写工作。协助省局政策法规处进行《地方融资平台建设情况》调查，主动给安宁市政府、安宁市财政局（金融办）及各投资公司联系，认真收集数据材料，及时完成相关材料报送工作。

【抓好廉洁自律教育工作】 2009年，办事处加强廉政建设，严格执行“约法三章”制度，层层签定《廉洁自律责任书》。办事处始终把加强思想政治工作纳入重要议事日程，坚持以科学发展观为指导，进一步加强办事处的思想政治工作建设，坚持从严治办，从严执纪，严格贯彻执行“约法三章”制度，按照四大纪律八项要求，不断加强职工思想政治和法纪教育，促进职工廉洁自律、爱岗敬业，推动依法监管、廉洁从政。年初，办事处主任即与直管监管办协调处、办事处职工分别签定了《廉洁自律责任书》，用制度和规定约束职工言行，规范监管工作，树立监管形象。积极参加省局组织的教育清理“回头看”活动。根据省局机关党委的安排和部署，认真组织办事处员工学习省局《关于印发〈云南银监局机关开展教育清理工作“回头看”活动工作方案〉的通知》，学习教育清理工作“回头看”的相关文件材料，积极参加省局机关党委组织的教育清理“回头看”知识测试。通过教育清理“回头看”活动，进一步净化了职工思想，提高了职工觉悟，纯洁了职工队伍，为推进监管事业的发展创新打下了坚实基础，为树立廉洁高效的监管形象，做党的金融事业的忠诚卫士提供了保障。

【完成上级和地方政府安排的相关工作】 办事处积极协助省局机关完成现场检查和其他工作任务。自2007年3月以来，办事处主任一直抽调省局基建办公室，协助省局相关部门进行省局办公楼的改造、装修等工作；2009年，办事处副主任一直在省局机关帮助工作；2009年，省局抽调办事处1名同志先后参加现场检查任务3人次，投入45个工作日；12月，为完成新办公楼搬迁准备工作，省局抽调办事处1名同志参加办公家具采购及相关工作。工作中，办事处全体同志都能以大局为重，以完成中心监管任务为重，积极投身银行监管工作实践，不计个人得失，任劳任怨勤勤恳恳完成上级交给的各项任务。配合地方政府做好相关工作。协助安宁市委、市政府完成对银行业金融机构2008年度民主行风评议工作。向辖内银行业金融机构转发了《安宁市银行业金融机构2008年民主评议行风情况通报》，并督促各行（社）制定整改措施，为进一步加强银行业金融机构行风建设，提升金融服务质量和水平，优化安宁市域经济软环境，提高行政效能和服务质量奠定了基础。为支持地方经济、文化建设，根据安宁市委、市政府的统一部署，参与安宁市2009年年鉴编撰工作，完成了相关材料的撰写和报送工作。

（罗玖仙）

中国人民银行安宁市支行

【简况】 中国人民银行安宁市支行担负着执行国家货币政策，维护辖区金融稳定，为辖内9家金融机构、62个网点提供金融服务的职能，具有任务重、业务量大、工作强度高的特点。支行现有在职职工27人，退休职工2人，平均年龄41.7岁；其中党员19人，占职工人数70.3%；有中级专业技术职称12人，初级专业技术职称11人；本科以上学历的14人，大专学历12人，中专学历1人。支行内设一室三科：办公室、基础业务科、综合业务科、保卫科。

2009年，支行在各级党政和人民银行昆明中心支行的领导、关心和支持下，紧紧围绕年初人民银行工作会议“促发展、上水平、求突破”的工作思路，以支持地方经济金融发展为已任，以“规范管理，强化教育，改善服务，防范风险，完成任务”为工作重点，坚持发扬民主，秉公用权，廉洁从政，在执行货币政策、维护金融稳定、促进政银企合作、开展调查研究、优化金融服务等方面积极作为，全行干部职工较好地完成了各项工作任务。先后被评为2005

~2008 年度先进集体、2006 ~ 2008 年度昆明中心支行级文明单位、2009 年先进基层党组织、2007 ~ 2008 年度工会工作先进集体，安全保卫工作先进单位，货币信贷工作 A 类地区，事后监督工作示范单位，国库工作二等奖，在中国人民银行昆明中心支行 2009 年工作目标考核中考核为 A 级单位，取得目标考核 A 级单位“三连冠”。

【支持地方经济稳健发展】　2009 年，安宁市支行积极发挥窗口指导作用，合理引导信贷资金投向。根据年初制定的《安宁市 2009 年货币信贷指导意见》，引导商业银行落实适度宽松的货币政策，推进了政银企合作，形成了“三方互动”、互利共赢的良性循环，充分发挥了金融在“保增长”中的强力支撑作用，整体金融运行态势稳健良好，辖区金融稳定，不良贷款比例 0.24%。

【国库工作】　2009 年，安宁市支行加强与上级、地方政府部门和代理银行的沟通协调，稳步推进财政国库集中支付改革进程。加强对财政专户的监督检查，发挥国库监管职能和水平。

全年共收纳各级预算收入缴款书70 594笔，金额为281 341万元，其中：中央级收入100 444万元，省级预算收入12 364万元，市级预算收入 575 万元，县级预算收入167 958万元；办理财政预算支拨6 073笔，金额为216 648万元，办理退库业务 419 笔，金额为 4 975万元，更正业务 83 笔，金额为7 181万元，较好地完成了各级预算的收纳、退库、更正和库款的支拨工作。

【账户管理】　2009 年，安宁市支行办理人民币银行结算账户开销户3 667户，加大辖内金融机构检查力度，检查金融单位 14 次，规范了全辖国库、会计业务印鉴，对违规签发与其预留的签章不符的支票的企业给予罚款处罚，全年行政处罚 6 笔，处罚金额 47 106.90元，对违反现金管理规定的商业银行做出了警告、限期整改决定，规范了金融秩序。

【货币发行】　2009 年，安宁市支行继续完善发行库封闭式安全管理和建设，加强现金投放回笼预测，加大对流通市场小券别人民币供应，改善当前小券别人民币紧缺现状。全年投放现金 24.67 亿元，回笼现金 6.56 亿元，净投放现金 18.1 亿元，比上年增加 5.4 亿元。

【人民币反假】　2009 年，安宁市支行充分发挥反假货币联席会议办公室的作用，认真开展反假人民币宣传和培训工作，积极配合安宁市公安局开展“09 行动”，打击制贩假币犯罪活动，从而形成反假币宣传的良好社会氛围，全年上缴假币 72.7 万元。

【文明单位创建】　安宁市支行以争创成都分行级文明单位和“模范职工之家”为目标，坚持“两手抓，两手都要硬”的方针，把文明单位创建活动落到实处，制定了《2009 年—2011 年度文明单位创建规划》，坚持把“文明单位”建设与加强领导班子建设、提高队伍素质、强化内容管理、搞好金融服务有机结合起来，不断增强创建意识，注重创建效果，文明单位创建活动保持了积极、健康、向上的工作态势。一是深入开展“创建学习型组织，争做知识型职工”活动，将“创争”活动同文明单位创建活动、央行文化建设等有机结合起来，为文明单位建设活动注入活力。二是根据中国人民银行《关于开展“创新金融服务，支持经济发展”业务竞赛活动的决定》，大力开展竞赛活动，更多地为职工搭建学习培训平台，通过学习与竞赛活动，不断提升干部职工的素质、能力和水平，培养和塑造更多的“知识型职工标兵”，充分发挥职工在金融改革、发展、稳定中的主力军作用，为支行的改革发展和“保增长、促发展”建功立业。三是积极开展健康向上的文体活动，成立摄影爱好小组，组织员工参观摄影、书法、美术作品展，牵头组织四家县区支行共同开展“和谐央行拓展训练”活动。四是开展和谐支行创建活动。组织收看国学讲座，倡导读好一本书，写好一篇心得体会，积极培育团队精神，增强干部职工的集体荣誉感。五是认真开展中国特色社会主义理论体系宣传普及教育活动、科学发展观回头看活动和案件专项治理活动，全面推进干部职工思想道德建设和和谐央行环境建设。六是积极参与创建国家文明城市、卫生城市活动，大力整治支行环境建设，倡导健康文明卫生意识。

【金融稳定】　安宁市支行按照发展与防范并重、疏导与跟踪并举的思路，把维护辖区金融稳定作为重点工作来抓。加强对辖区金融机构的风险监测，深入调查研究，反馈政策执行效应。全年共完成各类专项调查 11 次，撰写调研报告《金融危机对工业经济的影响——以安宁市为实例》、《安宁市农业发展银行改革进展与成效调查报告》、《安宁市农村信用体系建设情况调查报告》、《安宁市信用社区建设情况调查报告》，受到地方好评。

【征信管理】　安宁市支行组织金融机构开展一系列有关金融知识、征信知识的“征信宣传月”宣传活动，培育并提高中小企业信用意识，促进中小企业健康发展，通过宣传让社会了解中小企业信用体系和个人信用体系建设的重要性，推进和深化诚信社会建设，营造良好信用环境，形成良好的社会诚信舆论氛围。

【综合治理】　安宁市支行根据创建“平安支行”办法，依照“六有、六化、六无”的要求，动员全行干部、职工积极参与创建活动，结合制度落实年工作要求，经常性地对职工进行安全防范教育，不断提高干部职工的安全防范意识。大力提倡崇尚良好社会道德风尚，反对赌博、嫖娼、吸毒、贩毒等有违社会主义精神文明建设的违法犯罪行为，支行创建工作成效明显，达到了“六有、六化”，实现“六无”：无恶性刑事或治安案件；无邪教组织人员的破坏活动；无群体性事件；无重特大火灾、安全事故；无黄赌毒社会丑恶现象；无职工违法犯罪，有力地促进了“平安支行”建设。

（陈利冰）

中国工商银行股份有限公司安宁支行

【简况】　2009 年，中国工商银行股份有限公司安宁支行在上级行及当地党委、政府的领导下，面对经营环境的变化和经营发展中的挑战与困难，认真贯彻党的十七大、中央经济工作会议精神，坚持以科学发展观为统领，继续强化“四争两保”经营理念，努力通过提升核心竞争力巩固市场领先地位，通过经营转型增强可持续发展能力，通过全面风险管理保持资产质量稳定，通过改革创新增强发展活力和动力，取得较好的经营业绩。全年实现拨备前利润4 648万元，人均创利 47 万元。年末人民币各项存款达246 472万元。其中：对公存款达95 640 万元，储蓄存款达150 832万元，外币存款达 42 万美元，人民币各项贷款达43 550万元，个人类贷款达6 127万元，实现中间业务收入 1 065 万元。同比增加 214 万元，增幅25. 15%，新增企业网银客户 38 户，个人网银客户9 153户。发出牡丹信用卡 5 038 张，发出灵通卡17 787张。手机银行5 115户，五级分类后三类不良贷款余额仅为 480 万元，不良贷款占比仅为 1. 1%，比上年末下降了 35. 57%。全年未发生经济案件和重大安全事故，连续实现安全经营长周期。保持了省级精神文明单位称号。

【开展劳动竞赛活动】　2009 年初，按照上级行的统一安排，工行安宁支行动员并引导全行员工积极投入劳动竞赛。一是领导重视，坚持以人为本，反复动员并引导员工全力投入轰轰烈烈的“四争两保”劳动竞赛热潮。在广大员工中牢固树立“发展争速度，同业争占比，系统争位次，经营增效益，运行保质量，管理保平安”的发展思路。使全行员工思想认识有新飞跃，竞赛活动有新的举措，不断收到新实效。二是周密部署，精心组织竞赛活动。按照上级行的安排，安宁支行结合自身实际，制定竞赛活动的具体工作目标：就是努力全面完成上级行下达的各项竞赛指标，力争进入营业部前 10 名，在安宁地区四大国有银行中争取各项占比第一。明确了具体工作措施：即围绕市场开拓和市场营销，全力拓展业务领域，全行上下联动配合，做到既有分工又有合作。按板块划分业务，明确各自工作职责。劳动竞赛的开展，增强了支行的整体竞争力，锻炼了员工队伍，促进了业务发展，竞赛活动取得了可喜成绩，在劳动竞赛中，实现帐面利润2 664万元，各项存款净增21 288万元，实现中间业务收入 361 万元，营销各类理财产品1 011万元，营销个人基金2 520万元，信用卡开户数3 642户，灵通卡开户数2 025户，网上银行开户数1 009户，电话银行开户数 159 户，手机银行开户数232 户，第三方存管 234 户。

【营造优质信贷市场】　2009 年，工行安宁支行紧紧抓住国家重大投资带来的业务机会，积极拓展优质信贷市场，加大对重点项目和重点客户的支持力度。首先，职能部门认真组织人员，积极收集信息，围绕昆钢上下游产业链客户以及昆钢内部业务整合成立的新企业为目标，确定专人负责，采取上下联动、银企座谈的营销方式，积极向企业营销、宣传支行的各项业务，成功办理国内信用证下贸易融资 1 亿2 183万元，其次，结合总行信贷政策及行业政策寻找业务发展的接触点，全年累计发放贷款 11. 58 亿元，开立银行承兑汇票 95 万元，开立国内信用证 197. 25 万元。再次，继续把个人贷款作为全年工作的重点，积极开展全员营销。

【巩固存款增量领先优势】　2009 年，工行安宁支行努力适应存款市场竞争形势，牢固树立“主动负债”意识，调整负债结构，拓宽筹资渠道。在抢抓机遇、发展新客户、增加储源上下功夫，重点完善客户信贷资金、结算资金、理财资金以及各类存款在支行体内的循环流转机制，围绕大力发展储蓄存款，积极营销公司存款，着力竞争机构存款的工作思路，保持存款业务的稳定快速发展，全方位巩固支行存款增量市场份额。

【拓展中间业务领先优势】　2009 年，工行安宁支行充分认识发展中间业务对提升核心竞争力和实现经营转型的战略意识，千方百计调动和激发全行员工抓中间业务收入的积极性和主动性，采取有效措施，重新夺回同业占比第一的位置。一是坚持按期按时召开中间业务工作分析会；二是细分市场，多措并举，将任务指标分解下达到各业务科室和职能部门，公司、机构、个金、银行卡等板块齐头并进，努力增加中间业务收入；三是加大考核力度，将中间业务收入的考核比重加大，严格执行谁做的业务奖励谁，鼓励多收；四是大力开展银行卡的营销。支行班子对银行卡业务高度重视，组织专业部门人员和网点积极开展营销；五是大力营销推广分期付款业务。全年办理分期付款业务 367 笔，金额 296 万元；六是努力增收节支，做到应收尽收。通过努力，全年中间业务收入突破千万元大关，达到1 065万元。

【增强风险防范能力，提升内部管理水平】　2009 年，工行安宁支行面对国际金额危机和国内经济下滑风险加大的严峻形势，进一步增强风险防控的预见性、敏锐性和风险处置的及时性、有效性，确保各项业务持续健康发展。一是高度重视信贷资产质量。首先规范信贷业务管理、完善贷后管理工作，按间隔期进行贷后检查，增强贷款风险的预警和防控能力。及时收集整理客户管理类、要件类、权证类、保全类资料，确保资料的完整性，按时归档入库，归档入库率达到100%。加强贷款风险分析，按信贷管理要求，按季对2 000万元贷款以上大户进行监测分析，增强工作的主动性和前瞻性，不断提升信贷风险识别能力。加强潜在性风险贷款的管理、重点落实后三类不良贷款的清收处置；二是严格防范操作风险和声誉风险。进一步完善内控体系建设，增强制度执行力，加强操作风险管理，夯实管理基础。强化科技保安全的理念，全面落实各项运行保障制度。强化声誉风险管理体系，完善客户投诉处理机制，增强防范和化解声誉风险的能力；三是加强对外部安全的防控。紧紧围绕上级《强化风险管理、践行科学发展、完善案防机制，确保经营安全》的工作方针。积极开展全行安全防范工作。认真签定《安全责任书》，夯实安全基础。坚持“谁主管、谁负责”原则，做到科室、部门有区别，以科定责，以岗定人签订岗位责任制，有效提高全行员工责任意识和防范意识。认真监督保安服务公司做好守押服务管理工作，推进守押社会化健康发展。加强安防设施管理，管好、用好、督查好电视监控的使用管理，提高防范标准。

【改革创新，实现优质服务】 工行安宁支行通过改革创新，实现优质服务和市场营销的有效结合，着力解决好发展中的深层次矛盾和问题，从体制、机制、业务、产品、管理、技术等方面整体推进改革创新，增强对优质客户的营销能力和服务能力，推动核心业务的持续发展。针对服务中的薄弱环节，在全行广泛开展学习《中国工商银行云南省分行营业部优质文明服务工作管理办法实施细则（修订）》、《中国工商银行云南省分行营业部网点服务工作考评实施细则（试行）》、《关于加强服务质量管理考核的补充通知》，深入抓实服务工作。在上级行的统一安排下，对支行一线柜员安装了客户评价器，由客户对员工的服务进行评价，经过一段时间的运行，并不断改善评价系统，完善了《客户评价网点员工服务质量管理办法》，极大地推进了员工的服务自觉性与积极性，提高了服务水平。

【队伍建设】 2009 年，工行安宁支行积极实施“人才兴行”战略，全面推进人力资源整体开发，以人为本管理为中心，积极营造先进的企业文化，为提高综合竞争实力提供坚强的人才保障和文化支持。

【抓好党风廉政建设和精神文明建设】 2009 年，工行安宁支行继续抓好党风廉政建设。一是逐级签定党风廉政建设责任书，层层抓落实。二是把党风廉政建设责任制和案件防范责任制的内容分解落实到各部门。三是继续执行领导干部廉洁自律若干规定，抓好反腐败工作，从源头上预防案件发生。四是进一步加大案件查处力度，按照“三不放过”的要求严肃查处。五是进一步加强内控管理，加强监督检查力度，提高检查质量，在上级行的考核中获优秀好成绩。六是加强对职工 8 小时以外的管理监督。七是加强支行文明细胞工程的创造工作，进一步保持省级文明单位称号。

（丁富鑫）

中国建设银行股份有限公司安宁支行

【简况】 2009 年，中国建设银行股份有限公司安宁支行以科学发展观为指导，扎实推进业务转型，深化内部改革，狠抓基础管理，加强合规文化建设，提高工作效率，加强团队协作，各项业务实现又好又快发展，综合竞争能力不断增强：公司业务营销力度进一步加大，产品营销手段逐步丰富，工作取得丰硕成果；个人业务增长平稳，多项指标排名全省系统前列；利润超额完成年度计划；中间业务快速发展、产品营销手段不断丰富，夺取多项考核第一；风险内控能力逐步提高，内部管理措施逐步深化，现金管理和资金年度考核全省系统排名第一。

【公司业务】 2009 年，建行安宁支行在业务工作方面，主要做了以下工作：一是坚定信心，积极应对市场变化。通过认真研究市场、研究政策，推进政府融资和昆钢短融发行两大成果的实现；二是持续调整客户结构和账户结构，坚定“存款立行”的信念，坚持不懈抓好对公存款营销；三是加大中小企业客户的营销，进一步强化市场基础；四是加强主营业务与战略业务的组合营销，通过百易安、工程资金监管、国内保理等产品提高客户贡献度；五是持续营销，在多家金融机构的激烈竞争中胜出，与昆钢签订了《中期票据合作协议》；与安宁市委、市政府、安宁工业园区管委会签订了《银政合作协议》，为支行业务的可持续发展奠定了坚实的基础。

【个银业务】 2009 年，建行安宁支行紧紧围绕支行确定的各项经营目标，贯彻落实全行发展战略，全面提升个人银行业务的战略地位。一是紧跟市场热点，全面持续深入开展营销工作。通过组织旺季营销、“忙种小满”、“四宝齐聚，赢在建行”等活动的开展，促进建行基金、黄金、电子银行、代发工资、代理寿险等工作的有力开展；二是进一步强化绩效考核，有力支撑业务发展；三是顺势而为，抓好重点产品的营销工作，在基金销售、黄金营销、个人寿险业务均取得了优异成绩。

【房金业务】 2009 年，在房金业务工作方面，建行安宁支行一是积极主动配合住房公积金管理中心做好住房公积金的扩面工作，从源头上确保建行在当地公积金业务领域中的绝对主导地位；二是坚持“以贷稳存”的发展战略，加大公积金贷款受托发放力度；三是利用委托性住房金融业务带动建行自营性房贷业务的快速发展，巩固建行房金融业务特色和同业市场领先地位；四是利用房金业务带动中间业务的发展，新增“房易安”等产品的销售，使其成为建行中间业务又一个新的增长点。

【中间业务】 建行安宁支行面对中间业务市场的变化，加强对适销对路产品的销售和培育。一是强化传统优势、加强重点产品营销。在进一步细分市场的基础上加大营销力度，认真组织代理财险、寿险、基金、银行卡等业务的竞赛活动，加强考核，促进中间业务的发展。二是努力创新、积极营销寻找新市场。短期融资券、百易安、房易安、工程资金监管、国内保理等业务的发展，成为支行中间业务的新亮点。三是积极调整考核激励政策，带动工作人员的积极性。通过不懈努力，支行中间收入超额完成年计划，增幅达到70.7%，实现了系统内年度增速第一、标杆第一的喜人战绩。

【国际业务】 建行安宁支行在较为激烈的市场竞争和近乎残酷的价格竞争情况下，支行开年就把握时机，通过各种渠道进行营销。一是加强创新产品能力，提高客户的忠诚度；二是充实经办人员，积极做好服务，赢得客户的信任；三是通过优质的金融服务，努力扩增业务量。

【风险管理】 2009年，建行安宁支行首先是把提高资产质量作为工作的“重中之重”，促进不良资产和潜在损失的稳步下降，防范控制新的风险；其次是重视基础管理，进一步完善和建立、健全管理规章制度，先后出台了多个贷中、贷后管理考核办法，信贷管理基础得到进一步夯实；第三是认真抓好合规经营自查自纠专项工作，先后开展了案件风险排查、贷款资金挪用等多项检查，有效防范风险和各类案件的发生；第四是坚持做好反洗钱工作，履行好银行的反洗钱义务。

【班子建设】 2009年，建行安宁支行以实践科学发展观为契机，加强党的思想和作风建设，坚持创建以人为本，齐心协力的和谐团队。一是认真领悟胡锦涛同志在十七届中央纪委第三次全会重要讲话中提出的“六个着力、六个切实”要求，深刻领会加强党建工作的重要性和紧迫性，促进党建工作与经营管理的有效结合。二是认真贯彻落实惩治和预防腐败体系的建立，把党员作风建设与反腐败建设有机结合起来，完善体制机制，防微杜渐，杜绝一切有损建行利益，有损客户利益，有损职工利益的案件发生。三是加强人力资源管理，抓好人才队伍和员工队伍建设。

【员工培训】 2009年，建行安宁支行积极组织各层面人员参加总、分行组织的培训。选派了经理级、专业技术人员和业务骨干到北大、清华、夏门、哈培等地学习，全面提升基层负责人和业务骨干的综合素质，更好地促进支行的业务发展。

【群团工作】 2009年，建行安宁支行积极发挥工会、共青团组织的作用，把企业文化建设与党的建设、精神文明建设、政治思想工作有机结合起来，大力营造健康向上的文化氛围。一是充分发挥广大员工的聪明才智和组织能力，成立了登山、烹饪等9个兴趣小组，开展丰富多彩的业余活动；二是在安宁支行成立30周年之际，组织开展了“我与建行共成长”征文活动，得到员工的积极响应；三是继续开展“创建学习型组织，争做知识型员工”的活动，充实员工业余生活；四是通过团拜会，圣诞晚会等活动的开展，营造家园文化；五是开展以球类活动为载体的银企联系活动，提高建行的企业形象。

【社会公益活动】 建行安宁支行积极响应社会对爱心助学行动的召唤，大力支持社会公益事业发展，支行将安宁市县街镇王家庄小学确定为支行新的扶贫助学点，为学校购买了体育用品，为全校学生发放了书包。充分体现了全行员工高昂的爱国热情和社会责任感。

（张　斌）

中国农业银行股份有限公司
安宁市支行

【简况】 2009年，中国农业银行股份有限公司安宁市支行按照中央经济工作会议和上级行的工作会议精神，全面落实科学发展观，认真执行适度宽松的货币政策，积极推进金融改革，维护金融稳健运行，提高金融服务水平，进一步强化自身建设和管理，全面履行好基层银行职责，促进县域经济平稳较快发展。在地方政府有关部门和营业部党委的正确领导和大力支持下，通过全行干部职工团结一心，奋力拼搏，圆满完成了既定的工作任务。跟往年相比，农行安宁支行的发展已走上快车道，各项业务屡创新高，走出了一个业务发展的上升通道。

【存款业务】 截止2009年12月31日，农行安宁市支行各项存款206 025万元，比年初净增32 063万元，按营业部2009年度存款计划考核口径完成47 028万元，完成营业部下达的存款考核任务40 000万元的117.57%。其中，2009年12月20日对公存款余额134 591万元，比年初净增45 464万元，2009年12月31日对公存款余额104 661万元，比年初净增15 534万元，二个时点平均对公存款余额119 626万元，比年初净增30 499万元，圆满完成营业部下达的二个时点平均对公存款考核任务的179.4%（对公存款平均增量17 000万元）。2009年12月31日储蓄存款101 366万元，比年初增加16 529万元，完成营业部下达的储蓄存款任务23 000万元的71.9%。

【贷款业务】 2009年末，农行安宁市支行各项贷款余额162 841万元，比年初增加24 763万元。其中正常类贷款163 283.33万元，无关注、次级、可疑、损失类贷款，本年未新增不良贷款，年末不良贷款余额为0，完成营业部下达不良贷款控制余额为0的计划任务。1. 全年累计发放贷款1 064笔、金额256 559万元，累计收回贷款987笔、金额231 794万元，其中：发放法人客户贷款34笔167 006万元，收回贷款25笔144 200万元、贴现216笔87 415万元，发放个人客户贷款802笔1 501万元，收回179万元。到期贷款现金收回率100%，超额完成营业部下达计划任务。2. 累计办理银行承兑汇票贴现228笔，金额88 052万元，完成营业部下达计划任务8 200万元的1 073.8%，实现贴现利息收入534万元，年末贴现余额687万元，到期贴现票据已全部收回。3. 累计签发银行承兑汇票478笔，金额117 650万元，实现手续费收入59万元，承诺费收入368万元。到期兑付132 580万元，未发生垫付情况，年末银行承兑汇票余额44 850万元。4. 年末委托贷款余额444万元，本年未发生委托贷款业务。5. 全年发放小企业贷款42户，金额1 891万元，其中小企业贷款1户1 000万元，小企业简式快速贷款8户506万元，个人生产经营贷款33户385万元，圆满完成上级行下达计划任务35户的120%。6. 全年发放个人住房置换贷款8笔，金额113万元；个人非住房贷款810笔，金额1 388万元。其中：发放一般消费贷款14笔、贷款金额111万元，发放惠农卡贷款825.1万元，发放个人生产经营贷款33笔，贷款金额385万元，发放助学贷款66.65万元。

【中间业务】 2009年，农行安宁市支行共实现中间业务收入1 298万元，超额完成上级行下达1 200万元计划任务的108.2%，比2008年增加294万元。其中：1. 全年共实现代理保险业务收入73万元，完成上级行下达计划任务50万元的146%。2. 全年实现单位人民币结算及现金管理业务收入51万元，完成上级行下达计划任务43万元的118.6%。3. 全年实现投资银行业务收入269万元，完成上级行下达计划任务80万元的336.3%。4. 全年实现担保承诺业务收入368万元，完成上级行下达计划任务120万元的306.7%。5. 贷记卡发行1 270张，完成任务105.83%；基金销售7 408.7万元，其中：股票型、混合型基金406.7万元，完成任务的8.13%；债券、货币型基金7 002万元，完成任务的140%。6. 网银业务展现勃勃生机，开立企业网银10户，完成营业部下达任务的125%；开立个人网银10户，完成营业部下达任务的125%；开立个人网银829户，完成营业部下达任务的97.5%。

【经营利润】 经营利润保持快速增长。全年实现总收入12 077万元，较上年增长313万，全年总支出6 434万元，较上年减少713万元；实现经营利润5 643万元，较上年增加1 026万元，增幅22.22%，完成计划任务5 000万元的112.86%。

【惠农卡业务】 2009年，农行安宁市支行共发放惠农卡5 115张，完成营业部下达任务5 000张的102.3%；惠农卡授信1 084户，完成营业部下达的任务1 000户的108.4%；办理惠农卡贷款607户，累计发放惠农卡贷款825.1万元，完成营业部下达任务400万元的176%。

【国际业务】 2009年，农行安宁市支行成功介入昆钢国际业务，国际结算业务实现重大突破。昆钢国贸的国际业务量在云南省大型集团国际业务量中排名前三，一直是各家银行的竞争焦点，国际业务竞争的白热化程度更甚于本币业务。2009年在三级行联动营销下，取得了重大突破，全年开出信用证4笔（合计约1 900万美元，折合人民币约12 973万元）。完成上级行下达国际结算量计划任务数的950%；全年结售汇业务量398万元，完成上级行下达任务150万元任务数的265.3%；国际结算业务收入8万元，完成上级行下达任务1万元的800%。

【多方位发展个人业务】 2009年是农行个人金融产品综合营销的活动年。为紧紧抓住元旦、春节、元宵节、仲夏、金秋等个人金融产品营销的黄金时机，大力组织储蓄存款，加大理财业务推进力度，加快网点零售业务转型，提高存款市场份额，2009年度安宁支行结合实际制定了一系列个人金融综合营销活动方案，如：一季度的“大行德广、伴你成长、金钥匙春天行动”活动，7～8月份开展的“激情仲夏，多彩生活”活动，10～11月份开展的“2009年喜迎金秋”基金竞赛活动等。通过积极营销和开展各种活动，安宁支行个人业务取得了良好发展：个人存款净增16 529万元，个人贷款有了恢复性增长，发放802笔1 503万元。在“2009年喜迎金秋基金营销精英网点县区行11月份排行榜”中支行营业室荣获第一名、连然支行荣获第二名、城关荣获第四名的喜人成绩。

【扩大贷款规模优化信贷结构】 农行安宁市支行从年初开始就非常重视加快贷款营销工作，积极争取扩大贷款规模，带动对公存款业务和结算业务。一是继续加强与优良大客户的进一步合作，及时了解客户需求，借助业务品种搭配、贷款分批进入的有利时机，迅速抢占市场份额，做大存、贷款及票据业务，增加业务收入；二是积极和当地政府部门进行沟通，成功发放安宁市西一绕道路市政工程项目（安宁市交通投资有限公司）五年期项目贷款1.5亿元；三是停滞多年的个人信贷业务有了恢复性的增长，至2009年末，个人类贷款余额为1 446.47万元，其中农户贷款余额490笔703.9万元，生产经营贷款33笔385.4

万元，住房贷款20笔162.38万元（新发放8笔113万元）。个人信贷业务规模虽还不大，但已表现出了良好的发展态势；四是票据业务继续呈快速发展趋势，2009年签发银行承兑汇票11.18亿元，贴现8.8亿元；五是国际结算业务有了历史性的突破，全年累计开出信用证4笔，其中欧元1笔0.6万元，美元3笔1 898.46万元；六是小企业及个人生产经营贷款业务有了进一步的发展，2009年共办理42笔金额1 891万元。

通过上述措施，安宁支行的信贷业务结构得到了有效调整，信贷业务品种增加，客户结构了有改善，信贷业务近年来依靠单一大客户的局面正在逐渐改变。

【加强信贷风险控制】 2009年，安宁支行通过加强在线监测和实地检查，积极开展业务指导，对信贷风险实施了有效控制。在全辖更新配备了信贷管理系统（CMS）硬件设备，通过培训和学习提高了信贷管理系统（CMS）的应用、维护水平，通过加强科技手段，信贷风险得到了效监测和控制。在2009年总行集中审计和内部控制评价中，未发现重大风险事项存在，全年无新增不良信贷业务，无操作风险事件发生。

【完成惠农卡考核任务】 安宁支行克服人员紧张，发卡乡镇无营业网点的困难，专门挤出10余人组成4个工作组，采用整村推进的方法，用长达半年的时间对八街镇21个村民委员会1个社区居委会、禄脿镇7个村委会41个村民小组、连然街道大屯、武家庄居委会的农户发卡授信，圆满完成了营业部下达任务。

【加强网点建设，提升服务品质】 安宁支行以总行“优质文明活动年”活动为契机，加强网点建设、提升网点形象和竞争力。从2009年7月25日起对所辖7个营业网点分批进行标准化导入培训工作，到9月8日全行网点规范化服务导入工作已全部完成。并按期对各营业网点规范化服务情况进行检查、评比，纳入绩效考核，旨在切实提高服务质量。

积极争取网点建设项目：2009年度安宁支行上报网点建设、审批相关报表50多个，其中支行营业室、大屯新区支行、城关支行的装修方案已审批，大屯分理处2010年1月份可动工装修，支行营业室2010春节后装修。

【人事改革】 年初，安宁支行对所有中层干部进行了述职考核，并结合营业部内设机构调整之机在支行辖内推行公开竞聘选拔中层干部，员工双向选择的竞争机制，把一批德才兼备、注重实践、勇于创新和群众公认的优秀人才选拔到了合适的岗位，充分调动了全行干部员工的积极性和创造性。进一步完善员工工资收入分配管理，提高工资总额中基础工资占比，绩效工资考核重在与业务经营目标完成挂钩，并明确了病事假考核规定，使得工资考核分配更加精细化，极大地促进了业务经营的发展。

【完成股改后各项工作】 2009年是中国农业银行股份有限公司正式挂牌成立的开局之年，在上级行和支行领导的周密部署下，有计划、有步骤地完成了挂牌后各种更名换证及上市准备工作。1. 在营业部规定时间内完成6宗房产的更名换证工作及2辆公务用车的过户手续，完成率100%；完成7个营业机构的金融许可证、营业执照、组织机构代码证的更名工作和行政公章、业务用章的新旧更替工作。2. 为做好上市准备完成资产清理工作，按规定程序组织大量材料上报，配合中企华、国地和西门物业三家公司对农业银行的固定资产进行确权指导和价值评估。3. 配合德勤公司外部审计需要，按照审计要求转换和编制各类报表，提供原始依据，补充各类问题等，截止年底，已基本完成了2009年度的外部审计工作。

以强化管理，切实化解经营风险为目标，积极探索严格管理和科学管理相结合的新路子，促进管理上台阶。1. 狠抓业务经营管理，突出年度工作重点。围绕营业部下达的各项业务经营指标，制订了更为细化的《2009年综合考核办法》，用以引领全年业务经营发展，将业务经营目标任务计划完成情况、柜员业务量、内控管理、网点服务、部室履职切块、按岗位侧重点不同设置不同比例来考核，使考核办法更具科学性和时效性。2. 根据营业部内设机构调整的工作部署，安宁支行结合实际调整了内设机构，将原4部1室调整为3个业务部门和1个综合管理部门，以中层干部竞聘上岗、员工双向选择上岗方式优化了劳动组合，为全年业务经营任务的圆满完成奠定了人力资源基础。3. 狠抓内控管理，促进内控管理水平质的提升。一是各业务部门按季认真履行自律监管职责，对公司业务、个人业务、信贷业务、会计业务、安全保卫、综合管理等进行了全面的监管检查，筑起牢固的风险防线。二是认真开展案件专项治理，加强合规教育，针对支行内控薄弱环节和风险隐患进行分析摸底检查，共查找出14个问题及风险点，并进行了积极整改，有力地促进了全行员工案件防控意识的提升。

【安全保卫工作】 2009年3月份推行押运市场化，支行完成与押运护卫公司的过渡交换工作，并结合实际完善工作流程，使款箱接送和日常现金重空押运工作顺利完成；层层签订安全保卫、案件防范、合规经营责任书，做到一级抓一级，一级对一级负责，层层抓落实；加强安全法制教育和物防技防，按金库规范化标准完成支行金库达标改造，提高安全防范意识和防范能力。确保全年无一例安全事故发生。2009年12月支行新建金库顺利通过验收。

【党建工作】 2009年，农行安宁市支行加强党的基础建设工作，充分发挥党组织的先锋模范带头作用和战斗堡垒作用。1. 鉴于近年来安宁支行营业网点撤销和优化劳动组合造成的人员变动，基层党支部工作难以开展的现实，为加强党的基础建设工作，充分发挥党组织的先锋模范带头作用和战斗堡垒作用，根据全行党员的分布状况，调整和重新任免了支行党总支下设的党支部及其支部委员。同时加强组织建设，培养和发展了1名预备党员，确定了8名入党积极分子进行培养。2. 制订《安宁支行2009年党风廉政建设责任制量化管理考核办法》和《安宁支行2009年落实党风廉政建设和反腐败工作任务分解意见》，明确了组织领导机构和各项工作目标任务，结合实际深入开展党风廉政建设和反腐败工作，保证了全行党风的纯洁。3. 组织召开了以“加强领导干部党性修养、树立和弘扬良好作风”为主题的民主生活会，端正了全行党员干部的工作作风。

（禹　林）

中国农业发展银行安宁市支行

【简况】　2009年，中国农业发展银行安宁市支行在安宁市委、市政府、人行和省分行营业部党委的领导下，坚持以邓小平理论和“三个代表”重要思想为指导，认真贯彻落实总行、省分行的一系列重要会议精神，坚持科学发展观，立足“发展、巩固、管理、提高”的工作思路，不断深化内部改革，狠抓业务经营管理，努力完成全年各项工作任务。截止2009年12月末，各项贷款余额51 913万元，比年初增加16 548万元。各项存款24 481万元，比年初增加13 491万元。实现账面利润1 618万元，同比增加112万元。

【政策性主体业务】　2009年，农发行安宁市支行首先继续按照“公平准入、择优支持”的原则，认定3户贷款企业粮食收购贷款资格，并结合企业需求核定了企业的最高收购贷款额度；其次是按照“市场定价，企业自主”的原则，根据粮食购销企业风险承受能力，以企业风险准备金作为风险防控措施，确保粮食收购贷款资金的足额供应。全年累计投放粮食收购贷款2 705万元，支持粮食企业按市场价收购粮食1 941万千克。

【商业性贷款业务】　2009年，农发行安宁市支行在商业性贷款业务方面做了以下工作：一是实施优质客户战略，集中精力对优质客户进行深度持续营销和维护。按照“区别对待、有保有压、择优扶持、严控风险”的原则，稳妥做好产业化龙头信贷业务，继续支持昆明正大、云南惠嘉育种公司等优质产业化龙头老客户的稳健经营。累计发放产业化龙头企业流动资金贷款7 000万元；二是准确定位，及时调整贷款企业的支持范畴。结合企业实际，支行采用抵押担保方式，对昆明市华港饲料有限公司发放1 380万元加工企业流动资金贷款；三是为进一步凸显在支持地方社会主义新农村建设中的骨干和支柱作用，支行通过认真筛选，从项目储备库挑选条件比较成熟、社会效益明显的农村路网项目进行信贷支持。经上级行审批，共通过农村基础设施建设中长期贷款2.3亿元、现已发放贷款1.8亿元。不但树立了支行在当地建设新农村中的良好社会形象，还优化了支行信贷资产结构。

【中间业务】　2009年，中间业务主要是：一是充分挖掘潜力，发展存款。全行累计组织非贷款企业存款10笔，吸收存款8 600万元；二是扎实推进“双单作业”，全年累计实现代理保险手续费收入20.9万元，超额完成任务24.63%；三是积极开展国际业务，截止2009年12月末，共办理3笔国际贸易融资业务，累计开证金额1 128.2万美元，实现国际结算手续费收入28万元，为推进支行中间业务发展奠定了坚实基础。

【风险管理】　2009年，在风险管理工作方面，农发行安宁市支行一是组织开展评级授信工作；共对12户企业进行了集中评级，并对11户企业开展了综合授信核定工作；二是认真做好企业征信接口系统上线工作，保证了支行报送人行征信的质量；三是认真做好CM2006二期项目推广上线运行工作。

【党建工作】　2009年，农发行安宁市支行的党建工作具体抓了以下工作：一是认真执行总行党建工作规范化考核标准办法，认真落实“三会一课”制度，确保党组织生活的正常开展。二是按党要管党和从严治党的方针，继续落实党员目标管理制度，大力开展创建先进党支部和争做优秀党员活动，充分发挥党支部的战斗堡垒作用和党员在实际工作中的先锋模范作用。三是加强党风廉政建设，加大反腐败工作力度，狠抓党风廉政建设责任制的落实，加大案件防范力度，强化监督检查和考核。充分发挥纪检监察部门监督检查的职能作用，切实加强党纪、政纪、法纪条规和金融法纪、法规和各项规章制度执行情况的监督检查力度。四是严格按照上级行关于“遵章守纪、合规经营”活动的要求、步骤，扎实开展阶段性工作，并认真上报学习简报等材料，确保整个活动开展不走过场、不流于形式。

【精神文明建设】　2009年，农发行安宁市支行的精神文明建设工作：一是抓好职代会这一载体，推进全行民主管理和民主监督。开好第十次职工暨会员代表大会，认真研究、落实职工提案，促进全行各项工作；二是开展内容丰富的文体活动，增强团队精神和集体的凝聚力；三是在上级行的关心帮助和全行员工的共同努力下，支行届满重新申报“云南省文明单位”顺利通过考核验收。

（马能韬）

交通银行股份有限公司昆明安宁支行

【简况】 2009年，交通银行股份有限公司昆明安宁支行认真贯彻落实总行、分行工作会议精神，以科学发展观为统领，围绕“跑赢大市，争先进位”目标，应对挑战保质量，克难攻坚抓改革，固本强身打基础，在复杂多变、难以把握的经济环境和日趋激烈的市场竞争中，化危机为战机，实现了安宁支行连续多年高速增长基础上的持续发展，开创科学发展新局面，较好地完成了各项工作任务，实现了两个文明建设新成果。

【各项存款稳步增长】 2009年12月末，安宁支行各项存款余额201 958万元，比上年末155 873万元增加46 085万元，增幅29.55%，完成省分行下达年度计划任务数的155.59%；月平均存款余额190 578万元，比上年末增加23 578万元，增幅14.12%，完成年度计划的117.45%，市场占比19.41%，比上年末提高1.33%。其中：对公存款余额123 684万元，比上年末增加30 661万元，增幅32.96%，完成年度计划204%，市场占比21.76%，增长1.23%；储蓄存款余额78 274万元，增加15 424万元，增幅24.54%，完成年度计划106%，市场占比16.58%，增长1.22%；外币丙种储蓄存款余额120万元，增幅23.86%。

【资产业务平稳发展】 2009年12月末，安宁支行各项贷款余额122 217万元，比上年末增加288.66万元，存贷比60%，不良贷款率为0%。其中：对公贷款余额85 002万元，比上年末增加14 655万元，全年累计发放对公贷款18笔、累计金额78 650万元，累计收回对公贷款17笔，累计金额65 660万元；累计办理贴现94笔，累计金额38 217万元，累计开具银行承兑汇票50笔，累计金额41 750万元，累计兑付银行承兑汇票41笔，累计金额33 100万元；零售贷款余额37 216万元，完成年度计划1 015%。

【国际业务亮点突出】 2009年12月末，安宁支行各项外币存款675万美元，比上年末增加572万美元，完成年度计划120万的477%。受全球经济危机严重影响，在对外出口极度萎缩的情况下，通过积极努力，支行全年累计完成国际业务结算量9 459万美元，完成年度计划105%。

【与安宁市政府合作全面展开】 2009年初，安宁支行与安宁市人民政府签订了《战略合作协议》，在与安宁市政府下属各行政事业单位的银政合作中取得较好成绩：财政性存款大幅增加，存款余额44 978万元，比上年末增加14 194万元，日均存款达到36 197万元。

【新兴业务稳步推进】 2009年末，公司条线中间业务收入255万元，其中：风险敞口管理费收入132.65万元，比上年增加101.85万元；对公代理保险收入4.07万元，比上年增加0.69万元；投行业务收入81.24万元，执保手续费收入1.32万元，均为2008年尚未开展的新业务产生的中间业务收入。

年金帐管规模新增3 342户，完成年度计划2 228%，年金帐管总规模达到37 342户；企业网银新增动户数35.5户，完成年度计划154%。

个金业务方面：贷记卡累计报件数1 526张，借记卡净增1 928张，分行排名第一；个人网银新增动户数1 310户，分行排名第二；第三方存管个人客户净增数610户，分行排名第四；基金定投成功扣款643户，排名第三；快捷理财开户298户，分行排名第二；个金销售收入245.6万元，分行排名第二；代理保险业务收入68.4万元，分行排名第二。

【着力解决发展问题】 2009年，安宁支行领导班子研究的第一个问题就是解决如何加速发展，如何科学发展，如何构建可持续发展基础的问题。在分行领导的指导帮助下，支行深入分析了安宁区域金融同业市场占比情况，结合昆钢、安宁招商引资的发展环境，找出支行优势和差距，明确工作目标，提出必须坚持把发展作为第一要务，着力把握发展规律、创新发展机制、转变发展方式、解决发展难题、依靠发展解决前进中的问题，提高发展的质量和效益，以优质资产业务带动负债业务的工作思路。

【提升服务质量】 2009年，安宁支行在提升服务质量主题活动中，围绕一线让客户满意，二线让一线满意，机关让基层满意，部门协作相互满意的目标，扎实有效地开展工作。一是完善管理制度，制定《关于进一步加强规范化服务管理的通知》，成立规范化服务检查领导小组，加大服务执行情况奖惩力度；二是建立网点服务联系员制度；三是采取多种形式对员工进行培训；四是结合创建省级文明单位实施网点环境美化工程，网点的整体对外形象全面得到提升。

【加强内控管理，夯实经营发展基础】 2009年，在内控管理方面，安宁支行主要做了以下工作：一是进一步规范营业费用申请、开支和报销制度，强化集中采购程序，形成有效内控机制；二是完善考核体系，提高制度执行力，强化对管理队伍和业务人员风险责任意识；三是切实加强检查辅导和各项专项检查整改工作；四是把安全保卫工作的重点前移到营业网点，按照“预防为主，单位负责，突出重点，保障安全的工作方针”，落实安全人人管、工作有人抓、事情有人做，把安全责任制真正落实到实处。

【强化学习教育】 2009年，安宁支行首先认真组织员工学习党的十七大精神和“三个代表”重要思想，把思想政治教育作为首要任务，狠抓党性、党风、党纪教育，强化领导干部廉洁自律和遵纪守法意识；其次是认真开展创建学习型组织活动；三是认真开展“责任交行、责任人”主题教育活动；四是没有重大事故和严重违章事件发生；五是切实加强和落实党风廉政建设责任制。

【以人为本，推进和谐交行建设】　2009年，在推进和谐交行建设中，支行一是进一步强化企业社会责任，做好云南省文明单位创建工作；二是认真组织并启动全员健身活动，建立交银安宁书屋，完善并配备职工活动室设备，从硬件设备到活动组织方面为丰富员工文体文化生活提供保障；三是加强对工、青、妇群众组织领导，充分发挥群众组织的桥梁作用；四是加强职工食堂管理，做好后勤服务，为员工解决好后顾之忧。

【员工队伍建设】　2009年，在员工队伍建设方面，安宁支行一是精心组织新员工上岗的培训考试；二是组织员工参加总行会计人员A、B职等考试；三是组织员工技能培训竞赛，参加分行的季度比赛获得优异成绩，形成学业务、比技能、讲服务、促发展的良好氛围。

（付承华）

富滇银行股份有限公司昆明安宁支行

【简况】　2009年，富滇银行股份有限公司昆明安宁支行在总行及安宁市委、市政府的支持和帮助下，在安宁人行、银监部门的有效监管下，紧紧围绕总行年初工作会议要求及年度经营目标，以积极、务实的工作态度，牢牢抓住和切实用好重要战略机遇期，全力改善经营环境，提高工作效率，使各项工作得到了快速发展和推进。至年末，实现账面利润2 653万元（不含贴现利息收入640万元），较年初增加542万元，增长25.07%；完成经济增加值1 223万元，同比增加111万元，增长9.98%，排名总行第11位；贷款利息实收率为99.72%，较年初减少0.72个百分点。年末，全行本外币全口径存款时点余额107 299万元，较年初增加20 581万元，增长32.96%。各项贷款余额为60 610万元，较年初减少2 553万元，减少4.04%。按五级分类口径不良贷款636万元，不良率1.04%，较年初下降0.16个百分点。

【公司业务】　2009年，富滇银行昆明安宁支行通过政府平台，紧密跟踪市场，为地方经济热点和发展重点提供了及时到位的服务。一是运用“产品叠加”，以上门拜访、制订理财方案等多种形式，加强对安宁周边园区客户的营销力度，同时，大力推进的票据贴现业务、财务顾问和理财业务均取得有效成果。至年末，全年累计投放贷款137笔，金额54 799万元，贷款新增额22 813万元，新增政府系列客户贷款占72.08%，昆钢集团系列客户占18.24%，批发零售业客户占7.28%，其中优良客户及低风险业务的贷款占比达90%以上，二是首次与安宁地税局合作，成功开发上线了银税一体化平台，这期间，安宁支行完成了近6 000多户税账户审批及开立工作，收取税款3.2亿多元。三是利用总行与安宁市政府《云南新工业信托战略协议》的签署，尤其是配合总行积极推出了为安宁工业园区建设筹集资金的“云南新工业信托”理财产品，通过信托发行定向理财产品5亿元，将同业存款转化为支持存贷比的一般性存款，为安宁工业园区这一安宁市工业经济承载平台解决了土地一级开发及市政建设项目的资金需要，实现了客户和银行的“双赢”，对安宁工业的发展起到了积极的促进作用。使支行的各项存款余额一度达到13.2亿，新增存款额最高时达4.5亿，在安宁金融市场上占据了一定的市场份额和地位，这些工作的开展，有力地支持了全行的发展。

【个人类业务】　2009年，富滇银行昆明安宁支行利用总行新开办的业务品种，着重做好富滇卡、基金、保险、理财产品销售和网上银行业务的推广工作，在这些工作中，全行抓住了一季度业务竞赛活动这个有利契机，并在此次活动奖励办法的基础上，及时把各项指标任务分解落实到部门及个人。通过强化业余劳动计酬的方式，按照指标完成情况，把按季兑现奖励改为每周当场兑现的方式，多劳多得，全力引导员工由被动到主动，由“要我做”变为“我要做”，鼓励全体员工积极参与到个人业务竞赛活动中，促进了业务稳步增长，个人业务呈现了持续增长的良好态势。尤其是3月份，利用总行预储售卖“富滇稳健”个人理财计划和国债有利时机，加大了对个人VIP客户的存款营销，个人存款形成了季度高峰，新增VIP客户1 193户，完成一季度业余竞赛新增计划的104.19%。特别是在代收失地农民土地补偿款上，以代兑付安宁连然镇失地农民土地补偿费为突破口，把握重点，为村民提供人情化、贴心化、细心化服务，形成了以安宁连然镇为中心，以周边金方、太平等镇为辐射圈的服务范围，有力推动存款快速增长。2009年，支行共计上门发放拆迁补偿金4 235户，金额3 100万元，占全行个人存款净增额的52.42%。

【中间业务】　2009年，安宁支行以票据贴现、国际结算业务为龙头，抓住总行开展的理财业务、保险代理、电子银行、推行VIP服务等重点业务，在中间业务营销策略上，重点抓好昆钢国贸、昆钢系列客户原有中间业务份额，以争取有价值的私人客户为重点，整合和畅通中间业务收入渠道，扩大中间业务量，使中间业务收入得到了快速增长。全行实现中间业务、贴现利息两项收入共计877万元，两项收入约占总利润的32.51%，中间业务收入的大幅增长，扩宽了盈利空间，盈利水平再创历史同期新高，为完成财务指标做出了贡献，中间业务已成为减亏增效有效途径之一。

【基础管理】 2009年，安宁支行按总行开展全行性大检查文件要求，在督导落实各部门开展经营管理自查自纠的基础上，一是开展经营管理自查自纠工作。自第一季度起抽调业务骨干组成检查组对各部门自查情况进行检查和抽查，对抽查仍发现和存在的问题即时责成部门负责人逐项进行限期纠正及整改，顺利通过了总行及上级监管部门对支行的检查及抽查。二是根据总行岗位设置要求，对支行内设机构进行职能调整，将支行原有的客户部进一步细分为安宁市场拓展部、昆钢市场拓展部、个人业务部，增设了风险控制岗位，设置了大堂经理岗位，理顺和完善市场拓展机制。三是相继制订了《安宁支行突发事件处置预案》、《安宁支行操作风险管理办法》、《安宁支行营业部岗位职责》、《安宁支行会计人员轮岗交流管理办法》、《安宁支行服务应急预案》等内控制度，并以强化执行制度为部门考核目标责任，细化了各部门内部管理约束机制。

【会计基础】 2009年，富滇银行昆明安宁支行以财务会计基础管理为重点，在统一、规范制度和操作流程、完善岗位制约机制的前提下，以提升财务会计基础管理水平为重点，着重把主要精力集中到抓会计制度落实上。一是重新规范了会计主管的职责范围，建立了以风险总监为主抓，会计主管配合落实的财务会计监督管理机制，抓好对重点部门、重点环节、重点岗位的风险控制和防范，规范和细化管理，推进了内部管理制度的建设与完善。二是结合近年来行内外检查中发现的问题，把常规检查与专项检查结合起来，加强对财务收支、支付结算、往来财务、库存现金等重点项目、重要环节的监控，有针对性做好薄弱环节的整改工作，有效回避财会风险。三是实行会计岗位轮换。按新的《安宁支行会计人员轮岗交流管理办法》，分期、分批对两营业网点重要岗位会计人员的岗位进行了交流与轮换工作，涉及业务主管、复核员、柜员等岗位，有效降低了操作风险。

【风险控制与管理】 2009年，富滇银行昆明安宁支行根据总行下发的一系列相关制度和年初签订的工作目标责任书，在总行配备到支行的风险总监正式上岗后，结合本支行的实际情况，一方面，重新梳理并新修订了支行层面各要害部门内控管理制度，并针对各部门操作风险管理工作，以专题会议的形式定期组织各部门负责人对操作风险管理工作进行分析、评估，确保了各部门、各岗位日常风险管理工作的合规、合法。另一方面，抽调符合考核要求的员工充实到风险管理岗位，重新修订和完善了支行风险控制等系列岗位业务监督及操作规范，从员工的业务、服务、学习培训、日常行为、工作纪律、创新等方面进行规范。一是牢固树立“安全就是效益”的意识，以预防和惩治案件为着力点，深入开展规章制度教育和警示教育活动，落实案件防范工作责任制。二是以执行《安宁支行案件排查工作方案》、《安宁支行操作风险管理办法》为主，全员参与全行案件排查、日常业务操作风险控制与各部门风险提示相结合，分阶段性地采用集中学习、专题辅导、开座谈会等形式着重对支行各个业务层面存在的风险进行排查、分析、评估与提示，提高了防范风险的意识和能力，端正了行风，树立了正气。

【两个文明建设】 2009年，富滇银行安宁支行在总行党委领导下，把党建工作的着力点放到干部作风和行业作风建设上，以解放思想、更新观念为切入点，切实把转变工作作风渗透到经营工作的各个环节上，全行员工在创新思路、破解发展难题的氛围中，凝聚力和向心力得到提升。作为总行推荐参加省级合格“职工之家”和“职工书屋”申报单位，安宁支行工会在支行党委的领导下，一方面，积极开展省级合格职工之家创建活动。按照申报省级合格“职工之家”的考核验收评分标准，对支行工会“建家”工作进行了认真的自检自查，逐条落实、补充和完善，重新投入20 000余元添置了一些硬件设施。另一方面，为职工提供了读书学习的平台，扩建了职工书屋。在“建家”活动的推动下，支行工会利用有限的场地，购买了涵盖党史、辞书、人物传记等1 000余册图书，重新为“职工书屋”配置了员工休息会客用具，配备了电视、DVD等设施，同时工会还购买了笔、墨、纸、砚，为职工陶冶情操、修身养性、提高自身素质提供了条件。在全行员工的共同参与下，通过认真准备，安宁支行与其他6家支行率先通过了省直机关的考核验收，获得了省级合格“职工之家”和“职工书屋”称号。同时，为丰富员工的文化生活，安宁支行工会不仅利用现有器材和设施激发员工健身欲望，还外租场地积极组织全行员工利用业余时间进行健身活动，组队参加总行首届职工运动会，增强了员工的凝聚力。工会还成立了由有专长爱好员工组成的摄影、钓鱼、兰花等3个兴趣小组，适时外聘教员对参加兴趣小组的员工进行技能传授，陶冶了员工情操，促进了支行两个文明建设。

（杨　燕）

安宁市农村信用合作联社

【简况】 2009年，是安宁市农村信用合作联社深入学习实践科学发展观，实施“服务创优工程”，夯实发展基础，提升品牌形象，推行精细化、规范化管理，促进依法合规经营的关键之年。一年来，安宁市农村信用社在省、昆明市联社的正确领导下，在安宁市委、市政府、人民银行、银监部门的关心支持下，以深入开展学习实践科学发展观活动为契机，进一步解放思想，迎难而上，开拓进取，在国际国内经济金融形势不断变化的情况下，一切从当地实际出发，紧紧围绕地方经济发展中心，坚持“立足‘三农’，服务城乡，支持中小企业，促进地方经济社会健康发展”的市场定位，把信用社的业务经营与地方经济社会发展更加紧密地融为一体，实现了经营规模、经济效益大幅增长、市场份额明显扩大、资本实力及抗风险能力进一步增强、竞争实力明显提高、品牌效应明显提升的目标，圆满超额完成了全年各项目标任务，为顺利实现三年规划发展目标奠定了坚实的基础。

【业务经营发展情况】 截止 2009 年末，安宁市农村信用合作联社各项存款余额达438 367万元（职工人均拥有存款2 740万元），突破了 40 亿元大关，比 2008 年净增118 178万元，增幅为 36.91%，在安宁市域金融机构中存款市场份额由 2008 年末的 27.1% 提升到 29%，提高 1.9 个百分点，位居第一。各项贷款余额313 997万元（职工人均拥有贷款1 962万元），比 2008 年净增108 407万元，增幅为 52.73%，在安宁市域金融机构中贷款市场份额由上年末的 24.27% 提升到 32.19%，提高 7.92 个百分点，位居第一。全年累计发放贷款452 741万元，比 2008 年多投放45 289万元；累计收回贷款344 334万元。不良贷款：按“五级”分类占比为 1.77%，较 2008 年末下降0.65 个百分点。实现总收入22 067万元（职工人均创收 138 万元），较 2008 年增收3 548万元，增幅为 19.16%；实现利润5 917万元（职工人均创利 37 万元）。拨备覆盖率达 341.82%，拨备充足率达 215.05%。在企业经营效益大幅提升的同时，市农村信用合作联社相应提高股金分红比例，同年，按资格股股本金额 13%、投资股股本金额 15% 的比例分配股金红利，以回报广大入股社员。

【召开第二届社员代表大会】 2009 年 4 月 15 日，市农村信用合作联社召开了第二届社员代表大会。会议审议通过了第一届理事会、监事会、经营班子工作报告，选举产生了市农村信用合作联社第二届理事会、监事会，组成了市农村信用合作联社新的领导机构和监督机构。选举产生了理事长、监事长，选聘了经营班子，大会圆满地完成了各项会议议程，并取得了多项成效。集中体现在：新一届社员代表的组成结构更具广泛性、代表性；新一届理事会的战略谋划能力和科学决策水平进一步增强；“三会一层”的职责界面、工作重点和任务更加明确；新一届理事会及高级管理层对下设的风险管理委员会、贷款审查委员会、财务审查委员会委员进行了重新聘任，优化了委员组成结构，促进了法人治理由形式到实质的转变。

至 2009 年末，新一届理事会召开会议 4 次，监事会召开会议 3 次，对有关重大事项进行了科学决策和监督。

【营造良好的外部经营环境】 2009 年，安宁市农村信用合作联社继续采取召开一系列“银政、银企”座谈会的方式，将上一年的经营业绩、当年的发展思路、经营目标展示给参会领导和企业代表，并倾听和吸纳他们的意见、建议及服务需求，进一步融洽了信用社与当地党政部门及广大客户间的关系。同时，在 9 月份各项存款突破 40 亿元之际，举办了隆重的庆典活动，充分利用电视台、报刊、户外广告、城市公交频道、宣传展板等媒介，大力宣传信用社近年来的改革发展情况，以及制作各类宣传折页，加大业务产品的宣传力度，进一步提高了信用社的知名度和影响力。

【支持地方经济社会健康发展】 安宁市农村信用合作联社始终坚持“立足‘三农’，服务城乡，支持中小企业，促进地方经济社会健康发展”的市场定位，加大信贷营销力度，不断改进信贷服务，创新业务领域，充分发挥支持地方经济社会发展的金融主力军作用。一是根据地方农业经济特点，将农户小额信用贷款额度提高至 5 万元，并以“金碧惠农卡”为推广载体，扩大农户小额信用贷款的发放，支持农民发展种养业，促进农户增产、增收，满足了农村生产和生活消费的信贷资金需求。全年累计发放农户贷款 7.6 亿元，推广发行金碧惠农卡5 044张，授信额度6 668.45万元。二是与安宁市妇联、劳动就业局等单位合作，组织安排在安宁辖区内积极开办“贷免扶补”小额创业贷款，年内先后发放此类贷款 309 户，金额1 540万元，有力地支持了安宁市域内的以创业带动就业工作。三是立足安宁市域，积极发放农业经济组织贷款，大力支持个体工商户、中小企业发展。全年累计发放农业经济组织贷款 27 亿元、办理贴现 9 亿元，从行业分布上看，贷款所支持的个体工商户、中小企业主要涉及：农产品生产加工业、资源采掘业、化肥生产企业、饲料生产企业、物流企业、公用事业、建筑及房地产、以及围绕昆钢产业链的相关行业，如铁矿石开采加工、钢材、煤焦等购销经营行业。四是信贷资金有力支持了安宁地方基础设施建设，主要与青龙镇打金甸水库建设工程、“双青”公路建设工程、“青龙学校”建设工程、安宁市村村通公路建设工程、安宁园博园场馆建设工程、太平新区道路绿化工程、安宁草铺工园区拆迁工程等项目开展合作，真正做到了从当地大力组织存款，全力投放信贷资金，全面助推安宁市域经济发展。

【资产风险管理工作】 2009 年，安宁市农村信用合作联社采取预防为主、管防并重的方针，制定了明确、清晰、严格的风险控制约束机制，着力处理好业务发展与风险防范的关系。经营班子认真落实各项信贷管理规定，严格执行贷款“三查”、审贷分离制度，加大对贷款违规行为的处罚力度，保证从源头上有效控制了新增贷款风险，把好了新增贷款质量关。同时，加大清收盘活不良贷款的工作力度，在地方人民法院的大力支持下，清收工作取得了一定成效，实现了不良贷款余额和占比“双降”的目标。

【全面提升优质服务水平】 实施“服务创优工程”，是全省农村信用社2009年度的重点工作之一，根据上级联社的工作部署要求，市农村信用合作联社结合实际制定实施方案，通过开展客户调查、举办员工业务培训和业务技术比赛、开展全员职工业务知识和技能测试、开展服务创优考核检查等一系列工作，并投入资金600多万元，从服务环境、服务设施、服务行为、服务礼仪、服务安全等多方面入手，使营业网点的服务环境、服务设施得到了明显改善，服务质量和客户满意度明显提高，信用社的企业形象和服务品牌有了新的提升。

【改革工作进一步推进】 2009年，安宁市农村信用合作联社扎实推进“三项制度”改革工作，年内共招收录用劳务派遣工7人、合同制职工12人，对近四年新招员工的绩效工资系数做了适当调整，体现了业务技能与绩效工资相挂钩的改革原则，在全辖网点中引入竞争机制，制定实施了《安宁市农村信用合作联社营业网点分类管理暂行办法》。通过开展业务技术比赛和测试工作，提高全员职工的业务素质。同年6月份，举办了首届员工业务技术比赛，筛选出各项目的业务能手，在经过集中强化训练后参加了昆明市联社的业务技术比赛，取得了团队第五、一个单项第一、两个单项第三的历史以来的最好成绩。同年9月份，举行了全员职工的业务知识和技能测试工作，共173名职工分别参加了综合业务知识、计算机记账、手工计息、翻打百张传票、点钞等项目的测试。通过以上活动的开展，激发了员工学习业务、提升业务技能的热情和自觉性，达到了“以考促学”的目的。信贷支农工作成效显著，获得1 756.53万元的国家专项奖励资金支持（其中中央财政承担部分1 229万元2009年已列为收入核算）。

【依法合规经营】 2009年，安宁市农村信用合作联社根据业务发展和风险控制要求，对原有规章制度进行了清理和修改，补充完善和重新出台了信贷、财务、稽核审计、安全保卫、劳动用工、纪检监察等方面的规章制度15个，进一步健全和完善了内控体系。同时，按照“教育、检查、整改、规范、提高”的原则，坚持不懈地开展常规性现场检查，配合上级联社和有关部门做好专项稽核审计工作，促进依法合规经营。

【专项治理工作】 安宁市农村信用合作联社认真落实上级联社和银监部门关于开展案件专项治理工作的要求，及时传达会议精神，以“制度、规范、提高”为主题，把案件治理和商业贿赂治理工作结合起来同部署。年初与各基层社签订了《案件防范目标责任书》，做到分级负责，落实到位。同时不断完善治理商业贿赂、预防腐败的工作机制，制定实施了《安宁市农村信用合作联社大宗物品采购招（议）标办法》，进一步规范了大宗物品的采购行为，认真抓好干部离任审计制度的落实，加强对干部任职期间的监督。

【安全保卫工作】 2009年，安宁市农村信用合作联社严格按照省联社安保工作的部署，认清安全经营面临的严峻形势，全面推进“双基本工程”建设，对温泉信用社、螳螂川分社的安防设施进行了改造达标，完成了联社远程监控系统的安装、调试工作。同时，认真做好安全检查督促，加强安全教育培训和预案演练，提高员工的防范意识和能力，加强对保安人员的管理，不断改进社会化押运工作，实现了全年平安经营。

【党建、群团工作】 2009年，安宁市农村信用合作联社以深入开展学习实践科学发展观活动为主题，推进党的建设。自3月份启动深入学习实践科学发展观活动以来，严格按照安宁市委学习实践科学发展观活动领导小组办公室的部署要求，完成了各个阶段的学习实践活动，突出了每个学习实践阶段的特色和要点，完成了每个阶段规定的要求，结合信用社的工作实际，创新学习实践方式，使各个阶段的学习实践活动取得了较好成效。党务工作方面，定期组织党员、中层干部集中进行理论学习，举办了两次专题党课，组织党员参观革命旧址，进行革命历史教育。工会工作：组织召开了“二届职代会”，完成二届工会委员会的换届选举工作，从组织上保障新一届工会委员会正常开展工作。积极开展各项活动，组织职工到大理、鸡足山进行短时休闲，举行形式多样的文体比赛活动（如迎新春、庆国庆文艺晚会，职工书画、摄影比赛等），筹办职工图书室，丰富职工文化生活，构建和谐单位。组织职工进行体检，关心职工的身体健康，及时探望病难职工，及时送去联社领导的关怀。

（洪金伟）

中国人寿保险股份有限公司安宁市支公司

【简况】 2009年，中国人寿保险股份有限公司安宁市支公司在上级公司党委和总经理室的支持与指导下，实现了跨越发展，取得了悦人的佳绩。在整个2009年的艰辛历程中，安宁市支公司经理室本着以人为本，一切从实际出发，目标就是“超越强手、跨越发展”，在2009年11月底全面完成昆明分公司下达的各项任务目标，受到省公司的通报表扬。全年共完成保费3 600万元。

【加强员工队伍建设】 2009年，中国人寿保险股份有限公司安宁市支公司主要通过加强与新老员工的沟通交流，引进大学生，注入新鲜血液，扩大团结面，加强员工对国寿核心文化理解的教育，培养紧跟公司走的企业价值观，做好员工之间的团结工作，调动一切积极因素，开创公司的新局面。

【渠道销售尽显特色】 2009 年，中国人寿保险股份有限公司安宁市支公司提出“像增员一样做保险和象做保险一样增员”的口号，使团队组织架构和个人业绩齐头并进。公司注重感情沟通，激情调动，用心经营，建立沟通无障碍，沟通无极限的团队氛围，真正从心灵上启动代理人的意愿。在制定阶段性推动上，按照市公司的总体要求，结合安宁的现状特点，营造“比、学、赶、帮、超”的竞争环境，鼓励先进，鞭策后进，形成良好的发展势头。通过大家的共同努力，个险一直在全市处于领跑地位。2009 年，中国人寿保险股份有限公司安宁市支公司与现有银行及其网点的良好合作，支公司的工作重点主要放在即有网点维护和新网点开发上，经过与各银行领导的广泛接触，加深了各行对公司的了解与认同，网点协调日趋和谐，业务增长较快。

（罗菊兰）

中国人民财产保险股份有限公司安宁支公司

【简况】 2009 年，中国人民财产保险股份有限公司安宁支公司在昆明市分公司党委、总经理室的正确领导下，以科学发展观为统领，坚持“效益第一”的理念，经过全体员工的团结拼搏，艰苦工作，使公司的整个业务经营情况有了较大的好转。为了贯彻实施好市分公司“一号工程”，公司在年初就明确了 2009 年的经营指导思想，坚持“稳健经营、效益为先”，加强风险管理，提升管理水平，截止 2009 年 12 月 31 日，安宁支公司共完成保费收入2 097万元，累计赔款1 668万元，公司走上健康蓬勃发展之路。

【加强管理，合规经营】 2009 年，安宁支公司在经营业务过程中及时履行银行保监办的监管政策及保险行业协会的自律公约，按照监管要求和市分公司个产品线的相关规定，结合支公司的实际情况制定了一系列管理规章制度、考核办法，在日常管理中认真严格执行，积极有效地开展工作，在激烈的市场竞争中既发展了业务，又无违规现象，同时也降低了经营风险。

【稳固经营传统业务，抓住机会拓展业务面】 机动车险和企业财产险是支公司的主要业务，目前车险业务竞争大、费用高，加之安宁地区大中型企业很少，所以这两个险种提升的空间不大，因此支公司采取稳固经营的策略，通过与保户频繁的接触、沟通，以及依托以往建立起来的良好的合作关系，2009 年初顺利完成了昆钢集团车队机动车辆的续保工作；在市分公司的带领下，积极参与昆钢企财险的招投标工作，并最终成为中标公司之一，确保了在昆钢整个企财险中仍占有重要位置。公司在保证传统业务不丢失的同时，紧紧抓住中央加快发展“三农”的历史机遇，开办了森林保险、能繁母猪养殖保险、奶牛养殖保险，实现保费收入 126 万元；2009 年 10 月份根据昆明市政府出台的“51 号”公告，支公司立即与当地环保局联系，由环保局出面召开座谈会，向到会企业宣传支公司的环境污染责任保险，到目前支公司已签保单 3 份，保费 13 万元，这项业务也将成为支公司的一个突破点。

【抓好承保源头，提高承保质量】 2009 年，安宁支公司严格执行承保验证工作，注意承保相关单证的有效性和合法性，对部分高风险、高赔付车辆进行限制性承保控制，对“垃圾”业务坚决予以放弃。在开展承保工作中及时将昆明市公司产品线下发的《营业货车专管专营方案》、《特种车承保规定》、《车险业务指引及承保管理规定》传达到每一位业务员、营销员和出单员，严格按照《规定》进行宣传，并向客户做好解释工作，打破了过去“只重保费、不重质量”的老套思想，从业务源头对各项承保环节的业务风险进行了有效管控，提高了承保质量，达到了承保出效益的目的。

【实现保赔分离，理赔服务质量迈上新台阶】 整顿、改善理赔服务工作是支公司 2009 年工作的重点。在市分公司经理室的支持和督导组的协助下，支公司成立了专门理赔服务小组，实行保赔分离。为此，支公司外聘了数名员工充实查勘定损第一现场工作队伍，坚持 24 小时值班制度，第一现场查勘率大大提高。现在，支公司赔付率较去年有了明显降低，各项理赔数据指标有了显著进步，整个理赔服务工作顺畅、稳定地进行。

（陈　焰）

商　　贸

编辑：段春华

2009 年 10 月 12 日，安宁市工商局为获得“农资放心店”荣誉称号的经营户授牌。

（市工商局　供稿）

安宁市金方商业集团有限责任公司

【概况】　安宁市金方商业大厦是安宁市金方商业集团有限责任公司商品零售连锁业务的总店，位于云南省安宁市湖滨路1幢，地处安宁市中心百花公园畔，总建筑面积13 466.66平方米，于1995年4月25日安宁撤县设市前夕登记成立，主要经营副食、烟酒、药品、日用百货、金银珠宝、精品首饰、五金家电及服装鞋帽类商品。2009年，是安宁市金方商业大厦成立的第14周年，至12月底大厦共有销售单品24 000多个，有在职员工560人。在安宁市委、市政府的正确领导和相关部门的大力支持下，通过大厦全体员工的不懈努力，公司经济蓬勃发展，2009年度安宁市金方商业大厦上缴国家税收793万元，比上年同期增长38%。

【党群工作】　公司党群组织健全，设有党支部、工会、团总支、妇委会。到2009年底，安宁市金方商业大厦有中共党员27人，工会会员350人，共青团员87人。在公司党支部的带领下，公司工会、团总支和妇委会的各项工作有序开展，确保了党群作用在企业得到充分发挥，促进了公司的和谐发展。公司党支部以“围绕发展抓党建　抓好党建促发展”为工作目标，认真按照上级党委“安宁市经济贸易局党委”的年度工作部署，结合企业实际情况抓好党建工作，要求党员亮身份，认真按照岗位职责要求完成工作任务，通过党员先进性在实际工作中的充分体现树立党的威性。党支部团结带领公司工、青、妇群团组织开展丰富多样的企业文娱活动，增强企业凝聚力和竞争力，促进企业文化建设。根据上级党委的安排部署，公司积极开展深入学习实践科学发展观活动，通过科学发展观的学习使广大员工深刻理解坚持贯彻落实科学发展观的重要性和必要性，促使广大员工以主人翁精神积极向公司提出工作中发现的问题，积极向公司提供整改意见和建议，同时认真按公司要求做好各环节的工作，把节约增效落实到实际工作中，促使公司科学发展。全球性经济危机时期，为积极应对经济危机给企业发展带来的挑战，为促进企业发展，稳定职工队伍，充分发挥广大职工的主动性、积极性和创造性，公司工会在党支部的支持下团结动员全体职工与企业同舟共济、抓住机遇、应对挑战、共创佳绩。结合企业自身实际积极召开“共同约定启动仪式”，通过仪式经公司、全体员工和公司工会三方共同约定，各尽其责，决心把危机变商机，促使企业稳定和谐发展。

【职工民主管理】　2009年公司公平、公正、公开地选举了第四届员工代表及员工参与管理办公室成员。公司员工参与管理办公室是一个为职工办好事，促进企业和谐发展的员工组织机构，是公司与广大员工沟通交流的桥梁和纽带，其工作职责主要是倾听员工心声，了解员工想法后收集汇总并第一时间向公司反映员工提出的问题、意见和建议。同时向员工传达公司的相关政策和要求。2009年4月份，公司工会按照选举规定在全体员工中公平、公正、公开地选举了第四届“员工参与管理办公室”负责人1人及其余工作人员4人。到2009年12月底第四届“员工参与管理办室”共召开员工代表大会12次，收集员工意见、建议21条。21条意见和建议全部通过员工代表大会讨论并结合公司管理实际得到落实。

【经营工作】　2009年，安宁市金方商业大厦通过不断了解当地市场消费需求、优化商品结构、引进适销对路的商品，不断增强员工服务意识，提升服务质量，满足消费需求；不断培养员工节约增效意识，要求员工树立勤俭节约观念，把节约行为落实到每个工作环节中，通过降低不必要的支出节约经营成本。公司通过自身的节约增效行为，最大限度的降低商品售价，让消费者享受到真正的实惠。

【召开表彰大会】　为鼓励广大员工以更加积极的态度投入到工作中，2009年6月12日，公司耗资12 000多元召开了2008年度员工表彰大会，对2008年度超额完成公司下达各项经济指标的3个部门，8个柜组，在2008年度被评为“服务明星”的16名员工、拾金不昧的57名员工、受顾客书面表扬的2名员工和2008年度优秀刊出黑板报的6个部门进行了表彰。通过表彰充分肯定广大员工在2008年做出的成绩，鼓舞公司广大员工以更高的热情投入到工作中。

【商业营销】　为提升商场人气，增加销售，公司在做好各大节假日促销活动安排的同时坚持每月促销活动。2009年主要开展“五一春夏时装走秀”、“五一、国庆购物换购”、14周年店庆等大型促销活动，努力带动商场整体销售，为2009年公司超额完成经济指标奠定了基础。

【职工文娱活动】　4月9日、10日两天上午组织公司全体员工，在公司停车场内开展了由“集体跳绳”、“拔河”、“挟玻珠接力赛”三个趣味项目组成的“员工趣味运动会”。“集体跳绳”和“挟玻珠接力赛”两个项目共有公司8个科室和部门组织的8个代表队参赛；“拔河”则是公司全体员工通过抽签决定参赛队的方式组成参赛队，确保公司全员参与。运动会闭幕式上，公司对取得优秀成绩的参赛队进行了精神鼓励和物质奖励。4月13至16日分四批组织公司全体员工，通过“走景观大道”的方式，团队步行到金方森林温泉开展春游活动和员工文艺汇演活动。2009年的文艺汇演活动公司各部门共准备了27个参赛节目。27个节目全部由公司员工利用业余时间自编自导而成。节目内容主要有歌舞、小品、情景剧等。为鼓励广大员工充分发挥创作精神，公司除了设表演一、二、三特奖外，还特设了最佳编导奖。

【职工教育】　2009年6月，公司认真组织各级管理人员和公司员工学习安全生产知识，并通过在全体员工中以笔试形式开展“安全生产知识竞赛”后，选出三名优秀选手参加了安宁市总工会组织开展的“安全生产知识竞赛”。7月23日组织公司46名团员青年到安宁笔架山开展登山比赛和棋牌娱乐活动。6月中旬组织60名员工到安宁会堂观看《缉毒警》教育公司员工珍爱生命，远离毒品和学习缉毒警吴光林同志不怕困难、赤胆忠心、执法为民、大智大勇、无私无畏精神。8月12日观看了电影《铁人》，让公司员工从影片中看到了两代“铁人”身上的爱岗敬业精神和学习了两代“铁人”的崇高职业道德。9月5日公司邀请云南省财经大学王玲玲教授为公司全体员工做了《争做企业一流员工》的专题培训，促使公司广大员工爱岗敬业。9月组织公司全体员工开展“企业文化及零售商业知识”摸底测试，通过测试了解员工对企业文化和零售商业知识的熟悉掌握程度，并针对薄弱环节加强培训，提升公司服务水平。10月1日组织公司50名员工参加了安宁市委、政府的“庆国庆升国旗”仪式。10月份组织1995年5月25日开业前进入公司工作的在职员工前往北京考察学习。

【开展爱心活动】　2009年1月6日在金方商业大厦正大门口举行了第四期“捐资助学”捐款箱开箱仪式，并邀请安宁市人民政府副市长戴彬、市委宣传部长周美英、妇联主席瓦兰、市总工会常务副主席王梅、市关心下一代工作委员会常务副主任蒲和芳和安宁市教育局拔友林几位领导以及公司34名员工代表到现场作为第四期“捐资助学”捐款箱开箱见征人。在见证人的见证下将第四期“捐款助学”款6 956.5元，送到了安宁市青龙学校，并直接按每人345元的标准分发到了20名贫困学生手中。公司本着为少年儿童的健康成长办实事、办好事的原则，于2009年5月16日至30日期间用经费近2万元积极举办了由安宁市各小学、幼儿园选送的218名选手参赛的第十届少儿“金方之星”评选活动，为安宁市少年儿童提供了锻炼的舞台。六一儿童节慰问12岁以下职工子女，支出10 560元；7月15日公司全体员工，对楚雄姚安官屯村因地震导致房屋倒塌的公司女职工董红英家发放了5 000元慰问金；公司还在公司药柜摆放了“爱心药箱”，凡员工上班期间突感身体不适或生病均可免费使用“爱心药箱”中的药物，2009年“爱心药箱”共为公司员工提供服务639人次；9月30日公司委派副总经理吴国庆、公司团总支书记杨维琼代表公司全体员工对海庙村25户村民，按每户200元的标准进行了国庆、中秋慰问。

【扶贫帮困】　2009年，公司积极做好职工的扶贫帮困工作，对通过高考考起大专院校的两名职工子女，按每人1 000元的标准进行了补助，支持和鼓励职工子女学习更多的文化知识；对重病长期治疗致困的两名女职工（祁丽霞、付冬梅）按每人1万元的标准进行了慰问，帮助她们缓解困苦。

【积极参加志愿者活动】　认真登记了志愿者名册，积极组织志愿者参加公司和各部门组织开展的公益活动，如创卫大冲刺活动、植树活动、学雷锋活动、消防义务宣传活动等，2009年共有200多人次参加了志愿者活动。

【金方商业大厦扩建项目】　2009年公司严格按照招拍挂手续，完成了原安宁市建设局办公楼及职工宿舍地块的购买手续，推进了金方商业大厦二期扩建工程建设，项目规划设计进入终审阶段。

（杨维琼）

安宁市供销合作社联合社

【简况】　2009年，安宁市供销社系统独立核算企业21个，有干部职工493人，其中：在职职工104人，其他用工151人，离退休职工238人。安宁市供销社工作，以邓小平理论和“三个代表”重要思想为指导，认真贯彻落实党的十七大、十七届三中全会、昆明市委九届五次全会、安宁市委四届七次全会和昆明市供销社五届二十五次理事（扩大）会议精神，全面落实科学发展观，紧紧围绕全面建设小康社会的新要求，继续解放思想，坚持为农服务的方向，坚持合作制的基本原则，坚持开放办社的方针，深化和发展“四项改造”，积极引领和带动农村合作经济组织发展，全面推进“新网工程”，采用现代流通方式改造、提升、整合、优化现有经营网络，切实加强农村市场和农业服务体系建设，深化改革，推进供销合作社“二次创业”，进一步开创中国特色供销合作事业新局面，为建设社会主义新农村、构建社会主义和谐社会中做出新的更大的贡献。全年经营总额完成123 694万元，实现利润175万元。

【化肥供应】　市供销社长期以来担负着全市农业生产所需的化肥、农药、农膜的采购、储备及供应任务，为确保今年安宁市春耕生产用肥的供应，供销社加强了对农资公司和各基层社的指导、服务、督促，帮助企业研究解决农资储备供应中的实际问题，切实做好农资供应工作。今年以来，积极组织货源，充分发挥供销社在农资商品流通中的主渠道作用，克服资金紧缺的困难，采取多种经营方式，加快连锁经营步伐，推进农资经营服务体系和诚信体系建设，组织跨地区、多渠道、多品种进货，确保旺季市场供应；市农资公司严格执行化肥供应政策，积极采取措施平抑、稳定化肥价格；配合工商等相关部门规范农资市场秩序，保证了农资商品的有效供应。销售各种化肥15 023吨、农药350吨。其中：尿素3 841吨；硫铵3 610吨；碳铵4 173吨；普钙2 202吨；复合肥1 197吨。

【烟花爆竹市场监管】　烟花爆竹是政府赋予供销社专营的特殊商品，在经营过程中，供销社积极主动配合公安、安监等职能部门加大对市场的监管、查处力度，努力维护好市场秩序，并对各经营店实行连锁经营，统一标识、统一进货、统一批价、统一配送。加强对连锁店的服务和管理，销售旺季结束后，实行入库统一保管储存，理顺了全市烟花爆竹安全经营监督管理体制，确保了烟花爆竹的安全经营，目前，供销社烟花爆竹专业经营中心现有销售零售点70个。

【开展“四进村”“五个有”试点工作】　为加快全市农村现代流通服务体系建设，充分发挥供销社在现代流通网络建设中的带动作用，繁荣农村经济、促进农民增收，市供销社大力推进安宁市社会主义新农村建设，供销社在市委、政府的领导下，上级社的指导下，按照相关文件精神大力实施“四进村”实现“五个有”，积极推进乡村流通服务体系建设工作。1．“四进村、五个有”乡村流通体系建设试点工作进展顺利。供销社积极探索乡村流通服务体系建设的新路子、新方法，按照省委关于实施“四进村”、实现“五个有”推进农村流通服务体系建设的目标要求，全面实施“四进村、五个有”试点工作，并按分类推进的原则，因地制宜地开展建设工作，通过建立联席会议制度、试点镇积极配合，市社主导发展，各有关部门大力支持的方式，营造推进试点工作的良好氛围，确保了试点工作的顺利开展。截至今年10月中旬，建立专业合作社20个，成立1个社有资产管理中心，改造建设2个配送中心，规范提升30个村级综合服务社、10个农民专业合作社，改造建设6个村级集贸市场、2个镇级综合市场，有农民经纪人425人，全市试点工作已基本完成建设任务。同时，充分发挥移动、联通、电信的优势，利用互联网及传统信息渠道，以“农信通”工程和“万村千乡”市场工程建设为基础，建立市场信息平台，推进信息进村入户，及时向农民提供信息服务。基本建成以市级为中心、基层社为骨干、农村综合服务社和便民超市为终端的市乡村三级农村流通服务网络。2．综合服务社建设圆满完成。建成综合服务社85个，占目标任务数100个的85%。有从业人员120余人，服务农户1.5万人，促进农民增收246.5万元，人均增收164.3元。完成商品销售额883万元，上交税费4.5万元。3．专业合作社发展良好。2009年，建专业合作社20个，占市社下达任务数20个的100%。有入社社员126人，入股金额244.93万元，带动农户406户，帮助农民实现销售收入387万元。4．配送中心建设稳步推进。2009年，改造建设配送中心2个，即：农业生产资料配送中心、湖滨日用品配送中心，占市社下达任务数2个的100%。镇级超市5个，直营店85个，解决了51人的就业问题。实现销售收入1 058万元，上交税费总额32.3万元。5．社有资产管理中心正式成立。2009年9月，由市供销社全额出资的社有资产管理营运有限责任公司经安宁市工商批准正式登记成立，公司成立后，对社有资产的营运管理和保值增值将起到积极的促进作用。6．市场建设起步良好。为把乡镇集贸市场建成繁荣的农特产品集散地，进一步提升市场档次，活跃市场，搞活流通，推动乡村流通事业全面发展。太平、禄脿供销社自筹资金对市场进行了规范化的改造，新增一座占地500平方米的交易大棚；市供销社积极向市政府争取到40万元资金用于农村集贸市场的改造，截止10月中旬，已完成了太平光崀、妥乐、县街耳目、马厂四个市场的改造建设，八街摩所营、禄脿北冲二个市场预计11月上旬可改造完成并投入使用。集贸市场改造建成后，预计可实现年成交量1 600万元。大力发展各类农民专业合作经济组织，积极探索开放办社的路子。

【干部队伍教育】　2009年，市供销社加大人才培养、培训力度，实施“人才培训工程”，重点做好“新网工程”急需人才、农民专业合作社带头人和农产品经纪人的培训，为供销合作事业提供人才支持。5月19日至21日，组织64人参加了农资经营网络培训；5月27日，由安宁市供销合作社联合社、安宁市金方街道办事处在安宁市物资回收总公司联合举办企业从业人员安全知识、安全生产法律法规条例等知识培训，并从昆明邀请专业讲师授课。参加此次培训的人员有47人，经过培训考试合格率达到100%，此次培训受到参学人员的好评，在实际工作中树立牢固的安全意识，明确了“安全第一，预防为主”、“安全生产，教育为本”的安全生产工作方针，有力促进企业安全生产水平的提高和经济的健康发展。为进一步开阔视野，解放思想，统一认识，加快供销社的改革发展，6月11日至14日，组织18人学习考察西双版纳州供销社成立供销社社有资产管理机构及运作方式等方面的经验；6月13日至16日，组织16人学习考察大理州供销社贯彻落实云发〔2008〕14号文件精神、开展“两社一会”建设及管理等方面的经验；7月14日至15日，在昆明市供销社和昆明市供销学校的大力支持下，对活跃在农村一线的100名从事农产品的经营大户、村社干部、部分农民专业合作社负责人等进行了为期二天的“农产品经纪人概述及现状”、“法律法规知识”、“农产品市场营销知识”和“农产品经纪人初级技能知识”的执业资格初级培训。通过考试，这100名农产品经纪人将获得由国家劳动和社会保障部颁发的初级《执业资格证书》；8月10日，组织50人参加了农产品经营网络培训；8月14日，组织50人参加日用品消费品经营网络培训；8月19日组织100人参加再生资源经营网络培训；8月31日，市供销社党委组织所属11个党支部的33名党支部书记、支部委员在回收公司会议室进行了一堂党务知识培训，培训邀请了市委组织部徐文泉老师授课；9 月 10 日，在八街镇人民政府会议室举办了一期农民经纪人培训班，邀请昆明市供销学校的李老师讲课，参加培训的人员来自八街镇各村委会从事农产品的经营大户、村干部、部分农民专业合作社负责人等 71 人进行了半天的“农民经纪人概述及现状”、“法律法规知识”、“农产品市场营销知识”等方面的培训；9 月 15 日，举办会计业务知识培训班，全系统 17 名会计人员参加培训。邀请昆明市供销社财会审计处孟德昆处长、杨静仙副处长及李昆玲到会。孟处长认真细致的讲解了 AC990 会计核算、会计报表管理软件的运用；9 月 16 日至 18 日组织 13 名中层干部参加昆明市供销社举办的干部培训班；10 月 15 日，由安宁市供销社、安宁市科技局、安宁市八街食用玫瑰专业合作社共同举办的食用玫瑰栽培技术及农产品质量安全培训班在八街镇高桥村委会举行。培训邀请了昆明市农业学院教授、高级讲师左维刚授课，参加培训的人员来自八街镇 22 个村民小组共 154 人进行一天的《安宁食用玫瑰标准化栽培技术》、《农产品质量安全法》、《国务院关于加强食品等产品安全监督管理的特别规定》等方面的培训；10 月 27 日至 30 日，在青龙峡风景区举办 101 名农产品经纪人培训。截止 10 月底，共培训各类人员 784 名。

【招商引资】　市社党委、理事会始终把招商引资作为加快发展的第一要务，统一思想，提高认识，进一步认清做好招商引资工作的重要性和紧迫性。按照园区办的工作部署，4 月初，召集机关全体干部职工、社属各单位主要领导召开 2009 年招商引资工作动员大会，传达了市政府招商引资动员大会会议精神，安排部署 2009 年招商引资工作。就如何做好 2009 年招商引资工作，进行了全面的安排部署和动员；同时市社主任与各单位负责人签订了招商引资责任状，把招商任务层层落实到每单位和个人，形成“人人有任务、个个有责任”，齐抓共管的良好态势。在招商引资中，始终立足系统内资产优势、网络优势和经营优势，纷纷采取走出去、请进来等办法千方百计宣传自己，多方吸纳资金，引进项目。1. 市物资回收总公司引进宾川鸿顺废旧回收有限责任公司共同开发安宁禄脿安丰营村占地 50 亩的废旧物资交易市场，该项目预计投资1 500万元；项目已于 2 月下旬开工建设，现已完成场地“三通一平”等附属工程建设，截止 9 月 10 日实际到位资金 305 万元。2. 2009 年 1 月社与贵州人马寿平接洽，预计投资 300 万元在安宁金方街道办骡子山注册成立安宁雄亿伞业有限公司，主要生产雨伞、伞骨、雨具附属品等。公司现已登记注册成立，并投入资金 40 万元完成了生产厂房改扩建和部分设备的购进安装，已投入生产。3. 市物资回收总公司引进宾川川云铸造有限责任公司改扩建回收市场，扩大经营项目。该项目于今年 3 月开始筹建，共计投入资金 473 万元购进安装了行车、装载机、叉车、剪铁机、打包机、压板机等设备进行再生资源回收加工利用。4. 市物资回收总公司引进昆明利凯再生资源有限公司投资建设菱镁球初加工生产线，项目预计投资 500 万元。该项目于今年 3 月开工建设，投入资金 382 万元完成了工程建设，现已正式投入生产。5. 市物资回收总公司引进武定县乾华矿业经贸有限公司筹资改扩建物资回收市场，项目开工于 2008 年 12 月 10 日开工建设，2009 年 9 月完成土建工程和设备购进安装等，现已投入使用。项目总投资 412 万元。6. 今年 7 月，市农资公司与安宁皇阁酒店有限公司接洽，于 8 月 27 日投入 400 万元资金注册成立了公司，主要开展酒店业经营服务。

【积极做好扶贫联系点工作】　2009 年 4 月 30 日，安宁市供销社一行六人到扶贫联系点八街镇向阳村了解春耕生产情况，并为该村送去了价值1 600元的碳铵化肥 1.84 吨；检查了该村党支部党建工作情况，并提出了要求。为认真贯彻落实安宁市加强农村党风廉政建设科级领导干部包村联系制度和学习实践科学发展观活动，同日对 4 月 27 日走访联系确定的帮扶对象向阳村村民付忠世进行了慰问，并送去帮扶资金 1 000元。5 月 27 日，为扶贫联系点八街镇摩索营村委会向阳村的 38 名中小学生送去了价值3 900元的学习用具；9 月 30 日，社给予补助8 000元用于该村新建太阳能路灯。

【安全生产工作】　供销社历来高度重视安全生产工作，成立了安全生产工作领导小组，年初就生产安全工作专门提出了意见，并与所属的 12 家企业分别签订了《安全生产目标管理责任书》，与青龙峡风景区签订了《水上船舶安全责任书》。根据市政府及市安全生产监督管理局的有关通知要求，上半年对所属企业进行了 380 人（次）的检查，对重点行业进行专项整治，从组织上、制度上保证整个系统安全生产工作的顺利开展。

（陈晓洪）

云南省烟草公司昆明市公司安宁分公司

【简况】　云南省烟草公司昆明市公司安宁分公司下属 4 个烟站（八街烟站、县街烟站、草铺烟站、禄脿烟站），公司机关下设七科一室（烟叶管理科、企业管理科、财务会计科、专卖科、销售科、人事劳资科、安全保卫科及综合办公室），安宁分公司 2009 年两烟生产经营工作在市局（公司）及安宁市委、政府的正确领导下，以深入实践科学发展观为统领。紧紧围绕“烟叶防过热、卷烟上水平、税利保增长”的目标，以“四要”活动为契机，狠抓作风建设。启动“做人做事，三自三清”主题实践活动。牢固树立“利国惠民、至爱大成”理念。稳定烤烟种植规模，突出质量效益。提升网建水平，提高市场控制力。认真履行专卖职能，加强内部监管维护良好生产经营秩序。顺利地完成了上级下达的各项工作任务，为财政增收、农民致富、企业满意、繁荣安宁做出了积极贡献。

【积极探索烤烟工作新途径】 2009年，安宁市烤烟生产工作在市局（公司）及安宁市委、政府的正确领导下，以深入实践科学发展观为统领。紧紧围绕“烟叶防过热、卷烟上水平、税利保增长”的目标，围绕现代烟草农业建设和标准化生产稳规模，抓质量，烤烟生产稳步发展。始终按照省、市局公司烟叶生产及收购的安排部署。以现代烟草农业建设和标准化生产为中心，以稳定种植规模为重点，强化烟叶生产收购质量意识，突出科技技术措施到位率，加强对烟农服务。现代烟草农业和标准化生产不断推进。全市共种植烤烟33 540亩，收购烤烟98 000担，实现均价15.26元。各项指标均达到省、市局公司要求，基本实现了“四满意”。

【不断提升卷烟经营网络信息化】 以提升网建水平为目标，着力增强对卷烟零售客户的指导服务意识，不断提高客户满意度和卷烟市场控制力。全年销售卷烟67 768件，完成年度销售计划（67 000件）的101.14%；与去年同期64 845件相比增加2 923件；销售金额22 014万元，与去年同期20 299万元相比增加1 715万元；单箱销售收入16 242.66元，与去年同期15 651.95元相比增加590.71元；实现综合毛利率25.57%，与去年同期25.72%相比减少0.15%；一、二类烟销售比例占20.65%，与去年同期的28.09%相比减少7.44%（此两项受卷烟类别、价税调整影响）。销售省外卷烟8 958件，占总销售量的13.22%，与去年同期的11.55%相比增加1.67%；省外低档卷烟销售2 910件，占总销售量的4.29%，与去年同期的4.53%相比减少0.24%。

【“两烟”专卖管理】 2009年，公司进一步加强内部监管工作，突出专卖职能，维护良好生产经营秩序。始终坚持“内管外打”，在强化内部监督管理的同时，加大对违法、违规案件的查处力度。市场稽查共检查经营户5 740户，出动车辆台516次，出动稽查人员2 618人次。共查获各类违法经营案件50起，案值203 824.7元，上缴罚没款49 568.48元。市场净化率不断提高。开展“风暴十、十一号”、“春城利剑二号、三号”专项行动，烟草、公安、工商等部门各司其职、通力协作，累计出动联合执法人员189人次，检查经营户数1 660户，共查处违规经营户28户。证件管理工作进一步加强，于2009年3月20日，举行“2009年度《烟草专卖零售许可证》合理布局方案”听证会，广泛征求社会各方意见。全年共办理新证416本、注销51本，到目前为止许可证的有效数为1 267本，合法性达到了100%。

【加强基层建设，提升企业基础管理水平】 公司“对标”工作有序开展，标准意识得到深化，具体业务工作规范化、标准化、痕迹化。收入分配制度改革进展顺利，通过竞争上岗双向选择，分公司各科室、烟站人员得到进一步优化；财务会计管理工作进一步规范，财务预算系统全面运用，各科室、烟站预算意识有提高。各项费用的控制、执行更加合理；公司通过加强基层队伍建设，强化员工学习意识、危机意识、创新意识、责任意识。增强了员工的战斗力、凝聚力和执行力。结合分公司实际初步拟定了科室、烟站负责人管理考核办法；五是科学规划，扎实开展优秀烟站建设，基层烟站硬件、软件水平显著提高；六是全年以安全管理为龙头，始终将安全工作贯穿于分公司“两烟”生产经营各项工作当中，全员安全意识、安全技能有效增强，至今未发生任何安全事故。

（谷春海）

药品生产经营

【简况】 2009年底，安宁市共有药品生产、经营企业95家，其中生产企业3家，批发企业1家、零售连锁门店28家、零售企业63家，农村药品供应网点90个，药品生产、经营从业人员约980余人。据统计，2009年全市药品生产总值1 559.08万元，满足了安宁市5.97%的药品市场总需求，上缴税收53.93万元、占药品行业总纳税额的21.11%。经营企业销售药品10 038.69万元，占全市药品消费总额的42.43%，上缴税收174.08万元，占药品行业总纳税额的68.11%。

【发展情况】 2002年，全市《药品经营企业许可证》到期换证时，共有药店115家，多数为个体药店，经营面积小，管理水平低。此次换证工作，国家、省食品药品监督管理局出台了严格的换证标准，规定县以上零售企业（含零售连锁门店）经营面积不得低于40平方米，乡镇不低于20平方米。至换证结束，43家“小差乱”的药店未能通过换证，仅有72家达到标准规定通过换证。2004—2005年，国家开展药品经营行业《药品经营质量管理规范》（简称GSP）强制认证。经过两年时间，在市食品药品监督管理局的精心指导和督促下，全市达到申报认证条件并申请认证的企业全部通过GSP认证。认证后，安宁市的药品经营企业全部实现计算机化管理，部分企业能够按要求通过网络向市食品药品监督管理局报送相关监管数据，药品质量管理水平有了极大的提高。2002年，药品零售连锁企业逐步进入安宁市。至2009年底，共有5家零售连锁企业在安宁市开办连锁门店28个，其中仅云南鸿翔药业有限公司一心堂连锁店在安宁市开办连锁门店11个，从业人员66人，销售药品品种在2 600种左右。2009年，28个连锁门店销售额总计3 358.10万元，占药品经营行业销售总额的33.12%，上缴税收38.19万元、占药品行业总纳税额的 14.95%。药品零售连锁企业的进入，改变了安宁市药品经营的单一格局，注入了新的活力，药品经营企业规模、质量管理在有序的竞争中逐步扩大、提高，经营品种更齐全，能够满足消费者的需求。

【行政许可】 2008 年，市食品药品监督管理局深化行政审批制度改革，将审批时限从 45 个工作日压缩为 15 个工作日，进驻市政府为民服务中心统一办理，实行一站式审批。严格执行办理《药品经营许可证》法定标准：城区企业营业场所使用面积不少于 100 平方米，镇、村企业营业场所面积不少于 40 平方米；经营处方药或甲类非处方药的企业，必须配备执业药师或者其他依法资格认定的药学技术人员，经营乙非处方药或镇以下的企业，必须配备经地、市级药品监督管理机构组织考核合格的人员；企业自取得《药品经营许可证》之日起 30 日内，应申请《药品经营质量管理规范》（GSP）认证。从 2009 年 3 月 1 日起，办理《药品经营许可证》（零售）行政审批时限从 15 天再压缩至 12 天；5 月 1 日昆明市食药监局下放药品零售（连锁）药店行政审批权以来，《药品经营许可证》（连锁）行政审批确定为 8 个工作日。2009 年共接待咨询人数 152 人次，核发《药品经营许可证》13 份，变更 30 份，注销 5 份；核发《医疗器械经营企业许可证》9 份，换证 2 份，变更 19 份，注销 3 份。

【诚信体系建设】 为进一步规范安宁市药品市场秩序，提高安宁市药品经营企业的自律意识，市食品药品监督管理局运用监管手段引导并推动药品市场诚信体系建设健康发展，建立药品经营企业信用评价体系及失信约束惩罚机制，构建和谐、文明、诚信的药品流通环境。2009 年，共建立完善药品经营企业监管档案和信用档案各 92 个，建档率 100%。年末，通过汇总全年的日常监督检查、GSP 跟踪检查、专项检查、举报检查等基本情况，按照《安宁市药品经营企业诚信等级评定实施细则（暂行）》，经安宁市药品经营企业诚信体系建设工作领导小组组织进行评定，全市 74 家企业（4 家暂停营业和 14 家新开药店未参加评定）分为四个等级，其中评定为守信等级（A 级）的企业 57 家；失信警示等级（B 级）的企业 11 家；失信企业（C 级）等级的企业 3 家；严重失信等级（D 级）的企业 3 家。

【监管情况】 2009 年，市食品药品监督管理局共出动车辆 276 台次，监督检查人员 679 人次，检查药品、医疗器械生产、经营、使用单位 943 家次，查处药品违法案件 18 件，立案率、结案率均为 100%。开展了“春节”、“国庆”等重要节日专项检查，疫苗经营使用单位、特殊药品等专项整治活动及贵阳黔峰生物制品有限公司生产的假药人血白蛋白等 8 种假劣药品专项稽查；认真做好甲型 H1N1 流感防控药品医疗器械质量监管；完成药品经营企业 GSP 和医疗机构“两个规范”追踪检查，抽验药品 46 批次，靶向率 23.3%，上报药品不良反应报告 80 例，医疗器械不良事件 1 例；加大药械广告监测力度，联合市工商局、市城管局，对安宁市城区和昆钢片区公交车站台的广告牌、药品零售企业的店内广告和安宁电视台广告进行清理整顿，对齿白金咀漱片、眼动力、男白金、胡氏一抹净、水宜生微电解制水器、岳氏理疗服等 26 批次货值金额11 392元的违法广告品种采取强制暂停销售。

（黄金才）

昆明康奇制药厂

【简况】 昆明康奇制药厂是昆明市公安局强制戒毒所下属的一家国有企业，成立于 1996 年，从事戒毒药的研发和生产。2004 年 12 月 20 日通过《药品生产质量管理规范》（GMP）认证。药厂占地约 10 亩，建筑面积1 880平方米，绿化面积占全厂面积的 42% 以上，设 30 万级洁净生产车间及 1 万级检验区，片剂、胶囊剂生产线各一条。现有职工 20 人，各类专业技术人员 16 人，专业技术人员约占全厂职工人数的 80%。

【科技创新】 昆明康奇制药厂，从手工操作，大锅熬药到具有现代化规模，通过 GMP 认证的现代化制药厂，始终坚持的宗旨是“在发展中创新，在创新中求发展”，将创新产品，造福社会作为追求目标。制药厂在戒毒药品的研究上大胆创新。1991 年 2 月，第一代戒毒药品香藤胶囊（原 6.26 戒毒胶囊）研制成功。该品 1993 年获省科技进步三等奖、市科技进步二等奖，1996 年获得国家专利，国内外许多知名报刊均先后登载了其独特的疗效，受到国内外同仁的一致好评。2002 年，香藤胶囊上升为国药准字号药品。2005 年 1 月，昆明市强制戒毒所成立“新型毒品成瘾戒断相关技术研究科研组”，开展针对新型毒品戒断药的研究。经过三年多的时间，先后完成了针对新型毒品的戒断药物——新毒康胶囊的近 20 个子课题，并顺利获得医院制剂生产批文。目前，新毒康胶囊已在吸毒人员中脱毒使用，均取得了较好的效果，填补了新型毒品成瘾戒断药物的空白。2005 年，纯中药制剂康奇降脂片被省食品药品监督管理局批准生产。康奇降脂片采用名贵中药三七、何首乌等配方，工艺精良，严格按照 GMP 生产，对高脂血症、脂肪肝疗效显著。目前药厂正积极筹备，向国家食品药品监督管理局申报康奇降脂片为保健食品，面向全国推广。

（黄金才）

云南希陶绿色药业股份有限责任公司安宁分公司

【简况】 云南希陶绿色药业股份有限责任公司安宁

分公司由云南希陶绿色药业股份有限公司投资组建，2003年7月完成GMP技术改造，同年12月首次通过GMP认证。2005年9月拆分为云南希尔康制药有限公司，纳入浙江康恩贝制药股份有限公司，同年12月再次通过GMP认证。2009年4月又重新合并云南希陶绿色药业股份有限公司。公司位于安宁市草铺工业园，占地面积25 765.78平方米，其中绿化面积17 000平方米，建筑面积5 132.77平方米。公司有健全的组织机构和与生产、检验等相适应的专业技术人员，有完善的文件管理体系、生产保证体系和质量保证体系。现有员工80多人，其中高级职称2名，执业药师1名，大学本科学历12名，大中专学历43名，各类专业技术人员占员工总数的73%。

【生产情况】　公司现有中药提取生产线、银杏叶提取生产线和口服液生产线各一条，负责公司产品的配套提取、银杏叶的提取及口服液的生产，年药材提取能力2 500吨，产值3 000万元；主要产品有银杏叶提取物、阳春口服液、清热解毒口服液；银杏叶提取物主要出口欧美等国家。2009年公司共实现产值1 800万元，利润130万元，解决了20多名当地员工的就业问题。另外，公司还积极开展中药提取受托加工业务。目前，云南白药集团股份有限公司、云南积大制药有限公司、云南云龙制药有限公司、云南龙发制药有限公司等都与公司有着良好的中药委托加工业务。

【打造品牌】　2010年公司投资3 000万元，进行中药提取线和银杏叶提取线的改造，使公司年药材提取能力达到5 000吨，产值6 000万元，利润1 000万元；全面改造药渣处理系统和污水处理系统并使用云南天安化工有限公司富余蒸汽，使公司达到零排放的先进环保企业。通过中药提取改扩建项目的全面实施，使公司的药材提取能力在云南首屈一指，成为专业化的品牌提取加工企业。

（黄金才）

昆钢动力能源分公司充装车间（医用氧车间）

【简况】　昆钢动力能源分公司充装车间原属于炼钢厂制氧车间，至今已有40年历史。国家于1969年投资439万元筹建成立制氧车间，作为氧炼钢车间的配套工程，1991年10月15日昆钢成立氧气厂，2004年2月13日，氧气厂与动力厂合并成立动力能源分公司。动力能源分公司现有大型空分装置3台，制氧总量30 000m^3/h，2003年公司为填补市场空白、满足市场需求开始研发医用氧产品，2003年8月取得《药品生产许可证》，2003年11月取得气态氧生产批准文号，2006年9月取得《GMP证书》，2007年7月取得液态氧生产批准文号，具备了生产医用氧产品的条件和资质，并于同年生产销售，充装车间现有职工48人，其中，各类专业技术人员10人，并拥有一批经过政府相关部门严格培训并持证上岗、经验丰富的高素质职工队伍。

【产品介绍】　公司的主要产品有医用氧气、工业氧气、氮气、氩气和液氧、液氩、液氮。为满足不同用户对医用氧药品包装规格的需求，现在我公司医用氧包装规格有：40L、10L、7.0L、4.0L、3.2L、2.0L、1.4L七个规格。

【社会效益】　公司医用氧覆盖了安宁市及易门县等主要医疗机构，2009年医用瓶氧创造直接经济效益19万余元。自从公司生产医用氧产品以来，在获取经济效益的同时，不忘记国有企业还应肩负一定的社会责任。公司在做市场调研的同时，深入医疗卫生一线宣传医用氧的相关知识，免费提供宣传小册子和资料，使群众正确认识医用氧，扭转医用氧与工业氧无多大区别的误区。公司本着诚信为本、顾客至上的经营理念，以“创气体精品，建一流企业”的精神，为企业的发展及更好、更全面地服务于社会而努力奋斗！

（黄金才）

安宁市金阳光医药有限责任公司

【简况】　安宁市金阳光医药有限责任公司成立于2004年3月5日，于2005年1月7日通过了《药品经营质量管理规范》（GSP）认证，是安宁市唯一的一家药品批发企业。经过5年来的发展壮大，构建起了以药品经营为支柱和引领，以与人们日常生活密切相关的第三产业为辅助和补充的发展框架，在较短的时间内实现了企业的跨越式发展。公司主要经营中成药、化学药制剂、抗生素、生化药品、预包装食品等。2009年实现销售收入2 523余万元，曾被国家税务局评定为B级信用度单位。

（黄金才）

云南三明鑫疆药业股份有限公司

【简况】　云南三明鑫疆药业股份有限公司成立于1998年，是集药品经营和社区卫生服务为一体的股份制企业，现有14个零售药店分布于昆明、安宁、昆钢地区，2个社区卫生服务中心及1个社区卫生服务站，共有员工340余人，每个门店都配备专业药师和医师为顾客提供用药指导、健康咨询。

【内部管理】　公司注重员工的素能培训，新进店员工必须经过3个月的严格培训，考核合格后方能上岗。以“6H”标准来要求每位员工，6H即：1H纪律好、2H业务好、3H仪容仪表好、4H服务质量好、5H销售好、6H配合好。

【经营情况】　公司经营的品种达5 000多个，其中包括：中成药、中药饮片、化学药制剂、抗生素、生化药品、医疗器械、保健食品等；社区卫生服务中心开展的项目有：全科诊疗、中医诊疗、输液、注射、换药、化验、针灸理疗、计划免疫等。2009 年药品销售收入2 296万元，上缴税收 58 万元。

（黄金才）

安宁市金方商业集团有限责任公司药品经营门店

【简况】 安宁市金方商业集团有限责任公司成立于 1995 年，下设 2 个药品经营门店（子公司），在职员工 45 人，其中医师 2 名、药师 11 名。门店都配备专业药师和医师为顾客提供用药指导、健康咨询。公司一直以“以优质的服务为顾客提供优良的商品”为宗旨，树立优质、高效、经济的服务意识，坚持“明码实价、专卖公平”；制订了 27 个质量管理制度、11 个质量管理职责、12 个工作程序，认真执行《药品管理法》及 GSP 的相关规定；要求每一位员工正确介绍药品的性能、用途、用法、剂量、禁忌和注意事项，做到问病售药，防止事故发生，对特殊药品按规定的方法销售，并做好销售记录。公司销售药品品种3 000多个，2009 年销售收入 783.93 万元，上缴税收 32.48 万元。

（黄金才）

安宁市商业贸易有限责任公司药品经营部

【简况】 安宁市商品贸易有限责任公司药品经营部成立于 2001 年 5 月，现下设连然街、金方路两个大药房，共有员工 16 人，其中大专文化程度 2 人，中专文化程度 9 人，高中文化程度 5 人，另聘请了 3 名医师、2 名药师在岗为患者购药提供咨询、指导。药品经营部以优良的购物环境，规范的操作管理，优质的服务，首批被批准为昆明市城镇职工基本医疗保险定点零售药店，也是安宁市首批通过 GSP 认证的药品经营单位。

【内部管理】 2009 年公司将“探索、创新、求实、高效”作为企业精神切实落实到具体经营管理工作中。完善内部管理制度，采取日常考核与年终一次性考核相结合的方式，实行上不封顶、下有保底的工效挂钩考核分配办法。建立健全药品质量保证体系，严把进货渠道关、进货验收关、上柜药品养护关、上柜复核关、售后服务关，贯彻药品“先进先出、先产先出、近期先出、易变先出”的原则，保证药品质量，严格执行国家规定的药品价格政策，实行明码标价认真自觉维护消费者的合法权益，确保购药者的用药安全、有效及身体健康。

【经营情况】 经营范围包括中成药、中药饮片、化学药制剂、抗生素、生化药品、医疗器械，共3 000多个品种，2009 年销售收入 220 万元，上缴税收 9 万元。

（黄金才）

云南鸿翔药业有限公司一心堂零售连锁店

【简况】 一心堂零售连锁店隶属云南鸿翔药业有限公司，是中国十强直营连锁药店、云南省销售最大、网点最多的药品零售连锁企业。自 2001 年 1 月创建第一家一心堂连锁店至今，在云南、广西、四川、贵州、山西、重庆等地区已拥有1 000余家直营连锁药店，拥有 400 万会员。2002 年 7 月，一心堂在安宁开办第一家连锁门店，至 2009 年底，共开办连锁门店 11 个，从业人员 66 人。

【大力推行优质服务】 一心堂始终如一地把消费者利益放在首位，在市场中铸造了“价格低、品种全、质量优、服务好”四大核心竞争力，依托自身的直营体系及规模经营效应，将5 000余个常用药品全面降价。多年来力推“我是服务冠军”活动，通过顾客对阳光使者的评选、顾客有奖监督、免费咨询、开通送货热线、免费服务设施配置使用、会员专项服务等，使得一心堂的顾客得到了更满意的服务、更有效的帮助。

【经营情况】 一心堂连锁店是云南省首家批发和零售同时通过国家 GSP 认证的企业。在安宁片区销售药品品种在2 600种左右，2009 年安宁片区销售收入 2 047.1万元，上缴税收 26.39 万元。

（黄金才）

云南昊邦医药销售有限公司

【简况】 云南昊邦医药销售有限公司生达新世界大药房连锁总部成立于 2002 年 2 月，公司注册地址设在昆明市人民中路如意大厦 16 楼 C、D 座，公司办公面积有 400 平方米，仓库面积为1 020平方米。公司下设以“生达新世界”为品牌的零售连锁门店，安宁市辖区内有连锁门店 11 家，设施设备齐全，已全部通过药品零售连锁企业的（GSP）认证。经营范围：中药材、抗生素、中药饮片、生物制品、中成药、化学原料药、生化药品、化学药制剂。2009 年安宁片区销售收入 960.6 万元，上缴税收 5.9 万元。

【内部管理】 2009 年公司按照《年度培训计划》组织全员开展质量培训，同时还对直接接触药品的人员开展强化培训，培训后进行考核；制定了《卫生和人员健康管理制度》并严格执行，每年组织直接接触药品的人员进行健康体检并建立个人健康档案，对体检达不到要求者做相应的换岗，避免污染药品。

【门店管理】　公司零售连锁门店实现八个统一：即统一商号、统一标识、统一进货、统一配送、统一价格、统一核算、统一服务标准和统一管理。制定质量管理制度和操作规程，借助软件系统，实现验收、入库及销售各个环节的记录管理。在店内安排质量管理员，负责对送到门店的药品进行验收、养护、保管及有问题药品的上报处理。制定并执行《药品分类陈列管理制度》、《处方药品销售管理制度》，对各类药品进行分类陈列，特别对处方药和 OTC 进行了严格的划分，并有明示标志及警示语。店内由驻店药师指导处方药的销售，保证顾客用药安全。

（黄金才）

安宁百货有限责任公司

【简况】　安宁百货有限责任公司位于安宁市老城区连然街31栋225号，除公司本部外，下设金方路百货公司家电维修部、小桥街百货公司三门市两个经营单位。主要经营：百货、五金、交电产品，文化体育用品，针纺织品，钟表眼镜，服装，珠宝玉器，金银饰品，家用电器，卷烟，药品，医疗器械，家电修理，移动通讯产品等。现有在职职工45人，退休职工79人。2009年，全年实现商品销售120万元，上缴税收13.4万元，缴纳职工社会性保障“五险”31万元，实现利润0.3万元，累计亏损82.3万元。

【经营管理】　2009年，公司依据工作计划有序开展各项工作。企业改制时，由于资产置换职工身份预留资产中有退休职工的丧葬费、抚恤费在内，企业退休职工发生死亡时，由企业支付丧、抚费。近几年，随着国家政策调整，企业退休职工工资增长较快，退休职工人均预留资产已经远远不够支付丧、抚费用，职工“两费”一直未纳入社保局统一管理。为使企业今后能更好发展，同时，使退休职工的利益得到保障，原商业系统五家单位向政府提出报告，请求解决企业退休职工丧葬抚恤费纳入社保局统一管理。这一问题，在市政府、市国资局、市劳动社会保障局、市财政局的大力支持、协调下，公司向社保局交纳13.6万元的费用将此事圆满解决，纳入社保局统一管理，彻底解决了企业的后顾之忧。

企业积极调整柜组经营结构，将经济效益低下，占用营业资源大的柜组撤并，合理优化营业资源，腾出二楼营业场地，引进品牌童装，投资近30万元重装二楼商场，开设高档次的百大童装城。于2009年8月15日开张试营业，取得良好的社会效益和经济效益。利用闲置房屋场地增加经营面积，对外出租，盘活资产增加职工工资，在职职工的人均工资达千元。及时为职工调整医保缴费基数，使职工切身利益得到保障。积极做好职工思想教育宣传工作，配合社区齐抓共管创建文明城市、卫生城市的难点工作，使单位住宿区卫生状况明显好转，形成人人参与，全力投入做好创建工作。

（赵建云）

安宁市商业贸易有限责任公司

【简况】　2009年，公司职工人数60人（其中在岗股东21名），退休人员77人。机构设置、管理人员聘用基本延续2008年不变。机构设置：下设两个经营部（超市经营部、药品经营部）、财务部、物管部、办公室管理部门。2006年公司规范改制以后，按现代化企业制度框架运转，经营管理机制得到了极大转变，人、财、物三大资源科学合理配置利用，经营业绩又跃上了新的台阶。分配制度的日超完善，形成了一套自我约束、自求平衡的岗位工资考核机制。切实体现员工以岗位职责、劳动履职、销售业绩、利润贡献分配工资，股东以参资经营获得风险回报的按劳分配与按资分配相结合的工效挂钩分配方式。用人：建立层层聘用、层层负责，考核逐级进行的奖罚分明机制；外部：整体的市场开拓意识、竞争意识、服务意识有较大提高，基本适应了市场经济发展的需要。一年来，公司在各级有关部门的大力支持、指导下，经过全体员工的共同努力，确保了企业的改革、生存及各项工作能顺利开展，保障了职工队伍的稳定。

【经营成果】　2009年，公司累计实现缴纳税利18万元；企业净利润22.5万元；收取经营部承包费及代缴税费74.3万元（包括增值税）；支付股东红息6%。公司对经营部实行目标责任考核，核定年销售目标为月份考核分配工资收入的主要依据。核定年毛利额作为经营部年终一次性奖励考核的重要依据。2009年两个经营部销售目标924万元，实际完成1 293万元，超目标369万元，超幅39.9%，比2008年的1 268.8万元增加了24.2万元，增幅1.91%；年度毛利额目标155万元，实际完成249.5万元，超目标94.5万元，超幅61%，比2008年的231.9万元增加了17.6万元，增幅7.6%；年终综合毛利率目标16.77%，实际达到了19.3%，增加2.53%，比2008年的18.3%增加了0.66%。其中：2009年，公司核定药品经营部基础工资总额197 400元（人均基本年薪10 500元），实际提成工资、绩效工资及年终奖励等258 516.80元，人均收入28 113元（包括两个节日慰问）；核定超市经营部基础工资总额324 450元（人均年薪10 500元），实际提成工资、效益工资、年终奖等503 962.80元，人均收入达到16 319元。

【经营管理】　2009年，公司紧跟市场步伐，积极参与竞争。经营上灵活多样，除公司自营的两个经营部以外，继续采取对外合作、承包、租赁等多种经营管理模式，吸取、借鉴好的经营管理理念，分析安宁城市规划新建项目，农贸市场拆迁改造等市场因素。6月份对超市分块停业进行了全面装修，更换、更新了收银系统、管理软硬件及全部货柜、货架，利用钢屋架搭建超市楼层、扩大公司经营面积近500平方米，总计投资近80万元。装修后的超市高效利用原有场地，引进生鲜经营项目，扩大水果经营面积，并对原经营格局作了适当调整。于2009年9月11日全面营业，至年末带来了良好的经济效益和社会效益。

对两个经营部继续本着平等协商、民主、公正、公平的原则，签订了2009年《目标计划考核责任书》及《承包经营合同书》。在严格细化管理和考核的工作目标要求下，结合安宁创建卫生城市和文明城市需要，加大考核力度，将经营场地商品卫生和标价签标识规范化检查考核作为重点，引导经营部责任人在日常经营管理活动中，重视管理，树立管理无小事的理念。经营中把握市场机遇，狠抓单品品种和节令性商品。药品经营部2009年取得了营业额较大的增长，保证了对公司经营效益贡献。2009年3月公司积极主动把握时机，牵头启动了商业系统五家改制企业退休人员丧抚费纳入社保基金支付的申报办理工作。历时半年多的时间，克服重重困难压力，公司最终补缴了近6万元费用，顺利移交社保局职工死亡的丧抚费的支付，解决了企业退休人员的生老病逝后顾之忧，为公司投资发展赢得了资金的主动，以较小的成本费用进一步理顺了企业职工社会劳动保险关系，推动了企业退休人员社会化管理工作。再次为稳定企业，稳定社会作出了重大贡献。

（唐苏萍）

安宁市饮食服务有限责任公司

【简况】 安宁市饮食服务有限责任公司，位于安宁市连然街192号，地处安宁市繁华商业闹市区，主要经营餐饮、住宿、照相、理发等服务；有固定资产165万元，在册职工98人，其中：在职职工17人，退休职工81人，职工实行自主经营、自负盈亏、照章纳税，年营业收入40多万元，微利。

【面临困难】 1. 固定资产少，营业收入低，各种税、费（社会保险费）逐年增加，公司经济负担加重。2. 市政府旧城改造，公司所处地段均属规划范围，营业网点将全部被拆迁，无营业场所，员工全部待岗。建议市政府对下步解决营业场所补偿及原址回迁等问题上予以考虑提高货币补偿，以解决职工生活出路问题。

【党建及“精神文明”建设】 2009年，公司以邓小平及“三个代表”重要思想为指导，落实科学发展观，与时俱进，开拓进取，积极支持支部和工会开展工作，不断加强党员及职工队伍建设，坚持为职工办好事，解难事，开展有益于职工身心健康的活动，组织职工外出学习考察，增进职工间的沟通与交流，关心及帮助困难老党员的生活，关心困难职工生活，坚持“重大节日”对全体职工进行慰问，驻城郊职工入户登门慰问，所做工作受到职工（特别是退休职工）好评，为企业发展及构建和谐社会作出了积极贡献。

（曹丽华）

安宁振鑫商贸有限责任公司

【简况】 2009年，安宁振鑫商贸有限责任公司在全球金融危机的大环境的影响下，虽然公司采取了许多的措施，但还是受到了部分的影响。做为公司核心经营的振鑫酒店开房率已从2008年的95%下降到了90%，公司全年收入仅达184万左右，上缴各项税金11万元左右。

【支持安宁市创建国家卫生城市】 2009年，安宁振鑫商贸有限责任公司为了支持安宁市创建国家卫生文明城市的工作，对所属沿川路综合农贸市场内外部环境进行整治，但尚不能达到标准，为此公司进行了关门治理，并以低廉的租金承包给能治理达标的人员进行经营。公司对所属黉学路职工宿舍及连然街1号职工宿舍投入了人力物力进行整治，以达到安宁市创建国家卫生城市的标准。

【坚持以投入求发展】 2009年，安宁振鑫商贸有限责任公司继续加大对所属振鑫酒店基础设施的投入。公司投入近10万元改造豪华套房2间及酒店所属餐厅。在客房内部设施方面，公司投入近10万元对客房内所有设施进行更换，使整个房间焕然一新。

【治安管理】 2009年，安宁振鑫商贸有限责任公司继续加大振鑫酒店治安管理，公司投入近5万余元对酒店监控系统进行维护加强，这样更增加了入住酒店旅客的安全系数。

【调整公司员工工资】 2009年，安宁振鑫商贸有限责任公司为了提高公司员工工作积极性，更加体现按劳分配制度，公司对所有员工均实现底薪加计件工资的工资制度，这样既提高了员工的工作积极性又减少了公司的用工人员。

（彭汝梅）

安宁市酱菜食品有限公司

【简况】 安宁市酱菜食品有限公司，是云南省大型调料、酱菜生产加工企业，资产总额860万，固定资产570万，在职员工57人（其中酿造工程师2人、专业技术人员5人、管理人员7人、营销人员16人），年生产能力：各类酱菜、调料2 500吨，2009年实现销售收入450万元，是农业部无公害农产品基地、产品质量认证企业，云南省绿色（有机）食品产业协会会员单位，云南省食品质量安全认证企业，自2004年以来多次荣获安宁市农业龙头企业。

【经营管理模式】 公司利用安宁地区农业自然资源的优势，以公司＋农户＋基地＋市场的产销一体的产业化管理模式开展生产加工，产品适销对路，销售网络稳定，产品远销昆明地区、成都地区、重庆地区、湖南地区、湖北地区、郑州地区，在省内外实现经销合作单位达32户，实现了农业增效，农户增收，企业发展的目标。

【辐射带动农户、建立双赢机制】 2009年，公司通过与八街镇塊杉村委会、八街镇蔬菜协会、八街镇果蔬协会合作，将种植公司所需的农产品原料，种植蔬菜面积1 550亩，通过与八街镇塊杉村委会、八街镇蔬菜协会合作，以公司＋农户＋基地的订单种植形式，于2009年6～10月，收购所种植的红辣椒495吨（红梨栽种地套种辣椒200吨），原订保护价1.2元/公斤，实际收购价1.7元/公斤，支付收购资金84万元。2009年1月～3月，收购芥菜143.9吨，支付收购资金12.95万元；收购萝卜211吨，支付收购资金10.55万元；收购青菜642吨，支付收购资金32.1万元；2009年9月下旬～12月，收购萝卜337吨，原订保护0.35元/公斤，现收购价0.5元/公斤，收购资金16.85万元；无叶芥菜91.25吨，原订保护0.5元/公斤，现收购价0.8元/公斤，收购资金7.3万元，有叶芥菜226.76吨，原订保护0.45元/公斤，现收购价0.7元/公斤，收购资金15.87万元；青菜847吨，原订保护价0.35元/公斤，实际收购价0.5元/公斤，收购资金42.37万元；收购洋姜33.99吨，收购韭菜根42.09吨，支付收购资金10.31万元；其它原料小米辣548吨，收购价2.6元/公斤，收购资金143万元。

公司完成所订种植收购合同的原料共计支付资金为375.3万元。带动原料种植区域农户857户，辐射带动草铺、禄脿种植农户173户，实现种植区域农户人均增收1 610元。带动原料种植区域农户1 070户。企业与协会、村委会为使所种植的原料进行管理、维护、收购、加工等工作进一步完善，公司招聘村委会剩余劳动力33人为公司基地种植原料进行管理、收购、生产加工的工作人员，支付工资102 150元。

【党建工作】 安宁市酱菜食品有限公司党支部，在职党员12人，在安宁市国有资产管理局党委的领导下，认真践行“三个代表”的重要思想，贯彻科学发展观，根据本企业的实际情况，努力适应新形势下的党建工作的新目标、新要求，始终把员工利益放在首位，切实把关心员工的工作做好、做实，以身作则，充分发挥党员在企业的先锋模范带头作用。

建立、健全了工会组织，坚持“以人为本、员工利益优先”的工作理念，增进企业员工的沟通与交流，工会积极组织各项工会活动，关心退休老职工及困难员工的生活，完善了对生病员工的探视制度，坚持每年“两节”对员工的慰问，维护员工的合法权益，从而增强了企业的凝聚力，为企业的发展及构建和谐社会做出企业应尽的责任。

【发展循环经济、实现节能减排】 为了企业更好的发展，实现清洁生产，发展循环经济，提高企业的自主创新能力，企业建设、改造生产加工设施及引进了生产加工设备，从而降低了单机作业的能耗，实现了标准化生产、产业化发展的结构调整，服务“三农”，发展了农村经济，为安宁农业发展起到示范带动作用。

（胡　伟）

安宁市食品有限责任公司

【简况】 截止2009年12月31日，公司在职职工21人，内退职工6人，退休职工71人，公司机构健全，建有党支部、工会委员会、执行董事、监事，支部书记、工会主席兼监事李占富、执行董事刘树春。2009年度，公司各项收入合计85.3万元，各项支出合计85.2万元，本年利润0.1万元。

【工会工作】 本年度年工会活动为27个工会会员发放了价值9 000元的会员礼品。公司出资为包括退休职工在内的98个职工缴纳了应由个人承担的总计5千元的互助医疗保险费用。

【股东大会】 2009年1月9日，召开公司股东大会，股东大会决定：股东史龙祥转让其全部股份，股东朱开相、陈云兰转让部分股份，公司股东由原来的33人变更为32人。

（张艳蓉）

安宁一根葱餐饮

【企业简况】 安宁一根葱快餐，创办于2003年。创办人艾镇云，企业始建于1997年，经过十多年的发展，有注册资金100万元，资产总额500万元，员工160人，年上缴税金20万元。2002年，成立“安宁沙龙饮食文化发展有限责任公司”，同年创办“天上人间餐厅”（现改为“安宁夜沙龙休闲康体生活馆”）；2003年，创办安宁第一家台式快餐店“一根葱快餐店”（同时注册“一根葱”商标），引领了新一轮的休闲餐饮消费热潮；2004 年开办安宁鑫商路创业信息咨询服务部、安宁神话广告有限公司；2007 年创办金川快餐，2009 年投资 100 万元创办了天然居快餐店和安宁螳川印象餐厅。

【投资发展】 随着安宁社会、经济、文化、城市建设的高速发展，人们的生活节奏随之加快，针对自己的实际情况，面积狭小、品种单一、制作缓慢的餐饮经营已经不能适应消费者的需求，因此，一根葱餐饮于 2008～2009 年扩大店面，将原来只有 100 平方米的店面扩大为 500 平方米的旗舰店，并将旗舰店的经营模式定格为"一根葱加盟连锁"的固定模式，有一根葱快餐店、金川快餐、螳川印象餐厅。

【解决就业】 一根葱餐饮自创办以来积极参与扶贫帮困、公益事业、光彩事业等活动，本着人人为我，我为人人的管理理念，积极组织待业青年、下岗工人就业上岗，组织技能培训、意识引导，促成员工或提升或创业，真正解决弱势群体的实际问题，8 年来，一根葱餐饮已吸纳待业青年、下岗工人、农村剩余劳动近1 000多人次，为安宁的社会、经济发展稳定作出了贡献。

（吴学贵）

集贸市场建设与经营

【简况】 自 1992 年以来，根据国家相关政策，地方党委、政府积极引导和支持多渠道、多形式培育和建设集贸市场，工商行政管理等职能部门不断强化监管服务，逐步形成了以安宁市城区和昆钢为中心，辐射各乡镇的集贸市场体系。一批功能齐全、管理较为规范、具有一定规模的集贸市场日益成熟，为活跃和繁荣城乡经济，方便人民群众生活发挥了积极作用。至 2009 年底，安宁市辖区共有集贸市场 22 个。

【安宁城区主要市场情况】 安宁城区主要有市场 7 个：1. 连然综合市场：2008 年由云南鲜又多市场开发有限公司开发建成并投入使用，位于安宁市金安巷。场内经营户 264 户。主要经营肉类、禽蛋、粮油、调料、百货、服装、蔬菜、水果、副食等。2. 安宁农副产品交易市场：1997 年由安宁市工商局兴建，2001 年市场办管脱钩后由安宁市农业生产资料有限责任公司经营管理，位于安宁昆畹公路 33 公里处。现有经营户 21 户。3. 安宁华西市场：2001 年 3 月由一碗水村委会、小桥街村委会投资兴建，现由云南鲜又多市场开发有限公司负责经营管理；占地面积 1 400平方米。现有经营户 126 户。主要经营肉类、蔬菜、水果、副食等。4. 安宁盐场综合市场：2000 年 3 月由安宁市连然镇盐场二社投资建成，位于安宁市东湖路 1 号，市场占地面积9 348平方米，现有经营户 120 户，以蔬菜、水果、副食品的批发、零售为主。5. 安宁宝兴农贸市场：2000 年 1 月由连然镇宝兴庄村委会投资建成，位于安宁市新发小区。市场占地面积8 987平方米，现有经营户 75 户，以蔬菜、水果、副食品零售为主。6. 安宁大屯农贸市场：2009 年 8 月建成投入使用，由安宁萝沣有限公司负责经营管理，位于安宁市大屯新区。占地面积22 620平方米，现有经营户 70 户。主要经营肉类、禽蛋、粮油、蔬菜、水果、副食。7. 云化集贸市场：由安宁紫东经贸有限公司经营管理，位于安宁云化生活区。现有经营户 121 户，主要经营肉类、禽蛋、粮油、蔬菜、副食。

【昆钢市场】 昆钢农贸市场是从自发的、小规模的集市贸易逐步发展而来。从 1995 年开始，在昆钢集团公司的引导、规划下，先后投资建立了四个农贸市场。2004 年 3 月随着昆钢集团公司改革的深化，原商贸公司综合贸易部成建制划归生活管理部，各市场由生活管理部综合贸易部管理，实行企业化经营。1. 昆钢新村市场：建于 1995 年 5 月，由昆钢总公司投资 156 万元建成，市场占地面积3 000平方米，建筑面积2 500平方米，位于昆钢新村小区。市场现有经营户 100 户，以零售为主，主要经营肉类、禽蛋、粮油、调料、百货、服装、蔬菜、水果、副食等。2. 昆钢东区市场：东区市场建于 1997 年 11 月，由原商贸公司投资 474 万元建成，市场占地面积7 838平方米，建筑面积7 088平方米，位于昆钢钢海路。现有经营户 250 户，以零售为主，主要经营肉类、禽蛋、粮油、调料、百货、服装、蔬菜、水果、副食等。3. 昆钢南区市场：南区市场建于 1998 年 12 月，由昆钢总公司投资1 446万元建成，市场占地面积24 918平方米（含百货广场），建筑面积8 480平方米，位于安宁昆钢团结桥。现有经营户 500 户，以零售为主，主要经营肉类、禽蛋、粮油、调料、百货、服装、蔬菜、水果、副食等。4. 昆钢凌波市场：凌波市场建于 2001 年 12 月，由昆钢总公司投资1 280万元建成，市场占地面积18 425平方米（含文化街），建筑面积10 865平方米，位于昆钢建设街延长线。现有经营户 270 户，以零售为主，主要经营肉类、禽蛋、粮油、调料、百货、服装、蔬菜、水果、副食等。

【各镇 11 个主要农贸市场】 1. 八街农贸市场：1994 年由安宁工商局和八街镇政府投资建成，2001 年市场办管脱钩移交国有资产管理局，现由八街镇八街村负责经营管理，位于安宁市八街镇青云路。占地面积11 326平方米，现有经营户 265 户。主要经营肉类、禽蛋、粮油、调料、百货、服装、蔬菜、水果、副食等。2. 安宁市八街镇二街农贸市场：由八街镇二街村委会负责经营管理，位于安宁市八街镇二街村，现有经营户 12 户，主要经营肉类、禽蛋、蔬菜、副食等。3. 鸣矣河农贸市场：1998 年 3 月由原鸣矣河乡政府投资建成。市场占地面积4 466平方米，摊位 150 个，位于安宁市县街镇鸣矣河村。现有经营户 364 户，主要经营肉类、禽蛋、粮油、调料、百货、服装、蔬菜、水果、副食等。4. 一六街农贸市场：2001年由安宁市粮食局八街粮管所投资建成，委托一六乡集镇综合服务站经营管理，2006年2月两乡镇合并后由八街镇便民服务中心管理，位于安宁市八街镇一六街集市。占地面积4 073.75平方米，现有经营户20户。主要经营肉类、禽蛋、粮油、调料、百货、服装、蔬菜、水果、副食等。5. 县街综合市场：1997年1月由县街供销社投资建成。占地面积2 500平方米，位于安宁市县街镇三泊路，现有经营户242户，主要经营肉类、禽蛋、粮油、调料、百货、服装、蔬菜、水果、副食等。6. 太平农贸市场：1997年10月由太平供销社投资建成，位于安宁市太平镇。占地面积960平方米；现有经营户85户；主要经营肉类、禽蛋、粮油、调料、百货、服装、蔬菜、水果、副食等。7. 太平镇桥钢农贸市场：由云南昆钢集团桥钢有限公司负责经营管理，位于安宁市太平桥钢厂生活区。现有经营户31户；主要经营肉类、禽蛋、蔬菜、副食等。8. 温泉商贸市场：位于安宁市温泉镇升庵北路，现有经营户78户。主要经营蔬菜、鲜肉、水果、煮品、烘烤、餐饮、副食、农副产品、日用百货等。9. 草铺综合市场：1997年3月由草铺供销社兴办，位于草铺镇仁和路19号。占地面积4 233平方米；营业房（商铺）53间；现有经营户61户，主要经营蔬菜、鲜肉、水果、煮品、餐饮、副食、农副产品、日用百货等。10. 禄脿综合市场：1995年9月由安宁市粮食局兴办，位于禄脿镇西华路；占地面积10 000平方米；现有经营户57户；主要经营肉类、禽蛋、粮油、调料、百货、服装、蔬菜、水果、副食等。11. 安宁市禄脿镇商贸广场：由安宁市禄脿供销合作社负责经营管理，位于禄脿镇西华路，现有经营户74户；主要经营肉类、禽蛋、粮油、百货、蔬菜、水果、副食等。

自“创卫”工作开展以来，在安宁市委、市政府的统一领导下，工商、城管、卫生、质检、食药监局等部门积极配合，密切协作，努力将各市场的日常管理、经营活动、卫生状况、服务设施不断提升和完善；逐步向管理规范、制度健全、自律约束、诚实守信的方向发展。努力“创卫”工作的顺利开展，为活跃地方经济发展，方便群众生活发挥更加重要的作用。

（龙泽祥）

云南三明鑫疆集团有限公司

【公司简况】 云南三明鑫疆集团有限公司，始创于1992年，2008年成立集团公司，由云南三明鑫疆矿业有限公司、云南三明鑫疆商业有限公司、云南三明鑫疆药业股份有限公司组成，是一家集矿业、药业、社区医疗、商业为一体的多元化股份制集团公司。拥有员工800多人；（其中：中高层经营管理人员67人，大专学历近200人，中专、高中、初中学历的近550人）。公司注册资金1亿元，资产总额2亿元。2009年销售收入2.5亿元，上缴税金1 700万元。矿业有限公司，拥有安宁甸西磷矿、安宁权甫磷矿、德钦腊卡铜矿、腊东阁铜多金属矿、羊拉通秸格铜矿及三明鑫疆擦洗厂、德钦铜精矿浮选厂等五座矿山及两个配套生产厂，以开发磷矿、铜矿为主。三明鑫疆商业有限公司，属下昆钢鑫疆超市社区店、安宁鑫疆商场，多年来紧紧围绕“吃、喝、玩、乐、用、美”等七大生活系列主题，努力为顾客满意而奋斗。三明鑫疆药业股份有限公司，下设安宁市百花社区卫生服务中心、百花社区连然街卫生服务站、昆钢郎家庄社区卫生服务中心，公司并以优质的服务、低廉的价格和舒适的就医环境，服务于广大市民。现在公司成立了团支部，工会，党支部，支部认真践行“三个代表”重要思想，适应新形势、新目标、新要求，切实把关心职工的工作做好、做细、做实，率先垂范，以身作则，充分发挥党员的先锋模范作用。

【信誉荣誉】 云南三明鑫疆集团有限公司始终以“开明的思想、严明的纪律、精明的运作”为企业理念，以“您满意、您快乐、我成功”为企业宗旨坚持不懈地奋斗，并以“6H”标准：“纪律好、业务好、仪客仪表好、服务质量好、销售好、配合好”的要求严格考核员工，以诚信的品格，真诚的服务赢得顾客的肯定和褒奖，曾荣获昆明市工商行政管理局颁发的“守合同重信用企业”，安宁市“先进私营企业”，“巾帼文明岗”，安宁市团委颁发的“五·四红旗团支部”；昆明市总工会颁发双爱双评活动“先进集体”；昆明市消费者协会颁发的“消费者满意企业”；安宁市物价局颁发的“物价计量信得过单位”等称号。2009年公司副总戴素芳被评为昆明市第三届“优秀中国特色社会主义事业建设者”。经过多年的不懈努力，公司现已走上专业化的发展道路，逐步发展成为安宁、昆钢地区具有一定综合实力的民营企业。

【扶贫帮困】 公司积极参加社会公益活动，为灾民献爱心，为贫困山区和受灾地区捐款、捐物，几年来公司共捐资140万元。2009年捐县街修安八公路50万元，捐新建昆明市工人文化宫5万元，公司本着乐善好施，致富不忘国家和人民，哪里有困难，哪里就有爱心和帮助。同时，公司为待业青年和应届（往届）大中专毕业生提供了就业机会，员工由原来的200多名增加至800多名，对解决地方就业问题做出了应有的贡献。

（吴学贵）

云南惠嘉托佩克育种有限公司

【公司简况】 云南惠嘉托佩克育种有限公司是云南

惠嘉集团全资子公司之一，位于安宁市八街镇。2004年破土动工建设，占地面积665亩，投资3 000万元，引进荷兰TOPIGS公司优秀核心种猪1 000多头，按照国际标准，建设设计科学、布局合理、设施配套齐全、全封闭式电脑化管理的良种猪繁育中心，现已形成4 000头祖代、5 400头父母代良种猪和16 000头非种用育肥猪的生产能力。根据农户对比饲养结果以及公司自己饲养试验结果显示，云南惠嘉托佩克育种有限公司的种猪及商品猪的生产性能达到或超过了TOPIGS（托佩克）国际育种公司公示的指标。该品种猪体型紧凑、结实丰满、四肢强健，是目前世界上最先进的优秀猪种之一，具有瘦肉率高、成活率高、产仔率高，生长周期短、增重快、抗病能力强等特点，其瘦肉率高达65%以上，比本地猪高20多个百分点，平均窝产活仔数12头以上，比普通猪高3～4头；料肉比为2.4∶1，背膘厚少于15毫米，育肥期日增重901～950克，五个月龄体重即可达到100公斤以上。现已带动的种猪项目包括：农大宣威火腿基地500头种猪项目；曲靖500头种猪项目；陆良祖代种猪场项目；会泽300头祖代种猪项目；楚雄500头祖代种猪项目；江川300头种猪项目；版纳300头种猪项目；安宁市优质良种猪基地项目；四川、广西、贵州等种猪项目等。走公司+基地+农户的运作模式，充分发挥云南惠嘉育种有限公司原种猪场和云南惠嘉饲料有限公司的龙头作用，建立从种猪、饲料、商品猪生产到生猪屠宰、猪肉加工及销售的产业链。以项目所在地安宁为核心，首先发展昆明周边市场，逐步扩展到云南全省及周边省市。2009年累计销售种猪3 500多头，商品肥猪12 000头，实现销售收入2 500万元，实现利润200万元。

【发展思路】 云南惠嘉托佩克育种有限公司将世界先进的猪遗传种技术与中国和云南的市场实际相结合，走有中国特色和云南特色的“公司+基地+农户”产业链规模化、标准化生产全优质放心猪和猪肉制品的道路，创造云南乃至中国的猪肉和肉制品名牌。对研发先进育种具有较强的能力。良种猪场项目立足于云南托佩克育种有限公司纯种猪的生产，通过该项目的实施能有效地促进昆明及周边地区养猪业的发展，保证优质安全猪肉的生产供应，能有效利用大量农副产品，降低饲养成本，提高养猪效益。

【规划管理】 根据公司的规划，结合本地市场实际情况。目前已经完成部分养殖小区的建设和规划：养殖小区的规划原则和目标是，以发展高效、外向、产业型畜牧业为主攻方向，以社会、经济、生态三大效益俱佳为宗旨，以“三有”、“四好”、“五高”的标准建设为原则，走区域化、专业化、产业化、社会化发展的路子，达到一流的规划、一流的技术、一流的管理水平。2009年投资8 000多万元开工建设饲料加工园区（安宁小桃花村），于2010年8月建成，该园区，引进国内外先进的设备和饲料配方技术，建设年产36万吨优质粒料、粉料、浓缩料和预混料，以满足良种猪繁育和商品猪生产以及社会养殖业的需要。良种猪繁育园区；公司+基地+农户经营；目前已经完成八街少管所、云康村、西山、禄脿等养殖基地，带动了220户农户。5 000头父母代种猪扩繁场基地建设，可提供至少20万头商品仔猪给农户饲养，带动至少1 000户农户。

【实现目标】 在园区社会化服务体系建设上，开展统一设计猪舍、统一供应商品代育肥仔猪、统一技术服务、统一防疫检疫、统一供应饲料和药品、统一上门收购的“六统一”服务，逐步建立起以市、乡镇畜牧兽医技术推广机构为龙头、企业服务体系为主体、农民技术协会为补充的社会化服务体系，架起农户与市场的桥梁。养殖示范园区项目建成后，实行从良种猪繁育到加工产业化经营，园区内可实现生猪加工率、商品率两个100%。2008年加工猪肉精深加工产品1.2万吨，变货值可达3.93亿元，实现利税2 200万元；到2010年，通过“公司+农户”合同养猪150万头，确保养殖业户每头净收入50～80元左右，每年增加农户纯收入5 000～16 000元/户。同时，年可产生有机肥30万吨，可用于改良农田土质10万亩以上，可生产有机肥料，促进4万亩蔬菜和果园基地丰产增收，对保护农业生态环境、促进农业可持续发展具有积极意义。该产业化项目的建设对推动农业产业化经营，提高当地农民经济收入，提高农村居住环境的卫生水平及生态保护，提高云南生猪产业的管理和生产技术水平，加快畜牧业现代化进程，推动农业和农村产业结构调整，推动云南省生猪产业发展由数量型向无公害质量效益型转变，提升云南猪肉加工业总体技术水平，确保居民吃上“放心肉”和丰富“菜篮子”，改善安宁农业生产条件和农村基础建设等具有重要意义。因此，云南惠嘉托佩克育种有限公司农业产业化项目的建设，对加强全省良种猪繁育体系建设，提高优良品种的生产和供种能力具有重要的战略意义，是实现全省优质、安全猪肉产业化发展和良种猪繁育体系建设的必然要求。公司采用“公司+基地+农户”的运作模式为创造就业机会，促进农村产业结构调整，发展农村经济，服务“三农”，实现小康社会做出了积极贡献。为此被云南省列为重点农业龙头企业给与扶持。

（吴学贵）

云南安宁房地产开发有限公司

【公司简况】 云南安宁房地产开发集团有限公司，于1998年正式成立。注册资金1 335万元，下设6个处室，3个子公司（即：安房集团物业管理有限公司、安房集团明鑫矿业有限公司、安房集团龙晟经贸有限公司）。拥有员工300余人，其中：大中专学历者占75%，专业技术职称人员占30%，持执业资格证人员占80%。属国家二级房地产开发资质企业，以房地产开发为主，兼营物业管理，园林绿化工程，建筑材料，装饰装璜，矿产品，五金交电的购销，建设工程监理服务，国内广告业务制作等服务。公司在取得较好的社会效益与环境效益的同时，取得了一定的经济效益，并与多所科研院校，具有实力的单位挂钩协作，设立科研课题，引进先进设备，吸纳优秀人才，实行科学管理。曾被评为云南省房地产业50强；被安宁市委、市政府评为经济工作“十佳企业”；被云南省评为“十一五”期间房地产开发“先进企业”和昆明市房地产开发“先进企业”。公司弘扬“自强不息”的企业精神。倡导“质量第一、用户至上、竭诚服务、造福于人”的宗旨。在激烈的市场竞争中，始终坚持“诚信经营、以人为本、精心施工、优质服务”的管理理念；在发展中建立完善适应社会主义经济条件的现代化企业管理模式和管理体系。

【经营成效】　2009年共完成产值近4 500万元，上缴国家税金300万元。先后建成了湖西、园丁、东湖等住宅小区及中华路、百花东路、楠园、体育馆、运动场等大型城市基础设施建设。开发建设了华西、宝兴、中华路等20多万平方米的住宅小区及别墅，饮食娱乐城、天惠大酒店、安宁一小、宝兴中学等省内高规格项目建设（其中：天惠大酒店属安宁的标志性建筑物）。在建的“华西馨苑”商品房全面竣工交付使用。

【安全质量】　公司按照安宁市建设行业行政主管部门的要求，每年向主管部门签订《质量安全生产责任书》全年安全、质量生产的行为以责任书为准则，公司内部设有质检科，负责工程质量、安全管理制度、细则、目标的落实检查。

【扶贫帮困】　公司致富不忘回报社会，几年来积极投身社会公益事业，积极参加“送温暖、献爱心捐助”“爱心助你上大学”“党员互助捐资”等活动。几年来公司共捐资达40多万元。2009年捐赠3万元，为确保社会稳定公司吸纳了部分下岗和失业人员再就业，为特困员工解决了实际困难和问题。

（吴学贵）

安宁原生科技有限公司

【简况】　安宁原生科技有限公司，是安宁地区红梨深加工企业，资产总额200万元，固定资产120万元，在职员工23人，2009年完成销售收入198万元，年生产能力红梨（红梨果汁、红梨果醋、红梨果茶膏）1 200吨，是2007年、2008年昆明市农业龙头企业，安宁市农业龙头企业。公司为了缓解红梨销售的压力，延伸长红梨产业链，依托安宁地区红梨资源的优势，利用红梨研发生产加工红梨果汁、红梨果醋、红梨果茶膏，提高红梨深加工产品的附加值，打造红梨地方品牌，同时在一定程度上缓解了红梨鲜果上市销售困难的问题。通过省内外市场的调查及专家论证，依托红梨产业的资源优势，加之生产工艺创新的技术支撑，红梨深加工产品有较大的市场前景，对安宁红梨产业化的发展能起到积极的推动作用。

【技术创新】　公司投入资金200万元，完成了1 200吨红梨加工设施及生产加工设备的引进，积极与科研单位合作，搭建科技创新平台，采用先进的现代生物发酵技术，稳定了红梨系列产品生产的产品质量，建立、健全了红梨系列产品的质量管理体系，按照国家食品安全的标准，规范了生产操作管理、完善了产品质量检测中心。为红梨果汁、红梨果醋、红梨果茶膏的销售及企业的发展提供了稳定的保障。

【辐射带动农户、建立双赢机制】　2007年—2009年收购红梨940吨，生产加工红梨果汁565吨（鲜销红梨果汁285吨，酿造红梨果醋280吨），带动安宁地区种植果农1 167户，实现果农户均增收1 459元，辐射带动红梨种植区域2 000余亩。2010年计划收购红梨1 000吨，预计生产、销售红梨深加工系列产品（红梨果汁、红梨果醋、红梨果茶膏）等产品550吨。

【强化科技创新、加快企业发展】　不断提高企业的自主创新能力，才能在日益竞争激烈的市场不被淘汰，创新是企业发展的动力，只有不断创新、进取企业才能稳步、健康的发展。公司坚定不移的树立产业发展观，加强品牌意识和质量意识，以科技为动力、农业增效、果农增收、企业发展为目标，带动安宁红梨深加工的产业化的发展，争创安宁红梨产品的地方品牌。

（陈兴国）

科　　研

编辑：于唐惠

2009 年 11 月 9 日，马龙产业集团安宁分公司员工黄河庚荣获全国石油和化工行业“技术能手”称号。

（马龙产业集团安宁分公司　供稿）

科　技

【全国科技进步考核工作】　安宁市科技局根据国家科技部《关于开展2009年全国县（市）科技进步考核的通知》精神，市科技局领导及时向市委、市政府分管领导做了汇报，得到了领导的关注、重视与支持，在戴彬副市长的直接领导下，拟定了《安宁市迎接全国2007～2008年县（市）科技进步考核工作方案》报市委、市政府审批，市委、市政府批准了工作方案，成立了以市长为组长，组织部长、宣传部长、副市长为副组长，市委办、市政府办、发改局、科技局、财政局、人事局、农业局、统计局、质监局、科协、昆钢技术中心等部门领导为成员的安宁市迎接全国2007～2008年县（市）区科技进步考核工作领导小组，下设办公室在科技局。2009年2月27日，市委、市政府召开了科技工作会暨科技进步考核工作会，对有关科技进步考核工作进行了安排部署。经过各部门的协调配合和共同努力，如期完成了验收上报材料的准备工作，安宁市科技局于5月20日按时向昆明市科技局提交了全套考核材料。12月，根据科技部《关于2007～2008年度全国县（市）区科技进步考核结果的通知》精神，安宁市通过了国家科技部的考核，并再次被评为“全国科技进步考核工作先进市”。

【党政主要领导科技示范工程】　2009年，安宁市科技富民强县示范工程——昆钢技术中心科技创新平台建设项目主要开展了以下工作，一是加强昆钢技术中心实验室的建设，二是在通过国家实验室的评审方面取得较好成绩，三是建立了内部激励机制，四是成立了武钢研究院昆钢分院，五是在产品开发上，“年产30万吨优质碳素结构开展”、“低合金高强度钢板的开发及产业化”、“双机架紧凑式炉卷轧机轧制管线钢”、“高磷铁水冶炼工艺技术试验研究”四个项目取得了突出进展，较好地完成了年度的各项工作任务。

2009年，安宁市科技进村入户工程——绿色光亮工程，安宁市在抓好农村能源建设工作的同时，引进先进的太阳能光伏发电公共照明技术，在全省率先应用到新农村建设上。2009年度在全市共安装农村太阳能路灯566盏（其中：八街镇完成100盏，县街镇完成70盏，连然街道办事处完成90盏，金方街道办事处完成14盏，太平镇完成75盏，温泉镇完成50盏，青龙镇完成50盏，禄脿镇完成75盏，草铺镇完成42盏），保质量地超额完成了年度工作任务，有效地加快了城乡一体化的进程，对改善农村农民的生产生活条件，构建和谐社会，促进社会主义新农村建设全面健康发展发挥着积极的作用。

【强化科技创新搞好科技项目的管理】　2009年安宁市对跨年度实施的科技计划项目做好中期检查、验收工作。组织专家验收组共对富瑞化工、金盛公司、安宁市农业局及县街镇人民政府等单位承担的16个科技计划项目进行了验收，完成项目中期评估1项。年初制定的强化科技创新，为企业搞好服务的工作目标，及时向驻市企业传达上级科技管理部门在科技管理工作中的方针政策，积极协助企业向省、昆明市科技管理部门申报科技项目，努力争取更多的省、昆明市的科技项目在安宁实施。2009年，市科技局积极协助云南金色田野、新天力、清荣投资等企业推荐申报省级科技计划项目14项，昆明市级科技计划项目9项，有11个项目获省、昆明市718万元科技资金支持。

为做好2010年安宁市科技计划项目的立项实施工作，安宁市科技局按照科技项目管理的规定开展了项目征集、申报、统计、调研及初选工作。2009年，共征集到科技计划项目54项，其中工业类项目10项、农业类项目26项、社会发展类项目18项。科技局对所申报的项目进行了研究，对其中20个项目进行了实地调研，并与财政、纪工委的同志一道对项目进行了汇审，筛选出了11个项目并组织填报科技项目建议书，做为2010年的科技计划项目。

【科技成果评审及奖励工作】　2009年1月20日，安宁科技局下发了《关于申报2009年度科学技术奖的通知》，到2009年7月30日止，共收集到科技成果34项，其中工业类成果24项、农业类成果5项、社会发展类成果5项，市科技局于8月21日组织专家对所申报的成果进行了鉴评，在专家鉴评的基础上，9月3日安宁市科学技术奖励委员会对成果进行了评审，共评审出获奖成果27项，并对获奖项目进行公示，经公示无异议，报市政府批准给予奖励。2010年2月9日在全市的科技成果奖励大会上，对2008～2009年的获奖项目进行了表彰奖励，共奖励获奖项目27个，奖励金额达30万元。

市科技局根据新修订后的国家、省、昆明市科学技术奖励法规和规章精神，对《安宁市科学技术奖励（试行）办法》和《安宁市科学技术奖励办法实施细则（试行）》进行了修改完善，其中《安宁市科学技术奖励办法》已完成听证稿，并举行了听证会，待进一步完善后由市政府形成正式文件下发执行。《安宁市科学技术奖励办法实施细则（征求意见稿）》也已完成，待向全市广泛征集社会各界的修改意见及建议后，进行修改完善并报请市人民政府批准实施。

【科技宣传】　2009年，安宁市科技局积极组织开展科技宣传活动。1. 科技“四下乡”工作。按照中共安宁市委宣传部《关于2009年文化科技卫生法律“四下乡”的活动安排意见》，结合自身工作职能，于2009年1月8～16日，按时完成了“科技四下乡”的宣传活动，在此次活动中，科技局共计向群众发放涉及17个内容的科技知识及农村实用技术宣传材料32 000多份/册。2. 开展“科技活动周”活动宣传工作。在安宁市2009年“科技活动周”活动中，市科技局紧紧围绕“携手建设创新型城市，助推安宁跨越式发展”宣传议题，面向城市、农村和企业深入开展反映公众生产生活实际需要的科技服务、科技宣传活动，在科技活动中深入学习实践科学发展观，让科技成果惠及广大人民群众，以科技创新支撑经济社会全面发展。于5月16～22日在全市认真开展了“科技活动周”宣传活动，参加活动周宣传活动的市属相关部门在各镇（街道办事处），在全市共计向广大人民群众发放“节能减排”、“抗震减灾”、“食品安全”、新农村科普知识、种植业和养殖业等20多个内容的科技实用技术知识263 081份/册，开展科技咨询人数达2 023人/次，展板展出232块11次，标语宣传433条，广播宣传658次，放映科普电影32场，橱窗、黑板报宣传8 735块（17 464平米）、举办培训和讲座116期3 812人、中小学生科普知识演讲比赛49场。通过“科技活动周”的宣传，在全市形成爱科学、学科学、崇尚科学的良好氛围。3. 开展“防灾减灾日”宣传活动。根据安宁市人民政府办公室《关于开展防灾减灾日宣传活动的通知》要求，科技局结合自身工作职能实际，指派工作人员，按时参加5月8～12日的“防灾减灾日”宣传活动。在此次宣传活动中，科技局结合禄脿镇李家院村出现的地质情况，在该村有针对性地举办了一期“防灾减灾”培训班，在各个活动宣传点共计向广大群众发放“防灾减灾”、“常见传染病”、“节能减排”、“地震应及”、“生活常识”科技实用知识等材料4 218份/册，对大力宣传普及防灾减灾知识，提高全社会抵御自然灾害能力，取到了较好效果。4. 开展全国科普日宣传活动。自接到安办通文件以来，安宁市科技局高度重视，召开办公会议专门进行研究落实意见，科技局针对本地实际进行科普资料收集筛选。2009年9月17日上午，在中共安宁市委、安宁市人民政府主办的主题为“节约能源资源、保护生态环境、保障安全健康”的全国科普日活动启动仪式上。科技局围绕活动主题开展科普宣传。使用10块展板展出“知识产权保护”，提高市民对知识产权的认识。由于科技局展板内容丰富因此吸引了大量市民驻足观看。同时向市民发放科普资料一万余份，现场受教育群众达1 000人次。宣传资料主要向市民介绍了人类常使用的能源类型；能源危机，能源的高消耗与浪费，造成能源急剧减少，严重威胁人类生存的可持续发展；能源的可持续使用，能源的高效能使用、循环利用、清洁能源以及日常生活中的节能技巧；节约能源，从点滴做起；养、种植科学管理技术，沼气安全常识等主题的科普材料。

【新农民素质教育培训】　为了解农民对科技培训的要求，调动农民对参加科技培训的积极性，让科学技术充分发挥增产增收的作用，提高科技培训的效果，市科技局开展了实地调研和问卷调查，并从反馈上来的结果，适时开展涉及红梨、葡萄、樱桃、蔬菜种植及病虫害防治、肉牛养殖、浅水藕保鲜、沼气管理技术、旅游产品开发等内容的科技培训，并取得了较好的效果。如在八街镇高桥村开展的玫瑰花种植管理培训，授课老师左维刚，是一位实用型的专家，他总结出了一套适宜八街玫瑰种植的规范化管理技术，可让玫瑰花由原来的二季花变为四季花，每株的产花量由原来的3朵变为30朵，大大提高了亩产量，增加产值收入。在培训班上将该技术传授给广大农户，深受农户的好评。在肉牛养殖技术培训班上，省家畜养殖技术专家王嘉积，将自己多年来研究总结的犊牛优育、饲养育肥、病虫防治等大量实用方法分别介绍给养殖户，传授了很多养殖小窍门，为农户解答了养殖过程中的许多难点问题，在培训结束时，农户纷纷向王老师索要联系方式，希望在今后遇到难题时能得到他的帮助。

【农村能源建设】　安宁市的农村能源建设工作在市委、市政府的领导下，在市人大和市政协的有力监督和大力支持下，真抓实干、不断创新，一是采取了集中建设，整村推进的工作方法，通过农村能源生态村的建设，确保了沼气建设的稳步推进，也使农村能源建设能较好地为农村经济、社会服务、加快实现农村家居清洁化，庭院经济高效化和农业生产无害化。二是确保质量，以管促建，在工作中，我们按照农业部要求，加强了对沼气技术员建设质量的管理，确保了整个项目的建设质量。同时，加强安宁市基层农村能源技术服务队伍的管理，热心为农民群众服务，使这一“民心工程”做的更好、做的更实。2009年，全市完成农村户用沼气池“一池三改”建设任务224口；为配合农村养殖小区建设，完成大中型沼气建设3座；促进生态农业发展，完成能源生态村建设4个村，超额完成年度任务，其中在八街镇草田坝村实施的全省第一家大型沼气池集中供气项目，是全省第一个大型沼气池集中供气项目，有效地改善了草田坝村的村容村貌，提高了农民的生活质量，受到省、昆明市的重视，昆明市农业局还在安宁举办了大型沼气池集中供气现场会。

【知识产权管理工作】　2009年，安宁市科技局，知识产权管理工作做了以下工作：1. 加强知识产权工作领导。2009年3月，安宁市被国家知识产权局确定为首批实施“国家知识产权强县工程”的县（市），市委、市政府高度重视此项工作，把知识产权强县工程纳入市委、市政府的重要议事日程，成立了“安宁市实施国家知识产权强市工程工作领导小组”。制定了工作的实施方案和推进计划，顺利开展了前期宣传、动员和培训工作。成立由安宁市人民政府分管副市长主持的安宁市“知识产权战略实施工作联席会议制度”。同时，明确各成员单位的工作职责，在知识产权管理、宣传培训、保护和执法等方面，加强与工商局、公安局、质监局、药监局等各职能部门的联系与沟通，使知识产权工作协调机制逐步建立和完善。2. 知识产权宣传。结合2009年“4·26”知识产权周宣传活动，通过新闻媒体，加强舆论宣传，形成强大声势，提高全社会的知识产权意识。2009年4月24日上午，由市知识产权局、市工商局、市公安局经侦大队等有关单位，组织开展了以“尊重知识、鼓励创新”为主题“世界知识产权日”大型宣传活动。据统计，此次宣传日，我们共接待咨询人员近百人，发放各类单行宣传资料、法律法规文本2 200余本（份）。组织各成员单位和各镇（街道办事处）科技助理员共计30余人，到国家专利技术昆明展示交易中心进行参观学习，使大家对知识产权有了全新的体会和理解。邀请安宁电视台、报社对知识产权宣传周活动进行跟踪宣传报道；在城市公交频道设立知识产权宣传专题节目。此次活动共计在电视媒体上累计播出知识产权宣传节目2 000多分钟；报刊专版宣传10 000多份。3. 培训教育。2009年4月14日，开办了知识产权培训班，邀请了昆明市知识产权局何正川副局长担任授课专家。安宁市知识产权联席会议成员单位、各镇（街道办事处）和驻市企业代表50余人参加了培训。昆明市知识产权局的支持下，安宁市科技局向知识产权试点学校昆钢三小、安宁一小、安宁中学发放知识产权教育读本1 736册，教学对象是小学6年级、初中2年级、高中2年级的学生。联合教育局组织三所试点学校的教师共计5人，到昆明市参加中小学知识产权教师业务培训，为全面推开试点学校工作奠定了坚实基础。4. 产品专利管理取得新成效。2009年1～11月，安宁市专利申请量达70件，与2008年相比增长233.3%；专利授权19件，与2008年相比增长5.6%。首次申请国际专利。昆钢集团的“钛板卷退火工艺”同时在德国、奥地利提出专利申请，专利保护范围延伸到了国外。

2009年安宁市品牌建设也取得好成绩。安宁万禾磷肥厂的“万禾”商标被认定为“昆明市知名商标”；云南祥丰化肥股份有限公司和国营云南安宁化工厂的“螳丰”和“神釜”两个“云南省著名商标”荣誉到期通过重新认定；昆钢热轧带肋钢筋“云南名牌产品”荣誉到期通过复评，继续保持该荣誉；昆钢集团标准件用钢、彩色涂层钢板及钢带、热轧带肋钢筋、热轧光圆钢筋、预应力混凝土用钢棒专用母材、起重机、高碳锰铁、硫酸铵、工业萘、镁碳砖10个产品荣获“昆明名牌产品”称号。非钢产业产品名牌荣誉实现了“零”的突破。

（黄洛沙）

科　协

【简况】　2009年，安宁市科协在昆明市科协的指导下、支持下，在安宁市委、市政府的正确领导下，坚持科学发展观，进一步贯彻实施《科学技术普及法》和《全民科学素质行动计划刚要》。紧紧围绕全市工作大局，团结全市广大科技工作者，以统一协作的思想，团结奉献的精神，认真踏实的作风，广泛开展群众性、社会性、经常性的科普活动，大力普及科学知识、倡导科学方法、传播科学思想和弘扬科学精神，较好地完成了各项工作任务。得到昆明科协的肯定，被云南科协评为“农函大工作先进”集体。2009年末，安宁市科协实有工作人员5人，其中，退居二线2人，主席1人，副主席1人，工作人员1人。在职在编的5人均为公务员管理，年度考核均为称职。建立有7个镇科协、2个街道办事处科协，7个市级学（协）会，14个农村专业技术协会。

【科协第四次代表大会】　2009年7月20～21日，安宁市科协第四次代表大会在安宁会堂召开，会议代表170人。大会审议了安宁市科协第三届委员会工作报告；修改了《安宁市科学技术协会章程》；表彰了5年来在科协工作中涌现出的先进集体、先进个人。选举委员25人，常委13人，主席1人，副主席1人，兼职副主席3人。

【乡镇科协换届选举工作】　安宁市镇科协代表大会于2002年召开，按照《安宁市科协章程》规定，现任领导班子届期已满；在机构改革工作中，安宁市建立了连然、金方2个街道办事处，按照科协组织“民主办会”的原则，根据《中国科学技术协会章程》的要求，贯彻落实《中共昆明市委、昆明市人民政府关于进一步加强新时期科协工作的决定》，完善科协组织建设，保障科协工作的正常开展，充分发挥镇街道办事处科协在建设社会主义新农村中的重要作用。经请示市委同意，于11月开展了全市7镇2街道办事处的科协换届及成立一系列工作。大会审议并通过了依据各镇实际情况出台的镇科协《章程》，选举产生了新一届的镇、街道办事处科协委员会、领导班子。此次镇街道办事处科协换届、成立活动的开展，促进安宁市经济和社会跨越式发展具有十分重要的意义。

【参与拟定市委市政府关于加强新时期科协工作的领导的决定】　为了认真贯彻落实《中共昆明市委、昆明市人民政府关于进一步加强新时期科协工作的决定》精神。市科协及时印发了《安宁市科协关于贯彻〈中共昆明市委、昆明市人民政府关于进一步加强新时期科协工作的决定〉实施意见》，并向市级机关、组织人事等有关部门、镇（街道）科协、市级学（协）会、市科协第四届委员会委员征求意见，在此基础上市科协拟定了《中共安宁市委、安宁市人民政府关于进一步加强新时期科协工作的决定》（征求意见稿），再次向市级机关、组织人事等有关部门征求意见和建议。经收集、归纳征求到的意见和建议，形成了《中共安宁市委、安宁市人民政府关于进一步加强新时期科协工作的决定》（审议稿），经市科协第四届委员会第二次常委会议审议通过后，专题向市委汇报，市委印发了《中共安宁市委、安宁市人民政府关于进一步加强新时期科协工作的决定》（以下简称《决定》）。《决定》实施在今后一段时期是科协组织开展工作的纲领性文件，市科协将以此为契机，狠抓落实，推进科协工作再上新台阶。

【科普“站栏员”建设】　安宁市科普“站、栏、员”建设是中国科协“科普惠农计划”的重要组成部分，安宁市在开展创建“全国科普示范市”活动中，启动科普“站、栏、员”建设工作。在昆明市科协的指导、支持下，2009年科普“站、栏、员”建设全面推开。完成了57个村委会（其中8个村委会即将搬迁）31个社区的科普“站、栏、员”建设。即每个村委会、社区建立了一个科普站；一处以上的科普宣传栏；明确了1名兼职科普员。做到了站有牌子，建有科普活动室，设有科普图书室、并向群众开放；有科普站工作制度并上墙；科普宣传栏有标识，宣传内容定期更换；科普员有工作守则并上墙。至此，安宁市的科普工作网络全面延伸到了村（社），更上了一个新台阶，这是巩固和发展“科普示范市”成果的一项重大举措。

【全国科普日活动】　安宁市科协为保证科普日活动取得实效，市委、市政府成立了“全国科普日”活动领导小组，下设领导小组办公室在市科协。市委办公室以《中共安宁市委办公室、安宁市人民政府办公室关于组织开展2009年“全国科普日”活动的通知》，安排部署了各项科普活动，9月17日启动了全国科普日活动仪式，随后各成员单位围绕“节约资源、保护环境、安全健康”的活动主题，开展了形式多样的科普宣传活动。科普文艺演出、各镇“科普街”、科普大篷车进校园、进村镇等特色、内容丰富的系列科普活动，效果明显。仅参加17日启动仪式活动的工作人员共125人，发放宣传资料50余种4万余份。此外，还邀请了昆明市老科协文艺团，演出有独唱、表演唱、舞蹈等歌颂党、歌颂家乡的文艺节目，丰富了安宁市“全国科普日”活动。在9月17～25日的科普日活动期间，还举办了实用技术培训班6期，科普讲座4次，受益群众1 500余人。

【开展“四下乡”活动】　2009年，安宁市科协在安宁市委宣传部的统一部署下，文化、科技、卫生、法律“四下乡”活动。安宁市科协积极组织参加9天的“四下乡”活动，共发放科普小知识30 000份，《昆明科技》杂志2 000份，科普大篷车同步开展科普展品展示活动。

【科技周活动】　安宁市科协积极参与科技周活动，市科协主要领导带队6人参与。向市民发送《昆明科技》、昆明市反邪教协会编写的科普资料，安宁市科协编印的科普资料等8 000多份。

【科普大篷车进校园】　2009年，市科协积极与各镇（街道）和学校联系，利用集市日和学生休息的时间段在镇（街道）和校园内展示科普展品。为营造更好更浓的科普大篷车科普气氛，在安宁中学举行了“科普大篷车进校园启动仪式”。在安宁一小开展了“科普大篷车进校园”活动。自科普大篷车启用以来，每到一处都受到人们的欢迎和喜爱，中小学生更是对车载展品产生了浓厚的兴趣。在“科普大篷车”展品展示现场，学生、教师、群众争先恐后地亲身体验了科普展品带来的奥妙与乐趣，使活动现场成为了科普的乐园，营造了浓厚的科普气氛。在充分发挥产品的展示、教育作用中，市科协还有计划地把展品分成2组，分别留置学校，由学校分别进行展示、教学，更加深入地发挥科普展品的科普作用。科普大篷车以其丰富多彩的展示内容、机动灵活的活动方式，普及了科学知识，被形象地称为“流动的科技馆”。

【青少年科技创新大赛】　2009年，安宁市科协组织举办青少年科技创新大赛，以“体验、创新、成长”为主题，以推动青少年科技活动的蓬勃开展，培养青少年的创新精神和实践能力，提高青少年科技素质，鼓励优秀人才的涌现为宗旨，开展未成年人科学素质行动。在市教育局的积极配合下，组织申报“第24届昆明市青少年科技创新大赛”作品1 770件，其中学生发明作品12件，学生论文26篇，科幻画468幅，科幻作文1 234篇，教师方案13件，教师论文15篇，教师发明1件，社会实践活动1件。经大赛组委会评审，共有5类（学生竞赛项目8项，科技教师方案11项，科技教师研究项目2项，少儿科幻绘画151项，少儿科幻作为525项）697件作品获奖，占申报数的39.4%。其中：一等奖70个、二等奖227个、三等奖400个。市科协、教育局、安宁中学、安宁昆钢实验学校获组织奖。组织参加“云南省第24届青少年科技创新大赛”，4人参加在楚雄举办的决赛并获奖。组织申报“第25届昆明市青少年科技创新大赛”作品1 248件。安宁市荣获组织奖。

【科技辅导员培训暨青少年科技创新大赛颁奖典礼】

2009年，安宁市科协在安宁一小举办了“安宁市2009年中小学科技辅导员培训暨青少年科技创新大赛颁奖典礼”活动，来自安宁市各中、小学校的科技辅导员教师70余人参加了培训，培训邀请了中科院云南天文台高级工程师高衡授课。安宁市25所小学近100名科技辅导员和《科学》学科老师在昆钢三小参加了“昆明市智力七巧板科技教育活动培训”，并组织了3名科技教师参加昆明市举办的“科技辅导员培训”。

【农村实用技术培训】　2009年，按照安宁市科普工作“十一五”规划“每年农函大培训保持在700人以上，从事农业生产的农村劳动力参与培训人数在70%以上”的目标要求，认真开展农村实用技术培训。2009年安宁市农函大共举办12个专业，17个教学班，培训学员1 171人（次），占任务数700人的167.3%，结业1 171人，结业率100%。农村实用技术培训，2009年共培训4.7万人（次），占从事农业生产的劳动力人数的80%。稳步开展农村实用技术培训，为农户生产提供了及时、有效的技术服务，保证了农业生产增收、增效。面对安宁市大面积红梨遭受霜冻的灾情，安宁市科协与市委统战部、市农业局、市科技局联合于2009年4月10日在安宁电力大厦举办了“安宁市红梨标准化种植与管护知识讲座”，邀请了云南省标准化研究院院长石克燕、昆明市农业科学院经作所高级农艺师王康宁讲授。200人参加听讲，充分发挥农函大、成技校在农民科技培训中的作用，把农函大培训与绿色证书培训、农村基层干部素质教育培训、农民田间培训结合起来，积极开展提高农民科学素质行动。

【农技协工作】　2009年，安宁市科协按照《关于进一步发展农村专业技术协会的意见》和《安宁市农村专业技术协会管理办法》的精神，开展农技协的建设指导工作，共建立登记农技协14个。2009年在八街的“四下乡”启动仪式上，组织了蔬菜、红梨、食用玫瑰等协会开展了“农技协产品展示”活动，丰富了科普活动的内容。市科协积极配合、组织红梨、食用玫瑰、葡萄、蔬菜等协会参加“农博会”，认真组织申报“昆明市50强农技协”3个，“昆明市优秀会长”3人，均通过评审。至2009年安宁市共有“昆明市50强农技协”6个，占安宁市农技协总数的42.8%，“昆明市优秀会长”5人，占安宁市农技协会长总数的35.7%。

【农职称评定】　安宁市科协继续开展农民技术职称评定。第六次农民技术职称评定，共申报畜牧兽医、农作、农村能源、果树、蔬菜、养殖、烤烟、林业、园艺、经济管理专业138人。经过评委会的认真审核、表决，10个专业共产生技术员32人、助理技师39人、技师6人、高级技师2人，条件不符暂时缓评定59人。其中，高级技师2人，技师6人，已推荐上报昆明市评定。至此，安宁市累计开展农民技术职称评定工作6次791人（次），评定技术员384人、助理技师184人、技师40人、高级技师20人。按照《安宁市农民技术职称管理办法》的规定，可享受2009年“农民技术职称津贴”的高级技师18人，技师34人，按照规定的个人申报、公示、审核等程序，将在2009年内兑现到各持证人员。向昆明市推荐“农职称风采录”人员4人。

【科技论文评审】　科技工作者是经济社会发展的源动力，创造条件，为科技工作者提供交流、学习的环境，不断提高业务水平，调动积极性，为安宁市的发展献计献策，是科协工作的重要组成部分。安宁市科技在2008年开展了“优秀论文征集评选”活动，征集到医学、教育、绿化环保等三类科技论文91篇，经评审，获奖论文29篇。其中《心血管疾病的预防与治疗性生活方式的改变》获一等奖；二等奖13篇，医学类9篇，绿化环保类2篇，教育类2篇；三等奖15篇，医学类14篇、教育类1篇。于2009年12月12日表彰。

【推荐“昆明市青年科技奖”候选人】　按照中共昆明市委组织部、昆明市科协、昆明市人事局、昆明市科技局、昆明团市委《关于开展第三届“昆明市青年科技奖”候选人推荐与评选工作的通知》（昆科协联发文）的安排和要求，中共安宁市委组织部、安宁市科协、安宁市人事局、安宁市科技局、安宁团市委联合印发了《关于开展第三届“昆明市青年科技奖”候选人推荐与评选工作的通知》，成立了“安宁市推荐昆明市青年科技奖候选人领导小组”，对此项工作进行了全面部署。全市经基层单位初选出推荐候选人2人。按照程序推荐，确定李兴富、杨建铨2人为安宁市参加“昆明市青年科技奖”候选人。

【组织开展“农村专业技术协会发展论坛”活动】

2009年10月27日，安宁市科协组织开展“农村专业技术协会发展论坛”活动。在农业服务中心3楼会议室举办“昆明市学术年会”。安宁市科协全体人员，镇（街道）科协秘书长，各农技协会长、副会长等30余人参加了此次论坛。邀请了昆明市农村专业技术协会联合会副理事长、官渡区华曦养鸡研究会会长李海燕作协会发展经验交流；原安宁市科协主席李庭贵，草铺镇科协秘书长李生凤，八街镇食用玫瑰协会会长龙兴淮、八街镇蔬菜协会会长邓应明、禄脿镇艾家营葡萄协会会长钱有华分别作交流发言。

【反邪教学术报告会】　2009年安宁市科协举行了“安宁市反邪教学术报告会”。安宁市科协全体人员、各镇（街道）科协秘书长、各镇（街道）社区工作人员40余人参加听讲。邀请云南省社会科学院马列研究所原所长向翔研究员作专题学术报告。

【招商引资】　安宁市科协根据中共安宁市委、市政府《关于印发安宁市2009年招商引资工作方案的通知》，为认真完成市科协的招商引资工作，成立了“安宁市科协招商引资工作领导小组”，制定《2009年安宁市科协招商引资工作方案》。2009年市科协为第四组，属温泉旅游度假区管委会。任务9亿。市科协主要负责“致爱养生苑”和“英之源五星级酒店·度假村”项目的推进。在工作中，市科协全体人员树立“人人参与招商，人人主动招商，人人服务招商”的理念，按项目推进各个环节，全方位服务好投资商，主要负责人更是全力投入到招商引资工作中。在项目推进工作中，由于诸多原因“致爱养生苑”项目投资方已于6月初放弃投资；“英之源五星级酒店·度假村”项目，市科协全力积极推进，力争年内开工。

（马红英）

防震减灾

【安宁市举行首支地震应急救援志愿者队伍成立仪式】　2009年12月30日，在安宁市人民政府的关心支持与安宁市防震减灾局的积极协调下，安宁市连然街道办事处举行安宁市首支地震应急救援志愿者队伍成立仪式。安宁市政府副市长、安宁市防震减灾局局长、昆明市防震减灾局局长、安宁市连然街道办事处主任等领导出席仪式。全体地震应急救援志愿者面向队旗庄严宣誓：将尽其所能，不计报酬，奉献爱心，服务社会，帮助他人，拯救生命，为有效减轻地震灾害，保护国家和人民生命财产安全，贡献自己的力量。安宁市连然街道办事处地震应急志愿者队伍的建立进一步整合了社会资源，提高了安宁市防震减灾、备灾救灾意识和自救互救能力，为安宁市应急救援力量注入了一股新鲜血液，标志着安宁市防震减灾应急救援工作迈上一个新的台阶。

【2009年度地震形势】　2009年1月1日~2009年12月31日，云南省及邻区（E97°—106.5°、N21°—30°）发生3.0—3.9级地震252次；4.0—4.9级地震31次；5.0—5.9级地震3次；6.0—6.9级地震1次。云南辖区内有强烈震感或遭地震灾害的破坏性地震共3组：3月22日贵州威宁5.0级地震、7月9日姚安6.0级地震、7月10日云南姚安与祥云交界5.2级地震、11月2日宾川5.0级地震。最大地震为2009年7月9日姚安6.0级地震。这几次地震安宁市辖区有震感但没有造成地震灾害或次生灾害。

【预防和处置地震灾害能力建设10项措施】　2009年，安宁市的防震减灾工作主要围绕《安宁市人民政府办公室关于转发安宁市贯彻落实昆明市人民政府全面加强预防和处置地震灾害能力建设10项措施实施意见的工作任务分解立项督查的通知》开展。其主要内容为：1. 进一步提高地震监测预报能力和水平；2. 全面提高建筑物的抗震设防能力；3. 全面推进农村民居地震安全工程建设；4. 全面加强通信和电力设施保障能力建设；5. 进一步提升交通基础设施抵御地震灾害和抢通保通能力；6. 全面加强水利设施应急抢险工作；7. 全面加强地质灾害防治工作；8. 加强应急物资储备调运工作；9. 全面开展防震减灾知识宣传教育；10. 全面提高抗震救灾组织指挥和应急救援能力。工作任务分解至责任单位：市防震减灾局、各镇（街道办事处）人民政府、各地震宏观联络员及所属单位、市规划局等部门。“10项措施”的有力实施，极大地提升了安宁市域防灾抗灾的综合意识与能力。

【安宁市人大常委会视察防震减灾工作】　2009年3月19日，安宁市人大常委会主任会议听取了安宁市防震减灾局局长李宏辉关于防震减灾工作的情况汇报。向安宁市人民政府提出如下建议：1. 尽快审定出台安宁市地震应急预案，按照预案要求落实相关部门责任；2. 对防震减灾局办公监测用房进行调整或异地新建，改善办公条件及监测环境；3. 积极争取省、昆明市上级部门支持和市级财政逐年投入，对老化监测设备进行更新，逐年购置配备先进设备，建立健全地震应急指挥系统；4. 在机关企事业单位和中小学开展防震减灾知识宣传教育，利用宣传媒体加强对市民进行防震知识的宣传，增强全民防震意识和能力。

【安宁市政协视察防震减灾工作】　2009年5月12日，安宁市政协主席李海平率安宁市政协城乡建设环境保护委员会部分委员，视察安宁市防震减灾工作，安宁市委副书记尹贵生应安宁政协邀请参加了视察。视察组实地视察安宁市防震减灾工作实况，听取安宁市防震减灾局局长李宏辉关于防震减灾工作情况汇报，并作认真的座谈讨论。指出安宁市防震减灾工作目前存在的困难和问题，向安宁市人民政府提出如下意见和建议：防震减灾工作要统一思想，认清形势，找准定位，紧密联系实际，理清工作思路，明确努力方向；要充分认识安宁市防震减灾的严峻形势，采取有力措施，加强防震减灾工作。要把防震减灾工作纳入国民经济和社会发展计划；大力加强地震监测工作，加强地震监测设施建设和地震环境的保护。争取将解决防震减灾办公用房问题入政府的议事日程；要建立健全地震应急预防体系，提高大震应急能力，确保地震发生后能快速启动和部署抗震救灾工作。进一步明确相关单位（部门）和人员的工作职能、职责；要依法加强工程抗震设防管理工作，逐步提高全市工程抗震防灾能力，切实保障城乡工程建设地震安全；要大力加强宣传教育，普及防震减灾知识。

【防震减灾科普知识宣传】　安宁市防震减灾局主要参加了2009年度昆明市文化、科技、卫生“三下乡”活动、我国首个“防灾减灾日”活动、“全国科技日”、“中华人民共和国防震减灾法”颁布实施纪念日宣传周、“澜沧耿马地震纪念日”宣传周等系列宣传，并主动邀请安宁主流媒体给予报导。先后到云天化安宁矿业公司（县街）、云南天达化工实业有限公司（草铺）、云天化天安化工有限公司（草铺）等企业开展防震减灾科普知识宣传。共发放防震减灾宣传材料约12.8万份、防震减灾专题影碟约900片，接受群众咨询约2 000人次；邀请专家到学校讲授“防震减灾科普知识”。2009年5月20日，安宁市防震减灾局与安宁第一中学校共同邀请昆明市防震减灾局监测预报处处长陈静，前往安一中应用多媒体讲授“地震科普知识”；安宁市防震减灾局与安宁中学、光明小学（民办）携手共建安宁市防震减灾科普示范学校。2009年2月安宁市防震减灾局出资分别在两所学校建成长2.5米的“防震减灾科普知识”专用宣传橱窗，并张挂上了通俗直观、图文并茂的防震减灾科普知识宣传高清展图，全年更新宣传展图4期。2009年11月20日，通过昆明市防震减灾局考核验收；2009年，通过安宁市各镇、街道办事处向全市农户发放“防震减灾知识”读本4.7万册；参加11月19日《春城热线》昆明市防震减灾专题场外连线活动。

（邓　明）

气　象

【气候概况】　气温：2009年安宁市平均气温16.3℃，比历史同期平均值偏高1.3℃，比2008年偏高0.7℃。由于冬季平均气温较历史同期偏高，“暖冬”气候特征明显。

降水：2009年全年总降水量为824.2毫米，比历史同期平均值偏少72.6毫米，比2008年偏少155.3毫米。雨季推迟，于6月13日开始，9~10月降雨特少，仅40.5毫米，使雨季结束期提早近25天。10月雨量2.5毫米，突破历史记录。

日照：2009年全年总日照时数为2 107.1小时，比历史平均值偏多60.1小时，比2008年偏多111.0小时。年日照百分率47%。

【气象灾害】　2009年，安宁地区主要气象灾害有：霜冻、春夏连旱、洪涝。

霜冻：3月13日，受南下冷高压带来的偏北气流影响，安宁市夜间出现霜冻天气，农作物受灾严重。

春夏连旱：由于冬春季高温少雨，雨季开始期推迟，出现春夏连旱。

洪涝：7月11日晚20时至次日8时，安宁城区及县街镇降雨达100毫米以上，其余各镇均降大雨及大到暴雨，全市多地段发生洪涝灾害。

洪涝　　（市气象局　供稿）

【气象服务】　安宁气象局组织测报人员认真学习《地面气象观测规范》及相关业务知识，制定激励措施，有效地调动了业务人员的积极性和主动性，按时完成报表、气象周报、灾害报表的上报测报质量稳步提高。截止12月底错情率为0.0‰，常规观测资料传输及时率达100%，自动站数据资料传输及时率99.00%。无迟、早、漏、缺等重大错情发生。气象预报是一项公益性服务，安宁市气象局一直把提高预报准确率作为工作重点来抓，使预报质量不断提高。在短期气候预测中关键性天气预报与实况相符，中、短期预报准确率在80%左右。每天除搞好24小时、中期及短期气候预测外，还根据不同时段对气象的不同需求，开展预报服务工作。同时把原五天的中期预报，更改为周预报，使用户能及早安排工作和生活。

霜冻　　（市气象局　供稿）

【气象防灾减灾工作】　2009年，安宁气象局，围绕服务经济社会，着力提高气象防灾减灾信息工作。一是认真做好公共气象服务工作，紧紧围绕市委、市政府的重要活动和阶段性重点工作，积极开展气象服务，努力做到重要天气及时服务、灾害天气跟踪服务。二是始终坚持以“气象服务规范化、专业化、优质化”为重点，以“决策气象服务让市委、市政府满意；专业气象服务让用户满意；公共气象服务让人民群众满意”为宗旨。三是除定期为市委、市政府及相关单位提供短期气候预测外，遇有特殊、关键性天气过程时，以气象快讯、气象信息等形式及时向分管领导汇报，充分利用广播、电视、电话、传真、手机短信、政务网等手段，及时发布气象灾害预警和各类服务信息。开通农村气象预警广播系统，每天16时播出，10月20日开通手机短讯服务，每天早7:00时播出实况，16:时播出未来24小时天气预报，极大地方便了广大手机用户。12月底在连然、金方安装了LCD气象显示屏。全年发布乡镇精细化预报252期、短期气候预测12期、专题气象服务6期，决策短信发布16次，为安宁市防灾减灾工作提供了科学依据。为使落户安宁的大中型企业能够顺利的立项、建设、投入运行，安宁气象局根据项目的需求，及时提供了大量、详实的气象资料和气象信息，为安宁“十二五”规划、安宁市农业植保站提供了所需的气象资料。共提供资料服务13家，气象证明7家。气象局坚持每旬制作《农业气象综合信息》，为安宁各相关涉农单位提供全国最新的农业前沿资讯。共制作《农业信息综合信息》63期，累计2 646份。

【人工影响天气效果显著】　安宁气象局以服务安宁市森林防火、春耕生产为目的的春季人工增雨作业，从3月1日~6月1日实施，历时3个月，共计作业39次，发射火箭弹72枚。增雨作业增大了林区土壤湿度，有效地降低了火险等级。

6月9日，为期3个月的烤烟防雹工作开始实施。截止9月10日，7个作业点在市指挥部的统一指挥调度下共实施消雹作业61次，发射火箭弹287枚，在雷暴、单点暴雨天气频发、天气情况异常复杂的情况下最大限度地减轻了冻雹灾害的损失。

【防雷监管职能落实到位】 安宁气象局认真改选行安委会成员单位职责。每月向安委会报送安检月报。针对雷击灾害突出的县街镇雁塔村、礼义村，4月7日受县街镇镇政府的邀请，检测中心派出技术骨干3名，深入村民委员会对如何做好农村防雷向村民们进行了详尽的讲解。经过全年的努力工作，完成昆钢、富瑞、天安、永昌钢铁等大中型企业以及所有加油（气）站、炸药库等涉危企业以及教育100多所学校的检测。全年共完成各类企业、事业单位检测206家（次），发出防雷安全整改通知20份，完成新建、改（扩）建工程防雷图纸审核9家；派出专业人员随工监测检测工程7项；参加各类工程竣工验收7项，为安宁市的防雷安全工作提供有力的技术保障。

【气象科普宣传】 5月12日是我国首个“防灾减灾日”。为切实提高人民群众的防灾减灾意识，安宁气象局参加了由安宁市政府组织的十二个单位在各镇联合开展防灾减灾大型宣传咨询活动，制作宣传展板19块，印制宣传单1万份，从气象灾害的定义、划分、发生险情如何避险、如何防范雷击等方面进行了广泛宣传，发放“气象灾害防御措施”和“防雷知识”宣传单各4 000份，出动人员15人次，取得了良好的宣传效果。9月又参加了由安宁市科协组织的科普宣传日活动。

【召开信息员培训会】 安宁气象局5月26日召开各镇、街道办气象信息员培训会，明确气象信息员的工作职责、任务及相关工作要求。2009年主汛期，气象信息员在灾情统计上报方面发挥了重要作用。气象信息员队伍已基本组建完成。

（徐建蓉）

2009年受国家级科研部门奖励的优秀成果、产品和项目名单

所在单位	姓名	成果、项目、产品	获奖等级	奖励部门
云天化国际富瑞分公司		磷矿石单段闭路磨矿的研究与运用	科技进步三等奖	中国石油和化学工业协会
安宁市中学		2009年度中国教育学会“十一五”科研规划课题“发明创新教育体系的研究与实践”子课题研究	先进集体	中国教育学会中育发展研究中心“发明创新教育”总课题组、中国青少年创意大赛组委会
安宁职中	赵　平	全国“高教杯”中等职业学校英语创新课说课大赛	一等奖	中国职业技术教育学会
安宁职中	陈　涛	第七次全国优秀职教论文《提高五年制大专中职阶段学生化学学习动机的实践研究》	优秀奖	中国职业技术教育学会
安宁职中	陈　涛	论文获中国教育学会化学教学专业委员会第十三次年会	二等奖	中国教育学会化学教学专业委员会
安宁职中	陈建云	论文《多媒体技术在专业课教学中的应用》	一等奖	中国职业技术教育学会
安宁市公安局		全国公安系统相声小品大赛自创自演小品《愿者上钩》	优秀奖	国家公安部政治部、中国曲艺家协会、中国公安文联
八街小学	王晓洁	《小学音乐教学中欣赏习惯的培养》	二等奖	中国教师研修报
八街小学	王晓洁	《新课程标准下唱游课运用激趣教学法的尝试》	一等奖	中国教师研修报
八街小学	鲁桂红	《教学新课改下的“学”与“悟”》	一等奖	中国教育学会
八街小学	代　剑	《激活科学课堂——兴趣》	一等奖	中国教育学会

2009年受省市科研部门奖励的优秀成果、产品和项目名单

所在单位	作者	成果、项目、产品	获奖等级	奖励部门
云天化国际富瑞分公司		重钙装置热源系统改造；一期30万吨/年磷酸装置机泵用工艺水循环利用；磷酸—铵装置、熔硫装置蒸汽冷凝液回收利用；磷矿石单段闭路磨矿的研究与运用	云南省百家节能减排创新成果奖	中共云南省委、云南省人民政府
安宁市史志办	安宁年鉴编辑部	2008年版《安宁年鉴》	特等综合奖	云南省新闻出版局、云南年鉴研究会
安宁市史志办	安宁年鉴编辑部	2007年版《安宁年鉴》	一等综合奖	云南省新闻出版局、云南年鉴研究会
袁氏兰业	袁玉芳	石淙流韵（春兰）	铜奖	云南省第九届（瀓江）兰花博览会暨首届中韩兰文化博览会
袁氏兰业	袁玉芳	石淙香荷（春兰）	银奖	云南省玉溪市第四届兰花交易会组委会
袁氏兰业	袁玉芳	石淙秀荷（春兰）	银奖	云南省兰花协会2009年秋季兰花展组委会
袁氏兰业	袁玉芳	石淙秀荷（春兰）	铜奖	云南昆明2008年迎春兰花展组委会、云南省兰花协会、春城兰都、春城晚报
全香兰苑	刘光全	锦上添花	银奖	云南昆明2009年迎春兰花展组委会
全香兰苑	刘光全	金枝玉叶	银奖	云南昆明2009年迎春兰花展组委会
全香兰苑	朱丽臣	春兰奇蝶	金奖	云南省保山市第25届兰花展组委会
全香兰苑	朱丽臣	春兰奇蝶	银奖	云南省丽江市兰花展组委会
全香兰苑	朱丽臣	豆瓣兰荷瓣	金奖	云南省保山市第25届兰花展组委会
全香兰苑	朱丽臣	豆瓣兰荷瓣	银奖	云南省丽江市兰花展组委会
安宁市动物卫生监督所	舒　静	奶牛结核病、布鲁氏病检疫净化	科技推广二等奖	云南省农业厅

续　表

所在单位	姓名	成果、项目、产品	获奖等级	奖　励　部　门
安宁市农业局	陈艳秋	昆明市35万亩小麦条锈病综合防控技术推广	科技推广二等奖	云南省农业厅
云南安宁化工厂玉溪分厂	桂江敏	云南省职工才艺博览会文化作品	优秀奖	云南省总工会
安宁职中	闫小秋	“三生教育”优秀书画评选活动	一等奖	云南省教育厅
安宁职中	张　格	“三生教育”优秀书画评选活动	二等奖	云南省教育厅
安宁职中	马顺萍	“三生教育”优秀书画评选活动	三等奖	云南省教育厅
安宁职中	郭锐梅	“三生教育”优秀书画评选活动	三等奖	云南省教育厅
安宁职中	杨　静	云南省第四届优秀多媒体教育教学软件	二等奖	云南省教育学会
安宁职中	许志刚	云南省第四届优秀多媒体教育教学软件	三等奖	云南省教育学会
安宁职中	赵　慧	云南省第四届优秀多媒体教育教学软件	三等奖	云南省教育学会
安宁职中	曲跃飞	云南省第四届优秀多媒体教育教学软件	三等奖	云南省教育学会
安宁职中	杨　伟	云南省第四届优秀多媒体教育教学软件	三等奖	云南省教育学会
安宁职中	阎小秋	云南省第四届优秀多媒体教育教学软件	三等奖	云南省教育学会
安宁职中	永　乾	云南省第四届优秀多媒体教育教学软件	三等奖	云南省教育学会
安宁职中	罗先亮	“三生教育”优秀书画评选活动	一等奖	云南省教育厅
安宁一小	叶　红	“三生教育”优秀书画评选活动	一等奖	云南省教育厅
安宁一小	木丽红	“三生教育”优秀书画评选活动	二等奖	云南省教育厅

续　表

所在单位	姓名	成果、项目、产品	获奖等级	奖 励 部 门
安宁一小	何向仙	“三生教育”优秀书画评选活动	二等奖	云南省教育厅
安宁一小	毕　娜	“三生教育”优秀书画评选活动	二等奖	云南省教育厅
安宁一小	段树莲	“三生教育”优秀书画评选活动	二等奖	云南省教育厅
安宁一小	陶兰芝	“三生教育”优秀书画评选活动	三等奖	云南省教育厅
安宁一小	叶　红	“三生教育”优秀书画评选活动	三等奖	云南省教育厅
安宁一小	叶　红	云南省第五届小画家书画竞赛	优秀指导奖	云南省小学生作文书画竞赛组委会
安宁中学	李福荣	第二十四届云南省青少年科技创新大赛优秀科技活动方案《探究限制水中微小生物移动的方法》	二等奖	云南省科学技术协会、云南省教育厅
安宁中学	杨冠华	第二十四届云南省青少年科技创新大赛优秀科技活动方案《关于昼夜长短变化的演示教具制作》	三等奖	云南省科学技术协会、云南省教育厅
安宁中学	张　雪	第二十四届云南省青少年科技创新大赛优秀科技活动方案《对空气中氧气含量测定与守恒定律实验的创新》	三等奖	云南省科学技术协会、云南省教育厅
安宁中学	陈丽艳	2008年举行的云南省初中化学竞赛辅导学生	二等奖	云南省化学化工学会
安宁中学	邓新梅	指导编制的《解决节水管理问题的方案》被评为优秀方案并用作“云南省综合实践活动展示与教师培训活动”展示范例	优秀方案	云南省教育学会中小学综合实践活动专业委员会
安宁中学	曹天华	云南省第七届自制教具评选活动	一等奖	云南省教育厅教学仪器装备中心
一六小学	王云梅	云南省第三届学艺大赛美术比赛作品评选活动	指导奖	共青团云南省委、少先队云南省工作委员会

续　表

所在单位	姓名	成果、项目、产品	获奖等级	奖励部门
一六小学	唐福财	云南省第三届学艺大赛美术比赛作品评选活动	金奖	共青团云南省委、少先队云南省工作委员会
一六小学	徐宇灿	云南省第三届学艺大赛美术比赛作品评选活动	银奖	共青团云南省委、少先队云南省工作委员会
一六小学	谢　晋	云南省第三届学艺大赛美术比赛作品评选活动	银奖	共青团云南省委、少先队云南省工作委员会
一六小学	徐　超	云南省第三届学艺大赛美术比赛作品评选活动	银奖	共青团云南省委、少先队云南省工作委员会
一六小学	鲁俊丰	云南省第三届学艺大赛美术比赛作品评选活动	银奖	共青团云南省委、少先队云南省工作委员会
一六小学	马良岚	云南省第三届学艺大赛美术比赛作品评选活动	铜奖	共青团云南省委、少先队云南省工作委员会
一六小学	李　超	云南省第三届学艺大赛美术比赛作品评选活动	铜奖	共青团云南省委、少先队云南省工作委员会
一六小学	王海坤	云南省第三届学艺大赛美术比赛作品评选活动	铜奖	共青团云南省委、少先队云南省工作委员会
一六小学	曹光杰	云南省第三届学艺大赛美术比赛作品评选活动	铜奖	共青团云南省委、少先队云南省工作委员会
一六小学	冯伊凡	云南省第三届学艺大赛美术比赛作品评选活动	铜奖	共青团云南省委、少先队云南省工作委员会
一六小学	陈红娟	《初探农村小学的拼音教学》	二等奖	云南省教育工作者论文竞赛组委会、云南教育报刊社
一六小学	马云强	《如何培养学生应用知识的能力》	二等奖	云南省教育工作者论文竞赛组委会、云南教育报刊社
一六小学	刘继涛	《浅谈如何提高农村学生的写作能力》	一等奖	云南省教育工作者论文竞赛组委会、云南教育报刊社

续　表

所在单位	姓名	成果、项目、产品	获奖等级	奖　励　部　门
一六小学	李　伟	《浅谈农村小学作文起步训练》	二等奖	云南省教育工作者论文竞赛组委会、云南教育报刊社
一六小学	彭汝虹	《论加强数学创造性思维培养》	二等奖	云南省教育工作者论文竞赛组委会、云南教育报刊社
一六小学	王　丹	《如何培养小学生良好的英语学习习惯》	一等奖	云南省教育工作者论文竞赛组委会、云南教育报刊社
一六小学	李凤菊	《小学作文教学尝试》	三等奖	云南省教育工作者论文竞赛组委会、云南教育报刊社
一六小学	吴艳莉	《谈小学朗读教学》	二等奖	云南省教育工作者论文竞赛组委会、云南教育报刊社
一六小学	耿　娜	《浅谈新课程背景下教师的专业化发展》	二等奖	云南省教育工作者论文竞赛组委会、云南教育报刊社
一六小学	张　莹	《浅谈小学数学教学联系生活化》	二等奖	云南省教育工作者论文竞赛组委会、云南教育报刊社
一六小学	尹丽娜	《如何提高小学生的识字能力》	三等奖	云南省教育工作者论文竞赛组委会、云南教育报刊社
一六小学	吕　滔	《浅谈农村小学班级管理方式方法》	三等奖	云南省教育工作者论文竞赛组委会、云南教育报刊社
一六小学	李云珍	《新议阅读课上如何加强“诵读”指导》	三等奖	云南省教育工作者论文竞赛组委会、云南教育报刊社
一六小学	朱云福	《让学生的习作充满“农村”气息——浅议农村教师如何利用身边资源提高学生习作水平》	二等奖	云南省教育工作者论文竞赛组委会、云南教育报刊社
一六小学	杨学芬	《浅谈如何提高小学生的写作水平》	二等奖	云南省教育科学研究院
一六小学	李　伟	《小学生书写习惯的培养》	三等奖	云南省教育科学研究院

续　表

所在单位	姓名	成果、项目、产品	获奖等级	奖　励　部　门
一六小学	李晓庆	《浅论数学学习中的兴趣因素》	三等奖	云南省教育科学研究院
一六小学	罗延姣	《如何培养学生学习数学的兴趣》	三等奖	云南省教育科学研究院
一六小学	赵艳萍	《对课外阅读“需要”的几点思考》	三等奖	云南省教育科学研究院
一六小学	沈家文	《新课程下语文课堂的迷失》	三等奖	云南省教育科学研究院
一六小学	李　伟	《浅谈教育中的批评艺术》	一等奖	云南省教育科学研究院
一六小学	闵荣位	《在学玩中实现英语的有效教学》	一等奖	云南省教育科学研究院
一六小学	王坤玲	《浅谈数学教具、学具的开发与利用》	二等奖	云南省教育科学研究院
一六小学	李　明	《浅谈影响科学教学有效性的几种随意行为》	三等奖	云南省教育科学研究院
一六小学	李　飞	《数学教学要以学生为主体》	三等奖	云南省教育科学研究院
一六小学	朱云福	《阅读课上如何加强“诵读”指导》	一等奖	云南省教育科学研究院
一六小学	王继高	《如何在教育教学中培养儿童的责任感》	一等奖	云南省教育科学研究院
一六小学	李嘉晴	《浅谈“以学定教，顺学而导”的重要性》	三等奖	云南省教育科学研究院
一六小学	刘继涛	《海底世界》教学设计	三等奖	云南省教育科学研究院
一六小学	李凤菊	《浅谈小学朗读教学》	三等奖	云南省教育科学研究院
一六小学	陈红娟	《初探农村小学的拼音教学》	三等奖	云南省教育科学研究院
一六小学	吴艳莉	《浅谈心理学与小学数学教学》	三等奖	云南省教育科学研究院

续　表

所在单位	姓名	成果、项目、产品	获奖等级	奖　励　部　门
一六小学	彭汝虹	《在数学教学中培养学生的创造性思维》	三等奖	云南省教育科学研究院
一六小学	王云梅	《雪花飘飘》教学设计	三等奖	云南省教育科学研究院
一六小学	吕　滔	《浅谈小学低年级识字教学》	三等奖	云南省教育科学研究院
一六小学	耿　娜	《浅谈小学语文板书设计》	二等奖	云南省教育科学研究院
一六小学	李云珍	《小学作文教学中的几点尝试》	二等奖	云南省教育科学研究院
一六小学	杨荣尊	《教师要充分利用身边的数学》	三等奖	云南省教育科学研究院
一六小学	尹丽娜	《浅谈语文生活化教学》	二等奖	云南省教育科学研究院
一六小学	王　丹	《浅谈如何使学生在英语学习中处于积极的态度》	二等奖	云南省教育科学研究院
一六小学	张　莹	《班级管理工作之我见》	二等奖	云南省教育科学研究院
八街小学	王晓洁	《解决问题的能力如何培养》	二等奖	云南省论文竞赛委员会
八街小学	王晓洁	《谈小学音乐的欣赏教学》	三等奖	云南省教育科学院
八街小学	马荣华	“三生教育”书画竞赛	三等奖	云南省教育科学院
八街小学	马荣华	《后进生形成原因及转化》	三等奖	云南省教育科学院
八街小学	马荣华	《加强朗读、培养语感、快速提升语文素养》	三等奖	云南省教育科学院
八街小学	王晓洁	指导云南省师生“三生教育”书画大赛	二等奖	云南省教育科学院
八街小学	唐丽萍	《导入新课之际如何发挥学生的主体性》	一等奖	云南省教育科学院

续　表

所在单位	姓名	成果、项目、产品	获奖等级	奖　励　部　门
八街小学	唐丽萍	《捧着一颗心来，不带半根草去》	三等奖	云南省教育科学院
八街小学	孙　萍	《新课改下的作文教学》	二等奖	云南省教育科学院
八街小学	曹　珊	《快乐学习数学　放飞想象翅膀》	三等奖	云南省教育科学院
八街小学	曹　珊	《“玩”中学，“趣”中练——浅谈小学数学教学中的游戏设计》	一等奖	云南省教育科学院
八街小学	曹　珊	“三生教育”书画竞赛	三等奖	云南省教育厅
八街小学	郑　磊	《寓思想品德教育于愉快地体育教学中》	三等奖	云南省教育科学院
八街小学	刘雪蕊	《咏华山》教学设计	三等奖	云南省教育科学院
八街小学	鲁桂红	《试述数学新课改下数学教学》	二等奖	云南省教育科学院
八街小学	高自荣	《让学生走进生活、感悟数学》	三等奖	省论文竞赛组织委员会
八街小学	廖红萍	《用爱呵护学生成长——谈如何做好小学班主任工作》	一等奖	云南省论文竞赛组织委员会
八街小学	蔡学锦	《浅谈云南民间艺术与小学音乐的整合》	二等奖	云南省教育科学院
八街小学	何绍萍	《小学语文学习兴趣培养的初探》	三等奖	云南省教育科学院
八街小学	李荣华	教具制作《绝缘体》	三等奖	云南省教育科学院
八街小学	李　琴	《语文教学创新能力的培养》	二等奖	云南省教育科学院
八街小学	王宏伟	《小学生音乐审美教育的重要性》	二等奖	云南省教育科学院
八街小学	李　艳	《数学源于生活用于生活》	二等奖	云南省教学论文竞赛委员会

续　表

所在单位	姓名	成果、项目、产品	获奖等级	奖　励　部　门
八街小学	李　艳	《在数学教学中使学生主动学习》	三等奖	云南省教育科学院
八街小学	蔡林艳	《谈体态语言在小学英语教学中的重要性》	二等奖	云南省教育科学院
八街小学	王海东	《优化课堂教学环境、让学生轻松学英语》	三等奖	云南省教育科学院
八街小学	陈凌燕	《“提问艺术”让小学语文课堂更具特色》	二等奖	云南省教育科学院
八街小学	陈凌燕	《兴趣作业教学浅探》	三等奖	云南省教育科学院
八街小学	刘　艳	《关于加强小学生思想品德教育的思考》	二等奖	云南省教育科学院
八街小学	刘　艳	《探寻数学原有价值，开展数学趣味学习》	三等奖	云南省教育科学院
八街小学	谈本兵	“三生教育”优秀书画作品大赛	一等奖	云南省教育厅
八街小学	谈本兵	《让拼音教学活起来》	一等奖	云南省教育科学院
八街小学	王海东	“三生教育”优秀书画作品大赛	二等奖	云南省教育厅
八街小学	肖凌芳	《在小学数学教学中培养学生自主学习能力》	二等奖	云南省教学论文竞赛委员会
八街小学	梁　飞	《试述小学语文课堂有效教学》	三等奖	云南省教学论文竞赛委员会
八街小学	李光兴	《浅谈教师的心理健康问题》	一等奖	云南省教学论文竞赛委员会
八街小学	唐徐娟	《渗透——小学人文教育的策略》	一等奖	云南省教学论文竞赛委员会
八街小学	马　玲	《如何实现小学一年级语文课堂教学最优化》	一等奖	云南省教学论文竞赛委员会
八街小学	朱明旭	《浅谈怎样树立班主任的威信》	二等奖	云南省教学论文竞赛委员会

续　表

所在单位	姓名	成果、项目、产品	获奖等级	奖　励　部　门
八街小学	肖会明	《小学数学课堂教学的调控》	二等奖	云南省论文研讨组委会
八街小学	肖汉存	《浅谈小学语文教学中的预习》	二等奖	云南省教学论文竞赛委员会
八街小学	李宝荣	《语文教学中如何激发学生的学习兴趣》	二等奖	云南省教学论文竞赛委员会
八街小学	黄云花	《推进戏曲艺术教育　促进学生素质提高》	一等奖	云南省教学论文竞赛委员会
八街小学	韩永萍	《浅析教育改革背景下的小班化教学》	二等奖	云南省教学论文研讨会
八街小学	李文权	《再次琢磨小学数学总复习》	一等奖	云南省教学论文研讨会
八街小学	牛云菲	《“三生教育”之我见》	二等奖	云南省教学论文研讨会
八街小学	马维玉	《如何提升学生信息素养》	二等奖	云南省教学论文研讨会
八街小学	马维玉	《语文课中的体验初探》	一等奖	云南省教学论文竞赛委员会
八街小学	李文权	《运用眉批，沟通感性——批改数学作业的尝试》	一等奖	云南省教学论文竞赛委员会
八街小学	黄云花	《小学音乐课的创新教育》	二等奖	云南省教学论文研讨会
八街小学	肖会明	《加强创新教育，增强培养儿童的创新意识》	二等奖	云南省教学论文竞赛委员会
八街小学	冯珰珰	《小学英语教学趣味是关键》	三等奖	云南省教学论文竞赛委员会
八街小学	韩永萍	《浅谈小学数学试卷编制的创新》	一等奖	云南省教学论文竞赛委员会
八街小学	王伟权	《让数学教学“活”起来》	二等奖	云南省教学论文竞赛委员会
八街小学	张　丽	《如何提高小学生的识字能力》	二等奖	云南省教学论文竞赛委员会

续　表

所在单位	姓名	成果、项目、产品	获奖等级	奖励部门
八街小学	刘启玉	《浅谈小学教育中的教学创新管理》	二等奖	云南省教学论文竞赛委员会
八街小学	叶登莲	“三生教育”书画大赛	三等奖	云南省教育厅
八街小学	叶登莲	“三生教育”书画大赛	一等奖	云南省教育厅
八街小学	梁　波	《小学阅读教学策略之我见》	一等奖	云南省教学论文竞赛委员会
八街小学	梁　波	“三生教育”优秀书画作品大赛	二等奖	云南省教育厅
八街小学	杜　坤	《浅谈小学数学活动设计》	二等奖	云南省教学论文竞赛委员会
八街小学	吴丽琼	《数学教学的“教”与“学”》	二等奖	云南省教学论文竞赛委员会
八街小学	姜晓明	《快乐教学，快乐学习——浅谈数学快乐教学法》	二等奖	云南省教学论文竞赛委员会
八街小学	姜晓明	教学设计——常见材料	优秀奖	云南省教育科学院
八街小学	姜晓明	《浅论以人为本的农村小学学校管理》	一等奖	云南省教育科学研究会
八街小学	王茂洪	《如何培养学生的数学意识》	二等奖	云南省教育科学院
八街小学	王茂洪	《给学生一双数学的眼睛》	三等奖	云南省教育科学院
八街小学	代　剑	“三生教育”书画作品大赛	一等奖	云南省教育厅
八街小学	唐国琼	《识字教学之我见》	一等奖	云南省教育科学研究会
八街小学	肖　静	《体味“三生教育”的意义》	三等奖	云南省教育科学研讨组委会
八街小学	陈嫦娟	《浅谈农村小学信息技术教育》	二等奖	云南省教育科学研讨组委会

续　表

所在单位	姓名	成果、项目、产品	获奖等级	奖　励　部　门
八街小学	陈发明	“三生教育”书画作品大赛	三等奖	云南省教育厅
八街小学	李清林	《浅谈小学古诗教学》	二等奖	省教学论文竞争委员会
八街小学	林　伟	《小学信息技术与课程整合现存问题及解决方法》	二等奖	省教学论文竞赛委员会
八街小学	林　伟	“三生教育”书画竞赛	二等奖	云南省教育厅
八街小学	韩宝仙	《突出语文工具性加强语言文字教学》	一等奖	云南省教学论文竞赛委员会
八街小学	李　精	《在心灵的荒漠中开辟绿洲》	三等奖	云南省教学论文竞赛委员会
八街小学	王　燕	《撑起一片温馨的蓝天》	一等奖	云南省教学论文竞赛委员会
八街小学	王　燕	《如何培养小学生的英语听力能力》	三等奖	云南省教学论文竞赛委员会
八街小学	崔　慧	《让写作成为学生的乐趣》	二等奖	云南省教学论文竞赛委员会
八街小学	崔　慧	《如何让后进学生自觉养成良好的行为习惯》	二等奖	云南省教学论文竞赛委员会
八街小学	杨　萍	《小学科学课中培养学生创新思维》	一等奖	云南省教学论文竞赛委员会
八街小学	杨　萍	《小学语文教学和素质教育》	三等奖	云南省教学论文竞赛委员会
八街小学	张进红	《小学数学教学反思——数学课改中的问题思考》	二等奖	云南省教学论文竞赛委员会
八街小学	叶光华	《学生的自我反思初探》	一等奖	云南省教学论文竞赛委员会
八街小学	矣云兵	《你的教学工作“主动”了吗——谈谈教师工作的主动性》	二等奖	云南省教学论文竞赛委员会
八街小学	李　璇	《浅谈新课程背景下的小学数学教学法》	二等奖	云南省教学论文竞赛委员会

续　表

所在单位	姓名	成果、项目、产品	获奖等级	奖　励　部　门
八街小学	梁　希	《自主参与探究能力的培养》	二等奖	云南省教学论文竞赛委员会
八街小学	周　恒	《小学数学课堂教学方法的创新初探》	二等奖	云南省教学论文竞赛委员会
八街小学	史　琼	《让生活数学走进课堂》	二等奖	云南省教学论文竞赛委员会
八街小学	杨海燕	《浅谈小学作文教学》	优秀奖	云南省教学论文竞赛委员会
八街小学	杨海燕	“三生教育”书画大赛	一等奖	云南省教育厅
八街小学	何梦琼	《把语文课上成真正的语文课》	三等奖	云南省教学论文竞赛委员会
八街小学	何梦琼	《〈真情与回报〉——教学案例与反思》	二等奖	云南省教学论文竞赛委员会
八街小学	尹麦巧	《浅谈如何培养小学生学习数学的兴趣》	二等奖	云南省教育科学院
八街小学	杨创新	《5·12大地震——学会感恩》	二等奖	云南省教育科学院
安宁市史志办		《中共安宁市历史大事记》	二等奖	昆明市委办公厅
安宁市国有资产监督管理局		投资公司投融资平台改造提升措施	昆明市2008年度经济社会制度创新成果三等奖	中共昆明市委、昆明市人民政府
安宁中学	李福荣	第24届昆明市青少年科技创新大赛优秀科技活动方案《探究限制水中微小生物移动的方法》	三等奖	昆明市青少年科技创新大赛组委会
安宁中学	李　艳	第24届昆明市青少年科技创新大赛优秀科技活动方案《弹簧阵子演示实验的改进》	三等奖	昆明市青少年科技创新大赛组委会
安宁中学	陈　泓	第24届昆明市青少年科技创新大赛优秀科技活动方案《安宁中学高中学生饮料饮用情况的调查》	三等奖	昆明市青少年科技创新大赛组委会

续　表

所在单位	姓名	成果、项目、产品	获奖等级	奖　励　部　门
安宁中学	张　雪	第24届昆明市青少年科技创新大赛优秀科技活动方案《对空气中氧气含量测定与质量守恒定律实验的创新》	三等奖	昆明市青少年科技创新大赛组委会
安宁中学	杨冠华	第24届昆明市青少年科技创新大赛优秀科技活动方案《关于昼夜长短变化的演示教具制作》	三等奖	昆明市青少年科技创新大赛组委会
安宁中学	陈丽艳	第24届昆明市青少年科技创新大赛优秀科技活动方案《“绿色化学”走进化学课堂》	三等奖	昆明市青少年科技创新大赛组委会

教　　育

编辑：李　波

2009 年 9 月 1 日，安宁市委、市政府举行安宁市实验学校落成暨开学典礼。（市教育局　供稿）

综　述

【简况】　2009年，安宁市共有各级各类学校113所。其中，高（完）中3所，初级中学4所，九年一贯制学校6所（含民办1所），高级职业中学1所，中等技术学校2所，小学64所（含民办学校5所），村级教学点3个，教办幼儿园5所，民办和其他办幼儿园23所，教师进修学校1所，教学研究室1个。全市现有在职教职工3 207人，在校学生54 669人。为解决外来务工人员子女入学问题，2009年，教办初中共接收流动人口子女1 713名，教办小学接收流动人口子女10 393名，分别占全市中小学生总数的14.24%和36.27%，最大限度地解决了流动人口子女入学问题，切实落实了进城务工人员子女“两为主”入学政策。积极支持社会主义新农村建设工作，局机关选派2名新农村建设指导员到梨园村、大元末村、好义村3个联系点开展帮扶活动，投入9 000元对3个村的少年儿童进行“六一”慰问；机关党员干部捐款1 410元购买大米、油等物品慰问了2户困难户。

2009年，安宁市坚持教育优先发展不动摇，教育大局稳定，各项工作稳步发展，无一起大的安全事故发生；各类教育协调发展，各项改革稳步推进，教育质量显著提高，教育环境全面优化。

【奖优助学】　2009年，安宁市教育基金会用于奖优助学资金共55.2万元，其中奖励优秀师生10.41万元，用于资助贫困学生及其他44.79万元。全市7镇全部建立了“奖优助学基金”，用于每年奖励资助教育事业。关心资助贫困学生的群体不断扩大，资助额度不断增加，全社会关心支持教育事业的良好氛围正在形成。全面实行城乡免费义务教育，免收7.8万次学生教科书费；免除义务教育阶段学生住宿费，1.9万人次学生享受了寄宿制生活补助。建立家庭困难大学生新生政府资助机制，对49名安宁户籍城乡低保户大学新生给予一次性交通行装补助和生活补助，补助资金7.9万元；落实生源地信用助学贷款，为24名学生办理了贷款，确保了全市高等教育阶段学生不因家庭贫困而辍学。

义务教育

【“两基”成果继续巩固提高】　2009年，安宁市“两基”指标及教育质量继续处于昆明市先进行列。全市新招录小学一年级学生4 603人，初一学生4 315人。小学适龄儿童入学率与毕业合格率、初中入学率、7～15周岁三类残疾少儿入学率、15周岁人口初等教育完成率和中小学在校生品德操行评定合格率均达100%，17周岁人口初级中等教育完成率达100%；全市幼儿入园（班）率84.18%；初中年巩固率达到98.09%；全市小学、初中和高中专任教师学历合格率达100%、100%和99.5%，新补充教师学历合格率100%。中小学均按课程计划开齐开足各门课程，在校生品德操行评定合格率、毕业班学生毕业率均为100%，中、小学演示实验和分组实验开出率分别达到99%和95%以上。全市小学、初中生均占地面积分别为23.1平方米、39.1平方米，校舍面积分别为5.3平方米、7.6平方米，合格率达100%；小学、初中生均图书7.8册和13.7册。上述指标均高于上年。2009年6月，云南省人民政府授予安宁市为“云南省教育先进县（市、区）荣誉称号”。全年1 950名学生参加中考，总分平均分515.8分，总分及格率84.1%，650分以上的82人；小学毕业4 368人，总分及格率93.2%，三科优良率52.7%。各项“两基”指标及教育质量相较于上年有新的增长。

【学校体育艺术】　2009年，市教育局认真贯彻落实《学校体育工作条例》，着力完善学校体卫艺设备配置。全市学校音体美和健康教育课程开齐开足，开展“三操”及跑步活动，保证学生每天1小时体育锻炼时间。全市中小学校运动会举办率100%，全面实施《学生体质健康标准》，举办了2009年安宁市中小学生田径运动会和中小学生篮球比赛。参加昆明市2009年中小学生田径运动会，夺得金牌16枚、银牌17枚和铜牌13枚，小学甲组取得团体总分第二名，小学乙组取得团体总分第三名，初中组取得团体总分第七名，高中组取得团体总分第五名，有3名同学达到国家二级运动员标准。参加昆明市教育局组织的校园大课间评比活动，昆钢三小、云化小学被评为一等奖。参加昆明市教育局组织的学生“三独比赛”，获一等奖3个、二等奖15个，上述活动的组织开展让孩子们的才艺得以施展，身体素质得到展示。

【学校体育工作专项督导评估】　为大力推进素质教育，进一步加强全市青少年体育工作，增强青少年体质，促进青少年健康成长，市教育局按照《关于开展中小学体育工作专项督导评估的通知》、转发《云南省人民政府教育督导团、云南省教育厅关于开展中小学体育工作专项督导评估的通知》文件精神，结合2009年昆明市教育局局长责任目标工作要求，成立了安宁市中小学体育工作专项督导评估工作领导小组，并在2009年3月16日下发的《安宁市2009年督导评估工作安排意见》中把此项工作列为重要内容，作了认真的安排部署。依据各学校上报的自评报告与自查工作用表，督导室及时分析各学校上报的自查材料，汇总各中小学自查工作用表各项数据信息，组织督学实地抽查，形成全市体育专项督导工作自查报告，报教育局和市政府供领导决策参考，并同时上报昆明市人民政府教育督导团办公室。从本次中小学体育专项督导情况来看，安宁市高度重视青少年体育工作，严格执行省、市相关文件，组织有力，自查认真，对自查过程中发现的问题整改及时，体育专项督导工作起到了积极的推动作用，青少年体质进一步增强。

普通高中教育和职业教育

【高中教育质量继续提升】　2009 年，全市 3 所一级高完中招收普通高中学生1 292人，安宁职中录取 638 人，省、昆明市中职学校学生录取 899 人，普教与职教招生比例接近 1∶1.19，普高与职高的结构性比例更加合理。全市高考生综合上线人数 619 人，综合上线率 96.87%，其中一本上线 135 人，一本上线率 21.13%（比 2008 年提高 8 个百分点）；安宁中学和昆钢一中均获昆明市高考综合质量优秀奖，安宁一中获高考质量进步奖；376 名学生参加高职院校招生考试，录取率 70.7%。高中阶段教育教学质量相较于上年有新的增长。

【开展“两后双百”工程】　2009 年，为切实提高城乡从业人员受教育年限和职业技能，促进农村劳动力转移和各类劳动力实现充分就业，安宁市大力实施“两后双百”工作（即对未能升学的初、高中毕业后有培训和就业愿望的本市户籍学生进行 100% 的职业技能培训，100% 推荐就业）。5 月份起，由市教育局负责对初中、高中毕业生信息资料登记和数据统计，并且每月统计报告毕业生升入学去向情况。到目前为止，全市高中毕业生 960 人，已升学和有去向学生 906 人；初中毕业学生3 404人，升学、入学有去向学生3 167人。所有“两后”人员已 100% 的组织开展一年期以下的职业技能培训，实现 100% 推荐就业。

【安宁职中改扩建工程完工】　安宁职中学生宿舍及食堂于 2006 年 11 月 21 日经安宁市人民政府批准建设。2008 年 12 月 10 日组织了公开投标，确定安宁建工集团正原建筑有限公司中标，中标价为 21 754 683.35元，确定按照容纳3 000人规模对安宁职中进行改扩建，新建校舍12 390.25平方米，工程于 2009 年 9 月 1 日如期完工。该建设项目完工后，普通高中和中职教在校生数比例将达到 1∶1，为到 2012 年全面普及高中阶段教育和适龄人口“不接受完高（职）中不毕业不返乡”的工作目标全面完成奠定了基础。

【职教基地建设】　安宁市坚持职教“本土”与“引进”并重，做强职业教育，促使高中阶段教育格局趋向合理化。为扩大职教资源总量，提升职教品质，形成健全的职业教育新格局，安宁市在省和昆明市的支持下，努力打造职教园区，全力推进项目建设。目前安宁职教基地在建院校 5 所，新签约 1 所，云南技师学院安宁校区项目已于 2008 年 8 月 19 日开工，2010 年 9 月将实现首次招生；昆明冶金高等专科学校、昆明扬帆职业技术学院建设项目分别于 2008 年 12 月 27 日、2009 年 9 月 28 日开工，各项工作按计划推进；安宁监狱光明学校改扩建项目进展顺利，主体建筑基本完成，计划年底投入使用；云南轻工职业学院安宁校区及昆明现代工商旅游学校安宁校区等建设项目正在积极争取省级立项。全市高中阶段教育得到进一步拓展，为实施“两后双百”工程提供了保障，教育格局开始划时代变革。

幼儿教育

【简况】　近年来，安宁市幼儿教育的办园水平和质量大幅提升，特别是民办幼儿园发展迅猛，正向规模化、规范化迈进。2009 年，全市有幼儿园 28 所，其中教办幼儿园 5 所，民办幼儿园 21 所，其他部门办 2 所。全市幼儿园教职工 565 人，其中专任教师 348 人，专任教师中具备本科学历 103 人，专科学历 208 人。在园（在班）幼儿8 040人（含民办和其他部门办5 044人，小学附设学前班1 502人），其中学前班 2 182人。全年新招收幼儿4 851人（含学前班2 182 人）。安宁市现有省级示范幼儿园 3 所，分别是安宁一幼、安宁二幼、昆钢幼教中心。

【新批办幼儿园】　安宁市民办学校的审批坚持按程序受理，按条件审批，2009 年先后批办了读书铺幼儿园和云化幼儿园。

民办教育

【简况】　安宁市现有民办学前教育学校 26 所，有教职工 243 人，专职教师学历全部合格，有学生 5 272人。民办幼儿园在园儿童比例达到 62.6%；有民办义务教育阶段学校 6 所（含九年制学校 1 所），有教职工 133 人，其中专职教师 128 人，专职教师学历全部合格，本科学历 6 人，有在校学生3 577人（含初中学生 68 人）；有中职院校 2 所（昆明市亚泰商务学校、昆明市华城学校）；有各类非学历培训教育机构 9 个（博识培训学校，春之声音乐学校、美达教育培训学校、小海星培训中心、滋纯艺术培训、千华培训、禹彤培训、水月琴轩、心思路培训）。2009 年，安宁市引进云南技师学院、昆明冶金高等专科学校、云南经济管理职业学院和云南轻工业职业学院等项目，并得到相关部门审批立项。目前云南技师学院一期工程已封顶断水，另外 3 所学校已开工建设。

【发展民办教育新举措】　切实落实《中共安宁市委、安宁市人民政府关于深化教育改革建设教育强市的实施意见》，2009 年建立了“安宁市民办教育发展专项资金”，并在 2010 年财政预算中安排 200 万元用于民办教育发展。利用菜园小学和通仙小学资源整合闲置的校舍，吸引民间资本开办了金太阳幼儿园；利用安宁三中与宝兴学校整合和温泉小学迁入原安宁三中校址的契机，完成了将原温泉小学免费用于举办民办幼儿园的报名与竞标工作。为建设有利于安宁民办教育发展的外部环境、保障举办者的合法权益，教育局对非法举办的各级各类民办教育机构进行调查，并清理、取缔非法民办学校2所。共投入资金54.4万元用于民办教育。其中，为义务教育阶段6所民办学校学生提供免费教科书投入经费47.1万元；核拨市民办教育促进会工作经费2万元；投入5.3万元资金表彰安宁市民办学校责任目标考核先进单位。在2009年12月进行考核的基础上，对接受考核的25所中小学和幼儿园投入奖励资金6.95万元。督促各民办学校（园）为学生购买了校方责任保险，努力降低民办学校办学风险。做好公办学校与民办学校之间互派干部及教师挂职、锻炼的工作。安排连然小学等7所学校（园）的18名公办教师到民办学校（园）支教；安排光明学校等5所民办学校（园）的6名骨干教师到公办学校挂职、进修；组织民办学校教师和校长骨干32人次参加了相关业务和安全卫生工作培训；对部分民办学校的各项工作进行了抽查；民办学校教师资格认定和职称评审工作全部纳入教育分中心工作范畴并与公办学校一视同仁。

德育工作

【强化安全工作，维护学校稳定】　2009年，安宁市教育局认真贯彻学习有关安全工作的文件精神，进一步树立“安全第一，预防为主，源头遏制，过程监管”的安全工作意识，健全学校安全工作考核制度，落实学校安全工作领导责任制和责任追究制，加大对学校安全工作的检查和监督力度。适时完善了教育系统学校突发事件应急机制，各学校修订完善了各种突发事件应急预案；按照普法规划开展法制宣传教育，增强法制观念，加强对师生禁毒防艾的法律和常识教育，知晓率达100%；通过深入开展“防震减灾应急疏散大演练”等活动，深入贯彻落实教育部、公安部有关学校安全的工作要求；联合市公安、消防、安监、食药监、工商、卫生等部门定期对全市学校（园）进行综合安全检查和周边环境综合治理；完成学校治安保卫情况调查，开展了学校食堂从业（管理）人员、学校重点部位消防安全等的专项培训。组织好各级各类招生考试，按省会考办要求顺利完成了全市高中学校普通高中会考、信息技术会考和理化生实验考核；顺利组织完成全国第57次、58次自学考试安宁考点工作（1 390人）；按照招生考试纪律和省招办要求，2009年完成全市参加全国普通高考的1 159名考生的报名、资格审查和考务工作；顺利组织了3 223名2009届初中毕业生体育考试，完成了1995名毕业生综合素质评价及参加中考的报名及资格审查、政策性加分以及中考考务工作。根据划片招生、就近入学原则，完成了义务教育阶段招生工作。全市学校教育教学工作正常开展，师生的生命财产安全得到保障。

【稳步推进“三生教育”】　市教育局自2008年全面启动和推进“三生教育”以来，认真执行实施方案，深入开展“三生教育”。在实施过程中抓好学校教育，按照教育厅的要求开设“三生教育”课程，努力抓好“三生教育”进课程的各项工作。各学校以冬令营和阳光体育等活动为载体，并根据各学段及各校的具体情况，加大宣传力度，发动学校、学生、家长共同参与。2009年，为进一步推进“三生教育”，安宁市教育局加强师资培训，由进修学校、教研室组织部分教师参加昆明市的市级培训，培训者再负责对安宁市教师进行全员培训。培训者准备好专题，公布于信息平台，由受训学校或教师选择培训者和主题，其中宝兴学校另外从昆明请来专家、学者对教师加强培训。教研室组织全市各学校的36名教师，参加云南省教育厅举办的“三生教育”理论研讨和示范课观摩，完成“三生教育”各学段教材通案的编写。

【参与“四创两争”活动】　市教育局坚持德育贯穿于学校教育教学的全过程和学生日常生活的各个方面，渗透在智育、体育、美育和劳动教育中。2009年，针对安宁市委市政府提出“四创两争”的工作目标，安宁市教育系统广大师生积极响应，认真做好各项创建工作，完成各项创建指标的材料收集整理和报送。通过开展“小手拉大手”、向家长广泛宣传“四创两争”、大力开展“礼仪我知晓，礼仪我先行，礼仪我来评”的文明礼仪教育实践、创建青少年文明监督宣传岗等活动，提高市民素质，推动德育工作迈上新台阶。同时，继续积极推进“三生教育”，加大督查力度，组织了安宁市首届“三生教育”论文竞赛活动；加强家庭教育工作，推进未成年人思想道德建设，全年共举办家长培训845场次，87 658名家长参加培训；深入开展“植绿、爱绿、护绿、兴绿”活动，加大校园绿化、美化工作，各学校（园）绿地率达到上级规定要求，学校环境更加优美。

【文明学校、绿色学校创建】　2009年，在文明学校、绿色学校创建过程中，禄脿大哨小学、艾家营小学创建为“安宁市文明学校”；安宁市第二幼儿园、安宁市宝兴学校2家单位荣获昆明市文明单位称号。联合市环保局，对申报绿色学校的单位进行评估验收，宝兴学校、草铺中学、和平小学、化工小学、温泉小学5所学校被命名为安宁市级“绿色学校”，安宁一中、昆钢一小被命名为昆明市级“绿色学校”，昆钢一中、安宁一小被命名为云南省“绿色学校”。推荐安宁中学、安宁二中、安宁一中、昆钢一中、安宁职中、安宁一小、安宁二幼、太平学校、昆钢一小、安宁实验学校、宁湖幼儿园11所学校创建昆明市绿化示范学校；推荐安宁二中、安宁一小创建省级园林单位；推荐昆钢一中、昆钢一小、安宁一中、安宁二幼、宁湖幼儿园创建昆明市园林单位。

【表彰先进】　2009年，安宁市教育局在教师节庆祝大会上，表彰了50名师德标兵和50名优秀班主任。组织安宁市第四届学科带头人和骨干教师的评选工作，共遴选出第四届学科带头人17名，骨干教师82名；有15名教师继续保持学科带头人称号，成为安宁市第四届学科带头人（其中13位教师蝉联安宁市第二届、第三届学科带头人）。表彰了15名优秀党务工作者和60名优秀共产党员，耿玉松等3位教师被评为安宁市2007～2008年度优秀党务工作者，王爱丽等6位教师被评为安宁市2007～2008年度优秀共产党员。

教育投入与学校建设

【教育投入纳入公共财政保障机制】　2009年，安宁市委、市政府切实落实《中共安宁市委、安宁市人民政府关于深化教育改革建设教育强市的实施意见》，教育支出纳入公共财政保障机制，且呈现逐年增加趋势。继续按小学151元/生、初中241元/生、高中351元/生足额核拨公用经费。一年来，全市有78 098人次学生（初中生22 489人次，小学生55 609人次）全部免交书费，实现了真正意义上的义务教育，免除资金约630万元（其中安宁市级财政配套书费330万元）。抓好高中阶段贫困生“一补两减免”工作和中等职业学校助学金、奖学金规范管理工作，对安宁职中在籍学生人均每年补助1 500元，进而保证“全面普及高中阶段教育”目标顺利实现。全年共发放寄宿制学生生活补助780万元，19 756人次学生受益。对参加高考并被全日制普通高校正式录取的安宁户籍城乡低保户大学新生，给予一次性交通行装补助和生活补助，全市有49名学生受益，补助资金7.9万元；落实生源地信用助学贷款，为24名学生办理贷款，贷款资金13.28万元，确保了全市高等教育阶段学生不因家庭贫困而辍学。

【学校硬件建设】　2009年，市教育局进一步加大薄弱学校改造力度，继续推进农村中小学标准化建设工程，促进城乡义务教育均衡发展。安宁市按照“三个一批”（即：改扩建一批办学条件不达标但必须保留的学校，新建一批城市化推进过程中的配套学校，合并一批办学效益不佳的学校）的工作思路，结合与昆明市签订的农村中小学标准化建设责任目标，努力使每一所中小学，特别是农村中小学都能按照标准进行建设，为农村学校健康发展创造条件，从而为推进城乡教育均衡发展打下扎实的基础。宝兴学校（二期）工程：新建校舍11 462平方米，投资总额2 567万元，工程于2009年8月6日工程竣工验收，现已正式投入使用；安宁二中（改扩建）工程：总投资1 200万元，建筑面积5 518.87平方米（含学生宿舍2幢，食堂1幢），工程于2009年7月10日开工建设，预计2010年1月竣工，3月投入使用。列为2009年农村中小学标准化建设项目的安宁实验学校工程，总投资1.76亿元，占地150亩，新建校舍面积53 758.3平方米，目前学校正常投入使用。青龙学校异地新建工程于2009年5月17日开工建设，占地110亩，新建校舍面积23 855平方米，总投资6 390万元，办学规模54个班，容纳学生2 700名，目前工程进展顺利，预计2009年12月底主体工程竣工，2010年3月投入使用。

【“班班通”工程如期完工】　通过加强教育技术装备，完善教育功能设施，提升办学实力，推进城乡教育均衡化发展。2009年，安宁市教育信息化建设工作得到了省教育厅、省财政厅和省电教馆的大力支持，被列为全省农村中小学远程教育“班班通”工程7个试点之一。此项工程得到上级领导高度重视，已被列为重点工程建设项目。该项工程的建设主体为省教育厅，负责招投标及整个工程的推进，安宁市教育局协助施工，负责每所项目学校、每个项目班级的设备调试，以及今后的管理维护。工程建设涉及全市农村初中和小学的669个教学班，计划新建669个网络信息点，配备多媒体249套，同时建设安宁市教学资源库（资源服务中心）。该工程共投入资金433.73万元，其中由省级财政投入255.08万元，安宁市级财政配套资金178.65万元。“班班通”市级配套工程已于2009年10月30日前顺利竣工。

【中小学校舍安全工程】　2009年，按照昆明市委、市政府的统一安排，安宁市委、市政府将学校校舍安全隐患排查列为重点工作。及时组织召开专题会议，对学校校舍危房排查工作做了全面细致的安排，制定了《安宁市中小学校舍安全工程排查鉴定工作计划》和《安宁市中小学校舍安全工程校舍排查鉴定实施方案》。成立安宁市中小学校舍安全排查鉴定工作组，委托云南瑞博建筑检测有限公司，对全市中小学校舍中经排查为C级的建筑物进行检测鉴定（房屋危险等级评为C级的有256栋125 002平方米，房屋危险等级评为D级有230栋96 213平方米）（以上数据结果不含24所民办学校）。在此基础上，制定了全市2009年度加固、改造和重建校舍计划以及三年总体规划。

教育改革与管理

【教育教学研究与改革】　2009年，市教育局教师进修学校进一步加强学科带头人和骨干教师的考核和管理。对学科带头人和骨干教师继续实施新的管理方式，取消终身制，实行动态管理，并且自2008学年起，将他们上示范课或举办专题讲座的名单公布在安宁教育网上，由各基层学校看菜单点名上课或开设专题讲座，进修学校负责组织协调工作。组织了45名校（园）长研修培训；4～10月，组织638名中小学班主任参加第三期班主任远程培训；组织50名教师参加“Intel Teach to the future”项目培训，通过培训，大大提升教师掌握Powerpoint、Word、制作网页等能力和水平。进一步规范全市中小学课程建设，以聚集课堂为出发点，深入推进课程改革工作，组织全市中小学1 500余名教师参加“深入推进课程改革，提高课堂教学有效性”的专题培训。同时，按照上级部署，为高中课改工作做好准备，进一步研究考试改革与课程改革之间的关系，切实发挥考试改革对教学的正确导向作用。以强化贯彻《安宁市中小学教学常规》为途径，深入25所基层学校指导教学管理工作，重点加强薄弱学校、学科和校点教学管理规范化建设，对农村及薄弱中小学教学工作采取“菜单式”帮扶、指导，进一步缩小城乡之间、学校之间教育教学质量差距。加强有效教学研究，构建高效课堂，一年来组织教学观摩、教学竞赛和专题研讨68次，引导广大教师重点对有效施教进行深入研究，逐步构建起简单质朴、科学实用的教学模式。制定安宁市高中课改实施方案，积极组织实施，组织全市高中一年级教师参加教育部、省市教育主管部门组织的培训。加强“三生教育”管理、研究，落实好“三生教育”进课程、进课堂、进学生头脑；组织研讨专题活动6次，形成了指导全市“三生教育”进课堂的“教学通案”。扎实抓好“减负提质”工程，出台了《安宁市减轻中小学生负担提高教育质量实施办法》、《安宁市减轻中小学生负担提高教育质量“十不准”》等文件，与各学校签定了《安宁市减轻中小学生负担提高教育质量责任书》，坚决禁止和切实纠正违反规定的行为，开足开齐规定课程，切实减轻学生过重的课业负担，积极探索提高教育教学质量的长效机制，科学作息，确保学生健康快乐成长，实现减负又提质的目标。强化全程质量意识和过程跟踪指导，严格落实各种教学管理制度，认真开展中高考研究，切实提高学科教学质量。

【完善人事制度改革】　为适应教育人事制度改革的需要，市教育局于2009年初完成了安宁市人才服务中心教育分中心的组建。教职工全部进入人才服务中心教育分中心进行人事代理，进一步完善教职工聘用新机制。全面推行岗位工资制，指导市属各学校科学、合理设置岗位，规范岗位管理，强化岗位责任，实现全市教职工由身份管理转向岗位管理；完成了学校岗位设置及义务教育阶段学校教师绩效工资的发放工作，确保教职工队伍的稳定。加大教育资源整合力度，积极探索学区化管理模式，将安宁三中与宝兴学校整合，安宁三中校舍交温泉小学使用（温泉小学集中办学，只保留珍泉小学校点），宁湖小学纳入安宁一小、昆钢九小纳入太平学校管理。继续完善教育投入保障机制。认真落实“两免一补”政策，继续实施以寄宿制学生生活补助为中心的帮困助学机制。

【教育督导评估】　市委、市政府将“教育在安宁”视为城市品牌打造的基础。坚持“督政”与“督学”相结合，充分发挥督导评估的促进作用，推动教育事业持续健康发展。市政府教育督导室认真履行职责，完成了安宁市体育专项督导评估的自检工作；完成对3所一级高完中的教育质量综合评价初评，并对昆钢一中申报一级二等完全中学进行了初评；完成太平学校优级甲等学校、宝兴学校优级乙等学校、昆钢实验学校优级丙等学校的复评工作；完成禄脿学校创建农村示范初中的考核考评工作。认定4所小学为农村基层优秀学校，2所小学为农村基层合格学校。

（李艾平）

教育基金管理

【奖励优秀师生】　2009年，安宁市教育基金管理办公室结合全市教育工作，做好奖励优秀师生工作。奖励安宁市中、小学学科带头人、骨干教师127人，奖励金额3.81万元；奖励中考前20名考生中在安宁各市属高中就读的11名学生及他们所在班级的科任教师，奖励金额6.6万元。

【资助家庭困难学生】　2009年，安宁市教育基金管理办公室认真做好资助家庭困难学生的工作。1. 资助家庭贫困的中、小学生247人，资助金额4.6万元。2. 认真贯彻执行昆明市财政局、昆明市教育局、昆明市民政局联发的《昆明市考入高等院校贫困新生政府资助管理办法（试行）》的通知精神，对安宁市符合条件的59名学生发放补助金9.45万元。3. 生源地信用助学贷款是国家助学贷款的重要组成部分，是解决家庭贫困学生就学的重要途径，是党和国家关注民生，推进教育公平的重大举措。基金会按有关文件要求，认真开展此项工作。全年共办理生源地贷款24人，贷款金额13.28万元。

【支持各种有益活动开展】　2009年，安宁市教育基金管理办公室支持鼓励学生参加各种有益活动。1. 资助昆钢一小、安宁一小参加航模比赛金额1万元。2. 资助共青团安宁市委举办《庆祝国庆60周年红歌赛》，资助金额3万元。3. 资助安宁市教育局为庆祝国庆60周年所举办的征文比赛、歌咏比赛，及《高中学生辩论赛》、《防艾禁毒论文赛》等活动，共计资助金额7.2万元。

【支持廉政教育】　安宁市教育基金管理办公室按照安宁市纪委廉政教育进校园的要求，为使廉政教育从娃娃抓起，资助安宁市纪委创作廉文化蒙学读本三字经《莲、廉、镰》项目，支持费用20万元。

（浦和芳）

文化·体育·旅游

编辑：马义芳

安宁市禄脿镇密马龙村苗家妇女在新建的篮球场上打篮球。（穆建宏　摄）

文　化

【春节文艺活动】 市文体旅游局组织举办了2009春节广场文艺演出。1月27日（大年初二）至30日（大年初五），在安宁市文化中心广场搭台邀请云南省广播影视心连心艺术团、云南人家艺术团、嵩明艺术团以及安宁市优秀业余文艺队进行了八场综合文艺演出。四天八场演出观众达三万多人次。为把市委、市政府的关怀和问候带到农村，安宁市文体旅游局在春节期间特意组织编排了两台内容丰富、形式多样、贴近生活、弘扬时代主旋律、宣传党和国家的富民政策、歌颂人民群众美好生活的专场文艺节目，从1月29日（大年初四）开始，到七镇进行了14场春节文艺慰问演出。为广大农村人民群众送去了丰富的精神食粮，同时也为春节期间新农村建设增添了浓厚的文化氛围。

【新春音乐会】 1月9日晚8时，在安宁会堂，纪念改革开放30周年暨2009年新春音乐会在交响曲《欢庆》中拉开序幕。市领导李树勇、王剑辉、李海平等市级领导和人大代表、政协委员及300余名观众一同欣赏了音乐会。市长王剑辉在音乐会上致辞。他向全市各族人民致以新年的问候，对所有为安宁经济社会发展作出贡献的同志和朋友们表示衷心的感谢。音乐会特邀著名指挥家徐晓东指挥，昆明交响乐团演奏。音乐会紧扣《螳川颂歌》这一主题，融入配乐诗朗诵、独唱、合唱等多种艺术形式，以“祖国颂”、“螳川美”、“春满园”三个章节和《红旗颂》、《螳川颂》、《春之声圆舞曲》等多支中外名曲，充分展示安宁现代化绿色工业强市、安宁人民的精神风貌及安居乐业、吉祥和谐的景象，表达了安宁人民对春的期盼，讴歌改革开放30年来安宁经济社会发展取得的辉煌成就，激励全市人民继续为“四个文明”建设奋力拼搏。

【春节优秀电影放映】 市文化部门挑选优秀影片，组织电影放映队，从2009年1月31日开始到2月9日（正月十五）在文化中心广场及部份镇、村进行春节电影慰问放映，共计放映20余场。

【元宵焰火晚会】 2009年组织举办了元宵佳节焰火晚会。晚会特邀请昆明新桥商行大型焰火燃放团、浏阳市大瑶出口花炮厂，2月9日晚在安宁市东湖、政府大楼、电信大楼、电力大厦四个地点燃放焰火礼花30分钟，投入经费15万元。大型焰火礼花晚会分“红灯高挂、喜迎新春”；“风景秀丽、人间天堂”；“心手相连、共创辉煌”；“相约安宁、狂欢今宵”四个篇章。

【昆明“三下乡”活动在八街启动】 2009年1月8日，昆明市第12个文化、科技、卫生“三下乡”活动在安宁八街镇拉开序幕，来自昆明市文化、科技、教育、卫生等17个部门单位的35个“三下乡”服务活动点布满了八街镇中心云程广场四周，上百块有关文化、科技、卫生、法律等方面的宣传展板整齐地布置在广场中心地带。八街镇附近的村民们如同过大年一样，早早的从四面八方汇集到镇上，为自家备齐“文化年货”。昆明市委常委、宣传部部长张红苹，市政协副主席汪叶菊；安宁市委书记李树勇，市委常委、宣传部部长周美英，副市长戴彬出席了启动仪式。

【中国儿艺文化下乡到云南启动仪式在安宁会堂举行】 2009年3月6日下午3点，由中宣部、文化部组织的“文化下乡活动”——中国儿童艺术剧院文化下乡慰问演出到云南启动仪式在安宁会堂举行。国家文化部社会文化司副司长李宏、中国儿童艺术剧院党组书记雷喜宁、云南省文化厅厅长黄峻、副厅长陶国相、安宁市四班子等领导以及500余名小学师生参加了启动仪式。启动仪式由安宁市人民政府副市长戴彬主持，中共安宁市委副书记尹贵生致欢迎辞，省文化厅厅长黄峻、中国儿童艺术剧院党组书记雷喜宁作了讲话。中共安宁市委常委、宣传部统战部部长周美英代表安宁市委、市政府向中国儿童艺术剧院赠送了写有“儿艺之花系螳川”的匾牌，启动仪式现场充满了孩子们的欢声笑语，启动仪式后3月6~8日中国儿童艺术剧院在安宁市进行7场慰问演出，安宁一小、连小、昆钢实验学校等7所学校3 000余名学生享受了丰盛的精神大餐。这次7场高水平的慰问演出，体现了党中央、国务院对边疆文化教育事业的关怀。

【文化部李宏副司长到安宁视察】 3月6日，国家文化部社会文化司李宏副司长到安宁市指导检查工作，省文化厅黄峻厅长、陶国相副厅长以及安宁市市委副书记尹贵生、副市长戴彬陪同了视察。李宏副司长一行先后视察了安宁县街镇文化站、市图书馆以及曹溪寺。对县街文化站以及新建县街文化广场的建设、使用情况作了了解、调查；参观了图书馆阅览室、借书室、资料室、少儿室以及信息资源共享工程展播室，对读者借阅情况、信息资源共享工程的播放及组织观看情况作了询问、了解；听取了安宁市文化部门对国家级文物保护单位安宁曹溪寺的情况介绍。

【“云之南”艺术团赴安宁·昆钢慰问演出】 2009年4月26日上午9:30，云南省“云之南”艺术团赴安宁·昆钢集团有限责任公司慰问演出《钢城飞歌》。此次慰问演出是由云南省委、省政府主办，云南省委宣传部、省文化厅、昆钢集团公司、云南电视台承办，昆明市委宣传部、安宁市委、市政府、安宁市委宣传部协办的一次大型文艺演出。体现了省委、省政府对地方和省国有企业的关怀和慰问，作为云南省“云之南”艺术团的首场慰问演出，艺术家们与当地群众互动合作，表演了歌舞、杂技、小品等精彩节目。市域企业、机关、学校等各方代表2 000人与昆钢工人群众上万观众观看了演出。

【国家新闻出版总署农家书屋督导组到安宁市检查指导工作】　2009年5月21日上午，国家新闻出版总署农家书屋督导组组长王跃平司长一行三人在省、市新闻出版局相关人员的陪同下到安宁市检查指导农家书屋建设工作，安宁市副市长戴彬、市文化体育旅游局领导及相关人员陪同检查。农家书屋的建设是近年来为了深入贯彻落实党的十七大会议精神，实践科学发展观，由国家新闻出版总署发起的一项惠民文化工程，即在未来数年内，由国家新闻出版总署扶持在每个行政村建设一个农家书屋，其标准是：申请建设农家书屋的村需提供一间不少于20平方米的房屋，内设书柜、书架、阅览桌椅以及电视机、影碟机等，具备以上条件，由国家新闻出版总署配给图书不少于1 500册，期刊不少于20册，音像制品不少于100碟的设备。2008年，在省、市新闻出版部门的扶持、帮助下，安宁市完成了11个农家书屋的建设。此次国家新闻出版总署农家书屋督导组重点视察了安宁市温泉镇官庄村农家书屋、草铺镇青龙哨村农家书屋，督导组对安宁市农家书屋的管理工作给予了肯定。对农家书屋建设提出了希望和新的要求。

【“和谐大舞台”展演活动】　2009年根据昆明市文化局关于在全市组织开展广场“和谐大舞台”演出活动的相关通知要求，安宁市组织业务人员在5月中旬深入到连然街道办事处的11个社区和3个村委会，指导、辅导14支文艺队编排文艺节目。并评审出五支优秀业余文艺队。于5月27日，在文化娱乐中心广场组织开展了“实践科学发展观、构建和谐大舞台”展演活动，受到广大市民的好评。

【第三届少儿美术、书法展】　“六 · 一”儿童节期间，安宁市举办第三届少儿美术、书法展。全市城区、昆钢及乡镇31所学校参加展出，共征集到423件少儿美术、书法作品，经过评审，241幅少儿优秀书画脱颖而出，其中评选出一等奖6名，二等奖20名，三等奖30名。展览给孩子们提供了一个绘画交流的平台，也为校外少儿美术的发展营造了健康向上的艺术氛围和自由的艺术天空。

【乡镇文化站评估定级工作】　根据云南省文化厅、昆明市文化局关于组织开展“乡镇（街道）文化站评估定级工作”的精神，安宁市文化体育旅游局及时组织开展安宁市文化站（文化广播电视服务中心）评估定级初评工作。7月8日以“安宁市文化体育旅游局转发《云南省文化厅关于乡镇（街道）文化站评估定级工作的通知》”行文下发到各基层文化馆、站、所，并于7月24日组织召开了2009年文化工作专题会议，会议邀请安宁市7镇2个街道办文化广播电视服务中心主任（文化站站长）、各文化基层部门单位负责人参加，对文化站评估定级初评工作进行了全面安排布置。8月21日以《安宁市文化体育旅游局关于组织开展文化站评估定级初评工作的通知》行文，成立了以安宁市文化体育旅游局局长王国花为组长的文化站评估定级初评领导小组，于8月25～27日，采取“一听、二看、三查、四议、五反馈”的方式对市属乡镇文化站逐一现场进行了初评工作。9月22日，昆明市文化局组织的文化站评估领导小组对安宁市文化站评估定级工作进行了复评。评估结果为八街、县街、青龙、草铺、禄脿为一级站，温泉为三级站，金方街道办、连然街道办和太平镇文化站因未达到参评基本条件，未能参加本年度评估定级。

【北大李国新教授到安宁调研文化工作】　2009年8月6日，北京大学信息传播研究所所长、国家图书馆首席专家、中国图书馆学会学术研究委员会常务副主任李国新教授在云南省图书馆李友仁馆长、昆明市图书馆郭春莲馆长的陪同下，深入安宁市八街、草铺等地，就综合文化站建设情况及文化资源共享工程建设情况进行调研。文化体育旅游局局长王国花、总支书记张本标向李教授一行介绍了安宁市基层文化工作的相关情况。调研过程中，李教授详细询问了解了八街、草铺镇近年来综合文化站建设工作以及开展相关文化活动情况，对两镇公共文化设施进行了实地考察。通过调研，李教授对安宁市综合文化站的规范化建设工作给予了充分肯定。省、市图书馆领导也对安宁市基层图书馆、室建设工作给予了高度评价，并表示将在今后的工作中给予大力支持。

【纪念建国60周年大型文艺演出活动】　9月28日晚8:00时，由中共安宁市委、安宁市人民政府主办，安宁市文化体育旅游局、安宁市连然街道办事处承办，安宁市教育局、云南省第三监狱、安宁监狱、云南移动安宁分公司等协办的安宁市庆祝中华人民共和国成立六十周年大型文艺晚会《螳川颂歌》在安宁市文化娱乐中心广场隆重举行。市级相关领导和全市机关企事业单位、广大市民约六千余人观看了演出，共同欢庆中华人民共和国成立六十周年。晚会由“序”、“盛世欢歌”、“和谐家园”、“再创辉煌”、“尾声”五个篇章十三个节目组成。节目荟萃了歌、舞、民乐、大合唱、诗朗诵等艺术形式。晚会庄重大气、喜庆热烈、精彩纷呈，充分体现了庆祝祖国六十年的主题性、思想性、艺术性。本台晚会是有史以来首次由安宁市自行策划、编导且所有参加演出的200多名演员均为安宁市业余文艺人员的一次成功的大型文艺演出，为今后组织开展大型文艺活动打下了坚实基础。

【文化站室建设】　2009年是组织开展基层文化站、室建设工作的第三年，根据昆明市“十一 · 五”文化基础设施建设规划，安宁市须完成两个文化站、14个村文化室的新建或改扩建工作任务。为了按时按质按量完成文化站、室建设任务，年初即将文化站、室建设列入2009文化工作重点工程，2月18日，在安宁市政府组织召开的2009年安宁市文化体育旅游工作会议上，将此项工作作了重点安排布置，并与各街道办、镇签订了工作目标责任书。从3月17日开始，由市文化体育旅游局组织工作小组对两个文化站、14个村文化室建设情况作调研、指导，同时根据文化站、室建设标准对每个文化站、村文化室建设提出建设意见和要求，协助指导各镇村制作文化站、室建设规划方案。至7月底，14个文化室建设项目全部完成。昆明、安宁两级财政补助资金81万元。温泉镇文化站改扩建设项目投资45万元，改扩建后文化站面积为320平方米，于9月底完工并投入使用。连然文化站新建项目预计总投资114.9万元，建筑面积744.6平方米，拨付使用国家、省、昆明、安宁四级文化站建设补助资金46万元，于12月底完成主体工程建设。

【图书借阅】 市图书馆2008年11月至2009年9月，共接待读者91 394人次，其中：阅览室共接待读者30 812人次、少儿阅览人次18 494人次、借书室接待读者30 062人次、过刊室接待读者12 026人次。外借书刊89 963册次，其中：借书室46 878册、少儿室17 371册、过刊室25 714册。新办理借书证747个，修补旧书1 146册，装订期刊合订本126册，报纸合订本212册。共购置图书10 004册，收集地方文献182册，新书宣传介绍11期，介绍新书865种。共为馆外图书流通点办理借书60次，外借图书3 960册。

【图书馆服务宣传周活动】 4月19日在县街镇“虹桥园”农家乐组织举办了纪念“4·23世界读书日”十三周年读者座谈会，会议听取读者对图书馆工作的意见、建议，读者之间还相互交流彼此对读书的感想和体会、相互推荐图书。利用宣传周活动编印100份有关世界读书日相关资料对读者宣传发放，利用黑板报进行板报宣传。5月26日，参加了昆明市图书馆学会在西山区广场组织的昆明地区2009年图书馆服务宣传周活动，向读者赠送了350册下架期刊，编印100道以爱国主义为主要内容的有奖知识竞猜题组织群众竞猜。6月1日上午，到民办小学——朝阳小学为孩子们播放了动画视频节目、组织了50道知识竞赛题向同学们开展竞猜，并向获奖同学颁发了奖品。6月18日与安宁监狱、昆明新知图书城共同组织举办“庆祝建国六十周年美文诵读比赛”活动。

【文化信息资源共享工程】 利用馆内现有共享工程设备，定期为广大读者播放视频节目，宣传介绍文化信息资源共享工程。每月定期为成人及少儿读者各播放一期视频节目，暑假期间每周为孩子们加播一场少儿专场视频节目，全年共组织播放节目30场次，观众2 153人。

【图书馆评估定级工作】 根据国家文化部在全国开展第四次县级以上公共图书馆评估定级工作的要求及省市文化厅局的安排，安宁市及时组织开展评估定级工作，成立评估定级工作小组，划分了各项工作任务，确定了项目责任人，严格对照文化部颁评估标准进行认真细致的自查自检，对各种档案材料进行了认真整理装订。于9月22日，安宁市图书馆以878分（满分1 000分）的考核分通过了昆明市文化局专家组的考核，同意安宁市图书馆继续申报“二级图书馆”。此次评估定级考核安宁市图书馆在昆明地区14个县（区）中考评分排名位居第3位，仅次于申报一级馆的五华区图书馆、昆明少儿图书馆。

【非物质文化遗产保护工作】 2009年，根据昆明市文化局对建立“非物质文化遗产”保护名录综合资料库的指示和要求，安宁市完成16项非物质文化遗产综合资料数据库的创建工作。根据《云南省民族民间传统文化保护条例》的精神，云南省文化厅〔2009〕5号文件通知要求，结合安宁的具体情况，组织完成了第二批省级非物质文化遗产保护名录申报工作。推荐县街镇大石庄村的滇剧、八街镇镰甲申报为省级保护名录。

【“文化遗产日”宣传活动】 6月13日是我国的第四个“文化遗产日”，安宁市在文化娱乐中心三楼和一楼大厅开展了安宁市“文化遗产日”宣传系列活动。安宁市人大副主任李树华、安宁市政协副主席段学发、昆明市博物馆、文化馆领导专家、七镇两街道分管文化的领导以及文广中心的主任应邀参加了宣传活动。活动的内容：一是举行安宁市非物质文化遗产保护中心的挂牌仪式；二是颁发昆明市级传承人荣誉证书和昆明市级《八街花灯之乡》、《草铺水井湾苗族保护区》牌匾；三是现场发放省级、县级传承人政府津贴；四是组织安宁市市级传承人张云祥现场制作石刻，徐作坤现场制作风筝，宋国巍现场木刻印刷展示等活动。

【第三次全国文物普查工作】 2009年是安宁市开展文物普查的第三年，按照昆明市文物普查工作会议精神，安宁市组织了文体旅游系统相关人员、文物部门业务人员、各镇文广中心文化干部及部分办事处、村委会干部上百人的普查队伍开展安宁市2009年第三次全国文物普查工作，普查人员深入基层、深入农村，作寻访、作勘察、作记录，普查覆盖率达到100%自然村，完成了昆明市下达的180项新发现项目和33项复查项目的任务。其中对新发现较有价值的十余项古建筑、古遗址、古桥梁、古镇邀请昆明市第三次文物普查专家组做了初评工作，为下一步报请审批公布一批安宁市级文物保护单位做了大量的基础工作。

【文物维修】 一是投入7万元于2009年4月初至5月底组织开展了云南省级文物保护单位——法华寺石窟抢险加固挡土墙工程。二是投资53万元在上半年组织开展完成了市级文物保护单位——解放初期建设的安宁县委办公楼维修工程。三是投入 20 余万元完成挂牌保护建筑——县街镇李氏宅院的部分维修工程。

【地方博物馆建设保护工作】　为深入贯彻落实《昆明市委、昆明市政府关于充分利用文物资源大力发展博物馆业的实施意见》的精神，引导、鼓励民间资本投资建设博物馆，充分发挥博物馆，文物资源的社会效益，实现博物馆业科学发展、快速发展。安宁市积极组织开展博物馆建设保护工作，年内完成了两个博物馆项目的建设工作，一是利用安宁市级文物保护单位——太极书院改建成“安宁教育历史博物馆”、二是利用安宁市宁湖园博园场馆改建成“安宁园博园展览馆”。

【农村电影“2131”放映】　2009 年，安宁市组织召开了 2009 年农村电影工作会议，安排部署了 2009 年农村电影“2131”放映任务，并与各镇、街道办文广中心签订了 2009 年放映目标责任书，把全市 53 个困补点作为放映中心，1 128场的“2131”放映目标分解到各镇、街道办，至年底，全市累计放映优秀故事片1 216场和科教片1 069场，观众145 920人次，放映普及率达到 95%，超额完成了上级下达的放映指标。

【数字电影放映工程】　年内积极向昆明市争取到 5 套农村数字电影放映设备，在金方街道办、青龙镇、八街镇、温泉镇、太平镇开展数字电影放映试点工作。全市五个镇（街道办）教先后启动了农村数字电影放映工作。一年来全市共放映数字电影 186 场，高质量的电影声光效果，受到广大农村群众的欢迎和喜爱，为今后农村电影工作的发展打下了坚实的基础。

【文化市场管理】　一是严格执行文化部、工商总局、公安部等 14 部委《关于进一步加强网吧及网络游戏管理工作的通知》规定和省文化厅的文件要求，加大对网吧违法违规经营行为的查处力度，坚持严管重罚，2009 年取缔黑网吧 4 家。积极探索网吧管理疏堵结合的新路子，把建设“绿色网吧”提到重要的议事日程上。经严格的调研筛选确定在安宁宏卉网吧内设立青少年上网专区，作为安宁市“绿色网吧”试点，工作正在进行中。二是依法加强娱乐场所管理，配合公安机关开展打击“黄、赌、毒”专项行动，加大对“黑电子游戏室”的查处打击力度。全年查处黑“电玩”7 家；停业整顿电子游戏室 6 家（户）、收缴非法电子游戏机 2 台、非法电子游戏机主板 22 块，非法电子游戏币 2 万枚。三是坚持“扫黄打非”斗争，保护知识产权、反盗版天天在行动。全年检查音像制品店 494 家次、书刊店 108 家次，收缴非法音像制品24 289套（碟）、盗版图书1 613册，取缔无证经营音像摊点 22 个、书刊摊点 5 个。特别是清缴整治低俗音像制品专项工作有计划、有总结，按要求认真报送工作情况日报、周报。专项检查历时 16 天，检查经营场所 47 家次、收缴低俗音像制品 340 张（碟），通过开展对出版物市场的日常检查、专项整治、联合执法检查等活动，有效的打击和遏止了出版物市场违法违规行为。四是按照“属地管理、守土有责”的原则，辖区内文化市场无重大违法违规及消防安全等恶性事故发生，无上报通报、媒体曝光的严重问题。全年检查文化市场1 628家次、出动车辆 232 辆次、人员 913 人次，检查文化经营单位次次有记录。违法违规查处面不低于 98%。全年立案 92 起，结案 92 起，办结率 100%。

（林　兵）

体　育

【群众体育】　2009 年，安宁市文化体育旅游局组织开展了小型多样、丰富多彩、适合大众参与的多元化群众体育活动。年内举办了迎新春老年门球赛、文化体育旅游局职工运动会、中小学生篮球赛、中小学生田径运动会、“6 · 20”全民健身周排球赛、首届吹枪、陀螺比赛、“8 · 8”健身日活动等。安宁市“8 · 8”全民健身日活动被昆明市体育局评为一等奖。同时，还组织了各类赛事活动：县街镇雁塔村委会参加了昆明市农民健身工程点篮球赛；金方街道办事处参加昆明市社区趣味运动会，并获得袋鼠跳第一名，家庭接力赛第一名，个人拔河 60 公斤、70 公斤两个第二名，踢毽个人第三名，脚蹼赛第四名，斗鸡第六名的好成绩；安宁市待岗、下岗人员参加昆明市待岗、下岗人员运动会并获得袋鼠跳第二名，送温暖项目第三名，6 人 7 足跑第四名；组团参加昆明市第九届少数民族传统体育运动会，并获得团体抢花炮第七名，吹枪第三名，双拐第六名，陀螺第四名，秋千第八名，单项获双拐金牌，武术金牌，吹枪银牌，健美操银牌，武术银牌，陀螺铜牌，秋千铜牌，吹枪 2 块铜牌的好成绩。承办昆明市第七届老年气排球赛；组织七镇、两街道办事处文广中心主任参观学习西山区观音山百草村农民健身工程点；组织 7 镇、2 街道办事处文管中心主任完成各自辖区详细规划“十二五”农民健身工程点任务，并汇总上报昆明市体育局。

【学校体育】　2009 年，安宁市新一轮申报昆明市网点学校的单位从原来的禄脿学校、安宁一小、安宁中学外，又新增了三所，即宝兴中学、八街小学、县街中学。现已有昆明市网点学校 6 所。2009 年，全市在校学生总人数为45 875人（其中：小学生28 658人，初中生11 962人，高中生3 299人，职业中学1 956人）。全市所属 13 所中学，57 所村小学及教学点，6 所民办学校除继续全面贯彻落实《国家体育锻炼标准》外，都按照中华人民共和国教育部、国家体育总局印发的《学生体质健康标准（试行方案）》要求开展了学生体质健康标准工作，实行面为百分之百（病残学生除外）。2009年，全市各学校都举行了一年一度传统项目田径运动会，并参加了由安宁市教育局、文化体育旅游局共同举办的一年一度的安宁市中小学生田径运动会、乒乓球赛和中学生篮球赛。在3月18～20日的安宁市中小学生田径运动会上，32所学校的田径队的600余名运动员参加了田径项目的比赛。经过角逐，安宁职中、昆钢一中分获高中组团体总分第一和第二名；安宁一中、宝兴中学、太平学校、安宁二中、县街中学、草铺中学分别获得初中组团体前六名；鸣矣河小学、和平小学、连然小学、安宁一小、青龙学校、化工小学、县街小学、一六小学分别荣获小学组团体前八名；在本届运动会上有初中3项6人次，小学4项7人次，共计有13人次，破7项安宁市中小学生纪录（其中，少体校学生崔丽婷一人独破100米、200米、400米三项安宁市小学生田径纪录）；青龙学校和草铺小学荣获体育道德风尚奖。2009年1月17～20日，由教育局、文化体育旅游局共同主办的安宁市中学生篮球赛在市灯光篮球场举行；经过三天激烈的角逐，云化小学、安宁一小分别获小学女子组冠、亚军；一六小学、安宁一小、实验学校、连然小学分别获小学男子组冠、亚、季军和第四名；太平学校、安宁中学、宝兴学校、安宁一中、实验学校、草铺中学分别获初中女子组第一至第六名；安宁中学、宝兴学校、安宁一中、县街中学、安宁二中、实验学校分别获初中男子组第一至第六名。

2009年3月，安宁市继续推行应届初中毕业生体育考试，为了减轻各学校压力和负担，分别在各中学进行就近体育考试。本年初中毕业生应考总人数为3 156人，实考人数为3 156人，其中女生人数为1 607人，男生人数为1 549人，有668名学生为免试人员，3 156名学生参加了全部项目考试。考试结果，全部考试项目平均分为47.23分，及格率为99.4%。从以上情况可以看出，体育考试为加强学校体育工作的管理、促进素质教育的实施发挥了积极的促进作用。

【竞技体育】 2009年，安宁市竞技体育工作在上级主管部门和安宁市委、市政府及市教育局等相关单位的关心支持下，认真抓好安宁市少体校、昆明市安宁各网点学校和基层学校业余训练培养工作。为了及早准备组队参加昆明市第四届运动会、云南省第七届城市运动会运动员人才的培养锻炼，市少体校先后组队参加了2009年云南省中长跑、竞走比赛运动员的注册和比赛，并获得女子竞走团体第二名和女子中长跑团体第二名，荣获个人金牌4枚、银牌4枚、铜牌5枚的好成绩。组队参加了2009年昆明市青少年拳击比赛，并获得两枚金牌，一枚银牌、一枚铜牌。组队参加了2009年云南省中小学生乒乓球赛。组队参加了昆明市2009年中小学生田径运动会高中、初中、小学生乙组的比赛，并获得小学生甲组团体第二名，小学生乙组第三名，高中生团体第五名，初中团体第七名的好成绩。

【老年人体育】 安宁市老体协认真贯彻落实安宁市委、市政府两办《关于进一步加强老年体育工作的意见》和坚持“促进城市、发展农村、重在基层、面向全体”的老年体育工作方针，积极开展基层组织网络化建设，在各镇（街道）的积极支持和努力下，去年全市7镇、2街道办事处和下属的96个村（居）委会、社区都先后成立了老年体育组织，并在9月份成立了安宁市老体协门球分会、羽毛球分会和气排球分会。至此，安宁市老年体育组织初步实现了城乡基层组织建设网络化，使老年体育工作由城市不断向农村延伸和拓展搭建了平台，填补了农村老年体育活动的空白。

2009年，安宁市老体协共选派了31名骨干参加昆明市老体协举办的培训、学习。其中，11名同志参加昆明市老体协门球裁判员培训班二级裁判员的培训学习，并顺利取得二级门球裁判员资格证；8人次参加昆明市老体协举办的健身球保健操和柔力球辅导员培训；4名同志参加昆明市首期健身气功二级社会指导员、太极拳裁判员培训；4名同志参加昆明市健美操、太极拳辅导员培训；3名同志参加了昆明市老体协举办的昆明市中老年人科学健身知识讲座学习；1名同志参加昆明市中老年人第二期太极柔力球辅导员培训；11月23～24日，安宁市门球分会组织举办了19个门球队，裁判员、教练员及队长共计63人参加的“2009门球规则”和裁判法培训班。

安宁市老体协实行分散与集中、小型与大型相结合的原则，因地制宜，结合庆祝建国60周年的系列活动，开展了丰富多彩的适合老年人特点的体育健身和文化娱乐活动。于1月14～15日举办“2009年安宁市中老年人迎春门球赛”，2月23～25日，参加昆明市中国门球“冠军赛”决赛，5月19日，参加昆明市七届老运会钓鱼比赛，5月20～22日，承办昆明市七届老运会气排球比赛，5月22～24日，参加昆明市七届老运会健身气功比赛，5月26～27日，参加昆明市七届老运会桥牌比赛，6月10日，参加昆明市七届老运会开幕式，6月10～13日，参加昆明市七届老运会象棋、健身操、太极拳（扇）、羽毛球等比赛，6月22～26日，举办2009年安宁市6·20气排球比赛，7月9～10日，参加昆明市七届老运会乒乓球、双抠、门球等比赛，8月8日，举办2009年安宁市“8·8全民健身”系列展演活动，9月24～25日，举办2009年安宁市中老年人“迎国庆”门球赛，10月16～18日，举办安宁市第二届中老年羽毛球比赛，全年共举办和参与了13项赛事和活动，近5 500人参与了各类活动。安宁市代表团在组队参加昆明市第七届老年人体育健身运动会11个大项的比赛中，团体总分在14县区排列第四，荣获金奖和体育道德风尚奖。另有10项单位和个人分别获得国家、省、昆明市表彰；其中，安宁市老体协叶国才主席荣获全国“健步走”个人先进，受到全国老年人体育协会的表彰；王庆云老人荣获第七届全国健康老人，受到全国老年人体育协会、全国老龄协会和中华全国妇女联合会的表彰。

【农村（社区）体育】 2009年，安宁市文化体育旅游局在资金较为紧张的情况下，仍积极为城区（社区）、乡镇（村委会）配置部分体育设施。为太平镇老村、糍粑铺村新建篮球场各一块、健身路径各一条；为草铺镇绍九村、连然街道办事处极乐村新建篮球场各一块、健身路径各一条。为禄脿镇安丰营村新建篮球场一块；为县街镇新建少数民族陀螺场一块等。同时，安宁市连然街道办事处还自筹资金分别为所辖各社区建设新建了体育健身路径。

【体育场馆管理】 2009年，安宁市体育场馆，全年场馆内设业务培训项目有乒乓球、篮球、羽毛球、跆拳道、网球等，常年开展锻炼项目有篮球、乒乓球、羽毛球、瑜伽、象棋、健身、网球等。为提高服务质量，发挥场馆功能作用，使广大健身爱好者有优美环境、舒适服务的场所锻炼，投资2万余元把体育馆外围绿化进行补充，投资2万余元购置8台乒乓球桌和100块挡板，提高锻炼者的需求与积极性。全年体育场馆共承办了大型运动会、文艺演出10次；对外开放羽毛球场2 000余小时；篮球场30场次；乒乓球场600场次；网球130场次。同时，场馆还充分发挥公共免费健身和有偿服务作用，社会效益和经济效益取得双丰收。

【举办各类体育培训】 2009年，全市范围内举办了首次二、三级篮球裁判员培训班和首次二、三级乒乓球裁判员培训班。选派了8人到昆明市参加第九届少数民族传统体育项目教练员培训，选派2名教练员参加全国女子运动员身体素质训练学习培训。选派少体校教练肖文洪同志及6名运动员参加国家奥林匹克竞走体育后备人才训练培训。有18人次调配到省、市运动会担任裁判员工作，2009年，全市共有近100名体育工作者和体育爱好者获得各类项目二级、三级裁判员称号。在昆明市篮球裁判员委员会2009年工作会议上，有2名篮球裁判员被评为昆明市2009年度优秀裁判员。

【新农村体育健身工程】 2009年，安宁市文化体育旅游局继续把推进社会主义新农村体育健身工程作为文化体育旅游局的工作重点，除了在对各村（社区）文化室建设中为各村（社区）新建、改建和配置安装了篮球架、乒乓球桌、篮球场地外，还积极向昆明市体育局申报了两个农民健身工程点（安宁市八街镇摩梭营村委会、相连村委会农民健身工程点）并分别为两个健身工程点各配置了1付篮球架、2台乒乓球桌和建设经费3万元。同时，又积极争取国债资金为八街镇、青龙镇、温泉镇、县街镇、禄脿镇、草铺镇、太平镇和连然街道办事处新建农民健身场地10个。通过农民健身工程点和农民健身场地建设，极大的丰富了农民业余体育生活，为我市推进社会主义新农村建设作出了应有的贡献。

【11名裁判员获国家二级门球裁判员称号】 2009年2月19～21日，昆明市老体协门球裁判员培训班在昆明市五华区老干活动中心圆满结束。全市各区、县（市）和驻市机关、厂矿的60名门球裁判员参加了本次培训活动。安宁市共选派了市属及驻市机关、厂矿、企业的11名门球三级裁判员参加了培训。通过对新规则和2007裁判法等理论的进一步学习，以及临场执裁要领的培训和指导，安宁市全体参培人员顺利地通过了各项考试，基本达到了国家二级门球裁判员等级资格标准。

【门球队在中国门球冠军赛昆明分赛区复决赛上取得好成绩】 2009年，中国门球冠军赛昆明分赛区复、决赛暨昆明市2009年“迎春”门球赛于2月23日至25日在昆明市老年人活动中心隆重举行。来自昆明市各县（市）区和驻市机关、厂矿、企事业单位的300多支门球队经过预赛，最终84支代表队获得了参加本次盛会资格。安宁市老体协积极组队参加了这次比赛。

老体协于1月14～15日举行了安宁市2009年“迎春”门球赛暨中国门球冠军赛昆明分赛区的预赛，来自市属及驻市机关、厂矿、企事业单位的12支门球队参加了本次比赛。

预赛后，选派优胜队昆钢一队代表安宁市参加昆明市老体协举办的复、决赛。

在三天紧张激烈的对抗中，安宁市代表队克服了年龄偏大（平均年龄68岁）等许多不利因素，经过精心准备和顽强拼搏，最终不负众望打入决赛，并取得了中国门球冠军赛昆明分赛区决赛暨昆明市2009年“迎春”门球赛第八名的历史最好成绩。

【桥牌队在昆明市第六届“桥协杯”上载誉归来】

昆明市第六届“桥协杯”桥牌比赛于2009年3月29日在嵩明圆满结束。安宁市桥协派出的安宁代表队在本次比赛中取得第三名的好成绩。

“桥协杯”桥牌比赛是由昆明市桥牌协会组织举办的传统赛事，每年举行一届，本届比赛由嵩明县桥协承办，共有20支代表队参赛。经过两天7轮的较量，官渡、五华取得冠、亚军。

【安宁代表队在昆明市社区趣味运动会上喜获丰收】

2009年4月27日，昆明市体育局在昆明市体育中心举办了2009年昆明市社区趣味运动会。来自全市辖区的23个社区代表队近千名运动员参加了3个集体项目和7个个人项目的比赛。

安宁市社区代表队由金方街道办事处阳光社区组队参加了本次赛事。金方街道办事处接到组队任务后，积极抽调社区有关人员参加本次赛事。在比赛中，全体运动员发扬不怕吃苦，团结协作的精神，经过顽强拼搏，安宁市社区代表队一举夺得袋鼠跳接力和家庭25米趣味赛两个集体项目比赛的第一名；10×30同心协力比赛的第二名；同时，还获得个人押加（大象拔河）60公斤级和70公斤级第三名各一个，30米脚蹼跑第四名，踢毽子第三、第五名各一个以及斗鸡第六名的好成绩。

【安宁市老年人体育代表团在昆明市第七届老年人体育健身运动会上获得金奖】 2009年，昆明市第七届老年人体育健身运动会共设15个竞赛项目、分三个时段（五、六、七月）分别在昆明市五个县（区）、昆明市体育中心和市老年活动中心共八个赛点举行。本次运动会是竞赛项目最多、参赛人数最多的一届老年人运动会（运动员、裁判员和工作人员共有2 000多人），比赛从5月12日开始至7月10日结束。

安宁市组成了87人的代表团，参加了11个项目的竞赛。通过全体参赛队员及工作人员的顽强拼搏和努力，勇夺健身气功比赛一等奖，钓鱼比赛团体第二名，双抠比赛团体第二名，健身操、太极拳（扇）和羽毛球三项比赛团体二等奖，象棋比赛团体第六名，门球比赛第七名和乒乓球女子团体比赛第八名。在第七届老年人体育健身运动会上，安宁市代表队共获得一个一等奖、两个第二名、三个二等奖、一个第六名、一个第七名和一个第八名的好成绩。最终获得团体总分第四名，荣获十四县（市）区代表团团体金奖和体育道德风尚奖，实现了运动成绩和精神文明双丰收。

【安宁市参加国家竞走项目奥林匹克后备人才训练营顺利归来】 2009年7月19日，安宁市选派教练员肖文洪和运动员熊艳芳、李庆红等七人到西安体育学院参加“国家竞走项目奥林匹克后备人才训练营”集训，这是安宁市首次选派人员参加国家级的高规格集训。

集训期间，国家体育总局领导专程到训练营看望教练及运动员；奥运会竞走冠军王丽萍向运动员介绍她的冠军成长之路；国家竞走队技术训练顾问王魁介绍带国家竞走队的经验及所取得的成绩；意大利国家竞走队主教练达米拉诺进行了为期一周的指导及训练。整个训练过程规格高、训练严，教练及运动员都得到了很大的启发和提高。

来自全国21个省市的22支代表队共465名运动员参加集训。通过近一个月的集训，最终有107名运动员被选为国家奥林匹克高水平后备人才库苗子。安宁市少体校队员熊艳芳、李娅妮、姜燕、李刚四位同学同时被选入国家竞走项目奥林匹克后备人才库。

【安宁市参加昆明市第九届少数民族传统运动会载誉而归】 2009年10月20日，为期一周的昆明市第九届少数民族传统体育运动会在寻甸县体育中心圆满降下帷幕。

来自昆明市十四县（市）区和昆明市文化馆的15个代表团队的1 500多名运动员、教练员、裁判员和3 000多名文艺表演者及上万名观众参加了本次盛况空前的运动会。省、市领导及十四县（市）区的领导应邀出席了开、闭幕式。

安宁市组建了有史以来规模最大、人数最多的88人代表团，参加所设的十项竞技（除摔跤外）和表演项目共十个大项的比赛。在全市选拔和抽调了80余名本土少数民族运动员和教练员，自9月14日至10月13日，进行了为期一个月的集训和准备。在本届运动会上，代表团全体成员齐心协力、顽强拼搏、奋勇进取，在所参加十项竞技（除摔跤外）和表演项目共十个大项的比赛中，安宁市代表团共取得二枚金牌、三枚银牌、四枚铜牌，荣获团体总分第九名和体育道德风尚奖，实现了运动成绩和精神文明双丰收的目标。

【安宁组队参加昆明市外来务工人员运动会】 2009年11月29日，由昆明市体育局、昆明市总工会组织举办的2009年昆明市外来务工人员体育运动会在昆明市体育中心隆重举行。来自14个县（市）区的40多个单位参加12个项目的比赛。

安宁市积极组织了来自个私企业的14名外来务工人员组队参加8个项目的比赛。代表队经过三天紧张而有序的刻苦训练，在比赛中，不畏强手、顽强拼搏，共取得一个第一名，一个第二名，一个第三名，一个第六名，获得团体第四名的好成绩。

【“迎国庆”暨“8·8”全民健身展演活动】 2009年8月8日，安宁市“迎国庆60周年”暨安宁市“8·8全民健身”展演活动在体育馆隆重开幕。市委、市政府分管领导，市政协联系领导，市文体旅游局和市老体协领导班子全体成员出席了开幕式。

来自全市各镇（街道），各部委办局，老体协，各晨晚练点和驻市企事业单位的健身操、武术、少儿健美操、大众广播体操、腰鼓、花灯、歌舞等45支中老年及青少年代表队的1 100多名表演者和上千名观众参加了本次展演活动。45个展演节目历时5个小时，于下午六时圆满顺利结束。

通过评委们的认真评判和合议，最终评出滋纯艺术培训中心的《少儿健美操》荣获特别奖；县街镇鸣矣河村委会的《大众广播体操》和云化健身气功站的《五禽戏》荣获一等奖；昆钢老年艺术团的《门球乐》、安宁健身气功站的《易筋经》、昆钢柔力球健身队的《柔力球操》、安宁风采健身队的《太极柔力球》和太阳广场队的《十六式太极拳》等五个节目荣获二等奖；其余三十七个节目荣获三等奖。

【第二届老年羽毛球赛圆满结束】 安宁市第二届老年羽毛球比赛，经过两天的紧张角逐，于2009年10月17日在安宁体育馆圆满结束。

本次比赛是由安宁市老体协主办，老体协羽毛球分会承办。来自全市各行各业的45对老年球友参加了本次赛事。经过角逐，最后壮年组男双、女双、混双第一名分别被李天福/黄琳、高仕英/陈红、赵绍华/骆萍夺得；老年组男双、女双、混双第一名分别被李正发/张昆林、蒋盈慧/候跃琼、白光存/罗加武夺得。

【"迎国庆60周年"暨6·20全民健身气排球比赛圆满结束】 2009年6月22~26日，由市文化体育旅游局、市总工会、市妇联和市老年人体育协会联合举办的安宁市2009年"迎国庆60周年"暨安宁市6·20全民健身气排球比赛在安宁市体育馆隆重举行。来自市属机关、各镇（街道）及驻市省、市属单位的31支代表队（其中含首次增设的老年组9支代表队）的近200多名运动员和裁判员参加了本次赛事。

经过五天108场紧张激烈的比赛，决出了老年组一、二、三等奖和女子组前六名和男子组前八名。老体协一队荣获老年组一等奖；老体协二队、太平镇和草铺镇代表队获老年组二等奖；草铺镇、安宁一中和金方街道代表队分获女子组前三名；安宁一中、磁选厂和省三监代表队分获男子组前三名；比赛在激烈而友好的气氛中圆满结束。

【中小学生乒乓球比赛落下帷幕】 由安宁市文化体育旅游局和市教育局联合主办的2009年安宁市中小学生乒乓球比赛于7月7日在市体育馆圆满结束。

来自全市辖区内的100余名中小学生经过三天的紧张激烈的角逐，决出了各个项目的名次。团体比赛中，昆钢一小、安宁一小、昆钢三小分获小学男子团体第一至第三名；安宁一小、青龙学校、湖光女队分获小学女子团体第一至第三名；单项比赛中，小学组的叶家玮、骆荣狄、杜乾瑞、饶珊、曹若琳、张一丹分获男、女组的前三名；初中组的陈飞宏、李浩、彭昆红、周璐、丁瑜、施丽娟分获男、女组的前三名。

【"构建和谐安宁风筝放飞表演"活动圆满结束】

2009年3月13日，由安宁市文化体育旅游局和安宁市金方街道办事处共同主办，昆钢风筝协会承办的"建和谐安宁·风筝放飞表演活动"在安宁市大屯新区举办。

此次风筝表演活动共设十个项目20类别，所有表演的风筝均是各位风筝爱好者自己亲手制作。有常规的蜻蜓、蝴蝶风筝，有在大赛上获奖的立体风筝，更有长达80多米的龙形风筝。各式各样的风筝此起彼伏、迎风飘摆，宛然一幅百花齐放、争奇斗艳的美景。来自昆钢及安宁的近70余名风筝爱好者参加了表演。

【篮球裁判员培训班圆满结束】 2009年1月16日至17日，为期两天的篮球裁判员培训班在市图书馆圆满结束。来自全市各镇（街道）、各部委办局、机关、学校和驻市厂矿的60名体育工作者和篮球爱好者参加了本次培训。

培训班得到了省、市篮球协会的大力支持，由安宁市文化体育旅游局主办。本次培训，文体旅游局特意聘请了云南省篮球裁判委员会委员、国家A级裁判员、云南师范大学体育学院崔跃林教授和云南省篮球裁判委员会委员、国家级裁判员、云南财经大学体育部部长杨贵军教授到场授课。

通过理论学习、临场实践锻炼以及考试，全体参训人员均基本达到了二级或三级国家篮球裁判等级资格标准。

【地税系统迎春职工运动会圆满落幕】 2009年1月22日，历时两天的安宁市地税局职工迎春运动会在安宁体育馆圆满结束。

运动会进行了气排球、多项综合趣味体育项目和双扣比赛。

来自市地税系统的100余名干部职工参加了这次迎春职工运动会。通过举办比赛，加强了地税系统干部职工的内部交流，增强了干部职工的凝聚力，激发了干部职工的团队协作精神，为新一年的工作奠定了基础。

【八街镇举办2009年第二届运动会】 八街镇于2月9~16日举办了第二届运动会。

来自镇属22个村（居）委会，9个机关企事业单位共31个代表队的469名运动员参加了本届运动会。运动会共设篮球、拔河、迎面接力、象棋、背媳妇、搬运粮食、飞镖7个比赛项目和64个奖励名次。同时，还设立了体育道德风尚奖和组织奖。

比赛中，各代表队充分发扬了集体主义和拼搏精神，遵守纪律，服从指挥，精心组织，认真参与，赛出了友谊，赛出了水平，赛出了风格。涌现出一批年青的篮球运动尖子，成为全镇篮球运动的生力军。

经过8天的紧张激烈角逐，温水村委会获得村委会组篮球比赛第一名，天发公司获得机关企事业单位组篮球比赛第一名，安宁二中获得机关女队第一名。其他奖项和名次分别被各参赛队夺得。

（李规定）

旅　　游

【发展综述】 2009年，全市共接待游客222.3万人次，比上年同期184.4万人次增长20.55%，其中农家乐接待游客157.2万人次，比上年同期89.28万人次增长76.08%；由于宾馆酒店受全球性金融危机的影响，全年接待游客42.01万人次，比上年同期73.12万人次下降了42.55%；景区（点）接待游客21.58万人次，比上年同期21.18万人次增长1.89%；旅行社接待游客1.51万人次，比上年同期0.85万人次增长77.65%；接待境外游客5 000余人次，比上年4 000余人次有较大幅度增长；旅游综合收入7.32亿元，比上年同期6.23亿元增长17.5%。圆满完成了昆明市旅游局交办的旅游安全生产、旅游节庆活动、旅游厕所建设、旅游招商项目等各项工作任务，特别是兴建昆楚高速公路禄脿游客服务中心，受到了省内各州、市旅游部门的高度赞誉。圆满完成了市委、市政府交办的督办工作任务；编制《安宁温泉金色螳川4A级景区总体规划》；完成了10户农家乐的评星定级工作，其中有3户农家乐被昆明市旅游局授予四星级等次称号；组织省、昆明市、安宁市新闻媒体对南部红色生态旅游进行全面全方位的宣传促销。农家乐得到长足发展，目前全市各镇（街道）均开办有农家乐，一些远离城市的地区，如一六街磨南德也有昆明市知名企业投资开办——磨南德彝族文化生态风情园。农业观光园建设取得显著成效，正日愈受到游客的青徕。作为旅游经济重要增长点的乡村旅游，正朝着规范、有序、规模、档次、品牌化的方向发展，不断成为昆明地区自驾游的首选目的地。

【创建云南省旅游强县顺利通过验收】 2009年1月4日，以省旅游局副巡视员谭崇访为组长，省旅游行业管理处处长杨宏斌、副处长李华，昆明市旅游局副局长庞博河及相关人员组成的考核工作组对安宁市创建云南省旅游经济强县工作进行了考核验收。整个考核验收工作分四个步骤进行，即：听取汇报、查阅台帐、实地检查、情况反馈。市委副书记尹贵生，市委常委、宣传部、统战部部长周美英，副市长戴杉，市政协副主席段学发及创建领导小组各成员单位相关领导参加了考核验收工作。汇报会上，市委副书记尹贵生代表市委、市政府作了热情洋溢的欢迎辞，对考核工作组的到来表示热烈欢迎。考核工作组组长、省旅游局副巡视员谭崇访作了讲话，昆明市旅游局副局长庞博河汇报了昆明市旅游局的初检情况。在观看完安宁市旅游短片后，副市长戴彬就安宁市创建云南省旅游经济强县工作作了工作汇报，市文化体育旅游局局长王国花对照相关标准，围绕安宁市区域的旅游经济发展水平、旅游产业定位与政府主导机制、旅游业的带动功能和综合效益、旅游业精神文明建设和教育培训、旅游资源开发与环境保护、旅游宣传促销、社会主义新农村建设和旅游小镇建设、旅游市场管理与游客满意度、旅游接待功能和企业标准化建设等所涉及的9个方面、100项具体检查项目、168个评分点作了自检自查工作总结。随后考核组查阅了相关台帐，对青龙峡、市游客接待中心、曹溪寺、客运站等进行了实地检查。在反馈会上，省考核工作组对安宁市的创建工作给予了充分肯定，认为在安宁市委、市政府的高度重视下，旅游产业有了长足的发展，各项工作在全省县（市）区中均处于领先地位。按《中国旅游强县标准》，创旅游强县达标分650分，省考核工作组给安宁市评分为885分。为此，安宁市创建云南省旅游强县工作顺利通过了考核验收。1月19日，在云南省旅游工作会上，受到省旅游局的命名和表彰奖励。

【开展温泉—青龙峡创建国家4A级景区前期工作】

根据省委常委，昆明市委书记仇和同志的有关批示精神，安宁市政府于2009年7月向昆明市旅游局上报了《关于创建安宁温泉·金色螳川旅游区AAAA级旅游景区的工作方案》，决定于2008年8月起到2010年，用2年左右时间，将金色螳川旅游区创建为国家AAAA级景区，要求文体旅游部门2009年做好前期工作，即编制总体规划。为做好此项工作，首先，市文体旅游局根据国家有关规定，向社会广泛征集规划编制单位，最后筛选确定西南林学院国际生态旅游研究中心、昆明人龙规划设计有限公司、云南大学环境艺术设计研究所3家中标单位。其次，邀请专家学者对规划方案进行评审。3家中标单位在深入调查研究的基础上，均编制了自己的规划方案，2009年4月9日，安宁市政府组织召开“安宁温泉·金色螳川旅游区AAAA级景区总体规划方案评标会”，邀请省内大专院校、住房和城乡建设、规划、旅游等部门的6位专家组成专家组对三家规划方案进行评审。在听取汇报后，专家组进行了认真讨论，认为参赛的3家单位方案各有其亮点：西南林学院国际生态旅游研究中心规划，思路清晰，项目有创意，围绕AAAA级旅游区规范进行方案组织；昆明人龙规划设计有限公司，做了较为深入的实地调研工作，功能分区划分相对合理；云南大学环境艺术设计研究所，从景观规划的角度来进行旅游规划的思考，部分景观细节处理值得借鉴。专家组认为，安宁金色螳川旅游区AAAA级景区总体规划是指导安宁市下一阶段创建国家AAAA级旅游景区的战略性文件，必须注重统筹旅游业发展宏观走向与微观层面的关系，准确把握AAAA级旅游区的标准，正确分析创建的难点和关键点。经综合评议后认为，西南林学院国际生态旅游研究中心的规划方案考虑了该旅游区存在的现实问题，又思考了旅游区将来的发展趋势，整个规划方案思路清晰，理念先进，规划内容重点突出，旅游项目具有创意，符合招标单位提出的规划编制要求。对此，专家组一致同意推荐西南林学院国际生态旅游研究中心方案作为中标方案。安宁市人民政府充分尊重专家组的意见，同意由西南林学院国际生态旅游研究中心负责编制安宁温泉·金色螳川旅游区AAAA级景区总体规划。经过几个月的努力，西南林学院国际生态旅游研究中心完成了《安宁温泉·金色螳川旅游区总体规划》的编制工作，7月8日、7月27日安宁市政府分别召开了专家评审会、安宁市规委会，对总体规划进行了评审。7月30日，规划编制单位正式提交规划文本、图件，至此整个规划编制工作圆满结束。

【星级农家乐评定】 开展农家乐的评星定级是昆明市旅游局安排的一项工作，旨在规范农家乐经营，提高服务质量，提升档次水平。这项工作于2008年开始，安宁市有16家农家乐被授予4星、3星、2星级称号。2009年市委、市政府要求继续开展此项工作，市文体旅游局按照《昆明市乡村旅游服务接待设施评分标准（试行）》，对龙溪沟野战营、草铺玉龙园、县街明秀苑、青龙绿苑山庄完成了四星级的初评工作，上报昆明市乡村旅游服务接待设施等级评定委员会评定，龙溪沟野战营、草铺玉龙园、县街明秀苑三户农家乐被评为昆明市四星级农家乐等次称号；对温泉岚田丰硕缘、温泉人家、万竹农家乐、安宁小泉山庄、青龙山楂园完成了三星级的评定工作；对青龙四号农家乐完成了二星级的评定工作。目前全市四星级农家乐已达9户，占昆明市17户四星级农家乐的52.94%。

【积极培育发展南部红色·生态旅游】　市南部红色·生态旅游资源丰富，八街镇被省委、省政府批准为解放战争时期的革命老区，这里有安宁革命历史教育展览馆、赖乌包山战役遗址、抗日名将陈忠书故居、历史名人刘正富将军故居。2009年初，市委、市政府提出要发展南部红色旅游和农业生态开发，并作为督办任务下达。市文体旅游局经努力，一是完成了《关于组织开展南部红色·生态旅游工作方案》，于3月10日上报了市政府；二是3月24日组织昆明康辉旅行社对南部红色·生态旅游进行实地考察调研，初步确定了组团进行休闲旅游的景点及线路；三是完成了南部红色·生态旅游线路导览图及景点标识、标牌的规划设置工作；四是在“十一”黄金周前，邀请云南电视台、《云南信息报》、《春城晚报》、《生活新报》、云南电台——香格里拉之声、昆明电视台、昆明信息港、《都市时报》、安宁电视台、《今日安宁》等新闻媒体对这条线路进行采访报道。通过对八街民俗博物馆、关圣宫、三和寺、磨南德彝族生态文化风情园、刘正富将军故居、大龙洞虹鳟鱼养殖基地、安宁革命历史教育展览馆等旅游景区（点）及农家乐的参观采访，各媒体记者认为安宁南部地区远离城市喧嚣、无工业污染、空气清新、景色秀美、风景怡人、文化底蕴深厚，旅游资源尤为丰富，是集红色旅游、生态观光、民俗风情为一体的精品旅游线路，推介这条旅游线路意义深远。

【推出“玩转安宁”系列节目】　为深入贯彻落实昆明市旅游产业大会精神，推动和促进安宁市旅游产业发展步伐，文化体育旅游局与安宁电视台共同推出《玩转安宁》系列节目，以新闻报道的形式，每周推出一期4分钟以内的长消息。其主要内容有：一是玩转安宁农家乐；二是玩转安宁名人故居；三是玩转安宁生态观光旅游点。目前已推出草铺王家滩乡村生态旅游、南部红色生态旅游等许多系列节目，深受观众欢迎，同时在很大程度上宣传了安宁特别是安宁旅游。

【开展旅游人才资源普查】　为进一步贯彻执行“人才兴旅”的方针，有效指导和推进安宁市的旅游人才培养和规划工作。根据省、市旅游局旅游人才资源普查工作的安排部署，安宁市自6月28日至7月28日，历时一个月时间，圆满完成了全市旅游人才资源普查工作。此次人才普查工作涵盖了全市所有涉旅企业，包括旅游饭店、宾馆、旅行社、旅游景区、乡村旅游、度假村等，旨在进一步摸清安宁市旅游人才队伍的底细，有效推进旅游人才规划和教育培训工作。

【开展省乡村旅游特色村的创建工作】　为推动全省乡村旅游快速发展，云南省旅游局决定在全省建设200个旅游特色村，2008年启动50个村作为试点。经努力，省旅游局确定安宁市温泉后山㑳村为全省首批建设50个乡村旅游特色村试点之一，创建工作从2008年10月开始至2009年9月结束。文化体育旅游局积极配合温泉镇人民政府和后山㑳村委会深入抓好村容村貌整治工作，并建立长效管理机制，拆除牧羊湖畔临时搭建的板房，并进行绿化美化，此项工作目前已全面完成，景区市场的迁移工作正在有序进行。组织后山㑳村委干部到丽江特色村试点考察学习后结合新农村建设整村推进工作，温泉镇后山㑳村乡村旅游特色村的创建工作正在有计划、有步骤的推进，迎接省旅游局的考核验收。

【切实抓好旅游安全生产工作】　始终牢记“没有安全，就没有旅游”、“抓安全生产就是抓旅游业发展”的指导思想，坚持不懈地把旅游安全生产抓好、抓实、抓出成效。2009年2月20日召开了全市旅游安全生产工作会议，传达贯彻了中央、省、市以及安宁市安全生产会议精神，并对全年全市旅游安全生产工作作了全面安排部署；层层落实安全生产目标管理责任制，与各镇、街道办文广中心签订责任书，文广中心与辖区重点企业签订责任书，使旅游安全生产形成了一级抓一级、层层抓落实的工作格局。全年开展景区（点）宾馆酒店、农家乐安全生产大检查3次，食品卫生安全检查2次，旅游市场综合整治3次，共计出动人员162人次，检查经营单位1 120余家次。全年无大小安全事故发生，市文体旅游局被昆明市旅游局考评为2009年度旅游安全生产优秀单位，被安宁市安全生产委员会考评为一等奖。

【开展昆大公路禄脿游客休息服务站建设】　2009年初，经昆明市旅游局实地调研，确定采取政府补助、企业自建的办法，在昆楚高速公路禄脿镇白邑村段，选择金钰饭店、国慧饭店兴建2座游客服务站，累计投资100多万元，均是2户企业利用自有土地、商铺改造建成。为完善游客服务站服务功能，市文体旅游局派出人员由书记带队，到楚雄、大理、保山、德宏、丽江等州市，征集旅游宣传资料，累计征集旅游画册、光碟、书刊、地图等各类宣传资料1 000多份在服务站摆放。此举开创全省先例，受到各地州市旅游部门的高度赞誉。

【旅游厕所建设和贷款贴息工作】　经过努力，在昆明市旅游局大力支持下，2009年安宁市兴建三座旅游厕所，其中昆大公路禄脿游客休息服务站兴建两座，每座旅游厕所按最高限额补助15万元，青龙峡景区兴建一座，补助12万元，累计补助42万元，三座旅游厕所均被昆明市旅游局考核验收。完成了青龙峡二期开发项目、温泉国际会议中心项目两个旅游贴息贷款上报项目。

【星级酒店的评定】　安宁市至2009年没有一家星级宾馆酒店，不适应旅游业的发展和广大旅客的需要。5月15日，昆明市旅游星级评定委员会办公室组织相关专家对温泉市干疗养院申报3星级酒店进行评定，考评工作分为暗访、明察、打分、反馈四个程序。按照国家相关标准，3星级酒店达标分220分，专家给市干疗养院评分为200分，离标准尚差20分。通过这次评星工作，举一反三，使我们进一步看到了安宁市宾馆酒店上星级存在不少问题。从硬件建设看，3星级酒店70%住宿要安装空调，标间、套房要安有冰箱，要有桑拿室，总机要与各住宿区联网，这些硬件多数酒店基本没有。从软件上看，卧室有异味、上一宿客的痕迹仍留给下一宿客；灯罩背面及门头有灰尘；茶几、垃圾箱摆设不合理；各种提示诸如消防通道、厕所、禁烟区等，不足、不规范；普通服务人员不懂外语；大堂不设副堂、不安排迎来送往的迎宾员。这些，在宾馆酒店基本普遍存在。针对上述存在的问题，我们认为，没有达标的酒店要根据专家的评审意见，抓紧进行整改，争取尽快达标；申报或即将申报星级的酒店，要按照国家相关标准，加快软硬设施建设，力争上档次、上水平。

【举办昆明市2009年国际文化旅游节，"五一"狂欢节分会场活动】 以"相约狂欢昆明——体验七彩云南"为宣传主题的"2009中国昆明国际文化旅游节·昆明狂欢节"，昆明狂欢节指挥部要求各县（市）区配合完成民间艺术展演、招商引资项目签约任务。在安宁市政府的高度重视下，两项任务均圆满完成。首先，市文体旅游局于5月1日在青龙峡国家AA级景区设立昆明狂欢节安宁分会场，组织安宁地区最优秀的"春沁"、"老年"、"云岭"三支文艺队进行了现场演出，共演出《红红火火大中华》、《心里快活山歌多》等20多个丰富多彩的文艺节目，受到了广大游客的普遍赞誉。这种文艺搭台、旅游唱戏的宣传形式效果非常显著。据统计，青龙峡5月1～3日，累计接待游客4 760人，实现综合收入58 400元，其中，5月1日狂欢节当天接待游客2 980人，实现综合收入33 899元，其中门票收入289 100。其次组织由厦门元洪集团投资的"温泉凤山明珠健康养生圣地"项目，于5月1日在昆明狂欢节上正式签约，该项目总投资5亿元人民币。

【开展星级农家乐的检查】 2009年10月12～14日，市文体旅游局组织人员对全市星级农家乐进行了为期3天的检查，多数星级农家乐都保持了荣誉称号，运行正常，经营平稳发展，仅有少部份星级农家乐出现了一点问题。其中，温泉龙羊谷四星级农家乐因成昆铁路修复线，已暂停营业一年，预计明年初重新开张经营；县街虹桥园四星级农家乐由于土地被职教园区征用，拟报请昆明市旅游局予以撤消；红丰百果休闲园三星级农家乐因经营项目转项，撤消其星级称号。

【星级农家乐授牌仪式】 10月21日，在草铺玉龙苑举行安宁市2009年度乡村旅游服务接待设施等级评定授牌仪式，对评定出的3家四星、6家三星、1家二星级农家乐进行了授牌，昆明市旅游局副局长施从峰到会讲话并为3家四星农家乐授牌。

【乡村旅游快速发展】 安宁市是国家命名的全国园林城市，地理气候优越，生态环境良好，农村分布着丰富的旅游资源，发展乡村旅游具有得天独厚的条件。2009年全市"农家乐"发展达120余户，接待游客占全市接待游客总数的70.72%，成为旅游经济的重要增长点。2009年，磨南德彝族文化生态风情园、九渡彝人谷、昆明神田生态观光农业科技示范园、云南乐义现代农业科技示范园、安宁锦苑花卉玫瑰种植园、云南恒进现代农业园区等，一大批乡村旅游项目建成并接待游客。

【旅游绩效考核实现三连冠】 根据昆明市政府的有关规定，自2007年起，由昆明市旅游产业领导小组每年组织一次考核，对当年旅游工作成效显著的县（市）区及相关旅游企业进行表彰奖励。安宁市2009年旅游工作亮点很多，成效显著，被考评为一等奖，至此，2007年、2008年、2009年安宁市旅游绩效工作连续3年被昆明市考评为一等奖，实现三连冠。

（姚祖贵）

旅游、餐饮服务企业

云南安宁温泉宾馆

【简况】 2009年对于温泉宾馆来说，是挑战与机遇并存的一年，是拼搏与奋进的一年。作为荣获省政府办公厅"和谐单位"荣誉称号的温泉宾馆，始终把"诚信勤俭为本，创新开拓立足；团结敬业进取，用心用情服务"的企业精神和"慎始如终，忠诚奋斗"的企业理念灌输于员工脑海中，扎根于员工心目中，落实于实际工作中，在全馆范围内努力营造团结友爱、精神振奋、朝气蓬勃、斗志昂扬、奋发向上的和谐氛围，促使广大干部职工以饱满的热情、积极主动、认真负责的态度投身于自己的工作和事业中。一年来，温泉宾馆干部职工思想统一、队伍稳定、精诚团结、开拓进取、扎实奋斗，在全球经济下滑和市场竞争更加激烈的背景下，经营情况没有发生整体下滑，而是在逆境中稳定向上，经营运转继续保持在良性的轨道上，收入有所增长，取得了可喜的成绩。全年共接待宾客4.89万人次，平均床位利用率为54.5%，总收入1 752.4万元。

【党建工作】 2009年，作为省政府办公厅系统"云岭先锋"工程示范单位的温泉宾馆总支，认真学习贯彻落实党的十七大以及三中、四中全会精神和云南省委第八次党代会、八届六次、七次精神，常怀忧党之心、恪尽兴党之责，以提高党员干部职工素质为关键，以加强党组织建设和廉政建设为基础，狠抓党的思想建设、组织建设、作风建设、廉政建设，有力地促进了党员、干部、职工队伍的团结和稳定，同步推进党的建设与党领导的事业这一有机整体，为宾馆的经营接待提供了坚强的思想政治保证。在2009年1~3月份着重开展了学习实践科学发展观活动三阶段的工作；4~6月份，宾馆总支按照厅党组的要求，在宾馆范围内组织开展了“三个一”为主题的实践活动；讨论发展预备党员3名；加强和改善了对工会的领导，积极开展相关工作。

【班子建设】 2009年，温泉宾馆领导班子按照“必须把提高领导水平和执政能力作为各级领导班子建设的核心内容抓紧抓好”，加强对十七大报告精神的学习，专注班子自身建设，时刻把思想建设放在班子建设的首位，树立正确的价值观、权力观、政绩观，着力于能力建设、作风建设、制度建设，树领导班子求真务实、公正清廉、规范高效的形象。工作上把宾馆和员工的利益放在第一位，把坚持科学发展观，抓住中心、重点工作兼顾其它工作的工作方针和实现宾馆效益最大化作为己任目标来追求。通过加强理论素养和社会政策的学习研究，不断提高管理事务、协调利益关系、开展群众工作、激发创造活力、处理矛盾、维护宾馆稳定的本领，增强了驾驭市场的能力、构建和谐的能力和依法办事的能力，解决各种不适应、不符合、制约宾馆发展建设的问题，把员工的积极性引导到宾馆的发展建设上来。通过加强对领导班子的自身建设，班子的结构不断优化，作风不断改进，能力不断提高，形成了班子间互相信任、互相尊重、互相帮助、互相支持，齐心协力、团结一致干事业的工作氛围。

【充分发挥工会的职能作用】 2009年，温泉宾馆工会紧紧围绕宾馆的工作中心，按照工会目标管理责任和工作计划，全面开展工作。一年来，按时收缴、上缴会员会费；起草制定并通过了《温泉宾馆工会管理制度》；组织召开职工代表大会，讨论审议了行政提的《温泉宾馆关于增发临时性津补贴及效益工资的决定》，并全票通过；到职工群众中去做思想政治工作62人次，家访20户次，调解家庭纠纷8户次；接受承包部门2人3次因节日费和工资问题的申诉，并积极出面协调、干预、处理劳资纠纷，维护职工合法权益；中秋节看望慰问7名遗属；“八·一”建军节，组织召开了复、转、退伍军人座谈会；敬老节组织了退休老职工座谈会，每人发放了100元钱的慰问金；对21名正式职工、合同工和遗属进行了困难补助，共补助金额7 500元；对10名病故的员工直系亲属，发放慰问金5 500元；工会购买看望住院病人慰问品支出7 258.5元，看望住院病人达100%；为258名职工发放了生日蛋糕，支出9 804元；发放职工食堂征求意见表广泛征求意见，改善了职工食堂菜品质量和服务质量；重新建立了职工第六期医疗互助档卡，为职工支付了8 872元医疗互助费，给8人办理了医疗补助；为意外摔伤的员工开展了募捐，筹集到爱心捐款16 385元；按照省政府办公厅机关工会的通知要求，参与了“2009年送温暖、献爱心社会捐助活动”，173人参加捐款1 315元，衣物329件、裤子138条；组织女职工到昆明世博园、金殿公园欢度“三八”妇女节；组织职工子女到安宁未成年犯管教所参观，接受法制教育和警示教育；春节前组织开展了宾馆“迎新春联欢晚会”和办公厅系统迎新春游园活动；积极组织人员到接待办组队参加办公厅系统“迎国庆60周年文艺汇演”；积极响应安宁市总工会组织的《安宁生产月知识竞赛》活动，宾馆代表队从45个代表队中脱颖而出，荣获并列第三名的好成绩；抽调人员到安宁市总工会代表昆明市代表队参加云南省总工会举办的《安全生产月知识竞赛》，荣获并列第三名的好成绩；大力宣传宾馆的好人好事及先进事例，成功申报党志琼同志为安宁市2007—2009年度建功立业优秀职工的荣誉称号，两名工会干部被省直属机关工会命名为优秀工会干部。

【加强目标责任管理】 2009年2月2日召开了“温泉宾馆2009年度工作计划预备会，4月2日召开了”温泉宾馆2009年度工作计划会，班子成员、中层管理人员以及行政办公人员参加了会议。会上，传达了省接待办系统总经理会议精神，温泉宾馆总经理代表班子提出了2009年年度整体工作思路，明确了中心任务和重要工作目标，安排布置了全年工作，并对中层以上管理人员和各部门提出了具体的工作要求和意见、建议；总经理分别与经营部门、行政后勤部门签订了《经营目标责任书》和《工作目标责任书》。会议号召全体职工要步调一致，坚持“用心工作，用情服务”原则，把2009年的工作推上一个新台阶。

【加强队伍建设】 温泉宾馆把人文关怀，团结和谐精神贯穿于各项管理工作之中。2009年9月份开展了“以人为本，关爱职工，转变工作作风，提高综合管理水平，促进构建和谐宾馆”的专题活动，9月10日组织召开了主管以上管理人员参加的专题座谈会。与会人员围绕以人为本，从怎样关爱员工，怎样转变工作作风，如何提高综合管理水平，促进构建和谐宾馆等方面进行了交流和发言。同时，围绕这一主题，开展了全馆各个层面的交心谈心、民主生活会。另外，为把关爱员工真正体现到实处，宾馆在费用开支增加较大的情况下，仍然从关爱员工、保障员工利益的角度出发，积极响应上级的有关精神，经总经理办公会研究，职代会通过，决定从10月份起，向在编员工（包括在岗、退休、病退、内退员工）发放300元/月的临时性津贴，向合同工增发100元/月的效益工资。这一举措，调动了广大员工的工作积极性，员工的凝聚力和向心力得到了有效加强，对构建和谐宾馆起到了积极的促进作用。2009年宾馆不仅对原有企业理念进行了重新定位与浓缩（即：慎始如终，忠诚奋斗），而且在其它方面予以丰富、扩展，并沿袭了近几年来每天班前会都组织职工对宾馆的企业精神和企业理念的内容进行高声朗读，认真领会其内涵，并把它融会贯通到实际工作中好的传统，企业文化更加深入人心，向心力、凝聚力、战斗力都得到进一步增强。

【财务管理】 财务管理是宾馆的核心工作，在受金融危机的影响和市场下滑的情况下，进一步加大了对宾馆整体经济活动和各部门经营活动的宏观管理和控制，财务管理始终坚持做到严格管理、严格核算、严格控制成本费用，发挥财务管理的职能作用，从根本上保证效益的有效、稳步增长。在突出管理出效益保证资金正常周转的情况下，对资金进行合理有效运作，既盘活了资金，又增加了收入；对应收账款进行及时催缴，确保了资金的回笼和正常周转。完成通过了宾馆经营性国有资产清查和政府非税收入管理资产清查工作。通过财务的有效管理，2009 年在工资、福利、成本费用大幅度上升的同时，管理费用没有随之出现较大幅度的上升，而是在合理范围内增长。由于诚信经营、效益突出，9 月份宾馆又被安宁市授予2008—2009 年度“守信用，重合同”单位称号。

【员工业务技能培训】 为顾客提供优质满意的服务，必须具备扎实的业务功底和服务技能。宾馆把 5 至 6 月份作为培训活动月，这期间餐饮部厨房开展了菜单的制作、菜肴烹饪以及在前厅开展接待英语和摆台、服务的业务技能竞赛；客房部开展了房间卫生清理的业务技能竞赛；第一汤管理部开展了澡池卫生清理程序和业务技能竞赛；自选商场开展了商品价格和产地的现场问答业务技能竞赛等。在此期间，宾馆还组织召开了学习“企业精神和企业理念”心得体会交流演讲比赛。各经营部门在认真做好日常接待服务工作的同时，还结合各自的工作性质和特点，适时组织员工就礼节礼貌、服务用语、规范操作、菜肴质量等，开展形式多样、内容丰富的知识和服务技能培训。如：餐饮部在加强培训的同时，制作了创新菜和保留菜；人事培训部根据宾馆实情，在 3 月份先后 4 次对经营部门人员进行了“服务英语 100 句”的培训；行政办公室 11 月份开展了“职业化妆”的培训；通过培训，增强了服务人员“亲情化、个性化”服务意识，业务素质和服务水平得到了显著提高，在多起会议接待中，得到了领导和顾客的一致好评。据不完全统计，2009 年宾馆先后以不同形式培训了员工 600 余人次以上，培训率超过 200%。宾馆职业技能培训站于 7 月中旬在安宁市连然街道办开办了一期中式烹调师培训班，51 人参加了培训，由于思想重视，准备充分，受到了参加培训学员的热烈欢迎，培训完毕后，学员集体向培训站赠送了锦旗以示感谢；9 月份在安宁禄脿镇开办了两期餐厅服务员培训班，参训人员 84 人，培训完毕后，受到了禄脿社区领导的高度评价。2 期培训共有 131 人培训合格并顺利结业，培训合格率在 97% 以上，培训站的工作，提高了宾馆知名度，并获得了 7.1 万元的收益。

【参与“全国绿色酒店”及“服务之星”评选活动】 2009 年宾馆成功申创了“全国绿色酒店”工作，11 月份通过了验收，被授予了“四星级全国绿色酒店”称号。在清洁生产审核申报工作，经安宁市清洁生产工作领导小组考评验收，已批复通过本轮清洁生产审核验收。宾馆继续开展了“服务之星”评选活动。全年共有 21 人荣获月度“服务之星”称号，有 3 人荣获年度“服务之星”称号。

【创新餐饮质量的管理工作】 提高服务质量和餐饮质量是宾馆做好经营接待的重要因素。在整个接待服务过程中服务人员始终坚持以质量第一为生命线，牢固树立“顾客满意最大化”的服务宗旨，坚持人性化、个性化和亲情化的服务，接待好每一起会议和每一位客人，始终做到一视同仁，认真对待。在致力于提升服务质量的同时，加大对餐饮质量的管理力度，在“汤学广东，味走川滇”的基础上，又适时提出了“生态营养，绿色健康”的餐饮经营理念，并针对烹饪技法、调味品的使用、火候的掌握、菜单的编排等与社会各界及友邻单位进行了广泛交流和大力的培训，全年共制作出创新菜 26 道，16 道已应用于日常接待；餐饮部人员主动学习，积极创新，研制了近 30 余道生态绿色健康冷热饮品，不仅得到了领导和顾客的一致好评，还取得了良好的经济效益，全年销售自制饮品63 640元，实现利润56 286元。特别是在 2009 年 7～9 月份开展的“质量”主题活动中，餐饮部狠抓内部管理，连续几个月餐饮成本率均控制在预期范围内。9 月份，餐饮部参加了省接待办组织的首届全省接待系统烹饪比赛，取得了团体第二名，冷菜制作第二名，面点制作、摆台第六名的较好成绩。

【宣传促销工作】 2009 年，由于受全球金融危机的影响和市场竞争的日趋激烈以及宾馆硬件设施功能的限制，销售工作中遇到的困难和矛盾日益突出。为了切实有效地做好销售工作，确保经济效益稳步增长，宾馆于 3 月 3 日召开了中层以上管理人员和销售部全体人员参加的“温泉宾馆 2009 年销售工作专题会议”，会议围绕“宾馆目前的销售工作存在哪些问题和矛盾，如何完善和改进”以及“如何切实有效做好今年的销售工作，针对目前市场下滑和萎缩的状况如何应对，有何措施和办法”两个议题进行了讨论，大家查找了阻碍宾馆销售的瓶颈因素，提出了做好 2009 年销售工作的一些好思路、好措施和好办法。3 月下旬制定了“温泉宾馆年宣传销售工作计划”，对一年的宣传销售工作提出了要求，并进行了具体的安排和布置。为自加压力，明确销售任务；全员促销指标为 229 万元；专业销售指标为 78 万元。同时，把全员促销下达到部门的销售指标具体量化到中层以上管理人员，部门根据情况，把销售指标进一步量化到主管、领班，专业销售人员销售指标具体量化到个人，营造了主动销售、领导带头、职工参与的良好销售氛围。为加大宣传力度，宾馆参加了 4 月份的“中国·云南国际旅游休闲宣传周”宣传活动，制作并发放宣传单7 000余份；同时，在节假日期间积极开展酬宾优惠活动，“元旦”、“春节”、“清明”、“五一”、“端午”、“国庆、中秋”七个节日中共收入173.4万元，占营业总收入的10.2%。

通过采取以上举措，取得了较好的销售业绩，按实际销售统计，全年共完成销售677.6万元，其中，全员促销完成580.7元，完成全年指标数229万元的254%；专业销售完成96.9万元，完成全年指标数78万元的124%。

【加强安全管理　改进服务设施】　宾馆根据市场供需变化需求，于2009年相继投入153万元，对四号院餐厅及客房通道，办公楼，附三号茶室、中餐厅，天下第一汤，一号楼等进行修缮、改造，并合作完成了对附二号别墅的装修改造。通过上述项目的改造，接待条件得到进一步改善，既满足了政务接待需要，又迎合了普通消费者求新、求变的心理需求，确保了宾馆经营收入的不断增加，同时，进一步塑造了宾馆的品牌和形象。2009年宾馆的安全保卫工作以维护稳定为中心，以树立“安全第一”的理念，以坚持“预防为主，重在巡查”的工作办法来开展工作，同时，贯彻“谁主管、谁负责”和“群防群治”的管理原则，层层签订安全责任书落实安全责任。年度中积极配合上级职能部门和公安消防机关对宾馆进行的安全检查6次，在检查中没有发现任何安全隐患，得到了上级机关和相关部门的认可和好评；对急照明灯、灭火器等设施、设备进行维修更换；平时加大巡查、检查力度。由于思想重视、工作扎实，确保了2009年无治安、刑事、火灾事故的发生。

（杨世龙）

昆明市干部疗养院

【简况】　昆明市干部疗养院位于安宁市温泉镇，始建于1985年，是昆明市延安医院的下属医疗机构。经过24年的发展，现已成为昆明地区集干部保健、疗养康复、体检、会议、休闲娱乐为一体的干部保健基地。疗养院依山傍水而建，背靠郁郁葱葱的凤山，环境优美，气候宜人，是不可多得的疗养胜地。全院占地面积3万平方米，房屋面积17 763平方米，森林覆盖面积达50%以上，有“空气维生素”之称的负氧离子含量高于正离子含量的34%。院内天然地热矿泉水丰富，水温适中，水中含有多种人体必需的矿物质和微量元素，是符合国家饮浴两用标准的优质地热矿泉水。院内服务功能齐全，有标间以上疗养住宿床位170余张，有可提供200余人的餐厅和会议室。文化娱乐设施有25×50米室内温水标准游泳池、乒乓球室、健身房、棋牌室、图书室、歌舞厅、KTV包房。在医疗业务方面，开展了彩超、心电图、X光、生化等常规体检项目和血流变学检查、24小时动态血压、动态心电、针灸、推拿、理疗、中药熏蒸等项医疗业务。对中老年常见病多发病如高血压、心脑血管病、颈腰椎病等疾病取得了较好的治疗效果，积累了丰富的临床诊治经验。2009年，疗养院下设院办、财务、临床、后勤、对外经营等5个科室，现有职工45人，学历层次为本科10人、大专12人、中专12人、高中及以下11人。所学专业为医学类26人、经济类6人、工程类1人、其它12人。专业技术层次为中级职称14人、初级职称16人、其他15人。

【基层组织建设】　2009年，昆明市干部疗养院全体干部职工团结一心，克服金融危机、甲型H1N1流感等不利因素带来的影响，通过增收节支、提高服务质量、优化服务环境，取得了较好的社会效益和经济效益。一年来，昆明市干部疗养院成立了以院长陈先跃为组长、支部书记蔡德禄、副院长张情挥、张剑丽为副组长的“目标责任考核工作领导小组”，年初制定了“院对科”目标责任书，把任务分解落实到各科室，坚持每周1～2次考核检查。各职能科室主任能认真进行职工聘后管理工作，积极履行岗位职责，坚持重大问题请示报告制度。院党支部坚持“三会一课”制度，全年召开支委会、支部大会12次，并组织了全院党员庆七一“党在我心中”专题活动；全体党员均能按时缴纳党费。院党支部十分重视组织发展工作，今年接收了1名入党积极分子为中共预备党员，完成了1名预备党员的转正工作。

【思想建设】　2009年，昆明市干部疗养院根据上级文件精神，认真开展了“医院管理年活动”、“行政效能提升年和干部作风转变年活动”以及“学习、实践科学发展观活动”。院党支部制定了工作计划、指导思想、工作目标、方法步骤。通过学习教育、查找问题、整改落实、总结考评等阶段，使全院职工受到了极大的教育。院党支部共收到学习心得体会70份、服务承诺书35份。一年来，疗养院认真开展行风建设、职业道德教育活动，组织全院职工政治学习大会共8次，由陈院长、蔡书记等领导进行职业道德讲课4次，进一步促进了“治理医疗行业商业贿赂不正之风”工作。通过学习考核，提高了干部职工廉洁行医的自觉性，在全院职工中未发现收受红包、回扣、乱收费等现象。半年一次的职业道德考核档案建档率达100%。

【工青妇工作】　一年来，昆明市干部疗养院为丰富广大疗养员、职工的业余文化生活，年初组织了2009年春季运动会，开展了篮球、游泳、拔河、跳绳、乒乓球、飞镖、双抠等团体和个人项目。重组了由14人参加的舞蹈队，排练新舞蹈3个；全年共召开篝火联欢晚会18次，组织参加了昆明市延安医院文艺汇演，“高原红”等2个民族舞蹈节目并获鼓励奖。“三·八”妇女节、“五·四”青年节、“五·十二”护士节，都分别组织了相关活动。5月中旬，组织全院职工103人进行了健康体检，办理《健康证》65份，《护士执业证》15份，为职工注射甲流疫苗34人次。“八一”节向11名复退转军人发放了慰问金；职工赵恩梅同志荣获“安宁市第二届建功立业优秀职工”光荣称号。工作之余，组织全院30余名职工赴北京、青岛、威海、烟台、大连旅游参观考察，饱览了祖国的大好河山。

【治安综合治理及创建“平安单位”活动】 2009年，昆明市干部疗养院共召开10次“安全工作专题会议”，重点研究了防火、防盗、医疗、交通、游泳救生、食品安全等项工作，并与各科室签订了安全责任书；举办灭火知识培训1次，58名职工参加了培训；全年接受了安宁市消防大队12次检查，均符合要求，做到了全年无安全事故的发生。

【老干部工作】 2009年，昆明市干部疗养院在春节、国庆、中秋节等重大节日，对45名离退休（含内退）职工发放了慰问金；为离退休人员办理了养老保险社会化发放新工资卡；1月，全体老干部回院参加了2009年运动会；“七一”节组织离退休党员到“煤炭疗养院”开展活动；12月组织42名老干部分别到昆明海埂、安宁温泉活动；对10名生病住院的老干部进行了看望和慰问；对2名生活困难的老干部给予生活补贴。

【温泉卫生院工作】 2009年，昆明市干部疗养院的下属机构温泉卫生院认真开展医疗防治工作。在公共卫生工作方面，1～10月按时完成了对3个村委会、2个社区的计划免疫共计1 488人次；麻疹疫苗查漏补种397人次；结核病管理4人；每月4次对本地区水质较差的井点进行漂白粉消毒，并作监测记录；做好辖区内食品卫生管理工作；做好各卫生院所门诊日志填写工作，每月进行免疫自查1次；全年网络直报传染病23人次，疑似甲流感染上门调查3次。对辖区孕产妇、婴幼儿保健实施管理，全年围产孕妇系统管理137人，已住院分娩101人；儿童系统管理7岁以下儿童669人次，高危体弱儿童109人，结案73人；落实上报贫困孕产妇6人，享受救护5人；全年实施孕妇普查2次，共47人；做好孕产妇艾滋病免费咨询工作，咨询率达到95%，艾滋病病毒检测资源咨询18人。在做好预防保健和妇幼保健工作的同时，积极开展健康教育工作，全年对卫生院及卫生所医务人员进行了5次甲流相关知识培训、3次艾滋病、1次结核病防治、1次合理用药、1次中医中药知识培训；开展乡村医生培训12期。到社区、村寨进行健康宣传6次。在医疗工作方面，昆明市干部疗养院按现行就医及费用报销政策，挖掘潜力，开展新的服务项目。2009年增设了妇科、中医科、康复门诊，为适应医疗业务需要，下半年购买了彩超一台，1—12月份收治住院病人520人，门诊病人7 109人，实施危重病人管理18人。

【其他工作】 昆明市干部疗养院1～10月完成散客团队接待17 386人次，收住疗养员591人，健康体检139人，累计收入536万元，与去年同期相比增长了6.5%；完成了《医疗机构执业许可证》、《机构代码证》等23本证照的换证、年检工作。并积极参与安宁市创建全国卫生城市活动，成立了“创卫工作领导小组”，组织全院大扫除6次。全年出健康教育黑板报10期。

（王文俊）

安宁天惠大酒店有限公司

【简况】 安宁天惠大酒店是由安宁投资开发有限公司及安宁宾馆共同组建的有限责任公司，总投资达1.1亿元，占地面积13 388平方米，总建筑面积为：20 255.6平方米，其中主楼高15层，建筑面积17 248.2平方米；附楼高2层，建筑面积3 007.4平方米，建筑造型新颖别致、气势宏伟，内部装修高贵典雅，先进的服务设施和庞大的资产规模在安宁堪称首位。

公司下设总经理办公室、财务室、行政办公室、客房部、销售部、总台、娱乐部、茶室、工程部及保安队，成立了工会组织。天惠大酒店地处安宁市区温泉路口，紧靠320国道，俯视安宁市全景，交通便利，环境优美，集客房、餐饮、娱乐、会务、健身于一体。酒店大堂内设有总台接待处、商务中心、票务中心、会务中心、大堂吧、保龄球馆等，是为客人提供购物、代办票务、旅游观光、健身、休息的理想场所。3—11楼房务中心设有豪华套房、标准间、三人间等规格的客房共144间，306个床位，风格各异，备有先进安全的IC电子门锁、卫星电视、国际、国内直拨电话；12楼康体中心、桑拿部，融健身和理疗为一体；13楼歌舞厅和KTV包房是娱乐的理想场所；15楼会议中心可接待300人的会议；二楼中餐厅，可接待600多人同时用餐。2009年接待省内外大中型会议及涉外会议二十余次，取得了良好的声誉。

【经营状况】 2009年平均入住率为39%，全年实现营业收入313.6万元；费用支出414.3万元（含折旧84.4万元，向国家缴纳各种税金53.7万元），经营亏损：100.7万元。

（覃　元）

医疗·卫生

编辑：马义芳

2009 年 11 月 17 日，昆明市鼎力医院在安宁市大屯新区正式动工建设。（市卫生局　供稿）

医疗保健·爱国卫生

【简况】 2009年，市委、市政府把创建卫生城市作为提升城市整体功能、打造城市品牌的重要内容，作为改善民生问题和社会主义新农村建设重要举措，切实加大医疗卫生投入，加快医疗卫生事业发展。至2009年底，安宁市辖区内共有中央、省、市属企事业单位医疗卫生机构192家，拥有床位2 372张，卫生专业技术人员1 663人，乡村医生124人；每千人拥有病床4.2张、卫技人员4.7人。全市医疗机构门诊病人64.5万人次，出院病人4.5万人次，实现业务收入2.47亿元。

【卫生基础设施建设】 2009年，经市委、市政府同意，启动市人民医院住院大楼新建项目。工程总投资9 960万元，建筑面积2.2万m^2，层高12层，2009年8月5日主体工程开工建设，2010年底可建成投入使用。市中医院、市妇女儿童保健中心、市疾控中心建设列入2010年安宁市重点基础设施建设项目。按照市委、市政府的有关安排，2009年继续实施了剩余28个村卫生室建设项目，除因园区、新区、重点工程建设，区域规划尚未完善，经市政府批准暂缓建设的外，其余的已建成投入使用。

2009年8月5日，安宁市人民医院住院大楼正式动工建设。 （市卫生局 供稿）

【卫生体制改革】 2009年，安宁市卫生局坚持积极稳妥的原则，拟订了《安宁市医疗卫生事业单位人事制度改革实施方案》等6个配套文件。突出公共卫生服务机构，进一步理顺单位职能，成立了安宁市健康教育所、安宁市人才服务中心卫生人才分中心；将市妇幼保健院更名为市妇女儿童保健中心；新农合办更名为新农合管理中心。探索公立医院改革模式，以昆钢医院为试点，保存量、扩增量，引入社会资本，以股份制形式参与建设改革，并完成前期各项准备工作（但由于市场原因，合作协议未能继续履行）。加快推进用人机制改革，系统内实施了编外人员合同制和特殊人才年薪制，年内招用编外人员100余人。

【卫生应急工作】 2009年，市卫生局认真贯彻执行省、市关于突发公共卫生事件应急管理的有关规定，重新修订完善了“突发公共卫生事件应急”等16个预案，调整充实了应急队伍，积极开展应急演练，继续常年坚持24小时领导班、中层干部值班制度，突发卫生事件报告及时率达95%以上。及时规范完成了八街杨梅山“3.23”矿洞事故、青龙铁厂“4.27”有毒气体中毒事故等卫生应急处置、防疫任务，处置及时率达100%。多次参与，并高质量完成了“强拆”等专项行动医疗卫生保障任务。高度重视医疗急救工作，各医院均成立了院前急救工作领导小组，落实专人负责院前急救工作。4月份以来，面对全球暴发的甲型H1N1流感疫情，积极应对、措施有力、科学处置，疫情防控取得阶段性成效。

【新型农村合作医疗工作】 市卫生局认真贯彻执行省、市有关会议精神，进一步健全完善新型农村合作医疗制度，资金管理安全规范，报销比例逐年提高。2009年人均筹资标准达120元，报销比例最高达80%（镇级），封顶线达20 000元，实施了特殊疾病门诊补偿，参合率达99.7%，参合群众受益度大幅提高。截至12月底，累计到位资金1 323.77余元（含利息2.9万元）；减免报销16 223万人次，金额1 274万元，资金使用、减免报销等经审计无违规、违纪情况发生。进一步优化完善了《安宁市新型农村合作医疗大病救助办法（试行）》，扩大了覆盖面，2009年共有157名符合条件的大病患者得到了救助，累计发放救助金114.7万元。圆满完成了2010年筹资任务，人均筹资140元，其中：各级政府补助120元，个人缴纳20元。全市参合110 965人，参合率达99.8%；拟定了2010年实施方案，进一步提高了报销比例，扩大报销范围，封顶线达40 000元。

2009年8月12日，柬埔寨、老挝、越南、缅甸、泰国、美国等国家的卫生官员和流行病专家，到安宁市参观新型农村合作医疗工作。

（市卫生局 供稿）

【妇幼卫生工作】 2009年，安宁市卫生部门进一步改善卫生服务管理工作突出公共卫生服务职能，将市妇幼保健院更名为妇女儿童保健中心，进一步健全完善了以市妇女儿童保健中心、社区卫生服务中心（乡镇卫生院）、社区卫生服务站（村卫生室）三级网络为主体，医疗机构妇产科、儿科为辅助的妇幼保健服务体系，妇幼保健服务能力不断增强。全面实施孕产妇和儿童死亡干预方案，巩固提高孕产妇系统管理率和儿童系统管理率，一是以基层妇幼保健人员为重点，强化妇幼保健机构能力建设，定期组织开展妇幼保健人员业务培训，进一步增强基层妇幼保健人员的服务能力。二是健全监测信息网络，加强监督指导，加大干预力度，切实加强对高危孕产妇和高危体弱儿童的监护和抢救工作，进一步控制和降低孕产妇、婴儿死亡率，2009 年，全市孕产妇系统管理率 95%，住院分娩率 98%，孕产妇死亡率为 159.07/10 万；婴儿死亡率 10.07‰。三是深入贯彻《母婴保健法》，抓紧抓好两个高危人群的管理，认真开展婚前和产前艾滋病防治咨询和检测，进一步规范预防艾滋病母婴传播工作。

【医院管理】 2009 年，安宁市医疗卫生继续深入开展“以病人为中心，以提高医疗服务质量为主题”的医院管理年活动，从医院行政管理、医疗、护理、感染管理、药事、财务等各个方面认真贯彻落实标准要求，全面落实医疗质量和医疗安全核心制度，不断提高医疗服务水平和医疗质量安全。严格执行药品集中招标，统一配送制度，市属医疗卫生单位、社区卫生服务机构全面实行药品、医用耗材集中跟标采购，有效降低了药品价格。实施惠民举措，努力缓解群众看病难、看病贵问题，扩大药房托管试点工作成果，继市人民医院后，市中医院实施药房托管，与东骏药业联合建立平价药店，并作出零售价格不高于安宁地区市场价的服务承诺。在实施交通事故医疗急救、老干部就医、老年人就医“绿色通道”的基础上，开通了警务人员医疗救治“绿色通道”。在卫生系统内推行了医德档案制度，把医德医风好坏作为评优、晋职的评选条件，对在医德医风出现问题或投诉举报查实的医护人员按照有关规定予以处罚。

【中医工作】 2009 年，全市医疗卫生机构继续贯彻实施“名院、名科、名医”战略，切实加强中医药服务能力建设，省级重点专科市中医院中医妇科、昆明市级重点专病内科糖尿病通过上级卫生部门验收。市辖 3 家社区卫生服务中心、3 家服务站及各卫生院均开设了中医科室，设立了中药房，基层医疗卫生机构中医药服务工作不断加强和规范。

【社区卫生】 2009 年，市卫生局认真贯彻落实各级“医改”会议文件精神，稳步推进卫生院转型工作，大力发展城市社区卫生服务，2009 年，新建社区卫生服务中心 1 个，社区卫生服务站 3 家。医疗、预防、保健、康复、健康教育、计划生育“六位一体”服务工作，疾控、妇幼进社区工作进一步深入。

2009 年 5 月 29 日，“中医中药中国行”大型科普宣传活动中医大蓬车走进安宁。

（市卫生局　供稿）

【民营医院发展】 市卫生局认真贯彻落实《中共安宁市委、安宁市人民政府关于加快推进医疗卫生事业改革和促进民营医院发展的实施意见》，切实落实民营、公立医院平等待遇，在民营举办专科、专病医院方面给予政策倾斜，以招商引资为契机，引入社会资金，大力发展民营医院。2009 年共引入民营医院建设项目 4 个：安宁重生老年病医院、安宁真爱妇科医院、云南技师学院医院和昆明鼎立医院（后两院正抓紧建设，预计总投资近 1 亿元）。

【爱国卫生工作】 2009 年，安宁市广泛开展爱国卫生运动，加强环境卫生综合整治，全市上下形成了每周五定期开展卫生大清扫活动制度，同时大力开展除“四害”活动和老旧居民区卫生环境整治，清除卫生死角和蚊虫孳生地；定期组织开展健康教育宣传，召开了全市健康教育工作会议。深入开展细胞创建活动，顺利通过了省第八次城市卫生检查评比，连续 6 届（每届 2 年，共连续 12 年）保持甲级卫生城市荣誉称号；青龙镇争创为了“国家卫生镇”，八街镇“国家卫生镇”创建工作有序开展，9 个村争创为“省卫生村”。截至 2009 年安宁市共创建“国家卫生镇”2 个；“省卫生镇”5 个；“省卫生村”17 个；“昆明市卫生先进单位”30 家；多次被评为灭蟑、灭鼠、灭蚊等先进县（市）。农村改水普及率达 97.64%，改厕普及率达 79.58%。

【做好国家卫生城市争创工作】 2009 年安宁市创卫工作进入冲刺阶段，市委、政府高度重视，加强领导，在成立“四创两争”指挥部和“创卫”分指挥部的基础上，成立了“创卫”分指挥部办公室。在驻市机关、企事业单位中建立了周五卫生大扫除工作制度。广泛开展创卫宣传，全市累计印制发放各类宣传材料 25.3 万余份、宣传画 3 万余张；组织举办培训班 18 期、参训 2.5 万余人次。深入开展专项整治，由城管、工商、卫生、建设等部门牵头，深入持久地开展了老旧居民区、城郊结合部环境卫生综合整治，农贸市场、“七小”行业、二次供水等专项整治。市级领导定期、不定期深入街头巷尾督查创卫工作，对不达标区域责任单位予以通报，对整改仍不达标单位主要领导实施问责。完成申报资料汇编，由卫生部门牵头完成了安宁市创卫申报材料汇编，共六本书，近150万字，分别为：汇编一，申报资料；汇编二，技术报告；汇编三，工作文件；汇编四，领导讲话；汇编五，政策法规；汇编六，工作汇报。2009年，全市创卫各项指标基本达标，通过了省爱卫办的明察暗访，并于12月25日正式向全国爱卫会递交了创建国家卫生城市申请。

【行政许可工作】 深入实施阳光政务工程，行政审批事项由2008年的4项调整为2项；审批时限由5日压缩至3日。累计完成卫生许可证、医疗机构《执业许可证》较验3 000余家、发证1 650余家。深入开展“七小”行业和打击非法行医专项整治行动，卫生监督覆盖率达100%；食品卫生监督量化分级率达95.6%，公共场所卫生监督量化分级率达92.8%。

（吴云春）

卫生监督

【简况】 安宁市卫生局卫生监督所成立于2002年10月，2006年6月正式更名为安宁市卫生局卫生执法监督局，隶属于安宁市卫生局，属参照公务员管理的事业单位，现有人员15人，内设办公室、食品卫生监督科、医疗机构监督科、公共卫生监督科等科室。2008年3月，安宁市卫生局卫生执法监督局从15名工作人员中调整12名到安宁市综合执法大队工作，负责辖区内的综合性行政执法工作，2009年6月，经市政府研究决定，原调整至综合执法大队的卫生监督人员全部撤回，恢复正常卫生监督执法工作。2009年安宁市卫生局卫生执法监督局继续坚持依法行政，强化综合执法，进一步深化卫生监督体制改革，认真贯彻《传染病防治法》、《食品安全法》、《职业病防治法》、《公共场所卫生管理条例》、《医疗机构管理条例》等卫生法律法规，加大监督执法力度，全面加强医疗机构、食品卫生、传染病防治、职业卫生、放射卫生、公共场所卫生、学校卫生、生活饮用水卫生、消毒卫生的监督管理，开展了一系列卫生监督执法专项行动。

【卫生行政许可】 截止2009年11月30日，共换发卫生许可证2 837户，换证1 187户，新办证1 650户，其中食品新办证1 115户（2009年6月1日启用《餐饮服务许可证》以来，办证274户），公共场所新办证535户，全市共有餐饮单位957家、学校食堂37家，公共场所770家，医疗机构205家，其中校验172家。从业人员体检及培训合格率和许可证持证率均达95%。“五病”调离132人，调离率100%。

【食品卫生监督】 2009年，市卫生执法监督局对各类餐饮单位开展经常性与突击性执法检查3 757户次，监督覆盖率100%。查处违法案件33起，没收并销毁不合格食品125公斤，责令限期整改546户，行政罚款1户，罚款金额900元。

2009年1月7日至4月14日对食品添加剂市场开展了专项整治工作。共出动卫生监督人员113人次，重点对287家食品经营单位（其中学校35家、卤制品加工8家、蛋糕店12家、火锅店和餐饮含小吃店225家、食品加工单位〈米线、面条〉7家）的食品生产经营环节中违反《食品添加剂使用卫生标准》要求、滥用食品添加剂的违法行为进行了检查。继续全面推行食品量化分级管理，建成区餐饮单位785家，量化分级覆盖率达95.6%，学校食堂37家，量化分级覆盖率达100%。其中A级单位6家（2009年申请通过1家）占0.8%；B级单位144家，占18.3%；C级单位635家，占80.9%。3月19～20日对全市建筑工地食堂进行了专项检查，出动监督人员13人次，拉网检查建筑工地食堂22户，下达限期整改意见书22份。

根据《安宁市食品安全委员会关于印发〈安宁市杜绝病死猪肉流入市场专项整治百日行动工作方案〉的通知》的工作安排，于2009年6月17日至9月4日开展了杜绝病死猪肉流入市场专项整治的监督检查工作。重点对学校食堂、餐饮单位进行了重点监管，坚决杜绝病死猪肉流入餐饮市场。专项整治检查共出动卫生监督人员71人次，共检查食品经营单位676家（其中城区学校食堂31户、餐饮单位645户）。

【公共卫生监督】 开展经常性与突击性执法检查2 695户次，监督覆盖率100%。查处违法案件9起，责令限期整改4户，行政罚款5户，罚款金额1 000元。

2009年2月11～26日出动6名监督员分两组对辖区内的美容美发场所进行了专项监督检查，共检查辖区内美容美发场所132家，其中美发场所79家，美容场所53家。针对存在的问题，监督人员现场进行了指导，并对每家单位下达了监督意见，责令限期整改。

按计划开展抽检工作。一是制定2009年卫生监督抽检工作方案和计划，并按计划开展抽检工作。二是2009年6月对两个街道办事处和温泉镇的美容美发、住宿、沐浴的公共用具进行抽检，抽检20家，抽检检品99件，合格94件，合格率94.9%。三是按计划分别于4月、6月、8月、10月对金方街道办事处和温泉镇的游泳池水进行抽检工作。4月抽检5家游泳池水，4家不合格；6月抽检7家游泳池水，全部合格；8月抽检8家游泳池水，4家不合格；10月抽检5家游泳池水，3家不合格。四是每月对连然、金方两街道的自来水公司进行末稍水检测。

开展公共场所量化分级管理。2009年推荐申报A级单位11家，正准备迎接昆明市执法监督局的复查验收。截止2009年11月30日，建成区有公共场所474家，完成量化分级440家，量化分级覆盖率达92.8%，其中A级单位2家，占0.4%；B级单位147家，占31%；C级单位291家，占61%。

2009年10月下旬，对城区两街道和温泉镇辖区内的文化娱乐、桑拿洗浴场所进行专项监督检查，共出动卫生监督人员6人次，检查经营单位65户。

【医疗机构卫生监督】 2009年，对各级各类医疗机构开展经常性与突击性执法检查217户次，监督覆盖率100%。查处违法案件11起，责令限期整改11户，行政罚款1户，罚款金额5 000元。根据市卫生局的工作安排，分别于2009年1月和9月两次对连然、金方两个街道办事处的城乡结合部、城中村等区域开展了打击非法行医专项行动。共检查医疗机构25家，其中：取缔无《医疗机构执业许可证》的非法性病诊所、口腔科游医9家次，并对没收的药品、器械进行了没收销毁；责令4家存在任用非卫生专业技术人员、隔离消毒措施不落实、超范围诊疗等情况的医疗机构进行限期整改。9月，结合创卫工作的要求，加强对连然、金方两街道和温泉镇辖区内各类医疗机构医疗废弃物处置的规范化管理，要求所有医院、门诊和社区卫生服务机构全部与云南正晓环保公司签订合同，由云南正晓公司统一集中处置。到目前，建成区范围内99%的医疗机构已经实现由云南正晓公司统一收集处理。从7月开始对医院污水进行每季度一次的检测，7月对辖区内的4家设置医源性污水处理设施的医疗机构的医源性污水进行了监督检测。检测结果：4件医源性污水水样中，肠道致病均未检出，合格4件；粪大肠菌群合格2件；余氯合格0件。对全市各医疗卫生单位进行放射卫生专项检查，监督检查19家，已办理《放射诊疗许可证》的单位有3个，7家医疗单位正在办理过程中，4家由于放射诊疗设备陈旧和其他原因，已停止放射诊疗活动。对各放射诊疗单位存在的问题，均下达了整改意见书。

【饮用水卫生监督】 对生活饮用水开展专项检查。一是于2009年7月20～24日对全市（包括城区和7镇2街道）的10家集中式供水厂进行了一次监督检查。二是开展饮用水消毒剂专项监督检查，年初对城乡各类集中式供水单位、二次供水单位、学校自供水使用消毒剂情况进行检查。

结合创卫工作，于8月在建成区开展二次供水设施卫生管理达标专项整治工作，以建设局牵头，卫生监督积极配合，截止2009年11月30日，全市有85家单位完成二次水箱的清洗消毒，已有25家单位水质检测合格后，达到相应标准，办理了卫生许可证。2009年12月，对全市已办理卫生许可证的二次供水单位进行了全面的监督检查。

【学校卫生监督】 按照昆明市卫生局的统一部署，卫生局联合市教育局制定印发了《安宁市2009年学校食品、饮用水卫生安全监督检查工作方案》，按照工作方案要求，于2009年3月和9月两次联合市教育局组成联合检查组，分四个小组对辖区内所有中、小学校和幼儿园针对学校食品卫生（包括卫生许可证和健康证、加工操作流程、餐具消毒保洁、进货索证验收等情况）、饮用水卫生规范化管理工作进行了监督检查，监督合格率为96%。

加强集体送餐单位的监督管理，对安宁市辖区内两家集体送餐单位（安宁市海涛学生餐配送有限责任公司和昆钢一中食堂）进行重点监管。

【职业卫生监督】 全市有涉及职业危害的企业184家，2009年对各企业开展经常性与突击性执法检查58户次，责令限期整改9户。4月30日联合市安监局、劳动保障部门在市中心百花公园门口、连然街广场对《职业病防治法》、《云南省职业病防治条例》进行宣传。

【创卫“七小”整治】 按照市委、市政府的创卫工作总体部署和根据《安宁市创建国家卫生城市“七小”行业专项整治工作方案》，切实履行好“七小”行业专项整治领导小组办公室的工作职责，筹划组织召开了全市“七小”行业专项整治专题工作会和工作人员培训会。2009年对全市的“七小”行业经营单位约2 500家进行登记，8月组织全市“七小”行业经营单位责任人分片区、分行业进行创卫整治达标培训，确保“七小”行业全面整治达标。制作了全市统一的卫生管理制度、责任书、承诺书、监督提示牌、标识等相关内容和证照，要求经营单位按要求悬挂上墙。制定“七小”行业专项整治定期日常监督检查和定期综合抽查制度，加大监督检查力度，进行集中强力整治。对连然、金方两个街道办事处和温泉镇的“七小”行业开展卫生监督3 300户次，下达整改通知书1 430份，全市建成区“七小”行业创卫达标率已达70%。

（李　蕾）

疾病预防控制

【“突发公共卫生事件”的应急处理】 建立组织领导机构，制定防治预案和应急预案；成立了应急处理组，并进行分工及明确责任制；坚持24小时值班制及每天的“零”报告制度；对防保医生及乡村医生进行了岗位技能的培训；储备了必要的物资，做好应急准备；完成各项防治工作任务。

【鼠疫防治】 2009年，安宁市疾病预防控制中心认真贯彻落实国务院办公厅《国家鼠疫控制应急预案》和《云南省鼠疫防治联防方案》加强鼠疫的防治联防工作，加强灭鼠防病和“三不”等鼠防知识的宣传，配合爱卫办大力开展灭鼠活动。加强对鼠疫的防治管理，坚持疫情“三报”和“零”报告制度，报告单位8家，共收到报告卡88张。对固定监测点连然镇和流动监测点的鼠密度监测 11 次，室内布鼠笼6 600笼，捕鼠 89 只，室内鼠密度为 1.35%；室外布鼠夹4 400夹，捕鼠 27 只，室外鼠密度为 0.61%。实验室检验取鼠血清 89 份，鼠肝脾培养 116 份，经检验未发现阳性。

【霍乱防治】 2009 年，全市卫生单位开设肠道门诊 11 家，并常年开展工作，建立义务报病队伍 97 家，每月进行外环境监测 2 次 6 个点，海产品监测 10 个样，共取样 301 份，未发现霍乱弧菌。四级督查 78 乡次，收到旬报卡 330 张，向各乡镇卫生院发放碱性蛋白胨 24 支。督促安宁市人民医院和中医院对腹泻病人开展“02”号菌监测，共监测肠道门诊病人 487 例，“02”号菌培养 470 份，培养率为 96.5%，未发现阳性病例。

【传染病报告管理】 2009 年，全市常住人口发生乙类传染病 17 种 588 例（含昆钢），发病率为 195.29/十万；报告丙类传染病 7 种 547 例，发病率为 181.67/十万。对全市医疗卫生机构按门诊登记和住院登记制度的要求进行考核，考核医疗单位 36 家，查门诊登记52 449例，查住院登记5 745例，查出传染病 12 种 345 例，报告 342 例，报告率为 99.10%；及时报告 295 例，报告及时率为 86.27%，漏报 3 例，漏报率为 1.89%，卡片完整率为 96.89%。

【艾滋病防治】 2009 年，为进一步落实防治艾滋病宣传教育工作，不断扩大宣传覆盖面，结合安宁市 2009 年“四下乡”、“安宁市禁毒防艾宣传日”、“世界艾滋病日”等宣传活动，深入到 7 个镇和 2 个街道办事处进行义诊咨询、卫生政策、法规及艾滋病防治知识宣传，悬挂宣传布标 5 条，展出防艾宣传展板 372 块次，发放禁毒、防艾及卫生防病知识宣传折页、日历、海报等宣传材料 30 种119 698份，免费发放安全套15 000只。共组织艾滋病相关政策、法规培训及艾滋病防治知识培训 21 场次，培训人员2 434 人。召开安宁市娱乐场所艾滋病防治业主、领班会 2 期，共 69 人参加。2009 年继续与辖区内各娱乐场所高危女性外展人员签订高危女性外展工作协议书，开展高危女性干预活动，共完成高危女性干预5 954人次，月干预覆盖率均 >95%，总覆盖率达 96.61%。召开娱乐场所同伴教育员培训 21 期，培训高危女性 771 人次，发放宣传材料5 966份，发放免费安全套 43 033只。在妇女活动中心“温馨家园”举办特色美容培训班 1 期，丝网花艺培训班 4 期，高危女性 79 人参加。与昆明市强制戒毒所、安宁市公安局禁毒大队联合召开 2 次协调会，共有 24 人参加。举办社区戒毒专职人员艾滋病基本知识、职业暴露防护处理培训班 1 期，19 人参加。对社区吸毒人员及戒毒所内戒毒人员进行艾滋病知识及毒品危害知识培训 3 期，共 727 人参加。2009 年培训吸毒人员同伴教育者 25 期 221 人次，发放宣传材料2 205份，免费发放安全套4 370只，干预 111 人1 873人次，干预覆盖率 16.44%，发放针具14 000支，回收针具13 991支，针具回收率 99.94%。2009 年度省级项目转移支付已购针具20 000支，全部用于 IDU 针具交换。开展 5 期美沙酮入组人员联谊活动，参加活动 81 人次。中心组织专业人员对美沙酮门诊督导 4 次，检测美沙酮维持治疗人员 HIV/HCV、梅毒 67 人。2009 年共完成各种转介 503 人次，占应转介人 506 人的 99.4%。

【结核病项目管理】 2009 年结防门诊接诊可疑肺结核病人 189 人，其中：因症就诊 70 人，转诊 58 人，追踪到位 38 人，日常推荐 20 人。发现肺结核病人 69 人，治疗管理 67 人，2 名未纳入管理治疗，1 人因回原籍治疗迁出，1 人拒绝国家免费治疗。其中复治涂阳 2 人，初治涂阳 63 人，已完成全年任务指标 66 人的 95.45%，已超出时间进度指标，复治涂阴 2 人，初治涂阴 1 人。检查涂阳肺结核病人密切接触者 120 人。完成痰检 345 人次，其中初诊查痰 189 人，随访查痰 156 人；制作痰标本 879 张，其中阳性片 183 张，阴性片 699 张，阳性率20%。初治涂阳病人 2 月末、3 月末转阴率均为 100%，涂阳病人（初、复治）治愈率达 95%。完成乡级督导 42 乡/次，完成村级督导 92 村/次；督导访视项目管理病人 132 人/次；接受上级督导检查 5 次。按期对 8 乡（镇）结防工作进行督导，1~11 月共计督导镇卫生院、村卫生所 18 家，非结防机构报告肺结核病人 195 人，其中重报 28 人，实际报告 167 人。医疗机构转诊及病人主动到位 22 人，实际完成网络报告肺结核病人追踪 145 人，追踪率 100%；追踪到位 37 人，追踪到位率 25%。“3.24 世界防治结核病日”宣传活动，共发放宣传折页及宣传单各7 000份，接受群众咨询 282 人次，展示宣传画 54 板次、宣传布标 9 幅次，组织乡村两级防痨医生进行结核病防治知识培训 9 期，共计培训 144 人次。

【麻风病防治】 2009 年到 7 镇自然村、厂矿进行治愈病人复查体检，自然死亡 5 人，应检病人 165 人，已检 164 人，治愈体检复查率达 99.39%。接触者体检（家属），应检家属 61 人，已检家属 60 人，家属体检率达98.36%。化疗监测查菌 10 人，已取菌检验 10 人，监测查菌率达 100%。现症化疗病人 10 人，已化疗 10 人，化疗率达 100%，规则治疗 10 例，规则治疗率 100%。1~11 月新发现老病人复发 2 例，为多菌型麻风（BL 型），做到即时建立病历档案，即时进行三联化疗。国际麻风节期间，分别到 7 镇 2 个街道办事处进行麻风病防治知识宣传，悬挂“关爱麻风患者，共建和谐家园”、“消除麻风歧视、共建和谐社会”的布标 2 块，张贴宣传画 615 张，发放宣传单50 040份，出黑板报 10 块，制作宣传展板 6 块，咨询人数 126 人，受宣传人数 20 万人次，宣传覆盖率达到 100%。举办培训班 1 期，共计 95 人参加培训；对多菌型家属体检 47 人，少菌型家属应检 14 人，已检 13 人；全市治愈存活病人 165 人，体检时已进行康复教育，康复教育率 99.4%。

【慢性病监测】 2009年，安宁市疾病预防控制中心按年初制定的年度工作计划，在各医疗卫生单位推行35岁以上成年人首诊测血压的规定，并每月将监测结果上报疾控中心；在百花社区、金方社区、宝兴社区开展慢性病防治工作，开展控烟、高血压防治等干预活动；开展健康宣传教育，普及慢性病防治知识。共监测血压人数18 515人，检出高血压患者1 662人，发放高血压随访卡1 662份。全年调查统计居民死亡个案1 127例。

【地方病防治】 2009年完成5个乡镇20个自然村的居民盐碘检测300份，合格碘盐290份，合格率为96.67%。完成安宁市克山病受威胁地区的人口调查，未发现克山病病人。

【免疫规划】 2009年按照省、市统一部署，为有效控制甲型H1N1流感疫情，防止疫情扩散，落实防控责任，安宁市开展了2009年秋冬季重点人群甲型H1N1流感疫苗接种工作，至11月28日共接种重点人群5 744人份。无严重接种异常反应，顺利完成第一轮接种任务。2009年继续加强维持无脊髓灰质炎状态的工作，提高AFP监测系统运转质量，加强疫苗接种工作，提高人群免疫屏障。1～11月完成冷链运转12次，全市1～11月份共接种一类疫苗76 429人次，其中：卡介苗接种3 023人次，喂服脊灰糖丸16 211人次，百白破接种14 089人次，麻疹疫苗接种5 523人次，麻腮风疫苗接种143人次，乙肝疫苗接种10 988人次，白破疫苗接种2 478人次；扩大免疫规划接种麻风疫苗2 556人次，麻腮疫苗2 532人次，乙脑疫苗接种5 954人次，A群流脑疫苗接种7 139人次，甲肝疫苗接种3 172人次，精制百白破疫苗接种2 370人次，A+C流脑疫苗接种3 400人次。二类疫苗预防接种39 060人次，其中：成大狂犬疫苗接种8 512人次，狂犬免疫球蛋白接种346人次，乙肝疫苗接种15 413人次，甲肝疫苗接种3 037人次，23价肺炎疫苗接种407人次，Hib疫苗接种814人次，水痘疫苗接种944人次，精制百白破疫苗接种4 136人次，麻腮风疫苗接种463人次，A+C流脑疫苗接种258人次，乙脑疫苗接种251人次，口服轮状病毒疫苗接种789人次，风疹疫苗接种25人次，流感疫苗接种3 531人次，乙肝免疫球蛋白接种134人次。每月继续启用《中国免疫规划信息监测管理系统》软件；按时上报各项报表，无迟报、漏报；建立、健全全市哨点医院AFP、麻疹、新生儿破伤风、乙肝监测系统，全市哨点医院麻疹疑似病例采血、送样率达92.3%，个案调查率为100%。

【卫生监测】 2009年，安宁市疾病预防控制中心完成出厂水和管网末梢水的月8项指标监测。采集5个点，共监测162件，其中出厂水55件、管网末梢水107件。完成枯水期、丰水期水源水和出厂水的23项指标监测。采集21个点，共监测84件，其中水源水16件，出厂水42件，管网末梢水26件，配合安宁市自来水公司完成二次供水监测65件。积极开展医院污水监测，对辖区内的3家医院共开展了6次监测。对各镇上报的需要进行消毒的定点井数量进行落实，七个镇共上报定点井105口。及时下发消毒药品，2009年共发放漂白粉3 050千克。组织对农村饮用水定点井的消毒情况进行自查。对七个镇的定点井进行余氯监测，共监测330口次，合格308口次，合格率93.3%。11月接受昆明市疾控中心组织的年度农村饮用水消毒监测考核，共抽查12口井，合格12口井，合格率为100%。完成“2009年云南省国家农村生活饮用水安全工程水质监测和国家农村饮用水监测”项目，按时按质完成枯水期、丰水期监测数据上报工作。2009年严格按照中心质量体系文件的规定开展工作，共完成检品3 671件。其中食品检验75件、水质检验407件、盐碘监测302件、霍乱监测158件、酒类检验6件、医院污水监测17件、乙肝抗体检测575人、麻疹IgM检测12人份、艾滋病筛查1 465人（阳性可疑166人）、完成对艾滋病感染者和病人CD4细胞检测抽血118人、梅毒检测114人、支原体检测1人、衣原体检测2人；参与公共卫生突发事件处理3次，检测样品56件，配制过氧乙酸400千克。

【质量控制管理】 严格执行质量管理体系文件，积极参加实验室间比对和能力验证，组织实验室参加了1次由云南省地病所组织的碘盐盲样考核。

【健康教育】 2009年共开展大型宣传活动14次，发放宣传资料26种86 958份；接受公众咨询3 095人次；粘贴各种宣传画5 593幅；加大对霍乱、艾滋病、性病、结核病、手足口病、甲型H1N1流感、麻疹等传染病的宣传培训力度，对全市医疗机构医务人员、防保人员、托幼机构保健医生、教师、学生培训8次2 394人，发放宣传资料11 800份。为加强甲型H1N1流感防治宣传，出黑板报、橱窗689块次，制作甲型H1N1流感宣传画5 978张，折页15 600份，发放至7镇、2个街道办事处、68个村委会、27个社区、419个村民小组、141家工矿企业、69所中小学校幼儿园、46个建筑工地、11家房管中心、89家医疗机构、38家机关单位。2009年健康知识问卷调查10个社区、知识问卷调查80人，每份问卷10题，共答对675题，知晓率84.4%；健康行为问卷调查80人，每份问卷10题数，共答对605题，形成率75.7%；企业、机关、事业单位职员健康知识问卷调查10个单位，知识问卷调查100人，每份问卷10题，共答对846题，知晓率85%；健康行为问卷调查100人，每份问卷10题，共答对题数804，形成率80.4%；学校学生健康知识问卷调查7所学校，知识问卷调查70人，每份问卷10题，共答对617题，知晓率88%；健康行为问卷调查70人，每份问卷10题、共答对题数592，形成率85%；医院住院病人健康知识问卷调查5家医院50人，每份问卷10题，共答对421题，知晓率84%；健康行为问卷调查50人，每份问卷10题，共答对题数380，形成率76%。对小学生和育龄妇女进行碘缺乏病健康教育现况问卷调查，调查5所小学150名，每个学生应回答3个问题，共回答正确330题，知晓率73.3%；调查育龄妇女5个自然村75人，每个育龄妇女应回答问题3个，共回答正确194题，知晓率86.22%。2009年对县街镇2个自然村、八街镇8个自然村创建云南省“卫生村”村民健康知识问卷调查565人，问卷5 650题，答对3 826题，知晓率68%；健康行为问卷调查565人，问卷5 650题，形成率53%。

2009年健康教育所参与并指导举办社区居民、农村村民健康教育培训、讲座15次。其中：光明社区举办高血压、糖尿病防治知识培训班，参培人员121人，发放材料3种364份；百花社区举办防治甲型H1N1流感、结核病培训班，参培人员146人，发放材料5种830人份；金方街道办事处举办11个社区主任、书记、卫生健教人员“创卫”健康教育工作手册培训班，参培人员113人，发放材料4种568人份；小菜园社区举办防治甲型H1N1流感知识培训班，参培人员40人，发放材料3种126人份；县街镇大元未村、德兴村创建“云南省卫生村”举办村民卫生防病、健教知识培训班2期，参培村民426人，发放材料6种2 556人份，镇政府还购买洗脸毛巾500块发给参培村民1块/人；八街镇大里屯村、源新村、鸣凤村、温水村、大五岳村、磨南德村、吴里坝村、常里营村创建“云南省卫生村”举办村民卫生防病、健教知识培训班8期，参培人员400人，发放材料6种2 600人份。

（陶　薇）

社　　会

编辑：黄昌明

2009 年 9 月 25 日，中共安宁市委书记李树勇，市委常委、市委组织部部长王坚等领导到县街镇敬老院慰问孤寡老人。

（市民政局　供稿）

人民生活

【社会劳动者人数】　2009年，安宁市全社会劳动者人数为18.42万人，其中：第一、二、三产业分别为4.65万人、7.76万人和6.01万人，所占比重分别为25.3%、42.1%和32.6%。国有经济单位从业人员37 391人，城镇集体经济单位从业人员1 445人，其他各种经济类型单位从业人员28 149人，乡村从业人员81 610人，城镇个体劳动者及其他从业人员35 613人，所占比重分别为20.3%、0.8%、15.3%、44.3%和19.3%。

【职工队伍】　2009年，安宁市在岗职工年末人数为64 163人，比2008年增加了4 236人，增长7.1%。在岗职工总数中：国有经济单位职工35 548人，占在岗职工总数的55.4%；集体经济单位职工1 399人，占在岗职工总数的2.2%；其他经济类型的职工27 216人，占在岗职工总数的42.4%。

【职工工资水平】　2009年，安宁市在岗职工工资总额199 425万元，在岗职工年平均工资31 315元，各行业在岗职工的年平均工资是：农、林、牧、渔业32 732元，采掘业25 875元，制造业34 745元，电力、燃气及水的生产和供应业50 231元，建筑业16 371元，交通运输、仓储和邮政业14 138元，信息传输、计算机服务和软件业10 000元，批发和零售贸易业22 159元，住宿和餐饮业14 776元，金融业50 015元，房地产业35 085元，租赁和商务服务业15 753元，科学研究技术服务和地质勘查业25 970元，水利环境和公共设施管理业23 343元，居民服务和其他服务业12 740元，教育32 515元，卫生社会保障和社会福利业29 508元，文化体育和娱乐业27 882元，公共管理和社会组织34 460元。

【城镇居民收入及家庭消费支出】　2009年，安宁市城镇居民人均可支配收入18 138元，比2008年增长4.1%；城镇居民人均消费性支出10 638元，比2008年增长1.7%，其中：食品类支出5 123元、家庭设备用品及服务类支出342元、医疗保健支出864元、交通与通讯类支出1 325元、教育文化娱乐服务类支出945元、居住类支出563元、杂项商品与服务213元，其各项支出占消费支出的比重分别为48.2%、11.9%、3.2%、8.1%、12.5%、8.9%、5.3%和1.9%。城镇居民主要耐用消费品消费量逐年增加，2009年，每百户城镇居民拥有彩色电视127台，洗衣机102台，电冰箱95台，照相机56台，微波炉59台，普通电话机86部，移动电话194部，家用电脑56台，摩托车5辆，小汽车17辆。居住条件继续得到改善，2009年末，安宁市城镇居民人均住房建筑面积33.19平方米，全市享受城镇居民最低生活保障的人数达150 876人次，全年共发放保障金2 398万元。

【农村经济收入及家庭消费支出】　2009年，安宁市农民人均纯收入达6 710元，比2008年增长10.9%；全年农民人均生活消费支出6 510元，比2008年增长27.9%，其中：食品类支出1 790元，占生活消费支出的27.5%，衣着类支出287元，占生活消费支出的4.4%；家庭设备用品及服务类支出357元，占生活消费支出的5.5%；医疗保健支出820元，占生活消费支出的12.6%；交通与通讯类支出562元，占生活消费支出的8.6%；文教娱乐用品及服务类支出482元，占生活消费支出的7.4%，居住类支出2 140元，占生活消费支出的32.9%；其他用品及服务支出74元，占生活消费支出的1.1%。食品类支出占生活消费支出的27.5%，比2008年回落了6个百分点；在食品消费支出中，主副食消费结构变化较大，主食、副食消费1 442元，占食品消费支出的80.6%；食品消费服务中，在外饮食348元，占食品消费支出的19.4%。

2009年，安宁市农村居民人均居住面积达39平方米，住房质量继续得到提高，住房中钢筋混凝土结构的比重达到了55.9%，很多住房不仅结构坚固，而且宽敞明亮，外形美观。

农村居民主要耐用消费品不仅数量增加，而且质量也普遍提高。2009年，平均每百户农民拥有彩色电视106台，洗衣机82台，电冰箱22台，影碟机61台，家用电脑4台，固定电话33部，移动电话197部，自行车55辆，摩托车20辆。

2009年，安宁市农民的消费结构有新的变化，不仅仅满足于吃饱穿暖，而且还注重生活质量的提高，注重自身的医疗保健、外出旅游及子女的教育，用于医疗保健、交通通讯及教育方面的支出不断增加，其支出占消费支出的比重分别为12.6%、8.6%和7.4%。

（莫金祥）

人事人才

【公务员队伍建设】　2009年，安宁市在大力加强公务员队伍建设方面，开展了八个方面的工作：一是圆满完成公务员录用和事业单位补充人员工作。按照报名、考试、笔试、资格复审、面试、体检等程序圆满完成公务员录用工作，共计新录用公务员26人、定向录用2人；完成24个事业单位面向社会公开招聘工作，共计新招聘112人。二是积极做好公开选调工作。组织了四次全市性的行政机关和事业单位工作人员公开选调工作，共公开选调42名工作人员：第一批为市发展改革局等9个部门在安宁市内公开选调了7名工作人员，第二批为市发展改革局等8个部门在全国范围内公开选调了3名工作人员，第三批为安宁职业教育基地管理委员会在全市范围内公开选调了2

名工作人员，第四批为市教育局所属安宁市实验学校等单位在全市范围内公开选调了30名工作人员。三是认真做好流动调配工作。认真审核受理的调配材料，按要求提交会议讨论，办理完成干部调配76人、完成商调39人；教育系统人才资源整合人员调配153人；岗位设置人员调配17人。四是加大公务员培训工作力度。组织完成政府系统公务员危机培训；完成第一期公务员都市经济知识培训485人；完成"党史、军史、国史"教育培训以及"三普"教育培训前期准备工作。五是积极稳妥开展公务员非领导职务任免工作。根据昆明市"7.15"政策，进行全面清理，经批准为153名党政机关公务员解决了非领导职务晋升（提高享受待遇）问题；完成公务员非领导职务任免388人，其中确定科员职务47人，确定副主任科员职务1人，科员晋升副主任科员247人，副主任科员晋升主任科员93人。六是顺利完成公务员年度考核工作。完成2008年公务员年度考核工作，参加考核的人员1 558人，其中县处级领导40人，科级领导340人，主任科员以下非领导职务人员1 134人，试用期人员44人；工勤人员351人。通过考核评选出优秀214人，称职1 256人，不定等次45人，不参加考核43人。科级领导优秀为16.2%，主任科员以下非领导职务人员优秀为14.02%。七是按程序完成公务员奖励工作。完成2008年度公务员奖励工作，共计奖励284人，其中记功33人，嘉奖251人。八是积极做好公务员登记和职务确定工作。按省人力资源和社会保障厅的批复，完成市供销社、市农业局农机监理站两个单位的人员登记和职务确定工作，新登记1人。

【人才队伍建设】　2009年，安宁市人事局强化调研，大力加强人才队伍建设，不断提高人事人才的管理和服务水平。一是按照《昆明市关于开展人才队伍建设调研的通知》要求，组织完成安宁市党政人才、专业技术人才、企业经营管理人才、高技能人才、农村实用人才以及社会工作人才共6支人才队伍建设的调研工作，撰写了《安宁市人才队伍建设调研报告》。二是按照中共安宁市委的要求，在对安宁市各部门特别是重点工作部门人员的工作、流动等情况进行调研的基础上，撰写了《安宁市党政人才、专业技术人才队伍建设调研报告》。三是在对安宁市近年来大中专院校毕业生报到及就业情况统计的基础上，撰写了《安宁市高校毕业生就业情况的报告》。四是开展驻市80余家规模以上企业人力资源的调研工作，收集、整理和分析驻市企业人力资源队伍现状、管理情况以及近期、远期的人力资源需求情况。五是进一步修改完善了《安宁市进一步加强高层次人才引进、培养和使用的意见（征求意见稿）》。

【专业技术人才管理】　2009年，安宁市人事局在以事业单位岗位设置管理工作为重点的基础上，认真做好专业技术人才的管理工作。一是组织完成2008年度139个事业单位工作人员年度考核工作。应参加考核4 555人（其中：专业技术人员3 916人、管理人员54人、工勤人员585人），实际参加考核4 549人，考核率99.86%其中：考核为优秀的620人，占13.63%；考核为合格的3 876人，占85.21%；考核不合格的2人，占0.04%；不定等次的51人，占1.12%。二是按计划进度完成事业单位岗位设置管理工作。组织全市124个事业单位220人参加事业单位岗位设置管理工作培训学习。到12月底，全市152家事业单位全部圆满完成了岗位设置管理工作。三是加大对已开始实施注册管理的医药、护、城市规划、税务、会计、质量、资产评估等14个专业执业资格考试的宣传力度。四是组织完成农业、教育、工程系列6个中、初级评委库新建、调整、换届工作；并完成6个中、初级评委会评审材料的审核和职务评审、授职工作。共审核推荐评审材料553人，办理专业技术任职资格证书470本。同时，完成教育、卫生、农业、工程系列75人高级专业技术资格申报材料的审核、上报工作。五是完成昆明市分配给安宁市工人技师岗位数额9人的政策宣传、报名、资格审核、公示、上报等工作。六是组织完成2009年教育系统2 733人履职考核验收工作。七是组织完成全市高级专业技术人员332人的体检工作。

【人力资源市场建设】　2009年，在人力资源市场建设方面，一方面加强同省、昆明市人才服务中心、安宁市工商行政管理局等部门的工作对接，为组建安宁市的人力资源市场做好准备工作；另一方面，加大宣传力度，继续维护好安宁人才网，收集、整理和发布各类人事人才信息，为31个招聘单位发布招聘信息，共计提供就业岗位260个，有针对性地为各用人单位推荐了200余名所需人才。

【高校毕业生就业工作】　2009年，安宁市人事局始终坚持把高校毕业生就业工作放在首位，统筹做好高校毕业生就业工作。一是完成高校毕业生就业报到、毕业生信息库建立、人事档案转接、集体户籍托管、组织关系转接等公共人事服务工作，办理毕业生报到340人、档案转递370份、组织关系转接95人。二是开展高校毕业生就业见习基地的申报工作。成功申报并挂牌7个高校毕业生就业见习基地（省级1个、市级6个），7个见习基地共为高校毕业生提供200余个见习岗位，圆满完成昆明市下达的指标任务。三是会同市就业局举办高校毕业生现场人才交流会，促成192名高校毕业生与招聘单位签订了就业意向协议。四是完成昆明市下达的15个公益性岗位吸收录用困难高校毕业生的工作。五是配合市委组织部，完成选聘86名高校毕业生到村（社区）任职和招募6名"三支一扶"大学生的面试、体检和考核、合同签订、接收安置、待遇发放等工作。六是指导市人民法院、市人民检察院完成招聘22名合同制书记员工作。

【工资福利工作】　2009年，安宁市人事局按照国家和省市的统一部署，以义务教育学校绩效工资实施工作为重点，进一步完善事业单位收入分配制度，及时做好工资福利工作。完成2009年机关工作人员1 560人第三步实施规范津贴补贴的审批工作；完成2009年机关单位260名工作人员晋升级别工资档次的审批工作；办理2009年机关单位280名公务员晋升级别工资工作；完成2008年度全市机关单位1 677人年终一次性奖金的审核工作；完成机关单位463名公务员晋升（或提高享受待遇）非领导职务工资晋升审批工作；完成事业单位280名工作人员变动职务（岗位）提高工资的审批工作；办理了自2006年工资套改后的各项工资晋升及补发年终一次性奖金的审批工作；完成2009年事业单位工作人员4 991人正常增加薪级工资及一个月基本工资额度发放的审批工作；办理570名人民警察执勤岗位津贴和92名卫生防疫人员岗位津贴等其他相关补贴的审批工作；完成义务教育学校在职人员2 450人实施绩效工资和退休人员729人增加生活补贴的审批及兑现工作；完成企业学校剥离退休教师534人增加生活补贴的审批工作；完成除义务教育学校以外的其他事业单位在职人员2 447人、退休人员720人从10月起发放临时补贴的审批工作；完成42名机关、事业单位工作人员的退休办理工作；完成机关、事业单位38名人员病故后丧葬费、抚恤金的审批工作；对机关、事业单位34名工作人员进行了工伤认定。

【信访工作】　截止2009年底，安宁市人事局共收到信访件27件，办理完毕27件，结案率100%，比上年减少5件。实行信访件处理领导包案制度，基本上做到“事事有回音，件件有落实”。按时参加市信访局组织的两月一次的信访接待日工作。信访工作无积案，受到信访部门的表彰。

【企业军转干部解困维稳工作】　2009年，安宁市人事局按照昆明市和安宁市社会治安综合治理、维护稳定的有关要求，对管辖内24名企业军转干部的多项信息开展了核实，摸清了企业军转干部的有关信息；在“春节”、“八一”建军节前对24名企业军转干部开展了走访慰问，发放了节日慰问金和解困补助金；在六十周年大庆前夕，对各成员单位共下发了维稳工作相关文件6次，对企业军转干部维稳工作做到早通知、早安排，早防范；节假日放假期间按要求安排专人值班，有效地避免不稳定事件的发生，切实维护了企业军转干部的稳定，为全市的社会治安综合治理和稳定做出了积极的努力。

【招商引资工作】　2009年，安宁市人事局高度重视招商引资工作，举全局之力开展招商引资工作，成立招商引资工作领导小组，由主要领导担任组长，副局长和人才中心主任2名分管领导主抓招商引资工作，明确职责、分工合作。全年共确定重点洽谈项目17个，至12月底，经市考核办认定，昆明市外资金项目共7个，到位资金10 614.2万元；昆明市内资金项目2个，到位资金9 600万元。9个项目合计到位资金20 214.2万元，完成太平招商引资平台组分配的3 000万元任务的673.8%。超额完成年度招商引资任务，为太平招商引资平台组和安宁市的招商引资工作做出了最大的努力和应有的贡献。

【人事部门自身建设】　2009年，安宁市人事局在扎实推进各项业务工作的同时，进一步加强了自身建设。一是深入开展学习实践科学发展观、“行政效能提升年”和“干部作风改进年”、“继续解放思想、推动跨越式发展”、昆明市人事和机构编制系统“创新、创业、创优”活动等学习实践活动。学习实践活动按统一部署和要求，严格遵循活动的环节步骤，统筹安排、协调推进，充分挖掘自身优势和资源，圆满完成了各项学习实践活动。二是认真做好普法与培训工作。在市普法办安排的学习内容的基础上，完成“五五”普法教育中期总结和迎检准备工作。三是按照人大代表建议和政协委员提案办理的工作程序，对2009年承办的5件提案进行了认真的办理，圆满完成政协委员5件提案的办理工作。四是完成本局形成的规范性文件的清理和废止工作。对2008年以前清理并上报批准的9个规范性文件进行清理，按要求上报废止。五是积极推进“阳光政务”工作。对清理上报的行政执法材料再次进行整理，按照政府提出的精简和压缩行政审批事项的要求，再次对原审批过的一项行政审批事项进行审核。认真做好“阳光政府”四项制度工作，按要求对每月拟公示重要事项和公示情况及时向政府和市目督办报告。

（武慧萍）

2009年受国家、省和昆明市级表彰的先进集体名录

2009年受国家及其各部委表彰的先进集体名录

被表彰单位	荣誉称号	表彰机关
安宁市	中国最具幸福感城市	新华社《瞭望东方周刊》、中国市长协会、《中国城市发展报告》工作委员会、中国最具幸福感城市推选活动组委会

续 表

被表彰单位	荣誉称号	表彰机关
安宁市	全国创建文明城市工作先进城市	中央精神文明建设指导委员会
安宁市	全国计划生育优质服务先进单位	国家人口和计划生育委员会
温泉镇人民政府	全国创建文明村镇工作先进集体	中央精神文明建设指导委员会
安宁市地方税务局	全国精神文明建设工作先进单位	中央精神文明建设指导委员会
青龙镇人民政府	国家卫生镇	国家爱卫会
连然街道办事处	第二次全国农业普查先进集体	国务院第二次全国农业普查领导小组、国家统计局
金方街道办事处阳光社区居委会	全国综合减灾示范社区	国家减灾委员会、国家民政部
连然街道宝兴社区	全国和谐社区建设示范社区	国家民政部
县街镇石庄村委会	全国民主法治示范村	国家司法部、国家民政部
安宁市公安局交警大队	全国一等县级车辆管理所	国家公安部
安宁市看守所	国家一级看守所	国家公安部
安宁市为民服务中心工商局窗口	全国巾帼文明岗	中华全国妇女联合会、全国妇女巾帼建功活动领导小组
安宁市水务局	全国水土保持监督执法专项行动先进集体	国家水利部
安宁市妇联	三八红旗集体	中华全国妇女联合会
云南华电昆明发电有限公司	2009 年度安全生产先进单位	中国华电集团公司
云天化国际富瑞分公司电仪车间活力 QC 小组	全国化工优秀 QC 小组	中国石油和化学工业协会
昆钢控股公司	全国职业健康安全知识竞赛优秀组织奖	全国总工会
昆钢板带厂	全国“安康杯”竞赛优胜企业	全国总工会
昆钢板带厂热轧车间轧钢甲班	全国“安康杯”竞赛优胜班组	全国总工会
昆钢炼铁厂供辅作业区智多星 QC 小组	全国优秀质量管理小组	全国总工会
安宁中学	2009 年度中国教育学会“十一五”科研规划课题“发明创新教育体系的研究与实践”子课题研究先进集体	中国教育学会中育发展研究中心“发明创新教育”总课题组、中国青少年创意大赛组委会

2009年受省及其各厅局表彰的先进集体名录

被表彰单位	荣誉称号	表彰机关
安宁市人大常委会机关	云南省文明单位	中共云南省委 云南省人民政府
八街镇人民政府	云南省文明小城镇	中共云南省委 云南省人民政府
青龙镇人民政府	云南省文明小城镇	中共云南省委 云南省人民政府
连然街道办事处	2009～2012年文明单位	中共云南省委 云南省人民政府
政协安宁市委员会	云南省文明单位	中共云南省委 云南省人民政府
安宁市财政局	云南省文明单位	中共云南省委 云南省人民政府
安宁市地方税务局	云南省文明单位	中共云南省委 云南省人民政府
中国建设银行股份有限公司昆明安宁支行	云南省文明单位	中共云南省委 云南省人民政府
安宁市公安局	云南省文明单位	中共云南省委 云南省人民政府
安宁市人事局	全省军队转业干部安置工作先进单位	中共云南省委 云南省人民政府
安宁市人民政府	2008年度全省农村民居地震安全工作建设先进单位	云南省人民政府
云天化国际富瑞分公司	2008年度云南省清洁生产先进企业	云南省人民政府
青龙镇	云南省生态乡镇	云南省人民政府
县街镇	云南省生态乡镇	云南省人民政府
鸣矣河德兴村	文明村	云南省人民政府
连然街道金方社区	敬老先进社区	云南省人民政府
八街镇人民政府	老龄工作先进单位	云南省人民政府
安宁市	全省计划生育优质服务先进单位	云南省人口和计划生育委员会
连然街道百花社区	省级民主法治社区	云南省司法厅 云南省民政厅
安宁市人民法院	省级园林单位	云南省住房和城乡建设厅
连然街道办事处	省级和谐乡镇	云南省和谐乡镇评选组委会 云南经济日报社
安宁市公安局交警大队	云南省交通事故处理工作等级达标评价一级办案单位	云南省公安厅
安宁市公安局禄脿派出所	云南省公安派出所道路交通管理工作先进集体	云南省公安厅

续 表

被表彰单位	荣誉称号	表彰机关
安宁市公安局刑侦大队	2008 年度命案全破市（区）	云南省公安厅
安宁市公安局交警大队	云南省公安机关 2009 年春运道路交通安全管理工作先进集体	云南省公安厅
安宁市公安局经侦大队	2008 ~ 2009 年度打击假发票违法犯罪先进集体	云南省公安厅 云南省国家税务局 云南省地方税务局
安宁市水务局	云南省第一批水利工程管理先进集体	云南省水利厅
安宁市公安局档案室	云南省党政机关档案室建设“五星”级	云南省档案局
安宁市财政局	云南省档案工作“八项工程”验收考核“五星级”单位	云南省档案局
安宁监狱九监区	云南省监狱系统奥运安全保卫工作先进集体	云南省监狱管理局
安宁监狱	2006 ~ 2008 年度党风廉政建设先进单位	中共云南省监狱管理局委员会
安宁监狱工会	2008 年度工会工作目标责任考核先进单位三等奖	云南省监狱系统工会工作委员会
安宁监狱团委	2008 年度云南省监狱系统“五四红旗团委”	共青团云南省监狱管理局工作委员会
安宁监狱九监区	2008 年度云南省监狱系统“青年文明号”	共青团云南省监狱管理局工作委员会
安宁监狱小车班	云南省监狱系统“工人先锋号”	云南省监狱系统工会工作委员会
安宁监狱教育改造科	云南省监狱系统教育改造工作先进集体	云南省监狱管理局
安宁监狱工会	云南省监狱系统工会 2007 ~ 2008 年度财务工作竞赛先进集体三等奖	云南省监狱系统工会工作委员会
安宁监狱	集体三等功	云南省监狱管理局
安宁监狱一监区	集体三等功	云南省监狱管理局
云南安宁化工厂	质量管理小组活动优秀企业	云南省国防科学工业局
安宁市国家保密局	2009 年度《保密工作》通联工作先进单位	云南省国家保密局
云南省交通高级技工学校	新闻信息工作先进单位	云南省交通运输厅
云南省交通高级技工学校	职业技能鉴定“双十佳”单位	云南省职业技能培训鉴定协会
安宁市科学技术局	科技管理先进集体	云南省科技厅
安宁市农业局	“数字乡村”工程先进集体	云南省农业厅
云南安宁化工厂八四车间六号线纸管组	云南省“五一”巾帼标兵岗	云南省总工会
云南安宁化工厂机械分厂	云南省“工人先锋号”	云南省总工会
昆钢公司工会	“我为环保献一策”优秀组织奖	云南省总工会

续　表

被表彰单位	荣誉称号	表彰机关
昆钢动力能源分公司	云南省“五一”劳动奖状	云南省总工会
昆钢玉钢公司炼钢作业区检修工段	云南省“工人先锋号”	云南省总工会
昆钢炼铁厂球团作业区工艺QC小组	云南省优秀QC小组	云南省总工会
昆明盐矿职工之家阅览室	2008年度“职工书屋”	云南省总工会
昆钢玉钢公司	武钢集团红旗单位	武钢集团
昆钢棒线厂	武钢集团先进单位	武钢集团
昆钢炼铁厂	武钢集团先进单位	武钢集团
昆钢安全生产监督管理部	武钢集团红旗处室	武钢集团
昆钢股份计划财务部	武钢集团先进处室	武钢集团
昆钢制管公司销售部	武钢集团红旗科室	武钢集团
昆钢红钢公司采购部	武钢集团红旗科室	武钢集团
昆钢棒线厂生产部	武钢集团红旗科室	武钢集团
昆钢板带厂生产科	武钢集团红旗科室	武钢集团
昆钢炼钢厂生产技术管理科	武钢集团红旗科室	武钢集团
昆钢炼铁厂生产经营科	武钢集团红旗科室	武钢集团
昆钢桥钢公司销售科	武钢集团红旗科室	武钢集团
昆钢物流中心结算部	武钢集团红旗科室	武钢集团
昆钢玉钢公司技术质量部	武钢集团红旗科室	武钢集团
昆钢安全生产监督管理部安全特种设备管理科	武钢集团红旗科室	武钢集团
昆钢国贸公司物资部钢铁炉料科	武钢集团红旗科室	武钢集团
昆钢计划财务部成本科	武钢集团红旗科室	武钢集团
昆钢技术中心产品开发室	武钢集团红旗科室	武钢集团
昆钢培教中心职成教科	武钢集团红旗科室	武钢集团
昆钢生产管理中心总调度室	武钢集团红旗科室	武钢集团
昆钢棒线厂第一作业区	武钢集团红旗车间	武钢集团
昆钢炼铁厂烧结第二作业区	武钢集团红旗车间	武钢集团
昆钢高炉第三作业区	武钢集团红旗车间	武钢集团
昆钢制管公司螺焊作业区	武钢集团红旗车间	武钢集团
昆钢桥钢公司轧钢车间	武钢集团红旗车间	武钢集团

续　表

被表彰单位	荣誉称号	表彰机关
昆钢玉钢公司炼铁作业区	武钢集团红旗车间	武钢集团
昆钢红钢公司炼铁作业区	武钢集团红旗车间	武钢集团
昆钢板带厂热轧车间	武钢集团红旗车间	武钢集团
昆钢炼钢厂连铸第一作业区	武钢集团红旗车间	武钢集团
昆钢信息中心电信部	武钢集团红旗车间	武钢集团
昆钢物流中心仓储部	武钢集团红旗车间	武钢集团
昆钢质量计量检测中心玉钢站	武钢集团红旗车间	武钢集团
昆钢红钢公司轧钢作业区棒材生产丙班	武钢集团红旗班组	武钢集团
昆钢棒线厂第二作业区丁班精轧组	武钢集团红旗班组	武钢集团
昆钢板带厂镀锌彩涂车间彩涂丁班	武钢集团红旗班组	武钢集团
昆钢炼钢厂连铸第二作业区方坯生产丁班	武钢集团红旗班组	武钢集团
昆钢炼铁厂渣铁砌罐组	武钢集团红旗班组	武钢集团
昆钢桥钢公司轧钢车间丙大班	武钢集团红旗班组	武钢集团
昆钢物流中心仓储部炼钢作业组	武钢集团红旗班组	武钢集团
昆钢玉钢公司动力能源作业区TRT发电站	武钢集团红旗班组	武钢集团
昆钢制管公司螺焊作业区ф720机组丙班	武钢集团红旗班组	武钢集团
昆钢质量计量检测中心燃料检验班	武钢集团红旗班组	武钢集团
云南华电昆明发电有限公司300MW集控室	云南省青年文明号	共青团云南省委
云南华电昆明发电有限公司维修部热工班	云南省青年文明号	共青团云南省委
昆钢玉钢公司团委	云南省“五四红旗团委”	共青团云南省委
草铺镇权甫村委会	优秀妇女之家	云南省妇联
八街镇人民政府	云南省第二次全国农业普查先进集体	云南省人民政府第二次全国农业普查领导小组办公室
温泉镇人民政府	云南省第二次全国农业普查先进集体	云南省人民政府第二次全国农业普查领导小组办公室
草铺镇人民政府	第二次全国经济普查先进集体	云南省人民政府第二次全国经济普查领导小组

续　表

被表彰单位	荣誉称号	表彰机关
八街小学	云南省第五届论文成果大赛优秀组织奖	云南省教育厅
八街小学	“三生教育”优秀书画作品评选活动三等奖	云南省教育厅
中共安宁市委组织部	2009年度《支部生活》党刊发行工作先进单位	中共云南省委支部生活杂志社
中共安宁市委组织部	2009年度《致富天地》党刊发行工作先进单位	中共云南省委支部生活杂志社
温泉镇人民政府	旅游乡镇	云南省和谐乡镇评选组委会 云南经济日报社
云南天达化工实业有限公司	2009年企事业治安保卫先进集体	云南省公安厅
云南天达化工实业有限公司	2008年度云南省铁路装卸作业效率先进单位	云南省工业信息化委员会 昆明铁路局
安宁中学	云南省绿色学校	云南省绿色学校创建领导小组办公室
安宁中学	第七届全国中小学信息技术创新与实践活动云南省复赛敏特英语学习能力竞赛项目组织奖	云南省教育学会中小学信息技术教育专业委员会
安宁市第一小学	2009年云南省青少年建筑模型比赛综合团体第二名	云南省体育局 云南省教育厅
安宁市第一小学	“三生教育”优秀书画作品评选活动组织一等奖	云南省教育厅 云南省青少年书画艺术协会
安宁市第一小学	2009年云南省青少年建筑模型比赛团体第二名	云南省体育局 云南省教育厅
安宁市第一小学	2009年云南省青少年航天航空模型比赛小学组综合团体第五名	云南省体育局 云南省教育厅
安宁市第一小学	2009年云南省青少年航海模型比赛综合团体第三名	云南省体育局 云南省教育厅
安宁市第一小学	2009年云南省青少年车辆模型比赛综合团体第三名	云南省体育局 云南省教育厅
安宁市第一小学	云南省园林单位	云南省住房和城乡建设厅
安宁市科协	先进集体	云南省农函大
工商银行安宁支行党支部	先进党支部	中共工商银行云南省分行委员会
工商银行安宁支行个金科技科	先进集体	中国工商银行云南省分行营业部
云天化国际富瑞分公司电仪车间活力QC小组	云南省优秀QC小组	云南省质量协会
云天化国际富瑞分公司硫酸厂降低硫酸消耗QC小组	云南省优秀QC小组	云南省质量协会
云天化国际富瑞分公司硫酸厂二期30万吨磷酸装置工艺四班	云南省质量信得过班组	云南省质量协会

2009年受昆明市级表彰的先进集体名录

被表彰单位	荣誉称号	表彰机关
安宁市	昆明市人口和计划生育优质服务先进集体	中共昆明市委、昆明市人民政府
云天化国际富瑞分公司	昆明市2008年度“安康杯”竞赛优胜企业	中共昆明市委、昆明市人民政府
连然街道办事处	新农村建设指导员工作先进集体	中共昆明市委、昆明市人民政府
安宁市公安局	昆明市第二批新农村建设优秀县、乡级派出单位	中共昆明市委、昆明市人民政府
安宁市人事局	昆明市军队转业干部安置工作先进单位	中共昆明市委、昆明市人民政府
青龙镇人民政府	昆明市1980～2009年无违法生育行为先进集体	中共昆明市委、昆明市人民政府
禄脿镇人民政府	昆明市1980～2009年无违法生育行为先进集体	中共昆明市委、昆明市人民政府
磨南德村委会	昆明市1980～2009年无违法生育行为先进集体	中共昆明市委、昆明市人民政府
朝阳村委会	昆明市1980～2009年无违法生育行为先进集体	中共昆明市委、昆明市人民政府
凤仪村委会	昆明市1980～2009年无违法生育行为先进集体	中共昆明市委、昆明市人民政府
大营村委会	昆明市1980～2009年无违法生育行为先进集体	中共昆明市委、昆明市人民政府
五岳村委会	昆明市1980～2009年无违法生育行为先进集体	中共昆明市委、昆明市人民政府
双湄村委会	昆明市1980～2009年无违法生育行为先进集体	中共昆明市委、昆明市人民政府
甸东村委会	昆明市1980～2009年无违法生育行为先进集体	中共昆明市委、昆明市人民政府
雁塔村委会	昆明市1980～2009年无违法生育行为先进集体	中共昆明市委、昆明市人民政府
王家庄村委会	昆明市1980～2009年无违法生育行为先进集体	中共昆明市委、昆明市人民政府
白塔村委会	昆明市1980～2009年无违法生育行为先进集体	中共昆明市委、昆明市人民政府
赵庄村委会	昆明市1980～2009年无违法生育行为先进集体	中共昆明市委、昆明市人民政府
青龙村委会	昆明市1980～2009年无违法生育行为先进集体	中共昆明市委、昆明市人民政府
双村村委会	昆明市1980～2009年无违法生育行为先进集体	中共昆明市委、昆明市人民政府
密马龙村委会	昆明市1980～2009年无违法生育行为先进集体	中共昆明市委、昆明市人民政府

续　表

被表彰单位	荣誉称号	表彰机关
艾家营村委会	昆明市 1980～2009 年无违法生育行为先进集体	中共昆明市委、昆明市人民政府
禄脿村委会	昆明市 1980～2009 年无违法生育行为先进集体	中共昆明市委、昆明市人民政府
安丰营村委会	昆明市 1980～2009 年无违法生育行为先进集体	中共昆明市委、昆明市人民政府
北冲村委会	昆明市 1980～2009 年无违法生育行为先进集体	中共昆明市委、昆明市人民政府
海湾村委会	昆明市 1980～2009 年无违法生育行为先进集体	中共昆明市委、昆明市人民政府
庄科村委会	昆明市 1980～2009 年无违法生育行为先进集体	中共昆明市委、昆明市人民政府
妥睦村委会	昆明市 1980～2009 年无违法生育行为先进集体	中共昆明市委、昆明市人民政府
甸中村委会	昆明市 1980～2009 年无违法生育行为先进集体	中共昆明市委、昆明市人民政府
官庄村委会	昆明市 1980～2009 年无违法生育行为先进集体	中共昆明市委、昆明市人民政府
太平社区居委会	昆明市 1980～2009 年无违法生育行为先进集体	中共昆明市委、昆明市人民政府
青龙社区居委会	昆明市 1980～2009 年无违法生育行为先进集体	中共昆明市委、昆明市人民政府
禄脿社区居委会	昆明市 1980～2009 年无违法生育行为先进集体	中共昆明市委、昆明市人民政府
连然街道办事处	爱国拥军先进单位	中共昆明市委、昆明市人民政府、昆明警备区
青龙镇人民政府	无邪教乡镇	中共昆明市委防范和处理邪教问题领导小组
安宁市人民政府	昆明市食品安全工作目标考核先进单位	昆明市人民政府
县街镇人民政府	烤烟生产先进乡镇	昆明市人民政府
连然街道宝兴社区	昆明市园林单位	昆明市人民政府
连然街道办事处	创建“无毒社区”工作先进单位	昆明市人民政府
连然街道办事处	昆明市第十一届民政会议先进集体	昆明市人民政府
安宁市人民法院	2008～2010 年文明单位	昆明市人民政府
安宁市财政局	2008～2010 年文明单位	昆明市人民政府
安宁市地方税务局	昆明市文明单位	昆明市人民政府
八街镇人民政府	2009 年度昆明市烤烟生产收购表扬乡（镇）	昆明市人民政府

续　表

被表彰单位	荣誉称号	表彰机关
青龙镇人民政府	“平安创建”先进集体	昆明市人民政府
青龙镇人民政府	农村消费维权组织网建设先进集体	昆明市人民政府
青龙镇人民政府	昆明市1980～2009年无违法生育先进集体	昆明市人民政府
县街大元末村	农业产业化特色产业100强村	昆明市人民政府
雁塔礼义村	农业产业化特色产业100强村	昆明市人民政府
县街镇	无毒乡镇	昆明市人民政府
县街镇	无邪教乡镇	昆明市人民政府
县街镇县街村民小组	文明村	昆明市人民政府
昆钢控股公司	昆明市2009年20户优秀工业企业	昆明市人民政府
昆钢控股公司	昆明地区2009年度工业主营业务收入100强企业	昆明市人民政府
昆钢重装集团	昆明地区2009年度工业主营业务收入100强企业	昆明市人民政府
昆钢桥钢350轧钢厂	昆明地区2009年度工业主营业务收入100强企业	昆明市人民政府
昆钢控股公司	昆明地区2009年度工业税收贡献100户企业	昆明市人民政府
昆钢集团公司	昆明地区2009年度工业税收贡献100户企业	昆明市人民政府
武钢集团昆钢股份公司	昆明地区2009年度工业税收贡献100户企业	昆明市人民政府
昆钢煤焦化公司安宁分公司	昆明地区2009年度工业税收贡献100户企业	昆明市人民政府
昆钢焦化制气有限公司	昆明地区2009年度工业税收贡献100户企业	昆明市人民政府
昆钢嘉华水泥建材公司	昆明地区2009年度工业税收贡献100户企业	昆明市人民政府
昆钢机制建安工程公司	昆明地区2009年度工业税收贡献100户企业	昆明市人民政府
昆钢桥钢有限公司	昆明地区2009年度工业税收贡献100户企业	昆明市人民政府
安宁市政协办公室	先进集体	政协昆明市委员会
中共安宁市委安宁市人民政府信访局	昆明市创建“五无”县（市、区）一等奖	中共昆明市委昆明市人民政府信访局
摩所营村委会	第二次全国农业普查先进集体	昆明市人民政府第二次全国农业普查领导小组

续　表

被表彰单位	荣誉称号	表彰机关
连然街道办事处极乐村委会	第二次全国农业普查先进集体	昆明市人民政府第二次全国农业普查领导小组
青龙镇人民政府	第二次全国农业普查先进集体	昆明市人民政府第二次全国农业普查领导小组
草铺镇人民政府	第二次全国农业普查先进集体	昆明市人民政府第二次全国农业普查领导小组
太平镇人民政府	第二次全国农业普查先进集体	昆明市人民政府第二次全国农业普查领导小组
昆钢医院急诊科	工人先锋号	昆明市总工会
昆钢医院内三科	女职工建功立业标兵岗	昆明市总工会女职工委员会
安宁市公安局交警大队三中队	昆明市“五一”劳动奖状	昆明市总工会
安宁市公安局交警大队	2008年度全市交警系统“争先创优”劳动竞赛先进岗组	昆明市社会主义劳动竞赛委员会 昆明市总工会
安宁中学	第二十四届昆明市青少年科技创新大赛优秀组织奖	昆明市青少年科技创新大赛组委会
安宁中学	2009年科技周首届“我爱家乡”昆明市中小学绿色生活地图竞赛优秀组织奖	昆明市教育科学院、昆明市中小学生课外科技教育活动中心、昆明环保科普协会

劳动和社会保障

【扩大社会保险覆盖面】　2009年，安宁市初步建立了与经济发展水平相适应的养老、失业、医疗、工伤、生育五大险种为主要内容，体现公平与效率相结合，社会救济与自我保障相结合的社会保险体系，社会保险覆盖面不断扩大，全市参加五项社会保险的人数达到24.86万人次：企业职工参加基本养老保险人数达到3.2万人，被征地人员基本养老保险参保人数达到10 701人，城镇职工基本医疗保险参保人数达到3.43万人，城镇居民基本医疗保险参保人员达到57 528人，失业保险参保人数达到5.3万人，工伤保险参保人数达到3.8万人，其中：农民工参加工伤保险人数达到1.36万人，生育保险参保人数达到2.31万人。

【就业再就业工作】　2009年，通过多渠道、多形式、全方位地收集用工信息3 483条，办理失业人员求职登记4 498人，开展职业介绍5 281人次，全年提供有效就业岗位8 847个，完成目标任务5 000个的176%，新增城镇就业人员5 052人，完成目标任务4 600人的110%，其中：286名应届高校毕业生登记失业后半年内269人实现了就业，17人继续升学或出国，2009年接收的高校毕业生全部实现就业。帮助下岗失业人员实现再就业1 164人，其中：家庭经济困难应届高校毕业生登记失业后半年内全部实现就业；确保了“零就业家庭”实现至少1人就业；城乡劳动力培训1 151人，完成目标任务888人的130%，其中：创业培训人数109人，城镇失业人员培训379人，对238名未就业的初、高中毕业生100%组织技能培训，实现100%外输内转就业；期末登记失业人数2 534人，城镇登记失业率为2.5%，控制在4%以内；认真落实“贷、免、扶、补”的鼓励政策，降低企业缴纳社会保险费的比例，使企业尽量做到“不减薪、不裁员”，稳定就业形势，帮助企业促进稳定就业5 243人；办理审核创业项目235个，对190名创业人员提供创业贷款945万元，带动620人实现就业；为2 897名再就业援助对象发放社会保险补贴200万元。

【各项社会保险待遇工作】　2009年，支付各种社会保险待遇、补贴1.33亿元，其中：企业离退休人员4 835人，发放养老金6 237.96万元，月人均发放1 075元，差额拨款、自收自支事业单位375人，发放养老金798.04万元，月人均1 773元，失地农民1 797人，发放养老金633.15万元，月人均293.6元，机关事业单位离退休人员2 041人，月人均发放养老金2 331元；接收失业职工2 811人，发放失业救济金525.46万元；支出城镇职工230 611人次医疗保险费4 166.25万元，支出城镇居民3 605人次医疗保险费325.26万元，支出公务员医疗保险补助84.3万元；支付421名职工工伤保险待遇453.25万元；支付268名女职工生育保险待遇152.46万元。

【农村劳动力转移培训工作】　2009年，共组织农村劳动力培训10 915人，完成任务的121%，其中开展职业技能培训2 315人，完成154%；完成转移就业9 611人，完成任务的120%，实现新增转移收入5 835.68万元。其中：县内转移7 694人，省内县外转移1 589人，省外325人，国外转移3人。做好挂钩富民县对口帮扶农村劳动力转移就业工作，为富民县提供就业岗位1 500个。

【维护农民工合法权益】　2009年，受金融危机等原因影响，安宁市的部分在建项目多次出现拖欠农民工工资的问题，由于拖欠数额较大，拖欠时间较长，筹措资金不及时，对拖欠工资的行为缺乏有效的制约手段，导致群体性事件呈急剧上升的态势。针对出现的问题，建立了综合协调机制、欠薪预警机制、应急处理机制、快速反应机制和责任追究机制五项制度，先后出台了《安宁市人民政府关于转发〈云南省农民工权益保障办法〉的通知》、《安宁市人民政府关于加强建设领域农民工权益保障工作的通知》两个文件，建立了农民工工资保证金制度。开展农民工工资支付、执行《劳动合同法》情况、人力资源市场秩序、打击非法用工、童工使用等专项检查7次，涉及企业913户，劳动者3.2万人，发放宣传资料25 000份。受理群众举报案件108件，结案104件，劳动保障监察结案率达到96%，为3 133名农民工追讨拖欠的工资2 191.8万元。

【推行劳动合同制度】　安宁市全面推行劳动合同、集体合同制度。立案受理劳动争议124件，结案120件，裁定用人单位对劳动者赔偿各项费用合计金额325.4万元。加强劳动工资收入分配宏观调控和劳动关系协调机制，656家企业进行了工资总额备案，职工总数45 155人，备案工资总额77 738.47万元。指导企业开展工资集体协商，继续探索建立工伤维权快速通道，工伤案件认定437件，比上年同期增加43.28%，支付待遇377人，比上年同期增加36.59%。办理退休225人，劳动能力和伤残等级鉴定66人。劳动合同签订率达98%，其中：农民工劳动合同签订率达到80%，行政复议、行政诉讼案件的维持率100%。

【社会保险基金监督管理】　2009年，安宁市收缴养老、失业、医疗、工伤、生育五项社会保险11个险种的社会保险费29 100.93万元，比上年的30 372.9万元减少1 271.97万元，减幅4.18%；支出13 351.31万元，比上年的11 162.83万元增加2 188.48万元，增幅19.6%；欠费1 187.69万元，比上年的968.65万元增加219.04万元，增幅22.61%。通过与上年比较和综合分析，2009年安宁市社会保险呈现以下状况和趋势：一是社会保险基金整体运行平稳有序，当期社会保险费均呈现收大于支的状况和良性循环；二是社会保险覆盖面不断扩大、险种增多，大部分险种参保企业和参保职工均有增加；三是工伤案件和待遇支付上升较快，标志着安全生产形势严峻，不容乐观；四是各项社会保险待遇不断提高，当期享受失业待遇人数减少，反映出国际金融危机对安宁市的参保企业减员没有造成影响，体现出企业社会责任意识的增强。6月11日，昆明市社保基金监督委员会对安宁市的基金监督工作进行了专项检查，查阅了安宁市社保基金专项治理领导小组成员单位的台帐资料、报表凭证、收支情况、内控制度、流程控制等内容，在昆明各县、市、区中，安宁市社保基金监督管理工作排名第二。

【社区劳动保障平台建设】　2009年，安宁市建立了市、镇（街道办）、社区三级劳动保障平台，就业、医疗、退休人员社会化管理服务工作等向乡镇、街道和社区延伸，使城乡社会保障服务工作做到坚持同一政策，落实同一待遇，提供同一服务，构建同一平台的目标。加强企业退休人员进入社区的检查、指导、协调力度，优化移交程序，将原易门矿务局住禄脿镇的1 062名退休人员，纳入社区由禄脿社会保障事务所，实行属地社会化管理。同时，在上年完成昆钢集团公司安宁辖区退休人员移交属地社会化管理的基础上，将昆钢集团公司在其他辖区3 000多退休人员逐步移交到社区管理。

【高校毕业生就业工作】　高校毕业生的就业工作从2009年9月份起交给劳动和社会保障局，根据对2009年每一位高校毕业生毕业后的就业情况细致跟踪摸底了解，在2009年毕业的286人中，已通过多种形式实现就业的有269人，具体就业情况是：在党政机关的有21人、事业单位28人、国有企业28人、非国有企业96人、社区18人、基层项目（三支一扶等）62人、自主创业1人，通过公益性岗位安置困难家庭毕业生15人。在没有就业的17名高校毕业生中：准备考研的5人、出国深造1人、继续升学11人。2009年，安宁市高校毕业生的就业率为94%。

【招商引资工作】　2009年，市劳动和社会保障局的招商项目有三个：1. 云南天池香料有限公司，到位资金1 503万元（招商局认定金额），按相关规定，可认定450.9万元；2. 中央、省、昆明市支持再就业资金634万元，支出金额522万元；3. 900四辊直流四边冷轧机带精深加工生产线2 000万元。2009年，招商引资到位资金2 972.90万元，市外资金2 972.90万元，完成招商引资任务的148.65%，市外资金完成198.19%。

【妥善处理信访案件和突发事件】　2009年，市劳动和社会保障局接待群众来信来访1 028件/人次，对上级转来的信访件、群众举报投诉的问题，认真对待解决，共处理和回复省劳动和社会保障厅、昆明、安宁市长热线办及市信访局转办件32件，已全部办结，做到不压件、不积件，件件有落实，事事有答复。答复96128查询电话78个。在被征地人员的社会保障、破产企业人员的安置、农民工维权等问题上，及时掌握情况，处理好热点难点问题，尽量减少大规模群众上访事件的发生。

（陈永坤）

劳动就业

【强化内部管理，推动就业工作】　2009年，由于受国际金融危机的影响，全市将近有100个企业处于停产和半停产状态，导致下岗失业人员大量增加。在就业压力大、工作任务重的特殊情况下，安宁市劳动就业服务局紧紧围绕切实做好公共就业服务和提供更多就业岗位这个主题，坚持以市场为导向、以提高就业服务信息化水平和效能为主线，以帮助各类失业人员和城乡富余劳动力实现充分就业为目标，不断完善劳动力市场用工信息收集、审核和发布工作。全年共收集发布各类用工信息401条，采取多种形式、多种渠道组织开展就业再就业工作，深入广泛地为人力资源供需双方提供及时可靠的劳务交流信息暨多次组织开展招聘服务活动；强化内部管理，规范操作程序，认真抓好相关证件的办理、认定和审核，积极指导各镇、街道社会保障事务所开展工作，全年办理城镇失业人员登记2 766人。

【开展公共就业服务活动】　2009年，安宁市劳动力市场充分依托各镇、街道社会保障管理机构及其社区服务平台，就地、就近、就便为城乡劳动力提供优质服务，并通过“送政策、送岗位、送技能、送信息、送服务、送温暖”等一系列公共就业服务活动，让更多的求职者感受到党和政府的关怀，为推动就业再就业工作迈上新台阶作出了积极的贡献。先后办理求职登记1 250人，直接组织参加现场求职4 498人次；提供有效就业岗位8 847个，完成目标任务5 000个的176%；开展职业介绍5 821人次，介绍成功5 006人；指导为民中心窗口办理录用登记，备案各类企业415户，招录聘用人员4 305人；促进灵活就业2 897人；新增城镇就业人数5 052人，完成目标任务4 800人的105%，其中：持“优惠证”就业1 164人，完成目标任务1 150人的101%；帮助特困群体就业1 023人，完成目标任务1 000人的102%；期末登记失业人员2 534人，城镇登记失业率为2.5%。

【深入企业基层调研，及时处理信访案件】　2009年，安宁市劳动就业服务局积极深入困难企业和镇（街道）调查研究，想方设法促进就业再就业工作。默契配合上级行政主管部门切实做好就业再就业服务调研6次，积极慎重认真处理和热情接待涉及就业再就业工作的人大建议、政协提案和网上信访案件4件，及时有效地抓好上级转交急办的特殊工作任务3项，主动参与协调处理农民工上访，着力解决特殊困难群体的安置就业工作，全面圆满地完成各级交办的临时性工作任务。

【强化就业资金监管，确保资金安全规范】　2009年，安宁市劳动就业服务局认真做好就业服务相关材料的收集整理和立卷归档工作，建立健全就业再就业资金管理内控制度和财会制度，管好、用好、用足、用够就业再就业专项资金，进一步提高资金管理与使用的有效性、规范性和安全性。分别接受了云南省财政厅对安宁市2008～2009年度就业再就业资金拨付情况的全面检查和云南省审计厅对安宁市2006～2008年度就业再就业资金使用情况的全面审计，并得到了上级部门的充分肯定；一致认为：安宁市严格按照中央、省、市的目标和要求，确保了就业再就业资金管理使用的安全、有效、规范和完整。

【广泛开展职业介绍工作】　2009年是安宁市劳动就业服务局组织开展公共就业服务活动最多的一年。按照云南省人力资源和社会保障厅《关于做好2009年公共就业服务专项活动的通知》要求，分别于：2009年2月25日举办了为农民工进城务工服务的“春风行动”；3月5日在昆明市人力资源市场积极协助妇联举办送岗位活动；4月9日首次在金方街道办事处湖光社区广场为各类失业人员举办了专场招聘活动；5月25日在安宁市娱乐中心广场开展了以“民营企业洽谈”为主要内容的专项活动；7月1～31日统一为应届高校毕业生设立专门服务窗口并认真开展摸底调查统计；8月26日组织安宁市辖区26家企业到毗邻友好的富民县开展帮扶送岗位活动；9月11日轰轰烈烈举办了“高校毕业生专场招聘会”。在全年组织开展的7次大型公共就业服务暨招聘活动中，邀请省、市相关企业莅临现场交流洽谈，累计提供各类就业岗位5 317个，先后组织各类求职人员3 427人次参加招聘交流，经供需双方面对面选择，企业与求职者签订劳动意向1 172人。开创了安宁市人才劳务交流人数多、场面宽、规模大和效果好的历年之最，及时地为大中专毕业生及各类求职人员起步就业提供了广阔的就业平台和创造了良好的就业机会，不仅赢得了求职人员的充分认可，而且赢得了社会各界的高度赞誉。

【落实优惠政策待遇，鼓励创业带动就业】　2009年，安宁市劳动就业服务局认真宣传贯彻落实就业再就业优惠政策，积极鼓励广大城乡求职者自谋职业和自主创业。全力组织做好《再就业优惠证》年度审核与发放工作，累计发放《优惠证》14 247人；遵照上级指示精神，于2009年6月30日停止办理《优惠证》业务。按照昆明市劳动就业服务局的统一安排部署，完善审核程序、规范办理手续，以积极负责的态度和满腔热情地工作，认真细致审核各种报销材料，分别给2 897名再就业援助对象发放社会保险补贴共计200余万元，给15名自主创业的下岗失业人员办理了小额担保贴息贷款75万元，不仅为促进广大的下岗失业人员实现灵活就业作出了积极应有的贡献，而且为所有的自谋职业和自主创业者提供了必要的政策指导和非常及时的经济支持。

【全力做好贷免扶补，积极探索创业新路】　安宁市认真贯彻落实《云南省鼓励创业贷免扶补实施办法(暂行)》，根据昆明市劳动就业服务局《关于做好鼓励创业“贷免扶补”工作的通知》要求，及时成立“贷免扶补”工作领导小组，并且在全市范围内大张旗鼓地开展鼓励创业“贷免扶补”政策宣传咨询活动，同时积极指导和有效部署各镇、街道社会保障事务所和社区服务站认真学习宣传“贷免扶补”政策和全面组织实施“贷免扶补”工作。在具体组织和实施过程中，同举全局之力、心系创业人员，千方百计鼓励创业带动就业，全力以赴组织社区开展业务指导、项目审核、入户调查和汇总上报，经各级各部门的齐抓共管和艰辛努力，在短短3个月时间内就办理审核创业项目235个，审核批准创业人数190人；其中：城镇失业人员85人、高校毕业生24人、退伍军人2人、农民工79人，累计发放鼓励创业贷款945万元；先后带动各类就业再就业620人，超额完成昆明市下达给安宁市“贷免扶补”180人目标任务的106%。

【全面做好调查统计，促高校毕业生就业】　安宁市劳动就业服务局高度关注高校毕业生的就业问题，在充分利用各项优惠政策扩大就业和稳定就业的同时，自始至终把应届高校毕业生调查统计和帮助就业工作列为劳动就业的首要任务，纳入科室所站的服务重点。特别是统一为应届高校毕业生设立专门服务窗口，提供各项职业指导和职业介绍，并且严格按照上级要求，紧紧围绕应届高校毕业生认真开展各项就业服务，及时组织对2009年度高校毕业生进行详细的调查走访和全方位的就业服务，采取政策安置，企业吸纳、鼓励创业、补贴技能提升培训等办法措施，竭力帮助未就业的高校毕业生尽快实现就业。全年安宁市共计接收高校毕业生286人，通过自谋职业、鼓励创业、“三支一扶”、选派“村官”、公益性岗位和企事业安置，采取一帮一、结对子等多种形式和多种渠道帮助大学生实现就业269人，完成目标任务数的94%以上。

【创建充分就业社区，帮扶特困家庭就业】　安宁市充分发挥社区就业服务基础的重要作用，积极开展创建充分就业社区工作。2009年是安宁市创建充分就业社区工作的关键年。为了尽快实现安宁市创建充分就业社区（2个街道达90%、7个镇达80%）的工作目标，安宁市劳动就业服务局严格按照创建目标要求，分别对连然街道办事处东湖社区和金方街道办事处阳光社区的创建工作进行经常性指导和帮助，促使这2个社区全面达到“充分就业社区”各项指标，为安宁市其它社区的创建工作起到了示范作用；2009年10月，安宁市东湖社区和阳光社区被昆明市授予“充分就业社区”称号。与此同时，正确引导各镇、街道社会保障事务所及其社区服务站做好“零就业家庭”就业安置工作，全力帮助特殊困难群体实现就业再就业，积极指导、检查和做好有关“零就业家庭”的规范管理台账与跟踪服务工作，协助配合民政局和总工会等部门，认定“零就业家庭”1户；并通过社区劳动保障服务平台，充分利用低保等优惠政策帮扶1人在家庭开展工艺品制作，实现就业再就业1人，并在全市全面消除“零就业家庭”。

【抓好职业技能培训，实现就业需求双赢】　安宁市认真学习宣传和贯彻落实国家、省、市关于做好就业再就业培训工作的方针政策，加大宣传力度，扩大培训范围，进一步明确抓紧抓好抓实就业再就业培训既是实施就业再就业工程的重要内容，也是对各类求职人员最大、最好和最有效的援助，充分调动一切积极有利因素，扎扎实实做好就业再就业培训工作；全年就业再就业培训城乡劳动力1 187人，实现就业再就业培训目标任务888人的134%。在全面、圆满和超额完成上级下达给的就业再就业培训任务的同时，认真做好各定点培训学校的指导、监督和管理工作，积极主动向新增的下岗失业人员宣传国家补助培训的相关政策，推动各类求职人员以技能促就业、以技能促创业。先后开设汽车驾驶、计算机操作、美容、电焊、电工、中式烹调、餐厅服务员、保卫员、茶艺师、花卉园艺师等专业培训班。1 078人取得了相应的职业资格证书，其中：城镇失业人员培训取证415人，完成目标任务150人的277%；农村劳动力培训取证663人，完成就业再就业培训目标任务400人的166%。

2009年8月6日，安宁市劳动就业局在县街镇举办花卉种植职业技能培训班。

（市劳动就业局　供稿）

【重视创业指导培训，“两后双百”齐头并进】　安宁市加大创业培训的力度广度，营造全民创业的良好氛围，积极主动帮助自谋职业、自主创业人员提高基本技能，树立创业意识和市场竞争意识，了解和掌握企业创办以及企业管理的基本知识，组织符合创业贷款条件的138人参加创业培训，109人考试合格取得了昆明市创业培训指导中心颁发的《创业培训合格证》，超额完成了上级下达创业培训目标任务100人的109%。加强与各级各部门的联系，高度重视“两后双百”培训工作，积极协助配合教育部门和各镇、街道社会保障事务所，以失地农民和应届初、高中毕业生及年龄在18～30周岁的劳动力为重点转移对象，按照“两后双百”的总体要求，认真落实先培训、后就业的原则，紧紧结合市场需求和用工需要，充分利用现有教育设施，分层次、分类型地对失地农民和应届初、高中毕业生等进行职业技能培训，全年共培训“两后双百”人员119人。

【抓紧抓好失业保险，保障生活改善民生】　2009年，安宁市劳动就业服务局根据上级下达参加失业保险人数5.1万人的目标任务和工作要求，精心计划、统筹安排，采取有效措施，强化核定征缴；全年核定参保单位319户，参保人数57 509人，其中：灵活就业人员参保15 604人，占参保人数的27%；严格按照地方税务局提供的失业保险基金实收清册，认真细致进行逐月登账，及时了解掌握基金征收情况，全年征收失业保险基金1 967.63万元；追回收缴上年度前失业保险基金欠费213.01万元。认真执行失业职工管理规定，建立健全各类基础数据台账，充分应用微机进行现代化、科学化和规范化管理，确保失业职工100%按照足额领取失业救济金；全年新增失业职工档案1 300人（份），转出失业职工档案280人（份），累计接收管理失业职工档案13 602人（份）；分别办理失业职工手续暨新增享受救济金1 015人，上年结转享受救济金896人，平均每月享受失业救济金692人，全年发放失业救济金500.24万元。

【竭力帮扶困难企业，确保社会稳定和谐】　2009年，安宁市劳动就业服务局一切从服务对象关心的热点、难点问题入手，积极主动开展为民便民服务，协助安宁市鑫屯有限责任公司、安宁市红方有限责任公司和安宁市医药有限责任公司吸纳“3545”下岗失业人员，及时做好一次性补贴审核认定和上报备案等工作，竭力帮助3户企业享受到税费减免和社保补贴等一系列优惠政策，促使一部分下岗失业人员实现稳定就业，为安宁市社会稳定和谐起到了重要作用。切实做好和合理运用失业保险基金帮助困难企业稳定就业岗位，不仅是应对当前经济形势减轻企业负担稳定就业局势的重要措施，而且是失业保险制度深化改革的一项新政策和新工作；根据人社部发2008年117号和云人社发2009年13号和昆劳就2009年47号文件精神，圆满完成了6户困难企业的申请上报和相关材料的收集整理，其中：申报稳定就业岗位人数2 712人，申报补贴金额449.27万元。

（张少伟）

社会保险事业

【确保养老金按时足额发放】　2009年，安宁市社保局继续做好退休人员养老金社会化发放工作。截止12月，全市企业离退休人员4 835人（其中：离休人员8人、退职人员13人、自谋职业人员237人），比上年新增退休人员271人，死亡82人，全年累计发放养老金6 250.43万元，月人均1 104元，机关事业单位离退休人员2 044人（其中：离休人员33人、退职人员2人），比上年新增59人，减少55人，全年累计发放养老金6 577.92万元，月人均2 769元；昆钢剥离办学退休教师432人，全年发放养老金1 008.25万元。

【调整离、退休人员养老金】　2009年，市社保局根据有关文件精神，在国庆节前调整离休干部的护理费每人每月增加100至150元，补发全市机关事业单位和安宁市属企业共37名老干部1月至9月份护理费5 100元。按云劳社发《关于2009年调整企业退休人员基本养老金的通知》精神，从2009年1月1日起，对2008年12月31日前办理了退休手续的企业退休人员调整增加基本养老金。此次调整养老金涉及4 600名退休人员月增资额473 501元，调整后退休人员平均月增资102.93元，这是继2005年以来国家连续第五次调整提高企业退休人员养老金水平。

【企业职工基本养老保险】　企业职工基本养老保险制度是五十年代初期建立的，是保障退休人员生活，维护社会安定的一项重要措施。截止2009年12月，安宁市参保企业达373户32 715人，全年新增参保单位90户2 363人，全年核定应收养老保险费10 872.96万元，实收10 722.33万元，其中：补收历史欠费246.26万元，收缴率96.35%。截止12月全市有6 404名灵活就业人员参加了养老保险，参保人数中有4 169人按时足额缴纳了养老保险费，尚有1 988人因缴费金额逐年递增等原因欠费，有237人符合条件办理了退休手续，按月领取养老金，领取标准最高1 732.08元/月，最低491.2元/月。

【企业职工工伤保险】　2009年，安宁市社保局认真贯彻落实农民工二期“平安计划”，以农民工较为集中的矿山、建筑等高风险行业为重点，同时加大对商贸、餐饮、住宿等服务行业参加工伤保险的宣传力度。截止年底共有469户30 692人参加了工伤保险，参保企业比年初增加了83户，人数比去年同期增加7 712人。参保企业中农民工有20 794人。全年核定应收工伤保险费570.66万元，地税部门实际收缴556.63万元，收缴率为97%。全年共支付377名伤残职工丧葬补助金、供养亲属抚恤金和一次性工亡补助金456.21万元，伤亡职工人数比上年同期增加101人，工伤保险基金支付额同比增长89%。为完善工伤保险制度，解决全省企业老工伤人员工伤保险统筹问题，根据《云南省企业老工伤人员工伤保险统筹试行办法》，把符合条件的10名老工伤人员纳入到工伤保险统筹范围，切实维护了老工伤人员的合法权益。

【企业职工生育保险】　2009年，安宁市参加生育保险的企业有345户，参保职工15 446人，参保单位比上年增加了78户3 042人。核定全年应收生育保险费270.34万元，地税部门实际收缴267.93万元，收缴率为98.6%。支付167名生育女职工生育保险待遇122.56万元，追回冒领的生育保险基金3 040元。

【养老保险扩面和清理欠费工作】　2009年1至12月，安宁市新增养老保险扩面人数2 844人，其中：新增国有、集体、私营企业90户，参保人员2 363人，新增灵活就业人员参保481人；接续养老保险关系3 843人。由于受金融危机影响企业经济效益普遍下滑，清欠工作难度很大，市社保局采取各种办法下到欠费企业督缴欠费，全年共清理追回企业养老保险历史欠费246.26万元，企业补缴当期欠费846.7万元。截止12月，安宁市仍有51户企业欠缴2 512名职工的养老保险费922.8万元，工伤保险费37.64万元，生育保险费8.26万元。

【社保基金审计和管理工作】　根据省审计厅连续三年对社保基金审计的安排，安宁市审计局于2009年6月15日派出审计组对2008年度社会保险基金收支管理情况进行就地审计，通过为期1个月的审计。未发现社保局有违反社会保险基金会计制度和社会保险基金财务制度的行为，认为安宁市企业基本养老保险基金收入增长，基金呈现良性循环及稳步发展的态势。在社保基金管理方面，社保局认真执行国家社保基金管理政策，严格财经纪律，坚持每月财政、地税和社保的三方对帐机制，社保基金年初有预算，年终有结算，不断完善单位内部财务管理规定，各项基金做到财政“专户储存，专款专用”，及时支付各项社会保险待遇。

【村（社区）“两委”干部离职生活补助】　2009年，根据安组2009年文件，进一步完善了离职干部生活补助标准，并把2007年换届后新当选的村“两委”干部全部纳入离职生活补助范围。全市7个镇2个街道办事处两委干部共274人参加了离职生活补助缴费，截止12月，收缴离职生活补助费97.33万元，有12名符合条件的离职干部按月领取定期生活补助，月人均315.3元。

【退休人员领取养老金资格认证工作】　2009年3月~5月，市社保局根据要求对全市4 662名企业退休人员领取养老金资格进行了认证。有2 296名退休人员通过社区服务站进行面对面的认证，2 192人通过企业退委会认证，169人居住在外地的退休人员通过《异地居住离退休人员领取基本养老金资格认证手册》和通过邮寄《异地居住离退休人员领取基本养老金资格认证表格》的方式进行认证，对5名未接受认证的退休人员按规定从次月起暂停发放基本养老金4 959.5元，协助其他社保机构认证了68名外地退休居住在安宁的退休人员。通过开展资格认证工作，适时掌握离退休人员生存状况，有效杜绝养老金冒领现象的发生，遏制社保基金的流失。

【加强内部控制制度建设】　2009年，安宁市社保局认真贯彻落实《云南省社会保险经办机构内部控制暂行办法实施细则》，建立健全内部控制制度，完善社保基金的监督管理机制，制定了《安宁市社会保险局内部控制实施方案》，通过加强业务经办控制，形成自我约束、自动预警、自我纠错的机制。9月份在接受省、市社会保险局内控制度的检查中给予了较高的评价。

【事业单位养老保险】　2009年，安宁市有22家差额和自收自支事业单位1 648人参加养老保险，按照单位缴费个人不缴费的办法，全年按工资总额的38%核定单位应缴养老保险费1 290.61万元，实际收缴1 284.71万元，发放375名退休人员养老金815.19万元。

【社会保险信息化建设】　2009年，市社保局根据上级部门对社会保险计算机网络硬件升级的要求，2009年4~9月陆续更换了符合银海养老保险信息系统运行要求的计算机，并对系统运行中经常遇到的问题多次进行辅导培训，同时将1万多名农民工工伤保险参保信息录入信息系统进行全面动态管理。为进一步提高村（社区）“两委”干部离职生活补贴个人帐户的管理水平，针对政策特点，委托有资质的软件公司开发了系统软件，新开发的系统软件实现了离职干部补贴管理从初次参保到最终领取离职生活待遇的全程计算机信息系统的动态管理，大大提高了管理的科学性和准确性。

（王艳玲）

医疗保险

【超额完成昆明市下达的医疗保险任务】　2009年，安宁市医保分中心加强宣传，落实责任，深入推进医疗保险扩面任务的落实，加强政策宣传和培训细化工作力度，切实提高续保率和缴费率。截止12月，城镇居民基本医疗保险参保人数达到57 528人，超额完成全年55 271人的目标，完成昆明市下达目标任务的104%；居民参保缴费率达96%超额完成95%的目标任务；城镇职工、城镇居民社会保障卡发放率达到了

100%，超额完成95%的目标。城镇职工参保人数达到34 384人，（其中，灵活就业和自谋职业人员2 107人，农民工1 558人）超额完成全年3.3万人的目标，完成率达104%。

【医疗保险基金管理工作】 2009年，市医保分中心严格按照财务制度和财经纪律，加强财务管理，严格执行内控制度，加强监督管理。健全财务数据与业务数据的对帐机制，建立完善财政、银行、经办机构三方基金对帐机制，确保财务数据与业务数据的统一。医疗保险基金实现分帐（分户）管理及电子化对帐管理，确保基金安全、规范运行。截止12月，实收城镇职工基本医疗保险基金6 453.42万元，收缴率达99.5%，支出职工基本医疗保险基金4 254.18万元（仅指在安宁结算的医疗费用），其中基本医疗统筹基金1 416.20万元，公务员统筹基金82.68万元，个人账户2 755.30万元。实收城镇居民2009年基本医疗保险基金986.84万元（其中各级财政补助869.14万元，个人缴费117.70万元），收缴率达99.4%，支出480.72万元（仅指在安宁结算的医疗费用）。实收机关事业单位工伤统筹金53.78万元，支出工伤医疗费24.19万元；实收机关事业单位生育统筹金89.27万元，支出生育医疗费29.90万元；实收离休干部统筹金86.40万元，支出105.88万元。截止2009年12月，公务员基金结余821.62万元，机关事业单位工伤基金结余619.98万元，生育基金结余464.25万元，离休干部基金结余72.90万元。

【“两定”机构管理工作】 市医保分中心严格按照“两定”《服务协议》规定，加强安宁市22家职工医保定点医院、14家居民医保定点首诊医疗机构及26家定点零售药店的“两定”机构管理，以群众监督、舆论监督等共同对定点医疗机构和定点药店实行全方位的社会监督，加大对违规行为的查处力度，合理支付医疗费用；对两定机构每月进行不少于20%的抽检，每季度不少于一次现场审核；加强定点医疗机构医疗费用信息公示，将各定点医疗机构病种医疗费用、平均住院费用等情况定期在《安宁医保信息》上公示，供患者就医选择。

【医疗费用管理工作】 2009年，市医保分中心进一步完善费用控制机制和服务质量奖惩机制。截止12月，系统审核结算城镇职工住院参保人员2 795人次，住院总费用1 344.69万元，基本统筹金支付1 005.11万元，重特病基金支付36.11万元，个人支付303.47万元，人均住院费用4 811.06元，人均住院天数15天，个人自付比例为22.6%。审核公务员补助690人次，支付公务员补助81.36万元。共报销城镇职工异地住院303人次，基本统筹基金支付：134.94万元，重特病支付16万元，个人自付比例为25.6%。审核定点药店刷卡359 150人次，个人账户支付1 997.74万元。

认真贯彻执行城镇居民定点首诊、双向转诊制度和《昆明市城镇居民基本医疗保险实施办法补充规定》。截止2009年11月，审核结算城镇居民定点首诊医院住院参保居民2 929人次，住院总费用764.36万元，基本统筹基金支付415.19万元，人均住院费用2 609.64元，人均住院天数10天，个人自付比例为45.7%。手工报销居民异地住院398人次，住院总费用214.89万元，基本统筹基金支付87.97万元，人均住院费用5 399.30元，人均住院天数10天，个人自付比例为59%。

【“两特病”、城镇居民门诊大病管理工作】 2009年，市医保分中心严格按照规定病种范围及审核依据和审核标准，对申报“两特病”、城镇居民门诊大病进行严格审查。到期复审换证特殊慢性病、特殊疾病457人（到期736人），新批特殊慢性病、特殊疾病408人，截至目前，“两特病”享受总人数1 929人（特殊慢性病1 583人，特殊疾病346人），特殊疾病慢性病控制在5.6%。1～12月分中心审核“两特病”就诊11 640人次，基本统筹金支付132.61万元，重特病支出4.05万元；门诊特殊检查1 488人次，基本统筹金支付30.59万元。1～12月新审批城镇居民“门诊大病”18人，截止目前安宁市共有36人享受“门诊大病”待遇。“门诊大病”就诊70人次，总费用1.53万元，统筹基金支付0.53万元。

【机关事业单位工伤、生育和离休干部医保工作】

截至2009年12月，安宁市参加机关事业单位工伤、生育医疗保险单位共205家、7 784人。核定工伤统筹费52.71万元，实收53.78万元，收缴率达102%；核定生育统筹费88.93万元，实收89.27万元，收缴率达100%。工伤报销26人次，医疗费用支出13.03万元；生育报销136人次，医疗费用支出30.27万元。目前管理有离休干部共44人（含协管单位4人），1～11月，离休干部医疗费报销324人次，医疗费用支出87.79万元。

【医疗保险稽核】 2009年，市医保分中心组织开展医疗保险基金专项治理自查工作，顺利通过了昆明社会保险基金专项治理工作组的检查；开展2009年医疗保险基金支付情况专项检查，对全市2008年至2009年6月30日期间存在违规的定点医疗机构、参保患者进行了重点核查，开展医疗保险缴费基数和基金支付稽核，每月对全市参保人员（特别是退休人员）缴费基数进行排查，一经发现异常认真核实及时上报，对2008年在核查中发现个人账户多划账的问题，2009年已追回个人账户金额21 107.78元，分别存入基本医疗保险基金支出户、公务员补助基金支出户；定期或不定期的对“两定”机构进行稽核检查，确保医疗保险基金合理支付，2009年1～12月查处定点医疗机构不合理费用共计76 726.5元。

【灵活人员和困难企业参保工作】 市医保分中心认真贯彻和落实自谋职业和灵活就业人员基本医疗保险

政策，充分调动灵活就业人员参保的积极性，加强安宁市关闭破产国有、改制的集体企业等困难企业的排查统计，着力解决了安宁市在启动医疗保险前已关闭破产的集体企业的退休职工参保问题。

【医疗机构联网工作】　在市委、市政府的大力关心支持下，安宁市全面实现城镇居民社区参保、银行缴费、定点医疗机构结算的网路化管理，为居民医保扩面创造了条件。29 个社区全部实现与医保中心和开户银行信息系统联网，联网率达 100%，定点首诊医疗机构 14 家，已完成 11 家医保定点首诊医疗机构联网结算，实现了系统结算报销。

【医保调研工作】　市医保分中心针对安宁市国家公务员医疗补助统筹基金结余较多（累计结余 821.62 万元），待遇享受低等问题，开展了安宁市公务员医疗补助统筹使用情况的调研，提请市政府对公务员补助政策进行调整，使之更好的发挥补助作用；对参保企业长驻异地人员医疗费报销难，住院医疗费审核难，管理不规范等问题，深入开展了调研，撰写了《积极探索异地就医管理　服务好参保人员》的调研报告，对解决异地医疗费报销管理提出了较好的对策和建议，不断推进医保工作的创新和发展。

【加强自身建设】　2009 年，市医保分中心按照市委、市政府和局党组关于开展学习实践科学发展观和提升行政效能、改进干部作风活动的总体要求和各个阶段的安排部署，分中心通过组织发动，不折不扣地完成了各个阶段的学习活动内容。为进一步提升行政效能、改进干部作风，提高干部职工的自身素质，分中心从便民、利民、为民出发，大力推行“一线工作法”和“五办”作风，精简业务流程，提高办事效率，转变作风，着力抓好医保政策环境和办事环境建设。落实医疗保险信息披露制度，全面推行“阳光政务”，进一步优化经济社会发展软环境，推进医保各项工作。

（侯石开）

民　　政

【简况】　2009 年，安宁市民政局进一步强化“以民为本、为民解困、为民服务”的核心理念，履行“解决民生、维护民利、落实民权”的核心职责，发挥“维护稳定、促进和谐”的核心作用，紧紧围绕市委、市政府的中心工作及年初民政工作思路，认真开展“提升行政效能转变干部作风”和“深入学习实践科学发展观”活动，扎扎实实做好民政 10 项重点工作，认真履行民政部门解决民生、统筹城乡社会发展工作职责，积极探索、整体推进，继续发挥民政工作在构建社会主义和谐社会中的基础作用。

【救灾救济】　2009 年，安宁市先后遭受低温冷冻、旱灾、冰雹等自然灾害，全市受灾农作物6 874公顷、绝收面积2 431公顷，因灾倒塌民房 8 间、损坏 14 间，受灾人口159 387人，造成直接经济损失1 317万元。发生民房火灾 3 起，受灾 22 人，烧毁民房 16 间，造成经济损失 21.5 万元，因灾死亡 1 人。全年发放救灾救济粮4 213人、132 055千克；救助城乡低收入群众 73 户次，发放临时救助金 16.05 万元。

【救灾捐赠】　2009 年，在安宁市开展日常救灾捐赠工作中，接收 98 个驻市中央、省、昆明市属厂矿、企事业单位和安宁市属机关、企事业单位个人捐款 18.0774 万元、衣物4 028件。确保了受灾群众、边远山区少数民族困难群众和城乡“五保户”安全过冬，为构建和谐安宁创造良好的社会环境。

【防灾宣传】　安宁市民政局积极组织开展防灾减灾工作宣传，发放防灾减灾、科普宣传材料38 166份，发放《汶川地震救援实录》科普光碟 200 片，制作防灾减灾宣传展板 56 块，播放《地震知识》、《山洪灾害防御常识》等防灾科普知识 12 场次，街头咨询 1 800人次。同时，认真组织开展中小学校防灾减灾主题活动。讲授和普及防灾减灾知识 26 次，板报宣传 31 期，播放防灾科普知识 60 余次，张贴宣传标语 35 条，进行消防疏散、防震减灾疏散、应对突发事件演练 28 次，受教育学生29 000余人次。

【住房救助】　安宁市实施安居住房救助 50 户、168 间、60 万元；救助一般危房改造、因灾恢复重建 25 户、77 间，发放救助金 9.53 万元；投入 89.7 万元资金对小桃花村地质灾害隐患点 39 户群众进行搬迁重建。对禄脿镇北冲村委会李家院村地质灾害隐患点，发放救灾专用帐篷 40 顶、救灾活动板房 30 套，对隐患点 44 户农户进行搬迁转移安置避险。

【城市居民最低生活保障】　2009 年 1 月，安宁市启动城市居民最低生活保障提标转化工作，及时将保障标准提高至 255 元。全年发放保障金2 397.69万元，月人均补差 158.96 元。按照省、昆明市关于开展城市低保全面清理、重新核查工作的要求。9 月份以来，认真组织开展并圆满完成了城市低保全面清理重新核查工作。春节前夕，发放7 411户、14 586名城市低保对象人均 150 元一次性生活补贴和人均 50 元的春节慰问费共计 292.54 万元；“中秋”、“国庆”节前，再次向全市所有的城乡低保对象发放节日慰问金 45.995 万元。

【农村特困居民最低生活保障】　2009 年一季度，安宁市全面完成将年人均纯收入低于1 200元的1 676户 3 779人农村低收入贫困人口全部纳入保障范围，全年发放保障金 479.7 万元，月人均补差 105.6 元。按照中央、省、昆明市“向困难群众发放一次性生活补贴”的要求，通过社会化发放网络，先后两次及时足额发放城乡困难群众一次性生活补贴和节日生活慰问费。其中，发放1 554户、3 665名农村低保对象人均100元一次性生活补贴和人均50元的春节慰问费共计54.975万元。

【城乡特困居民医疗救助】　2009年，安宁市共有16 657名城乡困难群众享受医疗救助，支出医疗救助金和补助医疗参保费147.24万元。其中：218人享受城市医疗救助，发放救助金44.81万元；58户137人享受农村医疗救助，发放救助金25万元；送治重度精神病人45人；1 021人享受农村医疗门诊救助，发放救助金10.21万元；资助9 000余人城市低保对象参加城镇基本医疗保险，代缴保险金4.7万元。

【五保供养和敬老院建设】　2009年，安宁市共有五保供养对象402人。年初，安宁市及时将农村分散五保、集中供养五保供养标准分别提高为240元/月/人、420元/月/人（中央、省和昆明市级财政补110元）。同时，将城乡五保供养对象全部纳入城乡居民医疗救助范围，实施医疗费用的全额救助。投资2 446万元建设的4所农村敬老院改扩建一期工程（新建、改扩建建筑面积13 728.3平方米）并相继投入使用。拟定了《安宁市农村五保供养工作实施办法》、《安宁市农村敬老院管理暂行办法》。全市集中供养农村五保对象230人，集中供养率57%。年内组织四所敬老院集中供养对象共230人进行身体检查，为集中供养对象建立了健康档案。

【走访慰问城乡困难群众】　2009年春节期间，安宁市走访慰问城乡各类困难群众2 575户次，开支慰问金67.14万元。走访慰问5所农村敬老院及安宁康寿老年公寓集中供养五保户、社会寄养老年人294人，支出慰问金3.74万元；慰问分散供养五保户324人，支出慰问金6.48万元；慰问农村特困户200户，支出慰问金4万元；慰问县街镇太阳冲和青龙镇海庙2个高寒山区少数民族村贫困家庭65户，支出慰问金1.3万元；走访慰问城市低保对象60户，支出慰问金1.8万元；慰问全市3名百岁老人，支出慰问金900元；慰问农村特困老年人92人，支出慰问金1.84万元；慰问13家社会福利企业残疾职工550人，支出慰问金9.63万元；慰问农村贫困残疾人家庭260户，支出慰问金7.8万元。中秋、国庆期间，慰问4所农村敬老院集中供养对象279名、工作人员40名，农村分散五保户174名，安宁康寿老年公寓一所。共开支慰问金（现金）11.86万元及送去了价值18.6万元的中秋月饼。

【城乡社会救助】　2009年，安宁市救助省内外人员623人次，其中：残疾人109人次，艾滋病人4人次，麻风病人24人次，精神病人24人次、未成年人13人次、弃婴31名、危重病人6人次，共支出救助金2.558万元。

【双拥工作】　2009年，安宁市以创建“云南省第八届双拥模范城”活动为契机，继续深入开展双拥工作。通过创建、申报、考核，再次荣获云南省第八届双拥模范城称号。“春节”、“八·一”期间，先后组织开展对驻市部队、烈军属、在乡伤残军人、老复员军人、带病回乡退伍军人、军队离退休干部走访慰问活动。共走访慰问16个驻市营以上建制部队及预备役工兵营官兵、安宁市森林消防直属大队官兵5 000余人次，送慰问金73.4万元；慰问各类重点优抚对象1 221人次，送慰问金134.9万元。

2009年1月23日，安宁市民政局局长、市双拥办主任陈锦良等领导到安宁市武警二大队慰问。
（市民政局　供稿）

【优抚工作】　2009年，安宁市共有1 190名参战人员、8名参战民工，按照参战退伍军人每人每月130元和参战民工每人每月60元的标准，全年共发放“两参人员”生活补助费243.8万元；解决31户、31名重点优抚对象“生活难、医疗难、住房难”资金6.1138万元；及时足额发放244户城乡义务兵家属优待金52.6万元；发放10名荣立“三等功”和21名荣获“优秀士兵”的现役军人家属奖励金0.51万元。

2009年9月25日，中共安宁市委书记李树勇等领导慰问重点优抚对象。　（市民政局　供稿）

【退役士兵安置工作】　2009年，共接收退役士兵、士官113人，通过审核，对符合安置条件的64名城镇退役士兵和14名转业士官进行了“双考”选岗安置。发放23名申请自谋职业的城镇士兵补偿金128万元；发放47名城镇退役士兵、士官待分配期间生活费4.59万元。

【基层政权建设】　2009年，安宁市发放5名农村老党员生活补助3 000元；建国60周年之际，对5名农村老党员进行了走访慰问。及时提高93名原大队一级离职干部生活补助费发放标准，全年共发放补贴20.757万元。继续巩固“民主法治示范村”创建成果，做好“民主法治示范村”创建活动。认真指导各村委会开展“民主选举、民主决策、民主管理、民主监督”建设，建立健全村委会的“依法建村、以制治村、民主管理”机制，有效地提高了农村基层广大群众的法律意识和参与民主管理的热情。经司法部门的检查验收，县街镇石江村成为“全国民主法治示范村”。

【城市社区建设】　安宁市加强城市社区办公服务设施建设。积极争取昆明市级城市社区办公服务用房立项补助指标，先后完成凌波、桥头等7个社区办公服务用房达标建设。认真开展全国和谐社区创建工作，通过自查申报、昆明市考察推荐、民政部评估，宝兴社区荣获“全国和谐社区建设示范社区”称号，获得国务院表彰。

【农村社区建设】　安宁市继续推进农村社区建设。按照农村社区建设的总体目标和主要任务，市级财政投资100万元开展摩所营、禄脿、草铺、始甸、桃花及双涓、月照屯、多依者、白登、后山甾村共10个试点村建设工作，为民服务站、多功能室、电子阅览室、图书室、棋牌室等配套设施齐全，农村社区建设工作稳步推进。

【区划和勘界管理工作】　2009年，圆满完成“安宁市与晋宁县”全长61.8千米边界线联合检查任务；积极调处州、市、县级界线争议纠纷6起；调处乡镇界线争议纠纷11起；调处村组界线争议纠纷68起；同时，全面配合市林改办做好林权制度的改革工作。

【社团和福利企业】　2009年，安宁市共有各类社会团体63家，民办非企业单位37家，就业安置557名残疾人、助养23名。“助残日”中，民政局组织对全市13家福利企业的残疾职工进行了慰问。全面完成社会团体年检换证工作。

【婚姻登记】　安宁市婚姻登记工作进一步规范，服务水平和登记质量显著提高。2009年，全市共办理结婚登记3 572对，离婚登记958对，出具未婚申明证明4 387份。同时，配合市防艾办全面做好新婚登记人群艾滋病防治知识咨询和医学检查，做到主动告知率和结婚登记当事人接受防艾知识教育率均达100%。

【殡葬改革】　2009年，安宁市殡葬改革步伐进一步加快，殡葬管理水平进一步提高，继续保持殡葬工作的强劲势头，全市城乡居民死亡1 115人，火化1 115具，火化率100%。12个农村公益性公墓相继建成并投入使用，全年共落墓安葬6 270冢。全市清理整治活人墓647冢，坟墓16 284冢。整治率为100%；“三沿五区”视野可见范围内坟墓搬迁4 001冢、平毁坟头深埋550冢、进行植树遮挡11 733冢。治理坟山墓地“白化”种植树木210 782棵。昆明西郊殡仪馆自筹资金870万元，新建火化车间1座，新购节能环保型火化炉6台（其中拣灰炉4台）；将老车间改造成悼念厅、太平间和待化间，更新殡仪车2辆。购置殡仪服务车3辆，用于解决农村遗体火化后丧属带骨灰无法租车或乘座公交车到农村公益性公墓存放、安葬的困难和实际。

2009年4月29日，安宁市政府召开殡葬改革“三沿五区”整治工作会议。　（市民政局　供稿）

【政务公开】　市民政局完善政务公开，认真落实“阳光政务”四项制度。对街道地名命名和更名；涉及进行公共管理和服务的各类规章制度、管理规定、实施细则、实施办法或暂行办法进行决策听证。对城乡居民最低生活保障待遇的申报审批程序、条件；60岁以上老年人免费乘坐市内公交车和80岁以上高龄老年人保健补贴发放的条件的政策规定；殡葬改革工作；农村敬老院建设及五保供养政策；婚姻登记条件及登记程序等进行公示。对市委、市政府立项督查督办的重点工作进展情况；涉及民政工作方面所开展的重要事项的适时工作进展情况和办理结果、落实情况；重要的民政工作进行通报。按照《政府信息公开条例》和《保密法》规定，认真梳理拟公开信息内容，报保密局审核备案后，对安宁市民政局公开承诺的14项行政审批、管理服务事项；安宁市民政局行政执法职责及58项执法事项（24项行政处罚、11项行政给付、19项其他行政执法行为）进行公开。大力加强行政审批电子监察系统建设，全面实施行政审批“两集中、两到位、两终结”。全年办理社会团体及其分支机构成立变更登记11件；民办非企业单位登记12件；办理收养登记31件，解除收养关系登记2件；办理老年人优待证2 468人；农村最低生活保障待遇申请1 676户、3 779人；农村医疗救助申请151人；农村重度精神病人医疗救助申请52人；申请城镇居民最低生活保障78 285户、150 876人。真正做到依法行政，公开办事，切实方便了群众，提高了办事效率。

（罗尚军）

地　名

【地名管理】　2009年，安宁市进一步规范地名、街（村）标志牌管理，研究制定了《安宁市地名管理工作实施意见》，组织召开地名委员会工作会议讨论修改新增街路命名意见。按照地名命名程序，对连然街道、温泉镇等新建的8条街路、10个新建住宅小区审批命名，进一步规范了安宁市地名管理工作。

市民政局积极配合安宁市开展创建全国文明城市和国家卫生城市工作，组织人员对城区设置的街（路）标志牌进行刷（白）漆翻新维护，并对损坏的街（路）牌进行了更换。对人大代表提议的安温路沿线门牌编号缺损问题进行了调查，更新制作和安装门牌24块。地名管理工作的规范和完善，有效地促进安宁创建全国文明城市、国家卫生城市工作的开展。

（罗尚军）

老龄工作

【简况】　2009年，安宁市60岁以上老年人为40 013人，占全市户籍总人口的15.1%，农村老年人口为15 176人，占老年人口总数的37.9%，城市老年人口为24 837人，占老年人口总数的62.1%，其中：60～69周岁的老年人21 818人，占老年人口总数的54.5%，70～79周岁的老年人13 659人，占老年人总数的34.1%，80～89周岁的老年人4 044人，占老年人总数的10.1%，90岁以上的高龄老年人489人，占老年人总数的1.2%，百岁长寿老年人4人，占老年人总数的0.001%。空巢、独居、留守老年人502人。根据近5年的统计和测算，全市老年人口以每年3.5%的速度递增，预计到2011年安宁市老年总人口将超过4.5万人。安宁已进入人口老龄化社会。

【农村老年人赡养】　2009年，安宁市认真贯彻以家庭赡养为主、社会救助为辅的养老原则。落实好农村老年人赡养工作，全年发生赡养纠纷62件，调解62件，成功率100%。赡养纠纷调处率达100%。90%以上老年人精神上和物质生活上基本解除了安享晚年的后顾之忧。

【宣传慰问】　安宁市认真贯彻老龄工作“党政领导、社会参与、全民关怀”的方针，按照省、昆明市老龄委工作要求，围绕“六个老有”工作目标，大力开展《中华人民共和国老年人权益保障法》和《云南省老年人权益保障条例》、《昆明市保护老年人合法权益条例》即：“一法两条例”的学习和宣传，在“春节”、“中秋节”和“第二十三届敬老节”期间，大力开展各类慰问演出、召开座谈会和走访慰问活动。共举办文艺下乡慰问演出12场次，召开座谈会376场次，张贴和悬挂宣传标语310条。走访慰问老年人281人。投入慰问经费74 300元。

【老年人免费乘车卡和老年证办理】　安宁市扎扎实实做好老年人免费乘坐城市公交车和“爱心”乘车卡办理工作。累计有18 666名老年人办理了“爱心”免费乘车卡，刷卡440.5723万次，共308.4006万元；2009年，为2 554名老年人办理了《老年人优待证》。为方便老年人，2009年7月始，市老龄办把《老年人优待证》办理下放至各镇（街道办事处）办理。截止2009年12月31日，累计为全市老年人办理优待证28 028本。

【高龄老年人保健补助发放】　从2008年开始，安宁市委、市政府将全市80周岁以上老年人的保健补助列入财政预算。老年人保健补助每半年发放一次，通过对户口册、身份证和相关证明材料的核实确定，2009年发放80周岁以上老年人保健补助3 476人，发放金额4 302 200元。温泉、青龙两镇在市政府补助的基础上，对年满60周岁以上的农村老年人继续发放生活补助。温泉镇每年每人补助240元，60～69周岁老党员每人每年补助300元，70周岁以上的老党员每人每年补助360元。青龙镇对60～69周岁的老年人每人每月补助90元，70～79周岁的补助100元，80～89周岁的补助120元，90～99周岁的补助150元，100周岁以上的补助200元。

【发展老龄事业】　安宁市加快以居家养老为基础、社区服务为依托、机构养老为补充的养老服务体系建设步伐，多渠道筹集资金，加大老年协会、老年活动室等老年福利服务设施的建设，不断满足老年人的物质和精神文化生活的需求。全市496个村（居）委会均建立健全了老年活动室，成立老年协会390个，占总数的78%，老年活动正常，健康向上。

（罗尚军）

民　族

【召开全市民族宗教代表人士新春茶话会】　2009年1月10日，安宁市民委、安宁市宗教局在安宁金成风味园四楼会议室召开全市民族宗教代表人士新春座谈会。座谈会由市政协主席李海平主持，市委书记李树勇、市长王剑辉分别在会上向民族宗教界代表人士通报了2009年安宁市经济社会发展的总体情况、安宁市民族宗教工作的基本情况。民族宗教界代表人士在听取全市经济社会发展情况通报后纷纷发言，充分肯定一年来安宁市政治、经济、科技、教育、文化等各方面取得的可喜成就，表示要在各自的岗位上开拓进取，积极为安宁市经济发展和社会稳定作出自己的贡献。这次新春座谈会共有61位民族宗教界代表人士参加。

【配合连然街道办调处基层矛盾纠纷】 2009年2月27日，安宁市城区官厢街10多位回族同胞强烈要求续建清真寺附属建筑房屋，对规划部门提出拆除在建房屋产生了一定的抵触情绪，少数群众要求上访，市民委、宗教局和连然街道办知道情况后，及时赶到现场，耐心细致地做好清真寺管委会成员的思想工作。次日上午，在连然街道办、民委、宗教局、公安、规划、土地等部门负责人及清真寺管委会成员组成的协调座谈会上，通过大家耐心细致的作思想工作和有力的统一协调，在效地平息了事态。清真寺管委会成员表示同意做好穆斯林群众的思想工作，并及时拆除在建的违章建筑，待旧城改造工程建设启动时，服从城建统一规划，一并解决新建清真寺的问题。这次事件，通过连然街道办、民委、宗教局、规划、土地等各有关部门强有力的统一协调，有效地防止了基层群体性事故的发生。

【昆钢棒材厂团委与密马龙小学喜接帮扶对子】

2009年2月27日，昆钢棒材厂团委与密马龙小学结成了帮扶对子，将逐年对密马龙小学实施帮扶。

密马龙小学是安宁市禄脿镇密马龙村委会苗族学生较多的一所小学，苗族学生占64%，密马龙村委会山高、缺水、日照短，自然环境较差，因为生活困难和人数不多，给当地办学带来很大困难。为了使密马龙小学的学生有一个好的学习环境，经安宁市民委与棒材厂团委协调，2009年5月14日，昆钢棒材厂团委与密马龙小学正式结成了帮扶对子。棒材厂继2008年6月为学校送去一批学习、文体用品之后，2009年又为密马龙小学送去了寄宿学生用的20顶蚊帐和文体用品。

通过两年来对密马龙小学的密切联系和了解，棒材厂团委各支部表示，为了给密马龙的孩子们创造一个好的学习环境，棒材厂团委将与密马龙小学建立长期的帮扶机制，逐年实施帮扶。

【迎接国际人类学与民族学动员安排会召开】 2009年，安宁市民委根据省及昆明市民委关于迎接国际人类学与民族学联合会第十六届大会工作方案的通知精神，于6月24日组织有关单位在市政府10楼会议室召开了工作安排会议。

会议由安宁市政府副市长张瑞金主持，张副市长在充分阐述国际人类学与民族学联合会第十六届大会在昆明市召开的重大意义后，对安宁市迎接大会召开前治安、交通、环境、卫生等存在问题的治理工作提出明确要求。会议要求各镇、街道办及市级机关各有关部门要按照此次会议的安排部署，作出迎接大会召开保障工作的具体方案并展开各项环境整治工作。

参加这次会议的除各镇、街道办的分管领导外，市食药监局、质监局、交通局、农业局、建设局、环保局、文体旅游局等10余家单位负责人参加了会议。

【做好扶持少数民族村发展项目的调研】 2009年6月中旬，安宁市民委深入到部分少数民族村就2009年民族专项资金项目的可行性进行调研。针对部分少数民族村2009年立项扶持发展的可性行问题，对各镇、街道办申报的近40个扶持发展项目进行反复论证，最后确定对7个镇和2个街道办事处申报的33个项目给予扶持，需扶持资金达100余万元。通过调研，对有发展前途和切实可行的项目，及时指导村组制定周密的发展计划并给予申报扶持。对确认没有发展前景的项目，及时帮助少数民族村委会及农户进行调整规划。

【香港学生到强制戒毒所参观考察】 2009年7月3日，中央人民政府驻香港特别行政区联络办公室青年工作部张学理处长和香港政策研究所助理研究员黄秀丽率香港学生一行12人，在省民委的陪同下，到位于安宁市太平镇的昆明强制戒毒所参观考察。香港学生通过听取戒毒所情况汇报、监区参观考察和观看汇报演出，亲眼目睹了戒毒所人性化管理和戒毒人员悔过自新的动人场面，深受启发教育。

【开展全市辖区清真食品大检查】 2009年，为以良好的形象和优质的服务迎接国际人类学与民族学联合会第十六届大会在昆明市召开，切实提高安宁市清真食品行业服务质量，保护清真食品经营者和消费者的合法权益，保障安宁市在大会期间清真食品的食用安全，市民委于7月13日~14日组织了全市区域的清真食品大检查。

检查组全面检查了安宁市属的清真食品营业餐馆及销售摊点，共检查了清真餐馆和清真食品销售摊点69个，其中清真食品销售摊点27个、餐馆42家，检查范围涵盖了全市所有的清真饮食服务网点，将检查的具体情况，及时登记入册，对存在的问题现场指出，并提出限期整改意见。

（杨贵福）

宗　教

【宗教活动场所简况】 为认真贯彻落实党的宗教政策，加强对宗教活动场所的管理，自1994年以来，安宁市经市人民政府（含省、市）批准的宗教活动场所寺观教堂共29所。各宗教派主要有：佛教寺院7所，信教公民约2 540人；道教2所；信教公民200

人；伊斯兰教 3 所，信教公民1 060人；基督教堂 17 所（含 3 个活动点）信教公民3 053人。全市 26 万人，信教公民6 853人，占全市总人口的 2.6%。

【春节慰问宗教界人士】 在 2009 年春节即将到来之际，1 月 20 日 ~21 日，市宗教局到各镇、街道办事处走访慰问宗教界人士共计 33 名，通过走访慰问，使宗教界人士进一步感受到党和政府的关心。

【宗教培训工作】 2009 年 7 月 28 日，安宁市宗教局对安宁市各教会管委会主任、教职人员进行爱国主义教育培训，参加培训人员共 60 多人。培训以爱国主义教育、依法治市、《宗教事务条例》内容为主。

【召开基督教“三自”爱国会第二届代表会议】

2009 年 7 月 27 日，安宁市在市湖滨酒店召开了市基督教“三自”爱国运动委员会会议，出席会议代表共 37 名。上一届主席在会上作了《充分发挥爱国会作用，为贡献和谐社会贡献力量》的工作报告。报告总结了安宁市基督教“三自”爱国会三年来的工作，提出今后的努力方向。此次会议选举产生了新一届安宁市基督教“三自”爱国领导班子。

（苏　舟）

人口和计划生育

【简况】 2009 年，安宁市人口和计划生育局以邓小平理论、“三个代表”重要思想和科学发展观为指导，认真贯彻落实中共中央、云南省委和昆明市委《关于加强人口和计划生育工作统筹解决人口问题的决定》精神，紧紧围绕市委四届七次（扩大）会议精神、政府工作报告和昆明市下达的目标任务、年初工作计划，以创建全国计划生育优质服务先进单位为载体，坚持以人为本，改进工作方法，创新体制机制，提高服务水平，进一步加强软环境建设，提升行政效能，改进干部作风，继续深化“两改、三落实、五送、八项服务”的工作理念，抓住重点，突破难点、打造亮点，全面提高计划生育服务质量和管理水平。圆满完成了 2009 年的各项工作任务。

2009 年全市总人口319 212人，其中：已婚育龄妇女人数65 107人，占总人口比重 20.40%。全市出生人口1 813人，出生率 5.74‰，出生婴儿性别比为 100∶97，同比男性减少 14 人；人口死亡1 100人，死亡率3.48‰，自然增长人口数 713 人，人口自然增长率 2.26‰，年增长人口数 6 812 人，年增长率 21.57‰。在出生的总人口中，一孩人数1 095人，一孩率 60.40%，二孩人数 712 人，二孩率 39.27%，出生计划内多孩 6 人。全市符合政策生育率 99.83%。

【加大宣传教育工作力度】 2009 年，市人口和计划生育局坚持宣传为主的工作方针，不断加大人口和计划生育“一法四规三条例”宣传工作力度，为广大育龄群众“送宣传、送政策、送信息、送技术、送药具”。2009 年，全市共印制人口和计划生育宣传材料 28 种 48 万份，农村计划生育宣传品入户率达到 96%。举办青春期培训 19 期、培训人数1 982人，婚前期培训 19 期、培训人数1 991人，孕产期培训 19 期、培训人数1 694人，育儿期培训 19 期、培训人数 1 679人，中老年保健培训 25 期、培训人数1 984人。举办党政干部人口和计划生育知识培训 332 期、培训人数2 809人，人口和计划生育干部培训 310 期、培训人数2 888人，在中学开展人口知识培训 7 期、培训人数2 297人。组织文艺宣传 230 场次，书写宣传标语5 010幅，订阅《中国人口报》89 份、《人口与计划生育杂志》54 份、《人之初杂志》159 份、《人生杂志》128 份、《人口文摘》28 份，编写信息简报 46 期。

【创新流动人口计划生育服务管理机制】 2009 年，安宁市认真贯彻落实昆明市《关于强化流动人口计划生育现居住地管理工作的意见》，结合安宁市实际，制定出台了《中共安宁市委市人民政府关于贯彻〈中共昆明市委市人民政府关于强化流动人口计划生育现居住地管理工作的意见〉的实施意见》，成立了安宁市强化流动人口计划生育现居住地管理工作领导小组。明确了各成员单位的目标任务、职责措施和工作奖惩办法。2009 年，共组织清理流动人口 4 次，发出宣传材料 5 万份，免费发放避孕套 6 万只。截止到 2009 年 9 月 30 日止，全市共清理排查流动人口 5 万人次，采集登记流动人口50 179人，在清理排查中，查出有违法生育史的1 214人，占已婚育龄妇女的 8.3%。向流动人口户籍地和现居住地提交反馈信息2 692条，反馈率 96.3%。确实把流动人口计划生育纳入“同宣传、同服务、同管理、同考核”服务管理。

【创建全国计划生育优质服务先进单位】 2009 年，安宁市积极开展创建全国计划生育优质服务先进单位活动，按照科学发展，统筹解决人口问题，构建和谐计生，优质服务提速提质，基层基础工作上水平，突出维护群众权益和群众享受优质服务核心，加强计划生育技术服务标准化、程序规范化、管理科学化、队伍职业化建设，努力提高以计划生育技术服务为重点的服务技能和服务水平。积极开展创建全国计划生育优质服务先进单位活动，2009 年 9 月 12 日，顺利通过了国家人口计生委专家组的评估验收，并授予安宁市全国计划生育优质服务先进单位称号。

【出生缺陷一级预防工作】 根据《安宁市人口出生缺陷一级预防工作实施方案》精神，成立了技术服务工作领导小组，围绕婚前培训、孕前检查、孕前孕期供药、利用 B 超进行重大体表畸形的筛查、必要的中止妊娠手术和组织病残儿医学鉴定。2009 年，昆明市、安宁市财政投资32万元对禄脿镇服务所进行修缮改造。全年共举办出生缺陷预防干部培训2期、培训干部168人，举办目标人群培训15期、培训人员721人，目标人群对出生缺陷预防知识知晓率达95%以上，为497对待孕夫妇免费进行孕前优生检查，免费发放叶酸4 768瓶，为994人提供叶酸服用，农村人口参加免费检查率达99.1%。

【奖优免补工作落到实处】 安宁市全面落实人口和计划生育奖励优惠政策，切实维护好、实现好、发展好独生子女家庭在奖励扶助政策方面的合法权益。2009年，办理享受农村独生子女家庭一次性1 000元经济奖励资格审核确认177户，高考教育优待加分资格审核确认120人，中考教育优待加分资格审核确认280人，办理享受农业人口独生子女父母养老生活补助资格确认299人，独生子女家庭享受特别奖励扶助政策资格审核确认109人，办理享受农业人口独生子女九年义务教育奖学金资格确认3 788人，办理享受农业人口独生子女考取高中、大学阶段奖学金资格确认552人，并进行了微机录入，录入率达100%。并对农村部分计划生育家庭成员享受免除新农合医疗个人参合费用对象进行调查，经过资格确认符合全额资助条件的部分计划生育家庭成员人数29 023人。

【计划生育协会工作】 安宁市计划生育协会工作，以中央《决定》为指导，围绕人口和计划生育“依法行政、村居民自治、优质服务、政策推动、综合治理”工作思路，始终坚持宣传群众、动员群众、组织群众、服务群众的工作方针。认真落实《昆明市关于深入开展“生育关怀行动”的实施意见》，加大对“三结合”帮扶工作力度，全年投入帮扶项目资金60万元，实施经济帮扶206户，信息帮扶1 883户，项目帮扶工作成效显著，帮助育龄群众建设幸福美满家庭，勤劳致富奔小康。5月，市计划生育协会在八街镇组织开展了“幸福工程救助贫困母亲活动”暨“三结合”少生快富帮扶项目资金发放仪式。2009年，全市建有计划生育协会组织89个，有会员38 265人，建立会员小组841个，发展会员13 336人，开展宣传服务活动524次，开展培训410期，培训会员24 641人次，组织会员帮助计划生育困难户做好事336件次。

（高　磊）

社会团体

安宁市延安精神研究会

【简况】 2009年，安宁市延安精神研究会在中共安宁市委、市人民政府的领导下，在云南省及昆明市延安精神研究会的指导下，在全市各镇（街道）及各部门、各单位的大力支持下，在党的十七大精神指引下，认真学习、领会中央领导同志对弘扬延安精神的重要指示，以马列主义、毛泽东思想、邓小平理论和“三个代表”重要思想为指导，认真学习实践科学发展观，发动广大会员，在构建社会主义和谐社会、建设社会主义新农村、用延安精神教书育人，加强青少年思想政治教育、构建社会主义核心价值体系等方面发挥了积极的作用，全面完成了2009年度工作计划。截止2009年底，研究会下设11个分会，会员总数达2 885人。

【围绕市委市政府中心工作开展研究工作】 2009年，安宁市延安精神研究会紧紧围绕市委、市政府的中心工作，按照省市研究会的要求，结合实际，认真开展研究会各项工作。要求各分会、各活动小组组织全体会员认真学习党的十七大、十七届三中、四中全会精神，认真学习领会胡锦涛在纪念党的十一届三中全会召开30周年大会上的重要讲话精神，深入领会讲话中系统阐述的“十个结合”宝贵经验与弘扬延安精神的内在联系，不断增强走中国特色社会主义道路的自觉性和坚定性，弘扬延安精神，促进社会主义核心价值体系建设，促进社会主义新农村建设，促进青少年思想政治建设和师德师风建设，为改革开放和社会主义现代化建设提供强大的精神动力和思想保证，营造良好的舆论环境。同时，要求各分会、各活动小组组织全体会员积极参加学习和实践科学发展观活动，增强贯彻落实科学发展观的自觉性和坚定性；积极参与“行政效能提升年和干部作风改进年”活动，积极参与“学习和实践科学发展观、促进机关作风改进”专题教育活动以及领导干部勤政廉政公示活动。通过这次活动的开展，促进了相关行政效能提升及干部作风改进，促进领导干部增强勤政廉政意识，使全市干部作风进一步改进、服务质量进一步提升、工作质量进一步提高、勤政廉政能力进一步增强、行政行为进一步规范、党组织的战斗堡垒作用和党员的先锋模范作用进一步显现，保证了市委、市政府全年各项目标任务的全面完成。各分会、各活动小组采取了灵活多样的形式组织会员学习、交流，在上述活动中取得了预期的成果。

【认真组织延安精神“六进”活动】 延安精神研究会的主要工作任务是认真学习、宣传、弘扬和实践延安精神，努力把延安精神与时代精神紧密结合起来，把延安精神传播到广大干部、人民群众和青少年中去。2009年，安宁市延安精神研究会把认真学习、大力宣传、努力弘扬和自觉实践延安精神作为根本任务，要求各分会及各活动小组组织全体会员深入持久地学习、宣传和践行延安精神，用延安精神促进各方面的工作。结合部门和单位的实际，认真开展好“延安精神进机关、进部门、进学校、进企业、进社区、进农村”活动，用延安精神促进机关作风建设、促进干部队伍建设、促进勤政廉政建设、促进社会主义新农村建设、促进企业文化建设、促进“师德师风”建设和青少年思想品德建设，使广大会员成为延安精神的传播者和宣传员，使延安精神成为推进各方面工作的强大精神动力，为服务和促进安宁经济社会跨越式发展作出积极的贡献。

【学习贯彻中共昆明市委办公厅文件精神】 2009年4月30日，中共昆明市委办公厅下发《中共昆明市委办公厅关于积极支持延安精神研究会做好学习、研究、宣传、弘扬延安精神工作的通知》，安宁市延安精神研究会及时召开会长办公会议认真进行了学习，并研究了安宁市的贯彻意见，及时向市委副书记尹贵生作了汇报。在市委的重视下，6月25日，中共安宁市委办公室下发了《关于积极支持延安精神研究会做好学习、宣传、弘扬延安精神工作的通知》，这个文件认真贯彻了昆明市委办公厅文件精神，明确提出“全市各级党组织，特别是党员领导干部一定要把自觉学习、宣传、弘扬和实践延安精神作为长期的政治任务和光荣传统，充分认识新形势下学习和弘扬延安精神的重要意义”，明确提出“各级党组织要把学习、宣传、弘扬和实践延安精神作为义不容辞的责任来抓，切实帮助各级研究会组织解决工作中的突出问题和困难”，还明确了要把此项工作列入党建目标考核的一项内容。市委办公室文件下发后，研究会于7月8日召开了分会会长、秘书长会议进行了学习和安排，提出了安宁市延安精神研究会的学习贯彻意见，各分会对上半年的工作情况进行了交流。为了解各分会对这个通知的贯彻情况，于9月15日至22日组织对11个分会的贯彻情况进行了检查和调研。通过检查和调研，全市11个分会所属党委都较为重视，都认真组织了学习和研究，为分会工作的开展给予了重视和支持，也激励了分会及活动小组的领导和会员，对开展好今后的工作增强了信心，为今后更好地开展好延安精神的学习、宣传、弘扬和实践活动打下了较好的基础。

【基层组织建设】 2009年，安宁市延安精神研究会在加强组织建设方面主要做了五项工作：1. 召开了理事会和一届二次会员代表大会，认真总结了2008年的工作，通过了2009年的工作计划。2. 调整充实了首届理事会，对因工作调动离开本行政区的10位理事和因工作职务变动的6位理事进行了调整，不再担任理事职务；同时为有利于开展工作，增补了20位同志作为首届理事会理事，调整充实后的首届理事会共44人，比原41人增加3人。这个调整方案经理事会通过，并在一届二次会员代表大会上宣布。3. 对部分分会领导班子及工作班子进行了调整充实，对各活动小组组长进行了调整。4. 6月30日金方街道分会成立，全市共有11个分会，会员总数2 885人。5. 建立了各分会、活动小组通讯员队伍。

（李　波）

安宁市老年体育协会

【简况】 2009年，在安宁市委、市政府的关心支持下，在上级老体协的领导下，市委、市政府两办文件《关于进一步加强老年体育工作的意见》得到进一步落实，各级老年体育组织的人员、办公条件、活动场地都得到了进一步的改善保障，老体协全年活动经费按照有关规定标准列入财政预算，并及时安排划拨，保证了老年活动的正常开展。在老体协领导班子的努力和各有关部门的密切配合下，积极开展老年体育健身活动，参加老年体育比赛活动，并取得了较好的成绩，使安宁市老年体育工作又上了一个新台阶。

【老年体育健身活动骨干培训】 为了更广泛、高质量、经常性地开展好老年体育健身活动，老体协十分重视对老年体育健身活动骨干的培训，2009年2月至9月期间，老体协先后选派了31名老年体育活动积极分子，参加了昆明市老体协举办的以下七项培训学习：1. 门球二级裁判员培训；2. 健身球保健操和柔力球培训；3. 健身气功二级社会指导员培训；4. 太极拳裁判员培训；5. 健美操辅导员培训；6. 太极拳辅导员培训；7. 中老年人科学健身知识讲座；8. 中老年人太极柔力球辅导员培训。参加各项培训的人员都取得了等级合格证。

根据安宁门球运动的现状及门球新规则的产生，安宁市老体协门球分会于2009年11月23日至24日，举办了安宁市域内共19支门球队、63名裁判员、教练员参加的“09门球规则”和裁判员培训班，及时学习掌握了新规则。2009年老体协用于参加和组织各类培训学习的费用达9 000余元。

【积极开展各项体育活动】 市老体协本着分散与集中、小型与大型相结合的原则，结合实际，因地制宜，在2009年开展了适合老年人特点，受到老年人欢迎，丰富多彩的体育健身活动和文化娱乐活动，调动了广大老年人参与体育活动的积极性，增强了老体协的凝聚力和号召力，全年自己开展和参与文体旅游局组织的大型系列活动有：1. 安宁市“8·8”全民健身系列展演活动，整个活动参与代表队共45支，参与竞赛和表演的人员达1 100多人，观众近3 000人，其活动规模、参与人员、展演内容实为空前；2. 安宁市“庆国庆、迎重阳”系列活动，老体协组织的主要活动一是门球赛，参赛队14支，参赛队员200多人，二是第二届中老年人羽毛球赛，参赛队员近100人，各镇、各街道老体协按照市老体协的通知要求，也组织开展了活动。

2009年组织的其他单项比赛：1. 1月14日至15日举办的2009年中老年迎新春门球赛、参赛队12支、参赛队员近200人；2. 6月22日至26日举办的“安宁市6·20气排球赛”，参赛队31支，参赛队员近300人，各镇、办事处首次组织老年队参加气排球赛，对组织老年队参赛的各镇、各街道老体协，市老体协每家奖励了500元，用作开展老年人气排球运动。

【参加昆明市七届老运会及门球“冠军赛”取得好成绩】 2009年，逢昆明市第七届老年运动会举办年，在5月至7月两个多月的时间里，市老体协组织了共11个项目、80多名运动员的代表队，参加昆明市第七届老年运动会系列比赛活动。通过比赛取得了14县（市）区团体总分第四名荣获金奖的好成绩，并获得运动会体育道德风尚奖。参加这次运动会的具体比赛情况如下：1. 5月19日运动会钓鱼比赛，获团体二等奖；2. 5月20日至22日运动会气排球比赛，获第九名；3. 5月22日至24日运动会健身气功比赛，获一等奖；4. 5月26日至27日运动会桥牌比赛；5. 6月10日至13日运动会象棋、健身操、太极拳（扇）、羽毛球四项比赛，象棋获第六名、其他三项获团体二等奖；6. 7月9日至10日运动会乒乓球、双抠、门球三项比赛，乒乓球获女团第八名、双抠获团体二等奖、门球获第七名。

安宁市老体协还为昆明市第七届老年运动会承办了气排球比赛，为运动会开幕式组织龙狮队进行舞龙舞狮表演。

2009年5月22日，安宁市老体协组织运动员参加昆明市七届老运会及门球“冠军赛”。
（市老体协　供稿）

【社区晨晚练点得到拓展，参与人员不断增加】　安宁市老年人口为4.1万人，2009年以前注册登记的晨晚练点有25个，多集中于安宁城区，在册人数近6 000人，流动项目有太极拳（剑）、健身球操、健身气功、棋牌、门球、羽毛球、花灯、歌舞等。2009年以来，老体协和体育行政部门十分重视晨晚练点的工作，针对过去昆钢片区与安宁城区老年体育活动互不往来、相互封闭的状况，通过金方街道老体协将昆钢片区晨晚练点纳入街道、社区管理，与安宁市体育行的部门和老体协实现了挂钩对接，活动项目得到互补，填补了一些空白，练点得到了拓展，如安宁城区填补了柔力球项目空白，昆钢片区填补了气排球项目空白。据不完全统计，到2009年末，全市已有上百支中老年文体团队，上万名中老年参与活动。

【各镇、街道老体协工作步入正常】　由于各镇、街道及基层老年体育组织的建立，老年体育活动有了组织保证，2009年以来，各基层老年体育组织的工作目标和任务更加明确，活动内容更加丰富，活动形式更加多样，做到了一方面积极参加市老体协组织的各项比赛活动，另一方面根据自己的实际情况，积极主动地开展各具特色的老年人体育健身活动。例如金方街道组织的风筝放飞表演，过去仅在昆钢片区开展，从2009年进入安宁城区表演，带来了较大的影响。

安宁市王庆云老人荣获第七届全国健康老人称号，受到全国老体协、全国老龄协会、全国妇联的表彰。
（市老体协　供稿）

【老年体育工作受奖情况】　安宁市老体协的工作得到了上级老体协和有关部门的认可，对取得的成绩给予肯定，集体和一些个人的受奖情况为：1. 2009年3月，安宁市老体协以及安宁市老体协羽毛球分会被昆明市老体协、昆明市体育局评为2007～2008年度先进集体；2. 王庆云老人荣获第七届全国健康老人，受到全国老体协、全国老龄协会、全国妇联的表彰；3. 马炎堂同志被云南省老体协、体育局评为2004～2008年度先进个人；4. 老体协主席叶国才同志荣获全国“健步走”先进个人，受全国老体协表彰；5. 老体协朱永法同志被昆明市老体协、体育局评为2007～2008年度先进个人。

（朱永法）

安宁市老龄事业发展促进会

【老年人口状况】　2009年末，安宁市60周岁以上老年人口已达42 061人，占安宁市总人口266 900人的15.76%。在老年人口中，城镇老年人口21 664人，占市人口总数的8.12%，占市老年人口总数的51.5%；农村老年人口20 397人，占市总人口数的7.7%，占市老年人口总数的48.5%；“五保”老年人402人，占市老年人口总数的1%；男性老年人口22 289人；占市老年人口总数的53%，女性老年人口19 772人，占市老年人口总数的47%。在城镇老年人口21 664人中，60～64周岁的6 754人，65～69周岁的5 182人，70～79周岁的7 202人，80～99周岁的2 524人，100周岁以上的2人（年龄最大103岁）；在农村老年人口20 397人中，60～64周岁的6 359人，65～69周岁的4 879人，70～79周岁的6 780人，80～99周岁的2 376人，

100周岁以上的3人（年龄最大102岁）。

【资金筹集】　安宁市老龄事业发展促进会，在昆明市老龄事业发展促进会和中共安宁市委、市人民政府的领导下，进一步深入开展孝老、敬老、爱老、扶老、尊老、助老等宣传活动，由于加大了宣传力度，一些单位献出了敬老、爱老之心，安宁市青龙镇、太平镇、禄脿镇人民政府，市供销社、市公交公司、市发展和改革局、市交通局、市地方税务局等8个单位向安宁市老龄事业发展促进会捐款64 000元。另外，昆明市老龄事业发展促进会下拨资金23 000元；安宁市人民政府拨专项资金90 000元；安宁市老龄工作委员会办公室拨款10 000元，其它收入40 805元，全年共筹集资金227 805元。各种助老资金的筹集，为进一步发扬中华民族爱老、敬老光荣传统美德和营造安宁市孝老敬老氛围打下了良好基础。

【助医、助养、扶老、养老】　安宁市老龄事业发展促进会，认真贯彻党和国家、省、市及安宁市人民政府发展老龄事业的各项方针、政策，积极开展扶老、助老工作。全年共对19 214个老年人进行助医、助养及慰问，投入资金192.87万元。具体助医、助养、慰问情况是：1. 对195个特困老年人进行助医、助养，支出资金58 500元；2. 集中对18 587个特困老年人进行慰问（其中：安宁市老龄事业发展促进会慰问587人，各镇、街道办事处慰问6 000人，各村（居）民委会及村（居）小组慰问12 000人），投入资金180.84万元（其中：安宁市老龄事业发展促进会支出115 600元，市属各镇、街道办事处投资19.28万元，各村（居）民委会、村（居）小组投入资金150万元）；3. 中秋节和敬老节对344个“五保”老年人进行慰问，发放中秋月饼344盒，支出资金34 400元；4. 对百岁老年人慰问10余人次，投入慰问资金4 400元；5. 零散慰问特困老年人78人，投入资金23 000元。在上述被慰问和助医助养的老年人中，患癌症、心脏病、高血压的各5人，双目失明的3人，患精神病、肾病、脑梗塞的各3人，残疾10人，因病致贫致困的600多人，其他老年人18 577人。

【扶持基层老年协会活动室建设】　2009年，安宁市老龄事业发展促进会对青龙镇河上庄村小组、大李白村小组、青龙村委会；八街镇相连村委会、小龙潭村小组、何家营村小组、八街社区；温泉镇羊角社区；禄脿镇禄脿社区；连然街道办事处相关老年活动室等18个基层老年协会活动建设进行扶持，投入扶持资金11.8万元。

由于开展了上述多种形式的关爱老年人活动，为安宁市部分老年人排忧解难，促进社会的稳定和安宁市社会经济发展起到了积极作用。

【春节、敬老节慰问演出】　安宁市老龄事业发展促进会成立以来，每年敬老节和春节期间都汇同安宁市老龄委办公室组织慰问演出。2009年组织晚霞文艺队分别到青龙镇罗鸣村、大李白村、河上庄村、赤龙城村、打金甸村；八街镇上河东村、史家庄村；连然街道办事处大屯社区、敬老院进行慰问演出，共演出节目九场次；参加演出人数300多人，观看节目人数达5 000余人。所演节目形式多样，内容丰富。其中：《金钱与良心》、《八荣八耻》、《闹元宵》等节目深受观众喜爱，特别是《金钱与良心》，每演出一场，很多观众触景生情流下了伤心的眼泪。通过开展文艺慰问演出活动，一是把党和政府的方针、政策宣传到千家万户；二是使孝老、敬老的精神得到了发扬光大；三是使那些不尽赡养义务的年轻人受到教育。

【昆明市老龄事业发展促进会工作会议在安宁召开】

2009年3月20日，昆明市老龄事业发展促进会2009年工作会议在温泉召开，会议由昆明市老促会副会长朱宝森主持。省、市、县（市、区）三级老促会的会长（理事长）、秘书长、办公室主任及其工作人员100余人出席了会议。安宁市老促会会长罗俊贤作了经验交流发言，赢得了与会人员的阵阵掌声。

会上，云南省老龄办专职副主任王建新、云南省老龄基金会副理事长兼秘书长凌华炘、昆明市老龄办常务副主任朱开明、安宁市人民政府副市长程宇清等领导同志对安宁市老促会工作给予了充分肯定，并对今后老促会的工作提出了很好的建议和具体的要求。会议最后对老促会工作先进单位进行了表彰，安宁市老龄事业发展促进会被评为昆明市老龄事业发展工作先进单位。

（史冠群）

安宁市诗书画协会

【简况】　安宁诗书画协会成立于2007年12月21日，现有会员146人。2009年，协会始终坚定不移地贯彻落实科学发展观等党的路线、方针、政策、坚持诗词创作、书画艺术为人民服务，为具有中国特色社会主义伟大事业服务的正确方向、围绕党和政府的中心工作开展各项活动。为本市经济的持续发展、社会稳定、民族团结尽了微薄之力。

【组织采风活动】　深入实际、了解基层、贴近生活、感知变化、反映新貌、讴歌时代是文学艺术创作的宗旨。一年来，协会组织了大汉营千亩桃园采风、安禄罗革命传统采风、千户庄村民委员会新农村采风等6次。此项活动是协会长期坚持并颇富生命力、感染力和吸引力的一项活动，并产生了大量新作品和好作品。

【参加社会活动】　协会是安宁市唯一一支以文学艺术形式开展活动的老年队伍、并自觉、主动、力所能及地担负起了传播先进文化，发挥文化启迪思想和促进本地社会风气的良好形成的作用。参加昆明市文联和昆明市教育局联合举办的“中华赞·乡土情——

昆明市诗词歌赋创作大赛"，选送了24位会员的54首诗文参赛，6人分获二、三等奖。他们是仉凤峨、石顺华、杨舫、李纪常、邓立行、王永珑。参加安宁市"检察文化长廊"送展书画作品53幅。参加安宁市文联"庆祝中华人民共和国成立60周年书画展"送展作品49幅。三次参加省老干书画协会和市老干书画协会组织的书画展，共选送作品30幅。

2009年8月12日，安宁市诗书画协会举行敬老节文艺活动。　（朱正才　摄）

【举办书画展】　2009年，协会举办"庆祝建国60周年"书画展，展出作品77幅。其中书法43幅，绘画34幅。历时一月，反响强烈。

安宁市诗书画协会会员合影。
（市诗书画协会　供稿）

【出版刊物】　协会按时按期出版会刊《安宁诗书画》两期。其中第8期刊登诗词223首，诗论2篇，书画作品100幅，摄影21幅。第9期刊登诗词373首、笔谈2篇、书画作品82幅、摄影20幅。每期印刷600册。出版《螳川诗韵——十年诗词选》，收录65名会员的874首诗词，印刷1 000册。发行除覆盖全市各机关、学校、企事业单位外，还与省内外21个诗词社团建立了良好的互赠书刊、互递信息、互通有无的学习、往来、交流、合作的关系。

【出版个人诗文集】　协会在积极宣传社会主义先进文化，以已之力繁荣本地文化背景下，不少会员倾注心血、财力出版个人诗文集。他们是杨舫、杨曙、陈银文、李纪常、宋绍、李渝、余绍富、陈海清、贾文成等，产生了积极的影响。

【组织建设】　协会在努力搞好自身建设的同时，把热爱诗词书画学习和创作的老同志吸收到协会中来。发展新会员29人，及时填发了会员证，增强了协会的活力。

办公室工作逐步走上正轨，每周一、三、五上午安排相关负责人值班，接待会员，收登稿件，与昆明市各协会联络等，保证了协会工作有条不紊地开展。

（朱正才）

安宁市兰花协会

【境内兰花品种简况】　安宁市境内兰花品种主要分布于八街、县街、太平、草铺、禄脿、温泉、青龙镇、连然街道办事处，金方街道办事处。有豆瓣兰（线艺春兰）、春兰、蕙兰、绿兰、寒兰、春剑、虎头兰、小虎头兰（长叶兰）、免耳兰、独算兰和莲瓣兰等。分布较为广泛，目前开发的豆瓣兰类优秀品种有：禄脿翠玉荷、帅菊、螳川源、轩荷、一汤牡丹、醉荷、螳川朱金梅、螳川荷、禄脿之光、豆瓣蕊蝶、玉梅、水晶叶蝶、线艺中透、水晶鹅头、峥嵘岁月、螳川蝶、朱金豆瓣等；春兰类：螳川梅、禄脿水仙、安宁红、雪园、云龙蝶、线艺中透、梅瓣等；蕙兰类：梅瓣、素馨、荷瓣、水仙瓣、奇花、蝶花、表梅、线艺中透；寒兰类：白晶、青寒兰、线艺中透；虎头兰类：红唇虎头兰、西藏虎头兰、冰沁玉洁，小虎头兰；莲瓣兰类：红花莲瓣兰、柳叶莲瓣兰；春剑：荷型春剑及独蒜兰、无叶兰等。经过多年对兰花品种的开发，已有禄脿翠玉荷、帅菊、螳川荷、安宁红、线艺中透参加国家、省、市、县兰花展分别获得金、银、铜奖。并在《安宁兰花》首次推出安宁市为豆瓣兰之乡。除此之外，安宁市兰花栽培者已引入了大雪素、小雪素、朱砂兰、通海剑兰、西蜀道光、魁荷、梅之寇、美丽之寇、剑阳蝶、黄金海岸、玉免彩蝶、滇梅、三羊开泰、倚天奇蝶、洪源笑蝶、大丽

安宁市兰花市场　（袁玉芳　摄）

之华、姜氏荷、石淙流韵、石淙秀荷、宝姬等，约200个品种。

【申请加入省、国家级理事】　截止2009年10月，安宁市已有石淙兰苑苑主袁玉芬、全香兰园园主刘光全、鑫山兰园园主余文良被中国花卉协会兰花分会批准为理事；袁玉芳、刘光全、普万祥被批准为云南省兰花协会第三届理事会副秘书长、常务理事、理事。

【支持申办第二十一届中国兰花博览会】　2009年8月，鑫山兰园园主余文良为支持昆明市人民政府承办第二十一届中国兰花（昆明）博览会，捐赠10万元给昆明市兰花协会做日常费用。

【研究祖国兰文，普及兰花知识】　安宁市人民法院袁玉芳在努力做好审判业务的同时，利用业余时间，栽培兰花30年，并撰写各类兰花文章113篇；被特邀为《中国兰花》杂志、《兰》杂志、《兰界》杂志、《滇兰》杂志编委；《兰蕙》、《兰苑》杂志特约记者。

【《安宁兰花》第五期文章被转载】　2009年，原刊登于《安宁兰花》杂志第五期《石淙秀荷的栽培、管理和鉴赏》、《兰文化促进兰经济、兰经济带来兰发展》、《盛世黄梅》、《卓越的品质、独特的神韵》分别被《中国兰花》、《兰》杂志转载。

【安宁兰友献爱心】　2009年7月6日，安宁市人民法院开展党员结对帮扶爱心行动，与八街镇中所村民委员会和兴村吴开顺家结成帮扶对子，刘唐兵、袁玉芳、范玉3名党员捐款300元。袁玉芳个人又捐赠兰花莲瓣兰42苗、《安宁兰花》、《云南兰花》、《西山兰花》杂志共八期，旨在提高其养兰技能。

【安宁选送兰花获奖】　2009年2月1日至3日，云南省第九届（澄江）兰花博览会暨首届中韩兰文化博览会，由云南省兰花协会主办，澄江县人民政府承办，澄江县兰花协会运作。安宁市林江山选送了豆瓣兰彩红梅参展；袁玉芳选送的春兰石淙流韵获铜奖；云南省玉溪市第四届兰花交易会春兰石淙秀荷获银奖；朱丽臣选送的春兰奇蝶在保山市兰展中获金奖、丽江兰展中获银奖；豆瓣兰荷瓣在保山市兰展中获金奖、临沧兰展获银奖。云南省昆明市2009年迎春兰花展中刘光全选送的锦上添花，高山流水获银奖；石淙流韵获铜奖。

【《中国春剑名品赏析》采用安宁图片】　由袁玉芳供照，栽培春剑兰的图片粉剑素、呈祥素、多艺彩霞、白轮红剑、倩女被《中国春剑名品赏析》一书采用。该书由著名科普作家许东生主编，中国林业出版社公开出版发行。

【昆明市第二届园艺博览会分会在安宁举行】　2009年5月1日至10日，安宁市兰花协会积极配合由安宁市政府承办的昆明市第二届园艺博览会分会场。会员选送了剑阳蝶、大雪素、九洲牡丹、朱砂兰、黄星、寒兰、线艺中透、水晶中透、大唐风羽等约400盆，分别评出金、银、铜奖共30枚。

【举办第十四届石淙兰花展】　2009年1月8日至13日，安宁市兰花协会在文化娱乐活动中心举办第十四届石淙兰花展。有昆明、大理、韩国的兰友参加。本届参展兰花近200种，其中安宁送展的“绿兰片蝶”、“神龙”首次亮相。经评委评出金奖11枚、银奖19枚、铜奖7枚和栽培奖1枚。

【安宁市兰花协会产生第四届理事会】　2009年11月18日，安宁市兰花协会进行第四届理事会换届，李云权为安宁市兰花协会第四届理事会会长。

【石淙兰苑】　苑主袁玉芳。石淙兰苑以纪念云南省安宁籍明代著名政治家、军事家、文学家、诗人杨一清（号石淙）而得名。石淙兰苑是由安宁市兰花协会命名的首批家庭兰苑；2002年命名的豆瓣兰样品园。苑内春兰有石淙流韵、石淙秀韵、安宁红、袁氏荷、笔架春晓、宁玉素、宁玉梅、武生蝶、雪园、禄脿水仙等；莲瓣兰有大雪素、小雪素、剑阳蝶、滇梅、雪人、迎春荷、袁氏碧玉、笑脸、碧龙奇蝶、剑湖奇、金麟、玉免彩蝶、秦汉风蝶、白雪公主、雪里红、黄星等；豆瓣兰有宁玉彩荷、宁玉佛光、朱金豆瓣、九洲牡丹、桔红荷等；蕙兰有袁梅、荷型蕙兰；寒兰有朱砂兰、一清红素、蕙素。春剑有倩女、红花春剑、通海剑兰、荷型春剑；墨兰有茶城榜荷、荷型墨兰、墨素、白墨等、兜兰等100多个品种，约五千余株。自1995年初创建石淙兰苑以来，分别于中国兰花第八届（中山）、等十届（杭州）春季、第十一届（贵阳）、第十四届（玉溪）兰花博览会获金、银、铜奖共4枚；云南省、市级兰花展金、银、铜奖30枚。分别与李安明、马忠福登录豆瓣兰宁玉彩荷，莲瓣兰袁氏碧玉。石淙兰苑由中国花卉协会兰花分会副会长、《中国兰花》主编刘清涌题，并书“兰德”二字给予鼓励。

【全香兰园】　园主刘光全。该兰园座落于新哨湾村。苑内主要兰花品种有锦上添花、洪源笑蝶、剑阳蝶、大雪素、丽江星蝶、馨海蝶、玉免彩蝶、碧龙奇蝶、水晶梅等、春兰矮种、线艺中透花高山流水、金枝玉叶、魁荷、线艺中透、蕙兰中华红素。获中国第十三届（大理）、第十四届（玉溪）兰博会银奖二枚；省市金、银、铜奖10枚。登录兰花品种锦上添花，水晶梅，洪源笑蝶，春剑梅之冠。园内栽培各种兰花300余盆、4 000余苗。

【鑫山兰园】　园主余文良。该兰园座落于安宁市草铺镇。园内有粉荷、金沙树菊、剑阳蝶、大雪素、锦上添花、玉免彩蝶、汉血宝马、大唐凤羽、龙梅、学林荷、桃园三结义、美丽之冠、红塔牡丹、天彭牡丹、二凤、大丽之华、四季兰红一品等。通过2009年度的栽培管理和交易，卖出了粉荷，龙梅取得了很好的经济回报，并且购买了粉荷等优秀兰花品种，是目前安宁市境内最具精品居多的兰园之一。

【江山兰园】　园主林江山。该兰园座落于安宁市宝兴小区新区59幢的江山兰园。主要栽培莲瓣兰玉免彩蝶、剑阳蝶、碧玉奇素、苍山奇蝶、滇梅、荷型瓣、金腰带、线艺中透1边缟、春兰荷型瓣等；豆瓣兰有大臣红梅、朱金豆瓣、荷型瓣1线艺豆瓣、边缟等，约一万株。2009年在兰花价格底迷时，投资30余万人民币，再次投入兰花品种。目前已初具规模，并产生了良好的经济效益，被安宁市连然街道办事处命名为“科普示范户”。

（袁玉芳）

人　物

编辑：杨永进

安宁市委、市政府表彰2009年度荣获“见义勇为”称号的英模人物。（邬剑冰　摄）

领导干部名录

（2009.1～2009.12）

市级四班子领导，法、检两长名录

中共安宁市委

书　　记　李树勇（2009.1～2009.12）
副 书 记　王剑辉（2009.1～2009.12）
　　　　　尹贵生（白族，2009.1～2009.12）
常　　委　张维勇（2009.1～2009.12）
　　　　　尹旭东（2009.4～2009.12）
　　　　　王　坚（2009.1～2009.12）
　　　　　耿玉立（2009.12～2009.12）
　　　　　焦　林（2009.1～2009.12）
　　　　　李春明（彝族，2009.1～2009.12）
　　　　　申　林（2009.1～2009.12）
　　　　　周美英（女，2009.1～2009.4）
　　　　　刘　婕（女，2009.6～2009.12）
　　　　　黄　晶（2009.7～2009.12）

安宁市人大常委会

主　　任　王文学（2009.1～2009.12）
常务副主任　魏学林（2009.1～2009.12）
副 主 任　郭光辉（2009.1～2009.12）
　　　　　李树华（2009.1～2009.12）
　　　　　洪雯静（女，兼职，2009.1～2009.12）

中共安宁市人大常委会党组

书　　记　王文学（2009.1～2009.12）
副 书 记　魏学林（2009.1～2009.12）

安宁市人民政府

市　　长　王剑辉（2009.1～2009.12）
常务副市长　李春明（彝族，2009.4～2009.12）
副 市 长　李春明（彝族，2009.1～2009.4）
　　　　　尹旭东（2009.6～2009.12）
　　　　　梅　林（2009.12～2009.12）
　　　　　戴　彬（女，2009.1～2009.12）
　　　　　张瑞金（2009.1～2009.12）
　　　　　尹家屏（2009.1～2009.12）
　　　　　程宇清（2009.2～2009.12）
　　　　　范志东（2009.8～2009.12）
　　　　　张　岩（2009.10～2009.12）

中共安宁市人民政府党组

书　　记　王剑辉（2009.1～2009.12）
副 书 记　李春明（彝族，2009.6～2009.12）

政协安宁市委员会

主　　席　李海平（女，彝族，2009.1～2009.12）
常务副主席　段学发（2009.1～2009.12）
副 主 席　马文喜（回族，2009.1～2009.12）
　　　　　钱美琴（女，兼职，2009.1～2009.12）
　　　　　曹忠昌（2009.1～2009.12）

中共安宁市政协党组

书　　记　李海平（女，彝族，2009.1～2009.12）
副 书 记　段学发（2009.1～2009.12）

中共安宁市纪律检查委员会

书　　记　焦　林（2009.1～2009.12）

安宁市人民法院

院　　长　李石友（彝族，2009.1～2009.12）

中共安宁市人民法院党组

书　　记　李石友（彝族，2009.1～2009.12）

安宁市人民检察院

检 察 长　董　毅（2009.1～2009.12）

中共安宁市人民检察院党组

书　　记　董　毅（2009.1～2009.12）

法院副院长、检察院副检察长及两院其他副科级以上领导名录

人民法院

副 院 长　李　建（2009.1～2009.12）
　　　　　余立新（2009.1～2009.12）
　　　　　周厚祥（2009.1～2009.12）
政治处主任　尹红伟（2009.10～2009.12）
纪检组长　韩　莹（女，2009.9～2009.12）
办公室主任　韩　莹（女，2009.1～2009.9）
民一庭庭长　尹红伟（2009.1～2009.9）
昆钢法庭庭长　马良钢（2009.1～2009.12）
行政庭庭长　矣文荣（彝族，2009.1～2009.12）
执行局局长　许志军（2009.1～2009.12）
审监庭庭长　徐　耀（2009.1～2009.12）
民二庭庭长　张　萍（女，2009.1～2009.12）
司法行政处处长　肖云华（2009.1～2009.12）
草铺法庭庭长　王　坚（2009.1～2009.12）
法警队队长　刘定国（2009.1～2009.12）

人民检察院

副检察长　杨宁华（2009.1～2009.12）
　　　　　邹光辉（白族，2009.10～2009.12）
　　　　　余志明（2009.10～2009.12）
　　　　　黄兆岩（2009.10～2009.12）
政治处主任　秦应言（2009.1～2009.12）

纪 检 组 长　汪正益（2009.1～2009.12）
反贪局局长　邹光辉（白族，2009.1～2009.9）
反贪局副局长　杨金雄（主持工作，白族，2009.9～2009.12）
检察长助理　余志明（2009.1～2009.9）
和　芳（女，纳西族，2009.9～2009.12）

市人大工作机构领导名录

办公室
主　　任　高自文（2009.4～2009.12）
副 主 任　高自文（主持工作，2009.1～2009.4）
马永明（回族，2009.1～2009.12）

财政经济工作委员会
主　　任　田正兴（2009.1～2009.12）

代表联络工作委员会
主　　任　马　萍（女，回族，2009.1～2009.10）

城建环保工作委员会
主　　任
副 主 任　王顺明（2009.1～2009.12）

法制工作委员会
主　　任　刘志红（女，2009.1～2009.12）

教科文卫工作委员会
主　　任　叶庆华（2009.1～2009.6）

市委系统各部门、人民团体领导名录

市纪律检查委员会
副 书 记　曾继怀（2009.1～2009.12）
李德忠（2009.1～2009.12）
办公室主任　张才兴（2009.1～2009.12）
党风廉政教育监督室主任
王　磊（2009.2～2009.12）
法纪监察室主任　施加宏（彝族，2009.1～2009.12）
信访室主任　朱　兰（女，2009.1～2009.12）
纪检监察室主任　董建学（2009.1～2009.12）
第一纪工委副书记、第一监察分局局长
王显忠（2009.1～2009.12）
第二纪工委书记　唐为元（2009.1～2009.12）
第三纪工委书记　王秀丽（女，2009.1～2009.12）
第三纪工委副书记、第三监察分局局长
唐培全（2009.1～2009.12）
第四纪工委书记　郑明芳（女，2009.1～2009.12）
第四纪工委副书记、第四监察分局局长
蒋寿清（2009.1～2009.12）
第五纪工委副书记、第五监察分局局长
金良贵（2009.1～2009.12）

市委办公室
主　　任　李春明（彝族，2009.1～2009.12）
副 主 任　陆毅敏（女，2009.1～2009.12）
唐　华（2009.1～2009.2）
李文武（2009.1～2009.12）
徐良东（2009.1～2009.12）
机要局副局长　武忠祥（彝族，2009.1～2009.12）
保密局副局长　王明起（2009.1～2009.12）

市委、市政府目标督察办公室
常务副主任　肖战凤（壮族，2009.1～2009.12）

组织部
部　　长　王　坚（2009.1～2009.12）
常务副部长　董朝荣（2009.1～2009.12）
副 部 长　李启春（2009.1～2009.2）
郭加强（2009.1～2009.12）
刘平忠（2009.1～2009.12）

市委党员电化教育室
主　　任　毕树昆（2009.1～2009.12）

招商引资考核办公室
副 主 任　李　琦（2009.3～2009.12）

宣传部
部　　长　周美英（女，2009.1～2009.4）
常务副部长　顾建安（2009.1～2009.12）
副 部 长　罗卫国（2009.1～2009.3）
闫晴方（女，2009.1～2009.12）
高俊明（2009.7～2009.12）

《今日安宁》编辑部
总　　编　顾建安（2009.1～2009.12）
副 总 编　王志群（女，2009.1～2009.12）

文明办
主　　任　周美英（女，2009.1～2009.4）
常务副主任　罗卫国（2009.1～2009.3）
高俊明（2009.7～2009.12）

新闻中心
主　　任　闫晴方（女，2009.1～2009.12）

统战部
部　　长　周美英（女，2009.1～2009.4）
副 部 长　达友荣（2009.1～2009.8）
李桥明（2009.1～2009.12）
曹淑婷（女，2009.9～2009.12）

民委（宗教局）
副主任（副局长）　曹淑婷（女，2009.9～2009.12）

对台工作领导小组办公室
副主任　毕　慧（女，2009.9～2009.12）

政研室（与扶贫办合署办公）
主　任　陈建华（2009.1～2009.9）

推进社会主义新农村建设领导小组办公室
主　任　李文武（2009.1～2009.12）

老干部局
局　长　刘平忠（2009.1～2009.12）
副局长　李光仙（女，彝族，2009.1～2009.12）

政法委员会
书　记　张维勇（2009.1～2009.12）
副书记　张瑞全（2009.1～2009.11）
　　　　梅　林（2009.11～2009.12）
　　　　杨　春（2009.1～2009.12）
　　　　李茂文（2009.1～2009.12）
“610”办主任　李茂文（2009.1～2009.12）

市级机关党委
书　记　董朝荣（2009.7～2009.12）
副书记　施玉忠（2009.1～2009.12）
　　　　王翠云（女，2009.1～2009.12）
纪委书记　王翠云（女，2009.1～2009.12）

党史地方志办
主　任　张丽华（女，2009.1～2009.12）
副主任　段春华（2009.1～2009.12）
　　　　马义芳（女，2009.1～2009.12）

总工会
主　席　李海平（女，彝族，2009.1～2009.7）
　　　　马文喜（回族，2009.7～2009.12）
常务副主席　王　梅（女，2009.1～2009.12）
副主席　潘　建（2009.1～2009.12）

共青团市委
书　记　魏　乾（2009.7～2009.12）
副书记　杨　敏（女，2009.1～2009.12）
　　　　王竞元（2009.3～2009.12）

市妇联
主　席　瓦　兰（女，白族，2009.1～2009.12）
副主席　马红英（女，2009.1～2009.7）
　　　　王莲丽（女，白族，2009.7～2009.12）

工商联
会　长　梁　夏（兼职，2009.1～2009.10）
副会长（副科级）
　　　　罗耀凌（专职，女，2009.1～2009.12）

工商联党组
书　记

市残疾人联合会
理事长　张智民（2009.1～2009.8）
　　　　方玉忠（2009.8～2009.12）
副理事长　李亚玲（女，2009.8～2009.12）

科学技术协会
主　席　高俊明（2009.1～2009.7）
　　　　李玉平（2009.7～2009.12）
副主席　王莲丽（女，白族，2009.1～2009.7）
　　　　李玉平（2009.1～2009.7）
　　　　马红英（女，2009.7～2009.12）

市委党校
校　长　尹贵生（白族，2009.1～2009.12）
常务副校长　耿玉立（2009.1～2009.12）
副校长　宝朝华（白族，2009.1～2009.12）
总务主任　李陆林（2009.1～2009.12）
教务主任　陈跃辉（白族，2009.1～2009.12）
办公室主任　龙　玲（女，2009.1～2009.12）

市行政学校
校　长　王剑辉（2009.1～2009.12）
常务副校长　耿玉立（2009.1～2009.12）
副校长　宝朝华（白族，2009.1～2009.12）
办公室主任　龙　玲（女，2009.1～2009.12）
教务主任　陈跃辉（白族，2009.1～2009.12）
总务主任　李陆林（2009.1～2009.12）

市政府系统各部门领导名录

市政府办
主　任
副主任　魏永泽（2009.1～2009.7）
　　　　叶　华（2009.1～2009.12）
副主任、接待处处长　张　智（2009.1～2009.12）
副主任　武春禄（2009.1～2009.12）
　　　　朱翘绯（2009.2～2009.12）
信访局局长　汪　华（2009.1～2009.12）
信访局副局长　陶春阳（傣族，2009.1～2009.12）
法制办主任　龚成伟（2009.1～2009.12）
市长助理　欧明峰（2009.1～2009.12）

市级机关后勤服务中心

主任(副科级)　李国庆（2009.1～2009.12）

发展改革局党组

书　　记　马文瑜（2009.1～2009.12）

发展改革局

局　　长　马文瑜（2009.1～2009.12）
副局长、粮食局局长　张振龙（2009.1～2009.12）
副 局 长　董志平（2009.1～2009.12）
胡毅洁（女，回族，2009.1～2009.12）
招商局副局长　曹淑婷（女，2009.1～2009.9）
李利华（2009.2～2009.12）

经济贸易局党委

书　　记　汪明涛（2009.1～2009.12）
汪德华（2009.2～2009.12）
副 书 记　马卫民（2009.1～2009.12）
纪委书记　马卫民（2009.1～2009.12）

经济贸易局

局　　长　汪明涛（2009.1～2009.4）
汪德华（2009.4～2009.12）
副 局 长　余时海（2009.1～2009.12，乡镇企业局局长，保留正科级）
宋保福（2009.1～2009.12）
刘云川（2009.1～2009.12）

教育局党委

书　　记　汪德华（2009.1～2009.2）
副 书 记　蒋红雨（2009.1～2009.12）

教育局

局　　长　蒋红雨（2009.1～2009.12）
副 局 长　周之发（2009.1～2009.12）
梁　波（女，2009.1～2009.12）

科技局

局　　长　王永丽（女，白族，2009.1～2009.12）
副 局 长　李剑峰（2009.1～2009.12）

公安局党委

书　　记　张瑞金（2009.1～2009.12）
梅　林（2009.12～2009.12）

公安局

局　　长　张瑞金（2009.1～2009.12）
梅　林（2009.12～2009.12）
政　　委　崔加璧（2009.9～2009.12）
副 政 委　崔加璧（2009.1～2009.9）
副 局 长　李　冰（2009.1～2009.12）
樊佩立（2009.1～2009.12）
张纪辉（2009.1～2009.12）
张东明（2009.1～2009.8，干部交流挂职）
杨方敏（2009.1～2009.10，省厅下派挂职）
方　晖（2009.1～2009.12，昆明市局下派挂职）
指挥中心主任　李志强（纳西族，2009.1～2009.12）
指挥中心副主任　祁利生（2009.1～2009.12）
许全斌（2009.1～2009.12）
政工监督室主任　孔建平（2009.1～2009.12）
政工监督室副主任　杨丽敏（女，2009.1～2009.12）
李滨慧（2009.1～2009.12）
警务保障室主任　张考明（2009.1～2009.12）
警务保障室副主任　刘海滨（2009.1～2009.12）
法制室副主任　方继刚（2009.1～2009.12）
刑事犯罪侦察大队大队长
马绍波（2009.1～2009.12）
刑事犯罪侦察大队教导员
李臻宁（2009.1～2009.12）
刑事犯罪侦察大队副大队长
刘洪涛（2009.1～2009.12）
何绿洲（2009.6～2009.12）
刑事犯罪侦察大队重案中队中队长
马顺全（苗族，2009.1～2009.12）
刑事犯罪侦察大队情报资料中队中队长
李天昆（2009.1～2009.12）
刑事犯罪侦察大队便衣侦察中队中队长
杨志兵（2009.1～2009.12）
刑事犯罪侦察大队刑事技术室主任
晁泽宁（2009.1～2009.12）
经济犯罪侦察大队大队长
李贵生（2009.1～2009.12）
禁毒大队大队长　沈自荣（2009.1～2009.12）
禁毒大队教导员　张万鹏（2009.1～2009.12）
治安管理大队大队长　章　勇（2009.1～2009.12）
治安管理大队副大队长　史新明（2009.1～2009.12）
杨贵荣（2009.1～2009.12）
陈　刚（2009.1～2009.12）
交通警察大队大队长　张纪辉（2009.1～2009.12）
交通警察大队教导员
李银梅（女，2009.1～2009.12）
交通警察大队副大队长
罗　哲（2009.1～2009.12）
赵光前（白族，2009.1～2009.12）
交通警察大队检审办主任
傅　睿（女，2009.1～2009.12）
交通警察大队法制宣传科科长
叶建华（女，2009.1～2009.12）
交通警察大队财务科科长

石正全（2009.1～2009.12）
交通警察大队一中队中队长
王云昆（2009.1～2009.12）
交通警察大队二中队中队长
李建炜（2009.1～2009.12）
交通警察大队三中队中队长
彭国超（2009.1～2009.12）
交通警察大队四中队中队长
朱恩高（2009.1～2009.12）
交通警察大队草铺中队中队长
赵晓晶（2009.1～2009.12）
交通警察大队温泉中队中队长
党志远（2009.1～2009.12）
交通警察大队八街中队中队长
严建昆（2009.1～2009.12）
国内安全保卫大队大队长
罗乔良（2009.1～2009.12）
公共信息网络安全监察大队大队长
赵超途（2009.1～2009.12）
安宁市看守所副所长　董朝华（2009.1～2009.12）
陈　勇（2009.1～2009.12）
安宁市看守所教导员　李永翔（2009.1～2009.12）
安宁市看守所案件侦查中队队长
龙　磊（2009.1～2009.12）
安宁市公安局拘留所所长
郭学良（2009.1～2009.12）
连然派出所所长　吴志方（2009.1～2009.12）
连然派出所副所长　汪　涛（2009.1～2009.12）
兰平伟（2009.1～2009.12）
连然派出所副教导员　吴春华（2009.1～2009.12）
金方派出所所长　张跃辉（2009.1～2009.12）
金方派出所副所长　李树华（2009.1～2009.12）
王子明（2009.1～2009.12）
金方派出所副教导员　李国伆（彝族，2009.1～2009.12）
罗白派出所所长　洪庆刚（2009.1～2009.12）
罗白派出所副所长　周绍伟（2009.1～2009.12）
周海波（2009.1～2009.12）
罗白派出所副教导员　付连荣（2009.1～2009.12）
郎家庄派出所所长　陈韦宇（2009.1～2009.12）
郎家庄派出所副所长　姜　宇（2009.1～2009.12）
董　江（2009.1～2009.12）
董育忠（2009.1～2009.12）
郎家庄派出所副教导员　李建福（2009.1～2009.12）
八街派出所所长　胡庆成（2009.1～2009.12）
八街派出所副所长　郭晓斌（2009.1～2009.12）
八街派出所副教导员　普宗周（彝族，2009.1～2009.12）
县街派出所所长　郭学良（2009.1～2009.12）
县街派出所副所长　邓学华（2009.1～2009.12）
县街派出所副教导员
盖迎昆（2009.1～2009.12）

太平派出所所长　曹宏伟（2009.1～2009.12）
太平派出所副教导员　贾　斌（2009.1～2009.12）
温泉派出所所长　段国俊（2009.1～2009.12）
温泉派出所副教导员　郭　波（2009.1～2009.12）
青龙派出所所长　杨剑波（2009.1～2009.12）
青龙派出所副教导员　杨存华（2009.1～2009.12）
禄脿派出所所长　王学全（2009.1～2009.12）
禄脿派出所副教导员　李建仁（2009.1～2009.12）
草铺派出所所长　王　文（2009.1～2009.12）
草铺派出所副教导员　李　昆（哈尼族，2009.1～2009.12）

监察局

局　　长　李德忠（2009.1～2009.12）
副局长　李　伟（2009.1～2009.2）
市人民政府纠正部门和行业不正之风办公室（副科级）
主　　任　王洪良（2009.1～2009.12）

民政局

局　　长　陈锦良（2009.1～2009.12）
副局长　张明祥（白族，2009.1～2009.12）
郝新伟（2009.1～2009.12）
老龄委办主任　杨俊发（2009.1～2009.8）
老龄委办副主任　蒋正锦（2009.1～2009.5）

民政局党组

书　　记　陈锦良（2009.1～2009.12）

司法局

局　　长　李云龙（2009.1～2009.12）

司法局党组

书　　记　李红光（2009.1～2009.12）

财政局

局　　长　李国祥（2009.1～2009.12）
副局长　杨学辉（2009.1～2009.12）
杨惠琼（女，2009.1～2009.12）
郭婷婷（女，2009.1～2009.12）

财政局党组

党组书记　李国祥（2009.1～2009.12）

人事局

局　　长　郭加强（2009.1～2009.12）
副局长　李青平（女，2009.1～2009.12）
纪检组组长　吴开先（2009.1～2009.6）
人才服务中心主任（副科级）
苏　伟（2009.1～2009.12）

人事局党组

书　　记　郭加强（2009.1～2009.12）

机构编制委员会办公室
主　　任　郭加强（2009.1～2009.12）
副 主 任　刘　芬（女，2009.1～2009.12，正科级）

劳动和社会保障局
局　　长　王银华（女，2009.1～2009.12）
副 局 长　徐　刚（纳西族，2009.1～2009.12）
社会保险事业局局长（副科级）
王艳玲（女，2009.1～2009.12）
医保分中心主任（副科级）
徐素华（女，2009.1～2009.12）
劳动就业服务局（分管局领导）
徐　刚（2009.1～2009.12）

劳动和社会保障局党组
书　　记　赵有林（2009.1～2009.12）

交通局党总支
书　　记　蔡志勇（2009.1～2009.12）

交通局
局　　长　蔡志勇（2009.1～2009.12）
副 局 长　董玉富（2009.1～2009.12）
蒲永华（2009.1～2009.9）
李利峰（2009.3～2009.12）

环保局
局　　长　李宝林（回族，2009.1～2009.12）
副 局 长　苏　伟（白族，2009.1～2009.12）
陈光林（2009.1～2009.12）

环保局党组
书　　记　雷富阳（2009.1～2009.12）

规划局
局　　长　付成林（2009.1～2009.12）
副 局 长　张　辉（2009.1～2009.12）

建设局党总支
书　　记　赵树明（2009.1～2009.12）

建设局
局　　长　何寿成（2009.1～2009.12）
副 局 长　王学林（2009.1～2009.12）
吕　方（2009.5～2009.12）

城市管理局
局　　长　马　聪（2009.1～2009.12）
副 局 长　石　刚（白族，2009.1～2009.12）
杨文伟（2009.1～2009.12）

城市管理局党组
书　　记　郭光富（2009.1～2009.12）

农业局党总支
书　　记　杨炘文（2009.1～2009.9）
陈建华（2009.9～2009.12）

农业局
局　　长　汪正国（2009.1～2009.10）
杨利明（2009.10～2009.12）
副 局 长　杨凤安（2009.1～2009.6）
袁　斌（2009.2～2009.12）
鲁凤发（彝族，2009.9～2009.12）

林业局党组
书　　记　毕广才（2009.1～2009.12）

林业局
局　　长　毕广才（2009.1～2009.12）
副 局 长　鲁凤发（彝族，2009.1～2009.9）
黄玉林（2009.1～2009.12）
彭卫刚（2009.1～2009.12）
防火办主任　饶开保（2009.1～2009.12）

水务局党总支
书　　记　杨金坤（2009.1～2009.5）
马　萍（女，回族，2009.9～2009.12）

水务局
局　　长　顾明东（2009.1～2009.12）
副 局 长　宋艳新（2009.1～2009.12）
李保明（白族，2009.1～2009.12）

文化体育旅游局党总支
书　　记　张本标（2009.2～2009.12）

文化体育旅游局
局　　长　王国花（女，2009.1～2009.12）
副 局 长　李江道（2009.1～2009.12）
黄雪飞（2009.1～2009.12）

卫生局党委
书　　记　洪开才（2009.1～2009.12）
副书记、纪委书记　余　莉（女，2009.1～2009.12）

卫生局
局　　长　洪开才（2009.1～2009.12）
副 局 长　罗　奇（2009.1～2009.12）
向志敏（2009.1～2009.12，人民医院院长）

计划生育局
局　　长　卢慧萍（女，2009.1～2009.12）

副 局 长　段玉兰（女，2009.1～2009.12）

审计局

局　　长　杨洪斌（彝族，2009.1～2009.12）
副 局 长　向红兵（2009.1～2009.12）
总审计师　刘黎安（彝族，2009.1～2009.12）

统计局

局　　长　代秀珍（女，2009.1～2009.12）
副 局 长　李云忠（2009.1～2009.12）
　　　　　矣忠智（彝族，2009.1～2009.12）

安全生产监督管理局

局　　长　周兴春（2009.1～2009.10）
　　　　　张建忠（2009.10～2009.12）
副 局 长　邓　红（正科级，2009.1～2009.12）
　　　　　李飞华（2009.1～2009.12）
　　　　　段国勤（2009.3～2009.12）

安全生产监督管理局党组

书　　记　周兴春（2009.1～2009.9）
　　　　　张建忠（2009.9～2009.12）

供销合作社联合社党委

书　　记　唐培云（2009.1～2009.12）

供销合作社联合社

主　　任　唐培云（2009.1～2009.12）
副 主 任　郭建华（2009.1～2009.12）

防震减灾局

局　　长　李宏辉（2009.1～2009.12）

档案局

局　　长　唐　华（2009.3～2009.12）
副 局 长　董誉鸣（2009.1～2009.12）

广播电视局

局　　长　闫晴方（女，2009.1～2009.12）
副 局 长　李开阳（白族，2009.1～2009.12）

国有资产监督管理局党委

书　　记　党治昆（2009.1～2009.12）
副书记、纪委书记
　　　　　马绍林（2009.1～2009.12）

国有资产监督管理局

局　　长　钱　斌（2009.1～2009.12）
副 局 长　罗先明（2009.1～2009.12）
　　　　　李利峰（2009.1～2009.2）

投资开发公司

董 事 长　钱　斌（2009.1～2009.12）
总 经 理　钱　斌（2009.1～2009.12）
副总经理　罗先明（2009.1～2009.12）

便民服务中心

主　　任　唐　宽（2009.1～2009.12）
副 主 任　李　帆（2009.1～2009.12）

安宁职业教育基地管委会

党工委书记　李树勇（2009.1～2009.12）
主　　　任　王剑辉（2009.1～2009.12）
常务副主任　汪明涛（2009.1～2009.8）
综合办公室主任　唐　科（女，2009.3～2009.12）
经济发展局局长　马　玲（女，2009.3～2009.12）
规划建设局局长　李政洋（2009.3～2009.12）

安宁工业园区管理委员会

党工委书记　尹家屏（2009.8～2009.12）
主　　　任　尹家屏（2009.1～2009.12）
常务副主任　张　毅（2009.3～2009.12）
副　主　任　汪德华（2009.4～2009.12）
综合办公室主任　高劲锋（2009.3～2009.12）
财政分局局长　王晓燕（女，2009.3～2009.12）
经济发展局局长　赵志华（白族，2009.3～2009.12）
规划建设局局长　陈红灿（2009.3～2009.12）

安宁宁湖新城管委会

主　　　任　王剑辉（2009.1～2009.12）
常务副主任　付成林（2009.3～2009.12）
兼职副主任　王　燕（女，2009.3～2009.12）

安宁市新城投资开发有限公司

总　经　理　付成林（2009.1～2009.12）
副 总 经 理　王友彬（2009.1～2009.12）
　　　　　　李政洋（2009.1～2009.12）

安宁温泉旅游度假区管理委员会

主　　　任　戴　彬（女，2009.4～2009.12）
常务副主任　吴松茂（2009.3～2009.12）
副　主　任　王　群（白族，2009.3～2009.12）
综合办公室主任　李启春（2009.3～2009.12）
经济发展局局长　保娅玲（女，2009.3～2009.12）
规划建设局局长　唐启宁（2009.3～2009.12）

安宁太平新城管委会（1至3月称安宁太平项目开发管理委员会）

主　　　任　李春明（彝族，2009.3～2009.12）
常务副主任　杨利明（2009.1～2009.9）
副　主　任　王志华（2009.1～2009.12）
综合办公室主任　段结亮（白族，2009.1～2009.12）
经济发展局局长　王　群（2009.1～2009.3）
　　　　　　　沈耀伟（2009.3～2009.12）
规划局局长　唐志雄（2009.1～2009.12）
综合执法局局长　曹宏伟（2009.1～2009.12）

太平新城投资开发有限公司
副总经理　李文坤（2009.1～2009.12）
　　　　　何学辉（2009.1～2009.12）

市政协各委员会、办公室领导名录

办公室
主　　任　段建军（2009.1～2009.12）
副 主 任　杨　城（2009.3～2009.12）
秘 书 长　段建军（2009.1～2009.12）

社会法制委员会
主　　任

提案工作委员会
主　　任　杨　芳（女，白族，2009.1～2009.12）

科教文卫委员会
主　　任　周兴春（2009.9～2009.12）

城建环保委员会
主　　任　姜　丽（女，2009.9～2009.12）
副 主 任　姜　丽（女，2009.1～2009.9）

经济委员会
主　　任
副 主 任　杨　阳（2009.9～2009.12）

文史委员会
主　　任
副 主 任　俞学云（2009.3～2009.12）

镇、街道领导名录

八街镇
党委书记　张兴有（2009.1～2009.12）
党委副书记　周鸿斌（哈尼族，2009.1～2009.12）
　　　　　方玉忠（2009.1～2009.7）
人大主席　王　茹（女，2009.1～2009.12）
镇　　长　周鸿斌（哈尼族，2009.1～2009.12）
纪委书记　李　伟（2009.2～2009.12）
副 镇 长　郭绍忠（2009.1～2009.12）
　　　　　袁　斌（2009.1～2009.2）
　　　　　王　静（2009.1～2009.12）
　　　　　胡庆成（2009.1～2009.12，不占职数）
人武部部长　邹永贵（2009.1～2009.12）

县街镇
党委书记　李建东（2009.1～2009.12）
党委副书记　李鸿斌（2009.1～2009.12）
　　　　　唐启云（2009.1～2009.12）
人大主席　王　忠（2009.1～2009.12）
镇　　长　李鸿斌（2009.1～2009.12）
纪委书记　施宏才（2009.1～2009.12）
副 镇 长　杨长生（2009.1～2009.12）
　　　　　张文杰（女，2009.1～2009.12）
　　　　　施　毅（彝族，2009.1～2009.12，不占职数）
　　　　　张云富（2009.1～2009.12）
人武部部长　刘朝发（2009.1～2009.12）

太平镇
党委书记　杨利明（2009.1～2009.9）
党委副书记　王志敏（2009.1～2009.12）
　　　　　李　强（2009.2～2009.12）
人大主席　杨树荣（2009.1～2009.12）
镇　　长　杨利明（2009.1～2009.3）
纪委书记　梁　勇（2009.1～2009.12）
副 镇 长　唐启宁（2009.1～2009.3）
　　　　　欧杨辉（白族，2009.1～2009.12）
　　　　　曹宏伟（2009.1～2009.12，不占职数）
　　　　　马丽平（女，2009.3～2009.12）
人武部部长　常　华（2009.1～2009.12）

温泉镇
党委书记　吴松茂（2009.2～2009.12）
党委副书记　吴松茂（2009.1～2009.2）
　　　　　李启春（2009.2～2009.12）
　　　　　张建忠（白族，2009.1～2009.12）
人大主席　武　龙（2009.1～2009.12）
镇　　长　吴松茂（2009.1～2009.2）
副镇长、代理镇长　李启春（2009.2～2009.12）
纪委书记　胡红芸（女，2009.1～2009.12）
副 镇 长　杨伟才（彝族，2009.1～2009.12）
　　　　　洪跃超（2009.1～2009.12）
　　　　　段国俊（2009.1～2009.12，不占职数）
人武部部长

青龙镇
党委书记　陈洪勇（2009.1～2009.12）
党委副书记　李文洪（2009.1～2009.12）
人大主席　顾金荣（2009.1～2009.12）
镇　　长　李文洪（2009.1～2009.12）
纪委书记　向志喜（2009.5～2009.12）
副 镇 长　鲁　俊（土族，2009.1～2009.12）
　　　　　周喜才（2009.1～2009.3）
　　　　　杨剑波（2009.1～2009.12，不占职数）
人武部部长　赵国才（2009.1～2009.12）

草铺镇
党委书记　李新华（2009.1～2009.12）
党委副书记　周德昆（2009.1～2009.12）
　　　　　魏　乾（2009.1～2009.9）
人大主席　周应龙（2009.1～2009.10）

镇　　长　周德昆（2009.1～2009.12）
纪委书记　李树生（2009.1～2009.12）
副镇长　李忠跃（白族，2009.1～2009.7）
彭建军（2009.1～2009.12）
保卫宏（2009.1～2009.12）
人武部部长　伍　建（2009.1～2009.12）

禄脿镇

党委书记　蒋树良（2009.1～2009.12）
党委副书记　李荣敬（2009.1～2009.12）
丁显峰（2009.1～2009.12）
人大主席　杨文波（2009.1～2009.12）
镇　　长　李荣敬（2009.1～2009.12）
纪委书记　李劲松（2009.1～2009.12）
副镇长　张琼珍（女，2009.1～2009.12）
潘志平（2009.1～2009.12）
王学全（2009.1～2009.12，不占职数）
人武部部长　马俊波（2009.1～2009.12）

连然街道

党工委书记　王　燕（女，2009.1～2009.12）
党工委副书记　张宏斌（2009.1～2009.12）
张　毅（2009.1～2009.2）
李云华（2009.1～2009.12）
人大工委主任　王　智（2009.2～2009.12）
主　　任　张宏斌（2009.1～2009.12）
副主任　张建忠（2009.1～2009.9）
孔凡贵（2009.1～2009.12）
李　强（2009.1～2009.3）
毕　慧（女，2009.1～2009.9）
汪　涛（2009.10～2009.12）
杨文华（2009.10～2009.12）
主任助理　郭启云（2009.10～2009.12）
人武部长　曹永文（2009.1～2009.12）

金方街道

党工委书记　武容华（2009.1～2009.12）
党工委副书记　张本标（2009.2～2009.2）
周喜才（2009.2～2009.12）
刘玉德（2009.1～2009.12）
人大工委主任　吕堂光（2009.2～2009.12）
主　　任　张本标（2009.1～2009.3）
周喜才（2009.3～2009.12）
副主任　田利昆（白族，2009.1～2009.12）
杨春红（2009.1～2009.12）
人武部部长　陈　蛟（2009.1～2009.12）

部分社团组织领导名录

延安精神研究会

会　　长　谢木生（2009.1～2009.12）
常务副会长　尹贵生（白族，2009.1～2009.12）
副会长　罗卫国（2009.1～2009.12）
张丽华（女，2009.1～2009.12）
秘书长　张丽华（女，2009.1～2009.12）
副秘书长　闫晴方（女，2009.1～2009.12）
段春华（2009.1～2009.12）
马义芳（女，2009.1～2009.12）

教育基金管理办公室

主　　任　浦和芳（女，2009.1～2009.12）

老龄事业发展促进会

名誉理事长　尹贵生（白族，2009.1～2009.12）
名誉副理事长　李春明（彝族，2009.1～2009.12）
理事长　罗俊贤（2009.1～2009.12）
副理事长　李树华（2009.1～2009.12）
曹忠昌（2009.1～2009.12）
包世雄（女，2009.6～2009.12）
陈锦良（2009.1～2009.12）
杨俊发（2009.1～2009.12）
蔡　友（2009.1～2009.12）
秘书长　史冠群（2009.1～2009.12）
副秘书长　蒋正锦（2009.1～2009.12）
理　　事　李　平（2009.1～2009.12）
李国祥（2009.1～2009.12）
罗耀凌（女，2009.1～2009.12）
戴素芳（女，2009.1～2009.12）
邓永福（2009.1～2009.12）
李崇智（2009.1～2009.12）

兰花协会

名誉会长　李海平（女，2009.1～2009.12）
谭永仁（2009.1～2009.12）
潘光华（2009.1～2009.12）
林树华（2009.1～2009.12）
李金建（2009.1～2009.12）
刘清涌（2009.1～2009.12）
龙起明（2009.1～2009.12）
李凤岚（2009.1～2009.12）
顾　　问　朴栽福（2009.1～2009.12）
会　　长　李云权（2009.1～2009.12）
常务副会长　熊志刚（2009.1～2009.12）
副会长　余文良（2009.1～2009.12）
朱庆华（2009.1～2009.12）
于　滨（2009.1～2009.12）
江成明（2009.1～2009.12）
付从亮（2009.1～2009.12）
段　锦（2009.1～2009.12）
付全玉（2009.1～2009.12）
秘书长　马俊波（2009.1～2009.12）

诗书画协会

顾　　问　马近忠（2009.1～2009.12）
理事长　李任祖（2009.1～2009.12）
常务副理事长　朱正才（2009.1～2009.12）

副理事长兼秘书长　李纪常（女，2009.1～2009.12）
副　秘　书　长　杨　舫（2009.1～2009.12）

老年体育协会
主　　　席　叶国才（2009.1～2009.12）
常务副主席　杜　铮（2009.1～2009.12）
副　主　席　黄继学（2009.1～2009.12）
王国花（女，2009.1～2009.12）
刘平忠（2009.1～2009.12）
史冠群（2009.1～2009.12）
秘　书　长　李江道（2009.1～2009.12）

2009年度协管单位领导名录

市国家税务局
局　　长　贾晓勇（2009.1～2009.12）
副 局 长　吴明昌（2009.1～2009.12）
方建坤（2009.1～2009.12）
纪检组长　刘跃康（2009.1～2009.12）

市国家税务局稽查局
局　　长　李培杰（2009.1～2009.12）

市国家税务局一分局
局　　长　陈世才（2009.1～2009.12）

市国家税务局二分局
局　　长　李永宁（2009.1～2009.12）

市地方税务局
局　　长　张小兵（2009.1～2009.12）
副 局 长　刘碧东（2009.1～2009.12）
王　烈（女，2009.1～2009.12）
党组副书记　饶　宇（2009.12～2009.12）
纪检组长　欧智勇（2009.12～2009.12）

稽查局
局　　长　崔　勇（2009.1～2009.3）

市地方税务局一分局
局　　长　杨艳宗（2009.6～2009.12）

市地方税务局二分局
局　　长　李顺亮（2009.1～2009.12）

市地方税务局三分局
局　　长　朱云华（2009.1～2009.12）

市地方税务局四分局
局　　长　翟昕翔（2009.1～2009.1）
胡寿轩（2009.2～2009.12）

市地方税务局五分局
局　　长　刘春华（2009.2～2009.12）

市地方税务局六分局
局　　长　卢光启（2009.1～2009.12）

昆明市安宁工商行政管理局
局　　长　姚京伟（2009.1～2009.12）
副 局 长　王荣明（2009.1～2009.12）
张建文（2009.1～2009.12）
邱究威（2009.1～2009.12）
纪检组长　程　勇（2009.1～2009.12）

安宁工商行政管理局连然分局
局　　长　普丽红（2009.1～2009.12）

安宁工商行政管理局昆钢分局
局　　长　刘承伟（2009.1～2009.12）

昆明市食品药品监督管理局安宁分局
局　　长　李　瑜（女，2009.1～2009.12）
副 局 长　普加斌（2009.1～2009.12）
纪检组长　兰　萍（女，2009.1～2009.12）

安宁市质量技术监督局
局　　长　孙　静（女，2009.1～2009.7）
彭光辉（2009.7～2009.12）
副 局 长　杨　帆（2009.1～2009.12）
纪检组长　周悍祥（2009.1～2009.12）

安宁市国土资源局
局　　长　陈波涛（2009.1～2009.12）
副 局 长　夏荣生（2009.1～2009.12）
江　璐（2009.1～2009.12）
行政执法大队（副科级）
大 队 长　徐春华（2009.1～2009.12）

安宁市国土资源局党组
书　　记　陈波涛（2009.1～2009.12）

安宁市土地储备交易中心
主　　任　夏荣生（兼，2009.1～2009.12）
副 主 任　张　建（2009.10～2009.12）

安宁市气象局
局　　长　万　刚（2009.1～2009.12）

昆明市公路运输管理局安宁分局
局　　长　蒲永华（2009.3～2009.12）
副 局 长　李　珺（2009.1～2009.12）

云南省电信有限公司安宁市分公司
经　　理　张志平（2009.1～2009.12）

副　经　理　李少喜（2009.1～2009.12）
　　　　　　杨春云（2009.1～2009.12）

安宁市邮政局
局　　长　杨　静（女，2009.1～2009.12）

安宁市烟草公司（专卖局）
党总支书记　郑志新（2009.1～2009.12）
经理（局长）　郑志新（2009.1～2009.12）
副经理(副局长)　李绍刚（2009.1～2009.12）
副　经　理　张顺贵（2009.1～2009.12）

安宁供电有限责任公司
董　事　长　吴成立（2009.1～2009.7）
　　　　　　张华元（2009.7～2009.12）
总　经　理　邹　航（2009.1～2009.12）
党支部书记　刘长生（2009.1～2009.7）
　　　　　　张华元（2009.7～2009.12）
副总经理　黄利民（2009.1～2009.12）
　　　　　　鲁　云（2009.1～2009.12）
工会主席　顾祥林（2009.1～2009.12）
总会计师　张　鸿（女，2009.4～2009.12）

中国移动通信集团云南有限公司安宁分公司
经　　理　施映章（2009.1～2009.12）
副　经　理　章燕飞（2009.1～2009.12）

中国联合通信有限公司安宁分公司
经　　理　张志宏（2009.1～2009.12）
副　经　理　张　华（2009.1～2009.3）
　　　　　　王兴亚（2009.4～2009.12）

中国人民银行安宁支行
行　　长　娄忠东（2009.1～2009.12）
副　行　长　张　京（2009.1～2009.7）
纪检组长　陈光云（瑶族，2009.1～2009.12）

中国银行业监督管理委员会云南监管局安宁办事处
主　　任　陆澄宇（2009.1～2009.12）
副　主　任　吴丽红（女，2009.1～2009.12）

中国工商银行股份有限公司安宁支行
行　　长　段小翔（2009.1～2009.8）
　　　　　　和文良（女，2009.8～2009.12）
副　行　长　范　娟（女，2009.1～2009.8）
　　　　　　杨忠明（2009.1～2009.12）
　　　　　　宋　彪（2009.1～2009.12）
　　　　　　张君华（2009.8～2009.12）

中国农业银行安宁市支行
行　　长　潘宏飞（2009.6～2009.12）
副　行　长　尹朝贵（2009.1～2009.12）
　　　　　　刘建忠（2009.1～2009.12）
　　　　　　阮开武（2009.1～2009.12）

中国农业发展银行安宁市支行
行　　长　李兰珍（女，2009.1～2009.12）
副　行　长　张丽梅（女，2009.1～2009.12）

中国建设银行股份有限公司昆明安宁支行
行　　长　杨　兵（2009.1～2009.12）
副　行　长　安晖武（2009.1～2009.12）

富滇银行股份有限公司昆明安宁支行
行　　长　皇甫云龙（2009.1～2009.12）
风险总监　李小双（2009.5～2009.12）

富滇银行股份有限公司昆明昆钢支行
行　　长　谭志丹（2009.1～2009.5）
　　　　　　李　文（2009.5～2009.12）

安宁市农村信用合作联社
理　事　长　李　勇（2009.1～2009.12）
主　　任　杨跃兴（2009.1～2009.12）
副　主　任　马显义（2009.1～2009.12）
　　　　　　李叶忠（2009.9～2009.12）
监　事　长　王镇荣（2009.1～2009.12）

交通银行股份有限公司昆明安宁支行
行　　长　山汝霖（2009.1～2009.12）
副　行　长　杨荣华（2009.1～2009.12）
　　　　　　陈永庆（2009.1～2009.10）
　　　　　　陈秀华（女，2009.10～2009.12）
行长助理　杜劲松（2009.3～2009.12）

中国人民财产保险股份有限公司安宁支公司
理　　理
副　经　理　杜丽珠（女，主持工作，2009.2～2009.12）
　　　　　　张云生（2009.1～2009.12）
　　　　　　冯　杰（2009.2～2009.12）

中国人寿保险股份有限公司安宁市支公司
经　　理　黄家锐（2009.1～2009.12）
副　经　理　关俊梅（女，2009.1～2009.12）

驻安宁市部分企事业单位领导名录

昆钢控股有限公司
党委书记、董事长　王长勇（2009.1～2009.12）
党委副书记　李幼灵（2009.1～2009.12）
　　　　　　顾俊恒（2009.1～2009.12）
　　　　　　付　霞（女，2009.4～2009.12）
纪委书记　顾俊恒（2009.1～2009.12）

董　　　　事　王长勇（2009.1～2009.12）
李幼灵（2009.1～2009.12）
顾俊恒（2009.1～2009.12）
付　霞（女，2009.5～2009.12）
严锡九（2009.5～2009.12）
孙小跃（2009.5～2009.12）
赵永平（2009.5～2009.12）
王留德（2009.1～2009.12）
总　经　理　李幼灵（2009.1～2009.12）
副 总 经 理　陈子刚（2009.1～2009.12）
张振伟（2009.1～2009.12）
严锡九（2009.1～2009.12）
孙小跃（2009.1～2009.12）
赵永平（2009.1～2009.12）
罗全生（2009.1～2009.12）
黄俊峰（2009.4～2009.12）
工 会 主 席　杨淑芳（女，2009.1～2009.4）
付　霞（女，2009.4～2009.12）
监事会副主席　袁朝明（2009.1～2009.12，云南省国资委派出）

昆钢集团有限责任公司

董事长、党委书记　王长勇（2009.1～2009.12）
副 董 事 长　何　跃（2009.1～2009.12）
党 委 副 书 记　李幼灵（2009.1～2009.12）
顾俊恒（2009.1～2009.12）
付　霞（女，2009.4～2009.12）
纪 委 书 记　顾俊恒（2009.1～2009.12）
董　　　　事　王长勇（2009.1～2009.12）
李幼灵（2009.1～2009.12）
顾俊恒（2009.1～2009.12）
王留德（2009.1～2009.6）
张远江（2009.1～2009.12）
李　斌（2009.1～2009.12）
总　经　理　李幼灵（2009.1～2009.12）
副 总 经 理　陈子刚（2009.1～2009.12）
张振伟（2009.1～2009.12）
严锡九（2009.1～2009.12）
孙小跃（2009.1～2009.12）
赵永平（2009.1～2009.12）
罗全生（2009.1～2009.12）
黄俊峰（2009.4～2009.12）
监 事 会 主 席　马亦凌（2009.1～2009.12）
工 会 主 席　杨淑芳（女，2009.1～2009.4）
付　霞（女，2009.4～2009.12）

武钢集团昆钢股份公司

董　事　长　邓崎琳（2009.1～2009.12）
副 董 事 长　王长勇（2009.1～2009.12）
董　　　　事　邓崎琳（2009.1～2009.12）
王长勇（2009.1～2009.12）
王　炯（2009.1～2009.5）
王振有（2009.5～2009.12）
李幼灵（2009.1～2009.12）
贾宝军（2009.1～2009.12）
严锡九（2009.1～2009.12）
郭自祥（2009.1～2009.5）
朱永红（2009.5～2009.12）
总　经　理　李幼灵（2009.1～2009.5）
严锡九（2009.5～2009.12）
常务副总经理　严锡九（2009.1～2009.5）
武云昆（2009.10～2009.12）
副 总 经 理　宰文新（2009.1～2009.8）
卢少龙（2009.8～2009.12）
武云昆（2009.1～2009.10）
白保安（2009.1～2009.12）
程赣秋（2009.1～2009.8）
姚文中（2009.8～2009.12）
监 事 会 主 席　顾俊恒（2009.1～2009.12）

云南红云氯碱有限公司

执行董事、总经理　怀安森（2009.1～2009.12）
党委副书记、纪委书记　杨小昆（2009.1～2009.12）
执行监事、工会主席　杨小昆（2009.1～2009.12）
职工持股会理事长　杨小昆（2009.1～2009.12）

云南盐化股份有限公司昆明盐矿

党 总 支 书 记　余守录（2009.1～2009.12）
副　书　记　徐忠奇（2009.1～2009.12）
总　经　理　邢爱民（2009.1～2009.12）
副 总 经 理　曹卫东（2009.1～2009.12）
胡俊毅（2009.1～2009.12）
总 工 程 师　王学东（2009.1～2009.10）

云天化国际富瑞分公司

党委书记、总经理　李英翔（2009.1～2009.12）
党委副书记、纪委书记　赵兴志（2009.1～2009.12）
工　会　主　席　赵兴志（2009.1～2009.12）
副　总　经　理　徐洁年（2009.1～2009.12）
樊崇生（2009.6～2009.12）
宋建生（2009.6～2009.12）

云南马龙产业集团股份有限公司安宁分公司

党总支书记、总经理　周永刚（2009.1～2009.12）
副　总　经　理　李兴富（2009.1～2009.12）
陈廷勇（2009.1～2009.12）
党总支副书记、工会主席
李瑞英（女，2009.1～2009.12）
总 经 理 助 理　孔维奇（2009.1～2009.12）

云南天达化工实业有限公司

董 事 长　张嘉庆（2009.1～2009.12）
党委书记、纪委书记、工会主席
邓黎明（2009.1～2009.12）
总 经 理　管利平（2009.12～2009.12）

副总经理　杨　洪（2009.1～2009.12）
　　　　　管利平（2009.1～2009.12）

云南天安化工有限公司

董事长　张嘉庆（2009.1～2009.12）
副董事长　夏　蜀（2009.1～2009.3）
　　　　　余蜀昆（2009.3～2009.12）
董　　事　张嘉庆（2009.1～2009.12）
　　　　　于立龙（2009.1～2009.12）
　　　　　江　凌（2009.1～2009.12）
　　　　　钟德红（2009.1～2009.12）
　　　　　夏　蜀（2009.1～2009.3）
　　　　　查昆徽（2009.1～2009.3）
　　　　　申　毅（2009.1～2009.3）
　　　　　余蜀昆（2009.3～2009.12）
　　　　　叶中林（2009.3～2009.12）
　　　　　李　湘（2009.3～2009.12）
监事会主席　王吉生（2009.1～2009.12）
监　　事　王吉生（2009.1～2009.12）
　　　　　张元梁（2009.1～2009.12）
　　　　　余先照（2009.1～2009.12）
党委书记　江　凌（2009.1～2009.12）
纪委副书记　马力遥（2009.1～2009.12）
总经理　于立龙（2009.1～2009.12）
副总经理　黄天江（2009.1～2009.12）
　　　　　向建刚（2009.1～2009.12）
　　　　　叶中林（2009.1～2009.3）
　　　　　谢昆安（2009.3～2009.12）

云南天宁矿业有限公司

董事长　唐　明（2009.1～2009.12）
党委书记　吴　曦（2009.1～2009.12）
副书记、纪委书记、工会主席
　　　　　谢金龙（2009.1～2009.12）
总经理　罗　兴（2009.1～2009.12）
副总经理　吴　曦（2009.1～2009.12）
　　　　　包书城（2009.1～2009.12）
总经理助理　胡昌德（2009.1～2009.12）
　　　　　马元兵（2009.1～2009.12）
财务总监　董小波（2009.1～2009.12）

国营云南安宁化工厂

厂　　长　段满贵（2009.1～2009.12）
党委书记　申利民（2009.1～2009.12）
副书记、纪委书记　王荣富（2009.1～2009.12）
工会主席　王荣富（2009.1～2009.12）
副厂长　王正华（2009.1～2009.12）
　　　　　徐宝银（2009.1～2009.12）
副厂长兼分厂厂长　张述松（2009.1～2009.12）
　　　　　谢洪达（2009.1～2009.12）
　　　　　柳　平（2009.1～2009.12）

云南省有色地质三一二队

党委书记　陈洪武（2009.1～2009.12）
队　　长　周元昆（2009.1～2009.12）
副队长　彭华斌（2009.1～2009.12）

云南华电昆明发电有限公司

总经理　曹云川（2009.1～2009.12）
副总经理　李　飚（2009.1～2009.12）
　　　　　李　涛（2009.1～2009.12）
　　　　　郑炳彪（2009.1～2009.12）
党委副书记　余江云（主持工作，2009.1～2009.12）
纪委书记兼工会主席　陈永庚（2009.1～2009.12）
总工程师　杨景清（2009.1～2009.12）

云南省第三监狱

监狱长　徐有龙（2009.1～2009.12）
副监狱长　郭建新（2009.1～2009.12）
　　　　　施永茂（2009.1～2009.12）
　　　　　阮光辉（2009.1～2009.12）
　　　　　陈光宇（2009.1～2009.12）
　　　　　王　飞（2009.1～2009.12）
　　　　　马春宏（回族，2009.1～2009.12，正处级）
政　　委　徐佳明（2009.1～2009.12）
副政委　马仲云（回族，2009.1～2009.12）
纪委书记　丁文忠（2009.1～2009.12）
政治处主任　李丽萍（女，2009.1～2009.12）
工会主席　王均莉（女，2009.1～2009.12）

云南省未成年犯管教所

党委书记、所长　付建强（2009.1～2009.12）
党委副书记、政委　包　坤（2009.1～2009.12）
党委副书记、纪委书记　王开明（2009.1～2009.12）
副所长　李科学（2009.1～2009.12）
　　　　　王学文（2009.1～2009.12）
　　　　　只朝荣（彝族，2009.1～2009.12）
　　　　　庞　涛（2009.1～2009.12）
政治处主任　施卫国（2009.1～2009.12）

云南省安宁监狱

党委书记、监狱长　耿　聪（2009.1～2009.12）
副书记、政委　邓先智（2009.1～2009.12）
副政委　胡榜样（2009.1～2009.12）
副监狱长　訾　勇（2009.1～2009.12）
　　　　　李云生（2009.1～2009.12）
　　　　　黄建昆（2009.1～2009.12）
　　　　　袁　明（2009.12～2009.12）
　　　　　张加云（2009.12～2009.12）
政治处主任　何灿荣（2009.1～2009.12）
纪委书记　刘　冰（2009.1～2009.12）
工会主席　马岁强（2009.1～2009.12）

云南省交通高级技工学校

党委书记　胡大伟（2009.1～2009.12）
校　　长　杨经元（回族，2009.1～2009.12）
副 校 长　马保民（2009.1～2009.12）
　　　　　何跃华（2009.1～2009.12）
　　　　　黄之锐（2009.1～2009.12）

温泉宾馆

总 经 理　文　勇（2009.1～2009.12）
党总支书记　吴建本（2009.1～2009.12）
副总经理　马能平（2009.1～2009.12）
　　　　　党志琼（女，2009.1～2009.12）

云南省干部疗养院

院　　长　聂鹏飞（2009.1～2009.12）
党委书记　聂鹏飞（2009.1～2009.12）
副 院 长　王新建（2009.1～2009.12）
　　　　　和家红（女，2009.1～2009.12）
　　　　　吴智深（2009.1～2009.12）
纪委书记　杨瑞伦（2009.1～2009.12）

昆明市干部疗养院

院　　长　陈先跃（2009.1～2009.12）
党支部书记　蔡德禄（2009.1～2009.12）
副 院 长　张情挥（2009.1～2009.12）
　　　　　张建丽（女，2009.1～2009.12）

英模人物

人物简介

张玉荣

张玉荣

张玉荣，男，1974年3月6日生，云南省安宁市人，中共党员，安宁市公安局温泉派出所民警。

1993年12月，张玉荣入伍穿上军装。十三个春秋的军旅生涯，他走过了战士、排长、副指导员、连长的历程；十三个寒暑的艰苦锤炼，他加入了中国共产党，两次荣立个人三等奖，多次受到上级嘉奖。

2006年9月，他转业分配到安宁市公安局，脱下了威武的军装，穿上了庄严的警服。从军官到科员，又开始了新的征程。

几年来，他始终把自己当成一个新兵，时刻以共产党员的标准，努力去完成一个军队指挥员到普通民警的角色转换。无论是在巡特警大队，还是在派出所，无论是堵卡、巡逻防范，还是每日24小时地下监控室值守，无论是服务群众，还是打击犯罪，他始终勤勤恳恳、任劳任怨，从不计较个人得失，干一行、爱一行、钻一行，刻苦钻研业务，苦练实战技能，成为了不同岗位的业务骨干。他以打击犯罪、保护人民为天职，英勇无畏，不怕牺牲，遇到急难险重任务总是勇挑重担、冲锋在前，多次冒着生命危险抓捕犯罪嫌疑人。

他警务素质过硬，被确定为昆明市公安机关警务实战教官，在参加警务实战教官培训考核中取得了全优的成绩；昆明市公安局首届公安运动会，他既是教练员又是运动员，为安宁市公安局取得团体总分第五名的好成绩做出了突出贡献。

短短几年的公安工作实践，他亲自破获或参与破获的各类刑事案件达39件，办理各类治安案件48件，打击处理各类违法犯罪嫌疑人112人。

在巡特警大队工作期间，张玉荣吃苦耐劳、努力工作、服从领导、听从指挥。辖区巡逻、堵卡及处置突发事件工作任务比较重，他常常放弃休息，和其他民警一道，积极投入各项公安工作。在巡特警大队工作的一年另两个月中，他共参加处置群体性事件12次，巡逻堵卡查缉抓获犯罪嫌疑人21人次，破获大批案件。参加公安工作的当年，张玉荣便3次受到局党委通报表彰。

2007年是公安机关开展“三基”工程建设的关键年。为进一步推进农村警务战略，局党委决定在全局挑选政治思想过硬、综合业务素质高、工作作风硬朗的民警到各派出所社区岗位开展工作。张玉荣坚决要求到下派派出所，他说：“我从小生活在农村，了解农民群众对公安工作的要求。我希望组织能派我到边远地区，更多地学习和熟悉公安基层工作。”

2008年1月，局党委决定安排张玉荣到青龙派出所担任社区民警。在这个安宁市局辖区边远的基层派出所，张玉荣自甘寂寞，走村串寨，入户调查，从基层基础工作入手，开展巡逻堵卡、安全防范和社会矛盾纠纷排查调处。2008年7月17日，青龙派出所获取四川籍涉嫌抢劫逃犯王星住进辖区“春春圆”旅社的信息，张玉荣主动向所领导要求前往抓捕。为了防止逃犯顽抗拒捕、铤而走险，他与所领导和民警们认真观察了旅馆的周边地形，分析了逃犯的全面情况，周密思考了抓捕工作的各个环节，以大义凛然的气概，破门而入，将逃犯一举抓获。

经过艰苦细致的努力，他负责的青龙集镇社区各类刑事案件由2007年的21件下降到2008年的6件，治安案件也只发生了9件，为青龙镇的社会治安稳定和经济发展做出积极贡献，获得了镇领导和群众的肯定。

张玉荣牢记“执法为民，热情服务”的宗旨，积极主动地为辖区人民群众服务。2008年9月2日晚21时30分，群众反映青龙镇松坪村采石场发现一位约70多岁的老人，既说不清自己的住处，又说不清自己亲人的情况。正在值班的张玉荣接到报警后，迅速赶往现场进行救助。他将老人接到派出所，打来热水为老人洗脸洗脚，将老人送到镇卫生院进行身体检查。忙了一个通宵，直到清晨6时才将老人安顿好。事后，王桂英老人的家属亲自到派出所向张玉荣表示深切的谢意。

张玉荣一心扑在工作上，长期照顾不了家庭和年迈多病、生活在农村的母亲。为了落实昆明市公安局党委“关爱民警”的要求，便于张玉荣对家庭进行照顾，安宁市局党委将张玉荣调整到离家较近的温泉派出所工作。

2008年8月，鉴于驻安宁的国有大型企业昆钢周边盗抢生产物资犯罪突出，安宁市委、市政府决定加大对昆钢周边治安秩序整顿的力度。安宁市局党委再次点将，抽调张玉荣到昆钢周边专项整治组工作。在短短一个月的整治活动中，张玉荣带领整治小组的民警埋头苦干，共参加破获刑事案件2件，查处治安案件9件，现行抓获各类犯罪嫌疑人16名，缴获被盗生产物资400余公斤，收缴无牌无证摩托车8辆。昆钢周边治安秩序有了根本好转，张玉荣受到局党委的通报表扬。

按照昆明市公安局进一步推进禁毒专项整治行动的部署，安宁市公安局决定从2008年9月1日至12月1日开展为期3个月的“打击零星贩毒，收戒吸毒人员专项行动”。抽调到专项行动小组的张玉荣，负责“打零收戒”工作。张玉荣奉调参加“打击零星贩毒，收戒吸毒人员专项行动”，共参与破获涉毒案4起，其中毒品刑事案件2件，零星贩毒案件2起，查获冰毒7颗，净重0.6克，海洛因零包1个，净重0.2克，抓获贩毒嫌疑人2人，刑事拘留1人，抓获涉嫌吸毒人员11人，强制隔离戒毒2人。

9月18日下午，安宁市公安局禁毒大队得到线索：屡教不改的吸毒人员李××，经常在昆钢贩卖海洛因零包。根据安宁市局指令，张玉荣、徐伟、秦尚浩、王建华、李刚等5名民警于晚20时前往嫌疑人李××经常交易毒品的昆钢鲁班园蹲点守候，对其实施抓捕。

守候了2个小时，李××始终蛰伏不动。民警通过线索提供人与李××联系称，想向其购买零包。在电话中，李××忽而把交易地点定在昆钢体育馆后面的一个施工工地，忽而把交易地点改在步行街中段，忽而又把交易地点改在鲁班园。嫌疑人的狡猾行径，引起了民警们的高度警惕。行动小组重新分工部署：由一名民警陪同线索提供人去购买毒品，其他4名民警尾随增援。民警们争先恐后地要求承担与嫌疑人交易的任务，为了战友的安全，张玉荣近乎霸道地说：“不行，听我的！”张玉荣和线索提供人在前面走，其他4名民警远远尾随，一旦嫌疑人开始毒品交易，立即实施包围抓捕。

月黑风高，路灯昏暗，李××约定的交易地点一个人影都没有。张玉荣在附近转了几圈，隐约听到花坛后的树丛中传来一个女人的声音：“你的钱呢?”张玉荣马上判断这名女子就是贩毒嫌疑人李××，他冲进树丛将其扭住：“不许动，我是警察!”增援的民警闻声迅速向张玉荣的位置包围过来。

黑暗中，从张玉荣身后窜出一个手持匕首的歹徒，向张玉荣猛刺数刀后，迅速消失在夜色中。增援的民警赶到，张玉荣已经身负重伤，颈部、胸部不断涌出鲜血，但他的双手还紧紧抓住嫌疑人李××，大声说道：“别管我，快去追跑了的那个!”秦尚浩控制住李××，徐伟、王建华、李刚追捕刺伤张玉荣的犯罪嫌疑人。追了近200米，嫌疑人窜入一个居民小区内。夜深人静，光线昏暗，小区内住户密集、地形复杂，抓捕犯罪嫌疑人一时难以奏效，民警们又担心张玉荣的伤情，急忙返回。此时张玉荣躺在地上，胸口还不断涌出鲜血，颈部以下衣服被鲜血浸透，意识已经模糊。李刚等4名民警有的控制住嫌疑人李××，有的对张玉荣的伤口进行紧急止血处理，有的打电话向“110”、“120”报警求助。此时已是22时14分。

救护车把张玉荣送到昆钢医院，经诊断：张玉荣胸部、颈部被犯罪嫌疑人刺伤，导致“血气胸、甲状腺损伤”，体温极低，生命垂危。

昆明市政府、市公安局和安宁市委、市政府、市委政法委主要领导高度重视，昆明市副市长、市公安局局长杜敏要求不惜一切代价全力抢救受伤民警，确保生命安全；迅速组织力量尽快侦破案件，抓获犯罪嫌疑人。

昆钢医院的领导火速组织抢救，召集了最好的医生，制定了周密的抢救方案，提供了最好的医疗条件，紧急输血600毫升，经过近五个小时的紧张抢救，终于从死神手中夺回了张玉荣的生命。

经过突审，22时50分，犯罪嫌疑人李××交待了与她一起贩毒并持刀袭警的其男友曾俊的犯罪事实。刑侦民警立即调取了曾俊的相关资料，按照重大案件响应预案，展开严密围堵。同时，由各派出所将警情和在逃犯罪嫌疑人的基本情况、体貌特征向辖区治安积极分子和治安信息员通报。情况通报后仅11分钟，民警通过工作关系得知：犯罪嫌疑人曾俊在作案后乘坐一辆车牌号为云AK9270的银灰色夏利车逃往安宁市中医院藏匿。安宁市副市长、市公安局局长张瑞金立即命令刑侦大队调集50余名民警，将安宁市中医院团团围住。民警在停车场发现了犯罪嫌疑人乘坐的车辆，经秘密侦察确认无误后，实施抓捕的民警将曾俊抓获，前后仅用了1小时30分。

昆明市公安局副局长李云峰代表昆明市副市长、市公安局局长杜敏和局党委专程到医院看望张玉荣；安宁市委书记李树勇、市长王剑辉 、政法委书记张维勇，市人大副主任李树华，副市长、公安局局长张瑞金等领导先后代表市委、市人大、市政府到医院看望张玉荣。

云南省公安厅发来慰问电，对张玉荣表示亲切慰问。省公安厅政治部主任李刚，代表厅党委专程到医院看望了张玉荣。全省各大新闻媒体连续对张玉荣的事迹进行了报道，多家新闻媒体分别在显著位置刊登了张玉荣勇擒毒贩的英雄壮举。

2009年，昆明市禁毒委员会授予张玉荣2008年度禁毒工作先进个人，云南省公安厅授予其一等功荣誉。

代冬林

代冬林，男，1993年4月生，汉族，高中学生，安宁市八街镇代家庄人。

2009年7月9日13时30分许，八街镇史家庄村民小组的史文华（男，汉族，1997年12月生）、史晓宇（男，汉族，1995年2月生）、史思帆（男，汉族，1997年11月生）在朝阳拦河坝下游泳玩耍，拦河坝右侧正开闸泄水，水深且冲击形成漩涡，史晓宇、史思帆二人抱着泡沫（用于培育烤烟苗的模块）顺水漂浮，不幸卷入湍急漩涡，慌忙中二人手握的泡沫先后脱手并被卷走，二人拼命在水中挣扎但始终都游不出漩涡，绝望中大呼“救命”。在附近看别人钓鱼的代冬林听到呼救声，急忙顺声跑去，当看到两人在水中挣扎并逐渐下沉时，代冬林不顾身上的伤痛，迅速脱去上衣跳进水中朝落水者游去，将史晓宇拽出漩涡护送上岸后，再次跳进河里把将要沉没的史思帆奋力推出湍急的漩涡，而自己却被漩涡卷走，再也没有浮出水面。经过几天的打捞和沿河寻找均未发现其踪迹。7月17日，安宁市组织八街镇等相关部门，协调12台抽水机和两台挖机进行抽水清挖，终将英雄的遗体从水下泥沙中打捞上岸。经法医鉴定：死者系溺水身亡，上身裸露，上臂缠有绷带，陈旧性伤口未愈。

2010年1月25日，安宁市人民政府授予代冬林见义勇为先进分子称号。

曾冬祯

曾冬祯

曾冬祯，男，1975年11月23日生，汉族，初中文化，四川省资中县人，深圳茂华装饰有限公司云南分公司三处装修工人，现住昆明高新区洪家营87号。

2009年10月17日上午9时40分许，太平镇昆华苑小区施工工地上，深圳茂华装饰有限公司云南分公司三处施工人员刘华光在D2栋12层外墙涂料施工中，在准备上吊绳索进行工作时不慎坠落，下坠中先碰到11层栏杆，后又碰到五层栏杆，接近落地时，被曾冬祯冲上用双手接住，此事造成两人受伤，后两人被送到医院抢救。目前刘华光已出院返乡休养，曾冬祯因伤势较重，仍在治疗中。

2010年1月25日，安宁市人民政府授予曾冬祯见义勇为先进分子称号。

董云涛　喻　冕　杨志华

董云涛，男，1984年8月生，汉族，安宁市连然镇一碗水村人，安宁市聚谊网吧负责人，现住安宁市一碗水村。

喻冕，男，1983年10月生，彝族，共青团员，云南省石屏县人，云南铜业集团职工。

董云涛

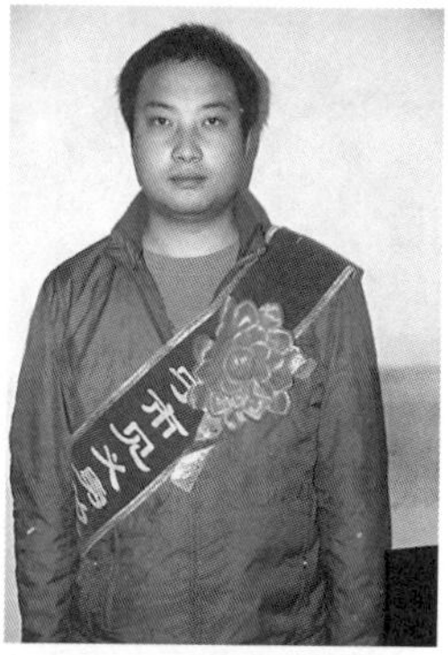

喻　冕

杨志华

杨志华，男，1983年12月生，汉族，云南省晋宁县人，共青团员，云南师范大学教师。

2009年9月13日20时许，董云涛发现其网吧内有一名男子正在偷窃上网人员杨海亮裤包里的手机。董云涛上前制止。遭小偷抵赖并当场反抗，上网人员喻冕见状，立即上前协助董云涛制止，突然不法分子的同伙持刀砍向喻冕背部，喻冕忍着剧痛转向持刀歹徒与其展开殊死搏斗，上网人员杨志华见状也不顾生命危险冲向歹徒。不料偷窃手机的不法分子挣脱控制，从身上抽刀朝喻、杨砍来，杨志华反手一挡被砍伤手背，喻冕也被砍倒在血泊之中。两名不法分子乘势逃窜，董云涛等人追赶至火把巷后失去歹徒踪影。遂返回，将血泊中的喻冕送至安宁市人民医院抢救，经三个小时手术后喻冕方脱离生命危险。

2010年1月25日，安宁市人民政府授予董云涛、喻冕、杨志华见义勇为先进分子称号。

章学昌　田开现　代大升

章学昌

田开现

代大升

章学昌，男，1974年2月生，汉族，初中文化，无业，住安宁市连然镇卖米街。

田开现，男，1969年1月生，汉族，安宁市人，无业，住安宁市连然镇卖米街。

代大升，男，1978年4月生，汉族，安宁市人，无业，住安宁市连然镇卖米街。

2009年7月10日21时许，章学昌路过螳螂川河边时，突然看见河中有人落水正拼命挣扎。章学昌迅速跑到落水者最近的河岸立即找来竹竿伸向水中递给落水者，因落水者体力不支无力爬上岸，章学昌急忙打电话给代大升和田开现两人速来支援救人。随后，代大升和田开现两人带着绳子赶到后配合章学昌共同救人，章学昌下河用绳子将溺水者绑住，代大升和田开现两人在岸上拉绳子，三人全力将溺水者及时救起。

2010年1月25日，安宁市人民政府授予章学昌、田开现、代大升见义勇为先进分子称号。

魏福有　杨利昆

杨利昆

魏福有，男，1974年2月生，汉族，小学文化，云南省永善县人，无业，住安宁市卖米街出租房。

杨利昆，男，1957年10月生，汉族，安宁市人，退职教师，住安宁市连然小学教师宿舍。

2009年5月21日16时20分，安宁市八街镇村民李娟和男友在安宁市东湖边游玩，两人因矛盾发生争吵导致李娟赌气跳入湖中，其男友慌乱之中跳入湖中欲救李娟未成功和李娟一同在水中拼命挣扎。魏福有路过见状奋不顾身立即跳入湖中救人，路过此地的市民杨利昆见魏福有在水中救两个人情形十分危险，立即参与救人，协同魏福有将李娟及其男友救上岸。由于李娟及其男友被救起后意识模糊，魏福有和杨利昆又迅速为落水的两人做了控水抢救，使李娟及其男友脱离了危险。随后又及时报警，并协助“110”民警将落水者护送到安宁市人民医院救治。

2010年1月25日，安宁市人民政府授予魏福有、杨利昆见义勇为先进分子称号。

李文斌

李文斌，男，1972年9月生，汉族，安宁市人，共青团员，昆钢三炼钢厂职工。

2009年10月14日18时许，李文斌在安宁市广场等候乘坐18路公交车，在上车时看见残疾老人王存保因为要求站在公交车过道中间的男子王玉良让路，满口酒气的王玉良不但不听，反而两次动手欧打残疾老人王存保。李文斌和乘车的群众立即上前劝阻，王玉良反而对李文斌和劝阻群众进行威胁并扬言：谁再叫就杀死谁。受到威胁的群众都不敢再出声，突然王玉良对李文斌进行殴打（致使李文斌右手轻微伤），李文斌同王玉良在公交车上扭打起来，王玉良的行为激起在场群众的公愤，李文斌在其他群众的协助下将王玉良制服，群众及时报警，民警赶到后将王玉良带回派出所处理。公安机关依法对王玉良以行政拘留十日、并处罚款200元的处罚。同时，赔偿残疾老人王存保和李文斌的所有医药费用。

李文斌

2010年1月25日，安宁市人民政府授予李文斌见义勇为先进分子称号。

周　虎

周　虎

周虎，男，1986年12月生，汉族，云南省镇雄县人，省建一公司护卫大队职工。

2009年12月22日凌晨1时，周虎到公司上班途经安宁市龙宝寺路段，遇到安宁市民徐明芬女士向其求助，称有人对自己实施抢劫后向安宁城区方向逃跑。周虎立即用电话通知其他同事前来增援，同时向犯罪嫌疑人逃窜方向迅速追去，追至安宁市园山北路官厢街巷口时将抢劫犯罪嫌疑人杞正有（男，25岁，云南省易门县人）抓获，并报警将抢劫犯罪嫌疑人杞正有移交金方派出所。周虎见义勇为的行为为抓获犯罪嫌疑人和破获抢劫案争取了宝贵的时间、起到了非常关键的作用。

2010年1月25日，安宁市人民政府授予周虎见义勇为先进分子称号。

王长勇

王长勇，男，1957年2月生，汉族，山东省桓台县人，在职研究生，高级经济师，全国高级职业经理人，现为武钢集团昆明钢铁股份有限公司副董事长，昆明钢铁控股有限公司董事长，昆明钢铁集团有限责任公司党委书记、董事长。先后获昆明市、云南省优秀企业家称号，享受云南省政府特殊津贴、国务

王长勇

院特殊津贴。2009年，获中央企业劳动模范称号。

2001年6月，中共云南省委对昆明钢铁集团有限责任公司的领导班子进行调整，王长勇由云南锡业公司常务副总经理调任昆钢集团公司党委副书记、总经理。2006年5月，王长勇作为昆明钢铁控股有限公司董事长，昆明钢铁集团有限责任公司党委书记、董事长，昆明钢铁股份有限公司董事长，成为昆钢公司领导班子的“班长”。他以科学发展观为指导，提出“主业优强、相关多元”的发展战略并积极推进，使企业的发展进入了快车道。王长勇积极组织实施资源战略、人才战略，推进管理创新和技术创新等相关工作。在昆钢倡导和组织成立了云南省首家企业节能减排中心，着力推进节能减排和发展循环经济工作，切实履行国有大企业的社会责任。昆钢积极推进非上市资本运作，在先后引入香港嘉华集团、昌兴集团投资水泥建材项目的同时，王长勇不计个人得失（从股份公司的董事长变为副董事长），以饱满的热情、豁达的胸怀、求真务实的工作作风，全力推进与武钢的战略重组。2007年8月，昆钢与武钢（集团）成功实现战略合作重组昆钢股份，此举为云南的企业实施重组提供了成功的运作模式，受到省领导的高度评价。作为股份公司的副董事长，王长勇积极倡导和推进双方在发展规划、产品研发、市场开拓、资源供应和资本运作等多方面的战略协同，为昆钢股份公司的发展壮大和双方战略合作目标的实现创造有利条件。重组昆钢股份一年多来，武钢集团昆明钢铁股份有限公司运作良好，战略合作的效应逐步显现，企业管理不断加强，正在向着制度化、规范化、精细化方向迈进。

王长勇调任昆钢党委副书记、总经理到提任昆钢党委书记、董事长，出任武钢集团昆明钢铁股份有限公司副董事长这七年，是产能规模、装备水平、综合经济实力提升最快的七年，取得了丰硕的成果。2001年到2007年，昆钢年产钢从200万吨上升到544万吨（2010年已具备年产600万吨钢的生产规模和能力）；销售收入从2001年的39.2亿元、2004年的100亿元，到2007年超过200亿元；企业的资产也从2001年的115.12亿元增加到2007年的293.91亿元。2010年1~8月，昆钢的生产、经营和建设呈现出快速发展的好势头，与2009年同期相比，工业增加值、销售收入、利税分别增长53.24%、96.37%和72.94%。

作为公司的党委书记、云南省委委员、省人大代表，王长勇高度重视企业党建工作，注重领导班子建设，充分发挥班子成员的作用。多年来，昆钢的党建工作在云南国企中有较好的示范带头作用，2008年被云南省委授予“云岭先锋”流动红旗。目前，昆钢作为参加云南省第一批深入开展学习实践科学发展观活动的唯一一家企业试点单位，正在组织开展活动。他坚持以人为本，重视企业文化建设、和谐企业建设，始终把关心职工群众生活、提高职工群众生活质量作为工作的出发点和落脚点。他率先垂范、以身作则、谦虚谨慎的作风得到了上级部门和领导的好评，赢得了昆钢干部职工的高度赞誉。

（陈昆林）

李　平

李　平

李平，男，汉族，1963年10月生，1983年8月参加工作，党员，工程师，大专文化。曾任玉溪大红山矿业公司总经理、董事长，大红山铁矿建设指挥部指挥长，2009年9月起任昆钢公司总经理助理。

李平认真学习，不断提高思想政治和理论素质，始终用热情对待事业，以激情促进工作，以自己的观念更新来带动员工观念更新，抓自身建设，思想坚定、作风扎实、关心职工。李平工作中以身作责，精心组织生产建设工作。2008年，大红山矿业公司生产建设与技改工程交叉进行，生产任务十分繁重。尤其是进入2月份后，随着设备工艺流程不断暴露出一些问题和受电力限制的制约，严重影响着矿业公司的生产，月产量均在21万吨以内徘徊。面对一系列的困难，李平与矿业公司领导班子一道以对集团公司高度负责的态度投入到大红山铁矿的生产建设中。一方面有针对性地加强了对400万t/a选厂的维护与检修工作。另一方面认真总结经验，分析研究，细化目标，把工作重心放到基层，及时协调解决生产过程中遇到的各种问题。同时，继续加大提质、提量、降尾、降硅技改工作，努力确保各个生产环节齐头并进。通过精心组织，层层分解，层层落实各项工作计划，确保了生产的正常运行。2008年1~9月份，全矿共生产成品矿189.4万吨。为2008年圆满完成260万吨成品矿打下了坚实的基础。

加大技术攻关力度，实施提质降硅、降尾提量等重点技改项目。大红山矿业公司400万t/a选矿厂建成投产后，经过一年的生产，逐步理顺了工艺设备，生产日渐正常，产量稳步上升。但生产指标一直不理想，特别是尾矿品位偏高，选比偏大，回收率偏低。为切实降低尾矿品位，提高精矿回收率和增加矿业公司的整体效益，李平组织有关工程技术人员根据云锡研究院和昆明冶金研究院对尾矿样品的实验研究和分析，针对降尾提量技改做了可行性研究，认为该项工程切实可行。对此，李平抓住机遇，当机立断，成立了降尾工程领导小组，着手实施降尾提量技改项目。

项目投资3 538万元，达到了中型矿山的处理规模。该工程自2007年11月10日正式动工，仅用40多天就圆满完成了施工、设备安装和带水调试，顺利进入试生产阶段。该项目每天可从排出的尾矿中回收铁精矿500～1 000吨，每年将为大红山矿业公司回收铁精矿20万吨左右，半年即可收回投资。目前，经过9个月的生产，已生产品位52%以上铁精矿22.94万吨，创造经济效益5 900.3万元。

几年来，李平把大量时间放在工作现场，每天都在紧张忙碌中度过，付出了大量的心血和汗水。在他与矿业公司领导班子的共同努力和精心组织下，大红山铁矿的生产建设克服了许多难以想象的困难，取得了令人振奋的成绩：2007年12月8日，大红山矿业公司提前完成2007年162万吨成品矿的目标，比计划超额完成了10万吨。2008年1～9月份，全矿共生产成品矿189.4万吨，按计划实现了全年的节点目标。在技改工作中，在强磁精矿上努力实施400万t/a选厂提质降硅技改，在弱磁精矿上请多家科研机构和设备厂家做实验，正在做淘洗式磁选机实验。在二级铁精矿上寻求更好的提质降硅方法。努力把大红山矿做大做强，将其建设为云南优质矿的品牌。

2007年，大红山矿业公司被评为集团公司红旗单位，李平荣获昆钢公司先进生产工作者荣誉称号。2009年，李平荣获全国钢铁工业劳动模范称号。

（陈昆林）

刘明生

刘明生

刘明生，男，汉族，1962年11月生，1986年9月参加工作，党员，大专文化，冶炼助理工程师，铁合金公司专业技术带头人。

1986年至今，刘明生先后担任昆明冶炼车间副主任，沾益作业区作业长、党支部书记，生产管理部主任，现任云南昆钢铁合金股份有限公司技术部主任。2006年度被评为昆钢集团公司先进生产（工作）者。2009年，获全国钢铁工业劳动模范称号。

刘明生负责铁合金公司的生产工艺技术管理工作。2005年以来，铁合金公司所有冶炼电炉生产工艺初步方案均由他提出，经相关会议论证后实施。在实施过程中，他全程跟踪，根据原料、炉况的变化及时组织调整，使方案得到优化实施。面对铁合金公司6个生产作业区出现的工艺技术问题，他都及时赶到现场，组织相关人员查找原因，制定调整方案，组织实施，直到炉况好转，生产顺利为止。常常是解决完一个作业区的问题，又到另一个作业区工作，经常放弃节假日，加班加点工作。为抓好6个生产作业区电炉生产工艺成本控制工作，他每月都根据各台电炉的电价、各种原料的价格、市场情况制定出12台电炉的生产工艺成本控制指标。为加强生产组织中的控制管理，他每日都在研究各台电炉的消耗，及时指导各作业区的生产成本管理。

近三年，刘明生先后组织参与完成了铁合金公司技改项目10余项。其中，由他自己提出、设计的改铸铁定模浇铸为沙模浇铸、以煤代焦、铁合金产品之间热转炉工艺改造3个项目，均取得较好的效果。刘明生改铸铁定模浇铸为沙模浇铸项目的实施，解决了铁合金公司锰系合金浇铸工艺采用铸铁定模浇铸成本高的问题。采用沙模浇铸每年每台电炉可节约资金25万元左右，现铁合金公司沾益、恩洪、东川、香格里拉4台锰系电炉均使用该项技术，年节约资金近100万元。

随着资源价格的上涨，冶金焦在铁合金生产中的成本费用越来越高，如何寻求或开发一种既相对经济、工艺上又可行的复合式还原剂来替代冶金焦，成了又一技术难题。刘明生通过实践和分析，提出了以煤代焦工艺技术攻关项目，这一项目的实施，成果已初步显现。现在6 300KVA高碳锰铁中已实现用22%的无烟煤、褐煤替代冶金焦。仅9月份一台6 300 KVA锰系电炉还原剂成本就降低了4.5万元。

成功实现不同产品之间的热转炉。为实现铁合金公司适应市场要求，把握市场机遇，直接实现热转炉，达到定单式生产的要求。刘明生组织相关技术人员进行了攻关工作，解决了转生产过程中的大量技术问题，成功实现锰铁热转硅锰、硅铁，硅铁生产热转锰铁、硅锰的生产，解决了传统方法周期长，转生产过程中成本费用高的问题。

（陈昆林）

龙菊兴

龙菊兴

龙菊兴，男，汉族，1969年3月生，大学文化，中共党员。焦化高级工程师，焦炉调火高级技师。1997年3月参加工作，现任云南昆钢煤焦化有限公司师宗项目指挥部工艺技术组组长。

龙菊兴于1993年7月从原武汉钢铁学院化工系煤化工专业毕业，分配到原昆钢焦化厂工作，先后担任第二炼焦车间热调工段副工长、工长、工艺技术员、副主任、生产科副科长、安全环保科副科长，昆明焦化制气厂第一作业区第一炼焦车间主任、云南昆钢煤焦化有限公司师宗项目指挥部工艺技术组组长。

自我提高不断进步。从进厂开始，龙菊兴就坚持业务知识的学习，熟悉掌握炼焦生产的技术技能。2004年，他代表昆钢参加“昆钢杯”第二届全国钢铁行业职业技能竞赛焦炉调温工比赛，取得第一名，荣获全国技术能手称号。2009年，荣获全国钢铁工业劳动模范称号。

焦炉生产管理成绩突出。在第二炼焦车间工作期间，龙菊兴认真分析焦炉温度调控中的技术难题，并制定相应控制措施，3#、4#焦炉焦炭产量创全国同类型焦炉的最高水平。同时，他认真分析焦炉炉体膨胀规律和造成炉门框断裂的原因，采取相应措施控制焦炉炉体膨胀，有效减少了炉框断裂现象，在全国6米大容积焦炉中创造了保护板零断裂的记录。今年初，公司决定对第一炼焦车间1#、2#焦炉实施焖炉停产。由于1#、2#焦炉已经接近40年炉龄，炉体及设施设备老化严重，焖炉操作不当将给焦炉造成严重损害，而焦炉焖炉停产十分罕见，相关技术资料极为匮乏，时任第一炼焦车间主任的龙菊兴克服重重困难，精心编制1#、2#焦炉焖炉停产实施方案，认真组织实施，圆满完成了任务，并确保了焖炉工作结束后焦炉的安全稳定生产，创下了国内在长炉龄焦炉进行安全焖炉的先例。

技术创新成效明显。在生产过程中，龙菊兴针对炭化室炉顶集结大量石墨的问题，设计安装了焦炉炭化室炉顶石墨吹烧装置，实现了推焦、装煤和炭化室烧石墨三项工作的同步和自动进行。3#炉使用仅半年，就将炭化室顶部厚度达300多厘米的石墨清除，彻底解除了焦炉生产过程中的一大隐患。该设计已获国家专利，专利号为ZL02 2 76060.1。龙菊兴还创造性地把质量控制理论中的六西格玛管理应用到焦炉温度控制中，在国内首次提出了炉温指数的概念和具体的应用方法，为焦炉热工管理提供了一个更为科学的工具和更为有效的手段，就此撰写的论文《过程能力指数在焦炉温度管理中的应用研究》被收集于中国金属学会论文集，并在《燃料与化工》杂志上发表。2001年以来，他还发表了《3#焦炉护炉铁件管理思路》、《3#焦炉 0#皮带铁器杂物报警器的应用》等多篇论文。

在培养人才方面不遗余力。在日常工作中，龙菊兴主动地、毫无保留地把自己所掌握的理论知识和实践经验不断地传授给岗位职工，多年来，他积极配合厂有关部门，承担了运焦工、炼焦工、焦炉调温工、焦炉机车司机等职工技术培训工作，为提高职工队伍整体素质做出了积极的贡献。

（陈昆林）

张卫强

张卫强

张卫强，男，汉族，1972年1月生，工程硕士，昆钢技术中心产品开发室主任，高级工程师。

张卫强1994年大学毕业后，一直在昆钢从事产品开发、科研和技术管理等工作，在平凡的工作岗位上做出了不平凡的业绩。

近年来，张卫强作为主要研发人员和带头人，与开发团队先后进行了冷轧带肋钢筋专用母材系列产品、HRB400、HRB500热轧带肋钢筋、冲压用冷轧钢板和钢带、管线钢、汽车大梁钢、优质碳素结构钢等涉及板材、线材、棒材三大系列近30个牌号新产品的研究、开发、试制工作。在新产品开发过程中获得国家发明专利4项，昆明市科技进步奖1项，安宁市科技进步奖1项，每年均有多项成果获昆钢科技进步奖，为昆钢及云南钢铁工业调整产品结构，提高竞争力做出了显著贡献，仅2008年就完成双高产品119.2万吨，占同期钢材产量的22.69%，新增销售收入2.38亿元。

努力开展科研工作，效益显著。作为主要研究人员，张卫强先后参加了昆钢优化溅渣护炉工艺、LF炉精炼工艺研究、无缺陷铸坯热送热装、带肋钢筋生产工艺优化等多项科研工作，有效降低了生产成本，提高了钢材质量，仅带肋钢筋生产工艺优化一项，每年降低的成本均在6 000万元以上。在研究过程中获得国家发明专利1项，云南省科技进步奖1项，昆明市科技进步奖1项，安宁市科技进步奖1项及多项昆钢科技进步奖。2009年，获云南省“五一”劳动奖章。

（陈昆林）

刘发贵

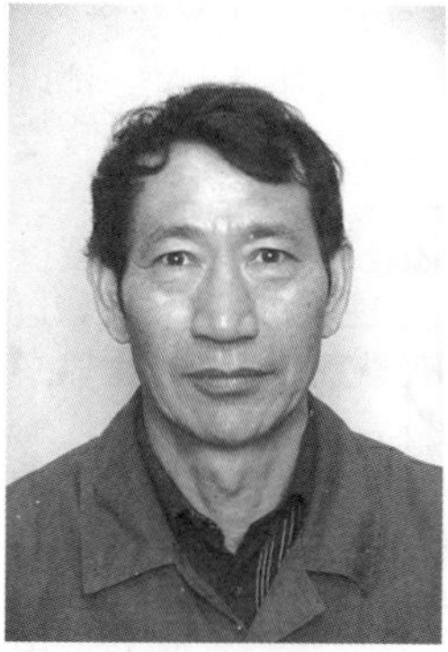
刘发贵

刘发贵，男，汉族，大专文化，中共党员，化工工程师，1954年2月生，1977年7月参加工作，现在昆钢煤焦化公司昆明焦化制气厂净化车间制气工序生产技术管理工作。

净化车间的制气系统承担着增大煤气量，保障城市煤气供给的任务。刘发贵积极配合相关领导，把安全生产、稳定供气作为政治任务，克服车间人员紧张、设备老化等困难，积极主动开展工作，为保证春城“生命线”的畅通做出了重要贡献。

在3#、4#焦炉投产之前，昆明焦化制气厂煤气供给不足，制气系统发生炉承担着置换高热值焦炉煤气以增加煤气的重任，2008年，煤焦化公司压焦保气任务十分艰巨，公司决定，3#、4#焦炉投产后已停止生产的发生炉必须重新投入，刘发贵视生产任务为己任，充分发挥共产党员的先锋模范作用，带动车间职工，在最短的时间内完成了发生炉的检修和投产任务，每小时增加煤气量28 888nm^3，为保证城市煤气供应贡献了力量。

刘发贵积极参加节能减排活动，他参与的炭黑尾气综合利用工程，全年可节约标准煤1.5～1.8万吨，减少炭黑尾气外排36～48万立方米。他负责对车间的水系统进行全面改造，为节能减排、清污分流做出了贡献。近年，他还完成了对液压系统设计缺陷的改造和气柜排污管改造等项目。

刘发贵的工作得到了广大干部职工的认可，2008年，他被评为昆钢第六届劳动模范。2009年，获云南省“五一”劳动奖章。

（陈昆林）

张兴旺

张兴旺

张兴旺，男，1952年6月12日生，云南省祥云县人，汉族，初中文化，助理经济师，中共党员，现任昆钢集团罗茨汽车队队长。1971年参加工作，先后在昆钢罗茨铁矿行政科、福利厂、综合经营公司、汽车队等部门工作。1972年以来，历任科室负责人、副科长、厂长、经理、队长等职务。2003年至2008年张兴旺先后荣获昆钢集团公司“先进生产工作者”、“优秀共产党员”，2005年被云南省国资委表彰为“国企改革先进个人”，2007年被选为安宁市第四届人大代表，2008年荣获云南省第十九届劳动模范称号。2009年获全国“五一”劳动奖章。

张兴旺参加工作以来，无论过去还是现在，都以认真、踏实、实事求是的工作态度和作风，永不言倦的执着精神，尽职尽责做好本职工作。

2002年10月，车队与集团公司实行承包经营以来，他大胆管理，求强创新，勇于开拓，拓展外部运输市场，以创新的发展思路和经营理念使车队由原来每年需矿内给予政策性补贴200万元维持运输生产的亏损企业，实现扭亏为盈。在他和车队领导班子的带领下车队由小变大，由弱变强。营运收入每年以3 000万元的速度递增，由2001年的营运收入800万元增至2008年的2亿元，是承包经营前的25倍；固定资产由承包经营前的800.6万元至2008年增值为1 515.69万元，原值增长189%；职工人年收入由承包经营前的1.7万元上升至2008年的4.5万元，是承包经营前的2.62倍；运力设备由承包经营前的64辆至2008年吸纳整合社会运输车辆700余辆，同时由车队自筹资金更新车辆15辆，形成虚拟大型运输集团。承包经营6年来，车队完成营运收入5.7亿元，实现利税1 592.19万元，上交集团公司利润1 027.56万元，同时偿还公司借款300万元。提前3年实现了车队提出的“十一五”发展目标。在张兴旺的带领下，短短6年来罗茨车队从根本上发生了巨大的变化。张兴旺时时用党员干部的先进性要求自己，处处率先垂范。生产一线出现“急、难、险、重”时总有他的身影，由于运输企业的特殊性，他每天工作时间在12小时以上，几十年如一日，节假日都坚守在工作岗位上，辛勤地工作、严格的要求和精细化的管理使车队一年迈上一个新台阶。在车队改革成果获得收获的时候，张兴旺始终坚持“发展依靠职工，发展为了职工，改革成果由职工共享”的指导思想，从不计较个人得失，爱队如家，心系企业，情系职工。多年来，凭借他对工作的认真负责和兢兢业业的事业心，无论他到哪个部门工作，哪个部门的事业就如同他的名字——“兴旺”发达。曾有多家私企愿意出资年薪30～40万元聘请他管理企业，但都被他婉言拒绝，他认为自己受党和领导多年的教育培养，只有立足岗位，带好职工队伍，使车队不断发展壮大，让职工得到更多的实惠，才是实现自己的人生观和价值观。努力做好工作，以此回报组织和领导对自己的培养信任是他人生最大的乐趣。

长期以来，张兴旺不论在什么岗位工作，都始终保持了一名共产党员的本色。他坚持原则，严以律己，在承包经营中始终以车队的发展和企业利益为重，特别是在2008年全球金融危机中，由于车队运输经营的多元发展，在钢铁产业运输市场疲软，水泥建材产品销售运输较为景气的经营形势下，张兴旺及时调整运输经营布局，扩展了散装水泥物料的运输力度，通过自有车辆和吸纳整合社会运力使散装专用车由原来的19台增加到50余台，在安宁、昆明地区形成了具有实力影响的散装运输集团，占据了较大的运输市场，赢得客户的信任和满意，从而增加经营收入，并在2008年市场金融危机的情况下，向集团公司上缴利润453.79万元，与2007年上缴的230.42万元相比，增长223.37万元，增长率为96.94%，超额完成公司全年下达利润指标的181.52%，全年创造了人均上缴利润6.6万元的优异成绩。

站在新的起点，张兴旺正以一股自我超越、求强创新的干劲，团结带领车队全体干部职工，认真学习党的十七大精神，抓住昆钢新一轮发展的战略机遇。与时俱进，为昆钢的改革发展再立新功。

（陈昆林）

李英翔

李英翔

李英翔，男，1968年1月27日生，汉族，云南省镇雄县人，云南云天化国际化工股份有限公司副总经理，云天化国际富瑞分公司总经理、党委书记。在多年的化工工作生涯中，李英翔不畏艰难，大胆改革，积极创新，在企业管理、机械设备维护管理、化工工艺改造、企业文化建设等方面业绩突出，先后荣获“云南省质量管理活动卓越领导者”、

"全国石油和化工行业先进统计工作者"、"全国设备管理优秀管理者"等称号，为云南化工事业作出突出贡献。

李英翔政治立场坚定、严于律己、公道正派，坚持以邓小平理论和"三个代表"重要思想为指导，联系企业实际加强自身理论学习，通过参加云南省化工厅组织的"青年干部政治理论学习"、西南财经大学"MBA"课程班等学习培训，攻读清华大学高级工商管理硕士学位等，不断加强政治、业务、管理修养；同时较好地结合国有企业的特点组织开展多种形式的形势、任务与政策教育，大力推进学习型团队建设，创新实施干部"学分制"考核，实施公开选拔中层后备干部等，切实为企业培养出了一批事业心强、敢于管理、团结稳定的干部、员工队伍，为企业健康、稳定、持续、快速发展奠定了坚实基础。他还积极参加各种社会团体的工作，担任硫酸工业协会副理事会、国家标准化管理委员会肥料标委会委员、云南省质量协会常务理事、石油和化工协会建设管理委员会理事、昆明企业家协会常务理事、云南企业家联合会常务理事等。1997年荣获云南省石油化学工业厅"优秀共产党员"荣誉称号，1999年荣获云天化股份公司"青年岗位能手"荣誉称号，2008年荣获"云天化集团先进生产（工作）者"称号，2008年荣获"云天化集团2005～2007年度优秀员工"称号。

2006年，时值富瑞分公司一期国产化示范项目"836"工程（80万吨/年硫酸装置、30万吨/年磷酸装置、60万吨/年磷铵装置）建成投产不久，二期"836"项目尚处建设时期，公司基础管理较为薄弱，生产组织难度较大，面对生产和建设的双重压力，李英翔大胆引进国内外先进技术，不断加大工程建设监管力度，切实开展管理创新和技术创新，全力确保生产建设两不误。通过不懈努力，2007年二期"836"项目顺利建成并化工投料成功，当年实现了磷复肥（重钙、磷酸二铵、磷酸一铵）综合产量112.6万吨、利润3.29亿元的好成绩。

2009年，在国际金融危机的影响下，企业面临前所未有的困难。对此，李英翔冷静思考，沉着应对，与班子成员一道，采取灵活审慎的生产经营策略，积极应对高成本、高库存、低负荷的不利经营局面，带领全体员工团结协作，全力克服各种困难。环保安全方面，提出了"环境友好、安全稳定是公司一切工作的基础和保障"的思想，确立了"环保优先、安全第一、以人为本"的理念，切实把环保安全工作摆在各项工作的首位来抓，确保了公司环保安全形势的持续稳定。公司顺利通过了省安监局组织的安全标准化二级企业现场达标考核，通过清洁生产合格单位验收并获"云南省清洁生产先进企业"称号。技术管理方面，着眼于提高项目管理水平和项目计划完成率，认真组织技术方案评审论证工作，强调从设计、招标、质量、进度、投资、试车及性能考核等方面对项目实施过程进行监督管理，并组织参加国家、行业技术标准制定（修订）工作。研发方面，积极协调政府相关部门，筹措资金，组织开展技术中心研发平台建设；积极与科研院所、政府科技部门合作，开展科技攻关；全力推进氟硅资源综合利用、硅胶分级生产白碳黑技术、MDCP生产技术软件包开发、磷石膏综合利用技术研究等研发项目的实施。挖掘增效方面，围绕生产实际组织开展了磷矿杂质脱除、高浓度磷复肥品质稳定、尾气排放治理技术研究等项目，为提高产量、质量，降低消耗，优化控制指标，保护环境等提供了技术支持。公司顺利通过了清洁生产合格单位验收。按照从紧、从严的财务控制原则，严格控制非生产性费用及可控费用的支出。与2008年相比，2009年增效2.77亿元，磷酸耗硫酸年平均消耗由2008年的2.570t/t降至2009年的2.498t/t，达到世界同行业先进水平。

管理创新方面，提倡"先进、高效、严格"的管理理念，每年组织开展管理创新课题，从干部培养、员工教育、环保安全管理、成本控制等方面摸索创新管理办法、大胆改变固有模式。同时重点关注财务预算管理、人力资源、质量和设备管理，稳定推进信息化建设、"6S"管理、目标管理等，有力促进了企业整体管理水平的提升。资金运作方面，严格按授权进行融资。定期开展货币资金、存货内部审计；开展备品备件采购、验收、跟踪使用效能监察，废旧物资回收效能监察，磷矿验收效能监察，有效地加强了风险防范。廉洁自律方面，严格贯彻落实国家法律法规和中央政策决定，带头加强廉洁学习教育，做到自重、自省、自警、自励。在管理过程中坚持依法治企、依法办事。在对外工作交往中，以企业利益为重，严格按制度行事，做到警钟长鸣，始终保持政治上清醒，生活上严谨，工作上实干。

加强企业形象自身形象建设是提高企业知名度的必然途径。自担任总经理以来，李英翔提出要以质量创品牌，实施"文化兴企"战略，通过提升企业的"软实力"来打造卓越的生产制造能力。在他的领导下，富瑞分公司先后荣获"2005年度云南质量效益先进企业"、"昆明市第三届劳动关系和谐企业"、"昆明地区工业企业2007年度纳税百户企业"、"云南省职业卫生示范企业"等荣誉称号。同时，"金富瑞"重过磷酸钙和磷酸二铵获云南省名牌产品称号，"金富瑞"成为国内外一流品牌，切实提高了企业的知名度。企业经济效益，社会贡献率逐年攀升。2007年，实现工业产值25.64亿元，销售收入22.97亿元，利润3.29亿元，同比分别增长44.20%、27.72%、70.38%，利税4.27亿元。2008年，实现工业产值41.10亿元，销售收入42.94亿元，上半年实现利润5.15亿元，同比分别增长55.68%、86.97%、478%；下半年受国际金融危机的影响，在原料成本大幅攀升的不利局面下，创造了一定的经济效益。全年实现利税3.44亿元。2009年，在国际金融危机的影响下，实现了工业产值34.39亿元，销售收入29.40亿元。

（陈海莉）

胡大伟

胡大伟

胡大伟，男，1953年1月生，汉族，昆明市人，大学文化，云南省交通高级技工学校党委书记。1969年2月至1974年9月，胡大伟曾在腾冲县当知青。在那个年代，他与其他青年一样，怀着远大理想，成为中国历史上一个前无古人后无来者的特殊群体。正是这段“平凡而不平庸，艰苦而不沉沦，执着而不守旧，至诚而不张扬”刻骨铭心的经历，砺炼了他坚忍不拔的毅力和“俯首为孺子”的精神。1974年他回城就读于云南省交通高级技工学校，从此，把毕生的青春和年华献给了他所热爱的职教事业。从1992年任副校长主持行政工作到2005年，他连续担任校长13年，在他的带领下，创造了学校历史上一个又一个的辉煌：1994年被云南省首批命名为“省级重点技工学校”；1996年被交通部命名为“全国交通系统规范化技工学校”，同年，被国家劳动部命名为“国家级重点技工学校”；1999～2000年度和2000～2001年度被原交通部命两度名为“文明汽车驾驶学校”；2001年被批准为“云南省交通高级技工学校”和“云南省交通职业技术培训学院”；2004年通过了ISO9001质量体系认证；2005年被省劳动和社会保障厅确定为“省级高技能人才培养基地”。

在胡大伟担任校长的13年里，正是中国经济体制改革的重要时期，我国完成了从计划经济体制向市场经济体制的转变，“摸着石头过河”，机遇与风险并存。他秉承知青特有的毅力和精神，解放思想，与时俱进，开拓创新，团结和带领全校师生员工大刀阔斧推进“校长任期目标责任制”、“教职工全员聘用制”、“结构工资制”和“教学经济责任制”，建立了灵活多样、高度自主、“一校多策”的运行机制，充分调动了干部职工的积极性、主动性、创造性，学校发展呈现出良好的势头。他在事业单位大胆尝试定编、定员、定职、定岗、定责和全员聘用制为主要内容的“五定一聘”人事制度改革，逐步建立了职工能进能出、职务能高能低、工资能升能降的效益机制、约束机制和激励机制，使学校发展更加具有生命力和活力，为今后的人事制度改革奠定了坚实的基础。

面对国有大中型企业改制分流、减员增效的影响，下岗职工不断增加，加之大中专院校办学规模不断扩大，职业教育一度走入低谷，学校每年招生仅300余人，招生难、就业难成为制约学校发展的瓶颈。为此，胡大伟提出“以长求其稳，以短求其活”的办学指导思想。随着市场经济体制的建立和发展，学校针对劳动力就业市场需求，加快了专业建设的步伐。专业从1993年的5个发展到2005年的12个，扩大了学生的就业面，使学校走出了“两难”的境地；另一方面，他积极推进短期培训市场的开发，1993年建立了工人技术等级培训考核站，开展汽车驾驶、汽车修理专业技术工人初、中、高三个等级的培训考核工作；1997年成立了职业技能培训班、云南省第58所职业技能鉴定所，开展汽车发动机维修工等多个工种的初、中、高级工的培训和鉴定；2000年建成了安大汽车修理厂。培训产业的迅速发展成为学校重要的经济支撑，缓解了教育经费严重不足的状况。

为培养和锻炼年轻干部，2005年7月，胡大伟主动向省交通厅党组提出不再担任校长，希望由更加年轻有为的干部来担此重任。正如胡大伟预想的一样，新校长出任后，以“初生年犊不怕虎”的精神，坚持以规模求效益的办学指导思想，不断扩大招生规模，招生人数从2005年的461人增加到2009年的2 300多人；在校生人数从1 500多人增加到5 300多人；学费收入也从2005年的209.9万元增加至2009年的1 000多万元。2006年学校在全省率先开设了技师专业，目前专业总数达到了23个，技师专业已达到6个，培养目标从培养中级工为主，转变为培养高级工、技师为主；为提高学生的实际动手能力，保证学生的高就业率，学校不断加大与企业的合作力度，建立了德国“博世”、“东风雪铁龙”、日本“小松”等五个培训中心，与120多家企业建立了良好的合作关系，实现了学生和企业的“零距离”对接，培养的复合型高技能人才成为了云南汽车市场上的“香饽饽”，学生还未毕业就被企业预定一空。2009年6月，东风雪铁龙北京金泰开元汽车销售服务有限公司到省交通高级技工学校招聘员工，9名学生首次踏上了首都北京的就业旅程。

学校实现了跨越式的发展，取得了又一骄人的成绩。但是，由于办学规模的迅速扩大，师资紧缺，设施设备不能满足教学的需求，教师工作量大幅增加，干部职工思想极为不稳定，反对扩招的声音越来越大。面对“山雨欲来风满楼”的局面，胡大伟深感自己肩上的责任，既要保发展，又要保民生，更要保稳定。胡大伟说：“学校只有一个中心工作，我们要为行政领导创造宽松的工作环境，让他们放手大胆工作。要发展就会有问题，只要班子团结，干部齐心，就没有解决不了的问题。保证班子的团结稳定就是我的重要工作。”胡大伟妙手解难题，组织学校中层以上领导干部到曲靖市麒麟区职业中学参观学习。当看到该中学在校生1.67万人时，我们的干部陷入了深深的反思中。回校后，胡大伟深入干部群众，与他们促膝交谈，反对扩招的声音渐渐消失了，干部职工的工作热情更加高涨了。学校又回到快速稳步发展的良性轨道上。

为了加强对年轻干部的教育培养，胡大伟在学校积极推行“干部交流”制度和干部公开竞聘上岗制度。干部交流消除了干部的“惰性”，激发了干部的活力和挑战意识；干部竞聘上岗给广大职工搭建一个展示自己能力的舞台，充分体现了干部选用的公开、公平、公正。

“以人为本构建和谐校园”，这是胡大伟情系师生发出的肺腑之言。多年来，他一直用自己的青春和执着温暖着、关心着每一个师生。当看到500学生还住在老食堂改造成的集体宿舍时，他夜不能寐；当看到80%教职工还住在七十年代建盖的平房里时，他茶饭不思；当看到退休职工领不到房补时，他更是心急如焚。他和其他领导班子成员一道急师生所急，想师生所想，向银行贷款2 000万元新建学生公寓，改善学生住宿条件；三请安宁市领导、人大代表、各委办局领导亲临学校现场办公，解决师生饮水、职工住房、培训场地建设等问题；想方设法筹措资金为退休职工垫付住房补贴。他是师生员工的贴心人。

“民不畏我严而畏我廉”。作为学校党委工作的第一责任人，胡大伟时刻牢记自己的使命和责任，廉洁自律，两袖清风。只要是学校的老职工，都知道胡大伟吃饭用的口缸，其年龄都超过新来的年轻人了。这就是胡大伟廉洁勤政的真实写照。胡大伟用自己的实际行动时刻鞭策着身边的党员干部，把严格贯彻执行党风廉政责任制作为自己的第一要务，他出色的工作业绩得到了充分肯定，2002年，根据其在职业教育领域的卓越贡献，被交通部授予“全国职业教育先进个人”光荣称号，并多次被上级主管部门授予“优秀共产党员”、“先进工作者”、“优秀教师”等称号；2006年学校被国家劳动和社会保障部授予第八届“国家技能人才培养突出贡献奖”，被省人民政府表彰为“云南省高技能人才培训先进单位”；2007年被云南省人民政府授予“全省民政工作先进集体”称号，被昆明市政府授予“昆明市园林单位”；2008年被中国道路运输协会评为“全国文明诚信优质驾校”等。这些成绩，这些光环凝结了他38个青春年华，是对他38个职教春秋的回报。而今，还有一年多就要离开工作岗位的他怀着“老牛自知黄昏晚，勿须扬鞭自奋蹄”的胸怀，与学校领导班子一道，正带领全校师生员工为争创云南交通技师学院而努力奋斗。

（田文忠）

杨经元

杨经元

杨经元，男，1964年2月生，回族，云南省巍山县人，中共党员，硕士学位，高级讲师，现任云南省交通高级技工学校党委副书记、校长。

云南省交通高级技工学校近年在激烈的职教市场竞争中脱颖而出，先后被云南省劳动和社会保障厅确定为“省级高技能人才培养基地”，被云南省人民政府表彰为“云南省高技能人才培训先进单位”，中国道路运输协会评为“全国文明诚信优质驾校”，昆明市政府授予“昆明市园林单位”；多次被省交通运输厅评为“先进单位”、“文明单位”、“党风廉政建设优秀单位”、“社会治安综合治理先进单位”；国家劳动和社会保障部授予第八届“国家技能人才培养突出贡献奖”，成为云南省第一个获此殊荣的学校。该校在中等职业教育领域树立了排头兵的优势地位而誉满云南，在全国职业教育界名气大增。作为学校党委副书记、校长的杨经元，团结带领班子成员和全体师生员工，克服困难，锐意进取，做了大量艰辛而富有成效的工作，得到上级领导和广大师生员工的充分肯定。

杨经元是云南省交通高级技工学校的优秀毕业生，留校工作后一直扎根基层，为职业教育事业奋斗了25年，先后担任过副科长、主任、厂长、党支部书记、副校长、纪委书记、党委副书记等职务，在学校的教学、生产、经营、管理等方面积累了较为深厚的理论和实践经验。21世纪初，由于高校连年扩招，中专、中技、职业学校陷入了招生难，就业难，发展更难的困境，云南省交通高级技工学校招生不足200人，在校生不足1 000人，办学举步维艰。困境之中，杨经元临危授命，于2001年11月担任主管教学的副校长。他提出“根据市场设专业，根据市场抓教学”的思想，大刀阔斧实施改革，狠抓教学质量，新增10个有良好市场前景的专业，以扩大招生为突破口，迅速扭转了学校的被动局面，2002年学校逐步走出困境，焕发新的活力。

2005年9月，杨经元被云南省交通厅任命为云南省交通高级技工学校校长，他以强烈的使命感和责任感投身于交通职业教育事业，凭着先进的教育理念、科学的发展战略和无私奉献的实干精神，带领全校教职员工走出了一条教育创新和特色办学之路，开创了学校建设发展的辉煌时期。

大多数中等职业学校陷入办学困境之时，云南省交通高级技工学校办学规模却连年大上台阶，在校生从2005年的1 500人到2008年猛增至6 000人，教学质量稳步提高，毕业生就业率保持在98%以上，为云南经济建设和交通事业培养输送了大批优秀高素质技能人才。大学生面临就业难，而该校的毕业生却十分走俏，甚至有的学生还未毕业就被企业录用，实习期间就领取了工资。

教学质量是学校赖以生存的根本。“进校就是进厂，实训就是上班！”是杨经元经常说的一句话。他一任校长，立即带领全校大力推行“理实一体化”教学，通过采用“模块化”教学，按生产实际流程，把教学与生产紧密结合，为学生创造了一种仿真的学习环境，使学生的操作能力和技能水平得到全面提高，在历次国家和省级技能竞赛中，学校参赛学生多次获得团体冠军、个人前5名等优异成绩。

2006年，学校进行招生战略性调整，在全省率先招收高中生，先后开设了轿车维修与管理、轿车电工、轿车检测等技师专业和汽车评估师、保险与理赔、茶艺与营销等专业，开设了公路工程机械和水运相关专业，实现了教学专业向公路、水路运用型技术领域的扩展。在教学质量提升和专业建设的带动下，招生就业工作也取得了骄人的成绩，学校2006年招生2 053人，2007年招生2 110人，2008年招生2 274人，连续三年创历史新高，毕业生供不应求，形成了招生和就业两旺的良好局面。现学校开设技师专业7个，高级工专业11个，中级工专业5个，常设专业达23个，形成了以中级工培养为基础，以高级工和技师培养为重点的教学结构，教学质量、办学规模和办学层次在同类学校中处于优势地位。

杨经元亲自带领教学部门深入企业，采取多样化、灵活化的校企合作模式，先后建立了德国“博世”、日本“小松”、“东风雪铁龙”等多个培训中心，与中国平安保险云南分公司、云南六大茶山等150多家企业建立了良好的合作关系，建立了以昆明为中心，辐射省内外的校企合作格局，较好地解决了实习场地不足的问题，为加强实践教学，提高学生的技能水平打下了坚实的基础。

产教结合是职业教育发展的必由之路。杨经元提出要加大校办产业的改革力度，着力打造驾驶培训、汽车维修与销售、技能培训鉴定和后勤服务4个支柱产业。在强有力的推动下，校办产业发展势头强劲，良好的经济效益较好地弥补了办学经费的不足。2008年，学校等级技术培训鉴定1 688人，培训汽车驾驶员和教练员3 739人，汽车维修与销售产值1 100多万元，逐步建立了特色鲜明的后勤管理和服务体系，学校步入了后勤社会化改革的良好轨道，校办产业逐步成为集经济效益、社会效益、学习教学、教师培训为一体的综合性产业，成为推动学校持续发展的支柱和动力。

为解决教学基础设施薄弱的问题，杨经元和领导班子想方设法，多渠道筹集资金，积极争取各方投入。2005年以来，在省交通厅的大力支持下，学校同时启动汽车实训大楼建设、教学楼改造、运动场改造、中心花园建设、学校大门改造及道路绿化亮化、景观水池及污水处理系统等六个工程，加快基础设施建设。2006年，学校汽车实训楼投入使用，为了让有限的教学资金发挥更大的作用，他否决了购置成品教具的方案，组织教师自主开发教学设备，设计、制作了100多台套教学设备，这些教学设备经专家评审，其科技含量和教学实用性均处于行业领先水平，在培养锻炼教师的同时，有效地提高了教学水平。

长期的办学过程中，科技信息工作一直是学校的薄弱环节。2005年，杨经元组织人员编制了《科技信息发展建设五年规划》，大力推进科技信息建设。2006年，学校开发的“轿车维修模块化培训教材”经交通部立项，面向全国公开出版发行。2008年，学校“污水生态处理及景观水体处置项目”获云南省科技进步三等奖。学校涌现出一批年富力强的学科带头人和骨干教师，有多人次主编或参编了各级主管部门公开出版的培训教材及教学辅导资料，教师在省市级以上刊物发表论文的数量大幅上升，杨经元撰写的多篇论文在《云南日报》、《社会主义论坛》等刊物上发表。“科技兴教”促进了师资队伍素质的全面提高与教学理念的更新，教学科研硕果累累。目前，学校261名教职工中，硕士11名，在读硕士17名，高职骨干教师28名，双师型教师140多名，教师队伍素质大幅提高。

作为一校之长，杨经元始终注意提高自己的道德修养，以自己的言行为师生作好表率，把全心全意为人民服务作为人生信念。他爱校如家，少有节日、少有假期，更多的是学校的工作、学校的发展。他严于律己，克己奉公，不为自己谋私利，只为学校发展当孺子牛。

杨经元时刻关注职工的困难，每逢节日及时向职工送去学校领导的关怀和问候，他非常关注职工的健康，定期组织职工进行健康体检，职工生病住院，他都尽量前往探望。

为改变职工福利待遇较低的状况，杨经元积极推行节约办学的理念，实施财务“一户制”改革，加强资金监管，力主推进定编、定责、定酬和聘用相结合的“三定一聘”改革，激发职工队伍的活力和积极性，使教职工收入大幅提高，现教职工每月绩效工资平均增加了900元。

由于学校地域偏僻，生活极为不便。在他的推动下，学校设立了送水送气服务站，服务上门，使职工换水、换气难的“尴尬”局面成为历史。他积极寻求主管部门的支持，着力改善校园环境。短短几年，学校面貌焕然一新，一跃成为一所景色怡人、环境优美的花园式学校。

杨经元讲求民主，团结同志。繁忙的工作之余，他深入基层广泛听取群众意见和建议，构建和谐民主的氛围。在他的支持下，学校职代会每年得以顺利召开，事关发展和职工切身利益的大事，交由职代会讨论表决。

杨经元经常说，学校要树立以人为本，以学生为本的理念。他爱生如子，十分关注学生的成长，经常深入学生之中，了解学生的诉求，认真处理学生反映的各种问题。学校80%的学生来自农村，贫困学生占很大比例，他鼓励贫困学生开展勤工俭学，自力更生，并从有限的经费中拿出资金设立特困学生助学金，及时救助特困学生，保证他们能顺利完成学业。

杨经元以崇高的使命感和责任感献身交通职业教育事业，以求真务实和无私奉献的态度服务职工群众，以自己廉洁自律和公道正派的工作作风赢得了广大职工的充分肯定，以优异的工作业绩树立了交通战线优秀共产党员的光辉形象，得到了学校广大师生和省交通厅的充分肯定，他本人多次被评为优秀共产党员、先进教育工作者、全省交通系统“十佳青年”等。2009年4月，杨经元因在职业教育领域作出的突出业绩被云南省总工会授予“云南省五一劳动奖章”光荣称号。

坚定的信念，不懈的追求。面对着新的历史发展机遇，为实现云南省交通高级技工学校新的腾飞，杨经元继续在他为之奋斗的交通职业教育发展的道路上阔步前进，带领全体教职工开始了“名校”建设新的征程，力争到“十一五”末期，把学校建设成为一所校园环境优美，职工福利待遇优厚，管理工作井然有序，师生员工工作、学习和生活心情舒畅，校风、教风、学风良好，技能特色鲜明，规模效益明显，招生就业两旺，人才辈出，全国一流，辐射东南亚的交通技师学校和国家级高技能人才培训基地。

（马雄飞）

吴丽红

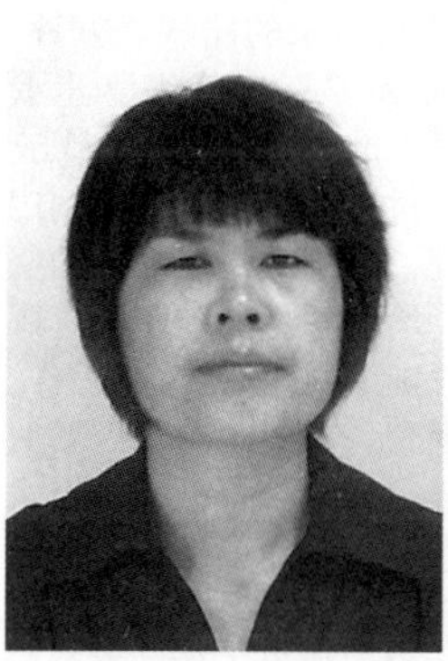

吴丽红

吴丽红，女，1970年11月生，汉族，大专文化，安宁市人。

1989年6月吴丽红幼师毕业后，曾做过六年的幼儿教师。1995年6月她被调到连然街道东湖社区，从事社区工作。先后任社区副主任、党支部书记、党总支书记兼主任，一干就是14年。实践中她认识到：社区的工作虽然繁杂、琐碎，但每件事只要用心去面对，多为居民解决实际问题，再苦再累也值得。

几年来，不论工作怎样繁忙，时间怎样紧张，吴丽红都要挤出一定的时间来学习。数年如一日，已成为了一个熟悉党的政策，对社区情况了如指掌，对工作能全面考虑长期规划，具体实施，团结大家，以身作则的社区领导。“要求别人做到的，自己首先做到。”多年来她以实际行动兑现自己许下的诺言。当工作中遇到大事难事时，勇于担当，从不推诿；当工作中遇到困难时，主动解决，从不回避；当群众利益受到损失时，冲锋在前，从不懈怠。对己严格，对人关心，对班子成员的工作放手、放权、放心，充分发挥他们的特长和优势，建设了一个团结协作、朝气蓬勃、积极向上的社区领导集体。吴丽红用自身的行动诠释着“个人形象一面旗，工作热情一团火，谋事布局一盘棋”的党员形象。在大家的努力下，东湖社区发生了一系列的变化，环境卫生干净了，治安状况改善了，呈现在人们面前的是一个“绿、亮、美”的平安祥和的社区。

为了使社区的工作规范化、制度化、科学化，吴丽红把“抓制度、强管理”作为推进社区工作的首要任务来抓。党总支完善了“两委”议事制度、党建联席会议制度、党员管理制度、干部任期承诺、民情恳谈制度及居务、财务、党务公开等一系列工作制度，并将各项制度进行公开，执行制度情况由党员和居民进行监督。在工作中她始终把握重点，处理好“当家”和“管家”的关系，坚持“会前个别沟通，会上充分酝酿决定，会后公布实施”的原则，确保社区重大事项的决策公开透明。此外，抓好党员干部的教育是保证社区工作顺利开展的前提，社区定期组织工作人员到其他社区学习和“取经”，并将学到的经验与社区实际相结合，创出了具有东湖特色的管理模式，得到了社区群众的普遍赞誉。

社区的工作千条万条，关心百姓第一条。为改善社区的治安条件，在上级支持下，针对多年来官厢街居民小组流动人口多、社会治安隐患大的现状，于2007年10月由连然街道办事处投资49万元安装了监控设施，对官厢街及东湖小区治安进行全天候的监控，2008年社区治安、刑事案件明显减少，发案率明显降低，实现了社区内治安状况的明显改善。

关注民生、服务群众是社区工作的首要任务。吴丽红和同事们从居民群众日常生活入手，着力解决居民最关心、最直接的一系列民生问题。深入开展为民服务主题活动，让居委会干部成为反映民情民意的桥梁和纽带，成为居民的贴心人。以“志愿者服务队”为依托，党总支积极引导社区党员、居民组成便民服务、政策宣传、治安防范、环境维护等志愿者服务队，为社区居民开展法律、科普宣传、健康教育咨询等活动，在各大节日对优抚对象、残疾居民进行慰问或无偿服务。社区有位叫樊进发的残疾老人，生活非常困难。吴丽红去慰问他时，发现他的房屋地基下陷，墙面开裂很严重，她看在眼里，急在心里，及时向街道领导作了汇报，经过和民政部门协商，政府拨款5万元，为老人重新建盖了新房。有一天，老人拄着拐杖十分费力地走进办公室，弯腰放下一个口袋，激动地说：“吴书记、这是我自家种的拐枣，不要嫌弃，我没有其他东西来感谢政府，只有这一袋拐枣表示谢意，请收下吧。”在场的工作人员都感动了。从小得了小儿麻痹的胡万年，如今已有43岁，生活不能自理，全靠年迈的父母照顾，经常吃屙在床上。考虑到胡万年不仅生活困难，他的父亲因生病也支持不了多长时间。吴丽红不仅帮助他办了五保助养，让他领到了每月300元的生活费，还给他做了耐心的思想工作，让他高高兴兴住进了敬老院，由专业工作人员对他进行护理。这一做法极大地缓解了他年迈父母的压力，他父亲临终时含着泪说：“儿子有社区的照顾，我可以放心地走了……”社区的工作给老百姓带去温暖，而老百姓感受的是党的阳光、政府的关怀。下岗失业人员罗湘，2009年49岁，由于单位改制没有工作，全家四口人每月仅靠妻子打零工赚回的600元钱维持生活，还要租房住，吴丽红在走访时了解到了他的情况，看着他一脸的无奈，心里很难受。回到办公室就及时召开工作会议，一方面安排社区社会保障服务站为其办理了低保，为他暂时解决了燃眉之急。另一方面又免费让他参加就业培训，经过努力，安排他到一家停车场上班，并帮助他的妻子找了一份相对稳定的工作，减轻了罗湘的生活压力，对生活充满信心。近两年来，社区为29户困难居民办理廉租住房的相关手续，让居民高高兴兴地住进了廉租房；为困难居民办理低保491户1 095人，办理五保助养4户4人，为低保户发放低保金328.4万元；慰问社区老人、儿童355人次，发放慰问金10 990元；组织下岗人员进行劳动技能培训12人次，转移培训20人次，为下岗失业人员提供就业信息服务196次；

重新安置就业68人；同时每年都坚持走访慰问社区困难党员。

在吴丽红和同事们的不懈努力下，东湖社区的工作目标正转化为社区居民的行动目标，实现了社区党建工作和构建和谐社区的双赢。社区先后荣获昆明市级文明社区、昆明市党建"五好"社区、安宁市先进基层党组织和安宁市"文明示范"社区等荣誉称号。与此同时，党和人民也给了吴丽红很高的荣誉，她先后荣获安宁市"优秀共产党员"、"优秀党务工作者"，昆明市"优秀党组织书记"，云南省"优秀党组织书记"、云南省"优秀社区工作者"等荣誉称号。

（连然街道　东湖社区）

陈桂仙

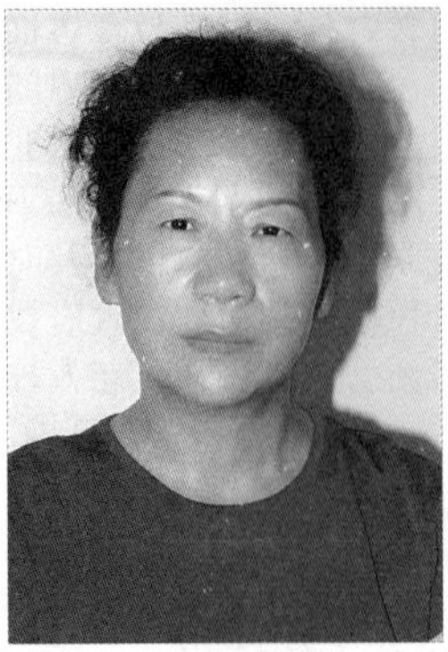

陈桂仙

陈桂仙，女，1954年10月生，汉族，1974年7月加入中国共产党，大专文化，曾在昆钢集团公司担任综合科科长，2009年10月退休，现为安宁市金方街道办事处新村社区党总支书记、居委会主任。

2008年12月陈桂仙担任新村社区党总支书记以来，认真学习马列主义、毛泽东思想、邓小平理论和"三个代表"重要思想，深入学习实践落实科学发展观，牢记党的根本宗旨，始终保持共产党员先进性，积极开展社区各项工作，以党建为核心，社区服务为龙头带动社区全方位工作，严于律己、竭诚奉献、辛勤工作，充分发挥先锋模范带头作用，出色地完成了本职工作和党赋予的党务工作者的光荣任务。在陈桂仙带领下，新村社区被评为昆明市基层党建示范点、安宁市基层党建示范点、昆明市党风廉政文化示范点、昆明市基层团建示范点、安宁市基层团建示范点、安宁市五四红旗团总支、昆明市民主法治示范社区、安宁市文明社区、社区经济先进单位等荣誉称号，她本人也多次被评为优秀共产党员。

陈桂仙自从上任以来，以建好"两委"班子，创造一流工作业绩为目标，坚持社区党总支一月召开一次党支部会议，一季度召开一次党员大会。认真开展领导干部学习活动，注重自学学习，抓好制度管理三方面入手，充分发扬民主，努力搞好班子内部团结，坚持民主集中制，对重大事情坚持集中研究，集体讨论决定，不搞一言堂，着力和加强社区"两委"班子建设，切实夯实了社区领导班子基础。为更好的贯彻落实十七届四中全会精神，进一步深入学习实践科学发展观，她组织社区506名党员认真学习，充分把握全会的精神实质。党员们按照创新精神的要求创新学习方式，将学习同研究解决人民群众最关心最直接的利益问题结合起来，进一步贯彻党的群众路线，把功夫下到多做顺民意、解民忧、惠民生的实事上，在推动发展、服务群众、促进社区和谐中发挥积极的作用。

作为一名党务工作者，她深知，必须具备优良的政治素质、业务素质和政策水平，才能承担新时期党务工作的要求。因此，她十分注重知识的更新，充分利用业余时间和岗位锻炼的机会，不断加强马列主义、毛泽东思想特别是邓小平理论的学习，坚持把学习摆在首要位置。工作之余，坚持每天阅读各类报刊杂志，学习领会和及时掌握党和国家的路线、方针、政策，特别是党的十七大精神和"三个代表"重要思想等论述，注重政治理论水平的提高。积极组织支部理论学习，经常与支部书记讨论学习内容，做到内容充实、笔记详细、心得深刻，不断增强政治上的坚定性和对客观事物的洞察力，增强思想的前瞻性、眼光的敏锐性和工作的创造性。她积极做好党务工作，树立强烈的时间观念、效率观念、质量观念，以新时期优秀共产党员的标准严格要求和约束自己，以极大的工作热情和饱满的精神状态投入到党务工作中，全力做好党总支工作，坚决完成上级交办的工作任务。认真抓好各党支部思想建设和组织建设工作，充分发挥了党支部的战斗堡垒作用，在党员中开展经常性的政治思想教育，在各党支部中认真抓好"三会一课"。通过抓党风建设、规范党员学习制度、细化党务工作程序、培养后备力量等工作使党务工作呈现勃勃生机。

党务工作是社区工作的核心，面对日益发展的新形势，她通过加强对党务工作的深入学习，提出了"完善管理、服务群众、贴近百姓、突破创新"的工作思路，使党务工作更具吸引力。

陈桂仙时刻把百姓的冷暖记在心头，进一步完善了"进百家门、知百家情、解百家难、暖百家心"的工作要求，带领社区全体干部开展以"进民家、查民情、听民言、解民难、去民疾、帮民富、暖民心"为主要内容的"连心工程"。带头走家串户，走遍了社区的每家每户。"居民的小事就是我在社区工作的大事！"这是常挂在陈桂仙嘴边的一句话。下水道堵塞了，她带头和党员一起疏通；谁家老人有个小病痛，她总能第一个赶到其家中。社区里的不少人说："陈书记真是把这个社区当成了自己的家来经营、来尽责。从上学的孩子到老年人、从下岗职工到重大疾病患者，无一不挂在她的心上……"2010年的春节前，陈桂仙为了让患重大疾病的居民过好年，同工作人员迎着刺骨的寒风，第一时间把申请来的城镇困难居民医疗救助金送到了刘兴云的家里。当刘兴云接过5000多元救助金时，再也抑制不住激动的心情，哭成了一个泪人。她望着陈桂仙哽咽地说："多年来，我全靠党和政府关心和照顾了。此时此刻，我真不知道说什么才好……"一直以来，她接到的电话不计其数，无论是咨询、投诉，还是建议或意见，都认真倾听记录并深入一线调查处理，给群众一个满意的答复，用实际行动树立了组工干部的良好形象。

从不计个人名利与得失，用耐心、平和的心境，热情、友善的态度，真诚、细致的服务赢得了广大党员的尊重和信任，营造了社区党建工作的和谐氛围。作为一名党员，作为一个党务工作者，她时刻牢记党赋予的使命，牢记党的宗旨——全心全意为人民服务。严格要求自己，处处以身作则，身先示范，带领广大党员、干部、群众做好自己的本职工作，服务群众。

回首走过的每一天，她体验着党务工作带来的充实和快乐，也经历着前所未有的困难和挫折。她不断在工作中查找自身的缺点和不足，政治理论素养急需提高、与时俱进的开拓能力亟待增强、新时期党务工作的高要求提出了新的挑战等。在今后的工作中，将斗志昂扬、迎难而上，为社区发展献力，为鲜红党旗增辉！

（金方街道　新村社区）

2009年受国家、省和昆明市级表彰的先进模范人物名录

2009年受国家及其各部委表彰的先进模范人物名录

单　　位	姓名	性别	荣　誉　称　号	奖　励　部　门
安宁市人民政府	王剑辉	男	2007～2008年度全国县（市）科技进步工作先进个人	国家科学技术部
中共安宁市委组织部	王　坚	男	2007～2008年度全国县（市）科技进步工作先进个人	国家科学技术部
安宁市科学技术局	王永丽	女	2007～2008年度全国县（市）科技进步工作先进个人	国家科学技术部
中共安宁市委组织部	王　坚	男	第二次全国农业普查先进个人	国家统计局
安宁市公安局经侦大队	李贵生	男	全国打击制售假发票和非法代开发票专项整治行动先进个人	国家税务总局 国家公安部
安宁市林业局	毕广才	男	全国绿化奖章	国家绿化委员会
连然街道云化社区	杨兆伟	男	全国群众体育先进个人	国家体育总局
云南省交通高级技工学校	胡大伟	男	全国交通运输系统先进工作者	国家人力资源和社会保障部、国家交通运输部
安宁市安全生产监督管理局	段国勤	男	安全生产先进个人	国家安监总局
云南安宁化工厂	段满贵	男	中国爆破器材行业协会优秀科技工作者	中国爆破器材行业协会
安宁职中	张照明	男	中国百名杰出校长	国家教育部、中国职教学会
安宁中学	吴文宏	男	中国中学生作文大赛（2008～2009）优秀指导奖	中国中学生作文大赛组织委员会、中华全国学生联合会办公室
安宁中学	李红明	男	2009年第19届全国初中应用物理知识竞赛优秀指导教师	全国中学应用物理知识竞赛委员会

续表

单　位	姓名	性别	荣 誉 称 号	奖 励 部 门
安宁中学	杨　松	男	2009年第19届全国初中应用物理知识竞赛优秀指导教师	全国中学应用物理知识竞赛委员会
安宁中学	李红明	男	2009年度中国教育学会"十一五"科研规划课题"发明创新教育体系的研究与实践"子课题研究先进个人	中国教育学会、中国青少年创意大赛组委会
安宁中学	耿传玉	男	2009年度中国教育学会"十一五"科研规划课题"发明创新教育体系的研究与实践"子课题研究先进个人	中国教育学会、中国青少年创意大赛组委会
安宁中学	曹天华 尹海川	男	"滴定管内液体体积读数分析活动挂图"荣获第七届（华师京城杯）全国优秀自制教具评选活动三等奖	教育部教学仪器研究所
草铺镇人民政府	袁爱华	男	第二次全国农业普查先进个人	国务院第二次全国农业普查领导小组
中国农业发展银行安宁市支行	李兰珍	女	先进工作者	中国农业发展银行总行
昆钢罗茨车队	张兴旺	男	全国劳动模范 全国五一劳动奖章	中华全国总工会
昆钢控股公司	王长勇	男	中央企业劳动模范	中华全国总工会
昆钢大红山矿业有限公司	李　平	男	全国钢铁工业劳动模范	中国钢铁工业协会
昆钢铁合金有限公司	刘明生	男	全国钢铁工业劳动模范	中国钢铁工业协会
昆钢煤焦化公司	龙菊兴	男	全国钢铁工业劳动模范	中国钢铁工业协会
昆钢工会	陈天明	男	全国钢铁企业工会劳动保护先进工作者	中国钢铁工业协会
昆钢工会	邓剑勇	男	全国钢铁企业工会劳动保护先进工作者	中国钢铁工业协会
昆钢煤焦化公司	李景华	男	全国钢铁企业工会劳动保护先进工作者	中国钢铁工业协会
昆钢动力能源分公司	王存德	男	全国钢铁企业工会劳动保护先进工作者	中国钢钢工业协会
昆钢股份公司炼钢厂	岳　伟	男	武钢集团劳动模范	武钢集团
昆钢股份公司玉钢公司	彭侯昌	男	武钢集团劳动模范	武钢集团

续　表

单　位	姓名	性别	荣　誉　称　号	奖　励　部　门
昆钢股份计划财务部	彭定君	男	武钢集团劳动模范	武钢集团
昆钢股份公司制管公司	梁朝霞	女	武钢集团劳动标兵	武钢集团
昆钢股份公司红钢公司	赵云春	男	武钢集团劳动标兵	武钢集团
昆钢股份公司棒线厂	杨跃祥	男	武钢集团劳动标兵	武钢集团
昆钢股份公司板带厂	赵　飞	男	武钢集团劳动标兵	武钢集团
昆钢股份公司炼铁厂	刘子祥	男	武钢集团劳动标兵	武钢集团
昆钢股份公司国贸公司	任建平	女	武钢集团劳动标兵	武钢集团
昆钢股份公司技术中心	张卫强	男	武钢集团劳动标兵	武钢集团
云天化国际富瑞分公司	李英翔	男	第四届全国设备管理优秀工作者	中国设备管理协会
马龙产业集团股份有限公司安宁分公司	黄河庚	男	第二届全国石油和化工行业“中控杯”化工总控工职业技能竞赛全国技术能手	中国石油和化学工业协会

2009 年受省级及其各厅级表彰的先进模范人物名录

单　位	姓名	性别	荣　誉　称　号	奖　励　部　门
连然街道东湖社区	吴丽红	女	优秀村（社区）党组织书记	中共云南省委
云南省交通高级技工学校	杨经元	男	云南省五一劳动奖章	云南省人民政府
云天化国际富瑞分公司	李　周	男	云南省清洁生产先进个人	云南省人民政府
安宁市统计局	代秀珍	女	2008 年全省节能减排工作先进个人	云南省人民政府
安宁市财政局	李国祥	男	2009 年度优秀预任军官	云南陆军预备役步兵司令部
八街镇人民政府	郭绍忠	男	第二次全国农业普查优秀组织者	云南省第二次全国农业普查领导小组办公室
八街镇人民政府	李　琴	女	第二次全国农业普查先进个人	云南省第二次全国农业普查领导小组办公室
八街镇人民政府	章丽华	女	第二次全国农业普查先进个人	云南省第二次全国农业普查领导小组办公室

续表

单　位	姓名	性别	荣誉称号	奖励部门
八街镇人民政府	李玉英	女	第二次全国农业普查先进个人	云南省第二次全国农业普查领导小组办公室
连然街道办事处	王　燕	女	第二次全国农业普查先进个人	云南省第二次全国农业普查领导小组办公室
连然街道办事处	李秀琼	女	第二次全国农业普查先进个人	云南省第二次全国农业普查领导小组办公室
连然街道办事处	王　芳	女	第二次全国农业普查先进个人	云南省第二次全国农业普查领导小组办公室
县街镇人民政府	李学荣	男	第二次全国农业普查先进个人	云南省第二次全国农业普查领导小组办公室
县街镇人民政府	杨继友	男	第二次全国农业普查先进个人	云南省第二次全国农业普查领导小组办公室
安宁职中	张照明	男	云南省杰出校长	云南省教育厅
安宁职中	张　琼	女	云南省优秀教师	云南省教育厅
八街小学	曹　珊	女	云南省小学农村教师美术课教学竞赛一等奖	云南省教育厅
安宁市公安局温泉派出所	张玉荣	男	一等功	云南省公安厅
安宁市公安局交警大队	李　军	男	云南省“道路交通事故处理”执法标兵	云南省公安厅
安宁市公安局交警大队	王云昆	男	云南省“道路交通事故处理”执法标兵	云南省公安厅
安宁市公安局太平派出所	陈祖坤	男	全省公安派出所维稳工作先进个人	云南省公安厅
安宁市公安局看守所	龙　磊	男	全省公安监管部门深挖犯罪工作先进个人	云南省公安厅
安宁市公安局看守所	武利彪	男	2008年度全省公安部门情报信息工作先进个人	云南省公安厅
安宁市公安局郎家庄派出所	甘国亮	男	全省公安机关优秀社区（驻村）民警	云南省公安厅
安宁市公安局连然派出所	李品安	男	全省公安机关优秀社区（驻村）民警	云南省公安厅

续　表

单　位	姓名	性别	荣　誉　称　号	奖　励　部　门
安宁市公安局草铺派出所	朱建伟	男	2009年春运道路交通安全管理工作先进个人	云南省公安厅
安宁市蔬菜花卉管理站	胡清艳	女	先进工作者	云南省农业厅
安宁市植保植检站	陈艳秋	女	农业环境保护工作先进个人	云南省环境保护监测站
安宁市社会主义精神文明建设委员会办公室	罗卫国	男	云南省精神文明建设先进工作者	云南省精神文明建设指导委员会
安宁市疾病预防控制中心	赵会联	女	云南省传染病疫情报告管理先进工作者	云南省卫生厅
昆钢煤焦化公司	刘发贵	男	云南省五一劳动奖章	云南省总工会
昆钢技术中心	张卫强	男	云南省五一劳动奖章	云南省总工会
昆钢动力能源分公司	屈云海	男	云南省职工节能减排管理标兵	云南省总工会
昆钢板带厂	翟秉忠	男	“我为环保献一策”优秀合理化建议一等奖	云南省总工会
昆钢炼铁厂	陈宏林	男	“我为环保献一策”优秀合理化建议一等奖	云南省总工会
昆钢耐火材料公司	孔庆明	男	“我为环保献一策”优秀合理化建议二等奖	云南省总工会
昆钢煤焦化公司	王丽华	女	“我为环保献一策”优秀合理化建议二等奖	云南省总工会
昆钢煤焦化公司	赵光延	男	云南省职工技能大赛焦炉调温工技术状元	云南省总工会
昆钢炼铁厂	周　菊	女	云南省职工技能大赛烧结工技术状元	云南省总工会
昆钢煤焦化公司	孙显国	男	云南省职工技能大赛焦炉调温工技术能手	云南省总工会
昆钢煤焦化公司	许光宏	男	云南省职工技能大赛焦炉调温工技术能手	云南省总工会
昆钢煤焦化公司	夏开顶	男	云南省职工技能大赛焦炉调温工技术能手	云南省总工会
昆钢煤焦化公司	刘蓉蓉	女	云南省职工技能大赛焦炉调温工技术能手	云南省总工会
昆钢炼铁厂	彭丽香	女	云南省职工技能大赛烧结工技术能手	云南省总工会
昆钢炼铁厂	铁　卫	女	云南省职工技能大赛烧结工技术能手	云南省总工会
昆钢炼铁厂	李吉能	男	云南省职工技能大赛烧结工技术能手	云南省总工会

续　表

单　位	姓名	性别	荣　誉　称　号	奖　励　部　门
昆钢炼铁厂	汪黎娟	女	云南省职工技能大赛烧结工技术能手	云南省总工会
昆钢炼铁厂	范忠强	男	云南省职工技能大赛烧结工技术能手	云南省总工会
昆钢炼铁厂	李斌斌	女	云南省职工技能大赛烧结工技术能手	云南省总工会
昆钢炼铁厂	杨　勇	男	云南省职工技能大赛烧结工技术能手	云南省总工会
昆钢炼铁厂	彭大增	男	云南省职工技能大赛烧结工技术能手	云南省总工会
昆钢炼铁厂	肖立敏	男	云南省职工技能大赛烧结工技术能手	云南省总工会
安宁市总工会	杨　庆	女	2004～2008年云南省职工医疗互助活动先进个人	云南省总工会
安宁市总工会	王　梅	女	2005～2009年云南省“五一”巾帼建功标兵	云南省总工会
云南安宁化工厂工会	王荣富	男	2005～2009年云南省“女职工之友”	云南省总工会
云南安宁化工厂八四车间	夏星明	女	2005～2009年云南省“五一”巾帼建功标兵	云南省总工会
云南安宁化工厂八四车间	冯继荣	男	云南省“和谐家庭”	云南省总工会
云南安宁化工厂机械分厂	高昆福	男	云南省“和谐家庭”	云南省总工会
云南安宁化工厂一车间	杨　坤	男	云南省“和谐家庭”	云南省总工会
昆明盐矿	赵桂芹	女	云南省百户创新绩家庭	云南省妇联
麒麟村委会云康村小组	张兴珍	女	百户学科学家庭	云南省妇联
草铺镇政府	魏　乾	男	百户创新绩家庭	云南省妇联
太平镇人民政府	杨利民	男	第二次全国农业普查先进个人	云南省人民政府第二次全国农业普查领导小组
太平镇人民政府	何　燕	女	第二次全国农业普查先进个人	云南省人民政府第二次全国农业普查领导小组
草铺镇人民政府	周德昆	男	第二次全国农业普查先进个人	云南省人民政府第二次全国农业普查领导小组

续　表

单　位	姓名	性别	荣　誉　称　号	奖　励　部　门
草铺镇人民政府	李忠跃	男	第二次全国农业普查先进个人	云南省人民政府第二次全国农业普查领导小组
温泉镇人民政府	周世兴	男	第二次全国农业普查先进个人	云南省人民政府第二次全国农业普查领导小组
温泉镇人民政府	董艳华	男	第二次全国农业普查先进个人	云南省人民政府第二次全国农业普查领导小组
温泉镇人民政府	杨俊仙	女	第二次全国农业普查先进个人	云南省人民政府第二次全国农业普查领导小组
青龙镇人民政府	李文洪	男	第二次全国农业普查先进个人	云南省人民政府第二次全国农业普查领导小组
青龙镇人民政府	卢庆华	男	第二次全国农业普查先进个人	云南省人民政府第二次全国农业普查领导小组
青龙镇人民政府	卢庆华	男	第二次全国经济普查先进个人	云南省人民政府第二次全国农业普查领导小组
安宁市科协	李玉平	男	先进个人	云南省农函大
安宁市科协	杨艳红	女	先进个人	云南省农函大
云南省安宁监狱	张加云	男	云南省监狱系统奥运安全保卫工作先进个人	云南省监狱管理局
云南省安宁监狱	李继斌	男	云南省监狱系统奥运安全保卫工作先进个人	云南省监狱管理局
云南省安宁监狱	刘云东	男	云南省监狱系统奥运安全保卫工作先进个人	云南省监狱管理局
云南省安宁监狱	卓志云	男	2006～2008年度纪检监察工作先进个人	中共云南省监狱管理局委员会
云南省安宁监狱	邓先智	男	2007～2008年度工会工作先进个人（优秀职工之友）	云南省监狱系统工会工作委员会
云南省安宁监狱	马岁强	男	2007～2008年度工会工作先进个人（先进工会工作者）	云南省监狱系统工会工作委员会
云南省安宁监狱	张会能	男	2007～2008年度工会工作先进个人（优秀工会积极分子）	云南省监狱系统工会工作委员会
云南省安宁监狱	权保刚	男	2007～2009年度工会工作先进个人（优秀工会积极分子）	云南省监狱系统工会工作委员会

续　表

单　位	姓名	性别	荣誉称号	奖励部门
云南省安宁监狱	付建华	男	2007～2009年度工会工作先进个人（优秀工会积极分子）	云南省监狱系统工会工作委员会
云南省安宁监狱	王兆友	男	2008年度云南省监狱系统“青年岗位能手”	共青团云南省监狱管理局工作委员会
云南省安宁监狱	李宗平	男	2008年度云南省监狱系统“优秀共青团干部”	共青团云南省监狱管理局工作委员会
云南省安宁监狱	赵春林	男	2008年度云南省监狱系统“优秀共青团员”	共青团云南省监狱管理局工作委员会
云南省安宁监狱	邓　翔	男	2009年度云南省监狱系统“优秀共青团员”	共青团云南省监狱管理局工作委员会
云南省安宁监狱	张燕萍	女	云南省监狱系统教育改造工作先进个人	云南省监狱管理局
云南省安宁监狱	李宗平	男	云南省监狱系统教育改造工作先进个人	云南省监狱管理局
云南省安宁监狱	李继斌	男	云南省监狱系统教育改造工作先进个人	云南省监狱管理局
云南省安宁监狱	何灿荣	男	云南省司法行政系统优秀政工干部	云南省司法厅
云南省安宁监狱	杨秀兰	女	2008年度全省司法行政系统警服管理先进个人	云南省司法厅
云南省安宁监狱	邓先智	男	2008年度云南省监狱管理局有突出贡献专业人才三等奖	云南省监狱管理局
云南省安宁监狱	李建华	男	2009年度全省监狱系统特殊学校省级警察优秀教师	云南省监狱管理局
云南省安宁监狱	罗家坤	男	2009年度全省监狱系统特殊学校省级警察优秀教师	云南省监狱管理局
云南省安宁监狱	江海飞	男	2009年度全省监狱系统特殊学校省级服刑人员优秀教师	云南省监狱管理局
云南省安宁监狱	张维德	男	2009年度全省监狱系统特殊学校省级服刑人员优秀教师	云南省监狱管理局
云南省安宁监狱	耿　聪	男	个人三等功	云南省监狱管理局
云南省安宁监狱	李云生	男	个人三等功	云南省监狱管理局
云南省安宁监狱	刘　冰	男	个人三等功	云南省监狱管理局
云南省安宁监狱	李洪玖	男	个人三等功	云南省监狱管理局
云南省安宁监狱	陈　宏	男	个人三等功	云南省监狱管理局
云南省安宁监狱	杨林峰	男	个人三等功	云南省监狱管理局
云南省安宁监狱	王丽娟	女	个人三等功	云南省监狱管理局

续 表

单　位	姓名	性别	荣　誉　称　号	奖　励　部　门
云南省安宁监狱	段福明	男	个人三等功	云南省监狱管理局
云南省安宁监狱	何朝斌	男	个人三等功	云南省监狱管理局
云南省安宁监狱	唐玉生	男	个人三等功	云南省监狱管理局
云南省安宁监狱	曾　刚	男	2009 年度省级个别教育能手	云南省监狱管理局
云南省安宁监狱	张洪峰	男	2009 年度省级个别教育能手	云南省监狱管理局
云南省安宁监狱	单树明	男	2009 年度省级个别教育能手	云南省监狱管理局
云南省安宁监狱	何则建	男	2009 年度省级个别教育能手	云南省监狱管理局
工商银行安宁支行	段小翔	男	先进工作者	工商银行云南省分行营业部
云南银监局安宁办事处	陆澄宇	男	优秀共产党员	中共云南银监局机关委员会
中国农业发展银行安宁市支行	张丽梅	女	优秀工会干部	中国农业发展银行云南省分行
安宁市建设局	杨君兰	女	云南省墙体材料革新工作先进个人	云南省墙体材料革新办公室
《今日安宁》编辑部	李艳梅	女	第十一届云南报业新闻奖二等奖	云南省报业协会 云南省新闻工作者协会
中共安宁市委党委	耿玉立	男	优秀管理工作者	中共云南省委党校函授学校 云南省行政学院
中共安宁市委党校	宝朝华	男	优秀教师	中共云南省委党校函授学校
中共安宁市委党校	陈跃辉	男	优秀教师	中共云南省委党校函授学院
中共安宁市委党校	王　聪	男	优秀教师	中共云南省委党校函授学院
中共安宁市委党校	张德义	男	优秀教师	中共云南省委党校函授学院
中共安宁市委党校	龙　玲	女	优秀教师	中共云南省委党校函授学院
中共安宁市委党校	资　芯	女	优秀教师	中共云南省委党校函授学院
中共安宁市委党校	杨万玲	女	优秀教师	中共云南省委党校函授学院
中共安宁市委党校	李西明	男	优秀教师	中共云南省委党校函授学院
中共安宁市委党校	王海萍	女	优秀教师	中共云南省委党校函授学院

2009 年受昆明市级表彰的先进模范人物名录

单　位	姓名	性别	荣　誉　称　号	奖　励　部　门
青龙镇人民政府	陈洪勇	男	优秀基层党委书记	中共昆明市委
连然街道东湖社区	吴丽红	女	优秀乡、村党组织书记	中共昆明市委
安宁市公安局	崔加璧	男	云南省州县公安机关政治部主任、政委培训班优秀学员	中共昆明市委 昆明市人民政府
安宁市公安局交警大队	李加忠	男	昆明市第二批新农村建设优秀指导员	中共昆明市委 昆明市人民政府
安宁市人事局	郭加强	男	第五次昆明市先进军转工作者	中共昆明市委 昆明市人民政府
八街镇磨南德村委会	张梅仙	女	昆明市 1980～2009 年无违法生育行为先进个人	中共昆明市委 昆明市人民政府
八街镇磨南德村委会	方荣红	女	昆明市 1980～2009 年无违法生育行为先进个人	中共昆明市委 昆明市人民政府
八街镇凤仪村委会	王来英	女	昆明市 1980～2009 年无违法生育行为先进个人	中共昆明市委 昆明市人民政府
八街镇朝阳村委会	龙会英	女	昆明市 1980～2009 年无违法生育行为先进个人	中共昆明市委 昆明市人民政府
八街镇五岳村委会	李桂兰	女	昆明市 1980～2009 年无违法生育行为先进个人	中共昆明市委 昆明市人民政府
八街镇大营村委会	邹宝玉	女	昆明市 1980～2009 年无违法生育行为先进个人	中共昆明市委 昆明市人民政府
县街镇王家庄村委会	杨菊芝	女	昆明市 1980～2009 年无违法生育行为先进个人	中共昆明市委 昆明市人民政府
温泉镇甸中村委会	张丽霞	女	昆明市 1980～2009 年无违法生育行为先进个人	中共昆明市委 昆明市人民政府
温泉镇官庄村委会	孙文英	女	昆明市 1980～2009 年无违法生育行为先进个人	中共昆明市委 昆明市人民政府
青龙镇双湄村委会	曾　华	女	昆明市 1980～2009 年无违法生育行为先进个人	中共昆明市委 昆明市人民政府
青龙镇双湄村委会	杨水萍	女	昆明市 1980～2009 年无违法生育行为先进个人	中共昆明市委 昆明市人民政府
青龙镇白塔村委会	董加荣	男	昆明市 1980～2009 年无违法生育行为先进个人	中共昆明市委 昆明市人民政府
青龙镇白塔村委会	武云芬	女	昆明市 1980～2009 年无违法生育行为先进个人	中共昆明市委 昆明市人民政府
青龙镇赵庄村委会	武成志	男	昆明市 1980～2009 年无违法生育行为先进个人	中共昆明市委 昆明市人民政府
青龙镇赵庄村委会	李如萍	女	昆明市 1980～2009 年无违法生育行为先进个人	中共昆明市委 昆明市人民政府

续　表

单　位	姓名	性别	荣　誉　称　号	奖　励　部　门
禄脿镇艾家营村委会	舒有仙	女	昆明市1980～2009年无违法生育行为先进个人	中共昆明市委 昆明市人民政府
禄脿镇禄脿村委会	万菊芳	女	昆明市1980～2009年无违法生育行为先进个人	中共昆明市委 昆明市人民政府
禄脿镇庄科村委会	杨进琼	女	昆明市1980～2009年无违法生育行为先进个人	中共昆明市委 昆明市人民政府
禄脿镇北冲村委会	袁增萍	女	昆明市1980～2009年无违法生育行为先进个人	中共昆明市委 昆明市人民政府
禄脿镇安丰营村委会	朱兰仙	女	昆明市1980～2009年无违法生育行为先进个人	中共昆明市委 昆明市人民政府
禄脿镇艾家营村委会	张福仙	女	昆明市1980～2009年无违法生育行为先进个人	中共昆明市委 昆明市人民政府
禄脿镇禄脿村委会	董学珍	女	昆明市1980～2009年无违法生育行为先进个人	中共昆明市委 昆明市人民政府
禄脿镇安丰营村委会	王国兰	女	昆明市1980～2009年无违法生育行为先进个人	中共昆明市委 昆明市人民政府
禄脿镇密马龙村委会	陈菊英	女	昆明市1980～2009年无违法生育行为先进个人	中共昆明市委 昆明市人民政府
禄脿镇艾家营村委会	叶　萍	女	昆明市1980～2009年无违法生育行为先进个人	中共昆明市委 昆明市人民政府
禄脿镇海湾村委会	曹成芝	女	昆明市1980～2009年无违法生育行为先进个人	中共昆明市委 昆明市人民政府
昆钢控股公司	王长勇	男	昆明市第十届优秀企业家	昆明市人民政府
昆钢重装集团	窦永平	男	昆明市第十届优秀企业家	昆明市人民政府
青龙镇人民政府	吴　华	男	农村消费维权组织网建设先进个人	昆明市人民政府
中共安宁市委	尹贵生	男	先进个人	政协昆明市委员会
安宁市人大常委会	袁志军	男	2008～2009年度昆明市人大信息工作先进个人	昆明市人大常委会办公厅
八街镇二街村委会	王洪斌	男	第二次全国农业普查先进个人	昆明市人民政府第二次全国农业普查领导小组
八街镇五岳村委会	刘朝明	男	第二次全国农业普查先进个人	昆明市人民政府第二次全国农业普查领导小组
连然街道桃花社区	赵剑波	男	第二次全国农业普查先进个人	昆明市人民政府第二次全国农业普查领导小组

续　表

单　位	姓名	性别	荣　誉　称　号	奖　励　部　门
连然街道办事处	曾国英	女	第二次全国农业普查优秀组织者	昆明市人民政府第二次全国农业普查领导小组
青龙镇人民政府	李春菊	女	第二次全国农业普查优秀组织者	昆明市人民政府第二次全国农业普查领导小组
青龙镇人民政府	杨利芬	女	第二次全国农业普查先进个人	昆明市人民政府第二次全国农业普查领导小组
太平镇人民政府	何　燕	女	先进个人	昆明市人民政府第二次全国经济普查领导小组
太平镇人民政府	唐启宁	男	先进个人	昆明市人民政府第二次全国经济普查领导小组
太平镇人民政府	李　波	男	先进个人	昆明市人民政府第二次全国经济普查领导小组
安宁市总工会	王　梅	女	2009 年昆明市五一劳动奖章	昆明市总工会
安宁市人民法院	韩　莹	女	2009 年昆明市五一劳动奖章	昆明市总工会
安宁市连然小学	杨琼莉	女	2009 年昆明市五一劳动奖章	昆明市总工会
安宁市城市管理局环卫站	王美仙	女	2009 年昆明市五一劳动奖章	昆明市总工会
安宁市总工会	王　梅	女	昆明市工会支持经审工作先进个人	昆明市总工会
安宁力新磷化工有限公司	谢　昆	男	昆明市 209 年职工节能减排“管理标兵”	昆明市总工会
安宁市公安局交警大队	傅　睿	女	2008 年度全市交警系统“争先创优”劳动竞赛先进个人	昆明市社会主义劳动竞赛委员会 昆明市总工会
安宁市公安局交警大队	晋崇民	男	2004 年度全市交警系统“争先创优”劳动竞赛先进个人	昆明市社会主义劳动竞赛委员会 昆明市总工会
安宁市公安局交警大队	李爱全	男	2006 年度全市交警系统“争先创优”劳动竞赛先进个人	昆明市社会主义劳动竞赛委员会 昆明市总工会
安宁市公安局交警大队	李建炜	男	2007 年度全市交警系统“争先创优”劳动竞赛先进个人	昆明市社会主义劳动竞赛委员会 昆明市总工会

续　表

单　位	姓名	性别	荣　誉　称　号	奖　励　部　门
安宁市公安局交警大队	龙黔刚	男	2001年度全市交警系统“争先创优”劳动竞赛先进个人	昆明市社会主义劳动竞赛委员会 昆明市总工会
安宁市公安局交警大队	孙少荣	男	2003年度全市交警系统“争先创优”劳动竞赛先进个人	昆明市社会主义劳动竞赛委员会 昆明市总工会
安宁市公安局交警大队	孙嗣留	男	2002年度全市交警系统“争先创优”劳动竞赛先进个人	昆明市社会主义劳动竞赛委员会 昆明市总工会
安宁市公安局交警大队	王世昌	男	2005年度全市交警系统“争先创优”劳动竞赛先进个人	昆明市社会主义劳动竞赛委员会 昆明市总工会
安宁市安全生产监督管理局	汤加红	女	“安康杯”先进个人	昆明市总工会 昆明市安全生产监督管理局
安宁市八街镇一六街村委会	李琼英 徐学灿	女 男	第六届昆明市“五好文明家庭”	昆明市“五好文明家庭”创建活动领导小组
安宁市农发行 安宁市草铺镇人民政府	罗艳丽 魏　乾	女 男	第六届昆明市“五好文明家庭”	昆明市“五好文明家庭”创建活动领导小组
安宁市金方街道办事处 安宁市金方街道办事处	蒋存花 郭春良	女 男	第六届昆明市“五好文明家庭”	昆明市“五好文明家庭”创建活动领导小组
安宁市连然街道办事处极乐村委会	蒋成芬 杨美荣	女 男	第六届昆明市“五好文明家庭”	昆明市“五好文明家庭”创建活动领导小组
安宁市第二中学 安宁市八街镇党委	刘明珠 方玉忠	女 男	第六届昆明市“五好文明家庭”	昆明市“五好文明家庭”创建活动领导小组
安宁市公安局温泉派出所	张玉荣	男	2008年度禁毒工作先进个人	昆明市禁毒委员会
太平镇	张建萍	女	秋千55公斤以上级双人触铃比赛第三名	昆明市第九届少数民族传统体育运动会组织委员会
太平镇	张建萍	女	秋千55公斤以上级双人高度第五名	昆明市第九届少数民族传统体育运动会组织委员会
太平镇	袁继华	男	吹枪团体第三名	昆明市第九届少数民族传统体育运动会组织委员会

续　表

单　位	姓名	性别	荣　誉　称　号	奖　励　部　门
太平镇	袁继华	男	个人全能第五名、跪姿第五名、立姿第六名	昆明市第九届少数民族传统体育运动会组织委员会
太平镇	姜　莉	女	优秀运动员	昆明市第九届少数民族传统体育运动会组织委员会
太平镇	方南芳	女	健美操团体综合类二等奖、规定类、自编类三等奖	昆明市第九届少数民族传统体育运动会组织委员会
太平镇	刘亚妃	女	健美操团体综合类二等奖、规定类、自编类三等奖	昆明市第九届少数民族传统体育运动会组织委员会
太平镇	姜　莉	女	健美操团体综合类二等奖、规定类、自编类三等奖	昆明市第九届少数民族传统体育运动会组织委员会
太平镇	姜　丽	女	健美操团体综合类二等奖、规定类、自编类三等奖	昆明市第九届少数民族传统体育运动会组织委员会
太平镇	李翠琼	女	健美操团体综合类二等奖、规定类、自编类三等奖	昆明市第九届少数民族传统体育运动会组织委员会
太平镇	杨丽萍	女	健美操团体综合类二等奖、规定类、自编类三等奖	昆明市第九届少数民族传统体育运动会组织委员会

科技人物

人物简介

段满贵

段满贵

段满贵，男，1966年11月26日生，汉族，云南省大理市人，中共党员，项目管理硕士，高级工程师，现任云南安宁化工厂厂长兼总工程师，云南安化有限责任公司董事长兼总经理。1989年7月，段满贵毕业于云南工学院机械专业并分配到云南安宁化工厂设计室从事机械自动化设计工作，曾担任过云南安宁化工厂设计室副主任、设计室主任、副总工程师、总工程师职务。

1992年至1994年期间，段满贵主持完成了工厂连续乳化炸药生产线设备系列化优化设计。该乳化炸药生产线生产能满足不同厂家要求，向国内转让34家，获技术转让费670万元，设备转让费1700多万元。参与完成西德CATEX－12型粉状炸药全自动装药机的引进和国产化研制工作，提出采用PLC进行多点动力同步协调控制的工作方案，改变原来较为繁杂的传动机构，使成本降到原机的1/6左右，同时为其他国产装药机的研制提供了新思路，大大推动了民爆行业装药设备的技术进步，该机国产化成果在工厂及国内推广应用。1998年至2000年期间，负责开远分厂连续膨化硝铵炸药生产线建设项目的自动化及工艺装备设计开发，使该生产线的自动化装备水平处于同期国内先进水平。2000年至2004

年，工厂进行工业炸药药卷自动中包机组及装箱自动化生产线项目的研制，该项目集机、光、电、气、液及计算机等先进技术于一体，开发难度大，段满贵大胆提出新的设计思路，带领课题组克服重重困难，顺利完成自动中包及装箱自动化生产线的研制。该生产线于2004年7月通过原国家民爆局主持的鉴定验收，获国家四项实用新型专利，并在国内推广应用近30套。该项目的完成彻底改变了民爆行业中包包装及装箱手工作业的局面，填补了国内空白，带动了民爆行业中包包装及装箱装备的全面发展，获云南省人民政府科学技术进步三等奖。2001年初，应国家公安部、原国防科工委对工业雷管实施编码管理的要求，主持完成工厂工业雷管激光编码技改项目，该项目集激光应用、计算机、气动、光电技术及步进技术于一体，应用效果良好。2005年至2008年，主持完成玉溪分厂生产线整体搬迁改造项目，该项目包括年产10 000吨乳化炸药、改性铵油炸药生产线各一条和配套总仓库及办公区、生活区，于2009年2月完成验收，现已正式投入生产。2005年4月，论文《浅谈膨化硝铵炸药连续生产线中的安全》在2005年第2期《工程爆破与器材》发表。2006年至2008年，主持完成总厂硝铵膨化生产单元技术改造项目、粉状炸药生产立式单管装药机更新项目、乳化炸药生产连续化自动化及塑膜化包装技改项目等。2008年至今，主持新型粉状炸药装药机研发项目，目前取得阶段成果。

2009年，段满贵荣获中国爆破器材行业协会“2009年度中国爆破器材行业协会优秀科技工作者奖”。

（武春雁）

黄河庚

黄河庚

黄河庚，男，1973年3月生，汉族，云南省宣威市人，技师，马龙产业集团安宁分公司调度员。2009年11月12日，黄河庚参加在江苏常州举办的第二届全国石油和化工行业职业技能竞赛，荣获职工组竞赛第11名的好成绩，同时获得中国石油和化学工业协会颁发的“全国技术能手”称号，为云南省化工行业和集团公司争得了荣誉。

1995年黄河庚参加工作以来，先后在烧结、黄磷车间多个岗位工作，10多年来一直没有放松对知识的学习。生产实际中，他用理论指导实践，在实践中总结经验，为了驾驭新知识、跟踪新科技，始终坚持不断深入现场，跟踪学习，保证生产顺畅优化。2009年5月获悉将参加第二届全国石油和化工行业职业技能竞赛后，黄河庚一方面加强对已掌握的知识进行温习，另一方面对考试涵盖的知识进行了系统学习。在集团公司各级领导的帮助和支持下，通过个人的努力，最终在云天化集团层层选拔中脱颖而出，并在全国性竞赛中获得殊荣。

企业的发展离不开员工的努力，员工的成长同样需要企业为员工搭好平台、指好路。虽然公司近年来生产经营遇到了困难，但是公司始终把员工的成长、成才作为一项重要的工作来抓。正在实施的“三支队伍建设”、“十百千工程”，这些旨在提升公司干部员工队伍素质和能力的民心工程，必将为企业和社会培养出更多更好的，像黄河庚一样的专业技术能手。

李　周

李　周

李周，男，1968年7月生，白族，云南省宾川县人，云天化国际富瑞分公司总工程师办公室主任，工程师。主要负责公司清洁生产、节能减排管理及其技术改造工作，目前还承担公司生产装置水资源综合利用及环保治理技术研究工作，对公司水资源的分布、利用现状、梯级综合利用规划及环保治理等进行研究，具有过硬的专业技术技能和较高的敬业精神，是清洁生产、节能减排和技术研究业务骨干和带头人。

李周凭借自己多年从事生产工艺技术管理的基础知识和经验，踏踏实实，兢兢业业，对公司的清洁生产、节能减排工作进行全面梳理，落实责任，签订目标责任书，积极完成上级部门和各级政府下达的工作任务，推进清洁生产审核和验收工作，2008年5月29日公司通过了清洁生产审核验收；同时参与磷酸装置水平衡优化研究、氟盐水处理技术研究及回收利用等工作，在公司推进清洁生产、节能减排工作中发挥了较好的带头作用。2009年，李周被云南省人民政府表彰为清洁生产先进个人。

高温冷凝水的排放不仅给企业造成高质量水资源和能源的浪费，而且给企业的形象造成影响，为改变这一局面，对水资源和潜热回收利用，改善现场环境，公司决定实施高温冷凝水安全回收利用技术改造。在公司项目经理公开竞聘中，李周被聘为磷酸一铵、熔硫高温冷凝水回收利用改造项目经理，组织实施技术的研究、技术方案对比分析、回收技术方案确定，并开展立项、项目施工实施、项目试车投运、项目竣工验收等工作。通过精心组织和项目成员的通力合作，圆满完成项目改造，各项指标符合设计要求，有效解决了原生产中存在的高温冷凝水输送气蚀严重，难以回收；冷凝水换热后水质易带酸，给锅炉回用带来安全隐患；冷凝水排放造成水资源、热能浪费，现场操作环境噪音大、雾气大等问题，实现每年可回收冷凝液20万 m^3、节约工艺水25万 m^3，除氧用蒸汽约16 000吨；减少废水排污19万 m^3，节能3 425吨标煤；节资400多万元，避免了外排对环境造成的影响，为企业创造了较好的社会效益和经济效益。该项目荣获云天化集团科学进步鼓励奖。

清洁生产是一项长期的持续性工作，是一个动态、相对持续的过程。为使清洁生产持续得到改善和提高，李周在积极、有序推进公司清洁生产审核、创清洁生产合格单位工作的同时，不断提高自身业务素质，承担技术研究和新技术的引进工作。一是在行业协会组织的硫酸、磷肥清洁生产评价指标体系建设中，与公司技术人员一道参与指标的提议和建议，其中硫酸行业部分多数已被采纳。二是积极上进、努力进取，在自身学习的同时，帮助和提高团队业务素质，参加各级组织的清洁生产学习培训；2008年12月，结合公司开展创清洁生产合格单位工作实际，组织6人参加了协会、经委组织的清洁生产评价指标学习培训班。三是牵头开展公司生产装置水资源综合利用及环保治理技术研究工作，于2008年12月完成项目可行性研究报告，为公司系统性解决生产中水平衡问题，有计划、有针对性的开展水综合利用工作奠定了基础。四是深入调研，推进新技术的应用。在对省内大型氟硅酸钠废水处理装置调研的基础上，提出处理水返回装置洗涤及磷酸氟吸收应用、建设石灰乳制备装置减少废水等建议，现已被采纳和实施；对氟硅酸中硅胶对产品的影响，引进硅胶过滤装置对其进行处理，现已完成现场中试，效果显著，编制方案准备实施。

总之，清洁生产工作中，李周始终保持科学严谨、不断上进、持之以恒的态度和精神，积极宣传和推进清洁生产审核、创清洁生产合格单位及其应用技术研究等工作，为公司清洁生产工作的持续、深入开展做出了积极贡献。

张照明

张照明

张照明，男，1954年10月生，汉族，云南省安宁市人，中共党员，中学高级教师，安宁市职业高级中学校长。1973年至今，张照明从事教育教学工作37年。

张照明担任安宁职业高级中学校长以来，学校从占地面积、建筑面积、办学规模、办学条件、办学效益等都发生了很大变化。新生报到车水马龙、门庭若市；毕业生就业供不应求。学校办得一年比一年热热闹闹，红红火火。

13年来的寒暑假，他几乎没有休息过。或进行社会调查，或与企事业单位签订毕业生就业合同，或到乡村进行家访，或进行岗前、岗中、待岗培训，或组织校园修缮建设。根据职业学校学生的特点，他明确提出：不轻易放弃一名学生。21个孤儿学校发动全体教职工捐资12万元让他们完成学业，385名单亲同学学校用爱心、情感关怀他们，鼓励他们，没有一名流失。

对做好学校领导工作张照明有着清醒的认识和见解。他认为德高望重，是校长素质的核心。深知塑造自身形象的重要性，力求一言一行无愧校长身份，正人先正己，公生明，廉生威；师生才能信其道，从其行。基于这种认识，张照明从“感情投资”入手，视教师为“知音”，与他们进行心灵上的沟通，力求在沟通中成知音，知心，知其才，知其能。以“人人有才，人无全才，扬长避短，人人成才”的教师思想建设为主，最大限度地给每一位教职工创造心情舒畅、精神振奋的工作环境。正是这种以诚相待，以自己的点滴行为和影响，换来了教职工对他的信任和敬重，换来了人气兴旺的凝聚力，换来了宽松和谐的育人环境，产生了极大的亲和力。

2000年，安宁职业高级中学被国家教育部评定为“国家级重点学校”，同年被国家教育部评选为“全国中小学德育先进集体”。近年来被相关部门考核认定为“全国计算机等级考试点”、“全国高新技术考试点”、“昆明市劳动预备制定培训单位”、“昆明市干部计算机培训点”、“云南省公务员电子政务培训点”、“云南省专业技术人员计算机应用培训考试点”、“云南省文明学校”、“云南省文明单位”、“安宁市四星级花园单位”、“云南省汽车运用与维修专业委员会”成员单位。

学校连续13年超额完成招生计划。安宁市校长责任目标考核，学校连续12年被评为第一名。虽然学校建校时间不长，但办学成绩突出，社会影响大。总计招收了13 131名学生，毕业生9 002人。进入社会就业7 812人，考入职业大学2 818人。近年来，举办岗前、岗中、下岗人员等短期培训班，共计培训初、中级专业技术人员21 863人。办学理念新，办学形式灵活，办学效益较好。深得当地政府的重视和关怀，深受当地人民的赞扬和信赖。

近三年来，张照明撰写的8篇教学论文、管理论文分别在《云南教育报》、《创造》、《中国职业技术教育》、《中国现代探索新论文库》、《中国社会科学优秀理论成果论文》发表，两篇获一等奖，一篇获二等奖。现兼任中国管理科学院特约研究员、中国职业教育学会商业职高研究会云南分会副会长、中国职业技术教育学会理事、云南省教育厅中等专业学校办学水平评估专家组成员。

在同类学校中，安宁职业高级中学的办学规模、办学质量、办学层次、办学效益在昆明14个县（市）区处于领先地位，在全省中等职业教育中也起到了示范表率作用。省内、省外、国外的教育主管领导及从事职业教育的同事，多次到学校参观交流，评价很高。

结合学校实际，张照明主编了10块共计386个管理类的规章制度，这些制度充满了以人为本的浓厚气氛。领导之间、教职工之间，领导与教职工之间，教师与学生之间充满了和谐而真诚的情感。大家各司其职，各尽其能，都在愉快地、积极地做自己份内的事。教师的住房、住院、子女入学等困难和问题领导清楚，并及时解决；领导的困难和资金不足教职员工积极集资解决。全校是一个团结奋进、休戚相关、荣辱与共的大家庭。多年来都没有发生过吵闹和矛盾纠纷的事。

学校建有专业实习实训大楼、配置各专业所需的仪器设备、专业办公室、教研室、教师办公室、职教科技大楼；建有心理咨询室、化学分析室、电子电拖实验室、财会模拟室、音乐室、多功能报告厅、电子阅览室、双向闭路检测评估系统，近1 000台计算机、11 个多媒体教室都通过校园网与国际互联网相联，实现了学校与全球的信息资源共享。学校现代化教学手段应用程度高。

学校兴旺发达之后，没有忘记帮助贫困地区的职业教育。多年来，学校与临沧、迪庆、芒市、丽江、昭通地区的部分贫困县“手拉手”，免费培训当地教师、捐送仪器设备、安置学生就业都逐步形成制度，得到许多同行的赞扬。

对学生的管理，是安宁职业高级中学的一大特色。学校的班主任每月都将学生进步的情况，用电话、用信件真实地告诉家长，并认真听取家长对学校管理的建议和意见。中秋节、国庆节不能回家的远途学生，学校党、政、工、团领导陪同欢度。寒暑假，学校专门设立购票、护送上车、迎接返校小组。学生住院，学校垫款并派专门护理人员照顾。对特困学生，学校减免一切费用（每年9 月开学典礼大会上全体教职工捐资），并用勤工俭学的方式帮助他们完成学业。用真挚打动学生，用情感陶冶学生。学生毕业离校就业时流下的感激泪水，给教师们留下了深刻的印象。

学校另一特色，就是建立学生文化艺术活动团体，下设管乐队、舞蹈队、礼仪队、合唱队、腰鼓队、演讲与口才培训班（包括辩论队、广播站）、文学社、校刊编辑部共八个组。聘请校内外 24 位具有很深的文化底蕴和较强的专业水平，同时多次参加国家、省、市大型竞赛活动并获得荣誉的教师担任指导教师。艺术团曾多次代表学校参加安宁市级以上的各种迎宾、颁奖、表彰、歌咏比赛等活动，受到社会各界和各级领导的好评。艺术团开展的活动，为学生提供了一个施展自己才华的广阔舞台，极大地丰富了学生们的校园文化生活，拓展了他们的视野，培养和提高了学生的综合素质。

“公生明，廉生威，最大限度地给每一位教职工创造心情舒畅、精神振奋的工作环境”是张照明多年来不懈的追求。1997 年、2006 年，他被评为昆明市百优园丁；2008 年被评为昆明市十杰园丁；2009 年9 月被评为云南省杰出校长，同年 10 月评为中国职业院校百名杰出校长，受到国家教育部和中国职教学会的表彰。

张　琼

张　琼

张琼，女，彝族，1968 年12 月生，云南省大理市人，中共党员，安宁市职业高级中学党支部副书记，中学高级教师。张琼从事教育工作 21 年，担任学校团支部书记 8 年，现任学校党支部副书记，分管学校团委、工会工作，担任两个班的语文教学。

在教学中，她坚持以人为本，培养学生一会做人，二会做事，三会奉献。注重做好学生的思想政治工作，帮助他们解决实际问题，在教学第一线发挥着一个共产党员的先模模范作用，博得了学生的喜爱、尊敬，也得到了同事的认可。职业教育要求学校的专业要随着经济发展对人才的需求变化而设置，特别需要“一专多能”的双师型教师。张琼不仅完成好语文教学任务，还在自己的努力下通过了全国中级计算机操作员资格考试、云南省普通话测评员资格考试、客房服务中级资格考试，并担任过幼师专业的《幼儿心理学》教学、旅游服务专业的《普通话》教学和《地理》教学，具备计算机和客房服务的教学能力，成为职业学校“一专多能”的双师型教师。她还经常受聘为安宁市党政部门的职工讲课，并受到学员的欢迎。

张琼在担任学校团委书记时创办了《职中团报》，成为学生喜爱的自办刊物，同时组织开展丰富多彩的课外活动，寓教于乐。现在，她指导团委在原来的基础上成立了学生艺术团，下设七个组：管乐队、腰鼓队、礼仪队、文学社、合唱队、舞蹈队、演讲与口才培训班。这些团体成为学校培养学生综合素质的平台，并多次在省市比赛中获奖。

张琼不仅在实践中探索有效的语文教学方法，还把自己在教育教学中的经验得失进行总结和思考，撰写了多篇论文，并在各种刊物上发表，其中有 20 多篇获奖。《谈学校管理的人性化体现》和《浅谈辩论在语文课堂教学中的应用》2 篇论文获全国职教学会论文一等奖。

张琼在教学一线已工作 21 年，勤奋好学，不断进步，乐于奉献是对她最贴切的评价。作为安宁职业教育发展的见证人和实践者，她和同事们为职教事业的发展进行着艰辛的努力和探索。同时通过自己的努力，获得了许多荣誉。2001 年，在昆明大学五年制教师讲课大赛中获一等奖；2002 年和 2007 年，被评为安宁市优秀共产党员；2003 年和 2006 年，被选为昆明市第八届党代会代表和云南省第八届党代会代表；2004 年，获安宁市第二届中学语文骨干教师称吃；2005 年，被评为昆明市先进德育工作者；2008年，被评为昆明市优秀共产党员；2009 年，获云南省优秀教师称号。

2009年安宁市晋升正、副高级专业技术职称人员名录

类别	单　位	姓　名	任职资格	类别	单　位	姓　名	任职资格
教育	安宁市第一中学	李国才	中学高级教师	教育	安宁市县街中学	张志刚	中学高级教师
教育	安宁市第一中学	马建新	中学高级教师	教育	安宁市昆钢实验学校	陈江玲	中学高级教师
教育	安宁市第一中学	张丽萍	中学高级教师	教育	安宁市昆钢实验学校	李金仙	中学高级教师
教育	安宁市第一中学	樊云春	中学高级教师	教育	安宁市教育局教学研究室	燕　萍	中学高级教师
教育	安宁市第一中学	赵存寿	中学高级教师				
教育	安宁市第一中学	饶开勤	中学高级教师	教育	安宁市教育局教学研究室	吴少宁	中学高级教师
教育	安宁市第一中学	甘　泉	中学高级教师				
教育	安宁市第二中学	蒋树宝	中学高级教师	教育	安宁市草铺中学	张继荣	中学高级教师
教育	安宁市第二中学	史秉存	中学高级教师	教育	安宁市青龙学校	赵华春	中学高级教师
教育	安宁市第二中学	徐继敏	中学高级教师	教育	安宁市青龙学校	李贵祥	中学高级教师
教育	安宁市第二中学	李成光	中学高级教师	教育	安宁市青龙学校	李彩生	中学高级教师
教育	安宁市第三中学	杨金华	中学高级教师	卫生	云南昆钢医院	杨颂飞	主任医师
教育	安宁市第三中学	赖燮元	中学高级教师	卫生	云南昆钢医院	赵一富	主任医师
教育	安宁市第三中学	殷　涛	中学高级教师	卫生	云南昆钢医院	杨　斌	主任医师
教育	安宁市宝兴学校	唐宋兰	中学高级教师	卫生	云南昆钢医院	余映辉	副主任医师
教育	安宁市宝兴学校	普明忠	中学高级教师	卫生	云南昆钢医院	黄　闯	副主任医师
教育	安宁市宝兴学校	刘少华	中学高级教师	卫生	云南昆钢医院	杨桂勤	副主任医师
教育	安宁市教师进修学校	刘　森	中学高级教师	卫生	安宁市中医院	魏广艺	副主任医师
教育	安宁市教师进修学校	彭　德	中学高级教师	卫生	安宁市人民医院	史银娟	副主任医师
教育	安宁市教师进修学校	刘承权	中学高级教师	卫生	云南昆钢医院	许文艳	副主任技师
教育	安宁市教师进修学校	袁　华	中学高级教师	卫生	云南昆钢医院	董琳君	副主任护师
教育	安宁市教师进修学校	李　斌	中学高级教师	工程	安宁市园林绿化公司	刘建明	高级工程师
教育	安宁市禄脿学校中学部	施德雄	中学高级教师	工程	安宁市建设工程交易中心	范筱丹	高级工程师
教育	安宁市职业高级中学	穆红艳	中学高级教师	经济	安宁市农经站	晏宏伟	高级经济师
教育	安宁市职业高级中学	黄艳丽	中学高级教师	农业	安宁市蔬菜花卉管理站	袁学友	高级农艺师
教育	安宁市职业高级中学	王　怡	中学高级教师				
教育	安宁市职业高级中学	陈汝生	中学高级教师	农业	安宁市植保植检站	李卫东	高级农艺师
教育	安宁市职业高级中学	张文才	中学高级教师				
教育	安宁市职业高级中学	于守斌	中学高级教师	农业	安宁市禄脿镇农林水综合服务中心	方　勇	高级农艺师
教育	安宁市职业高级中学	马　洪	中学高级教师				
教育	安宁中学	杨丽媛	中学高级教师	农业	安宁市青龙镇农业技术推广中心	张光祖	高级农艺师
教育	安宁中学	严冰林	中学高级教师				
教育	安宁中学	刘道锋	中学高级教师	新闻	安宁电视台	杨云萍	主任记者

2009年安宁市晋升中级专业技术职称人员名录

类别	单　位	姓　名	任职资格	类别	单　位	姓　名	任职资格
教育	安宁市第一中学	段先友	中学一级教师	教育	青龙学校	邓明亮	小学高级教师
教育	安宁市第一中学	刘亚玎	中学一级教师	教育	青龙学校	董晓燕	小学高级教师
教育	安宁市第一中学	金丽芳	中学一级教师	教育	青龙学校	施昌雄	小学高级教师
教育	安宁市第一中学	游瑞玲	中学一级教师	教育	青龙学校	范雯雯	小学高级教师
教育	安宁市第一中学	苏红生	中学一级教师	教育	安宁市禄脿学校	耿　瑞	小学高级教师
教育	安宁市第一中学	周来江	中学一级教师	教育	安宁市禄脿学校	马　彪	小学高级教师
教育	安宁市第一中学	任　遥	中学一级教师	教育	安宁市禄脿学校	尹翠玲	小学高级教师
教育	安宁市第一中学	许乃丰	中学一级教师	教育	安宁市禄脿学校	张应才	小学高级教师
教育	安宁市第二中学	刘　琼	中学一级教师	教育	安宁市禄脿学校	唐建花	小学高级教师
教育	安宁市第二中学	于　江	中学一级教师	教育	安宁市第一小学	武艳珍	小学高级教师
教育	安宁市第三中学	史建华	中学一级教师	教育	安宁市连然小学	党菊凤	小学高级教师
教育	安宁中学	张　艳	中学一级教师	教育	安宁市连然小学	王桂华	小学高级教师
教育	安宁中学	肖培光	中学一级教师	教育	昆钢第五小学	易　宁	小学高级教师
教育	安宁中学	李　蕊	中学一级教师	教育	安宁市第二幼儿园	杨翠芬	小学高级教师
教育	安宁中学	周小琼	中学一级教师	教育	安宁市第二幼儿园	郭　慧	小学高级教师
教育	安宁中学	王燕飞	中学一级教师	教育	安宁市第二幼儿园	李爱仙	小学高级教师
教育	安宁市职业高级中学	游　涛	中学一级教师	教育	安宁市宁湖幼儿园	陈珏屹	小学高级教师
教育	安宁市职业高级中学	曾春丽	中学一级教师	教育	安宁市一六街小学	刘继琼	小学高级教师
教育	安宁市职业高级中学	许志刚	中学一级教师	教育	安宁市八街小学	马维玉	小学高级教师
教育	安宁市职业高级中学	韦春燕	中学一级教师	教育	安宁市八街小学	梁　飞	小学高级教师
教育	安宁市职业高级中学	马顺萍	中学一级教师	教育	安宁市八街小学	刘　艳	小学高级教师
教育	安宁市职业高级中学	章　敏	中学一级教师	教育	安宁市八街小学	李　琴	小学高级教师
教育	安宁市宝兴学校	袁明欢	中学一级教师	教育	安宁市八街小学	何梦琼	小学高级教师
教育	安宁市宝兴学校	黄丕金	中学一级教师	教育	安宁市鸣矣河小学	张　春	小学高级教师
教育	安宁市青龙学校	张昆林	中学一级教师	教育	安宁市鸣矣河小学	李金萍	小学高级教师
教育	安宁市青龙学校	李淑坤	中学一级教师	教育	安宁市鸣矣河小学	李秀娟	小学高级教师
教育	安宁市青龙学校	李美华	中学一级教师	教育	安宁市鸣矣河小学	赵开春	小学高级教师
教育	安宁市禄脿学校	孙　娜	中学一级教师	教育	安宁市鸣矣河小学	马亚琼	小学高级教师
教育	安宁市禄脿学校	毕兴宏	中学一级教师	教育	安宁市鸣矣河小学	张　娅	小学高级教师
教育	安宁市禄脿学校	张学明	中学一级教师	教育	安宁市县街小学	黄建国	小学高级教师

续　表

类别	单　位	姓　名	任职资格	类别	单　位	姓　名	任职资格
教育	安宁市县街小学	杨美玲	小学高级教师	农业	太平镇农林水综合服务中心	何　燕	农艺师
教育	安宁市昆钢第一小学	曾　琴	小学高级教师				
教育	安宁市昆钢第一小学	卢绍香	小学高级教师	农业	温泉镇农林水综合服务中心	龙玉琴	农艺师
教育	安宁市昆钢第一小学	曹雅琴	小学高级教师				
教育	安宁市昆钢第一小学	王仕瑛	小学高级教师	农业	八街镇农林水综合服务中心	史品用	农艺师
教育	安宁市昆钢第三小学	马　佳	小学高级教师				
教育	昆钢幼教中心	武　韬	小学高级教师	农业	安宁市畜牧兽医站	张玉玲	兽医师
教育	昆钢幼教中心	马　颖	小学高级教师				
教育	昆钢幼教中心	李　虹	小学高级教师	农业	安宁市畜牧兽医站	胡晓杰	兽医师
教育	昆钢幼教中心	曹　娟	小学高级教师				
教育	昆钢幼教中心	唐　蕾	小学高级教师	农业	禄脿镇畜牧兽医服务中心	张绍洪	兽医师
教育	昆钢幼教中心	李珊娜	小学高级教师				
教育	昆钢幼教中心	李　园	小学高级教师	农业	太平镇畜牧兽医服务中心	李光辉	兽医师
教育	昆钢幼教中心	方丽娇	小学高级教师				
教育	昆钢幼教中心	杨汝春	小学高级教师	农业	八街镇畜牧兽医服务中心	马绍华	兽医师
教育	昆钢幼教中心	唐熠桁	小学高级教师				
教育	昆钢幼教中心	赵萍媛	小学高级教师	农业	八街镇畜牧兽医服务中心	方玉勤	兽医师
教育	昆钢幼教中心	张　洁	小学高级教师				
教育	安宁市第一幼儿园	布美玲	小学高级教师	工程	安宁市基本建设工程质量监督站	潘　勇	工程师
教育	安宁市第一幼儿园	朱存莉	小学高级教师				
教育	安宁市第一幼儿园	李秀芳	小学高级教师	工程	安宁市神龙建筑装饰装潢有限公司	钱顺涛	工程师
教育	安宁市昆钢实验学校	王　斌	小学高级教师				
教育	安宁市昆钢实验学校	丁　毅	小学高级教师	工程	安宁市禄脿建筑公司	武利昆	工程师
农业	安宁市农业技术推广所	宋　雯	农艺师	工程	安宁市园林绿化公司	袁　昆	工程师
				工程	安宁市园林绿化公司	曾祥华	工程师
农业	草铺镇农林水综合服务中心	游建华	农艺师	工程	安宁市县街村镇规划建设服务中心	武艳玲	工程师
农业	县街镇农林水综合服务中心	马　静	农艺师	工程	安宁市城管局公园管理站	谢晓芳	工程师
农业	县街镇农林水综合服务中心	代卫红	农艺师	工程	安宁市农机管理总站	黄　东	工程师

续　表

类别	单　位	姓　名	任职资格	类别	单　位	姓　名	任职资格
工程	安宁市县街镇农林水综合服务中心	孟永才	工程师	文化	安宁市太平镇文化广播电视技术服务中心	李忠华	群众文化馆员
文化	安宁市县街镇文化广播电视技术服务中心	杨丽梅	群众文化馆员	文化	安宁市草铺镇文化广播电视技术服务中心	朱绍宏	群众文化馆员

2009年昆钢新增高级专业技术职称人员名录

单　位	姓名	资格名称	任职时间	单　位	姓名	资格名称	任职时间
煤焦化公司	张　昊	高级工程师	2009年	质量计量检测中心	毛瑞宁	高级工程师	2009年
煤焦化公司	陈朝辉	高级工程师	2009年	质量讦量检测中心	杨　宁	高级工程师	2009年
东川昆钢矿业公司	邱崇栋	高级工程师	2009年	铁路运输分公司	李国珍	高级工程师	2009年
工程技术公司	刘先春	高级工程师	2009年	云南华云实业总公司	郭正惠	高级工程师	2009年
工程技术公司	邢秀丽	高级工程师	2009年	昆钢公司办公室	李　莉	副研究馆员	2009年
动力能源分公司	沈祚昌	高级工程师	2009年	昆钢公司办公室	钱　静	副研究馆员	2009年
动力能源分公司	韩祖庆	高级工程师	2009年	组织人事部	唐晓红	高级工程师	2009年
动力能源分公司	陶信孚	高级工程师	2009年	战略发展部	张爱群	高级经济师	2009年
大红山矿业公司	李金恩	高级工程师	2009年	后勤实业公司	杨志明	高级工程师	2009年
大红山矿业公司	王　健	高级工程师	2009年	后勤实业公司	李　剑	高级工程师	2009年
大红山矿业公司	蔡正鹏	高级工程师	2009年	后勤实业公司	薛泽梅	高级工程师	2009年
大红山矿业公司	王正华	高级工程师	2009年	后勤实业公司	陈世芬	高级工程师	2009年
大红山矿业公司	倪银丽	高级工程师	2009年	培教中心	段榆蓉	副教授	2009年
板带厂	梁　钧	高级工程师	2009年	培教中心	黄　静	副教授	2009年
炼钢厂	梁环宇	高级工程师	2009年	培教中心	张　钢	副教授	2009年
炼钢厂	周锦琦	高级工程师	2009年	培教中心	周春玲	高级经济师	2009年
炼钢厂	刘文东	高级工程师	2009年	培教中心	黎　健	高级讲师	2009年
玉溪新兴钢铁公司	张奕春	高级工程师	2009年	培教中心	李　清	副研究馆员	2009年
技术中心	王　涛	高级工程师	2009年	资产财务部	马贤勇	高级会计师	2009年
节能减排中心	王国荣	高级工程师	2009年	房地产公司	叶厚明	高级经济师	2009年
节能减排中心	秦铁昌	高级工程师	2009年	昆钢信息中心	巫乔顺	正高级工程师	2009年
节能减排中心	蔡　康	高级工程师	2009年	原料经营部	宋伟辉	高级工程师	2009年
节能减排中心	刘孝平	高级工程师	2009年	草铺项目指挥部	杨光景	高级工程师	2009年

续　表

单　位	姓名	资格名称	任职时间	单　位	姓名	资格名称	任职时间
草铺项目指挥部	杨起凤	高级工程师	2009 年	工程投资管理部	潘　毅	高级工程师	2009 年
草铺项目指挥部	施晓晖	高级工程师	2009 年	工程投资管理部	翁　宇	高级工程师	2009 年
桥钢有限公司	张志超	高级工程师	2009 年	科技创新部	杨顺武	高级工程师	2009 年
桥钢有限公司	邵　英	高级会计师	2009 年	安全监督管理部	张发昌	高级工程师	2009 年
攀枝花昆钢矿业	邱　明	高级工程师	2009 年	安全监督管理部	阮云芬	职业卫生副主任医师	2009 年
钛业股份公司	苏鹤洲	正高级工程师	2009 年				

文选·附录

编辑：张丽华　于唐惠

2009 年 11 月 2 日，著名演讲家李欣平在安宁市禄脿小学进行精彩的励志演讲。　（穆建宏　摄）

历史文化研究

安宁人民支援抗日战争情况实录

——纪念抗日战争胜利65周年

李成林

一、抗战前后安宁的自然条件和社会经济变化状况

安宁位于云南省中部，昆明西部，距昆明32千米，交通便利，是通往滇西地区和缅甸、东南亚的西大门。1934年土地面积为1 350平方公里（现为1 321平方公里），有山田旱地15万亩，水田8万余亩。1940年，全市人口为63 289人，1946年为57 301人，从1940年至1946年，人口直接减少5 988人。抗战前，安宁市除少数的手工盐矿业、铁矿业、酿酒业制作、马帮运输业外，主要为传统农业。

由于抗日战争的全面爆发，沿海和内地的工业相继落入敌手或被迫停产，全国的经济中心转向后方阵地的西南地区。从而西南的经济特别是军事工业和与其相关的产业都有了较快的发展。云南安宁的发展也不是例外。因为日本对中国东南沿海的封锁，使得云南成为我国与海外联系的主要陆上交通要塞和物资供应及周转地，所以云南的冶金工业得到发展，正是在这种背景下，由于安宁具备丰富的铁矿和便利的交通（滇缅公路）条件，特别是为了支援抗战的需要，所以快速地建立起第一批近代工业和一些与军事相关的产业。如：1939年11月至1941年在安宁兴建的“云南钢铁厂”（昆钢前身）和“中国电力制钢厂”。“云南钢铁厂”于1943年5月建成，高炉65立方米，日产量50吨生铁，投产总计14个月，产铁24 000吨，为抗战时期云南工业提供所需钢铁并支援川黔等地，剩余钢铁向印度空运出口500吨；“中国电力制钢厂”从1941年至1945年共生产各种钢锭、钢材、铸件1 443.17吨，供给云南8家军工系统工厂及40家工厂、企业、矿山使用。1942年建成中央电厂第三分厂（现二轻局技校）和迁入安宁太平的军政部第八军需被服厂等军需企业。盐业由商办改官办（1939年）。除冶金工业外，为应付远征军部队通往滇西及缅甸抗战而过往安宁食宿的需要，安宁出现了主要为部队服务的新兴的缝纫和机器碾米业、旅游服务业（温泉宾馆1943年建成，1942年太平服厂建成）等产业。交通运输得到较快发展，如：1932年，滇缅公路安（宁）禄（丰）修建通车；1940年，滇缅铁路昆（明）安（宁）竣工通车；1944年5月整修安（宁）元（谋）公路等。医疗卫生得以迅速发展，1940年至1942年，建野战医院3所，地方县卫生院1所。教育事业得到了发展，抗战期间，安宁各小学四年级以上开设军体课，爱国宣传运动轰轰烈烈开展。

随着抗日战争的胜利结束，安宁的工农业生产从战时的支援性畸形繁荣转为撤停性的凋敝，经济濒于崩溃。1945年8月8日，国民党中央下令“云南钢铁厂”停产。“中国电力制钢厂”由于规模较小，以及技术、设备欠缺，在短期投产后亦面临倒闭。中央电厂第三分厂，在援军部队撤转后，因军用皮袋机、电话机等军用产品滞销而迁回南京。1937年~1945年，3 000余名青年被征兵役，导致农村劳动力短缺，土地荒废，造成农业滞后。其余工商业因战争的结束而停止生产和供运。于是成千上万在抗战时期聚集安宁的驻军人员、厂矿工人、商贩等外地人陆续返乡，带走了资金、管理技术及生产工具。致使安宁人口急骤负增长，农产品卖不出、物价飞涨，市面冷落，交通运输、医疗卫生、旅游服务、加工制造等产业相继萧条。

二、日军在安宁犯下的罪行

抗战时期，由于安宁地处交通要塞，接近省会昆明，特别是因抗战而新建钢铁供运基地“云南钢铁厂”的建立和生产，以及滇缅公路起点段的原因，成为了日本人的空袭破坏目标之一。

从时间上看，1941年2月21日午后1时25~45分，日军敌机3架从安宁县城东南上空低飞扫射并抛下空油箱（油箱为铝合金制成，印有“昭和十七年制”字样），当场劈死连然河东村路边拣豆途中的一少年，其尸体分家，碎肉脑浆满地，使人惨不忍睹；其后日军向安宁西沿滇缅公路进行轰炸，致使1人死亡，4人受伤，被击焚毁卡车3辆。1941年3月9日，午后1时45分，日机6架由西南方向飞入安宁上空，在郎家庄钢铁厂（昆钢）投弹8枚，当场炸

死2人，重伤1人，本次共计伤亡12人；炸毁昆钢厂房1间，震坏10间；震坏民房55户近百间；炸毁林木20棵，炸毁电杆4棵。1941年秋，日机轰炸昆钢厂区及附近大罗白村，投弹4枚，炸弹落在张瑞祯家的豆田中和荒地上，炸倒动力电杆一棵，崩断电线，震塌2户房屋，震坏49户房屋，张正完家楼梯被炸弹掀起土石打断，炸断20余颗树木。

从破坏性质看，日军主要是轰炸钢铁厂和交通运输线，妄以阻止军工所需的钢铁生产及阻断滇缅公路线支援抗战的运输工作。

三、人口伤亡和财产损失情况

抗日战争时期，安宁人口伤亡912人，其中直接伤亡624人，间接伤亡288人。在直接伤亡624人中，有606人在抗日战场上伤亡，有18人在安宁被日军敌机轰炸、扫射伤亡。间接伤亡288人，其中民夫壮丁伤亡162人；灾民伤亡126人。具体情况如下：

（一）人员伤亡情况

1. 空袭轰炸伤亡人数。根据1941年（民国30年）2月27日《安宁县空袭人民调查表》统计，1941年2月21日，日军空袭扫射安宁县城造成5人伤亡，其中死亡1人（男），受伤4人（男1人，女3人）；根据1941年3月19日《安宁县防护团调查被空袭伤亡人员统计报告表》统计，1941年3月9日，日军在安宁郎家庄钢铁厂（昆钢）投弹8枚造成12人伤亡，其中死亡3人（男），重伤9人（男8人，女1人）；根据《日机轰炸安宁见闻》李润基亲历回忆，1941年2月21日，被过境日军轰炸机抛下铝合金油箱（箱面印有“昭和十七年制”字样）劈死少年1人（男）。1941年2至3月，日军2次空袭轰炸安宁，出动飞机9架，机枪扫射、投弹8枚、抛物劈人，共造成伤亡人数18人，其中死亡5人（男），伤13人（男9人、女4人）。2. 安宁籍前线阵亡将士人数。根据安宁民国县志稿统计及补充数，安宁籍抗日阵亡将士为303人；按《安宁县志》记载为276人，本次调查补入4人，小计280人；据查《革命烈士名录》及口碑证人，烈士名单有所出入。因民国县志稿统计及补充数与《安宁发展史》较为准确，所以乃采用安宁籍抗日阵亡战士303人数字统计。伤残人数查无统计资料，只能参考《抗日战争研究》杂志1995年3期105页，孟国祥教授估计数1:1作统计数为303人。

3. 民夫壮丁伤亡数。抗战期间，安宁为屯兵要地，过兵要冲，为修建滇缅公路安（宁）禄（丰）段，工伤死亡、病故民工26人；1938年8月至1945年，安宁人民被国民党政府抓丁外出当兵，被害地点不详、下落不明55人。受伤人数难以估计，只能按死亡1:1估算为81人。

4. 灾民死亡人数。1942年夏天，国民党军队川流不息途经安宁，奔赴保山前线，过境兵员染病身亡被抛路边，死亡者为“麻脚温”（霍乱症），病疫传染蔓延安宁大罗白村，致使大罗白村40多户人家死亡63人。据《安宁县志》记载为1942年5月20日，一缅甸人带霍乱病菌入安宁传染，县内发病56人，死亡36人。因数据有出入，前者较实，仍按死亡63人数字统计。受伤按1:1统计为63人。

（二）财产损失情况

抗日战争时期，安宁财产损失约为13 066 220元（国币），其中直接损失81 600元（国币），间接损失12 984 620元（国币）。在社会财产直接损失中，工业厂房损失3万元（国币），农业损失5 400元（国币），邮政电讯损失800元（国币），商业运输损失4.5万元（国币），教育校舍损失400元（国币）。在社会财产间接损失中，交通损失1 292.4万元（国币），粮草损失60 000（国币），募捐620元（国币）。在间接损失中，只有事件，而难以统计估算损失的主要事件有：1932年5月20日，滇缅公路安（宁）禄（丰）通车，沿线征义务工59万个；1943年拆毁滇缅铁路昆安段30千米。其余还有派购军米、分摊新兵伙食费和送兵费、拉夫征马等事件，因无具体数字，难以估算损失价值。具体情况如下：

1. 直接损失：直接损失是指安宁遭受日机空袭轰炸造成的财产损失，主要包括工业厂房、民房、校舍、动力电杆线路、车辆、林木等。据文献资料、档案记载，1941年2月21日，日机空袭扫射安宁，在城西9千米处平地哨附近挂毁电杆3棵，击毁卡车3辆，估算造成损失45 200元（国币）；1941年3月9日，日机轰炸郎家庄钢铁厂（昆钢），投弹8枚，炸毁厂房1间，震坏10间，估算造成损失30 000元（国币），同时震伤民房11间，校舍3间，按当时统计价为1 900元（国币）；1941年秋，日机轰炸云南钢铁厂（昆钢）生产区、投弹4枚，炸倒动力电杆一棵，崩断电线，大罗白村49户近百间房屋受损，震塌2户房屋，估算损失4 500元（国币）。1941年日机3次空袭扫射、轰炸、投弹12枚，共造成直接经济损失81 600元（国币）。1942年农历3月1日，日机坠落安宁二街，炸伤烧毁10多平方米松林，因查核其他材料无记载，不再统计。

2. 间接损失。间接损失指因抗战而增加的费用，包括公路修建费、拆迁疏散费，抚恤募捐费、粮草供运费等。据文献资料记载，1932年5月20日，滇缅公路安（宁）禄（丰）段土路修建通车，沿线义征劳工59万个，摊派涵洞建造款3.5万元（国币），（因义务工难以统计安宁人数，这里只统计摊派款）；1939年1月办抗日救亡骨干讲习班，1939年夏，募捐抗日滇币620元；1943年5月滇缅铁路昆（明）安（宁）段忍痛拆毁30千米（因无统计损失资料，难以估算，这里只记事件，不记损失数）；1944年5月，整修安（宁）元（谋）路赶运军粮，征调民夫150名（因无数据，这里不统计损失），重庆交通部拨专款1 288.9万元（国币）；1944～1945年，远征军第53、54军过安宁，供应粮草两月一次，最少国币5～7千元，按20个月，每月3 000元估算，粮草损失价值60 000元（国币）。1932年至1945年，间接损失12 984 620元（国币）。

〔作者单位：安宁市史志办〕

论　坛

将弘扬延安精神作为实践社会主义核心价值体系的有效途径

旃　燕

中共十六届六中全会首次提出建设社会主义核心价值体系是一项重大战略任务，胡锦涛总书记在党的十七大报告中明确指出："社会主义核心价值体系是社会主义意识形态的本质体现。"社会主义核心价值体系是社会主义制度的内在精神之魂，是科学发展观的重要组成部分，代表了中国特色社会主义的主流价值观，在所有社会主义价值目标中处于统领和支配地位，其基本内容包括马克思主义指导思想、中国特色社会主义共同理想、以爱国主义为核心的民族精神和以改革创新为核心的时代精神、以"八荣八耻"为主要内容的社会主义荣辱观。

为落实党的十七大建设社会主义核心价值体系的决定，昆明市延安精神研究会汇编了《社会主义核心价值体系专题讲座》读本，供各研究会和活动小组组织会员学习使用。这一读本全面深刻地阐述了社会主义核心价值体系的理论依据、科学内涵以及建设社会主义核心价值体系在中国特色社会主义经济社会发展中的重大战略意义。安宁市延安精神研究会按照昆明市延安精神研究会的安排部署，积极行动起来，结合实际，采取有效措施，认真学习、宣传、贯彻社会主义核心价值体系的重要论述。

一、编印学习材料，深入学习、宣传和弘扬延安精神

安宁市延安精神研究会成立三年来，始终把认真学习、宣传和弘扬延安精神作为开展工作的重心，以促进各项工作为根本任务，有计划、有组织地带领广大会员深入学习延安精神，力求全面、准确把握延安精神的科学内涵和精神实质。

为给广大会员提供学习材料，市会组织编印了《延安精神永放光芒》、《弘扬延安精神学习资料选编》两本学习资料下发各分会和活动小组；将昆明市编印的《弘扬延安精神农村读本》及时下发到各镇（街道）、村（居）委会及村（居）民小组，要求认真组织学习，并向市会报送学习情况。2010年上半年，市会又着手编印《安宁市延安精神研究会资料选编》（第二辑）、《安宁市延安精神研究会文集》两本学习资料，前者已付印出版，后者正在编辑中。

二、组织各分会、活动小组撰写《社会主义核心价值体系专题讲座》读本论文及心得体会

2010年6月17日，安宁市延安精神研究会以〔2010〕4号文件《关于组织学习〈社会主义核心价值体系专题讲座〉读本的通知》（附《社会主义核心价值体系专题讲座》读本分配表）下发各分会、活动小组，要求到市会免费领取《社会主义术核心价值体系专题讲座》读本，并结合本单位实际，认真组织会员学习；要求把《读本》与延安精神的学习、宣传、弘扬和实践紧密结合起来，精心组织，以班子的学习带动会员的学习，把学习成果转化为坚定的政治信念、高尚的精神境界、科学的思维方式、正确的工作思路、扎实高效的工作作风，为安宁市"四个文明"建设和经济社会跨越式发展做出积极贡献；要求各分会、活动小组2010年7月15日前将组织学习情况报送市会，同时要求会员积极撰写论文及学习心得体会，各分会、活动小组至少选送一篇报市会。截止9月1日，已收到学习情况、论文及心得体会50余篇。

三、将"社会主义核心价值体系"理论的学习实践融入市委市政府的中心工作

2010年6月20日，为贯彻落实全国革命遗址普查工作会议精神，按照安办通〔2010〕64号文件《中共安宁市委办公室转发市史志办〈关于开展全市革命遗址普查工作的实施意见〉的通知》精神，安宁市延安精神研究会积极配合安宁市史志办开展全市革命遗址普查工作。开展革命遗址普查，不仅仅是党史工作"存史、资政、育人"的一项重要内容，更

是全社会巩固党的建设和加强精神文明建设的基础性工作。通过普查，对于准确判断革命遗址保护形式、科学制定革命遗址保护和利用政策提供依据；对于进一步继承和发扬党的光荣传统和革命精神，培育和弘扬以爱国主义为核心的民族精神；对于树立正确的意识形态和促进和谐社会的建设都具有重要的历史意义和现实意义。因此，安宁市延安精神研究会责无旁贷，积极投身其中，与史志工作相得益彰，在具体的工作中宣传、弘扬和实践延安精神。

2010年6月25日，中共昆明市委党史研究室、昆明中共党史学会、昆明市延安精神研究会、安宁市延安精神研究会、安宁市史志办、安宁市金方街道办事处新村社区联合举办“纪念中国共产党成立89周年座谈会”，80余人参加会议。与会者参观学习了新村社区富于特点的党建工作，在新形势、新任务面前回顾了党的历史，畅谈党在革命、建设、改革各个历史时期领导人民取得的伟大胜利和辉煌；回顾和宣传、弘扬了党在长期奋斗中积累的宝贵经验所形成的光荣传统和优良作风；激发各级党员干部、尤其是年轻干部和青少年爱党、爱国的热情；坚决抑制、反对任何歪曲和丑化党的历史的错误倾向，等等。广大党员干部群众进一步明确了牢记党的历史，弘扬革命优良传统，科学构建和谐社会，开拓安宁跨越式发展的历史使命和肩负的历史重任。

2010年8月25日，安宁市延安精神研究会根据安延〔2010〕5号文件《安宁市延安精神研究会2010年工作计划》的安排部署，结合“效能安宁”建设活动，与安宁市纪委联合召开“弘扬延安精神，促进效能安宁建设经验交流会”，100余人参加会议，11个分会、3个活动小组分别作交流发言，气氛热烈。中共安宁市委常委、宣传部部长容国玲在会上指出，延安精神研究会的工作目的，就是要紧紧围绕市委市政府的中心工作进行，结合当前全市工作重点，要弘扬与运用延安精神为“三个中心”工作服务，即：一是为经济建设服务，以招商引资工作为第一要务；二是为效能安宁建设和创先争优活动服务，建设学习型社会、学习型组织和学习型机关；三是为社会事业的建设服务，即为城乡一体化建设服务，做好创卫攻坚和冲刺全国文明城市工作。会议要求，弘扬延安精神，要切实提高大局意识，要始终保持艰苦奋斗的优良作风，要有勇于拼搏和创新的精神，让延安精神深入人心、融入行动、服务于各项工作，实现安宁跨越式发展。

四、联合史志办，组织各分会、活动小组开展革命传统教育

安宁市延安精神研究会成立三年来，始终坚持开展革命传统教育，2007年、2008年连续两年组织各分会、活动小组部分会员前往革命圣地——延安、红色摇篮——井冈山学习考察，会员身临其境，接受革命传统教育，受益匪浅。2010年9月中旬，市会又将组织各分会、活动小组会员赴“三大战役”指挥所、创建新中国的指挥中心——西柏坡学习考察，报名者络绎不绝。考察结束，市会即要求各分会、活动小组撰写心得体会，而后编印成册，成为学习、宣传、弘扬和实践延安精神的精神食粮。

每逢纪念日，定期或不定期组织各分会、活动小组参观安宁市革命历史教育展览馆，会员置身其中，回顾和体会党在革命战争年代的艰苦斗争中形成的优良传统和作风，铭记历史，展望未来，鞭策自己更好地投入本职工作，提高效能，积极创先争优。截止目前，已组织5 000余人参观展览馆，成为安宁市弘扬延安精神，创新党史党建工作的一个亮点。

五、举办延安精神研究会通讯员培训班，为开办《安宁市延安精神研究会会刊》做准备

2010年10月26日，安宁市延安精神研究会举办通讯员培训班，旨在提升通讯员队伍素质，提高通讯员写作能力，为下步开办《安宁市延安精神研究会会刊》（暂定名）做准备。更重要的是，为全面、客观反映延安精神研究会开展的各项工作开辟一个新的园地或窗口，更好地展示、宣传、弘扬延安精神，让延安精神有图像、有声音、有文字，力求声情并茂，融入生活，服务大众。

胡锦涛总书记在十七大报告中郑重提出：“建设社会主义核心价值体系，增强社会主义意识形态的吸引力和凝聚力。”这是建设中国特色社会主义的一项重要内容，它关系到社会主义的文化建设、政治建设、社会主义建设和中国共产党的自身建设。因此，通过认真学习、深刻领会建设社会主义核心价值体系的重大意义、科学内涵和实践要求，每个党员干部应当努力成为马克思主义理论和中国特色社会主义共同理想的坚定信仰者、科学发展观的忠实执行者、社会主义荣辱观的自觉实践者、社会和谐的积极促进者，推进社会主义核心价值体系的建设，把社会主义核心价值体系内化为人们的价值追求，外化为自身的行为准则，这是一项长期的战略任务，我们要动员一切力量，一以贯之，常抓不懈。

〔作者单位：安宁市史志办〕

浅析城乡一体化就业再就业的难题与对策

张少伟

《就业促进法》的颁布实施，标志着我国就业再就业工作步入了法制化的新时代。当前，劳动就业已经呈现出城镇、农村和流动三元结构。建立城乡一体化人才劳动力市场发展战略，积极地探索建立社会主义市场经济条件下促进就业再就业的长效机制，着力培育统一、开放、竞争、有序的人才劳动力市场秩序，全面推进城乡劳动者统筹就业，进一步完善城乡统一的人才劳动力市场与公开竞争的就业制度，促进城乡劳动力得到最佳配置，充分发挥劳务经济在安宁市整体发展中的拉动作用，不仅是深入学习实践科学发展观、构建社会主义和谐社会，以及促进城乡协调发展的重要举措，而且是维护稳定、发展经济，全面建设小康社会和开创中国特色社会主义事业新局面的客观要求。

党中央、国务院历来高度重视和十分关心城乡就业再就业问题，多次提出了"公平对待、合理引导、完善管理、搞好服务"和"消除不利于城镇化发展的体制和政策障碍，引导农村劳动力合理有序流动。"特别是近年来，中共安宁市委、市人民政府积极组织实施城乡就业再就业政策，以"打破城乡劳动就业户籍界限，取消城乡劳动力在就业方面的差别，实行公平、公正、公开的就业服务为目标，全面形成市场导向、城乡一体、公平竞争的就业机制"，确保就业规模持续扩大，就业结构更加优化，就业渠道不断扩宽，就业形式更加灵活，就业总量稳步增长，就业局势基本稳定。但是，随着经济社会城乡协调发展与构建社会主义和谐社会目标要求的进一步贯彻落实，安宁市人力资源多、就业压力大的矛盾依然存在。

一、安宁市人力资源构成及就业现状

城乡人力资源非常丰富，劳动力长期供大于求，结构性矛盾十分突出，再就业任务相当繁重，不仅是中国国情的显著特征，也是安宁市情的重要标志。集中表现在劳动力总量过大，下岗失业人员进城务工人员和失地农民同时并存；城镇、农村新生劳动力和退休人员二次就业同时并存；大中专毕业生、退伍军人和"两劳"释放人员及特殊群体就业相互交织。

(一) 城乡人力资源基本现状

据有关资料表明：安宁市总人口 32.01 万人，农业人口 12.5 万人，城市化程度已达 64.06%。随着社会主义市场经济的建立和完善，安宁城市化水平还将百尺竿头、更进一步，不仅吸引各类企业异军崛起，而且城乡人力资源日益剧增。在 300 余户各种类型企业中，钢铁、盐磷、化工和矿产资源加工自始至终占据了主导地位，由于企业改革步伐的不断加快，各类企业相继改制、重组和破产，加之新的农村土地承包流转制度，以及因安宁城市扩容而失去土地的农民等，因此而产生的下岗失业人员和农村富余劳动力大量增加。截止 2009 年 12 月，我市城乡人力资源现状如下：

1. 严格执行《失业保险条例》规定，就业部门已经接收管理各类企业下岗失业职工13 602人。

2. 上年结转登记失业人数2 832人；本年新登记失业人数3 741人，其中：女性2 093人，就业转失业1 193人，高校毕业生 543 人；年末实有登记失业人数2 534人。

3. 外来进城务工人员54 600人；本地农村富余劳动力需要转移就业36 417人，其中女性18 985人。

4. 驻市各类企业改制、重组和破产，单位组织分流暨内部退养人员约8 000人。

丰富的城乡人力资源，导致了就业再就业形势非常严峻，就业再就业工作面临新的挑战。

(二) 城乡人力资源构成情况

根据相关统计资料和上述城乡人力资源现状，可以看出我市人力资源的构成基本情况是：

1. 女性明显多于男性。
2. 文化程度普遍偏低。
3. 年龄结构多数偏大。
4. 缺乏相应的专业技能。

由于城乡人力资源构成情况较为复杂，特别是与市场的需求不相适应，已经成为城乡一体化就业再就业的瓶颈。

(三) 求职就业存在的主要问题

1. 求职人员自身存在的问题

(1) 由于受观念陈旧、文化程度低、技能缺乏、年龄偏大和家庭拖累等因素影响，造成了部分求职人员高不成、低不就的就业困难局面。

(2) 虽然一部分人具有就业能力，但是因从事工作的收入达不到自己的要求与愿望，产生了过分的求职挑剔而造成未就业。

(3) 就业再就业优惠政策针对的人员，以及适用范围和优惠对象等存在着政治瓶颈，造成某些失业人员不能及时享受优惠政策和相关补贴待遇。

(4) 有自谋职业或自主创业愿望的人员感到启动资金有困难，特别是申请小额贴息贷款或"贷免扶补”贷款条件严格，不仅限制太多，而且审批手续繁杂。

2. 城乡就业培训面临的问题

（1）我市企业主要为重工业，不仅大量的失业人员吸收受到限制，而且以餐饮、娱乐、家政、清扫、个体工商户等为主的第三产业，又因待遇偏低、劳动保障缺乏，难予吸引和留住更多的从业人员。

（2）劳动力就业结构失去平衡。一方面，三产业庞大，用工量也大，存在着较大的就业潜力空间。另一方面，农村富余劳动力和市外劳动力的大量流入。加剧了岗位的饱和与劳动力价格的降低，出现了“有事没人干，有人没事干”的现象。

（3）对求职人员的培训工作难度较大，已经面临两难境地。一方面，求职人员观念转变难，不是为了择业而主动参加培训，而是为了补贴而被动参加培训。另一方面，因无专门的技能培训基地，使培训工作不能持续有效地开展。

二、困扰城乡一体化就业的诸多难题

实施城乡一体化就业再就业无论是过去还是现在乃至将来都是一项十分重要和非常复杂的系统工程，既是每一位劳动者生存的经济基础和基本保障，也是其融入社会、共享社会经济发展成果的必然选择和基础条件。随着改革发展的不断深入，人民群众对劳动就业工作提出的要求越来越高，与此同时，一些深层次的矛盾也会逐渐凸显出来，导致就业再就业工作的难度越来越大。目前，我市正处于劳动年龄人口增长的高峰期，下岗失业人员再就业的攻坚期，农村富余劳动力转移的加速期，就业再就业压力非常集中。特别是劳动力总体素质相对偏低的问题比较突出，技能人才短缺，远不能适应安宁新型大工业化和提高自主创业及创新能力的要求。特别是随着新的农村土地流转制度的实施、户籍制度改革的深化和城市化进程的加快，将有更多的农村劳动力涌入城市就业，城乡一体化就业再就业工作也将面临着新的挑战和新的难题。

（一）保守的就业观限制了外出打工和就业

首先是，有相当一部分的求职者不愿外出打工。有的是要照顾子女上学或照料老人而不愿外出，也有的认为比较习惯本地生活不愿出去，虽然市劳动就业服务局和农村劳动力转移办公室组织了大量的外出务工的“定单”培训，通过培训后大都能获得外出务工的机会，但是却频频遭到冷遇，不少人表示离家太远，不愿出去；还有一部分人对外出务工期望过高，一旦出去发现“不是那么回事”便相继返乡。其次是，待遇薪酬偏低。一部分人对本地招工的企业的工作条件不甚满意，认为工资低，常上夜班，宁愿闲着也不寻找工作机会；还有一小部分人享受着一定的生活救济或城市居民低保待遇，认为自己难以找到合适的工作，他们没活干时宁愿聚集在一起打麻将、打扑克度日，也不愿再出去寻求工作机会。

（二）文化素质低、专业技能缺乏和资金欠缺限制了就业与创业

大多数求职者文化素质偏低，小学、初中学历居多，也有少部分高中及其以上学历。他们大多欠缺专业技能，一旦脱离了传统和习惯产业，就感觉缺乏谋生求职的本领，除了靠出卖劳力外就难以找到工作的机会。虽然有的驻市企业承诺了要重点优先解决当地求职者就业问题，但是能应聘上的岗位却非常有限；或者是由于企业所需人才素质要求较高，而求职者难以达到用工单位的标准要求。

（三）就业及培训信息还不够畅通

首先，大多数求职者社会关系简单，主要社会关系涉及家人亲戚等“血缘”关系，依靠邻里等“地缘”关系；因而通过这些关系能够找到的就业机会就非常有限。其次，由于求职者文化素质较低，虽然政府组织了不少免费的技能培训，“定单培训”并推荐就业，但是许多求职者他们并不知道有这样的培训和就业机会。特别是由于求职人员居住零散，难以一一通知到个人，加上乡村信息流通体制不畅，培训和就业推荐难以达到预先的目的，于是造成一些资源的浪费。

（四）没有形成较为完善的求职人员培训体系

虽然市劳动就业服务局和农村劳动力转移办公室组织的培训不少，也取得了一定的成效，但是培训分工还不够细化，针对性还不够强，也还没有真正形成较为完善的培训体系。不仅培训周期短暂，而且较为简单重复，没有逐渐加大技能培训的技术等级，以及深入进行“累进工”培训。

（五）对外出打工者提供的维权帮助还不够充分完善

一般认为：农村富余劳动力外出打工了，就已经实现了劳动力转移和输出就业，也就不需要更多操心了，因而对外出打工的人员几乎没有再提供什么帮助。但是事实上，许许多多的外出打工者有很多都遭受过不同程度的权利侵害，千辛万苦地工作却领不到应该得到的工钱的情况时有发生，而相关部门也未能及时对这部分人提供完善的权利保障服务。

（六）相关部门所提供的培训和就业服务与求职者的需要存在着一定的差距

求职者最需要的是什么？首先是积极主动为其自谋职业或自主创业提供各项优惠政策支持，需要相关部门全力以赴地组织开展创业“贷免扶补”工作；其次是及时有交往地提供就业信息，引导其就业创业；第三是创造就业机会，完善培训机制，在发生劳动纠纷时为其维权等。因此，只有充分了解求职者的需求，才能为其提供相应的服务，这是今后必须解决的首要问题和工作出发点。

三、促进城乡一体化就业的建议措施

随着新成长劳动力就业和安宁城市化进程的加

快，以及农村富余劳动力转移就业和经济结构调整中大量失业人员再就业的矛盾相互交织，这就决定了解决城乡一体化就业再就业问题具有长期性、艰苦性和复杂性。党的十七大已经把加快以改善民生为重点的社会建设摆到更加突出的位置，特别是对就业再就业等各个方面进行了全面统筹部署，为今后做好城乡就业再就业工作指明了方向、提供了动力。这就要求我们必须自觉地把思想和行动统一到党的十七大精神上来，认真学习和正确把握科学发展观的核心要求和构建社会主义和谐社会的重大意义，努力推进我市城乡一体化就业再就业工作又好又快发展，不折不扣地把党和国家的一系列惠民利民政策落到实处。

实施城乡一体化就业再就业工作不仅涉及到千家万户的切身利益，而且需要政府有关部门与劳动就业部门的通力合作，必须下大决心花大力气，认真对待才能实现城乡之间、下岗失业人员和农村富余劳动力之间的平等就业。虽然从中央到地方，都对劳动者就业、维权等问题提高了重视程度，但是受公共就业服务体系缺失、城乡社会保障差异、歧视性就业政策障碍、群体自身素质偏低等因素影响，劳动者在就业再就业问题上相对呈现弱势。如果劳动者的合法权益得不到充分保障，不利于稳定就业，抑制了劳动者的社会融入、消费或投资，延缓了工业化和城镇化的进程，有碍城乡一体化发展；更不利于经济可持续发展及社会稳定和谐。为此，深入学习实践科学发展观，加快建立城乡统筹就业机制，实现城乡一体化人力资源市场，促进城乡劳动者平等就业，对于保障城乡劳动者一视同仁地享受党和政府的民生政策尤显重要。建议与措施如下：

（一）建立管理城乡一体化就业再就业的组织体系，为统筹规划和管理城乡就业再就业工作提供政策支持

建立统一结构，切实把解决农村就业问题摆到重要位置，统筹规划和管理城乡劳动力的就业再就业问题。在做好城镇就业再就业工作的同时，积极推进农村劳动力向非农产业和城镇转移就业。建立起跨地区就业劳动力管理信息沟通机制，统筹城乡劳动力转移就业和稳定就业。

（二）建立覆盖城乡的公共就业再就业服务体系，进一步实现城乡劳动者就业服务均衡化

进一步完善公共就业服务网络布局，建立健全街道社区和乡镇村组公共就业服务网络。在完善已经搭建起来的基层就业服务平台的基础上，尽快落实行政村组就业服务机构建设，实现公共就业服务网络的全面覆盖。做到：市、镇（街道）、社区（村组）3级网络的机构、编制、经费、场所、人员全部落实，将就业信息、培训信息、政策咨询和职业介绍等公共就业服务延伸到最基层。建立和完善统一的人才劳动力资源市场，通过金保工程整合劳动力市场、人才市场、大学生就业市场的就业信息，促使城乡就业真正做到：坚持同一政策，落实同一待遇，提供同一服务，构建同一平台，逐步缩小和消除社会劳动者城乡就业的差别，并实现平等就业。

（三）建立覆盖城乡的职业培训体系，为城乡劳动者提高就业能力和创业能力提供有效的服务

抓紧抓好抓实职业培训体系既是促进城乡一体化就业再就业的重要内容，也是对各类求职人员最大、最好和最有效的援助。在统筹规划、整合现有资源的基础上，重点建设和培育一批骨干职业教育培训基地，形成覆盖城乡、布局合理、开放灵活的职业培训体系。进一步提高劳动力的自身素质，即时调整心理状态，促使其转变就业观念，优化职工培训体系，为全市劳动力提供一切可能的职业技能学习机会，不断提高他们的整体文化素质和业务技术能力，促进“体能就业”向“技能就业”的转变。

总之，切实做好城乡一体化就业再就业工作既是一项长期的战略任务，也是一项艰巨而繁重的工作；既是增加劳动者收入、维护社会稳定的客观要求，又是推进城市化发展进程、确保国家长治久安的重要途径。只有坚持以经济发展促进城乡就业、扩大就业规模和改善就业结构，认真学习借鉴成都双流经验，大力开展“全民创业”活动，始终不渝地将经济持续健康发展的过程变成社会就业持续扩大的过程，把城乡二元经济转换的过程变成统筹城乡就业过程，才能在重点解决特殊困难群体就业再就业问题的基础上，切实做好城镇新增劳动力就业，积极推进和正确引导农村富余劳动力向非农产业和城镇转移就业，为全面建设小康社会和开创中国特色社会主义事业新局面做出新的贡献。

〔作者单位：安宁市劳动和社会保障局〕

安宁市“两新”组织党建工作的调查与思考

徐文泉

新经济组织和新社会组织（简称“两新”组织）不断发展壮大，已经形成了一个强大的新社会阶层。“两新”组织具有高度市场化和非公有制性质的特征，其人员构成多样，利益关系复杂，党建工作薄弱。因此，“两新”组织中的党建工作是现阶段党建工作的重点和难点，也是各级党组织高度关注和重视的一项工作。胡锦涛同志指出："规模以上非公有制企业党建工作进展显著，要在继续抓好组建党组织工作的同时，努力探索和总结党组织在非公有制企业中发挥作用的经验"。几年来，安宁市的"两新"组织党建工作取得了明显成绩，但与新形势的要求还有一定的差距。经认真调研，形成此调研报告。

一、基本情况

安宁市有私营企业807户，从业人员15 234人，注册资本264 738万元，其中，从业50人至99人且营业收入500万元以上和从业人员100人以上的规模以上的非公有制企业中具备条件的40家建立了党组织；有新社会组织90个，其中：社会团体57个，建立党组织1个（个体私营经济协会党支部）；民办非企业单位33个，建立党组织1个（博才学校党支部）。

"两新"组织基本情况统计表

		新经济组织	新社会组织	合　计
单位数量		807	90	897
从业人数		15 234	908	16 142
建立党组织数量		40	2	42
党员数量（人）		694	20	714
党员结构分析	女党员数	40	3	43
	35岁以下	56	15	71
	大专以上	58	4	62

在42家"两新"党组织中可分为五种情况：一是确定了党组织负责人，有活动场所，有经费保障，开展活动正常，台帐资料齐全的15家；二是确定了党组织负责人，有活动场所，有一定活动经费，开展活动基本正常，有台帐资料但不齐全的16家；三是确定了党组织负责人，无活动场所，有一定活动经费，活动不够正常，无台帐资料的6家；四是暂时无活动场所，未开展活动的1家。五是党组织机构已经审批，但是还没有建立的4家。

二、主要做法及经验

（一）高度重视 加强领导

市委高度重视"两新"组织的党建工作，把"两新"组织党建工作摆在重要议事日程，切实加强领导和指导。一是市委召开了全市"两新"组织党组织组建工作会，下发了《关于抓紧做好我市非公有制企业党组织组建工作的通知》。二是为了加强管理，出台了《关于进一步加强"两新"组织党建工作的意见》，并印制下发了《党支部手册》和《党员手册》，在党建目标工作考核中把"两新"党组织纳入目标考核范围。三是为提高"两新"组织党建工作的质量，市委组织部定期分析"两新"组织党建工作的情况，并先后深入到海湾茶叶有限公司等"两新"组织指导党建工作。

（二）建立机构 理顺关系

按照党组织属地管理的原则，召开了"两新"组织党建工作经验交流会，培育了青龙伟中机电铸造厂党支部示范点，镇（街道）建立企业党总支或由党委直管的方式，加强对所属范围内规模以上非公有制企业党组织的管理和考核。对于部分专业性强、行业特点明显的企业，党支部归口行业主管部门党组织管理，如：新社会组织中的个私协会党支部隶属于工商局党总支管理，博才学校党支部隶属于教育局党委管理。确保"两新"组织党建工作的覆盖面横向到边、纵向到底，不留空白点。

（三）联席会议 齐抓共管

由市委组织部牵头，公安、教育、卫生、民政、劳动和社会保障、工商联、总工会、团市委、妇联等相关部门领导组成联席会议，每半年召开一次，充分发挥职能部门的作用。在党组织的领导下，"两新"组织工青妇群团组织也相应的建立并能按照各自的章程开展工作，形成了以党建带团建，工建和妇建，党群工作一体化，各部门齐抓共管的良好局面。

（四）选派人员 搞好联系

市镇两级共选派36名指导员和联络员加强对"两新"组织党建工作的指导，同时各镇积极建立领导干部联系指导"两新"组织的党建工作制度，领导干部定期深入"两新"组织指导党建工作并通过加强联系和沟通，积极帮助"两新"组织解决实际困难，得到了"两新"组织的理解和支持，为"两新"组织党组织开展活动创造了良好条件。

（五）结对共建 双向培养

各镇（街道）按照就近就便的原则，将"两新"组织党组织与附近村（社区）党组织进行结对共建，充分发挥村（社区）党组织人员、资源、信息等方面的优势，对"两新"组织开展党建工作进行帮带和支持；抓好"两新"组织入党积极分子培训和发展党员工作，不断改善"两新"组织党员队伍结构，层层签订党建工作目标责任，结合"两新"组织工作实际，突出"两新"组织生产效益，广泛开展结对帮扶、岗位练兵、"双向培养"等主题实践活动和寓教于乐的文体活动，努力提高党建工作在"两新"组织中的吸引力，通过以上活动加强了"两新"党组织的自身建设，增强了党的工作能力。

三、存在的主要问题和困难

（一）领导重视不够

部分党组织和党员干部对"两新"组织党建工作存在模糊认识。有的认为，"两新"组织性质特殊，党员人数少，建不建党组织关系不大；有的认为，“两新”组织情况复杂，党建工作不好开展，有畏难情绪；部分党组织和党员干部轻视“两新”组织在推动经济和社会发展中的作用，对“两新”组织党建工作重视不够。甚至出现党的组织机构已经审批，但至今未建立党组织的现象。

（二）业主认识不足

部分“两新”组织业主对党建工作缺乏正确的理解，担心党组织建立后会干预企业的经营决策，打乱企业的正常生产秩序，削弱和制约他们的权利，影响企业的生产经营，加大管理成本，党支部开会学习，开展活动要加大经费支出，认为多一事不如少一事，因而对建立党组织缺乏理解和支持。个别党组织由于业主认识不足，拖延建党组织的工作。在业主这种思想支配下，即使建立了党组织的，党建工作也难以正常开展。

（三）党务工作不熟

“两新”组织少数支部书记和党务工作的兼职人员对党务工作业务不熟悉，对常规的“三会一课”制度的内容不清楚，找不到活动的方式和内容；有的虽然有活力，但记录不认真，不规范，台帐不齐全；有的对党务工作的相关程序不清楚，如对发展党员工作程序简单。同时因为兼职，抓党建工作的时间和精力没有保障，兼职党务人员的待遇得不到落实。

（四）组织活动不正常

有些“两新”组织党组织由于时间、经费没有保证，导致“有组织无活动”的现象十分突出，党组织的政治核心作用和战斗堡垒作用得不到有效发挥。有些党员头脑中存在着“雇佣”思想，认为都是打工仔，谈不上什么带头作用，因而使党员的先锋模范作用难以发挥。绝大部分党组织没有活动场所，有的有活动场所，制度不完善，管理不规范。还有的党支部党员人数较少，党员流动性大，遇到一两个党员外出或有事，或上下班时间不同，支部活动就难以开展。

四、主要对策和措施

（一）加大宣传 形成氛围

要加大“两新”组织党建工作的宣传力度，充分利用广播、电视、板报、标语、报纸等媒体，大力宣传加强“两新”组织党建工作的重要意义，认真总结“两新”党建工作经验，大力宣传“两新”党建工作典型。召开各种类型的座谈会，互相交流经验，互相参观学习。做到座谈交流消疑心，宣传典型化担心、实地感受下决心。为加强两新党建工作创造良好的舆论氛围。

（二）加强培训 提高素质

要加强“两新”组织党务工作的培训，通过办培训班、搞讲座、参观考察等方法尽快帮助从事党务工作的人员熟悉党务工作，提高理论水平和党务知识水平。举办党务知识培训班，使“两新”组织的党支部书记和党务工作者明确职责任务，提高思想认识，切实履行职责，做好日常党务工作，规范各种台帐，完善各项规章制度。

（三）完善制度 促进工作

进一步搞好“两新”组织党建工作指导。可以从已改任非领导职务尚未退休并且熟悉党务工作的科级领导干部中，抽调部分人员充实到联络员和指导员队伍中去，并切实抓好联络员的队伍建设，明确联络员的职责任务、权利义务，加强责任感，把工作抓到实处，加强对“两新”组织党建工作的指导，定期召开联系会议制度，加大检查督促的力度，切实提升两新组织党建工作水平。

（四）典型引路 示范带动

选择一些做得比较好的“两新”组织党组织，加大扶持力度，帮助进一步完善和规范台帐资料，提供经费保障，培植“两新”组织党建工作先进典型，组织“两新”党组织人员进行学习参观，并通过开展党员示范岗，党员责任服务区，一个党员一面旗活动，充分发挥示范辐射作用。对未建立党组织的“两新”组织提出组建目标，时间进度，具体要求，不断扩大党建工作覆盖面，推动“两新”组织党建工作上台阶，扩大党组织的影响力、吸引力、号召力。促进“两新”组织上规模、增效益、聚活力。

〔作者单位：中共安宁市委组织部〕

附　录

安宁市人民政府关于批转安宁市投资项目绿色通道审批实施细则（试行）的通知

各镇人民政府，街道办事处，市政府各有关单位：

《安宁市投资项目“绿色通道”审批实施细则（试行）》已经市四届人民政府第十七次常务会研究同意，现批转给你们，试行一年，请认真遵照执行。

二〇〇九年六月十七日

安宁市投资项目“绿色通道”审批实施细则（试行）

市为民服务中心

为进一步改进审批方式，简化审批程序，提高行政审批效率，加快招商引资项目推进，根据安宁市投资项目“绿色通道”审批办法，制定本细则。

一、项目范围

凡进入我市“绿色通道”审批的投资项目，需符合以下条件之一：

（一）符合国家法律法规、产业政策的投资项目。

（二）对全市产业带动性强、关联度高的项目。

（三）省、昆明市及安宁市政府确定的重点投资项目。

二、审批方式

（一）对符合上述条件的投资项目，全市具有审批职能的单位或部门，应按绿色通道审批程序要求，密切配合，优先办理，快速办结。

（二）将现行的串联审批调整为并联审批，进一步优化审批流程，压缩审批时限。

（三）对进入绿色通道审批的项目，从收入到申报者提交的合法、有效、齐全的材料之日起，在安宁市市级审批权限范围，各单位必须严格按审批事项承诺时限，完成所有审批、审核或上报事项。

（四）建立绿色通道项目初审制度。对进入绿色通道的投资项目，由市发改局（招商局）牵头，根据投资项目的需要，召集绿色通道成员单位市发改局（招商局）、工商局、规划局、建设局、环保局、国土资源局、林业局、水务局、文体旅游局、卫生局、公安局、消防大队召开项目初审会议。

三、审批程序

凡进入“绿色通道”的投资项目，均依据以下程序办理各项审批事项。

（一）项目初审。

1. 初审资料提供。各招商单位根据市招商局提供的投资项目初审资料标准要求，将准备齐全的初审资料以电子文档方式报送市招商局。市招商局进行审核，对投资项目初审资料描述不全面的要求招商单位补充完善，重新报送；对投资项目初审资料齐全的要求市招商局尽快了解该投资项目的整体介绍，同时确定参加项目初审单位名单，并将初审项目相关资料通过电子公文交换及时传送各参审单位。

2. 召开初审会议。由市发改局（招商局）牵头，利用政务服务中心每周一下午或周四上午值班领导进中心的时间，召集项目涉及单位对投资项目基本情况 逐一进行初审，项目情况介绍由市招商局负责。初审会上，各相关单位必须对初审项目作出“同意”或“不同意”的明确意见。在各参会单位分析研究的基础上，形成项目初审意见。对没有通过项目初审的投资项目，由市招商局书面通知招商单位，要求说明没有通过初审的原因，招商单位转告投资客商该项目没有通过初审。严把入口关，确保我市招好商、招大商的目标。

（二）项目终审。

通过项目初审的投资项目或因特殊原因无法确定的投资项目，由市招商局上报市政府，经市政府研究决定，批复可以报批用地的投资项目，形成项目终审意见。

（三）项目申报资料准备。

对通过项目终审的投资项目，由市招商局书面通知招商单位，招商单位与投资客商和市政务服务中心联系，确定时间由各窗口单位统一提供投资项目所涉审批事项的申报资料清单，投资客商依据清单要求准备各种申报资料。

（四）审批程序。

第一阶段：市发改局出具建设项目可行性研究报告批复文件、项目核准批复文件或备案证；市规划局依据政府批复进行初步选址和用地红线图；市国土资源局审核项目用地范围是否符合土地利用总体规划、进行用地初审及预审报批，形成建设用地初审及预审意见；市工商局核准名称，并发给筹备阶级的营业执照。

第二阶段：市国土资源局出具项目用地应安置农业人口数告知函；市劳动和社会保障局出具被征地农民社会保障措施落实情况说明和昆明市劳动和社会保障局的审核意见；市规划局出具选址意见书、用地红线图和建设用地规划许可证（以出让方式提供国有土地使用权的，市规划局在收入到投资客商持有的国有土地权出让合同及相关资料后，核发建设用地规划许可证）；市环保局出具环境影响评价批复文件。

投资项目涉及林地占用、水利设施、文物保护区、公路建设、消防等内容的，市林业局、水务局、文体旅游局、交通局、公安局等单位要并联提供相应批复意见。

第三阶段：市国土资源局出具审查意见报市政府，批准后向上级土地主管部门申请用地报批；用地报批完成后，市规划局核发建设工程规划许可证，并对批准的建筑物进行放线、验线等批后管理；各相关单位并联办理各种相关证照。

（五）跟踪服务。

对需上级主管部门审批才能办结的审批项目，窗口单位必须主动加强与上级主管部门的协调和对接，力争用最短的时间办结。

四、保证措施

（一）凡进入绿色通道审批的投资项目，一律在市政务服务中心集中办理。各职能部门要依照有关法律法规，按投资项目绿色通道审批程序，严格履行审批职能，做到快速办结。对擅自增加审批程序的单位，一经发现，要严肃处理。

（二）各职能部门要加强沟通，通力合作，审批过程中涉及到各审批部门间的事宜，由市政务服务中心协调解决。

（三）充分发挥行政审批电子监察系统的作用，对具有行政审批项目的21个窗口单位全部进入行政审批电子监察，认真做到及时提醒和全过程监察，确保审批项目按时办结。并运用电子监察系统评价功能，每月将各窗口单位行政审批项目办理交通综合测评结果向社会公布。

（四）市财政局要加大对政务服务中心工作经费的投入，确保政务服务中心各项工作经费的及时到位。

（五）各审批部门应建立与投资项目绿色通道审批相适应的内部审批制度，进一步优化内部审批环节，明确责任，加强督办，确保绿色通道畅通高效地运行。

五、其他

本实施细则自公布之日起试行。

安宁市人民政府关于印发重大决策听证等四项制度实施细则的通知

各镇人民政府、街道办事处，市政府各办、局，管委会：

经市人民政府同意，现将《安宁市人民政府重大决策听证制度实施细则》、《安宁市人民政府重要事项公示制度实施细则》、《安宁市人民政府重点工作通报制度实施细则》、《安宁市人民政府政务信息查询制度实施细则》印发给你们，请结合实际，认真组织实施。

二〇〇九年五月七日

安宁市人民政府重大决策听证制度实施细则

第一条 为贯彻落实《云南省人民政府重大决策听证制度实施办法》，进一步完善科学、民主、依法决策机制，规范行政决策行为，提高决策的透明度和公众参与度，切实保障人民群众的知情权、表达权、参与权、监督权，提高行政决策的科学性、民主性，结合安宁实际，制定本实施细则。

第二条 全市所属行政管理部门和法律、法规、规章授权的具有管理公共事务职能的组织（以下简称行政机关）在重大决策（以下简称决策）前，组织听证，适用本实施细则。

第三条 决策听证应当遵循公开、公正、客观、全面、高效、便民的原则，面向社会公开举行，并接受社会监督。国家法律、法规、规章已有具体规定的听证，从其规定。

第四条 市政府法制办负责决策听证制度的推进工作，对行政机关的听证工作进行指导，并会同市监察局对听证工作进行监督检查。

第五条 下列决策应当举行听证：

（一）起草和制定涉及公众重大利益的规范性文件；

（二）编制国民经济和社会发展规划、年度计划，制定宏观调控和改革开放的重大政策措施；

（三）编制、变更或者修改城市总体规划、镇（街道）规划、土地利用总体规划、自然资源开发利用总体规划及其相关的近期建设规划、控制性详细规划等，以及生态环境保护、道路交通规划等专业规划和专项规划；

（四）制定或者调整产业发展规划、产业区域布局规划；

（五）可能对生态环境、城市功能造成重大影响的建设或者投资项目。

（六）总投资额1亿元以上政府投资项目、5000万元以上国有资产处置方面的事项；

（七）土地矿产管理、劳动就业、社会保障、科技教育、文化卫生等方面的重大措施；

（八）制定或者调整水（含污水处理费）、气、公共交通（含公共汽车、出租车）、城市生活垃圾处理等涉及公共利益的价格和收费标准；

（九）制定与调整重大突发公共事件应急预案，或者制定与公共安全直接有关的重大行政措施；

（十）城市交通主干道需要采取重大交通管制6个月以上的；

（十一）其他涉及人民群众集中反映的热点、难点问题决策事项；

（十二）其他需要进一步了解情况、广泛听取群众意见的重大事项；

（十三）其他关系基础性、战略性、全局性的决策事项；

（十四）法律、法规、规章规定应当听证的其他决策事项。

第六条 拟作出重大决策的行政机关是听证机关，行政主要领导是第一责任人，办公室负责人是具体责任人，具体负责本实施细则第五条规定决策事项的听证工作。

两个以上行政机关共同作出决策的，牵头机关或者主办机关是听证机关。

经听证机关书面委托，有关行政机关可以作为听证机关组织听证。

第七条 拟作出的重大决策在举行听证前，听证机关应当报市政府法制办进行法律审查。其中，涉及到专业性、技术性较强的，应经有关领域专家进行论证。

第八条 听证会举行10个工作日，听证机关应通过政府网站、新闻媒体向社会公告听证事项、听证代表名额及生产方式等相关内容。在听证会举行7个工作日前，确定听证代表，并向社会公布听证会举行的时间、地点、听证会参加人员名单。

听证机关在组织听证的过程中，应向社会广泛征求意见。

第九条 公民、法人和其他组织认为行政机关拟作出的决策属于应当听证的范围，而拟作出决策的行政机关未启动听证程序的，可以向决策机关提出举行听证的申请。

听证申请应采用书面形式，载明申请听证的事项、理由、申请人、行政管理人等内容。

决策机关收入到听证申请书后，应及时组织研究，对于符合听证条件的，应当在5个工作日内决定予以受理，并自受理之日起20个工作日内组织听证；对于不符合听证条件的，应在5个工作日内书面告知并说明理由。

第十条 听证会参加人员应当包括：听证委员、听证记录人、决策发言人、听证代表、听证监察人、旁听人等。

听证委员会由听证主持人和委员3个以上奇数组成；听证主持人听证机关的主要领导或者分管领导担任；听证委员从听证机关和有关部门产生；听证记录人由听证机关指派；决策发言人由决策机关有关负责人担任；听证监察人由市政府法制办、市监察局和市目督办指派；旁听人由社会公众自愿报名，经听证机关确认。

第十一条 听证代表应当具有广泛性和代表性，主要从以下人员中产生：

（一）重大决策事项涉及到的利害关系人代表；
（二）社会普通公众代表；
（三）人大代表和政协委员；
（四）熟悉听证事项的行业专家学者、专业技术人员、相关企业和技术部门的代表；
（五）法律工作者；
（六）听证机关认为应参加的代表。

前款第（一）、（二）项的听证代表主要由公民、法人或者其他组织向听证机关提出申请，申请人超过预定听证代表人数的，由申请人自行推荐或者听证机关采取随机选取的方式产生。前款第（三）、（四）、（五）、（六）项的听证代表可以由听证机关直接邀请产生，或者由听证机关委托有关组织推荐。

第十二条　听证机关根据听证事项合理确定听证代表人数，但不得少于15人，其中重大决策事项涉及到的利害关系人和社会普通公众代表人数不得少于听证代表人数的1/3（其中利害关系人代表人数应多于社会普通公众代表人数）。

听证会应当在有2/3以上听证代表出席时方可举行，实际出席人数不足应出席人数2/3的，应当延期举行听证会。

公民、法人或者其他组织要求旁听听证会的，应在听证会参加人员名单确定前，向听证机关提出书面申请。旁听人数及产生方式由听证机关确定。

第十三条　听证会举行3个工作日前，听证机关应将以下资料送达听证代表：
（一）听证会通知书；
（二）拟作出重大决策事项的基本情况；
（三）拟作出重大决策事项的可行性说明；
（四）有关统计、调查分析材料；
（五）听证机关的联系方式；
（六）听证机关认为有必要提供的其他资料。

有关机关应当对所提供材料的客观性、真实性、准确性负责。

第十四条　听证会按照下列程序进行：
（一）主持人宣读听证事项和听证会纪律；
（二）核实听证会代表身份；
（三）告知参加人权利义务；
（四）决策发言人如实说明决策方案的内容、依据、理由和有关背景资料；
（五）听证代表质询、提问和发表意见；
（六）决策发言人答辩；
（七）听证代表作最后陈述；
（八）听证委员合议；
（九）主持人总结和归纳各方代表的主要观点和理由；
（十）听证委员、听证代表和决策发言人、听证监察人对听证会笔录进行审阅并签名。

第十五条　听证机关应当如实记录听证全过程，并根据听证记录形成书面听证报告。听证报告应当客观、真实反映听证代表提出的意见、建议。听证报告应当包括以下内容：
（一）听证事由；
（二）听证会举行的时间、地点；
（三）听证主持人、记录人、监察人、听证代表人基本情况 ；
（四）各方听证代表提出的主要观点、理由、意见和建议；
（五）决策发言人的陈述和答辩；
（六）听证机关对听证情况的评说，包括对拟作出决策的赞同意见、反对意见、其他意见及其主要理由作出的客观归纳和总结；
（七）其他有关情况。

听证报告应有听证机关印章，并附听证笔录和发给听证代表的相关资料。

第十六条　在听证会结束后的5个工作日内，听证机关应按照下列要求，将听证报告报政府法制办审查：
（一）市政府组织的听证会，报昆明市政府法制办审查；
（二）各行政单位组织的听证会，报安宁市政府法制办审查；
（三）安宁市政府法制办组织的听证会，报昆明市政府法制办审查；

对于情况特殊，需要延长时间报送听证报告的，应经报送审查的法制办同意。

第十七条　负责审查的政府法制办应在5个工作日内对听证代表构成和听证程序符合规定、材料齐全的听证报告，提出审查意见。

第十八条　听证会后10个工作日内，听证机关应将经审查的听证报告送交听证代表，并在政府网站或新闻媒体、政务服务中心以及公共场所设立的政府信息公示栏，向社会公众公布听证情况。

第十九条　经审查的听证报告是决策机关作出决策的依据。

对于未按照本实施细则举行听证的决策事项，不得提交政府常务会议、本部门领导办公会议讨论通过。

对半数以上听证代表持反对意见的决策事项，决策不得通过，决策机关应当调整决策方案，并按照听证程序重新举行听证。

对于情况紧急，不及时施行将会影响公共利益、人民群众切身利益的决策事项，经市政府批准，可以醒悟调整本实施细则规定的时限。

第二十条　听证机关应当邀请新闻媒体参加听证会，接受新闻媒体的监督。

第二十一条　市监察局要加强对重大决策听证制度贯彻落实情况的监督检查，对违反本实施细则，有下列情形之一的，依照行政问责的有关规定问责；涉及犯罪的，移交司法机关依法追究刑事责任：
（一）决策机关应当听证而未听证的、无正当理由不采纳合理意见和建议的、不答复听证申请，造成不良影响的；
（二）听证机关在公告听证事项、遴选听证代表、主持听证会议、撰写听证报告和办理听证事务的过程中，违反本实施细则，造成不良影响，或者听证报告严重失实的；

（三）决策机关或者决策发言人不出席或者不派员出席听证会，或者在听证会上作不实陈述；

（四）有关机关提供虚假信息或者虚假、错误资料的；

（五）决策机关未将经审查的听证报告作为决策依据的。

第二十二条 市政府将重大决策听证制度实施情况纳入行政交通考核、目标管理和绩效考评范围。

第二十三条 听证机关组织听证应当提供必需的场地、设备和其他工作条件，组织听证不得向行政管理相对人收入取或者变相收取任务费用。

第二十四条 各镇人民政府（街道办事处）、市政府组织部门、直属单位、派出单位、协管单位，就根据本实施细则，结合工作实际，制定本单位重大决策听证制度实施工作方案，拟订重大决策的具体范围和量化标准。

各单位制定的实施工作方案应向社会公告，并报送市政府法制办、市监察局和市目督办备案。

第二十五条 本实施细则自公布之日起施行。

安宁市人民政府重要事项公示制度实施细则

第一条 根据昆明市人民政府推行重大决策听证、重要事项公示、重点工作通报、政务信息查询的相关规定及《安宁市实施阳光政府四项制度工作方案》，结合实际，制定本实施细则。

第二条 本实施细则适用于各镇人民政府（街道办事处）、市政府组成部门、直属单位、派出单位、协管单位。

第三条 各镇人民政府（街道办事处）、市政府组成部门、直属单位、派出单位、协管单位是重要事项公示的责任主体。其行政主要领导是第一责任人，办公室负责人是具体责任。

第四条 重要事项公示遵循依法行政、全面真实、程序规范、及时便民的原则。

第五条 各部门、单位实施事关经济社会发展和人民切身利益的下列重要事项，在实施前应当向社会公示。

（一）价格调整、收费等政策措施；

（二）民生保障、弱势群体扶助等政策措施；

（三）地区、行业改革和发展的重大部署、实施计划等；

（四）地方经济和社会发展规划、专项规划、区域规划及相关政策等；

（五）城乡建设、土地利用、自然资源和环境保护等规划的制定与调整；

（六）重点基础设施建设、重大公益事业建设等；

（七）公务员招考录用、职称评定、评优评先、表彰奖励等；

（八）需要公示的其他重要事项。

第六条 可以采取以下方式进行公示：

（一）政府网站、政府电子政务信息屏、政务信息查询系统等；

（二）机关办公区、档案馆、公共图书馆及公共场所设立的政务信息公开栏等；

（三）报刊、电视、广播等新闻媒体；

（四）新闻发布会；

（五）其他便于公众知晓的方式。

第七条 重要事项公示严格执行以下公示程序。

（一）事项确定：属于市人民政府拟公示的重要事项，由市人民政府授权的主管部门按程序报保密部门审定后，报政府全体会议或常务会议审批同意。各镇人民政府（街道办事处）、市政府组成部门、直属单位、派出单位、协管单位拟公示的重要事项，由各单位研究并组织公示。

（二）组织实施：属两个以上行政机关提出的公示事项，由牵头机关按程序负责组织。

（三）公示事项应包括的内容：

1. 拟公示的重要事项的基本情况，即可行性说明、有关统计数据、调查分析材料、主要依据等；

2. 所需的相关材料；

3. 公示的起止时间；

4. 发布单位及发布时间；

5. 收集群众反馈意见、建议的渠道；

6. 决策机关认为需要公示的其他内容。

（四）公示时间：

1. 执行上级的各项重要事项，不需要制定具体政策的，应在 15 个工作日内进行公示；需要充分调研、制定具体政策的应及时制定工作计划，并向上级机关报告，在上级机关审定之日起 15 个工作日内进行公示。公示时间一般不少于 10 个工作日。

2. 本级行政机关决定的重要事项，公示组织机关应在确定重要公示事项之日起 15 个工作日内予以公示，公示期根据重要事项的具体情况确定，但不得少于 5 个工作日。

第八条 申请公开的重要事项，行政机关认为申请公开的信息涉及商业秘密、个人隐私，公开后可能损害第三方利益的，应书面征求第三方的意见；第三方不同意公开的，不得公开。但行政机关认为不公开可能对公共利益造成重大损害的，应予以公开，并将决定公开的信息内容和理由书面通知第三方；属于不予公开范围的重要事项，应当告知申请人，并说明理由。

法律法规和上级文件对需要公示的事项有明确规定的按规定执行。

第九条 公示组织应当科学编制公示方案，严格审定公示文件，周密组织公示活动，认真归纳公示意见，主要接受监督。

第十条 组织公示的单位，应广泛收集并分析群众对公示内容的意见和建议，充分采纳合理建议，需要进一步征求意见的，可通过组织听证会、座谈会、论证会或专题协调会等收集意见。

第十一条 公示结束10个工作日内，公示组织机关要将公示的基本情况、意见和建议的收集及采纳情况书面报告市政府办、市监察局、市目督办；

公示报告应当包括以下内容：

（一）公示的基本情况；

（二）收集的主要意见、建议及理由；

（三）对主要意见、建议的处理情况。

第十二条 市人民政府办公室负责重要事项公示制度协调推进工作。

第十三条 市目督办负责对重要事项公示情况开展监督检查，切实推进全市重要事项的公示工作，建立定期不定期督查机制，确保制度落实到位。

第十四条 市广电局负责制定推行重要事项公示的宣传方案，组织新闻媒体广泛深入宣传，报道典型经验，动员全社会关注和参与。

第十五条 市监察局负责重要事项公示制度的监督检查工作，对推进贯彻不力或不正确执行造成不良影响和后果的，依照行政问责办法的有关规定对责任人进行问责。

第十六条 法律法规及上级文件对公示有明确规定的，从其规定。

第十七条 本实施细则由市人民政府办公室、市目督办负责解释。

第十八条 本实施细则自公布之日起施行。

安宁市人民政府重点工作通报制度实施细则

第一条 根据云南省人民政府推行重大决策听证、重要事项公示、重点工作通报、政务信息查询的相关规定及《安宁市实施阳光政府四项制度实施工作方案》，结合安宁实际，制定本实施细则。

第二条 本实施细则适用于各镇人民政府（街道办事处）、市政府组成部门、直属单位、派出单位、协管单位。

第三条 各镇人民政府（街道办事处）、市政府组成部门、直属单位、派出单位、协管单位是重点工作通报的责任主体，行政主要领导是重点工作通报的第一责任人，办公室负责人是具体责任人。

第四条 重点工作通报遵循依法依规、公开透明、全面真实、及时便民的原则，坚持工作通报与工作落实相结合，加强监察与行政责任相结合。

第五条 各镇人民政府（街道办事处）、市政府组成部门、直属单位、派出单位、协管单位推进和完成以下重点工作应向社会进行通报。

（一）年度工作重点和落实情况（包括重要决策、重大建设项目、重点工作）；

（二）涉及重大公共利益和群众切身利益的工作进展情况及工作成效；

（三）向社会公布的服务承诺事项和兑现情况；

（四）上级党委、政府确定的重点工作和重大建设项目涉及我市任务的落实和完成情况；

（五）本辖区内重大突发事件的处置情况；

（六）社会公众普遍关注的热点、难点问题和处理情况及其他应向群众通报的重要事项。

（七）人大代表、政协委员对政府和部门工作的意见、建议、提案办理落实情况；

（八）法律、法规规定应当通报的事项。

第六条 重点工作采取便于公众知晓的方式进行通报。

（一）政府网站、政府电子信息屏、政务信息查询系统、行政机关办公区、公共场所政务信息公开栏等；

（二）报刊、电视、广播等新闻媒体；

（三）市人民政府发布公告（含政报、政务通讯等）；

（四）政务服务中心；

（五）网上开展在线访谈活动；

（六）其他便于公众知晓的方式进行通报。

第七条 重点工作通报应严格按照法律、法规和相关程序，经保密部门审核后组织实施。

（一）市人民政府通报的重点工作，经市人民政府全体会议或常务会议同意后，由市人民政府办公室或负责重点工作实施的部门负责通报；

（二）各镇人民政府（街道办事处）、市政府组成部门、直属单位、派出单位、协管单位通报的重点工作，由各部门按规定自行组织通报并报市人民政府办公室、市人民政府法制办、市监察局、目督办备案。

第八条 重点工作通报应包括以下具体内容。

（一）重点工作的目标、任务、完成时限等内容；

（二）重点工作实施的范围、责任部门和负责领导；

（三）重点工作实施进展情况；

（四）责任部门收集群众反馈意见、建议的

渠道；

通报内容应实事求是、通俗易懂，统计数据和有关资料必须详实可靠。

第九条　申请通报的重点工作，负责单位认为通报的信息涉及商业机密、个人隐私，通报后可能损害第三方的，应书面征求第三方意见，第三方不同意通报的，不得通报。但行政机关认为不通报可能对公共利益造成重大影响的予以通报，并将决定通报的信息内容和理由书面通知第三方。属于不予通报范围的重点工作，应当告知申请人，并说明理由。

第十条　下列事项，每个季度通报一次，于下一季度第一个月的10日前进行通报。

（一）涉及重大公共利益和群众切身利益的工作进展情况及其成效；

（二）重点项目建设的进展情况；

（三）向社会公布的服务承诺事项落实情况。

第十一条　公众关注以及其他应向社会通报的重要事项，应适时进行通报。重大突发事件应及时进行通报。

第十二条　市目督办负责重点工作通报督查推进工作，定期开展督促和检查，确保制度落实。

第十三条　市人民政府办公室是重点工作通报的组织管理部门，负责重点工作通报制度的推进和落实。

第十四条　市广电局负责制定推行重点工作通报宣传方案，广泛宣传重点工作通报工作。

第十五条　各单位实施重点工作通报情况，应当自觉接受人民群众的监督，负责单位要及时收集整理社会各界反映的建议，采纳合理建议，推动工作落实。

第十六条　市监察局负责对重点工作通报制度贯彻落实情况进行监督检查，建立健全举报、投诉、监督机制，不定期对各部门进行监督检查。对重点工作通报制度贯彻执行不力或不执行征求意见、建议造成不良影响或后果的，将依据有关规定进行问责和追究纪律责任。

第十七条　开展重点工作通报情况，将作为年度政府效能建设和落实“阳光政府”四项制度绩效考核内容。

第十八条　各单位依据本实施细则，结合各自实际，制定重点工作通报制度的实施方案，并报市人民政府办公室、市监察局、目督办备案。

第十九条　本实施细则由市人民政府办公室、目督办负责解释。

第二十条　本实施细则自公布之日起施行。

安宁市人民政府政务信息查询制度实施细则

第一条　为贯彻落实《云南省人民政府政务信息查询制度实施办法》，方便公众获取政务信息，保障公众知情权、参与权和监督权，规范政务查询服务行为，根据《中华人民共和国政府信息公开条例》，结合安宁实际，制定本实施细则。

第二条　政务信息是指各镇人民政府（街道办事处）、市政府组成部门、直属单位、派出单位、协管单位在依法履行行政管理职责、实施经济社会管理和提供公共服务过程中，合法掌握、产生、采集和整合，并由特定载体所反映的各类信息。

第三条　推行政务信息查询制度，建立健全各种政务信息查询平台，有利于丰富完整各种查询手段，科学规范各类查询程序，及时高效的满足社会公众对政务信息的多样化需求，最大限度地保证公众的知情权、参与权和监督权，提高政府的公共服务水平。

第四条　本实施细则适用于各镇人民政府（街道办事处）、市政府组成部门、直属单位、派出单位、协管单位。市信息中心是全市政务信息查询制度推进单位，各镇人民政府（街道办事处）、市政府组成部门、直属单位、派出单位、协管单位是具体责任单位，其行政主要领导是第一责任人，办公室负责人是具体责任人。

第五条　政务信息查询服务坚持统筹规划、便民利民、资源共享、分级负责的原则。

第六条　公民、法人和其他组织可依照本实施细则获取下列信息：

（一）《中华人民共和国政府信息公开条例》规定应当公开的政府信息；

（二）经济社会发展、计划规划及其进展和完成情况；

（三）影响公众人身和财产安全的疫情、灾情等突发公共事件的预报、发生及其处理情况；

（四）行政机关制定的规范性文件；

（五）行政机关服务承诺事项及其办理情况；

（六）行政机关办事程序、条件、依据、监督途径和联系方式；

（七）公务员招考、录用以及公开选拔干部的条件、程序、结果等情况；

（八）群众关注和普遍需要了解依法可以公开的信息；

（九）法律、法规、规章规定的行政机关应当主动公开的其他政务信息。

第七条　政务信息的查询方式：

（一）“96128”政务信息查询专线电话；

（二）安宁市电子政务门户网站（www. ynan. gov. cn）、安宁市政府信息公开门户网站

(www. kman. xxgk. yn. gov. cn) 和云南省政务信息网络查询系统 (www. xxcx. yn. gov. cn);

(三) 市政务服务中心和各镇人民政府 (街道办事处) 为民服务中心;

(四) 市委大楼、市政府大楼、档案馆、公共图书馆等场所设立的政务信息电子查询设施;

(五) 信函、来访。

第八条　推进政务信息公开，各镇人民政府(街道办事处)、市政府组成部门、直属单位、派出单位、协管单位要严格按照《安宁市人民政府办公室关于印发印刷信息公开六项制度的通知》要求及时公开各类政务信息。

第九条　安宁市和昆明市、省级行政机关共用一个政务信息查询专线"96128"电话服务中心，面向公众提供相关政务信息查询的转接服务。

第十条　各镇人民政府 (街道办事处)、市政府组成部门、直属单位、派出单位、协管单位应当健全工作机构，明确分管领导，设立本单位的查询服务电话，指定熟悉本单位工作业务的人员作为信息查询责任人，在法定工作时间内负责解答"96128"话务员转接的涉及本部门工作职能的公众查询事项。

第十一条　市政务服务中心应当将提供政务信息查询服务作为重要职责，利用服务窗口受理服务事项、提供服务事项办理咨询、结果查询等政务信息查询，并将带普遍性、可以公开的答复信息添加到查询信息库，实现不同查询方式的相互补充和完善。

第十二条　加大对市委大楼、政府大楼、档案馆、公共图书馆等政务信息查阅场所的服务作用，通过完善查询终端等设施，提供公众查询的政务信息。

第十三条　各镇人民政府 (街道办事处)、市政府组成部门、直属单位、派出单位、协管单位应当按照统一标准和规范整理的管理，充分利用全市已建成的网络基础，以"安宁市人民政府电子政务门户网"和"安宁市政府信息公开门户网"为基础，有效整合政务信息资源，健全政务信息查询专栏。

第十四条　各镇人民政府 (街道办事处)、市政府组成部门、直属单位、派出单位、协管单位应当确保信息查询电话在法定工作时间的及时响应，并按照首问责任制和限时办结制的要求，认真办理和解答公众查询事项。能当场回复或解答的，当场给予回复或解答；不能当地回复或解答的，信息查询责任人应当认真记录，及时协调办理，在5个工作日内将办结情况向查询人进行反馈。

对属于依申请公开的政府信息，按照《安宁市依申请公开政府信息工作制度》规定的程序办理。

第十五条　已移交档案馆及档案工作机构保管的政务信息，依照《中华人民共和国档案法》等国家、省、昆明市和我市有关规定查询。

第十六条　相关工作职责及分工：

市政府信息中心负责全市政务信息查询的推进工作，负责政府信息公开督促指导工作；全面负责"96128"实施工作，指导督促各相关单位组织开展工作，定期向上级报告工作情况；处理"96128"受理的无法明确到具体单位的政务信息查询工作；负责设置全市查询事项专栏；

市目督办负责将政务信息查询制度的实施情况纳入目标管理和绩效考评；

市监察局负责政务信息公开和查询制度的监督检查工作，对不按要求公开政府信息或不按要求开展查询制度、搞形式主义、落实不力的部门、单位及其责任人要进行问责。

第十七条　本实施细则自公布之日起施行。

安宁市人民政府办公室转发昆明市人民政府办公厅关于印发进一步完善昆明市户籍制度改革补充意见的通知

各镇人民政府、街道办事处，各有关单位：

经市政府同意，现将《昆明市人民政府办公厅关于印发进一步完善我市户籍制度改革补充意见的通知》转发给你们，请认真遵照执行。

二〇〇九年十一月十七日

昆明市人民政府办公厅关于印发进一步完善我市户籍制度改革补充意见的通知

各县（市）、区人民政府，市政府各委办局、各直属机构：

《进一步完善我市户籍制度改革的补充意见》已经市政府同意，现印发给你们，请遵照执行。

二〇〇九年十月二十一日

进一步完善我市户籍制度改革的补充意见

自2008年实施户籍制度改革以来，我市实行了城乡统一的户口登记管理制度，放宽了户口迁移条件。为完善现行户籍管理制度，按照宏观调控、有序引导、配套衔接的原则，建立符合社会主义市场经济体制要求的户籍管理制度；进一步加大人才引进力度，创造有利于人口有序流动的环境；做到关注民生、尊重民意，维护社会和谐稳定；实现便民利民、提高效率、简化办事程序，为广大群众提供优质服务，特制定以下补充意见。

一、以拥有合法固定住所和稳定生活来源，为公民户口迁移的基本条件，放宽亲情投靠落户条件，简化办事程序

（一）凡在昆明市五华区、盘龙区、官渡区、西山区、高新技术产业开发区、经济技术开发区、滇池国家旅游度假区、呈贡新区、安宁市拥有合法固定住所和稳定生活来源，且实际居住的，住宅户籍人均住房面积达到当年城市人均居住面积标准的，本人及其配偶、子女、父母可申请落户。

（二）凡在昆明市五华区、盘龙区、官渡区、西山区、高新技术产业开发区、经济技术开发区、滇池国家旅游度假区、呈贡新区、安宁市范围以外的8个县区拥有合法固定住所和稳定生活来源，且实际居住的，本人及其配偶、未成年子女、父母可申请落户，不受房屋面积限制。迁入人员需无违反国家人口和计划生育政策规定行为。

待改造的拆迁房、城中村、筒子楼不属于购房落户范围。

二、放宽应届毕业生的迁移落户制度

（一）到我市就业并落实工作岗位的技术工、熟练工，具有普通中等专业以上学历，并经劳动保障部门认证的，可在专设的人力资源集体户落户。

（二）本市企业招用的具有普通高校专科以上学历的应届毕业生，与人才服务机构签订人事代理协议后，可在专设的人才集体户落户。

三、改革引进各类高层次人才和紧缺急需人才落户制度

（一）凡属我市引进的高层次人才和紧缺急需人才，可自愿选择落户地址，也可在专设的人才集体户落户，其配偶、未成年人子女可随迁落户。

（二）愿意参加我市经济建设的硕士（含）及以上学历或副高（含）及以上专业技术职称人员，可先落户后择业，户口落入专设的人才集体户。

四、放宽外来投资纳税人员的落户条件

（一）外地来昆明市五华区、盘龙区、官渡区、西山区、高新技术产业开发区、经济技术开发区、滇池国家旅游度假区、呈贡新区、安宁市投资的个体私营企业符合以下条件之一的，可在专设集体户落户：

1. 当年度实缴税金达到5万元以上的，企业法定代表人及配偶、未成年子女可申请落户。

2. 当年度实缴税金达到30万元以上的，企业法定代表人及配偶、未成年子 女和5名高级管理人员（含技术骨干）可申请落户。

3. 当年度实缴税金达到150万元以上的，企业法定代表人及配偶、未成年子女和10名高级管理人员（含技术骨干）可申请落户。

4. 在昆明市五华区、盘龙区、官渡区、西山区、高新技术产业开发区、经济技术开发区、滇池国家旅游度假区、呈贡新区、安宁市以外的8个县区纳税的个体私营企业，纳税落户条件及落户人员、人数由当地政府自行制定。

五、放宽集体户人员新生婴儿落户条件

（一）单位分配住房居住的在职职工，配偶双方均是昆明市集体户在册人员，当年新生婴儿可随父或随母在单位集体户内落户。

（二）父母一方为本市单位集体户口，另一方为本市学生集体户口，新生婴儿可以随单位集体户口一方落户。

随父或随母在本市集体户口落户的，新生婴儿应当随父或随母一起办理户口迁移。

六、完善合法固体住所落户配套政策

(一) 二手房在上市交易时，原房屋所有权人及家属的户籍关系迁出后，方可进行产权变更。

(二) 昆明市常住人口将房屋出售后无固定住所的，可投靠在昆明市的亲属落户；确无投靠对象的，可将户口迁入户籍所在地派出所直管公共户（临时代管户），由公安机关临时代管，临时代管期间户口限制迁入。

(三) 在我市购房落户后，购房人3年内又将房屋进行交易，且在我市无固定住所的，公安机关应当强制将其本人及户内人员户籍关系迁回原户籍地。

户籍制度改革是关注民生、维护社会和谐稳定的一项重要工作，对我市社会经济发展具有重要意义，各职能部门在执行中要做到整体联动，相互配合，统筹安排，信息互通，确保工作的整体推进，协调发展。

本文件从2009年11月1日起执行。

市四届人民政府第十次常务会会议纪要

2009年1月14日，市长王剑辉主持召开市四届人民政府第十次常务会议。会议研究了2009年重点工作立项分解督办、第十七次市域经济运行分析会暨表彰大会方案等工作。现纪要如下：

一、会议听取了市政府办关于2009年国民经济和社会发展主要工作目标任务分解立项督办方案的汇报。会议原则同意方案，要求进一步征求意见进行修改后，市政府印发实施。

二、会议听取市经贸局关于第十七次市域经济运行分析会暨表彰大会方案。会议原则同意奖励企业名单和金额，根据会议意见修改报市委同意后，由市委、市政府发文表彰。

三、会议听取市招商局关于安宁市招商引资会审办法的汇报。会议原则同意该办法，市政府印发试行。

四、会议听取市水务局关于车木河村搬迁工作方案、车木河北岸截污工程等工作的汇报。会议原则同意车木河村搬迁方案，由市政府批转实施。同意对车木河水库北岸进行截污，方案根据会议意见重新优化后，再报市政府研究实施。会议同意将王家滩水库建设规模调整为小（一）型水库，总库容为990万立方米。会议决定成立安宁市水利投资开发有限公司。

五、会议听取市教育局关于安宁试验学校组建工作的汇报。同意安排设备购置专项资金1 000万元，按3∶3∶3∶1比例分四年拨付到位。所需教师通过昆钢实验学校抽调、市属各学校择优调配、省内外知名学校选调和应届大学生毕业生招录四个渠道择优组成。

六、会议听取了市文化体育旅游局关于安宁市发展博物馆业发展实施意见的汇报。会议原则同意该实施意见，报市委常委会研究后印发实施。

七、经市政府相关职能部门验收合格，会议同意太平兴平采石场恢复开采。

市四届人民政府第十一次常务会会议纪要

2009年1月24日，市长王剑辉主持召开市四届人民政府第十一次常务会议。会议研究了信访维稳、安全生产、工业园区投融资、永昌公司技改项目建设等工作。现纪要如下：

一、会议就全市信访维稳和安全生产进行了研究和部署。会议指出，信访维稳、安全生产、道路交通、消防和食品药品安全是保障人民群众切身利益和维护社会长治久安的要事，是社会和谐的基础工程。当前，全市稳定和安全形势总体是好的，但也存在不少不容忽视的问题。和盛陶瓷厂安全生产事故的产生，为全市上下再次敲响了警钟，抓好安全生产、维护社会稳定，任重道远。各级领导干部要以对党和人民事业负责的精神，高度重视信访维稳和安全工作，将其作为一项重大的政治任务抓紧抓好，做到工作主动化、超前化。会议强调，发展是第一要务，稳定是第一责任，要牢固树立维护稳定人人有责的观念，认识到信访维稳和安全工作不是可抓可不抓、无关紧要的事，而是非抓不可；不是抓一阵子、临时应急的工作，而是需要坚持不懈地抓下去。会议强调，加强信访维稳和社会生产工作，关键在于落实责任，要按照中央、省、市的要求，一级抓一级，层层抓落实，不断建立完善并严格落实工作责任制和责任追究制，切实将各项维护社会稳定工作措施落到实处。会议要求，各镇、街道办、各部门要切实组织好春节期间各项文娱活动和节日市场供应，使群众过一个欢乐祥和的节日。

二、会议听取市发改局关于安宁永昌钢铁公司技改项目（60万吨/年高速线材）的汇报。会议原则同意项目建设，报市委常委会研究同意后，由市发改局立项实施。

三、会议研究工业园区投资公司贷款事宜。会议同意由工业园区投资公司向中国银行申请贷款9 500万元，用于安宁工业园区运输快速通道一级公路（县街至草铺）工程项目建设，贷款期限为5年，贷款本息由市级财政安排，经市委常委会同意后，报市人大常委会决议通过后列入财政预算。

会议同意由工业园区投资公司向富滇银行安宁支行申请贷款1亿元，用于草铺镇柳树村搬迁，贷款期限为2年，贷款本息由市级财政安排，经市委常委会同意后报市人大常委会决议通过后列入财政预算。

会议原则同意安宁工业园区投资公司接受由富滇银行委托中融国际信托公司设立的2年期“安宁工业园区土地一级市场开发及市政建设项目单一资金信托”5亿元（最终数额以富滇银行发行人民币理财产品募集的资金数额为准），用于工业园区投资公司增资扩股。市级财政安排专项资金用于股权回购总价，经市委常委会同意后，报市人大常委会决议通过列入财政预算，并可将武钢项目用地的土地出让金及配套建设资金等地方财政收入作为股权回购资金来源。在增资入股后，同意将市国资局持有安宁工业园区投资公司的股权质押给中融国际信托公司，并安排3 900万元资金补足安宁工业园区投资公司注册资本金。

四、会议同意成立安宁市交通投资公司。同意启用腾达石料场，由市交通 局按市场化运作方式组织实施。会议要求，要做好方案设计，按要求开展环评、林勘、水土保持等工作，严禁再次破坏生态环境。

五、会议通报国家审计署西安特派办关于昆明二电厂工程项目审计问题的报告，会议原则同意由纪检监察部门提出的整改方案和意见，报经市委同意后报昆明市人民政府。

六、会议学习昆明市纪委九届四次全体会议精神。会议要求，市政府各部门要进一步认清形势，坚定信心，切实把思想认识行动统一到市委决策部署上来，加强以保持党同人民群众血肉联系为重点的作风建设，加强以完善惩治和预防腐败体系为重点的反腐倡廉建设，保增长，保稳定，保民生，进一步转变作风，切实营造风清气正的发展环境。会议强调，春节期间，各级领导干部要带头抓好廉政工作，严禁利用公款大吃大喝、游山玩水，严禁利用公款进行相互拜访。

市四届人民政府第八次党组会议纪要

2009年5月4日，市政府党组书记、市长王剑辉召开市政府党组第八次会议，市政府党组成员参加了会议。市政府副市长戴彬，市领导尹旭东，市长助理刘婕、欧明锋，市委组织部副部长董朝荣列席了会议。现纪要如下：

一、经会议研究，同意任命李春明同志为安宁市人民政府常务副市长，并提请市委任命为市政府党组副书记。

二、经过会议讨论，同意提请市人大常委会依法任命尹旭东同志为安宁市人民政府副市长。待市人大常委会通过后，提请市委递补尹旭东同志为市政府党组成员。

三、因市水务局局长顾明东在月子庄水库改造工作中监管不力，导致发现的磷矿被违法开采，造成国土资源流失，顾明东负有领导责任，根据《行政机关公务员处分条例》有关规定，决定给予行政警告处分。会议要求，各镇、街道、各部门行政领导要以此为鉴，加强工作监管，对存在的违法违纪行为要及时坚决予以纠正，切实履行好行政责任人的职责。

市四届人民政府第十四次常务会议纪要

2009年4月21日，市长王剑辉主持召开市四届政府第十四次常务会议。会议研究了农民工工资支付保障、国有资产管理等工作。现纪要如下：

一、会议听取市发改局关于西河管道项目建设事宜的汇报。会议要求，本着尊重历史、兑现承诺、服务企业的原则，按照项目建设前期工作经费总额的50%，对项目给予500万元补助。

二、会议听取市发改局关于纳米喷涂构件厂项目有关问题的汇报。会议决定，按照2008年3月12日召开的该项目协调会议决定（按工业用地最低价13.6万元/亩）执行，市发改局要加强与企业的沟通协调，做好解释对接工作，确保项目尽快开工建设。

三、会议听取市劳动和社会保障局关于贯彻《云南省农民工权益保障办法》的实施意见的汇报。会议指出，农民工群体是社会的弱势群体，维护好农民工的合法权益，是体现以人为本的重要方面，也是维护社会稳定的重要工作。近段时期，部分地区相继出现了因农民工讨薪引发的堵路、械斗等群体性事件，对全市社会稳定造成了不良影响。因此，加强对市域建筑行业的监管，监督、引导建筑施工企业建立农民工工资保障、兑现等机制，是维护农民工合法权益的重要组成部分。会议原则同意该贯彻意见，与《云南省农民工权益保障办法》一并转发执行。

四、会议听取市规划局关于部分项目减免城市基础设施配套费情况的汇报。会议同意近20%收取云南贵忠工贸有限责任公司物流总部永都大厦及办公楼建设项目城市基础设施配套费；同意减免云南技师学院综合技工学校易地建设发展项目50%的城市基础设施配套费；同意减免世纪天乐温泉项目50%的城市基础设施配套费。昆明万辉房地产开发有限公司万辉星城三期建设项目属房地产项目，不作减免。

五、会议研究了安宁实验学校西侧80亩土地供地问题。会议同意办理该土地转征建设用地手续。

六、会议听取了连然街道办事处关于桃花、塘房村庄搬迁及武家庄1号主干道建设情况汇报的汇报。会议决定：

（一）同意将金色佳园超出151.89面积的房屋户型按建盖成本价2 180元/m^{2}计算购买价格。

（二）同意市级财政拨付1 500万元作为塘房村、青武山村庄搬迁及安宁工业园区武家庄片区干道建设启动资金。

七、会议听取了市教育局关于安宁市2005年教改以来公开招考录用教师规模管理工作的汇报。会议同意将2005年通过公开招考录用到我市教育系统各学校的298名新教师，纳入事业单位工作人员进行统一管理；对编制外107名合同制教师和21名特岗教师按灵活就业人员统一办理参保手续，具体方案由市教育局牵头，市财政局、劳动和社会保障局等部门配合测算出资金方案，报市政府审定。

八、会议同意授予安宁市交通投资有限公司土地一级开发权。

九、会议听取了市国资局关于安宁综合商场项目开发、市建设局办公楼建（构）筑物处置及国有资产管理、安宁市青龙学校工程项目融资情况等工作汇报。会议决定：

（一）同意对安宁综合商场项目土地使用权，分两次进行招拍挂，第一次围绕现已拆除的23亩行政划拨土地进行招拍挂，取得土地使用权的单位，必须负责外围17亩土地上建筑物的拆迁安置，拆迁安置工作完成后，再进行第二次土地招拍挂，取得外围17亩土地使用权的主体，必须负责拆迁安置费用并承担拆迁过程中的有关责任义务。土地使用权招拍挂具体方案由市国土资源局负责拟定并近按规定程序上报审批。

（二）同意拨付安宁综合商场内私房拆迁补偿费搬迁补偿费合计1 408 907.50元，从上缴的国有资本收益中拨付资金。

（三）同意对市建设局位于湖滨西路地上建（构）筑物处置的国有资产评估结果：总价为10 407 417.16元，其中：房屋建筑物面积2 926.29平方米，评估价值10 344 121.19元；构筑物及其他辅助设施面积903.37平方米，评估价值63 295.97元。

（四）会议原则同意将天惠大酒店整体对外租赁，租赁方装修投资不得低于3 000万元，年租金由市国资局进一步协商，再报市政府研究决定。

（五）同意由安宁市物资总公司按贷款本金928万元的20%（即185.6万元）清偿云南省国际信托公司安宁办事处贷款。

（六）原则同意《安宁市行政事业单位经营性国有资产管理意见》，由市政府发文实施。

（七）同意将15个行政事业单位的49处经营性国有资产授权安宁市投资开发有限公司经营管理。

（八）同意以安宁市投资开发有限公司为主体，向安宁农村信用社联社贷款4 000万元，贷款期限5年，每年偿还本金800万元，还本付息资金逐年列入财政预算。决定报请市委常委会研究同意后，提请市人大常委会审议。

十、为进一步加强环保工作，会议同意市财政每年增加预算工作经费30万元。

十一、会议听取了市政府法制办关于安宁市规范性文件起草备案规程等有关工作的汇报。会议决定：

（一）同意安宁市规范性文件起草备案规程，由市政府发文实施。

（二）同意安宁市新一轮行政审批事项调整后的方案，由市政府发文公告。

（三）同意安宁市现行有效规范性文件和拟废止或修改规范性文件目录，由市政府发文公告。

（四）原则同意《安宁市查处违法建设责任追究办法（暂行）》，进一步听取意见修改完善后，由市政府发文实施。

十二、市为民服务中心涉及经费问题，由市财政局进一步核实后，再报市政府研究。

十三、会议听取了市监察局关于政府性投资项目招投标实施意见的汇报，同意发文实施。

十四、会议同意万辉·星城二期项目，世纪天乐项目用地建设击期延长一年。

十五、会议研究了安宁市2008年度优秀公务员嘉奖等事宜，同意对2008年度考核被评定为优秀公务员等次的王明起等251人给予嘉奖；对2006～2008年度连续3年被评定为优秀公务员等次的毕树昆等33人记三等功一次。

十六、会议研究了提高屠孟玲等10人享受待遇事宜，同意按“7·15”政策规定，将屠孟玲、张云雄、金燕3位同志提高享受副主任科员待遇；将蒋言华、杨文伟、黎迎春、李琼萍、曹永文、常华6位同志晋升为主任科员。

市四届人民政府第十五次常务会议纪要

2009年5月18日，市长王剑辉主持召开市四届政府第十五次常务会议，对政府性投资重点基础设施建设项目投融资管理、在村级会计委托代理服务、环境卫生管理体制改革等工作进行了研究。现纪要如下：

一、会议原则同意《安宁市政府性投资重点基础设施建设项目投融资管理暂行办法》。印发试行一年。

二、会议原则同意《安宁市金融机构支持地方经济发展考核奖励办法》，根据会议意见修改完善后，报市委常委会研究。

三、会议听取市农业局、财政关于《安宁市贯彻省、昆明市全面推行村级会计委托代理服务工作实施意见》的汇报。会议原则同意该办法，由市财政局与市人事局协调，进一步明确人事编制问题后，报市政府印发实施。

四、会议听取市城管局关于安宁市环境卫生管理体制改革工作的汇报。会议原则同意实施安宁市城区环境卫生管理体制改革。会议决定，成立以市政府分管领导为组长的领导小组，下设办公室在市城管局，具体实施方案由市城管局会同有关部门拟定报市政府研究后实施。

五、会议听取市人口和计划生育局《关于贯彻昆明市强化流动人口计划生育现居住地管理工作意见》的汇报。会议原则同意该贯彻意见，报市委常委会研究后实施。

六、会议听取市档案局关于新建安宁市综合档案馆的情况汇报。会议同意地级市一级档案馆标准申报建设安宁市档案馆。

七、会议听取连然街道办事处关于极乐村委会江浸厂村民小组建房的情况汇报。会议原则同意对江浸厂村实行整村搬迁，并按照城乡一体化的原则在和平新区规划选点，采取统建单元楼的方式安置江浸厂村民，江浸厂村集体土地一次性进行收储。具体方案由连然街道办事处拟定，报市政府研究后实施。

八、会议听取了市经贸局关于永昌钢铁有限公司实施技术改造工程项目的汇报。会议原则同意永昌钢铁有限公司实施350立方米高炉技改工程和180平方米烧结机技改项目。

九、会议听取了青龙镇人民政府关于华海化工搬迁赔偿问题的汇报。会议同意搬迁华海化工公司，并按企业承担50%（700万元），青龙镇承担30%（420万元），市政府承担20%（280万元）的比例给予一次性赔偿1400万元。

十、会议听取了草铺镇人民政府关于渣库遗留污水处理有关事宜的汇报。会议同意由工业园区管委会暂借376万元用于天达公司原渣库污水处理。由财政安排拨付工业园区管委会。

十一、会议研究了昆钢嘉华水泥厂享受安宁市招商引资优惠政策事宜。会议同意按招商引资优惠政策给予昆钢嘉华水泥厂招商引资奖励资金269. 26万元。

十二、会议听取了市发改局关于安宁燧钢工贸有限公司建设60万吨煤基直接还原铁项目的情况汇报。会议原则同意项目建设，报市委常委会研究。

十三、会议研究了市招商局公开选调工作人员待遇问题。会议同意自2009年6月起，对现有7名工作人员在岗期间按照同等级别公务员待遇给予补贴，差额部分由市财政核拨。

十四、为进一步加强国土资源工作，会议同意市财政在每年的预算中对市国土资源局增加一定工作经费，具体金额由市国土资源局、财政局共同拟定后，报市政府审批。

十五、会议研究了提高武冬秀等8人享受待遇事宜。会议同意武冬秀、赵春梅、郎红梅、吴宁、王彪、黄杰、张增福、王建勋8位同志提高享受副主任科员待遇。

市四届人民政府第十六次常务会议纪要

2009年5月30日，市政府王剑辉市长主持召开市四届政府第十六次常务会议，专题研究八街镇车木河村搬迁、八街南部铁矿资源开发整合、武钢项目征地拆迁安置等工作。现纪要如下：

一、会议讨论了《八街镇车木河村搬迁实施方案》。会议指出，车木河村搬迁作为保护车木河水库的重要工程之一，是保护重点水源地的战略性举措。2009年以来，市、镇两级政府及各职能部门对搬迁工作反复进行论证和研究，为全面启动搬迁打下了良好基础，搬迁时机和条件基本成熟。会议决定，车木河村搬迁方案原则上按照国家、省、昆明市大中型水库移民搬迁及我市被征地农民进城安置相关政策拟定，具体由市委常委、市政府常务副市长李春明负责，八街镇党委、政府牵头，会同建设、劳动和社会保障、国土资源、农业、林业、水务等相关职能部门配合，在1个月时间内完成方案的修定和完善，再报市政府研究，搬迁经费预算控制在4000万元以内。

二、会议讨论了《八街镇南部铁多金属矿资源整合具体实施方案和矿业权设置方案》。会议同意《八街镇南部铁多金属矿资源整合具体实施方案和矿业权设置方案》。会议要求，整合主体必须依法办理环保、林业、水保、安全生产等前置审批条件后，方可进行作业。方案报云南省国土资源厅批准后，由八街镇与企业签订合同，八街镇党委、政府要进一步加强监督，必须确保整合主体各项承诺落实兑现到位。

三、会议讨论《武钢草铺项目征地拆迁农户（进城）安置办法》。鉴于武钢集团昆钢草铺项目开工在即，解决项目征地拆迁农户安置问题迫在眉睫，会议原则同意《武钢草铺项目征地拆迁农户（进城）安置办法》，并按2400元/平方米的价格购置草铺镇柳树村村委会柳树村民小组委托林源房地产开发有限公司建盖的安置房，用于项目征地拆迁农户安置。会议要求，草铺镇要进一步加强与房屋建设企业方的协调研究，协调解决好房屋土地使用及后期建设工作。

四、会议讨论《安宁市域范围内拆临拆违零申报工作实施方案》。会议原则同意《安宁市域范围内拆临拆违零申报工作实施方案》，根据会议意见，进一步修改完善后，报市委常委会研究实施。

五、会议听取全市环保工作情况汇报。会议要求，各镇、街道及各职能部门要高度重视环保工作，认真研究环保工作中出现的困难和问题，促进环境与经济的协调发展。

六、会议定期听取近期安全生产、节能减排工作情况汇报。会议指出，年初以来，通过各镇、街道，各相关部门的共同努力，全市安全生产工作稳中趋好，节能减排工作顺利推进。会议要求各镇、街道，各相关部门要从安全生产和节能减排工作关乎经济社会实现跨越式发展的高度，继续抓好全市安全生产、节能减排工作。

七、会议听取了市城管局关于昆明市第二届园林绿化博览会项目建设的情况汇报。会议原则同意由安宁市投资公司作为贷款主体，向建设银行支行贷款2000万元，用于昆明市第二届园林绿化博览会会址项目建设，贷款期为2年，还本付息资金逐年列入市财政预算，报请市委常委会研究同意后，提请市人大常委会审议。

市四届人民政府第九次党组会议纪要

2009年6月11日，市政府党组书记、市长王剑辉召开市政府党组第九次会议，市政府党组成员参加会议。市政府副市长戴彬、市长助理刘婕，市委组织部副部长董朝荣列席了会议。现纪要如下：

一、经会议研究，同意免去蒋正锦同志安宁市老龄工作委员会办公室副主任职务，杨凤安同志安宁市农业局副局长职务。

二、张东明同志挂职期已满，会议同意免去张东明同志安宁市公安局副局长职务。

市四届人民政府第十七次常务会议纪要

2009年6月11日，市长王剑辉主持召开市四届政府第十七次常务会议，研究征地拆迁补偿安置、投资项目绿色通道审批等工作。现纪要如下：

一、会议讨论《安宁市征地拆迁补偿安置实施细则（试行）》。会议原则同意《安宁市征地拆迁补偿安置实施细则（试行）》，进一步修改完善后，报市委常委会研究。

二、会议讨论与昆明煤气（集团）控股有限公司燃气项目合作事宜。会议指出，2008年7月我市与重庆贤达实业有限公司签订管道天然气工程项目投资意向协议书，由于多方面的原因，工作至今没有实质进展。2009年5月昆明市与昆明煤气（集团）控股有限公司签订合作协议，由昆明煤气（集团）控股有限公司负责整个昆明市（含安宁市）的敢供应。鉴于上述原因，会议决定由市建设局牵头协商对接昆明煤气（集团）控股有限公司合作事宜，由招商项目引入单位市人武部、市发改局与重庆坚达实业有限公司商榷退出合作事宜。

三、会议听取市卫生局关于昆钢医院移交历史遗留问题的有关情况汇报。由于涉及人员不属于昆钢医院移交时的在册人员，没有移交的政策支持，会议决定不予接收，由市政府函告昆明钢铁集团公司。

四、会议研究延期淘汰安宁市惠忠精细化工有限公司氟硅酸钠处理能力事宜。会议原则同意延期至2010年6月30日淘汰安宁市惠农精细化工有限公司氟硅酸废水处理能力。

五、会议讨论《在此录色通道审批实施细则(试行)》。会议原则同意《安宁市投资项目绿色通道审批实施细则(试行)》，市政府印发实施，试行一年。

六、会议研究太平镇玉龙路改造工程事宜。会议原则同意实施太平镇玉龙路改扩建工程。

七、会议研究安宁市投资公司关于使用收储土地向建设银行抵押贷款的有关事宜。会议同意将市土地储备交易中心收储的30宗1 636.26亩（以实际测量面积为准）土地，交由安宁市投资公司用于贷款抵押。

八、会议研究安宁市2007年以来欠缴土地规费的有关问题。会议决定，由市土地交易储备中心会同市财政局拟订具体工作计划报市政府研究。

市四届人民政府第十八次常务会议纪要

2009年6月17日，市长王剑辉主持召开市四届政府第十八次常务会议，研究八街镇车木河村搬迁、村（居）委会办公经费投入、行政事业单位2007年资产清查固定资产核实处理等工作。现纪要如下：

一、会议讨论《八街镇车木河村搬迁实施方案》。会议原则同意《八街镇车木河村搬迁实施方案》，进一步修改完善后，报市委常委会研究。

二、会议研究草铺镇柳树村二期安置房代建问题。会议原则同意柳树村搬迁二期安置房采用代建方式进行，分三次支付完工程款，项目投资额按2 400无/平方米包干，土地价格控制在35万元/亩以内，具体事宜由草铺镇人民政府对接并签署代建合同。

三、会议讨论《安宁市土地储备交易管理办法》。会议原则同意并印发实施《安宁市土地储备交易管理办法》，同时废止原《安宁市土地储备交易管理办法》。

四、会议研究关于建立村（居）民委员会办公经费市镇（街道）两级财政投入保障机制的问题。会议决定自2009年起建立村（居）委会办公经费财政投入保障机制，村（居）委会办公经费设立专户纳入财政预算。具体标准为：村（居）委会管辖人口在1 000人以内的3万元/年、1 000人~2 000人的4万元/年、2 000人以上的5万元/年；连然、金方2街道，温泉、太平、县街、青龙、草铺5镇经费投入由市、镇（街道）两级财政各承担50%；八街、禄脿镇经费投入由市级财政全额承担。

五、会议讨论《安宁市落实〈中共昆明市委市人民政府关于深入实施科技强警战略的意见〉的实施意见》。会议原则同意《安宁市落实〈中共昆明市委市人民政府关于深入实施科技强警战略的意见〉的实施意见》。

六、会议研究天惠大酒店整体对外租赁相关事宜。会议原则同意对天惠大酒店整体对外租赁。同时，会议强调，在天惠大酒店整体资产评估合理的前提下，天惠大酒店若能整体出让，则优先考虑出让。

七、会议研究市属行政事业单位2007年资产清查固定资产核实结果申报处理相关问题。会议同意认定2007年市属95个单位固定资产增加（盘盈）233 985 927.5元；拟核销104个单位固定资产（盘亏）23 219 818.66元；不核销18个单位申报减少数（固定资产盘亏）17 644 451.58元，继续挂账。会议要求各有关单位要按照公开、公平、公正的原则，以竞价方式进行处置，残值收入上缴财政专户。

八、会议研究安宁市档案馆建设项目选址事宜。会议同意安宁市档案馆建设项目选址宁湖新城地块东接金屯小区，南临金屯路，西临大屯路，北接省建行昆明档案中心，拟占地面积10.06亩（6 706.09平方米）。

九、会议研究武家庄1、2号干道建设问题。会议决定将武家庄1、2号干道建设工作任务由安宁工业园区管委会移交至连然街道办事处作为城市干道修建。

市四届人民政府第十九次常务会议纪要

2009年7月7日，市长王剑辉主持召开市四届政府第十九次常务会议，研究成立安宁市国土资源委员会、清理城市低保对象、昆钢医院股份制改革等事宜。现纪要如下：

一、会议听取市国土资源局关于成立安宁市国土资源委员会的情况汇报。会议原则同意成立安宁市国土资源委员会及组成人员名单，报市委常委会研究。

二、会议听取市民政局关于清理城市低保对象的工作情况汇报。会议同意按省、昆明市要求开展城市低保对象清理工作，重新核发低保证，报市委常委会研究。会议要求，市民政局要加强与上级部门的对接，加强与周边县区的沟通，认真制定工作方案，成立强有力的工作领导小组，广泛开展宣传，讲清政策、讲清实施过程，提前做好应对准备，周密稳妥组织实施。会议强调，各镇、街道主要领导要亲自抓，认真组织实施，确保社会稳定。

三、会议听取市卫生局关于昆钢医院股份制改革的有关工作情况汇报。会议原则同意对昆钢医院进行股份制改革，提前退休政策截止时间为2010年6月30日；医院实际在职人数为改制后医院的总编制，2009年后只减不增；重点要做好医院“有形”资产、“无形”资产的评估。有关材料进一步修改完善后，报市委常委会研究。会议要求市卫生局等职能部门要在已确定的大原则前提下，积极稳妥地推进工作。

四、会议听取市卫生局关于给予卫生院退休干部职工住房补贴经费补助的情况汇报。会议决定由尹旭东副市长牵头，市建设局、财政局针对全市差额拨款、自收自支等性质的事业单位退休人员住房补贴发放问题制定具体解决办法，报市政府研究。

五、会议听取宁湖新城管委会关于退还丽景嘉园项目土地费用超额支付款项的情况汇报。会议决定由市财政局、国土资源局、宁湖新城管委会将涉及项目所需退还资金认真进行清算后，报市政府研究。

六、会议听取市发改局关于给予云南昆船瑞升科技有限公司财政资金扶持的情况汇报。会议决定云南昆船瑞升科技有限公司新型产业项目扶持资金100万元。

七、会议听取了市经贸局关于修订完善《安宁市关于矿山企业收取矿资源返补费暂行规定》的情况汇报。会议决定由尹家屏副市长牵头组织市经贸局、国土资源局等职能部门制定具体修订方案，报市政府研究。

市四届人民政府第二十次常务会议纪要

2009年8月6日，市长王剑辉主持召开市四届政府第二十次常务会议，研究基础设施建设项目贷款、太平新区道路建设BT项目回购、实施国家知识产权强县工程等事宜。现纪要如下：

一、会议研究职教基地道路基础设施建设项目、小箐口水库扩建项目、打金甸水库建设项目、草铺镇搬迁工程场地平整土石方开挖工程等项目贷款事宜。会议决定：

（一）原则同意由安宁兴育投资开发有限公司为主体，向安宁市农村信用合作联社贷款2 000万元，用于道路基础设施建设，贷款期限3年，还本付息资金逐年列入财政预算。

（二）原则同意由市投资公司为主体，向中国建设银行安宁市支行贷款1 600万元，用于小箐口水库扩建项目，贷款期限2年，还本付息资金逐年列入财政预算。

（三）原则同意由市水利投资开发有限公司为主体，向安宁市农村信用社合作联社贷款2 000万元，用于打金甸水库建设项目，贷款期限3年，还本付息资金逐年列入财政预算。

（四）原则同意由市工业园区投资公司为主体，向安宁市农村信用合作联社贷款2 000万元，用于草铺搬迁工程场地平整土石方开挖工程项目，贷款期限3年，还本付息资金逐年列入财政预算。

上述四项贷款报请市委常委会研究同意后，提交市人大常委会决议。二、会议听取太平新城投资公司关于太平新区道路建设BT项目回购资金问题的情况汇报。会议原则同意以BT模式实施太平3#次干道延长线、东西向次干道工程、西环干道工程、东环干道40m、50m段工程建设，并将回购资金列入财政预算。报市委常委会研究同意后，提交市人大常委会决议。会议要求，市政府法制办等相关部门要配合做好该工作，确保工作顺利开展。

三、会议听取市林业局关于安宁市森林公安局“三基”工程建设和武警安宁森林大队异地搬迁的情况汇报。会议同意，按照上级文件精神成立安宁市森林公安局，并加挂安宁市公安局森林警察大队牌子。办公地点由市林业局协调，暂时设在市森警大队。机构编制问题提交市编委会，车辆问题提交市公务用车领导小组研究决定。同时，会议原则同意武警安宁森林大队营地实施异地搬迁。会议要求，营地选址必须符合安宁市城市总体规划和土地利用总体规划要求。

四、会议听取市人武部关于民兵多样化应急分队组建事宜的情况汇报。会议原则同意成立安宁市民兵多样化应急分队，并建立党、团组织，市财政追加经费20万元专项用于开展相关工作。会议强调，相关部门要加大工作协调力度，加强队伍建设。

五、会议听取市人事局关于在我市义务教育学校实施绩效工作的情况汇报。会议原则同意在我市义务教育学校实施绩效工资，将方案按规定上报审批，方案在市委常委会作通报。会议要求，市教育局积极稳妥做好各项工作，确保不出差错，确保社会稳定；市财政局要做好资金筹措准备，与教育局一道拟定补发计划报市政府研究。

六、会议讨论《安宁温泉旅游度假区旅游业扶持办法》。会议决定，由温泉管委会对该扶持办法深入研究并进一步修改、完善后，再报市政府研究。

七、会议讨论《安宁市实施国家知识产权强县工程推进计划》。会议原则同意《安宁市实施国家知识产权强县工程推进计划》。

八、会议听取青龙镇人民政府关于确定工业物流园、余热发电、钢渣磁选三个项目土地挂牌价格事宜的汇报。会议原则同意青龙镇引进工业物流园、余热发电、钢渣磁选等项目，项目享受相关招商引资政策，项目用地（共计1 120亩）按照云南省新调整后的土地等级别及最低价（9.6万元/亩）的标准执行，项目用地招拍挂程序仍按相关规定办理。

九、会议研究了施加宏等50位同志晋升（提高享受）非领导职务待遇事宜。会议同意按“7·15”政策给予施加宏、王洪良、毕树宏3位同志晋升（提高享受）非领导职务主任科员待遇；给予徐雪林、黄荻秋、赵靓、李瑞玲、刘云湘、董彪、章静、马坤、杨勇、顾亚敏、陈丽娟、孙继富、段国健、范光星、罗宇、李红军、朱文鸿、马俊、张应龙、李智龙、孙殿华、刘锦辉、李琳、梁林、彭敏、梅建华、孙碧忠、赵龙、周殿勇、穆建宏、金兆荣、聂永华、夏萍、尹宝平、陈惠斌、杨磊、徐继鸿、马超、李成斌、李艳明、左良辉、许超建、谭明德、周琼、和文泉、向敏高、李本宏47位同志晋升（提高享受）非领导职务副主任科员待遇。

市四届人民政府第二十一次常务会议纪要

2009年8月19日，市长王剑辉主持召开市四届政府第二十一次常务会议，研究市政府机构改革、基础设施建设项目贷款、行政事业单位国有资产处置审批等事宜。现纪要如下：

一、会议讨论《安宁市政府机构改革方案》。会议原则同意《安宁市政府机构改革方案》，报请市委常委会研究同意后，上报昆明市审批。

二、会议研究60万吨直接还原铁项目有关事宜。会议决定由市发改局牵头，市国土资源局、环保局等部门配合，按要求积极组织上报，并全力做好项目推进相关工作。

三、会议研究延期关停云南弘祥化工有限公司废液回收厂有关事宜。会议同意将云南弘祥化工有限公司废液回收厂最终关停期限延长至2009年10月31日。

四、会议研究贷款实施升庵北路项目并将还本付息资金列入财政预算事宜。会议原则同意由安宁市旅游投资开发有限公司作为贷款主体向中国农业银行安宁市支行申请贷款2 450万元，用于升庵北路（龙凤桥—小贵甸）项目建设，并将还本付息资金逐年列入财政预算，贷款期限5年，利息按季度支付（每季度还息35.28万元），到期一次性还本。报请市委常委会研究同意后，提交市人大常委会议决议。

五、会议讨论《安宁市行政事业单位国有资产处置审批制度》。会议原则同意《安宁市行政事业单位国有资产处置审批制度》，由市政府批转实施。

六、会议研究安宁市国企改革遗留问题。会议决定：

（一）一次性解决安宁百货有限责任公司、安宁市商业贸易有限责任公司、安宁市食品有限责任公司、安宁市包含服务有限责任公司、安宁市振鑫商贸有限责任公司5家企业退休人员丧扶费纳入社保基金的问题，对纳入社保基金所需费用1 894 231元，由企业承担40%，政府补助60%。政府补助费用从国企改革专项经费中开支。

（二）由涉及镇（街道）、社区无条件接收安宁常安塑编有限责任公司、安宁印刷有限责任公司、安宁造纸厂3家企业户口移交，并积极配合做好有关服务工作。

市四届人民政府第二十三次常务（扩大）会议纪要

2009年9月15日，市长王剑辉主持召开市四届政府第二十三次常务（扩大）会议，专题研究部署全市甲型H1N1流感防控工作。现纪要如下：

一、会议指出，随着秋冬季节的来临和新学期的开始，全省甲型H1N1流感疫情暴发流行的风险急剧上升。经省卫生疾控部门采样送检，截止9月15日，我市境内的云南省交通技工学校20名发热学生甲型H1N1检测呈阳性。市政府及时启动了安宁市防控甲型H1N1流感紧急预案，甲型H1N1流感防控工作全面展开。目前交通技工学校甲型H1N1流感防控和医疗求助工作正全力开展，患者得到有效治疗，全校师生情绪稳定，校园秩序井然，我市辖区其他学校、区域和单位尚未接到群体性发热及甲型 H1N1 流感疑似、确诊病例报告。

二、会议强调，做好甲型 H1N1 流感防控工作直接关系到广大人民群众的身体健康和生命安全，关系到我市经济平衡较快发展的大局，关系到为新中国成立 60 周年创造和谐稳定的社会环境，是当前全市工作的重要内容，全市上下务必高度重视，克服麻痹思想，采取严密措施加以防控。

三、会议要求，各镇人民政府、街道办事处、各部门要坚决贯彻中央确定的“高度重视、积极应对、联防联控、依法科学处置”方针，在全市的统一部署下，积极做好甲型 H1N1 流感防控工作，要认真做到：

（一）行政区域内机关、社会团体、企事业单位和其他组织主要负责人对本辖区、系统及单位防控工作负有全面责任，要高度关注疫情发展趋势和秋冬季可能出现的第二波冲击，切实提高对防控甲型 H1N1 流感重要性和长期性的认识，认真部署落实防控措施，切实做到早发现、早报告、早诊断、早隔离、早治疗，确保防控措施落实到位，防控责任落实到人。

（二）切实落实“四方责任”，即属地责任、部门责任、单位责任、个人责任。

1. 落实属地责任，健全辖区管理制度。各镇人民政府、街道办事处防控工作实行行政领导负责制，行政主要负责人负总责，在市政府的统一指挥下，认真履行属地防控职责，建立健全职责明确、行为规范、运转有效的领导指挥体系、预防控制体系、医疗救治体系和监督管理体系；做好人员、技术、设施设备和物资保障工作；制定工作方案和应对预案，建立工作责任制和责任追究制，严格实行联防联控，群防群控，确保防控工作不留死角。

2. 落实部门责任，强化行业、系统管理。各部门的防控工作实行主要负责人负责制，各有关职能部门要根据市人民政府的统一部署，按照“谁主管谁负责”、“谁的人谁负责”的原则，切实做好本行业、本系统的防控工作。

3. 强化单位责任，健全社会单元防控工作机制。全市行政区域内的机关、社会团体、企事业单位和其他组织应当建立健全防控工作责任制和管理制度，明确负责防控工作的具体责任人，并且严格执行国家和本市有关法律、法规，严防甲型 H1N1 流感在本单位传播。

4. 依法规范个人防控行为，强化社会责任。任何个人都应当按照传染病防治法的规定协助、配合、服从政府部门和疾病预防控制机构组织开展的防控工作，做自我防护，依法接受疾病预防控制机构、医疗机构有关传染病的调查、检验、采集样本、隔离治疗等预防、控制措施，如实提供有关情况。

（三）各镇人民政府、街道办事处要突出加强对社区、村（居）委会防控工作的领导，完善应对预案的措施，加大社区、村（居）委会防控力度；全市各级各类学校应当按照关于学校卫生管理和甲型 H1N1 流感防控的规定，有效落实各项防控措施；全市医疗机构应当设立感染性疾病科或者发热门诊、建立、落实预检分诊制度。

（四）各镇人民政府、街道办事处、各部门要大力开展预防甲型 H1N1 流感的健康宣传工作，采取多种形式，全面科学宣传和普及传染病防治知识，提高人民群众的自我防护意识，避免社会恐慌；充分发挥新闻媒体、手机短信、政务网络的作用，开展下面宣传和舆论引导，宣传政府采取的措施，及时消除谣言传播，为公众解疑释惑，维护社会和谐稳定。

（五）全市将防控工作纳入行政机关主要负责人和有关负责人考核范围，实行责任追究制；有关部门、镇人民政府、街道办事处未按照规定履行传染病防治和保障职责的，将严肃问责；因为未依法依规落实好各项防控措施而造成传染病传播、流行或者其他严重后果的，对负有责任的主管人员和其他直接责任人员，依法给予行政处分；构成犯罪的，依法追究刑事责任。

市四届人民政府第二十四次常务会议纪要

2009 年 10 月 10、12 日，市长王剑辉主要召开市四届政府第二十四次常务会议，研究全市低保清理、部分项目贷款、新哨湾村整体搬迁等事宜。现纪要如下：

一、会议听取市民政局、劳动和社会保障局关于《安宁市人民政府关于失地农转非人员生活保障有关问题的实施意见（试行）》。会议指出，随着近年来我市工业化不断加速、城市化不断提升，失地农转非人员生活保障问题日益突出，为进一步解决好失地农转非人员的历史遗留问题，逐步建立与社会保障、社会求助相互衔接、互为补充的失地农转非人民生活保障机制显得十分必要和重要。会议决定，由程宇清副市长牵头，组织市民政局、劳动和社会保障局等相关部门进一步修改、完善《安宁市人民政府关于失地农转非人员生活保障有关问题的实施意见（试行）》后，报市政府研究。会议强调，《安宁市人民政府关于失地农转非人员生活保障有关问题的实施意见（试行）》的适用范围是《安宁市征地拆迁安置补偿办法（试行）》（安宁市人民政府第 14 号公告）出台前符合一定条件的失地农转非人员，实施意见中必须清楚界定适用时间和范围，同时就按照自愿参保原则，切实维护失地农转大量人员基本利益；各相关部门要加大对城市居民最低生产保障、被征地人员养老保险等政策的宣传力度，把握和落实好相关政策。

二、会议研究农村社区试点建设政府资金补助相关事宜。会议决定，由市民政局与财政局就农村社区试点建设政府奖金补助先认真对接、并提出具体意见后，再报市政府研究。

三、会议讨论《安宁市回忆中小企业发展实施意见》。会议原则同意该实施意见，待进一步修改、完善后下发。

四、会议讨论《安宁进一步加强农村教具工作实施意见》。会议原则同意该实施意见。

五、会议研究安宁市支持社会力量兴办养老服务业发展有关工作。会议决定转发执行《昆明市人民政府办公厅关于转发支持社会力量兴办养老服务业发展实施意见的通知》。

六、会议听取了市政府法制办、市发改局关于对全市行政性收费情况的汇报。会议决定，同意对部分行政事业性收费项目恢复收费，具体方案报请市委常委会研究后由市政府公告实施。

七、会议研究部分项目贷款事宜：

（一）会议原则同意由市交通投资公司为云南春硕园林绿化公司向中国农业银行安宁市支行申请3年期流动资金贷款5 000万元提供担保；

（二）会议原则同意市水利投资开发有限公司向勐海弘纪元矿业有限公司借款5 000万元用于水库建设及河道治理，借款期限为1年（自2009年10月~2010年10月），资金占用费按月利率8.7‰计，还本付息资金从市级财政中列支；

（三）会议原则同意由安宁市投资开发有限公司作为贷款主体，向富滇银行昆明安宁市支行申请贷款1亿元，用于西一绕（县街—草铺一级公路）工程项目建设，贷款期限3年，还本付息资金逐年从市级财政中列支，利率按人行基准利率下浮10%执行，第1、2年每年偿还本金3 500万元、第3年偿还本金3 000万元。报市委常委会研究同意后，报市人大常委会决议；

（四）会议原则同意由安宁市交通投资有限公司作为贷款主体，向中国农业银行安宁市支行贷款1.5亿元，用于西一绕市政干道工程项目建设。贷款期限5年，还本付息资金逐年从市级财政中列支，利率按照中国人民银行同期基准利率计算，2010~2014年每年偿还本金3 000万元。报市委常委会研究同意后，报市人大常委会决议。

八、会议听取连然街道办事处关于金色佳园二期项目建设招标事宜的情况汇报。会议同意连然街道办事处对金色佳园二期项目建设采用邀请招BT模式投资方式进行。

九、会议听取连然街道办事处关于安宁金成花园会所项目涉及3户拆迁户安置问题的情况汇报。会议决定，由连然街道办事处负责与金成花园会所项目业主方积极对接，妥善解决3户拆迁户安置问题。

十、会议研究了宁湖社区新哨湾村整体搬迁有关事宜。会议原则同意对宁湖社区新哨湾村进行整体搬迁。其中：

（一）整村搬迁的户口冻结时间以《安宁市人民政府关于安宁工业园区运输快速通道安宁至禄脿项目建设的通告》为准，户口冻结时间为2009年7月31日；

（二）在2009年11月30日前签订拆迁补偿安置协议和搬迁的，奖励房屋及附属物补偿总价格的10%；在2009年12月1日~12月31日内签订拆迁补偿安置协议和搬迁的，奖励房屋及附属物补偿总价格的5%；逾期不签订拆迁补偿安置协议和搬迁的，将不予奖励。同时要严格按照《安宁市人民政府公告第14号》开展拆迁安置工作；

（三）安禄公路建设拆迁安置工作中，因正常的婚迁迁入手续一直未办理而导致户口没有迁入新哨湾村的20人，在此次拆迁中，市政府同意根据实际情况将其纳入享受拆迁安置优惠政策范围（其中享受在职单位公积金补贴的人员除外）。

十一、会议研究昆明市安宁工商行政管理局新建办公楼建设项目用地费用事宜。会议决定昆明市安宁工商行政管理局新建办公楼用地费用由昆明市安宁工商行政管理局先予交纳，下步由安宁市级财政对该建设项目给予同等资金支持。

十二、会议研究我市招聘城市总规划师有关工作。会议原则同意招聘城市总规划师及招聘工作方案。由市财政安排3万元工作经费，用于招聘工作的开展。

十三、会议研究安宁市粪便无害化处理项目和老甸房生活垃圾填埋场垃圾翻烧工程有关事宜。会议同意实施安宁市粪便无害化处理项目和老甸房生活垃圾填埋场垃圾翻烧工程项目，其中：粪便无害化处理项目采取代建方式实施，代建资金634.88万元列入市级财政预算，还款于工程验收后第2年、第3年分别支付本息50%；老甸房生活垃圾填埋场垃圾翻烧工程分3年完成，所需资金824.86万元由市级财政逐年安排。

十四、会议研究安宁化工厂二泵站迁改有关事宜。鉴于昆明市第四届运动会体育场馆建设在即，安宁化工厂供水问题亟需解决，会议原则同意邀标或竞争性谈判的方式对安宁化工厂二泵站进行迁改，并报市纪委、监察局备案。

十五、会议研究太平新区锅盖山供水工程有关事宜。会议决定由安宁市自来水公司作为太平镇镇供水管理的主体，并由市级财政安排资金244.587 478万元用于归还工程垫付的贷款利息。

十六、会议研究云南昆钢医院部分固定资产报废事宜。会议同意云南昆钢医院部分固定资产，残值收入缴入财政专户。

十七、会议研究小箐门口水库建设有关事宜。会议原则同意小箐门口水库改扩建工程采取BOT方式进行，由云南通茂投资公司作为投资人。

十八、会议讨论成立王家滩水库工程建设管理局和普渡河安宁段温青闸至牧羊村河道综合整治工程建设管理局有关事宜。会议同意成立王家滩水库工程建设管理局和普渡河安宁段温青闸至牧羊村河道综合整治工程建设管理局，其性质为临时机构。

十九、会议研究我市第三批中央扩大内需安宁动物防疫体系建设工作。会议决定，按照正确工作程序开展草铺镇兽医站建设，严格按照规定使用资金，确保专款专用。会议强调，市发改局等部门要进一步加强协调配合，加大工作推进力度，确保中央扩大内需项目达到“三个百分之百”的要求。

二十、会议研究金方森林温泉扩建贷款贴息事宜。会议同意分五年给予金方森林温泉二期项目1 000万元贷款贴息扶持，每年扶持贷款贴息资金200万元。

二十一、会议研究我市建设教育历史博物馆有关工作。会议同意实施教育历史博物馆建设，所需经费16万元列入2010年市级财政预算。

二十二、会议研究我市房产证购买有关事宜。会议同意由市级财政预算安排资金15万元专项用于房产证购买。

二十三、会议传达昆明市近期对各县（市）区的工作要求：（一）必须完成2009年所有重点项目；（二）必须完成昆明市下达的指标任务；（三）必须尽早筹划2010年融资工作。结合昆明市要求，会议强调，各单位要精心组织好工作，奋力拼搏，攻坚克难，全力冲刺四季度，必须确保2009年各项工作达到昆明市的要求。

二十四、会议传达了昆明市拆临拆违工作要求。会议要求全市各镇（街道）、各部门高度重视拆临拆违“零申报”工作，继续抓好市拆临拆违工作，确保昆明市下达目标任务圆满完成。

市四届人民政府第二十五次常务会议纪要

2009年11月4日，市长王剑辉主持召开市四届政府第二十五次常务会议，研究全市开展“三普”教育培训、部分公务员提高享受非领导职务待遇及部分项目贷款等事宜。现纪要如下：

一、会议讨论《安宁市“三普”教育培训实施意见》。会议原则同意该实施意见，报市委常委会同意后组织实施。会议同意在2009年安排工作启动经费50万元，其余工作经费根据工作进度分批拨付。

二、会议听取市委组织部、市人事局关于解决安宁市党政机关部分公务员提高享受上一级职务层次非领导职务待遇有关情况汇报。会议原则同意《中共安宁市委组织部、安宁市人事局关于解决安宁市党政机关部分公务员提高享受上一级职务层次非领导职务待遇实施意见》，报市委常委会同意后实施。同时，会议按照有关政策，同意王学林、周之发、梁勇、饶开保、彭卫钢、王顺明6人晋升享受主任科员待遇，方鹏飞、李德愈、肖明忠、李亚林、梁燕、李品安、王云春、朱蕾、谈晓强、刘红星、王利江、毕云、李刚、杨文坤、黄晓东、邓成元、李加成、邢钢、周应波、郁志祥20人提高享受副主任科员待遇。

三、会议听取市环保局关于设立总工程师的情况汇报。会议要求报市编委会研究同意后，报市委常委会研究。

四、会议研究车木河水库湿地二期建设工程贷款事宜。会议原则同意向富滇银行安宁支行贷款实施车木河水库湿地二期建设工程，报市委常委会研究。

五、会议研究原安宁市信托投资公司遗留人员工作安置事宜。会议决定，将原安宁市信托投资公司遗留人员唐文新安置到市建设局工作，尹冀安安置到市城管局工作。

六、会议研究安宁市突破性发展民办教育整体推进工作。会议决定转发贯彻执行《昆明市突破性发展民办教育整体推进工作意见》，报市委常委会研究。

七、会议讨论了《安宁市贯彻建设创新型云南行动计划实施方案》。会议原则同意该实施方案，报市委常委会研究。

八、会议听取市国土资源局关于三景科技项目用地事宜的汇报。会议决定，三景科技项目征用土地价格按原承诺13.8万元/亩执行，由企业全额先予交纳，超出部分补助项目基础设施建设。

九、会议研究恺鑫冷轧厂项目扶持事宜。为支持民营企业发展，会议决定分期给予恺鑫冷轧厂专项扶持奖金600万元。

十、会议研究西一绕城市道路贷款事宜。会议原则同意由市交投公司为投资主体，引入中鸿担保公司提供担保向农业银行申请项目贷款1.5亿，分5年等额还清本息，利率按中国人民银行同期基准利率支付，担保费率3.5%，报市委常委会同意后，提请市人大常委会决议。

市四届人民政府第二十六次常务会议纪要

2009年11月15日，市长王剑辉主持召开市四届政府第二十六次常务会议，研究全市中小学校舍安全工程规划、太平奥林匹克体育小镇东环干道四标、西环干道一标及四标BT项目、安宁常安塑编有限责任公司借款等事宜。现纪要如下：

一、会议听取市教育局关于《安宁市中小学校舍安全工程规划》汇报。会议指出，中小学校舍安全工程是改善中小学办学条件、实现教育均稀发展的一项重要工程，我市应充分抓住国家实施中长期教育改革发展规划和全国中小学校舍安全工程的机遇，推进全市中小学校舍达到重点设防类抗震设防标准，以此推动全市中小学布局调整，优化教育资源配置。会议原则同意《安宁市中小学校舍安全工程规划》，报昆明市中小学校舍安全工程办公室审核，并在市委常委会上通报。同时，会议强调：

（一）全市中小学校舍安全工程规划在实施过程中必须符合全市教育发展总体规划，合理安排校点布局，优化配置教育资源；

（二）要按照“整体规划、分布实施”的原则，推进我市中小学校舍安全工程，规划必须高标准，可以适度超前，特别是关系校舍安全的项目要优先组织实施；

（三）市级财政应安排启动资金用于开展前期工作，2010年将中小学校舍安全工程实施经费列入市级财政预算；

（四）进一步调整充实中小学校舍安全工程领导小组，组长由市长王剑辉担任，副组长由副市长尹旭东、戴彬担任，小组成员在原领导小组人员组成基础上，新增各镇人民政府、街道办事处行政主要领导。

二、会议研究了太平奥林匹克体育小镇东环干道四村、西环干道一标及四标BT项目相关事宜。会议同意太平奥林匹克体育小镇东环干道四标、西环干道一标、四标工程采取BT模式投资建设，项目建成后由安宁市人民政府作为项目回购人，在项目交工验收后，三年内分三期进行回购，其中项目回购资金列入财政预算，报市委常委会研究决定。

三、会议研究了市国资局通过国有企业改革资金专户借款给安宁常安塑编有限责任公司相关事宜。会议同意市国资局通过国有企业改革资金专户借款631 948.50元给安宁常安塑编有限责任公司，用于该公司回购48名职工股本金。待该公司清算工作完成后，由企业用剩余资产清偿借款。

四、会议听取了市委办关于解决市委招待所正式在职职工待遇、就业问题的报告。会议决定，近期召开会议作专题研究。

市四届人民政府第二十七次常务会议纪要

2009年12月11日，市长王剑辉主持召开市四届政府第二十七次常务会议，研究八街镇车木河村搬迁安置方案、太平体育小镇东环干道一、二标段贷款、2008～2009年科技成果奖励等事宜。现纪要如下：

一、会议听取八街镇人民政府关于《车木河村搬迁安置方案》的汇报。会议原则同意该方案。会议要求，八街镇要根据会议精神对方案作进一步修改完善并报市政府法制办审核，搬迁安置前期筹备工作完成后及时发文实施。会议强调，车木河村搬迁涉及面广，八街镇要切实做好群众思想稳定工作，确保搬迁工作顺利实施。

二、会议听取市财政局关于2010年财政预算安排计划的报告。会议要求，市财政局对计划进一步细化、补充和完善，确保2010年各项工作预算准确、安排合理。

三、会议研究太平体育小镇东环干道50米1、2标段贷款相关事宜。会议原则同意太平新城投资有限公司就太平体育小镇东环干道50米1、2标段项目建设向中国银行昆明市安宁支行贷款1.45亿元，贷款期限8年，贷款利率随国家基准利率浮动。项目前期所需7 000万元到位资本金，由市财政逐步调节安排。

四、会议讨论《安宁市关于推进工业向园区集中的实施意见》会议要求，由工业园区管委会牵头，尽快组织相关部门对该实施意见作进一步修改、完善，再报市政府研究。

五、会议讨论《安宁市（县）级储备粮管理办法》。会议原则同意该办法，报市政府法制办审核后发文。

六、会议讨论《安宁市产业结构调整指导目录（2009年本）》。会议原则同意该指导目录，报市法制办审核后公布。

七、会议讨论《安宁市关于加快发展总部经济的意见》。会议原则同意该意见，进一步修改、完善后，报市委常委会研究后实施。

八、会议研究武警安宁森林大队营区建设事宜。会议同意建设武警安宁森林大队营区。营区营址、用地等具体事宜由市林业局负责对接后，报市政府研究。

九、会议听取市科技局关于对我市督查2008～2009年科技成果获奖单位和个人进行表彰奖励的汇报。会议决定对我市2008～2009年科学技术获奖项目（人员、组织）进行表彰奖励。奖励奖金30万元经费由市级财政安排。

十、会议研究我市安县、安禄、县草、西一绕等四条重点公路建设费用及工程预付款筹措事宜。会议决定由市交通投资开发有限公司、市财政局积极筹措资金，力争2010年初安排到位，确保工程顺利实施。

十一、会议研究《王家滩水库工程建设组织实施方案》。会议原则同意该实施方案，进一步修改、完善后发文。

十二、会议研究《安宁市农村小型水利工程管理体制改革实施方案》。会议原则同意该实施方案，进一步修改、完善后发文。

十三、会议听取市城管局关于对我市农副产品交易市场改造工作的汇报。会议指出，实施农副产品交易市场改造工作有利于改善主城环境，缓解城市管理压力。会议同意由市级财政安排60万元资金专项用于扶持农副产品交易市场改造工作，必须做到专人管理、专款专用。

十四、会议研究《安宁市临街建筑物立面挤与公共空间设施整治工作的实施方案》会议原则同意该实施方案，进一步修改、完善，向市委常委会上通报后实施。

十五、会议研究伊皇购物中心项目、云南闽粤石材加工项目扶持事宜。为积极履行项目帮扶协议，同时服务企业做好项目推进工作，会议决定给予伊皇购物中心项目扶持资金550万元，给予云南闽粤石材加工项目扶持资金756.842万元，扶持资金纳入2010年市级财政预算。另外，会议还研究了林源房地产有限公司项目扶持等事宜，会议决定由尹旭东副市长牵头，组织相关部门作进一步研究后，报市政府决定。

十六、会议定期听取全市安全生产、节能减排工作情况汇报。会议指出，当前全市安全工作形势较好，但节能减排工作能然任务艰巨。会议要求各镇、街道、各相关部门要继续高度重视并抓好全市安全生产、节能减排工作，确保用最后20天的时间，圆满完成各项目标任务。

市四届人民政府第二十八次常务会议纪要

2009年12月16日，市长王剑辉主持召开市四届政府第二十八次常务会议，研究讨论2010年《政府工作报告（征求意见稿）》和工业园区投资开发有限公司、市投资开发有限公司项目贷款及安宁教育投资有限公司组建等事宜。现纪要如下：

一、会议讨论2010年《政府工作报告（征求意见稿）》。会议要求，报告起草小组要认真根据会议精神，作进一步修改完善后，报市委常委会研究。

二、会议听取市工业园区投资开发有限公司关于向建行安宁支行申请贷款5 000万元、向中国银行昆明市安宁支行申请贷款3 700万元的报告。会议原则同意，以市工业园区投资开发有限公司为主体向建行安宁支行申请贷款5 000万元，专项用于工业园区麒麟片区2#次干道工程项目建设，贷款期限5年，贷款基准利率5.76%。还本付息资金及资金托管业务费用逐年列入市级财政预算。其中，自2011年起，每年偿还本金1 000万元；以市工业园区投资开发有限公司为主体向中国银行昆明市安宁支行申请贷款3 700万元，专项用于工业园区麒麟片区1#次干道工程项目建设，贷款期限5年，贷款基准利率6.048%，还本付息资金逐年列入市级财政预算。其中，2010～2013年每年偿还本金1 000万元，2014年偿还本金400万元，2015年偿还本金300万元。报请市委常委会研究。

三、会议听取市投资开发有限公司关于以王家滩水库工程建设项目向建设银行安宁支行申请贷款9 500万元的报告。会议原则同意，以市投资开发有限公司为主体，以王家滩水库工程建设项目向建设银行安宁支行申请贷款9 500万元，专项用于市政基础设施建设，贷款期限8年，贷款年利率5.94%，还本付息资金逐年列入市级财政预算。其中，前七年每年分别偿还本金1 000万元，第八年偿还2 500万元。报请市委常委会研究。

四、会议听取市教育局关于《安宁教育投资有限公司组建方案》的报告。会议指出，组建安宁教育投资有限公司，对于改变目前我市教育单纯依靠政府投入的传统投资方式，探索建立多元化、多层次、多渠道的教育投融资模式，统筹全市教育资源具有重要的意义。会议原则同意《安宁教育投资有限公司组建方案》。会议要求，市教育局要严格按照“产权明晰、权责明确、政企分开、科学管理”的现代企业制度要求，加快安宁教育投资有限公司组建步伐，确保组建后的安宁教育投资有限公司尽快服务于当前全市开展的中小学校舍安全工程。

2010 年《安宁市政府工作报告》名词解释

1．“543”倍增计划 即建成区人口 5 年倍增，GDP 总量 4 年倍增，财政地方一般预算收入 3 年倍增。

2．“1366”发展思路 高举中国特色社会主义伟大旗帜，坚持以邓小平理论和“三个代表”重要思想为指导，以科学发展观统揽全局，紧紧围绕全面建设小康社会目标，大力实施“环境立市、工业强市、城乡一体化”三大战略，全力推进“思想解放、环境立市、工业强市、城乡统筹、和谐构建、执政能力”六大工程，构建完善“城镇、产业、交通、生态、民生保障和行政管理”六大体系，全面实现“543 倍增计划”，进入全国百强县（市），把安宁建设成为森林式、环保型、园林化的现代绿色工业强市和休闲养生名城，建设成为现代新昆明的西部新城、中国西部重要的工业基地。

3．“四全”工作 是指在环境整治工作中，坚持科学治水、铁腕治污、综合治理，坚定落实全面截污、全面禁养、全面绿化、全面整治的各项措施。

4．安宁园博园 昆明市 2009 年第二届园林绿化博览会安宁会址，位于宁湖新城宁湖西岸，占地面积 15．2 余公顷，总投资4 000余万元，于 2009 年 4 月开工，9 月完工，栽植植物品种 90 余种。10 月 29 日，昆明市 2009 年第二届园林绿化（安宁）博览会开幕，主题是“绿色·生态·文化——绿色城市·和谐安宁”。园博园定位为“城市的森林公园、园博会的会场、安宁的文化窗口”，园内设有银杏园、竹园、市树园（滇翠柏园）、红花荷园、石楠园、市花园（梅花园）、樱花园七个植物专类园，以及综合展馆、游客服务中心、亭、廊、喷泉、园林小品、公共卫生间、休息广场等。

5．“四创两争” 创建“国家园林城市”、“国家卫生城市”、“国家环保模范城市”和“全国文明城市”；争创联合国人居城市奖和国家生态城市。

6．“两基” 即基本普及九年义务教育和基本扫除青壮年文盲。

7．“治庸计划” 根据昆明市有关精神和要求，我市出台了《安宁市“治庸计划”实施意见》（安通〔2009〕28 号），有计划、有重点地对全市党政机关和干部队伍中存在的“平庸”行为进行整治，着力打造一支“政治上靠得住、工作上有本事、作风上过得硬、人民群众信得过”的干部队伍，为推动安宁经济社会又好又快发展提供坚强有力的组织保障。

8．“阳光政府”四项制度 即重大决策听证、重要事项公示、重点工作通报、政务信息查询四项制度。

9．“三公开” 即党务公开、政务公开、村务公开。

10．滇中城市经济圈 2009 年 10 月，云南省发展和改革委员会公示的《云南省滇中城市经济圈区域协调发展规划（2009～2020）》，提出以昆明为核心，携手曲靖、玉溪和楚雄建设滇中城市群，到 2020 年云南将构筑出一核、两轴、三圈、四极、五通道的空间结构。一核：以现代新昆明为核心，发展高新技术产业、现代服务业和休闲经济，打造立足云南、联系全国、面向东南亚和南亚的资金、商品、技术、人才、信息流集散中心。两轴：重点发展曲靖—昆明—楚雄；武定（禄劝）—昆明—玉溪两条主轴线。三圈：以建设环滇中城市的公路网、铁路网和轨道交通网为基础，构筑“极核圈层”、“带动圈层”及“辐射圈层”三大圈层结构。四极：东部—曲靖、南部—玉溪、西部—楚雄、北部—武定（禄劝）四大城市增长极。五通道：以昆明为核心，建设呈放射状的“滇东北”、“滇西北”、“滇东南”、“滇西南国际”、“滇南国际”五大通道。

11．“三最四低” 在推行我市行政管理体制创新中需要打造的投资发展软环境简称，“三最”是指创业最宽松、社会最文明、人居最安全，“四低”是指低交易成本、低生产成本、低行政成本、低社会成本。

12．“一岗双责” “一岗”就是一个领导干部的职务所对应的岗位；“双责”就是一个领导干部既要对所在岗位应当承担的具体业务工作负责，又要对所在岗位应当承担的党风廉政建设责任制负责。

13．“七定”原则 是指按照定项目、定数量、定质量、定进度、定责任人、定责任单位、定奖惩措施的“七定原则”，紧紧围绕“究竟是谁不落实？究竟因为什么进展缓慢？”这两个问题抓督查、抓问责。

14．“三最三严” 建立最严厉的问责制度、最严格的限时办结制度和最严肃的服务承诺制度，着力解决“上热下冷、上活下死、上急下怠、中层梗阻、基层板结、力度递减、效能低下”问题。

15．“迁村并点” 是指在新农村建设过程中，通过村庄集聚，加速乡村城镇化，节约集约土地的一种模式。即在统一规划的前提下，采取多种模式，鼓励建设集中居住区，首先解决集镇周边区域村庄或拆迁（搬迁）村庄的集中安置问题，让其逐步进入集镇规划区域内；对居住边远、偏僻、零散的群众，采取建设新型农村居住社区的安置模式进行迁并。

16．“三个集中” 即：工业向园区集中、农民向城镇集中、土地向规模经营集中。

17．“四个提升” 即提升引资总量、提升项目单体规模、提升项目产业档次、提升项目科技含量。

18. “四高五型”项目　即技术含量高、产品附加值高、财税贡献率高、劳动就业率高，科技创新型、产业带动型、劳动密集型、资源节约型、生态环保型的工业项目。

19. “三年攻坚、六年跨越”行动计划　从今年开始，用3～6年时间，集中力量打造特色，塑造品牌，全面实现工业园区“经济规模、开发建设、招商引资、产业培育、体制机制、进位争先”六大跨越，高起点规划建设一批企业相对集中、配套服务齐全，上下游产业关联度高的“区中园”、“园中园”，促进产业结构优化升级。

20. “成长、大做强”培育　是指每年优选一批科技含量高、产品质量好、市场潜力大的成长型中小企业，给予项目技改资金、信息化建设、融资服务、教育培训等支持，使入选企业的销售额、利润增长率达到规定比例，使之“小进规、规入千、千上亿、亿跨五亿、五亿跃十至十五亿”。“小进规、规入千、千上亿、亿跨五亿、五亿跃十至十五亿”即一般小企业经过培育逐步发展成为规模以上企业，规模以上企业经过培育逐步发展成为产值过千万元企业，产值过千万元企业经过培育逐步发展成为产值过亿元企业。

21. “三横三纵”　“三横”即安县（安宁—县街）、安禄（安宁—禄脿）两条工业园区快速通道和安海（安宁—海口）公路；“三纵”即西一绕城线、西二绕城线和珍泉东路。

22. “445”工程　即围绕缓解安宁用水供需矛盾这一目标，采取新建（扩建）和除险两项措施，自2010年起的三年内，完成新建（扩建）水库4座，平均每年完成4座病险水库除险，平均每年新增水库总库容五百万方。

23. “八个百分之百”　是指在工程建设管理中，要百分之百公开招投标，百分之百不转包，百分之百工程监理到位，百分之百不留重大质量隐患，百分之百不出重大安全事故，百分之百行政监察到位，百分之百工程预决算审计到位，百分之百不出腐败案件。

24. “三馆一中心一广场”　即：科技馆、文化馆、城市展览馆、青少年活动中心、市民文化广场。

25. 劳动力资源开发“四全工程”　即全员普查、全员分类、全员培训、全员转化。

26. “五险合一”　“五险”即养老、失业、医疗、工伤、生育保险。“五险合一”即统一由一个机构对这些保险进行运作和管理。

27. “大热线”平台　是指以电话呼叫为主、互联网为辅助，依托市长热线建设安宁市政府公众服务投诉大平台，将全市所有的非应急投诉服务电话全部整合进入大平台，设立统一的热线电话：0871—8612345（紧急报警、求助电话110、120、119不纳入大平台）。

28. “七个一体化”　即城乡规划、产业发展、基础设施、社会事业、就业社会保障、生态建设、政策措施一体化。

29. “九化”　即农业产业化，中心村集镇化、中心镇城市化、主城区现代化，农民生活市民化、居住社区化、就业常态化、保障同等化、素质文明化。

30. 集镇建设“十个一”工程　是指全市每个镇（街道）完成一个综合规划、一个综合农贸市场、一条商业街、一个公园、一个运动休闲文化广场（场所）、一所合格寄宿制学校、一所合格卫生院、一个污水处理厂、一个公交车终点站（场）、一支城镇管理队伍。

31. 镇和村庄绿化逐步实现五个100%　是指村庄道路绿化率、沟渠（河道）绿化率、房前屋后绿化率、村庄面山、宜林荒山绿化率均达100%。

32. “五名联动”的城市营销策略　是指对安宁的历史、现状、地理风貌、经济特色、人口素质、基础设施、人文内涵等因素进行全局性分析，进而发现、提炼或塑造“名人”（明星官员、当地居民中的卓异者、卓有成就的老乡或老乡资源、历史名人）、“明史”（历史渊源、典故、传奇、神话）、“明景”（具备某种特色或卖点的景点，有出名并吸引游客的潜能的景点、历史古迹，或者可以进行包装推广的景点）、“名目”（当地的特色项目，包括特产、餐饮、制造业、服饰、信息技术、特色文化项目），进而推广城市品牌，建设“名城”。

33. “一报告两评议”　是加强干部选拔任用工作民主监督的一项创新性举措。即地方党委常委会向全委会报告工作时，要专题报告年度干部选拔任用工作情况，并在全委会委员中对干部选拔任用工作进行民主评议，评议结果报上级党委组织部门；探索开展全委会委员对本级党委新提拔的党政主要领导干部进行民主测评的工作。

34. “三级联创”　是指市、镇（街道）、村三级联动，创建农村基层组织建设先进市，“五好”镇（街道）党（工）委和“五好”村党支部。“五好”的要求是：领导班子好，党员干部队伍好，工作机制好，小康建设业绩好，农民群众反映好。

35. “四议两公开”　即“4+2”工作法，即村（社区）所有重大事务或与群众切身利益相关的事项都必须在村（社区）党组织领导下，按照“四议两公开”的程序决策实施。“四议”：党总支会提议、“两委”会商议、党员大会审议、村（居）民代表会议或村（居）民会议决议；“两公开”：决议公开、实施结果公开。

36. “一线工作法”　领导干部置身一线，靠前指挥，做到决策在一线落实、问题在一线解决、创新在一线体现、成效在一线检验。实行结果倒逼，由被动抓变为主动干，由传统的发文开会逐步转向制度创新和社会动员。

安宁市二〇〇九年国民经济和社会发展统计公报

安宁市统计局

2009年，是我市各项工作任务艰苦繁重、经济社会发展遇到严峻挑战的一年，也是在危机中抢抓机遇、在逆境中奋勇前进的一年。全市人民在市委、市政府的正确领导下，坚持以科学发展观为指导，以“1366”发展思路为引领，紧扣跨越式发展目标，坚决贯彻国家应对金融危机的一系列工作部署，主动作为，有效应对，全力推进经济结构调整和经济增长方式的转变，全市经济平衡较快增长，各项社会事业取得新的进步，人民生活水平继续提高。

一、经济发展

经济总量

初步核算，全年实现生产总值（GDP）120.70亿元，按可比价计算（下同），比上年增长11.2%。在生产总值中：第一产业实现增加值7.14亿元，比上年增长6.1%；第二产业实现增加值71.53亿元，比上年增长10.6%；其中工业实现增加值66.13亿元，比上年增长8.6%；第三产业实现增加值42.03亿元，比上年增长13.2%。第一、二、三次产业增加值的比例分别为5.9%、59.3%和34.8%。人均生产总值（按常住人口计算）37 595元，比上年增长10.4%。非公有制经济实现增加值47.74亿元，比上年增长27.9%，占全市生产总值的39.6%。

财政收支

全年地方财政总收入达22.86亿元，比上年下降0.7%，地方财政一般预算收入12.80亿元，比上年增长18.0%，其中：税收收入11.77亿元，增长21.2%。在税收收入中：增值税2.53亿元，下降24.6%，营业税4.89亿元，增长80.2%。全年地方财政支出19.67亿元，比上年增长24.0%，地方一般预算支出15.03亿元，比上年增长9.8%，其中：教育支出2.70亿元，增长21.2%，社会保障和就业支出1.02亿元，增长12.2%，医疗卫生支出0.81亿元，增长73.6%。

固定资产投资与房地产开发

全年完成固定资产投资52.68亿元，增长40.3%。从产业投向看：第一产业完成投资0.82亿元，增长0.6%；第二产业完成投资25.49亿元，增长39.2%，其中：工业固定资产投资完成24.91亿元，增长36.5%。按经济类型划分，国有单位投资30.49亿元，比上年增长198.6%；集体控股单位投资1.4亿元，比上年增长3 400.0%；个体私营投资10.05亿元，比上年增长148.1%；其他单位投资10.74亿元，比上年下降53.8%。

全年房地产业开发投资完成20.02亿元，比上年增长36.8%，其中，商品住宅投资18.68亿元，增长47.1%。全市商品房屋施工面积153.23万平方米，增长117.8%；竣工面积68.20万平方米，增长304.5%。商品房屋销售建筑面积68.23万平方米，增长47.8%，商品房屋销售额19.83亿元，增长84.0%。

农林牧渔业

全年完成农林牧渔业总产值11.85亿元，比上年增长7.4%，其中：农、林、牧渔业及农林牧渔服务业完成产值分别是5.21亿元、0.19亿元、5.85亿元、0.07亿元和0.53亿元。实现农林牧渔业增加值达7.14亿元，比上年增长6.1%。

主要农产品产量

	单　位	2009年	比上年增减%
粮食	吨	53 289	-6.9
其中：稻谷	吨	14 296	-1.6
玉米	吨	34 814	13.0
小麦	吨	395	-86.1
油料	吨	1 077	-50.8
蔬菜	吨	172 239	10.6
烤烟	吨	4 877	-0.5
水果	吨	13 418	-48.8

畜牧业总产值58 539万元，同比增长7.6%，占农业总产值的49.4%，比上年下降了1.8个百分点；畜牧业已经成为我市农业的支柱，产值占全市农业总产值的近一半以上。

主要畜产品产量

	单　　位	2009 年	比上年增减%
肉类总产量	吨	41 615	12.3
其中：猪肉	吨	23 355	20.7
牛奶产量	吨	3 174	-16.8
禽蛋产量	吨	4 125	30.1
家禽出栏	万只	804	-1.6
生猪出栏	头	287 425	25.8
生猪存栏	头	184 697	24.3
大牲畜存栏	头	20 347	-4.1
羊存栏	只	28 384	0.3

全年完成造林面积6 866亩，比上年增长了77.4%；全市拥有农业机械总动力21 554万瓦特，拥有大中型拖拉机341台，小型及手扶拖拉机3 709台，农用载重汽车874台，农用排灌机械动力1 500万瓦特。全年农用化肥施用量（折纯）8 473吨；农村用电量5 644万千瓦小时。

工业和建筑业

全年实现工业增加值66.13亿元，增长8.6%。工业增加值占全市生产总值的比重达54.8%，比上年下降3.4个百分点。规模以上工业企业实现增加值63.70亿元，增长8.6%，在规模以上工业增加值中，轻工业增加值3.35亿元，增长214.3%，重工业增加值60.35亿元，增长5.5%。

规模以上黑色金属冶炼及压延加工业实现增加值26.01亿元，增长2.2%，化学原料及化学制品制造业实现增加值17.66亿元，增长3.4%，电力生产和供应业实现增加值4.06亿元，增长28.8%，非金属矿物制品业实现增加值1.91亿元，增长38.6%。

全市规模以上工业企业实现销售产值349.81亿元，实现主营业务收入380.41亿元，比上年下降3.9%；实现利税23.62亿元，增长72.4%，其中利润总额9.81亿元，增长600.7%；产品销售率96.8%，总资产贡献率5.5%，成本费用利润率2.6%，资产负债率53.9%。

主要工业产品产量

	单位	2009 年	比上年增减%
钢	万吨	411	1.0
钢材	万吨	362.7	3.0
生铁	万吨	408.1	1.3
焦炭	万吨	145	3.8
铁矿石	万吨	10.8	111.8
磷矿石	万吨	506.8	-18.4
水泥	万吨	213.1	49.0
化肥（折纯量）	万吨	50.2	-8.7
砖	万吨	6 142	-55.3
硫酸	万吨	261.3	28.8
塑料制品	吨	11 813	-15.0
机制纸及纸板	吨	4 391	-4.5
煤气	万立方米	722 375	-1.2
自来水	万吨	1 867	-5.6
原盐	万吨	50.1	-4.2
发电量	万千瓦时	388 360	43.4

全市建筑业实现增加值5.4亿元，增长51.3%，建筑业企业完成总产值19.41亿元，增长35.6%。全年完成房屋施工面积73.73万平方米，增长32.0%，竣工房屋面积8.01万平方米，下降64.3%。

交通运输和邮电业

全年交通运输、仓储和邮政业实现增加值7.71亿元，增长13.6%。全年完成货运周转量102 836万吨千米，增长14.2%；客运周转量为93 041万人千米，增长13.2%。全市拥有机动车47 237辆，比上年增长25.2%，其中：普通载货汽车7 347辆，比上年增长40.8%，载客汽车24 180辆，比上年增长26.1%。

全年实现邮电业务总量1.82亿元，增长26.8%。2009年末，全市拥有固定电话64 389部，比上年增长5.7%；在网移动电话用户195 818户；互联网上网用户达4.52万户。

国内贸易

全年批发零售贸易业商品销售总额达106.09亿元，比上年下降6.5%；全年实现社会消费品零售总额25.31亿元，比上年增长18.1%。从行业来看：批发业实现零售额6.44亿元，增长16.0%；零售业实现零售额12.76亿元，增长18.7%；住宿餐饮业实现零售额4.98亿元，增长23.6%，其他行业零售额1.12亿元，增长2.3%。从经济成份看：公有经济实现零售额9.69亿元，增长21.1%，非公经济实现零售额15.62亿元，增长16.4%。

2009年商品零售物价指数100.0%；居民消费价格指数100.8%。

对外经济及旅游业

全市共引进内资项目135个，外资项目5个，协议引进内资178亿元，引进外资5 109万美元，实际到位内资52亿元，到位外资4 606万美元。

全市工商企业完成出口总额12.57亿元。全年共接待游客191.2万人次，比上年增长了3.7%，旅游综合收入7.32亿元，比上年增长了6.7%。

金融和保险

2009年末，全市金融机构年末存款余额为151.33亿元，比年初增长28.7%；其中：企业存款余额44.99亿元，比年初增长24.5%，储蓄存款余额为72.5亿元，比年初增长22.9%。金融机构年末各项贷款余额为97.56亿元，比年初增长15.2%，其中：短期贷款余额48.8亿元，比年初下降8.7%，中长期贷款余额44.47亿元，比年初增长54.0%，票据融资余额4.32亿元，比年初增长77.0%。全年金融机构现金收入198.29亿元，现金支出213.30亿元，分别比去年增长11.7%和12.8%；全年净投放现金15.01亿元。

全市保险机构保费收入达1.13亿元，比上年增长了10.3%。

二、环境保护和公用事业

环境保护

全年环保投资总额达53 242万元，环保投资指数达4.4%。城市集中饮用水源地水质达标率达到100%，工业废水排放达标率达99.8%；工业烟尘排放达标率99.7%；工业固体废物综合利用率达41.22%，烟尘控制区总面积19.2平方公里，环境噪声达标区总面积14.65平方公里，城市生活污水处理率达86%。城市绿化覆盖率达45.13%，人均绿地面积达17.82平方米。

公用事业

年末城市建成区面积达19.2平方公里，建城区人口18.8万人。城市铺装道路总长度达92.1公里，总面积191.4万平方米，城市下水道总长162.2公里。年末实有公交车营运线路62条，公交车301辆，全年公交客运量达1 998万人次。

三、社会事业

教育

2009年我市教育事业坚持以安全稳定为前提，以规范管理为基础，以改革创新为动力，以协调发展为目标，以优化教育环境、深化教育改革、提升教育品牌和质量、努力推进城乡教育均衡发展和“巩固义务教育成果、基本普及高中阶段教育”为重点，认真贯彻落实科学发展观，全面推进素质教育，努力提高教育质量，各类教育得到了持续、快速、健康发展。

全市学龄儿童毛入学率101.75%，初中毛入学率105.62%，高中毛入学率80.1%，普通高中录取率41.5%，高考综合上线率96.87%，高考录取率77.05%。年末全市幼儿在园人数8 040人，小学在校学生28 658人，初中在校学生12 030人，高中在校学生3 299人。

文化广播电视

全市共有电影放映单位9个，电影观众14.9万人次；公共图书馆藏书20.89万册；广播人口覆盖率100%，电视人口覆盖率100%，有线电视入户率91%。

卫生

全市拥有卫生机构192个，卫生技术人员1 663人，其中：医生614人，卫生机构拥有床位2 372张。全年五岁以下儿童死亡率11.66‰，婴儿死亡率10.07‰，新生儿死亡率6.86‰，急性传染病发病率为十万分之238.82，农村卫生厕所普及率79.58%。农村合作以来参保人数达11.20万人，参保率为99.7%。

社会保障和社会福利

全市参加养老保险的职工54 049人，参加医疗保险的职工57 889人。61 940人参加城镇居民基本医疗保险，131 722人参加农村合作医疗，人人享有基本医疗保障目标初步实现。2009年末，享受城镇居民最低生活保障的人数达150 876人，全年发放最低生活保障金2 398万元，享受农村居民最低生活保障的人数达44 445人，全年共发放保障金489万元；全市办社会福利院4个，床位460张。

四、人口、就业和人民生活

人口

年末全市常住人口32.2万人，比上年增长0.6%，人口出生率9.83‰，死亡率4.93‰；自然增长率4.90‰；城镇化率64.8%，城镇人口20.87万人，乡村人口11.33万人。年末户籍人口26.69万人，其中：农业人口12.6万人，非农业人口14.06万人。

就业

全社会劳动者人数为18.42万人，其中：第一、二、三产业分别为4.65万人、7.76万人和6.01万人，所占比重分别为25.2%、42.2%和32.6%。在岗职工年末人数为64 163人，比2008年增加了3 628人，在岗职工总数是：国有经济单位职工35 548人，占在岗职工总数的55.4%；集体经济单位职工1 399人，占在岗职工总数的2.2%；其他经济类型的职工

27 216人，占在岗职工总数的42. 4%。城镇登记失业人数为2 534人，城镇登记失业率2. 5%。

人民生活

全市在岗职工年平均工资31 315元，比上年增长2. 5%；城镇居民人均可支配收入18 138元，比上年增长4. 1%，城镇居民人均消费性支出10 638元，比上年增长1. 7%。农民人均纯收入6 170元，比上盾增长10. 9%、农民人均生活消费支出6 510元，比上年增长27. 9%。城镇居民每百户拥有彩色电视机127台，洗衣机102台，电冰箱95台，家用电脑56台，照相机56台，微波炉59台，固定电话86部，移动电话194部。城镇居民人均住房建筑面积33. 19平方米。农村居民每百户拥有彩色电视机106台，洗衣机82台，电冰箱22台，影碟机61台，固定电话33部，移动电话197部，家用电脑4台，摩托车20辆。农村居民人均居住面积39平方米。

城镇居民家庭恩格系数为48. 2%，农村居民家庭恩格系数为27. 5%。

注：1. 公报中地区生产总值、增加值数据为快报数据。

2. 公报中生产总值、增加值、工农业总产值绝对数按现价计算，生产总值、增加值增长幅度按可比价计算。

3. 各项主要数据对比按可比口径计算。

4. 总人口、人口出生率、死亡率、自然增长率均按常住人口计算。

二〇一〇年六月二十二日

索　引

说　明

一、本索引采用主题分析法编制，索引范围为全书各部类条目。“特载”、“论文选登·附录”等部类的具体内容未做索引，以其部类名称、署名或文献性质标引。

二、本索引按主题词首字汉语拼音音序（同音字按音调）排列。若首字拼音相同则按第二字音序排列，以此类推。首字为阿拉伯数字或外文字母者，作“非音序”排在本索引末。

三、读者可从主题入手按索引款目由主题词加修饰词或说明词组成，并采取主题词在前，修饰词、说明词是对主题词标示内容的限定，以逗号或括号与主题词相区别。索引款目后的阿拉伯数字表示该主题内容在本书中的页码；a、b 字母表示在该页码的栏别（从左至右）。

四、同一主题词的不同内容采取“附见”或“参见”形式标示。在主题词下退一字各占一行分别排列的款目为“附见”；索引款目后标有两个以上页码的为该主题词的“参见”。

五、机构、单位名称，除正文中出现全称外，在不产生歧义的前提下，本索引一般使用简称。

六、凡部类、栏目名称直接用作索引款目的以黑体字标引。

A

B

D

H

J

K

L

M

N

P

Q

R

X

Y

Z

非音序